Großkommentare der Praxis

STAUB

Handelsgesetzbuch

Großkommentar

Begründet von Hermann Staub

5., neu bearbeitete Auflage

herausgegeben von

Claus-Wilhelm Canaris
Mathias Habersack
Carsten Schäfer

Zehnter Band
Bankvertragsrecht
Erster Teilband
Organisation und Kreditwesen
Bank-Kunden-Verhältnis

Bearbeiter:
Stefan Grundmann

De Gruyter

Bearbeitungsstand: 1. August 2015

Zitiervorschlag: *Grundmann* in Großkomm.
HGB, 5A, Bankvertragsrecht Zweiter Teil Rn. 3

Bandherausgeber: Professor Dr. Dr. *Stefan Grundmann*, LL.M. (Berkeley),
Humboldt-Universität Berlin und European University Institute, Florence

ISBN 978-3-89949-416-7
eISBN (PDF) 978-3-11-028603-8
eISBN (EPUB) 978-3-11-038166-5

Bibliografische Information der Deutschen Nationalbibliothek

Die Deutsche Nationalbibliothek verzeichnet diese Publikation in der Deutschen
Nationalbibliografie; detaillierte bibliografische Daten sind im Internet
über http://dnb.d-nb.de abrufbar.

Verzeichnis der Bearbeiter der 5. Auflage

Professor Dr. **Jochen Axer**, Rechtsanwalt, Wirtschaftsprüfer, Steuerberater, axis Rechtsanwälte, Köln

Dr. **Peter Balzer**, Rechtsanwalt, Sernetz Schäfer Rechtsanwälte, Düsseldorf

Professor Dr. **Jens-Hinrich Binder**, LL.M. (London), Universität Tübingen

Dr. **Benjamin B. von Bodungen**, LL.M. (Auckland), GGS, Heilbronn

Professor Dr. **Ulrich Burgard**, Otto-von-Guericke-Universität Magdeburg

Professor Dr. Dr. h.c. mult. **Claus-Wilhelm Canaris**, Ludwig-Maximilians-Universität München

Professor Dr. **Matthias Casper**, Westfälische Wilhelms-Universität Münster

Dipl.-Kfm. **Andrej Cepuran**, axis Rechtsanwälte, Köln

Professor Dr. **Gerhard Dannecker**, Ruprecht-Karls-Universität Heidelberg

Professor Dr. **Klaus-Dieter Drüen**, Heinrich Heine Universität Düsseldorf

Dr. **Raimond Emde**, Rechtsanwalt, Graf von Westphalen, Hamburg

Professor Dr. **Stefan Grundmann**, LL.M. (Berkeley), Humboldt-Universität Berlin und Europäisches Hochschulinstitut Florenz

Professor Dr. **Mathias Habersack**, Ludwig-Maximilians-Universität München

Dr. **Stephan Harbarth**, LL.M. (Yale), Rechtsanwalt, SZA Schilling, Zutt & Anschütz, Mannheim

Professor Dr. h.c. mult. **Peter Hommelhoff**, Ruprecht-Karls-Universität Heidelberg

Professor Dr. **Rainer Hüttemann**, Dipl.-Volksw., Rheinische Friedrich-Wilhelms-Universität Bonn

Professor Dr. **Henning Jessen**, LL.M. (Tulane), Universität Hamburg

Professor Dr. **Detlev Joost**, Universität Hamburg

Professor Dr. **Christian Kersting**, LL.M. (Yale), Heinrich-Heine-Universität Düsseldorf

Professor Dr. **Peter Kindler**, Ludwig-Maximilians-Universität München

Professor Dr. **Detlef Kleindiek**, Universität Bielefeld

Professor Dr. **Jens Koch**, Rheinische Friedrich-Wilhelms-Universität Bonn

Professor Dr. **Ingo Koller**, Universität Regensburg

Dr. **Ernst-Thomas Kraft**, Rechtsanwalt, Hengeler Mueller, Frankfurt am Main

Dr. **Stefan Kroll**, LL.M. (London), Rechtsanwalt, Köln

Daniela Mattheus, Ernst & Young Wirtschaftsprüfungsgesellschaft, Berlin

Professor Dr. **Andreas Maurer**, LL.M. (Osgoode), Universität Mannheim

Professor Dr. **Florian Möslein**, LL.M. (London), Universität Marburg

Professor Dr. **Hartmut Oetker**, Christian-Albrechts-Universität, Kiel

Professor Dr. **Karsten Otte**, M.J.C. (Austin), Direktor bei der Bundesnetzagentur, Bonn

Dr. **Moritz Pöschke**, LL.M. (Harvard), Rechtsanwalt, München

Professor Dr. **Moritz Renner**, Universität Bremen

Dr. **Fabian Reuschle**, Richter am Landgericht Stuttgart

Professor Dr. **Carsten Schäfer**, Universität Mannheim

Professor Dr. **Patrick Schmidt**, Universität Mannheim

Professor Dr. **Jan Schürnbrand**, Eberhard-Karls-Universität Tübingen

Professor Dr. **Martin Schwab**, Freie Universität Berlin

Professor Dr. **Jan Thiessen**, Eberhard-Karls-Universität Tübingen

Professor Dr. **Christoph Weber**, Julius-Maximilians-Universität Würzburg

Professor Dr. **Jens Wüstemann**, Universität Mannheim

Vorwort zur 5. Auflage

Als *Claus-Wilhelm Canaris* das Vorgängerwerk zu dieser Kommentierung schrieb, war die Aufgabe eine gänzlich andere. Mit seiner Kommentierung schuf er das Bankrecht in Deutschland erst wirklich. Im Kontext relativ weniger Publikationen, zu einer Zeit, als ein Bankrechtssenat am BGH erst noch zu schaffen war und dann geschaffen wurde, systematisierte er Judikate, Aufsätze, einige Monographien und vor allem allgemeine deutsche privatrechtliche Theorie und Dogmatik und bildete daraus das Bankrecht in Deutschland und damit zugleich eine der berühmtesten deutschen Kommentierungen der zweiten Hälfte des 20. Jahrhunderts.

Heute ist die Situation eine gänzlich andere. Zum Bankrecht gibt es eine Vielzahl von Publikationen, alle Größeren verantwortet von einem personenreichen Autorenteam, zum Bankrecht judiziert ein eigener BGH-Senat, neben vielen Obergerichten und nicht selten auch der EuGH. Das Bankrecht ist jedoch keineswegs nur erheblich materialreicher geworden. Es ist längst auch nicht mehr allein Ausfluss einer privatrechtlichen Theorie und Dogmatik, sondern auch, für manche sogar vorrangig aufsichtsrechtlich verfasst und dies auch in den Beziehungen zwischen Marktteilnehmern, besonders deutlich im Effekten-, aber auch im Kredit- und Zahlungsgeschäft. Der Wertpapierhandel bei *Canaris* ist Vertragsrecht, der Wertpapierhandel heute ist vor allem Marktrecht, mit auch privatrechtlichen Durchsetzungsmechanismen. Und nicht zuletzt ist das Bankrecht auch längst nicht mehr primär deutsches Recht, überwiegend ist es europäisch verfasst. Eine Neukommentierung muss also nicht nur wegen der Lücke von mehr als einem Vierteljahrhundert, sondern wegen der völligen Neustrukturierung des Gebiets einen gänzlich anderen Charakter haben. Wo das Bankrecht am stärksten Europäisch verfasst ist und wo sich aufsichtsrechtliche und vertragsrechtliche Dimension am stärksten mischen, im Effektengeschäft (Investment Banking), da ist die zeitliche Lücke auch besonders groß und inhaltlich besonders naheliegend: Diesen Bereich hat *Canaris* zuletzt 1981 überarbeitet. Dieses Gebiet ist aber schon seit den 80er Jahren des letzten Jahrhunderts stärker Europäisch und markt- und aufsichtsrechtlich verfasst als jeder andere bankrechtliche Bereich. Es wird Gegenstand des dritten Bandes dieser Neukommentierung sein, der – wie der bereits erschienene Zweite zum Zahlungs- und zum Kreditgeschäft (Commercial Banking) – in enger zeitlicher Näher zum hier nunmehr vorgelegten Ersten (mit u.a. der gänzlich neuen Aufsichtsarchitektur) vorbereitet wird.

Die Neukommentierung kann in Detailtiefe und -reichtum nicht mit vielbändigen Handbüchern aus der Feder von zwei- bis dreistelligen Autorenzahlen konkurrieren, nicht mit Kommentierungen von Einzelgesetzen, etwa dem WpHG, von teils weit über 1.000 Seiten. Ziel kann aber dreierlei sein: Ziel ist es, die Gesamtmaterie wieder in einer durchgängigen Struktur zu sehen, mit einem roten Faden, insbesondere auch die Querbezüge zwischen den Einzelstücken betonend, den Blick hierfür schärfend, aus „einer Feder" oder jedenfalls aus „einem Guss". Ziel ist es sodann, das Bankrecht nicht allein als deutsches zu verstehen, sondern durchgängig – geradezu mit gleichem Gewicht – in seiner meist internationalen (überwiegend europarechtlichen) Herkunft, aber auch in seiner Einbettung in internationale Kontexte, d.h. grenzüberschreitende Sachverhalte. Das Bankgeschäft ist heute vielfach international. Und Ziel ist es zuletzt, den großen Bogen zwischen privater

Gestaltung und Gestaltungsfreiheit, „Vertragsrecht", einerseits und (aufsichtsrechtlicher) Ordnung, vor allem Marktordnung, andererseits durchgängig zu spannen und zu problematisieren. Das Bankgeschäft hat – wie nicht zuletzt die globale Finanzkrise wieder gezeigt hat – auch eine systemische Dimension, und erschöpft sich nicht in Individualbeziehungen. Zugleich ist es in besonderem Maße Kautelarrecht, mit AGBs von branchenweiter Bedeutung. Schon in Canaris Feder wurde das Bankvertragsrecht ein Paradigma des Privatrechts allgemein, beispielsweise, indem er es (erstmals) unternahm, jeweils den Vertrag von seiner „Geburt" bis hin zu seinem „Tod", bis hinein in die Insolvenz, durchzuformen und nachzuzeichnen, oder auch, indem er es aus dem Bankrecht heraus unternahm, ein neues Bereicherungsrecht – insbesondere in der Dreiecksbeziehung – zu schreiben. Ähnlich paradigmatisch ist Bankrecht heute, freilich in anderen Punkten: in der Internationalität (mit fast schon kodifikatorischer Durchbildung auf EU-Ebene, etwa im Zahlungsdiensterecht), in der Verbindung von Einzelbeziehung und allgemeiner Marktordnung, und aus beiden Gründen auch in seinem Methodenreichtum, als Kernmaterie für disziplinenübergreifende Denkansätze. All dies auch für praktische Ansprüche handhabbar zu machen und darzustellen, ist Reiz und Herausforderung der Aufgabe, der vorliegenden Neukommentierung.

Der hier nunmehr vorgelegte *Erste Teilband* folgt (wie schon der Zweite, 2015) dieser Konzeption. Mehr noch: Dass dieser Erste Teilband zeitlich auf den Zweiten folgt und ihm nicht (wie naheliegend) vorangeht, ist allein dieser Konzeption geschuldet. Denn der aufsichtsrechtliche Rahmen, die Aufsichtsarchitektur, konnte in der ersten Jahrhälfte 2014 noch gar nicht geschrieben werden. Sie hat sich so fundamental geändert, dass sie – und damit der regulatorische Rahmen des gesamten Bankgeschäfts – als eine gänzlich Neue erscheint. Dies ist die Aufsichtsarchitektur, die Antworten geben soll auf die Defizite, die in der Finanzkrise hervortraten, und von der zu hoffen ist, dass sie einige Jahre und Jahrzehnte prägen wird (denn das heißt auch: sie würde sich als hinreichend krisenvorbeugend erweisen). Im *Ersten Teil* des Teilbandes wird daher die Einbettung des Bankvertragsrechts in die breitere Organisation, vor allem jedoch Regulierung des Kreditwesens dargestellt. Nach der Finanzkrise, aber auch in Zeiten, in denen die privatrechtlichen Ansprüche zunehmend auch legislatorisch behandelt werden, die sich aus Verstößen gegen den regulatorischen Rahmen ergeben, erschien es schlicht als überholt, ein Bankvertragsrecht zu schreiben, ohne diesen regulatorischen Rahmen zumindest zu umreißen. Ein Großteil des Ersten Teils gilt der Frage, wie sich die Europäische Bankenaufsicht tatsächlich im Privatrecht auswirkt. Dieser regulatorische Rahmen – die Europäische Bankenunion – ist zudem so ausgestaltet und verfasst, dass auch die anderen beiden Leitthemen des Kommentars zugleich auch als Leitthemen des Ersten Teils hervortreten: Dieser Rahmen ist Europäisch wie kein anderer Teil des Bankrechts, denn er ist nicht nur legislatorisch vereinheitlicht, sondern auch administrativ: Wie vorher allein das Wettbewerbsrecht und dann das Währungsrecht des Euro ist nun auch das Bankaufsichtsrecht „voll integriert", mit auch verwaltungsmäßiger Durchsetzung auf EU-Ebene, namentlich durch die Europäische Zentralbank (wenn auch nur im Euroraum, durch das hinzukommende Single Rulebook freilich im Ansatz auch EU-weit). Und die herangezogene Literatur ist gleichermaßen ökonomisch wie rechtswissenschaftlich. Diese dreifache Grenzüberschreitung und Verschränkung prägt jedoch nicht nur den Ersten, sondern ebenfalls den *Zweiten Teil* dieses Teilbandes, nunmehr zum Allgemeinen Bank-Kundenverhältnis. Dieses wird nacheinander mit den allgemeinen Pflichten, mit dem Bankkonto als dem zentralen Rahmenvertrag zur Abwicklung im Bank-Kunden-Verhältnis und mit den AGB-Banken und -Sparkassen als der zentralen allgemeinen rechtlichen Ausgestaltung abgehandelt. Vor allem jedoch wird eines klar: Weniger die Diskussion darum, ob nun das allgemeine Bank-Kunden-Verhältnis tatsächlich vertraglicher oder aber quasivertraglicher Natur sei, bildet den Kern lohnenswerter

Debatten. Ungleich wichtiger ist, wie gerade hier Überlegungen der allgemeinen Regulierung (für Markt und auch Staatswesen) und des Individualschutzes einander bedingen, wie Nationales, Supranationales und Internationales zusammenwirken und wie sich gerade im allgemeinen Bank-Kunden-Verhältnis alle Hauptfragen und -tendenzen eines modernen Vertragsrechts niederschlagen. Jedenfalls in diesem Sinne ist das allgemeine Bank-Kunden-Verhältnis unzweifelhaft modernes, d.h. vielschichtiges Bank*vertrags*recht.

Literatur und Rechtsprechung sind bis zum 1. August 2015 berücksichtigt.

September 2015   Bandherausgeber und Verlag

Inhaltsübersicht

BANKVERTRAGSRECHT

ERSTER TEIL

Bankvertragsrecht: Kreditwesen und Organisation
Bank-Kunden-Verhältnis

Abkürzungsverzeichnis

aA	anderer Ansicht
aaO	am angegebenen Ort
abl.	ablehnend
ABl.	Amtsblatt
ablehn.	ablehnend
Abs.	Absatz
Abschn.	Abschnitt
abw.	abweichend
AcP	Archiv für civilistische Praxis
ADAC	Allgemeiner Deutscher Automobil-Club
ADHGB	Allgemeines Deutsches Handelsgesetzbuch v. 1861
aE	am Ende
AEUV	Vertrag über die Arbeitsweise der Europäischen Union
a.F.	alte Fassung
AG	1. Amtsgericht
	2. Aktiengesellschaft
AGB	Allgemeine Geschäftsbedingungen
AGG	Allgemeines Gleichbehandlungsgesetz
AiB	Arbeitsrecht im Betrieb
AIF	Alternativer Investmentfonds
AIFM	Alternative Investment Fund Manager
AIFMD	Alternative Investment Fund Managers Directive, Richtlinie 2011/61/EU über die Verwalter alternativer Investmentfonds
AktG	Aktiengesetz
Aktz.	Aktenzeichen
allg.	allgemein
allgM	allgemeine Meinung
a.M.	andere(r) Meinung
amtl.	amtlich(e)
amtl. Begr.	Amtliche Begründung
AnfG	Anfechtungsgesetz
Anh.	Anhang
Anl.	Anleitung
Anm.	Anmerkung(en)
AnzV	Anzeigenverordnung: Verordnung über die Anzeigen und die Vorlage von Unterlagen nach dem Kreditwesengesetz
AO	1. Amtsordnung (Schleswig Holstein)
	2. Abgabenordnung
AöR	Archiv des öffentlichen Rechts
AP	Arbeitsrechtliche Praxis
ApothekenBetrO	Apothekenbetriebsordnung
ApothekenG	Apothekengesetz
ArbG	Arbeitsgericht
ArbGG	Arbeitsgerichtsgesetz
AR-Blattei	Arbeitsrecht-Blattei
ArbR	Arbeitsrecht
ArbstättVO	Arbeitsstättenverordnung
ArbZG	Arbeitszeitgesetz

ArchBürgR	Archiv für Bürgerliches Recht
Art.	Artikel
AÜG	Arbeitnehmerüberlassungsgesetz
Aufl.	Auflage
AV	Ausführungsverordnung
AWD	Allgemeiner Wirtschaftsdienst
AZR	Gesetz über das Ausländerzentralregister
Baden-Württ.	Baden-Württemberg
BaFin	Bundesanstalt für Finanzdienstleistungsaufsicht
BAnz	Bundesanzeiger
Basel I	Ausschuss für Bankenbestimmmungen und -überwachung: Internationale Konvergenz der Eigenkapitalmessung und Eigenkapitalanforderungen (1988)
Basel II	Baseler Ausschuss für Bankenaufsicht: Internationale Konvergenz der Kapitalmessung und Eigenkapitalanforderungen, überarbeitete Rahmenvereinbarung (2004)
Basel III	Baseler Ausschuss für Bankenaufsicht: Basel III: Ein globaler Regulierungsrahmen für widerstandsfähige Banken und Bankensysteme (2010)
BauspG	Gesetz über Bausparkassen
BayERVV	Bayerische Verordnung über den elektronischen Rechtsverkehr und elektronische Verfahren (E-Rechtsverkehrsverordnung – ERVV)
BaWüNotZ	Baden-Württembergische Notarzeitung
BayObLG	Bayerisches Oberlandesgericht
BayZ	Bayerische Zeitung
BAG	Bundesarbeitsgericht
BAO	Bundesabgabenordnung
BÄO	Bundesärzteordnung
BB	Der Betriebs-Berater
BBG; BBAnkG	Gesetz über die deutsche Bundesbank
BBiG	Berufsbildungsgesetz
BC	Zeitschrift für Bilanzierung, Rechnungswesen und Controlling
Bd.	Band
BdB	Bundesverband deutscher Banken e. V.
BDSG	Bundesdatenschutzgesetz
Bek. v.	Bekanntmachung vom
Begr.	Begründung
Beschl.	Beschluss
BetrAVG	Gesetz zur Verbesserung der betrieblichen Altersversorgung (Betriebsrentengesetz)
BetrVG	Betriebsverfassungsgesetz
BeurkG	Beurkundungsgesetz
BfA	Bundesversicherungsanstalt für Angestellte
BFH	Bundesfinanzhof
BFHE	Entscheidungen des Bundesfinanzhofes
BFuP	Betriebswirtschaftliche Forschung und Praxis (Zeitschrift)
BGB	Bürgerliches Gesetzbuch vom 18.8.1896
BGBl.	Bundesgesetzblatt
BGH	Bundesgerichtshof
BGHR	BGH-Rechtsprechung, hrsg. von den Richtern des Bundesgerichtshofes
BGHZ	Entscheidungen des Bundesgerichtshofes in Zivilsachen
BIZ	Bank für Internationalen Zahlungsausgleich, Basel
BKartA	Bundeskartellamt
BKR	Zeitschrift für Bank- und Kapitalmarktrecht

Bl.	Blatt
BMJ	Bundesministeriums der Justiz
BNotO	Bundesnotarordnung
BoHdR	Bonner Handbuch der Rechnungslegung
BörsG	Börsengesetz
BörsO	Börsenordung
BörsZulV	Börsenzulassungs-Verordnung; Verordnung über die Zulassung von Wertpapieren zur amtlichen Notierung an einer Wertpapierbörse
BPatG	Bundespatentgericht
BPatGE	Entscheidungen des Bundespatentgerichts
BR-Drucks.	Bundesratsdrucksache
BRAGO	Bundesgebührenordnung für Rechtsanwälte
BRAK-Mitt	Mitteilungen der Bundesrechtsanwaltskammer
BRRD	Bank Recovery and Resolution Directive
BRRD-Richtlinie	Richtlinie 2014/59/EU des Europäischen Parlaments und des Rates vom 15.05.2014 zur Festlegung eines Rahmens für die Sanierung und Abwicklung von Kreditinstituten und Wertpapieren; ABl. EU L 173 v. 12.06.2014
BSpKG	Gesetz über Bausparkassen
BStBl	Bundessteuerblatt
BT	Bundestag
BT-Drucks., BT-Drs.	Bundestags-Drucksache
BuB	Bankrecht und Bankpraxis, hrsg. v. Hellner/Steuer/Piekenbrock/Siegmann/Höche, Loseblatt-Sammlung, Köln
BUrlG	Bundesurlaubsgesetz vom 8.1.1963
BVerfG	Bundesverfassungsgericht
BVerfGE	Entscheidungen des Bundesverfassungsgerichts
BVK	Bayerische Versicherungskammer
BWNotZ	Zeitschrift für das Notariat in Baden-Württemberg
bzgl.	bezüglich
bzw.	beziehungsweise
CaR	Credit at Risk
CD	Certificate of Deposit
CDH	Centralvereinigung Deutscher Wirtschaftsverbände für Handelsvermittlung und Vertrieb e.V.
CDS	Credit Default Swap(s)
cic	culpa in contrahendo
CISG	United Nations Convention on Contracts for the International Sale of Goods, UN-Kaufrecht
CRD IV	Capital Requirements Directive IV; Richtlinie 2013/36/EU des Europäischen Parlaments und des Rates vom 26. Juni 2013 über den Zugang zur Tätigkeit von Kreditinstituten und die Beaufsichtigung von Kreditinstituten und Wertpapierfirmen, zur Änderung der Richtlinie 2002/87/EG und zur Aufhebung der Richtlinien 2006/48/EG und 2006/49/EG, ABl. EU L 176 v. 27.06.2013
CRDIVAnpV	Verordnung zur Anpassung von aufsichtsrechtlichen Verordnungen an das CRD IV-Umsetzungsgesetz
CRR	Capital Requirements Regulation; Verordnung (EU) Nr. 575/2013 des Europäischen Parlaments und des Rates vom 6. Juni 2013 über Aufsichtsanforderungen an Kreditinstitute und Wertpapierfirmen und zur Änderung der Verordnung (EU) 6486/2012; ABl. EU L 321 v. 30.11.2013
CRR-Kreditinstitute	Kreditinstitute, die (ggf. auch allein) das Einlagen- und das Kreditgeschäft betreiben (früher Einlagenkreditinstitute)

DAR	Deutsches Autorecht
DAV	Deutscher Anwaltsverein
DepG	Depotgesetz; Gesetz über die Verwahrung und Anschaffung von Wertpapieren
ders.	derselbe
DB	Der Betrieb
DepG	Depotgesetz; Gesetz über die Verwahrung und Anschaffung von Wertpapieren
DGS	Depot Guarantee Scheme (Einlagensicherungssystem)
d.h.	das heißt
dies.	dieselbe(n)
DIHT	Deutscher Industrie- und Handelstag
Dipl.	Diplom
Diss	Dissertation
DJT	Deutscher Juristentag
DNotZ	Deutsche Notarzeitung
DR	Deutsches Recht
DSGV	Deutscher Sparkassen- und Giroverband
DStR	1. Deutsches Steuerrecht (Zeitschrift)
	2. Deutsche Steuerrundschau
	3. Deutsches Strafecht
DV	1. Durchführungsverordnung
	2. Deutsche Verwaltung
DVBl	Deutsches Verwaltungsblatt (Zeitschrift)
DVO	Durchführungsverordnung
DZWIR	Deutsche Zeitschrift für Wirtschafts- und Insolvenzrecht
E	Entscheidung
EABG	Einlagensicherungs- und Anlegerentschädigungsgesetz
EBA	European Banking Authority (Europäische Bankenaufsichtsbehörde)
EBE/BGH	Eildienst Bundesgerichtliche Entscheidungen
EBJS	Ebenroth/Boujong/Joost/Strohn
EDV	Elektronische Datenverarbeitung
EFG	Entscheidungen der Finanzgerichte
EFSF	European Financial Stability Facility (Europäische Finanzstabilisierungsfazilität)
EFZG	Entgeltfortzahlungsgesetz
EG	Europäische Gemeinschaft
EGBGB	Einführungsgesetz zum Bürgerlichen Gesetzbuch
EGHGB	Einführungsgesetz zum Handelsgesetzbuch
EGInsO	Einführungsgesetz zur Insolvenzordnung
EGVP	Elektronisches Gerichts- und Verwaltungspostfach
EGVVG	Einführungsgesetz zum Versicherungsvertragsgesetz
ehem.	ehemalige
EHUG	Gesetz über elektronische Handelsregister und Genossenschaftsregister sowie das Unternehmensregister
einh.	Einheitlich
Einl.	Einleitung
EIOPA	European Insurance and Occupational Pensions Authority (Europäische Aufsichtsbehörde für das Versicherungswesen und die betriebliche Altersvorsorge)
e.K.	Eingetragener Kaufmann/Eingetragene Kauffrau
Entsch.	Entscheidung
ErbStG	Erbschaftsteuer- und Schenkungsteuergesetz
E-Register	elektronisches Register

ERJuKoG	Gesetz über elektronische Register und Justizkosten für Telekommunikation
Erl.	Erläuterung
ESA	European Supervisory Authorities
ESFS	European System of Financial Supervision (Europäisches Finanzaufsichtssystem)
ESM	European Stability Mechanism (Europäischer Stabilitätsmechanismus)
ESMA	European Securities and Markets Authority
ESRB	European Systemic Risk Board (Europäischer Ausschuss für Systemrisiken)
EStG	Einkommenssteuergesetz
ESZB	Europäisches System der Zentralbanken
et al.	Et alii (und andere)
etc.	Et cetera
EU	Europäische Union
EUFAAnpG	Gesetz zur Umsetzung der Richtlinie 2010/78/EU vom 24. November 2010 im Hinblick auf die Einrichtung des Europäischen Finanzaufsichtssystems
EuGH	Europäischer Gerichtshof
EuGHE	Entscheidungen des Europäischen Gerichtshofs
EuG	Europäisches Gericht Erster Instanz
EuGVVO	Verfahrensverordnung des Europäischen Gerichts Erster Instanz vom 1.3.2002
EuGVÜ	Übereinkommen über die gerichtliche Zuständigkeit und die Vollstreckung von Entscheidungen in Zivil- und Handelssachen, vom 27.9.1968, seit dem 1.3.2002 weitgehend durch die EuGVVO ersetzt
EuInsVO	Europäische Insolvenzverordnung
EuLF	European Law Forum
EuZVO	Europäische Zustellungsverordnung
EuZW	Europäische Zeitschrift für Wirtschaftsrecht (Zeitschrift)
EuroEG	Euro- Einführungsgesetz
EWiR	Entscheidungen zum Wirtschaftsrecht
EWIV	Europäische wirtschaftliche Interessenvereinigung
EWR	Europäischer Wirtschaftsraum
EWS	1. Europäisches Währungssystem 2. Europäisches Wirtschafts- und Steuerrecht
EV	1. Eigentumsvorbehalt 2. Einführungsverordnung
EzA	Entscheidungssammlung zum Arbeitsrecht
EZB	Europäische Zentralbank
f	folgende
FamFG	Familienverfahrensgesetz
FAZ	Frankfurter Allgemeine Zeitung
FeiertagslohnzahlungsG	Feiertagslohnzahlungsgesetz
ff	fortfolgende
FG	Finanzgericht
FGG	Gesetz über die Freiwillige Gerichtsbarkeit
FGPrax	Praxis der freiwolligen Gerichtsbarkeit
FMFG	Finanzmarktförderungsgesetz; Gesetz zur weiteren Fortentwicklung des Finanzplatzes Deutschland
FMSA	Bundesanstalt für Finanzmarktstabilisierung
FMStFG	Finanzmarktstablisierungsfondsgesetz v. 17.10.2008 (BGBl. I S. 1982)
Fn	Fußnote

FRUG	Gesetz zur Umsetzung der Richtlinie über Märkte für Finanzinstrumente und der Durchführungsrichtlinie der Kommission (Finanzmarktrichtlinie-Umsetzungsgesetz) v. 16.07.2007
FS	Festschrift
FSB	Financial Stability Board (Rat für Finanzstabilität)
GBO	Grundbuchordnung
GbR	Gesellschaft bürgerlichen Rechts
gem.	gemäß
GenG	Genossenschaftsgesetz
GewO	Gewerbeordnung
GesRZ	Der Gesellschafter
GG	Grundgesetz
ggf.	gegebenenfalls
GK	Großkommentar
GmbH	Gesellschaft mit beschränkter Haftung
GmbHG	Gesetz betreffend die Gesellschaften mit beschränkter Haftung
GmbHR	GmbH-Rundschau
GenG	Genossenschaftsgesetz
GewO	Gewerbeordnung
GewStG	Gewerbesteuergesetz
GoA	Geschäftsführung ohne Auftrag
GOÄ	Gebührenordnung für Ärzte
GOZ	Gebührenordnung für Zahnärzte
GREStG	Grunderwerbsteuergesetz
GroMiKV	Großkredit- und Millionenkreditverordnung; Verordnung über die Erfassung, Bemessung, Gewichtung und Anzeige von Krediten im Bereich der Großkredit- und Millionenkreditvorschriften des Kreditwesengesetzes
Großkreditrichtlinie	EG-Richtlinie für die Überwachung und Kontrolle der Großkredite von Kreditinstituten
GRUR	Gewerblicher Rechtsschutz und Urheberrecht
GRUR-RR	Gewerblicher Rechtsschutz und Urheberrecht/Rechtsprechungs-report
GSG	Gerätesicherheitsgesetz
GV	Gebührenverzeichnis
GVG	Gerichtsverfassungsgesetz
GVO	Gerichtsvollzieherordnung
GWB	Gesetz gegen Wettbewerbsbeschränkungen
hA	herrschende Ansicht
HAG	1. Heimarbeitsgesetz 2. Hessisches Ausführungsgesetz
Halbbd.	Halbband
HansGZ	Hanseatische Gerichtszeitschrift
HandelsR	Handelsrecht
Hdb.	Handbuch
HdJ	Handbuch des Jahresabschlusses
HGB	Handelsgesetzbuch
HK	Handelskammer
HKO	Haager Landkriegsordnung
hL	herrschende Lehre
hM	herrschende Meinung
HOAI	Honorarordnung für Architekten und Ingenieure in der Bekanntmachung vom 4.3.1991
HRefG	Handelsrechtsreformgesetz vom 22.6.1998

HRegGebV	Verordnung über Gebühren in Handels, Partnerschafts- und Genossenschaftsregistersachen Handelsregistergebührenverordnung)
HRegGebNeuOG	Handelsregistergebühren-Neuordnungsgesetz
HRR	Höchstrichterliche Rechtsprechung
Hrsg., hrsg.	Herausgeber, herausgegeben
HRV	Verordnung über die Einrichtung und Führung des Handelsregisters
Hs./Hs	Halbsatz
HSG	Hochschulgesetz
HuRB	Handwörterbuch unbestimmter Rechtsbegriffe im Bilanzrecht des HGB
HV	Handelsvertreter
HVR	Humanitäres Völkerrecht
HVuHM	Der Handelsvertreter und Handelsmarker
HWK	Handwerkskammer
IAS	IASC Framework for the Preparation and Presentation of Financial Statements, International Accounting Standards
IASB	International Accounting Standards Board
ICC	1. Intergovernmental Copyright Committee
	2. International Chamber of Commerce
idF	in der Fassung
idR	in der Regel
idS	in diesem Sinne
IDW	Institut der Wirtschaftsprüfer
ie	id est
iE	im Einzelnen
i.E.	im Ergebnis
ieS	in engerem Sinne
IFRC	International Financial Reportings Committee
IFRS	International Financial Reporting Standards
IFSt	Institut Finanzen und Steuern
IHR	Internationales Handelsrecht
iHv	in Höhe von
insbes.	insbesondere
Ind.- u. Handelsk.	Industrie- und Handelskammer
InsO	Insolvenzordnung
InsoBekV	Verordnung zu öffentlichen Bekanntmachungen in Insolvenzverfahren im Internet
InvG	Investmentgesetz
InvStG	Investmentsteuergesetz
IOSCO	International Organization of Securities Commissions
IPRax	Praxis des Internationalen Privat- und Verfahrensrechts
IPRsp.	Die Deutsche Rechtsprechung auf dem Gebiet des internationalen Privatrechts
iRd	im Rahmen des
iS	im Sinne
iSd	im Sinne des/der
ISDA	International Swaps and Derivatives Association, Inc.
iSv	im Sinne von
i.V.m.	in Verbindung mit
i.w.S.	im weiteren Sinne
IZPR	Das Internationale Zivilprozess
JA	Juristische Arbeitsblätter
JbFSt	Jahrbuch der Fachanwälte für Steuerrecht
jew.	jeweils

JMBl.	Justizministerialblatt
JR	Juristische Rundschau
JRPV	Juristische Rundschau für Privatversicherung
JURA	Juristische Ausbildung
JuS	Juristische Schulung
JVKostO	Justizverwaltungskostengesetz
JW	Juristische Wochenschrift
JZ	Juristenzeitung
KAG	Kapitalanlagegesellschaft
KAGB	Kapitalanlagegesetzbuch
Kapitaladäquanzrichtlinie	Richtlinie 2006/49/EG v. 14.06.2006 über die angemessene Eigenkapitalausstattung von Wertpapierfirmen und Kreditinstituten, ABl. EU 177/201 v. 30.06.2006
Kart	Kartell
Kfm.	Kaufmann
KFR	Kommentierte Finanzrechtsprechung
KfW	Kreditanstalt für Wiederaufbau
Kfz	Kraftfahrzeug
KG	1. Kammergericht
	2. Kommanditgesellschaft
KGaA	Kommanditgesellschaft auf Aktien
KGJ	Jahrbuch für Entscheidungen des Kammergerichts in Sachen der freiwilligen Gerichtsbarkeit und Kosten-, Stempel- und Strafsachen
KMU	Kleines oder mittelständisches Unternehmen
KO	1. Kassenordnung
	2. Konkursordnung
KOM	Kommissionsdokumente
Königl.	Königlich
KÖSDI	Kölner Steuerdialog
KostG	Kostengesetz
KostO	Kostenordnung
krit.	kritisch
KSchG	Kündigungsschutzgesetz in der Bekanntmachung vom 25.8.1969
KTS	Konkurs-, Treuhand- und Schiedsgerichtswesen
KWG	1. Kommunalwahlgesetz
	2. Kreditwesengesetz; Gesetz über das Kreditwesen
LAG	Landesarbeitsgericht
LG	Landgericht
lit.	litera
LM	Nachschlagewerk des Bundesgerichtshofes, hrsg. v. Lindemaier
LS	1. Landessatzung
	2. Leitsatz
Ltd.	Private Company Limited by Shares
LVA	Landesversicherungsanstalt
LZ	Leipziger Zeitschrift für Deutsches Recht
m.	mit
M.	Meinung
MaRisk	Mindestanforderungen an das Risikomanagement, Rundschreiben der BaFin 10/2012 (BA) v. 14.12.2012
MarkenG	Markengesetz
MaSan	Mindestanforderung an die Ausgestaltung von Sanierungsplänen, Rundschreiben der BaFin 3/2014 (BA) v. 25.04.2014

m.a.W.	mit anderen Worten
m. Bespr.	mit Besprechung
m.E.	meines Erachtens
mglw.	möglicherweise
MiFID	Markets in Financial Instruments Directive; Richtlinie 2004/39/EG v. 21.04.2004 über Märkte für Finanzinstrumente, zur Änderung der Richtlinien 85/611/EWG und 93/6/EWG des Rates und der Richtlinie 2000/12/EG des Europäischen Parlaments und des Rates und zur Aufhebung der Richtlinie 93/22/EWG des Rates, ABl. EG L 145/1 v. 30.4.2004
MiFID II	Richtlinie 2014/65/EU v. 15.05.2014 über Märkte für Finanzinstrumente sowie zur Änderung der Richtlinien 2002/92/EG und 2011/61/EU (Neufassung), ABl. EU L 173/349 v. 12.06.2014
MiFIR	Markets in Financial Instruments Regulation; Verordnung (EU) Nr. 600/2014 v. 15.05.2014 über Märkte für Finanzinstrumente und zur Änderung der Verordnung (EU) Nr. 648/2012, ABl. EU L 173/84 v. 12.06.2014
Mio.	Millionen
MitbestG	Mitbestimmungsgesetz
MittRhNotK	Mitteilungen Rheinische Notar-Kammer
MittBayNot	Mitteilungen der Bayerischen Notarkammer
MiZi	Mitteilungen in Zivilsachen
mN	mit Nachweisen
MoMiG	Gesetz zur Modernisierung des GmbH-Rechts und zur Bekämpfung von Missbräuchen
Mrd.	Milliarde
MünchKomm	Münchener Kommentar
MuW	Markenschutz und Wettbewerb
m.w.N.	mit weiteren Nachweisen; mit weiteren Nennungen
m.W.v.	mit Wirkung vom
Nachw.	Nachweise
NaStraG	Gesetz zur Namensaktie und zur Erleichterung der Stimmrechtsausübung
NdsRpfl.	Niedersächsische Rechtspflege
n.F.	neue Fassung
NJOZ	Neue Juristische Online Zeitschrift
NJW	Neue Juristische Wochenschrift
NJW-RR	Neue Juristische Wochenschrift, Rechtsprechungsreport
NotBZ	Zeitschrift für die notarielle Beurkundungspraxis
Nr.	Nummer
NRW	Nordrhein-Westfalen
n.v.	nicht veröffentlicht
NVwZ	Neue Zeitschrift für Verwaltungsrecht
NWB	NWB Steuer- und Wirtschaftsrecht (bis 2008: Neue Wirtschafts-Briefe für Steuer- und Wirtschaftsrecht)
NZA	Neue Zeitschrift für Arbeits- und Sozialrecht
NZA-RR	Neue Zeitschrift für Arbeits- und Sozialrecht, Rechtsprechungsreport
NZG	Neue Zeitschrift für Gesellschaftsrecht
NZI	Neue Zeitschrift für das Recht der Insolvenz und Sanierung
NZM	Neue Zeitschrift für Miet- und Wohnungsrecht
o.	oben
o.ä.	oder ähnliches
ÖBA	Österreichisches Bankarchiv (Zeitschrift)

OFD	Oberfinanzdirektion
OGA	Organismus für Gemeinsame Anlagen
OGAW	Organismus für Gemeinsame Anlagen in Wertpapieren
(ö)OGH	Oberster Gerichtshof (Österreich)
OGHZ	Entscheidungen des Obersten Gerichtshofs für die Britische Zone in Zivilsachen
OHG	Offene Handelsgesellschaft
OLG	Oberlandesgericht
OLGR	OLG-Report: Zivilrechtsprechung der Oberlandesgerichte
österr.	Österreichisches
OTC	Over The Counter
OWiG	Gesetz über Ordnungswidrigkeiten
PartGG	Partnerschaftsgesellschaftsgesetz
PfandBG; PfandbriefG	Pfandbriefgesetz
PflegeVG	Pflege-Versicherungsgesetz
PiR	NWB Internationale Rechnungslegung
ppa.	per procura (in Vollmacht)
ProdHaftG	Produkthaftungsgesetz
PublG	Publizitätsgesetz; Gesetz über die Rechnungslegung von bestimmten Unternehmen und Konzernen
PucheltsZ	Zeitschrift für französisches Zivilrecht
RabelsZ	Zeitschrift für ausländisches und internationales Privatrecht
RAG	Reichsarbeitsgericht
RAG ARS	Reichsarbeitsgericht, Arbeitsrechts-Sammlung (Entscheidungen des Reichsarbeitsgerichts und des Reichsehrengerichts, der Landesarbeitsgerichte, Arbeitsgerichte und Ehrengerichte, 1928 ff)
RBerG	Rechtsberatungsgesetz
RdA	Recht der Arbeit
Rdsch.	Rundschau
RdW	Das Recht der Wirtschaft
RefE	Referentenentwurf
RegBegr.	Regierungsbegründung
RegE	Regierungsentwurf
RG	1. Reichsgericht
	2. Reichsgesetz
RGSt	Entscheidungen des Reichsgerichts in Strafsachen
RGZ	Entscheidungen des Reichsgerichts in Zivilsachen
RIW	Recht der internationalen Wirtschaft (Zeitschrift)
RJA	Entscheidungen in Angelegenheiten der freiwilligen Gerichtsbarkeit und des Grundbuchrechts, zusammengestellt im Reichsjustizamt
RKS	Rechtsprechung kaufmännischer Schiedsgerichte
RL	Richtlinie
RNotZ	Rheinische Notar-Zeitschrift
Rn	Randnummer
ROHG	Reichsoberhandelsgericht
ROHGE	Entscheidungen des Reichsoberhandelsgerichts
Rpfleger	Rechtspfleger
RPflG	Rechtspflegergesetz
Rs.	Rechtssache
Rspr.	Rechtsprechung
RUF	Revolving Unterwriting Facility
RuS	Recht und Schaden

RVO	Rechtsverordnung
Rz	Randziffer
s.	siehe
S.	Seite
s.a.	siehe auch
SAE	Sammlung arbeitsgerichtlicher Entscheidungen
Sächs.	Sächsisch
ScheckG	Scheckgesetz vom 14.8.1933
SE	Societas Europaea – Europäische Gesellschaft
SEAG	Gesetz zur Ausführung der Verordnung des Rates über das Statut der Europäischen Gesellschaft (SE)
Sg	Sozialgericht
SGB	Sozialgesetzbuch
SIFI	Systemically Important Financial Institutions
SigG	Signaturgesetz
Slg.	Sammlung
sog.	Sogenannt
SolvV	Solvabilitätsverordnung, Verordnung über die angemessene Eigenmittelausstattung von Instituten, Institutsgruppen und Finanzholding Gruppen
SpruchG	Gesetz über das gesellschaftsrechtliche Spruchverfahren – Spruchverfahrensgesetz
SRM	Single Resolution Mechanism, Einheitlicher Abwicklungsmechanismus
SRM-Verordnung	Verordnung (EU) Nr. 806/2014 des Europäischen Parlaments und des Rates vom 15. Juli 2014 zur Festlegung einheitlicher Vorschriften … im Rahmen eines einheitlichen Abwicklungsmechanismus. ABl. EU 2014 L 225/1
SSM	Single Supervisory Mechanism, Einheitlicher Aufsichtsmechanismus
SSM-Verordnung	Verordnung (EU) Nr. 1024/2013 des Rates vom 15.10.2013 zur Übertragung besonderer Aufgaben im Zusammenhang mit der Aufsicht über Kreditinstitute auf die Europäische Zentralbank, ABl. EU L 287 v. 29.10.2013
st.	ständige
StBp	Die steuerliche Betriebsprüfung
std. Rspr.	ständige Rechtsprechung
Stgb	Die Steuerberatung
StGB	Strafgesetzbuch
StPO	Strafprozessordnung
str.	streitig
StuB	Zeitschrift für das Steuerrecht und die Rechnungslegung der Unternehmen
StuW	Steuer und Wirtschaft
s.u.	siehe unten
TB-Merkmale	Tatbestandsmerkmale
TDG	Gesetz über die Nutzung von Telediensten – Teledienstegesetz
teilw.	teilweise
TransPuG	Transparenz- und Publizitätsgesetz; Gesetz zur weiteren Reform des Aktien- und Bilanzrechts, zu Transparenz und Publizität
TranspR	Transportrecht
TUG	Transparenzrichtlinie-Umsetzungsgesetz
TVG	Tarifvertragsgesetz
Tz	Teilziffer
TzBfG	Teilzeit- und Befristungsgesetz

Tz.	Textziffer
u.a.	unter anderem; und andere
u.ä.	und ähnliches
Ubg	Die Unternehmensbesteuerung
UG	Unternehmergesellschaft
umf.	umfassend
UmwG	Umwandlungsgesetz
unstr.	unstrittig
Unterabs.	Unterabsatz
UrhG	Urheberrechtsgesetz
Urt.	Urteil
URV	Verordnung über das Unternehmensregister
usf.	und so fort
UWG	Gesetz gegen den unlauteren Wettbewerb
u.U.	unter Umständen
v.	von/vom
VAG	Versicherungsaufsichtsgesetz
VerBAV	Veröffentlichungen des Bundesaufsichtsamtes für das Versicherungswesen
Verf.	Verfasser
VerkprospG	Verkaufsprospektgesetz
VersVerm	Versicherungsvermittlung
Vertikal-GVO	Die Gruppenfreistellungsverordnung für vertikale Vereinbarungen
VertriebsR	Vertriebsrecht
VGA	Bundesverband der Geschäftsstellenleiter und Assekuranz
Vgl.	Vergleiche
v.H.	von Hundert
VO	Verordnung
Vol.	Volume
Voraufl.	Vorauflage
Vorb.	Vorbemerkung
VRS	Verkehrsrechts-Sammlung
VvaG	Versicherungsverein auf Gegenseitigkeit
VVG	Gesetz über den Versicherungsvertrag
VW	Versicherungswirtschaft
VwVfG	Verwaltungsverfahrensgesetz
WarnRprs	1. Rechtsprechung des Reichsgerichts auf dem Gebiete des Zivilrechts, soweit sie nicht in der amtlichen Sammlung der Entscheidungen des RG abgedruckt ist, hrsg. v. Warnmeyer 2. Sammlung zivilrechtlicher Entscheidungen des Reichsgerichts hrsg. von Buchwald (Begründet von Warnmeyer)
WechselG	Wechselgesetz
weit.	weitere(n)
WG	1. Wassergesetz 2. Wechselgesetz 3. Wohnwirtschaftliche Gesetzgebung
Wistra	Zeitschrift für Wirtschafts- und Steuerstrafrecht
WM	1. Wertpapier-Mitteilungen (Zeitschrift) 2. Wohnwirtschaft und Mietrecht
wN	weitere Nachweise
WpAIV	Wertpapierhandelsanzeige- und Insiderverzeichnisverordnung
WPg	Die Wirtschaftsprüfung (Zeitschrift)
WpHG	Wertpapierhandelsgesetz

WPO	Gesetz über eine Berufsordnung der Wirtschaftsprüfer. (Wirtschaftsprüferordnung)
WpÜG	Wertpapiererwerbs- und Übernahmegesetz
WRP	Wettbewerb in Recht und Praxis
WuB	Entscheidungssammlung zum Wirtschafts- und Bankrecht
WuW	Wirtschaft und Wettbewerb
WuW-E	Wirtschaft und Wettbewerb, Entscheidungen zum Kartellrecht
WVK	Wiener Vertragsrechtskonvention
Z	(in Zusammenhängen) Zeitschrift, Zeitung, Zentralblatt
z.B.	zum Beispiel
ZBB	Zeitschrift für Bankrecht und Bankwirtschaft
ZBH	Zentralblatt für Handelsrecht
ZBR	Zeitschrift für Beamtenrecht
ZErb	Zeitschrift für die Steuer- und Erbrechtspraxis
ZEuP	Zeitschrift für Europäisches Privatrecht
ZEV	Zeitschrift für Erbrechts- und Vermögensnachfolge
ZfA	Zeitschrift für Arbeitsrecht
ZfBF	Zeitschrift für betriebswirtschaftliche Forschung
ZfgK	Zeitschrift für das gesamte Kreditwesen
ZfIR	Zeitschrift für Immobilienrecht
ZfV	1. Zeitschrift für Versicherungswesen
	2. Zeitschrift für Verwaltung
ZGR	Zeitschrift für Unternehmens- und Gesellschaftsrecht
ZHR	Zeitschrift für das gesamte Handels- und Wirtschaftsrecht
ZIP	Zeitschrift für Wirtschaftsrecht und Insolvenzpraxis
ZInsO	Zeitschrift für das gesamte Insolvenzrecht
ZPO	Zivilprozessordnung
ZR	Zivilrecht
ZRP	Zeitschrift für Rechtspolitik
ZS	Zivilsenat
ZSR	1. Zeitschrift für Schweizerisches Recht
	2. Zeitschrift für Sozialrecht
z.T.	zum Teil
zust.	zustimmend
ZustErgG	Zuständigkeitsergänzungsgesetz
zutr.	zutreffend
ZVersWiss	Zeitschrift für Versicherungswissenschaft
ZVglRWi(ss)	Zeitschrift für vergleichende Rechtswissenschaft
zwh.	zweifelhaft

Verzeichnis der abgekürzt zitierten Literatur

zu

Staub, Handelsgesetzbuch
Großkommentar

Abkürzungen der 5. Aufl.

Soweit andere als im nachfolgenden Verzeichnis angegebene Auflagen zitiert werden, sind diese mit einer hochgestellten Ziffer gekennzeichnet.

Adler	Das Handelsregister, seine Öffentlichkeit und sein öffentlicher Glaube, 1908
ADS	Adler/Düring/Schmaltz (Hrsg.),Rechnungslegung und Prüfung der Unternehmen, Stuttgart, 6. Aufl. 1995–2000
ADS International	Adler/Düring/Schmaltz (Hrsg.), Rechnungslegung nach Internationalen Standards, Stuttgart, 7. Ergänzungslieferung August 2011 (Loseblatt)
AnwKommBGB	Dauner-Lieb/Heidel/Ring (Hrsg.), Anwaltkommentar BGB, 5 Bd., Bonn, 2005 ff
Assmann/Schütze/*Bearbeiter*	Assmann/Schütze (Hrsg.), Handbuch des Kapitalanlagerechts, München, 3. Aufl. 2007
Baetge et al./*Bearbeiter*	Baetge/Wollmert/Kirsch/Oser/Bischof (Hrsg.), Rechnungslegung nach IFRS, Stuttgart, 2. Aufl. 2011 (Loseblatt)
Baetge/Kirsch/Thiele/*Bearbeiter*	Baetge/Kirsch/Thiele (Hrsg.) Bilanzrecht, Bonn/Berlin, 49. Ergänzungslieferung Mai 2013 (Loseblatt)
Ballwieser et al./*Bearbeiter*	Ballwieser/Beine/Hayn/Peemöller/Schruff/Weber (Hrsg.), Wiley IFRS-Handbuch 2010, Weinheim, 7. Aufl. 2011
Bamberger/Roth	Kommentar zum Bürgerlichen Gesetzbuch, 3 Bd., München, 3. Aufl. 2012
Bassenge/Roth FamFG/RPflG	Bassenge/Roth, Gesetz über die Angelegenheiten der freiwilligen Gerichtsbarkeit. Rechtspflegergesetz, Kommentar, Heidelberg, 12. Aufl. 2009
Bauer/Diller Wettbewerbsverbote	Bauer/Diller, Wettbewerbsverbote, München, 6. Aufl. 2012
Baumbach/Hefermehl/Casper	Baumbach/Hefermehl/Casper, Wechselgesetz, Scheckgesetz, Recht der kartengestützten Zahlungen: WG,
WechselG u. ScheckG	ScheckG, Kartengestützte Zahlungen, München, 23. Aufl. 2008
Baumbach/Hueck/*Bearbeiter* GmbHG	Baumbach/Hueck, GmbH-Gesetz, München, 19. Aufl. 2010
Baumbach/Hopt/*Bearbeiter*	Baumbach/Hopt, Handelsgesetzbuch, München, 35. Aufl. 2012
Baumbach/Lauterbach/Albers/*Bearbeiter*	Baumbach/Lauterbach/Albers/Hartmann, Zivilprozessordnung: ZPO, München, 70. Aufl. 2012
Baums	Eintragung und Löschung von Gesellschafterbeschlüssen, 1981
Beck-HdR-*Bearbeiter*	Beck'sches Handbuch der Rechnungslegung, Castan/Böcking/Heymann/Pfitzer/Scheffler (Hrsg.), München 40. Aufl. 2013(Loseblatt)

Beck IFRS-Hdb-*Bearbeiter*	Beck'sches IFRS-Handbuch, Bohl/Riese/Schlüter (Hrsg.), München, 4. Aufl. 2013
BeckRS	Beck Rechtsprechung
Beck BilKomm-*Bearbeiter*	Ellrott/Förschle/Hoyos/Winkeljohann (Hrsg.), Beck'scher Bilanz-Kommentar, München, 8. Aufl. 2012
BoHdR-*Bearbeiter*	Hofbauer/Kupsch, Bonner Handbuch der Rechnungslegung, Loseblatt, Stand 2012
Bohl/Riese/Schlüter/*Bearbeiter*	Bohl/Riese/Schlüter (Hrsg.), Beck'sches IFRS-Handbuch, München, 4. Aufl. 2013
Bohnert OWiG	Bohnert, OWiG, Kommentar zum Ordnungswidrigkeiten-recht, München, 3. Aufl. 2010
Bokelmann Firmenrecht	Das Recht der Firmen- und Geschäftsbezeichnungen, Freiburg, 5. Aufl. 2000
Boos/Fischer/Schulte-Mattler/*Bearbeiter* KWG	Boos/Fischer/Schulte-Mattler (Hrsg.), Kreditwesengesetz: KWG, München, 4. Aufl. 2012
Bork	Bork, Der Vergleich, Berlin 1988
Braun, InsO	Braun (Hrsg.), Insolvenzordnung: InsO, München, 5. Aufl. 2012 zitiert: *Bearbeiter* in: Braun, InsO
Brox/Henssler	Brox/Henssler, Handelsrecht mit Grundzügen des Wertpapierrechts, München, 21. Aufl. 2011
Brox/Walker	Brox/Walker, Allgemeiner Teil des BGB, Berlin, 36. Aufl. 2011
Bruck/Möller	Baumann, Horst/Beckmann, Roland Michael/Johannsen, Katharina/Johannsen, Ralf (Hrsg.), Großkommentar zum Versicherungsvertragsgesetz, Berlin, 9. Aufl. 2008 ff
Bürgers/Körber/*Bearbeiter* AktG	Bürgers/Körber (Hrsg.), Heidelberger Kommentar zum Aktiengesetz, Heidelberg, 2. Aufl. 2011
Bumiller/Harders FamFG	Kommentar zum Gesetz über das Verfahren in Familiensachen und in den Angelegenheiten der freiwilligen Gerichtsbarkeit, München, 10. Aufl. 2011
Busse von Colbe/Ordelheide Konzernabschlüsse	Busse von Colbe, Walther/Ordelheide, Dieter, Konzernabschlüsse, 9. Aufl. 2009
Canaris Handelsrecht	Canaris, Claus-Wilhelm, Handelsrecht, München, 24. Aufl. 2006
Canaris Vertrauenshaftung	Canaris, Claus-Wilhelm, Die Vertrauenshaftung im deutschen Privatrecht, München 1971
Christ/Müller-Helle	Veröffentlichungspflichten nach dem neuen EHUG, Freiburg 2007
Deloitte iGAAP 2011	Deloitte (Hrsg.), iGAAP 2011, London, 4. Aufl. 2010
Düringer/Hachenburg	Düringer, Adelbert/Hachenburg, Max, Das Handelsgesetzbuch vom 10. Mai 1897 (unter Ausschluß d. Seerechts) auf d. Grundlage d. Bürgerl. Gesetzbuchs, Mannheim 1935
Ebenroth/Boujong/Joost/Strohn/*Bearbeiter*; EBJS	Ebenroth/Boujong/Joost/Strohn (Hrsg.), Handelsgesetzbuch: HGB, Band 1 §§ 1–342e, München, 2. Aufl. 2008, Band 2 §§ 343–475h, München, 2. Aufl. 2009
Ehrenbergs Hdb	Ehrenbergs Handbuch des gesamten Handelsrechts, 5. Band, I. Abteilung, 1. Hälfte, 1. Lieferung, 1926
Eidenmüller	Ausländische Kapitalgesellschaften im deutschen Recht, München 2004
Emmerich/Habersack KonzernR	Konzernrecht, München, 9. Aufl. 2008
Ensthaler	Ensthaler (Hrsg.), Gemeinschaftskommentar zum Handelsgesetzbuch: HGB, Neuwied, 7. Aufl. 2007, zitiert: *Bearbeiter* in: Ensthaler

Erman/*Bearbeiter*	Erman, Bürgerliches Gesetzbuch, Kommentar, Köln, 13. Aufl. 2011
Ernst & Young International GAAP 2011	Ernst & Young (Hrsg.), International GAAP 2011, Chichester 2011
Fezer MarkenG	Markenrecht, Kommentar, München, 4. Aufl. 2009
FK-InsO/*Bearbeiter*	Wimmer (Hrsg.), Frankfurter Kommentar zur Insolvenzordnung, München, 7. Aufl. 2013
Fleischhauer/Preuß	Handelsregisterrecht – Verfahren – Anmeldemuster – Erläuterungen, Berlin, 2. Aufl. 2010
Frankfurter Kommentar zum Kartellrecht/*Bearbeiter*	Jaeger, u.a. (Hrsg.), Frankfurter Kommentar zum Kartellrecht, 77. Lieferung Dezember 2012 (Loseblatt)
Fülbier/Aepfelbach/Langweg	*Fülbier/Aepfelbach/Langweg*, GWG – Kommentar zum Geldwäschegesetz, 5. Aufl. 2006
Gesetzgebungsmaterialien zum ADHGB	Lutz, Protokolle der Kommission zur Berathung eines allgemeinen deutschen Handelsgesetzbuches 1858 ff
Geßler/Hefermehl	Geßler/Hefermehl/Eckardt/Kropff, Aktiengesetz, 1973 ff
v. Gierke/Sandrock Handels- und Wirtschaftsrecht	v. Gierke/Sandrock, Handels- und Wirtschaftsrecht, Berlin, 9. Aufl. 1975
Goldmann	Der Schutz des Unternehmenskennzeichens, Berlin, 2. Aufl. 2005
Gortsos Single Supervisory Mechanism	*Gortsos*, The Single Supervisory Mechanism (SSM) – Legal aspects of the first pillar of the European Banking Union, 2015
Großkommentar AktG/*Bearbeiter*	Hopt/Wiedemann (Hrsg.), Aktiengesetz Großkommentar, Berlin, 4. Aufl. 1992 ff
Großkomm/*Bearbeiter*	Staub, Hermann, Handelsgesetzbuch: Großkommentar, Berlin, 5. Aufl. 2008 ff
GroßkommUWG/*Bearbeiter*	Jacobs/Lindacher/Teplitzky (Hrsg.), Großkommentar zum UWG, Berlin, 1991 ff
Grüll/Janert Die Konkurrenzklausel	Grüll/Janert, Die Konkurrenzklausel, Heidelberg, 5. Aufl. 1993
Grundmann EG-Schuldvertragsrecht	*Grundmann*, Europäisches Schuldvertragsrecht – das Europäische Recht der Unternehmensgeschäfte (nebst Texten und Materialien zur Rechtsangleichung), 1999
Grundmann Europäisches Gesellschaftsrecht	*Grundmann* Europäisches Gesellschaftsrecht, 2. Aufl. 2011
Grundmann Treuhandvertrag	*Grundmann*, Der Treuhandvertrag – insbesondere die werbende Treuhand, 1997
Habersack	Habersack, Europäisches Gesellschaftsrecht, München, 4. Aufl. 2011
Hachenburg/*Bearbeiter* GmbHG	Ulmer (Hrsg.), Hachenburg, GmbHG – Gesetz betreffend die Gesellschaften mit beschränkter Haftung, Kommentar, 3 Bd., Berlin, 8. Aufl. 1992/1997
Hahn ADHGB	von Hahn, Friedrich, Das Handelsgesetzbuch vom 10. Mai 1897 (mit Ausschluss des Seerechts) auf der Grundlage des Bürgerlichen Gesetzbuchs, Braunschweig, 4. Aufl. 1894
Handbuch des Außendienstrechts I	Küstner/Thume, Handbuch des gesamten Außendienstrechts, Band I: Das Recht des Handelsvertreters. Ohne Ausgleichsrecht, Heidelberg, 4. Aufl. 2012
Hartmann-Wendels/Pfingsten/Weber Bankbetriebslehre	*Hartmann-Wendels/Pfingsten/Weber*, Bankbetriebslehre, 6. Aufl. 2015
HdJ-*Bearbeiter*	von Wysocki/Schulze-Osterloh/Hennrichs/Kuhner (Hrsg.),

	Handbuch des Jahresabschlusses (HdJ) Rechnungslegung nach HGB und internationalen Standards, Köln, 56. Ergänzungslieferung Mai 2013 (Loseblatt)
Heidel/*Bearbeiter* AktienR	Heidel (Hrsg.), Aktienrecht und Kapitalmarktrecht, Kommentar, Baden-Baden, 4. Aufl. 2013
Herrmann/Heuer/Raupach/*Bearbeiter*	Einkommensteuer- und Körperschaftsteuergesetz mit Nebengesetzen, Köln (256. Ergänzungslieferung) 2013 (Loseblatt)
Hess/Binz/Wienberg Gesamtvollstreckungsordnung	Hess/Binz/Wienberg, Gesamtvollstreckungsordnung, Neuwied, 4. Aufl. 1998
Hess/Weis/Wienberg InsO	Hess/Weis/Wienberg (Hrsg.), Insolvenzordnung, Heidelberg, 2. Aufl. 2001zitiert: *Bearbeiter* in: Hess/Weis/Wienberg InsO
Heuser/Theile/*Bearbeiter*	Heuser/Theile (Hrsg.), IFRS-Handbuch, Köln,5. Aufl. 2012
Heymann/*Bearbeiter* HGB	Horn (Hrsg.), Heymann, Handelsgesetzbuch (ohne Seerecht), Kommentar, 4 Bd., Berlin, 2. Aufl. 1995 ff
HuRB	Leffson/Rückle/Großfeld (Hrsg.), Handwörterbuch unbestimmter Rechtsbegriffe im Bilanzrecht des HGB, Köln 1986
Hirte/Bücker	Grenzüberschreitende Gesellschaften, Berlin, 2. Aufl. 2006
HK-HGB	Glanegger/Kirnberger/Kusterer u.a., Heidelberger Kommentar zum Handelsgesetzbuch, Heidelberg, 7. Aufl. 2007, zitiert: *Bearbeiter* HK-HGB
Hoeren/Sieber/*Bearbeiter*	Handbuch Multimediarecht – Rechtsfragen des elektronischen Geschäftsverkehrs, Loseblatt, München 2009 ff 33. Aufl. 2013, 34. Erg.Lief. April 2013
Hopt/Mössle/*Bearbeiter* Handelsrecht	Hopt/Mössle, Handels- und Gesellschaftsrecht, Band I: Handelsrecht, München, 2. Aufl. 1999
Hueck/Canaris Recht der Wertpapiere	Hueck/Canaris, Recht der Wertpapiere, München, 12. Aufl. 1986
Hueck/Nipperdey Arbeitsrecht	Hueck, Alfred, Lehrbuch des Arbeitsrechts, Band 2: Kollektives Arbeitsrecht, Berlin, 7. Aufl. 1967/1970
A. Hueck OHG	Alfred Hueck, Das Recht der offenen Handelsgesellschaft, Berlin, 4. Aufl. 1971
Hüffer AktG	Hüffer, Aktiengesetz, München,10. Auflage 2012
Ingerl/Rohnke	Markengesetz, Kommentar, München, 3. Aufl. 2010
Jansen/*Bearbeiter*	von Schuckmann/Sonnenfeld (Hrsg.), Großkommentar zum FGG, 3. Aufl., 3 Bd., Berlin 2005/2006
Kallmeyer/*Bearbeiter*	Kallmeyer u.a., Umwandlungsgesetz, Köln, 5. Aufl. 2013
Keidel/Krafka/*Bearbeiter* RegisterR	Keidel/Krafka (Hrsg.), Registerrecht, München, 9. Aufl. 2013
Keidel/*Bearbeiter* FamFG	FamFG, Kommentar, München, 17. Aufl. 2011
Köhler BGB, Allgemeiner Teil	Köhler, Helmut, BGB Allgemeiner Teil, München, 37. Aufl. 2012
Köhler/Bornkamm/*Bearbeiter*	Gesetz gegen den unlauteren Wettbewerb: UWG – PAngV – UKlaG, München, 31. Aufl. 2013
Koller/Roth/Morck/*Bearbeiter*	Koller/Roth/Morck, Handelsgesetzbuch: HGB, München, 7. Aufl. 2011
KölnKomm-AktG/*Bearbeiter*	Claussen/Zöllner (Hrsg.), Kölner Kommentar zum Aktiengesetz, Köln, 2. Aufl. 1988 ff; 3. Aufl. 2004 ff
KK-OWiG/*Bearbeiter*	Senge (Hrsg.), Karlsruher Kommentar zum Gesetz über Ordnungswidrigkeiten: OWiG, München, 3. Aufl. 2006
KPMG Insights into IFRS	KPMG (Hrsg.), Insights into IFRS, London, 9. Aufl. 2012/2013
Küstner/Thume	Küstner/Thume, Handelsvertreterverträge, Frankfurt am Main, 2. Aufl. 2011

Küstner/Thume I	Küstner, Thume (Hrsg.), Handbuch des gesamten Außendienstrechts, Band 1: Das Recht des Handelsvertreters. Ohne Ausgleichsrecht, Heidelberg, 3. Aufl. 2000
Küstner/Thume II	Küstner, Thume (Hrsg.), Handbuch des gesamten Außendienstrechts, Band 2: Der Ausgleichsanspruch des Handelsvertreters. Warenvertreter, Versicherungs- und Bausparkassenvertreter, Heidelberg, 8. Aufl. 2008
Küstner/Thume III	Küstner/Thume, Handbuch des gesamten Außendienstrechts, Band 3: Vertriebsrecht. Reisende, Vertragshändler, Kommissionsagenten, Versicherungsmakler, Franchising und Direktvertrieb, Heidelberg, 3. Aufl. 2009
HdR-EA/*Bearbeiter*	Küting/Weber (Hrsg.), Handbuch der Rechnungslegung – Einzelabschluss, Stuttgart, 5. Aufl. 2011 (Loseblatt)
Küting/Weber/*Bearbeiter*	Küting/Weber (Hrsg.), Handbuch der Konzernrechnungslegung, Stuttgart, 2. Aufl. 1998
Lettl	Handelsrecht, München, 2. Aufl. 2011
Loewenheim/Meessen/Riesenkampff/*Bearbeiter*	Loewenheim/Meessen/Riesenkampff (Hrsg.), Kartellrecht, München, 2. Aufl. 2009
Lohmüller/Beustien/Josten	Lohmüller u.a., Handels- und Versicherungsvertreterrecht, 2. Aufl. 1970/71, Loseblatt
Lüdenbach/Hoffmann/*Bearbeiter*	Lüdenbach/Hoffmann (Hrsg.), Haufe IFRS-Kommentar, Freiburg, 9. Aufl. 2011
Lutter/*Bearbeiter* UmwG	Lutter/Winter (Hrsg.), Umwandlungsgesetz, 2 Bd., Köln, 4. Aufl. 2009
Lutter/Hommelhoff/*Bearbeiter* GmbHG	Lutter/Hommelhoff u.a., GmbH-Gesetz, Köln, 17. Aufl. 2009
Luz/Neus/Schaber/Schneider/Wagner/Weber KWG und CRR	*Luz/Neus/Schaber/Schneider/Wagner/Weber* (Hrsg.), KWG und CRR: Kommentar zu KWG, CRR, SolvV, WuSolvV, GroMiKV, LiqV und weiteren aufsichtsrechtlichen Vorschriften, 3. Aufl. 2015
Manigk	Manigk, Alfred, Willenserklärung und Willensgeschäft, Berlin 1907
Martinek Franchising	Martinek, Michael, Franchising, Heidelberg 1987
Martinek/*Bearbeiter*	Martinek, Michael (Hrsg.), Handbuch des Vertriebsrechts, München, 3. Aufl. 2010
Medicus AT	Allgemeiner Teil des BGB, Heidelberg, 10. Aufl. 2010
Meilicke/von Westphalen PartGG	Meilicke/Graf von Westphalen/Hoffmann/Lenz/Wolff, Kommentar, Partnerschaftsgesellschaftsgesetz: PartGG, Gesetz über Partnerschaftsgesellschaften Angehöriger Freier Berufe, München, 2. Aufl. 2006
Michalski/*Bearbeiter* GmbHG	Michalski (Hrsg.), Kommentar zum Gesetz betreffend die Gesellschaften mit beschränkter Haftung (GmbH-Gesetz), 2 Bd., München, 2. Aufl. 2010
MünchHdbGesR/*Bearbeiter*	Münchener Handbuch des Gesellschaftsrechts, 6 Bd., München, 3. Aufl. 2007 ff
MünchKommAktG/*Bearbeiter*	Goette/Habersack (Hrsg.), Münchener Kommentar zum Aktiengesetz, 3. Aufl., München 2008 ff
MünchKommBGB/*Bearbeiter*	Rebmann/Säcker/Rixecker (Hrsg.), Münchener Kommentar zum Bürgerlichen Gesetzbuch, München, 5. Aufl. 2006 ff
MünchKommBilR/*Bearbeiter*	Hennrichs/Kleindiek/Watrin (Hrsg.), Münchener Kommentar zum Bilanzrecht, Band 1 IFRS, München 2009
MünchKommHGB/*Bearbeiter*	Schmidt, Karsten (Hrsg.), Münchener Kommentar zum Handelsgesetzbuch: HGB, München, 2. Aufl. 2005 ff
MünchKommInsO/*Bearbeiter*	Kirchhof/Lwowski/Stürner (Hrsg.), Münchener Kom-

	mentar zur Insolvenzordnung, 3 Bd., München, 2. Aufl. 2007 f
MünchKommZPO/*Bearbeiter*	Rauscher/Wax/Wenzel (Hrsg.), Münchener Kommentar zur Zivilprozessordnung, 4 Bd., München, 3. Aufl. 2007 ff
Musielak/*Bearbeiter* ZPO	Musielak (Hrsg.), Kommentar zur Zivilprozessordnung: ZPO, München, 8. Aufl. 2011
Noack/*Bearbeiter*	Noack (Hrsg.), Das neue Gesetz über elektronische Handels- und Unternehmensregister – EHUG, 2007
Oetker Handelsrecht	Handelsrecht, Heidelberg, 6. Aufl. 2010
Oetker/*Bearbeiter*	HGB, Kommentar, München, 2. Aufl. 2011
Oppenländer/*Bearbeiter*	Praxishandbuch der GmbH-Geschäftsführung, München, 2. Aufl. 2011
Palandt/*Bearbeiter*	Palandt, Bürgerliches Gesetzbuch: BGB, München, 70. Aufl. 2011
Prölss/Martin/*Bearbeiter* VVG	Prölss/Martin, Versicherungsvertragsgesetz: VVG, München, 28. Aufl. 2010
PwC IFRS Manual of Accounting 2011	PricewaterhouseCoopers (Hrsg.), IFRS Manual of Accounting 2011, London 2010
PWW/*Bearbeiter*	Prütting/Wegen/Weinrich (Hrsg.), BGB Kommentar, Köln, 6. Aufl. 2011
Raiser/Veil	Recht der Kapitalgesellschaften, München, 5. Aufl. 2010
Reithmann/Martiny/*Bearbeiter*	Reithmann/Martiny (Hrsg.), Internationales Vertragsrecht Internationales Vertragsrecht, Köln, 7. Aufl. 2010
RGRK/*Bearbeiter* BGB	Das Bürgerliche Gesetzbuch mit besonderer Berücksichtigung der Rechtsprechung des Reichsgerichts und des Bundesgerichtshofes, Berlin, 12. Aufl. 1975–1999
RGRK-HGB/*Bearbeiter*	Kommentar zum Handelsgesetzbuch, Berlin, 1. Aufl. 1939 ff
Richardi Wertpapierrecht	Richardi, Reinhard, Wertpapierrecht, Heidelberg 1987
Ritter HGB	Ritter, Kommentar zum HGB, 2. Aufl. 1932
Röhricht/v. Westphalen/*Bearbeiter*	Röhricht/Westphalen (Hrsg.), Handelsgesetzbuch: HGB, Kommentar zu Handelsstand, Handelsgesellschaften, Handelsgeschäften und besonderen Handelsverträgen (ohne Bilanz-, Transport- und Seerecht), Köln, 3. Aufl. 2008
Roth/Altmeppen	GmbHG-Gesetz betreffend die Gesellschaften mit beschränkter Haftung, Kommentar, München, 6. Aufl. 2009
Rowedder/Schmidt-Leithoff/*Bearbeiter* GmbHG	Rowedder/Schmidt-Leithoff (Hrsg.), Gesetz betreffend die Gesellschaften mit beschränkter Haftung: GmbHG, München, 4. Aufl. 2002
Schlegelberger/*Bearbeiter*	Schlegelberger/Geßler, Handelsgesetzbuch Kommentar, München, 5. Aufl. 1973
K. Schmidt Gesellschaftsrecht	Schmidt, Karsten, Gesellschaftsrecht, Köln, 4. Aufl. 2002
K. Schmidt Handelsrecht	Schmidt, Karsten, Handelsrecht, Köln, 5. Aufl. 1999
K. Schmidt/Lutter AktG	Schmidt, Karsten/Lutter, Marcus, Kommentar zum Aktiengesetz, Köln, 2. Aufl. 2010
Scholz/*Bearbeiter* GmbHG	Scholz (Hrsg.), Kommentar zum GmbHG, 3 Bd., Köln, 10. Aufl. 2006 ff
Schönke/Schröder/*Bearbeiter* StGB	Schönke/Schröder (Hrsg.), Strafgesetzbuch: StGB, Kommentar, München, 28. Aufl. 2010
Schubert/Schmiedel/Krampe	Schubert, Werner/Schmiedel, Burkhard/Krampe, Christoph (Hrsg.), Quellen zum Handelsgesetzbuch von 1897, Frank-

	furt am Main 1988, zitiert: *Schubert/Schmiedel/Krampe* Bd. / Seitenzahl
Schultze/Wauschkuhn/Spenner/Dau	Schultze/Wauschkuhn/Spenner/Dau, Der Vertragshändlervertrag, Frankfurt am Main, 4. Aufl. 2008, zitiert: *Bearbeiter* in: Schultze/Wauschkuhn/Spenner/Dau
Schwark/Zimmer/*Bearbeiter*	Schwark/Zimmer (Hrsg.), Kapitalmarktrechts-Kommentar, München, 4. Aufl. 2010
Soergel/*Bearbeiter*	Soergel/Siebert (Hrsg.), Bürgerliches Gesetzbuch mit Einführungsgesetz und Nebengesetzen, Stuttgart, 13. Aufl. 2001 ff
Spindler/Stilz/*Bearbeiter* AktG	Spindler/Stilz (Hrsg.), Aktiengesetz, Kommentar, 2 Bd., München, 2. Aufl. 2010
Staub ADHGB	Staub, Hermann: Kommentar zum Allgemeinen Deutschen Handelsgesetzbuch, Berlin, 5. Aufl. 1897
Staub/*Bearbeiter*	Staub, Großkommentar zum Handelsgesetzbuch, HGB, Berlin, 1.–15. Aufl.; 5. Aufl. neuer Zählung Canaris/Habersack/Schäfer (Hrsg.), Berlin 2008 ff
Staudinger/*Bearbeiter*	J. von Staudingers Kommentar zum Bürgerlichen Gesetzbuch mit Einführungsgesetz und Nebengesetzen, 13. Bearbeitung, Berlin 1993 ff
Stolterfoht	Stolterfoht, Joachim N., Handelsrecht, Berlin 1973
Straatmann/Ulmer	Straatmann/Ulmer, Handelsrechtliche Schiedsgerichts-Praxis (HSG), 1975 ff
Straube/*Bearbeiter*	Straube (Hrsg.), Kommentar zum Handelsgesetzbuch, Wien, 3. Aufl. 2003 ff
Ströbele/Hacker	Markengesetz, Kommentar, Köln, 8. Aufl. 2006; 10. Aufl. 2011
Stumpf/Jaletzke/*Bearbeiter*	Stumpf/Jaletzke, Der Vertragshändlervertrag, Heidelberg, 3. Aufl. 1997
Stüsser	Stüsser, Rolf, Die Anfechtung der Vollmacht nach Bürgerlichem Recht und Handelsrecht, Berlin 1986
Thiele/von Keitz/Brücks/*Bearbeiter*	Thiele/von Keitz/Brücks (Hrsg.), Internationales Bilanzrecht, Bonn/Berlin 2008 (Loseblatt)
Thomas/Putzo/*Bearbeiter*	Thomas/Putzo, Zivilprozessordnung: ZPO, München, 32. Aufl. 2011
Uhlenbruck/*Bearbeiter*	Uhlenbruck/Hirte/Vallender (Hrsg.), Insolvenzordnung: InsO, Kommentar, München, 13. Aufl. 2010
Ulmer/Brandner/Hensen/ *Bearbeiter* AGB-Recht	Ulmer/Brandner/Hensen, AGB-Recht Kommentar, Köln, 11. Aufl. 2011
Ulmer/Habersack	Ulmer/Habersack, Verbraucherkreditgesetz, München, 2. Aufl. 1995
Ulmer/Habersack/Winter/ *Bearbeiter* GmbHG	Ulmer/Habersack/Winter (Hrsg.), GmbH-Gesetz, Kommentar, 3 Bd., Tübingen, 2005 ff
Ulmer/Schäfer	Ulmer/Schäfer, Gesellschaft bürgerlichen Rechts und Partnerschaftsgesellschaft, München, 5. Aufl. 2009
Vater et al./*Bearbeiter* IFRS Änderungskommentar 2009	Vater/Ernst/Hayn/Knorr/Mißler (Hrsg.), IFRS Änderungskommentar 2009, Weinheim 2009
von Godin/Wilhelmi	Aktiengesetz, Kommentar, Berlin, 4. Aufl. 1971
von Wysocki et al./*Bearbeiter*	von Wysocki/Schulze-Osterloh/Hennrichs/Kuhner (Hrsg.), Handbuch des Jahresabschlusses, Köln 1984 (Loseblatt)
Vortmann Aufklärungspflichten	*Vortmann*, Aufklärungs- und Beratungspflichten der Banken, 10. Aufl. 2013

Wessel/Zwernemann/Kögel Firmengründung	Wessel/Zwernemann/Kögel, Firmengründung, Heidelberg, 7. Aufl. 2001
Zöller/*Bearbeiter* ZPO	Zöller, Richard, Zivilprozessordnung: ZPO, Kommentar, Köln, 29. Aufl. 2012
Zöllner Wertpapierrecht	Zöllner, Wolfgang, Wertpapierrecht, München, 14. Aufl. 1987

ERSTER TEIL

Kreditwesen und Organisation

Übersicht

1. Abschnitt. Kreditwesen und Bankgeschäft

Schrifttum: 1. Monographien, Sammelbände, Kommentare: *Adrian/Heidron* Der Bankbetrieb, 15. Aufl. 2012; *Assies/Beule/Heise/Strube* (Hrsg.) Handbuch des Fachanwalts Bank- und Kapitalmarktrecht, 3. Aufl. 2012; *Becker/Peppmeier* Bankbetriebslehre, 10. Aufl. 2015; *Betge* Bankbetriebslehre, 1996; *Th. Bishop* Money, Banking and Monetary Policy, 2012; *Bitz/Stark* Finanzdienstleistungen, 9. Aufl. 2015; *Büschgen* Bankbetriebslehre – Bankgeschäfte und Bankmanagement, 5. Aufl. 1998; *Büschgen/Börner* Bankbetriebslehre, 4. Aufl. 2003; *Decressin/Brunner/Hardy/Kudela* Germany's Three Pillar Banking System: Cross-Country Perspectives in Europe, International Monetary Fund 2004; *Derleder/Knops/Bamberger* (Hrsg.) Handbuch zum deutschen und europäischen Bankrecht, 2. Aufl. 2009; *Deutsche Bundesbank* Kapitalmarktstatistik, Februar 2013; *Ehrenberg* Das Zeitalter der Fugger: Geldkapital und Creditverkehr im 16. Jahrhundert, 3. Aufl. 1922; *Eilenberger* Bankbetriebswirtschaftslehre: Grundlagen – Internationale Bankleistungen – Bank-Management, 8. Aufl. 2012; *Einsele* Bank- und Kapitalmarktrecht, 3. Aufl. 2014; *Erne* (Hrsg.) Claussen – Bank- und Börsenrecht, 5. Aufl. 2014; *Freixas/Rochet* Microeconomics of Banking, 2. Aufl. 2008, *Fritsche* Universalbanken- oder Trennbankensystem? Gründe für und gegen die Trennung des Investment Banking

Stefan Grundmann   1

vom Commercial Banking, 2014; *Gerhardus* Konkurrentenschutz im europäischen und nationalen Bankenaufsichtsrecht, 2013; *Gorton/Winton* Financial Intermediation, NBER Working Paper Series N° 8928, 2002; *Grill/Perczynski* Wirtschaftslehre des Kreditwesens, 49. Aufl. 2015; *Hagenmüller/Diepen* Der Bankbetrieb, 11. Aufl. 2013; *Harrison* Competition Law and Financial Services, 2014; *Hartmann-Wendels/Pfingsten/Weber* Bankbetriebslehre, 6. Aufl. 2015; *Heffernan* Modern Banking, 2005; *Kaufman* (Hrsg.) Banking Structures in Major Countries, 1992 (zu den USA: *Baer/Mote* The United States Financial System, S. 469–553); *Kümpel/Wittig* Bank- und Kapitalmarktrecht, 4. Aufl. 2011; *Langenbucher/Bliesener/Spindler* (Hrsg) Bankrechts-Kommentar, 2013; *Lastra* International Financial and Monetary Law, 2. Aufl. 2015; *Liikanen* Final Report of the High-level Expert Group on reforming the structure of the EU banking sector, 2012, http://ec.europa.eu/internal_market/bank/docs/high-level_expert_group/report_en.htm; *Mishkin* The Economics of Money, Banking, and Financial Markets, 10. Aufl. 2013; *Osterloh* Universal- oder Trennbankensystem? Ein Vergleich globaler Finanzsysteme in Hinblick auf gesamt- und einzelwirtschaftliche Faktoren, 2013; *Reuther* Bankensystem und Wirtschaftskrise: Trennbanken- vs. Universalbankensysteme, 2013; *Rheinholdson/Olsson* The Separation of Commercial and Investment Banking – a Literature Review, 2012; *Schimansky/Bunte/Lwowski* (Hrsg.) Bankrechtshandbuch, 2 Bde., 4. Aufl. 2011; *Schlierbach/Püttner* Das Sparkassenrecht in der Bundesrepublik Deutschland, 5. Aufl. 2013; *Schwintowski* Bankrecht, 3. Aufl. 2011; *Seikel* Der Kampf um öffentlich-rechtliche Banken – Wie die Europäische Kommission Liberalisierung durchsetzt, 2014.

2. Aufsätze und Beiträge: *Altvater/v. Schweinitz* Trennbankensystem – Grundsatzfragen und alternative Regulierungsansätze, WM 2013, 625; *Benston* Universal Banking, 8 Journal of Economic Perspectives 121 (1994); *Berger* Schiedsgerichtsbarkeit und Bankgeschäft – eine Zeitenwende, WM 2012, 1701; *Brömmelmeyer* Der Ombudsmann im Finanzsektor, WM 2012, 337; *Diamond* Financial Intermediation and Delegated Monitoring, 51 Review of Economic Studies 393 (1984); *ders./Dybvig* Bank Runs, Deposit Insurance, and Liquidity, 91 Journal of Political Economy 401 (1983); *Habetha* Auswirkungen von § 3 Abs. 2–4 KWG i.d.F. des Trennbankengesetzes auf die Finanzierung von Private-Equity-Transaktionen durch CRR-Kreditinstitute? ZIP 2014, 9; *Hageböke/Leuering* Übertragung risikoreicher Aktivitäten nach dem „Trennbankengesetz", NJW-Spezial 2013, S. 463; *Hellwig* Allowing for Risk Choices in Diamond's „Financial Intermediation as Delegated Monitoring", Working Paper 98–04 SFB 504, 1998; *ders.*, Banks, Markets and the Allocation of Risks in an Economy, 154 Journal of Institutional and Theoretical Economics 328 (1998); *Heppe/Tielmann* Die Neuerungen des Dodd-Frank Wall Street Reform and Consumer Protection Act – eine Auswahl, WM 2011, 1883; *Hoeren* Der Bankenombudsmann in der Praxis – ein erstes Resümee, NJW 1994, 362; *Huertas* Das Finanzsystem in den USA, in: v. Hagen / v. Stein (Hrsg.), Geld-, Bank- und Börsenwesen, 40. Aufl. 2000, S. 470; *van Kann/Rosak* Das geplante Trennbankengesetz – Ausgliederung spekulativer Geschäfte zur Abschirmung von Risiken, NZG 2013, 572; *Kashyap/Rajan/Stein* Banks as Liquidity Providers – An Explanation for the Coexistence of Lending and Deposit-Taking, 57 Journal of Finance 33 (2002); *Martin-Ehlers* Anstaltslast und Gewährträgerhaftung – Much ado about nothing? *EWS 2001*, 263; *Matei/Silvestru* Internet Banking Integration within the Banking System, 2 Revista Informatica Economicá 55 (2008); *Möslein* Die Trennung von Wertpapier- und sonstigem Bankgeschäft – Trennbankensystem, ring-fencing und Volcker-Rule als Mittel zur Eindämmung systemischer Gefahren für das Finanzsystem, ORDO 64 (2013) 349; *ders.* Grundsatz- und Anwendungsfragen zur Spartentrennung nach dem sog. Trennbankengesetz, BKR 2013, 397; *Niemeyer/Hirsbrunner* Anstaltslast und Gewährträgerhaftung bei Sparkassen und die Zwischenstaatlichkeitsklausel in Art. 87 EG, EuZW 2000, 364; *Ombudsmann der Privaten Banken*, Tätigkeitsbericht 2013, 8/2014 (und frühere); *Santomero* Modeling the Banking Firm – A Survey, 16 Journal of Money, Credit, and Banking 576 (1984); *Swank* Theories of the Banking Firm – A Review of the Literature, 48 Bulletin of Economic Research 173 (1996); *Tilly* Banking Institutions in Historical and Comparative Perspective: Germany, Great Britain and United States in the Nineteenth and Early Twentieth Century, 145 Journal of Institutional and Theoretical Economics 189 (1989); *Vogel* Öffentliche Kreditinstitute und EU-Beihilferecht, ZBB 2001, 103; *Wiesel* Sparkassen und Landesbanken auf dem Prüfstand des europäischen Wettbewerbsrechts, ZBB 2002, 288; *S. Williamson* Costly monitoring, financial intermediation, and equilibrium credit rationing, 18 Journal of Monetary Economics 159 (1986).

Vgl. außerdem **Schrifttum unten 2. Abschnitt.**

Übersicht

Das Bankgeschäft ist alt und eine **Schlüsselindustrie**. Greift man exemplarisch einen **1**
Zeitpunkt heraus, das Bankgeschäft der Medici im frühen 15. Jahrhundert, so zeigt sich:
Das Bankgeschäft kann Volkswirtschaften bewegen und sogar den Zeitgeist prägen, und
zugleich lebt es von Gestaltung und Geschäftsidee. Die Entwicklung eines aus heutiger
Sicht eher unscheinbaren Instruments wie des Wechsels, mit dem der Handel ungleich si-
cherer wurde (durch nunmehr bargeldlose (!) Zahlung), und von dem auf Grund seiner
Lage („hinter dem räuberischen Apennin") vor allem Florenz profitierte, begründete den
Reichtum vor allem der Medici. Und weil gerade Cosimo der Alte (1389–1464) ein gläubiger und dem Gemeinwohl ungewöhnlich intensiv verpflichteter Mann war, erscheint es
nicht allzu sehr verkürzt, wenn man formuliert, dass die Erfindung des Wechsels zu einem
Gutteil diejenige Entwicklung finanzierte, die heute als die Früh- und beginnende Hochre-
naissance und die Geburt des modernen Denkens gesehen wird: Der individuelle Mensch
wird zum Mittelpunkt. Die Stadt, für die Michelangelo mit dem David den Inbegriff des
selbstbewussten, monumental konzipierten Siegers schuf (1501–04), in der Machiavelli
mit dem „Principe" erstmals den modernen, zweckrationalen politischen Führer dachte
(1513), und in der die Medici-Familie auch noch Galilei (1564–1642) im Tod Zuflucht
gewährten (in der sog. Pazzi-Kapelle) nach seinem „Und sie bewegt sich doch!" Und obwohl dies nur eine Episode der Weltgeschichte sein mag – immerhin der Auftakt der Moderne oder ein Stück hiervon –, belegt sie doch jedenfalls besonders plastisch, **wie zentral
das Bankgeschäft für die Realwirtschaft ist** und dass dieses Wirtschaft und Gesellschaft
erheblich beeinflussen und formen kann und dass die Weltfinanz- und -wirtschaftskrise
(ab 2007) und der tiefe gesellschaftliche Einschnitt, den sie hinterließ, hierfür keinen Einzelfall darstellt. Das Bankgeschäft ist so zentral, weil die wichtigsten Geschäfte, die den
Schlüsselfaktor Kapital betreffen, hierin gebündelt erscheinen. Dies rechtfertigt seine **besondere (sektorspezifische) Regulierung** (unten 2. Abschnitt), die den Rahmen setzt für
das private Bankrecht und Bankgeschäft, die wiederum den eigentlichen Gegenstand dieses Kommentars bilden (unten Zweiter bis Achter Teil). Regulierung und Bankgeschäft
selbst zählen – nicht zuletzt wegen ihrer herausragenden Bedeutung – **zu den am stärksten
internationalisierten Geschäftstypen und Regelungsfeldern.** Daher ist auch die supra- und
internationale Einbettung schon in diesem 1. Teil, der dem Gesamtsystem gewidmet ist, in
den Blick zu nehmen (**unten 3. Abschnitt**). Insgesamt versteht der vorliegende Kommentar
das Bankgeschäft und Bankrecht als Schlüsselbereich mit großer prägender Kraft für paradigmatische Entwicklungen des Privatrechts insgesamt: das Zusammenspiel zwischen
privatrechtlicher Gestaltung und Regulierung, die Inter- und Supranationalisierung und
die Einbettung in ein gesellschaftswissenschaftliches Verständnis von Recht[1] (vgl. bereits
Vorwort).

2   **Auszugehen freilich ist von dem Phänomen** und vor allem von der Erklärung dazu, warum und wie das Bankgeschäft den Schlüsselfaktor Kapital in so bestimmender Weise zum Gegenstand hat und haben kann (hier im 1. Abschnitt). Es ist zu fragen: (i) warum Banken als „Verwalter" des Faktors Kapital fungieren, auch, inwieweit andere Akteure oder Institutionen ihnen hierbei Konkurrenz machen (etwa Versicherungen, Finanz- und Kapitalmärkte oder „Schattenbanken"), also **warum Banken zu den dominanten Intermediären beim Kapital** werden (**Funktion des Bankgeschäfts** und des Kreditwesens, „funktionaler Begriff" des Kreditwesens, dazu unten Unterabschnitt I.); jedoch (ii) auch, wie das Kreditwesen dann aufgebaut ist, d.h. welche Akteure und **Institutionen das Kreditwesen** konstituieren („institutioneller Begriff" des Kreditwesens; dazu unten Unterabschnitt II.).

I. Bankgeschäft und Kreditwirtschaft (mit Bankbetriebswirtschaft)

3   Für das Verständnis des Bankgeschäfts – und der Funktion der Kreditwirtschaft – sind zwei Spannungslagen wichtig, stets mit zu denken und vorweg in den Mittelpunkt zu stellen: Das ist die **Spannungslage zwischen den Einzelgeschäften und dem Gesamtsystem** (unten 1.), zugleich jedoch die Spannungslage zwischen privatrechtlicher Gestaltungsgrundlage (vor allem dispositivem Recht) und Gestaltung einerseits und Regulierung (Steuerung und Aufsicht) andererseits. Beide Spannungslagen sind miteinander verschränkt zu sehen. Solch eine Sicht hilft insbesondere auch bei der Erörterung der Frage, welche Funktion(en) die Kreditwirtschaft erfüllt und wie der rechtliche Rahmen die Verwirklichung dieser Funktionen beeinflusst (unten 2.).

4   **1. Bankgeschäfte und Gesamtsystem.** Im Folgenden wird – auch äußerlich die Kontinuität mit den Vorauflagen wahrend, die Einteilung vielleicht noch schärfer betonend – von **drei Grundtypen im Bankgeschäft** ausgegangen: dem **Zahlungsgeschäft**, dem **Kreditgeschäft iwS** (Aktiv- und Passivgeschäft (Einlagegeschäft), unten 3. und 4. Teil), und dem (besonders facettenreichen) Geschäft mit Kapitalanlagen (**Effektengeschäft iwS**, Teile 5–8). Natürlich gibt es Überschneidungen und auch Strukturähnlichkeiten. So eignet dem Zahlungsverkehrsinstrument Wechsel ein Element der Kreditierung (unten Dritter Teil Rn 652–654) und so ist es nicht immer leicht, ein Instrument als Kreditvertrag oder als Kapitalanlageinstrument einzuordnen, was sich dann etwa in der Frage auswirkt, ob das Einlagensicherungssystem einen Anspruch des Kunden aus dem jeweiligen Instrument gegen das Kreditinstitut abdeckt oder nicht.[2] Und umgekehrt sind die Parallelen zwischen bestimmten Gestaltungen in den drei Hauptgeschäftsbereichen unverkennbar, etwa zwischen Überweisungsgeschäft („Giroverkehr") und Effektengiro, nicht nur rein sprachlich. Dennoch erfüllen die drei Geschäfte grundsätzlich verschiedene Funktionen – was Auswir-

---

[1] Das betrifft – selbstverständlich – die ökonomische Theorie, aber nicht nur: Nicht von ungefähr wurde die Rechtssoziologie fast schon primär am Subsystem Wirtschaft entwickelt: *M. Weber* Wirtschaft und Gesellschaft – Grundriß der verstehenden Soziologie, (Tübingen, Mohr, 1922, Untertitel seit der Aufl. von 1956), vgl. Kapitel 7, S. 378–513; und auch die Neue Wirtschaftssoziologie entwickelte seit den 1980er/1990er Jahren wichtige alternative Erklärungsmodelle zur ökonomischen

Theorie. Vgl. zu beidem Kurzübersicht und Diskussion zentraler Texte und Gedankenlinien bei *Renner* bzw. *Grundmann* in: *Grundmann/Micklitz/Renner*, Privatrechtstheorie, 2015, S. 118–129, 1293–1317 und 1998–2018.

[2] Vgl. nur BGH Urt. v. 27.9.2011 – XI ZR 182/10, BGHZ 191, 119 (Tz. 31). Urt. v. 20.9.2011 – XI ZR 436/10, juris (Tz. 13–15). EuGH Urt. v. 25.6.2014 – C-671/13 *Einlagenzertifikate*, ABl. EU 2015 C 279/10 = ZIP 2015, 1625 (jeweils Leitsätze).

    Stefan Grundmann

kungen hat oder haben sollte bei der Gestaltung des privatrechtlichen Rahmens, bei den Abreden der Parteien, aber auch etwa der AGB-Kontrolle –, und dennoch sind die Risikolagen so verschieden, dass – unter einem einheitlichen Dach – die drei Geschäfte Aufsichtsregimen unterworfen sind, die gegeneinander durchaus eine signifikante Selbständigkeit aufweisen (vgl. nur § 1 Abs. 1 KWG, § 1 Abs. 1a KWG und das ZAG). Die Funktion des Kreditwesens ist daher als eine Polyvalente, auf eine Reihe von Geschäften und ihren Nutzen Bezogene zu verstehen – anders als häufig in der ökonomischen Theorie diskutiert, wo die Frage nach der Funktionalität umgekehrt jedoch besonders zentral aufgegriffen wird und wo wichtige Antworten zu finden sind.

Auch **begrifflich** ragen die drei genannten Hauptbankgeschäfte hervor: So wurden **5** die beiden erstgenannten Hauptgeschäftstypen namensprägend für die Hauptakteure, die Banken/Kreditinstitute: Banco (Bank, banque, bank) oder auch – griechisch – trapeza stehen für den Tisch bzw. die Waage, auf dem und mit der der Geldwechsel stattfand, anfangs ein, vielleicht sogar das Kernstück des „Zahlungsgeschäfts", das heute jedoch durch die unbare Übertragung als Kernstück verdrängt ist (Geldwechsel nur noch als Teil dieser Transaktion oder als „sonstiges Geschäft").[3] Und der Begriff Kreditinstitut (credit institution etc.) verweist umgekehrt (sogar noch unmittelbarer) auf das **Kreditgeschäft** – aktiv durch Kreditvergabe oder passiv durch (idR verzinsliche) Einlagenentgegennahme. Solchermaßen sind die Begriffe „Kreditinstitut" und „Bank" sogar komplementär, stehen für die beiden klassischen Geschäfte. Sie prägen in der Tat die Anfänge und lange Jahrhunderte der Kreditwirtschaft, im deutschen System jedoch auch bei der großen Mehrzahl der Institute – fast allen Sparkassen und Volks- und Raiffeisenbanken (Genossenschaftsbanken) – das heutige Geschäft.[4] Im Folgenden werden sie – weil alle Universalbanken zumindest diese beide Geschäfte betreiben (vgl. unten Erster Teil Rn 17, 19–21) – synonym verwandt – außer wenn es (ausnahmsweise) auf folgenden begriffstechnischen Unterschied ankommt: Das KWG als das Grundgesetz zur bankaufsichtsrechtlichen Regulierung wählt als umfassenden Begriff denjenigen des Kreditinstituts (§ 1 Abs. 1 KWG), um dann hiervon (für stärker eingeschränkte Geschäftszuschnitte) weitere Institutstypen abzugrenzen (mit weniger umfassender oder alternativer Aufsicht). Kreditinstitut ist also (auch) der technisch präzise Begriff, etwa im Gegensatz zu einem („bloßen") Finanzinstitut. Und unter den Kreditinstituten in der Form von „Universalbanken" (der Begriff „Universalkreditinstitut" wäre noch „präziser", aber allzu sperrig) werden in Deutschland drei – vor allem hier übliche –[5] Institutsgruppen unterschieden: „Privatbanken" („Banken" auf allgemein-privatrechtlicher Grundlage), Sparkassen (auf öffentlichrechtlicher Grundlage) und Genossenschaftsbanken (auf genossenschaftsrechtlicher Grundlage) (dazu sogleich noch). „Banken" sind dann – im Gegensatz zu Sparkassen und auch Genossenschaftsbanken – als

---

[3] Zur Begriffsgeschichte, aber auch der Entwicklung der Kreditwirtschaft und der überragenden Bedeutung gerade von Zahlungs- und Aufbewahrungsfunktionen für die Entstehung der Kreditwirtschaft vgl. etwa *Süchting/Paul* Bankmanagement, 4. Aufl. 1998, S. 3–11, 58–63; *Freixas/Rochet* Microeconomics of Banking, 2. Aufl. 2008, S. 2–7.

[4] Für die Geschichte vgl. etwa: *Ehrenberg* Zeitalter der Fugger: Geldkapital und Creditverkehr; für die heutigen Geschäftsfelder von Sparkassen und Genossenschaftsbanken unten Erster Teil Rn 19–21 und

im Ausland Nachw Rn 23; historische und vergleichende Perspektive (bis in die erste Jahrzehnte des 20. Jahrhunderts) schön verknüpfend: *Tilly* 145 Journal of Institutional and Theoretical Economics 189 (1989).

[5] Zur Unterscheidung dieser Institutsgruppen in Deutschland unten Erster Teil Rn 17–23. Zum – teils zwar vergleichbaren, vor allem aber durch das Regionalprinzip und das (fortwirkende) Trennbankensystem geprägten – Aufbau der Institutsgruppen etwa in den USA vgl. Nachw unten Erster Teil Rn 24.

eine bestimmte Institutsgruppe zu verstehen, die sich von den anderen Institutsgruppen durch das Recht ihrer Organisationsgrundlage unterscheidet, heute aber praktisch nicht (mehr) im Recht, das dem Kunden gegenüber zur Anwendung kommt. Im Verhältnis zum Kunden – dem hier geltenden Recht – ist der technische Unterschied zwischen Kreditinstitut und Bank demnach unerheblich. Das dritte Bankgeschäft schließlich – das Effektengeschäft iwS, das die **Gestaltung und Vermittlung von Investments in Kapitalanlagen** zum Gegenstand hat – wird vor allem in Abgrenzung zum Kreditgeschäft gesehen, als Alternative zu diesem, als eine alternative Form der Finanzierung. Diese Abgrenzung hat auch begrifflich prominent ihren Niederschlag darin gefunden, dass das Commercial Banking (mit Zahlungs-, vor allem jedoch Kreditgeschäft) dem Investment Banking gegenüber gestellt wird. Dies ist – wo ein Trennbankensystem diese Art der Unterscheidung zugrunde legt – auch aufsichtsrechtlich so (so vor allem der Glass-Steagall Act 1933 in den USA). Dies ist jedoch nicht zuletzt auch in den Hauptdiskussionslinien in der Ökonomik so, wenn es um die Frage nach der zentralen Funktion (und marktwirtschaftlichen Berechtigung) des Kreditwesens geht.

6   Sind einerseits die drei genannten Hauptgeschäftsgruppen funktionsverschieden und daher zu trennen, so sind doch andererseits auch die **Gemeinsamkeiten** erheblich und vorab zu betonen, namentlich folgende drei: In allen Bankgeschäften (i) **fungiert das Kreditwesen dem Kunden gegenüber als Intermediär,** der Lösungen ermöglicht, die ohne Intermediation schlechter (weniger kostengünstig oder weniger nachfragegerecht) oder gar nicht zur Verfügung stünden (dazu dann unten 2.). In allen Bankgeschäften ist zentrale Voraussetzung für diese Intermediationsleistung, dass die Bank als praktisch sichere Gegenpartei gesehen werden kann (Ausfallrisiko vernachlässigbar) – was dann das umfangreiche Aufsichtsrecht erklärt, also das Kreditwesen als einen der wichtigsten, wenn nicht den wichtigsten und frühesten Fall eines regulierten Sektors nahelegt (dazu dann unten 2. Abschnitt). In allen Bankgeschäften zeichnet sich (ii) der Intermediär durch überlegene Professionalität und vor allem ungleich bessere Information aus,[6] was dann ein weiteres Kernprinzip des Bankrechts unverzichtbar macht: Es handelt sich um ein Geschäft, in dem der Leistungserbringer **umfangreichen Informationspflichten und (überwiegend) treuhänderischen Bindungen** unterworfen werden muss. Rechtlich gewendet, ist also (iii) zu formulieren: **Intensive Aufsicht und (überwiegend) treuhänderischer Charakter des Bankgeschäfts** insgesamt, vor allem der allgemeinen Bank-Kunden-Beziehung, sind das **Korrelat** der – notwendigen – Intermediation durch die Banken, die mit einem Informationsübergewicht einhergeht. Ausdruck dieser Gemeinsamkeiten sind dann u. a. auch – neben dem gemeinsamen Dach bei der Bankaufsicht – gemeinsame privatrechtliche Institute wie das Bankgeheimnis, die Warn-, Aufklärungs- und Beratungspflichten, allgemeiner die Interessenwahrungs- und Rücksichtnahmepflichten, die trotz ihrer auch bankgeschäftsspezifischen Ausdifferenzierung doch für alle Bankgeschäfte einen gemeinsamen Geltungsgrund haben. Jedenfalls in diesem Sinne ist von einem **allgemeinen Bankvertrag** durchaus zu sprechen, der auf (rechtsgeschäftlich verabredeter!) Zusammenarbeit zwischen Bank und Kunde beruht (näher noch unten Zweiter Teil Rn 1–5).

---

[6] Zu diesem Hauptcharakteristikum der allermeisten Intermediationsformen vgl. etwa *Grundmann/Kerber* Information Intermediaries and Party Autonomy – the example of securities and insurance markets, in: Grundmann/Kerber/Weatherill (Hrsg.) Party Autonomy and the Role of Information in the Internal Market, 2001, S. 264–310; früh *Gehrig* Intermediation in search markets, 2 Journal of Economics and Management Strategy 97 (1993); *Rose* The economics, concept, and design of information intermediaries, 1999; *Yavas* Search and Trading in intermediated markets, 5 Journal of Economics and Management Strategy 195 (1996).

Stefan Grundmann

2. Hauptfunktionen von Kreditwirtschaft und Bankgeschäft 7

a) Hauptfunktionen. Für alle drei Hauptgeschäfte der Banken stellt sich die Frage, welche Leistung Banken jeweils erbringen, die nicht auf Märkten für Kapital, d.h. auch Märkten für Kontrakte über Kapital, auch ohne Einschaltung von Banken angeboten und nachgefragt werden könnten. Ungleich breiter ist die Diskussion für das Kredit- und das Effektengeschäft, einfacher für das Zahlungsgeschäft.

aa) In der bankwirtschaftlichen Literatur, in der diese Frage ungleich zentraler thematisiert wird als in der rechtswissenschaftlichen,[7] wird die Funktion von Banken, also die Frage, welches marktwirtschaftliche Bedürfnis (nur) Banken befriedigen, **vor allem für die Kreditvergabe diskutiert.** Als Hauptfrage wird diskutiert, warum eine Kreditvergabe von Darlehensgebern nicht direkt an Darlehensnehmer in hinreichendem Umfang erfolgen kann, über Märkte, genauer: über Märkte für Kontrakte zur Kapitalbereitstellung/Finanzierung, also Kapital- oder Finanzmärkte (oder einem bestimmten Segment hiervon). Die Frage wird also im Kern so gestellt, dass zwei Hauptbankgeschäfte bzw. -betätigungsfelder als **Alternative** verstanden und – in der Tradition der Institutionen- und Transaktionsökonomik – in ihren Vor- und Nachteilen diskutiert werden, das Kredit- und das **Effektengeschäft** – freilich mit der Besonderheit, dass es für eine **Kreditvergabe über Kapitalmärkte** theoretisch auch denkbar ist, dass Darlehensgeber und Darlehensgeber gänzlich ohne Intermediation von Banken kontrahieren, allein auf Grundlage einer die Suche und den Ausgleich erleichternden Markteinrichtung.

Wenn Kreditinstitute zwischen Darlehensgeber und Darlehensnehmer treten, sich mögliche Darlehensgeber also für eine Bankeinlage entscheiden und mögliche Darlehensnehmer für einen Kredit seitens einer Bank (nicht eines sonstigen Darlehensgebers am Markt), so leistet das Kreditinstitut vor allem **Fristen-, Losgrößen- und Risikotransformation:**[8] indem es (häufig) kurzfristige Einlagen (etwa jederzeit abziehbare Sichteinlagen), die zudem auch kleine Losgrößen haben mögen, so bündelt und, wenn sie abgezogen werden, kontinuierlich neu einwirbt, dass es damit deutlich größere, längerfristige Kredite, etwa an Unternehmen gewähren und ihre Refinanzierung dauerhaft sicherstellen kann. Sowohl Fristen- als auch Losgrößentransformation ist theoretisch auch in umgekehrter Richtung denkbar – viele kleine, kurzfristige Kredite werden herausgelegt und große, langfristige Einlagen eingeworben, praktisch jedoch ungleich seltener und weitgehend unbedeutend (idR unrentabel). Jedenfalls sind beide Transformationstypen in vielfach verschiedener Form denkbar (in unendlich vielen Fristigkeiten und vielen Losgrößen). Fristen- und Losgrößentransformation begründen – solange der Kreditnehmer nicht ausfällt, keinerlei Solvabilitäts- oder Überschuldungsproblem, wohl aber ein Problem des Liquiditätsmanagements und des liquiditätsbezogenen Teils der Bankaufsicht (zu beidem und der Abgrenzung vgl. unten C. II.). Zu dieser Fristen- und Losgrößentransformation – die Anpassung

[7] Vgl. etwa *Burghof/Rudolph* Bankenaufsicht – Theorie und Praxis der Regulierung, 1996, bes. S. 4–14, 17–25; *Freixas/Rochet* Microeconomics of Banking, S. 15 ff.; *Greenbaum/Thakor* Contemporary Financial Intermediation, 2007, bes. S. 43 f.; *Mishkin* Economics of Money, Banking, S. 35 f.; Überblicke über die Ansätze vor allem bei: *Bhattacharya/Thakor* Contemporary Banking Theory, 3 Journal of Financial Intermediation 2 (1993); *Swank* 48 Bulletin of Economic Research 173 (1996); und stark auf die Theorie der Finanzintermediation fokussiert: *Allen/Santomero* The Theory of Financial Intermediation, 21 Journal of Banking and Finance 1461 (1997).

[8] Zu diesen drei Transformationsleistungen näher: *Betge* Bankbetriebslehre, S. 12–13; *Becker/Peppmeier* Bankbetriebslehre, S. 26–29; *Hartmann-Wendels/Pfingsten/Weber* Betriebswirtschaftslehre, S. 12–14; *Büschgen* Bankbetriebslehre, S. 39-40; *Langer/Weber* Banken als Finanzintermediäre in: v. Hagen/v. Stein (Hrsg.) Geld-, Bank- und

in Kreditlaufzeiten und -umfang – tritt als dritte Transformationsleistung die Risikotransformation dahingehend, dass der Darlehensgeber nicht mehr das Risiko des Ausfalls des Kreditnehmers trägt, der die Valuta nutzen soll, sondern die des Kreditinstituts, und dieses statt seiner das Ausfallrisiko des Kreditnehmers. Für den Einleger bedeutet die Risikotransformation, dass er statt des Letztempfängers der Darlehens- oder Kreditvaluta einen Schuldner erhält, dessen Ausfallrisiko weitgehend zu vernachlässigen ist und sogar praktisch vollständig, wenn die Einlage durch das Einlagensicherungssystem abgedeckt ist (dazu sogleich noch).

10   In der Klarstellung der genannten Transformationsleistungen erschöpft sich freilich die Frage nach der Funktion der Kreditwirtschaft auch für den Bereich des Kreditgeschäfts noch nicht. Vielmehr werden für **alle drei Formen der Transformation dann Marktlösungen als Alternative gedacht** und es wird gefragt, aus welchem Grunde sie dem Bankkredit unterlegen sein könnten, aus welchem Grund also die Intervention von Banken marktwirtschaftlich „nötig" ist: d.h. ein „Bedarf" besteht, den Kapitalmärkte nicht oder nur schlechter bedienen können, genauer: ein Bedarf, der so groß ist, dass er die durch die Bankenintervention verursachten Kosten überwiegt. Für die Fristen- und Losgrößentransformation wird gefragt, ob nicht auch handelbare Kontrakte verschiedener, standardisierter Fristigkeiten und verschiedener standardisierter Losgrößen auf Märkten (Börsen) gehandelt werden und der Darlehensgeber den seinen Einlagewünschen entsprechenden anbietet und sich der Darlehensgeber aus der Vielzahl der Angebote bedient, häufig revolvierend und die Angebote kumulierend (so im Regelfall, dass der jeweilige Kreditwunsch längerfristig und von den Losgrößen her größer ist), während es dann bei längerfristigen Kreditangeboten zu Preisaufschlägen kommen könnte. Hinsichtlich der Fristentransformation könnten Märkte zudem, soweit die Kontrakte handelbar sind und hierfür Sekundärmärkte entwickelt werden, auch so gestaltet werden, dass für den Kreditnehmer langfristige (oder gar ewige) Kontrakte für den Kreditgeber (oder Eigenkapitalgeber) als jederzeit liquidierbar gestaltet werden (so bekanntlich etwa bei Aktien, aber auch längerfristigen Anleihen). Die Risikotransformation schließlich könnte durch Portfoliobildung, d.h. Diversifizierung und Aufteilung in viele kleine, von jedem Kreditgeber gemischt ins Portfolio genommene Kontrakte bewirkt werden.[9] Dies setzt freilich entsprechend gute Fähigkeit – also vor allem Information und Informationsverarbeitungskapazität – bei den Kreditgebern (wie alternativ bei den Banken als Intermediären) voraus, die Kredite im Portfolio zu bewerten und die richtige Mischung für die Diversifikation zu wählen, aber auch hinreichend Volumen, um diese Diversifikation gleich kostengünstig zu vollziehen. Die Erkenntnis von *Diamond* und anderen (in den 1980er Jahren) geht dahin, dass in der Tat diese Alternative jegliches Engagement von Banken im Bankkredit verdrängen müsste, wenn vollkommene Finanzmärkte existierten, nicht jedoch auf den real existierenden Finanzmärkten: d.h. nur auf Märkten, auf denen vollkommener Wettbewerb herrscht, keine Transaktionskosten und Steuern anfallen und die Teilnehmer über vollständige Information verfügen[10] – ein, wie seit den 1960er Jahre mit der Transaktionskostenökonomik konzeptualisiert, gänzlich unrealistisches Szenario.[11] *Diamonds* entscheidender Schritt geht nun dahin, zu konstatieren,

Börsenwesen, S. 201 (bes. 203–205); *Freixas/Rochet* Microeconomics of Banking, S. 4–5.

[9] Grundlegend schon *Markowitz* Portfolio Selection – Efficient Diversification of Investments, 1959.

[10] Grundlegend *Diamond* 51 Review of Economic Studies 393 (1984); auch schon *ders./Dybvig* 91 Journal of Political Economy 401

(1983). Heute etwa: *Freixas/Rochet* Microeconomics of Banking, S. 15 f.; *Hartmann-Wendels/Pfingsten/Weber* Betriebswirtschaftslehre, S. 10; *Langer/Weber* Banken als Finanzintermediäre in: v. Hagen/v. Stein (Hrsg.) Geld-, Bank- und Börsenwesen, S. 201 (207 f.).

[11] Eine Annäherung an eine solche ideale Marktsituation wird versucht mit dem

Stefan Grundmann

dass es für Kreditgeber einen Unterschied macht, ob sie auf (wie auch immer optimierten) Märkten ihre Kredite selbst anbieten und die Kreditprüfung und Diversifikation selbst vornehmen (ggf. auch unter Hinzuziehung professionellen Rates) oder diese Aufgabe delegieren (**sog. Delegationsmodell** zur Erklärung der ökonomischen Funktion des Bank-Kreditgeschäfts und der darin übernommenen Transformationsleistungen der Banken).[12] Entscheidendes Gewicht haben in diesem Erklärungsansatz die Problematiken fehlender vollständiger Information sowie – damit zusammenhängend – unterschiedlicher Risikobereitschaft und -tragfähigkeit. Die zwingend verbleibende Restunsicherheit über Ausfallwahrscheinlichkeiten und Wert des Kreditportfolios wird delegiert, weil die Risikobereitschaft und -tragfähigkeit beim Einzelkreditgeber geringer ist als bei Kreditinstituten – etwa weil der Kreditgeber bei kleinerem Vermögen das Restrisiko schlechter tragen kann und weil Bankeneigner selbst ihre Eigentumspositionen (und damit die Verlustrisiken) wieder diversifizieren können. Selbst bei professionellem Rat wüsste der Kreditgeber weniger sicher als der Ratgeber selbst (oder eben das kreditgebende Institut selbst), auf welchen Grundlagen und Bemühungen der Rat gründet. Es besteht also eine strukturell nicht zu vermeidende Minderinformation – verglichen mit derjenigen beim selbst prüfenden Kreditgeber, d.h. den kreditgebenden Banken, die auch selbst das Risiko übernehmen. All diese Überlegungen stehen sichtlich in der Nachfolge der grundlegenden Arbeiten sowohl zum Versagen von Märkten bei der Informationsbereitstellung (strukturell bedingte Informationsasymmetrien) und damit einhergehender adverser Selektion (*Akerlof* u.a.) als auch zum ex-post-opportunistischen Verhalten in Situationen ungleicher Informationsverteilung, namentlich zwischen Geschäftsbesorger/führer und Prinzipal (*Jensen/Meckling*, *Williamson* u.a.).[13] Risikoübernahme kann dabei nicht nur in einer Form, sondern in einer Bandbreite von Formen erfolgen, die exakten Zuschnitte der Risikoübernahmen und der Vergleich zwischen ihnen ist daher der Gegenstand einer Reihe von vertiefenden Arbeiten zum *Diamond'schen* Modell.[14]

---

sog. Peer-to-Peer-Lending (auch Crowd-Lending), bei dem über Internetplattformen – etwa mittels Auktion, auf der die potentiellen Kreditgeber sich mit dem Zinsangebot unterbieten, oder durch Vermittlung von Intermediärs-Gesellschaften, die den Preis festsetzen – zwischen Privatpersonen („Peers") typischerweise ungesicherte Kredite vergeben werden und der Kreditgeber sein Kreditportfolio diversifiziert. Vgl. dazu eingehend etwa *Renner* „Banking Without Banks"? Rechtliche Rahmenbedingungen des Peer-to-Peer Lending, ZBB 2014, 261 (269 ff.) (dort auch zur Notwendigkeit von Intermediären und ihrer Transformationsfunktion.

[12] Prägnante Darstellungen von *Diamonds* Delegationsmodell (und auch Varianten und Alternativen dazu) etwa bei *Freixas/Rochet* Microeconomics of Banking, S. 30–34; *Hartmann-Wendels/Pfingsten/Weber* Betriebswirtschaftslehre, S. 114–131 und 131–133; *Matthews/Thompson* The Economics of Banking, 2. Aufl. 2008, S. 43–45; *Casu/Girardone/Molyneux* Introduction to Banking, 2006, S. 15; *Langer/Weber* Banken als Finanzintermediäre, in: v. Hagen/v. Stein (Hrsg.), Geld-, Bank- und Börsenwesen, S. 201 (211 f.).

[13] Grundlegend *Akerlof* The Market for ‚Lemons': Quality Uncertainty and the Market Mechanism, 84 Quarterly Journal of Economics 488–500 (1970); *Jensen/Meckling* Theory of the Firm: Managerial Behavior, Agency Costs and Ownership Structure, 3 Journal of Financial Economics 305–360 (1976); *Williamson* Transaction-Cost Economics: The Governance of Contractual Relations, 22 Journal of Law & Economics 233–261 (1979); ausführlicher zu diesen Ansätzen, zu den jeweiligen Diskussionskontexten und dem heutigen Meinungsstand: *Grundmann* in *Grundmann/Micklitz/Renner* Privatrechtstheorie, 2015, S. 968–984, 1293–1317 und 1507–1527.

[14] Vgl. vor allem *Hellwig* Working Paper 98–04 SFB 504, 1998; *ders.* 154 Journal of Institutional and Theoretical Economics 328 (1998); *Boyd/Prescott* Financial Interme-

11   *Diamonds* Delegationsmodell überzeugt zwar noch heute (und das bankwirtschaftliche Schrifttum folgt ihm im Grundsatz weit mehrheitlich), es **geht in der Erklärung jedoch noch nicht weit genug.** Überlegene Risikoeinschätzung und vor allem Diversifikationsfähigkeit sowie Abwälzung des Fehleinschätzungsrisikos auf die Banken allein erklärt noch nicht hinreichend die Funktion des Bankeinlagen- und -kreditgeschäft, wie es in der Praxis zu finden ist. Freilich datieren die hier maßgeblichen Entwicklungen auch teils nach *Diamonds* Grundsatzüberlegungen: In der Alternative Bankkredit oder Kreditvergabe über Kapitalmärkte spielt eine weitere Rolle, dass Einleger (Kreditgeber an Banken, anders als Kreditgeber an Kapitalmärkten) noch nicht einmal allein mit der Delegation hinreichend „beruhigt" werden können. Die Erfahrung zeigt – zuletzt wieder *Northern Rock* (Bank-Run) –, dass zur bloßen Delegation eine weitere Risikoübernahme durch Dritte – die Eigner der Bank – hinzukommen muss, dies in Form der (**aufsichtsrechtlich gewährleisteten**) **zwingenden (Mindest-)Eigenkapitalausstattung** (unten – 2. Abschnitt (C II.). Andernfalls wäre ein (wohl eher großer) Teil der potentiellen Einleger zu risikoavers, um Einlagen zu tätigen. Ein weiterer würde dazu neigen, bei Anzeichen einer krisenhaften Entwicklung bei der Bank die Einlage sofort abzuziehen, was, wenn massenhaft so vollzogen, zum sog. Bank-Run führt und bald zur Illiquidität des Instituts. Und selbst diese bankaufsichtliche Gewähr einer zwingenden (Mindest-)Eigenkapitalausstattung – die Risikoübernahme durch Dritte bezogen auf diesen *einen* Intermediär – genügt allein noch nicht. Der Einleger wird bei Einlagen bis zu einem gewissen Betrag (heute EU-weit 100.000,– €, vgl. unten 2. Abschnitt (C V.) kollektiv versichert durch das **vom gesamten Kreditwesen getragene Einlagensicherungssystem** (genauer: nach Institutsgruppen getrennt). Dieses System mag auch sozialpolitisch motiviert sein (Schutz der Ersparnisse und ggf. Altersvorsorge), wird aber durchaus auch mit der weiteren Reduzierung und Minimierung der Gefahr eines Bank-Runs begründet. In der Tat kann der Einleger auch nicht erkennen, ob nicht die Entscheidungsträger in der Bank zwar das Kreditrisiko übernehmen (Delegation), auch zur Vorhaltung des zwingenden (Mindest-)Eigenkapitalausstattung aufsichtsrechtlich verpflichtet werden, aber dennoch aus individuellen Gewinninteressen oder fehlender Voraussicht ein zu riskantes Kreditportfolio, namentlich mit zu hoher Hebelwirkung, anlegen (oder, realistischer, andere Bankgeschäfte, namentlich im Investment Banking tätigen, die das Risiko zu stark anwachsen lassen, das sich dann realisiert).

12   Aus dem bisher Gesagten ergeben sich **einige allgemeine Punkte,** auch zur Begrifflichkeit, die kurz anzusprechen sind, bevor die Funktion von Banken bei anderen Bankgeschäften in den Blick genommen wird (unten bb)) ebenso wie die Frage, inwieweit diese Funktionserfüllung rechtlich unterstützt wird (unten 2.). Aus dem bisher Gesagten ergibt sich zunächst, dass Banken (bei der Kreditvergabe) nicht nur untereinander im **Wettbewerb** stehen, sondern **auch im Verhältnis zu Kapitalmärkten:**[15] Kreditgeber investieren –

---

diary Coalitions, 38 Journal of Economic Theory 211–232 (1986); *Williamson* Costly Monitoring, Financial Intermediation, and Equilibrium Credit Rationing, 18 Journal of Monetary Economics 159–179 (1986); *Haubrich* Financial Intermediation: Delegated Monitoring and Long-Term Relationships, 13 Journal of Banking and Finance 9–20 (1989); aber auch *Diamond* Financial Intermediation as Delegated Monitoring: A Simple Example, 82 FRB Richmond Economic Quarterly 51 (1996).

[15] *Allen/Gale* Financial Markets, Intermediaries and Intertemporal Smoothing, 105 Journal of Political Economy 523, 538 f. (1997); *Allen/Santomero* 21 Journal of Banking and Finance 1461, 1474 (1997); *Hartmann-Wendels/Pfingsten/Weber* Betriebswirtschaftslehre, S. 9, 16; *Hellwig* 154 Journal of Institutional and Theoretical Economics 328, 332 (1998).

Stefan Grundmann

unter Abwägung von Risiko und Ertrag – entweder in die Kreditvergabe über Kapitalmärkte oder über Bankeinlagen. In der Tat zielt das Projekt Europäische Kapitalmarktunion[16] im Kern darauf ab, das in Europa als überproportioniert verstandene Engagement
der Banken in Bankkrediten teils zu ersetzen durch direkte Kreditvergaben über Kapitalmärkte. Zwei Präzisierungen sind sofort anzuschließen: Banken werden auch für die Kreditvergabe auf Kapitalmärkten bekanntlich als Intermediäre tätig, etwa bei der Effekten-
emission und mit Wertpapierdienstleistungen beim Effektenhandel. Diese Form der
Intermediation ist ebenfalls bankaufsichtsrechtlich reguliert, wenn auch mit anderen Anforderungen. Durch eigene Kreditvergabe ersetzen Banken Kreditvergabe auf Kapitalmärkten zwar, zugleich jedoch ergänzen sie diese auch durch eigene Mediationsleistungen
auf solchen Kapitalmärkten.[17] Die **Intermediationsleistung**, die Banken bei beiden Formen
der Kreditvergabe erbringen, wird **begrifflich unterschiedlich** gefasst: Während in der juristischen Begriffsbildung vor allem im Hinblick auf Wertpapierdienstleistungen, also für
die Vermittlungs- und Beratungsleistungen auf (sekundären) Kapitalmärkten, von den
Banken als Intermediären gesprochen wird (und im Kreditgeschäft eher nicht), wird in
Werken der Betriebswirtschaft die Schwerpunktsetzung anders vorgenommen: Dort wird
die (direkte Bank-)Kreditvergabe als *direkte* Finanzintermediation gesehen, weil hier die
Banken selbst als Schuldner und Gläubiger zwischen Kreditgeber und Kreditnehmer treten,
während Wertpapierdienstleistungen mit ihren bloßen Vermittlungsleistungen als *indirekte* Finanzintermediation gesehen werden und aus Sicht der jüngsten Entwicklungen
erscheint diese Sicht in der Ökonomik besonders interessant:[18] Unter der Bezeichnung Fin-
Tech werden all diejenigen Entwicklungen und Produkte verstanden, in denen technologischer Fortschritt (namentlich in Form von Digitalisierung) dazu genutzt wird, Bankdienstleistungen schneller oder kostengünstiger bereitzustellen – und in Konkurrenz mit
dem Kreditwesen zumindest zum Teil außerhalb von diesem bereitzustellen. Damit wird
auch die Intermediärsrolle der Banken (jedenfalls theoretisch) in Frage gestellt, häufig werden regulatorische Fragen aufgeworfen, im Effektengeschäft massiv etwa mit dem Hochfrequenzhandel (unten Bd. 11). Wohl am prominentesten ist die Entwicklung jedoch im
Zahlungsverkehr, mit Systemen wie M-Pesa, einem System, das es erlaubt den Zahlungs-
auftrag per SMS und mit Authentifizierung durch die Telefongesellschaft abzugeben (vgl.
dazu und das sog. E-Geld auch unten Dritter Teil Rn 72). Das Verhältnis zwischen Kreditwesen und dem Dienstleistungssektor zu seiner technologischer Unterstützung wird umgekehrt, wenn nicht mehr die Bank die technologische Ausführung outsourct, sondern umgekehrt die technologischen Dienstleister sich (zur Erfüllung bankaufsichtsrechtlicher
Vorgaben [§ 8 iVm § 1 Abs. 2 Nr. 2 ZAG]) eine sog. Frontrunning Bank errichten.

---

16 Grünbuch der Kommission vom 18.2.
2015: Schaffung einer Kapitalmarktunion,
KOM(2015) 63 endg.; zu diesen Plänen etwa
J. Schmidt Das Grünbuch zur Schaffung einer Kapitalmarktunion – EU-Kapitalmarkt
4.0? GPR 2015, 129; Hopt Die Schaffung einer Kapitalmarktunion in Europa – langwie-
rig und schwierig, aber notwendig, EuZW
2015, 289; Cruccolini Das Grünbuch
„Schaffung einer Kapitalmarktunion" der
Europäischen Kommission BetrAV 2015,
230; Veil, Europäische Kapitalmarktunion –
Verordnungsgesetzgebung, Instrumente der
euröpäischen Marktaufsicht und die Idee
eines „Single Rulebook", ZGR 2014, 544;

Véron Defining Europe's Capital Markets
Union, Bruegel Policy Contribution
2014/12; schon *U. Schneider* Auf dem Weg
in die europäische Kapitalmarktunion – Die
Vertreibung aus dem Paradies – oder auf dem
Weg ins kapitalmarktrechtliche Arkadien?
AG 2012, 823. Näher Bd. 11.
17 *Saunders/Cornett* Financial Markets and In-
stitutions, 5. Aufl. 2012, S. 15 f.; *Hartmann-
Wendels/Pfingsten/Weber* Betriebswirt-
schaftslehre, S. 9.
18 *Hartmann-Wendels/Pfingsten/Weber*
Betriebswirtschaftslehre, S. 2 f.; *Bitz/Stark*
Finanzdienstleistungen, S. 4 f.; *Bryant*
Turbulent Waters: Cross-Border Finance and

13   bb) Neben die Kreditbereitstellungsfunktion (beim direkten Bankkredit) und die Kreditvermittlungs- und -unterstützungsfunktion (bei der Kreditvergabe über Kapitalmärkte) treten mit dem dritten Hauptgeschäftstyp der Banken – dem Zahlungsgeschäft und Giroverkehr – **zwei weitere Funktionen: die Zahlungs- und die Aufbewahrungsfunktion.** Dabei wird die Geldaufbewahrungsfunktion vor allem mit zwei Instrumenten erfüllt: mit dem Kontokorrent, dem allgemeinen Abwicklungsinstrument, das jedoch vor allem für den Zahlungsverkehr Wichtigkeit hat, und mit dem Einlagengeschäft (als einem Teil des Kreditgeschäfts). Beide Funktionen werden in der ökonomischen Theorie ungleich weniger grundsätzlich in den Blick genommen.[19] Dies ist aus historischer Sicht schwer zu rechtfertigen, wenn die Ermöglichung unbarer Zahlung zentral zur Entwicklung der Kreditwirtschaft beitrug. Auch wenn man die Funktion für die Realwirtschaft und Rechtsgeschäfte allgemein in den Fokus rückt, ist gerade die Funktion, eine unbare Zahlung zu ermöglichen, offensichtlich zentral, werden doch ca. 80 % des Zahlungsvolumens unbar abgewickelt (vgl. Dritter Teil Rn 16 ff.). Wieder wären die Frage zu stellen, ob nicht alternative Marktlösungen vergleichbar gut diese Funktion erfüllen könnten (und mit dem bereits angesprochenen Mobile Payment auch ansatzweise in Ergänzung zum Zahlungsgeschäft durchaus tun). Es zeigt sich: Auch alternative „Marktlösungen" müssten und müssen vergleichbare Netzwerke umfassen wie sie für den Zahlungsverkehr der Banken üblich sind, wobei sich ohne eine zentrale Vernetzung wie über die Zentralbanken wohl auch Probleme kollektiven Handelns einstellen würden. Vor allem jedoch wäre für eine Antwort wieder auf eine Delegationswirkung hinzuweisen, die auch hier zentral erscheint: Der Durchbruch der Überweisung als des mit Abstand wichtigsten unbaren Zahlungsinstruments wird m. E. sehr überzeugend darauf zurückgeführt, dass die Gutschriftbuchung abstrakt ist (§ 780 BGB) und einen Anspruch gegen einen Schuldner begründet, dessen Ausfallrisiko vernachlässigbar erscheint.[20] Das zur Solvenz- und Liquiditätsaufsicht (erste Absicherungsstufe) und zur Einlagensicherung Gesagte (zweite Absicherungsstufe) gilt auch hier. Und dies sind auch die Gestaltungsbesonderheiten, die die Aufbewahrungsfunktion in einem Umfang verwirklicht erscheinen lassen, der ohne diese beiden Absicherungsstufen, d. h. ohne (entsprechend) reguliertes Kreditwesen nicht zu erreichen wäre.

14   b) **Bedeutung des Bankrechts.** Aus diesen Überlegungen zu den Funktionen des Kreditwesens erklärt sich zugleich auch zwingend die Bedeutung des Bankrechts für deren Realisierung. Die beiden Absicherungsstufen, die vorliegend für die Funktionserfüllung als ungleich zentraler herausgestrichen wurden als üblicherweise in den Standarderklärungen in der Ökonomik, sind unmittelbar dem **Regelbereich bankaufsichtliche Regulierung** und – als Untergebiet – **Regulierung der Einlagensicherungssysteme** zuzuordnen (unten Abschnitt 2.). Auch unter dem Gesichtspunkt, dass die rechtliche Rahmenordnung für die Erfüllung der Funktionen der Kreditwirtschaft jedenfalls in ihren Kernstücken vollständig abgebildet werden sollte, ist also (auch in einem HGB-Kommentar) ein vertiefter Blick auf

---

International Governance 2003, S. 27 f. („direct and securitized intermediation"). Zu den jüngsten Entwicklungen, mit wieder zunehmender Transformation der Intermediärsrolle, vgl. nur die plastischen Überblicke bei *Baumann/Weitnauer* Mobile Payment – Neuer Wein in alten Schläuchen? GWR 2014, 493; *Knops/Wahlers* BKR 2013, 240 (M-Pesa); *MacMillan* The End of Banking: Money, Credit, and the Digital Revolution, 2014.

[19] Zu beiden genannten Funktionen, zugleich jedoch charakteristisch für die geringere theoretische Tiefe der Durchdringung: *Hartmann-Wendels/Pfingsten/Weber* Betriebswirtschaftslehre, S. 3; *Betge* Bankbetriebslehre, S. 8 f.; *Freixas/Rochet* Microeconomics of Banking, S. 2–4.

[20] *Schwintowski/Schäfer* (1. Aufl.) § 4 Rn 123; und unten Dritter Teil Rn 16 f.

das Regulierungsumfeld zwingend geboten. Stärker die **klassisch handels- und kautelar-rechtlichen Fragen** sind umgekehrt jedoch angesprochen, wenn die in der Ökonomik im Vordergrund stehende Frage näher erörtert wird: nämlich, inwieweit eine Portfoliobildung und Standardisierung hinsichtlich Losgrößen und Fristen und auch eine Risikotransformation in auf Kapitalmärkten gehandelten Finanz- oder Kreditkontrakten möglich ist und gestaltet werden kann, insbesondere jedoch: welche Risiken Kreditgeber übernehmen müssen, wenn sie diese Alternative zur Einlage bei Banken wählen.

In diesem Zusammenhang erscheint eine (formal im Bankaufsichtsrecht verankerte) **15** Regelung von Bedeutung, die erst in jüngerer Zeit formuliert wurde und die zugleich zeigt, dass Funktionserfüllung nicht nur aus der Perspektive der Kunden (Kreditgeber und -nehmer) gesehen werden kann, sondern auch aus der Perspektive der Banken als der zentralen Akteure gesehen werden muss. Es handelt sich hier um die Pflicht von Kreditinstituten, bei Kreditvergabe, wenn die **Kredite danach gebündelt, verbrieft und verkauft werden**, einen Eigenhaftungsanteil von 10 (bis 2015: 5%) zu behalten (**Selbstbehalt**, Art. 405 CRR).[21] Da Kreditinstitute auch alternativ die Rolle übernehmen könnten, Kreditgeber und Kreditnehmer auf Kapitalmärkten zusammenzuführen, indem sie die Emission vergleichbar strukturierter Anlagepapiere begleiten und dies ganz ohne Selbstbehalt, handelt es sich bei dieser Regel vor allem um zweierlei: Es wird, erstens, offenbar auch aus Transparenzgründen eine (wenn auch nicht vollständige) Abgrenzung beider Segmente und Alternativen gefordert: Der Bankkredit (direkte Intermediation) soll nicht sogleich in einen an Kapitalmärkten gehandelten Kreditkontrakt in Form eines Fremdkapital-Wertpapiers (indirekte Intermediation) umgewandelt werden können, jedenfalls nicht vollständig. Dahinter steht, zweitens, die Überlegung, dass gute Funktionserfüllung auch nicht nur von der Wahlmöglichkeit der Kunden (Kreditgeber) her verstanden werden darf, sondern auch von der Anreizlage beim Intermediär her zu sehen ist: Beim Bankkreditgeschäft wird nicht nur die Portfoliobildung, sondern bereits die Prüfung des Kreditnehmers auf die Bank verlagert. Der Kreditgeber soll die Kreditnehmerprüfung gerade nicht übernehmen (müssen) und kann dies auch nicht. Diese Delegation erfüllt ihren Hauptzweck freilich nur, wenn die Anreizlage so ist, dass die Bank die Prüfung auch vornimmt. Ob nicht der (eher niedrige) Selbstbehalt von 10% dazu führt, dass Prüfungsbemühungen dennoch suboptimal bleiben, bleibt freilich offen. Gerade dieses Beispiel belegt plastisch, wie sich die rechtliche Rahmensetzung fortentwickelt, um die Funktionalität der Kreditwirtschaft oder von Segmenten derselben fortzuentwickeln. Zugleich zeigt es, welcher Sog besteht vom Segment Bankkredit hin zum Segment des kapitalmarktgehandelten Kredits – ein Sog, der für die Entstehung der letzten Weltwirtschaftskrise mit verantwortlich zeichnete – und wie die Kreditwirtschaft trotz dieses Sogs in *jedem* Segment eine zentrale Funktion übernimmt.[22]

II. Kreditwesen (Institutionen)

1. Gesamtsystem: Steuerung und Aufsicht vs. Bankgeschäft im Kundenverhältnis. Die **16** Institutionen – oder Akteure – unterfallen idealtypisch in zwei Ebenen: diejenige der Steuerung und Beaufsichtigung des Gesamtsystems und diejenige der einzelnen Kreditinstitute

---

[21] Dazu ausführlich *Hoffmann* Selbstbehalt und Beziehungsstrukturen bei Verbriefungstransaktionen – eine empirische Analyse US-amerikanischer Hypothekenverbriefungen, 2014, bes. S. 41 f.; vgl. auch *Arlt*

WM 2012, 107 und *Kreppel/Baierlein* BKR 2011, 228.
[22] *Allen/Santomero* 21 Journal of Banking and Finance 1461, 1474 (1998); *Hartmann-Wendels/Pfingsten/Weber* Betriebswirtschaftslehre, S. 9.

und Institutsgruppen, die dem Kunden gegenüber handeln und die Kapitaldienstleistungen ihm gegenüber erbringen.[23] Vorrangiger Betrachtungsgegenstand ist im vorliegenden Kommentar die zweite Ebene, denn sie hat direkten Bezug zum privaten Bankgeschäft. Dass – anders als in den Vorauflagen dieses Kommentars – die erste Ebene überhaupt in den Blick genommen wird und dass sie im Ersten Teil sogar den Hauptgegenstand bildet, ist dem Umstand geschuldet, dass die Regelungen zur Steuerung und Beaufsichtigung des Gesamtsystems auch rechtlich auf das private Bankgeschäft einwirken und zwar im Sinne einer Begründung von individuellen (privatrechtlichen) Rechten und Pflichten namentlich im Verhältnis zwischen (Einzel-)Kreditinstituten und Kunden. Gerade dieser Punkt wird ausführlich begründet (unten Erster Teil Rn 88–91).

2. Insbesondere: Kreditinstitute im Bankgeschäft mit dem Kunden

17   a) **Einteilung.** Kreditinstitute, die im Bankgeschäft dem Kunden direkt gegenüber treten und die drei großen Bankgeschäfte betreiben (Zahlungs-, Kredit- und Effektengeschäft iwS), dürfen in Deutschland – mit wenigen Ausnahmen – **alle Sparten des Bankgeschäfts in einer Rechtsperson** anbieten. Dies ist zwar auch in den meisten EU-Mitgliedstaaten so, international jedoch nicht selbstverständlich – was auch die Diskussion in der EU und in Deutschland insbesondere in den letzten Jahren (wieder) beeinflusst hat (zum Trennbankensystem als Gegenmodell unten Erster Teil Rn 24 f.). Die Beschränkung auf einige Sparten oder auch nur eine bildet also idR eine geschäftspolitische Entscheidung. Als **Universalbanken** werden diejenigen Institute verstanden, die nicht kraft Satzung (oder sonstiger Organisationsentscheidung) allein ein spezifisches Bankgeschäft betreiben, auch wenn sie nicht *alle* Geschäfte anbieten (dazu unten b)). Obwohl auch als Universalbanken unterschiedliche Institutsgruppen tätig werden, ist die Entwicklung der letzten 15 Jahre dadurch geprägt, dass die rechtlichen Unterschiede zwar auch weiterhin noch die Eignerstruktur betreffen, nicht mehr jedoch das Verhältnis zum Kunden (näher unten Erster Teil Rn 20 f.). Im Zahlungsgeschäft, im Kreditgeschäft und im Effektengeschäft treffen das Institut also unabhängig von seiner Zugehörigkeit zu einer bestimmten Institutsgruppe **die gleichen Pflichten und der Kunde hat die gleichen Rechte**, auch im Hinblick auf das Haftungssubstrat. Der wichtigste Unterschied liegt in den AGB- oder sonstigen Regelwerken, die die Institutsgruppen noch (teils) getrennt erarbeiten und empfehlen, die jedoch umgekehrt kaum voneinander abweichen und die zunehmend auch durch Die Deutsche Kreditwirtschaft (bis 2011: den Zentralen Kreditausschuss) gemeinsam für alle drei Institutsgruppen erarbeitet werden – etwa das Rulebook für den Zahlungsverkehr.

18   Die **Spezialbanken** bieten demgegenüber allein ein Geschäftssegment an. Obwohl auch Universalbanken es anbieten könnten, ist das jeweilige Geschäft entweder so gestaltet, dass typischer Weise Spezialisierungsvorteile erwartet werden können, die Spezialisierung also rein geschäftspolitisch begründet ist. Ein Beispiel hierfür bilden die Teilzahlungsbanken. Alternativ können Spezialbanken freilich auch auf der Grundlage eines **Sondergesetzes** handeln und bei Einhaltung der Regelvorgaben dieses Gesetzes einen **besonderen Bezeichnungsschutz** genießen. Heute ist dies so bei den Bausparkassen (vgl. § 1 Abs. 1 Bau-

---

[23] Vgl. etwa *Kirchhartz* in: Erne (Hrsg.) Claussen Bankrecht, S. 4 f., 18 ff. Die Ausführungen dort freilich zu sehr vom Bild einer Gesamtsteuerung der Kreditwirtschaft von oben geprägt, während doch bankrechtlich gesehen die Aufsicht eher nur eine Regulierung eines (ohnehin und längst vorher) stattfindenden Bankgeschäfts darstellt. Für die Geldschöpfung und Geldpolitik mag das Bild von der Steuerung von oben her schon zutreffender sein.

Stefan Grundmann

SparkG), früher auch bei Hypothekenbanken, soweit sie zur Refinanzierung Pfandbriefe oder Kommunalobligationen ausgaben. In diesem Fall konnte das Geschäft zwar auch von Universalbanken angeboten werden. Weil freilich die genannten Regelvorgaben auch einen Spezialitätsgrundsatz enthielten, konnte der spezifische Bezeichnungsschutz nicht erreicht werden – was Nachteile etwa bei der Refinanzierung mit sich brachte. Heute ist das Pfandbriefgeschäft jedoch allgemein Kreditinstituten bei Einhaltung der Zusatzvoraussetzungen nach § 2 Abs. 1 Pfandbriefgesetz eröffnet (zum Pfandbriefgeschäft vgl. Vierter Teil Rn 71 ff.). Häufig agieren (und agierten) auch die Spezialbanken immerhin in einer **Institutsgruppe**, als Tochtergesellschaften von Universalbanken, und umgekehrt haben große Universalbanken praktisch durchweg Tochtergesellschaften für die wichtigsten Formen von Spezialbanken.

b) Universalbanken. Universalbanken unterfallen in Deutschland in **drei Instituts-** **19** **gruppen** oder -arten mit unterschiedlichen Geschäftsmodellen. Vom Bilanzvolumen her deutlich die größte Gruppe bilden die sog. Kredit- oder auch **Privatbanken** mit etwas mehr als 3.000 Milliarden € kumulierter Bilanzsumme (etwa gleich viel wie die beiden anderen Institutsgruppen zusammen; davon Sparkassen und Landesbanken etwa 2/3, Genossenschaftsbanken und genossenschaftliche Zentralbanken etwa 1/3).[24] Anders als in den anderen Institutsgruppen verteilen sich die Aktiva auch auf drei etwa gleich große Stücke: Kredite an Nichtbanken, Kredite an Banken und (etwas geringer) sonstige Aktiva, während in den anderen Gruppen bei den Instituten ohne Zentralfunktion (Landesbanken, genossenschaftliche Zentralbanken) der Kredit an Nichtbanken und umgekehrt das reine Einlagengeschäft mit jeweils ca 75 % gänzlich dominiert (gleiche Statistik). Freilich gibt dieser Blick auf das Bilanzvolumen eine insoweit verzerrte Sicht, als Dienstleistungen (vor allem im Investment Banking) hierbei nicht oder unzureichend abgebildet sind – was jedoch umgekehrt einen entsprechenden weiteren zu berücksichtigenden „Zuwachs" vor allem bei den Kredit- und Privatbanken sowie (im Sparkassensektor) bei den Landesbanken bedeutet.[25] Doch auch bei den Kredit- oder Privatbanken sind zentrale „sonstige Aktivitäten" im Wesentlichen auf die vier Großbanken aufgeteilt, namentlich das Emissions-

---

[24] *Deutsche Bundesbank*, Monatsbericht September 2015, Statistischer Teil, S. 24; *Becker/Peppmeier* Bankbetriebslehre, S. 112. Für die Zahl der Institute (genau umgekehrte Reihenfolge, mit den Genossenschaftsbanken als deutlich größter Gruppe, die jeweils ca. 2 ½ so viele Institute [allerdings nicht: Zweigstellen] zählt als die anderen beiden Gruppen) vgl. *Deutsche Bundesbank* Monatsbericht September 2015, S. 52.

[25] Diese Geschäfte betreiben breit nur die genannten Banken, vgl. im Folgenden. Bilanziert werden diese Dienstleistungen nach der Kreditinstituts-Rechnungslegungsverordnung idF der Bekanntmachung vom 11.12.1998, BGBl. I S. 3658, zuletzt geändert durch Artikel 8 Absatz 13 des Gesetzes vom 17. Juli 2015, BGBl. I S. 1245, wobei auch die CRD IV keine grundlegenden Änderungen brachte: Unterproportional abgebildet werden sie, weil Forderungen aus

Dienstleistungen grds erst zu dem Zeitpunkt im Umlaufvermögen ausgewiesen werden, in dem die Leistung erbracht und der Anspruch auf Gegenleistung entstanden ist (vgl. *Schubert/Roscher*, in: Beck'scher Bilanz-Kommentar, 9. Aufl. 2014, § 247 HGB Rn 99 f.), also etwa bei einem mehrjährigen Beratungsvertrag erst, wenn sie angefallen sind (vorher nur als „unfertige Leistungen" mit den Herstellungskosten). Umgekehrt wird eine mögliche Haftung erst bei konkreten Anhaltspunkten in Höhe des Wahrscheinlichkeitswerts, nicht auf Grund des abstrakten Risikos angesetzt. In der Gewinn- und Verlustrechnung sind Provisionen und ähnliche Erträge (aus Dienstleistungen, nicht Krediten!) nach § 30 Abs. 1 RechKredV auszuweisen (vgl. hierzu *Scharpf/Schaber*, Handbuch Bankbilanz, 3. Auflage 2009, S. 683 ff.).

und das Konsortialkreditgeschäft:[26] Dies sind die Deutsche Bank AG, die Commerzbank AG (seit 2008/09 mit Dresdner Bank), die Unicredit Bank AG (seit 2005/2008 mit Hypo-Vereinsbank, zuerst als Tochtergesellschaft) und die Postbank AG (ab 2008 sukzessive übernommen und Tochtergesellschaft der Deutschen Bank AG, mit Gewinnabführungs- und Beherrschungsvertrag 2012, am 24.4.2015 aber Aufsichtsratsbeschluss, die Postbank zu entkonsolidieren). Drei der genannten (ehemals unabhängigen) fünf Banken verloren demnach in der Konsolidierungswelle nach 2002 ihre Unabhängigkeit/Selbständigkeit, die zuletzt Genannte jedoch (wohl) nur zeitweise. Die Konsolidierungswelle erfasst auch die sonstigen Kredit- oder Privatbanken,[27] deren Zahl derzeit nur noch bei knapp 400 liegt: namentlich die sog. Regionalbanken, die heute freilich ihre Geschäfte jedenfalls ebenfalls auch überregional, wenn auch weniger international betreiben. Teils werden auch noch Privatbanken besonders ausgewiesen, deren Eigentümer eine Form der persönlichen Haftung übernehmen, sowie ausländische Zweigniederlassungen, weil sie, soweit sie nicht von einer Bank aus dem EU-Ausland eingerichtet werden, nach § 53 Abs. 1 KWG als eigenes Institut gelten (bei EU-Banken greift demgegenüber die Herkunftslandaufsicht, § 53b KWG).

20   Die vom Bilanzvolumen (und auch von der Zahl der Institute) her zweitgrößte Institutsgruppe bilden die **Sparkassen**, deren Träger Körperschaften öffentlichen Rechts sind (Gemeinden, Kreise, Zweckverbände) und die ihre Organisationsgrundlage in Landessparkassengesetzen (und darauf aufbauenden Satzungen) haben. Freilich fiel mit dem 18. Juli 2005 die sog. Anstaltslast weg, nach der der jeweilige Träger die „wirtschaftliche Basis der Anstalt für die gesamte Dauer ihres Bestehens" zu gewährleisten hatte, desgleichen die Gewährträgerhaftung, nach der der Träger für die Verbindlichkeiten (unmittelbar) mithaftete. Letztere bestand für die nach dem 18. Juli 2005 eingegangenen Verbindlichkeiten nie und läuft auch für alle diejenigen Verbindlichkeiten am 31.12.2015 aus, die in den vier Jahren vor Wegfall der Gewährträgerhaftung eingegangen wurden (ab 18. Juli 2001). Sie gilt nur für den kleinen Teil der noch älteren Verbindlichkeiten fort.[28] Verantwortlich für diesen Fortfall von Sonderregimen war vor allem das Europäische Wettbewerbs- und Beihilfenrecht und eine von der EU-Kommission geforderte Vereinbarungslösung: Auf Beschwerde des Europäischen Bankenverbandes war die EU-Kommission im Jahr 2001 davon ausgegangen, dass beide Sonderregime den Wettbewerb gegenüber Kredit- und Privatbanken verzerrten, namentlich auch die Gewährträgerhaftung eine wettbewerbsverzerrende Beihilfe darstelle.[29] Die Vereinbarungslösung beinhaltete dann die oben genann-

---

[26] *Hartmann-Wendels/Pfingsten/Weber* Betriebswirtschaftslehre, S. 31–33; *Bak* Aktienrecht zwischen Markt und Staat, 2003, S. 132 f.

[27] Vgl. etwa graphische Übersicht bei *Osterloh*, Universal- oder Trennbankensystem? S. 37 (von den führenden Industrieländern nur Japan nicht von dieser Konsolidierungswelle erfasst).

[28] Näher zu diesem Regime *Füßer* ZBB 300 (301, 307 f.); *Weinkamm* EG-Beihilfen und die öffentlich-rechtlichen Kreditinstitute in Deutschland, 2004, S. 108, 116 f.; *Wiesel* ZBB 2002, 288 (bes. 295); *Schlierbach* Sparkassenrecht, S. 152 f.; auch *Seikel* Kampf um öffentlich-rechtliche Banken, S. 165 f..

[29] Vgl. hierzu *Wiesel* ZBB 2002, 288 (bes. 289 f.); *Schlierbach* Sparkassenrecht, S. 150 f.; zustimmend *Weinkamm* EG-Beihilfen und die öffentlich-rechtlichen Kreditinstitute in Deutschland, 2004, S. 63–105; sowie *Niemeyer/Hirsbrunner* EuZW 2000, 364 (bes. 366 f.); ablehnend hingegen *Vogel* ZBB 2001, 103 (108 f.); sowie *Martin-Ehlers* EWS 2001, 263 (267 f.); ausführlich zu dieser Entwicklung *Seikel* Kampf um öffentlich-rechtliche Banken, S. 137–167. Zentral war insoweit auch, dass Ratingagenturen in der Tat das höhere Rating von Sparkassen auch mit dem Bestehen einer Gewährträgerhaftung begründet hatten und daraus die Wahrscheinlichkeit abgeleitet wurde,

ten Übergangsfristen, außerdem die Abrede dahingehend, dass Beihilfen nur noch im Rahmen des EU-Rechts und unter Gleichbehandlung aller Institutsgruppen gewährt würden – was dann in der Finanzkrise 2008–09 auch bald relevant wurde. Vom Haftungssubstrat ebenso wie von der Eigentümerstruktur- und -verantwortung her unterscheiden sich die Sparkassen also nurmehr insofern von den Kredit- und Privatbanken auf allgemein-privatrechtlicher Organisationsgrundlage, als die Eigner Körperschaften öffentlichen Rechts sind, die zudem die Organisation durch (Landes-)Gesetz *und* Satzung vornehmen. Im Verhältnis zum Kunden wirkt sich diese Sonderstellung hingegen nicht mehr aus, auch nicht im Haftungs- und Insolvenzfall. Vom Gleichheitsgrundsatz her, der dieser Entwicklung zugrunde liegt, ist es paradigmatisch, dass auch die Strafbarkeit von Verstößen gegen das Bankgeheimnis, die nur für öffentliche Amtsträger gilt, als gleichheitswidrig eingestuft und deswegen in der Judikatur aufgegeben wurde (unten Zweiter Teil Rn 77, 80). Sparkassen sind auch heute noch überwiegend regional tätig und finanzieren sich zu ca. 75 % durch Einlagen und vergeben zu ca. 75 % ihres Geschäftsvolumens Kredite vor allem in der Region, sind also der lokalen Kreditversorgung verpflichtet.[30] Spitzeninstitute in der Institutsgruppe Sparkassen sind die **Landesbanken**, die im Eigentum eines oder mehrerer Bundesländer sowie von Sparkassen ihres Abdeckungsbereichs stehen. Ihr großes Bilanzvolumen (mit gut 1.000 Milliarden € in der Summe vergleichbar dem aller Sparkassen kumuliert) erklärt sich damit, dass sie in signifikantem Umfang auch Kredite an Banken vergeben und „sonstige Aktivitäten" entfalten, namentlich die Effekten- und Investmentgeschäfte für die Institutsgruppe Sparkassen bündeln, aber idR auch als Kreditgeber ihrer Trägerländer fungieren („Hausbank").[31]

Die kleinste Institutsgruppe (vom Bilanzvolumen, nicht von der Institutszahl her) bilden die **Genossenschaftsbanken**, ebenfalls mit Zentralinstituten (DZ-Bank und WGZ-Bank). Organisiert sind sie nach dem Genossenschaftsgesetz, was nach dessen § 1 zur Folge hat, dass sie der Förderung des Erwerbs und der Wirtschaft ihrer Mitglieder verpflichtet sein müssen. Diese müssen Anteile halten (einschließlich einem beschränkten Haftsummenzuschlag) und nehmen Teil an der Gewinnverteilung. Doch ist seit 1974 auf Grund von § 8 Abs. 1 Nr. 5 GenG die Kreditvergabe auch an Nichtmitglieder zulässig, wenn die Satzung das vorsieht.[32] Von den Aktivitäten her sind die Genossenschaftsbanken ähnlich (weit) überwiegend auf das Einlagen- und Kreditgeschäft an Nichtbanken fokussiert, freilich ohne die im Sparkassensektor übliche regionale Beschränkung. Im Verhältnis zum Kunden ist – abgesehen von der Besonderheit einer genossenschaftsrechtlichen Gesellschafterstellung – wiederum kein anderes Recht anzuwenden als für Kunden anderer Institutsgruppen, auch nicht für die Frage der Institutshaftung und -insolvenz.

21

---

dass Sparkassen daraus auch Vorteile bei der Refinanzierung (im Vergleich zu verzerrungsfrei funktionierenden Märkten) haben könnten.

30 Dazu *Hartmann-Wendels/Pfingsten/Weber* Betriebswirtschaftslehre, S. 34 f.; *Schlierbach* Sparkassenrecht, S. 116 f.

31 Zu all dem vgl. etwa *Hartmann-Wendels/Pfingsten/Weber* Betriebswirtschaftslehre, S. 32 f., 35 f.; BankR-Hdb/*Rümker/Winterfeld* § 124 Rn 111–122, 124–135; *Büschgen* Bankbetriebslehre, S. 89 f.; *Sinn*, Der Staat im Bankwesen – zur Rolle der Landesbanken in Deutschland, 1997, bes. 19 ff.

32 Vgl. BankR-Hdb/*Rümker/Winterfeld* § 124 Rn 145. Insgesamt zu den Besonderheiten und zum Volumen der genossenschaftlichen Institutsgruppe: *Hartmann-Wendels/Pfingsten/Weber* Betriebswirtschaftslehre, S. 32 f., 36; *Kirchhartz* in: Erne (Hrsg.) Claussen Bankrecht, S. 34; *Raab-Kratzmeier* Genossenschaftsbanken im Wettbewerb, 2014, S. 7–16; *Dietl* Das Ende der Anstaltslast und Gewährträgerhaftung, 2010, S. 14–15; *Thiesler* Zukunftsfähigkeit von genossenschaftlichen Primärbanken in Deutschland, 2000, S. 8–16; *Büschgen* Bankbetriebslehre, S. 94 f.

22   c) **Spezialbanken und Direktbanken.** Die Spezialbanken bilden eine **heterogene Gruppe,** zu ihnen werden vor allem gezählt:
- – Realkreditinstitute (Hypotheken- und Pfandbriefinstitute)[33]
- – Bausparkassen[34]
- – Teilzahlungsbanken[35]
- – Wertpapiersammelbanken
- – Kapitalverwaltungsgesellschaften (§ 17 KAGB, früher Kapitalanlagegesellschaften)[36]
- – Kreditinstitute mit Sonderaufgaben, sowie
- – Direktbanken.

Die drei erstgenannten Gruppen sind **im Kreditgeschäft** verortet und unterfallen dort Sonderregeln namentlich bei der Refinanzierung (durch Pfandbriefe, vor allem mit der 60 %-igen Beleihungsgrenze, und durch Kommunalobligationen), bzw. unterliegen einem Spezialitätsgrundsatz (§ 1 BausparkG). Rein aus geschäftspolitischen Gründen und ohne Spezialgesetz als Grundlage konzentrieren sich die Teilzahlungsbanken auf ein anderes kreditgeschäftliches Teilsegment, den Bereich der Ratenkredite, idR ungesichert, jedenfalls nicht grundpfandrechtlich gesichert, an Verbraucher (näher zu allem Vierter Teil Rn 71–88 und 795–804). Die viertgenannte Gruppe ist demgegenüber im Effekten-, namentlich im Depotgeschäft wichtig (näher dazu unten Achter Teil). Diesen **vier Typen von Spezialbanken, die in einem der drei Hauptbankgeschäftstypen zu verorten sind,** stehen die anderen **drei als deutlich heterogene Gruppe gegenüber** (heterogen untereinander sowie zu den bisher Genannten): Die Kapitalverwaltungsgesellschaften, mit den sog. Investmentfonds, betreiben ein Geschäft, das aus dem Kreditwesen ieS ausgeklammert ist (Ausnahme nach § 2 Abs. 1 Nr. 3b KWG), und in der Tat erscheint das Geschäft vom Bankgeschäft deutlich abgesetzt, auch wenn die großen Universalbanken und die Institutsgruppen jeweils *ihre* Kapitalverwaltungsgesellschaften als Tochtergesellschaften oder Einrichtung der Gruppe haben. Die Kreditinstitute mit Sonderaufgaben sind vor allem Einrichtungen in staatlicher Trägerschaft mit Förderungsaufgaben, namentlich die IKB Deutsche Industriebank (vor allem mit langfristigen Investitionskrediten an kleine und mittelständische Unternehmen bis 2008; nach Verkauf an den amerikanischen Finanzinvestor Lone Star jedoch allgemeine Geschäftsbank), die KfW Bankengruppe (mit strukturpolitischen För-

---

[33] Vgl. hierzu etwa: BankR-Hdb/*Rümker/ Winterfeld* § 124 Rn 53–57, 153, 154; *Adrian/Heidron* Bankbetrieb, S. 32; *Hartmann-Wendels/Pfingsten/Weber* Betriebswirtschaftslehre, S. 37; *Redenius* Strukturwandel und Konzentrationsprozesse im Hypothekenbankenwesen, 2009.

[34] Vgl. hierzu etwa: *Berndt//Degner/Hamm/ Zehnder* Die Bausparkassen, 7. Aufl. 1994; BankR-Hdb/*Rümker/Winterfeld* § 124 Rn 58–64; *Adrian/Heidron* Bankbetrieb, S. 33; *Becker/Peppmeier* Bankbetriebslehre, S. 117; *Eilenberger* Bankbetriebswirtschaftslehre, S. 134; *Hartmann-Wendels/Pfingsten/Weber* Betriebswirtschaftslehre, S. 38.

[35] Vgl. hierzu etwa: *Eilenberger* Bankbetriebswirtschaftslehre, S. 125; *Schöttl* Die Stellung der Teilzahlungsbanken im Kreditwesen, 1981.

[36] Vgl. hierzu vor allem: *Baur/Tappen* Investmentgesetze, § 17 KAGB (S. 163 ff.); *Emde/ Dornseifer/Dreibus/Hölscher* Investmentgesetz, 2013, S. 186 ff. (verschiedene Bearbeiter); *Geurts/Schubert* KAGB kompakt: eine strukturelle Einführung in das neue Investmentrecht, 2014; *Patzner/Döser/ Kempf* Investmentrecht, 2. Aufl. 2015, § 17 KAGB; *Weitnauer/Boxberger/Anders* KAGB, 2014, § 17 (S. 125 ff.); und angekündigt für 2015: *Moritz/Klebeck/Jesch* Frankfurter Kommentar zum Kapitalanlagerecht: Band 1: KAGB; *Verfürth* KAGB: Text- und Materialsammlung zum Kapitalanlagegesetzbuch; zusammenfassend etwa *Becker/ Peppmeier* Bankbetriebslehre, S. 118; *Eilenberger* Bankbetriebswirtschaftslehre, S. 126.

Stefan Grundmann

derprogrammen) und die AKA Ausfuhrkreditbank (zur Finanzierung von Exportgeschäften).[37]

Die **Direktbanken** sind demgegenüber keine echten Spezialbanken. Vielmehr unter- **23** scheiden sie sich – idR auf allgemein privatrechtlicher Grundlage organisiert – von den Privat- und Kreditbanken vor allem dadurch, dass sie ihre Bankdienstleistungen ohne ausgebautes Filialnetz und daher grds. auch ohne oder mit deutlich reduzierten Beratungs- und Kundenpräsenzmöglichkeiten anbieten. Insbesondere aufgrund des wenig ausgebauten Bankautomatennetzes hat dies auch zu erheblichen Spannungen mit anderen Institutsgruppen, namentlich den Sparkassen geführt.[38] Soweit zwingendes Recht nicht entgegensteht oder – wie bei den Wohlverhaltenspflichten nach §§ 31 ff. WpHG entsprechend angepasst und punktuell reduziert wurde – handelt es sich um eine geschäftspolitische Entscheidung, primär nur die Abwicklungsleistungen („execution only") anzubieten. Der Erfolg ist schon heute erheblich, die Dynamik der Entwicklung wird unterschiedlich eingeschätzt.[39] Direktbanken können sich als Spezialbanken auf ein bestimmtes Geschäft spezialisieren, sie agieren jedoch häufig auch flächendeckend mit entsprechend reduziertem Betreuungs- und Präsenzangebot.

d) Internationale Aspekte, insbes. Trennbankensystem. Für eine Betrachtung der **24** Strukturen im internationalen Umfeld ist es vorliegend weniger wichtig, auf Institutsgruppen im Ausland[40] oder das Zusammenspiel zwischen Steuerung/Aufsicht und Kreditwirtschaft dem Kunden gegenüber einzugehen – zumal Letzteres für die Eurozone jetzt vereinheitlicht ist (Europäische Bankenunion). Für die USA[41] ist immerhin auf den zentralen Vorgang für die Marktstrukturen seit 2008 hinzuweisen: namentlich dass alle großen Investmentbanken, die auch nach formaler Aufhebung des Trennbankensystems durch den sog. Gramm-Leach-Bliley-Act 1999[42] noch fortbestanden, im Gefolge der Finanzkrise ent-

---

[37] Vgl. etwa BankR-Hdb/*Rümker/Winterfeld* § 124 Rn 156 ff.; *Becker/Peppmeier* Bankbetriebslehre, S. 125; *Eilenberger* Bankbetriebswirtschaftslehre, S. 130; *Hartmann-Wendels/Pfingsten/Weber* Betriebswirtschaftslehre, S. 41.

[38] Vgl. OLG München Urt. v. 17.6. 2010 – U (K) 1607/10, WM 2010, 1598, Anm. *Hess* a.a.O. 1971; sowie *Kapp/Rauhut* WM 2010, 1111; LG Verden Urt. v. 15.12.2008 – 10 O 102/08, WM 2009, 656, Anm. *Lettl*, WuB V B § 4 UWG 1.09; dazu auch etwa MünchKommBGB/*Casper* § 675f Rn 62; BankR-Hdb/*Bunte* § 140 Rn 76 f.

[39] Vor allem: *Swoboda* Direct Banking: Wie virtuelle Institute das Bankgeschäft revolutionieren, 2000; *Härtl* Direktbanken als Wettbewerbsfaktor im deutschen Bankenmarkt, 2003; sowie *Ambros* Retail Banks am Scheideweg, WM 2000, 563; *Blessing* Auf dem Weg zur Multikanalbank, WM 2001, 1146; *Brückner* Ratgeber Direktbanken, 2008, S. 15 ff.; zur Kostensenkung etwa *Matei/Silvestru* 2 Revista Informatica Economicá 55 (2008).

[40] Dazu etwa *Mugler* Das deutsche Bankensystem im internationalen Vergleich, 2014, S. 107 ff.; *Heffernan* Modern Banking, 2005, S. 221 ff.; *Decressin/Brunner/Hardy/Kudela* Germany's Three Pillar Banking System: Cross-Country Perspectives; *Kaufman* (Hrsg.) Banking Structures; *Tilly* 145 Journal of Institutional and Theoretical Economics 189 (1989).

[41] Näher zum Kreditwesen in den USA, das dort ungleich stärker für viele Institute auch rechtlich die regionale Fokussierung vorschreibt und das ebenfalls ein großes System von Spezialbanken zur Förderung bestimmter Zwecke aufweist: *Baer/Mote* The United States Financial System, in: Kaufman (Hrsg.) Banking Structure, S. 469–553.

[42] Financial Services Modernization Act of 1999; dazu *Huertas* in: v. Hagen / v. Stein (Hrsg.) Geld-, Bank- und Börsenwesen, S. 470 (bes. 501–504); *Kochinke/Krüger* Allfinanzunternehmen in den USA – neue Chancen durch den Gramm-Leach-Bliley Act, RIW 2000, 518; *Macey* The Business of Banking – Before and after Gramm-Leach-Bliley,

weder in die Insolvenz gingen (Lehman Brothers), von Kreditbanken übernommen wurden (Merrill Lynch durch die Bank of America und Bear Stearns durch JPMorgan Chase) oder aber sich in Bank Holding Companies umwandelten, was die Unterstellung unter die Aufsicht für Kreditbanken nach sich zog (Goldman Sachs und Morgan Stanley). Große, prägende eigenständige Investment Banks verschwanden damit aus der US-amerikanischen Bankenlandschaft.[43] Damit ist auch das Thema angesprochen, das für die Strukturen auch grenzüberschreitend zentral und am relevantesten ist, namentlich auch weil es die deutsche und Europäische Gesetzgebung beschäftigt(e): die Diskussion um das **Universalbankensystem**, wie es in Deutschland und ganz überwiegend in der EU traditionell vorherrscht(e) und für besonders stabil gehalten wird/wurde,[44] **oder das Trennbankensystem** (vor allem zwischen Geschäftsbanken und Investmentbanken), wie es der Glass Steagall Act von 1933 (bis 1999) vorsah und – als Zwischenform – um das sog. **ring-fencing**, wie es derzeit in der EU aufgrund des entsprechenden Vorschlags der EU-Kommission stark diskutiert wird.[45] Dabei sind vor allem folgende Formen zu unterscheiden, die sich aus der Vielzahl der denkbaren (Zwischen-)Lösungen als international – in Gesetzgebungsprozessen – besonders re-

---

25 Journal of Corporate Law 691 (1999/2000); *O'Neal*, Summary and Analysis of the Gramm-Leach Bliley Act, Securities Regulation Law Journal 2000, 28; zu bereits vorangegangenen Aufweichungen (Ausnahmen zu Glass-Steagall-Act 1933) *Hoffmann* Das Ende des amerikanischen Trennbankensystems, WM 2000, 1773; *Markey* Why Congress must amend Glass-Steagall – Recent trends in breaching the wall separating commercial and investment banking, 25 New England Law Review 457 (1990–1991).

[43] *Hartmann-Wendels/Pfingsten/Weber* Betriebswirtschaftslehre, S. 24; *Kirchhartz* in: Erne (Hrsg.) Claussen Bankrecht, S. 40 (auch jeweils die größere Robustheit der Universalbanken betonend).

[44] Überblick zur Verbreitung etwa bei *Benston* Universal Banking, 8 Journal of Economic Perspectives 121 (1994); *Decressin/Brunner/Hardy/Kudela* Germany's Three Pillar Banking System: Cross-Country Perspectives in Europe; *Kaufman* (Hrsg.) Banking Structure in Major Countries, 1992; *Reuther* Bankensystem und Wirtschaftskrise, S. 57. Jüngste systematische Studie: *Osterloh* Universal- oder Trennbankensystem? – mit vor allem folgenden Ergebnissen: Renditenzyklen von Kredit- und Wertpapierbanken meist gegenläufig und daher in der Universalbank einander „neutralisierend" (S. 15–41) und Effizienz und daher auch Stabilität höher (S. 61–70, deutsche Banken danach mit der höchsten Risikotragfähigkeit, S. 69), desgleichen Profitabilität (S. 42–60: obwohl Eigenkapitalrendite bei

Trennbanken höher, Gegenteil der Fall, wenn Eigen- und Fremdkapitalrendite komuliert betrachtet), und sogar Wettbewerb intensiver (gemessen nach Lerner-Index, S. 38–41); sehr weitgehend sich deckend mit der Studie vor allem zu (Großbritannien und) Deutschland bei *Edwards/Fischer*. Banks, Finance and Investment in Germany, 1994 (dort jedoch etwas andere Vergleichsparameter, etwa Aufsichtsratsbesetzung, Wettbewerbsvorteile und Informationsfluss). Vgl. rechtspolitisch auch, insbesondere zur (höheren) Risikotragfähigkeit: *Reuther* Bankensystem und Wirtschaftskrise, S. 27; und Überblick zu den mannigfachen Diskussionslinien (allerdings ohne das Trennungsregime im *Vickers*-Report und Trennbankengesetz) *Rheinholdson/Olsson* Commercial and Investment Banking – Literature Review.

[45] Vgl. *Europäische Kommission* Vorschlag für eine Verordnung des Europäischen Parlaments und des Rates über strukturelle Maßnahmen zur Erhöhung der Widerstandsfähigkeit von Kreditinstituten in der Union vom 29.1.2014, KOM(2014) 043 endg. Während ursprünglich eine Verabschiedung bis Juni 2015 geplant war, ist der Gesetzgebungsprozess bis heute nicht abgeschlossen. Derzeit als Dokument RAT: 9894/15, nicht öffentlich zugänglich, vgl. http://www.parlament.gv.at/PAKT/EU/XXV/EU/06/98/EU_69804/index.shtml; aufbauend auf: Final Report of the *High-level Expert Group on reforming the structure of the EU banking sector* („Liikanen Report'), 2. Okt. 2012, http://ec.europa.eu/internal_market/bank/group_of_experts/index_en.htm.

levant herauskristallisiert haben: Im Glass-Steagall-Act 1933 war besonders rein ein Trennungsgebot niedergelegt, für die Geschäftsbanken in sec. 16 und für die Investmentbanken, spiegelbildlich, in sec. 21 sowie in sec. 20, 32 fortgeführt auch auf Konzernebene.[46] Nach Einführung verschiedener Ausnahmen über mehrere Jahrzehnte hinweg wurde dieses Trennungsgebot schließlich 1999 durch den Gramm-Leach-Bliley-Act gänzlich aufgehoben (Fn 42). Im Anschluss an die Finanzkrise 2007–2009 wurde kaum einmal auf Wiedereinführung des strikten Trennungsgebots plädiert, umgekehrt jedoch internationalisierte und erstreckte sich die Diskussion – auf die wichtigsten Finanzzentren und Bankenplätze (und Volkswirtschaften der EU). Die wichtigsten Zwischenformen zwischen Trennbankensystem (ggf. auch Verbot der Verbindung im Konzernverbund) einerseits und Universalbankensystem andererseits sind Folgende:[47] Denkbar sind, erstens, punktuelle Aktivitätsbeschränkungen, mit denen Kreditbanken (CRR-Instituten) gewisse Aktivitäten (namentlich Eigenhandel für eigene Rechnung[48] sowie Kredit- und Garantiegeschäfte mit Hedge-, Dachhedge- und Private Equity-Fonds) untersagt werden (*Volcker*-Rule in den USA);[49] denkbar sind, zweitens, allgemeine Spartentrennungsgebote mit denen vorgeschrieben wird, dass *alle* Kreditbanken gewisse Aktivitäten (im Wesentlichen wieder die oben Genannten) nicht durch dieselbe Rechtsperson abwickeln dürfen, wohl aber durch andere Rechtspersonen im Konzern (*Vickers*-Vorschlag in Großbritannien);[50] denkbar sind schließlich drittens, vergleichbare Spartentrennungsgebote, die jedoch nur für Kreditbanken vorgesehen werden, bei denen aufgrund gewisser Größenkriterien (vor allem Bilanzsumme und/oder erheblicher Anteil der genannten Aktivitäten am Gesamtgeschäft) eine besondere Systemrelevanz und Ansteckungsgefahr angenommen wird (Liikanen-Report und EU-Verordnungsvorschlag [oben Fn 45] und deutsches Trennbankengesetz).

Das durch das **Trennbankengesetz**[51] **in Deutschland eingeführte System**, das (mit dem **25** französischen) auch dem Liikanen-Report und dem EU-Verordnungs-Vorschlag am nächsten steht, ist in der Quintessenz wohl als weniger invasiv als die *Volckers*-Rule, aber auch

---

46 Federal Reserve Bank of New York. „1248. Banking Act of 1933," *Federal Reserve Bank of New York Circulars* (June 22, 1933), abrufbar unter https://fraser.stlouisfed.org/title/?id=466#!15952. Dazu etwa *Fein* Securities Activities of Banks, 4. Aufl. 2011 (Loseblatt), § 4.03; *Möslein* ORDO 64 (2013) 349 (357–360).

47 Vgl. namentlich *Altvater/v. Schweinitz* WM 2013, 625 (625–630); *Möslein* ORDO 64 (2013) 349 (357–367).

48 Zur zentralen Rolle bei der Entstehung der Finanzkrise, die in den USA gerade dem Eigenhandel (d.h. Beständen von Effekten [außer Staatsanleihen] in den Aktiva) zugeschrieben wurde, vgl. *Möslein* ORDO 64 (2013) 349 (360); *Richardson/Smith/Walter* Large Banks and the Volcker Rule, in: Acharya u.a. (Hrsg.), Regulating Wall-Street – The Dodd-Frank Act and the New Architecture of Global Finance, 2009, S. 181 (202 f.); *Whitehead* The Volcker Rule and Evolving Financial Markets, 1 Harvard Bus. Law Review 40 (41–43) (2011).

49 Vgl. Art. 619 Dodd-Frank Wall Street Reform and Consumer Protection Act: Title 12 U.S.C., Chapter 17: Bank Holding Companies, § 1851 „Prohibitions on proprietary trading and certain relationships with hedge funds and private equity funds"; dazu etwa *Heppe/Tielmann* WM 2011, 1883 (1887 f.).

50 Vgl. http://webarchive.nationalarchives.gov.uk/20131003105424/https:/hmt-sanctions.s3.amazonaws.com/ICB%20final%20report/ICB%2520Final%2520Report%5B1%5D.pdf.

51 Gesetz zur Abschirmung von Risiken und zur Planung der Sanierung und Abwicklung von Kreditinstituten und Finanzgruppen vom 7.8.2013, BGBl. 2013 I, S. 3090; dazu vor allem *Höche* Bankrechtstag 2013, 2014, S. 3 (19–23); *Möslein* ORDO 64 (2013) 349; *ders.* BKR 2013, 397; *Schelo/Steck* ZBB 2013, 227; sowie *Hageböke/Leuering* NJW-Spezial 2013, S. 463; sowie zum Entwurf *Altvater/v. Schweinitz* WM 2013, 625; *van Kann/Rosak* NZG 2013, 572. Rechtsvergleichend im Hinblick auf den Kommissionsvor-

der *Vickers*-Vorschlag anzusehen, geht aber über Alternativvorschläge hinaus, namentlich denjenigen, Eigengeschäfte und Geschäfte mit Hedge-Fonds nur mit der Pflicht zur Vorhaltung eines zusätzlichen Kapitalpuffers zu belegen.[52] Die **Kernelemente der deutschen Regelung sind drei:** Die **Schwellenwerte** wurden dahingehend festgesetzt, dass das Geschäftsvolumen des Instituts bzw. der Gruppe zum Bilanzstichtag des Vorjahres 100 Mrd. € überstieg oder wenn die Bilanzsumme die letzten drei Jahre zum Bilanzstichtag jeweils 90 Mrd. € überstieg *und* das Volumen der betroffen „gefährlichen" Geschäfte 20 % der Bilanzsumme übersteigt (§ 3 Abs. 2 Satz 1 Nr. 1 und 2 KWG).[53] Die **betroffenen Aktivitäten** werden dahingehend umrissen, dass Eigenhandel, also der Erwerb und die Veräußerung von Finanzinstrumenten, für eigene Rechnung (§ 1 Abs. 1a Satz 3 KWG) erfasst ist, ebenso Eigenhandel iSv § 1 Abs. 1a Satz 2 Nr. 4 lit. d) KWG, daneben Kredit- und Garantiegeschäfte mit Hedgefonds, Dach-Hedgefonds und AIF-Fonds, soweit sie in erheblichem Umfang Hebelwirkung einsetzen, und deren jeweiligen Verwaltungsgesellschaften.[54] Schließlich wird zwar die Auslagerung auf ein anderes Institut der Gruppe gestattet, es muss freilich organisatorische, rechtliche und finanzielle **Eigenständigkeit** in folgender Form gewährleistet werden: Das betroffen „gefährliche" Geschäft muss in einem Maße isoliert werden, dass einer „Ansteckung" der Gruppe vorgebeugt wird (insbesondere sind die organisatorischen Zentraleinrichtungen beim Mutterinstitut anzusiedeln, vgl. § 25 f. KWG).[55] Hinzu tritt die Befugnis der BaFin, im Einzelfall eine vergleichbare Gefährdung zu bejahen, auch wenn die Schwellenwerte nicht erreicht sind, und das beschriebene Regime anzuwenden (§ 3 Abs. 4 KWG). Die **Kritik** am Trennbankengesetz ist teils prozeduraler Art („nationaler Alleingang",[56] wohingegen freilich eingewandt werden kann, dass offenbar alle wichtigen Volkswirtschaften und Bankenplätze in Europa die Option eines schnellen Handelns und eines möglichen „Vorsprungs" auch im EU-Verhandlungsprozess wählten), vor allem jedoch inhaltlicher Art: Es hätten (etwa mit der Anordnung zusätzlicher Kapitalpuffer) weniger invasive Alternativen bestanden (Verhältnismäßigkeitsgrundsatz!); und durch die Ausgliederung würden hohe Komplexitätskosten verursacht und dennoch das Risiko nicht wirklich vermindert: zum einen verhinderten die Schwellenwerte nicht, dass potentiell durchaus vergleichbar systemrelevante und ansteckungsgefährdete Institute (in zudem wettbewerbsverzerrender Weise) nicht erfasst würden; und zum ande-

---

schlag: *Lehmann/Rehahn* WM 2014, 1793; *Möslein* ORDO 64 (2013) 349 (357–367). Speziell zur Auswirkung auf das Private-Equity-Geschäft: *Habetha* ZIP 2014, 9. Vor allem rechtspolitisch (namentlich im Hinblick auf Effizienzvorteile, Krisenfestigkeit und Lehren aus der Finanzkrise): *Fritsche* Universalbanken- oder Trennbankensystem? und Nachw oben Rn 44.

[52] Vgl. rechtsvergleichend und zu den verschiedenen Modellen *Altvater/v. Schweinitz* WM 2013, 625 (627 f.); *Möslein* ORDO 64 (2013) 349 (357-367 und 367– 369) (verfassungsrechtlich milderes Mittel sogar geboten).

[53] Näher zu den Schwellenwerten vgl. *Habetha* ZIP 2014, 9 (12); *Höche* Bankrechtstag 2013, 2014, S. 3 (21); *Möslein* BKR 2013, 397 (401 f.).

[54] Näher zu den Aktivitäten vgl. *Altvater/v. Schweinitz* WM 2013, 625 (627); *Habetha* ZIP 2014, 9 (12-16) (auch speziell zum Ge-

schäft mit Private Equity Fonds); *Höche* Bankrechtstag 2013, 2014, S. 3 (20 f.); *Möslein* ORDO 64 (2013) 349 (360–362); *ders.* BKR 2013, 397 (402–404).

[55] Näher zur „Abschirmung" innerhalb des Konzerns: *Altvater/v. Schweinitz* WM 2013, 625 (628 f.); *Höche* Bankrechtstag 2013, 2014, S. 3 (21 f.); *Möslein* BKR 2013, 397 (404 f.); erstmals operational ab 1.7.2015, mit einer Frist von 12 Monaten, die für den Umbau gewährt wird (§ 3 Abs. 2 KWG).

[56] *Höche* Bankrechtstag 2013, 2014, S. 3 (20 und 22) („einhellige Kritik"); zum vergleichbaren Vorgehen jedenfalls in den großen Volkswirtschaften, namentlich Frankreich und Großbritannien, vgl. neben den Nachw oben Fn 52: sog. Vickers-Report (Fn 50); Loi no. 2013-672 du 26 juillet 2013 de séparation et de régulation des activités bancaires, J.O. n° 173 du 27 juillet 2013, S. 12530; sowie dazu *Lehmann/Rehahn* WM 2014, 1793 (1796).

Stefan Grundmann

ren sei der Eigenhandel für Kunden vergleichbar ansteckungsgefährdet wie derjenige für eigene Rechnung.[57] Bei den zuletzt genannten Kritiken ist freilich zu bedenken, dass die Größenabgrenzung doch auch Überlegungen zu einem Übermaßverbot berücksichtigt, und dass „gefährliche" Geschäfte, die durch Abspaltung „isoliert" werden sollen, ggf. doch eher mit Zusatzkosten belegt werden können und sollen, wenn sie zusätzlich auch nicht der Realwirtschaft zugutekommen. Beide Entscheidungen stehen doch jedenfalls in einer Linie mit rechtspolitischen Entscheidungen, wie sie mit der Bankaufsichtsreform der letzten Jahre getroffen wurden („Systemkohärenz"). Daher ist m.E. die Kritik, dass weitere Kapitalpuffer nicht als Alternative hinreichend in Erwägung gezogen wurden, wohl die gewichtigste.

III. Rechtlicher Bezugsrahmen des (Handels-)Rechts der Bankgeschäfte

Kerngegenstand dieses Kommentars zum HGB ist das Recht – überwiegend Zivil- und **26** Handelsrecht –, das die im 1. Abschnitt beleuchteten Bankgeschäfte in Deutschland regelt. Hinreichend erfasst werden kann dieser Regelungszugriff jedoch nur, wenn zumindest **zwei Formen der Einbettung des Kernregelungsbereichs Zivil- und Handelsrecht mit bedacht** werden. Dies ist einerseits das Regulierungsrecht, das Banken und Finanzmärkte aus Gründen des Funktions- und Publikumsschutzes, also im (auch) allgemeinen Interesse vorgegeben wird und das ihre Organisation und Transaktionen maßgeblich (mit)formt. Dies ist andererseits das supranationale und internationale Regelungsumfeld, das auf sehr verschiedene Weise auf das häufig international getätigte, aber auch bei reinen Inlandstransaktionen häufig von supranationalen Vorgaben beeinflusste Bankgeschäft einwirkt. Beide Formen der „Einbettung" des (nationalen) Zivil- und Handelsrechts der Bankgeschäfte bilden einen Rahmen, der im 2. und 3. Abschnitt dieses 1. Teils abzustecken ist, nachdem hier im 1. Abschnitt dieses 1. Teils unter I. und II. Transaktionen/Funktionen und Akteure als Phänomen vorgestellt wurden. Beide Formen der Einbettung, die in den nächsten beiden Abschnitten näher aufzugreifen sind, sind wiederum miteinander verschränkt und können folgendermaßen resümiert werden:

1. Handelsrecht der Bankgeschäfte, Banken- und Finanzmarktregulierung und Bank- **27** **aufsichtsrecht ieS.** Die Rechtsgrundlage des Bankgeschäfts bilden – **aus Sicht der Institute** – vor allem die Regelungskomplexe: (i) Bankaufsichtsrecht (Überblick, teils vertieft, unten Abschnitt 2); (ii) sonstige Regulierung, einerseits des Zentralbank- und Währungsrechts (mit der Geldmengensteuerung), vor allem jedoch, andererseits, der Finanzmärkte (dazu vertieft Bd. 11); das Organisationsrecht der Institute, etwa Aktienrecht (mit Corporate Governance), heute erheblich überformt durch das Bankaufsichtsrecht und teils auch die Finanzmarktregulierung (etwa § 33 WpHG); (iv) das klassische Zivil- und Handelsrecht der Bank-Kunden-Beziehung, und (v.) das AGB- und sonstige Kautelarrecht für ebendiese Beziehung (die beiden Letztgenannten Hauptgegenstände von Teilen 2–8). Diese Rechtsgrundlage ist, spiegelbildlich – **aus Sicht der Kunden bzw. der Bank-Kunden-Beziehung** – modifiziert zu sehen: Sie ist nicht notwendig in allen Teilen auch (privat- und handelsrechtlich) für *diese* Beziehung in allen Teilen gleich relevant. Die drei erstgenannten Regelkom-

---

[57] Zu diesen verschiedenen Kritiken vgl. *Altvater/v. Schweinitz* WM 2013, 625 (626 f., 629); *Höche* Bankrechtstag 2013, 2014, S. 3 (22 f.); *Möslein* ORDO 64 (2013) 349 (367-369); prägnante, zugleich gut differenzierende Gegenüberstellung von pros und cons bei *Hartmann-Wendels/Pfingsten/ Weber* Betriebswirtschaftslehre, S. 22–24.

plexe wirken zwar immer wieder ein, doch unterschiedlich stark und deswegen im vorliegenden Kommentar auch unterschiedlich intensiv mitberücksichtigt: am umfangreichsten und direktesten sicherlich die Finanzmarktregulierung, weswegen diese in Bd. 11 auch weitgehend flächendeckend miterörtert wird; deutlich weniger die drei anderen Teile, die daher nur dort, wo sie ihren Einfluss auch auf die Bank-Kunden-Beziehung spürbar ausüben, mit erörtert werden. Beim Zentralbank- und Währungsrecht sind die Einwirkungen am „entferntesten", sie müssen **ausgeblendet bleiben**.[58] Schon für das Bankaufsichtsrecht ist eine Einbeziehung in handelsrechtlichen Kommentaren, aber auch in Bankrechts-Kommentaren unüblich und auch im Bankrechts-Handbuch kein wirklich zentrales Stück. Deswegen ist diese „Mitberücksichtigung" im Folgenden gesondert zu begründen, namentlich, dass der Einfluss des (weitestgehend Europäischen oder Europäisierten) Bankaufsichtsrechts auf das (auch substantiell Europäisierte, teils jedoch auch nationale oder parteigestaltete) Zivil- und Handelsrecht der Bank-Kunden-Beziehung in der Tat erheblich ist (2. Abschnitt). Die beiden Klammerzusätze deuten es bereits an: Bei allen Regelkomplexen ist nicht nur das Zusammenspiel zwischen den fünf Regelungsbereichen zu bedenken, auch wenn die beiden zuletzt genannten am umfangreichsten und unmittelbarsten das Bank-Kunden-Verhältnis regeln; vielmehr ist zugleich auch für alle Regelkomplexe in ihrer Vernetzung zu berücksichtigen, dass sie auf mehreren Regelungsebenen gestaltet werden, also ein Zusammenspiel der Regelebenen hinzutritt. Recht eigentlich sind mit dem klassischen Zivil- und Handelsrecht der Bank-Kunden-Beziehung, und dem AGB- und sonstige Kautelarrecht bereits zwei *Ebenen* der Regelsetzung angesprochen; nimmt man den supra- und internationalen Kontext hinzu, kommen folgende Kerngesichtspunkte hinzu:

28   **2. Deutsches Handelsrecht der Bankgeschäfte im internationalen Umfeld.** Das Bankaufsichtsrecht und (weniger umfangreich) auch die Finanzmarktregulierung gründen in einer **internationalen Rahmenrechtsetzung**, namentlich mit den Basel-III-Grundsätzen für die Eigenkapital-, Liquiditäts- und Risikoregulierung und mit den IOSCO-Grundsätzen für die (kapitalmarktrechtliche) Primärmarktpublizität. Obwohl diese Rahmenrechtsetzung völkerrechtlich nicht im enge Sinne bindend ist, wird sie zum einen doch in Europäischen Regeln sehr getreu umgesetzt und ist sie aus methodischer Perspektive durchaus als Auslegungshilfe für die Europäischen Umsetzungsregeln heranzuziehen. Für die Regelanwendung wichtiger, weil unmittelbar anwendbar oder jedenfalls mit Auslegungsvorrang ausgestattet, ist die **Europäische Rechtsetzung. Sie betrifft** nun das Bankaufsichtsrecht (zu einem Gutteil sogar unmittelbar anwendbare EU-Verordnungen und im Kern für die Eurozone sogar administrativ auf die Europäische Ebene gehoben), die Finanzmarktregulierung (ebenfalls praktisch flächendeckend auf Europäischer Ebene geregelt und wiederum auch zunehmend mit EU-Verordnungen), aber auch das klassische (objektive) Zivil- und Handelsrecht der Bank-Kunden-Beziehung. Teils, wie im Zahlungsgeschäft, ist das unbestritten (Zahlungsdienste-Richtlinie unstreitig auch „Privatrecht" und flächendeckend für alle wichtigen Zahlungsinstrumente). Teils ist das umstritten, namentlich für den Wertpapierhandel (Europäisiertes Wertpapierdienstleistungsrecht auch maßgeblich für die pri-

---

[58] Breite Überblicke zum (überwiegend nicht bankrechtsspezifischen) Geld- und Währungsrecht aus privatrechtlicher Sicht in MünchKommBGB/*Grundmann* §§ 244 f. und Staudinger/*K. Schmidt* § 244 f.; andere nicht behandelte Bereiche: *Gerhardus* Konkurrenzschutz im europäischen und nationalen Bankenaufsichtsrecht, 2013; aber auch Fragen der alternativen Rechtsdurchsetzung, namentlich durch Ombudsman und Schiedsgerichtsbarkeit. Dazu etwa *Berger* WM 2012, 1701; *Brömmelmeyer* WM 2012, 337; *Hoeren* NJW 1994, 362; *Ombudsmann der Privaten Banken*, Tätigkeitsbericht 2013, 8/2014 (und frühere).

vatrechtliche Beziehung? Unstreitig die Privatrechtswirkung demgegenüber wieder im Prospekt- und sonstigen Publizitäts-, wohl aber auch im Marktmissbrauchsrecht). Teils betrifft das nur einen von zwei Hauptteilen des fraglichen Geschäfts (so im Europäisierten Verbraucherkreditrecht, wohingegen die Grundlage des Kreditgeschäfts gegenüber beruflichen Kunden stark national und kautelarjuristisch verfasst blieb). Insgesamt jedoch ergibt sich das Bild von einer Internationalisierung und vor allem Europäisierung des Rechts in allen Bereichen, das nicht nur methodisch immer wieder zentral zu berücksichtigen ist, sondern das auch den Grad der Internationalisierung des Geschäfts, aber auch seine grenzüberschreitende wirtschafts- und zuletzt vor allem auch finanzpolitische Bedeutung reflektiert. All dies wird im 3. Abschnitt noch einmal aufgenommen.

2. Abschnitt. Aufsicht und Organisation des Kreditwesens

Schrifttum: 1. Monographien, Sammelbände, Kommentare: *Achtelik* Bankenunion I: Aufsicht durch die EZB: Auswirkung auf den genossenschaftlichen Bankensektor, 2014, *Admati/Hellwig* Des Bankers neue Kleider – Was bei Banken wirklich schief läuft und was sich ändern muss, 2013; *Allen/Carletti* (Hrsg.) Bearing the Losses from Bank and Sovereign Default in the Eurozone, 2014; *Allen/Carletti/Gray* (Hrsg.) Political, Fiscal and Banking Union in the Eurozone? 2013; *Amtenbrink* The Democratic Accountability of Central Banks – a Comparative Study of the European Central Bank, 1999; *Antoniazzi* La Banca Centrale Europea tra politica monetaria e vigilanza bancaria, 2013; *Arnaboldi* Deposit guarantee schemes: a European perspective, 2014; *Auerbach* (Hrsg.) Banken- und Wertpapieraufsicht, 2015; *Bach* Agency-Beziehungen und Depositensicherung – Theorie und Praxis, 1995; *Barucci/Messori* (Hrsg.) Towards the European Banking Union – Achievements and Open Problems, 2014; *Basel Committee on Banking Supervision*, Basel III: International framework for liquidity risk measurement, standards and monitoring, 2010; *Basel Committee on Banking Supervision* Basel III: The Liquidity Coverage Ratio and liquidity risk monitoring tools, 2013; *Basel Committee on Banking Supervision*, Basel III: Leverage ratio framework and disclosure requirements, 2013; *Beck* (Hrsg.) Banking Union for Europe – Risks and Challenges, 2012; *ders./Coyle/Dewatripont/Freixas/Seabright* (Hrsg.) Bailing out the Banks: Reconciling Stability and Competition: An Analysis of State-Supported Schemes for Financial Institutions, 2010; *Beck/Samm/Kokemoor* (Hrsg.) Kreditwesengesetz mit CRR: Kommentar mit Materialien und ergänzenden Vorschriften (Loseblattsammlung – 180. EGL mit Stand Aug. 2015); *Bieg/Krämer/Waschbusch* Bankenaufsicht in Theorie und Praxis, 2009 (2. Aufl. angek. für 12/2015); *Binder/Gortsos* (Hrsg.) The European Banking Union – A Compendium, 2015 (im Erscheinen); *Blumer* Bankenaufsicht und Bankenprüfung – Grundkonzepte, Problembestand und Perspektiven der institutionellen Ausgestaltung ausgewählter Bankenüberwachungssysteme, 1996; *Boos/Fischer/Schulte-Mattler* (Hrsg.) Kreditwesengesetz: KWG, Kommentar zu KWG und Ausführungsvorschriften, 4. Aufl. 2012; *Burghof/Rudolph* Bankenaufsicht – Theorie und Praxis der Regulierung, 1996; *Burghof/Geschwandtner* Bankenaufsicht: Betriebliche Anwendungen, Institutionen, Normen und Rechtspraxis, 2014; *Capriglione* L'Unione bancaria europea – una sfida per un'Europa più unita, 2013; *Castañeda/Mayes/Wood* (Hrsg.) European Banking Union – Prospects and Challenges, 2015 (im Erscheinen); *D'Ambrosio* Due process and safeguards of the persons subject to SSM supervisory and sanctioning proceedings, Quaderni di Ricerca Giuridica (Banca d'Italia) N° 74, 2013; *Deutsche Bundesbank* Basel III Leitfaden zu den neuen Eigenkapital- und Liquiditätsregeln für Banken, 2011; *Deutsche Bundesbank* Die Umsetzung von Basel III in europäisches und nationales Recht, Monatsbericht Juni 2013; *Dewatripont/Freixas* (Hrsg.), The Crisis Aftermath – New Regulatory Paradigms, 2012 (Centre for Economic Policy Research, London); *Dombret/Kenadjian* (Hrsg.) The Bank Recovery and Resolution Directive: Europe's Solution for „Too Big to Fail"? 2013; *dies.* (Hrsg.) Too Big to Fail III: Structural Reform Proposals: Should We Break Up the Banks? 2015; *Eidenmüller/Habersack/Klöhn* European Banking Regulation, 2015 (im Erscheinen); *European Central Bank* Legal framework of the Eurosystem and the European System of Central Banks – ECB legal acts and instruments, 2014 (update); *European Central Bank* Financial Integration in Europe – The Single Resolution Mechanism – the Second Pillar of Banking Union, 2014; *Ferran/Moloney/Hill/Coffee* The regulatory aftermath of the global financial crisis, 2012; *Gendrisch/Gruber/Hahn* (Hrsg.), Handbuch

Solvabilität – Aufsichtliche Kapitalanforderungen an Kreditinstitute, 2. Aufl. 2014; *Giovanoli/Devos* (Hrsg.) International Monetary and Financial Law – the Global Crisis, 2010; *Gleeson* International Regulation of Banking – Basel II: Capital and Risk Requirements, 2010; *Goodhart/Dimitrios* Financial Stability in Practice – Towards an Uncertain Future, 2012; *Gortsos* The Single Supervisory Mechanism (SSM) – Legal aspects of the first pillar of the European Banking Union, 2015; *ders.* The new Directive (2014/49/EU) on deposit guarantee schemes – an element of the European Banking Union, 2014; *ders.* The Single Resolution Mechanism (SRM) and the Single Resolution Fund (SRF): Legal aspects of the second pillar of the European Banking Union, 2015; *Gros* The SRM and the dream to resolve banks without public money, 2013; *Grünewald* The Resolution of Cross-Border Banking Crises in the European Union: a legal study from the perspective of burden-sharing, 2014; *Habersack/ Mülbert/Nobbe/Wittig* (Hrsg.) Bankenregulierung, Insolvenzrecht, Kapitalanlagegesetzbuch, Honorarberatung, Bankrechtstag 2013, 2014; *Hartmann-Wendels* Basel II – Die neuen Vorschriften zur Eigenmittelunterlegung von Kreditrisiken, 2003; *Hopt/Wohlmannstetter* (Hrsg.) Handbuch Corporate Governance von Banken, 2011; *Huang/Schoenmaker* Institutional Structure of Financial Regulation: Theories and international experiences, 2015; *International Monetary Fund* Cross-Border Bank Resolution – Recent Developments, 2014; *Kemter* Corporate Governance nach der Finanzkrise – unter besonderer Berücksichtigung des Bankensektors, 2013/14; *Kohtamäki* Die Reform der Bankenaufsicht in der Europäischen Union, 2012; *Konesny* Gesetze über das Kreditwesen, 28. Aufl. 2014; *Kronberger Kreis* Europäische Bankenunion: Vom Prinzip Hoffnung zum Prinzip Haftung, 2014; *Lackhoff* The Single Supervisory Mechanism: A Practitioner's Guide, 10/2015 (im Erscheinen); *Langenbucher/ Bliesener/Spindler* (Hrsg) Bankrechts-Kommentar, 2013; *Lannoo* (Hrsg.) ECB Banking Supervision and Beyond, Report of the CEPS Task Force, CEPS 2014; *Lastra* International Financial and Monetary Law, 2. Aufl. 2015; *ders.* (Hrsg.) Cross-Border Bank Insolvency, 2011; *Lessenich* Basel III: Die neuen Eigenkapital- und Liquiditätsregeln für Banken, 2013; *Luz/Neus/Scharpf/Schneider/Weber* Kreditwesengesetz (KWG), 2. Aufl. 2011; *Luz/Neus/Schaber/Schneider/Wagner/Weber* (Hrsg.) Kreditwesengesetz (KWG): Kommentar zu KWG, CRR, SolvV, WuSolvV, GroMiKV, LiqV und weiteren aufsichtsrechtlichen Vorschriften, 3. Aufl. 2015; *dies.* (Hrsg.) CRR Visuell – die neuen EU-Vorschriften der Capital Requirements Regulation, 2. Aufl. 2015; *Macht*, Der Baseler Ausschuss für Bankenaufsicht und Basel II – Bankenregulierung auf einem internationalen level playing field, 2007; *Mehmeti* Die europäische Bankenunion, 2014; *Niehoff/Hirschmann* (Hrsg.) Aspekte moderner Bankenregulierung, 2014; *Ohler* Bankenaufsicht und Geldpolitik in der Währungsunion, 2015; *Pflock* Europäische Bankenregulierung und das „Too big to Fail-Dilemma", 2014; *Quaglia* The European Union and Global Financial Regulation, 2014; *Reinicke* Verordnungen zum KWG und zur CRR – Kommentierung der Liquiditäts-, Solvabilitäts-, Großkredit- und Millionenkredit-, Anzeigen- sowie Inhaberkontrollverordnung, BVR-Bankenreihe 30, 3. Aufl. 2014; *Reischauer/Kleinhans* Kreditwesengesetz (KWG), Loseblattsammlung – EGL mit Stand 6/15; *Ringe/Huber* (Hrsg.) Legal Challenges in the Global Financial Crisis – Bail-outs, The Euro and Regulation, 2014; *Schimansky/Bunte/Lwowski* (Hrsg.) Bankrechtshandbuch, 2 Bde., 4. Aufl. 2011; *Schwennicke/Auerbach* (Hrsg.) Kreditwesengesetz (KWG) mit Zahlungsdiensteaufsichtsgesetz (ZAG), 2. Aufl. 2013; *Theissen* EU Banking Supervision, 2014; *Thiele* Finanzaufsicht, 2014; *K. Tuori / K.Tuori* The Eurozone Crisis: A Constitutional Analysis, 2014; *Viñals/Pazarbasioglu/Surti/Narain/Erbenova/Chow* Creating a Safer Financial System – Will the Volcker, Vickers, and Liikanen Structural Measures Help? IMF Staff Discussion Note 2013 (SDN/13/4); *von der Crone / Rochet* (Hrsg.) Finanzstabilität – Status und Perspektiven, 2014, *Wandel* International Regulatory Cooperation – an Analysis of Standard Setting in Financial Law, 2014; *Waschbusch* Bankenaufsicht – Die Überwachung der Kreditinstitute und Finanzdienstleistungsinstitute nach dem Gesetz über das Kreditwesen, 2000; *Wiegand* (Hrsg.) Basel II – die rechtlichen Konsequenzen, 2006; *Wymeersch/Hopt/Ferrarini* (Hrsg.) Financial Regulation and Supervision – a Post-Crisis Analysis, 2012; *Wyplosz/Collignon/Gros/Belke* (Hrsg.) The ECB, the EFSF and the ESM – Roles, Relationships and Challenges, 2011.

2. Aufsätze und Beiträge: *Acharya* Banking union in Europe and other reforms, in: Beck (Hrsg.) Banking Union, S. 45; *Alexander*, European Banking Union – a legal and institutional analysis of the Single Supervisory and the Single Resolution Mechanism, ELR 2015, 154; *Amorello/Huber* Recovery planning – a new valuable corporate governance framework for credit institutions, 3 Law and Economics Yearly Review 296 (2014); *Angelini* The European Framework for Financial Stability – A bird's eye view, in: Barucci / Messori (Hrsg.), Towards the European Banking Union: Achievements and Open Problems, 2014, S. 33; *Antoniazzi* L'Unione Bancaria Europea – i nuovi compiti della BCE di vigilanza prudenziale degli enti creditizi e il meccanismo unico di risoluzione delle crisi bancarie, Rivista italiana di diritto pubblico comunitario, 24 (2014) 359 und 717; *Armour* Making Bank Resolution Credible, ecgi Law Working Paper N° 244/2014; *Avgouleas/Cullen* Market Discipline and EU Corporate Governance Reform in the Banking Sector: Merits, Fallacies and Cognitive Boundaries, 41 Journal of Law and Society 28 (2014); *dies.* Excessive leverage and bankers' incentives – refocusing the debate, 3 The Journal of Financial Perspectives 19 (2015); *Avgouleas/Goodhart* Critical Reflections on Bank Bail-ins, Journal of Financial Regulation 2015, 1 (*dies.* CEPR Discussion Paper Series N° 10065); *Avgouleas/Goodhart/Schoenmaker* Living Wills as a Catalyst for Action, DSF Policy Paper 2010/04; *Babis* European Bank Recovery and Resolution Directive: Recovery Proceedings for Cross-Border Banking Groups, (2014) EBLR 459; *ders.* Single Rulebook for Prudential Regulation of Banks: Mission Accomplished? Legal Studies Research Paper Series, University of Cambridge, Paper No. 37/2014; *Berger* Der einheitliche Aufsichtsmechanismus (SSM) – Bankenaufsicht im europäischen Verbund, WM 2015, 501; *ders.* Chapter 16: Selected Aspects of German Public Economic Law, in: Wegerich (Hrsg.) Business Laws of Germany, 2015 (im Erscheinen); *Binder* Vorstandshandeln zwischen öffentlichem und Verbandsinteresse – Pflichten- und Kompetenzkollisionen im Spannungsfeld von Bankaufsichts- und Gesellschaftsrecht, ZGR 2013, 760; *ders.* An den Leistungsgrenzen des Insolvenzrechts: Systemische Bankeninsolvenz und verfahrensförmige Sanierung, KTS 2013, 277; *ders.* Auf dem Weg zu einer europäischen Bankenunion – Erreichtes, Unerreichtes, offene Fragen, in: Hopt/Tzouganatos (Hrsg.) Das Europäische Wirtschaftsrecht vor neuen Herausforderungen – Beiträge aus Deutschland und Griechenland, 2014, S. 3; *ders.* Verbesserte Krisenprävention durch paneuropäische Aufsicht? Zur neuen Aufsichtsinfrastruktur auf EU-Ebene, GPR 2011, 34; *ders.* Durchsetzung von Marktdisziplin mittels zwangsweiser Übertragung systemrelevanter Teile von Banken? ORDO 64 (2013) 377; *ders.* Resolution Planning and Structural Bank Reform within the Banking Union, House of Finance (SAFE) Working Paper Series N° 81 (2014); *ders.* Komplexitätsbewältigung durch Verwaltungsverfahren? Krisenbewältigung und Krisenprävention nach der EU-Bankensanierungs- und -abwicklungsrichtlinie, ZHR 179 (2015), 83; *ders.* The European Banking Union – Rationale and Key Policy Issues, in: Binder/Gortsos (Hrsg.) Banking Union: A Compendium, 2015 (im Erscheinen); *ders.* Banking Union and the Goverance of Credit Institutions – a Legal Perspective, House of Finance (SAFE) Working Paper Series N° 96 (2015); *Blum* Why ‚Basel II‘ May Need a Leverage Ratio Restriction, Schweizerische Nationalbank Working Paper 2007; *Boegl* Die neue Bankenaufsicht bei der EZB, in: Niehoff/Hirschmann (Hrsg.) Aspekte moderner Bankenregulierung, 2014, S. 29; *Börner* Aktuelle Entwicklungen in der Bankenregulierung, in: Paetzmann/Schöning (Hrsg.) Corporate Governance von Kreditinstituten: Anforderungen – Instrumente – Compliance, 2014, S. 33; *Bonneau* L'Union bancaire européenne – propos introductifs, Revue de Droit bancaire et financier 2014, dossier 25; *Boving* Stichwort „Bankenunion", in: Bergmann (Hrsg.) Handlexikon der Europäischen Union, 5. Aufl. 2015; *Breilmann/Fuchs* Bankenregulierung, Insolvenzrecht, Kapitalanlagegesetzbuch, Honorarberatung – Bericht über den Bankrechtstag am 28. Juni 2013 in Berlin, WM 2013, 1437; *Bruni* European Banking Union and Market Discipline, in: Barucci/Messori (Hrsg.) Towards the European Banking Union: Achievements and Open Problems, 2014, S. 63; *Burgard/Heimann* E. IV. Bankrecht, in: Dauses (Hrsg.) EU-Wirtschaftsrecht, 4/2013; *Cabotte* La nouvelle organisation de la supervision bancaire au sein de la Banque centrale européene, Revue de Droit bancaire et financier 2014, dossier 26; *Carmassi/Herring* Living wills and cross-border resolution of systemically important banks, 5 Journal of Financial Economic Policy 361 (2013); *Carr* Banking Union – story of the Emperor's new clothes? Butterworths Journal of International Banking and Financial Law 2013, 67; *Ceyssens* Teufelskreis zwischen Banken und Staatsfinanzen – Der neue Europäische Bankaufsichtsmechanismus, NJW 2013, 3704; *Chattopadhyay* Der Vorschlag für eine Richtlinie zur Sanierung und Abwicklung von Kreditinstituten, WM 2013, 405; *Chiti* The New Banking Union: The Passage from Banking Supervision to Banking Resolution, Rivista Italiana di Diritto Pubblico Comunitario (2) 2014, 1; *Clarich* Governance of the Single Supervisory Mechanism and Non-Euro Member States, in: Barucci / Messori (Hrsg.) Towards the European Banking Union: Achievements and Open Problems, 2014, S. 73; *Dammann* The Banking Union: Flawed by Design, 45 Georgetown Journal of International Law 1057 (2014); *Darvas/Merler* The European Central Bank in the Age of Banking Union, Bruegel Policy Contribution 2013/13; *Darvas/Wolff* Should Non-Euro Area Countries join the Single Supervisory Mechanism? Bruegel Policy Contribution 2013/06; *P. Davies* Liquidity Safety Nets for Banks, (2013) 3 Journal of Corporate Law Studies 287; *R. Davies /Tracey* Too Big to Be Efficient? The Impact of Implicit Subsidies on Estimates of Scale Economies for Banks, 46 Journal of Money, Credit and Banking 219 (2014); *de Seriere* Bail-In – Some Fundamental Questions, in: Haentjens/Wessels (Hrsg.) Bank Recovery and Resolution – A Conference Book, 2014, S. 158; *Deutsche Bundesbank* Der Start in die Bankenunion – Der einheitliche Aufsichtsmechanismus in Europa, Monatsbericht Oktober 2014, S. 45 (http://www.bundesbank.de/Redaktion/DE/Downloads/Veroeffentlichungen/Monatsberichtsaufsaetze/2014/2014_10_bankenunion.pdf?__blob=publicationFile); *Dewatripont* European Banking – Bailout, Bail-in and State Aid Control, 34 International Journal of Industrial Organization 37 (2014); *ders./Freixas* Bank Resolution – Lessons from the Cristis, in: Dewatripont/Freixas (Hrsg.), The Crisis Aftermath – New Regulatory Paradigms, 2012; *DeYoung/Kowalik/Reidhill* A Theory of Failed Bank Resolution: Technological Change and Political Economics, 9 Journal of Financial Stability 612 (2013); *Di Noia/Furlò* The New Structure of Financial Supervision in Europe – What's Next? In: Wymeersch/Hopt/Ferrarini (Hrsg.) Financial Regulation and Supervision – a Post-Crisis Analysis, 2012, S. 172; *Drijber/Burmester* Competition Law in a Crashed Economy, Ondernemingsrecht 2009, 1389; *D'Sa* ‚Instant' State Aid Law in a Financial Crisis – A U-Turn? (2009) 2 European State Aid Law Quarterly 139; *Dübel* The Capital Structure of Banks and Practice of Bank Restructuring, CFS Working Paper 2013/4 (www.econstor.eu/handle/10419/83956); *Eckhardt* Bankenabwicklungsmechanismus mit Mängeln, in: Niehoff/Hirschmann (Hrsg.) Aspekte moderner Bankenregulierung, 2014, S. 71; *Engelbach/Friedrich* Die Umsetzung der BRRD in Deutschland, WM 2015, 662; *Fabbrini* On Banks, Courts and International Law: The Intergovernmental Agreement on the Single Resolution Fund in Context, (2014) 21 Maastricht Journal of European and Comparative Law 444; *Faia/di Mauro* Cross-Border Resolution of Global Banks, House of Finance (SAFE) Working Paper Series N° 88 (2015); *Ferran /Alexander* Can soft law bodies be effective? Soft Systemic Risk Oversight Bodies and the special case of the European Systemic Risk Board, (2010) 57 ELR 751; *Ferran/Babis* The European Single Supervisory Mechanism, (2013) 13 Journal of Corporate Law Studies 255; *Ferrarini/Chiarella* Common Banking Supervision in the Eurozone – Strengths and Weaknesses, ECGI Law Working Papers 223/2013; *Ferrarini/Chiodini* Regulating cross-border banks in Europe – a comment on the de Larosière report and a modest proposal, (2009) 4 Capital Markets Law Journal 123; *Garcimartin* Resolution Tools and Derivatives, in: Haentjens/Wessels (Hrsg.) Bank Recovery and Resolution – A Conference Book, 2014, S. 181; *Geva* Systemic risk and financial stability – the evolving role of the Central Bank, 28 Journal of International Banking Law and Regulation 403 (2013); *Gilliams* Stress Testing the Regulator: Review of State Aid to Financial Institutions after the Collapse of Lehman, (2011) 36 European Law Review 3; *Gleeson* Legal Aspects of Bank Bail-Ins, LSE Financial Markets Group Paper Series 2012/205; *ders.* The Importance of Group Resolution, in: Dombret/Kenadjian (Hrsg.) The Bank Recovery and Resolution Directive: Europe's Solution for „Too Big to Fail"?, 2013, S. 25; *Goodhart/Schoenmaker* Institutional Separation between Supervisory and Monetary Agencies, in: Goodhart (Hrsg.) The Central Bank and the Financial System, 1995, S. 333; *Gortsos* The „Single Supervisory Mechanism" – a Major Building Block towards a European Banking Union (the full Europeanisation of the „Bank Safety Net"), ECEFIL Working Paper Series 8/2013; *ders.*, „Basel III" – the reform of the existing regulatory framework of the Basel Committee on Banking Supervision for strengthening the stability of the international banking system, Festschrift 60 Jahre Europa-Institut, 2011, S. 167; *Gourio* Le mécanisme de résolution unique – les nouveaux instruments et les pouvoirs des autorités de résolution bancaires, Revue de Droit bancaire et financier 2014, dossier 30; *Goyal/Brooks/Pradhan/Tressel/Dell'Ariccia/Leckow/Pazarbasioglu* A Banking Union for the Euro Area, International Monetary Fund Staff Discussion Note 13/01 (2013), S. 12 (ahrufbar unter http://www.imf.org/external/pubs/ft/sdn/2013/sdn1301.pdf); *Gros/Schoenmaker* European Deposit Insurance and Resolution in the Banking Union, 52 JCMS 529 (2014); *Grundmann* Europäisches Wirtschaftsrecht im Wandel – von der Wettbewerbsunion zur Finanzunion, Festschrift 200 Jahre Heymans-Verlag 2015, S. 193; *ders.* Bankenunion und Privatrecht – Spannungspunkte, Einflusslinien, Beispiele, ZHR 179 (2015) (im Erscheinen); *Haar* Financial Regulation in the EU – cross-border capital flows, systemic risk and the European Banking Union as reference points for EU financial market integration, House of Finance (SAFE) Working Paper Series N° 57 (2014); *Hadjiemmanuil* Special resolution regimes for banking institutions – objectives and limitations, in: Ringe/Huber (Hrsg.) Legal Challenges in the Global Financial Crisis, 2014, S. 209; *ders.*, Bank Resolution Financing in the Banking Union, LSE Law, Society and Economy Working Papers 6/2015; *Hartmann-Wendels* Basel III – Auswirkungen auf Banken und Finanzsystem, ZfBF 67 (2013) 72; *Heid* The cyclical effects of the Basel II capital requirements, 31 Journal of Banking and Finance 3885 (2007); *Hellwig* Yes Virginia, There is a European Banking Union! But It May Not Make Your Wishes Come True, MPI

Stefan Grundmann

Collective Goods Preprint, 2014; *Herdegen* Europäische Bankenunion: Wege zu einer einheitlichen Bankenaufsicht, WM 2012, 1889; *Höche*, Bankenregulierung zur Bewältigung der Finanzmarkt- und Staatschuldenkrise, in: Habersack/Mülbert/Nobbe/Wittig (Hrsg.) Bankenregulierung, Insolvenzrecht, Kapitalanlagegesetzbuch, Honorarberatung, Bankrechtstag 2013, 2014, S. 3; *Hopt* Corporate Governance of Banks after the Financial Crisis, in: Wymeersch/Hopt/Ferrarini (Hrsg.) Financial Regulation and Supervision – a Post-Crisis Analysis, 2012, S. 337; *Howarth/Quaglia* The Steep Road to European Banking Union – Constructing the Single Resolution Mechanism, 52 JCMS 2014, 125; *Huber/v. Pföstl* The Single Supervisory Mechanism within the Banking Union – Novel Features and Implications for Austrian Supervisors and Supervised Entities, Financial Stability Report 25 (Österreichische Nationalbank), 2013, S. 52; *Hüpkes* ‚Living Wills' – An International Perspective, in: Dombret/Kenadjian (Hrsg.) The Bank Recovery and Resolution Directive: Europe's Solution for „Too Big to Fail"? 2013, S. 71; *Huertas* The Case for Bail-ins, in: Dombret/Kenadjian (Hrsg.) The Bank Recovery and Resolution Directive: Europe's Solution for „Too Big to Fail"? 2013, S. 167; *Kämmerer* Bahn frei der Bankenunion? Die neuen Aufsichtsbefugnisse der EZB im Lichte der EU-Kompetenzordnung, NVwZ 2013, 830; *ders.* Das neue Europäische Finanzaufsichtssystem (ESFS) – Modell für eine europäisierte Verwaltungsarchitektur? NVwZ 2011, 1281; *Kaufhold* Systemaufsicht. Der Europäische Ausschuss für Systemrisiken im Finanzsystem als Ausprägung einer neuen Aufsichtsform, Die Verwaltung 2013, 21; *Kerjean* What's what in Europe – European Systemic Risk Board, Euredia 2011, 303; *Kirchhartz* Europäisches Bankaufsichtsrecht 1.0 – Das CRD IV-Paket und seine Auswirkungen auf das Kreditwesengesetz, GWR 2013, 395; *Kube* EU-Rechtswidrigkeit einer Refinanzierung des ESM bei der EZB, WM 2013, 57; *Landier/Ueda* The Economics of Bank Restructuring: Understanding the Options, IMF Staff Position Note June 5, 2009; *Langenbucher* Vorstandshaftung und Legalitätspflicht in regulierten Branchen, ZBB 2013, 16; *Lannoo* Bank State Aid under BRRD and SRM, (2014) 4 European State Aid Law Quarterly 630; *Lastra* Banking Union and Single Market – Conflict or Companionship? 36 Fordham International Law Journal 1190 (2013); *dies./Wood* The crisis of 2007–09 – nature, causes and reactions, (2010) 13 Journal of International Economic Law 531; *Lehmann* La résolution et le droit international privé, Revue de Droit bancaire et financier 2014, dossier 31; *Louis* La difficile naissance du mécanisme européen de résolution des banques, Cahiers de droit européen 2014, 7; *ders.* Vers l'Union bancaire, Cahiers de droit européen 2012, 289; *ders.* The implementation of the Larosière report – a progress report, in: Giovanoli/Devos (Hrsg.) International Monetary and Financial Law – the Global Crisis, 2010, S. 146; *Madaus* Bank Failure and Pre-emptive Planning, in: Haentjens/Wessels (Hrsg.) Bank Recovery and Resolution – A Conference Book, 2014, S. 49; *Manger-Nestler* Die Bankenunion: Einheitliche Mechanismen zur Bankenaufsicht und -abwicklung, in: Blanke/Pilz (Hrsg.) Die „Fiskalunion": Voraussetzungen einer Vertiefung der politischen Integration im Währungsraum der Europäischen Union, 2014, S. 299; *Manger-Nestler/Böttner* Ménage à trois? Zur gewandelten Rolle der EZB im Spannungsfeld zwischen Geldpolitik, Finanzaufsicht und Fiskalpolitik, EuR 2014, 621; *Maryskova* Averting Future Crisis – The European Banking Union's Single Supervisory Mechanism, 33 Review of Banking and Financial Law 525 (2014); *Mayer* Kompetenzverschiebungen als Krisenfolge – Die US-Verfassungsentwicklung seit dem New Deal und Lehren für die Euro-Krise, JZ 2014, 593; *ders./Kollmeyer* Sinnlose Gesetzgebung? Die Europäische Bankenunion im Bundestag, DVBl. 2013, 1158; *Micossi/Bruzzone/Cassella* Bail-in Provisions in State Aid and Resolution Procedures: Are They Consistent with Systemic Stability? CEPS Policy Brief 318/2014; *Moloney* Resetting the location of regulatory and supervisory control over EU financial markets: lessons from five years on, 62 International and Comparative Law Quarterly 955 (2013); *dies.* European Banking Union – assessing its risks and resilience, CMLR 51 (2014) 1609; *dies.* EU financial market regulation after the global financial crisis – „more Europe" or more risks? CMLR 47 (2010) 1317; *Morra* The relationship between the Single Resolution Fund and the National Deposit Guarantee Schemes, in: Barucci/Messori (Hrsg.) Towards the European Banking Union – Achievements and Open Problems, 2014, S. 145; *Murphy* Financial Crisis in Ireland and the Use of the State Aid Rules by the EU Commission, (2013) European State Aid Law Review 260; *Neumann* The supervisory powers of national authorities and cooperation with the ECB – a new epoch of banking supervision, EuZW-Beil. 2014, 9; *Nobel* Vergütung von Verwaltungsrats- und Geschäftsleitungsmitgliedern bei SIFIs – Praktische Aspekte, in: von der Crone / Rochet (Hrsg.) Finanzstabilität – Status und Perspektiven, 2014, S. 145; *Paul/Stein/Kaltofen* Auf die Größe kommt es an: Mittelstandsprivilegien im Rahmen von Basel III und die Auswirkungen auf die Kosten von Unternehmenskrediten, DStR 2013, 1849; *Peters* Die geplante Europäische Bankenunion – eine kritische Würdigung, WM 2014, 396; *Prüm* L'union Bancaire européenne et les les autorités de surveillance nationales, Revue de Droit bancaire et financier 2014, dossier 28; *Ress/Ukrow* Art. 63 AEUV Freier Kapital- und Zahlungsverkehr, in: Grabitz/Hilf/Nettesheim (Hrsg.) Das Recht der Europäischen Union, 1/2014, Rn 344 ff.; *Rocha de Sousa/Caetano* Será a União Bancária uma solução para a crise do Euro? Debater a Europa 2013, 87; *Rocholl* Wie kann eine erfolgreiche Bankenunion gestaltet werden? FS Kirchner 2014, S. 169; *Rugemintwari* The Leverage Ratio as a Bank Discipline Device, 62 Revue Economique 479 (2011); *Ruthig* Die EZB in der europäischen Bankenunion, ZHR 178 (2014) 443; *Sacarcelik* Europäische Bankenunion – Rechtliche Rahmenbedingungen und Herausforderungen der einheitlichen europäischen Bankenaufsicht, BKR 2013, 353; *Saunders* Is Basel turning banks into public utilities? 3 The Journal of Financial Perspectives 1 (2015); *U. Schneider* Inconsistencies and Unsolved Problems in the European Banking Union, (2013) 13 European Journal of Business Law 441 = EuZW 2013, 452; *ders.* Europäische Bankenunion – ein Etikettenschwindel! EuZW 2012, 721; *ders.* Auf dem Weg in die europäische Kapitalmarktunion – die Vertreibung aus dem Paradies – oder auf dem Weg ins kapitalmarktrechtliche Arkadien? AG 2012, 823; *Schroeder* Regulatorische Entwicklungen auf dem Verbriefungsmarkt, in: Niehoff/Hirschmann (Hrsg.), Aspekte moderner Bankenregulierung 2014, S. 79; *Schuster* The banking supervisory competences and powers of the ECB, EuZW-Beil. 2014, 3; *Sigrist*, Basel II – kurz erklärt, in: Wiegand (Hrsg.) Basel II – die rechtlichen Konsequenzen, 2006, 1; *Smits* Is my Money Safe at European Banks? Reflections on the ‚Bail-In‘ Provisions in Recent EU Legal Texts, (2014) 9 Capital Markets Law Journal 137; *Sommer* Why Bail-In? And How?, (2014) 20 Economic Policy Review 1; *Sousi* Le champ d'application du Mécanisme de surveillance unique (MSU), Revue de Droit bancaire et financier 2014, dossier 27; *Synvet* L'Union bancaire européenne – Présentation, Revue de Droit bancaire et financier 2014, dossier 24; *Tocqueville d'Hérouville* La loi de separation et de régulation des activités bancaires – une transposition avant l'heure de la directive resolution, Revue de Droit bancaire et financier 2014, dossier 29; *Torres* The EMU's Legitimacy and the ECB as a Strategic Political Player in the Crisis Context, (2013) 35 Journal of European Integration 287; *Tröger* Der einheitliche Aufsichtsmechanimsus (SSM) – Allheilmittel oder quacksalberische Bankenregulierung? – Eine kritische Bewertung der neuen Architektur für die Bankenaufsicht unter Ägide der EZB, ZBB 2013, 373 = (2014) 15 EBOR 4; *Verhelst* Assessing the Single Supervisory Mechanism – Passing the Point of No-Return for Europe's Banking Union, 2013 (Egmont Paper 58); *Véron* The Challenges of Europe's Fourfold Union, Bruegel Policy Contribution 2012/13; *ders.* A Realistic Bridge Towards European Banking Union, Bruegel Policy Contribution 2013/09; *Véron/Wolff* From Supervision to Resolution: Next Steps on the Road to European Banking Union, Bruegel Policy Contribution 2013/04: *Vollmer/Wiese*, Minimum Capital Requirements, Bank Supervision and Special Resolution Schemes: Consequences for Bank Risk-Taking, (2013) 9 Journal of Financial Stability 487; *Wolfers* Europäische Zentralbank und Bankenaufsicht – Rechtsgrundlage und demokratische Kontrolle des Single Supervisory Mechanism, BKR 2014, 177; *Wymeersch* The European Banking Union – a First Analysis, Financial Law Institute WP 2012–07; *ders.* The Single Supervisory Mechanism or „SSM“, Part One of the Banking Union, ecgi Law Working Paper N° 240/2014; *ders.* The Structure of Financial Supervision in Europe: About Single Financial Supervisors, Twin Peaks and Multiple Financial Supervisors, EBOR 2007, 237; *ders.* The European Financial Supervisory Authorities or ESAs, in: Wymeersch/Hopt/Ferrarini (Hrsg.) Financial Regulation and Supervision – a Post-Crisis Analysis, 2012, S. 232; *Zavvos/Kaltsouni* The Single Resolution Mechanism in the European Banking Union – Legal Foundation, Governance Structure and Financing, in: Haentjens/Wessels (Hrsg.) Research Handbook on Crisis Management in the Banking Sector, 2015 (im Erscheinen).

Weiteres Schrifttum zur **Europäischen Bankenunion** in *Gortsos* The Single Supervisory Mechanism, S. 337–386; zu dieser und zum **KWG/CRR** vgl. Standardkommentare zum KWG.

Stefan Grundmann

Übersicht

A. Regulierungsrahmen und Institutionelles System der Bankaufsicht   **29**

Dies ist **kein Kommentar zum Bankaufsichtsrecht ieS,**[59] sondern zum Recht der Bankdienstleistungen, vor allem vertraglicher Art, daneben auch zum (Sonder-)Recht der Bankenorganisation, das vor allem der Compliance, der Regelbeachtung im Kundenverhältnis und gegenüber Allgemeininteressen dient. Auch ein solchermaßen zugeschnittener Kommentar kann heute freilich nicht ohne den Blick auf das institutionelle Umfeld sinnvoll bestehen. Das gilt schon rein technisch deswegen, weil Aufsichtsrecht das Privatrecht erheblich beeinflusst oder überformt bzw. dies zu erwarten steht. Es ist schwer vorstellbar, dass sub-prime loans, bei denen der Maßstab einer „verantwortungsbewussten Kreditvergabe" massenweise missachtet wurde, einerseits Auslöser der Finanzkrise waren und andererseits der **Konnex zwischen dieser (privatrechtlichen) Praxis und dem Bankaufsichtsrecht als**

---

[59] Zu Begriff und Abgrenzung vgl. bereits oben Erster Teil Rn 11, 16, 26 f. und unten Zweiter Teil Rn 5 f. Zum Anwendungsbereich des Bankaufsichtsrechts ieS näher dann unten Erster Teil Rn 93 ff..

Thema eines modernen Kommentars zum Recht der Bankdienstleistungen ausgeblendet bleiben soll (dazu schwerpunktmäßig unten Unterabschnitt B.). Grundsätzlicher ist freilich zu betonen, dass diejenigen, die Bankdienstleistungen gestalten, durch Missachtung der bankaufsichtsrechtlichen Vorgaben oder Überdehnung der „Interpretationsspielräume" zur Finanzkrise – in ihrer ersten Phase vor allem einer Krise wegen Versagen des Bankaufsichtsrechts – erheblich beigetragen haben. Auch wenn die Kommentierung vor allem auf die Bankdienstleistungen zielt, bildet doch der Konnex zwischen Regulierung und diesen Banktransaktionen einen Kerngehalt derselben.

30   Soll hier einerseits kein Kommentar zum Bankaufsichtsrecht vorgelegt werden, andererseits der Konnex zum Privatrecht (und der Regulierung) der Bankdienstleistungen selbst doch thematisiert werden, so sind vor allem die Regelungsarchitektur der Bankaufsicht darzustellen (hier Unterabschnitt A.), der Einfluss und die Einflussformen auf das Bankprivatrecht zu erörtern (unten Unterabschnitt B.) und jedenfalls die Kernregelungskomplexe des materiellen Bankaufsichtsrechts überblicksweise zu skizzieren (unten Unterabschnitt C.). Ein Zuschnitt, der sich auf das Paradigmatische beschränkt, ist hierbei unvermeidbar. Für die **Regelungsarchitektur der Bankaufsicht** (hier Unterabschnitt A.) sind die **Europäischen Regulierungsvorgaben dominant**, so dass von ihnen – zunächst den materiellrechtlichen Vorgaben – auszugehen ist (unten I.). Wirklich autonome nationale bankaufsichtsrechtliche **Regulierung** ist verschwindend wenig bedeutsam, zudem wenn man berücksichtigt, dass die heute noch bestehenden Optionen auch überwiegend in den nächsten ein bis zwei Jahren auslaufen. Das nationale Recht ist vor allem als die Umsetzungsform wichtig, nicht als der Kerngehalt (dazu unten III., auch im Zusammenspiel beider Ebenen). Doch auch die **Administration** hat heute mit der Europäischen Bankenunion ihren Schwerpunkt auf Europäischer Ebene (dazu unten II.): Nicht nur rein volumenmäßig erfasst die *unmittelbare* EZB-Aufsicht in der Eurozone mit etwa 85 % des Bilanzvolumens den Großteil des Bankgeschäfts, jedenfalls in der Eurozone,[60] also auch in Deutschland und dem Großteil der anderen hier miterörterten EU-Staaten. Vielmehr hat die EZB zudem auch – wie noch darzulegen sein wird – die bankaufsichtliche Gesamtverantwortung über alle anderen Kreditinstitute der Eurozone (umfassende, jedenfalls *mittelbare* EZB-Aufsicht). Das legt es nahe, für eine Darstellung der bankaufsichtlichen Regelungs- und Aufsichtsarchitektur von der Europäischen Ebene auszugehen und sie in den Vordergrund zu stellen:

I. Materiellrechtliche Regulierung auf Europäischer Ebene

31   **1. Überblick und Entwicklung im Gefolge der Finanzkrise.** Das Europäische Bankaufsichtsrecht in seinem heutigen Bestand unterfällt in **drei Hauptstränge**: das Regelungskonvolut zur laufenden Bankaufsicht, das zur bankaufsichtlichen Sanierung und Abwicklung („Bankeninsolvenz") und – mit Letzterem eng verbunden – der Regelungsbestand zu Absicherungssystemen für bestimmte Bankeinlagen in bestimmter Höhe (Einlagensicherung).

---

[60] Dies ist der Anteil der 123 Banken(gruppen), die als systemisch eingestuft wurden und der unmittelbaren Aufsicht der EZB unterliegen, am Bankgeschäft, das Banken der Eurozone tätigen (gemessen am Bilanzvolumen aller Banken der Eurozone). Zu diesen Zahlen im einzelnen: *Lannoo* (Hrsg.) ECB Banking Supervision and Beyond, Report of the CEPS Task Force, CEPS 2014, S. 27; und außer-dem *Nouy* Tomasso Padoa-Schioppa Memorial Lecture, 25.6.2015. abrufbar unter: https://www.bankingsupervision. europa.eu/press/speeches/date/2015/html/se150626.en.html; am Geringsten jedoch in Deutschland vgl. *Howarth/Quaglia* JMCS 2014, 125 (130 f.). Zu den unmittelbar von der EZB beaufsichtigten 123 Banken(gruppen) noch unten Erster Teil Rn 49 f., 52 f.

In seiner heutigen Gestalt ist es als **Reaktion auf die Finanzkrise 2008 und dann die Bankenkrise in Spanien und Zypern 2012** zu verstehen, als Reaktion namentlich auf die Schwächen des über drei Dekaden gewachsenen vorherigen EG/EU-Bankaufsichtssystems, die mit diesen Ereignissen deutlich sichtbar wurden. Die Finanzkrise erscheint bei zusammenfassender Betrachtung dieser Entwicklung zu einem Hauptteil als eine Krise und ein Versagen des Bankaufsichtsrechts,[61] gerade auch in der EU.[62]

Vor allem der erste, aber auch der dritte Hauptstrang dieses bankaufsichtsrechtlichen Bestandes blicken auf eine **lange Geschichte** zurück, während umgekehrt das Regime zur bankaufsichtlichen Sanierung und Abwicklung („Bankeninsolvenz") auf EU-Ebene als ein hinlänglich entwickeltes materiellrechtliches „System" überhaupt erst 2014 etabliert wurde. Die **laufende Bankaufsicht** (Hauptstrang 1) wurde auf EU-Ebene erstmals mit der sog. 1. und vor allem 2. Banken-Richtlinie von 1977 und 1989 systematisch geregelt,[63] Zweitere schon mit einer EG-rechtlichen Regelung des Kernstücks Eigenmittel und dem sog. EG/EU-weiten „Pass" für Kreditinstitute, die unter der Aufsicht auch nur *eines* Mitgliedstaates zum Bankgeschäft zugelassen waren. Die Eigenmittelausstattung wurde dann

32

---

[61] Etwa für die USA: *Hellwig/Adamati* The banker's new clothes: what's wrong with banking and what to do about it, 2014 (vgl. deutsche Fassung im Lit.Verz.); *Kindelberger/Aliber* Manias, panics and crashes: a history of financial crises, 2011, bes. S. 297–301; *White* Lessons from the History of Bank Examination and Supervision in the United States 1863–2008, in: Gigliobianco / Toniolo (Hrsg.) Financial Market Regulation in the Wake of Financial Crises, 2009, S. 15 (bes. 37). Zur Geschichte der legislatorischen Aktivitäten in Antwort auf diese *Illing* Deutschland in der Finanzkrise – Chronologie der Deutschen Wirtschaftspolitik 2007–2012, 2013.

[62] Für die EU: *Begg* Regulation and Supervision of Financial Intermediaries in the EU: The Aftermath of the Financial Crisis, JCMS 2009, 1107; *Wymeersch/Hopt/Ferrarini* (Hrsg.) Financial Regulation and Supervision – A Post-Crisis Analysis, 2012, S. vi, vii al passim. Zum europaspezifischen, zentralen Sonderaspekt des sog. „financial trilemma", d.h. der regulatorischen „Unmöglichkeit", eine nationale Finanzmarktregulierung bei gemeinsamer Währung und integrierten Märkten langfristig beizubehalten: *Schoenmaker* The financial trilemma, Duisenberg school of finance Tinberger Institute Discussion Paper, 2011, TI11–019/ DSF 7, *ders.* A new financial stability framework for Europe, The Financial Regulator, 2008, 1; auch *Dragomir* European prudential banking regulation and supervision – the legal dimension, 2009, bes. S. 65–93. Zu den frü-

hen Stimmen pro Bankenunion: *Zavvos* Towards a European Banking Union: Legal and Policy Implications, Harvard International Law Journal, 1990, 463; und schon Nachw vorige Fn.

[63] Erste Richtlinie 77/780/EWG des Rates vom 12. Dezember 1977 zur Koordinierung der Rechts- und Verwaltungsvorschriften über die Aufnahme und Ausübung der Tätigkeit der Kreditinstitute, ABl. 1977 L 322/30; Zweite Richtlinie 89/646/EWG des Rates vom 15. Dezember 1989 zur Koordinierung der Rechts- und Verwaltungsvorschriften über die Aufnahme und Ausübung der Tätigkeit der Kreditinstitute und zur Änderung der Richtlinie 77/780/EWG, ABl. 1989 L 386/1. Zur Geschichte näher *Gortsos* The crisis-based European Union financial regulatory intervention: are we on the top of the prudential wave? ERA Forum, 2015, 89; *Grundmann* Europäisches Schuldvertragsrecht S. 587 f.; *Padoa-Schioppa* Regulating finance: balancing freedom and risk, 2004. Daneben trat – flankierend – insbesondere die Richtlinie zu Großkrediten: Richtlinie 92/121/EWG des Rates vom 21. Dezember 1992 über die Überwachung und Kontrolle der Großkredite von Kreditinstituten, ABl. 1992 L 29/1 (aufgehoben bzw. in den dortigen Gesamtkontext einbezogen mit der Kodifizierungs-Richtlinie 2000). Zur Zergliederung in mehrere Stücke (vor allem auch bankkonzernrechtlicher Art) sowie auch zur (zeitweisen) Bündelung und Zusammenführung, namentlich in der Kodifizierungs-Richtlinie 2000, dann noch im Text.

1993 nochmals differenzierter geregelt,[64] was die beiden wichtigsten Unterstränge, in denen sich das Europäische Recht der laufenden Bankaufsicht damals entwickelte, und ihre auch kodifikatorische Auftrennung besonders betonte: die Regelungen zur Bankenzulassung und -aufsicht allgemein und die Regelungen zum traditionellen Kernstück der laufenden Bankaufsicht, der Eigenkapitalausstattung (im Verhältnis zum eingegangenen Risiko, woraus sich der sog. Solvabilitätskoeffizient ergibt; dazu näher unten Unterabschnitt C. unter II.). Dabei wurde parallel auch für Wertpapierdienstleister ein diesem Geschäft und seinem Risiko adäquates eigenes Solvabilitäts- und Eigenkapitalregime ausgebildet (etwa für reine Investmentbanken). Zeitgleich zu dieser Vertiefung und prominenten Regelung speziell des Solvabilitätsregimes für die laufende Bankaufsicht wurde dann auch erstmals, 1994, ein **Einlagensicherungssystem** (Hauptstrang 3) Europäisch vorgeschrieben.[65] Dieser Regelbestand im ersten und dritten oben genannten Hauptstrang bildete also zur Einführung des Euro 1999/2002 bereits ein voll ausgebildetes System, das nochmals in seinen Hauptstücken zusammengefasst wurde in der sog. Kodifizierungs-Richtlinie (für die Regelungen zur laufenden Bankaufsicht) aus 2000.[66] In ihr wurden auch Nebenstücke kodifikatorisch in den einen Rechtsakt einbezogen, namentlich die Großkredit-Richtlinie 1992 (Fn 63), aber auch die Richtlinie zu Sonderregeln bei der Aufsicht über Bankengruppen.[67] Allein das Bankbilanzrecht, mit dem nicht nur bankaufsichtliche Zielsetzungen verfolgt werden, sondern auch An- und Einlegerinformation bezweckt wird und das vorliegend auch nicht näher in den Blick genommen werden soll, blieb gesondert geregelt.[68]

33   Die **Fortentwicklung dieses Systems in der letzten Dekade,** über die (Erste) Eigenkapital-Richtlinie 2006 (CRD I) bis hin zur heute maßgeblichen CRD IV (2013) und ihrer Ausdifferenzierung (bis heute) betrifft bereits im Kern das materielle EU-Recht der laufenden

---

[64] Richtlinie 93/6/EWG des Rates vom 15. März 1993 über die angemessene Eigenkapitalausstattung von Wertpapierfirmen und Kreditinstituten, ABl. 1993 L 141/1.

[65] Richtlinie 94/19/EG des Europäischen Parlaments und des Rates vom 30. Mai 1994 über Einlagensicherungssysteme, ABl. 1994 L 135/5; zu späteren Novellen hierzu unten Erster Teil Rn 42; wenig später ein paralleles Schutzregime für Kleinanleger, das freilich inhaltlich dem Investment Banking zuzurechnen ist (Band 11): Richtlinie 97/9/EG des Europäischen Parlaments und des Rates vom 3. März 1997 über Systeme für die Entschädigung der Anleger, ABl. 1997 L 84/22.

[66] Richtlinie 2000/12/EG des Europäischen Parlaments und des Rates vom 20. März 2000 über die Aufnahme und Ausübung der Tätigkeit der Kreditinstitute [„Kodifizierungsrichtlinie"], ABl. 2000 L 126/1. Vgl. namentlich Erwägungsgrund 1, in dem die Stücke benannt werden, die zusammengeführt werden sollen: Bankenzulassung und -aufsicht, Solvabilitätskoeffizient, Großkredite und Sonderrecht der Aufsicht über Bankengruppen.

[67] Richtlinie 83/350/EWG des Rates vom 13. Juni 1983 über die Beaufsichtigung der Kreditinstitute auf konsolidierter Basis, ABl. 1983 L 193/18; ersetzt durch Richtlinie 92/30/EWG des Rates vom 6. April 1992 über die Beaufsichtigung von Kreditinstituten auf konsolidierter Basis, ABl. 1992 L 110/52 (dort Art. 10 Abs. 1); diese dann selbst wieder aufgehoben und eingegangen in die Kodifizierungs-Richtlinie von 2000 (vorige Fn).

[68] Erstmals Richtlinie 86/635/EWG des Rates vom 8. Dezember 1986 über den Jahresabschluß und den konsolidierten Abschluß von Banken und anderen Finanzinstituten, ABl. 1986 L 372/1; inzwischen Überarbeitung in: Richtlinie 2006/46/EG des Europäischen Parlaments und des Rates vom 14. Juni 2006 zur Änderung der Richtlinien des Rates 78/660/EWG über den Jahresabschluss von Gesellschaften bestimmter Rechtsformen, 83/349/EWG über den konsolidierten Abschluss, 86/635/EWG über den Jahresabschluss und den konsolidierten Abschluss von Banken und anderen Finanzinstituten und 91/674/EWG über den Jahresabschluss und den konsolidierten Abschluss von Versicherungsunternehmen, ABl. 2006 L 224/1.

Bankaufsicht und ist daher dort wiederaufzugreifen (unten 2.). Parallel betrifft auch die ungleich weniger etappenreiche Fortentwicklung des Regelungsbestandes zu den Einlagensicherungssystemen das materielle EU-Recht der bankaufsichtlichen Krisenbewältigung: mit namentlich der Einlagensicherung, heute aber ungleich prominenter zudem auch mit der bankaufsichtlichen Sanierung und Abwicklung ("Bankeninsolvenz"), zu der nach dem Gesagten freilich erst 2014 überhaupt ein substantieller Rechtsakt auf EU-Ebene erging (zu diesem Strang der Entwicklung dann unten 3.). Insgesamt ist in dieser – auf die Kodifizierungs-Richtlinie 2000 folgenden – Phase schon bald wieder eine Aufgliederung in mehrere Richtlinien namentlich für die laufende Bankaufsicht zu konstatieren. Fasst man vorab die drei Dekaden zwischen 1977 und 2008 in ihrer *vorherrschenden Regulierungsphilosophie* zusammen, d.h. die Dekaden, die für Deutschland praktisch mit dem **Zeitraum zwischen der** (ungleich beschränkteren) **Herstatt-Krise (1974) und der weltweiten Finanzkrise** zusammenfällt, also die Phase zwischen den letzten beiden Bankenkrisen, die zugleich als die „Vorgeschichte" des heutigen Regimes zu verstehen ist, so sind – stark verdichtend und resümierend – **zwei Hauptentwicklungsphasen** kennzeichnend: diejenige des Ausbaus und der Vertiefung, bald der Europäisierung der Bankaufsicht; und dann, ab etwa der Jahrtausendwende und maßgeblich geprägt durch die sog. Basel II-Grundsätze (mit ersten Konsultationspapieren Juni 1998 und Januar 2001 und Rahmenvereinbarung Juni 2004), diejenige einer stärkeren Ausdifferenzierung sowohl auf der Eigenkapital- wie auf der Risikoseite: die stärkere Auffächerung beim Eigenkapital einerseits (mit Zulassung weiterer Eigenkapitalelemente) und die Individualisierung der Risikobemessung andererseits (mit der Möglichkeit eigener Berechnungsmodelle je Institut nach dem sog. IRB-Ansatz, aber auch mit differenzierterer und stärkerer Berücksichtigung verschiedener Sicherungsinstrumente). Insgesamt wurde die erste Phase als Aufbau und Verschärfung der Bankaufsicht verstanden, die zweite in den Auswirkungen (trotz Ausweitung von Aufsichtsbefugnissen und Offenlegungspflichten) eher als Deregulierung („Aufweichung" des Eigenkapitals einerseits und verstärkte Möglichkeiten einer Rückrechnung des Risikos andererseits).[69]

Einer näheren Betrachtung der **jüngsten Regelsetzungsentwicklung** für die laufende **34** Bankaufsicht einerseits und die Sanierung & Abwicklung sowie die Einlagesicherung andererseits (im Anschluss an die Finanzkrise, unten 2. bzw. 3.) ist freilich überblicksweise noch eine kurze allgemeinere Bemerkung zu dieser jüngsten Entwicklung vorauszuschicken: Nach den ersten punktuellen Reaktionen auf die Finanzkrise schon in der CRD II (2009) sind wiederum **zwei Phasen der Reform** und der sehr grundlegenden Neugestaltung zu erkennen, diesmal freilich zeitlich ungleich enger getaktet: In der ersten Phase, die den Zeitraum **zwischen 2009 und den ersten Monaten 2012** umfasst, wurde zwar auf Hauptschwachpunkte energisch reagiert, sie blieb aber auf das materielle Recht allein der laufenden Bankaufsicht fokussiert, ggf auch noch (zwar eher schon krisenunabhängig angesto-

---

[69] Vgl. (vor allem) zu den Deregulierungstendenzen: *Moloney* Financial Markets Regulation, in: Chalmers / Arnull (Hrsg.) Oxford Handbook of EU Law, 2015, (im Erscheinen) (für die Finanzmärkte); *Veron* Financial reform after the crisis, in: Eichegreen/Park (Hrsg.) The World Economy After the Global Crisis, 2012, S. 7 (passim); *De Bellis* EU and Global Private Regulatory Regimes – The Accounting and Auditing Sectors, in Chiti/Mattarella (Hrsg.) Global administrative law and EU administrative law – relationships, legal issues and comparison, 2011 S. 269 (passim). Zur Rolle, die hierbei auch der stärkere Rekurs auf IFRS als Bilanzierungsstandards spielte, vgl. *Schaub* The Use of International Accounting Standards in the European Union, Northwestern Journal of International Law & Business, 2011, 609; *Goodhart*, Procyclicality and Financial Regulation, Revista de Estabilidad Financiera, Banco de España, 2009, 11.

ßen, jedoch durchaus auch Krisensymptome kurierend) auf das materielle Recht der Einlagensicherungssysteme.[70] In dieser Phase wurden die CRD III und IV politisch beschlossen (CRD IV erst Juni 2013 endgültig verabschiedet und auch inhaltlich am Übergang stehend), außerdem fällt die Verabschiedung der Einlagensicherungs-Richtlinie EG/2009/14 auf den Anfang dieser Phase (zu allen Rechtsakten und Zitaten unten Erster Teil Rn 36 f. und 39 f.). Auf institutioneller Ebene wurde demgegenüber weiterhin nur auf Zusammenarbeit der nationalen Bankaufsichtsbehörden gesetzt, wenn auch mit verstärkter Koordinierung, namentlich auch unter der Führung von genuinen EU-Behörden, die es vorher nur als Europäische Beratungsausschüsse für die Ausführungsvorschriften im Gesetzgebungsprozess gegeben hatte, etwa CESR im Bereich des Kapitalmarktrechts, die jedoch jetzt flächendeckend als echte „Authorities" installiert wurden (mit ESMA [als Nachfolgebehörde zu CESR], mit der European Banking Authority [EBA] für das Bankaufsichtsrecht und mit EOPIA für die Versicherungsaufsicht; zu allem noch unten Erster Teil Rn 70 f.). Die Reformen in dieser Phase waren insgesamt jedoch nicht nur materiellrechtlich auf nur einen Hauptteil beschränkt (laufende Bankaufsicht) und institutionell eher zurückhaltend, sie waren in ihrem wichtigsten Teil (CRD IV) auch von außen angestoßen, namentlich von der Vereinbarung der sog. Basel III-Standards (näher unten 2.). Ungleich stärkerer EU-spezifischer Reformwillen zeigte sich demnach erst in der **zweiten Reformphase, ab Mitte 2012,** institutionell ebenso wie materiellrechtlich, namentlich mit dem EU-Gipfelbeschluss zur Einrichtung einer Europäischen Bankenunion (29.6.2012) sowie der politischen Einigung auf ein Europäisches Regime für Bankeninsolvenzen als „Startschuss": Nunmehr wurde – wenn auch nur für die Eurozone – eine Zentralisierung/Europäisierung auch der verwaltungsmäßigen bankaufsichtlichen Durchsetzung im Einzelfall beschlossen, ein Integrationsschritt von herausragender Bedeutung, also eine radikale **Neuorientierung im institutionellen Zuschnitt** (dazu unten II.), **und** zudem wurde mit dem Europäischen Bankeninsolvenzrecht in der BRRD erstmals seit den 1990er Jahren wieder ein **ganzes neues Teilgebiet des materiellen Bankaufsichtsrechts** auf EU-Ebene (für alle Mitgliedstaaten) ausgebildet und zudem eines von politisch höchster Brisanz (näher unten 3.). Auslöser für diesen ungleich radikaleren Doppelschritt – Schaffung einer Bankenunion sowie eines genuinen EU-Bankeninsolvenzrechts – war der politische „Flächenbrand", den die Ereignisse in der ersten Hälfte 2012 auslösten: das Aufflammen von radikalen Bankenkrisen in Spanien und Zypern, also die Ausbreitung der Sanierungsfälle über Griechenland (und die radikal und schnell geregelte Irlandkrise) hinaus und ihre spezifische Verankerung im Bankensektor, sowie die Reaktionen hierauf seitens der Märkte, die ohne solch grundsätzliche Reformschritte nicht eindämmbar erschienen.[71]

---

[70] Hauptgrund für die massive Steigerung des Absicherungsumfangs 2009/2014 war (neben sozialpolitischen Zielen) die Erkenntnis, dass die erheblichen Unterschiede im Absicherungsniveau auch Stabilitätsauswirkungen haben (können), namentlich durch einen Unterbietungswettbewerb in einem sonst integrierten Finanzmarkt. Zu den genannten beiden Zielen von Einlagensicherungssystemen grundlegend *Diamond/ Dybvig* 91 Journal of Political Economy 401 (1983) (sog. Diamond & Dybvig model). Daher wurde schon mit der Steigerung des Absicherungsniveaus durch Richtlinie 2009/14/EG zugleich eine Verpflichtung der

EU-Kommission festgeschrieben, bis 31.12.2009 einen weiteren Vorschlag vorzulegen. Zu den genannten Stabilitätsbedenken vgl. *Gros/Schoenmaker* European Deposit Insurance and Resolution in the Banking Union, JCMS 2014, 529; sowie *Colaert* Deposit Guarantee Schemes in Europe: Is the Banking Union in need of a third pillar? SSRN Research Paper, 2015.

[71] Für eine Analyse dieser Entwicklungen (teils auch mit politologischen Interpretationen) vgl. etwa *Ferran* The regulatory aftermath; *Howarth/Qualia* JCMS, 2014, 125; *Alexander* ELR 2015, 154 (159 f.); *Wymeersch* ecgi Law Working Paper N° 240/2014.

Stefan Grundmann

So krisengetrieben die Entwicklung auch ist, das Ergebnis erscheint heute als eines, in **35** dem die **bankaufsichtsrechtliche Architektur der EU grundlegend neu angelegt** wurde –[72] und dies wohl für eine erhebliche Zeit und glückliche Grundlage für eine Neukommentierung des Bankgeschäfts, die hierauf aufbauen kann.

2. **Materielles Recht der laufenden Bankaufsicht.** Kernstück des materiellen Rechts für **36** die laufende Bankaufsicht in der EU sind heute die EU-Eigenkapital-Richtlinie und -Verordnung von 2013, die **Capital Requirements Directive IV und die Capital Requirements Regulation (CRD IV und CRR).**[73] Mit ihnen werden vor allem Vorgaben zu (kontinuierlich geforderter) Kapitalausstattung, Liquidität und Risikostreuung bei *jedem* Bankenengagement, jedoch auch zur internen Governance einer Bank (vor allem Vergütungsleitlinien und Risikomanagement) gemacht – und dies für die gesamte EU, die Eurozone ebenso wie die Nichteurozone. Dabei betrifft die direkt anwendbare Verordnung (CRR) vor allem bankaufsichtsrechtliche Anforderungen ieS, vor allem zu Eigenkapital und Risikogewichtung, die so technisch und zugleich zentral erschienen, dass ein Umsetzungsspielraum erst gar nicht gewährt werden sollte, es handelt sich also um eine Verordnung erster Ebene (parallel zur Richtlinie, nicht etwa Ausführungs-Verordnung), während die Richtlinie (CRD IV) ebenfalls diesen Bereich betrifft, ansonsten jedoch vor allem die Corporate Governance und die Zulassung (Marktzutritt). Entgegen dem Namen der Rechtsakte, der die „Capital Requirements" in den Mittelpunkt rückt, ist also das **gesamte materielle Bankaufsichtsrecht** in diesen beiden Rechtsakten zusammengefasst, so dass sie als das Europäische Gegenstück zum KWG erscheinen (und in die Umsetzungstabelle unten Rn 77–79 auch eingestellt werden).

Während auf die materiellrechtlichen Gehalte sinnvoll nur im Zusammenspiel mit der **37** Umsetzung und für die Hauptfragestellungen jeweils getrennt eingegangen werden kann (wenn auch nur überblicksweise, vgl. unten Unterabschnitt C.), können die Hauptziele der Reform am besten anhand der Basel III-Grundsätze geklärt werden, auch auf dem Hintergrund der **Entwicklung ab 2006**: Mit CRD I waren – nunmehr wieder aufgeteilt in zwei Kernrechtsakte für die laufende Bankaufsicht, also die Kodifizierung von 2000 wieder auf-

---

[72] Zur unterschiedlichen rechtspolitischen Bewertung vgl. etwa (grds. positiv) *Ferran/Babis* (2013) 13 Journal of Corporate Law Studies 255 (Erfolg wahrscheinlich, wenn Zusammenarbeit zwischen den Ebenen gelingt); sehr abgewogen breit auch *Wymeersch* ecgi Law Working Paper No 240/2014; und zum Zusammenspiel mit Binnenmarktbedenken: *Lastra* 36 Fordham International Law Journal 1189 (2013); und zur Robustheit des Regimes *Moloney* CMLR 51 (2014) 1609; sehr negativ hingegen etwa *Dammann* Georgetown Journal of International Law, 2013–2014, 1057; *Hellwig* MPI Collective Goods Preprint, 2014; *Legrain* Europe's Bogus Banking Union, Project Syndicate, 8 April 2014; *Tröger* ZBB 2013, 373 = (2014) 15 EBOR 4.

[73] Richtlinie 2013/36/EU des Europäischen Parlaments und des Rates vom 26. Juni 2013 über den Zugang zur Tätigkeit von Kreditinstituten und die Beaufsichtigung von Kreditinstituten und Wertpapierfirmen, zur Änderung der Richtlinie 2002/87/EG und zur Aufhebung der Richtlinien 2006/48/EG und 2006/49/EG [„CRD IV"], ABl.EU 2013 L 176/338, sowie, als der zweite Rechtsakt zur „Ausführung" der Basel III-Grundsätze, insbesondere derjenigen Standards, die direkt anzuwenden waren und für die eine Richtlinie unangebracht erschien: Verordnung (EU) Nr. 575/2013 des Europäischen Parlaments und des Rates vom 26. Juni 2013 über Aufsichtsanforderungen an Kreditinstitute und Wertpapierfirmen und zur Änderung der Verordnung (EU) Nr. 646/2012 [„CRR"], ABl.EU 2013 L 176/1; in Deutschland umgesetzt durch Umsetzungsgesetz vom 28.8.2013, vgl. unten Fn 153.

brechend –[74] die Basel II Grundsätze[75] (mit Wirkung ab 1.1.2007) umgesetzt worden. Auf den internationalrechtlichen Hintergrund ebenso wie das (in Vielem absolut prägende) internationale institutionelle Umfeld (Basel Committee, aber auch G7/G8 und ab 2008 verstärkt das Financial Stability Board) ist im 3. Abschnitt zur internationalen Einbettung noch zurückzukommen, hier soll zunächst nur die (Europäische) Gesetzgebungsentwicklung zusammenfassend nachgezeichnet werden: Schon vor Basel II und CRD I waren (wieder) „Sonderaufsichtsrechte" für bestimmte Banktypen und -verbünde entstanden, namentlich mit Erleichterungen zur Förderung von E-Geld-Instituten[76] und mit einem Regelwerk zu Finanzkonglomeraten („Allfinanz"), das eine Abstimmung zwischen den verschiedenen Aufsichtsvorgaben namentlich im Versicherungs- und Bankaufsichtsrecht gewährleisten sollte.[77] CRD I hatte sich ausgezeichnet durch eine Ausweitung der bankaufsichtsrechtlichen Befugnisse und der Offenlegungspflichten (Säulen II und III von Basel II), vor allem jedoch durch die Änderungen bei den Mindestkapitalanforderungen, die passgenauer und gezielter auf das tatsächlich eingegangene Risiko zugeschnitten werden sollten (im Ergebnis häufig mit einer Verringerung der Eigenkapitalunterlegung, „faktische Deregulierung", Fn 69): Risiken wurden jetzt nach Kundenbonität abgestuft gewichtet,

---

[74] Richtlinie 2006/48/EG des Europäischen Parlaments und des Rates vom 14. Juni 2006 über die Aufnahme und Ausübung der Tätigkeit der Kreditinstitute (Neufassung) [„CRD I – Banken-Richtlinie"), ABl. 2006 L 177/1; Richtlinie 2006/49/EG des Europäischen Parlaments und des Rates vom 14. Juni 2006 über die angemessene Eigenkapitalausstattung von Wertpapierfirmen und Kreditinstituten (Neufassung) [„CRD I – Kapitaladäquanz-Richtlinie"), ABl. 2006 L 177/201.

[75] *Basel Committee on Banking Supervision* International Convergence of Capital Measurement and Capital Standards: A Revised Framework, comprehensive version (2006) (Basel II), abrufbar unter http://www.bis.org/publ/bcbs128.htm (17. August 2015); dazu etwa *Blum* Working Paper Schweizerische Nationalbank 2007 (schon früh die Ermöglichung exzessiver Hebelwirkung problematisierend); ausf. *Hartmann-Wendels* Basel II – Die neuen Vorschriften zur Eigenmittelunterlegung.

[76] Richtlinie 2000/46/EG des Europäischen Parlaments und des Rates vom 18. September 2000 über die Aufnahme, Ausübung und Beaufsichtigung der Tätigkeit von E-Geld-Instituten, ABl. 2000 L 275/39; heute ersetzt durch Richtlinie 2009/110/EG des Europäischen Parlaments und des Rates vom 16. September 2009 über die Aufnahme, Ausübung und Beaufsichtigung der Tätigkeit von E-Geld-Instituten, zur Änderung der Richtlinien 2005/60/EG und 2006/48/EG sowie zur Aufhebung der Richtlinie 2000/46/EG, ABl. 2009 L 267/7.

[77] Richtlinie 2002/87/EG des Europäischen Parlaments und des Rates vom 16. Dezember 2002 über die zusätzliche Beaufsichtigung der Kreditinstitute, Versicherungsunternehmen und Wertpapierfirmen eines Finanzkonglomerats und zur Änderung der Richtlinien 73/239/EWG, 79/267/EWG, 92/49/EWG, 92/96/EWG, 93/6/EWG und 93/22/EWG des Rates und der Richtlinien 98/78/EG und 2000/12/EG des Europäischen Parlaments und des Rates, ABl. 2003 L 35/1; geändert zuletzt durch Richtlinie 2013/36/EU des Europäischen Parlaments und des Rates vom 26. Juni 2013 über den Zugang zur Tätigkeit von Kreditinstituten und die Beaufsichtigung von Kreditinstituten und Wertpapierfirmen, zur Änderung der Richtlinie 2002/87/EG und zur Aufhebung der Richtlinien 2006/48/EG und 2006/49/EG, ABl. 2013 L 176/338; sowie dann ergänzt durch Delegierte Verordnung (EU) Nr. 342/2014 der Kommission vom 21. Januar 2014 zur Ergänzung der Richtlinie 2002/87/EG des Europäischen Parlaments und des Rates und der Verordnung (EU) Nr. 575/2013 des Europäischen Parlaments und des Rates durch technische Regulierungsstandards, in denen Bedingungen für die Anwendung der Methoden zur Berechnung der Eigenkapitalanforderungen für Finanzkonglomerate festgelegt werden, ABl. 2014 L 100/1.

was einer vorrangigen Herauslegung von Krediten an „schlechte" Schuldner (bei höherem Zins) entgegenwirken sollte, jedoch i.Erg. die Abhängigkeit von Ratings (für die Bemessung der Kundenbonität) mit sich brachte ebenso wie letztlich eine Abnahme der Eigenkapitalunterlegung bei den „guten" Kreditnehmern. Zudem sollten neben den Kredit- und den Marktpreisrisiken (bei Krediten und Anlageinstrumenten) auch die sog. operationellen Risiken, etwa durch Fehlverhalten von Händlern (wie Nick Leeson in Singapur), eigenkapitalunterlegt werden, auch letztlich als gewisser Ausgleich für das Absinken der Eigenkapitalquoten bei den Kreditrisiken (mit Abschlägen bei guter Bonität). Hinzu kam die Möglichkeit, dass jedes Kreditinstitut nach dem IRB-Ansatz („internal rating based") sein individuelles Risikobewertungsmodell zugrunde legen konnte (vorab genehmigt und mit laufenden Offenlegungspflichten), wodurch die Eigenkapitalunterlegung umso mehr abgesenkt werden konnte, je genauer das Modell abbilden konnte, dass die tatsächlichen Risiken unter denen des Standardmodells lagen.[78] Damit begünstigte das Regime (idR große) Banken mit ausgefeiltem IRB-System und wirkte konjunkturell prozyklisch (bei Abschwung Ratingverschlechterung bei den von den Instituten gehaltenen Aktiva [Kredite, Investments], was umgekehrt in Zeiten von Kapitalknappheit und dringender Kreditnachfrage alternativ die Nachkapitalisierung der Banken oder die Reduzierung des Kreditvolumens nötig machte, beides die Kapitalknappheit verschärfend). **CRD I wurde daher bereits drei Jahre später wieder ersetzt:** Während dann CRD II mit dem sog. Sidney Price Release nur punktuell erste Reaktionen auf die Finanzkrise umsetzte,[79] bildet dann CRD III die erste Annäherung in Richtung der (erst unmittelbar danach verabschiedeten) Basel III-Grundsätze und gibt erste Antworten auf die Finanzkrise (u.a. Strafaufschläge beim Mindestkapital bei riskanten Investitionsentscheidungen; umfassenderer Risikoansatz von komplexen Verbriefungen),[80] eine Zielsetzung, die allerdings erst mit CRD IV als flächendeckendem Rechtsakt zur laufenden Bankaufsicht (vorige Rn) umfassend und (bis auf Weiteres) abschließend umgesetzt wurde.

---

[78] Näher zum Basel II und zum CRD I Regime: *Cluse/Engels* (Hrsg.) Basel II – Handbuch zur praktischen Umsetzung des neuen Bankenaufsichtsrechts, 2005; auch noch *Bieg/Krämer/Waschbusch* Bankenaufsicht in Theorie und Praxis, 3. Aufl. 2009; *Camili* Basel-Brussels One Way? The EU in the Legalisation Process of Basel Soft Law, in: Chiti/Mattarella (Hrsg.) Global administrative law and EU administrative law: relationships – legal issues and comparison, 2011, S. 550; *Dierick/Scheicher/Spitzer* The new Basel capital framework and its implementation in the European Union, ECB Working Paper 42/2005; *Gordy/Heitfield* Risk-Based Regulatory Capital and Basel II, in: Berger/Molyneux/Wilson (Hrsg.) The Oxford Handbook of Banking, 2012, S. 357; *Tarullo* Banking on Basel: The Future of International Financial Regulation, 2008; mit der Frage nach der verbleibenden/ entfallenen Relevanz seit der Krise: *Buckley/ Howarth* Internal market: gesture politics? Explaining the EU's response to the financial crisis, JCMS, 2010, 1. Näher insbesondere

zum IRB-Ansatz: *Cluse/Engels* a.a.O S. 167–208 (*Cluse/Stellmacher*); *Bieg/ Krämer/Waschbusch* Bankenaufsicht in Theorie und Praxis, 4. Aufl. 2011, S. 463 ff.

[79] Richtlinie 2009/111/EG des Europäischen Parlaments und des Rates vom 16. September 2009 zur Änderung der Richtlinien 2006/48/EG, 2006/49/EG und 2007/64/EG hinsichtlich Zentralorganisationen zugeordneter Banken, bestimmter Eigenmittelbestandteile, Großkredite, Aufsichtsregelungen und Krisenmanagement [„CRD II"], ABl. 2009 L 302/97. Vgl. näher *Hoerning* Hybrides Kapital im Jahresabschluss – zugleich zum Begriff des Eigenkapitals in Insolvenzrecht, Bankaufsichtsrecht und Ratingmethodik, 2011, S: 162–173.

[80] Richtlinie 2010/76/EU des Europäischen Parlaments und des Rates vom 24. November 2010 zur Änderung der Richtlinien 2006/48/ EG und 2006/49/EG im Hinblick auf die Eigenkapitalanforderungen für Handelsbuch und Wiederverbriefungen und im Hinblick auf die aufsichtliche Überprüfung der Vergütungspolitik [„CRD III"], ABl. 2010 L 329/3.

38   Die **Ziele**, die mit der Verabschiedung der **Basel III Grundsätze** als der zentralen Reaktion auf die Finanzkrise (Verabschiedung Dezember 2010) und dann mit der Umsetzung in CRD III und vor allem **CRD IV** verfolgt wurden, lassen sich folgendermaßen umreißen:[81] Der Fokus liegt ganz auf der dauerhaften Stärkung der Kapitalquoten und der Reduktion prozyklischer Effekte im Krisenfall: der Stärkung vor allem des harten Kernkapitals, das nur noch eingezahltes Gesellschaftskapital und Gewinnrücklagen umfassen darf[82] und schrittweise bis zum 1.1.2019 auf 4,5 % anwachsen muss, wozu dann ein Kapitalerhaltungspuffer von (zum 1.1.2019) 2,5 % kommen muss, der zwar nicht zwingend vorgeschrieben ist, dessen Anhäufung aber Voraussetzung für die Auszahlung von Dividenden, Tantiemen und die Durchführung von Aktienrückkaufprogrammen ist. Freilich sind die genannten Auszahlungen und Programme zu wichtig, als dass Banken bei stabiler Konjunktur auf den Aufbau dieses weiteren Puffers wirklich verzichten könnten, so dass im Regelverlauf das Kernkapital mindestens 7 % beträgt. Mit anderen Worten: Dieser zusätzliche Kapitalpuffer soll bei starker Konjunktur angesammelt werden und dann auch dauerhaft vorliegen, um umgekehrt bei zyklisch bedingter Kapitalknappheit *überbrückungsweise* aufgebracht werden zu können (und im späteren Verlauf aufs Neue aufgebaut zu werden).[83] Aufsichtsbehörden können zudem situationsabhängig (im Einzelfall) noch einen weiteren antizyklischen Kapitalpuffer fordern (bis 2,5 % am

---

[81] *Basel Committee on Banking Supervision* Basel III: A Global Regulatory Framework for More Resilient Banks and Banking Systems, 2010. Näher insbes. Art. 26 Abs. 1, Art. 28 CRR sowie Art. 36 ff. CRR [Abzüge]; zum Basel III Regime „authentische" Interpretationen vor allem in: *Basel Committee on Banking Supervision*, Basel III: International framework for liquidity risk measurement, standards and monitoring, 2010; *Basel Committee on Banking Supervision* Basel III: The liquidity coverage ratio and liquidity risk monitoring tools, 2013; *Basel Committee on Banking Supervision* Basel III: Leverage ratio framework and disclosure requirements, 2013; *Deutsche Bundesbank* Basel-III Leitfaden zu den neuen Eigenkapital- und Liquiditätsregeln für Banken, 2011; *Deutsche Bundesbank* Die Umsetzung von Basel III in europäisches und nationales Recht, Monatsbericht Juni 2013; sowie Erläuterungen in BankR-Hdb/*Haug* § 133a; *Becker/Böttger/Ergün/Müller* Basel III und die möglichen Auswirkungen auf die Unternehmensfinanzierung, DStR 2011, 375; *Hartmann-Wendels* ZfBF 67 (2013) 72; *Nodoushani* Stille Einlagen im Lichte von Basel III, ZIP 2011, 1995; *Paul/Stein/Kaltofen* DStR 2013, 1849; *Ayadi/Arbak/De Groen* Implementing Basel III in Europe – Diagnosis and avenues for improvement, CEPS Policy Brief No. 275, 2012; *Goldstein* The EU's implementation of Basel III: A

deeply flawed compromise, VoxEU column, 2012. http://www.voxeu.org/article/eu-s-implementation-basel-iii-deeply-flawed-compromise; auch *Babis* Single Rulebook for Prudential Regulation of Banks: Mission Accomplished? Legal Studies Research Paper Series, University of Cambridge, Paper No. 37/2014; *Quaglia* European Union and Global Financial Regulation, S. 43–46 (zu Basel III) und 46–50 (Übernahme in EU); die Regime vergleichend, wenn auch leider sehr unübersichtlich: *Duthel* Basel I, II, III, Kapital – Kreditrisiko / Vergabe, 2013.

[82] Zur Diskussion (in Deutschland), ob stille Reserven hierunter fallen, vgl. *Nodoushani* ZIP 2011, 1995; BankR-Hdb/*Winterfeld* § 124a Rn 125; *Boos* in: Boos/Fischer/Schulte-Mattler, KWG, 4. Aufl. 2012, § 10 KWG Rn 77. Zum Ausschluss von sog. Hybridkapital: BankR-Hdb/*Winterfeld* § 124a Rn 123.

[83] Zu diesem Instrument BankR-Hdb/*Haug* § 133a Rn 46–48; auch *Paul/Stein/Kaltofen* DStR 2013, 1849; *Marchesi/Giudici/Cariboni/Zedda/Campolongo* Macroeconomic cost-benefit analysis of Basel III minimum capital requirements and of introducing deposit guarantee schemes and resolution funds, JRC Scientific and Policy Reports, 2012; auch *Ayadi/Arbak/De Groen* CEPS Policy Brief No. 275, 2012; *Quaglia* European Union and Global Financial Regulation, S. 43; sowie Nachw nächste Fn.

Stefan Grundmann

1.1.2019).[84] Gegenüber Kernkapitalquoten, die durch Einrechnung von Hybridkapital in vielen Fällen nur aus ca. 2,5 % an Gesellschafterkapital und Gewinnrücklagen bestanden, bedeutet all dies idR eine Verdreifachung der Ausstattung mit Gesellschafterkapital und Gewinnrücklagen.[85] Da zugleich der Mindestkapitalquotient (mangels Sonderaufschlägen wie etwa dem Puffer für systemische Risiken, vgl. unten) weiterhin bei 8 % des gewichteten Risikos liegt (Art. 92 Abs. 1 lit. c CRR), ist der Kernkapitalanteil aus eingezahltem Kapital + Gewinnrücklagen ungleich höher geworden im Vergleich zum Ergänzungskapital, das nötig wird um diese Schwelle zu erreichen. Weitere Instrumente treten hinzu, auch zur stärkeren Vorsorge gegenüber Liquiditätsengpässen, zur Verbesserung der Qualität auch des Ergänzungskapitals mit einer besseren Ausgestaltung der Präventionsanreize (Verlustteilnahme nicht erst in der Insolvenz, sondern dauerhaft während des laufenden Geschäfts, vgl. Art. 63 CRR), aber auch die stärkere Risikogewichtung komplexer Instrumente (dazu näher unten Erster Teil Rn 97 f.). Nicht bereits in den Basel III Grundsätzen verankert sind einige Instrumente, die im Europäischen Regime prominent hinzutreten: namentlich Organisationsanforderungen, die bei der Vergütung Risikoanreize zurückdrängen, risikoorientierte Strategien zudem mit weiteren Kapitalaufschlägen belegen und für systemrelevante Institute, bei denen das „Too Big to Fail"-Risiko höher ist, weitere „systemische" Kapitalaufschläge vorsehen (dazu näher unten Erster Teil Rn 97 f.). Insgesamt wird vor allem auf ein **Bündel aus höherer Kernkapitalquote und Stärkung der antizyklisch wirkenden Instrumente** (und Abbau der prozyklisch Wirkenden) gesetzt, ergänzt (vor allem im Europäischen Regime) um Instrumente, die **Anreizen für risikoorientierte Investitionsentscheidungen entgegenwirken** sollen, sowohl bei den Entscheidungsträgern als auch für das ganze Unternehmen. Dennoch wurde die Frage gestellt, ob nicht die Mindestkapitalquote (von weiterhin 8 %) signifikant höher angesetzt werden müsste, um „sichere Banken" zu gewährleisten, wogegen freilich eingewandt wird, dass dies auch die Kredite signifikant verteuere.[86]

---

[84] Zu diesem Instrument BankR-Hdb/*Haug* § 133a Rn 49–51; auch *Paul/Stein/Kaltofen* DStR 2013, 1849; *Grosse/Schumann* Cyclical behavior of German banks' capital resources and the countercyclical buffer of Basel III, 34 European Journal of Political Economy (Supplement Juni) 2014, S40; *Saurina* The Countercyclical Capital Buffer of Basel III: A Critical Assessment, CEPR Working Papers 2011; sowie (auch noch teils zum Kapitalerhaltungspuffer): *Agur/Sharma* Rules, discretion and macro-prudential policy, in: Huang/Schoenmaker (Hrsg.) Institutional Structure of Financial Regulation – Theories and International Experiences, 2015, S. 40 (bes. 57); *Freixas/Laeven/Peydró* Systemic Risk, Crises, and Macrorprudential Regulation, 2015, S. 274, 339; *Gersbach* Banking on the average: A new way to regulate banks, in: Danielsson (Hrsg.) Post-Crisis Banking Regulation, 2015, S. 59; *Grosse/Schumann* Cyclical behaviour of German banks' capital resources and the countercyclical buffer of Basel III,

European Journal of Political Economy, 2014, 40; *Kowalik* Countercyclical capital regulation – should bank regulators use rules or discretion? Federal Reserve Bank of Kansas City Economic Review, 2011, 63. Umgekehrt wird IAS 39 überarbeitet, der mit seinem Verbot von Rückstellungen für drohende Verluste gerade diese Pufferbildung durch autonome Entscheidung des Kreditinstituts unterband, vgl. *Schubert* in Beck'scher Bilanzkommentar, 9. Aufl 2014, HGB § 249 Rn 338.

[85] Zu dieser Rechnung, auch im Vergleich der verschiedenen Regime, näher: BankR-Hdb/*Winterfeld* § 125a Rn 110 ff.

[86] Vgl. einerseits *Admati/Hellwig* Des Bankers neue Kleider; *Admati/DeMarzo/Hellwig/Pfleiderer* Fallacies, Irrelevant Facts and Myths in the Discussion of Capital Regulation – Why Bank Equity is Not Expensive, Stanford University Working Paper 86/2010; andererseits *Kaserer*, Auswirkungen der CRD IV auf die Unternehmensfinanzierung, Studie im Auftrag der vbw, München 2012;

39   **3. Materielles Recht der bankaufsichtlichen Sanierung und Abwicklung (mit Einlagen-sicherung).** Die größte Neuerung im Europäischen Bankaufsichtsrecht im Gefolge der Finanzkrise – neben der Verlagerung der Aufsichtskompetenz auf die EU-Ebene („Europäische Bankenunion") – bildet die Schaffung eines Europäisch harmonisierten Sanierungs- und Abwicklungsrechts für Banken, also eines Gesellschaftsrechts der Krise und eines Insolvenzrechts speziell für Banken, durch die Bankensanierungs- und -abwicklungs-Richtlinie – **Banking Recovery and Resolution Directive (BRRD).**[87] Sie wurde taggleich mit der SRM-VO (zur Kompetenzverlagerung auf die EU-Ebene, unten Erster Teil Rn 49) verabschiedet, fällt also in die jüngste Reformphase (ab Mitte 2012). Die BRRD bildet damit zugleich auch den einzigen Harmonisierungsakt (für die gesamte EU), der nicht nur reformiert wurde, sondern überhaupt erst nach der Finanzkrise, im Rahmen der breiten bankaufsichtsrechtlichen Reform in der EU, erstmals aufgelegt wurde: Zuvor gab es kein harmonisiertes Regime der Bankensanierung und -abwicklung.

40   Schon Anfang des Jahrtausends war freilich mit der **Bankensanierungs- und -liquidations-Richtlinie 2001/24/EG** – im Zusammenhang mit der Kodifizierungs-Richtlinie (oben Erster Teil Rn 32) eine internationalkompetenzrechtliche Regelung eingeführt worden.[88] Sie freilich regelte nicht das materielle Bankensanierungs- und -abwicklungsrecht, sondern allein die Zuständigkeiten und auch dies nicht sehr weitgehend: Für Zweigniederlassungen sollte (auch im Zusammenhang mit Sanierung und Abwicklung) die für das Mutterhaus zuständige Behörde zuständig bleiben. Das materielle Recht blieb damals freilich nationales Recht.

41   Kerngehalte sind auch für diesen Komplex – wieder im Verbund mit dem nationalen Umsetzungsrecht – unten aufzugreifen. **Hauptgehalte und -ziele** der BRRD sind: Schon als Teil der laufenden Aufsicht werden die Institute verpflichtet, Sanierungs- und Abwicklungspläne für den Sanierungs- und den Insolvenzfall aufzustellen, nach denen zu agieren ist, sobald diese Fälle eintreten (sog. „living wills"). Die Pläne sind jeweils fortzuschreiben und sollen Planbarkeit für alle Beteiligten und zügige Entscheidungsfindung im Krisenfall verbürgen. Für den Insolvenzfall – und im Abwicklungsplan bereits ausgearbeitet, nunmehr freilich durch die Aufsichtsbehörde (auch inhaltlich) festgesetzt – werden Aktionäre und Gläubiger nach einer voretablierten Rangordnung an den Verlusten des Instituts beteiligt (sog. „bail-in"), zudem wird ihre Insolvenzquote und Rangordnung im einzelnen geregelt (mit entsprechenden Modifikationen im nationalen Insolvenzrecht). Kernziel ist es also, einerseits ein geregeltes Abwicklungsverfahren überhaupt europaweit bereitzustellen, andererseits dieses jedoch präventiv und planbar jeweils schon während des laufenden Geschäfts festzulegen und solchermaßen auch Abweichungen früh zu erkennen und schnell

---

Zamil The illusion of bank capital, in: *Danielsson* (Hrsg.) Post-Crisis Banking Regulation, 2015, S. 49; differenzierend *Paul/Stein/Kaltofen* DStR 2013, 1849.

[87] Richtlinie 2014/59/EU des Europäischen Parlaments und des Rates vom 15. Mai 2014 zur Festlegung eines Rahmens für die Sanierung und Abwicklung von Kreditinstituten und Wertpapierfirmen und zur Änderung der Richtlinie 82/891/EWG des Rates, der Richtlinien 2001/24/EG, 2002/47/EG, 2004/25/EG, 2005/56/EG, 2007/36/EG, 2011/35/EU, 2012/30/EU und 2013/36/EU sowie der Verordnungen (EU) Nr. 1093/2010

und (EU) Nr. 648/2012 des Europäischen Parlaments und des Rates [BRRD], ABl.EU 2014 L 173/190.

[88] Richtlinie 2001/24/EG des Europäischen Parlaments und des Rates vom 4. April 2001 über die Sanierung und Liquidation von Kreditinstituten, ABl. 2001 L 125/15 (mit Änderungen durch die BRRD); in Deutschland umgesetzt durch: Gesetz zur Umsetzung aufsichtsrechtlicher Bestimmungen zur Sanierung und Liquidation von Versicherungsunternehmen und Kreditinstituten vom 10.12.2003, BGBl. 2003 I. S. 2478; (für Deutschland) außer Kraft ab 1.1.2016.

Stefan Grundmann

darauf reagieren zu können.[89] Mit diesem zweiten Zielebündel sollen zum einen Steuerzahler entlastet werden, zum anderen jedoch die an ihrer Stelle belasteten Bankanleger und
-einleger angehalten werden, allzu risikoorientierte Strategien der Kreditinstitute zu disziplinieren.[90]

Mit der Abwicklung eng verknüpft ist das **Einlagensicherungsregime**. Mit diesem wird **42**
zum einen die Bevorzugung bestimmter Gläubiger gegenüber anderen – wie auch im Abwicklungsregime – verfolgt, und solchermaßen ist das Einlagensicherungsregime essentieller
Baustein dafür, dass in der Bankenkrise die **Gefahr eines Bankrun minimiert** wird (Absicherung derjenigen Kundengruppen, von denen diese Gefahr am unmittelbarsten ausgeht),[91] zugleich ein **Baustein sozialer Absicherung** von Kleineinlegern (und dies alles, obwohl mit diesem Regime der Anreiz, das Kreditinstitut [auch] nach seiner Solvabilität
auszuwählen, reduziert oder [bei den privilegierten Gruppen] eliminiert wird). Dies erklärt,
dass dieser Teil des Aufsichtsrechts für Bankenkrisen auch als erster Europäisch geregelt
wurde, nach dem Gesagten erstmals 1994 (oben Erster Teil Rn 32). **Kerngehalt des Regimes**
ist (bis heute) die Absicherung bestimmter Einlegergruppen (Privateinleger und KMU), bei
denen auch eine solvabilitätsorientierte Auswahl des Kreditinstituts nicht zu erwarten ist, für
Einlagen (im Gegensatz zu Investments in Instrumente der Bank)[92] bis zu einer bestimmten
Höhe – mit dem genannten Ziel. Die wichtigste Reform – namentlich mit sukzessiver Anhebung des Umfangs der Absicherung von anfangs 20.000 € Einlagen bis heute **100.000,– €
Einlagen** – erfolgte 2009.[93] Wenig später jedoch scheiterte die ursprünglich geplante Vergemeinschaftung der Administration (näher unten Erster Teil Rn 51), es blieb bei einer wenig weitreichenden Reform des Harmonisierungsbestandes in diesem Bereich.[94] Es blieb bei

---

[89] *Engelbach/Friedrich* WM 2015, 662 (670);
Armour ecgi Law Working Paper N° 244/
2014; *Freixas/Laeven/Peydró* Systemic Risk,
Crises, and Macrorprudential Regulation,
2015, S. 339; *Hüpkes* ‚Living Wills' – An
International Perspective, in: Dombret/
Kenadjian (Hrsg.) The Bank Recovery, S. 71.

[90] Speziell zu diesem (doppelten) Ziel der Ver-
schiebung der Lasten von Steuerzahlern auf
Bankanleger und -einleger und der damit
einher gehenden besseren Anreizsetzung,
vgl. etwa Stellungnahme der *Bundesregierung* vom 28.11.2014, abrufbar unter
http://www.bundesregierung.de/Content/
DE/Artikel/2014/07/2014–07–09-kabinett-
massnahmenpaket-bankenunion.html;
Kronberger Kreis Europäische Bankenunion ... Prinzip Haftung, S. 5 und 25; *Bruni*
European Banking Union and Market
Discipline, in: Barucci/Messori (Hrsg.)
European Banking Union, S. 63 (65–67);
Grünewald Resolution of cross-border banking crises; *Gros/Schoenmaker* 52 JCMS
529 (2014).

[91] *Sethe* in: Assmann/Schütze (Hrsg.) Handbuch des Kapitalanlagerechts, 4. Aufl 2015,
§ 26 Rn 6, 9 ff.; BankR-Hdb/*Kolassa* § 138
Rn 3; MünchKommHGB/*Böcking/Gros/To-
rabian* Vorbem. zu §§ 340f, 340g Rn 6 ff.;

Morra in: Barucci/Messori (Hrsg.) European
Banking Union, S. 145 (146); zur Kritik, dass
eine Einlagensicherung Teil des (Europäischen!) Abwicklungsmechanismus sein
müsste, mit diesem verzahnt (und dann natürlich auch vergemeinschaftet), wie dies
etwa in den USA (mit der Federal Deposit Insurance Company, FDIC) der Fall ist: *Aizenman*, US Banking over two centuries· Lessons for the Eurozone crisis, in: Beck (Hrsg.)
Banking Union, 129–135; *Gros/Schoenma-
ker* 52 JCMS 529 (2014); *Weder di Mauro*
Zahnlos? in: Friedrich-Ebert-Stiftung
(Hrsg.), WiSo-Diskurs: Die Bankenunion –
Wer zahlt die Zeche? 6/2013, S. 18 (19).

[92] Zu dieser Abgrenzung zwischen Anlagen
und Einlagen vgl. etwa *Sethe* (vorherige Fn)
§ 26.

[93] Richtlinie 2009/14/EG des Europäischen
Parlaments und des Rates vom 11. März
2009 zur Änderung der Richtlinie 94/19/EG
über Einlagensicherungssysteme im Hinblick
auf die Deckungssumme und die Aus-
zahlungsfrist, ABl. 2009 L 68/3.

[94] Richtlinie 2014/49/EU des Europäischen
Parlaments und des Rates vom 16. April
2014 über Einlagensicherungssysteme,
ABl.EU 2014 L 173/149.

der Absicherung durch nationale (teils, wie in Deutschland, auch innerstaatlich nochmals nach Institutsgruppen aufgegliederte) Einlagensicherungsfonds, aus denen im Falle einer Bankeninsolvenz die genannten Einlagen gewährleistet sein müssen (ergänzt um eine Vorzugsstellung dieser Gruppen auch in der [weiteren] Masseverteilung nach der 2. Säule).

43 **4. Ausführungsgesetzgebung und Single Rulebook.** Auf beide Bereiche – die laufende Bankaufsicht ebenso wie die bankaufsichtliche Sanierung und Abwicklung – bezogen sind diejenigen Regelungsinstrumente und -techniken, die eingesetzt werden, um auf der Grundlage des harmonisierten Regelbestandes auch im Einzelfall eine tatsächlich einheitliche verwaltungsmäßige Anwendung in ganz Europa zu gewährleisten oder jedenfalls zu befördern:

44 a) **Ausführungsgesetzgebung ("Lamfalussy-Verfahren").** Seit Anfang der 2000er Jahre werden im Bank- und Kapitalmarktrecht Richtlinienvorgaben schon auf EU-Ebene nach dem sog. **Lamfalussy-Verfahren** weiterdifferenziert ausgestaltet.[95] Damit soll – durch ein dichter gespanntes Normnetz – tatsächliche – oder doch weitergehende – Einheit beim Normbestand und – etwa durch Reduktion von Ermessensspielräumen – auch bei der Anwendung im Einzelfall gefördert werden. Das wird gerade im Finanzrecht als besonders wichtig angesehen, um einen einheitlichen Europäischen Kapital- und Bankenmarkt zu befördern. Nach dem Lamfalussy-Verfahren werden auf (der **ersten, der) Richtlinienstufe** (im Prinzip) nur die Grundsätze ausformuliert, die freilich im Falle vieler Richtlinien – ursprünglich vor allem der MIFID von 2004, heute aber gleichermaßen der CRD IV – schon sehr detailliert ausfallen. Auf einer zweiten Stufe werden – ungleich dichter getaktet und auch mit besonderem Gewicht von technokratischer Expertise – diese Vorgaben (zusätzlich) verfeinert, im Fall der CRD IV durch die unten aufgelisteten **Durchführungsrechtsakte,** die (allein) von der EU-Kommission auf der Grundlage von Vorarbeiten professionell besetzter Beratungsorgane oder -institutionen erlassen werden, im Falle von CRD IV vor allem der EBA. Seit der Reform von 2010 und mit den neuen Regulierungsagenturen (EBA sowie ESMA und EIOPA) ist auch für die Ausführung des CRD IV-Pakets bzw. der BRRD (mit EBA) zu unterscheiden zwischen (bindenden) Technical Standards, (nicht bindenden) Guidelines und reinen „Questions & Answers". Die letzten gibt die EBA heraus (unter

---

[95] Zu diesem Verfahren vgl. etwa: *Chatzimanoli* Law and governance in the institutional organisation of EU financial services – the Lamfalussy procedure and the single supervisor revisited, 2008 (PhD thesis EUI); *Chiti* In The Aftermath of the Crisis: The EU Administrative System Between Impediments and Momentum, EUI Working Paper LAW 2015; *Ferrarini* Contract Standards and the Markets in Financial Instruments Directive (MiFID) – An Assessment of the Lamfalussy Regulatory Architecture, ERCL 2005, 19 (kritisierend, dass auf Richtlinienebene im Falle der MIFID keineswegs nur von „Grundzügen" gesprochen werden kann); *Möllers* Europäische Methoden- und Gesetzgebungslehre im Kapitalmarktrecht. Vollharmonisierung, Generalklauseln und soft law im Rahmen des Lamfalussy-Verfahrens als Mittel zur Etablierung von Standards, ZEuP 2008, 480; *Schmolke* Der Lamfalussy-Prozess im Europäische Kapitalmarktrecht – eine Zwischenbilanz, NZG 2005, 912; *ders.* Die Einbeziehung des Komitologieverfahrens in den Lamfalussy-Prozess – Zur Forderung des Europäischen Parlaments nach mehr Entscheidungsteilhabe, EuR 2006, 432; *Hupka* Kapitalmarktaufsicht im Wandel – Rechtswirkungen der Empfehlungen des Committee of European Securities Regulators (CESR) im deutschen Kapitalmarktrecht, WM 2009, 1351; *Rötting/Lang* Das Lamfalussy-Verfahren im Umfeld der Neuordnung der europäischen Finanzaufsichtsstrukturen, Entwicklung und Ablauf, EuZW 2012, 8; allgemeiner *Karpf* Der Lamfalussy-Prozeß – Bestandsaufnahme und Ausblick, ÖBA 2005, 573.

Stefan Grundmann

Mitwirkung der EU-Kommission), während die Ausführungs*gesetzgebung* in der Hand der EU-Kommission liegt, auf Vorschlag der EBA, teils auch ohne diese (vgl. etwa Art. 460 CRR), aber mit einem Vetorecht von Rat und Parlament (als ausführende oder delegierte Maßnahme nach Art. 291 oder 291 AEUV). Besonders einflussreich bei den Gesetzgebungsmaßnahmen ist das Repräsentationsorgan der Mitgliedstaaten, das European Banking Committee. Die **dritte und vierte Stufe** betreffen dann die Umsetzung (und Verbürgung von Einheitlichkeit hierbei) und die Überprüfung derselben. Zur Auslegung der Richtlinie und der Durchführungs-Rechtsakte sind dann ebenfalls noch wichtig die – Gerichte freilich nicht bindenden – bereits erwähnten Erläuterungen seitens der EBA.

Die **wichtigsten Ausführungsakte zur laufenden Aufsicht** (CRD IV-Paket) sind:[96]   **45**
- (Ausführungsakt) Delegierte Verordnung (EU) 2015/62 der Kommission vom 10. Oktober 2014 zur Änderung der Verordnung (EU) Nr. 575/2013 des Europäischen Parlaments und des Rates im Hinblick auf die Verschuldungsquote, ABl. 2015 L 11/37.
- (Delegierte Gesetzgebung) Durchführungsbeschluss der Kommission vom 12. Dezember 2014 über die Gleichwertigkeit der aufsichtlichen und rechtlichen Anforderungen bestimmter Drittländer und Gebiete für die Zwecke der Behandlung von Risikopositionen gemäß der Verordnung (EU) Nr. 575/2013 des Europäischen Parlaments und des Rates, ABl. 2014 L 359/155.
- (aus derzeit [31.7.2015] 14 von 29 geplanten Technischen Ausführungsstandards) Durchführungsverordnung (EU) Nr. 650/2014 der Kommission vom 4. Juni 2014 zur Festlegung technischer Durchführungsstandards für das Format, den Aufbau, das Inhaltsverzeichnis und den Zeitpunkt der jährlichen Veröffentlichung der von den zuständigen Behörden gemäß der Richtlinie 2013/36/EU des Europäischen Parlaments und des Rates zu veröffentlichenden Informationen, ABl. 2014 L 185/1; sowie Durchführungsverordnung (EU) Nr. 1423/2013 der Kommission vom 20. Dezember 2013 zur Festlegung technischer Durchführungsstandards für die Offenlegungspflichten der Institute in Bezug auf Eigenmittel gemäß der Verordnung (EU) Nr. 575/2013 des Europäischen Parlaments und des Rates, ABl. 2013 L 355/60.
- (aus derzeit [31.7.2015] 24 von 49 geplanten Technischen Regulierungsstandards) Delegierte Verordnung (EU) Nr. 525/2014 der Kommission vom 12. März 2014 zur Ergänzung der Verordnung (EU) Nr. 575/2013 des Europäischen Parlaments und des Rates durch technische Regulierungsstandards zur Definition des Terminus „Markt", ABl. 2014 L 148/15; Delegierte Verordnung (EU) Nr. 527/2014 der Kommission vom 12. März 2014 zur Ergänzung der Richtlinie 2013/36/EU des Europäischen Parlaments und des Rates durch technische Regulierungsstandards zur Bezeichnung der Klassen von Instrumenten, die die Bonität eines Instituts unter der Annahme der Unternehmensfortführung angemessen widerspiegeln und die für eine Verwendung zu Zwecken der variablen Vergütung geeignet sind, ABl. 2014 L 148/21; Delegierte Verordnung (EU) Nr. 342/2014 der Kommission vom 21. Januar 2014 zur Ergänzung der Richtlinie 2002/87/EG des Europäischen Parlaments und des Rates und der Verordnung (EU) Nr. 575/2013 des Europäischen Parlaments und des Rates durch technische Regulierungsstandards, in denen die Bedingungen

---

[96] Die vollständige Übersicht findet sich unter Fn 101 genannten Adresse (mit weiterer Erklärung). Vgl. auch Grafik/Liste bei *Gortsos* Single Supervisory Mechanism, S. 43–46.

für die Anwendung der Methoden zur Berechnung der Eigenkapitalanforderungen für Finanzkonglomerate festgelegt werden, ABl. 2014 L 100/1.

46 Der **wichtigste Ausführungsakt zur Sanierung und Abwicklung** (BRRD) ist:
– Delegierte Verordnung (EU) Nr. 2015/63 der Kommission vom 21. Oktober 2014 zur Ergänzung der Richtlinie 2014/59/EU des Europäischen Parlaments und des Rates im Hinblick auf im Voraus erhobene Beiträge zu Abwicklungsfinanzierungsmechanismen, ABl. 2015 L11/44.

Umgekehrt liegen für technische Standards derzeit nur Vorschläge vor.[97]

47 **b) Single Rulebook zur Bankaufsicht.** Noch weiter als diese EU-Ausführungsgesetzgebung geht das **Konzept eines Single Rulebook**, das als solches vor allem im Gefolge der Zahlungsdienste-Richtlinie von 2007 ausgebildet wurde und Anwendung fand. Vielfach wird das Rulebook zur laufenden Bankaufsicht sowie zur Bankensanierung und -abwicklung gar als die vierte Säule einer Bankenunion gesehen.[98] Anders als bei SSM, SRM (oder auch der fehlgeschlagenen Vergemeinschaftung der Einlagensicherungssysteme) handelt es sich beim Single Rulebook jedoch nicht um ein (weiteres) Rechtsgebiet oder -problem, sondern um eine – über das Lamfalussy-Verfahren noch hinausreichende – Regelungstechnik, die Einheit in der Einzelfallanwendung befördern oder verbürgen soll – eine Regelungstechnik, die schon in anderen Bereichen des Bankrechts Verbreitung fand.[99] Stets soll die Verlässlichkeit und Einheitlichkeit in der praktischen Implementierung und Anwendung gesteigert und dies auch überprüft werden: Das Single Rulebook enthält die Leitlinien für die einheitliche Anwendung des CRD IV/CRR-Regulierungspakets (oben 2.) bzw. des BRRD-Regulierungspakets (oben 3.). Auf der Grundlage dieser – EU-weit geltenden – EU-Verordnungen und -Richtlinien soll eine europaeinheitliche praktische Durchführung zwischen den Institutionen des Kreditwesens, namentlich den Aufsichtsbehörden, gewährleistet werden. Es handelt sich gleichsam um ein Handbuch einheitlicher praktischer Verfahrensweise („Aufsichtshandbuch"). Daher auch ist die EBA für die Ausarbeitung zuständig (wie auch für diejenige des Single Handbook, welches das Rulebook ergänzt)[100] und nicht die EZB oder der SRB als die zentralen Trägerinstitutionen in der (grds. auf die Eurozone beschränkten!) Europäischen Bankenunion (vgl. dazu dann unten II.). Dennoch erscheint das Konzept eines Single Rulebook jedenfalls in der Zielsetzung mit denen der Europäischen Bankenunion verbunden: Nicht nur erscheint die Notwendigkeit, dass sich der Rechtsanwender auf eine einheitliche Regelgrundlage stützen muss, am größten, wenn es sich um eine einzige Institution handelt wie die EZB (vgl. freilich Art. 4 Abs. 3

---

[97] Die vollständige Übersicht findet sich unter der unten Fn 101 genannten Adresse (mit weiterer Erklärung).

[98] So nennt etwa das Österreichische Parlament (auf der Grundlage des sog. Vier-Präsidenten-Papiers 2012 [EU / EZB / IWF / Eurogruppe]) folgende Struktur (http://www.parlament.gv.at/PERK/GL/EU/B.shtml): Die Bankenunion umfasst (i) den einheitlichen Aufsichtsmechanismus (Single Supervisory Mechanism, SSM), (ii) den einheitlichen Abwicklungsmechanismus (Single Resolution Mechanism, SRM), (iii) die harmonisierte Einlagensicherung und (iv) das „Single Rulebook".

[99] Für ein zentrales weiteres Beispiel, das Kompendium von Rulebooks für die wichtigsten Zahlungsverkehrsinstrumente, vgl. unten Dritter Teil Rn 84–86, 152, 348 et passim.

[100] Zu dieser Kompetenz und zum Rulebook vgl. namentlich *Moloney* (2013) 62 International and Comparative Law Quarterly 955; *U. Schneider* Inconsistencies and Unsolved Problems in the European Banking Union, (2013) 13 European Journal of Business Law 441.

Stefan Grundmann

SSM-VO). Auch wird mit der Zuordnung der Aufsichtsbefugnisse an *eine* EU-Institution und mit der Ausarbeitung *eines* Single Rulebook das gleiche oder jedenfalls ein vergleichbares Ziel verfolgt: volle Einheitlichkeit auch in der verwaltungsmäßigen Anwendung. Denn das Rulebook soll so detailliert sein, dass es Abweichungen und unterschiedliche Ermessensentscheidungen weitestgehend zurückdrängt. Als eine (vorweggenommene) Bankaufsichtspraxis, die sich in Verwaltungsanweisungen manifestiert, erstreckt das Rulebook die Idee der **Vollintegration auf Regelsetzungs- *und* Anwendungsebene** (vgl. unten Erster Teil Rn 49 ff.) auf die gesamte EU. Durch die Kompetenzzuteilung an die EBA für das Single Rulebook wird also die Grundidee für die Einrichtung der Europäischen Bankenunion ansatzweise sogar auf die ganze EU erstreckt. Zudem ist auf Grund des überragenden Gewichts der EZB – institutionell, im Umfang des beaufsichtigten Volumens, aber auch allein schon von der um ein Vielfaches größeren Mitarbeiterstärke her – mittel- und langfristig ein erheblicher Einfluss dieser Institution und ihrer Praxis auf die Ausarbeitung des Single Rulebook zu erwarten und bereits zu fühlen. Der Hauptunterschied zwischen Bankaufsicht innerhalb und außerhalb der Eurozone liegt dann nicht mehr in der Einheitlichkeit der Anwendung der technischen Standards (niedergelegt im Rulebook) auch im Einzelfall, sondern in der Institution, die die Aufsicht führt: in dem einen Fall die Institution auf supranationaler Ebene, in dem anderen (noch) eine nationale Behörde.

Die wichtigsten **Gehalte des Single Rulebook** für die laufende Bankaufsicht sowie die Bankensanierung und -abwicklung[101] sind die oben für Level 2 Genannten: Abgedeckt wird der gesamte Regelungsbereich der Level 1 Gesetzgebung, nunmehr alle Ausführungsregeln und die Erläuterungen nach Level 2: EBA ist zuständig für den (technisch-redaktionellen) Aufbau des Rulebook und berät (nach Verordnung Nr. 1093/2010 [Fn 151]) die EU-Kommission bei den bindenden Akten, die auch sämtlich im Amtsblatt veröffentlicht sind, und erlässt die (nicht bindenden) Guidelines sowie Erläuterungen (Q&A) selbst. Es handelt sich also um ein – von der Normqualität her – äußerst heterogenes Kompendium, geeint freilich durch das Ziel, möglichst große Einheitlichkeit EU-weit in der Anwendung zu verbürgen. Alles ist auf der Internetseite der EBA verfügbar (als interaktives Instrument) und zwar in der Ordnung, die der Materie durch die Level 1 Gesetzgebung gegeben wurde. Soweit im Amtsblatt veröffentlicht, ist allein diese Version verbindlich. **48**

II. Europäische Bankenunion und sonstiges Institutionelles System der Bankaufsicht

1. Regelungsakte und Zuständigkeitsverteilung in der Europäischen Bankenunion – Überblick. Mit dem Regulierungspaket, das unter dem Begriff der Europäischen Bankenunion zusammengefasst wird, wurde für die einbezogenen Banken die administrative Durchsetzung des Bankaufsichtsrechts (einschließlich Bankensanierung und -abwicklung) für die systemrelevanten Banken der Eurozone auf die Europäische Ebene gehoben, nur für den Rest der Institute auf der nationalen Ebene belassen. Das **Herzstück der Europäischen** **49**

---

101 Abrufbar unter: (für CRD IV): https://www. eba.europa.eu/regulation-and-policy/single-rulebook/interactive-single-rulebook/-/inter active-single-rulebook/toc/2; (für CRR): https://www.eba.europa.eu/regulation-and-policy/single-rulebook/interactive-single-rulebook/-/interactive-single-rulebook/ toc/504; (für BRRD): https://www.eba. europa.eu/regulation-and-policy/single-rulebook/interactive-single-rulebook/-/interactive-single-rulebook/toc/2602. Schöne Grafik zum Regelsetzungsprozess bei *Gortsos* Single Supervisory Mechanism, S. 38–42.

Bankenunion bildet der „**Single Supervisory Mechanism**",[102] die *direkte* Bankaufsicht der **Europäischen Zentralbank** über die 123 „systemrelevanten" Banken(gruppen) der Eurozone, kombiniert mit einer nationalen Bankaufsicht über alle anderen Institute der Eurozone unter der Führung der Europäischen Zentralbank (*indirekte* Aufsicht mit Letztverantwortung bei der EZB). Die „systemrelevanten Banken" (sog. Systemically Important Financial Insititutions, SIFIs) erscheinen als so herausgehoben, weil bei ihrem Zusammenbruch das Risiko, dass (wieder) Steuergelder zur Rettung benötigt werden, besonders hoch erschien/erscheint. Dieses Herzstück ist operational seit dem 4. November 2014. Schon für dieses erste Teilstück des Regelungskonvoluts, das unter dem Begriff einer Europäischen Bankenunion zusammengefasst ist, ist also zweierlei strukturbestimmend: dass einerseits (nur) für einen (sachlich wie räumlich eingeschränkten) Kern des Kreditwesens in der EU – die *123 „systemrelevanten" Institute* der *Eurozone* – die laufende Bankaufsicht auf die EZB übertragen wurde, für alle anderen nur die Gesamtverantwortung in Form einer Leitkompetenz der EZB (für die Funktionstüchtigkeit des Aufsichtssystems als Ganzes); und dass andererseits der verabschiedete Rechtsakt (auch) in einer Kontinuität zu sehen ist, als Fortführung eines bereits seit der Krise grundlegend reformierten Regelungsbestandes für die gesamte EU und alle Banken: Die SSM-VO entwickelt die Zuständigkeits- und Befugnisregeln für die Europäische Zentralbank, **baut dabei jedoch auf dem reformierten** *materiellen* **Aufsichtsrecht der EU-Eigenkapital-Richtlinie von 2013** auf, der Capital Requirements Directive IV und der Capital Requirements Regulation (CRD IV und CRR) (zu diesen Rechtsakten und ihren Kerngehalten daher schon oben Erster Teil Rn 36–38). Flankierend kommt zur SSM-VO die „Geschäftsordnung" der EZB als Bankaufsichtsbehörde[103] und die (Neu-)Regelung der Zusammenarbeit mit der European Banking Authority (EBA) hinzu,[104] die, weil sie die Kooperation im Rahmen des ESFS betrifft, unten wieder aufzugreifen ist.

50   Zu dieser laufenden Bankaufsicht für den Regelfall tritt als das zweite Hauptstück der Europäischen Bankenunion der „**Single Resolution Mechanism**" (zur Bankensanierung und -abwicklung),[105] ebenfalls auf die 123 „systemrelevanten" Banken(gruppen) der Eurozone bezogen. Die (weitgehende) Kompetenzverlagerung der laufenden Aufsicht auf die

---

[102] Verordnung (EU) Nr. 1024/2013 des Rates vom 15. Oktober 2013 zur Übertragung besonderer Aufgaben im Zusammenhang mit der Aufsicht über Kreditinstitute auf die Europäische Zentralbank, ABl.EU 2013 L 287/63 (gestützt auf Art. 127 Abs. 6 AEUV). Zur (m.E. unzweifelhaft gegebenen) Kompetenzgrundlage vgl. nur *Ruthig* Die EZB in der europäischen Bankenunion, ZHR 178 (2014) 443 (bes. 450–460).

[103] Verordnung (EU) Nr. 468/2014 der Europäischen Zentralbank vom 16. April 2014 zur Einrichtung eines Rahmenwerks für die Zusammenarbeit zwischen der Europäischen Zentralbank und den nationalen zuständigen Behörden und den nationalen benannten Behörden innerhalb des einheitlichen Aufsichtsmechanismus (SSM-Rahmenverordnung), ABl.EU 2014 L 141/1.

[104] Verordnung (EU) Nr. 1022/2013 des Europäischen Parlaments und des Rates vom 22. Oktober 2013 zur Änderung der Ver-

ordnung (EU) Nr. 1093/2010 zur Errichtung einer Europäischen Aufsichtsbehörde (Europäische Bankenaufsichtsbehörde) hinsichtlich der Übertragung besonderer Aufgaben auf die Europäische Zentralbank gemäß der Verordnung (EU) Nr. 1024/2013, ABl.EU 2013 L 287/5.

[105] Verordnung (EU) Nr. 806/2014 des Europäischen Parlaments und des Rates vom 15. Juli 2014 zur Festlegung einheitlicher Vorschriften und eines einheitlichen Verfahrens für die Abwicklung von Kreditinstituten und bestimmten Wertpapierfirmen im Rahmen eines einheitlichen Abwicklungsmechanismus und eines einheitlichen Abwicklungsfonds sowie zur Änderung der Verordnung (EU) Nr. 1093/2010, ABl.EU 2014 L 225/1 (gestützt auf Art. 114 AEUV). Notwendig für die Übertragung der Mittel auf einen vergemeinschafteten Fonds: Übereinkommen (8457/14) über die Übertragung von Beiträgen auf den einheitlichen Abwicklungs-

zentrale Ebene war für die Schaffung eines Einheitlichen Abwicklungsmechanismus für Banken noch umstrittener als im Falle der SSM-VO, auch kompetenzrechtlich.[106] Obwohl sie für die von ihr erfassten „systemrelevanten" 123 Banken ungleich mehr materielles Abwicklungsrecht enthält als die SSM-VO materielles Aufsichtsrecht, baut auch dieser Rechtsakt maßgeblich auf der Reform bzw. hier sogar der Neuschaffung von vereinheitlichtem materiellen Bankaufsichtsrecht (für Sanierung und Abwicklung) auf, namentlich der **BRRD** (oben Erster Teil Rn 39–41). Institutionell wurde für diese Aufgabe eine gesonderte Behörde geschaffen, der **Single Resolution Board (SRB)** mit Sitz in Brüssel, dem (für die Durchführung von Restrukturierungsmaßnahmen) ein von Bankenabgaben gespeister **Single Resolution Fund** (Art. 67 Abs. 3 SRM-VO; dies im Umfang von 55 Milliarden €) angegliedert ist (Art. 67–79 der Verordnung, mit Regierungsabkommen). Operational ist das System ab dem 1.1.2016 (Art. 99 Abs. 2 SRM-VO), möglicherweise erstmals getestet im bereits jetzt laufenden Fall der österreichischen Bank Alpe-Adria, derzeit kommen die systemrelevanten Banken Griechenlands ins Blickfeld.[107]

Nur für das dritte Hauptstück, der mit der Abwicklung zusammenhängenden **Einla-** **51** **gensicherung**, ist es nicht zur ursprünglich geplanten Vergemeinschaftung der Administration gekommen, sondern bei der unter I. beschriebenen wenig weitreichenden Reform des Harmonisierungsbestandes verblieben, so dass in der Dritten Säule ein Kernanliegen, das mit der Errichtung einer Europäischen Bankenunion ursprünglich verfolgt wurde, scheiterte. Es wurde (entgegen ursprünglicher Planungen, auf Grund der gerade hier besonders intensiven politischen Gegensätze) keine Europäische Verwaltungs- bzw. Fondsstruktur geschaffen, die über die Harmonisierung des materiellen Rechts hinausgegangen wäre („keine Vergemeinschaftung der Einlagensicherungsfonds").[108]

---

fonds und über die gemeinsame Nutzung dieser Beiträge (Intergouvernementales Abkommen- IGA) vom 21.5.2014, ratifiziert durch Gesetz zu dem Übereinkommen vom 21.5.2014 über die Übertragung von Beiträgen auf den einheitlichen Abwicklungsfonds und über die gemeinsame Nutzung dieser Beiträge vom 17.12.2014, BGBl. 2014 II, S. 1298. Vgl. hierzu Durchführungsverordnung (EU) 2015/81 des Rates vom 19.12.2014 zur Festlegung einheitlicher Modalitäten für die Anwendung der Verordnung (EU) Nr. 806/2014 des Europäischen Parlaments und des Rates im Hinblick auf im Voraus erhobene Beiträge zum einheitlichen Abwicklungsfonds, ABl. 2015 L 15/1; näher *Fabbrini* (2014) 21 Maastricht Journal of European and Comparative Law 444.

106 Zur Möglichkeit, neue Regulierungsbehörden (im Falle der Bankenunion: den Single Resolution Board in Brüssel mit Single Resolution Fund) auf der Grundlage der Binnenmarktkompetenz (Art. 114 AEUV) zu schaffen vgl. (positiv): EuGH Urt. v. 22.1. 2014 – Rs. C-270/12 *Vereinigtes Königreich ./. Parlament und Rat*, Slg. 2014 I-… (N.N.), ABl. C-85 vom 22.3.2014, S. 4, EU:C: 2014:18 = EuZW 2014, 349 (zu ESMA und

ihren Regulierungsbefugnissen, namentlich bei Leerverkäufen). Gerade in Bezug auf diesen Teil des Systems Bankenunion (Abwicklung) wird die Kompetenzfrage besonders kritisch gesehen und eine Vertragsänderung gefordert, weil gerade bei Abwicklungsentscheidungen Klagen besonders wahrscheinlich sind: vgl. etwa Bundesbankvizepräsidentin *Lautenschläger* in: Bundesbank vom 10.02.2014: Europäische Bankenunion – ein Großprojekt; ausführlich etwa *Alexander* ELR 2015, 154 (179–189).

107 In Österreich von Anfang an jedenfalls auf der Grundlage der Umsetzung der BRRD, die in Griechenland erst im Juli 2015 umgesetzt wurde. Zum Fall Alpe-Adria vgl. *European Parliament* ECON Briefing for Public Hearing with Elke König, Chair of the Single Resolution Board, 16 June 2015; *Ruffert* Europarechtliche Fragen einer Bankenabwicklung in Österreich, ZG 2015, 51; zu den griechischen Banken vgl. „http://www. manager-magazin.de/politik/artikel/bafin-chefin-kritisiert-notkredite-fuer-griechische-banken-a-1038883.html" (abgerufen am 23.09.2015).

108 Zum Streit dazu, ob für die Einlagensicherung ein Gemeinschaftsfonds zu schaffen

52 2. Zuständigkeitsverteilung in den Hauptregelungsgebieten

a) **Zuständigkeitsverteilung im SSM (laufende Aufsicht).** Hauptgegenstand der SSM-VO ist das **Ineinandergreifen** von Befugnissen und Kompetenzen bei der laufenden Aufsicht **von einerseits der EZB und andererseits der nationalen Aufsichtsbehörden** (zum Zusammenspiel mit anderen EU-Behörden dann unten 3.). Dabei sind im Ausgangspunkt **zwei Großbereiche** voneinander abzugrenzen: (i) die EZB-Aufsicht über **123 systemrelevante Banken der Eurozone** und die Mechanismen der Entscheidungsfindung hierbei und die (ii) (überwiegend nationale) Aufsicht über die **anderen Banken der Eurozone** und der Nichteurozone. Einer (gesonderten) Erörterung jedes der beiden Bereiche vorauszuschicken ist ein Satz dazu, wie bei einer alternativen – von einer Chronologie der bankaufsichtlichen Entscheidungsfelder ausgehenden – Darstellungsweise die allumfassende Bedeutung der EZB-Aufsicht in der Eurozone deutlich stärker hervorträte: Dann würde zunächst auf die Bankzulassung einzugehen sein, die für *alle* Banken der Eurozone letztverantwortlich die EZB erteilt (Art. 4 Abs. 1 lit. a SSM-VO, dort, in lit. b ff., auch weitere „Grundlagengeschäfte", die letztverantwortlich die EZB genehmigt), zuletzt auch auf die Entziehung der Bankzulassung, für die wieder die ausschließliche EZB-Kompetenz eingreift (Art. 4 Abs. 1 lit. a SSM-VO), dazwischen auf die laufende Überwachung, die nunmehr in der Tat zweigeteilt ist: einerseits die reine EZB-Aufsicht über die 123 systemrelevanten Banken, andererseits die grds. nationale Aufsicht über die anderen Banken der Eurozone, die freilich ebenfalls unter einem mehrfachen EZB-Vorbehalt steht: Die EZB kann jede andere grenzüberschreitende Bankengruppe mit relevanter Vernetzung ebenfalls wegen Relevanz für das Gesamtsystem unter ihre Aufsicht ziehen (Art. 6 Abs. 4 [3. Unterabsatz] SSM-VO) und sie behält auch, wenn sie diesen Schritt nicht ergreift, eine Gesamtverantwortung für das aufsichtliche Gesamtsystem in der Eurozone (zur Ausgestaltung dieser Gesamtverantwortung näher unten Erster Teil Rn 54 ff., bes. 59). Solch eine Darstellung würde nicht nur den Umfang der EZB-Aufsicht noch stärker hervortreten lassen, sie würde auch noch klarer machen, dass im Bereich ohne umfassende EZB-Aufsicht (alle Banken außerhalb der 123 systemrelevanten der Eurozone) doch auch nochmals zwei Unterbereiche erheblich divergieren: Innerhalb der Eurozone ist die nationale Aufsicht stark überformt durch EZB-Entscheidungsbefugnisse, außerhalb handelt es sich in der Tat um eine rein nationale Aufsicht, die allein den Koordinierungsbefugnissen der EBA unterfällt (unten 4.). Im Folgenden wird – vor allem weil die Aufteilung nach einzelnen Beteiligten klarer erscheint – dennoch **zuerst die EZB-Aufsicht über die 123 systemrelevanten Banken der Eurozone** dargestellt, **danach die gemischt national-europäische Aufsicht über die sonstigen Banken der Eurozone** (während die Aufsicht in der Nichteurozone erst unter 4. mit in den Blick genommen wird).

53 Insgesamt relativiert schon dieser Überblick – mit dem Hinweis auf die weitgehenden Befugnisse der EZB, auch nicht systemrelevante Banken zu „erreichen" – sehr die **bei Etablierung des SSM vielfach und prominent geäußerte Kritik**, es handele sich doch **nur um eine**

---

sei: *Arnaboldi* Deposit guarantee schemes: a European perspective, 2014; *U. Schneider* Europäische Bankenunion – ein Etikettenschwindel! EuZW 2012, 721; kritisch auch, weil eine Verzahnung mit dem Abwicklungsregime zentral sei (wie in den USA mit der Federal Deposit Insurance Company, FDIC): *Aizenman* US Banking over two centuries:

Lessons for the Eurozone crisis, in: Beck (Hrsg.) Banking Union, S. 129; *Gros/Schoenmaker* European Deposit Insurance and Resolution in the Banking Union, 52 JCMS 529 (2014); *Weder di Mauro* Zahnlos? in: Friedrich-Ebert-Stiftung (Hrsg.) WiSo-Diskurs: Die Bankenunion – Wer zahlt die Zeche? 6/2013, S. 18 (19).

Stefan Grundmann

„kleine Lösung".[109] Dies gilt erst recht, wenn man sich nochmals ins Gedächtnis ruft, dass ca. 85 % des Geschäftsvolumens in der Eurozone auf die systemrelevanten Banken(gruppen) entfällt (oben Erster Teil Rn 30) und dass auch die (damals noch) fehlende Regelung der Bankeninsolvenz und einer zentralisierten Aufsicht über diese ersichtlich schon bei Verabschiedung des SSM nur ein „Problem auf Zeit"[110] war. Im Folgenden wird auf den richtigen Zuschnitt von Zentralisierung und Aufrechterhaltung dezentraler Aufsichtselemente noch mehrfach zurückzukommen sein.

(i) Die **genuine EZB-Aufsicht**, die umfassende Zentralisierung auch der Verwaltungs- **54** befugnisse im Einzelfall, betrifft (allein) die **123 systemrelevanten Banken(gruppen) in der Eurozone** (persönlicher Anwendungsbereich). Diese sind definiert in Art. 6 Abs. 4 SSM-VO, nach dem Kreditinstitute systemrelevant sind, wenn sie eines der folgenden Kriterien erfüllen: (i) eine Bilanzsumme (Aktiva) über 30 Milliarden € haben oder (ii), wenn die Aktiva zwar nicht 30 Milliarden, wohl aber 5 Milliarden € erreichen, *und* die fragliche Bank über 20 % des Bruttosozialprodukts des fraglichen Eurostaates auf sich vereint, wenn (iii) die nationale Aufsicht dies der EZB anträgt und diese zustimmt, oder (iv) wenn die fragliche Bank zu den drei größten Kreditinstituten eines Eurostaates zählt (außer Gegenteil durch „besondere Umstände gerechtfertigt") oder (v) jedes Kreditinstitut, für das Hilfe aus der (temporären) Europäischen Finanzstabilisierungsfazilität (EFSF) oder dem (permanentem) Europäischen Stabilisierungsmechanismus (ESM) beantragt wurde, oder (vi) jede Bankengruppe, die die EZB wegen ihrer grenzüberschreitenden Vernetzung sonst als „wichtig" einstuft und daher unter seine Aufsicht zieht. Den Kreis der 123 solchermaßen systemrelevanten Banken hat die EZB unter Anwendung der Kriterien des Art. 6 Abs. 4 SSM-VO und entsprechend dem Verfahren festgelegt, das hierfür in Titel 3–8 der SSM-Rahmen-Verordnung (Fn 103) vorgesehen ist, bisher ohne Rekurs auf die Kompetenz, im Einzelfall eine Bank unter die eigene Aufsicht zu ziehen (Art. 6 Abs. 5 lit. b) SSM-VO).[111]

---

[109] Prominent die Kritik etwa bei *Legrain*, Europe's Bogus Banking Union, Project Syndicate, 8 April 2014; *Goyal et al.*, A Banking Union for the Euro Area, International Monetary Fund Staff Discussion Note 13/01 (2013), S. 12, abrufbar unter http://www.imf.org/external/pubs/ft/sdn/ 2013/sdn1301.pdf; *U. Schneider/Mülbert* Europäische Bankenunion ohne effektiven Rechtsschutz? Börsen-Zeitung vom 5.1. 2013. Die Beschränkung der (umfassenden) EZB-Aufsicht auf die systemrelevanten Banken stellt denn auch die wichtigste Abweichung zum ursprünglichen Kommissionsvorschlag (und *Barrosos* politischer Ankündigung im September 2012 in der „State of the Union"-Rede) dar, wird heute freilich auch mit Subsidiaritätsüberlegungen gerechtfertigt (38. und 87. Erwägungsgrund). Allgemeiner die Kritik bei: Bundesbankpräsident *Jens Weidmann* FAZ vom 19.3. 2013; *U. Schneider* Europäische Bankenunion – ein Etikettenschwindel! EuZW

2012, 721, beide noch geäußert, als (zuerst) nur die SSM-VO, noch nicht die SRM-VO verabschiedet wurde/war.

[110] Dass es sich bei dieser „nur" um einen ersten Schritt handeln soll, dem weitere, insbesondere der SRM, folgen sollten, besagt bereits der 12. Erwägungsgrund der SSM-VO; sowie schon Report of the President of the European Council „Towards a Genuine Economic Union".

[111] Zur Liste der 123 Institute (in Deutschland 21) vgl. http://www.ecb.europa.eu/pub/pdf/ other/ssm-listofsupervisedentities1409en. pdf?59d76de0c5663687f594250ebf228c6b. Zur Ausweitung, basierend auf den Finanzdaten 2014 und der Vermögenswertüberprüfung (Asset Quality Review) 2015, die die EU Kommission in Entscheidung Nr. 2015/839 ankündigt, vgl. http://www. bloomberg.com/news/articles/2015–05–06/ ecb-says-nine-more-eu-banks-to-undergo-comprehensive-assessment.

55   Die genuine EZB-Aufsicht ist zudem **zweifach eingeschränkt auch im räumlich-sachlichen Anwendungsbereich**: Zum einen sind allein erfasst die systemrelevanten Banken der **Eurozone** (Art. 2 Nr. 1 iVm Art. 4 Abs. 1 Einleitungssatz SSM-VO). Umgekehrt ist freilich zu betonen, dass auch Tochtergesellschaften von systemrelevanten Banken(gruppen) in Eurostaaten, die selbst ihren Sitz in Nichteurostaaten haben, mit unter die Aufsicht auf konsolidierter Basis seitens der EZB fallen (Art. 4 Abs. 1 lit. g) und i) SSM-VO).[112] Auch können Nichteurostaaten für ihre Banken für die sog. „enge Zusammenarbeit" optieren, die insbesondere die Aufsicht der EZB und die gleichberechtigte Mitwirkung in dieser Aufsicht nach sich zieht (Art. 7 SSM-VO).[113] Nur Großbritannien hat bisher (politisch) hiergegen optiert, während umgekehrt andere Mitgliedstaaten, die eine de-facto-Abhängigkeit ohne Mitspracherecht weniger attraktiv finden, sich solch einen Schritt mittelfristig gut vorstellen können.[114] Zum anderen ist auch die **Zielrichtung der Aufsicht eingeschränkt**, um die Aufsicht auf die genuin „Europäische" Dimensionen zu fokussieren. Die EZB kann also auch bei den 123 systemrelevanten Banken(gruppen) nicht jede Art von Aufsicht selbst durchführen. Die **eigentliche Aufgabenzuweisung und Kompetenzzuweisung findet sich in Art. 1 Abs. 1 Satz 1, sowie Art. 4 und 6 SSM-VO** iVm den Erwägungsgründen.[115] Diese Normen behandeln drei Kernfragen: die (Teil-)Zuständigkeit der EZB in Grundsatzfragen auch für die Beaufsichtigung nicht systemrelevanter Banken (namentlich Art. 4 Abs. 1 SSM-VO, Abgrenzung in [nicht ganz leicht lesbarer Form] in Art. 6 Abs. 4 SSM; zu diesem Bereich sogleich unten Erster Teil Rn 59); die Kompetenzabgrenzung auch nochmals für die ausschließliche EZB-Aufsicht über die 123 systemrelevanten Banken, die im Grundsatz zwar der EZB obliegt, die jedoch umgekehrt auch wieder gewisse Einschränkungen unterliegt (nächste Rn); und zuletzt auch den Entscheidungsfindungsprozess selbst (unten Erster Teil Rn 57 f.).

---

[112] Dazu näher *Gortsos* Single Supervisory Mechanism, S. 145–147; *Schuster* EuZW-Beil 2014, 3 (4); *Ceyssens* NJW 2013, 3704 (3707); *Babis* Legal Studies Research Paper Series, University of Cambridge, Paper No. 37/2014. Von äußerster Wichtigkeit vor allem für die zentral- und osteuropäischen Ländern, in denen idR deutlich mehr als die Hälfte der Tochtergesellschaften in ausländischer Hand sind: für Polen (ca. 60 %) *Komisja Nadzoru Finansowego* Koncentracja Sektora Bankowego, 2015; für Tschechien (82 %) Tschechische Zentralbank (Czech National Bank), The Czech Financial Sector, Brief Overview 28 August 2014. Überblick zu den dortigen Aufsichtssystemen in: *Apinis/Bodzioch/Csongrádi/Filipova/Foit/Jiménez-Rodriguez/Porzycki/Vetrák* The role of national central banks in banking supervision in selected central and eastern European countries, ECB Legal Working Paper Series Nr. 11/2010.

[113] Dazu näher *Gortsos* Single Supervisory Mechanism, S. 183–193; *Ceyssens* NJW 2013, 3704 (3706); *Clarich* in: Barucci/Messori (Hrsg.) European Banking Union,

S. 73; *Darvas/Wolff* Bruegel Policy Contribution 2013/06; *Schuster* EuZW-Beil. 2014, 3 (3); *Neumann* EuZW-Beil 2014, 9, (10).

[114] *Osborne* Eurozone approaching moment of truth, EU Observer (15 June 2012).

[115] Art. 5 SSM-VO betrifft demgegenüber die makroprudentielle Aufsicht, die die EZB auch über alle anderen (ca. 3000) Banken ausübt (anders als die klassische Bankaufsicht mit Befugnissen nach Art. 4 SSM-VO; vgl. Art. 6 Abs. 6 SSM-VO). Zu diesem Spezialbereich und dem hier geltenden Entscheidungsmechanismus näher *Manger-Nestler/Böttner* EuR 2014, 621; *Gortsos* Single Supervisory Mechanism, S. 152–163; *Ceyssens* NJW 2013, 3704 (3707); *Neumann* EuZW-Beil. 2014, 9 (12); *Tutsch* in: von der Groeben/Schwarz/Hatje (Hrsg.) Europäisches Unionsrecht, 7. Aufl. 2015, Art.25 ESZB/EZB-Satzung Rn 32; *Babis* Legal Studies Research Paper Series, University of Cambridge, Paper No. 37/2014 (@ 14). Inhaltlich betrifft Art. 5 SSM-VO den Spezialfall der Kapitalerhaltungspuffer und zusätzlicher antizyklischer sowie systemischer Puffer.

Stefan Grundmann

Stützen darf die EZB Verbotsverfügungen auf Gefahren für die „**Finanzstabilität**" und **56** „**Stabilität der Kreditinstitute**" (5./6. Erwägungsgrund und Art. 1 Satz 1 SSM-VO) oder für die „**Integrität des Binnenmarkts**" (10./30. Erwägungsgrund und Art. 1 Satz 1 SSM-VO). Ausgeschlossen ist umgekehrt eine Verbotsentscheidung durch die EZB selbst, wenn sie **primär verbraucherrechtlich (kundenschützend)** ausgerichtet sein soll (28. Erwägungsgrund SSM-VO). Dieser Bereich bleibt demnach auch bei systemrelevanten Banken den nationalen Aufsichtsbehörden vorbehalten. Dabei ist freilich nicht klar, ob Verbraucherschutz auch Anlegerschutz mit umfasst oder ob Letzterer schon an sich der EZB-Aufsicht unterfallen soll.[116] Die Frage relativiert sich auf Grund von Folgendem: Diese Überantwortung an die nationalen Aufsichtsbehörden jedenfalls für den Verbraucherschutz mag man mit dem Umstand erklären, dass Unterschiede zwischen den Aufsichtskonzepten verschiedener Mitgliedstaaten in der Frage bestehen, ob die Bankaufsicht auch Verbraucherschutz und Codes of Conduct durchsetzen soll.[117] Unterschiede in der Reichweite der nationalen Regeln stehen freilich auch sonst einer zentralisierten Aufsicht durch die EZB nicht entgegen (vgl. nur 4 Abs. 3 1. Unterabsatz SSM-VO). Vielmehr scheint hier danach abgegrenzt zu werden, in welchen Fragen eine Verwaltungszentralisierung unverzichtbar erscheint und in welchen weniger. Und um solch einen Fall mit geringerem Zentralisierungsbedürfnis handelt es sich beim Verbraucherschutz. Das scheint in der Tat überzeugend (vgl. unten Erster Teil Rn 58). Wenn die Ausnahme jedoch in der Tat nur durch geringeres Zentralisierungsbedürfnis zu rechtfertigen ist, muss sie auch funktional eng verstanden werden: Die EZB-Kompetenz besteht dann durchaus, wenn die Vermarktung eines Produkts geeignet ist, massenweise irreführend für Verbraucher zu wirken und daher allgemeines Misstrauen in Bankkundenkreisen hervorzurufen oder massenweise zu Nichtigkeits- oder Schadensersatzklagen zu führen. Die **Ausnahme** für die EZB-Aufsicht **in Fragen Verbraucherschutz ist also funktional dahingehend begrenzt**, dass sie allein für diejenigen Fälle gilt, in denen Verbraucherschutzprobleme allein die individuelle Beziehung betreffen und nicht das Hauptziel einer Aufsicht durch die EZB, die Stabilität (des Finanzsystems oder der 123 Banken[gruppen]) bzw. die Marktintegrität, tangieren. Die Einschränkung der EZB-Aufsicht aufgrund der Differenzierung und Begrenzung der Aufsichtsziele ist also eine eher punktuelle, beschränkt auch Verstöße gegen Verbraucherschutznormen und Codes of Conduct, die nicht geeignet sind, an der Marktintegrität als solcher zu zweifeln oder (auf Grund ihres Umfangs) die Stabilität des Instituts zu tangieren. Also wären die in der Subprime-Krise 2007/08 zugrunde gelegten Geschäftsmodelle durchaus Gegenstand der EZB-Aufsicht gewesen (wenn sie in der Eurozone praktiziert worden wären), obwohl sie durchaus auch ein massives Problem des Verbraucherrechts aufwarfen (und so in den USA auch diskutiert werden).

---

[116] Zum Verhältnis beider zueinander – von manchen Autoren wird auch Anlegerschutz primär als Verbraucherschutz verstanden – vgl. *Buck-Heeb* Vom Kapitalanleger- zum Verbraucherschutz, ZHR 176 (2012), 66; *Moloney* The Investor Model Underlying the EU's Investor Protection Regime: Consumers or Investors? (2013) 13 EBOR 169; *Reifner* Europäische Finanzaufsicht und Verbraucherschutz – Wie kann der Schutz der Verbraucherinteressen in die BaFin integriert werden? VuR 2011, 410 (412); und konkreter speziell zu dieser Frage im Rahmen des

SSM: *Wymeersch* The Single Supervisory Mechanism or „SSM", Part One of the Banking Union, National Bank of Belgium Working Paper No. 255 (2014), 14, abrufbar unter: http://ssrn.com/abstract=2427577.

[117] Vgl. rechtsvergleichende Übersicht in *Schoenmaker/Kremer* Financial stability and proper business conduct: can supervisory structure help to achieve these objectives? in: Huang/Schoenmaker (Hrsg.), Institutional Structure of Financial Regulation 2015, bes. S. 29–39. *Wymeersch* EBOR 2007, 2 (bes. 247).

57 Der **Entscheidungsprozess selbst** ist dann durch Elemente geprägt, die als „**Verbund-verwaltung**" umschrieben werden können: Art. 6 Abs. 1 und 2 SSM-VO sehen den Auf-sichtsprozess im SSM als einen, in dem EZB und nationale Aufsichtsbehörden kooperie-ren. Dies gilt besonders für die hier erörterte Aufsicht der EZB über die systemisch relevanten Banken, offenbar aber auch für alle weiteren Aufgaben, die die EZB im Restbe-reich nach Art. 4 Abs. 1 SSM-VO wahrnimmt (dem Bereich unten Erster Teil Rn 59). Für die Informationserhebung und -weitergabe spezifiziert Art. 6 Abs. 1 SSM-VO ausdrücklich eine Pflicht der nationalen Aufsichtsbehörden, die Abs. 2 2. Unterabs. SSM-VO näher spe-zifiziert.[118] Sonstige konkrete Kooperationsschritte sind zwar nicht spezifiziert, eine allge-meine Pflicht zu diesen, soweit sie für die EZB-Aufsicht nötig sind, ist jedoch aus der allgemeinen Pflicht „in gutem Glauben" zu kooperieren abzuleiten. Auch sonst ist der Ent-scheidungsprozess auf eine Bündelung nationaler und supranationaler Stärken zugeschnit-ten. Das gilt namentlich für die gemischtnationale Zusammensetzung der Aufsichtsteams (Art. 31 SSM-VO, namentlich Abs. 2), durch die lokales Wissen und supranationale „Dis-tanz" kombiniert werden, da zwar regelmäßig Aufseher aus dem fraglichen Land beteiligt, jedoch in der Minderheit sein werden.[119]

58 Für eine **kurze Bewertung dieses Gesamtzuschnitts** des Single Supervisory Mechanism und namentlich der Kompetenzabgrenzungen ist auf die – gerade in der Föderalismustheo-rie intensiv diskutierten und recht weitgehend „geklärten" – Listen von **Vor- und Nachtei-len zentraler oder aber dezentraler Regelsetzung und Rechtsdurchsetzung** zu rekurrie-ren:[120] Danach sind als Hauptvorteile einer Zentralisierung (neben den hier nicht so relevanten Skalenerträgen) vor allem die Gewinne durch abgestimmte Rechtsanwendung und die Zurückdrängung negativer externer Effekte in anderen (Teilstaat-)Jurisdiktionen zu sehen, während umgekehrt dezentralisierte Regelsetzung und -anwendung ein Eingehen auf heterogene Präferenzen, ein Experimentieren und Lernen, allgemein: eine Nutzung der Vielfalt des Wissens besser ermöglicht. Bezogen auf die wichtigsten Entscheidungen zur Frage „Zentralisierung" der Aufsichtskompetenzen führt das zu folgendem Bild: Die Auf-sichtskompetenz wurde vor allem auf die EZB übertragen, weil die nationale Aufsicht sich vielfach als zu stark von der nationalen Politik beeinflusst gezeigt hatte („regulatory cap-

---

[118] Zum Informationsregime bei dieser Ver-bundaufsicht *Tutsch* in: von der Groeben/Schwarz/Hatje (Hrsg.) Europäisches Unions-recht, 7. Aufl. 2015, Art. 25 ESZB/EZB-Sat-zung Rn 34; *Tröger* (2014) 15 EBOR 4 (470); allgemeiner zum Verfahren um „Ver-bund": *Gortsos* Single Supervisory Mecha-nism S. 174–177.

[119] Vgl. zu diesem Zuschnitt der Aufsichtsteams Art. 3 SSM-Rahmen-Verordnung (EU) Nr. 468/2014 (Fn 103) und etwa *Gortsos* Single Supervisory Mechanism, S. 171–173; *Moloney* CMLR 51 (2014) 1609 (1648). Zur Aufstellung grenzüberschreitender Auf-sichtsteam vgl. auch bereits die (wenn auch etwas andersartigen) grenzüberschreitenden Aufsichts- bzw. Abwicklungskollegien, die schon Art. 116 CRD IV und Art. 89 BRRD vorsehen.

[120] Listen für die Vor- und Nachteile zentraler oder aber dezentraler Regelsetzung, teils auch bereits für die Kombination von beiden, bei:

Gomez/Ganuza An Economic Analysis of Harmonization Regimes – Full Harmoniza-tion, Minimum Harmonization or Optional Instrument? (2011) 7 ERCL 275; *Kerber/Grundmann* An Optional European Contract Law Code – Advantages and disadvantages, (2005) 21 European Journal of Law and Eco-nomics 215; vor allem die besonders schöne und vollständige (auf eine breite Literaturaus-wertung gestützte) Übersicht von *Kerber* Eu-ropean System of Private Laws – an Economic Perspective, in: Cafaggi/Muir Watt (Hrsg.) Making European Private Law – Governance Design, 2008, S. 65 (bes. 76, mit Tabelle). Das Folgende ausgeführt auch in: *Grundmann* Festschrift 200 Jahre Heymanns-Verlag 2015, 193 (205–207). Zentral das sog. Trilemma von *Schoenmaker* Governance of Internatio-nal Banking – The Financial Trilemma, 2013, wonach Gemeinschaftswährung, nationale Aufsicht und Finanzstabilität nicht co-existie-ren können (vgl. schon Fn 62).

Stefan Grundmann

ture")[121] und weil die EZB der budgetmäßigen gegenseitigen Abhängigkeit zwischen Banken und (ihren) Mitgliedstaaten besser entgegenwirken könne (vgl. Erwägungsgründe 2 ff. der SSM-VO). Über das Maß hinaus, das bei Ansteckung im weltweiten Verkehr allgemein zu befürchten ist, ergeben sich die negativen externen Effekte von Bankenkrisen (ausgelöst durch zu starkes „regulatory capture") nur und vor allem bei denjenigen Mitgliedstaaten, die die gleiche Währung haben. Für den (primären) Bezug auf die Stabilität des Euro – der Eurostaaten – gibt es einen signifikanten Unterscheidungsgrund: Diesen Staaten stehen eigene geldpolitische Instrumente wie Abwertung, Geldmengenfestsetzung etc. nicht mehr zur Verfügung, um auf Haushaltsschieflagen zu reagieren, was eine Isolierung der Bankenrisiken für diese Staaten nochmals wichtiger erscheinen lässt; umgekehrt beeinflussen Haushaltsschieflagen bei diesen Staaten die Eurostabilität und damit Haushalt und Wirtschaft der anderen Euromitgliedstaaten auch ungleich intensiver (direkte Auswirkungen vor allem auf deren Haushalt und Geldwerte von Angehörigen dieser Mitgliedstaaten). Und der zentrale Grund, der für die Einbeziehung auch von Nichteurostaaten gesprochen hätte – die Vermeidung von Regulierungsarbitrage – hätte ohnehin nicht befriedigend „bedient" werden können, weil diese Arbitrage möglich geblieben wäre, nur jetzt weltweit.[122] Grundsätzlich sprechen daher auch theoretisch wichtige Gründe dafür, die Zentralisierung der Aufsichtsbefugnisse bei der EZB in der Tat auf den Euroraum zu beschränken. Man muss nicht auf politische Widerstände gegen eine weitergehende Integration verweisen. Umgekehrt erstreckt sich die **Aufsicht dann auf den gesamten Bankkonzern, auch Tochtergesellschaften in Nicht-Eurostaaten** (innerhalb der EU). Dies wiederum wird in der Tat durch das (hier besonders hohe) Interesse an koordinierter Rechtsanwendung nahegelegt, weil es sich bei der Aufsicht über eine Gruppe um ein besonders eng verknüpftes Phänomen handelt. Ökonomisch handelt es sich bei der Bankengruppe um ein integriertes Phänomen („multinational enterprise"), obwohl rechtlich die Juristischen Personen grundsätzlich zu trennen sind. Namentlich im Krisenfall jedoch beeinflussen sich die Gruppenmitglieder meist sehr einschneidend. Sanierungs- und Abwicklungspläne sind praktisch unmöglich ohne eine Gesamtsicht der Gruppe.[123] In der Terminologie *Kerbers* verursacht unkoordinierte oder weniger koordinierte Abwicklung Informationskosten und Kosten uneinheitlicher Rechtsanwendung – die zwei wichtigsten Kostenfaktoren in der Liste neben den negativen Externalitäten (sowie den im vorliegenden Kontext wenig wichtigen

---

[121] Dazu bahnbrechend *Stigler* The theory of economic regulation, 2 Bell J. Econ. Man. Sci. 3 (1971) und schon *Bernstein* Regulating Business by Independent Commission, 1955; *Huntington* The Marasmus of the ICC: The Commission, the Railroads, and the Public Interest, 614 Yale Law Journal 467 (1952); dann spezifischer *Laffont/Tirole* The politics of government decision making. A theory of regulatory capture, 106 Quarterly Journal of Economics 1089 (1991); *Levine/Forrence* Regulatory capture, public interest, and the public agenda – Toward a synthesis, 6 Journal of Law Economics & Organization 167 (1990). Hierzu, speziell bezogen auf die Finanzkrise und die Regulierung in deren Gefolge: *Sahil/Franz/Gandrud/Hallerberg* Preventing German Banks Failures: Federa-

lism and decisions to save troubled banks, Politische Vierteljahresschrift 2015, 159.
[122] Vgl. für das Verhältnis zu den USA: *Coffee*, Systemic Risk after Dodd-Frank: Contingent Capital and the Need for Regulatory Strategies beyond Oversight, 111 Columbia Law Review 795 (2011); zum Dodd-Frank Act in dieser Frage: *Johnson* Regulatory arbitrage, extraterritorial jurisdiction, and Dodd-Frank: the implications of US global OTC derivative regulation, 14 Nevada Law Journal 542 (2014).
[123] Vgl. näher hierzu: *Wiggis/Tente/Metrick* Cross-Border Resolution – Fortis Group, Yale Program on Financial Stability, Case Study 2014–5C-V1, 12 March 2015, 12. *Babis* (2014) 25 EBLR 459.

Handelsbarrieren). Und nicht zuletzt überzeugt auch die Überantwortung von **Verbrau-cherschutzfragen** – soweit sie nicht die Stabilität von Kreditinstituten und des Finanzsys-tems tangieren – an die nationalen Aufsichtsbehörden deswegen, weil die negativen exter-nen Effekte (durch Ansteckungswirkungen im Ausland) ungleich weniger konkret sind als bei Stabilitätsfragen. Insgesamt erscheint die abgeschichtete Kompetenzverteilung in der Tat als eine, die dem System der Vor- und Nachteile von Zentralisierung erstaunlich genau gerecht wird.

59 (ii) Der Bereich der **laufenden Aufsicht über die verbleibenden Banken(gruppen) der Eurozone,** die nicht umfassend unter die EZB-Aufsicht fallen, ist gekennzeichnet durch ein Zusammenspiel zwischen nationaler Aufsichtskompetenz – in Deutschland seitens der Ba-Fin und Bundesbank (§ 7 KWG, auch Art. 25.2 ESZB-Satzung) – und einer Reihe von Kompetenzen, die auch bei solchen Banken ausschließlich die EZB hat. Nach Art. 6 Abs. 4 und vor allem Art. 4 Abs. 1 SSM-VO besteht ein **vierfacher EZB-Vorbehalt:**

(a) Nach dem Gesagten kann die EZB jede grenzüberschreitende Bankengruppe mit relevanter Vernetzung, die nicht bereits in den Kreis der 123 systemrelevanten Banken(gruppen) fällt, ebenfalls wegen Relevanz für das Gesamtsystem unter ihre Aufsicht ziehen (Art. 6 Abs. 4 [3. Unterabsatz] SSM-VO).[124]

(b) Nach dem Gesagten erteilt allein die EZB die Bankzulassung und entzieht sie (Art. 4 Abs. 1 lit. a SSM-VO), freilich in der Art, dass die vorläufige Entscheidung die nationale Aufsichtsbehörde, etwa die BaFin trifft, die mangels Veto der EZB durch Fristablauf endgültig wird (Art. 14 SSM-VO).

(c) Die EZB behält auch, wenn sie den unter (a) genannten Schritt nicht ergreift, eine Gesamtverantwortung für das aufsichtliche Gesamtsystem in der Eurozone (Art. 6 Abs. 1 Satz 2 iVm Satz 1 SSM-VO), was in Art. 4 Abs. 1 lit. d) und e) SSM-VO zwar näher umrissen, aber praktisch nicht eingeschränkt wird (Solvabilität, Groß-kredite, Liquidität, Organisationsvorgaben einschließlich Vergütungsvorgaben jeweils eingeschlossen, also alle unten unter C. behandelten materiellrechtlichen Hauptbereiche).[125]

(d) Sehr wichtig für diese Gesamtverantwortung ist zuletzt, dass eine Reihe von Grundlagenakten gar jeweils der ausschließlichen Zuständigkeit der EZB unterfal-len (vgl. Art. 4 Abs. 1 lit. b ff SSM-VO), namentlich die grenzüberschreitende Er-richtung von Zweigstellen und Erbringung von Bankdienstleitungen sowie Erwerb und Veräußerung qualifizierter Eigentümerpakete (vgl. auch Art. 15 SSM-VO)[126] und die Sonderereignisse Stress-Test und sog. Living Will; zu Letzterem noch unten Erster Teil Rn 62).

All dies zusammengenommen – und das überragende Gewicht der systemrelevanten Banken, die die EZB ausschließlich beaufsichtigt – rechtfertigt es, die EZB als die eigent-

---

[124] Hierzu näher *Gortsos* Single Supervisory Mechanism, S. 183–193; *Wymeersch* The Single Supervisory Mechanism: Institutional Aspects, in: Busch/Ferrarini (Hrsg) European Banking Union, 2015, 93 (109), *Moloney* CMLR 51 (2014) 1609 (1632); sowie Art. 70 f. SSM-Rahmenverordnung.

[125] Vgl. zu diesen Grenzen der EZB-Kompetenz näher *Ferran/Babis* (2013) 13 Journal of Corporate Law Studies 255 (230); *Moloney*

CMLR 51 (2014) 1609 (1631); *Wymeersch* ecgi Law Working Paper N° 240/2014, S. 31 f., 38.

[126] Vgl. zu dieser EZB-Residualkompetenz und ihren Ausübungsvoraussetzungen näher *Ferran/Babis* (2013) 13 Journal of Corporate Law Studies 255 (231); *Moloney* CMLR 51 (2014) 1609 (1631); *Wymeersch* ecgi Law Working Paper N° 240/2014, S. 38.

Stefan Grundmann

liche „Meisterin" der Bankaufsicht in den Euroländern insgesamt zu sehen.[127] Für die Zusammenarbeit gilt – wiederum – das Gebot gegenseitig **„vertrauensvoller Zusammenarbeit", mit breitem Informationsaustausch** (Art. 6 Abs. 1 SSM-VO) (vgl. bereits oben Erster Teil Rn 57), dabei dann jedoch in den meisten Fällen eine **Vorbereitung der Entscheidungen durch die nationalen Behörden** (Art. 6 Abs. 3 und 6 SSM-VO; namentlich der in Art. 4 Abs. 1 SSM-VO genannten Entscheidungsgegenstände), mit der Kompetenz der EZB, für alle Fragen die Richtlinien näher zu spezifizieren und vorzugeben (Art. 6 Abs. 5 und 7 SSM-VO).

b) Zuständigkeitsverteilung im SRM (Sanierung und Abwicklung). Die Zweiteilung in **60** eine direkte und umfassende Aufsicht auf zentralisierter Ebene und in (weiterhin) nationale Aufsichten (verbunden mit einer indirekten zentralisierten Aufsicht in Form einer Gesamtverantwortung der SRB) findet sich **auch im Bereich der Aufsicht über Sanierung und Abwicklung** (daher gilt auch hier das oben Erster Teil Rn 52 f. Gesagte und wird im Folgenden wieder nach beiden Aufsichtssystemen unterschieden). Die Regelung zeichnet sich durch ein durchaus weitgehendes Maß an Parallelität zwischen SRM und SSM aus, mit grds. denselben Banken unter der jeweiligen Aufsicht, mit grds. auch den gleichen Aufsichtszielen, freilich mit nunmehr anderen Aufsichtsgegenständen und -instrumenten und eigenen Entscheidungsvoraussetzungen und einer eigenen zuständigen EU-Institution: Als solche tritt hier nun der **SRB an die Stelle der EZB.** Im einzelnen:

(i) Auch die Aufsicht im Sanierungs- und Abwicklungsfalle findet zentralisiert nur über **61** dieselben **123 systemrelevanten Banken** (Art. 7 Abs. 2 lit. a) SRM-VO) statt, also diejenigen aus der **Eurozone** (Art. 2 lit. a) iVm Art. 4 Abs. 1 SRM-VO). Optieren Nichteurostaaten für eine „enge Zusammenarbeit" nach Art. 7 SSM-VO, so werden sie auch für den SRM einbezogen (vgl. Art. 4 SRM-VO). Die Einbeziehungskriterien für systemrelevante Banken sind die gleichen wie unter dem SSM, namentlich ist der SRB auch zuständig, wenn die EZB eine weitere Bank wegen ihrer Systemrelevanz von sich aus unter ihre Aufsicht gezogen hat (Art. 7 Abs. 2 lit. a) SRM-VO). Hinsichtlich des **persönlich-räumlichen Anwendungsbereichs** (Systemrelevanz / Eurozone oder Ausübung des Optionsrechts) ist also die zentralisierte Aufsicht in SSM und SRB **deckungsgleich,**[128] mit einer **Ausnahme:** Nach Art. 7 Abs. 2 lit. b) SRM-VO ist der SRB auch verantwortlich für Abwicklungspläne und Abwicklung **aller (sonstigen) *grenzüberschreitenden* Gruppen** – über die in lit. a) genannten 123 systemrelevanten Banken(gruppen) hinaus.[129] Die Koordinierung auf einheitlicher Rechtsgrundlage ist nach dem Gesagten (Erster Teil Rn 58) gerade in dieser späteren Phase der Krise besonders wichtig. Die Einheitlichkeit ist jedoch bei allen *grenzüberschreitenden* Bankengruppen gefährdet (nicht nur bei Gruppen mit Systemrelevanz), weil verschiedene Verfahren konkurrieren würden, unterschiedliche Insolvenzrechte Anwendung fänden und die EU-Insolvenz-Verordnung eine einheitliche Abwicklung der Gruppe auf

---

[127] Ähnlich etwa *Gortsos* Single Supervisory Mechanism, S. 88–92 („main actor"). Noch weitergehend (die „mächtigste EU-Institution" überhaupt): C. *Schneider* Einführung und politische Schlussfolgerungen, in: Friedrich-Ebert-Stiftung (Hrsg.), WiSo-Diskurs: Die Bankenunion – Wer zahlt die Zeche? 6/2013, S. 4 (5).

[128] Vgl. oben Erster Teil Rn 54 f.; und zur Deckungsgleichheit und dieser einen Ausnahme namentlich *Busch* Governance of the Single

Resolution Mechanism, in: Busch/Ferrarini (Hrsg.) European Banking Union, 2015, S. 281 (284), *Moloney* CMLR 51 (2014) 1609 (1639).

[129] Vgl. zum näheren Zuschnitt dieser Ausnahme – gemeint sind die Gruppen namentlich nur, wenn die Muttergesellschaft in einem Euromitgliedstaat (oder hineinoptierten Nichteuromitgliedstaat) ansässig ist: *Moloney* CMLR 51 (2014) 1609 (1639).

Grund der *Eurofood*-Rechtsprechung zu Art. 3 Abs. 1 dieser Verordnung nicht gewährleistet.[130]

62   Bei den **Aufsichtszielen** ist zwar grds. ebenfalls eine Übereinstimmung in der generellen Ausrichtung zu konstatieren: Finanzstabilität, Stabilität der Institute und Marktintegrität werden in den Erwägungsgründen zur SSM-VO (oben Erster Teil Rn 56) ausdrücklich auch auf den Bereich der Abwicklungspläne und Abwicklung bezogen (12. Erw.grund). SSM und SRM sind jedoch komplementär für verschiedene Phasen der Aufsicht, weswegen die Abwicklungsziele auch nochmals eigenständig in Art. 14 Abs. 2 SRM-VO definiert werden („Abwicklungsziele"):[131] Neben die Ziele, mit denen das Generalziel Finanzstabilität nur für die Abwicklungssituation spezifiziert wird (Abs. 2 lit. a) und b), namentlich der Erhaltung systemwichtiger Funktionen und der Verhinderung von Ansteckung, treten nunmehr zwei weitere Ziele prominent, die in einem gewissen Spannungsverhältnis zu dem für den SSM Geltenden zu stehen scheinen: Ziele des Kundenschutzes sind durchaus prominent (Abs. 2 lit. d) und e); vgl. demgegenüber nochmals Erw.grund 28 der SSM-VO), freilich eines Kundenschutzes, dessen Verletzung in der Tat die Gefahren von Banken-Runs heraufbeschwören könnte (also mit Relevanz auch für die Systemstabilität) bzw. massenweise Misstrauen gegenüber der Marktintegrität hervorrufen könnte. Insofern bestätigen Abs. 2 lit. d) und e) das oben zur Abgrenzung zwischen Verbraucherschutz und Finanz/Institutsstabilität Gesagte (oben Erster Teil Rn 56). Schließlich tritt mit dem Ziel, die Inanspruchnahme öffentlicher Haushalte „geringer" ausfallen zu lassen (Abs. 2 lit. c), ein gänzlich Eigenständiges hinzu, obwohl auch dieses bereits in Erw.grund 6 der SSM-VO jedenfalls angesprochen war (Brechung der als problematisch eng erkannten Verknüpfung von Staatshaushalten und Bankinvestments). Die eigenständige Formulierung der Aufsichtsziele – vor allem einer Adaption der in der SSM genannten Ziele auf die Besonderheiten der fortgeschrittenen krisenhaften Zuspitzung – wirft die Frage nach dem **Übergang von der Phase der laufenden Aufsicht auf die Phase der Abwicklung**, namentlich dem **Zeitpunkt**, auf. In der Tat wird die Phase möglicher Sanierung zwar von der Nomenklatur (und auch den Instrumenten) her der BRRD zugeschlagen, die Abgrenzung zwischen SSM und SRM ist aber eine andere: Die aufsichtliche Sanierungsbegleitung fällt grds. noch in die Kompetenz der EZB (bzw. sonst der zuständige Aufsichtsbehörde, Art. 5 Abs. 2 BRRD), **erst Abwicklungspläne und Abwicklung selbst sind dem SRM** (in Zusammenarbeit mit EU-Kommission und Rat) überantwortet (vgl. Art. 1, 7, 13 SRM-VO) bzw. der sonst zuständigen Abwicklungsbehörde, wobei diesen dann die Pläne zu übermitteln sind (Art. 6

---

[130] Vgl. nur EuGH Urt. v. 2.5.2006 – Rs. C-341/04 (*Eurofood IFSC Ltd.*), Slg. 2006 I-3818 (bes. Tz. 38); stark sich auf die „authentische Interpretation" im Bericht zur EU-Insolvenz-VO stützend (*Virgós/Schmidt* Report on the EC Convention on Insolvency Proceedings 11900/1/95 REV, (Insolvency Service of the Department of Trade and Industry, London 1 February 1996); sowie ausführlich heute *Paulus* Europäische Insolvenzverordnung: EuInsVO – Kommentar, 4. Aufl. 2013, Art. 3 Rn 19 f., 22, 30 f. Ab 26.6.2017 (Verfahrenseröffnung) gilt Verordnung (EU) 2015/848 Des Europäischen Parlaments und des Rates vom 20. Mai 2015

über Insolvenzverfahren, ABl.EU 2015 L 141/19 (vgl. deren Art. 84), die freilich in ihrem Art. 3 Abs. 1 im Wesentlichen Vergleichbares festschreibt, nunmehr explizit (Vermutung, dass der Mittelpunkt der Interessen am Gesellschaftssitz liegt).

[131] Zu diesen Zielen ausführlich *Armour* ecgi Law Working Paper N° 244/2014, S. 1; *Freixas/Laeven/Peydró* Systemic Risk, Crises, and Macrorprudential Regulation, 2015, S. 221; *Dombret* Solving the Too-Big-To-Fail-Problem for Financial Institutions, in: Dombret/Kenadjian (Hrsg.) The Bank Recovery, S. 7 (7–14).

Abs. 4 BRRD).[132] Über die Sanierungsschritte im Rahmen der Frühintervention unterrichtet die EZB den SRB nur. Daher fallen auch insbes. die sog. „Living Wills" (periodische Aufstellung und Anpassung der Sanierungs- und Abwicklungspläne) noch in die Kompetenz der EZB. Diese ist sogar noch (teilweise) in die eigentliche Entscheidung über die Abwicklung einbezogen:

Die eigentliche **Entscheidung** über die Abwicklung bezieht sich auf das Ob und auf das **63** Wie (Art der Abwicklungsmaßnahme). Geregelt ist beides im Zusammenspiel zwischen Art. 16 und 18 SRM-VO. Für die Entscheidung über die **Art der Maßnahme** liegt die Kompetenz grds. allein beim SRB (Präsidium, vgl. Art. 18 Abs. 6, 7 SRM-VO), außer in Fragen der Höhe des Beitrages des Fonds bei der Abwicklung, in denen EU-Kommission und Rat gemeinsam intervenieren können (vgl. Art. 18 Abs. 7 lit. b SRM-VO).[133] *Ob eine Abwicklung* eingeleitet werden kann, hängt vom Vorliegen der **drei Voraussetzungen** ab, die Art. 18 Abs. 1 SRM-VO benennt: a) Ausfall(swahrscheinlichkeit), b) unzureichende Rettungsaussicht und c) öffentliches Interesse an einer (geordneten) Abwicklung. Ob ein Ausfall vorliegt oder (höchst-)wahrscheinlich ist, beurteilt sich nach den Kriterien in Abs. 4, von denen nur eines erfüllt sein muss, darunter auch die Überschuldung).[134] Das öffentliche Interesse ist in Abs. 5 näher umrissen, darunter auch das Interesse, öffentliche Haushalte zu schonen oder das Vorliegen eines anderen der oben genannten Abwicklungsziele nach Art. 14 SRM-VO.[135] Insgesamt handelt es sich bei der Entscheidung, ob alle drei Voraussetzungen des Art. 18 Abs. 1 SRM-VO vorliegen, um eine gebundene, rechtsförmige Entscheidung, wobei den Entscheidungsträgern Beurteilungsspielraum (auch) auf der Tatbestandsseite zukommen dürfte (offene Rechtsbegriffe).[136] Die **Entscheidungszuständigkeiten sind bei allen drei Voraussetzungen unterschiedliche.** Während über die Ausfall(wahrscheinlichkeit) die EZB primär entscheidet, der SRB die Ausfall(wahrscheinlichkeit) jedoch nach Ankündigung und bei dreitägiger Untätigkeit der EZB auch selbst feststellen kann,[137] ist der SRB bei

---

[132] Zum Zeitpunkt des Übergangs der Kompetenzen ausführlicher *Chiti* The Transition from Banking Supervision to Banking Resolution: Players, Competences, Guarantees, in: Barucci/Messori (Hrsg.) European Banking Union, S. 89.

[133] Näher zu diesem Ausnahmebereich: *Binder* Komplexitätsbewältigung durch Verwaltungsverfahren? Krisenbewältigung und Krisenprävention nach der EU-Bankensanierungs- und abwicklungsrichtlinie, ZHR 179 (2015), 83 (128 f.).

[134] Näher zu diesen Kriterien: *Armour* ecgi Law Working Paper N° 244/2014, S. 24; auch (wenn auch allgemeiner und nicht konkret zur BRRD, die Wichtigkeit dieser Aufgreifkriterien betonend und diskutierend): *Čihák/Nier* The Need for Special Resolution Regimes for Financial Institutions – The Case of the European Union, IMF Working Paper WP/09, 2009, bes. S. 13 f.; *Financial Stability Board*, Key Attributes of Effective Resolution Regimes for Financial Institutions, 2011, S. 7; *Wojcik/Ceyssens* Der einheitliche EU-Bankenabwicklungsmechanismus: Voll-

endung der Bankenunion, Schutz des Steuerzahlers, EuZW 2014, 893 (895); speziell für Großbritannien: *Davies* Bank resolution in the UK – creating a culture of early intervention, (2015) 8 Law and Financial Markets Review 4.

[135] Näher zu diesen Kriterien: *Zavvos/Kaltsouni* in: Haentjens/Wessels (Hrsg.) Research Handbook, (im Erscheinen); *Busch* Governance of Single Resolution Mechanism, in: Busch/Ferrarini (Hrsg.), European Banking Union, 2015, S. 326.

[136] Näher in diesem Sinne *Armour* ecgi Law Working Paper N° 244/2014, S. 24; *Moloney* CMLR 51 (2014) 1609 (1639–1641).

[137] Hierzu auch *Wojcik/Ceyssens* Der einheitliche EU-Bankenabwicklungsmechanismus: Vollendung der Bankenunion, Schutz des Steuerzahlers, EuZW 2014, 893 (895). Dazu, wie sehr sich gerade die Entscheidungszuständigkeit in Fragen des „Ob" seit dem Vorschlag änderte, vgl. kurze Darstellung bei *Kirchhartz* in: Erne (Hrsg.) Claussen Bankrecht, S. 25 (damals EZB und EU-Kommission als Hauptentscheidungsträger).

den beiden anderen Elementen der Hauptentscheidungsträger, der auch von sich aus initiativ werden darf und muss. Die besondere Stellung der EZB im ersten Punkt erklärt sich daraus, dass die Frage, ob der Ausfall schon vorliegt oder jedenfalls (höchst)wahrscheinlich ist, maßgeblich von den Bewertungen von Risiko und Eigenkapital abhängt, die wiederum primär in der laufenden Aufsicht vorgenommen werden. In den anderen beiden Fragen steht die Entscheidungskompetenz grundsätzlich dem SRB zu. Dies gilt ganz für die Frage, ob eine Rettung dennoch möglich erscheint (Art. 18 Abs. 1 lit. b SRM-VO), aber auch hinsichtlich des öffentlichen Interesses (Art. 18 Abs. 1 lit. c SRM-VO) kann die EU-Kommission zwar Einwände erheben, jedoch nur im Zusammenspiel mit dem Rat (und dann mit einem komplizierten „Vermittlungsverfahren" zwischen SRB und den beiden politischen Organen) (vgl. Art. 18 Abs. 7 SRM-VO).[138] Insgesamt ist also eine erhebliche Abschottung des SRB gegenüber allzu viel politischer Einflussnahme zu konstatieren, namentlich auch gegenüber Entscheidungen, in denen der Rat die EU-Kommission überstimmt (wie in den 2000er Jahren bei der [Nicht-]Sanktionierung der Verstöße durch Mitgliedstaaten gegen die Kriterien des Stabilitäts- und Wachstumspakts). Wenn freilich Auszahlungen aus dem Abwicklungsfonds (Recovery Fund) nach 67, 76–79 SRM-VO nötig werden, ist für deren Genehmigung, da sie dem **Beihilfenrecht** unterworfen werden (Art. 19 SRM-VO),[139] die EU-Kommission zuständig.

64   (ii) Der Bereich der „indirekten" Aufsicht des SRB auch über alle anderen Banken-(gruppen) ist im Zusammenspiel zwischen SRB-Eingriffsbefugnissen und **grds. nationaler Zuständigkeit** etwas anders geregelt als im Rahmen des SSM zwischen EZB und nationalen Aufsichtsbehörden: Zwar findet sich in Art. 7 Abs. 1 SRM-VO wiederum der Grundsatz, dass der SRB die Gesamtverantwortung für alle Teile des Bankenabwicklungssystems trägt (wie in Art. 6 Abs. 1 Satz 2 SSM-VO für die EZB). Während jedoch Art. 4 Abs. 1 SSM-VO der EZB zentrale Aufgaben der laufenden Aufsicht auch noch im Bereich grds. nationaler Zuständigkeit vorbehält („Grundlagengeschäfte"), handelt es sich beim Abwicklungsplan bzw. der Abwicklung zwangsläufig immer um solch ein „Grundlagengeschäft". Der Weg, diese „Grundlagengeschäfte" stets dem SRB vorzubehalten, den „Rest" der Aufsicht jedoch den nationalen Behörden zu überantworten, war daher nicht gangbar. Die Abgrenzung erfolgt also hier nun in Art. 7 Abs. 3–5 SRM-VO vielmehr so, dass eine allgemeine Residualkompetenz des SRB verbleibt: Die nationalen Behörden sind für alle Fragen von Abwicklungsplan und Abwicklung zuständig, der SRB kann jedoch jederzeit umfassend die Abwicklung übernehmen (vgl. namentlich Abs. 4 lit. b) und auch Abs. 5).[140]

65   c) **Flankierende „Aufsicht" durch den ESRB.** Eine weitere einheitliche „Aufsicht" auf EU-Ebene wurde schon vor Einrichtung der Europäischen Bankenunion (mit SSM und SRM) installiert und zwar im Rahmen der ersten – weniger weit reichenden – Reform- und

---

[138] Näher hierzu *Busch* (Fn 135), S. 326; *Wojcik/Ceyssens* EuZW 2014, 893 (895).
[139] Zu dieser Frage (und auch dazu, dass der Fonds aus Bankabgaben, nicht allgemeinen Steuern gespeist wird) vgl. *EU Legal Service* Opinion on Proposal for a Regulation of the European Parliament and of the Council establishing uniform rules and a uniform procedure for the resolution of credit institutions and certain investment firms in the framework of a Single Resolution Mechanism and a Single Bank Resolution Fund and

amending Regulation (EU) No. 1093/2010 of the European Parliament and of the Council (13. September 2012), Rn 45. Zu den Gründen, warum das EU Sanierungs- und Abwicklungsregime grds. tatsächlich mit dem Beihilfenrecht verknüpft ist, vgl. *Lannoo* Bank State Aid under BRRD and SRM, (2014) 4 European State Aid Law Quarterly 630.
[140] Zu diesem Zusammenspiel vgl. etwa *Busch* (Fn 135), P.9.01.

Neugestaltungswelle bis Mitte 2012, also parallel zum bloßen Koordinierungsmechanismus ESFS (unten 4.): Geschaffen wurde der sog. European Systemic Risk Board (ESRB),[141] eine im Wesentlichen nur Daten sammelnde und analysierende Behörde zu makroprudentiellen Risiken, nicht unmittelbar mit klassischen Aufsichtsaufgaben und -befugnissen betraut bzw. ausgestattet.[142] Institutionell steht diese „Aufsicht" insofern SRM und besonders SSM nahe, als sie europaeinheitlich verwaltungsmäßig durchgeführt wird, um Risiken frühzeitig zu erkennen und Maßnahmen anderer Institutionen, namentlich der EZB anzustoßen, und als diese Behörde auch schon damals bei der EZB angesiedelt wurde. Eine Einwirkung der Praxis dieser Behörde auf bankprivatrechtliche Fragen (Bankenorganisation, Bankensanierung bzw. -abwicklung und auf das Bank-Kunden-Verhältnis sowie die Marktverhaltenspflichten der Banken) liegt jedoch eher fern.

3. Leitprinzipien der laufenden Aufsicht durch die EZB. Die genuin Europäische **66** Bankaufsicht durch die EZB (in den Euro-Mitgliedstaaten) zeichnet sich vor allem durch **drei Leitprinzipien** aus, von denen die letzten beiden ihre **Parallelen auch beim Handeln des SRB** haben.[143]

Die Aufsicht durch die EZB zeichnet sich zunächst durch **funktional-institutionelle** **67** **Trennung der Aufgabenbereiche und Entscheidungsprozesse** aus: Unverzichtbar (auch und gerade aus deutscher Sicht) ist die funktionale Trennung innerhalb der EZB zwischen den Funktionen Geldpolitik und Geldwertstabilität einerseits und Bankaufsicht andererseits. Sie erscheinen strikt voneinander getrennt, mit einem gesonderten „Organ" für die Bankaufsicht, dem sog. Supervisory Board (vgl. Art. 25 f. SSM-VO, „Aufsichtsgremium") – wenn auch (primärrechtlich vorgegeben) die Letztentscheidungsmacht jeweils beim EZB-Rat liegt. Damit wird jedenfalls eine Annäherung bewirkt an das deutsche System – mit seiner institutionellen Trennung, bei gleichzeitiger Verschränkung vor allem bei der Informationserhebung. In der Tat wurde die Anbindung der auf EU-Ebene zentralisierten Bankaufsicht an der EZB gerade in Deutschland kritisch gesehen, wo (unabhängige) Geldpolitik und (vom Finanzminister abhängige) Bankaufsicht stets getrennt waren.[144] Die Trennung innerhalb der EZB soll durch Trennung des Personals, der (Sitzungen und Beratungen) der Leitungsorgane sowie Offenlegungspflichten gegenüber Europäischem Parlament und Rat abgesichert werden (Art. 25 Abs. 2, 4 SSM-VO). Zugleich soll bei Entscheidungen, die beide Bereiche betreffen, ein Mediationsausschuss eine sinnvolle Abstimmung ermöglichen

---

[141] Verordnung (EU) Nr. 1092/2010 des Europäischen Parlaments und des Rates vom 24. November 2010 über die Finanzaufsicht der Europäischen Union auf Makroebene und zur Errichtung eines Europäischen Ausschusses für Systemrisiken, ABl.EU 2010 L 331/1.

[142] Näher zum ESRB und seinen Aufgaben und Befugnissen: *Angelini* in: Barucci/Messori (Hrsg.) European Banking Union, S. 33; *Ferran/Alexander* (2011) 37 ELR 751; *Kaufhold* Die Verwaltung 2013, 21; *Kerjean* Euredia 2011, 303; *Selmayr* in: von der Groeben/Schwarze/Hatje (Hrsg.), Europäisches Unionsrecht, 7. Aufl. 2015, Art. 127 AEUV Rn 47 ff.; *Wymeersch* ecgi Law Working Paper N° 240/2014, S. 64–66.

[143] Zur Unabhängigkeit des SRB: *Alexander* ELR 2015, 154 (170); *Macchia* The Independence Status of the Supervisory Board and the Single Resolution Board: An Expansive Claim of Autonomy? in: Barucci/Messori (Hrsg.) European Banking Union, S. 117 (121–123). Zur Vernetzung bei der Entscheidungsfindung des SRB vgl. bereits oben Erster Teil Rn 62 f.; sowie *Busch* (Fn 135), 331.

[144] Zur Kritik etwa *Herdegen* WM 2012, 1889 (1898); *Ruthig* ZHR 178 (2014) 443 (bes. 466 ff.); *Torres* The EMU's Legitimacy and the ECB as a Strategic Political Player in the Crisis Context, 35 Journal of European Integration 287 (2013); *K. Tuori / K. Tuori* The Eurozone Crisis: A Constitutional Analysis, 2014, bes. S. 185 f., 227 f., 253 ff. (Bedenken vor allem in Deutschland).

(Art. 25 Abs. 5 SSM-VO). Die weitgehende funktionale „Unabhängigkeit" des Aufsichtsgremiums in seinen Entscheidungen (vgl. Art. 25–27 SSM-VO) wird vor allem dadurch verfahrensmäßig gestärkt, dass seine Entscheidungen durch Zeitablauf verbindlich werden, wenn der EZB-Rat kein Veto einlegt (Art. 26 Abs. 8 Satz 3 SSM-VO).[145]

68   Die Aufsicht durch die EZB – Aufsichtsgremium sowie EZB-Rat – zeichnet sich außerdem durch **„volle Unabhängigkeit"** aus (75. Erwägungsgrund, Art. 19 SSM-VO). Diese „Unabhängigkeit" der Bankaufsicht war gerade für Deutschland problematisch, hier wurde (wie herkömmlich) eine klare politisch-demokratische Verantwortlichkeit in diesem Bereich gefordert.[146] Die Unabhängigkeit besteht einerseits gegenüber EU-Institutionen, andererseits jedoch auch gegenüber der nationalen Aufsicht einschließlich Ministerien (Art. 19 Abs. 1 Satz 2 2. Alt. SSM-VO). Dies gebieten schon die Grundsätze des Vorrangs und der einheitlichen Anwendung des Unionsrechts. Umstrittener war daher die Unabhängigkeit von jeglicher politisch-demokratischen Verantwortlichkeit auch auf EU-Ebene. Freilich fordern schon die Basel III-Grundsätze bedingungslos eine „Unabhängigkeit" der Bankaufsicht gegenüber dem Einfluss anderer politischer Institutionen. Auch wurde gerade die zu starke Bereitschaft nationaler Aufsichtsbehörden, auf „politische Notwendigkeiten" Rücksicht zu nehmen, als mitverantwortlich für Aufsichtsversagen und Finanzkrise erkannt; die Brechung des Konnexes zwischen Mitgliedstaatspolitik und Bankaufsicht – einschließlich der gegenseitigen Ansteckungsgefahren bei den finanziellen Belastungen – war zentrales Ziel der Einführung einer Europäischen Bankenunion (vgl. 6. Erwägungsgrund).[147] Daher ist Unabhängigkeit mit ihren beiden genannten Dimensionen in der Tat

---

[145] Hierzu, namentlich zur Trennung, näher: *Ferran/Babis* (2013) 13 Journal of Corporate Law Studies 255; *Mehmedi* Europäische Bankenunion, S. 58 f.; *Tröger* EBOR 2014, 449 (bes. 480); ausf. *Gortsos* Single Supervisory Mechanism, S. 124–136; zum primärrechtlichen Hintergrund für dieses Vetorecht und zum darin liegenden Potential für Interessenkonflikte eingehend: *Krauskopf/Langner/Rötting* Some Critical Aspects of the European Banking Union, Banking and Finance Law Review, 2014, 241.

[146] Zu diesem Bedenken, aber auch dazu, dass dieses in Europa deutlich eine Minderheitsposition darstellt: *Herdegen* WM 2012, 1889 (bes. 1894 f., 1898) (nach seiner Meinung sogar primärrechtswidrig); *Ruthig* ZHR 178 (2014) 443 (bes. 466 ff.); *Torres* 35 Journal of European Integration 287 (2013); *K. Tuori / K.Tuori* The Eurozone Crisis: A Constitutional Analysis, 2014, bes. S. 185 f., 227 f., 253 ff. (Bedenken wiederum vor allem in Deutschland).

[147] Zu diesem Rechtfertigungsansatz für eine Unabhängigkeit, die derjenigen in der Geldpolitik in der Tat vergleichbar erscheint: (aus ökonomischer Sicht grundlegend): *Becker* A theory of competition among pressure groups for political influence, The Quarterly Journal of Economics 1983, 371; „capture" noch verstärkt in Zeiten von Bankkrisen, so dass hier eine stärker beeinflussbare Bankaufsicht besonders problematisch erscheint: *Llewellyn* An analysis of the causes of recent banking crises, The European Journal of Finance, 2002, 152. Zur EZB als Bankaufsicht: *Wymeersch* ecgi Law Working Paper No 240/2014, S. 25; zur EZB allgemein schon EuGH Urt. v. 10.7.2003 – Rs. C-11/00 *Kommission ./. EZB*, Slg. 2003, I-7174 (Tz. 134 f.) (Unabhängigkeit unverzichtbar für verzerrungsfreie Aufgabenerfüllung, freilich dennoch Einbettung in die Europäische Gesellschaft und rechtsstaatliche Bindung); zur Unabhängigkeit von Regulierungsbehörden als sektorübergreifendes unionsrechtliches Konzept *Ruthig/Storr* Öffentliches Wirtschaftsrecht, 4. Aufl. 2015 Rn 185 ff.; für eine sachliche Rechtfertigung der Unabhängigkeit gegenüber dem Demokratieprinzip als „distanzstiftender Entkoppelung" *Ruffert* FS Scheuing 2011, 399 (411 f.); ferner *Herdegen* WM 2012 1889 (1894) (im Übrigen kritisch): „Für diese Unabhängigkeit lässt sich im Interesse sachgerechter Entscheidungen die Abschottung von Entscheidungsprozessen gegen Weisungen im natio-

Stefan Grundmann

als eine Absage gegenüber einer direkten Weisungsabhängigkeit zu verstehen: zugunsten einer bloßen Verantwortlichkeit gegenüber dem Europäischen Parlament (und nationalen Parlamenten) in Form von Rechenschaftspflichten und deren Mitwirkungsmöglichkeiten bei Besetzung und Abberufung der Mitglieder des Supervisory Board (vgl. Art. 20 f., 26 SSM-VO). In der laufenden Aufsicht selbst soll die Expertise des Aufsichtsorgans nicht durch politische Überlegungen konterkariert werden. Umgekehrt wird die Compliance Funktion im Supervisory Board mit seinen fast 1000 Mitarbeitern besonders ernst genommen, namentlich auch durch Klärung der Verhaltensstandards in einem Verhaltenskodex.[148] Die Unabhängigkeit bedeutet umgekehrt keine Freistellung von rechtsförmiger Überprüfung und Rechtswegegarantie (Art. 22–24 SSM-VO).[149]

Als drittes Leitprinzip der Aufsichtätigkeit ist eine **spezifische Form der „Verbundverwaltung"** zu sehen, die eine Reihe von Einzelregeln zur Zusammenarbeit von EZB und nationalen Aufsichtsbehörden, aber auch zur Ausgestaltung des Aufsichtsgremiums und seiner Arbeitseinheiten prägt. Eine Reihe dieser Regeln wurde bei der Darstellung der Zusammenarbeit bereits angesprochen, paradigmatisch sei hier eine nochmals herausgegriffen: Die einzelnen Aufsichtsteams sollen aus verschiedenen Nationalitäten bzw. gemischt zwischen Mitarbeitern des Supervisory Body der EZB und der nationalen Aufsichtsbehörde(n) zusammengestellt werden (oben Erster Teil Rn 57). Bewertet man dies unter dem Aspekt der Vor- und Nachteile verstärkter Integration,[150] so sollen hier sichtlich die Vorteile besserer (dezentraler) Information im Einzelfall – d.h. der Umstände „vor Ort" und im fraglichen Land – kombiniert werden mit den Vorteilen von Zentralisierung, namentlich dahingehend, dass die Gefahr eines „regulatory capture" der Aufsichtsbehörde gegenüber der beaufsichtigten Bank vermindert wird. Solche Teams vereinen den Vorteil lokaler Detailkenntnis mit dem, dass Abhängigkeitslagen nicht so leicht ausgebildet werden könne, weil die Mitglieder rotieren und die der beaufsichtigten Bank nahestehenden Aufsichtspersonen (etwa solche gleicher Nationalität) im Aufsichtsgremium jeweils nur eine Minderheitsposition haben (und in deren Schutz sogar auch selbst leichter streng „objektiv" entscheiden können).

4. Zusammenarbeit mit den sonstigen Regulierungs- und Aufsichtsbehörden auf EU-Ebene (insbes. ESFS). Neben die Zusammenarbeit im Vertikalverhältnis im Rahmen von SSM und SRB tritt eine zweite Form der Zusammenarbeit zwischen Aufsichtsbehörden, nunmehr in der ganzen EU und zwischen nationalen und Europäischen Behörden und Institutionen gemischt, aber auch zwischen Europäischen Behörden und Institutionen untereinander, also vertikal, diagonal und horizontal. Hier geht es nicht mehr um klare Kompetenzabgrenzung im hierarchischen Verbund, sondern um Koordination, aber auch

69

70

---

nalen Interesse ins Feld führen"; ADD56 und auch im Hinblick auf die Basel-III Grundsätze mit ihrem Unabhängigkeitsgebot: *Chorafas* Basel III, the Devil and Global Banking, 2012, S. 241–246; und ganz allgemein: *The Economist* 10.2.1990, S. 10 „the only good central banker is one that can say no to politicians."

[148] Vgl. nur Guideline (EU) 2015/856 of the European Central Bank of 12 March 2015 laying down the principles of an Ethics Framework for the Single Supervisory Mechanism (ECB/2015/12).

[149] Hierzu und namentlich zur auch gerichtlichen Anfechtbarkeit: *D'Ambrosio* Quaderni di Ricerca Giuridica (Banca d'Italia) N° 74, 2013; *Ferran/Babis* (2013) 13 Journal of Corporate Law Studies 255; *Gortsos* Single Supervisory Mechanism, S. 278–283; *Wymeersch* ecgi Law Working Paper No 240/2014, S. 61 f.; *Ruthig/Storr* Öffentliches Wirtschaftsrecht, 4. Aufl. 2015, Rn 186.

[150] Vgl. Nachw. oben Fn 120.

Ausdifferenzierung in der Regelsetzung. Im Mittelpunkt steht das **European System of Financial Supervision (ESFS)**, mit der **European Banking Authority (EBA)** für den Bereich der Bankenaufsicht. Systematisch-praktisch ist diese Zusammenarbeit für die Eurozone zwar sicherlich nachrangig gegenüber der klarer durchstrukturierten Zusammenarbeit unter SSM (und auch SRM), historisch aber geht jene dieser voraus: Das ESFS wurde in der ersten Reformphase nach der Finanzkrise – gleichsam als „erste", noch undifferenziert EU-weit konzipierte „Antwort" – etabliert – als die Spanien- und Zypernkrise noch nicht dazu geführt hatten, dass in der Eurozone echte Zentralisierung der Aufsichtsbefugnisse für unverzichtbar eingeschätzt wurden.

71   Mit dem ESFS wurden **drei Koordinierungs-, teils auch Regulierungsbehörden auf EU-Ebene** etabliert, am wichtigsten für das Bankprivatrecht die European Banking Authority (EBA) für das Bankaufsichtsrecht und die European Securities Markets Authority (ESMA) für die Kapitalmarktaufsicht (unten 11. Band), daneben (und hier nicht relevant) EOPIA für das Versicherungswesen.[151] Den Aufsichtsbehörden wurden freilich im Wesentlichen **nur koordinierende Befugnisse** eingeräumt[152] sowie eine zentrale Rolle in der normgebenden Verfeinerung der Richtlinienvorgaben durch Ausführungs-Verordnungen. Die eigentliche Verwaltungskompetenz im Einzelfall blieb demgegenüber bei den nationalen Aufsichtsbehörden. Heute agiert die EZB im Rahmen des Lenkungsorgans von EBA zwar nur als beobachtendes Mitglied (vgl. Art. 40 Abs. 1 lit. d EBA-Verordnung, jetzt in der Fassung von 2013), hat aber starken koordinierenden Einfluss auf die Euroländer, die die Stimmrechte halten. Die **Rolle der EZB** als EU-vertraglich verankerter unabhängiger Institution machte es auch nötig, das interinstitutionelle Gleichgewicht so zu justieren, dass sie nicht etwa (den erst durch Sekundärrecht geschaffenen Aufsichts- und Regulierungsbehörden!) EBA und ESMA – im Rahmen von deren „Koordinierungsbefugnissen" – untergeordnet erschien (zu beidem vgl. Verordnung [EU] Nr. 1022/2013, Fn 104). Die **für das Bankprivatrecht wichtigste Aufgabe der EBA** – die Entwicklung des **Single Rulebook** – bezieht sich auf die Gesetzgebung zum materiellen Bankaufsichtsrecht und wurde daher auch in diesem Rahmen bereits erörtert (oben Erster Teil Rn 47 f.).

---

[151] Aufgezählt sind die drei Behörden des ESFS in Art. 2 Abs. 2 von Verordnung (EU) Nr. 1095/2010 des Europäischen Parlaments und des Rates vom 24. November 2010 zur Errichtung einer Europäischen Aufsichtsbehörde (Europäische Wertpapier- und Marktaufsichtsbehörde), zur Änderung des Beschlusses Nr. 716/2009/EG und zur Aufhebung des Beschlusses 2009/77/EG der Kommission, ABl.EU 2010 L 331/84: die ESMA (geschaffen durch Verordnung [EU] Nr. 1095/2010 selbst, als Nachfolgebehörde für die in diesem Bereich bereits bestehende Europäische Koordinierungsbehörde CESR); die EBA (geschaffen durch Verordnung [EU] Nr. 1093/2010 des Europäischen Parlaments und des Rates vom 24. November 2010 zur Errichtung einer Europäischen Aufsichtsbehörde (Europäische Bankenaufsichtsbehörde), zur Änderung des Beschlusses Nr. 716/2009/EG und zur Aufhebung des Beschlusses 2009/78/EG der Kommission, ABl.EU 2010 L 331/12); sowie EOPIA als die Versicherungsaufsichtsbehörde. Vgl. etwa *Binder* GPR 2011, 34; *Kämmerer* NVwZ 2011, 1281; *Ferran/Babis* (2013) 13 Journal of Corporate Law Studies, 255 (282); *Gortsos* Single Supervisory Mechanism, S. 8–15.

[152] Hierzu näher für die EBA: *Enria* The new role of the European Banking Authority in the Banking Union, Rede vom 29.9.2013, abrufbar unter https://www.eba.europa.eu/documents/10180/421063/2013+09+26+-+ESE+Conference+Frankfurt.pdf; *Ferran/Babis* (2013) 13 Journal of Corporate Law Studies 255 (279); *Gurlitt* EuZW 2014, 14; zu möglichen Schwächen der EBA: *Babis* Legal Studies Research Paper Series, University of Cambridge, Paper No. 37/2014, S. 27.

III. Umsetzung, autonome Regulierung und Zuständigkeiten in Deutschland **72** und den anderen großen EU-Mitgliedstaaten

1. Umsetzungsakte in Deutschland und den anderen großen EU-Mitgliedstaaten. In **Deutschland** wurde das **CRD IV-Paket** umgesetzt durch das sog. CRD IV-Umsetzungsgesetz vom 28. August 2013.[153] Die Änderungen namentlich zu den Kapitalanforderungen und zum Bankaufsichtssystem, die das CRD IV-Umsetzungsgesetz mit sich brachte, erfolgten primär im **Kreditwesengesetz** (KWG) als dem bankaufsichtsrechtlichen Kerngesetz sowie in den auf ihm basierenden Ausführungsregeln.[154] In diesem Rechtsakt wurden auch die Wahlrechte aus der CRR, soweit Deutschland sie überhaupt wahrnahm, ausgeübt (vgl. ggf. auch näher in der Tabelle unten). Die **BRRD** mit den Sanierungs- und Abwicklungsregeln wurde umgesetzt im sog. BRRD-Umsetzungsgesetz vom 10. Dezember 2014.[155] Den Hauptteil dieses Gesetzes bildet das neue **Sanierungs- und Abwicklungsgesetz** (SAG), das am 1.1.2015 in Kraft trat und die neuen Instrumente eines Sanierungs- und Abwicklungsplans sowie die Eingriffs- und Abwicklungsbefugnisse regelt. Die weiteren Teile des BRRD-Umsetzungsgesetzes betreffen Änderungen vor allem des Kreditwesengesetzes (KWG) und anderer Gesetze sowie Ausführungsvorschriften.[156] Die jüngste Reform des EU-Einlagensicherungsgesetzes machte nur geringfügige Umsetzungsschritte nötig.[157] Als **Bankaufsichtsbehörde** zuständig sind – soweit die EU-SSM-VO die Aufsicht nicht vollständig auf die EZB überträgt – die Bundesanstalt für Finanzdienstleistungsaufsicht (BaFin) und die Bundesbank, als Sanierungs- und Abwicklungsbehörde nach dem SAG – soweit die EU-SRM-VO die Aufgaben nicht auf den SRB überträgt – die Bundesanstalt für Finanzmarktstabilisierung (§ 3 SAG).

Die gesetzliche Umsetzung des **CRD IV-Pakets** in **Frankreich** erfolgte durch (gesetzes- **73** ersetzenden Regierungserlass) Ordonnance no. 2014–158 vom 20. Februar 2014 (im Fol-

---

[153] Gesetz zur Umsetzung der Richtlinie 2013/36/EU über den Zugang zur Tätigkeit von Kreditinstituten und die Beaufsichtigung von Kreditinstituten und Wertpapierfirmen und zur Anpassung des Aufsichtsrechts an die Verordnung (EU) Nr. 575/2013 über Aufsichtsanforderungen an Kreditinstitute und Wertpapierfirmen (CRD IV-Umsetzungsgesetz) vom 28. August 2013, BGBl. 2013 I, S. 3395; abrufbar unter: https://www.bundesbank.de/Redaktion/ DE/Downloads/Aufgaben/Bankenaufsicht/ Bundesgesetzblatt/bgbl_2013_1_53_ 3395.pdf((Fragez)__blob=publicationFile.

[154] Vgl. im einzelnen Tabelle unten sowie *Reinicke* Verordnungen zum KWG ... CRR. Knappe, informative Zusammenfassung bei *Kirchhartz* GWR 2013, 395.

[155] Gesetz zur Umsetzung der Richtlinie 2014/ 59/EU des Europäischen Parlaments und des Rates vom 15. Mai 2014 zur Festlegung eines Rahmens für die Sanierung und Abwicklung von Kreditinstituten und Wertpapierfirmen und zur Änderung der Richt-

linie 82/891/EWG des Rates, der Richtlinien 2001/24/EG, 2002/47/EG, 2004/25/EG, 2005/56/EG, 2007/36/EG, 2011/35/EU, 2012/30/EU und 2013/36/EU sowie der Verordnungen (EU) Nr. 1093/2010 und (EU) Nr. 648/2012 des Europäischen Parlaments und des Rates (BRRD-Umsetzungsgesetz) vom 10. Dezember 2014, BGBl. 2014 I, S. 2091; abrufbar unter: http://www.bundes finanzministerium.de/Content/DE/Down loads/Gesetze/2014–12–18-BRRD-Um setzungsgesetz.pdf?__blob=publication File&v=5.

[156] Vgl. im einzelnen Tabelle unten sowie *Reinicke* Verordnungen zum KWG ... CRR. Knappe, informative Zusammenfassung bei *Engelbach/Friedrich* WM 2015, 662.

[157] Vgl. Gesetz zur Umsetzung der Richtlinie 2014/49/EU des Europäischen Parlaments und des Rates vom 16. April 2014 über Einlagensicherungssysteme (DSGD-Umsetzungsgesetz) vom 28.5.2015, BGBl. 2015 I, S. 786.

genden „Ordonnance"),[158] die in ihrem Hauptteil für das Bankaufsichtsrecht den Code Monétaire et Financier als den bankaufsichtsrechtlichen Hauptakt an die Vorgaben anpasste (1. Kapitel), und durch zwei (gesetzesmodifizierende) Verordnungen (Decrets), no. 2014–1315[159] und 2014–1316[160] vom 3. November 2014, mit weiteren Adaptionen im Code Monétaire et Financier. Hinzu treten eine Reihe Ministerial-Verordnungen als Ausführungsregelungen.[161] In diesen Rechtsakten wurden ebenfalls die Wahlrechte zur CRR, soweit Frankreich sie überhaupt ausübte, wahrgenommen (vgl. ggf. auch näher Tabelle unten). Die zuständige Aufsichtsbehörde für das CRD-IV Paket sowie Sanierung und Abwicklung ist in Frankreich – soweit die EU-SSM-VO die Aufsicht nicht vollständig auf EZB bzw. die EU-SRM-VO die Aufgaben auf den SRB überträgt – die Autorité de contrôle prudentiel et de Resolution (ACPR). Freilich waren zum Stichtag Juli 2015 die materiellrechtlichen Vorgaben der BRRD zu Sanierung und Abwicklung in Frankreich noch nicht umgesetzt.

74 In **Italien** wurde das **CRD IV-Paket** (erst) ab Oktober 2014 umgesetzt und zwar zuerst durch Gesetzesdekret n. 154 vom 7. Oktober 2014 (für EU-Rechtsakte 2013),[162] das in seinem Art. 3 die Umsetzungsleitlinien für die eigentliche Umsetzung der CRD IV durch Regierungs-Verordnung spezifizierte. Auf dieser Grundlage erließ dann die Regierung das Decreto n. 72 vom 12. Mai 2015 (in Kraft seit dem 27. Juni 2015), das das Bankaufsichtsgesetz (Testo Unico in materia Bancaria, T.U.B.) änderte (Art. 2 f.) sowie auch den Finanzmarktkodex (Testo Unico della Finanza, T.U.F.) anpasste (Art. 4 ff.).[163] Schon vor-

---

[158] Ordonnance n° 2014–158 du 20 février 2014 portant diverses dispositions d'adaptation de la législation au droit de l'Union européenne en matière financière, Journal Officiel (ABl.) 2014, S. 3022; abrufbar unter: http://legifrance.gouv.fr/affichTexte.do?cidTexte=JORF-TEXT000028625279&categorieLien=id.

[159] Décret n° 2014–1315 du 3 novembre 2014 portant diverses dispositions d'adaptation au droit de l'Union européenne en matière financière et relatif aux sociétés de financement, Journal Officiel (ABl.) 2014, S. 18575; abrufbar unter: http://www.legifrance.gouv.fr/affichTexte.do;jsessionid=((Fragez))cidTexte=JORFTEXT000029699787&dateTexte=&oldAction=dernierJO&categorieLien=id.

[160] Décret n° 2014–1316 du 3 novembre 2014 portant diverses dispositions d'adaptation au droit de l'Union européenne en matière financière et relatif aux sociétés de financement, Journal Officiel (ABl.) 2014, S. 18590; abrufbar unter: http://www.legifrance.gouv.fr/affichTexte.do;jsessionid=((Fragez))cidTexte=JORFTEXT000029700428&dateTexte=&oldAction=dernierJO&categorieLien=id.

[161] Für eine umfassende Liste der Umsetzungsgesetzgebung vgl.: http://www.tresor.

economie.gouv.fr/10404_transposition-en-france-du-paquet-crd4-et-de-la-directive-ficod.

[162] Legge 7 ottobre 2014, n. 154, Delega al Governo per il recepimento delle direttive europee e l'attuazione di altri atti dell'Unione europea – Legge di delegazione europea 2013 – secondo semester, Gazzetta Ufficiale (ABl.), Serie Generale n.251 vom 28.10.2014; abrufbar unter: http://www.gazzettaufficiale.it/eli/id/2014/10/28/14G00167/sg.

[163] Decreto Legislativo 12 maggio 2015, n. 72, Attuazione della direttiva 2013/36/UE, che modifica la direttiva 2002/87/CE e abroga le direttive 2006/48/CE e 2006/49/CE, per quanto concerne l'accesso all'attivita' degli enti creditizi e la vigilanza prudenziale sugli enti creditizi e sulle imprese di investimento. Modifiche al decreto legislativo 1° settembre 1993, n. 385 e al decreto legislativo 24 febbraio 1998, n. 58. Gazzetta Ufficiale (ABl.) Serie Generale n.134 vom 12.6.2015; abrufbar unter: http://www.gazzettaufficiale.it/eli/id/2015/06/12/15G00087/sg. Die beiden geänderten Gesetze: Decreto Legislativo 1 settembre 1993, n. 385, Testo unico delle leggi in materia bancaria e creditizia, Gazzetta Ufficiale (ABl.) n.230 vom 30.9.1993 (Suppl. Ordinario n. 92), abrufbar unter http://www.

Stefan Grundmann

her hatte die Banca d'Italia im Rundschreiben 285 vom 17. Dezember 2013 Teile der Vorgaben umgesetzt (mit späteren Änderungen).[164] In diesem Zusammenhang wurden auch die Wahlrechte nach der CRR, soweit Italien sie wahrnahm, ausgeübt. Zum Zwecke der Umsetzung der BRRD mit ihren Sanierungs- und Abwicklungsregeln erging nunmehr das Gesetzesdekret n. 114 vom 9. Juli 2015 (für EU-Rechtsakte 2014), das die Umsetzungsbefugnisse für 58 Richtlinien auf die Regierung delegiert,[165] unter diesen auch für die **BRRD** (2014/59/EU) und die Deposit Guarantee Scheme Directive (DGSD) (2014/49/EU). Die Umsetzungsleitlinien finden sich in Art. 8 des Gesetzes. Die eigentliche Umsetzung durch die Regierung durch Decreto Legislativo steht für die BRRD noch aus. Zuständige Behörde für die laufende Bankaufsicht ist die **Banca d'Italia** für das CRD IV-Paket. Gleiches gilt für die Aufgaben unter der BRRD (Art. 3 des Decreto n. 72 vom 12. Mai 2015, s.o.).

Die gesetzliche Umsetzung des **CRD IV-Pakets** erfolgte in **Großbritannien** primär **75** durch die **Capital Requirements Regulations 2013** vom 10. Dezember 2013 (in Kraft seit dem 1.1.2014).[166] Dies wurden weiter ausdifferenziert bzw. ergänzt durch die Capital Requirements (Country-by-Country Reporting) Regulations 2013[167] zu den Offenlegungspflichten, den Financial Services (Banking Reform) Act 2013 mit Teil 4 zu den Verhaltensregeln der Entscheidungsträger in Banken[168] und die Capital Requirements (Capital Buffers and Macro-prudential Measures) Regulations 2014.[169] Die Aufsichtsbehörden (PRA und FCA, s.u.) haben Ausführungsregeln zur CRD IV mit ihren rulebooks erlassen: namentlich (seitens PRA, s.u.) das General Prudential Sourcebook (GENPRU), das Prudential Sourcebook for Banks, Building Societies and Investment Firms (BIPRU), die Senior Management Arrangements, Systems and Controls (SYSC) und (seitens FCA, s.u.) das Prudential Sourcebook for Investment Firms (IFPRU).[170] In diesem Zusammenhang wurden auch jeweils die Wahlrechte nach der CRR, soweit Großbritannien sie wahrnahm, ausgeübt (vgl. sonst ggf. auch noch die Tabelle unten). Zur Umsetzung der **BRRD** in Groß-

---

normattiva.it/uri-res/N2Ls?urn:nir:stato: decreto.legislativo:1993–09–01;385; sowie Decreto Legislativo 24 febbraio 1998, n. 58, Testo unico delle disposizioni in materia di intermediazione finanziaria, ai sensi degli articoli 8 e 21 della legge 6 febbraio 1996, n. 52, Gazzetta Ufficiale (ABl.) n.71 vom 26.3.1998 (Suppl. Ordinario n. 52), abrufbar unter http://www.normattiva.it/ uri-res/N2Ls?urn:nir:stato:legge:1998; 58.

164 Liste und Einzelregeln abrufbar unter: https://www.bancaditalia.it/compiti/ vigilanza/normativa/archivio-norme/ circolari/c285/CIRC_285_10_AGGTO_ integrale-segnalibri.pdf.

165 Legge 9 luglio 2015, n. 114, Delega al Governo per il recepimento delle direttive europee e l'attuazione di altri atti dell'Unione europea – Legge di delegazione europea 2014, Gazzetta Ufficiale (ABl.), Serie Generale n.176 vom 31.7.2015; abrufbar

unter: http://www.gazzettaufficiale.it/eli/id/ 2015/07/31/15G00127/sg.

166 Statutory Instrument (SI) 2013, No. 3115; abrufbar unter: http://www.legislation.gov.uk/uksi/2013/3115/pdfs/uksi_ 20133115_en.pdf.

167 Statutory Instrument (SI) 2013, No. 3118; abrufbar unter: http://www.legislation.gov. uk/uksi/2013/3118/contents/made.

168 2013 chapter 33; abrufbar unter: http://www.legislation.gov.uk/ukpga/ 2013/33/contents/enacted.

169 Statutory Instrument (SI) 2014, No. 894; abrufbar unter: http://www.legislation.gov.uk/ uksi/2014/894/contents/made.

170 Alle abrufbar unter: http://fshandbook. info/FS/index.jsp; noch übersichtlicher aufgeteilt nach Behröden (PRA und FCA): http://media.fshandbook.info/content/PRA/ handbook.pdf bzw. http://media.fshand book.info/content/FCA/handbook.pdf.

britannien kommen Regelwerke des Schatzministeriums (HM Treasury legislation) und Ausführungsregeln der Aufsichtsbehörden (PRA und FCA, s. u.) zusammen. Ein Bail-in-Regime wurde in Großbritannien bereits vor der Verabschiedung der BRRD mit dem Financial Services (Banking Reform) Act 2013 eingeführt,[171] so dass in der Folge nur noch Anpassungen nötig waren: durch den Bank Recovery and Resolution Order 2014[172] und den Bank Recovery and Resolution (No. 2) Order 2014,[173] die am 1. bzw. 10. Januar 2015 in Kraft getreten sind (mit Ausnahme einer Mindestschwellenregel für bail-ins, die erst zum 1.1.2016 in Kraft tritt). Weitere Einzelheiten des Bail-in-Regimes regeln: The Banking Act 2009 (Restriction of Special Bail-in Provision, etc.) Order 2014, the Building Societies (Bail-in) Order 2014 und The Banking Act 2009 (Mandatory Compensation Arrangements Following Bail-in) Regulations 2014.[174] Schließlich setzt die Banks and Building Societies (Depositor Preference and Priorities) Order 2014 diejenigen Regeln der BRRD um, die im engen Sinne insolvenzrechtlich wirken, namentlich die Rangordnung und Vorzugsrechte bei Insolvenzforderungen.[175] Die zuständigen Aufsichtsbehörden sind in Großbritannien die PRA (Prudential Regulation Authority) und die FCA (Financial Conduct Authority). Beide wurden dazu aufgerufen, alle den EU-Akten widersprechenden Regeln zu reformieren. Sie sind zuständig sowohl für die Bankaufsicht als auch für die Maßnahmen zu Sanierung und Abwicklung.

76   **2. Umsetzung und Ausübung der mitgliedstaatlichen Wahlrechte in den Einzelfragen – Übersicht.** Eine Übersicht über die Materien des materiellen Europäischen und nationalen Bankaufsichtsrechts, von denen die Wichtigsten unten in Unterabschnitt C. in Grundzügen angesprochen werden sollen, ist am plastischsten **graphisch** zu geben. Ausgegangen wird dabei von der Ordnung der Materien, wie sie – für die laufende Aufsicht – der Grundrechtsakt CRD IV sowie die CRR und dann – für Sanierung und Abwicklung – die BRRD vorgeben:

---

[171] 2013 chapter 33; abrufbar unter: http://www.legislation.gov.uk/ukpga/2013/33/contents/enacted.

[172] Statutory Instrument (SI) 2014, No. 3329; abrufbar unter: http://www.legislation.gov.uk/uksi/2014/3329/contents/made.

[173] Statutory Instrument (SI) 2014, No. 3348; abrufbar unter: http://www.legislation.gov.uk/uksi/2014/3348/contents/made.

[174] Statutory Instruments (SI) 2014, No. 3350, 3344 und 3330; abrufbar unter: http://www.legislation.gov.uk/uksi/2014/3350/contents/made, http://www.legislation.gov.uk/uksi/2014/3344/contents/made und http://www.legislation.gov.uk/uksi/2014/3330/contents/made.

[175] Statutory Instrument (SI) 2014, No. 3486; abrufbar unter: http://www.legislation.gov.uk/uksi/2014/3486/contents/made.

Gegenstände von CRD IV, CRR und BRRD und ihrer Umsetzung in Deutschland **77** *(KWG/SAG), Frankreich, Italien und Großbritannien (Wahlrechte grau unterlegt)*

(i) Kapitaladäquanz-Richtlinie – Capital Requirements Directive 2013/36/EU („CRD IV")

Gegenstand (materielles Aufsichtsrecht)	Artikel	Ausführungsgesetzgebung EU	Umsetzung Deutschland	Ausführungsgesetzgebung Deutschland	Frankreich (CMF – code Monétaire et Financier)	Italien (Banco d'Italia Rundschreiben n. 285 (BoI C); Gesetzesdekret 72/2015 (LD))	Großbritannien (CRR 2013 – Capital requirements regulations 2013; FSMA – Financial and securities markets act 2000)
Befugnisse der Zuständigen Behörde	4		§ 6 KWG		L612 Code Monétaire et Financier (idF der Ordonnance 2014-158)	Art. 6 Abs. 3 (bis) des T.U.B., eingefügt durch Art. 1 Abs. 3 LD	Reg. 4 CRR 2013 Qualifying EU Provisions Order No. 2 2013 S. 1 und 2 Financial Services (Banking Reform) Act 2013
Zulassung (authorisation)	8	N/A (deadline 31/12/2015)	§ 32 KWG		L511-10, L532-1 Code Monétaire et Financier (idF v. Ordonnance 2014-158)	– BOI C – Teil I Titel I Kap. I Sektion I, Art. 1; – BOI C – Teil I Titel I Kap. I Sektion V, Art. 1–2	S. 40 und 55Z FSMA 2000 s. 40 und 55Z, Schedule 6 idF v. CRR 2013 FCA/PRA Ausführungsregeln
Verbot der Entgegennahme von Einlagen oder anderen Rückzahlbaren Geldern des Publikums[176]	9		§§ 32 und 1 KWG (Zulassungserfordernis), § 2 KWG (Ausnahmen entspr. Art. 9 Abs. 2 CRD-IV)		Art. L318-1 CMF (Option Art. 9 Abs. 2 CRD)	– Art. 10 Abs. 2 T.U.B. – BOI C – Teil I Titel I Kap. I Sektion I, Art. 1	Wahlrecht ausgeübt in den PRA/ FCA Ausführungsregeln
Zulassung – Voraussetzung: Geschäftsplan & Organisation	10		§ 10a KWG		L511-10 CMF	BOI C – Teil I Titel I Kap. I Sektion III, Art. 1, 2, 3	Schedule 6 FSMA 2000, Ausführungsregeln FCA/PRA
Zulassung – Anfangskapital	12 Abs.1		§ 33 Abs. 1 Nr. 1 lit. d KWG		L511-11 CMF	BOI C – Teil I Titel I Kap. I Sektion II, Art. 1	Schedule 6 FSMA 2000 Ausführungsregeln FCA/PRA

---

[176] Mitgliedstaaten-Wahlrecht unter Art. 9 Abs. 2 CRD, solch eine Entgegennahme auch anderen spezifizierten Institutionen bei gleichwertigem Schutz zu gestatten.

Gegenstand (materielles Aufsichtsrecht)	Artikel	Ausführungsgesetzgebung EU	Umsetzung Deutschland	Ausführungsgesetzgebung Deutschland	Frankreich (CMF – code Monétaire et Financier)	Italien (Banco d'Italia Rundschreiben n. 285 (BoI C); Gesetzesdekret 72/2015 (LD))	Großbritannien (CRR 2013 – Capital requirements regulations 2013; FSMA – Financial and securities markets act 2000)
Zulassung – Anfangskapital – Wahlrechte[177]	12 Abs. 4		Wahlrecht nicht ausgeübt		Wahlrecht ausgeübt in Art. 1(b) und (c) der VO 92/14	Wahlrecht nicht ausgeübt	Wahlrecht ausgeübt durch PRA-Ausführungsregeln
Anteilseigner und Gesellschafter	14		§ 32 Abs. 1 Nr. 6 lit. a KWG; § 33 Abs. 1 Nr. 3, 4 KWG		L511-10 CMF	– Art. 25 des T.U.B.; – BOI C – Teil I Titel I Kap. I Sektion IV, Art. 1–2	Schedule 6 FSMA 2000
Verweigerung der Zulassung	15		§ 33 Abs. 4 S. 2 KWG		L511-15, L511-15-1 CMF	BOI C – Teil I Titel I Kap. I Sektion V, Art. 3	Part 4A, S. 55H und 55I FSMA 2000,
Vorabkonsultation der zuständigen Behörden anderer Mitgliedtstaaten	16		§ 33b KWG		L511-33, R-511-3-1 CMF	BOI C – Teil I Titel I Kap. I Sektion VIII, Art. 1–2	Reg. 8 CRR 2013
Entzug der Zulassung	18		§ 35 KWG		L511-13 CMF	BOI C – Teil I Titel I Kap. I Sektion V, Art. 3	S. 45 FSMA 2000
Anzeige der Zulassung bzw. ihres Entzugs	20		§§ 7a, 7b KWG		L-632-6-1 CMF	– BOI C – Teil I Titel I Kap. I Sektion I, Art. 1 – BOI C – Teil I Titel I Kap. I Sektion V, Art. 1–2	Part 4A, S. 55Z2A FSMA 2000 idF CRR 2013
Befreiung für Kreditinstitute, die Ständig einer Zentralorganisation zugeordnet sind[178]	21		Wahlrecht nicht ausgeübt		Wahlrecht ausgeübt in R511-3, 512-4, R515-1 CMF	Wahlrecht nicht ausgeübt	Wahlrecht nicht ausgeübt

---

[177] Mitgliedstaaten-Wahlrecht, die Anforderungen an die anfängliche Kapitalausstattung von 5.000.000 E bis auf 1.000.000 E abzusenken, wenn der Mitgliedstaat dies der EU-Kommission notifiziert und die Gründe hierfür mitteilt.*

[178] Wahlrecht, solche Kreditinstitute von den Anforderungen nach Art. 10, 12 und 13 Abs. 1 freizustellen (zu Organisation, anfänglichem Kapitel und hinreichenden Fähigkeiten bei der Geschäftsführung nach Art. 91).

Gegenstand (materielles Aufsichtsrecht)	Artikel	Ausführungs-gesetz-gebung EU	Umsetzung Deutsch-land	Ausführungs-gesetz-gebung Deutsch-land	Frankreich (CMF – code Monétaire et Financier)	Italien (Banco d'Italia Rund-schreiben n. 285 (BoI C); Gesetzes-dekret 72/2015 (LD))	Groß-britannien (CRR 2013 – Capital requirements regulations 2013; FSMA – Financial and securities markets act 2000)
Erwerb Qualifi-zierter Beteili-gungen	22 iVm 27	Durchfüh-rungsver-ordnung „Technical Standards" vorgesehen bis 31.12.2015	§ 2c Abs. 1, 1a KWG	Inhaber-kontroll-verord-nung	L-511-12-1 CMF	Art. 15 des T.U.F. idF von Art. 4 Abs. 13 der LD	S. 55O FSMA 2000
Beurteilungs-kriterien für solch einen Er-werb	23		§ 2c Abs. 1b, 2 KWG		R511-3-2 CMF	– Art. 25 T.U.B. idF von Art. 1 Abs. 12 der LD – Art. 61 Abs. 3 des T.U.F., geän-dert durch Art. 4 Abs. 20 der LD – Art. 80 Abs. 3 des T.U.F., geän-dert durch Art. 4 Abs. 21 der LD	S. 55O FSMA 2000,
Anfangskapital bestimmter Ar-ten von Wert-papierfirmen[179]	29, 29 Abs. 3		§ 33 Abs. 1 Nr. 1 lit. a) KWG		Frankreich machte von diesem Wahlrecht Gebrauch in VO 96-15	Wahlrecht nicht ausgeübt	Wahlrecht ausgeübt
Besitzstands-klausel (grand-fathering)[180]	32		§ 64e Abs. 2, 3 KWG		Wahlrecht nicht ausge-übt	Wahlrecht nicht ausgeübt	Wahlrecht nicht ausge-übt

---

[179] Mitgliedstaatenwahlrecht, das Anfangs-kapital der genannten Investmentfirmen 125.000.– € auf 50.000,– € zu reduzieren, wenn das Unternehmen weder Kundengelder noch -papiere halten darf und nicht für eigene Rechnung handeln oder feste Über-nahmeverpflichtungen eingehen darf.

[180] Mitgliedstaatenwahlrecht, Wertpapierfirmen oder Firmen nach Art. 30 der Richtlinie 2013/36/EU weiterhin zuzulassen, wenn sie vor dem 31.12.1995 zugelassen waren, ob-wohl das Eigenkapital unter dem Mindest-kapital Art. 28 Abs. 2, 29 Abs. 1 und 3 oder 30 der Richtlinie liegt.

Gegenstand (materielles Aufsichtsrecht)	Artikel	Ausführungsgesetzgebung EU	Umsetzung Deutschland	Ausführungsgesetzgebung Deutschland	Frankreich (CMF – code Monétaire et Financier)	Italien (Banco d'Italia Rundschreiben n. 285 (BoI C); Gesetzesdekret 72/2015 (LD))	Großbritannien (CRR 2013 – Capital requirements regulations 2013; FSMA – Financial and securities markets act 2000)
Niederlassungsrecht von Kreditinstituten und Anzeigepflicht	35 vgl. auch 39	Durchführungsverordnung „Technical Standards"[181] + Delegierte Verordnung „Regulatory Standards"[182]	§§ 33 Abs. 1 Nr. 6, 53, 53b KWG		L511-22; L511-23; L511-57; L511-28; R511-4 CMF	BOI C – Teil I Titel I Kap. V Sektion II, Art. 2	– Reg. 15 CRR 2013 – SUP 14.1.4 (PRA Supervisory Rulebook)
Berichtspflichten im Gastland[183]	40		§ 53 Abs. 2 KWG, § 53b Abs. 2 KWG		Wahlrecht ausgeübt in Art. L613-33 CMF	– Art. 52 bis – 52 ter T.U.B., eingeführt durch Art. 1 Abs. 18 der LD – Art. 8 bis – 8 ter T.U.F., geändert durch Art. 4 Abs. 8 der LD	Wahlrecht nicht ausgeübt
Sicherungsmaßnahmen im Gastland	43		§ 53b Abs. 4 KWG		R613-34 CMF	– Art. 79 T.U.B., geändert durch Art. 1 Abs. 31 der LD – Art. 52 Abs. 3 quater des T.U.F., eingeführt durch Art. 4 Abs. 18 der LD	Reg. 15 CRR 2013

---

[181] Durchführungsverordnung (EU) Nr. 926/2014 der Kommission vom 27. August 2014 zur Festlegung technischer Durchführungsstandards in Bezug auf Standardformulare, -meldebögen und -verfahren für Notifizierungen im Zusammenhang mit der Ausübung des Niederlassungsrechts und des freien Dienstleistungsverkehrs gemäß der Richtlinie 2013/36/EU des Europäischen Parlaments und des Rates, ABl. 2014 L254/2.

[182] Delegierte Verordnung (EU) Nr. 1151/2014 der Kommission vom 4. Juni 2014 zur Ergänzung der Richtlinie 2013/36/EU des Europäischen Parlaments und des Rates

durch technische Regulierungsstandards, in denen festgelegt wird, welche Angaben bei Ausübung des Niederlassungsrechts und des freien Dienstleistungsverkehrs zu übermitteln sind, ABl. 2014 L309/1.

[183] Die zuständigen Behörden des Gastlandes dürfen zum Zwecke der Information, Statistik und Aufsicht verlangen, dass Kreditinstitute mit Zweigstellen in ihrem Land periodisch Anzeige erstatten über ihre Geschäfte in diesem Land, namentlich auch um festzustellen, ob die Zweigstelle „bedeutend" iSv Art. 51 Abs. 1 von Richtlinie 2013/36/EU ist.

Stefan Grundmann

Gegenstand (materielles Aufsichtsrecht)	Artikel	Ausführungsgesetzgebung EU	Umsetzung Deutschland	Ausführungsgesetzgebung Deutschland	Frankreich (CMF – code Monétaire et Financier)	Italien (Banco d'Italia Rundschreiben n. 285 (BoI C); Gesetzesdekret 72/2015 (LD))	Großbritannien (CRR 2013 – Capital requirements regulations 2013; FSMA – Financial and securities markets act 2000)
Aufsichts- und Sanktionsbefugnisse	64		§ 6 Abs. 3 KWG		L612 CMF	– Art. 53 bis T.U.B., eingeführt durch Art. 1 Abs. 20 der LD – Art. 7 T.U.F., geändert durch Art. 4 Abs. 5 der LD	S. 63A FSMA 2000
Verwaltungssanktionen	65		§ 56 KWG		L612-39 CMF	– Art. 53 bis T.U.B., eingeführt durch Art. 1 Abs. 20 der LD – Art. 12 des T.U.F., geändert durch Art. 4 Abs. 10 der LD	S. 66 FSMA 2000
Meldung von Verstößen – whistleblowing	71		§ 25a Abs. 1 S. 6 Nr. 3 KWG		L511-41	– Art. 52 und 52 ter T.U.B., eingeführt durch Art. 1 Abs. 18 der LD – Art. 8 bis und 8 ter des T.U.F., geändert durch Art. 4 Abs. 8 der LD	SYSC 18 SYSC 4.1.15 (Senior Management Arrangements, Systems and Controls sourcebook von PRA)
Interne Ansätze zu Risiko und Festsetzung von Eigenmitteln[184]	77		§ 10 Abs. 1 KWG	§§ 3–6 SolvV	L511-41-A, B und C CMF	- Art. 53 Abs. 2 ter T.U.B., geändert durch Art. 1 Abs. 19 der LD - Art. 6 Abs. 1 bis des T.U.F., geändert durch Art. 4 Abs. 10 der LD	Benchmarking interner Risikobemessungsmethoden (BIA), PRA-Rulebook

---

[184] In der CRD ist im Unterabschnitt 2 (des 2. Kapitels, 2. Abschnitt) zu den „Technischen Kriterien für die Organisation und Behandlung von Risiken (Art. 76 ff.) der neue Aufsichtsansatz zur Risikobewertung und zum diesbezüglichen Benchmarking festgehalten. Aufsichtsbehörden haben insbesondere das Ausfallrisiko der Gegenpartei zu bewerten (Art. 79), das Restrisiko (Art. 80), das Konzentrationsrisiko (Art. 81), das Verbriefungsrisiko (Art. 82), das Marktrisiko (Art. 83), das Zinsänderungsrisiko bei Ge-

Gegenstand (materielles Aufsichtsrecht)	Artikel	Ausführungsgesetzgebung EU	Umsetzung Deutschland	Ausführungsgesetzgebung Deutschland	Frankreich (CMF – code Monétaire et Financier)	Italien (Banco d'Italia Rundschreiben n. 285 (BoI C); Gesetzesdekret 72/2015 (LD))	Großbritannien (CRR 2013 – Capital requirements regulations 2013; FSMA – Financial and securities markets act 2000)
Unternehmensführung und -kontrolle	88		§§ 25a, 25d KWG		L511-50 bis L511-70 CMF	BOI C – Teil I Titel IV Kap. I Sektion III	SYSC 4.3 SYSC 5.1.7
Leitungsorgan	91		§ 25c KWG		L511-51 CMF	– Art. 26 T.U.B., geändert durch Art. 1 Abs. 13 der LD – Art. 61 Abs. 3 des T.U.F., geändert durch Art. 4 Abs. 20 der LD – Art. 80 Abs. 3 des T.U.F., geändert durch Art. 4 Abs. 21 der LD	S. 186(B) FSMA 2000 idF der CRR 2013 SYSC 4.3
Variable Vergütungsbestandteile[185]	94	RTS	§§ 24, 25a KWG	InstitutsvergV	Wahlrecht nicht ausgeübt	BOI C – Teil I Titel IV Kap. 2 Sektion III, Art. 2	Reg. 36 CRR 2013 SYSC 19.A.3, SYSC 19C.3
Aufsichtliche Überprüfung und Bewertung – „supervisory review and evaluation Process" (SREP)	97		§ 6b Abs. 1 KWG		L511-41-C CMF	BOI C – Teil I Titel III Kap. I Sektion I, Art. 1	Reg. 34 CRR 2013, Reg. 34 und 35 SS5/13 (FCA)
Stresstests	100	EBA Guidelines angekündigt; N/A	§ 6b Abs. 3 KWG		L511-41-3 CMF	BOI C – Teil I Titel III Kap. I Sektion II Art. 3.2.1	Reg. 34 CRR 2013

schäften des Anlagebuchs (Art. 84), das operationelle Risiko (Art. 85), das Liquiditätsrisiko (Art. 86) und das Risiko übermäßiger Verschuldung (eigentlich: Hebelwirkung) (Art. 87). Vor allem hinsichtlich des Liquiditätsrisikos wird der EBA die Kompetenz eingeräumt, Empfehlungen dazu auszusprechen, wann die Aufsichtsbehörden eingreifen sollten, weil dieses Risiko die Stabilität individueller Institute oder des Systems gefährdet (Art. 87 Abs. 3 CRD).

[185] Mitgliedstaaten dürfen die variablen Vergütungsbestandteile auch auf weniger als 100 % der festen Vergütung für jedes einzelne Vorstandsmitglied festsetzen. Mitgliedstaaten dürfen der Hauptversammlung gestatten, eine höhere, jedoch höchstens 200 % betragende Grenze vorzusehen. Mitgliedstaatenwahlrechte auch im Hinblick auf den Diskontsatz und die Vergütungsinstrumente, die zugelassen sind.

Stefan Grundmann

Gegenstand (materielles Aufsichtsrecht)	Artikel	Ausführungsgesetzgebung EU	Umsetzung Deutschland	Ausführungsgesetzgebung Deutschland	Frankreich (CMF – code Monétaire et Financier)	Italien (Banco d'Italia Rundschreiben n. 285 (BoI C); Gesetzesdekret 72/2015 (LD))	Großbritannien (CRR 2013 – Capital requirements regulations 2013; FSMA – Financial and securities markets act 2000)
Frühzeitige Abhilfemaßnahmen	102		§ 6 Abs. 1, 2 KWG		L511-41-3 CMF	Art. 53 bis T.U.B., eingeführt durch Art. 1 Abs. 20 der LD	Reg. 35 CRR 2013
Aufsichtsbefugnisse	104		§§ 6 Abs. 3, 10 Abs. 3 KWG		L511-41-3 CMF	Art. 53 bis T.U.B., eingeführt durch Art. 1 Abs. 20 der LD	Reg. 34 CRR 2013
Aufsicht auf Konsolidierter Basis	111		§ 8 Abs. 3 S. 1 KWG; § 8a KWG; § 53b KWG		L613-20-1 CMF	Art. 109 T.U.B., geändert durch Art. 1 Abs. 36 der LD	Reg. 20, 29–30 CRR 2013
Kapitalpuffer	128		Definitionen in §§ 10a ff. KWG		L-511-41-1--A, Ministerialerlass vom 3. November 2014 (Kapitalpuffer-Verordnung)[186]	BOI C – Teil I Titel II Kap. I Sektion I Art. 3	CRR (Capital Buffers) Regulation 2013
Kapitalerhaltungspuffer (2,5 %)[187]	129		§ 10c KWG		L-511-41-1--A, Ministerialerlass vom 3. November 2014 (Kapitalpuffer-Verordnung, s.o.)	BOI C – Teil I Titel II Kap. I Sektion II Art. 1	Reg. 35. CRR (Capital Buffers) 2013

---

[186] Arrêté du 3 novembre 2014 relatif aux coussins de fonds propres des prestataires de services bancaires et des entreprises d'investissement autres que des sociétés de gestion de portefeuille. Abrufbar unter: http://www.legifrance.gouv.fr/eli/arrete/2014/11/3/FCPT1423261A/jo/texte.

[187] Mitgliedstaaten dürfen KMU-Wertpapierfirmen von den Anforderungen nach Art. 129 Abs. 1 freistellen, wenn dies die Finanzstabilität in diesem Mitgliedstaat nicht beeinträchtigt.

Gegenstand (materielles Aufsichtsrecht)	Artikel	Ausführungsgesetzgebung EU	Umsetzung Deutschland	Ausführungsgesetzgebung Deutschland	Frankreich (CMF – code Monétaire et Financier)	Italien (Banco d'Italia Rundschreiben n. 285 (BoI C); Gesetzesdekret 72/2015 (LD))	Großbritannien (CRR 2013 – Capital requirements regulations 2013; FSMA – Financial and securities markets act 2000)
Anforderung eines institutsspezifischen Antizyklischen Kapitalpuffers[188]	130		§ 10d KWG	§§ 33–36 SolvV	L-511-41-1--A CMF, Ministerial Erlass vom 3. November 2014 (Kapitalpuffer-Verordnung, s.o.) Wahlrecht für Ausnahmen für KMU unter Art. 130(2) nicht ausgeübt	BOI C – Teil I Titel II Kap. I Sektion III Art. 1	Reg. 2, 7, 20, 35 CRR (Capital Buffers) 2013
Global Systemrelevante und andere Systemrelevante institute	131		§§ 10f, 10g, 10h KWG		L612-1 CMF	BOI C – Teil I Titel II Kap. I Sektion IV Art. 1–2	Reg. 21–26, 29–31, 35 CRR (Capital Buffers) 2013
Pflicht zum Vorhalten eines Systemrisikopuffers (1 %)[189]	133		§ 10e KWG		L-511-41-1--A, Ministerial Erlass vom 3. November 2014 (Kapitalpuffer Verordnung, s.o.)	Wahlrecht nicht ausgeübt	Wahlrecht nicht ausgeübt
Anerkennung einer Systemrisikopufferquote[190]	134		§ 10e Abs. 8 KWG		Ministerial Erlass vom 3. November 2014 (Kapitalpuffer-Verordnung, s.o.)	Wahlrecht nicht ausgeübt	Wahlrecht nicht ausgeübt

---

[188] Mitgliedstaaten dürfen KMU-Wertpapierfirmen von den Anforderungen nach Art. 130 Abs. 1 freistellen, wenn dies die Finanzstabilität in diesem Mitgliedstaat nicht beeinträchtigt.

[189] Nach Art. 133 Abs. 18 CRD können Mitgliedstaaten einen zusätzlichen Kapitalpuffer für systemische Risiken (namentlich für systemrelevante Banken) vorsehen.

[190] Andere Mitgliedstaaten können den zusätzlichen Kapitalpuffer für systemische Risiken, der nach Art. 133 vorgesehen wird, anerkennen und auf diejenigen Risiken anwenden, die ihre eigenen Kreditinstituten in dem Mitgliedstaat eingehen, der diesen zusätzlichen Puffer vorsieht.

Stefan Grundmann

Gegenstand (materielles Aufsichtsrecht)	Artikel	Ausführungsgesetzgebung EU	Umsetzung Deutschland	Ausführungsgesetzgebung Deutschland	Frankreich (CMF – code Monétaire et Financier)	Italien (Banco d'Italia Rundschreiben n. 285 (BoI C); Gesetzesdekret 72/2015 (LD))	Großbritannien (CRR 2013 – Capital requirements regulations 2013; FSMA – Financial and securities markets act 2000)
Festlegung der Quoten des Antizyklischen kapitalpuffers	136		§ 10d Abs. 3 KWG	§§ 33–36 SolvV	L-511-41-1--A CMF	BOI C – Teil I Titel II Kap. I Sektion III Art. 2	Reg. 7, 9–12 CRR (Capital Buffers) 2013
Anerkennung von Quoten des Antizyklischen Kapitalpuffers Über 2,5 %	137		§ 10e Abs. 8, 9 KWG		L-511-41-1--A CMF	BOI C – Teil I Titel II Kap. I Sektion III Art. 3	Reg. 14–15, 17–18 CRR (Capital Buffers)
Quoten Antizyklischer Kapitalpuffer in Drittländern	138–139		§ 10d Abs. 6–9 KWG	§ 35 SolvV	L-511-41-1--A CMF	BOI C – Teil I Titel II Kap. I Sektion III Art. 4	Reg. 15, 17–18 CRR (Capital Buffers) 2013
Berechnung Der Quote des Institutsspezifischen Antizyklischen Kapitalpuffers	140		§ 10d Abs. 2–3 KWG	§ 33 SolvV	L-511-41-1--A CMF	BOI C – Teil I Titel II Kap. I Sektion III Art. 5	PRA/FCA Ausführungsregeln
Kapitalausschüttungsbeschränkungen	141		§ 10i Abs. 2, 3 KWG	§ 37 SolvV	N/A	BOI C – Teil I Titel II Kap. I Sektion V Art. 1	PRA/FCA Ausführungsregeln
Kapitalerhaltungsplan	142		§ 10i Abs. 6–8 KWG		N/A	BOI C – Teil I Titel II Kap. I Sektion V Art. 2	Reg. 35 CRR (Capital Buffers) 2013

(ii) Kapitaladäquanz-Verordnung – Capital Requirements Regulation (EU) 575/2013 **78**
(„CRR") (zentrale Wahlrechte – sonst kein Umsetzungsbedarf)

Gegenstand (Materielles Aufsichtsrecht)	Artikel	Ausführungsgesetzgebung EU	Umsetzung Deutschland	Ausführungsgesetzgebung Deutschland	Frankreich	Italien	Großbritannien
Behandlung Indirekter Beteiligungen an Immobilien[191]	4 Abs. 2		Wahlrecht nicht ausgeübt		Wahlrecht nicht ausgeübt	Wahlrecht nicht ausgeübt	Wahlrecht nicht ausgeübt

---

[191] Mitgliedstaatenwahlrecht dahingehend, indirekt gehaltene Beteiligungen an Immobilien direkt gehaltenen gleichzustellen, wenn diese Inhaberschaft gesondert reguliert und der direkt gehaltenen Beteiligung unter Absicherungsaspekten gleichwertig ist.

Gegenstand (Materielles Aufsichtsrecht)	Artikel	Ausführungsgesetzgebung EU	Umsetzung Deutschland	Ausführungsgesetzgebung Deutschland	Frankreich	Italien	Großbritannien
Aufschub für die Einhaltung von Liquiditätsanforderungen bei Wertpapierfirmen[192]	6 Abs. 4		§ 2 Abs. 9d KWG		Wahlrecht nicht ausgeübt	Wahlrecht nicht ausgeübt	IPFRU 1.1.5 (FCA)
Methoden der Aufsichtlichen Konsolidierung[193]	18 Abs. 6	Entwurf von Durchführungs-Verordnung technischer Standards der EU-Komission vorzulegen bis zum 31. Dezember 2016	§ 10a KWG		Wahlrecht ausgeübt durch Einzelfallentscheid 2013-C-110, Annex.	BOI C – Einleitende Regeln Sektion V	IPFRU 8.1 (FCA)
Risikogewichtung und Verbot Qualifizierter Beteiligungen außerhalb des Finanzsektors[194]	89 Abs. 3	EBA „Guidelines on banking activities" angekündigt		Wahlmöglichkeit (a) getroffen mit Allgemeinverfügung der Bundesanstalt für Finanzdienstleistungsaufsicht (BaFin) vom 20.02.2-014 zu Artikel 89 der Verordnung (EU) Nr. 575/-2013	Wahlmöglichkeit (a) getroffen in Einzelfallentscheid 2013-C-110	Die Banca d'Italia entschied sich für Wahlmöglichkeit b) BOI C – Teil 3 Kap. I Sektion III Art. 1	– IPFRU 3.2.2 (FCA) – PRA Rulebook Annex C (Definition of Capital) in 3.1 (PRA)

[192] Solange der Bericht der EU-Kommission nach Art. 508 Abs. 3 aussteht, dürfen die zuständigen nationalen Behörden davon absehen, die Vorgaben von Teil 6 (zur Liquiditätsvorsorge) absehen, müssen dabei jedoch Größe und Komplexität der Aktivitäten der Wertpapierfirma in Rechnung stellen.

[193] Ermessen der zuständigen nationalen Behörden, wie (atypische) Abhängigkeitsbeziehungen, die nicht unter Art. 18 Abs. 1 und 4 fallen, zu erfassen sind, jedoch ohne Doppelerfasung; vgl. Im einzelnen Art. 18 Abs. 5 und auch 6.

[194] Mitgliedstaatenwahlrecht, ob bei Überschreitung der zulässigen Beteiligungsschwellen a) ein Risikozuschlag von 1,25 % auf den Überschreitungsbetrag angewandt werden soll oder b) die Überschreitung untersagt werden soll. Die zuständigen Behörden veröffentlichen ihre Entscheidung zu den Buchstaben a oder b.

Stefan Grundmann

Gegenstand (Materielles Aufsichtsrecht)	Artikel	Ausführungsgesetzgebung EU	Umsetzung Deutschland	Ausführungsgesetzgebung Deutschland	Frankreich	Italien	Großbritannien
Meldung über eigenmittelanforderungen und finanzinformationen[195]	99 Abs. 3		Wahlrecht nicht ausgeübt		Wahlrecht nicht ausgeübt	Wahlrecht nicht ausgeübt, da IFRS in Italien eingeführt	Wahlrecht nicht ausgeübt
Risikogewichtigung bei durch Immobilien besicherten Risikopositionen[196]	124 Abs. 2	Konsultationsverfahren zur Risikogewichtung (RTS) von Hypothekarkrediten noch im Gange[197]	Wahlrecht nicht ausgeübt		Wahlrecht nicht ausgeübt	BOI C – Teil 2 Kap. II Sektion III Art. 3	– PRA Rulebook Annex E (Credit Risk) in 4 (PRA) – IPFRU 4 (FCA)
Risikopositionen bei Gedeckten Schuldverschreibungen[198]	129 Abs. 1		Wahlrecht nicht ausgeübt		Wahlrecht nicht ausgeübt	BOI C – Teil 2 Kap. II Sektion III Art. 2	Wahlrecht nicht ausgeübt
Verlustquote bei Ausfall (von Immobilienbesicherten Risikopositionen)[199]	164 Abs. 5		Wahlrecht nicht ausgeübt		Wahlrecht nicht ausgeübt	BOI C – Teil 2 Kap. IV Sektion III Art. 1	Wahlrecht nicht ausgeübt

---

[195] Die zuständigen Behörden können diejenigen Institute, die für die Meldung ihrer Eigenmittel auf *konsolidierter* Basis die Internationalen Bilanzierungsstandards gemäß Art. 234 Abs. 2 Verordnung (EG) Nr 1606/2002 heranziehen, verpflichten, zusätzlich auch die nach Abs. 2 geforderten Finanzinformationen (auf konsolidierter Basis) zu erteilen.

[196] Die zuständigen Behörden können – aus Gründen der Finanzstabilität – höhere Risikogewichtungen vornehmen oder strengere Kriterien anwenden als in Art. 125 Abs. 2 und Art. 126 Abs. 2 vorgesehen.

[197] Vgl. https://www.eba.europa.eu/news-press/calendar?p_p_id=8&_8_struts_action=%2Fcalendar%2Fview_event&_8_eventId=1134422

[198] Die zuständigen Behörden dürfen (nach Abstimmung mit der EBA) teils von den Anforderungen nach lit. (c) des 1. Unterabsatzes absehen (bis zu 10 % des Bestandes an gedeckten Schuldverschreibungen), wenn andernfalls erhebliche potenzielle Konzentrationsprobleme dargetan werden können.

[199] Auf der Basis der nach Art. 101 erhobenen Daten und unter Berücksichtigung der zu erwartenden Entwicklung von Immobilienmärkten und aller weiteren relevanten Indikatoren haben die zuständigen Behörden wiederkehrend, mindestens einmal jährlich, zu prüfen, ob die LDG-Mindestwerte nach Abs. 4 angemessen sind und dürfen im Lichte von Finanzstabilitätsüberlegungen diese Mindestwerte für Risikopositionen höher

Gegenstand (Materielles Aufsichtsrecht)	Artikel	Ausführungsgesetzgebung EU	Umsetzung Deutschland	Ausführungsgesetzgebung Deutschland	Frankreich	Italien	Großbritannien
Oberggrenze für Großkredite	395 Abs. 1	Guidelines vorgesehen; N/A (Konsultationsverfahren zur Eingehung von Großrisiken im Verhältnis zu Schattenbanken noch im Gange)[200]	Wahlrechte nicht ausgeübt		Wahlrechte nicht ausgeübt	Wahlrechte nicht ausgeübt	Wahlrechte nicht ausgeübt
Liquiditätsdeckungsanforderung[201]	412 Abs. 5			LiqV	Bisheriges Regime beibehalten durch Instruction no. 2009-05 der Commission Bancaire[202]	BOI C – Teil 2 Kap. X Sektion III Art. 3	Wahlrecht nicht ausgeübt
Stabile Refinanzierung[203]	413 Abs. 3		Wahlrecht nicht ausgeübt		Wahlrecht nicht ausgeübt	BOI C – Teil 2 Kap. XI Sektion III Art. 2	Wahlrecht nicht ausgeübt
Liquiditätsmeldungen[204]	415 Abs. 3	Entwurf von Durchführungs-Verordnung technischer Standards der EU Kommission bereits vorgelegt		LiqV	Bisheriges Regime beibehalten durch Instruction no. 2009-05 der Commission Bancaire (s.o.)	BOI C – Teil 2 Kap. XI Sektion III Art.3	Wahlrecht ausgeübt (keine Rechtsänderung in 2015)

ansetzen, die mit Immobilien in ihrem Territorium besichert sind.

[200] Vgl. http://www.eba.europa.eu/regulation-and-policy/large-exposures/guidelines-on-limits-on-exposures-to-shadow-banking.

[201] Mitgliedstaaten dürfen eigene Vorschriften Liquiditätsdeckungsanforderungen beibehalten, solange keine unionsrechtlichen Standards hierfür nach Art. 510 eingeführt sind.

[202] Abrufbar unter at: http://acpr.banque-france.fr/fileadmin/user_upload/acp/

Textes_de_reference/Instruction2009-05-de-la-commission-bancaire.pdf.

[203] Mitgliedstaaten dürfen eigene Vorschriften im Bereich stabile Refinanzierung einführen, solange keine unionsrechtlichen Standards hierfür nach Art. 510 eingeführt sind.

[204] Die zuständigen Behörden dürfen das bisherige nationale Regime (insbes. die Beobachtungsstandards) beibehalten und weiter anwenden, um die Einhaltung der Liquiditätsstandards zu überprüfen.

Stefan Grundmann

Gegenstand (Materielles Aufsichtsrecht)	Artikel	Ausführungsgesetzgebung EU	Umsetzung Deutschland	Ausführungsgesetzgebung Deutschland	Frankreich	Italien	Großbritannien
Übergangsbestimmungen für Eigenkapital 2014[205]	465 Abs. 2			§ 23 SolvV	Option ausgeübt mit Entscheidung 2013-C-110, Annex	BOI C – Teil 2 Kap. XI Sektion III Art. 4	FCA PS13/10, Annex 2
Übergangsbestimmungen für nicht realisierte Verluste 2014–17[206]	467 Abs. 2			Option ausgeübt mit Allgemeinverfügung der BaFin vom 20.02.2-014 zu Art. 467 Abs. 2 der Verordnung (EU) Nr. 575/-2013	Option ausgeübt mit Entscheidung 2013-C-110, Annex	BOI C – Teil 2 Kap. XIV Sektion II Art. 1	FCA PS13/10, Annex 2
Übergangsbestimmungen für Zeitwertbilanzierte unrealisierte Gewinne 2014–17[207]	468 Abs. 3			§ 25 SolvV	Wahlrecht ausgeübt mit Entscheidung 2013-C-110, Annex	BOI C – Teil 2 Kap. XIV Sektion II Art. 2	PRA Rulebook Annex C (Definition of Capital) unter 10.5
Zusätzliche Korrekturposten und Abzüge 2014–17[208]	481 Abs. 3			§ 30 SolvV	Wahlrecht nicht ausgeübt	BOI C – Teil 2 Kap. XIV Sektion II Art. 3	– FCA PS13/10, Annex 2 – PRA Rulebook Annex C (Definition of Capital) unter 10.14

---

[205] Die zuständigen Behörden legen die harte Kernkapitalquote und die Kernkapitalquote innerhalb der Bandbreiten von Abs. 1 lit. a) fest.

[206] Unter Abweichung von Abs. 1 können die zuständigen Behörden eine Praxis von vor dem 1.1.2014 fortführen, nach der den Instituten erlaubt ist, jeglichen unrealisierte Gewinne oder Verluste bei Risikopositionen gegenüber Zentralregierungen unberücksichtigt zu lassen, wenn die Position im Umlaufvermögen nach IAS 39 geführt wird.

[207] Die zuständigen Behörden legen den Prozentsatz innerhalb der Bandbreiten nach Abs. 2 lit. a) bis c) fest, bis zu dem unrealisierte Gewinne im harten Kernkapital berücksichtigt werden dürfen, und veröffentlichen ihn.

[208] Abweichungen nach Art. 36 Abs. 1 Ziffer i und Art. 49 Abs. 1 und 3 betrafen den Zeitraum vom 1. Januar 2014 bis zum 31. Mai 2014.

Gegenstand (Materielles Aufsichtsrecht)	Artikel	Ausführungsgesetzgebung EU	Umsetzung Deutschland	Ausführungsgesetzgebung Deutschland	Frankreich	Italien	Großbritannien
Ausnahmen von Großkreditvorgaben (bei gedeckten schuldverschreibungen)[209]	493 Abs. 3 lit. a)			§§ 1, 2 GroMiKV	Art. 2(4) Order of 23 December 2014 on CRR Art. 493(3)	BOI C – Teil 2 Kap. XIV Sektion II Art. 9	Wahlrecht nicht ausgeübt
Weitere Ausnahmen für GEdeckte Schuldverschreibungen bis Ende 2017[210]	496 Abs. 1		Wahlrecht nicht ausgeübt		Wahlrecht ausgeübt mit Entscheidung 2013-C-110, Annex	BOI C – Teil 2 Kap. II Sektion III Art. 2	Wahlrecht nicht ausgeübt
Übergangsbestimmungen zu Basel I-Untergrenzen[211]	500 Abs. 5		Keine nach Mitteilung der Bundesbank (http://www.bundesbank.de/Redaktion/EN/Documentation/SDTF/HtmlDoc/download/discretion/options.xls), jeweils Einzelfallentscheidung		Wahlrecht nicht ausgeübt	Wahlrecht nicht ausgeübt	Wahlrecht nicht ausgeübt

---

[209] Bis zum Inkrafttreten eines Rechtsakt, der nach Gutachten gemäß Art. 507 ergeht, höchstens jedoch bis Ende 2028, können (Teil-)Ausnahmen von Art. 395 Abs. 1 für gedeckte Schuldverschreibungen sowie für vergleichbare „abgesicherte" Aktiva nach lit. b) bis k) zugelassen werden.

[210] Weitere Ausnahmen dürfen (unter den dort festgelegten Bedingungen) bis zum 31.12.2017 zugelassen werden für Risikopositionen gegenüber den Französischen

Fonds Communs de Créances oder vergleichbaren Fonds.

[211] Nach Konsultation der EBA dürfen die zuständigen Behörden von der Vorgabe nach Abs. 1 lit. b absehen, wenn alle Vorgaben für den IRB-Ansatz nach Teil III, Titel II, Kap. 3 Abschnitt 6 oder die Bedingungen nach Teil III, Titel III, Kap. 4 für die Verwendung des fortgeschrittenen Messansatzes erfüllt sind.

Stefan Grundmann

(iii) Bankensanierungs- und -abwicklungs-Richtlinie – Bank Revocery and Resolution **79**
Directive 2014/59/EU ("BRRD")

Gegenstand (materielles Aufsichtsrecht)	Artikel	Ausführungsgesetzgebung EU	Umsetzung Deutschland	Ausführungsgesetzgebung Deutschland	Frankreich	Italien	Großbritannien[212]
Benennung der Abwicklungsbehörden	3 Abs. 1		§ 3 SAG		Bisher keine Umsetzung	Art. 3 des Decreto Legislativo 72/2015 (bisher nur Delegation, nicht Umsetzung)	Art. 4–5 BRRO 2
Sanierungspläne	5	RTS	§§ 12–14 SAG				Art. 7(1),(3)-(a),(4) und 13 BRRO 2
Bewertung von Sanierungsplänen	6	RTS	§§ 15, 16 SAG				Art. 11, 12(1) und (2)(3)(a), 13, 14, 15 BRRO 2
Abwicklungspläne	10		§ 40 SAG				Art. 6, 97 BRRO 1 Art. 37, 53 BRRO 2
Gruppen-Abwicklungspläne	12		§ 46 SAG				Art. 8(3)(a), 37(3), 40(1),(4),(6)-,(7) BRRO 2
Befugnisse zur (Wieder-)Herstellung der Abwicklungsfähigkeit	17	Guidelines	§ 59 SAG	Ermächtigung zum Erlass von Rechtsverordnungen in § 59 SAG, bisher noch nicht ausgeübt			Art. 6 BRRO 1 Art. 64(1), 65, 66(1),(2),(3)-(a),(b),(c)(i),-(5),(6)(b), 67, 70 und 77 BRRO 2
Gruppeninterne finanzielle Unterstützung	19		§§ 22–24 SAG				Art. 120 BRRO 1 Art. 84, 92 BRRO 2

---

212 Bank Recovery and Resolution Order 2014 – BRRO, Bank Recovery and Resolution Order 2014 – BRRO 2, FSMA – Financial Services and Markets Act 2000, BA 09 – Banking Act 2009, SRR – Special Resolution Regime Code

Gegenstand (materielles Aufsichtsrecht)	Artikel	Ausführungsgesetzgebung EU	Umsetzung Deutschland	Ausführungsgesetzgebung Deutschland	Frankreich	Italien	Großbritannien[212]
Frühzeitiges Eingreifen (Durchsetzung Sanierungsplan)	27	RTS	§ 36 SAG	Ermächtigung zum Erlass von Rechtsverordnungen in § 36 SAG, bisher noch nicht ausgeübt			s. 55L, 55M, 63 FSMA Art. 111(2), (5) 117(5) BRRO
Ersetzung des managements	28		§ 37 SAG				s. 55L and 55M FSMA
Abwicklungsziele	31		§ 67 SAG				s. 4 BA09 Art. 8 BRRO 1
Voraussetzungen für eine Abwicklung	32		§ 62 SAG				- Art. 12, 90, 92, 91 BRRO 1 – revised SRR Code
Allgemeine GRundsätze für eine Abwicklung	34		§ 68 SAG				- Art. 10, 21, 27, 36, 55 BRRO 1 – revised SRR Code
Instrument der Unternehmensveräusserung	38		§ 113 (Art. 38 Abs. 1), §§ 111, 112 SAG (Art. 38 Abs. 4), § 108 SAG (Art. 38 Abs. 5), § 127 SAG (Art. 38 Abs. 6), §§ 118, 120 SAG (Art. 38 Abs. 8 f.)				– Bisheriges Regime von BA 09 und FSMA Art. 24, 25, 71, 76, 117, 118, 119 BRRO 1 – Restriction of Special Bail-in Provision Order 2014 – revised SRR code
Instrument des Brückeninstituts	40		§§ 61, 128–131 SAG				– Art. 18, 24, 25, 41, 42, 43, 44, 63 BRRO 1 – Revised SRR code
Instrument der ausgliederung von Vermögenswerten	42		§§ 61, 132–135 SAG				- Art. 11, 15, 19, 63, 124, 125 BRRO 1 – revised SRR Code

Stefan Grundmann

Gegenstand (materielles Aufsichtsrecht)	Artikel	Ausführungsgesetzgebung EU	Umsetzung Deutschland	Ausführungsgesetzgebung Deutschland	Frankreich	Italien	Großbritannien[212]
bail-in-Instrument[213]	43		§ 77 (Art. 43 Abs. 4); §§ 89, 90 SAG				S. 12A BA09 Art. 20, 48,49,53,85 BRRO 1 – Revised SRR code Special Bail-in Order 2014 – Building Societies (Bail-in) Order 2014
Anwendung der Mindestanforderung	45	RTS	§§ 49, 50 SAG				Art. 6 BRRO 1 Art. 37(2), 121–146, 147, 149 BRRO 2 – Revised SRR code
Abfolge der Herabschreibung und Umwandlung	48		§ 97 SAG				Art. 21 BRRO 1
Vertragliche Anerkennung des bail-in	55	RTS	§ 55 SAG				Art. 48 BRRO 1
Staatliche Stabilisierungsinstrumente	56		§ 4 FMStFG, RettungsG				S. 256A BA09 (idF des Art. 109 BRRO 1) s. 9, 13 BA09 (idF der BRRO 1)
Instrument der staatlichen Eigenkapitalunter-STützung	57		§§ 5a, 6, 7, 8 FMStFG	§§ 2, 3, 4, 5 FMStFV			s. 78A BA 09 (Art. 23 BRRO 1), s. 257 BA 09, revised SRR code
Instrument der vorübergehenden Staatlichen übernahme	58		RettungsG				s. 13 BA 09, revised SRR code

---

[213] Art. 43–55 BRRD regeln detailliert das bail-in Instrument, das im nationalen Recht vorzusehen ist. Insbesondere wird festgelegt: die Mindestanforderung einer Heranziehung im Umfang von 8 % des realisierten Risikos (Art. 45 BRRD), die Pflicht, den bail-in Betrag zu präzisieren (Art. 46 BRRD) und die Art zu spezifizieren, wie Aktionäre beim bail-heranzuziehen sind, einschließlich einer Kaduzierung bzw. Verwässerung ihres Aktienanteils (Art. 47 BRRD).

Gegenstand (materielles Aufsichtsrecht)	Artikel	Ausführungsgesetzgebung EU	Umsetzung Deutschland	Ausführungsgesetzgebung Deutschland	Frankreich	Italien	Großbritannien[212]
Bestimmungen für die Herabschreibung oder Umwandlung von Kapitalinstrumenten	60		§ 89 SAG				Art. 10 und 89 BRRO 1
Ausschluss bestimmter vertraglicher Bedingungen bei frühzeitigem Eingreifen + Abwicklung	68		§ 144 SAG				Art. 62 BRRO 1
Befugnis zur Aussetzung bestimmter Pflichten[214]	69		§ 82 SAG				Art. 77 BRRO 1
Verpflichtung zur Einrichtung von Abwicklungsfinanzierungsmechanismen	100		§ 3 RStruktFG				Art. 84, 85, 100 BRRO 1 Revised SRR code

B. Bankaufsicht und Bankprivatrecht

80 ## I. Regulierung (etwa Bankaufsichtsrecht) und Privatrecht im Grundsatz

Das Verhältnis zwischen Regulierungsregimen – für (Schlüssel-)Institutionen und/oder Märkte, mit dem Ziel der Erhaltung ihrer Funktion bzw. der Minimierung der von ihnen ausgehenden Gefahren – und Privatrecht – mit dem vorrangigen Ziel eines Interessenausgleichs, vor allem der einzelnen Privatrechtssubjekte, teils auch gebündelt in den sog. Verkehrsinteressen – wird jedenfalls seit dem Ordoliberalismus intensiv thematisiert: **Wie steht ein Regime, das vorrangig einem öffentlichen Gut verpflichtet ist, zu einem, das primär Einzelinteressen zum Ausgleich bringen soll?** Mit dem Ordoliberalismus wurde erstmals Regulierung und ihre Funktion in einer „Privatrechtsgesellschaft" (*F. Böhm*) breit

---

214 Die BRRD räumt der Aufsichtsbehörde umfanreiche Befugnisse ein, um die Pflichten des abzuwickelnden Instituts zu modifizieren, einschließlich einer Befugnis, Rechte aus Anleihen/Schuldverschreibungen zu beschneiden (Art. 70 BRRD) oder zeitweise Kündigungsrechte auszusetzen (Art. 71 BRRD). Zugleich schützt die BRRD bestimmte Abreden unter genau spezifizierten Voraussetzungen, vor allem Sicherheiten (Art. 78 BRRD) oder strukturierte Finanzierungsvereinbarungen und gedeckte Schuldverschreibungen (Art. 79). Zudem dürfen nach Art. 80 BRRD Abwicklungsmaßnahmen nicht das Funktionieren von Handels-, Clearing- und Abwicklungssystemen tangieren, die nach der EG-Abrechnungswirksamkeits-Richtlinie 98/26/EG eingerichtet wurden.

thematisiert.[215] Die Antwort des wichtigsten Protagonisten – damals zum Recht gegen Wettbewerbsbeschränkungen – war: Regulierung ist nicht primär als Einschränkung der Privatautonomie derjenigen zu konzeptualisieren, die Marktfunktonen mittels Abrede (etwa durch Kartelle) beschneiden, sondern als **Durchsetzung materialer (tatsächlicher, nicht nur formaler) (Vertrags-)Freiheit** *aller* **Marktteilnehmer.**[216] Heute hat sich diese Auffassung als Grundsatz durchgesetzt.[217] Damit wird ein intensiver Konnex zwischen beiden Regelgruppen postuliert.

Viel stärker als für das von *Böhm* diskutierte und propagierte Recht gegen Wettbewerbsbeschränkungen leuchtet diese Idee von der Wechselbezüglichkeit für das (jüngere) Kapitalmarktrecht ein: Ein guter Schutz des Anlegers – etwa durch Information oder durch Bekämpfung von Marktpraktiken wie Insiderhandel oder Marktmanipulation, die ihn übervorteilen – fördert zugleich gutes Funktionieren der Kapitalmärkte insgesamt, namentlich die Funktion effizienter Mittelallokation, jedenfalls in der Regel.[218] Im **Begriffs-** **81**

---

[215] *Böhm* Privatrechtsgesellschaft und Marktwirtschaft, ORDO 17 (1966), 75; sowie *Eucken* Grundsätze der Wirtschaftspolitik, 6. Aufl. 1990 (1. Aufl. 1952), bes. 241–250 et passim; Übersicht über die Ideengeschichte in *Grundmann* in: *Grundmann/Micklitz/Renner* Privatrechtstheorie, 2015, S. 405–420 und 436–443; *Riesenhuber/Adomeit* (Hrsg.) Privatrechtsgesellschaft – Entwicklung, Stand und Verfassung des Privatrechts, 2007; und die heutige Sicht: *Möslein* (Hrsg.) Private Macht, 2015.

[216] *Böhm* ORDO 17 (1966), 75 (bes. 85, 88 und 138 f.); auch *Eucken* (vorige Fn). Breit für das Europäische Bankaufsichtsrecht (namentlich die Europäische Bankenunion) und das Bankprivatrecht: *Grundmann* ZHR 179 (2015) (im Erscheinen). Dort auch breiter zum ganzen Unterabschnitt.

[217] Bes. deutlich schon *Mestmäcker* Über das Verhältnis des Rechts der Wettbewerbsbeschränkungen zum Privatrecht, AcP 168 (1968), 235 (bes. 240, 252, 255, 262); zuletzt ders., European Economic Constitution, in: Basedow/Hopt/Zimmermann/Stier (Hrsg.) The Max Planck Encyclopedia of European private law, 2012, S. 588; und breit *Grundmann/Renner* Vertrag und Dritter – System der Wechselwirkungen zwischen Marktregulierung und Vertragsrechtsdogmatik, JZ 2013, 379; aus klassisch privatrechtlicher Sicht aufgenommen etwa von *Canaris* Wandlungen des Schuldvertragsrechts – Tendenzen zu seiner ,Materialisierung', AcP 200 (2000) 273 (277 f.); *Wagner* Materialisierung des Schuldrechts unter dem Einfluss von Verfassungsrecht und Europarecht – Was bleibt von der Privatautonomie? in: Blaurock/Hager (Hrsg.) Obligationen-

recht im 21. Jahrhundert, 2010, S. 13 (24 f.); sowie auch (für das Verbraucherrecht): *Drexl* Die wirtschaftliche Selbstbestimmung des Verbrauchers, 1998, S. 282 f.; und für die Informationsgebote mit ihrer im Bank- und Kapitalmarktrecht paradigmatischen Bedeutung: *Grundmann* Parteiautonomie im Binnenmarkt – Informationsregeln als Instrument, JZ 2000, 1133.

[218] Zwar werden Finanz- und Realmärkte in einem gewissen Umfang voneinander abgekoppelt gesehen, zugleich jedoch Kapitalmärkte und die Unterstützung ihrer Funktion als wichtig angesehen für die bestmögliche (näherungsweise) Bewertung und Allokation von Werten der Realwirtschaft. Zu diesem Verhältnis, der sog. allokativen Effizienz, als einem Kernziel des Kapitalmarktrechts vgl. heute (auch nach der Finanzkrise): *Levine* Regulating Finance and Regulators to Promote Growth, in: 2011 Jackson Hole Economic Policy Symposium: Achieving Maximum Long-Run Growth, Federal Reserve Bank of Kansas City, S. 271 (2012). Zum Streit in der Frage und zu den verschiedenen Theorien dazu, wie genau („effizient") Kapitalmärkte Märkte der Realwirtschaft wiederspiegeln, namentlich zur sog. efficient capital market hypothesis (halbstarker Prägung), die davon ausgeht, dass jedenfalls die öffentlich zugänglichen Informationen idR korrekt in den Kursen abgebildet werden und die heute weit überwiegend zugrunde gelegt wird, vgl. grundlegend: *Gilson/Kraakman* The Mechanisms of Market Efficiency, 70 Virginia Law Review 549 (1984); heute *Levine* Financial Development and Economic Growth: Views and Agenda, 35 Journal of Economic Litera-

paar des Individualschutzes (Anlegerschutzes) und des Funktionsschutzes (Marktschutzes) kommt dies zum Ausdruck.[219] Beim Wettbewerbsrecht ist umgekehrt zwar anerkannt, dass es auch Verbraucherinteressen dient (vgl. nur Art. 101 Abs. 3 AEUV). Es kann allerdings nicht etwa ein vergleichbar direkter Schluss gezogen werden dahingehend, dass etwa ein guter Verbraucherschutz auch unverzerrte Marktstrukturen erhalte oder befördere oder dass umgekehrt die Zurückdrängung von Kartellen auch zu Verträgen führe, in denen die Interessen beider Seiten ausgewogen Berücksichtigung fanden. Selbst die ungleich weniger weitreichende Aussage, dass jedenfalls die Beschränkung des Wettbewerbs auch Rechtspositionen von Privatrechtssubjekten verletze oder beschränke (etwa deren Privatautonomie oder „Recht" auf Marktteilnahme), konte sich erst mehr als fünf Jahrzehnte nach Einführung des Kartellverbots in Europa breit durchsetzen.[220] Umgekehrt war es für die meisten Regeln des Kapitalmarktrechts – allerdings nicht alle – schon sehr früh unstreitig, dass sie auch Privatrechtssubjekte – als Vertragsstandards, als quasivertragliche Pflichtenlagen oder als Schutzgesetze iSv § 823 Abs. 2 BGB – schützen.

82   Selbst in Bereichen, in denen ein enger Konnex zwischen Regulierungsrecht und Privatrecht besteht – wie im Kapitalmarktrecht, etwa mit den (auch) aufsichtsrechtlichen Wohlverhaltenspflichten nach §§ 31 ff. WpHG und den Pflichten aus Beratungsvertrag oder mit

---

ture 688 (1997); *Malkiel* The Efficient Market Hypothesis and its Critics, 17 Journal of Economic Perspectives 59 (2003); *ders.* Finance and Growth: Theory and Evidence, in: Aghion/Durlauf (Hrsg.) Handbook on Economic Growth, 2005, S. 865.

[219] Zum Begriffspaar und dieser Einschätzung grundlegend im deutschen (Kapitalmarkt-) Recht: *Hopt* Kapitalanlegerschutz im Recht der Banken, 1975, S. 51 f., 334–337; *ders.* 51. DJT 1976, G1 (G47-G51 und G54 f.); *Kübler* Anlageberatung durch Kreditinstitute, ZHR 145 (1981) 204 (205 f.); heute etwa *Koller* in: Assmann/Schneider (Hrsg.) WpHG, 6. Aufl. 2012, § 31 Rn 1, 3; Kurzüberblick bei *Grundmann* Europäisches Gesellschaftsrecht, 2. Aufl. 2011, Rn 622–624. Allgemein schon: *L. Raiser* FS Deutscher Juristentag, 1960, S. 101; auch *Moloney* EC Securities Regulation, 3. Aufl. 2014, S. 564–571; offensichtlich aber wenig Rechtsprechungspraxis in Großbritannien: *Alcock* The Financial Services and Markets Act 2000, 2000, S. 178–180 („In the UK, such private resort to the courts has been much rarer.").

[220] Richtlinie 2014/104/EU des Europäischen Parlaments und des Rates vom 26. November 2014 über bestimmte Vorschriften für Schadensersatzklagen nach nationalem Recht wegen Zuwiderhandlungen gegen wettbewerbsrechtliche Bestimmungen der Mitgliedstaaten und der Europäischen Union, ABl.EU 2014 L 349/1; dazu nur

Haus/Serafimova Neues Schadensersatzrecht für Kartellverstöße – die EU-Richtlinie über Schadensersatzklagen, BB 2014, 2883; *Wisking/Dientzel* European Commission finally publishes measures to facilitate competition law private actions in the European Union, (2014) 35 European Competition Law Review 185. Vgl. auch zur (ausführlichen und stark konzeptionellen) Diskussion aus der Entwurfsphase: ursprünglich das entsprechende Weißbuch der Europäischen Kommission, KOM (2008) 165 endg.; und die ausführliche und grundsätzliche Diskussion im Anschluss daran, etwa *Zimmer/Logemann* Der private Rechtsschutz im Kartellrecht, ZEuP 2009, 489; *Basedow* Entwicklungslinien des europäischen Rechts der Wettbewerbsbeschränkungen – von der Dezentralisierung über die Ökonomisierung zur privaten Durchsetzung, in: Augenhofer (Hrsg.) Europäisierung des Kartell- und Lauterkeitsrechts, 2009, S. 1; *ders.* Incentives and Disincentives for the Private Enforcement of EC Competition Law, Festschrift H.-B. Schäfer 2008, S. 499; G. Wagner Should Private Enforcement of Competition Law be Strengthened? in: Schmittchen/Albert (Hrsg.), The More Economic Approach to European Competition Law, 2007, S. 115; *Pinotti/Stepina* Antitrust Class Actions in the European Union: Latest Developments and the Need for a Uniform Regime, (2011) 2 Journal of European Competition Law & Practice 24.

Stefan Grundmann

der Prospektpflicht und der Prospekthaftung –, ist damit noch nicht geklärt, **ob Regulierungsrecht mit den exakt gleichen Inhalten auch als privatrechtliche Pflicht zu verstehen** ist. Bekanntlich geht etwa der Bundesgerichtshof für §§ 31 ff. WpHG noch immer davon aus, dass diese keine direkte Wirkung im Privatrechtsverhältnis in dem Sinne hätten, dass alle Pflichten nach §§ 31 ff. WpHG auch solche des Beratungsvertrages seien.[221] Deswegen wird davon ausgegangen, die Wirkung sei stattdessen auf eine bloße diffuse „Ausstrahlungswirkung" beschränkt.[222] Immerhin wird auch hiermit bereits ein Konnex zwischen beiden Regelgruppen postuliert, wenn auch kein direkter, sondern ein weniger enger.

Die Frage nach dem Konnex zwischen Regulierungsrecht und Privatrecht stellt sich für **83** den vorliegenden Kommentar an verschiedenen Stellen: zunächst **hier zwischen dem Bankaufsichtsrecht**, das einer Fundamentalreform unterzogen wurde und als neue Architektur erörtert wird, **und dem Bankprivatrecht**, namentlich dem Bankprivatrecht der Organisation (von Banken), auch der Sanierung und Abwicklung (von Banken) (dazu unten II.) und selbstverständlich auch dem Bankprivatrecht der Transaktionen zwischen Bank und Kunden – im Zahlungsrecht, im Kreditrecht und besonders breit im Effektengeschäft (dazu unten III.). Gerade im zuletzt genannten Gebiet stellt sich die Frage nach dem Konnex zwischen Regulierungsrecht und Privatrecht dann aber auch im Verhältnis von **(Kapital-)Marktregulierungsrecht** und dem Privat- und Handelsrecht der jeweiligen Transaktionen oder Pflichtenlagen (Band 11). Sollte es für den Bereich der Wohlverhaltenspflichten (Art. 23 ff. MIFID II Nr. 2014/65/EU, §§ 31 ff. WpHG) zu einer Anerkennung seitens des EuGH kommen, dass diese EU-rechtlich begründeten und umrissenen Pflichten auch privatrechtliche Pflichten bilden, d.h. Anleger als solche direkt zu schützen haben, sollte der EuGH hierin einer Reihe von ausländischen höchstrichterlichen Entscheidungen folgen[223] und nicht der BGH-Judikatur, muss zwar noch nicht zwingend davon ausgegangen werden, dass dies auf alle anderen Bereiche übertragbar sei. Denn auch für das Europäische Bankaufsichtsrecht und die Europäische Bankenunion ist durchaus zu fragen, ob die Ziele, die mit deren Einrichtung verfolgt wurden, und diejenigen des Bankprivatrechts nicht so sehr divergieren, oder ob nicht die Herangehensweise der Entscheidungsträger so divergent ist, dass dies Probleme für die Übertragung von Wertungen und Ergebnissen aus dem einen

---

[221] Leitentscheidung: BGH Urt. v. 19.2.2008 – XI ZR 170/07, NJW 2008, 1734.

[222] Die (beratungs-)vertraglichen Pflichten jedenfalls in Parallelität zu § 31 WpHG entwickelt etwa in: BGH Urt. v. 5.10.1999 – XI ZR 296/98, BGHZ 142, 345 (356) = NJW 2000, 359 (361 f.); BGH Urt. 11.11.2003 – XI ZR 21/03, NJW-RR 2004, 484 (484); und so weit nötig, auch die quasivertraglichen (§ 311 Abs. 2 BGB): BGH Urt. v. 2.2.1982 – IVa ZR 118/81, NJW 1983, 1730 = WM 1983, 263 (264); BGH Urt. v. 4.3.1987 – IVa ZR 122/85, BGHZ 100, 117 (118 f.) = NJW 1987, 1815; BGH Urt. v. 5.10.1999 – XI ZR 296/98, BGHZ 142, 345 (356); BGH Urt. v. 8.5.2001 – XI ZR 192/00, BGHZ 147, 343 (348); BGH Urt. v. 28.6.2005 – XI ZR 363/04, BGH WM 2005, 1567 (1570); teils noch direktere Wirkung annehmend: *Köndgen* ZBB 1996, 361 (361);

Einsele JZ 2008, 477 (482 f.), *Kumpan/Hellgardt* DB 2006, 1714 (1715); *Vortmann/van Look* Prospekthaftung und Anlageberatung, 2000, § 1 Rn 27 f.; grds. zu öffentlichrechtlichen Normen und Vertragsrecht: *Dieckmann* AcP 213 (2013) 1. Näher zum Ganzen dann in Band 11.

[223] Bekanntlich hat sich der EuGH bisher sybillinisch geäußert: EuGH Urt. v. 30.5. 2013 – Rs. C-604/11 *Bankinter*, Slg. 2013, N.N. = ABl.EU 2013 C 225/16 (Leitsatz) = EuZW 2013, 557; für *meine* Auslegung der Entscheidung: *Grundmann* ERCL 8 (2013) 267. Zu den neuesten auslandsrechtlichen Entwicklungen, die eine direkte Bindungswirkung der MIFID-Wohlverhaltenspflichten auch im Privatrecht annehmen, vgl. nur Ebenroth/Boujong/Jost/Strohn/*Grundmann* HGB-Kommentar, 3. Aufl. 2015, BankR VI Rn 196 f.

Gebiet in das andere aufwirft.[224] Für diese anderen Bereiche wird dann jedoch jedenfalls die Diskussion stets unvermeidbar sein, welcher Art der Konnex jeweils ist, und es wird immer zu bedenken sein, ob nicht die Antwort auf diese Frage zuvörderst im zugrunde liegenden Europäischen Rechtsakt – nicht im nationalen Umsetzungsakt – zu suchen sei, ggf. unter Vorlage an den EuGH.[225] Und die Entwicklung im Wettbewerbsrecht legt es nahe, dass mittel- oder längerfristig eine Relevanz aller Regulierungsgebiete auch für das Privatrecht bejaht wird (etwa als Schutzgesetz). Für das Bankaufsichtsrecht, das für die Materien dieses Bandes im Vordergrund steht, wird dieser Konnex für manche Gebiete heute schon überwiegend anerkannt: etwa dass Bankvorstände die bankaufsichtsrechtlichen Zielvorgaben auch als gesellschaftsrechtlichen Pflichtenstandard zu beachten haben (dazu nächste Rn). Für andere Gebiete, namentlich allgemeiner die Bank-Kunden-Beziehung, bildet dieser Konnex demgegenüber noch eher Neuland in der Diskussion (unten III.).

II. Bankaufsicht und Bankorganisationsrecht (einschließlich Abwicklung)

84   **1. Bankaufsichtsrecht und Gesellschaftsorganisationsrecht.** Von allen bankaufsichtsrechtlichen Vorgaben sind vielleicht diejenigen zum Organisationsrecht der Banken **am unmittelbarsten mit dem allgemeinen Gesellschaftsprivatrecht verknüpft**. Dieses wird unten unter den Einzelgebieten auch besonders herausgegriffen (unten C. IV.). Das Organisationsrecht sticht freilich aus einem zweiten Grunde besonders heraus, wenn es um den Konnex zwischen Regulierung und Privatrecht geht: In einem Hauptgebiet des kundenbezogenen Bankrechts, dem Wertpapierhandelsrecht, das wie kein anderes eines der drei Hauptgeschäfte der Banken, das Investment Banking, formt, hat es nicht erst seit der Finanzkrise und den nachfolgenden Reformen Tradition, dass (Gesellschafts-)Organisationsanforderungen mit der bankprivatrechtlichen Beziehung zum Kunden verknüpft werden: Wenn es im Wertpapierhandel – parallel zu dem, was § 25a KWG bankaufsichtsrechtlich vorschreibt – um die Zentralpflicht der Interessenwahrung für den Kunden geht, so gründet diese einerseits **schon herkömmlich** in der treuhänderischen Pflicht im Privatrecht, andererseits jedoch wird ihre Beachtung (bereits seit 1993) zugleich rechtlich unterstützt und flankiert durch Organisationsforderungen, die (jedenfalls auch) aufsichtsrechtlicher Natur sind: ursprünglich Art. 10 (5. Spiegelstrich) und Art. 11 (6. Spiegelstrich) der Wertpapierdienstleistungs-Richtlinie 93/22/EWG, heute Art. 9 Abs. 3, 16 Abs. 3, 23 (bes. Abs. 2), 27 Abs. 3 MIFID II Nr. 2014/65/EU.[226] Das System geht dahin, alle Interessenkonflikte möglichst schon organisatorisch auszuräumen, jedenfalls jedoch (bei Fortbeste-

---

[224] Dazu näher *Grundmann* ZHR 179 (2015) unter III. (im Erscheinen).

[225] So schon früh *Grundmann* Europäisches Schuldvertragsrecht – das Europäische Recht der Unternehmensgeschäfte (nebst Texten und Materialien zur Rechtsangleichung), 1999, S. 128 f.; sowie Ebenroth/Boujong/Jost/Strohn/*Grundmann* HGB-Kommentar, 1. Aufl. 2001, BankR VI Rn 184.

[226] Richtlinie 93/22/EWG des Rates vom 10.5.1993 über Wertpapierdienstleistungen, ABl.EG 1993 L 141/27; dann Richtlinie 2004/39/EG des Europäischen Parlaments und des Rates vom 21.4.2004 über Märkte

für Finanzinstrumente, zur Änderung der Richtlinien 85/611/EWG und 93/6/EWG des Rates und der Richtlinie 2000/12/EG des Europäischen Parlaments und des Rates und zur Aufhebung der Richtlinie 93/22/EWG des Rates, ABl. EG 2004 L 145/1 und 2005 L 45/18; heute Richtlinie 2014/65/EU des Europäischen Parlaments und des Rates vom 15.5.2014 über Märkte für Finanzinstrumente sowie zur Änderung der Richtlinien 2002/92/EG und 2011/61/EU, ABl.EU 2014 L 173/349; grundlegend zum Gesamtbereich jetzt: *Kumpan* Der Interessenkonflikt im deutschen Privatrecht, 2014; sowie *Enriques*

hen) das Kundeninteresse als oberste Leitlinie aller Entscheidungen dem Kunden gegenüber zu achten und zudem den Kunden aufzuklären, welche Interessenkonflikte fortbestehen (Art. 23 Abs. 2 MIFID II), um ihn zusätzlich zu Selbstschutz und Wachsamkeit anzuhalten.

Im Teil zum Investment Banking wird daher der Zusammenhang zwischen Regulierung und Bankprivat-, insbes. auch Bankorganisationsrecht in besonderem Maße und durchgehend im Mittelpunkt stehen (Band 11). Allgemein für das Bankrecht sind die organisationsrechtlichen Grundanforderungen unten bereits etwas breiter aufzugreifen (unter C. IV.). Vorliegend soll jedoch bereits das **Grundproblem** angesprochen werden: Dieses wird darin gesehen, dass das Leitungsorgan primär auf Stabilitätsziele verpflichtet wird, und auch die Vergütungspolitik sich vorrangig an diesen Zielen zu orientieren habe (vgl. etwa Art. 88 Abs. 1 und 92 CRD IV). Deswegen wird davon ausgegangen, dass das **Ziel von Vorstandshandeln** nicht mehr (ganz vorrangig oder ausschließlich) in der Maximierung von Gewinnen oder Unternehmenswert für die Aktionäre (Shareholder Value) zu sehen sei, sondern (im Konfliktfall vorrangig) in der **Erhaltung der „Stabilität der Kreditinstitute".**[227] Dies wird als fundamentaler Bruch mit gesellschaftsrechtlichen Grundprinzipien verstanden. Solch eine Überformung des Gesellschaftsrechts wäre auch zu konstatieren, wenn man die Entwicklung eher als eine Fortentwicklung und Verallgemeinerung älterer wichtiger Grundentscheidungen im Gesellschaftsrecht – gerade auch im deutschen Recht – zu sehen hätte: In der Krise wurden die Pflichten des Leitungsorgans schon bisher modifiziert gesehen, dahingehend, dass mit der Ausfallwahrscheinlichkeit und damit mit Steigen der Gefahren für Verluste der Allgemeinheit auch die Geschäftsleiterpflichten verstärkt von der Gewinn- oder Vermögenswertmaximierung verlagert werden auf die Pflicht, Schäden von Dritten zu minimieren. Breit rechtsvergleichend findet sich ein **Sonderrecht der (Gesellschafts-)Leiterpflichten in der Krise,** die in diesem Sinne neu definiert werden.[228] Eine Neuausrichtung der Pflichten von Bankvorständen wäre dann so zu verstehen, dass die bankaufsichtsrechtlichen Kapitalausstattungsanforderungen nicht so hoch angesetzt wurden, dass jedem Bankenengagement nicht noch immer ein besonderes Maß an Ausfallwahrscheinlichkeit und/oder Schädigungspotential innewohnte, dass also auf Banken gleichsam dauerhaft ein „Gesellschaftsrecht der Krise" anzuwenden

---

Conflicts of Interest in Investment Services The Price and Uncertain Impact of MIFID's Regulatory Framework, in: Ferrarini/Wymeersch (Hrsg.) Investor Protection in Europe – Corporate Law Making. The MIFID and Beyond, 2006, 321; *Kumpan/Leyens* Conflicts of Interest of Financial Intermediaries – Towards a Global Common Core in Conflicts of Interest Regulation, (2008) 4 ECFR 72. Zu den Grundstrukturen *Grundmann* Der Treuhandvertrag – insbesondere die werbende Treuhand, 1997.

[227] *Binder* ZGR 2013, 760; vgl. auch *Langenbucher* Finanzinnovationen, Geschäftsleiterhaftung und Corporate Governance in regulierten Branchen, in: Möslein (Hrsg.) Finanzinnovation und Rechtsordnung, 2014, S. 272 und ähnlich *Saunders* 3 Journal of Financial Perspectives 13 (2015) („banks [as] public utilities").

[228] Vgl. rechtsvergleichend (vom existenzvernichtenden Eingriff bis zum sog. wrongful trading oder action en comblement du passif): *Forum Europaeum Konzernrecht*, Corporate Group Law for Europe, EBOR 1 (2000), 165 (245–258) = *dies.*, Konzernrecht für Europa, ZGR 1998, 672 (752–766); *Strauß*, Insolvenzbezogene Geschäftsleiterhaftung in Europa, 2001; *Ehricke*, Das abhängige Konzernunternehmen in der Insolvenz – Wege zur Vergrößerung der Haftungsmasse abhängiger Konzernunternehmungen im Konkurs und Verfahrensfragen – eine rechtsvergleichende Analyse, 1998; Länderberichte etwa in: *Sørensen* (Hrsg.) Directors' Liabilities in Case of Insolvency, 1999; *Ziegel* (Hrsg.) International and Comparative Corporate Insolvency Law, 1994.

sei.[229] Mit solch einem Konzept würden Geschäftsleiterpflichten als Teile eines beweglichen Systems gesehen: je gefährlicher die Lage bzw. das Geschäft, desto stärker werden Geschäftsleiter auch auf die Beachtung des Allgemeininteresses verpflichtet. In nuce findet sich dieser Gedanke insofern im letztlich verabschiedeten Regulierungsansatz durchaus, als die bankaufsichtsrechtlichen Pflichten nach innen teils auch je nach Höhe des nach außen eingegangenen Risikos (oder auch je nach Intransparenz der Unternehmens- bzw. Konzernstrukturen) unterschiedlich ausgestaltet sind und werden können.[230] Mit solch einer Sicht wird auch betont, dass es zu dieser Verpflichtung der Bankvorstände auf das Stabilitätsziel wohl nur und vor allem kommen musste, weil aufsichtsrechtlich nicht schlicht ein „sattes Maß" an Eigenmittelausstattung und Risikovorsorge vorgeschrieben wurde, ein Maß, das mit großer Verlässlichkeit Finanzstabilität in Zukunft auch verbürgen würde.[231]

86   **2. Bankaufsichtsrecht und „Privatrecht" von Sanierung und Abwicklung.** Auch für das neue Aufsichtsrecht der Sanierung und vor allem Abwicklung wird ein sehr direkter Einfluss auf die privatrechtlichen Rechtsverhältnisse allgemein angenommen und allgemein wird konstatiert, dass das Bankeninsolvenzrecht insoweit erheblich vom allgemeinen Insolvenzrecht abweicht. Das ist offensichtlich hinsichtlich der Möglichkeiten, (systemrelevante) Teile auszugliedern (vgl. Art. 14 Abs. 2 lit. a und Art. 22 Abs. 2 SRM-VO, Art. 31 Abs. 2 lit. a und Art. 37 Abs. 2 BRRD sowie unten Erster Teil Rn 102–105), oder hinsichtlich der Möglichkeit, dass gesellschafts- oder vertragsrechtlich begründete Rechtspositionen ausgesetzt oder umgestaltet werden (dazu nächste Rn). Vielleicht am deutlichsten wird die **Überformung des allgemeinen Sanierungs- und Abwicklungs„privatrechts"** durch die Banking Resolution and Recovery Directive (BRRD) und die SRM-VO an der Rangordnung der Gläubiger, mit der – **primär aus bankaufsichtsrechtlichen Überlegungen** heraus – vor allem Kleinanleger privilegiert werden sollen.[232] Da das Bail-in-Regime mit seinem abgeschichteten System verschiedener Anteilseigner- und Gläubigergruppen ganz offensichtlich ein Sonderinsolvenzrecht bildet, ist sein Einfluss auf das Privat-, besonders Handels- und Gesellschaftsrecht, ein sehr direkter, schon bisher als solcher diskutierter. Wieder ist diese omnipräsente Einwirkung des neuen bankaufsichtsrechtlichen Regimes auf das Privatrecht – Schuld-, Sicherheiten- oder Gesellschaftsrecht – daher auch omnipräsentes Thema bei der etwas ausführlicheren Darstellung der neuen Aufsichtsarchitektur in diesem

---

[229] So *Grundmann* ZHR 179 (2015) unter IV.2. (im Erscheinen).

[230] Überblicksweise zu den verschiedenen Kapitalpuffern und den damit verfolgten Ziele (namentlich Anreize zur Risikoverminderung und Kompensierung höherer systemischer Risiken auf Grund von Größe, aber auch auf Grund komplizierter Konzernstrukturen) vgl. *Avgouleas/Cullen* Market Discipline and EU Corporate Governance Reform in the Banking Sector: Merits, Fallacies and Cognitive Boundaries, 41 Journal of Law and Society 28 (2014); *Goodhart/Dimitrios* Financial Stability in Practice – Towards an Uncertain Future, 2012; *Theissen* EU Banking Supervision, 2014, Teil C. Für die U.S.-amerikanische Sicht: *Whitehead* The Goldilocks Approach –

Financial Risk and Staged Regulation, 97 Cornell Law Review 1267 (2011/12).

[231] Zu Forderungen, die Eigenkapitalauflagen noch erheblich auszuweiten, vgl. namentlich *Admati/Hellwig* Des Bankers neue Kleider.

[232] Dies dient der Prävention von Bank-Runs sowie dem Schutz kleinerer Investments (die selbst wiederum häufig der Altersvorsorge dienen). Zu diesem Bereich vgl. etwa *Binder* KTS 2013, 277; *Hadjiemmanuil* Special resolution regimes for banking institutions – objectives and limitations, in: Ringe/Huber (Hrsg.) Legal Challenges in the Global Financial Crisis, 2014, S. 209; *Madaus* Bank Failure and Pre-emptive Planning, in: Haentjens/Wessels (Hrsg.) Bank Recovery and Resolution – A Conference Book, 2014, S. 49.

           Stefan Grundmann

Bereich (**unten C. V.**). An dieser Stelle sollen nur einige wenige paradigmatische Aspekte schon vorweg beleuchtet werden:

Die Einflussformen können auf verschiedene Weise kategorisiert werden, u.a. bietet **87** sich folgende Zweiteilung an (wie dann auch unten unter III.): Die bankaufsichtliche Zielsetzung des Abwicklungsregimes, neben die gemäß Art. 19 SRM-VO häufig eine beihilfenrechtliche tritt (vgl. oben Erster Teil Rn 63), kann sich zum einen auf **das „Ob" der Gestaltung** auswirken. So kann eine Abwicklungsmaßnahme etwa in Form einer Fusion (vgl. Art. 37 Abs. 3 BRRD und 22 Abs. 2 SRM-VO) einerseits gewünscht erscheinen,[233] um die Stabilität des Instituts zu erhöhen, zum anderen jedoch unerwünscht, weil das Risiko eines „Too Big to Fail" verschärft wird. Der zweitgenannte Gesichtspunkt kann dann – im Hinblick auf die beihilferechtliche und/oder bankaufsichtsrechtliche Zielsetzung des Regimes – die Maßnahme an sich bereits ausschließen.[234] Das aufsichtsrechtliche Regime kann zum anderen auch das **„Wie" der Abwicklung** selbst beeinflussen, die (Um-)Gestaltung der Rechte im einzelnen. Das Hauptbeispiel für diese Dimension, das auch im Gesetzgebungsprozess wie kein anderes diskutiert wurde, bildet das sog. **Bail-in-Regime, namentlich seine Zielsetzung.** Hier soll es wegen ihrer grundsätzlichen Bedeutung nur um Letztere gehen (**für die sonstigen Fragen** dieses Regimes und das sonstige Abwicklungsregime dann **unten C. V.**). Während in der öffentlichen Diskussion ganz die Entlastung der öffentlichen Haushalte im Vordergrund stand, ist die Anreizsteuerung für die Beteiligten und Akteure als eine zweite Zielsetzung ebenso wichtig, ggf. sogar wichtiger. In der Tat spricht schon Art. 14 Abs. 2 lit. c SRM-VO bei der Definition der Abwicklungsziele nur von einer „*geringere(n)* Inanspruchnahme außerordentlicher finanzieller Unterstützung aus öffentlichen Mitteln." Und der Beitrag durch Bail-in-Mechanismen ist betragsmäßig auch auf 8 % Eigenbeiträge festgeschrieben (Art. 44 Abs. 5 lit. a BRRD und Art. 27 Abs. 7 lit. a SRM-VO). Dies ist nicht nur als „Schonung" von Bankeignern und -gläubigern zu verstehen, sondern auch von den neu definierten bankaufsichtlichen Zielen her: Denn diese werden durch das bail-in durchaus auch negativ tangiert, namentlich wegen der durch dieses ebenfalls begründeten Ansteckungsgefahren und prozyklische Effekte,[235] so dass ein Ausgleich gesucht wurde. In der Tat sollen mit dem Bail-in-Regime ebenfalls die Anreizstrukturen für die Akteure verändert werden. Das gilt gleichermaßen für die durch BRRD und SRM-VO sowie die aufsichtliche Praxis etablierte Rangordnung (vgl. schon vorige Rn) wie für die Gestaltung von Vertragsklauseln zwischen Gläubigern und Banken: etwa wenn die Wirkung bestimmter Vertragsklauseln in der Abwicklung suspendiert werden soll (etwa der

---

[233] Zur darin zum Ausdruck kommenden (für das Bankinsolvenzrecht spezifischen, weil besonders starken) Ausrichtung an einer Fortführung der Unternehmenswerte vgl. etwa *Huertas* The Case for Bail-ins, in: Dombret/Kenadjian (Hrsg.), The Bank Recovery, S. 167 (169).

[234] Vgl. *Lambert u.a.*, How Big is the Implicit Subsidy for Banks Considered Too Important to Fail? 2014 (IWF, Washington). Zu Argumentationen im erstgenannten Sinne vgl. *Dewatripont* European Banking – Bailout, Bail-in and State Aid Control, 34 International Journal of Industrial Organization 37 (2014); *Avgouleas/Cullen* 41 Journal of Law and Society 28 (2014), bes. S. 49. Für

die zweitgenannte Sicht vgl. *R. Davies / Tracey*, Too Big to Be Efficient? The Impact of Implicit Subsidies on Estimates of Scale Economies for Banks, 46 Journal of Money, Credit and Banking 219 (2014).

[235] *Avgouleas/Goodhart* Journal of Financial Regulation 2015, 1 (*dies.* CEPR Discussion Paper Series N° 10065, http://papers.ssrn.com/sol3/papers.cfm?abstract_id=2501539). Zurecht (im Hinblick auf die „zu geringe" Größe des Fonds) darauf hinweisend, dass Fonds erst an vierter Stelle in der Haftungskaskade stehen (nach 8 % Bail-in von Gläubigern, Einlegern und Sparern) etwa *Mehmedi* Europäische Bankenunion, S. 67 f.

sog. close-out netting Klauseln),[236] oder wenn vorgeschrieben wird, dass sich der Gläubiger dem Bail-in-Mechanismus vertraglich unterwerfen muss (Art. 55 BRRD). Die Kombination zwischen Neuerungen in der Rangordnung und Vorgaben hinsichtlich der verwendeten Klauseln wird voraussichtlich erhebliche Wirkungen auf Märkte haben, namentlich auf den Kreis verfügbarer Produkte und deren Bepreisung.[237] Teils wird umgekehrt sogar der breite Ermessensspielraum kritisiert, den die Abwicklungsbehörden unter der BRRD genießen – wiederum die privatrechtliche Gestaltung unmittelbar beeinflussend und überformend – und der Risikoaufschläge bei der Fremdkapitalemission durch Banken wahrscheinlich mache.[238] Während es also kein realistisches Ziel sein kann, Steuerzahler gänzlich von den Kosten zu entlasten, die Bankinsolvenzen auslösen, und dies namentlich wegen des „Too Big to Fail" Problems, ist Verbesserung der Anreize durchaus realistisch und damit immerhin eine Minimierung dieser Belastung. Damit ist das Regime sogar besonders stark auf privatrechtliche Instrumente angewiesen – wenn auch sicherlich nicht unter Ausschluss öffentlicher Aufsichtsbemühungen. Dabei waren gleichzeitig die Verlustbeteiligungen so zu kalibrieren, dass negative Externalitäten der Abwicklung minimiert wurden (namentlich Vertrauensverlust in Finanzmärkte und Regulierungsarbitrage).

III. Bankaufsicht und Bankprivatrecht ieS (Kundenbeziehung)

88   Deutlich weniger als für das Bankgesellschaftsrecht und für das Recht von Sanierung und Abwicklung wird für die Bank-Kunden-Beziehung der Einfluss der neuen bankaufsichtsrechtlichen Architektur diskutiert. Unter den **Einwirkungsformen erscheinen drei besonders prominent:**

89   Zum ersten sind **Produktverbote** zu erwarten, die mit bankaufsichtsrechtlichen Zielsetzungen (Finanz- oder Institutsstabilität, ggf. auch Marktintegrität) begründet werden. Denkbar ist das bei Verboten im Einzelfall, etwa wenn Produkte bei massenhaftem Vertrieb als zu ausfallgefährdet eingestuft werden oder jedoch, weil zu komplex, sowohl als zu riskant als auch ggf. nicht mehr transparent erklärbar.[239] Dass es sich hierbei nicht um abs-

---

[236] Vgl. Art. 68 BRRD; *Lehmann* Revue Du Droit Bancaire et Financier 4 (Juli 2014): Rn 37; für eine frühe Analyse vgl. *Peach* Systemic Risk, Regulatory Powers and Insolvency Law – The Need for an International Instrument on the Private Law Framework for Netting, Working Paper (Institute for Law and Finance, 2010). Zu deren Sonderstellung im Insolvenzrecht bisher ausführlich *Garcimartin* Resolution Tools and Derivatives, in: Haentjens/Wessels (Hrsg.) Bank Recovery and Resolution – A Conference Book, 2014, S. 190. Teils wird eine – flexiblere – Regelung durch Abrede (wie bisher) gegenüber der staatlichen Regelung als vorzugswürdig gesehen: etwa *Cahn/Kenadjian* Contingent Convertible Securities: From Theory to CRDIV, Working Paper Series (Institute for Law and Finance, 2014), S. 5.

[237] *de Seriere* Bail-In: Some Fundamental Questions, in: Haentjens/Wessels (Hrsg.) Bank

Recovery and Resolution – A Conference Book, 2014, S. 158.

[238] *Haentjens* Work of International Organisations on Bank Recovery and Resolution: An Overview, in: Haentjens/Wessels (Hrsg.) Bank Recovery and Resolution – A Conference Book, 2014, S. 18. Zur Frage, ob darin das Bail-in-Risiko oder andere Kosten der Finanzstablität reflektiert werden: *Tröger* Regulatory Influence on Market Conditions in the Banking Union, SAFE Working Paper Series, 2015, S. 10.

[239] Wie etwa im Zinswettefall aus der BGH-Judikatur: BGH Urt. v. 22.3.2011 – XI ZR 33/10, NJW 2011, 1949 (1952 f.) = WM 2011, 682 = BKR 2011, 293 (CMS Spread Ladder Swap – Zinswette); vgl. dazu *Köndgen* BKR 2011, 283 (283 f.), der zu Recht davon ausgeht, dass in diesem Fall eine transparente Aufklärung überhaupt unmöglich sein dürfte. Dort freilich unzureichende Auf-

trakte Möglichkeiten, sondern um voraussichtlich nicht selten auftretende Fallgestaltungen, belegt der Umstand, dass die wichtigste EuGH-Entscheidung in diesem Bereich ein Verbot aus Gründen der Finanzmarktstabilität (das EU-weite Verbot von Leerverkäufen) betraf, freilich nicht im Einzelfall ausgesprochen sondern im Verordnungswege.[240] Diese Einwirkungsform auf das Privatrecht, die von der Verwaltungspraxis der EZB oder auch vom Single Rulebook ausgehen könnte, wirkt freilich idR insofern „automatisch", als es dann gar nicht erst zu Transaktionen kommt. Erst bei bankseitigen Verstößen gegen die bankaufsichtsrechtlichen Vorgaben stellt sich die Frage nach Nichtigkeitsfolgen (etwa nach § 134 BGB).[241]

Weniger „versteckt" und wohl auch zahlenmäßig wichtiger sind, zweitens, die Fälle, in denen es darum geht, ob bankaufsichtsrechtliche Anforderungen, ggf. konkretisiert in Anordnungen der Aufsichtsbehörde oder im Single Rulebook, **Inhalt schuldrechtlicher Verhaltensanforderungen** werden, etwa als vorvertragliche Pflichten oder Vertragspflichten. **Im Zahlungsdiensterecht (Zahlungsverkehr)** sind etwa im Rulebook Rückgriffsrechte im Interbankenverhältnis geregelt, wenn Kunden dem erfolgten Lastschrifteinzug widersprechen. Vor Schaffung des Einheitlichen Europäischen Zahlungsraums (SEPA) mit seiner Umgestaltung gerade der Infrastruktur waren diese Rückgriffsrechte in (privatrechtlichen) Interbankenabkommen geregelt, aus denen (drittschützend) Rechte auch des wRnidersprechenden Kunden abgeleitet wurden. Es liegt nahe, dass die aufsichtsrechtlich etablierte Infrastruktur diese Wirkungen ebenfalls zeitigen wird (vgl. hierzu unten Dritter Teil Rn 348, 481–485). Da für nicht ordnungsgemäß erfolgten Zahlungstransfer die beteiligten Banken ohnehin ganz überwiegend eine verschuldensunabhängige Erfolgshaftung und nur bei Folgeschäden eine verschuldensabhängige Haftung trifft (vgl. Art. 75 f. Zahlungsdienste-Richtlinie, §§ 675y, 675z S. 2–5 BGB, unten Dritter Teil Rn 493–504 und 516–523), sind Verstöße gegen Anforderungen im Zahlungsdiensteaufsichtsrecht, die die Infrastruktur betreffen, außerhalb von Folgeschäden idR kaum von zusätzlicher Bedeutung für das Privat-

90

---

klärung schon unter Anlegung der *zivil*rechtlichen Aufklärungsstandards angenommen.

240 Nachw. oben Fn 106.

241 Zur Frage, ob auch Verbote von Aufsichtsbehörden als „Verbotsgesetze" iSv § 134 BGB gesehen werden können vgl. (ablehnend) *Schäfer* in: Boos/Fischer/Schulte-Mattler KWG, 4. Aufl. 2012 § 6 KWG Rn 31 mwN. Die hM lehnt eine solche Verbotswirkung ab: BGH Urt. v. 16.1.1996 – XI ZR 116/95, WM 1996, 387 (389); LG Frankfurt a. M. Urt. v. 19.9.1994 – 2/21 O 415/93, WM 1995, 106; *Cahn/Müchler* Produktinterventionen nach MiFID II – Eingriffsvoraussetzungen und Auswirkungen auf die Pflichten des Vorstands von Wertpapierdienstleistungsunternehmen, BKR 2013, 45 (54); Beck/Samm/Kokemoor/*Früh* § 18 KWG Rn 4; *Früh* WM 1995, 1701 (1709). Dies wird vor allem damit begründet, dass nur Gesetze im Sinne des Art. 2 EGBGB als Verbotsgesetze nach § 134 BGB angesehen werden; Verwaltungsakte werden überwiegend nicht als Verbotsgesetze betrachtet: Soergel/

Hefermehl § 134 Rn 5; Bamberger/Roth/ *Wendtland* § 134 Rn 8; anders freilich, stärker funktional ausgerichtet Münch-KommBGB/*Armbrüster* § 134 Rn 30 Rn 5. Die hM nimmt an, ein Gericht wäre bei einer Beurteilung der Verträge nicht an die Rechtsauffassung der Behörde gebunden, so dass die Institute selbstständig zu beurteilen hätten, ob sie die Vorgaben im Verhältnis zum Kunden umsetzen (dann ggf. zivilrechtlich unwirksame Verträge) oder nicht (dann ggf. Verstoß gegen Aufsichtsrecht). Hierzu (auch dass die Lage problematisch sei): *Schäfer* in: Boos/Fischer/Schulte-Mattler KWG, 4. Aufl. 2012 § 6 KWG Rn 31. Vgl. zu den parallel gelagerten Fällen der Leerverkaufs-VO *Mülbert/Sajnovits* Das künftige Regime für Leerverkäufe und bestimmte Aspekte von Credit Default Swaps nach der Verordnung (EU) Nr. 236/2012, ZBB 2012, 666, sowie zur MiFID II *Cahn/Müchler* BKR 2013, 45 (54) dort auch (zweifelnd) zum Schutzgesetzcharakter der Art. 31, 32 MiFiD iSd § 823 Abs. 2 BGB.

recht. Freilich kann das Aufsichtsrecht für den Verschuldensvorwurf bei Folgeschäden und für die Erfüllungshaftung jedenfalls für die Abgrenzung in *einem* Punkte herangezogen werden: Jedenfalls von höherer Gewalt iSv Art. 78 Zahlungsdienste-Richtlinie und § 676c BGB kann nicht ausgegangen werden, wenn zahlungsdiensteaufsichtsrechtliche Anforderungen bestanden und verletzt wurden (hierzu unten Dritter Teil Rn 338, 433, 517, 540). Und ein Verstoß gegen zahlungsdiensteaufsichtsrechtliche Standards, auch etwa im Rulebook, zur Kartensicherheit begründet wohl ein Mitverschulden und mindert Haftungsansprüche gegen den Kunden wegen Kartenmissbrauchs aus Art. 57 Zahlungsdienste-Richtlinie bzw. § 675m BGB oder schließt sie ganz aus (hierzu näher unten Dritter Teil Rn 248, 275–280). **Im Kreditrecht bzw. -verkehr** ist denkbar, dass regulatorische Vorgaben betreffend die staatliche Förderung der Kreditvergabe im Bank-Kunden-Verhältnis dann kreditvertragliche Treupflichten begründen (näher unten Vierter Teil Rn 110–113), dass die aufsichtsrechtlichen Regeln zur Prävention systemischer Risiken auch die vertragliche Weitergabe von Kreditrisiken beschränken, also ggf. sogar ein Verbot (vorige Rn) begründen (hierzu näher unten Vierter Teil Rn 188), dass aus dem Aufsichtsrecht breit ein allgemeines Transparenzgebot bei der Kreditberatung hergeleitet wird (dazu unten Vierter Teil Rn 166) und dass die Pflichten zur Prüfung der Kreditwürdigkeit, die im Aufsichtsrecht eine ältere Tradition haben und im Vertragsrecht erst zuletzt und auch noch nicht umfassend eingeführt wurden,[242] auch auf privatrechtlich bisher nicht geregelte Fälle ausstrahlen.[243] Das prominenteste und am breitesten diskutierte Beispiel freilich entstammt dem **Investmentbanking (Wertpapierhandelsrecht)**. Hier ist bekanntlich schon herkömmlich für die wichtigste Regel zur Finanzintermediation, die Kerninformations- und -beratungsregel in § 31 WpHG, höchst umstritten, ob sie rein aufsichtsrechtlicher Natur ist oder aber auch zivilrechtliche Standards festlegt (vgl. bereits oben Erster Teil Rn 82 und unten Band 11).

91 Als dritte Einwirkungsform ist denkbar, dass bankaufsichtsrechtliche Anforderungen auch als **Schutzgesetze iSv § 823 Abs. 2 BGB** verstanden werden. Wie für § 134 BGB (s. o.) stellt sich die Frage, ob Anordnungen durch Aufsichtsbehörden, wenn sie von supranationaler Ebene stammen und zudem von einer EU-Institution ausgehen, die in „Unabhängigkeit" handelt, nicht doch also solche gesehen werden können.

C. Wichtige materiellrechtliche Einzelfelder der Bankaufsicht – Grundzüge

92 Auf das Bankprivatrecht kann vorrangig, vielleicht sogar ausschließlich nur das **materielle Bankaufsichtsrecht** Einfluss nehmen. Aus diesem Grund werden im Folgenden die wichtigsten Einzelfelder des materiellen Bankaufsichtsrechts skizziert, äußerst knapp zwar, jedoch immer wieder auch mit **Bezügen zum Privatrecht**.

---

242 Im Kreditgeschäft wurde erst durch die Hypothekarkredit-Richtlinie von 2014 eine Pflicht zur verantwortungsbewussten Kreditvergabe (unzweifelhaft) eingeführt und dies nur für ihren Anwendungsbereich (der freilich das wichtigste Verbraucherkreditsegment abdeckt): vgl hierzu Art. 18 Abs. 5 Nr. 5 lit. a) der Richtlinie 2014/17/EU des Europäischen Parlaments und des Rates vom 4.2.2014 über Wohnimmobilienverträge für

Verbraucher und zur Änderung der Richtlinien 2008/48/EG und 2013/36/EU und der Verordnung (EU) Nr. 1093/2010, ABl.EU 2014 L 60/34; vgl. dort auch Art. 7.

243 So früh *Hofmann* Die Pflicht zur Bewertung der Kreditwürdigkeit, NJW 2010, 1782 (1785 f.) (auf der Grundlage von § 18 Abs. 2 KWG); ausführlich *Atamer* Duty of Responsible Lending, in: Grundmann/Atamer (Hrsg.) Financial Services, Financial Crisis,

Stefan Grundmann

I. Erlaubnispflicht **93**

Für die gewerbsmäßige Erbringung von Bankdienstleistungen iwS besteht eine Erlaubnispflicht (§§ 32 Abs. 1 S. 1 KWG, 8 Abs. 1 und 8a Abs. 1 ZAG). Diese ist eng verbunden mit der Definition der erfassten Bankdienstleistungen. Die Entwicklung über die letzten Jahre zeichnet sich durch zwei Entwicklungen aus, die jeweils die Ordnung des Kreditwesens beeinflussen: einerseits dadurch, dass zwischen verschiedenen Erbringern von Bankdienstleistungen iwS zunehmend differenziert wird, womit sich auch die Marktstrukturen verändern und verändern sollen (erleichterter Marktzutritt in den Bereichen mit geringeren Anforderungen); andererseits auch dadurch, dass die Abgrenzung vom Bereich jenseits des Kreditwesens (ohne Zulassungspflicht) gesetzgeberisch und richterrechtlich kontinuierlich problematisiert wurde, mit einer Tendenz, den regulierten Bereich auf funktional vergleichbare Geschäfte auszudehnen (Stichwort „Schattenbanken", dazu noch nächste Rn). Die zunehmende **Differenzierung verschiedener Typen von Bankdienstleistern** wirkt sich bei der Zulassung zunächst (nur) indirekt aus, weil zwar alle Typen einer Zulassungspflicht unterworfen werden, weil jedoch zugleich inhaltlich an verschiedene Typen von Bankdienstleistern unterschiedliche Anforderungen, namentlich auch Eigenkapitalanforderungen gestellt werden (etwa bei den sog. CRR-Kreditinstituten mit Einlagen- und Kreditgeschäft [§ 1 Abs. 3d Satz 1 KWG] 5 Mio. € Mindesteigenkapital, bei den Finanzdienstleistungsunternehmen zwischen 50.000,– und 730.000,– €, vgl. 33 Abs. 1 KWG) und deren Erfüllung auch bereits als Zulassungsbedingung geprüft wird. Jedenfalls jedoch stellt sich die Frage nach der Einordnung bei der Erlaubniserteilung erstmals. Vier Typen sind zu unterscheiden: (1) **(Einlagen-)Kreditinstitute** nach § 1 Abs. 1 KWG (und parallel, wenn auch enger Art. 4 Abs. 1 Nr. 1 CRR, „CRR-Institute"), (2) **Finanzdienstleistungsinstitute** nach § 1 Abs. 1a KWG (und parallel Art. 4 Abs. 1 Nr. 2 CRR);[244] (3) **Zahlungsdienstleister (und E-Geld-Institute)** nach § 1 Abs. 1 ZAG; sowie – nicht mehr in den erlaubnispflichtigen Bereich fallend – (4) die **Finanzunternehmen** (§ 1 Abs. 3 KWG, die selbst den bankaufsichtsrechtlichen Regeln nicht unterfallen, sondern nur für die Adressaten des KWG als Gegenpartei relevant sind).[245] Erstere sind als Gruppe vor allem durch den Betrieb des Einlagengeschäfts und des Kreditgeschäfts (§ 1 Abs. 1 Satz 2 Nr. 1 und 2 KWG) charakterisiert, wobei es bei der Einlage entscheidend auf das Merkmal der „unbedingten" Rückzahlungspflicht und der Hereinnahme „vom Publikum" ankommt (vor allem Sichteinlagen, Termin- oder Kündigungseinlagen, Spareinlagen; vgl. Beispiele nächste Rn) und wobei nach dem Gesagten auch heute noch die verschiedenen Transformationsleistungen zwischen Einlagengeschäft und Kreditgeschäft das Kernbetätigungsfeld der Institutsgruppen Sparkassen und Genossenschaftsbanken und auch großer Teile der Privatbanken bilden (oben Erster Teil Rn 19–21). Dieser Gruppe von Bankdienstleistern sind alle sonstigen Bankgeschäfte ebenfalls gestattet, denn für diese wird mit Zulassung als Kreditinstitut eine parallele Zulassung fingiert, so dass es sich bei diesen Instituten um die Universalbanken handelt. Finanzdienstleistungsinstitute (§ 1 Abs. 1a KWG) sind demnach nur solche Institute, die *allein* Finanzdienstleistungen anbieten (wollen), mit namentlich der Anlagevermittlung,

---

[244] CRR-Einlageninstitute sind allein diejenigen, die Einlage- und Kreditgeschäft betreiben, auch der Begriff der Wertpapierfirma ist et-

and General European Contract Law – Failure and Challenges of Contracting, 2011, S. 179; und näher unten Vierter Teil Rn 650–655.

was enger als der des Finanzdienstleistungsinstituts, vgl. *Luz/Neus/Schaber/Schneider/Wagner/Weber* (Hrsg.) KWG und CRR, § 1 KWG Rn 17 und 78.

[245] Vgl. im einzelnen Boos/Fischer/Schulte-Mattler/*Schäfer* § 1 KWG Rn 165.

-beratung und -verwaltung, auch Handel in Finanzinstrumenten für fremde Rechnung, Hochfrequenzhandel, dem best effort Emissionsgeschäft (bei firm commitment Kreditinstitut, § 1 Abs. 1 S. 2 Nr. 10 KWG) und verschiedenen Formen der Zusammenführung von Angebot und Nachfrage von Kapitalanlagen (insbes. multilateraler Handelssysteme). Finanzdienstleistungsinstitute sind demnach reine Investmentbanken. Sie und Kreditinstitute werden nach dem KWG beaufsichtigt (§ 1 Abs. 1b KWG), inhaltlich zudem der CRR. Und Zahlungsdienstleister sind solche Institute, die – ohne Universalbanken („Kreditinstitute" iSv § 1 Abs. 1 KWG) zu sein – (allein) Zahlungsdienstleistungen anbieten; sie werden dann allein nach dem ZAG beaufsichtigt. Die Wichtigkeit der Ausdifferenzierung zeigt sich vor allem an den erheblich divergierenden Anforderungen, etwa Eigenkapitalanforderungen.

94   Für die **bankprivat- und -vertragsrechtliche Sicht** wohl noch wichtiger als die Abschattierung verschiedener Arten von Bankdienstleistern erscheint die **Abgrenzung gegenüber dem unregulierten Bereich** jenseits des Kreditwesens. Dieser unregulierte Bereich wird in der Folge der Finanzkrise auch legislatorisch sehr grundsätzlich in Frage gestellt, namentlich Überlegungen zur Regulierung von Hedge Fonds oder Geldmarktfonds haben hohe Priorität auch international.[246] Eine zentrale Ausweitung des bankaufsichtsrechtlich regulierten Bereichs erfolgte schon bisher beispielsweise mit der Einbeziehung der Anlageberatung in den Kreis der Wertpapierdienstleistungen durch die MIFID und ihre Umsetzung (§ 1 Abs. 1a Satz 2 Nr. 1a KWG, auch § 2 Abs. 3 Nr. 9 WpHG).[247] Richterrechtlich stehen die Einzelabgrenzungen im Vordergrund, etwa dass, wenn Winzer routinemäßig Gelder bei einer Winzergenossenschaft über den jährlichen Abrechnungszeitraum hinaus stehen lassen, dies als Einlagengeschäft zu qualifizieren sei (durchaus vom Publikum aufgenommen), umgekehrt jedoch die Überlassung von Geldern zu Spekulationsgeschäften nicht (mangels unbedingter Rückzahlungspflicht).[248] Für die Kunden von Bankdienstleistungen ist dies vor allem deswegen zentral, weil die (Einhaltung der) Erlaubnispflicht **als Schutzgesetz iSv § 823 Abs. 2 BGB** bzw. als Vertragspflicht einzustufen ist[249] – überzeugend, wenn Regulierung

---

[246] Vgl. nur Commission MEMO/13/763 (Sept. 4, 2013); *Bundesanstalt für Finanzdienstleistungsaufsicht,* Jahresbericht 2013 S. 21, abrufbar unter http://www.bafin.de/SharedDocs/Downloads/DE/Jahresbericht/dl_jb_2013.html; *G20 Leaders' Declaration Saint Petersburg Summit, 2013* Nr. 76, abrufbar unter http://www.bundesregierung.de/Content/DE/_Anlagen/G8_G20/G20-erklaerung-petersburg-en.html?nn=393164; sowie Kommission der Europäischen Union, Vorschlag für eine Verordnung des Europäischen Parlaments und des Rates über Geldmarktfonds, KOM (2013) 615 endg. (September 2013).

[247] Vgl. dazu, der Heraufstufung von einer (grds. aufsichtsfreien) Wertpapiernebendienstleistung zu einer Wertpapierdienstleistung vgl. *Fleischer* BKR 2006, 389 (392); *Teuber* BKR 2006, 429 (429).

[248] Für das Erste BGH Urt. v. 19.3.2013 – VI ZR 56/12, WM 2013, 874; für das Zweite BGH Urt. v. 9.11.2010 – VI ZR 303/09, WM

2011, 17 (18); näher dann zu den Abgrenzungen die Standardkommentare, etwa *Luz/Neus/Schaber/Schneider/Wagner/Weber* (Hrsg.) KWG und CRR, § 1 KWG Rn 16–94; knappe Zusammenfassungen etwa bei *Hartmann-Wendels/Pfingsten/Weber* Betriebswirtschaftslehre, S. 18–22; *Auerbach* Banken- und Wertpapieraufsicht, S. 31–51; *Kirchhartz* in: Erne (Hrsg.) Claussen Bankrecht, S. 58–65.

[249] Grundlegend BGH Urt. v. 21.4.2005 – III ZR 238/03, WM 2005, 1217; dann BGH Urt. v. 11.7.2006 – VI ZR 339/04, WM 2006, 1898; Urt. v. 11.7.2006 – VI ZR 340/04, WM 2006, 1896 (1897), Urt. v. 23.3.2010 – VI ZR 57/09, WM 2010, 928 (929); BGH (vorige Fn), WM 2011, 17 (18); Urt. v. 23.11.2010 – VI ZR 244/09, WM 2011, 20 (21) (auch zugunsten von Drittstaateneinlagenvermittlung); das Ausgangsurteil in Abgrenzung zur zeitgleichen Entscheidung betreffend das Fehlen eines Anspruchs gegen die Aufsichtsbehörden: BGH Urt. v.

und Überwachung als zentral für die Qualität von Bankdienstleistungen und insbesondere für den Aufbau hinreichender organisatorischer Voraussetzungen zu sehen sind und dies gerade auch im Kundeninteresse. Die fehlende Einholung einer Zulassung genügt also als haftungsbegründender Tatbestand. Die Haftung trifft gesamtschuldnerisch die Vorstände des Unternehmens und dieses selbst. Da Erwägungsgrund 61 der SSM-VO eine Staatshaftung für fehlerhafte Bankaufsicht (durch die EZB) ausdrücklich nicht ausschließt, wird potentiell der Kreis der Haftenden signifikant ausgeweitet, auf stets solvente Schuldner.

II. Solvabilitäts- und Liquiditätsvorgaben (mit Eigenkapitalanforderungen)

Der erste große Reformschwerpunkt lag in der **Verbreiterung der Ausstattung der 95 Kreditinstitute mit Eigenkapital.** Das ist **verbunden mit einem gezielteren Zuschnitt auf spezifische Risikosituationen (zusätzliche Kapitalpuffer),** namentlich: mit einerseits einer stärkeren Vorbereitung auf Krisensituationen und antizyklischen Maßnahmen und andererseits der stärkeren Berücksichtigung eines (von solchen krisenhaften Entwicklungen unabhängigen) systemischen Risikos, das typischer Weise aus der Größe des Instituts oder der Art der Verbindlichkeiten resultiert. Dies ist der Teil der Reform, den die Basel III-Grundsätze anstießen (oben Erster Teil Rn 38) und der **in der CRR,** also in unmittelbar anwendbarem EU-Recht, verankert ist.[250] Insgesamt erscheint die Möglichkeit, dass die diesbezüglichen Regeln auf bankprivat- und -vertragsrechtliche Fragen Einfluss nehmen, ungleich geringer als bei den Organisationsvorgaben und dem Sanierungs- und Abwicklungsregime (unten III. und IV.).

Die **Verbreiterung der Ausstattung der Kreditinstitute mit Eigenkapital** ist nicht dem 96 Umstand geschuldet, dass unter CRD IV / CRR die Summe der Eigenmittel einen höheren Prozentsatz des risikogewichteten Gesamtforderungsbetrages abdecken müssten als zuvor (unter CRD II und III). Dieser Prozentsatz blieb unverändert bei 8 % (Art. 92 CRR). Entscheidend ist vielmehr, dass auf beiden Seiten der Relation, vor allem jedoch auf der Seite der Eigenmittel Verschärfungen vorgenommen wurden. Diese betreffen zunächst die **Qualität der Eigenmittel:** Nach Art. 92 CRR müssen die Kreditinstitute 4,5 % als sog. hartes Kernkapital, weitere 1,5 % als „zusätzliches Kernkapital" vorhalten, während Ersteres zuvor nur 2 % betragen musste, Zweiteres ebenfalls 2 %.[251] Dabei besteht hartes Kernkapital im Wesentlichen aus Gesellschaftsanteilen bzw. Rücklagen aus realisierten Gewinnen (keine Rückzahlung, keine Ausschüttungsverpflichtung, Nachrang mit uneingeschränkter und unmittelbarer Verfügbarkeit für die Abdeckung von Risiken, näher Art. 28 CRR mit 13 Einzelkriterien).[252] Zusätzliches Kernkapital (Art. 52 CRR) steht ähnlich dauerhaft zur

---

21.4.2005 – III ZR 48/01, BGHZ 162, 49 (57 f.).

[250] Die Regelung ist sehr technisch und umfangreich. Von den 11 Teilen sind die Wichtigsten: Teil 2 Eigenmittel (Art. 25–91), Teil 4 Großkredite (Art. 387–403) sowie Teil 6 Liquidität (Art. 411–428) und eher punktuell auch Teil 3 Eigenmittelanforderungen (Art. 92–386).

[251] Anschaulich die Graphik bei *Hartmann-Wendels* ZfBF 67 (2013) 72 (75); zu den Grundideen der (besseren) Anreizsteuerung durch solch eine Anhebung (neben der – offensichtlich auch – besseren Abdeckung des

Risikos): *Rugemintwari,* The Leverage Ratio as a Bank Discipline Device, 62 Revue Economique 479 (2011); *Vollmer/Wiese* (2013) 9 Journal of Financial Stability 487; kritisch zum Maß der Anhebung (zu gering) vor allem *Hellwig/Adamati,* The banker's new clothes: what's wrong with banking and what to do about it, 2014.

[252] Näher etwa *Auerbach* Banken- und Wertpapieraufsicht, S. 67–72; *Luz/Neus/Schaber/ Schneider/Wagner/Weber* (Hrsg.), KWG und CRR, Art. 26–35 CRR Rn 40–63 und Art. 36–49 Rn 1 ff. (zu Abzügen).

Verfügung, hat vergleichbaren Nachrang und ebenfalls keine Ausschüttungsverpflichtungen, etwa stille Vermögenseinlagen oder dauerhaft bedingte Pflichtwandelanleihen.[253] Im Vergleich zu zuvor ist also die Kernkapitalquote um 50 % gestiegen, die des harten Kernkapitals hat sich mehr als verdoppelt. Dies ist freilich nur die **erste Ebene eines dreifach verstärkten Solvabiltitässicherheitsnetzes**. Das Ergänzungskapital (Art. 60 CRR, wiederum mit Nachrang, ohne Kündigungsrecht des Gläubigers und zwar mit Ausschüttungsverpflichtungen, jedoch ohne Steigerung bei sinkender Bonität)[254] füllt nur noch eine Lücke von (bis zu) 2 %.

97   Die zweite Ebene des verstärkten Solvabilitätssicherheitsnetzes besteht aus **vier Kapitalpuffern**, mit denen differenziert und teils auch flexibel **besondere Risikopotentiale abgedeckt** werden sollen. Aufsummiert können sie bis zu 8,5 % des risikogewichteten Gesamtforderungsbetrages erreichen (vgl. nochmals Graphik oben Fn 251). Dies ist umso wichtiger, als für die Kapitalpuffer stets hartes Kernkapital aufzubringen ist.[255] Beim sog. **Kapitalerhaltungspuffer von 2,5 %** (Art. 129 CRD IV, § 10c KWG) handelt es sich um das allgemeinste, zugleich jedoch auch für die Banken besonders flexible Instrument. Grundidee ist, dass die Institute diesen in Zeiten guter Ergebnisse aufbauen sollen, um ihn in Krisen- oder Verlustphasen abbauen zu können, ohne dass das Kreditengagement zurückgefahren werden muss (und so die Gefahr erheblich ist, dass sich die Ertragslage nochmals verstärkt eintrübt und die Krise vertieft wird und, wenn massenweise geschehen, dass auch eine Kreditklemme für die Realwirtschaft droht). Deswegen besteht keine Pflicht, diesen Puffer stetig vorzuhalten, freilich sind Ausschüttungen erst zulässig, sobald er umfassend aufgebracht ist, so dass nicht nur der Anreiz stark sein sollte, diesen Kapitalpuffer in Zeiten guter Ergebnisse aufzubauen, sondern bis zu seinem Aufbau auch vermehrt Mittel vorliegen.[256] Gezielt auf die jeweilige Konjunkturlage ist dann der **antizyklische Kapitalpuffer von bis zu 2,5 %** (Art. 130 CRD IV, § 10d KWG) zuzuschneiden, dies von der Aufsichtsbehörde, freilich nach internationalen Standards, die auf die Belegenheit der jeweiligen Verbindlichkeiten abstellen. Jedes Kreditinstitut hat auf dieser Grundlage seinen eigenen Prozentsatz zu errechnen, der der Verteilung seines Kreditportfolios entspricht. In Zeiten guter Konjunktur werden so Puffer aufgebaut, aus denen bei schlechterer Konjunktur Abschreibungen auf Forderungen getätigt werden können, die wegen konjunkturbedingten Forderungsausfällen nötig werden.[257] Neben diese beiden auf die Konjunkturlage zugeschnittenen Puffer treten **zwei weitere, die primär auf (konjunkturunabhängige) systemische Risiken** zugeschnitten sind und die auch aufeinander angerechnet werden (also nicht kumuliert werden, Art. 131 CRD IV, § 10h KWG).[258] Dies ist zum einen ein spezifischer

---

[253] Näher etwa *Auerbach* Banken- und Wertpapieraufsicht, S. 73–75; *Luz/Neus/Schaber/ Schneider/Wagner/Weber* (Hrsg.), KWG und CRR, Art. 51–61 CRR bes. Rn 1–34.

[254] Näher etwa *Auerbach* Banken- und Wertpapieraufsicht, S. 75–77; *Luz/Neus/Schaber/ Schneider/Wagner/Weber* (Hrsg.), KWG und CRR, Art. 62–71 CRR bes. Rn 1–34.

[255] *Lannoo* Great Financial Plumbing, S. 90; *Hartmann-Wendels/Pfingsten/Weber* Betriebswirtschaftslehre, S. 339; *Luz/Neus/ Schaber/Schneider/Wagner/Weber* (Hrsg.) KWG und CRR, § 10c KWG Rn 4 und § 10d KWG Rn 6.

[256] Zu diesem Kapitalpuffer vgl. näher *Auerbach* Banken- und Wertpapieraufsicht, S. 77–79; *Hartmann-Wendels/Pfingsten/Weber* Bankbetriebslehre, S. 339 f.; *Luz/Neus/ Schaber/Schneider/Wagner/Weber* (Hrsg.) KWG und CRR, § 10c KWG Rn 1–4.

[257] Zu diesem Kapitalpuffer vgl. näher *Auerbach* Banken- und Wertpapieraufsicht, S. 77–79; *Hartmann-Wendels/Pfingsten/Weber* Bankbetriebslehre, S. 339 f.; *Luz/Neus/ Schaber/Schneider/Wagner/Weber* (Hrsg.) KWG und CRR, Art. 62–71 CRR, § 10d KWG Rn 1–16.

[258] Zu diesen beiden Kapitalpuffer vgl. näher *Auerbach* Banken- und Wertpapieraufsicht, S. 77–79; *Hartmann-Wendels/Pfingsten/*

Kapitalpuffer für systemisch relevante Banken, die anhand einer Liste von Kriterien in fünf Kategorien eingeteilt werden, denen Kapitalpuffer von 1 bis 3,5 % zugeordnet sind, die wiederum ein Äquivalent für größen- und komplexitätsbedingte Risiken (namentlich das „too-big-to-fail") bilden sollen (Art. 131 CRD IV, §§ 10f und 10g KWG). Daneben tritt zum anderen, freilich aufeinander anzurechnen, ein allgemeiner Kapitalpuffer, den die zuständige Aufsichtsbehörde für systemische Risiken festsetzen kann, die mitgliedstaatlichen in einer Höhe bis zu 3 %, darüber nur nach Genehmigung durch die zuständigen Institutionen auf EU-Ebene, namentlich die EZB (Art. 133 CRD IV, § 10e KWG).

Die dritte Ebene des gestärkten Sicherheitsnetzes durch Eigenmittelausstattung ist in **98** einer **umfassenderen Abbildung von Risiken**, vor allem bei den Marktpreisrisiken und bei den operationellen Risiken (Art. 107ff. CRR),[259] sowie in den **nunmehr kodifizierten Liquiditätsaufsichtsanforderungen** (Art. 411–428 CRR) zu sehen, mit denen für Verbindlichkeiten, die in Zeithorizonten von 30 Tagen (LCR) bzw. einem Jahr (NSFR) fällig werden, entsprechend hohe, verfügbare und zeitgleich liquide Mittel gewährleistet werden sollen.[260] Eine Darstellung der sehr komplizierten Regeln würde den Rahmen einer Übersicht sprengen.

III. Organisationsvorgaben

Die Corporate Governance der Banken ist zu einem eigenständigen (internationalen) **99** Diskussionsfeld geworden.[261] **§ 25a Abs. 1–4 KWG**, der Vorgaben in Art. 88f. CRD IV umsetzt, bildet den rechtlichen, teils auch etwas technisch wirkenden Kern hiervon. Die Organisationsvorgaben für Banken bilden denjenigen Hauptteil des regulatorischen Regimes, der – anders als die Eigenkapitalregeln und die Bankensanierung und -abwicklung – nicht auf internationalen Grundsätzen und Vorschlägen beruht (Baseler Ausschuss, FSB), sondern eine Besonderheit des Europäischen Rechts bildet. Die dichte Statuierung von Organisationspflichten im Aufsichtsrecht ist auch hier ein Spezifikum des Bankrechts, beginnend 1993 mit der EG-Wertpapierdienstleistungs-Richtlinie. Die **Leitprinzipien** sind folgende drei: (1) die Zuordnung der gesamten Organisationsverantwortung – generalklauselmäßig offen – zur Leitungsebene (Abs. 1 Satz 2);[262] (2) die Verpflichtung, für alle wichtige Funktionen spezialisierte Verfahren einzurichten, selbstverständlich allgemein für

---

Weber Bankbetriebslehre, S. 340; *Luz/Neus/ Schaber/Schneider/Wagner/Weber* (Hrsg.), KWG und CRR, Art. §§ 10e bis 10h KWG.

259 Zu diesem Regime *Auerbach* Banken- und Wertpapieraufsicht, S. 79–92; *Hartmann-Wendels/Pfingsten/Weber* Bankbetriebslehre, S. 514–548, 549–560 und 640–650; *Luz/Neus/Schaber/Schneider/Wagner/Weber* (Hrsg.), KWG und CRR, Art. 107 ff. CRR, bes. Art. 107 und 108 CRR.

260 Zu diesem Regime *Auerbach* Banken- und Wertpapieraufsicht, S. 92–98; *Hartmann-Wendels/Pfingsten/Weber* Bankbetriebslehre, S. 402–412; *Luz/Neus/Schaber/Schneider/Wagner/Weber* (Hrsg.), KWG und CRR, Art. 411–428 CRR.

261 Vgl. nur *Hopt/Wohlmannstetter* Handbuch Corporate Governance von Banken; *Kemter* Corporate Governance … des Bankensektors, 2013/14; *Börner* in: Paetzmann/Schöning (Hrsg.), Corporate Governance von Kreditinstituten, S. 33; *Hopt* in: Wymeersch/Hopt/Ferrarini (Hrsg.), Financial Regulation … Post-Crisis, S. 337; *Mülbert/Wilhelm* in: Busch/Ferrarini (Hrsg.), European Banking Union, S. 155.

262 Dazu etwa *Auerbach* Banken- und Wertpapieraufsicht, S. 131 f.; *Hartmann-Wendels/ Pfingsten/Weber* Bankbetriebslehre, S. 355–358; *Kirchhartz* in: Erne (Hrsg.) Claussen Bankrecht, S. 66 f.; *Luz/Neus/ Schaber/Schneider/Wagner/Weber* (Hrsg.), KWG und CRR, Art. § 25a Abs. 1–4 KWG bes. Rn 5 f., 90 f.

Stefan Grundmann

das Risikomanagement (Abs. 1 Satz 3), vor allem jedoch ein Risikocontrolling-Verfahren (Abs. 1 Satz 3 Nr. 3 lit. c)) und ein Compliance-Verfahren (Abs. 1 Satz 3 Nr. 3 lit. c));[263] (3) die zusätzliche Flankierung dieser Verfahren durch prozedurale Absicherungen, namentlich durch detaillierte prozedurale Beschreibung und durch Prüfer derselben sowie minutiöse Dokumentation (Abs. 1 Satz 3 und 6) und durch Ermutigung zur Aufdeckung von Missständen (Whistleblowing, Abs. 1 Satz 6 Nr. 1). Die Wichtigkeit, die diesen Organisationsregeln zugemessen wird, führte auch dazu, dass die BaFin als Aufsichtsbehörde diese Vorgaben nochmals durch Verwaltungsanleitung verfeinerte: durch das Rundschreiben 10/2012 zu Mindestanforderungen an das Risikomanagement (MaRisk).[264]

100   Am revolutionärsten – und auch politisch am umstrittensten – erscheint das **Vergütungsregime**, das auf der Grundlage von Art. 92–94 CRD IV mit § **25a Abs. 5–6 KWG** sowie der Institutsvergütungs-Verordnung etabliert wurde; die Verordnung wurde auf der Grundlage von § 25a Abs. 6 KWG erlassen[265] und erfasst nach ihrem § 1 alle nach KWG (§ 1 Abs. 1b) beaufsichtigten Institute (Kreditinstitute und Finanzdienstleistungsinstitute). Während wichtige Eckpunkte in der Vorgabe der CRD IV zu finden sind, lässt diese doch durchaus Gestaltungsspielraum, den das deutsche Recht substantiell nutzte. In geradezu diametralen Gegensatz zur Diskussion in den 1990er und frühen 2000er Jahren, in der Boni als das zentrale Anreizinstrument gesehen wurden, wird das heutige bankrechtliche Vergütungsregime auf Europäischer wie nationaler Ebene vor allem damit gerechtfertigt, dass die Risikofreudigkeit der zentralen Entscheidungsträger eingedämmt werden müsse.[266] Freilich sind die Einzelregeln i.Erg. als die Suche nach einem Mittelweg zu verstehen: mit Risikobeschränkungselementen, die jedoch die Leistungselemente (einschließlich Anreizen zu angemessener Risikoübernahme) keineswegs gänzlich oder auch nur überwiegend ausräumen (vgl. § 6 Abs. 1 Satz 2 InstitutsVergVO). Das deutsche Regime unterscheidet zwischen Regeln für alle Institute (§§ 3 ff. InstitutsVergVO) und Verschärfungen für bedeutende Institute (iSv § 17, dann §§ 18 ff. InstitutsVergVO), wobei freilich Letztere praktisch durchweg eher moderate Verschärfungen als grundsätzlich eigenständige zusätzliche Anforderungen enthalten. Das Regime beruht vor allem auf **vier Pfeilern**, zwei stärker formal-institutionellen Vorgaben, zwei inhaltlichen: Die Vergütungssysteme müssen in Form einer Gesamtstrategie und im Einklang mit der Gesamtstrategie des Instituts festgeschrieben werden, und hierfür hat das Leitungsorgan – für den Vorstand der Aufsichtsrat – die Verantwortung zu übernehmen (Art. 92 Abs. 2 bes. lit. a) und c) CRD IV, § 25a Abs. 5 Satz 1 KWG und §§ 4 bzw. 3 InstitutsVergVO)[267] – womit dann schon eine

---

263   Dazu etwa *Auerbach* Banken- und Wertpapieraufsicht, S. 133–144; *Hartmann-Wendels/Pfingsten/Weber* Bankbetriebslehre, S. 355–358; *Kirchhartz* in. Erne (Hrsg.) Claussen Bankrecht, S. 66 f.; *Luz/Neus/Schaber/Schneider/Wagner/Weber* (Hrsg.), KWG und CRR, Art. § 25a Abs. 1–4 KWG bes. Rn 11, 114–124.

264   *BaFin* Rundschreiben 10/2012 (BA) – Mindestanforderungen an das Risikomanagement, MaRisk, 14.12.2012, abrufbar unter http://www.bafin.de/SharedDocs/Veroeffentlichungen/DE/Rundschreiben/n_1210_marisk_ba.html; ausführliche Kommentierung etwa in *Luz/Neus/Schaber/Schneider/Wagner/Weber* (Hrsg.) KWG und CRR, Art. 62–71 CRR bes. Rn 51–277.

265   Verordnung über die aufsichtsrechtlichen Anforderungen an Vergütungssysteme von Instituten (Institutsvergütungsverordnung – InstitutsVcrgV) vom 16.12.2013, BGBl. 2013 I, S. 4270. Zum Sonderregime bei bedeutenden Banken, hier namentlich SIFIs *Nobel* in: von der Crone/Rochet (Hrsg.) Finanzstabilität, S. 145.

266   *Auerbach* Banken- und Wertpapieraufsicht, S. 152 f.; *Luz/Neus/Schaber/Schneider/Wagner/Weber* (Hrsg.) KWG und CRR, Art. § 25a Abs. 5–6 KWG bes. Rn 10–12.

267   *Luz/Neus/Schaber/Schneider/Wagner/Weber* (Hrsg.) KWG und CRR, Art. § 25a Abs. 5–6 KWG bes. Rn 8 f.

deutliche Regularisierungswirkung verbunden ist, die noch dadurch verstärkt wird, dass Abweichungen bei einzelnen Amts- und Entscheidungsträgern (nach oben) zu begründen sind (§ 10 Abs. 1 InstitutsVergVO). Zudem hat das Vergütungsregime nicht nur den Betroffenen bekanntgemacht, sondern allgemein veröffentlicht zu werden (Art. 450 CRR, § 16 InstitutsVergVO).[268] Die beiden inhaltlichen Vorgaben stützen sich auf die Unterscheidung zwischen festen und variablen Vergütungsbestandteilen, betreffen zwar grds. beide Formen, wirken beschränkend oder regulierend jedoch vor allem für die Variablen: Der Zuschnitt der Vergütung, vor allem der variablen, muss so vorgenommen werden, dass er weder zu übermäßiger Risikofreude einlädt noch die Kontrollfunktion des Betroffenen beeinträchtigt (Art. 92 Abs. 2 bes. lit. e) CRD IV, § 5 Abs. 1 Nr. 1 und 2 Instituts-VergVO),[269] wozu dann einerseits gehört, dass er exzessives Risiko nicht belohnen darf bzw. dass er beim Kontrolleur eine allzu große Identifikation mit den operationalen Zielen nicht fördern darf (§ 5 Abs. 4 InstitutsVergVO), andererseits jedoch auch, dass dieser Zuschnitt keine allzu große (existenzielle) Abhängigkeit von Erfolgsfaktoren vorsehen darf (namentlich § 5 Abs. 3, aber auch § 8 InstitutsVergVO). Solch eine Vergütung wird als „angemessen" verstanden, was zeigt, dass Angemessenheit vor allem im Hinblick auf die Verträglichkeit mit gesamtgesellschaftlichen Zielen verstanden wird. Teils wird Angemessenheit freilich auch traditioneller – im Interessenausgleich zwischen den Parteien – verstanden, namentlich wenn vorgeschrieben wird, dass ohne besondere Leistung auch kein (variabler) Bonus geschuldet sein darf (vgl. § 5 Abs. 5 InstitutsVergVO). Die zweite inhaltliche Regelung betrifft nicht die Angemessenheit der (variablen) Vergütung für sich, sondern ihr Verhältnis zur festen Vergütung (Art. 92 Abs. 2 lit. g) und 94 CRD IV, §§ 25a Abs. 5 S. 2–9 KWG und § 6 InstitutsVergVO): Das Gewicht der variablen Vergütung – und damit einer Risikofreudigkeit – wird mit diesen Regeln nun ungleich konkret beschränkt als durch die bisher diskutierte generalklauselartige Zielangabe (die Wirkung von variabler Vergütung wird jedoch eben auch nicht eliminiert): Zum einen wird die variable Vergütung auf 100 % der festen Vergütung begrenzt (auch bei Aktionärsvotum auf 200 % mit zusätzlichen Kautelen), und allgemein darf die variable Vergütung nicht existentiell wichtig werden (Art. 94 Abs. 1 lit. f) CRD IV, § 5 Abs. 3 Nr. 1 InstitutsVergVO).[270] Zum anderen müssen Haltezeiten eingebaut und die Referenzzeiten lange genug festgesetzt werden, um den Anreiz des „schnellen Geldes" und zum kurzfristig ausgerichteten Handeln zu nehmen (Art. 92 Abs. 2 bes. lit. a) CRD IV, § 5 Abs. 1–3 InstitutsVergVO).[271] Dass all dies auch privatrechtliche Rechte, Pflichten und Haftungslagen begründet, liegt auf der Hand.

---

[268] *Auerbach* Banken- und Wertpapieraufsicht, S. 154; Gendrisch/Huber/Hahn/*Jerzembek/Rosteck* Handbuch Solvabilität, S. 440–443; *Luz/Neus/Schaber/Schneider/Wagner/Weber* (Hrsg.) KWG und CRR, Art. § 25a Abs. 5–6 KWG bes. Rn 21, 24–26.

[269] *Auerbach* Banken- und Wertpapieraufsicht, S. 153; *Luz/Neus/Schaber/Schneider/Wagner/Weber* (Hrsg.) KWG und CRR, Art. § 25a Abs. 5–6 KWG bes. Rn 10–12.

[270] *Auerbach* Banken- und Wertpapieraufsicht, S. 153f.; *Luz/Neus/Schaber/Schneider/Wagner/Weber* (Hrsg.) KWG und CRR, Art. § 25a Abs. 5–6 KWG bes. Rn 14 f.

[271] *Auerbach* Banken- und Wertpapieraufsicht, S. 154; *Luz/Neus/Schaber/Schneider/Wagner/Weber* (Hrsg.) KWG und CRR, Art. § 25a Abs. 5–6 KWG bes. Rn 18.

IV. Aufsichtsrecht der Bankenkrise (Sanierung, Abwicklung, Einlagensicherung)

101   Vorliegend wird das „**Aufsichtsrecht der Bankenkrise**" im Verbund beschrieben, **mit den drei Teilen Sanierung, Abwicklung und Einlagensicherung.** Dies widerspricht zwar vordergründig der Architektur der Aufsicht, namentlich der jeweils zuständigen Aufsichtsbehörden: für den ersten Bereich die EZB (ggf. die BaFin), für den Zweiten der SRB (ggf. die BaFin), für den Dritten (verwaltungsmäßig nicht vergemeinschaftet) allein die BaFin (§ 50 EinSiG). Funktional wird dieser Verbund jedoch vielfach betont – und dies hat für eine Kommentierung, die primär der *Architektur* des Kreditwesens gilt, den Ausschlag zu geben. Der funktionale Verbund liegt vor allem in Folgendem (vgl. bereits oben Erster Teil Rn 41 f.): Mit der kontinuierlichen Planung zukünftiger Abwicklungsszenarien – schon vor Krisenzeiten – (unten 1.) sollen zum einen die Umstände, die eine Krise auslösen (können), bewusster werden, zugleich eine zügigere Reaktion bei Eintritt der Krise ermöglicht werden und so Verhalten vor der Krise gesteuert werden. Und mit der Einlagensicherung (unten 3.) soll im Moment der Krise u.a. Bank-Runs vorgebeugt werden, um bessere Voraussetzungen für eine geordnete Abwicklung oder auch noch Sanierung zu schaffen. Demnach sind die Vorbeugung der Krise, jedoch auch ihre geordnete Bewältigung die Ziele aller drei genannten Teile des Regimes.

102   **1. Vorsorge und Sanierung.** Zentral für und völlig eigenständig und neu im *Banken-Insolvenzrecht* ist der *Fokus auf Krisenprävention* – mit Ausformulierung eigener Krisenvorsorgepflichten, namentlich der Pflicht jedes Kreditinstituts, **Sanierungspläne** bereits vorab zu entwickeln (namentlich Art. 5 BRRD) und dies unter der Überwachung durch die Aufsichtsbehörde, dabei vor allem auch die Strategien zu skizzieren, die bei erheblicher Verschlechterung der Finanzlage ergriffen werden würden.[272] Zwar behalten in dieser Phase („early intervention", aber auch noch Sanierung / „recovery") die Aktionäre und Entscheidungsträger ihre Entscheidungskompetenz bei (39. Erwägungsgrund), alle Maßnahme erfolgen jedoch bereits unter **Aufsicht der Abwicklungsbehörde(n)** (vgl. Art. 2 Abs. 1 und 21 und Art. 5 BRRD)[273] und mit dem Ziel, Sanierungshindernisse möglichst früh auszuräumen oder gar nicht erst entstehen zu lassen (vgl. Art. 27 BRRD). Die zuständigen Behörden können den Sanierungsplan prüfen, Änderungen verlangen, insbesondere dem Institut Maßnahmen zur Minderung des Risikoprofils abverlangen, namentlich bei seiner Refinanzierung und in seiner corporate governance (Art. 6 bes. Abs. 6 BRRD, § 15 f. SAG). Zuständig ist bereits die Abwicklungsbehörde, die vor allem Hindernisse identifizieren soll, die eine mögliche Abwicklung später behindern könnten, namentlich wenn kritische Operationen nicht hinreichend abgeschottet sind (ring-fencing) (Art. 6 Abs. 4 und 15 BRRD mit Annex unter C., § 15 Abs. 1 und § 57 SAG). Sanierungspläne sind wichtig als früh eingreifendes Präventivinstrument (vgl. Art. 27 BRRD, § 12 SAG), insbesondere auch

---

[272] EBA hat Guidelines für die Erstellung der detaillierten Sanierungspläne und der anzugebenden bzw. zu berücksichtigenden Indikatoren aufgestellt und veröffentlicht, vgl. *European Banking Authority,* Guidelines on the minimum list of qualitative and quantitative recovery plan indicators vom 6. Mai 2015 (vgl. https://www.eba.europa.eu/regulation-and-policy/recovery-and-resolution/guidelines-on-recovery-plans-indicators);

vgl. auch *Carmassi/Herring* 5 Journal of Financial Economic Policy 361 (2013); ausführlich zur Philosophie dieses Vorbeugeregimes: *Madaus* in: Haentjens/Wessels (Hrsg.) Bank Recovery and Resolution, S. 49; auch *Amorello/Huber* 3 Law and Economics Yearly Review 296 (2014).

[273] *Avgouleas/Goodhart/Schoenmaker,* Living Wills as a Catalyst for Action, DSF Policy Paper 4 (2010); auch *Engelbach/Friedrich*

wenn die Gefahr besteht, dass aufsichtsrechtliche Vorgaben aus dem CRD IV-Paket missachtet wurden (vgl. Art. 16 Abs. 1 SSM-VO und Art. 17 SRM-VO). Dies kann so weit gehen, dass ein provisorischer Verwalter eingesetzt wird (Art. 29 BRRD, § 38 SAG). Das Gebot einer Sanierungsplanung, mit den sog. „living wills" als ihrem Kernstück, soll dazu führen, dass Kreditinstitute **negative Externalitäten schon prospektiv internalisieren** – ganz im Sinne des oben angedachten allgemeinen „Krisen-Gesellschaftsrechts" (vorige Fn). Der Einfluss dieser Pflicht auf die privatrechtlichen Rechte und Pflichten – namentlich im Verhältnis verschiedener Kreditinstitute zueinander und innerhalb der Organisation von Kreditinstituten – kann folgendermaßen umrissen werden: In die Planungen einzubeziehen ist vor allem das Risiko von Systemversagen und zwar in die Planung des laufenden Geschäfts. Das bedeutet präventiver Kapitalerhalt (Aussetzung von Dividendenzahlungen, Verkauf von Beteiligungen, gerade auch Mehrheitsbeteiligungen)[274] und dies nicht nur im Hinblick auf die Abwicklungssituation, sondern bereits die Sanierungssituation – weil ja die Wiederherstellung der finanziellen Stabilität als vorrangiges Ziel durch den Regulierungsgesetzgeber festgeschrieben ist. In den (sehr umfangreichen) „guidelines", die die EBA Mai 2015 veröffentlichte (vgl. Fn 272), stechen die Regeln zu einer **Interaktion mit anderen Marktakteuren** besonders hervor, gerade auch in den Momenten, da sich die Finanzlage verschlechtert. Sanierungsplanung und Krisenprävention soll insoweit vor allem dazu genutzt werden, die Transparenz zwischen Marktteilnehmern zu erhöhen (auch innerhalb von Gruppen), namentlich dadurch dass alle Institute in den Stand versetzt werden sollen, die Risikostreuung ihrer geschäftlichen Engagements besser zu verfolgen.[275] Durch Statuierung dieser Transparenzpflichten soll vor allem auch das gegenseitige Vertrauen der Institute zueinander wieder gestärkt werden, weil gerade dessen Fehlen als Hauptgrund für die eingetretene Kreditklemme („credit crunch") gesehen wird. Eine offene privatrechtliche Folgefrage ist dann die nach der Sanktionierung dieser Transparenzregeln durch Schadensersatzansprüche. Jedenfalls werden erhebliche Auswirkungen dieser Neuregelung auf die zu treffenden Entscheidungen erwartet – sowohl zur internen Organisation als auch zu Engagements nach außen.[276]

2. Abwicklung. Der Abwicklung selbst ist im Rahmen von BRRD und SRM-VO als **103** ein **Prozess mit fester Reihenfolge** konzipiert, in dem von einer unabhängigen, realistischen und vorsichtigen Bewertung auszugehen ist (Art. 36 Abs. 1 BRRD, Art. 20 Abs. 1 SRM-VO, § 69 SAG),[277] weil erst dies dann die Grundlage für die weiteren Reaktionsfor-

---

WM 2015, 662 (662 f.) *Chattopadhyay* WM 2013, 405 (407) (auch speziell zu Ausräumung von Abwicklungshindernissen); zum Vergleich mit dem früheren KWG-Regime *Binder* KTS 2013, 277 (281–292).

[274] *Hüpkes* in: Dombret/Kenadjian (Hrsg.), The Bank Recovery, S. 71.

[275] *Dombret*, Solving the Too-Big-To-Fail-Problem for Financial Institutions, in: Dombret/Kenadjian (Hrsg.), The Bank Recovery, S. 12.

[276] *Binder* Resolution Planning and Structural Bank Reform within the Banking Union, SAFE Working Paper (House of Finance, 2015), 16. Zum Wechselspiel zwischen Abwicklung und Strukturreform in der Europäischen Agenda vgl. *Gordon/Ringe* Bank

Resolution in Europe: The Unfinished Agenda of Structural Reform, ECGI Working Paper, (January 2015).

[277] Dazu näher *Engelbach/Friedrich* WM 2015, 662 (666, 668); *de Seriere*, in: Haentjens/Wessels (Hrsg.) Bank Recovery and Resolution, S. 153 (177 f.); *Gourio* Revue de Droit bancaire et financier 2014, dossier 30, n 17; schöne Darstellung der politischen „Schlachten", die um die Ausgestaltung von BRRD/SRM-VO ausgetragen wurden, bei *Howarth/Qualia* JCMS, 2014, 125 (128 ff.); ausführlich zum Gesamtsystem: *Gortsos* Single Resolution Mechanism (SRM) and the Single Resolution Fund (SRF); *Pflock* Europäische Bankenregulierung und das „Too big to Fail-Dilemma"; zum anwendbaren Recht:

men und Instrumente bildet, auch die beiden neuartigen, die mit dem neuen Regime einge-führt wurden: dem sog. bail-in und der Auswahl zwischen verschiedenen Strukturmaßnah-men zur Fortführung der essentiellen Funktionen des Instituts bzw. der Institutsgruppe. Bevor es zu diesen kommt, sind freilich in einem zweiten Schritt zuerst das harte Kernkapi-tal, das sonstige Kernkapital und das Ergänzungskapital herabzuschreiben (Art. 37 Abs. 2 BRRD, Art. 22 Abs. 1 SRM-VO, § 97 Abs. 1 S. 1–3 SAG), dies gemäß der Regeln in Art. 60 BRRD, Art. 21 Abs. 1 SRM-VO, § 101 SAG, also alle Eigenmittel.[278] Mit diesen sind also die Verbindlichkeiten zuerst zu befriedigen, etwa durch Übertragung der Anteile auf Gläubiger oder Herabsetzung des Nennwertes. Diese Reihenfolge wiederholt Art. 48 Abs. 1 lit. a) bis d) BRRD, Art. 17 Abs. 1 SRM-VO, § 97 SAG, bevor es dann nach lit. e) zum eigentlichen bail-in bzw. zu den verschiedenen Strukturmaßnahmen kommt. Sie alle bilden nach Art. 37 Abs. 3 BRRD, Art. 22 Abs. 2 SRM-VO, § 77 SAG die (weiteren) Ab-wicklungsinstrumente, namentlich: die Unternehmensveräußerung (näher zu ihr dann Art. 38f. BRRD, Art. 24 SRM-VO, § 107 Abs. 1 Nr. 1 lit. a) SAG), die Errichtung eines Brückeninstituts (näher hierzu dann Art. 40f. BRRD, Art. 25 SRM-VO, § 107 Abs. 1 Nr. 1 lit. b) SAG), die Ausgliederung von Vermögenswerten (näher zu ihr dann Art. 42 BRRD, Art. 26 SRM-VO, § 107 Abs. 1 Nr. 1 lit. c) SAG) und schließlich das bail-in (näher dazu dann Art. 43–55 BRRD, Art. 27 SRM-VO, §§ 89f. SAG).

104 Zwischen diesen vier **wählt die Abwicklungsbehörde frei** (Art. 37 Abs. 4 BRRD, Art. 22 Abs. 4 SRM-VO, § 77 Abs. 4 SAG) nach wirtschaftlicher Sinnhaftigkeit und Belastungs-wirkung für die Betroffenen. Die Behörde muss also selbst, wenn mit der genannten He-rabschreibung das Institut nicht saniert werden kann, das bail-in Instrument nicht notwen-dig nutzen.[279] Während die Unternehmensveräußerung das unkomplizierteste Instrument bildet,[280] in dem der Kaufpreis zur Tilgung der Verbindlichkeiten genutzt werden kann und im Extremfall sogar so, dass ein besonders günstiger Kaufpreis sie alle abdeckt, dienen die anderen Instrumente, teils in Kombination, besonders direkt dem Ziel, die „kritischen Funktionen" und die „Kerngeschäftsgebiete" (Definition in Art. 2 Abs. 1 Nr. 35 und 36 BRRD) aufrecht erhalten zu können (vgl. Art. 31 Abs. 2 lit. a) BRRD, Art. 14 Abs. 2 lit. a) SRM-VO, § 67 Abs. 1 Nr. 1 SAG), dann aufgenommen (nur) für das Instrument des Brü-ckeninstituts (vgl. Art. 40 Abs. 1 BRRD, Art. 14 Abs. 2 lit. a) SRM-VO, § 128 Abs. 3 Nr. 1 SAG). Um also die kritischen Funktionen zu erhalten und solchermaßen Ansteckungsge-fahren zu minimieren, können diese auf das Brückeninstitut übertragen werden und zwar mit den hoheitlichen Befugnissen, die Art. 40 Abs. 1 BRRD, Art. 25 Abs. 2 lit. a) SRM-VO, § 107 Abs. 2 SAG einräumen, um die für die kritischen Funktionen unverzichtbaren In-strumente und Vermögenswerte dann in Händen der Abwicklungsbehörde oder anderer öffentlicher Stellen zu halten (jeweils Abs. 2).[281]

Lehmann Revue de Droit bancaire et finan-cier 2014, dossier 31.
[278] *Lannoo* Great Financial Plumbing, S. 125; *Binder* ZHR 173 (2015), 83 (108); *Gourio* Revue de Droit bancaire et financier 2014, dossier 30, n 17.
[279] *De Seriere*, in: Haentjens/Wessels (Hrsg.) Bank Recovery and Resolution, S. 153 (157–159); *Pflock* Europäische Bankenregu-lierung und das „Too big to Fail-Dilemma", S. 330 (zu Unrecht freilich davon ausgehend, dass Kombination mit anderen Abwick-lungsmaßnahmen unzulässig).

[280] Zu diesem Instrument näher *Chattopadhyay* WM 2013, 405 (410); *Engelbach/Friedrich* WM 2015, 662 (665 f.); *Binder* KTS 2013, 277 (305–307); *ders.* ZHR 173 (2015), 83 (95–102) (mit Vergleich zur bisherigen Rechtslage nach KWG); *Pflock* Europäische Bankenregulierung und das „Too big to Fail-Dilemma", S. 316 f.
[281] *Lannoo* Great Financial Plumbing, S. 127 f.; *Chattopadhyay* WM 2013, 405 (410 f.); *En-gelbach/Friedrich* WM 2015, 662 (665 f.); *Binder* ZHR 173 (2015), 83 (95–102); *Gou-rio* Revue de Droit bancaire et financier

Stefan Grundmann

Während diese Instrumente und namentlich dasjenige eines Brückeninstituts vor allem **105** der Aufrechterhaltung der kritischen Funktionen (in öffentlicher Hand) dienen, zielt das andere neuartige Instrument, das **bail-in Instrument**, auf die Reduktion des Gesamtverbindlichkeitsbetrages des Instituts ab. Denn insbesondere können Schuldverschreibungen und andere Formen von Fremdkapital nicht nur herabgeschrieben werden (Hair-cut), sondern, ohne dass es sich um Wandelschuldverschreibungen mit Wahlrecht beim Schuldner handelt, in eben diesem Sinne behandelt werden, also in Eigenkapital umgewandelt werden (Art. 41 Abs. 1 iVm Art. 63 Abs. 1 lit. f BRRD, Art. 27 Abs. 1 lit. b SRM-VO, § 101 Abs. 1 Satz 2 bes. Nr. 5 SAG).[282] Damit soll erreicht werden, dass keine oder weniger Nachschüsse aus öffentlichen Geldern dafür notwendig werden, um eine Insolvenz und vollständige Abwicklung des Instituts zu verhindern.[283] Zugleich soll die Perspektive, dass beim jeweiligen Gläubigerinstrument in der Krise ein bail-in im Raum steht, die Gläubiger dazu anhalten, nicht in Banken mit allzu risikoreicher Geschäftsstrategie zu investieren, also präventiv disziplinierend wirken.[284] Für beide Ziele ist es nötig, dass jede Bank verpflichtet ist bzw werden kann, stets hinreichend viele (für ein bail-in) "berücksichtigungsfähige" Verbindlichkeiten aufrecht zu erhalten (also Verbindlichkeiten außerhalb der Eigenmittel und abzüglich der bis 100.000,– € abgesicherten Einlagen, namentlich Schuldverschreibungen, Anleihen, Einlagen oberhalb der Absicherungsschwelle von 100.000,– €; Art. 2 Abs. 1 Nr. 71 BRRD, § 91 SAG). Die exakte Höhe setzt der Single Resolution Board (die Abwicklungsbehörde) fest (Art. 12 Abs. 1 SRM-VO),[285] mit dem Ziel, die doppelte Zielsetzung möglichst gut abzusichern. Die Abwicklungsbehörde entscheidet dann auch, in welcher Höhe das bail-in-Instrument genutzt wird, darf jedoch Gelder vom SRF (Single

---

2014, dossier 30, n. 12, 14; *Hadjiemmanuil* Ringe/Huber (Hrsg.) Legal Challenges, S. 209 (223–230) (mit schöner Darstellung, wie dies unterschiedlich zu verstehen ist bei der Gefahr für einfache Banken, systemrelevanten Banken und systemischen Anstekkungsgefahren); *Huertas* in: Dombret/Kenadjian (Hrsg.) Bank Recovery and Resolution, S. 167 (169–171); *Pflock* Europäische Bankenregulierung und das „Too big to Fail-Dilemma" 306–318 f. zu den rechtspolitischen Überlegungen grundsätzlich *Binder* ORDO 64 (2013) 377.

[282] *Chattopadhyay* WM 2013, 405 (412); *Binder* KTS 2013, 277; *ders.* ZHR 173 (2015), 83 (105 f.); *de Seriere* in: Haentjens/Wessels (Hrsg.) Bank Recovery and Resolution, S. 153 (157 f.); *Gourio* Revue de Droit bancaire et financier 2014, dossier 30, n 21; *Huertas* in: Dombret/Kenadjian (Hrsg.), Bank Recovery and Resolution, S. 167 (169, 178 ff.) (ausführlich, auch je nach Unternehmensstruktur, zu den verschiedenen Formen); *Pflock* Europäische Bankenregulierung und das „Too big to Fail-Dilemma", S. 330, 332 f., 335 f.

[283] *Alexander* ELR 2015, 154 (185 f.) (zweifelnd); *Lannoo* Great Financial Plumbing,

S. 124; *Chattopadhyay* WM 2013, 405 (409); *Engelbach/Friedrich* WM 2015, 662 (663 f.); *Binder* ZHR 173 (2015) 83 (104 f.); *de Seriere* in: Haentjens/Wessels (Hrsg.), Bank Recovery and Resolution, S. (158 f.); *Hadjiemmanuil* Ringe/Huber (Hrsg.), Legal Challenges, S. 209 (214 f.); *Huertas* in: Dombret/Kenadjian (Hrsg.), Bank Recovery and Resolution, S. 167 (167 f.).

[284] Hierzu (sowie teils zum no-creditor-worse-off Prinzip, nach dem die Belastung nicht höher sein darf als bei gewöhnlicher Insolvenz). *Binder* ZHR 173 (2015), 83 (117 f.); *de Seriere* in: Haentjens/Wessels (Hrsg.) Bank Recovery and Resolution, S. 158 (163–166); *Hadjiemmanuil* Ringe/Huber (Hrsg.) Legal Challenges, S. 209 (222); *Huertas* in: Dombret/Kenadjian (Hrsg.) Bank Recovery and Resolution, S. 167 (173).

[285] EBA Final Draft Regulatory Technical Standards on criteria for determining the minimum requirement for own funds and eligible liabilities under Directive 2014/59/EU 3 July 2015, S. 1; *Lannoo* Great Financial Plumbing, S. 126; *Chattopadhyay* WM 2013, 405 (412); *Engelbach/Friedrich* WM 2015, 662 (667); *Binder* ZHR 173 (2015), 83 (115–118); *Pflock* Europäische Banken-

---

Stefan Grundmann

107

Resolution Funds) frühestens einfordern, wenn in Höhe von 8 % der Gesamtsumme aller Verbindlichkeiten (einschließlich Eigenmittel) ein bail-in durchgeführt wurde (Art. 27 Abs. 7 lit. a) SRM-VO). Auch hierbei handelt es sich nach dem Gesagten noch nicht um Steuergelder, sondern um einen aus Bankabgaben gespeisten Fonds (oben Erster Teil Rn 41, 63). Freilich wäre, wie ebenfalls bereits ausgeführt, die Inanspruchnahme der Mittel des SRF dann zudem an den Beihilfenregeln des AEUV zu messen,[286] so dass auch dessen regulatorische Ziele die jeweils privatrechtliche Gestaltung (etwa Spaltung oder Übernahme etc.) insofern überformen, als sie über Zulässigkeit oder Unzulässigkeit der Maßnahme entscheiden (§ 134 BGB). Die jeweilige Gestaltung ist offensichtlich eine privatrechtliche und zugleich eine, die die Marktstruktur sehr direkt beeinflusst – der Binnenmarkt darf in keinem Fall verzerrt werden.

106 **3. Einlagensicherung.** Anders als bei der Abwicklung ist die Aufsicht über die und die Sicherstellung der Einlagensicherung keiner EU-Behörde überantwortet, es blieb bei der allein legislativen Harmonisierung.[287] Mit ihr wird europaeinheitlich eine Absicherung von Einlagen in Höhe von mindestens 100.000,– € gewährleistet (Art. 6 der Richtlinie, § 8 Abs. 1 EinSiG). Einlagen bis zur dieser Höhe nehmen dann auch nicht am Bail-in teil (vgl. näher Art. 27 Abs. 3 lit.a) und Abs. 4 SRM-VO und Art. 44 Abs. 2 lit. a) iVm Art. 2 Abs. 1 Nr. 94 BRRD), § 91 Abs. 2 Nr. 1 SAG). Mit dieser Privilegierung der Einlagen bis zu einer Höhr von 100.000,– € wird ein Kompromiss gesucht zwischen dem weiterreichenden (öffentlichen) Interesse an der Schonung öffentlicher Mittel (gefördert namentlich durch weitgehenden bail-in) und dem (ebenfalls weiterreichenden) Interesse der Einleger an vollem Schutz.[288] Freilich benennen sowohl BRRD als auch SRM-VO den Schutz von Einlegern selbst ohnehin auch als eines der Abwicklungsziele (vgl. oben).

---

regulierung und das „Too big to Fail-Dilemma", S. 335 f.

[286] Die Beihilfen-Praxis, die die EU-Kommission bereits einführte, als sie über Bankensanierungen und -abwicklungen noch *allein* nach Beihilfenrecht zu entscheiden hatte (vor Verabschiedung von BRRD und SRM-VO), wird im Grundsatz auch unter dem neuen Regime bestehen bleiben: Vgl. dazu grds. *Lannoo* (2014) 4 European State Aid Law Quarterly 630; *ders.* Great Financial Plumbing, S. 139–164. Eine zentrale Vorgabe zu jeglicher Gestaltung, die durch Beihilfen gefördert werden soll. geht dahin, dass sie den Binnenmarkt nicht behindern oder verzerren darf, d.h. grenzüberschreitende Ströme von Angeboten und Investitionen. Vgl. insbesondere *Drijber/Burmester* Competition Law in a Crashed Economy, Ondernemingsrecht 2009, 1389; *D'Sa* ‚Instant' State Aid Law in a Financial Crisis – A U-Turn? (2009) 2 European State Aid Law Quarterly 139; *Gilliams* Stress Testing the Regulator: Review of State Aid to Fi-

nancial Institutions after the Collapse of Lehman, (2011) 36 European Law Review 2; *Murphy* Financial Crisis in Ireland and the Use of the State Aid Rules by the EU Commission, (2013) European State Aid Law Review 260.

[287] Nachw. oben Fn 94; Umsetzung durch Einlagensicherungsgesetz (EinSiG) vom 28.5.2015, BGBl. I, S. 786; ausführlich: *Arnaboldi* Deposit guarantee schemes; *Gortsos* Directive (2014/49/EU) on deposit guarantee schemes; zum Verhältnis zum Abwicklungsregime ausführlich: *Morra* in: Barucci/Messori (Hrsg.) Towards the European Banking Union, S. 145.

[288] *Binder* Resolution Planning and Structural Bank Reform within the Banking Union, House of Finance (SAFE) Working Paper Series N° 81 (2014); *Hadjiemmanuil* in Ringe/Huber (Hrsg.), Legal Challenges, S. 209 (220 f.); *Morra* in: Barucci/Messori (Hrsg.) Towards the European Banking Union, S. 145.

3. Abschnitt. Bankgeschäft im supra- und internationalen Kontext

Schrifttum (Auswahl): 1. Monographien, Sammelbände, Kommentare: *Adrian* Grundprobleme einer juristischen (gemeinschaftsrechtlichen) Methodenlehre, 2009; *Alexander/Andenas* (Hrsg.) The World Trade Organization and Trade in Services, 2008; *Alexander/Dhumale* (Hrsg.) Research Handbook on International Financial Regulation, 2012; *Anweiler* Die Auslegungsmethoden des Gerichtshofs der Europäischen Gemeinschaften, 1997; *Bengoetxea* The Legal Reasoning of the European Court of Justice – Towards a European Jurisprudence, 1993; *Buck* Über die Auslegungsmethoden des Gerichtshofs der Europäischen Gemeinschaft, 1998; *Dederichs* Die Methodik des EuGH – Häufigkeit und Bedeutung methodischer Argumente in den Begründungen des Gerichtshofes der Europäischen Gemeinschaften, 2004; *Fikentscher* Methoden des Rechts in vergleichender Darstellung, 4 Bde. 1975–77; *Franzen* Privatrechtsangleichung durch die Europäische Gemeinschaft, 1999; *Gebauer/ Wiedmann* (Hrsg.) Zivilrecht unter europäischem Einfluss – Die richtlinienkonforme Auslegung des BGB und anderer Gesetze – Kommentierung der wichtigsten EU-Verordnungen, 2. Aufl. 2010; *Gruber* Methoden des internationalen Einheitsrechts, 2004; *G. Hager* Rechtsmethoden in Europa, 2009; *Henninger* Europäisches Privatrecht und Methode – Entwurf einer rechtsvergleichend gewonnenen juristischen Methodenlehre, 2009; *Hesselink* The New European Legal Culture, 2001; *Martens* Methodenlehre des Unionsrechts, 2013; *Neergaard/Nielsen* (Hrsg.) European Legal Method – in a Multi-Level EU Legal Order, 2012; *dies./Roseberry* (Hrsg.) European Legal Method – Paradoxes and Revitalisation, 2011; *Préchal* Directives in European Community Law – a Study of Directives and their Enforcement in National Courts, 1995; *Riesenhuber* (Hrsg.) Europäische Methodenlehre – Handbuch für Ausbildung und Praxis, 3. Aufl. 2015; *Walter* Rechtsfortbildung durch den EuGH – Eine rechtsmethodische Untersuchung ausgehend von der deutschen und französischen Methodenlehre, 2009.

2. Aufsätze und Beiträge: *Alexander* The GATS and Financial Services – Liberalisation and Regulation in Global Financial Markets, in: Alexander/Andenas a.a.O., S. 561; *Evans* International Trade in Financial Services and the GATS, in: Alexander/Andenas a.a.O., S. 745; *Freitag* Bankverträge, in: Reithmann/Martiny (Hrsg.), Internationales Vertragsrecht – das Internationale Privatrecht der Schuldverträge, 8. Aufl. 2015, Rn 6.529 ff.; *Gkoutzinis* How Far is Basel from Geneva? International Regulatory Convergence and the Elimination of Barriers to International Financial Integration, in: Alexander/Andenas a.a.O., S. 635; *Grundmann* EG-Richtlinie und nationales Privatrecht – Umsetzung und Bedeutung der umgesetzten Richtlinie im nationalen Privatrecht, JZ 1996, 274; *ders.* Richtlinienkonforme Auslegung im Bereich des Privatrechts – insbesondere: der Kanon der nationalen Auslegungsmethoden als Grenze? ZEuP 1996, 399; *ders.* Binnenmarktkollisionsrecht – vom klassischen IPR zur Integrationsordnung, RabelsZ 69 (2000) 457; *ders.* „Inter-Instrumental-Interpretation" – Systembildung durch Auslegung im Europäischen Unionsrecht, RabelsZ 75 (2011) 882; *Grundmann/Riesenhuber* Die Auslegung des Europäischen Privat- und Schuldvertragsrechts, JuS 2001, 529; *Haentjens* Work of International Organizations on Bank Recovery and Resolution: An Overview, in: Haentjens/Wessels (Hrsg.) Bank Recovery and Bank Resolution – A Conference Book, 2014, S. 3; *ders.* Bank Recovery and Resolution: An Overview of International Initiatives, IILR 2014, 255; *Höpfner/Rüthers* Grundlagen einer europäischen Methodenlehre, AcP 209 (2009) 1; *Kaufmann/Weber* Reconciling Liberalized Trade in Financial Services and Domestic Regulation, in: Alexander/Andenas a.a.O., S. 411; *Leible/Domröse* § 8 Die primärrechtskonforme Auslegung, in: Riesenhuber (Hrsg.) Europäische Methodenlehre, S. 146; *Nielsen* Auslandsgeschäft, Bankrecht und Bankpraxis, Stand 4/2015, Rn 5/1 ff.; *Pechstein/Drechsler* § 7 Die Auslegung und Fortbildung des Primärrechts, in: Riesenhuber (Hrsg.) Europäische Methodenlehre, S. 125; *Riesenhuber* § 10 Die Auslegung, in: Riesenhuber (Hrsg.) Europäische Methodenlehre, S. 199; *W.-H. Roth/Jopen* § 13 Die richtlinienkonforme Auslegung, in: Riesenhuber (Hrsg.) Europäische Methodenlehre, S. 263.

I. Überblick und System (mit Verweis)

107   „Bankgeschäft im supra- und internationalen Kontext" verweist auf Vielerlei. Dies ist zwar kein Kommentar zum Internationalen Bankrecht, schon eher einer zum Europäischen – weil die Gehalte weit überwiegend europäisiert sind –, in jedem Falle jedoch sind die internationalen und supranationalen Dimensionen im Blick zu behalten: „Bankgeschäft im supra- und internationalen Kontext" kann vor allem **auf drei Dimensionen verweisen**, namentlich, (1) dass das Bankgeschäft selbst grenzüberschreitend erfolgt (geradezu paradigmatisch globalisiert ist), (2) dass das Regelwerk selbst – aufgrund seines weit überwiegend europarechtlichen Ursprungs – einer anderen Methodik unterliegt als dies bei autonom national gesetztem Recht der Fall wäre, und (3) dass als Hintergrund und Erklärungshilfe für das bestehende Regelwerk, aber auch als Hinweis auf die Gewichtungen in der internationalen Gesetzgebungsentwicklung der letzten Jahre die maßgeblichen internationalen Akteure in den Blick zu nehmen sind, die für den heutigen Regelbestand verantwortlich zeichnen. Die letzten beiden Dimensionen sollen im Folgenden in Grundzügen erörtert werden.

108   Demgegenüber betrifft die erste Dimension in ihrem Kern die Frage nach dem auf die Bank-Kunden-Beziehung anwendbaren Recht. Die mit dieser Dimension angesprochenen Fragen des **Internationalen Bankvertragsrechts (IPR)**[289] und auch der **lex mercatoria** („new law merchant") sollen hier jedoch **nicht vertieft** werden. Das IPR (und IZPR) wird in seinem Kern – der vertraglichen Bank-Kunden-Beziehung – im Zusammenhang mit Nr. 6 AGB-Banken aufgegriffen, weil sich dort eine Rechtswahlklausel findet (unten Zweiter Teil Rn 305 f. sowie auch Rn 287): Die (zulässige) Rechtswahl (Art. 3 Rom-I-VO) wird dort (wirksam) dahingehend ausgeübt, dass das Recht des Kreditinstituts Anwendung findet – im Verhältnis zu beruflichen Kunden umfassend, im Verhältnis zum Verbraucherkunden vorbehaltlich existierenden Verbraucherschutzrechts, für das umgekehrt das Recht am gewöhnlichen Aufenthalt des Kunden Anwendung findet. Da freilich ausländische Verbraucherkunden kaum grenzüberschreitend geworben werden, sondern idR über eine Tochtergesellschaft im Ausland, ist auch dieser Vorbehalt selten wichtig. Das grenzüberschreitende Element wird im Bankgeschäft gerne in das Interbankenverhältnis oder in die konzernrechtliche Beziehung verlagert, also das Bank-Kunden-Verhältnis hiervon entlastet – so dass es für dieses (trotz Globalisierung des Bankgeschäfts) allenfalls mittelbar von Bedeutung ist. Ein Charakteristikum des Bankvertrags-IPRs ist für die Erfassung seiner Wirkungsweise von besonderer Bedeutung: Zwar ist das Bankvertrags-IPR auf die Rom-I-Verordnung gestützt, d.h. auf einen EG-Sekundärrechtsakt, seine Wirkung ist jedoch für das Bankgeschäft aus deutscher Sicht derjenigen eines Rechtsakts des Internationalen Einheitsrechts vergleichbar, weil es sich um eine sog. loi uniforme handelt (Art. 2 Rom-I-VO), dem-

---

[289] Maßstäbe setzt hier: *Freitag* in: Reithmann/
Martiny Internationales Vertragsrecht
Rn 6.529 ff.

nach all seine internationalprivatrechtlichen Verweisungen auf alle Fälle weltweit ausgelegt sind und nicht nur auf diejenigen, die zwischen Mitgliedstaaten angesiedelt sind. Das Gesagte betrifft freilich nur das klassische Bankvertragsrecht. Daneben treten – in bestimmten Situationen – internationalsachenrechtliche Fragen (mit dem Grundsatz der lex rei sitae, vgl. etwa unten Zweiter Teil Rn 353 und Bd. 11), vor allem jedoch die Frage nach dem Einfluss von Regulierung im öffentlichen Interesse (Art. 9 Rom-I-VO). Diese Frage wird im Folgenden zentral gestellt, sie ist freilich m. E. sinnvoll nur im Zusammenspiel mit europarechtlichen Grundsätzen zu erörtern (dazu dann unten II. und III.). Auch die Fragen nach der **Existenz einer lex mercatoria** – namentlich ob diese privat gesetzten Regeln einer nationalen AGB-Kontrolle unterliegen oder nicht – sind besser im Kontext der wenigen Beispielen zu stellen, in denen sie im Bankvertragsrecht wirklich eine Rolle spielen (vgl. namentlich Dritter Teil Rn 561–566, zu den ISDA-Standards vgl. 11. Bd.).

II. Inter-/Supranationales Recht als Obergrenze

Der Ansatz, Inter- und Supranationales Recht vor allem als Ober- und als Untergrenze **109** zu verstehen (hier II. und dann unten III.), ist ein **vom EG/EU-Recht geprägter.** Herkömmlich bilden vor allem Grundfreiheiten eine Obergrenze für zwingendes (Regulierungs-) Recht (Sperrwirkung, Höchstmaß), EG/EU-Richtlinien hingegen eine Untergrenze für zwingendes (Regulierungs-)Recht ebenso wie harmonisiertes Vertragsrecht (Mindestmaß und Mindestharmonisierung). In der Tat erfasst solch ein Ansatz auf besonders knappe Weise diejenigen Einwirkungsformen, namentlich des EG/EU-Rechts, die in der täglichen Anwendung von Bankregulierungs- und Bankvertragsrecht heute allgegenwärtig sind, flächendeckend bei (fast) jeder Normanwendung.[290] Zugleich werden durch diese Sicht jedoch Teilaspekte des internationalen Regelbestandes tendenziell aus dem Blickfeld gerückt, sie sind freilich für das Bankrecht in der Tat auch peripher: Die **Einwirkung des GATT-Systems (mit WTO und GATS)** könnte noch durchaus als die Etablierung einer Obergrenze konzipiert und damit in die hier zugrunde gelegte binäre Sicht einbezogen werden. Freilich bindet dieses System zwar Mitgliedstaaten und auch EU, wird jedoch vom EuGH schon die unmittelbare Anwendbarkeit grds. verneint,[291] was eine Berufung auf dieses Systems im

---

[290] Für eine breitere Systematisierung der verschiedensten Einwirkungsformen internationaler Rechtsquellen und Regelwerke auf das nationale Recht der Handelsgeschäfte vgl. Ebenroth/Boujong/Joost/Strohn/*Grundmann* HGB 3. Aufl. 2015, Vor § 343 Rn 1–17, dann durchgespielt durch die verschiedensten Regelgebiete und auf den verschiedenen Ebenen (EU-Primärrecht, EU-Sekundärrecht, GATT/GATS, Internationales Einheitsrecht, internationale Handelsbräuche) in Rn 18–90.

[291] EuGH Urt. v. 5.10.1994 – Rs. C-280/93 – *Bananen,* Slg. 1994, I-4973 (5071–5074) = NJW 1995, 945; Urt. v. 12.12.1995 – Rs. C-469/93 – *Chiquita Italia,* Slg. 1995, I-4533 (4565–4568) = EuZW 1996, 118; Urt. v. 30.9.2003 – Rs. C-93/02 – *Biret Inter-*

national SA in Liquidation, Slg. 2003, I-10497 = EuZW 2003, 758 (auch kein Schadensersatzanspruch); Urt. v. 1.3.2005 – Rs. C-377/02 – *Léon Van Parys NV,* Slg. 2005, I-1465 = EuZW 2005, 214 (ebenso für WTO-Streitbeilegungsentscheidungen); auch EuGH Urt. v. 21.12.2011 – Rs. C 366/10 – *Air Transport Association of America,* Slg. 2011, I-13755 = NVwZ 2012, 226; ausführlich: *Berrisch/Kamann* EWS 2000, 89; *Cottier* CMLR 35 (1998) 325; *Hilpold* Die EU im GATT/WTO System, 2009, S. 165–320; *Hermes* TRIPS im Gemeinschaftsrecht – zu den innergemeinschaftlichen Wirkungen von WTO-Übereinkünften, 2002; *Maczynski* EuZW 2006, 459; *Sauer* EuR 2004, 463; *Steinbach* EuZW 2005, 331; für Abschattierungen: *Eeckhout* CMLR 34 (1997) 11;

Widerstreit zu EU-Recht oder nationalem Recht vor nationalen Gerichten oder dem EuGH ausschließt. Zum anderen entfaltet das System Sperrwirkung wohl ohnehin nur gegen öffentlichrechtliche Verbote und Vorgaben,[292] so dass es vor allem für das Bankaufsichtsrecht Bedeutung hätte, das umgekehrt jedoch vor allem an der innerstaatlichen Kapitalausstattung und Organisation des beaufsichtigten Instituts ansetzt. Erst wenn Instituten aus Drittstaaten die Genehmigung unter Berufung auf bankaufsichtsrechtliche Vorgaben versagt wird, Bankgeschäfte in der EU zu tätigen, greift die liberalisierende Wirkung des GATT-Systems im Kern ein. In der Tat wurden die Initiativen im Gefolge der Finanzkrise seitens des Baseler Ausschusses und des Gremiums für Finanzstabilität (unten Erster Teil Rn 114) primär zwar von regulatorischen Überlegungen getrieben, sekundär jedoch auch mit dem Ziel ergriffen, durch Setzung vergleichbarer Standards Handels- und vor allem Dienstleistungshemmnisse entsprechend den Vorgaben des GATT-Systems zurückzudrängen. Mit der eingangs genannten binären Sichtweise wird zudem weitgehend vom **Internationalen Einheitsrecht** und seinen Wirkungsformen abgesehen. Dieses hat jedoch im Bankvertragsrecht heute ohnehin eine verschwindend geringe Bedeutung, weil Wechsel und Scheck, Gegenstand der wichtigsten Akte von Internationalem Einheitsrecht noch in den 1930er Jahren, aber auch Dokumentenakkreditiv und -inkasso, Gegenstand des herkömmlich wichtigsten **international-kodifizierten Handelsbrauchs** im Bankrecht, heute nicht einmal mehr 1 % des Zahlungsverkehrs ausmachen (vgl. ausführlicher zu Rechtsquellen, dogmatischer Behandlung und wirtschaftlicher Bedeutung unten Dritter Teil Rn 551–566). Mit Regelwerken wie dem ISDA-Code sind punktuell solche Regelwerke durchaus zu berücksichtigen (unten 11. Bd.). Und im Bankaufsichtsrecht sowie der sonstigen Regulierung des Bankgeschäfts findet sich zwar Internationales Einheits„recht" in signifikantem Umfang. Durchweg freilich hat es allein empfehlenden Charakter, obwohl es idR durchaus „befolgt" wird (näher unten Erster Teil Rn 114).

Schroeder/Selmayr JZ 1998, 344. Gegen den EuGH das WTO-Panel am 12.4.1999 (WT/DS27/RW/ECU – Recourse to Art. 21.5 by Ecuador), Teilabdruck EuZW 1999, 431; gleichwohl für Anwendbarkeit der gemeinschaftsrechtlichen Verordnung(en): EuGH Urt. v. 2.5.2001 – Rs. C-307/99 – *OGT Fruchthandelsgesellschaft mbH/Hauptzollamt Hamburg-St. Annen*, Slg. 2001, I-3159 = EuZW 2001, 529; für Neubesinnung hingegen Generalanwalt *Tesauro* in der Rs. C-53/96 – *Hermès*, Slg. 1998, I-3603 (3628). Nach der EuGH-Rechtsprechung immerhin Verstoß potentiell GATT-widriger Unionsrechtsakte gegen Grundsätze des Unionsrechts denkbar: EuGH Urt. v. 11.7.2006 – Rs. C-313/04 – *Egenberger/Bundesanstalt für Landwirtschaft und Ernährung*, Slg. 2006, I-6331; Kurzüberblick über den Rechtsprechungsstand des EuGH bei *Herdegen*, Internationales Wirtschaftsrecht, 10. Aufl. 2014, S. 198–202. Ausnahmen gelten demnach nur, wenn unmittelbar anwendbares Unionsrecht selbst auf das GATT-System verweist. Dies wurde angenommen etwa in: EuGH Urt. v. 22.6.1989 – Rs. 70/87 – *Fediol*, Slg. 1989, 1781 (1830–1832) = EuZW 1990, 64 (EWG-Verordnung Nr. 2641/84, ABl. EG 1984 L 252/1, die Privaten ein Recht verleiht, die Kommission anzuhalten, gegen drittstaatliche Beschränkungen vorzugehen); EuGH Urt. v. 7.5.1991 – Rs. C-69/89 – *Nakajima*, Slg. 1991, I-2069 (2177f.) (Europäische Antidumping-Verordnung Nr. 2423/88, ABl. EG 1988 L 209/1, die auf den entsprechenden GATT-Kodex von 1979 verweist); vgl. aus jüngerer Zeit (solch einen Verweis verneinend) EuGH Urt. v. 20.5.2010 – Rs. C-160/09 – *Ioannis Katsivardas*, Slg. 2010, I-4591 = IStR 2010, 625; vgl. auch die oben Genannten.

[292] Näher Ebenroth/Boujong/Joost/Strohn/*Grundmann* HGB 3. Aufl. 2015, Vor § 343 Rn 60; zu einem ansatzweisen Zivilrechtsbezug, sicherlich jedoch nicht so weitgehend, dass (wie im Schwerpunkt der EuGH-Rechtsprechung) auch „Maßnahmen gleicher Wir-

Stefan Grundmann

Der **Schwerpunkt der Sperrwirkung** gegenüber nationalem Recht („Höchstmaß") liegt **110** daher auf der Anwendungskontrolle **auf der Grundlage der EG/EU-Grundfreiheiten.** Zentral sind folgende Gesichtspunkte,[293] die zunächst für die unharmonisierten Bereiche entwickelt wurden (zur Sperrwirkung bei Zusammenspiel mit EG/EU-Sekundärrecht dann nächste Rn): Grundfreiheiten sind mit ihren Vorgaben unmittelbar anwendbar im innerstaatlichen Rechtsverkehr (müssen also von nationalen Gerichten selbständig durchgesetzt werden)[294] und greifen flächendeckend ein, weil sie – mit weitgehend gleichen, zunehmend konvergierenden Gehalten[295] – alle Transaktionen abdecken, namentlich weil die Dienstleistungsfreiheit (Art. 49, 53 AEUV) als Auffanggrundfreiheit verstanden wird, die alle Fälle erfasst, die nicht von den anderen Grundfreiheiten erfasst werden.[296] Im Bankrecht ist das sonst namentlich die Kapitalverkehrsfreiheit (Art. 63 Abs. 2 AEUV). Die Wirkung der Grundfreiheiten wird treffend dahingehend zusammengefasst, dass die Privatautonomie über die Grenzen erstreckt werden solle.[297] Dabei gelten alle Grundfreiheiten nicht nur für die Einfuhr", sondern auch die „Ausfuhr" (obwohl vom Wortlaut her

---

kung" der Liberalisierungswirkung unterfielen: *Hilpold* (vorige Fn), S. 281–284; *Hinderer* Rechtsschutz von Unternehmen in der WTO, 2004, S. 491–503; *Schwartmann* Private im Wirtschaftsvölkerrecht, 2005, S. 419–421.

[293] Ausführlicher, auf das Recht der Handelsgeschäfte insgesamt bezogen: Ebenroth/Boujong/Joost/Strohn/*Grundmann* HGB, 3. Aufl. 2015, Vor § 343 Rn 18–37.

[294] Die dahin gehende von der Warenverkehrsfreiheit ausgehende Rspr. des EuGH – EuGH Urt. v. 19.12.1968 – Rs. 13/68 – *Salgoil*, Slg. 1968, 679 (690–692) – wurde auf die Niederlassungs- und Dienstleistungsfreiheit erstreckt: EuGH Urt. v. 3.12.1977 – Rs. 33/74 – *van Binsbergen*, Slg. 1974, 1299 (1311 f.); und vor allem EuGH Urt. v. 4.12.1986 – Rs. 220/83 – *Freier Dienstleistungsverkehr – Mitversicherung*; 252/83 – *Niederlassungsrecht und freier Dienstleistungsverkehr – Mitversicherung*; 205/84 – *Freier Dienstleistungsverkehr – Versicherung*; 206/84 – *Freier Dienstleistungsverkehr – Versicherung*, Slg. 1986, 3702, 3708; 3742 (3747 f.); 3793 (3802) = NJW 1987, 572; 3843 (3848 f.). Später auf die Zahlungsverkehrsfreiheit: EuGH Urt. v. 11.11.1981 Rs. 203/80 – *Casati* Slg. 1981, 2595 (2621) = NJW 1982, 204. Und seit 1.7.1990 auch auf die Kapitalverkehrsfreiheit: EuGH Urt. v. 23.2.1995 – verb. Rs. C-358/93 und C-416/93 – *Bordessa u.a.*, Slg. 1995, I-361 (387) = JZ 1995, 1007 (Anm.). In jüngerer Zeit auch auf alle bis dahin umstrittenen Formen der Niederlassungsfreiheit: EuGH Urt. v. 5.11.2002 – Rs. C-208/00 – *Überseering*, Slg. 2002,

I-9919 = NJW 2002, 3614; EuGH Urt. v. 13.12.2005 – Rs. C-411/03 – *SEVIC Systems*, Slg. 2005, I-10805 = NJW 2006, 425 und EuGH Urt. v. 16.12.2008 – Rs. C-210/06 – *Cartesio*, Slg. 2008, I-9641 = NJW 2009, 569.

[295] Vgl nur *Behrens* EuR 1992, 145; *Streinz*, FS Rudolf, 2001 S. 199; *ders.* Europarecht, 9. Aufl. 2012, Rn 789; monographisch: *Feiden* Die Bedeutung der „Keck"-Rechtsprechung im System der Grundfreiheiten: Ein Beitrag zur Konvergenz der Freiheiten, 2003; *Kingreen* Die Struktur der Grundfreiheiten des Europäischen Gemeinschaftsrechts, 1999; *Schimming* Konvergenz der Grundfreiheiten des EGV unter besonderer Berücksichtigung mitgliedstaatlicher Einfuhr- und Einreisebeschränkungen, 2002; vgl. freilich auch die streng dogmatische, nach Grundfreiheiten geschiedene ausf. Darstellung in *Barnard* The Substantive Law of the EU: The Four Freedoms, 3. Aufl. 2010.

[296] So schon der Wortlaut der Norm; etwa *Müller-Graff* in: Streinz (Hrsg.) EUV/AEUV – Vertrag über die Europäische Union und Vertrag über die Arbeitsweise der Europäischen Union, 2. Aufl. 2012, Art. 56 AEUV (ex-Art. 49 EGV) Rn 8; implizit EuGH Urt. v. 14.10.2004 – Rs. C-36/02 Omega, Slg. 2004, I-9609; EuGH Urt. v. 3.10.2006 – Rs. C-452/04 *Fidium Finanz* AG, Slg. 2006, I-9521.

[297] *Müller-Graff* NJW 1993, 13 (14); *Rittner* JZ 1990, 838 (841 f.); im Grundsatz schon: *v. Simson* Die Marktwirtschaft als Verfassungsprinzip in den Europäischen Gemeinschaften, in: Zur Einheit der Rechts- und Staatswissenschaften, 1967, 55 (62–68); all-

---

dies nur bei einigen, wie der Kapitalverkehrsfreiheit, klargestellt ist).[298] Alle Grundfreiheiten erfassen freilich allein binnenmarktgrenzüberschreitende Sachverhalte und stellen hier jedenfalls Maßnahmen gleicher Wirkung unter Überprüfungsvorbehalt, also alle Maßnahmen, die ausländische Anbieter zwar formal gleichbehandeln, kostenmäßig aber stärker treffen (vgl. Nachweise vorige und nächste Fn). Überwiegend werden sogar Maßnahmen des nationalen Rechts, die inländische und ausländische Anbieter gänzlich gleich treffen, allein aufgrund ihrer Beschränkungswirkung diesem Überprüfungsvorbehalt unterworfen.[299] Nach – m.E. überzeugender, häufig jedoch bestrittener – EuGH-Rechtsprechung sind alle diejenigen Regeln von einer Grundfreiheitenkontrolle freigestellt (weil nicht hinreichend beschränkend), die die Parteien selbst durch Parteiabrede (in Form von Rechtswahl) abbedingen können.[300] Offen ist, ob man angesichts ihres faktisch zwingenden Charakters dies anders zu sehen hat bei Normen, von denen nicht wirksam klauselmäßig abgewichen werden kann (vgl. Nachweise vorige Fn). Soweit eine Kontrolle vorgenommen wird, legt der EuGH den Maßstab eines strengen Verhältnismäßigkeitsgrundsatzes an: Anders als bei formal diskriminierenden nationalen Maßnahmen (die nur bei Eingreifen der im Vertrag niedergelegten Ausnahmevorbehalte zulässig sind) kann bei formal nicht zwischen in- und ausländischen Anbietern diskriminierenden nationalen Normen die Beschränkungswirkung, etwa eine Schutzwirkung zugunsten einer Vertragspartei oder zugunsten des öffentlichen Interesses, zwar grds. breiter gerechtfertigt werden. Hierzu müssen jedoch einerseits ebenfalls noch sog. zwingende Gründe des Allgemeininteresses

---

gemeiner *Mayer/Scheinpflug* Privatrechtsgesellschaft und die Europäische Union, 1996.

[298] Für die Warenverkehrs- bzw. Kapitalverkehrsfreiheit ergibt sich dies aus Art. 35 AEUV bzw. Art. 63 AEUV. Für die Dienstleistungsfreiheit als die anderwärtige wichtige im Bereich der Bankgeschäfte ergibt sich Entsprechendes aus der EuGH-Judikatur: EuGH Urt. v. 10.5.1995 – Rs. C-384/93 – *Alpine Investment*, Slg. 1995, I-1141 (1176–1178) = NJW 1995, 2541; für die Niederlassungsfreiheit aus EuGH Urt. v. 13.12.2005 – Rs. C-411/03 – *SEVIC Systems*, Slg. 2005, I-10805 = NJW 2006, 425 (jede grenzüberschreitende Verschmelzung umfasst niederlassungsrechtlich [für unternehmerisch investierende Gesellschafter] auch einen „Wegzug"); näher *Grundmann* Europäisches Gesellschaftsrecht, Rn 846–848.

[299] Besonders plastisch in diese Richtung die Golden Shares Urteile (Kapitalverkehrsfreiheit): EuGH Urt. v. 4.6.2002 – Rs. C-503/99 *Kommission/Belgien*, Slg. 2002, I-4809 (4830f.); EuGH Urt. v. 4.6.2002 – Rs. C-483/99 *Kommission/Frankreich*, Slg. 2002, I-4781 (4801). Für andere Grundfreiheiten etwa: EuGH Urt. v. 30.11.1995 – Rs. C-55/94 *Gebhard*, Slg. 1995, I-4821 (4897f.) (Niederlassungsfreiheit); EuGH Urt. v. 14.12.2004 – Rs. C-309/02 *Radlber-*

ger und Spitz, Slg. 2004, I-11763 (Tz. 69) (Warenverkehrsfreiheit); EuGH Urt. v. 6.11.2003 – Rs. C-243/01 *Gambelli*, Slg. 2003, I-13031 (Tz. 57–59) (Dienstleistungsfreiheit).

[300] EuGH Urt. v. 24.1.1991 – Rs. C-339/89 – *Alsthom Atlantique*, Slg. 1991, I-107 (124) = DB 1991, 539. Durch Rechtswahl abbedingen werden können durchaus auch Normen, die innerstaatlich als ius cogens zu qualifizieren sind. Überwiegend wird das heute noch als geltende Rechtslage angesehen, wenn auch teils kritisiert: für das Erste etwa *Grundmann* Europäisches Schuldvertragsrecht, 1. Teil Rn 68; *Radicati di Brozolo* Rev. crit. d. i. p. 82 (1993) 401 (406–414); *Roth* VersR 1993, 129 (133); MünchKommBGB[5]/*Sonnenberger* Einl. IPR Rn 175; *Ludwigs* EuR 2006, 370 (bes. 390ff.); wohl auch *Micklitz/Reich/Rott* Understanding EU Consumer Law, 2009, S. 45f. Von Überprüfbarkeit dispositiver Normen ausgehend hingegen: *Tassikas* Dispositives Recht und Rechtswahlfreiheit, 2004, bes. S. 138–171 und 250–349. Für Kritik (auf die notwendigen Informationskosten über fremdes, dispositives Recht und damit auf eine Restbehinderungswirkung verweisend): *Basedow* CMLR 33 (1996) 1169 (1174–1178); *v. Wilmowsky* JZ 1996, 590

Stefan Grundmann

für das Regelungsziel dieser Norm sprechen. Hierzu zählen u.a. der Verbraucher- und Kundenschutz, die Integrität des Marktes insgesamt,[301] auch die Finanzstabilität. Stets muss andererseits jedoch zudem das mildeste noch effiziente Mittel gewählt werden (vgl. nächste Fn), und dieses sieht der EuGH unter anderem, wenn Aufklärung geeignet ist, den Kunden hinreichend zu schützen, in bloßen Informationsregeln, die in solchen Fällen inhaltlich zwingenden Normen vorzuziehen sind.[302] Diese EuGH-Rechtsprechung wurde vielfach als einseitig deregulierend kritisiert. Jedenfalls im Bankrecht greift jedoch re-regulierendes EG-Sekundärrecht ohnehin in den meisten Bereichen breit und häufig flächendeckend ein.

Ist eine **Frage durch EG/EU-Sekundärrecht geregelt**, so sind **zwei Formen der Sperr-** **111** **wirkung** zu bedenken: Ist der maßgebliche Rechtsakt, konkreter: die maßgebliche EG-rechtliche **Regel als mindestharmonisierend konzipiert**, so stellt sich die Frage nach der Reichweite dieser Anordnung. Unstreitig ist es dann dem nationalen Gesetzgeber für den Inlandsfall gestattet, strengere nationale Regeln zu erlassen, also solche, die das zu schützende Interesse weiterreichend absichern. Für den binnenmarktgrenzüberschreitenden Fall ist demgegenüber umstritten, ob Gleiches gilt. Teils wird dies bejaht unter Hinweis darauf, dass der Rechtsakt ja solch eine Anordnung treffe; allerdings sei die fragliche nationale Norm nunmehr jedenfalls im überschießenden Teil – wie grds. auch der Rechtsakt des EG/EU-Sekundärrechts selbst[303] – der Grundfreiheitenkontrolle nach allgemeinen Grundsätzen

(595 f.); *Möslein* Dispositives Recht, 2011, S. 216 und 401–404; *Hesselink*, ERCL 2005, 44 (bes. 67); und ohne Eingehen auf die gegenläufige EuGH-Rspr.: *Mülbert* ZHR 159 (1995) 2 (10).

301 Grundlegend (primär Verbraucherschutz aber auch Marktintegrität): EuGH Urt. v. 20.2.1979 – Rs. 120/78 – *Cassis de Dijon,* Slg. 1979, 649 (662) = NJW 1979, 1766; sodann (für Verbraucherschutz *und* Marktintegrität) etwa EuGH Urt. v. 15.12.1982 – Rs. 286/81 – *Oosthoek,* Slg. 1982, 4575 (4587) = NJW 1983, 1356; des Weiteren die Aufzählungen in EuGH Urt. v. 25.7.1991 – Rs. C-288/89 – *Stichting Gouda,* Slg. 1991, I-4007 (4041) = EuZW 1991, 699; Urt. v. 25.7.1991 – Rs. C-353/89 – *Kommission/Niederlande,* Slg. 1991, 4069 (4094) = EuZW 1992, 56; Urt. v. 9.7.1992 – Rs. C-2/90 – *Kommission/Belgien,* Slg. 1992, I-4431 (4477) = EuZW 1992, 577; EuGH Urt. v. 8.7.2004 – Rs. C-166/03 – *Kommission/Frankreich,* Slg. 2004, I-06535 (Tz. 16); EuGH Urt. v. 30.4.2009 – Rs. C-531/07 – *Fachverband Buch- und Medienwirtschaft,* Slg. 2009, I-03717; EuGH Urt. v. 12.7.2012 – Rs. C-378/10 – *VALE,* Slg. 2012, I-0000 (Tz. 39) = ECLI:EU:C: 2012:440.

302 Zu Warenverkehrsfreiheit und Vertragsrecht EuGH Urt. v. 20.2.1979 – Rs. 120/78 *Cassis*

de Dijon, Slg. 1979, 649 (664); dann zu Niederlassungsfreiheit und Gesellschaftsrecht: EuGH Urt. v. 9.3.1999 – Rs. C-212/97 *Centros*, Slg. 1999, I-1459 (1495); ausführlich *Grundmann* Parteiautonomie im Binnenmarkt – Informationsregeln als Instrument, JZ 2000, 1133.

303 EuGH Urt. v. 20.4.1978 – verb. Rs. 80 und 81/77 *Commissionaires Réunis* und *Fils de Henri Ramel*, Slg. 1978, 927 (944–947); Urt. v. 14.7.1998 – Rs. C-341/95 *Bettati*, Slg. 1998, I-4355 (4380 f.); vgl. *Usher* Common organisations: no escape from fundamental Treaty rules, (1978) 3 European Law Review 305 (308); *Mortelmans* The relationship between the Treaty rules and Community measures for the establishment and functioning of the internal market – Towards a concordance rule, (2002) 39 CMLR 1303; *Oliver* La législation communautaire et sa conformité avec la libre circulation des marchandises, Cahiers de Droit Européen 1979, 245; monographisch *Scheffer* Die Marktfreiheiten des EG-Vertrages als Ermessensgrenzen des Gemeinschaftsgesetzgebers, 1997; *Schwemer* Die Bindung des Gemeinschaftsgesetzgebers an die Grundfreiheiten, 1995.

unterworfen.[304] Denn die Grundfreiheiten sind in ihrem Anwendungsbereich nicht beschränkt. Teils wird jedoch davon ausgegangen, dass nationales Recht, soweit es strengeren Schutz vorsieht, nur im innerstaatlichen Fall zur Anwendung kommen kann, nicht im binnenmarktgrenzüberschreitenden Fall, weil die Harmonisierung ein hohes Schutzniveau verbürgen muss und dann „zwingende Gründe des Allgemeininteresses" für ein noch höheres Schutzniveau a limine ausgeschlossen erscheinen (präkludiert werden).[305] Nach dieser Meinung, die den EG-Sekundärrechtsgeber „beim Wort" nimmt, besteht eine Anwendungssperre für strengeres nationales Recht im binnenmarktgrenzüberschreitenden Fall, was dem Anbieter erlaubt, binnenmarktweit nach seinem (dem Harmonisierungsstandard entsprechenden) Sitzrecht zu exportieren. EG/EU-Sekundärrecht kann jedoch auch **vollharmonisierend konzipiert** sein, häufig nur in einem Teil des Rechtsaktes (sog. gezielte Vollharmonisierung).[306] In diesem Fall ist es Auslegungsfrage, welche Teile des Rechtsakts solchermaßen Sperrwirkung gegenüber jeder Form von abweichendem nationalen Recht entfalten sollen: gegen überschießenden Schutz ebenso wie gegen hinter der Vorgabe zurückbleibenden Schutz.

III. Inter-/Supranationales Recht als Untergrenze

112   Während für die Wirkung von mindestharmonisierenden EG/EU-Richtlinien schon im Grundsatz streitig ist, *ob* sie als Obergrenze wirken, ist für mindest- und vollharmonisierende EG-EU-Richtlinien unstreitig, dass sie auch im Inlandsfall als Untergrenze wirken (von den verschwindend wenigen und im Bankrecht heute überholten Fällen abgesehen, in denen Richtlinien nur grenzüberschreitende Fälle erfassen). Streitig ist hier erst, *wie* diese Wirkung im Einzelnen zu konzipieren ist, namentlich ob diese Wirkung im nationalen Rechtsfall, vor nationalen Gerichten, stets auch in dem Falle eintritt, dass nationales Recht im Widerspruch zur Richtlinie steht oder zu stehen scheint. Für EG/EU-Verordnungen ist demgegenüber klar, dass sie unmittelbar anwendbar sind und gegenstehendes nationales Recht verdrängen (Art. 288 Abs. 2 AEUV). Und Grundfreiheiten bilden keine Untergrenze. Der Großteil von EU-Vorgaben im Bankrecht beruht freilich auf EG/EU-Richtlinien, so dass die hier gestellte Frage den Normalfall bildet: **Mit drei Instrumenten setzt der EUGH** auch den (**Mindest-**)**Schutzgehalt von EG/EU-Richtlinien** im innerstaatlichen Recht durch, auch gegen gegenstehendes nationales Recht, obwohl EG/EU-Richtlinien nach Art. 288 Abs. 3 AEUV keine unmittelbare Wirkung zukommt. Zunächst spricht sich der EuGH

---

[304] In diesem Sinne etwa *Smulders/Glazener* (1992) 19 CMLR 775 (797); *W.-H. Roth* ZEuP 1994, 5 (31 f.); *ders.* (2002) 10 ERPL, 761 (771–774); unentschieden *Dougan* (2000) 37 CMLR 853 (863–885). Die Rechtsprechung des EuGH ist nicht ganz klar, tendiert jedoch wohl deutlich in die entgegengesetzte Richtung (nächste Fn), vgl. *Grundmann* RabelsZ 69 (2000) 457 (471–474); hingegen geht die EU-Kommission ersichtlich von der hier referierten Meinung aus (tat dies freilich auch im Europäischen Gesellschaftsrecht, bis der EuGH dies dort ganz eindeutig korrigierte).

[305] In diesem Sinne etwa *Bernard* (1996) 33 CMLR 633 (646 f.); auch *Martin* RIDE 30 (1994) 609; *Grundmann* JZ 1996, 276 (277–281); *Klauer* (2000) 8 ERPL 187 (201–210); *Steindorff* Grenzen der EG-Kompetenzen, 1990, 84; *Mengozzi* Riv.dir.europ. 1994, 447 (459 f.); und ausführlich *Riesenhuber* System und Prinzipien des Europäischen Vertragsrechts, 2003, S. 146–170.

[306] Vgl. statt aller *Gsell/Herresthal* (Hrsg.) Vollharmonisierung im Privatrecht, 2009; *Mittwoch* Vollharmonisierung und Europäisches Privatrecht – Methode, Implikationen und Durchführung, 2013.

Stefan Grundmann

zwar im Grundsatz tatsächlich gegen eine (flächendeckend) unmittelbare Wirkung der EG/EU-Richtlinie aus,[307] lässt davon aber überzeugend Ausnahmen zu: Wenn der Gehalt der EG/EU-Richtlinie einem Mitgliedstaat oder seinen Untereinheiten – einschließlich der von ihm dominierten Privatrechtssubjekte – Pflichten auferlegen würde bzw. Privatrechtssubjekten im Rechtsverkehr gegen diese Rechte einräumen würde, so kann sich der Staat bzw. seine Untereinheit nicht auf Nichtumsetzung berufen (ein solches wäre rechtsmissbräuchlich), wenn die Umsetzungsfrist abgelaufen ist und die EG/EU-Richtlinie hinreichend konkret und bedingungslos (ohne Mitgliedstaatenwahlrecht) die Pflicht bzw. das Recht formuliert (**unmittelbare Wirkung im Vertikalverhältnis**).[308] Dies betrifft große Teile des Aufsichtsrechts und der sonstigen Regulierung, freilich im Bankprivatrecht nur, soweit ein Privatrechtssubjekt hieraus Rechte gegenüber hoheitlichen Trägern (oder staatlich dominierten Parteien) ableiten kann. Ebenfalls unmittelbar wirkt die EG/EU-Richtlinie, soweit sie Nichtigkeitsgründe ausräumt, das nationale Recht diese jedoch nicht eliminiert (denn dann setzt die EG/EU-Richtlinie nur den liberalisierenden Gehalt der Grundfreiheiten durch, die selbst unmittelbar anwendbar sind).[309] Liegt keiner dieser Ausnahmefälle vor – vor allem im Bankvertragsrecht zwischen Privatrechtssubjekten –, so führt ein zweites Instrument i.Erg. meist doch ebenfalls zu einer („unmittelbaren") Anwendbarkeit im innerstaatlichen Rechtsverkehr, das nun nicht nur punktuell, sondern flächendeckend wirkt: das (aus dem Prinzip der Gemeinschaftstreue bzw. der Richtlinienumsetzungspflicht abgeleitete) **Gebot richtlinienkonformer Auslegung:**[310] Danach haben alle nationalen Stellen, vor

---

[307] Für das Vertikalverhältnis (zulasten des Privatrechtssubjekts): EuGH Urt. v. 11.6.1987 – Rs. 14/86 – *Pretore di Saló*, Slg. 1987, 2545 (2570); Urt. v. 22.2.1990 – Rs. C-221/88 – *Busseni*, Slg. 1990, I-495 (525) = NJW 1991, 1409. Für das Horizontalverhältnis (zwischen Privatrechtssubjekten): EuGH Urt. v. 26.2.1986 – Rs. 152/84 – *Marshall I*, Slg. 1986, 723 (748f.) = NJW 1986, 2178; Urt. v. 14.7.1994 – Rs. C-91/92 – *Faccini Dori*, Slg. 1994, I-3325 (3356) = EuZW 1994, 498; Urt. v. 7.3.1996 – Rs. C-192/94 – *El Corte Inglés*, Slg. 1996, I-1281 (1303f.); zum Meinungsstand in der Lit. und zur Kritik an dieser Rspr. vgl. die Nachw. etwa bei *Emmert*, Europarecht, 1996, S. 157–162; *Müller-Graff* NJW 1993, 13 (20 Rn 120); *Streinz*, Europarecht, 9. Aufl. 2012, Rn 489–495. Ebenfalls keine Direktwirkung (sondern richtlinienkonforme Auslegung anordnend): EuGH Urt. v. 22.11.2005 – Rs. C-144/04 – *Mangold*, Slg. 2005, I-9981 = NJW 2005, 3695; vgl. *Riesenhuber/Domröse* RIW 2005, 47.

[308] EuGH Urt. v. 26.2.1986 (vorige Fn) 748f.; Urt. v. 22.2.1990 (vorige Fn); grundlegend EuGH Urt. v. 5.4.1979 – Rs. 148/78 – *Ratti*, Slg. 1979, 1629 (1642) = NJW 1979, 1764. Umgekehrt hängt das Recht des Privaten nach der genannten Entscheidung davon ab, dass er selbst ebenfalls die Richtlinienvorgaben erfüllt; vgl. dazu *Götz* NJW 1992, 1849

(1855f.). Die Handlungsform ist unerheblich (auch privatrechtlicher Vertrag des Staates oder eigene, dem Staat jedoch zuzurechnende Rechtsperson): vgl. vor allem, den Rechtsmissbrauchsgedanken konsequent durchführend: EuGH Urt. v. 12.7.1990 – Rs. C-188/89 – *Foster*, Slg. 1990, I-3313 (3332–3350) (mit Schlussantrag *van Gerven*) = NJW 1991, 3086.

[309] EuGH Urt. v. 13.11.1990 – Rs. C-106/89 – *Marleasing*, Slg. 1990, I-4135 (4159) = DB 1991, 157 (für Gesellschaftsgründung). Zur Erklärung: *Grundmann* Die Auslegung angeglichenen Kapitalmarktrechts – insbesondere der Sanktionsregeln, in: Schulze (Hrsg.), Auslegung europäischen und angeglichenen Rechts, 1999, S. 62 (74f.). Für das Vertragsrecht spezifischer EuGH Urt. v. 3.9.2009 – Rs. C-489/07 – *Messner*, Slg. 2009, I-7356. Gleichzeitig stellt der EuGH dort jedoch klar, dass nationales Recht als immanente Schranke auch für EU-Recht solange anwendbar bleibt, als es dessen Integrationswirkung nicht konterkariert, EuGH a.a.O. Tz. 25–29.

[310] Vgl. (auch zur Herleitung): *Brechmann* Die richtlinienkonforme Auslegung – zugleich ein Beitrag zur Dogmatik der EG-Richtlinie, 1994, S. 131–213 oder *Grundmann* ZEuP 1996, 399 (406f. und 413); *W.-H. Roth/Jopen* Die richtlinienkonforme Auslegung,

allem Gerichte, die Pflicht zur „Ausschöpfung des Beurteilungsspielraums, den ihm [dem nationalen Gericht] das nationale Recht einräumt".[311] Streitig ist, wie sich dies auf die nationalen Auslegungskanones auswirkt. Während herkömmlich in der Literatur (unterschiedlich) der eine oder andere nationale Auslegungskanon (etwa die äußerste Wortlautgrenze) als unverbrüchlich eingestuft wurde und deswegen hier eine richtlinienkonforme Auslegung ausgeschlossen wurde, habe *ich* früh vom Zweck her argumentiert, dessentwegen im EU-Recht überhaupt EG/EU-Richtlinien (überwiegend) EG/EU-Verordnungen als Instrument vorgezogen werden:[312] namentlich, um (trotz Harmonisierungsauflage) die Souveränität nationaler Parlamente möglichst weitgehend zu wahren. Dies spricht dafür, eine Pflicht zur richtlinienkonformen Auslegung immer dann zu konstatieren, wenn das nationale Parlament von diesem Souveränitätsvorbehalt nicht aktiv Gebrauch gemacht (also sich „gegen die EG/EU-Richtlinie aufgelehnt") hat. Mit anderen Worten: Wortlautgrenze, historischer Gesetzgeberwille etc. können nicht gegen eine richtlinienkonforme Auslegung ins Feld geführt werden, wenn nicht der nationale Gesetzgeber es explizit ablehnt, der EG/EU-Richtlinie Gefolgschaft zu leisten. M.E. kann schon die Ausgangsentscheidung des EuGH in *Colson/Kamann* und *Harz* nur so gelesen werden, jedenfalls jedoch argumentiert heute auch der Bundesgerichtshof in der Sache genau in diesem Sinne (zur Schuldrechtsmodernisierung).[313] Es handelt sich bei der richtlinienkonformen Auslegung also nicht um einen Auslegungsgrundkanon zum EG/EU-Recht, sondern um ein Instrument, (abweichendes) nationales Recht auf eine Linie mit EG/EU-Recht zu bringen. Das Resultat der Auslegung von EG/EU-Recht (zu dieser vgl. nächste Rn) ist die Vorgabe, die es zu erreichen gilt, sie bildet das „Original", das der nationale Richter umzusetzen hat. Ist – höchst ausnahmsweise – auch eine richtlinienkonforme Auslegung nicht möglich (etwa weil explizit Umsetzung verweigert wird), kommt ein Anspruch gegen den säumigen Staat in Betracht (**Staatshaftung**), bei dem freilich der Schadensnachweis (mit Kausalität) immer wieder problematisch wird.[314]

---

in: Riesenhuber (Hrsg.) Europäische Methodenlehre, S. 263; sowie Nachw nächste Fußnoten.

[311] EuGH Urt. v. 10.4.1984 – Rs. 14/83 – *von Colson und Kamann*, Slg. 1984, 1891 (1909) = NJW 1984, 2021; Urt. v. 10.4.1984 – Rs. 79/83 – *Harz,* Slg. 1984, 1921 (1942).

[312] Zur dogmatischen Herleitung und Begründung ausführlich, mit Hinweisen auf die zunehmende Verschärfung der Rspr. und mwN *Grundmann* ZEuP 1996, 399 (419–423) (umfangreich auch zu Gegenmeinungen, die gewisse Grenzen der nationalen Methodenlehre aufrecht erhalten wollen); in der Tendenz vergleichbar wie hier *Riesenhuber/Domröse* RIW 2005, 47 (48–52); ihnen folgend etwa BAG Urt. v. 26.4.2006 – 7 AZR 500/04, DB 2006, 1734; *W.-H. Roth/Jopen* in Riesenhuber (Hrsg.) Europäische Methodenlehre, 263 (282–286). Solch eine Auslegung (auch über den Wortlaut hinaus) ist allerdings nicht möglich, wenn mit ihr die Strafbarkeit begründet werden soll.

[313] Zur Zulässigkeit der richtlinienkonformen Auslegung allein schon unter dieser Voraussetzung: EuGH Urt. v. 10.4.1984 – Rs. 14/83 (Fn 311) 1909; Urt. v. 10.4.1984 – Rs. 79/83 (Fn 311) 1942 (jeweils implizit); ähnlich auch: EuGH Urt. v. 22.11.2005 – Rs. C-144/04 – *Mangold*, Slg. 2005, I-9981 = NJW 2005, 3695; EuGH Urt. v. 4.7.2006 – Rs. C-212/04 – *Konstantinos Adeneler*, Slg. 2006, I-6057 = NJW 2006, 2465 (Tz. 108–111); schr deutlich inzwischen BGH Urt. v. 26.11.2008 – VIII ZR 200/05 = NJW 2009, 427 (Tz. 25) sowie BGH Urt. v. 21.12.2011 – VIII ZR 70/08 = NJW 2012, 1073 (Tz. 34).

[314] Speziell zum hier angesprochenen Rechtsverstoß durch den nationalen Gesetzgeber: EuGH Urt. v. 19.11.1991 – verb. Rs. C-6/90 und C-9/90 – *Francovich I*, Slg. 1991, I-5357 (5415) = NJW 1992, 165; Urt. v. 5.3.1996 – verb. Rs. C-46/93 und C-48/93 – *Brasserie du pêcheur und Factortame*, Slg. 1996, I-1029 (1141–1145) = EuZW 1996, 205; Urt. v. 8.10.1996 – verb. Rs. C-178/94,

Stefan Grundmann

Die **Auslegung von EG/EU-Rechtsakten** kann zwar durchaus in der Tradition der vier **113** klassischen („Savigny'schen) Auslegungskanones (grammatikalische, historische, systematische, teleologische) gesehen werden.[315] Wichtig sind jedoch die (modifizierten) Gewichtungen und folgende Ausgangspunkte: EG/EU-Recht unterliegt jedenfalls dem Grundsatz einheitlicher Auslegung in der gesamten EU[316] sowie dem Grundsatz, dass es von der Auslegung nationalen Recht unabhängig ist, sogar wenn ein nationales Recht einmal Vorbild

---

C-179/94, C-188/94, C-189/94 und C-190/94 – *Dillenkofer u.a.*, Slg. 1996, I-4845 (4877) = EuZW 1996, 654; EuGH Urt. v. 4.7.2006 (Fn 313) a.a.O.; etwas enger bei gerichtlichem Verstoß („offenkundig"): EuGH Urt. v. 30.9.2003 – Rs. C-224/01 – *Köbler*, Slg. 2003 I-10239 = NJW 2003, 3539; EuGH Urt. v. 17.4.2007 – Rs. C-470/03 – *A.G.M.-COS.MET*, Slg. 2007, I-2749 (Tz. 77 ff.); aus jüngerer Zeit etwa EuGH Urt. v. 24.1.2012 – Rs. C-282/10 – *Maribel Dominguez*, Slg. 2012, I-0000, ECLI:EU:C:2012:33 = NJW 2012, 509 (Tz. 59 f.). Aus der Literatur etwa: *Henrichs* Haftung der EG-Mitgliedstaaten für Verletzung von Gemeinschaftsrecht – die Auswirkungen des Francovich-Urteils des Europäischen Gerichtshofs in den Rechtsordnungen der Gemeinschaft und der Mitgliedstaaten, 1995, S. 100 f.; *Binia* Das Francovich-Urteil des Europäischen Gerichtshofs im Kontext des deutschen Staatshaftungsrechts, 1998; *Lembach* Grundlagen und Ausgestaltung gemeinschaftsrechtlicher Staatshaftung, 2003; *Tietjen*, Das System des gemeinschaftsrechtlichen Staatshaftungsrechts, 2010; *Dörr* EuZW 2012, 86 ff. Zum insoweit zentralen Tatbestandsmerkmal eines „hinreichend qualifizierten Rechtsverstoßes" (bejaht bei schlichter Nichtumsetzung, jedoch nicht, wenn Umsetzungsfehler „vertretbar"): EuGH Urt. v. 26.3.1996 – Rs. C-392/93 – *British Telecommunications*, Slg. 1996, I-1631 (1668); EuGH Urt. v. 25.11.2010 – Rs. C-429/09 – *Günter Fuß/Stadt Halle* – Slg. 2010, I-12167 = NZA 2011, 53 (Tz. 51 ff.). Speziell zur Staatshaftung bei Richtlinienumsetzung: *Claßen* Nichtumsetzung von Gemeinschaftsrichtlinien – von der unmittelbaren Wirkung bis zum Schadensersatzanspruch, 1999, bes. S. 262–266; *Siegerist* die Neujustierung des Kooperationsverhältnisses zwischen dem Europäischen Gerichtshof und den mitgliedstaatlichen Gerichten, 2010, S. 88–94.

[315] Zu den Methoden der Auslegung des Unionsrechtsakts selbst (stark teleologisch; Vielsprachigkeit; sog. rechtsvergleichende Auslegung): *Bleckmann* ZGR 1992, 364; *ders.* NJW 1982, 1177; *Buck* Über die Auslegungsmethoden des Gerichtshofs der Europäischen Gemeinschaft, 1998; *Franzen* JJZ 1997, 285; *Grundmann* Die Auslegung des Gemeinschaftsrechts durch den Europäischen Gerichtshof – zugleich eine rechtsvergleichende Studie zur Auslegung im Völkerrecht und im Gemeinschaftsrecht, 1997; *Meyer* Jura 1994, 455; *W.-H. Roth/Jopen* in: Riesenhuber (Hrsg.), Europäische Methodenlehre, S. 263 (275–279); eingehend *Weber* Grenzen EU-rechtskonformer Auslegung und Rechtsfortbildung, 2010, S. 92–130.

[316] EuGH Urt. v. 6.10.1982 – Rs. 283/81 *CILFIT*, Slg. 1982, 3415 (3430 f.) („eigene, besondere Terminologie"); EuGH Urt. v. 18.5.1982 – Rs. 155/79 *AM & S*, Slg. 1982, 1575 (1612); vgl. außerdem *Grundmann/Riesenhuber* Die Auslegung des Europäischen Privat- und Schuldvertragsrechts, JuS (2001) 529 (533–534) (auch zur bloßen Hilfsfunktion der Rechtsvergleichung, die sich hieraus ergibt); und *Bleckmann* Zu den Auslegungsmethoden des Europäischen Gerichtshofs, NJW 1982, 1177 (1182), der davon ausgeht, der EuGH greife beim Vollzug durch nationale Verwaltungen auf eine Auslegung anhand nationalen Rechts zurück, während er beim Vollzug durch Gemeinschaftsorgane autonom auslege. Näher zur Frage der autonomen Auslegung oder des Rückgriffs auf nationales Recht: *Riesenhuber* in: ders. (Hrsg.) Europäische Methodenlehre, S. 201 (201–204); desweiteren zur Rolle der Rechtsvergleichung in der Rechtsprechung des EuGH: *Adrian* Grundprobleme einer juristischen (gemeinschaftsrechtlichen) Methodenlehre, 2009, S. 454–456; *Vogenauer* Die Auslegung von Gesetzen in England und auf dem Kontinent, 2001, S. 353 f.; sowie *Müller/Christensen* Juristische Methodik, Bd. II[2] 2012, S. 118 ff. und 418 ff.

für die Harmonisierung oder Vereinheitlichung wurde.[317] Dahinter steht der Gedanke, dass EU-Mitgliedstaaten schon im Ausgangspunkt gleich behandelt werden müssen, zugleich jedoch die Funktionsfähigkeit von EG/EU-Recht als supranationaler Rechtsordnung mit Vorrang auch im innerstaatlichen Recht zu erhalten ist. EG/EU-Recht wird tendenziell in besonderem Maße teleologisch ausgelegt, der **sog. „effet utile"** wurde nicht nur als Konzept und begrifflich besonders herausgearbeitet, sondern ist tatsächlich zu einem überragenden Auslegungsziel geworden.[318] Solche Grundsätze wie die besonders weitreichende richtlinienkonforme Auslegung (vorige Rn) sind ebenso hieraus abzuleiten wie derjenige, dass **Sanktionen für die Verletzung von EG/EU-Recht** stets hinreichend abschreckend (effizient) sein müssen und mindestens so scharf wie die Sanktionierung vergleichbarer nationaler Normen (nicht diskriminierend).[319] Auch kann der EuGH unter Heranziehung des Gleichheitssatzes und ungeschriebener Grundprinzipien oder Grundrechte teils sehr aktivistisch systemische Stimmigkeit zwischen verschiedenen Normen „herstellen".[320] Nach diesen Auslegungsmethoden entscheiden sich alle Auslegungsfragen zum EG/EU-Recht. Dazu gehört auch – in Deutschland auch höchstrichterlich übersehen, im Bankrecht jedoch zentral wichtig – die Frage, ob ein Rechtsakt allein öffentlichen Zielen dient oder auch privatschützenden Charakter hat.[321] So hat der BGH ebendiese Frage, die sich im Zusammenhang mit §§ 31 ff. WpHG in einer Unzahl von Fällen stellt, – trotz zahlreicher Plädoyers in diesem Sinne – nie dem EuGH zur Entscheidung anhand der MIFID-Vorgaben vorgelegt.

---

[317] *Grundmann/Riesenhuber* JuS (2001) 529 (529); *Bleckmann* NJW 1982, 1177 (1180); *Anweiler* Die Auslegungsmethoden des Gerichtshofs der Europäischen Gemeinschaften, 1997, S. 165–168; Grabitz/ Hilf/*Pernice/ Mayer* Art. 220 EGV, Rn 48; *Riesenhuber* in: ders. (Hrsg.) Europäische Methodenlehre, S. 199 (201–204, 209 f.) mit Nachweisen zur Rechtsprechung. Vgl. aus der Rechtsprechung: EuGH Urt. v. 27.1.2005 – Rs. C-188/03 *Junk*, Slg. 2005, I-885 (Tz. 27–30); EuGH Urt. v. 18.1.1984 – Rs. 327/82 *Ekro*, Slg. 1984, 107 (Tz. 11); EuGH Urt. v. 14.1.1982 – Rs. 64/81 *Corman ./. Hauptzollamt Gronau*, Slg. 1982, 13 (24) sowie EuGH Urt. v. 21.5.1963 – Rs. 75–63 *Unger*, Slg. 1964, 379 (395).

[318] Zur überragenden Bedeutung des effet utile vgl. nur: *Anweiler* (vorige Fn) S. 219–224 („wichtige Ausprägung der teleologischen Auslegung") sowie *Vogenauer* Die Auslegung von Gesetzen in England und auf dem Kontinent, 2001, S. 390 und 426 f. („dabei steht immer wieder der Grundsatz des effet utile im Vordergrund", „das starke Gewicht ... insbesondere des effet utile"). Insbesondere gehen *Höpfner/Rüthers* Grundlagen einer europäischen Methodenlehre: AcP 209 (2009) 1 (12), davon aus, dass die „sys-

tematische Auslegung" sich oft auf einen Hinweis auf den „effet utile" beschränke. *Pechstein/Drechsler* in: Riesenhuber (Hrsg.) Europäische Methodenlehre, S. 125 (134 f.) weisen darauf hin, dass der EuGH teilweise zugunsten des *effet utile* von einer bestehenden Systematik abweiche.

[319] EuGH Urt. v. 21.9.1989 – Rs. 68/88 – *Kommission/Griechenland*, Slg. 1989, 2965 (2985) = NJW 1990, 2245; Urt. v. 10.7.1990 – Rs. C-326/88 – *Hansen*, Slg. 1990, I-2911 (2935) = RIW 1991, 683; der Sache nach schon EuGH Urt. v. 10.4.1984 – Rs. 14/83 (Fn 311) 1908; Urt. v. 10.4.1984 – Rs. 79/83 (Fn 311) 1941 f.; ausführlich: *Riesenhuber*, Europäisches Vertragsrecht, 2. Aufl. 2006, Rn 220–225a. Für Beispiele aus dem deutschen Kapitalmarktrecht: *Grundmann/Selbherr* WM 1996, 985 (987–989 und 991 f.).

[320] Vgl. ausführlich *Grundmann* „Inter-Instrumental-Interpretation" – Systembildung durch Auslegung im Europäischen Unionsrecht, RabelsZ 75 (2011) 882.

[321] Schon sehr früh: EuGH Urt. v. 19.12.1968 – Rs. 13/68 *Salgoil*, Slg. 1968, 679 (693); *Steindorff*, EG-Vertrag und Privatrecht, 1996, S. 358.

IV. Hauptregelsetzer und -gebiete

Bei den Regelsetzern auf internationaler Ebene ist zwischen denen auf EU-Ebene und **114** denen auf globaler Ebene zu unterscheiden – und zwar grundsätzlich schon von der Regelanwendung her. Während nämlich die Erstgenannten geltendes Recht im innerstaatlichen Verkehr setzen, das zudem Vorrang genießt (vgl. zu den Grundzügen der diesbezüglichen Dogmatik oben II. und III.), und während deren Rechtssetzung zudem praktisch flächendeckend den regulierenden Teil zum Bankvertragsrecht, aber auch noch weit überwiegend den eigentlich vertragsrechtlichen Teil des Bankvertragsrechts umfasst, während also Bankvertragsrecht *in Deutschland* weitgehend *Europäisches Bankvertragsrecht* ist, und während deswegen dieses Spannungsverhältnis in seinen Konzepten etwas breiter erörtert wurde und im Folgenden im Kommentar mit seinen dogmatischen Erörterungen omnipräsent ist, ist das bei den **Regelsetzern auf globaler Ebene** anders. Sie sollen jetzt kurz in den Blick genommen werden, sie setzen freilich durchweg nicht bindendes Recht – und schon gar nicht Recht, das im Inlandsfall unmittelbar anwendbar wäre oder auch nur verbindliche Auslegungsmethoden vorgäbe –, sie geben nur Empfehlungen ab, die rahmenartig offen sind, gerade im Bankaufsichts- und -regulierungsrecht. Sie werden jedoch umgekehrt durchaus dicht befolgt, für Deutschland vor allem durch Umsetzung in EG- oder EU-Richtlinien und -Verordnungen. und sie formulieren die Leitlinien – und als solche, vor allem für den Regelungszweck, werden diese Empfehlungen auch im kommentierenden Teil immer wieder angesprochen (vgl. etwa oben Erster Teil Rn 38). Als erster für das Bankrecht zentraler Regelsetzer auf globaler Ebene trat der sog. **Baseler Ausschuss für Bankenaufsicht** (Basel Committee on Banking Supervision) hervor,[322] gegründet 1974 im Zusammenhang mit dem Zusammenbruch des Bretton Woods Systems stabiler Wechselkurse und dadurch ausgelöster Bankturbulenzen und angegliedert an die Bank für Internationalen Zahlungsausgleich (BIZ) mit Sitz in Basel. Die erste Übereinkunft (Empfehlungen), die sog. Basel I Grundsätze von 1988 (sog. Basle Capital Accord) belegen es bereits: Stets konzentrierte sich der Ausschuss auf die Bankenaufsicht – nicht Geldpolitik und Währungsstabilität – und hier vor allem auf die Kapitaladäquanz (Solvenz- und Liquiditätsregeln), seit den Basel II-Grundsätzen (2006) stark auch auf Offenlegungspflichten als Präventivmaßnahmen. Während die Basel II-Grundsätze vor allem den spezifischeren Zuschnitt der Regeln in den Vordergrund rückten (stärkere Diffferenzierung bei der Gewichtung des Risikos, Zulassung institutsspezifischer Bewertungsmodelle) und im Ergebnis eine Deregulierung bewirkten und auch prozyklischen Effekten Vorschub leisteten, wie sich ab 2008 in der Subprime-Finanzkrise zeigte, reagierten eben hierauf die Basel III Grundsätze mit ihrer Anhebung des Kernkapitals und den verschiedenen Kapitalpuffern (für spezielle Risiken und prozyklische Effekte) (vgl. oben Erster Teil Rn 38). Während der Baseler Ausschuss auch im Gefolge der Finanzkrise die Kapitaladäquanz – und die Umgestaltung der diesbezüglichen Regeln – vorrangig im Blick hatte, etablierte sich in dieser Zeit ein zweiter Ausschuss als für die Bankaufsicht Zentraler, zugleich jedoch breiter Ansetzender, das Forum für Finanzstabilität (Financial Stability Forum, FSF), heute Gremium für Finanzstabilität der G7 (**Financial Stability Board, FSB**),[323] das in den Hauptentwick-

---

[322] Vgl. etwa *Basel Committee on Banking Supervision* A brief history of the Basel Committee, 10/2014; *Kampf* in Grabitz/Hilf Bd. 5 (38. EL 2009), E 26. Finanzdienstleistungen, Rn 130–133; *Haentjens* in: Haentjens/Wessels (Hrsg.) Bank Recovery, S. 3 (10f.); *ders.* IILR 2014, 255 (260f.).

[323] Vgl. etwa *Financial Stability Board* Our History, 2015; *Haentjens* in: Haentjens/Wessels (Hrsg.) Bank Recovery, S. 3 (9f.); *ders.* IILR 2014, 255 (259f.).

lungen stets in enger Abstimmung mit den G20 agierte: Der Ausschuss stieß vor allem mit seinen „Principles for Cross-Border Cooperation on Crisis Management" vom April 2009 – noch als FSF – eine Entwicklung an, die zur Schaffung des zweiten Eckpfeilers der heutigen Bankaufsichtsarchitektur führte: dem Recht der Bankensanierung und -abwicklung.[324] In diesem Bereich gelang es dem FSB nicht nur, überhaupt die Überzeugung davon zu schaffen, dass die Existenz eines stabilitätsbewussten Bankeninsolvenzrechts notwendig sei, um Banken dahingehend zu disziplinieren, nicht mehr auf eine unbegrenzte Rettung durch Staatsgelder zu vertrauen, weil Staaten sich ungeregelte Bankinsolvenzen gar nicht „leisten" konnten („too big to fail"). Vielmehr gelang es auch, die Überzeugung zu wecken, dass ungleich intensivere grenzüberschreitende Zusammenarbeit und Koordinierung, namentlich bei der Abwicklung, angesichts bestehender Konzernstrukturen unverzichtbar seien. Und schließlich konnte sich das Gremium mit der Formulierung unverzichtbarer Eckpunkte auch durchsetzen und als Leitregelsetzer etablieren.[325] Die Schaffung eines (Bewusstseins und der Leitempfehlungen für ein) Bankensanierungs- und -abwicklungsrecht(s) bildet zwar den größten Erfolg für den FSB. Zugleich ist das Gremium jedoch wichtig dafür, dass das Risikoverständnis ungleich breiter wurde, insbesondere auch die makroprudentielle Aufsicht verstärkt in den Blick genommen wurde. Beiden Regelsetzern ist gemein, dass in ihnen zwar die zuständigen nationalen Regulierungsbehörden vertreten sind (die EU als solche hat nur Beobachterstatus), dass sie auch durch Abschlusserklärungen verschiedener G7- oder G20-Gipfel politisch unterstützt wurden und werden, dass sie jedoch keine Kompetenz zu Aushandlung oder Abschluss internationaler Übereinkommen oder zum Erlass von Regelwerken oder Resolutionen im Rahmen der UN haben. Teils werden ihre Empfehlungen freilich von UN-Organisationen, die solch eine Kompetenz haben, aktiv unterstützt (vgl. etwa Fn 324). Zu diesen beiden für das Bankaufsicht und damit für das Bankgeschäft allgemein zentralen Ausschüssen treten weitere, deren Arbeit stärker einzelne Bankgeschäfte betrifft und dort wieder aufgegriffen wird (unten Bd. 11): die International Organization of Securities Commissions (**IOSCO**), die Empfehlungen vor allem für das Kapitalmarktrecht, etwa zu (global vergleichbaren) Prospektinhalten, erarbeitet, und der International Accounting Standards Board (**IASB**), der indirekt ebenfalls für das Prospektrecht und das Recht periodischer Berichterstattung zentral ist, weil er mit den International Financial Reporting Standards (IFRS, früher International Accounting Standards, IAS) das international maßgebliche Regelwerk zum Rechnungslegungsrecht erarbeitet und fortentwickelt hat. Dieses geht in seiner Normqualität über alle anderen Regelwerke insofern hinaus, als die IFRS Regelcharakter haben und durch Übernahme in der EU im sog. Endorsement-Verfahren nach Art. 3 Abs. 2 IFRS-VO als Regelwerk direkt für anwendbar erklärt werden (vergleichbar EG-Sekundärrecht). Auch UN-Unterorganisationen, namentlich UNCITRAL und Internationaler Währungsfonds (IWF/IMF) sowie Weltbank (World Bank) wirken in den Initiativen mit, ohne bisher ähnlich prominent die Führung zu übernehmen wie die Genannten, namentlich nicht für einen konkreten Bereich.

---

[324] *Financial Stability Forum* Principles for Cross-Border Cooperation on Crisis Management, 2 April 2009; aufgegriffen sowohl vom Baseler Ausschuss (*Basel Committee on Banking Supervision* Report and Recommendations of the Cross-border Bank Resolution Group 2010, S. 3) als auch von offiziellen UN-Einrichtungen, namentlich:

International Monetary Fund Resolution of Cross-Border Banks, June 2010, S. 5.

[325] *Financial Stability Board*, Implementing the FSB Key Attributes of Effective Resolution Regimes – How Far Have We Come? 15 April 2013 (mit mehreren updates).

Stefan Grundmann

ZWEITER TEIL

Das Allgemeine Bank-Kunden-Verhältnis

Übersicht

Stefan Grundmann

1. Abschnitt
System und Rechtsrahmen des Bank-Kunden-Verhältnisses

Schrifttum Vgl. Schrifttum zum 2. Abschnitt.

Übersicht

1 **I. Vielzahl der Einzelgeschäfte – Einbettung in eine Geschäftsbeziehung**

1. Tatsächliche Geschäftsbeziehung und vertragliche Grundlage – Vielzahl und Einheit. Wenn im Ersten Teil die Vielzahl der Bankgeschäfte diskutiert wurde (Erster Teil Rn 4–6), zugleich jedoch auf die typischerweise bestehende Gründung in einer länger andauernden Geschäftsbeziehung hingewiesen wurde (Erster Teil Rn 6), so hat dies seine Parallele im Bankprivatrecht in der Diskussion um die schuldrechtliche Qualifikation der gemeinsamen Grundlage des allgemeinen Bank-Kunden-Verhältnisses. Hier freilich ist die Diskussion stark auf eine Alternative fokussiert: namentlich, ob diese als **vertraglich** („allgemeiner Bankvertrag") oder als quasivertraglich, d.h. in einem **Vertrauensverhältnis nach § 311 Abs. 2 BGB** gegründet, zu qualifizieren sei.[1] Für beide Meinungen sprechen gewichtige Gründe: für die Gründung in einem Vertrauensverhältnis vor allem, dass die Schutzwirkungen unabhängig davon eintreten, ob rechtsgeschäftlich wirksam ein Rahmenvertrag zwischen Kreditinstitut und Kunden abgeschlossen wurde; und für die Gründung in einem (auch) vertraglich gestalteten Verhältnis namentlich, dass der Pflichtenkanon (etwa die Intensität der Aufklärungspflicht) je nach Geschäftstyp (d.h. auch Vertragstyp) variiert, aber auch durch Vertragsabrede vielfältig beeinflusst wird, und dass der Schutz häufig gerade nicht davon abhängt, dass der Kunde tatsächlich Vertrauen auf das korrekte Handeln des Kreditinstituts gebildet hat. Und wenn sich der BGH in diesem Streit scheinbar für die Qualifikation als quasivertraglich (oder vor allem *gegen* eine Qualifikation als vertraglich) aussprach und daher teils bereits vom „‚Aus' für den allgemeinen Bankvertrag" gesprochen wurde,[2] so ist es hilfreich, sich die inhaltliche Aussage dieses Judikats in Erinne-

---

[1] So die Alternative der beiden dominanten Meinungen, vgl. näher unten Zweiter Teil Rn 17–19, dort auch zum Folgenden.
[2] BGH Urt. v. 24.9.2002 – XI ZR 345/01, BGHZ 152, 114 = WM 2002, 2281 (aus-führlicher); dazu u.a. *Lang* BKR 2003, 227 („Das Aus für die Lehre"); differenzierter *M. Roth* WM 2003, 420; und in „Ankündigung" der Entscheidung: *Claussen* FS Peltzer, 2001, S. 55.

rung zu rufen: Der BGH hatte darüber zu entscheiden, ob das beklagte Kreditinstitut den Kunden von sich aus auf eine mögliche sinnvollere Ausgestaltung einer laufenden (Fremdwährungs-)Einlage (bei einer seiner Filialen) hätte aufmerksam machen müssen. Die ablehnende Antwort wird vor allem mit zwei Argumenten begründet: einerseits – formal – damit, dass neben dem Darlehens-/Einlagenvertrag nicht auch noch ein – über diesen hinausgehender – allgemeiner Bankvertrag bestehe, auch wenn (wie üblich) die allgemeinen AGB-Banken vereinbart wurden, die viele weitere Fragen regeln; und andererseits – unter substantieller Interessenabwägung – damit, dass es verfehlt sei, die Bank „für verpflichtet zu halten, sich ... mit der Umwandlung der tagesfälligen Dollareinlage in ein Jahresfestgeld und dessen [höherer] Verzinsung ... ohne Rücksicht darauf einverstanden zu erklären, ob sie für eine Festgeldeinlage in US-Dollar Bedarf hatte ...“ (S. 121). Wichtig an dieser Rechtsfolge ist zum einen, dass das Gericht aus der allgemeinen Bank-Kunden-Beziehung keine weitere *Leistungs*pflichten ableiten will – hier eine Pflicht zu höherer Verzinsung (als Schadensersatz- oder Vertragsanpassungspflicht). Das hieße, das Judikat will keine über das negative Interesse hinausgehende Pflicht begründen. Solche Pflichten nimmt freilich auch die Lehre vom allgemeinen Bankvertrag gar nicht an. Zum anderen ist jedoch wichtig, dass mit der ablehnenden Haltung gegenüber einer vertragsrechtlichen Argumentation auch eine Einschränkung des Argumentationshorizonts einhergeht: Unschwer wäre die Entscheidung in die (m. E. zurecht restriktivere) Dogmatik zu den Aufklärungspflichten gerade bei Kreditverträgen einzubetten gewesen (unten Zweiter Teil Rn 53–64). Das hätte umso mehr nahegelegen als ein Kreditvertrag, der mit dem fraglichen Anspruch aus Fremdwährungskontokorrent besichert wurde, ja unstreitig vorlag. Damit wäre dann auch auf einen zentralen Gesichtspunkt eingegangen worden, der übergangen wurde: Wenn man sowohl entgangenen Gewinn (durch höhere Verzinsung) als auch Ausfälle als „Schäden“ sieht und wertungsmäßig gleich behandelt (so §§ 249 ff. BGB, vor allem jedoch die wirtschaftliche Betrachtungsweise), so muss erklärt werden, warum der Kunde offenbar kategorisch nicht auf die Möglichkeit hingewiesen werden muss, eine lukrativere Einlageform zu wählen, obwohl sonst Warnpflichten bei erkennbaren Verlustgefahren jedenfalls im Einzelfall bestehen können.[3] Letztlich also sollten substantielle Argumente – und nicht die rechtstechnische Konstruktion (§ 311 Abs. 1 oder Abs. 2 BGB) – den Ausschlag geben und geben das in der Tat häufig auch.

Ungleich wichtiger als die Alternative „vertraglich oder quasivertraglich“ erscheint daher die Betrachtung des **Zusammenspiels zwischen allgemeiner Grundlage** der Rechtsbeziehung und Ausdifferenzierung in **einzelnen Geschäftsfeldern und/oder** in einzelnen **Absprachen**. Der „Bankvertrag“ ist auch, soweit er als „allgemein“ gelten kann, etwa mit den Verhaltens- und Geheimhaltungspflichten, „allgemein“ und „geschäftsfeldspezifisch“ zugleich. Und dieses Spannungsfeld ist heute ungleich „faszinierender“ und zugleich für

2

---

[3] Entscheidend im vorliegenden Fall war m. E. insoweit, dass der Kreditvertrag keinen *dauerhaften* Beratungsvertrag begründet, unten Zweiter Teil Rn 24 f., 53–56, also keine Pflicht der Bank, laufend die günstigste Gestaltung für den Kunden zu prüfen, vorliegend aber auch, dass der Kunde im konkreten Fall die Einlage auch nicht hätte abziehen dürfen, weil sie verpfändet war, und umgekehrt es in der Tat verfehlt wäre, das Institut ohne Verwendungsmöglichkeit für die Einlage als Festgeld zu verpflichten, der dahingehenden Änderung des Vertrages (mit höherer Verzinsung) zuzustimmen. Dass es freilich bei Bestehen eines Kreditvertrages auf diesen bezogen keinerlei Fälle gäbe, in denen eine „Pflicht der Bank zur Vornahme einzelner vom Kunden gewünschter risikoneutraler" Rechtsgeschäfte zu bejahen sei (so das Gericht auf S. 120 zur Begründung seiner ablehnenden Haltung gegenüber dem „allgemeinen Bankvertrag“), widerspricht des Gerichtes eigener Rechtsprechung etwa zur Vorfälligkeitsentschädigung.

die konkrete Anwendung auch praktisch ungleich wichtiger als die herkömmlich diskutierte Alternative. Paradigmatisch hierfür ist, dass etwa die Aufklärungspflicht zwar in
einer gemeinsamen Grundidee fußt – m.E. darin, dass das Kreditinstitut ohne Gegenleistung eine besondere Einwirkungsmöglichkeit auf das Vermögen des Kunden erhält und daher Interessenwahrung schuldet (unten Zweiter Teil Rn 19 f., 24, 56) –, dass jedoch zugleich diese Erklärung in unterschiedlichen Bereichen unterschiedlich weit reicht – bei der
Anlageberatung weiter als beim Kreditvertrag – und dass auch die Gegebenheiten des Geschäfts unterschiedliche sind – im Zahlungsverkehr automatisierte, massenweise Abwicklung, bei der Anlageberatung wiederum individuell kundenorientierte Bezugnahme auf die
individuellen Anlageinteressen und -ziele. Es wird sich im Laufe der Kommentierung zei-
gen, dass vergleichbar „allgemein" *und* „bankgeschäftsspezifisch" – gleichsam „in Vielfalt
geeint" – auch andere „allgemeine" Instrumente des Bankgeschäfts gestaltet sind, namentlich das Bankgeheimnis (unten Zweiter Teil Rn 3, 7) oder auch das Kontokorrent, etwa
seine Beendigung (unten Zweiter Teil Rn 3, 9). Ein **zweites Spannungsverhältnis** kommt
hinzu, häufig sich mit dem eben genannten überschneidend und auch in den bisher genannten Beispielen bereits angesprochen (Aufklärungspflichten): das Spannungsverhältnis zwischen **allgemeiner zivilrechtlicher Grundlage**, sei es nun nach § 311 Abs. 1 BGB (vertraglich) oder § 311 Abs. 2 BGB (quasivertraglich), und **Regulierung von überindividuellen
Schutzzielen**, etwa das Zusammenspiel zwischen Interessenwahrungspflicht zugunsten des
Kunden auf der einen Seite und Verfassungsrecht (informationelle Selbstbestimmung, Persönlichkeitsrecht), aber auch etwa öffentliche Ordnung und Haushaltsfinanzierung sowie
Schutz Dritter auf der anderen Seite, etwa im Bereich des Bankgeheimnisses. Dieses Spannungsverhältnis zeigt sich dann gleichermaßen bei der Definition seiner Grundlage wie bei
derjenigen seiner Grenzen. Darauf wird zurückzukommen sein (unten Zweiter Teil Rn 7).
Mit den Themen „Einheit und Vielfalt" in ihrer Verschränkung und „Privatrecht der Gestaltung und Regulierung" steht also der „allgemeine Bankvertrag" im Brennpunkt allgemeiner Fragen des modernen Vertragsrechts von wahrhaft paradigmatischer Bedeutung.[4]

3 **2. Insbes. Kontokorrentbeziehung und AGB als allgemeine Vertragsgrundlagen.**

a) **Kontokorrentbeziehung.** Wenn gesagt wurde, dass andere Spannungsverhältnisse
für die allgemeine Grundlage des Bank-Kunden-Verhältnisses heute wichtiger seien als die
Alternative vertragliche oder quasivertragliche Grundlage desselben, so erschöpft sich damit die Kritik am derzeitigen Diskussionsstand zum allgemeinen Bank-Kunden-Verhältnis
freilich noch nicht. Denn das allgemeine Bank-Kunden-Verhältnis ist auf der anderen Seite
auch viel konkreter durchgestaltet als die prominente Diskussion der genannten Alternative
das suggeriert – und dies durchaus auf allgemeine, bankgeschäftsübergreifende Weise. Die
zwei wichtigsten Instrumente bzw. Gestaltungsformen, die der vertraglichen Grundlage des
allgemeinen Bank-Kunden-Verhältnisses ungleich größere Konkretheit geben, bilden das
Bankkonto und die AGB-Banken/Sparkassen. Bei beiden konstatiert man auch die beiden
genannten Spannungsverhältnisse allgemein/geschäftstypspezifisch und privatrechtlich/re-
gulatorisch. Das **Bankkonto bildet das allgemeine Abwicklungsinstrument** vor allem für
das Zahlungsgeschäft, vergleichbar für das Kreditgeschäft und in modifizierter Form – über
Wertpapierkonten – auch im Recht des Investment Banking. Schon hier – wie dann noch
stärker bei den Allgemeinen Geschäftsbedingungen der Kreditinstitute – ist zu konstatieren,
dass der „allgemeine Bankvertrag" kaum Rechtsfolgen zeitigt, die nicht durch Kautelarju-
risprudenz und präzisierende Normen näher ausgestaltet wären. Der „allgemeine Bankver-

---

[4] Vgl. nur *Grundmann* Zukunft des Vertragsrechts, Festschrift zum 200-jährigen Bestehen der Juristischen Fakultät der Humboldt-
Universität 2010, S. 1015.

Stefan Grundmann

trag" als vertragliche Grundlage der allgemeinen Bank-Kunden-Beziehung gewinnt also Konturen namentlich durch das Recht des Bankkontos und die AGB-Ausgestaltung. Die jüngste Gesamtkommentierung zum Bankvertragsrecht geht daher – jedenfalls in der Tendenz nachvollziehbar – sogar so weit, von Kontobeziehung zu sprechen und dann den „allgemeinen Bankvertrag" schlicht diesem Abschnitt zuzuordnen, also das Konkretere in den Vordergrund zu rücken und das Allgemeinere – auch Weiterreichende – bei diesem einzuordnen.[5] Das Bankkonto ist sicherlich zuvörderst Abwicklungsinstrument für den Zahlungsverkehr. Manche Regelung – wie das Regime der Storno- und Berichtigungsbuchungen in Nr. 8 AGB-Banken – ist vor allem vom Zahlungsverkehr her zu verstehen, obwohl es durchaus auch fehlerhafte Buchungen von (fälschlich angenommenen) Kredittilgungen erfassen würde. Manch eine Regelung ist gar nur auf einzelne Zahlungsverkehrsinstrumente bezogen, etwa die Vorbehaltsgutschrift nach Nr. 9 Abs. 1 AGB-Banken auf Lastschrift und Scheckeinzug (ebenfalls per Lastschrift). Und manche Kontoform – etwa das Fremdwährungskonto nach Nr. 10 AGB-Banken – wirkt mit ihren sehr speziellen Regeln und Risikobewertungen geradezu wie ein eigenes spezifisches Bankgeschäft.[6] Umgekehrt jedoch sind andere Teile des Kontokorrentrechts viel allgemeinerer Natur oder auch anderen Bankgeschäften stärker zugeordnet, etwa die Frage nach dem Bankkonto im Erbfall stark der Vermögensplanung (mit Schwerpunkt im Investment Banking) (unten Zweiter Teil Rn 217–233). Und auch verbraucherkreditrechtliche Wertungen wirken teils erheblich ein, etwa beim Überziehungskredit (unten Vierter Teil Rn 738, 845 [*Renner*]). Allgemeiner noch ist das Konto der wichtigste Bezugspunkt für ein so allgemeines Institut wie das Bankgeheimnis (vgl. § 30a AO und unten Zweiter Teil Rn 105 f.). Damit ist auch die zweite Verschränkungsform angesprochen, diejenige zwischen gestaltungsorientiertem klassischen Privatrecht und Regulierung im öffentlichen Interesse. Beim Bankgeheimnis sind beide paradigmatisch verschränkt: schon bei der Begründung wirken privatrechtliche Fundierung und das verfassungsrechtliche Institut einer informationellen Selbstbestimmung zusammen. Vor allem jedoch die Grenzen sind dann teils aus vertragsrechtlichen Schutzüberlegungen zu entwickeln (etwa im Themenkreis Forderungsabtretung und Bankgeheimnis), (wohl) überwiegend jedoch aus Regulierungsgesichtspunkten im öffentlichen Interesse (etwa Steuerrecht). Wie stark kontenbezogen das Bankgeheimnis zu denken ist, zeigt sich nicht zuletzt an dem Rechtsgebiet, das die „Flucht aus dem Konto" zum Gegenstand hat: Mit dem Geldwäscheregime wird nicht zuletzt bezweckt, den Versuchen des organisierten Verbrechens zu begegnen, über den Gebrauch von Bargeld – statt kontogebundenen Transfers – einen Nachvollzug von Geldströmen zu erschweren (unten Zweiter Teil Rn 110–114).

b) **Allgemeine Geschäftsbedingungen der Kreditinstitute (einschließlich Entgeltfragen).** **4**
Während das Kontokorrent das zentrale (Abwicklungs-)Instrument für das Bankgeschäft und die allgemeine Bank-Kunden-Beziehung bildet, gleichsam die „neutrale Leistung" und „Plattform", die bei jedem spezifischen Bankgeschäft zum Einsatz kommt, bilden die AGB-

---

[5] *Müller-Christmann* in: Langenbucher/Bliesener/Spindler (Hrsg.), Bankrechtskommentar, 2013 (Kapitel 1: Kontoführung – mit einem Unterabschnitt zum „allgemeinen Bankvertrag"); etwas radikaler noch und praktisch umgekehrt dann Bd. 6 Bankvertragsrecht des Münchener Kommentar Handelsgesetzbuch (3. Aufl. 2014), der die Materien, die herkömmlich mit dem allgemeinen Bankvertrag verbunden werden, gar nicht mehr als allgemeine behandelt, sondern nur den Geschäftstypen zuordnet: manches dann dort deswegen in: Recht des Zahlungsverkehrs A. Giroverhältnis.

[6] Im Bankrechtshandbuch wird das Auslandsgeschäft unter §§ 115–122 (*Schefold, Weber, T. Fischer, Nielsen/Jäger, Janus*) in der Tat als solch ein „spezieller Geschäftstyp" eingereiht.

Banken/Sparkassen den Kernbestand einer konkreteren – vertraglichen! – Ausgestaltung der allgemeinen Bank-Kunden-Beziehung, also in der Tat das Kernstück eines – insoweit unstreitig vertraglich zu qualifizierenden – „allgemeinen Bankvertrags". Aus diesem Grunde werden Bankkonto (im 3. Abschnitt) und AGB-Banken/Sparkassen (im 4. Abschnitt) auch im Anschluss an diejenigen Fragen diskutiert, die allgemein für die Bank-Kunden-Beziehung von zentraler Bedeutung sind und letztlich durch ein ganzes Konglomerat von Normen geregelt werden (2. Abschnitt). Als allgemeine Ausgestaltung dieser Beziehung sind die AGB-Banken/Sparkassen – selbstverständlich – ebenfalls von den beiden eingangs genannten Spannungsverhältnissen geprägt: Sie sind daher **einerseits allgemein und andererseits spezifisch für einzelne Bankgeschäfte.** Sie sind unabhängig vom jeweiligen Bankgeschäft formuliert und auch theoretisch unabhängig davon anwendbar. Doch während im ersten Abschnitt („Grundregeln") die materiellen Regeln in der Tat gänzlich geschäftstypübergreifend wirken, vor allem zum Bankgeheimnis (Nr. 2 AGB-Banken), weil die Verhältnisse, über die Stillschweigen zu wahren ist, aus allen Sparten stammen können, und auch die Haftungsregel (Nr. 3 AGB-Banken), ist doch auch schon in diesem Abschnitt teils ein Bezug zum jeweiligen Einzelgeschäftstyp unverkennbar: So ist etwa die Frage, wann es sich nur um einen weitergeleiteten Auftrag handelt und die Haftung des Instituts daher erheblich eingeschränkt ist (bloßes „Auswahlverschulden", Nr. 3 Abs. 2), von Geschäft zu Geschäft verschieden und hat sich beispielsweise die Auffassung hierzu für den Überweisungsverkehr in den letzten 15 Jahren diametral gewendet. Noch sichtbarer wird die Mischung allgemein / einzelgeschäftsspezifisch in den folgenden Abschnitten, für denjenigen zum Konto wurde das bereits ausgeführt. Doch gerade auch bei den **Zinsen, Entgelten und Aufwendungen** (Nr. 12 AGB-Banken) sticht die Mischung besonders ins Auge: Zinsen sind spezifisch ohnehin nur für das Kreditgeschäft (wenn auch teils mit dem Konto verbunden), weil sie von einem geschuldeten Kapitalstock berechnet werden müssen. Entgelte sind gänzlich anders zu sehen im Zahlungsgeschäft als bei jedem anderen Bankgeschäft, weil sie dort an der europarechtlichen Vorgabe (Art. 52 EG-Zahlungsdienste-Richtlinie, umgesetzt in § 675f Abs. 4 BGB) zu messen sind, die teils der vorherigen BGH-Rechtsprechung diametral widersprach und diese daher auch zu Fall gebracht hat (vgl. Dritter Teil Rn 144). Schließlich gelten im Investment Banking nochmals gänzlich andere Entgeltregeln und -vorgaben, insbesondere weil bestimmte Entgelte, die Interessenkonflikten Vorschub leisten, spezifischen Aufdeckungs-, teils sogar Auskehrungspflichten unterworfen werden.

5   Diese Mischung zwischen allgemein und einzelgeschäftsbezogen muss nicht für alle Regeln in den AGB-Banken/Sparkassen aufgezeigt werden. Interessanter ist ein Blick auch noch auf das zweite Spannungsverhältnis, und die eben genannten **Zins- und Entgeltregeln** sind dafür besonders paradigmatisch. Denn in der Tat sind die AGB-Banken/Sparkassen – andererseits – zugleich auch nur zu verstehen im **Spannungsverhältnis zwischen privatrechtlicher Gestaltungsaufgabe und Regulierungsregime im öffentlichen Interesse.** Wenn die Zinsregeln vor allem durch verbraucherkreditrechtliche Vorgaben beeinflusst werden, dies auch etwa im Kontokorrentbereich (beim Überziehungskredit, Vierter Teil Rn 738, 845 [*Renner*]), so wird hier aus Gründen des Schwächerenschutzes regulierend eingegriffen, also zum Ausgleich im Einzelrechtsverhältnis. Das ist anders bereits bei den Entgeltregeln im Investment Banking: Wenn etwa bei den Entgelten hier mittels der sog. Kick-back Regelung (§ 31d WpHG) regulierend eingegriffen wird, so dient das zwar auch dem individuellen Kundenschutz davor, suboptimal informiert zu werden. Die Regulierung dient jedoch weitergehend auch öffentlichen Interessen, insbesondere der Allokationseffizienz an Kapitalmärkten allgemein, weil sie der Gefahr vorbeugen soll, dass das Kreditinstitut Anlagen nicht nach ihrer Qualität empfiehlt, sondern nach dem eigenen Gewinninteresse, also die Anlagen nicht in die renditestärksten Unternehmungen gelenkt werden. Die Entgeltregelung dient also zugleich einem gesamtwirtschaftlichen Effizienzinteresse. Und die Entgeltregel in der EG-Zahlungsdienste-Richtlinie dient letztlich auch dem Ziel, dass Kosten und Kostenfaktoren stärker aufgedeckt werden, indem jede einzelne Bankdienstleistung (Nebenpflichterfüllung) nur kostendeckend bepreist werden darf und daher der Preis für sie nicht mehr so angesetzt werden kann, dass er zur Quersubventionierung herangezogen werden kann. Mit dieser Transparenz und gesonderten Bepreisung jeder Leistung soll letztlich auch der Wettbewerb zwischen Kreditinstituten – auch grenzüberschreitend – gefördert werden. Da die AGB-Banken/Sparkassen letztlich diese Vorgaben allgemein auszuformulieren versuchen, spiegeln sie – sehr indirekt – auch die Spannungslinien zwischen Privatrecht und Regulierung und zugleich zwischen verschiedenen Regulierungszielen. Es verwundert daher nicht, dass hier die AGB nur rahmenhafte Grundsätze formulieren, ansonsten jedoch für die Festsetzung des Zinses/Entgelts auf ein Preisverzeichnis verweisen, das den Vorgaben gerecht zu werden versucht.

II. Konglomerat von Privatrecht und Regulierung (Schutzregime), auch supranational.   **6**

1. Bankenregulierung und Privatrecht – mit Verweis. Wenn das Zusammenspiel klassisches Privatrecht (als Gestaltungsunterlage) und Regulierung eines der Großthemen der Privatrechtsentwicklung der Gegenwart bildet,[7] so sticht gerade in dieser Frage das Bank- und Bankvertragsrecht als paradigmatisch hervor: Es ist geradezu das Charakteristikum des Regelungskonvoluts „allgemeiner Bankvertrag", soweit es ihn auch unabhängig von Kontokorrentregelung und AGB-Banken/Sparkassen durchaus gibt, dass es heterogen und facettenreich ist, gerade nicht nur aus einem monolithischen „allgemeinen Bankvertrag" besteht, aber auch nicht nur aus einem monolithischen gesetzlichen Schuldverhältnis, sondern aus einem variantenreichen Regelungsset, das freilich in der Tat **auf der privatrechtlichen Seite** in einem oder einigen wenigen Grundprinzipien gründet. Unter all diesen ragt, da in aller Regel ein oder mehrere Verträge durchaus geschlossen werden, die (vertragsrechtliche) **Rücksichtnahmepflicht**, eine Ausprägung von § 242 BGB, und die ([auch] vertragsrechtliche) **Interessenwahrungspflicht** heraus, die über die bloße Rücksichtnahme hinausgeht und grundsätzliche Hintanstellung eigener oder konfligierender Interessen fordert.[8] Diese privatrechtliche Gründung des Regelungskonvoluts „allgemeiner Bankvertrag" steht dann allgemein außerdem in einem Spannungsverhältnis zur Bankenregulierung im öffentlichen Interesse. Im Ersten Teil war das Bankaufsichtsrecht deswegen erörtert worden, weil – zentrale Denklinie in diesem Kommentar – der Einfluss der bankaufsichtsrechtlichen Regulierung auf das Privatrecht als erheblich eingestuft wurde (vgl. oben Erster Teil Rn 80–91). Dahinter steht das Leitbild von klassischem Privatrecht und von Regulierung als sich gegenseitig verstärkend, in ihrer Zielverwirklichung unterstützend, als „gegenseitiger Auffangordnung" –[9] besonders stark schon bisher theoretisiert im

---

[7] Vgl. neben Nachw. oben Fn 4, privatrechtstheoretisch zentrales Material hierzu vereinigend und kommentierend: *Grundmann/Micklitz/Renner* Privatrechtstheorie, 2015, namentlich Teil 2 (S. 403–897) sowie S. 34–37.

[8] Näher unten Zweiter Teil Rn 19 f., 24, 56 et passim; Herleitung, Verhältnis zueinander und Geltungsbereich bei *Grundmann* Der Treuhandvertrag, 1997, Kapitel 4 und 5.

[9] Näher oben Erster Teil Rn 80–83; Zuletzt dazu theoretisch und in der praktischen Auswirkung (vor allem Drittschutz): *Grundmann/Renner* Vertrag und Dritter – System der Wechselwirkungen zwischen Marktregulierung und Vertragsrechtsdogmatik, JZ 2013, 379.

Kapitalmarktrecht, wo guter Individualschutz (des einzelnen Anlegers) schon herkömmlich weit überwiegend als zentrales Mittel für guten Funktions- oder Marktschutz gesehen wird.[10] Das kann verallgemeinert werden: Bankenregulierung ist nicht nur Bankaufsichtsrecht und Kapitalmarktrecht, soweit es mit seinem Kernstück Banken als Intermediäre im Blick hat.[11] Vielmehr finden sich daneben noch zahlreiche weitere Regulierungsansätze mit Relevanz auch für das allgemeine Bank-Kunden-Verhältnis: Auf das Bankgeheimnis mit seinen Bezügen vor allem zur informationellen Selbstbestimmung und damit Rechtsstaatsprinzipien, aber auch zur Finanzausstattung des Staates und Kriminalitätsbekämpfung wurde bereits mehrfach hingewiesen. Daneben treten weitere Fälle, besonders prominent die Überformung durch Europäische Regulierung, namentlich durch die EG-Zahlungsdienste-Richtlinie.[12] Beides soll im Folgenden jedenfalls kurz exemplarisch aufgezeigt werden:

7   **2. Insbes. Informationelle Selbstbestimmung und Geheimhaltungsinteressen.** Kein Institut des Bankrechts, vor allem im Allgemeinen Teil, erscheint schon *herkömmlich* so sehr in seiner Grundlage privatrechtlich *und* durch eine das Gemeinwohl regulierende Ordnung geprägt wie das Bankgeheimnis und zwar sowohl in seiner Begründung wie in der Festlegung von Grenzen. Die verschiedenen privatrechtlichen Begründungsansätze zum Bankgeheimnis – vom Handelsbrauch bis zur Interessenwahrungspflicht – müssen hier nicht ausgebreitet werden (dazu unten Zweiter Teil Rn 72–74, 85, 89 f.). Wichtig ist vorliegend, dass sich parallel – diese Begründungsansätze verstärkend und potentiell auch modulierend – ein verfassungsrechtlich ausgerichteter Begründungsstrang herausbildete, namentlich mit dem Recht auf informationelle Selbstbestimmung.[13] Wichtig im vorliegenden Kontext ist zudem, dass auch das Recht auf informationelle Selbstbestimmung jeweils nicht nur als individualschützend verstanden wurde, sondern ebenfalls als Institution für eine prosperierende rechtsstaatliche Ordnung, also für einen Funktions- oder Institutionenschutz im Allgemeininteresse (im Hinblick auf die politischen Freiheitsrechte). Umgekehrt sind jedoch auch die Grenzen (oder Durchbrechungen) des Bankgeheimnisses stark

---

[10] *Hopt* Kapitalanlegerschutz im Recht der Banken, 1975, 51 f., 334–337; *ders.* 51. DJT 1976, G1, G47-G51 und G54 f.; *Kübler* Anlageberatung durch Kreditinstitute, ZHR 145 (1981) 204 (205 f.); heute etwa *Koller* in: *Assmann/Schneider* (Hrsg.), WpHG[6], 2012, § 31 Rn 1, 3; Kurzüberblick bei *Grundmann* Europäisches Gesellschaftsrecht, 2. Aufl. 2011, Rn 622–624. Allgemein schon: *L. Raiser* FS Deutscher Juristentag, 1960, S. 101; auch *Moloney* EC Securities Regulation, 3. Aufl. 2014, S. 564–571; offensichtlich aber wenig Rechtsprechungspraxis in Großbritannien: *Alcock* The Financial Services and Markets Act 2000, 2000, S. 178–180 („In the UK, such private resort to the courts has been much rarer.").

[11] Daher überrascht es nicht wirklich, dass das deutsche Kapitalmarktrecht theoretisch vom Bankrecht her entwickelt wurde: grundlegend *Hopt* Der Kapitalanlegerschutz (vorige Fn).

[12] Weitere wichtige Beispiele umfassen: im Kreditrecht (vgl. unten Vierter Teil Rn 12) das Zusammenspiel von staatlicher Förderung der Kreditvergabe und kreditvertraglichen Treuepflichten (unten Vierter Teil Rn 110–113), die Prävention systemischer Risiken bei der vertraglichen Weitergabe von Kreditrisiken (unten Vierter Teil Rn 188), die Entwicklung eines aufsichtsrechtlich inspirierten Transparenzgebots bei der Kreditberatung (unten Vierter Teil Rn 166) und die parallelen Pflichten zur Prüfung der Kreditwürdigkeit im Aufsichts- und Vertragsrecht (unten Vierter Teil Rn 650–655).

[13] BVerfG Urt. v. 15.12.1983 – 1 BvR 209/83 u.a., BVerfGE 65, 1 (bes. 45) = NJW 1984, 419; *Lerche* ZHR 149 (1985), 165 (170–174); *Canaris* Bankvertragsrecht Rn 36 f.; teils auch die Begründung mit dem Persönlichkeitsrecht: *Sichtermann* Das Bankgeheimnis als Teil des allgemeinen Persönlichkeitsrechtes, MDR 1965, 697; *Steindorff* Zivilrechtliche Grundfragen von Bankgeheimnis, Bankauskunft und Persönlichkeitsschutz, ZHR 149 (1985), 151.

von Allgemeinschutzinteressen geprägt: Fiskalinteressen, Interessen der öffentlichen Ordnung (vor allem gegenüber organisierter Kriminalität), aber auch durch ein Interesse am Schutz von Marktvertrauen (namentlich bei der Durchbrechung des Bankgeheimnisses gegenüber Firmen, die noch bei bevorstehender Insolvenz Kredit nehmen wollen) (vgl. unten Zweiter Teil Rn 105 ff., 110 ff. und 115 ff.). Wie sehr gerade das zuletzt genannte Interesse nicht nur als individualschützend zu denken ist, sondern auch als im Dienste eines öffentlichen Gutes, zeigte zuletzt die Kreditklemme in der Folge der Insolvenz von Lehman Brothers.

3. Insbes. Zahlungsdienste-Richtlinie.   **8**

a) **Nationales Privatrecht und Europäisches Regulierungsrecht.** Geradezu paradigmatisch für die Verschränkung von Privatrecht und öffentlichem Regulierungsinteresse steht ebenfalls die EG-Zahlungsdienste-Richtlinie. Dass es sich bei ihr auch nicht um ein Regelwerk ausschließlich für *ein* Bankgeschäft (den Zahlungsverkehr) handelt, sondern dass sie auch auf die allgemeine Bank-Kunden-Beziehung einwirkt, wird gleich noch zu erläutern sein. Schon rein äußerlich zeigt sich die genannte Verschränkung zwischen Privat- und Regulierungsrecht darin, dass die Richtlinie privatrechtliche Grundlage und Ablauf des Zahlungsvorgangs ebenso regelt wie das Aufsichtsrecht der Zahlungsdienstleister, ein wegen der hier weniger weitreichenden (Kredit-)Risiken zwar weniger anforderungsintensives Aufsichtsrecht (Art. 5 ff. EG-Zahlungsdienste-Richtlinie), das freilich dem allgemeinen Bankaufsichtsrecht in seinen Instrumenten dennoch stark vergleichbar ist. Diese Verbindung hat hier – anders als beim Parallelregime für Wertpapierdienstleister in der EU-Finanzmarkt-Richtlinie (MIFID I und II), ebenfalls mit „Bankaufsichtsrecht" und Verhaltensregeln gegenüber dem Kunden – auch nicht dazu geführt, dass für die Verhaltensregeln gegenüber dem Kunden (Art. 30 ff. EG-Zahlungsdienste-Richtlinie) angezweifelt würde, dass sie umfassend auch privatrechtliche Pflichten statuieren (vgl. einerseits unten Dritter Teil Rn 14 und andererseits unten Achter Teil). Auch in diesen Verhaltensregeln sind die individualschützenden und die funktions- und allgemeinschützenden Gehalte immer wieder inhaltlich miteinander verschränkt (dazu sogleich b)). Die EG-Zahlungsdienste-Richtlinie geht über die Verschränkung von Privat- und Regulierungsrecht in vielen anderen Beispielen des Bankrechts und auch über das eben genannte Beispiel des Bankgeheimnisses in zwei zentralen Punkten noch hinaus: Zum einen handelt es sich beim regulierenden Eingriff durch die EG-Zahlungsdienste-Richtlinie nicht „nur" um ein Grundrecht oder um Grundprinzipien, sondern um ein flächendeckendes, teils überaus detailliertes Regelwerk, so dass Vorgaben für die Masse der Einzelfälle zu finden sind. Zum anderen handelt es sich um ein Regelsystem und eine Regulierung auf EU-Ebene, so dass hier für ein ganzes Rechtsgebiet – und sehr vergleichbar für fast das gesamte Investment Banking – stets zumindest zwei Ebenen im Zusammenspiel zu sehen sind, mit der entsprechenden Komplexität in der Dogmatik (dazu bereits oben Erster Teil Rn 16–28 und sogleich noch).

b) **Insbes. Beendigungsregime.** Dass es sich bei der Zahlungsdienste-Richtlinie nicht **9** nur um einen Rechtsakt zum Zahlungsverkehr, sondern auch zum allgemeinen Bank-Kunden-Verhältnis handelt, erklärt sich aus ihrem Bezug auch auf das Kontokorrent. Das Beendigungsregime zeigt besonders deutlich die Verschränkung sowohl von Regelungen allgemein zum Bankkundenverhältnis und speziell zum Einzelgeschäft als auch von Regelungen primär privatrechtlichen Zuschnittes (mit Schutz des Einzelkunden) mit solchen, mit denen Marktstrukturen allgemeiner beeinflusst werden sollen. Die Kernregelung findet sich in Art. 45 EG-Zahlungsdienste-Richtlinie und § 675h BGB, die in der Grundtendenz die (ordentliche) Kündigung seitens des Kunden stark erleichtern (zwingend jederzeitiges

Kündigungsrecht bei höchstens einem Monat Kündigungsfrist, § 675h Abs. 1 BGB),[14] und umgekehrt bei derjenigen durch das Kreditinstitut höchstmögliche Transparenz schon vor Vertragsabschluss, aber auch für die Kündigungserklärung selbst, fordern (§ 675h Abs. 2 BGB): Mit diesem Kündigungsregime wird sicherlich das Bankkonto erfasst, soweit es sich (wie regelmäßig) zur Ausführung von Zahlungsverkehrsvorgängen wie Überweisung, Lastschrift oder Kartenzahlung eignet (Zahlungsdiensten), also das Kontokorrent mit einem Giro- oder Zahlungsdiensterahmenvertrag verbunden ist. Zugleich muss jedoch auch nach diesem Regime eine Kündigung einzelner aufbauender Abreden, etwa der Kreditkartenabrede, gesondert möglich sein, insbesondere auch aus wichtigem Grunde, da mit der Kreditkarte zusätzliche Risiken für das Institut begründet werden (vgl. unten Dritter Teil Rn 187 f.), Zwar gilt nun die genannte Regelung nur für die ordentliche Kündigung und beschränkt diejenige aus wichtigem Grunde nicht. Zugleich jedoch zeigt sich, dass das Kündigungsregime, das alle Zahlungsdienste erfasst, sowohl Instrumente des allgemeinen Bank-Kunden-Verhältnisses betreffen kann als auch solche speziell nur eines einzigen Zahlungsdiensteinstruments: einerseits das Bankkonto, über das neben den Zahlungsverkehrsvorgängen auch etwa Abrechnungen zwischen Institut und Kunden von Darlehenszahlungen möglich sind, und andererseits den Kreditkarten- oder Girocard-Vertrag. Zugleich hat die asymmetrische Regelung der ordentlichen Kündigung auch zweierlei Zielrichtung: einerseits den individuellen Kundenschutz, der unschwer das Institut soll wechseln können, ohne den schwierigen Beweis eines wichtigen Grundes antreten zu müssen; andererseits jedoch ebenfalls das Ziel, den Wettbewerb zwischen Kreditinstituten zu beleben, also ein marktstrukturelles Ziel.[15]

10   **4. Einbettung in EU-Recht und -Methodik – mit Verweis.** Das letztgenannte Beispiel deutet es bereits an: So zentral allgemein das Zusammenspiel zwischen Privatrecht und Regulierung für den allgemeinen Bankvertrag und alle einzelnen Bankgeschäfte ist, so prominent dabei auch der Einfluss der Verfassung und ihrer Grundrechte an vielen Stellen ist – m.E. am prominentesten beim Schutz von Information und Privatsphäre –,[16] so sehr ragt doch eine Einflussform nochmals hervor: Es ist diejenige *Europäischer Regulierung* auf das

---

[14] Hinzu kommt ein zwingendes Kündigungsrecht bei jedem Vorschlag einer Vertrags-, d.h. AGB-Änderung seitens des Kreditinstituts, vgl. § 675g Abs. 2 BGB und unten Dritter Teil Rn 183 f.

[15] BT-Drucks. 16/11643, S. 104. Ein Beispiel für ein tatsächlich (frei) kompetitives (Europäisches) Vertragsrecht, wie es vor allem *Micklitz* propagiert, vgl. *Micklitz* Perspektiven eines Europäischen Privatrechts – Ius Commune praeter legem? ZEuP 1998, 253 (265–267) (der Kunde bleibt für Konkurrenzangebote länger offen); dagegen etwa *Riesenhuber* Europäisches Vertragsrecht, 2. Aufl. 2006, Rn 943–945.

[16] Das Bürgschaftsurteil des BVerfG hat zwar die Dogmatik von der Einwirkung der Grundrechte auf das Privatrecht wahrhaft grundlegend geprägt: BVerfG Urt. v. 19.10.1993 – 1 BvR 567/89, 1 BvR 1044/89, BVerfGE 89, 214; zuvor noch die sog Handelsvertreterentscheidung: BVerfG Urt. v.

7.2.1990 – 1 BvR 26/84, BVerfGE 81, 242; bahnbrechend im Schrifttum *Canaris* Grundrechte und Privatrecht, AcP 184 (1984), 201; *ders.* Grundrechte und Privatrecht – eine Zwischenbilanz, 1999. Zu den verschiedenen Theorien der Einwirkung etwa *Neuner* Privatrecht und Sozialstaat, 1999, bes. 158–161, 170–173; zum Einfluss international *Grundmann* Constitutional Values and European Contract Law – an Overview, in: ders. (Hrsg.), Constitutional Values and European Contract Law, 2008, 1. Dennoch wäre die Frage selbst unschwer auch mit klassisch-privatrechtlichen Mitteln in die gleiche Richtung zu lösen gewesen: vgl. nur rechtsvergleichend, dies für England und Frankreich aufzeigend: *Cherednyschenko* Fundamental Rights, Contract Law and the Protection of the Weaker Party – a Comparative Analysis of the Constitutionalisation of Contract Law, with Emphasis on Risky Financial Transactions, 2007; Zusammen-

Bankprivatrecht. Das Recht des Investment Banking ist gänzlich Europäisch überformt (unten Fünfter bis Achter Teil), praktisch alle maßgeblichen Rechtsakte sind Europäischen Ursprungs, vielfach durchsetzt mit direkt anwendbaren Rechtsakten (EU-Verordnungen und auch AEUV), das Zahlungsverkehrsrecht wird in über 95 % seines Volumens von einer Europäischen „Kodifikation", der vollharmonisierenden EG-Zahlungsdienste-Richtlinie, geordnet (unten Dritter Teil), und der unbestimmtere Einfluss des Europäischen Bankaufsichtsrechts – ebenfalls flächendeckend „durchkodifiziert" – auf das Bankprivatrecht kommt noch hinzu (oben Erster Teil). Da wirkt das dritte große Bankgeschäft, das Kreditgeschäft – mit „nur" der EG-Verbraucherkredit-Richtlinie, also der Regulierung nur der einen Hälfte des Geschäfts auf EU-Ebene – fast schon wie der Ausnahmefall (unten Vierter Teil, Rn 536–871 [*Renner*]). Für das Bankrecht trifft das Bild von einem punktuellen und fragmentierten, „pointillistischen" Zuschnitt des Europäischen Privatrechts ganz und gar nicht zu.[17] Insbesondere wenn man über den „allgemeinen Bankvertrag" hinausschaut, auf die drei großen Bankgeschäfte selbst, wird die uneingeschränkte Dominanz des Einflusses des Europäischen Regulierungsrechts deutlich. Das war Veranlassung, diese besondere Form des Einflusses von Europäischer Regulierung auf das Bankprivatrecht auch in ihren wichtigsten methodischen Instrumenten gesondert vorweg zu erörtern (vgl. oben Erster Teil, 3. Abschnitt).

2. Abschnitt
Allgemeine Verhaltens-, Schutz- und Geheimhaltungspflichten[*]

Schrifttum zu A (Rn 11 ff.)

1. Monographien, Sammelbände, Kommentare: *Armspach* Bankhaftung bei drittgläubigerschädigender Kreditvergabe – eine Präzisierung der Verhaltens- und Sorgfaltspflichten der kreditgewährenden und kreditsichernden Banken, 1997; *Bartschinger* Sorgfaltspflichten der Bank bei der Anlageberatung und Verwaltungsaufträgen, 1992; *Becker* Verhaltenspflichten und Haftung von Banken bei Kreditvergabe, 2003; *Breidenbach* Die Voraussetzungen von Informationspflichten beim Vertragsschluß, 1989; *Brunner* Die Vermögensverwaltung deutscher Kreditinstitute im Privatkundengeschäft,

---

fassung in *dies.* EU Fundamental Rights, EC Fundamental Freedoms and Private Law, (2006) 14 European Review of Private Law 23. Und auch sonst kann man vom Kreditrecht und Recht der Kreditsicherheiten nicht behaupten, dass es tiefgreifend und flächendeckend vom BVerfG und seiner Rechtsprechung überformt worden sei. In den Resultaten ist die Grundrechtseinwirkung – trotz der Vielfalt der theoretisch denkbaren und teils auch eingeschlagenen Rechtsbehelfe – doch ein Instrument für relativ wenige – idR extreme – Ausnahmefälle geblieben („keine Superrevisionsinstanz").

[17] Begriff von *Kötz* Rechtsvereinheitlichung – Nutzen, Kosten, Methoden, Ziele, RabelsZ 50 (1986) 1 (5) (dort natürlich kritisch gemeint); feinsinnig und weitsichtig kommentiert schon von *Riesenhuber* System and

Principles of EC Contract Law, ERCL 1 (2005), 297; für das Bankrecht schon: *Grundmann* European Law and Principles on Commercial and Investment Banking Contracts: An Advanced Area of Codification, in: Hartkamp/Hesselink/Hondius/Ch. Mak/du Perron (Hrsg.), Towards a European Civil Code, 4. Aufl. 2011, 787 (inzwischen vor allem im Recht der Zahlungsgeschäfte und Bankaufsichtsrecht nochmals verstärkt).

[*] Dieser Abschnitt bildet eine deutlich ausgebaute und auf den neuesten Stand gebrachte Version meiner Kommentierung in Ebenroth/Boujong/Joost/Strohn (Hrsg.), HGB-Kommentar, 3. Aufl. 2015, BankR I Rn I 101–204. Ich danke beiden Verlagen für die Offenheit für eine Überführung in den Großkommentar HGB.

1987; *Bruske* Beweiswürdigung und Beweislast bei Aufklärungspflichtverletzungen im Bankrecht, 1994; *Burghardt* Aufklärungspflichten des Bürgschaftsgläubigers, 1985: *Canaris* Bankvertragsrecht Rn 100 bis 141; *Dirichs* Die Haftung für Rat und Auskunft – dargestellt an den Beispielen des Anlageberaters und der Kreditauskunft, Diss. Münster 1976; *Faßbender* Innerbetriebliches Wissen und bankrechtliche Aufklärungspflichten, 1998; *Fuchs* Zur Lehre vom allgemeinen Bankvertrag, 1982; *Gaede* Die Haftung der Banken für Kreditauskünfte, Diss. Köln 1970; *Gawaz* Bankenhaftung für Sanierungskredite – eine Untersuchung zur Gläubigergefährdung nach § 826 BGB, 1997; *Göertz* Der Beweis der Kausalität bei Aufklärungspflichtverletzungen, 2012; *Grigoleit* Vorvertragliche Informationshaftung – Vorsatzdogma, Rechtsfolgen, Schranken, 1997; *Groeschke* Die Schuldturmproblematik im Zugriff der vorvertraglichen Pflichten, 1993; *Grundmann* Der Treuhandvertrag – insbesondere die werbende Treuhand, 1997; *Heidrich* Das Wissen der Bank, 2001; *v. Heymann/Merz* Bankenhaftung bei Immobilienanlagen, 18. Aufl. 2010; *Hoffmann* Verhaltenspflichten der Banken und Kreditversicherungsunternehmen – zur Situation des Kaufpreisschuldners beim Lieferantenkredit, 1991; *Kersting* Die Dritthaftung für Informationen im Bürgerlichen Recht, 2007; *Köndgen* (Hrsg.), Neue Entwicklungen im Bankhaftungsrecht, 1987; *Jost* Vertragslose Auskunfts- und Beratungshaftung, 1991; *Löwe-Krahl* Die Verantwortung von Bankangestellten bei illegalen Kundengeschäften, 1990; *Müller-Graff* Rechtliche Auswirkungen einer laufenden Geschäftsverbindung im amerikanischen und deutschen Recht, 1974; *Ohlroggen* Die Allgemeinen Geschäftsbedingungen der Banken (1993) und der allgemeine Bankvertrag, 1997; *Roll* Vermögensverwaltung durch Kreditinstitute – zur rechtssystematischen Erfassung anhand von standardisierten Vertragsmustern, 1983; *Schupeta* Aufklärungspflichten der Banken im Hinblick auf die Privatkundschaft, Diss. Kiel 1992; *Vortmann* Aufklärungs- und Beratungspflichten der Banken, 10. Aufl. 2013; *Wittig* Freizeichnungsklauseln in Banken-AGB, Diss. Tübingen 1994; *Wosnitza* Das Recht auf Auskunft im bankvertraglichen Dauerschuldverhältnis – systematische Übersicht über Informationsansprüche nach Vertragsschluß bei typischen Bankgeschäften und ihre rechtsdogmatische Abstimmung aufeinander, 1991; *Winkler v. Mohrenfels* Abgeleitete Informationsleistungspflichten im deutschen Zivilrecht, 1986.

2. Aufsätze und Beiträge: *Arendts* Bankenhaftung – kann Privatautonomie durch Beratungs- und Aufklärungspflichten erreicht werden? JZ 1995, 165; *Assmann* Informationspflicht des Anlagevermittlers und Mitverschulden des Anlegers, NJW 1982, 1083; *Assmann/Sethe* Warn- und Hinweispflichten von Kreditinstituten gegenüber Kunden am Beispiel kundenschädigender Wertpapier- und Depotgeschäfte bankexterner Vermögensverwalter, FS Westermann, 2008, S. 67; *Bauer* Sorgfalts- und Aufklärungspflichten der Kreditinstitute und kein Ende, Sparkasse 1999, 414; *Berger* Haftung für unrichtige Bankauskunft – Abschied vom stillschweigend abgeschlossenen Auskunftsvertrag? ZBB 2001, 238; *Bollenberger* Vorvertragliche Aufklärungspflichten des Kreditgebers gegenüber dem Kreditnehmer – eine Skizze, FS Koziol, 2010, S. 977; *Brandner* Verhaltenspflichten der Kreditinstitute bei der Vergabe von Verbraucherkrediten – Leitlinien der Rechtsprechung, ZHR 153 (1989), 147; *Buck-Heeb* Aufklärungs- und Beratungspflichten bei Kreditverträgen – Verschärfung durch die EuGH-Rechtsprechung und die Wohnimmobilienkredit-Richtlinie, BKR 2015, 177; *dies.* Kreditberatung, Finanzierungsberatung, BKR 2014, 221; *dies.* Private Kenntnis in Banken und Unternehmen – Haftungsvermeidung durch Einhaltung von Organisationspflichten, WM 2008, 281; *Bülow* Aufklärungspflichten von Banken gegenüber Verbrauchern, NJ 2010, 221; *Canaris* Schutzgesetze – Verkehrspflichten – Schutzpflichten, FS Larenz, 1983, S. 27; *ders.* die Vermutung „aufklärungsrichtigen Verhaltens" und ihre Grundlagen, FS Hadding 2004, S. 3; *Claussen* Gibt es einen allgemeinen Bankvertrag oder gibt es ihn nicht? FS Peltzer, 2001, S. 55; *Dirichs* Die Haftung für die Erteilung einer falschen Kreditauskunft bei der Mitwirkung zweier Banken, WM 1976, 1078; *Dörr* Die vertragliche Haftung der kreditgewährenden Bank für ein Aufklärungsverschulden, MDR 2014, 571; *Eckert* Übermäßige Verschuldung bei Bürgschafts- und Kreditaufnahme, WM 1990, 85; *Fischer* Neue Entwicklungen in der Haftung für Rat und Auskunft, in: Köndgen (Hrsg.), Neue Entwicklungen im Bankhaftungsrecht, 1987, S. 95; *N. Fischer* Bankenhaftung bei „Schrottimmobilien" – aktuelle BGH-Judikatur, ZAP 2011, 217; *Früh* Die Aufklärungspflichten von Kreditinstituten bei der Kreditvergabe, WM 1998, 2176; *ders.* Zur Bankenhaftung bei Immobilien-Kapitalanlagen, ZIP 1999, 701; *Gaede* Die vertragliche Haftung der Banken für Kreditauskünfte, NJW 1972, 926; *Grunewald* Die Beweislastverteilung bei der Verletzung von Aufklärungspflichten, ZIP 1994, 1162; *Hadding* Zur Abgrenzung von Unterrichtung, Aufklärung, Auskunft, Beratung und Empfehlung als Inhalt bankvertraglicher Pflichten, FS Schimansky, 1999, S. 67; *Hansen* Die Bedeutung der Substitution im Recht der Allgemeinen Geschäftsbedingungen (insbesondere zu Nr. 9 AGB-Banken), BB 1989, 2418; *Heinsius*

Stefan Grundmann

Anlageberatung durch die Kreditinstitute, ZHR 145 (1981), 177; *Henning* Haftung der eine Beteiligung an einem Filmfonds finanzierenden Bank – zugleich Besprechung des Urteils des OLG München vom 13.7.2010 – = WM 2012, 168 –, WM 2012, 153; *v. Heymann* Die neuere Rechtsprechung zur Bankenhaftung bei Immobilien-Kapitalanlagen, NJW 1999, 1577; *Hölscheid* Warn- und Hinweispflichten der Banken im Zahlungsverkehr, ÖBA 1993, 202; *Höpfner/Seibl* Bankvertragliche Loyalitätspflicht und Haftung für kreditschädigende Äußerungen nach dem Kirch-Urteil, BB 2006, 673; *Hofmann* Aufklärungspflichten des Kreditinstituts beim vollfinanzierten Immobilienerwerb durch mittellose Kleinverdiener, ZIP 2005, 688; *ders.* Aufklärungspflichten des Kreditinstituts über das Finanzierungsmodell beim Immobilienerwerb unter Ausnutzung von Steuervorteilen („Steuersparmodelle"), ZBB 2005, 174; *ders.* Verbundene Geschäfte auch beim Realkredit: Die Auswirkungen der EuGH-Urteile „Schulte/Badenia" und „Crailsheimer Volksbank", BKR 2005, 487; *ders.* Die Belehrungspflichten bei kreditfinanzierten Anlagemodellen: die neue BGH-Rechtsprechung zu institutionalisiertem Zusammenwirken, WM 2006, 1847; *ders.* Veränderte Aufklärungs- und Interessenwahrungspflichten im Bankvertragsrecht nach MiFID und der neuen Verbraucherkredit-Richtlinie, in: Riesenhuber (Hrsg.), Perspektiven des Europäischen Schuldnervertragsrechts, 2008, S. 71; *ders.* Die neue Erläuterungspflicht des § 491a Abs. 3 BGB, BKR 2010, 232; *Hopt* Funktion, Dogmatik und Reichweite der Aufklärungs-, Warn- und Beratungspflichten der Kreditinstitute, in: Hadding/Hopt/ Schimansky (Hrsg.), Aufklärungs- und Beratungspflichten der Kreditinstitute – der moderne Schuldturm? Bankrechtstag 1992, 1993, 1 sowie FS Gernhuber, 1993, S. 169; *ders.* Berufshaftung und Berufsrecht der Börsendienste, Anlageberater und Vermögensverwalter, FS Fischer, 1979, S. 237; *ders.* Haftung der Banken bei der Finanzierung von Publikumsgesellschaften und Bauherrenmodellen, FS Stimpel, 1985, S. 265; *Horn* Die Aufklärungs- und Beratungspflichten der Banken, ZBB 1997, 139; *ders.* Zur Haftung der Banken bei Kreditfinanzierung von Vermögensanlagen, FS für Claussen 1997, S. 469; *ders.* Sorgfaltspflichten bei der Vermögensverwaltung – Die Vermögensverwaltung durch Kreditinstitute und die Pflichten und die Haftung des Vermögensverwalters, in: Horn/Schimansky (Hrsg.), Bankrecht, 1998, S. 265; *ders.* Die Aufklärungspflichten der Banken beim finanzierten Abzahlungskauf, FLF 1985, 90; *Immenga* Bankenhaftung bei der Finanzierung steuerbegünstigter Anlagen, ZHR 151 (1987), 148; *Junglas* Bankenhaftung bei der Finanzierung von Schrottimmobilien – Institutionalisiertes Zusammenwirken, Pflichtenkreise und verbundene Geschäfte, NJOZ 2013, 49 (Kurzfassung NJW 2013, 206); *Karner* Haftung für Rat und Auskunft zwischen Vertrag und Delikt, FS Koziol, 2010, S. 695; *Knütel* Diligenzpflichten des Gläubigers gegenüber dem Bürgen, FS Flume, 1978, S. 559; *Kohte* Die Schlüsselrolle der Aufklärungspflicht – neue Rechtsprechung zur Kombination von Verbraucherkredit und Kapitallebensversicherung, ZBB 1989, 130; *Konzen* Schadenverursachung und Beweisrisiko bei Verletzung vorvertraglicher und vertraglicher Aufklärungs- und Beratungspflichten und bei unterbliebener Widerrufsbelehrung, FS Picker, 2010, S. 497; *Krüger* Bankenhaftung bei der Vergabe von Existenzgründungskrediten – neue Tendenzen in der BGH-Rechtsprechung (zugleich Anmerkung zum Urteil des BGH vom 11.2.1999 – IX ZR 352/97, VuR 1999, 187 = WM 1999, 678), VuR 1999, 229; *Kübler* Anlageberatung durch Kreditinstitute, ZHR 145 (1981), 204; *Kuntz* Haftung von Banken gegenüber Gläubigern nach § 826 BGB wegen Finanzierung von Leveraged Buyouts? ZIP 2008, 814; *Lang* Das Aus für die Lehre vom „allgemeinen Bankvertrag"? BKR 2003, 227; *Lwowski/Roth* Geschäftsverbindung zwischen Bank und Kunden, in BuB Rn 2/1 a ff.; *Mayen* Aufklärungspflichten bei neuen Kreditformen – zur Übertragbarkeit der Rechtsprechung des Bundesgerichtshofs auf den Fall der Bausparsofortfinanzierung mit Fremdgeldbesparung, WM 1995, 913; *Medicus* Informationspflichten der finanzierenden Bank über Risiken aus dem finanzierten Geschäft, FS Westermann, 2008, S. 447; *ders.* Aufklärungsrichtiges Verhalten, FS Picker, 2010, S. 619; *Mertens* Zur Bankenhaftung wegen Gläubigerbenachteiligung, ZHR 143 (1979), 174; *Möllers* Rechtsprechungsänderung zur Vermutung aufklärungsgerechten Verhaltens – Sackgasse oder Königsweg? NZG 2012, 1019; *Müller-Graff* Die Geschäftsverbindung als Schutzpflichtverhältnis, JZ 1976, 153; *Musielak* Die „gefestigte Rechtsprechung" des Bundesgerichtshofs zum Zustandekommen eines Auskunftsvertrages mit einer Bank, WM 1999, 1593; *Nobbe* Rechtsprechung des Bundesgerichtshofs zu fehlgeschlagenen Immobilienfinanzierungen, WM 2007, SB Nr. 1; *ders.* Verantwortlichkeit der Bank bei der Vergabe von Krediten und der Hereinnahme von Sicherheiten, ZBB 2008, 78; *Obermüller* Zahlungsverkehr bei Insolvenz des Empfängers – Warnpflichten der Empfängerbank? ZIP 1981, 1045; *Oehler/Höfer/Wendt* Dispositionskredite – Fehlende Bonitätsprüfung kostet Verbraucher viel Geld – Lösungsansätze und Handlungsempfehlungen, ZBB 2013, 350; *Oelkers/Wendt* Höchstrichterliche Rechsprechung zur Vermittlung von Bank- und Versicherungsprodukten – zur Zurechnung bei selbstständigen Vermittlern, BKR 2014, 89; *Pielsticker* Verschärfte Haftung für Versicherungen und Banken? – Die aktuelle Rechtsprechung zu kreditfinanzierten Lebensversicherungen, BKR 2013, 368; *Pikart* Die Rechtsprechung des Bundesgerichtshofs zum Bankvertrag, WM 1957, 1238; *Redeker* Verstoß gegen die vorvertragliche Aufklärungspflicht aus § 492 Abs. 1a Satz 2 BGB – Möglichkeit zur Auflösung des Darlehensvertrags bei sinkenden Zinsen? ZGS 2009, 254; *Reifner* Rechtsprobleme des Lebensversicherungskredits, ZIP 1988, 817; *Röttger* Die Aufklärungspflichten einer Bank bei der Anlageberatung – Die Rechtsprechung zu den sog. „Schrottanlagen" nach der Finanzkrise, SchIHA 2011, 256; *H. Roth* Beweismaß und Beweislast bei der Verletzung von bankvertraglichen Aufklärungs- und Beratungspflichten, ZHR 154 (1990), 513; *M. Roth* Der allgemeine Bankvertrag, WM 2003, 480; *Rümker* Aufklärungs- und Beratungspflichten der Kreditinstitute aus der Sicht der Praxis, in: Hadding/Hopt/Schimansky (Hrsg.), Aufklärungs- und Beratungspflichten der Kreditinstitute – der moderne Schuldturm? Bankrechtstag 1992, 1993, 29; *ders.* Haftung bei dem Erwerb und der Finanzierung von Vermögensanlagen, in: Köndgen (Hrsg.), Neue Entwicklungen im Bankhaftungsrecht, 1987, S. 71; *ders.* Haftung der Bank aus der Finanzierung von Bauherrenmodellen und geschlossenen Immobilienfonds-Modellen, ZHR 151 (1987), 162; *ders.* Vertrauenshaftung – ein Strukturprinzip des Bankvertragsrechts? ZHR 147 (1983), 27; *Schäfer* § 23 Vermögensverwaltung, in: Assmann/Schütze (Hrsg.), Handbuch des Kapitalanlagerechts, 4. Aufl. 2015; *ders.* Allgemeine Aufklärungs- und Beratungspflichten – vor einer Wende? in: Horn/Schimansky (Hrsg.), Bankrecht, 1998, S. 27; *ders.* Vereinbarungen über Benachrichtigungspflichten in Vermögensverwaltungsverträgen, WM 1995, 1009; *Schimansky* Bankvertragsrecht und Privatautonomie, WM 1995, 461; *Schnauder* Sorgfalts- und Aufklärungspflichten im Kreditgeschäft, JZ 2007, 1009; *Schödermeier* Nachforschungspflichten einer Bank als Vermögensverwalterin zur Person ihres Kunden, WM 1995, 2053; *Schröter* Wissenszurechnung aus der Sicht der kreditwirtschaftlichen Praxis, Bankrechtstag 2002, 163; *Schwab* Die Vermutung aufklärungsrichtigen Verhaltens bei mehreren hypothetischen Entscheidungsmöglichkeiten, NJW 2012, 3274 *Schwark* Schuldrechtsreform und Bankvertragsrecht, ZHR 147 (1983) 223; *ders.* 100 Bände BGH – Bank- und Wertpapierrecht, ZHR 151 (1987) 325; *Schwintowski* Haftung bei der Finanzierung von (atypisch) fehlgeschlagenen steuerbegünstigten Kapitalanlagen, NJW 1989, 2087; *Sethe* Zivilrechtliche Rechtsfolgen der Korruption am Beispiel von Bankgeschäften, WM 1998, 2309; BankR-HdB/*Siol* §§ 43–45; *Stackmann* Aufklärungsdefizite und Verjährung im Bankgewerbe, NJW 2012, 2913; *v. Stebut* Aufklärungspflichten und Haftungsrisiken von Finanzdienstleistern, ZIP 1992, 1698; *Stodolkowitz* Beweislast und Beweiserleichterungen bei der Schadensursächlichkeit von Aufklärungspflichtverletzungen, VersR 1994, 11; *Stöhr/Döscher* Die Entstehung von Aufklärungspflichten, MLR 2010, 8; *Strauch* Rechtsgrundlagen der Haftung für Rat, Auskunft und Gutachten, JuS 1992, 897; *Tiedtke* Die Haftung der Banken für unberechtigte Zusagen ihrer Sachbearbeiter, WM 1993, 1228; *Vortmann* Aufklärungs- und Beratungspflichten bei grenzüberschreitenden Bankdienstleistungen, WM 1993, 581; *G. Wagner* Haftung für Äußerungen zur Kreditwürdigkeit: Bestrafung des Überbringers schlechter Nachrichten? ZInsO 2003, 485; *ders.* Zur These des BGH über fehlende Aufklärungspflichten objektfinanzierender Kreditinstitute gegenüber GbRs bzw. deren Anleger-Gesellschafter in Sachen fehlender Anschlussförderung, NZG 2011, 847; *Wand* Aufklärungs- und Beratungspflichten im grenzüberschreitenden Zahlungsverkehr, WM 1994, 8; *Weller* Die Dogmatik des Anlageberatungsvertrags – Legitimation der strengen Rechtsprechungslinie von Bond bis Ille ./. Deutsche Bank, ZBB 2011, 191; *Wellkamp* Aufklärungspflichten der Kreditinstitute im Kreditgeschäft, VuR 1994, 61; *Westermann* Verhaltenspflichten der Kreditinstitute bei der Vergabe von Verbraucherdarlehen, ZHR 153 (1989), 123; vgl. auch die Standardkommentare zu §§ 242, 676 BGB, 347 HGB.

Vgl. weitere Lit. bei *Vortmann* und außerdem für die jeweiligen Bankgeschäfte das Schrifttum zum Zahlungsverkehr, zu § 31 WpHG (insbes. Anlageberatung und Vermögensverwaltung) sowie zu Kreditvertrag und Prospekthaftung (§§ 21 ff. WpPG).

Schrifttum zu B (Rn 69 ff.)

1. Monographien, Sammelbände, Kommentare: *Ackermann* Geldwäscherei = Money Laundering – eine vergleichende Darstellung des Rechts und der Erscheinungsformen in den USA und der Schweiz, 1992; *Althaus Stämpfli* Kundendaten von Banken und Finanzdienstleistern: Datenschutz und Bankgeheimnis versus Offenlegungspflichten und Outsourcing, 2. Aufl. 2009; *Ammann* Datenschutz im Bank- und Kreditbereich – eine Studie zu einem Schweizer Datenschutzgesetz unter Berücksichtigung ausländischer Erfahrungen – insbesondere in der BRD und in den USA, 1987; *Aschke* Der

Straftatbestand der Geldwäsche im Lichte zivilrechtlicher Erwerbsprinzipien, 2012; *Auernhammer* Bundesdatenschutzgesetz – Kommentar, 4. Aufl. 2014; *Becker* Datenschutzrechtliche Fragen des SCHUFA-Auskunftsverfahrens: unter besonderer Berücksichtigung des sogenannten „Scorings". 2006; *Beckhusen* Der Datenumgang innerhalb des Kreditinformationssystems der SCHUFA: unter besonderer Berücksichtigung des Scoring-Verfahrens ASS und der Betroffenenrechte, 2004; *Bode* Der Auskunftsanspruch des (vorläufigen) Insolvenzverwalters gegenüber der Bank des Schuldners, 2007; *Breinersdorfer* Die Haftung der Banken für Kreditauskünfte gegenüber dem Verwender – ein Beitrag zur dogmatischen Vertiefung, 1991; *Bruchner/Stützle* Leitfaden zu Bankgeheimnis und Bankauskunft, 2. Aufl. 1990 (vgl. auch *Kirchherr/Stützle*); *Bürger* Rechtsfragen zur Bankauskunft, 1988; *Burr* Geldwäsche – eine Untersuchung zu § 261 StGB, 1995; *Canaris* Bankvertragsrecht Rn 36–99a; *Carl/Klos* Bankgeheimnis und Quellensteuer im Vergleich internationaler Finanzmärkte, 1993; *Chambost* Die Bankgeheimnisse in den Ländern der Welt, 1982; *Christopoulou* Das Bankgeheimnis im Wirtschaftsverkehr, 1995; *Contrael* Das Bankgeheimnis bei der Abwicklung notleidender Kreditverhältnisse, 2009; *Dahm/Schebesta/Schroeter/Weber* Bankgeheimnis und Bankauskunft in der Praxis, 5. Aufl. 1995; *Diergarten* Geldwäsche – Kommentar, 3. Aufl. 2013; *Eckl* Das Bankgeheimnis und die Richtlinie 2003/48/EG des Rates vom 3. Juni 2003 im Bereich der Besteuerung von Zinserträgen, 2007; *Ehmann* EG-Datenschutzrichtlinie – Kurzkommentar, 1999; *Feuerherdt/Werhahn* Das Bankgeheimnis und seine gesetzlichen Einschränkungen, 1965; *Flatten* Zur Strafbarkeit von Bankangestellten bei der Geldwäsche, 1996; *Forthauser* Geldwäscherei de lege lata et ferenda, 1992; *Fülbier/Aepfelbach/Langweg* GWG – Kommentar zum Geldwäschegesetz, 5. Aufl. 2006; *Füser* Intelligentes Scoring und Rating – Moderne Verfahren zur Kreditwürdigkeitsprüfung, 2001; *Gärtner* Harte Negativmerkmale auf dem Prüfstand des Datenschutzes: ein Rechtsvergleich zwischen deutschem, englischem und österreichischem Recht 2011; *Geurts/Koch/Schebesta/Weber* Bankgeheimnis und Bankauskunft in der Praxis, 6. Aufl. 2000; *Giovannopoulos* Die Harmonisierung des privatrechtlichen Bankgeheimnisses im europäischen Wirtschaftsverkehr: eine rechtsdogmatische und rechtsvergleichende Untersuchung zum deutschen, englischen, französischen und griechischen Recht unter besonderer Berücksichtigung der europäischen Datenschutzrichtlinie, der EG-Grundfreiheiten und der Gemeinschaftsgrundrechte. 2001; *Gola/Schomerus* BDSG Bundesdatenschutzgesetz, Kommentar, 12. Aufl. 2015; *Gutmann* Outsourcing bei Kreditinstituten: Rechtsfragen im Zusammenhang mit dem Bank- und Datenschutzrecht; wirtschaftliche Interessen der Banken im Spannungsverhältnis zum Geheimhaltungsinteresse ihrer Kunden, 2007; *Hadding/Schneider* (Hrsg.) Bankgeheimnis und Bankauskunft in der Bundesrepublik Deutschland und in ausländischen Rechtsordnungen – Beiträge zum Recht des Bankgeheimnisses und der Bankauskunft in der Bundesrepublik Deutschland, Belgien, England, Frankreich, Italien, Japan, den Niederlanden, Österreich, der Schweiz und den Vereinigten Staaten von Amerika, 1986; *Helfrich* Kreditscoring und Scorewertbildung der SCHUFA: Datenschutzrechtliche Zulässigkeit im Rahmen der praktischen Anwendungen, 2010; *Herzog* (Hrsg.) Geldwäschegesetz – Kommentar, 2. Aufl. 2014; *Hirsch* Auskünfte durch Kreditinstitute im straf- und steuerstrafrechtlichen Ermittlungsverfahren, 1991; *Th. Hoffmann* Rechtliche Schranken interner Informationsflüsse in Kreditinstituten – vom internen Bankgeheimnis zu den Chinese Walls im Insiderrecht, 1998; *Hoyer/Klos/Carl* Regelungen zur Bekämpfung der Geldwäsche und ihre Anwendung in der Praxis – Geldwäschegesetz, Gesetz zur Verbesserung der Bekämpfung der organisierten Kriminalität, internationale Regelungen, 2. Aufl. 1998; *Huhmann* Die verfassungsrechtliche Dimension des Bankgeheimnisses, 2003; *Jansen* Zulässigkeit und Grenzen des schriftlichen staatsanwaltlichen Erkenntnisgewinns am Beispiel des Bankauskunftsersuchens und der Provideranfrage: zugleich ein Beitrag zum Bankgeheimnis und Fernmeldegeheimnis als Ermittlungsschranken, 2010; *Kalkbrenner/Koch* Bankgeheimnis und Datenschutz, 2. Aufl. 2010 (= in: *Fischer/Klanten* Bankrecht); *Kern* Geldwäsche und organisierte Kriminalität, Diss. Regensburg 1993; *Klippl* Geldwäscherei, 1994; *Kirchherr/Stützle* Aktuelle Probleme aus der Rechtsprechung und Rechtspraxis zu Bankgeheimnis und Bankauskunft, 2. Aufl. 1983; *Körner/Dach* Geldwäsche – ein Leitfaden zum geltenden Recht, 1994; *Kramme* Der Konflikt zwischen dem Bankgeheimnis und Refinanzierungsabtretungen, 2014; *Kreutzer* Bankgeheimnis und Auskunftspflicht unter besonderer Berücksichtigung der rechtlichen Grundlagen, 1956; *Lang/Schwarz/Kipp* Regelungen zur Bekämpfung der Geldwäsche, 3. Aufl. 1999; *Langohr* Datenschutz und Kreditgewerbe – Rechtsfragen des Datenschutzes im Bereich der Banken, Diss. Köln 1986; *Magg* Der verfassungsrechtliche Schutz des Bankgeheimnisses, 2008; *Mallmann/Schroeter* Aktuelle Rechtsfragen zum Datenschutz im Bankverkehr, 1988; *Mössle* Extraterritoriale Beweisbeschaffung im internationalen Wirtschaftsrecht – eine vergleichende Untersuchung unter besonderer Berücksichtigung des US-amerikanischen und deutschen

Rechts, 1990; *Müller-Brühl* Ermittlungen bei Kreditinstituten in Steuerverfahren ihrer Kunden – Voraussetzungen, Methoden, Rechtsmittel, 1990; *Ogbamichael* Das neue deutsche Geldwäscherecht, 2011; *Petersen* Das Bankgeheimnis zwischen Individualschutz und Institutionenschutz, 2005; *Plaumann-Ewerdwalbesloh/Zemke* Bankenkommentar zum Geldwäscherecht – Kommentierung, Auslegung und praktische Umsetzung ausgewählter §§ aus GwG, KWG, ZAG, StGB und PrüfbV, 2013; *Radbruch* Das Bankgeheimnis im deutschen und angloamerikanischen Recht – ein Rechtsvergleich, Diss. Mainz 1976; *Reinle* Die Meldepflicht im Geldwäschereigesetz: die Banken im Spannungsfeld zwischen Geldwäschereibekämpfung und Vertrauensverhältnis zum Bankkunden, 2007; *Schaffland/Wiltfang* Bundesdatenschutzgesetz – (BDSG) ergänzbarer Kommentar nebst einschlägigen Rechtsvorschriften, Stand 1/2014; *Schork/Groß* (Hrsg.), Bankstrafrecht, 2013; *Selmer* Steuerrecht und Bankgeheimnis – zur Stellung der Banken im steuerrechtlichen und steuerstrafrechtlichen Ermittlungsverfahren gegen Dritte (Grundlagen, verfassungsrechtliche Schranken, Rechtsschutz), 1981; *Sichtermann/Feuerborn/Kirchherr/Terdenge* Bankgeheimnis und Bankauskunft in der Bundesrepublik sowie in wichtigen ausländischen Staaten, 3. Aufl. 1987; *Simitis* (Hrsg.) Kommentar zum Bundesdatenschutzgesetz, 8. Aufl. 2014; *Spitz/Klebe* Die Rechtsstellung der Kreditinstitute bei Auskunftsbegehren der Finanzbehörden, 1980; *Vahldiek* Datenschutz in der Bankpraxis, 2012; *Wech* Das Bankgeheimnis – Struktur, Inhalt und Grenzen einer zivilrechtlichen Schutzpflicht, 2009; *Werner* Bekämpfung der Geldwäsche in der Kreditwirtschaft, 1996; *Wöss* Geldwäscherei und Banken – Methoden und Formen, Europarecht, Anpassungsbedarf für Österreichs Banken, 1994.

2. Aufsätze und Beiträge: *Adolff* Abtretungsverbot und Bankgeheimnis, FS Heldrich 2005, S. 3; *Beckhusen* Das Scoring-Verfahren der SCHUFA im Wirkungsbereich des Datenschutzrechts, BKR 2005, 335; *Behm* Datenschutzrechtliche Anforderungen an Scoringverfahren unter Einbeziehung von Geodaten, RDV 2010, 61; *Behr* Auskunftsverpflichtung des Kreditinstitutes als Drittschuldner (§ 840 ZPO), JurBüro 1998, 626; *Bentele/Schirmer* Im Geldwäscherecht viel Neues – Das Gesetz zur Optimierung der Geldwäscheprävention, ZBB 2012, 303; *Beucher/Räther/Stock* Non-Performing Loans – Datenschutzrechtliche Aspekte der Veräußerung von risikobehafteten Krediten, AG 2006, 277; *Bilsdorfer* Das Bankgeheimnis, DStR 1984, 498; *Bitter* Geschäftsschädigende Verlautbarungen börsennotierter Aktiengesellschaften über Vertragspartner im Spannungsfeld zwischen Ad-hoc-Publizität und vertraglicher Rücksichtnahmepflicht – Ist das Urteil in Sachen Kirch/Breuer verallgemeinerungsfähig? –, WM 2007, 1953; *ders.* Kreditverträge in Umwandlung und Umstrukturierung, ZHR 173 (2009), 379; *Böhm* Asset Backed Securities und die Wahrung des Bankgeheimnisses, BB 2004, 1641; *Bosch* Das Bankgeheimnis im Konflikt zwischen US-Verfahrensrecht und deutschem Recht, IPRax 1984, 127; *Bruchner* Kein „stillschweigender" Abtretungsausschluss bei Bankforderungen, BKR 2004, 394; *Bütter/Aigner* Sieg der Vernunft: Notleidende Darlehensforderungen sind abtretbar, BB 2005, 119; *Bütter/Tonner* Übertragung von Darlehensforderungen und Bankgeheimnis, ZBB 2005, 165; *dies.* Bankgeheimnis und Schadensersatzhaftung der Bank – Der Fall Kirch gegen Deutsche Bank und Breuer, BKR 2005, 344; *Cahn* Bankgeheimnis und Forderungsverwertung, WM 2004, 2041; *Canaris,* Bankgeheimnis und Schutzwirkungen für Dritte im Konzern, ZIP 2004, 1781; *ders.* Noch einmal: Bankgeheimnis und Schutzwirkungen für Dritte im Konzern, ZIP 2004, 2362; *Carl/Klos* Die Rechtmäßigkeit der Bankdurchsuchung bei Verdacht der Steuerhinterziehung – die Entscheidung des BVerfG zu den Steuerfahndungsermittlungen bei der Dresdner Bank wegen Schwarzgeldtransfer nach Luxemburg, DStZ 1994, 391; *Dammann/Stange* Reform des Datenschutzes im Kreditinformationssystem, ZIP 1986, 488; *Deutsch* Datenschutz und Funktionsauslagerung, Bankrechtstag 2000, 129; *Domke/Sperlich* Verkauf notleidender Kredite – Zivilrechtliche und strafrechtliche Fragestellungen, BB 2008, 342; *Eckhardt* EU-DatenschutzV – ein Schreckgespenst oder Fortschritt? CR 2012, 195; *Eckl* Das Bankgeheimnis und die Rechtsfolgen seiner Verletzung, DZWIR 2004, 221; *Ehricke* Der Drittschutz beim Bankgeheimnis im Konzern, FS Derleder, 2005, S. 341; *Ehricke/Rotstegge* Drittschutz zu Gunsten anderer Konzerngesellschaften bei Verletzung des Bankgeheimnisses – zugleich Besprechung BGH v. 24.1.2006 – XI ZR 384/03, ZIP 2006, 317 (Kirch/Deutsche Bank), ZIP 2006, 925; *Eisner* Das Bankgeheimnis im deutsch-amerikanischen Handelsverkehr, WM 1969, 198; *Eyles* Funktionsauslagerung (Outsourcing) bei Kredit- und Finanzdienstleistungsunternehmen, WM 2000, 1217; *Fest* Zum Personalrisiko bei Verletzungen des Bankgeheimnisses, NZG 2012, 622; *Feuerborn* Neue Grundsätze für die Durchführung des Bankauskunftsverfahrens zwischen Kreditinstituten, Sparkasse 1987, 347; *Findeisen* Deliktsspezifische Strukturprävention gegen Geldwäsche im Finanzsektor, WM 1998, 2410; *Fisahn* Bankgeheimnis und informationelle Selbstbestimmung, CR 1995, 632; *N. Fischer* Öffentliche Äußerungen von Organmitgliedern juristischer Personen als Gefährdung der Kreditwürdigkeit des Vertragspartners, DB 2006, 598, *Früh* Abtretungen, Verpfändungen, Unterbeteiligungen, Verbriefungen und Derivate bei Kreditforderungen vor dem Hintergrund von Bankgeheimnis und Datenschutz, WM 2000, 497; *Gaede* Die vertragliche Haftung der Banken für Kreditauskünfte – Vertrag oder Vertragsfiktion, NJW 1972, 926; *Hadding* Bankgeheimnis und Bankauskunft in der BRD und in ausländischen Rechtsordnungen, Sparkasse 1986, 48; *Häde* Initiativen zur Bekämpfung der Geldwäsche, EuZW 1991, 553; *Hamacher* Neue Rechtsprechung zu den Voraussetzungen von Ermittlungsmaßnahmen der Finanzbehörden, DStZ 1987, 224; *Hasemer* Professionelle Adäquanz, banktypisches Verhalten und Beihilfe zur Steuerhinterziehung, wistra 1995, 41; *Hendriks* Die SCHUFA – Aufgaben und Wirken, ZHR 149 (1985), 199; *Herzog* Der Banker als Fahnder? Von der Verdachtsanzeige zur systematischen Verdachtsgewinnung – Entwicklungstendenzen der Geldwäschebekämpfung, WM 1996, 1753; *Hetzer* Der Geruch des Geldes – Ziel, Inhalt und Wirkung der Gesetze gegen Geldwäsche, NJW 1993, 3298; *ders.* Geldwäsche und Mitteilungspflichten, Zs. f. Zölle 1999, 193; *Höche/Rößler* Das Gesetz zur Optimierung der Geldwäscheprävention und der Kreditwirtschaft, WM 2012, 1506; *Hoeren* Das neue BDSG und der Handel mit „non-performing loans", ZBB 2010, 64; *ders.* Rechtliche Grundlagen des SCHUFA-Scoring-Verfahrens, RDV 2007, 93; *Hofmann/Walter* Die Veräußerung Not leidender Kredite – aktives Risikomanagement der Bank im Spannungsverhältnis zwischen Bankgeheimnis und Datenschutz, WM 2004, 1566; *H. Huber* Das Bankgeheimnis in der Insolvenz des Kunden, ZInsO 2001, 289; *Jobe* Verkauf und Abtretung von Kreditforderungen und das Bankgeheimnis, ZIP 2004, 2415; *Kirchherr/Stützle* Aktuelle Probleme zu Bankgeheimnis und Bankauskunft, ZIP 1984, 515; *Kleiner* Privatrechtliche Aspekte der Informationspreisgabe der Bank aus eigenem Interesse, FS Bärmann, 1975, S. 523; *Klos* Das Bankgeheimnis im Spannungsfeld der Steuerkontrolle durch Steuerfahndung und Außenprüfung – Anmerkungen zum BFH-Beschluß vom 28.10.1997 – VII B 40/49, Information über Steuer und Wirtschaft 1998, 292; *Klüwer/Meister* Forderungsabtretung und Bankgeheimnis, WM 2004, 1157; *Kniffka* Die Durchsuchung von Kreditinstituten im Steuerstrafverfahren, wistra 1987, 309; *Koberstein-Windpassinger* Wahrung des Bankgeheimnisses bei Asset-Backed Securities-Transaktionen, WM 1999, 473; *Koch* Bankgeheimnis im Online- und Internet-Banking – Auswirkungen auf den Vertrieb von Bankprodukten, MMR 2002, 504; *Kort* Gesellschaftsrechtliche Aspekte der „Kirch/Deutsche Bank"-Urteils des BGH, NJW 2006, 1098; *Kretschmer* Das Bankgeheimnis in der deutschen Rechtsordnung – ein Überblick, wistra 2009, 184; *Krey/Dierlamm* Gewinnabschöpfung und Geldwäsche, JR 1992, 353; *Kuder* Bankgeheimnis als Abtretungsverbot? ZInsO 2004, 903; *Lang* Inhalt, Umfang und Reichweite des Bankgeheimnisses, ZBB 2006, 115; *Lerche* Bankgeheimnis – verfassungsrechtliche Rechtsgrundlagen, ZHR 149 (1985), 165; *Möhlenkamp* Besteht ein ersatzfähiger Schaden durch Verletzung des Bankgeheimnisses? BB 2007, 1126; *Möllers/Beutel* Haftung für Äußerungen zur Bonität des Bankkunden – Der BGH zum Rechtsstreit Leo Kirch gegen Deutsche Bank und Breuer, NZG 2006, 338; *Mülbert* Funktionsauslagerung bei Kreditinstituten aus gesellschafts- und konzernrechtlicher Sicht – aufsichtsrechtliche Vorgaben und gesellschafts- sowie konzernrechtliche Folgeprobleme, Bankrechtstag 2000, 3; *Musielak* Bankgeheimnis und Bankauskunft nach dem Recht der Bundesrepublik Deutschland, in: Hadding/Schneider (Hrsg.), Bankgeheimnis und Bankauskunft in der Bundesrepublik Deutschland (oben Monographien), S. 9; *ders.* Die „gefestigte" Rechtsprechung des Bundesgerichtshofes zum Zustandekommen eines Auskunftsvertrages mit einer Bank, WM 1999, 1593; *Neckels* Strafbefreiende Erklärung im Bankgeheimnis, DStZ 1989, 65; *Nobbe* Bankgeheimnis, Datenschutz und Abtretung von Darlehensforderungen, WM 2005, 1537; *ders.* Der Verkauf von Krediten, ZIP 2008, 97; *Petersen* Haftung wegen schuldhafter Verletzung des Bankgeheimnisses? NJW 2003, 1570; *ders.* Kirch versus Breuer im Lichte der Heberger-Rechtsprechung, BKR 2004, 47; *Rehbein* Rechtsfragen zum Bankgeheimnis, ZHR 149 (1985), 139; *Reifner* Bankentransparenz und Bankgeheimnis – zu den Prinzipien der EG-Bankrechtsangleichung, JZ 1993, 273; *ders.* Der Verkauf notleidender Verbraucherdarlehen, BKR 2008, 142; *Rinze/Heda* Non-Performing Loan und Verbriefungs-Transaktionen: Bankgeheimnis, Datenschutz, § 203 StGB und Abtretung – zugleich eine Besprechung des Urteils des OLG Frankfurt a.M. vom 25. Mai 2004 = WM 2004, 1386, WM 2004, 1557; *Rögner* Bankgeheimnis im Spannungsverhältnis mit dem Kapitalmarktrecht? NJW 2004, 3230; *Roller* Das gläserne Konto? Zum Kontenabruf für Finanz- und andere Behörden ab dem 1.4.2005, VuR 2005, 366; *Roßnagel* Die Novellen zum Datenschutzrecht – Scoring und Adresshandel, NJW 2009, 2716; *Sannwald* Entschädigungsansprüche von Kreditinstituten gegenüber auskunftsersuchenden Ermittlungsbehörden, NJW 1984, 2495; *Schaffland* Datenschutz und Bankgeheimnis bei Fusion – (K)ein Thema? NJW 2002, 1539; *Schalast/Safran/Sassenberg* Strafbarkeit von Sparkassenvorständen beim Verkauf notleidender Kredite, NJW

2008, 1486; *dies.* Bankgeheimnis und Notwehrrecht bei unrichtiger Medienberichterstattung über Kreditverkäufe, BB 2008, 1126; *Schebesta* Die Verfahrensgrundsätze zum Bankauskunftsverfahren, WM 1989, 429; *Schilmar/Breiteneicher/Wiedenhofer* Veräußerung notleidender Kredite – Aktuelle rechtliche Aspekte bei Transaktionen von Non-Performing Loans, DB 2005, 1367; *Ch. Schmidt* Das neue Kontenabrufverfahren auf dem Prüfstand: Verfassungswidriger Informationszugriff oder verfassungsrechtlich gebotene Durchsetzung der steuerlichen Belastungsgerechtigkeit? BB 2005, 2155; *Schraepler* Kreditauskunft – Einschränkung des Bankgeheimnisses, NJW 1972, 1836; *Schumann* Der Schutz des Kunden bei Verletzungen des Bankgeheimnisses durch das Kreditinstitut, ZIP 2004, 2353; *ders.* Noch einmal: Bankgeheimnis und Schutzwirkungen für Dritte, ZIP 2004, 2367; *Sester/Glos* Wirksamkeit der Veräußerung notleidender Darlehensforderungen durch Sparkassen: Keine Verletzung von Privatgeheimnissen gemäß § 203 StGB, DB 2005, 375; *Sichtermann* Das Bankgeheimnis als Teil des allgemeinen Persönlichkeitsrechtes, MDR 1965, 697; *v. Sievers* Der Handel mit Not leidenden Forderungen, ZInsO 2005, 290; *Spitz* Auskunftspflichten, Bankgeheimnis, Beschlagnahme/Durchsuchung, Zeugenvernehmung im Steuerstrafverfahren, DStR 1981, 428; *Stauder B./Stauder H.* Bankgeheimnis und amerikanisch-schweizerische Rechtshilfe, IPRax 1984, 46; *Steding/Meyer* Outsourcing von Bankdienstleistungen: Bank- und datenschutzrechtliche Probleme der Aufgabenverlagerung von Kreditinstituten auf Tochtergesellschaften und sonstige Dritte, BB 2001, 1693; *Steindorff* Zivilrechtliche Grundfragen von Bankgeheimnis, Bankauskunft und Persönlichkeitsschutz, ZHR 149 (1985), 151; *Stiller* Asset-Backed-Securities und das Bankgeheimnis, ZIP 2004, 2027; *Streck/Mack* Banken und Bankkunden im Steuerfahndungsverfahren, BB 1995, 2137; *Streck/Peschges* Die Fertigung von Kontrollmitteilungen bei Außenprüfungen in Banken, DStR 1997, 1993; *Thilo* Bankgeheimnis, Bankauskunft und Datenschutzgesetze, NJW 1984, 582; *Tiedemann* Neue Aspekte zum strafrechtlichen Schutz des Bankgeheimnisses, NJW 2003, 2213; *ders.,* Strafrechtliche Bemerkungen zu den Schutzgesetzen bei Verletzung des Bankgeheimnisses, ZIP 2004, 294; *Tintemann* Zur Rechtswidrigkeit doppelter Negativeinträge bei der Schufa Holding AG, VuR 2013, 238; *Tolani* Existiert in Deutschland ein Bankgeheimnis? BKR 2007, 275; *Toth-Feher/Schick* Distressed Opportunities – Rechtliche Probleme beim Erwerb notleidender Forderungen von Banken, ZIP 2004, 491; *Ungnade* Bankgeheimnis gegenüber den Strafverfolgungsbehörden, WM 1976, 1210; *ders.* Rechtliche Aspekte bei der Umsetzung des OrgKG und des Geldwäschegesetzes in der Kreditwirtschaft, WM 1993, 2069 und 2105; *Vallender* Bankgeheimnis und Auskunftspflicht der Kreditinstitute im Insolvenzeröffnungsverfahren, FS Uhlenbruck 2000, S. 133; *Vortmann* Rechtsfolgen der falschen Datenübermittlung an die Schufa, ZIP 1989, 80; *Walther* Dürfen Compliance-Organisationen deliktisch erlangte Bankdaten ankaufen? CCZ 2013, 254; *A. Weber* Neuordnung des SCHUFA-Verfahrens für Kreditinstitute, WM 1986, 845; *ders.* Die Grundsätze für Auskunftsverfahren, Die Bank 1987, 324; *Wittig* in: Bankrechtliche Vereinigung (Hrsg.), Verbraucherkredite, insbesondere für Immobilienanlagen. Forderungsübertragungen, insbesondere im Lichte von Bankgeheimnis und Datenschutz, Bankrechtstag 2005, 2006, S. 147; *Zöllner* Datenschutzrechtliche Aspekte der Bankauskunft, ZHR 149 (1985), 179.

Weitere Lit. zu Datenschutz- und Geldwäschegesetz in den Kommentaren von *Schaffland/Wiltfang* und *Simitis* bzw. *Fülbier/Aepfelbach/Langweg* und *Herzog* und in BankR-HdB/*Fischbeck* § 42; ältere Literatur zu A. und B. vgl. *Grundmann* in: Ebenroth/Boujong/Joost (Hrsg.), HGB-Kommentar, 2001 (1. Aufl.), Bd. 2, Vor Rn BankR I 101.

Übersicht

A. Bankverhaltenspflichten
(insbesondere Aufklärung, Warnung, Beratung, Haftung)

I. Bankverhaltenspflichten

11   1. **Arten und Ziele von Verhaltenspflichten.**

a) **Bezugsrahmen überwiegend Fremdgeschäftsführung.** Den meisten, nicht allen Bankgeschäften liegt ein Vertrag mit **Fremdgeschäftsführung(selementen)** zugrunde: so im Zahlungsverkehr, der zwar mit Buchungen und anderen abstrakten Zahlungsversprechen, Schuldanerkenntnissen oder Garantien abgewickelt wird, in dem jedoch das allgemeine Pflichtengefüge in Geschäftsbesorgungsverträgen gründet, hier Giro-, Inkasso- und Girocard- oder Kreditkartenverträgen (heute den sog. Zahlungsdiensteverträgen, § 675f BGB); ähnlich ist es beim Wertpapierhandel als dem Herzstück des Investment Banking, der idR in einem sog. Beratungsvertrag, einem Geschäftsbesorgungsvertrag, fußt (vgl. unten Achter Teil, 3. Abschnitt) und regelmäßig im Wege der Kommission („für fremde Rechnung") abgewickelt wird und auch insoweit in der zentralen Verhaltenspflicht, der Interessenwahrungspflicht, gleich geregelt ist (§ 384 Abs. 1 2. HS HGB; unten Zweiter Teil Rn 17–23);[18] anders freilich liegt es in der dritten großen Kategorie von Bankgeschäften, dem Kreditgeschäft (Aktiv- und Passivgeschäft), einem Austauschvertrag, der jedoch als Dauerschuldverhältnis tendenziell ebenfalls stärkere Rücksichtnahmepflichten begründen kann als ein Vertrag, der sich im sofortigen Austausch erschöpft. Das Fremdgeschäftsführungselement dominiert das Bild vom Bankgeschäft so sehr, dass es dort, wo nicht von Fremdgeschäftsführung zu sprechen ist, die Regelbildung potentiell ebenfalls beeinflusst, insbesondere Aufklärungspflichten von einer Intensität trägt, die für das klassische Austauschgeschäft ungewöhnlich wäre.

12   b) **Verhaltenspflichten bei Entscheidung und bei bloßer Einflussnahme der Bank.** Bei Fremdgeschäftsführung bezieht sich die Interessenwahrungspflicht als Zentralpflicht vor allem auf Informationspositionen oder auf Einfluss- und Entscheidungsmacht, die dem Fremdgeschäftsführer eingeräumt werden, um ihn in den Stand zu setzen, das Geschäft durchzuführen.[19] Mit der Übertragung von Information auf die Kreditinstitute ist die Pflicht zur Wahrung des Bankgeheimnisses mit ihren Ausnahmen auf den Plan gerufen (unten Zweiter Teil Rn 69–121). Bei den (sonstigen) Verhaltenspflichten geht es um **Entscheidungs- oder Einflussmacht**, die den Kreditinstituten eingeräumt wird: Entscheidungsmacht, wenn sie die Entscheidungen ganz treffen, vor allem bei der Vermögensverwaltung und generellem Auftrag zu interessenwahrender Order im Investment Banking, allgemeiner jedoch stets bei der Ausführung („best execution", § 33a WpHG); Einflussmacht, wenn ihr Ver-

---

[18] Zum Kommissionsverhältnis als einem treuhänderischen Rechtsverhältnis, das demnach gleichen Grundsätzen wie das Auftragsverhältnis folgt: *Grundmann* Treuhandvertrag S. 410–413; speziell für die Interessenwahrungspflicht *Koller* BB 1978, 1733 (1734, 1736–1739); *Musielak* in: Bundesminister der Justiz (Hrsg.), Gutachten und Vorschläge zur Überarbeitung des Schuldrechts, Bd. II, 1981, S. 1209 (1260); Baumbach/*Hopt* § 384 Rn 1. Zur Geltung vergleichbarer Regeln bei der (ausnahmsweisen) Abwicklung durch Ei-

gengeschäft (sog. Festpreisgeschäft) unten Achter Teil, 3. Abschnitt. Insbesondere die Kernregel in § 31 WpHG (sowie auch in § 31d WpHG) gilt allgemein für Wertpapierdienstleistungen, also Wertpapierkommission ebenso wie Eigengeschäft, vgl. unten Achter Teil, 3. Abschnitt.

[19] Zu diesen Gegenständen der Interessenwahrungspflicht (daneben noch Inhaberschaft von Rechten): *Grundmann* Treuhandvertrag S. 101–116; BankR-HdB/*Hopt* § 1 Rn 25 f.

halten den Kunden bei der Entscheidungsfindung unterstützt – durch Aufklärung und Warnung (Informierung) und/oder Rat (namentlich § 31 WpHG). Letzteres ist (abgesehen von den genannten Gegenbeispielen) der Regelfall. Daher stehen die Verhaltenspflichten bei **Aufklärung, Warnung und Beratung im Vordergrund.** Sie **gelten allgemein,** während die Verhaltenspflichten bei Eigenentscheidung durch die Kreditinstitute spezielle Geschäftstypen betreffen. Anders gelagert und anders geregelt sind Eigenentscheidungen der Kreditinstitute, die sie nicht als Fremdgeschäftsführer, sondern für sich treffen, jedoch potentiell mit Auswirkung auf Dritte: vor allem bei der Kreditsicherung oder Kreditvergabe im Zusammenhang mit Sanierungsfällen. Hier gilt jedenfalls nicht die Interessenwahrungspflicht, die sich dadurch auszeichnet, dass das Interesse des Kunden die Leitschnur des Handelns zu bilden hat, sondern allenfalls eine Rücksichtnahmepflicht nach § 242 BGB.[20]

Sowohl bei Eigenentscheidung als auch bei Einflussnahme auf die Kundenentscheidung **13** bilden zwei Pflichten die **Grundlage des Pflichtengefüges:** die **Interessenwahrungspflicht,** die eine Hintanstellung eigener Interessen im Konfliktfall gebietet, zugleich eine Verfolgung des Kundeninteresses; und die berufliche ("professionelle") **Sorgfaltspflicht** (vgl. § 347 HGB), die gebietet, stets (auch außerhalb von Interessenkonflikten) die vom Kreditwesen erwarteten beruflichen Standards einzuhalten.

Sonstige Pflichten, die teils diskutiert werden, insbesondere die Pflicht, die Organisa- **14** tion so zu gestalten, dass Gefährdungen des Kunden(vermögens) vorgebeugt wird, und die Pflicht, Abläufe zu kontrollieren,[21] sind außerhalb von § 33 WpHG als Pflichten auch mit Schutzwirkung gegenüber Außenstehenden nicht selbstständig verrechtlicht (außer im KWG, vgl. sogleich noch Rn 23). Sie bilden Elemente der Interessenwahrungs- und beruflichen Sorgfaltspflicht: Wie weitgehend Abläufe zu kontrollieren und welche Organisationsanstrengungen nötig sind, ist wichtig allein für die Frage nach dem geschuldeten Maß an Informationserhebung, um warnen zu können, bzw. nach dem Maß der geschuldeten Sorgfalt, um optimal kundeninteressenwahrende Entscheidungen treffen zu können.

Nicht geht es bei den sog. Bankverhaltenspflichten um die **sorgfältige Erfüllung der 15 Hauptleistungspflichten** – spezifischer Handlungs- oder Erfolgspflichten – in den einzelnen Bankgeschäften: Durchführung einer Überweisung, Überlassung der Darlehensvaluta etc. Es geht um flankierende Pflichten (idR iSv § 241 Abs. 2 BGB). Im Wertpapierhandelsrecht freilich dominieren die Bankverhaltenspflichten ganz gegenüber den spezifischen Leistungspflichten zu Erwerb oder Veräußerung des Anlageinstruments (vgl. jedoch § 33a WpHG). All dies betrifft jedoch Pflichten im Bank-Kunden-Verhältnis (oder sonstige quasivertragliche Pflichten). Daneben trifft Kreditinstitute selbstverständlich auch eine **Haftung gegenüber Dritten** (ohne spezifisches Näheverhältnis) nach allgemeinem Deliktsrecht, namentlich nach § 823 Abs. 2 BGB iVm Schutzgesetz oder § 826 BGB.[22]

---

[20] Nicht gesichert ist, dass Kreditinstitute überhaupt anderen Regeln unterliegen als sonstige Gläubiger, wenn auch ihr Drittbelastungspotential ungleich größer sein mag; vgl. *Canaris* Bankvertragsrecht Rn 130–135. Monographisch zu diesem Bereich *Armspach* Bankhaftung; *Gawaz* Sanierungskredite.

[21] Etwa *Canaris* Bankvertragsrecht Rn 118–127; heute ausf. *Spindler* Unternehmensorganisationspflichten, Zivilrechtliche und öffentlich-rechtliche Regelungskon-

zepte, 2001; *Pape* Corporate Compliance – Rechtspflichten zur Verhaltenssteuerung von Unternehmensangehörigen in Deutschland und den USA, 2011.

[22] Aus der jüngeren Rechtsprechung etwa OLG München Urt. v. 27.2.2012 – 17 U 1924/11, juris (Haftung des Kreditinstituts gegenüber Fonds, deren Geschäftsführer erkennbar Fondsgelder zweckwidrig zur Absicherung von Krediten des Instituts an ihn persönlich verwandte).

16 c) **Ziele der Verhaltenspflichten.** Die Verhaltenspflichten dienen den Zielen, die vor allem mit der Principal Agent Theory herausgearbeitet wurden.[23] Das Gebot, im Konfliktfall eigene Interessen hintanzustellen, soll verhindern, dass der Fremdgeschäftsführer versteckte Gewinne realisiert, da andernfalls der Kunde außerstande ist, das günstigste Fremdgeschäftsführungsangebot zu ermitteln (Fehlallokationsgefahr).[24] Das Gebot, das Kundeninteresse (unabhängig vom Vorliegen eines Interessenkonflikts) mit professioneller Sorgfalt zu verfolgen, ist notwendig, wenn der angestrebte Erfolg arbeitsteiligen Handelns realisiert werden soll. Die Kreditinstitute werden wegen des besseren Wissens und der besseren Infrastruktur für Bankdienstleistungen gewählt; um der Markttransparenz willen müssen sie hierauf einheitlich verpflichtet werden. Um die Einhaltung dieser Standards zu verbürgen, bieten sich als Sanktionen vor allem die Haftung der Kreditinstitute für Schäden sowie der Entfall des Vertrages und seiner Gewinnmöglichkeiten an – entsprechend dem bürgerlichen Dualismus der beiden Hauptrechtsbehelfe bei Leistungsstörungen Schadensersatz und Rücktritt.[25] Es geht freilich allein darum, überlegene Expertise und Ausstattung des Kreditwesens arbeitsteilig zu nutzen (und dies sanktionsmäßig abzusichern). Daher sind Pflichten und Sanktionen verfehlt und zu verneinen, wo nicht mehr spezifische Expertise und Ausstattung des Kreditwesens gefragt ist, vor allem bei allen Fragen der Verwendung der Mittel, insbesondere der Gestaltung des jeweiligen Valutaverhältnisses. Hier ist es auch problematisch, Schäden auf alle Kunden zu verteilen, etwa um existentiellen Schädigungen vorzubeugen.[26]

17 2. **Interessenwahrungspflicht als Zentralpflicht.**

a) **Grundlage – gesetzliches Schuldverhältnis, Bankvertrag, treuhänderische Bindung.** Angesprochen und in den Verstoßfolgen geregelt sind die Bankverhaltenspflichten zwar in Nr. 3 AGB-Banken, Nr. 1 und 19 AGB-Sparkassen. Aus den AGB ergibt sich jedoch wenig für die Frage nach der Rechtsgrundlage. Aufklärungs- und Warnpflichten der Kreditinstitute werden von der Rechtsprechung teils auf einen **konkludent abgeschlossenen Aufklä-**

[23] Grundlegend *Jensen/Meckling* 3 J.F.Econ. 305 (1976); *Fama* 88 J.Pol.Econ. 288 (1980); *Fama/Jensen* 26 J.L.Econ. 327 (1983); gute Beschreibung der Grundpositionen im Sammelband *Pratt/Zeckhauser* (Hrsg.), Principals and Agents – the Structure of Business, 1985, insbes. in den Beiträgen von *Arrow* und *Clark* (speziell zur Interessenwahrungspflicht); sowie *Grundmann* Europäisches Gesellschaftsrecht, 2. Aufl. 2011, Rn 82–84; Zusammenfassung der wichtigsten (ökonomischen) Theorieüberlegungen bei *Grundmann* in: *Grundmann/Micklitz/Renner*, Privatrechtstheorie, 2015, S. 1507 f., 1517–1527; im deutschen Schrifttum *Jost* Auskunftshaftung, S. 213–236 und zum Folgenden prägnant *Hopt* Bankrechtstag 1992, 1 (4–6); *Horn* ZBB 1997, 139 (141 f.).

[24] Ausführlich *Grundmann* Treuhandvertrag S. 200–211; und etwa *Hopt* in: Hopt/Teubner (Hrsg.), Corporate Governance and Directors' Liabilities – Legal, Economic and Sociological Analyses on Corporate Social Responsibility, 1985, S. 285 (297); *Reul* Die Pflicht zur Gleichbehandlung der Aktionäre bei privaten Kontrolltransaktionen – Eine juristische und ökonomische Analyse, 1991, S. 236 f.; *Weisser* Corporate Opportunities – zum Schutz der Geschäftschancen des Unternehmens im deutschen und im US-amerikanischen Recht, 1991, S. 11; grundlegend zum – insoweit prägenden – Bereich der Übernahmen: *Manne* Mergers and the Market for Corporate Control, 73 Journal of Political Economy 110 (1965); und zum Theoriehintergrund *Grundmann* in: *Grundmann/Micklitz/Renner*, Privatrechtstheorie, 2015, S. 1585–1587, 1598–1608.

[25] Dazu unten 3. Entspr. spricht *Hopt* Bankrechtstag 1992, 1 (4) von den Funktionen des Schadensausgleichs, der Schaffung von Anreizen, professionelle Standards zu beachten, und der Korrektur der Vertragseingehung.

[26] Im ersten Punkt dezidiert ebenso, im zweiten tendenziell anders *Hopt* Bankrechtstag 1992, 1 (4–6).

rungs- und Beratungsvertrag gestützt,[27] im Schrifttum teils auf ein **gesetzliches Schuldverhältnis,** das auf dem Vertrauen beruht, welches der Kunde in das Kreditinstitut legt.[28] Rechtskonstruktiv werden dann die Grundsätze zur c. i. c. zugrunde gelegt (§ 311 Abs. 2 BGB), die freilich nach wohl überwM bei Zustandekommen eines Vertrages durch diejenigen zur Schlechterfüllung ersetzt werden.[29] Teils wird (oder wurde) hingegen – im Schrifttum – vom Bestehen eines sog. **allgemeinen Bankvertrags** ausgegangen, der als Rahmenvertrag unabhängig von einzelnen Bankgeschäften abgeschlossen werde.[30] Der BGH will jedenfalls nicht aus dem bloßen Geschäftskontakt Rechtspflichten ableiten, die über bloße Schutzpflichten (auf das negative Interesse) hinausgehen, und daher ist insbesondere teils angezweifelt, wie weitgehend die AGB-Banken das Verhältnis regeln (vgl. Zweiter Teil Rn 1 und 289).

Das Bestehen insbesondere von Aufklärungs- und Beratungspflichten hängt – iE unstr. – **18** nicht davon ab, ob ein wirksamer Vertrag für ein Einzelgeschäft zustandekam.[31] Die Lehre vom gesetzlichen Schuldverhältnis hält dies allein bereits für ausschlaggebend, um die Lehre vom allgemeinen Bankvertrag zu verwerfen; dieser sei zudem bloße Fiktion. Die Fälle, in denen kein Vertrag für ein Einzelgeschäft zustandekommt, bilden jedoch die Ausnahme. Wird die Frage nach der Rechtsgrundlage vom Ausnahmefall her beantwortet, so werden damit die Aspekte verdeckt, die für tatsächlich umstrittene und zentrale Fragen wichtig sind. Aufklärungs- und Warnpflichten werden für die verschiedenen Bankgeschäfte unterschiedlich weitreichend angenommen; dies ist mit unterschiedlichem Vertrauen nicht zwingend zu erklären, allenfalls mit unterschiedlicher Schutzwürdigkeit des Vertrauens, für die jedoch auf die übernommenen vertraglichen Pflichten rekurriert werden muss. Das **Ausmaß** der Aufklärungs- und Warnpflichten wird also **durch den jeweiligen Vertragstyp** des Einzelgeschäfts und dessen Gegenstand **vorgegeben:** im Zahlungsverkehr vor allem die massenweise technische Abwicklung der Zahlung, im Kreditgeschäft ein Austauschvertrag, beim Wertpapierhandel die Entscheidung bzw. deren Vorbereitung über verschiedene Alternativen. Dass im letzten Bereich die Aufklärung ungleich intensiver erfolgen muss, leuchtet allein von den Vertragsgegenständen her ein. Ein Zweites: Zwar macht die Rechtsprechung das Bestehen von Aufklärungs- und Warnpflichten im Bank-

---

[27] Insbes. im Wertpapierhandel: BGH Urt. v. 22.3.1979 – VII ZR 259/77, BGHZ 74, 103 (106); BGH Urt. v. 4.3.1987 – IVa ZR 122/85, BGHZ 100, 117 (118) = NJW 1987, 1815; BGH Urt. v. 16.10.1990 – XI ZR 165/88, NJW 1991, 352 (353); BGH Urt. v. 6.7.1993 – XI ZR 12/93, BGHZ 123, 126 (128) = NJW 1993, 2433; BGH Urt. v. 21.3.2006 – XI ZR 63/05, NJW 2006, 2041; BGH Urt. v. 22.3.2011 – XI ZR 33/10, NJW 2011, 1949 (1950) = WM 2011, 682 (Spread-Ladder Swap). Zu den Kriterien für den Abschluss solch eines Vertrages unten Zweiter Teil Rn 28–38 und Band 11 (§ 31 WpHG) im Zusammenhang mit den Kriterien für das Bestehen einer Aufklärungs- und Warnpflicht generell. Beratungspflichten setzen unstr. eine Abrede voraus.

[28] *Canaris* Bankvertragsrecht Rn 1–35, 77 f., 100; BankR-HdB/*Siol* § 43 Rn 10 (mwN); tendenziell auch BGH Urt. v. 22.2.1973 – VII

ZR 119/71, BGHZ 60, 221 (223 f.); BGH Urt. v. 8.6.1978 – III ZR 48/76, BGHZ 71, 386 (393).

[29] *Vortmann* Aufklärungspflichten Rn 29; BankR-HdB/*Siol* § 43 Rn 11; *Gernhuber* Schuldverhältnis § 8 I 5.

[30] Vor allem *Hopt* Bankrechtstag 1992, 1 (10 f.); BankR-HdB/*Hopt* § 1 Rn 1–40; sowie etwa *Rümker* ZHR 151 (1987), 162 (165); *ders.* ZHR 147 (1983), 27 (29); *Gaede* Kreditauskünfte S. 33; dagegen offenbar dezidiert BGH (Fn 2), BGHZ 152, 114 = WM 2002, 2281 (ausführlicher); dazu u.a. *Lang* BKR 2003 227 („Das Aus für die Lehre"); differenzierter M. *Roth* WM 2003, 420; und in „Ankündigung" der Entscheidung: *Claussen* FS Peltzer, 2001, S. 55.

[31] BGH Urt. v. 17.1.1995 – XI ZR 225/93, NJW 1995, 1152 (1153); *Heinsius* ZHR 145 (1981), 177 (183); *Canaris* Bankvertragsrecht Rn 78.

recht zu Recht nicht davon abhängig, dass für sie eine Vergütung vereinbart wurde. Dass Aufklärungs- und Warnpflichten überhaupt in allen Bankgeschäften angenommen werden und jedenfalls für fehlerhafte Auskunft gehaftet wird (lange Zeit entgegen der gesetzlichen Regel, § 676 BGB aF), ist jedoch nur mit der grundsätzlichen Entgeltlichkeit des Bankgeschäfts zu erklären.[32] Vergleichbares gilt etwa nicht für den (durchaus vertrauenserweckenden) unentgeltlichen Rechtsrat des Rechtswissenschaftlers im Freundeskreis. Erst der Rekurs auf die im Normalfall bestehende vertragliche Basis erklärt den Zuschnitt der Regeln zu Aufklärung und Warnung.

19   Geht man weiter und fragt nach der Grundlage aller Bankverhaltenspflichten, nicht nur bei Aufklärung und Warnung, so erscheint die **Interessenwahrungspflicht stricto sensu** zentral: Sie gebietet, Kundeninteressen unter Hintanstellung eigener Interessen zu verfolgen. Heute wird sie überwiegend (und im Einklang mit dem in diesem Bereich besonders entwickelten angloamerikanischen Recht) damit erklärt, dass der Verpflichtete Einwirkungsmacht auf vermögenswerte Positionen des Begünstigten habe.[33] Diese Erklärung überzeugt, wenn man präzisiert, dass der Verpflichtete die **Einwirkungsmacht** erhalten haben muss, **ohne selbst hierfür ein Investment, eine „Gegenleistung", zu erbringen.**[34] Soweit dies der Fall ist, ist es unmittelbar einleuchtend, dass nicht die Interessen des Verpflichteten, sondern des Begünstigten, der diese Einwirkungsmacht einräumt, maßgeblich sein müssen. Von diesem Erklärungsansatz her ist es natürlich unerheblich, ob der Vertrag für das Einzelgeschäft einmal unwirksam war; es kommt allein auf das Faktum der unentgeltlichen Einräumung von Einwirkungsmacht an. Unschwer zu erklären ist auch, dass Gegeninteressen immer dann zu berücksichtigen sind, wenn eigener Vermögenseinsatz gefordert würde: etwa, wenn die Information nicht bereits präsent ist, sondern eruiert werden müsste, oder wenn ein System der Massenabwicklung unbrauchbar gemacht würde oder wenn das Kreditinstitut durch solch ein Verhalten den eigenen Goodwill beschädigen würde. Unschwer zu erklären ist zuletzt auch, dass je nach Bankgeschäftsbereich unterschiedlich weitgehend Einwirkungsmacht eingeräumt wird und daher die Aufklärungs- und Warnpflicht unterschiedlich weit geht. Diese Erklärung trägt jedoch nicht nur die Regeln zu Aufklärungs- und Warnpflichten, sondern gleichermaßen zu Beratungspflichten, zum Umgang der Institute mit Entscheidungsmacht, die über bloße Einflussmacht hinausgeht, und auch zu den Verhaltens- und Geheimhaltungspflichten bei Erhalt von Informationen über den Kunden (unten Zweiter Teil Rn 73).

20   **b) Abgrenzung zu den Grundsätzen von Treu und Glauben und sonstigen Nebenpflichten.** Weitgehend unstr. ist in der Lit. und Rspr. zu den Treuepflichten, dass die Interessenwahrungspflicht stricto sensu von den sonstigen Rücksichtnahme- und Nebenpflichten abzugrenzen ist.[35] Diese weiteren, auf § 242 BGB gestützten Pflichten zeichnen sich in

---

[32] Nachw. zur Rspr. und näher zu diesem Kriterium unten Zweiter Teil Rn 30 f.

[33] Grundlegend *Zöllner* Die Schranken mitgliedschaftlicher Stimmrechtsmacht bei den privatrechtlichen Personenverbänden, 1963, S. 341–356; sodann (vor allem im Gesellschaftsrecht) etwa *Dreher* ZHR 157 (1993), 150 (154 f.); *Schöne* WM 1992, 209 (212); *Timm* WM 1991, 481 (482); *Winter* Mitgliedschaftliche Treuebindungen im GmbH-Recht, 1988, S. 16 f.; GroßkommAktG/ *Brändel* § 1 Rn 86; *Wiedemann* S. 432; auch

BGH Urt. v. 5.6.1975 – II ZR 23/74, BGHZ 65, 15 (19); BGH Urt. v. 1.2.1988 – II ZR 75/87, BGHZ 103, 184 (195) = NJW 1988, 1579; und schon RG Urt. v. 31.3.1931 – II 222/30, RGZ 132, 149 (163).

[34] *Grundmann* Treuhandvertrag S. 169, 192–220.

[35] Grundlegend *Hueck* Der Treuegedanke im modernen Privatrecht, 1947, S. 12, 15–19; *Lutter* AcP 180 (1980), 84 (103–105 und 122); *Mestmäcker* Verwaltung, Konzerngewalt und Rechte der Aktionäre – eine rechts-

der Rechtsfolge dadurch aus, dass die Interessen des Pflichtigen, hier der Kreditinstitute, nicht hintanzustellen, sondern in die Abwägung einzubeziehen sind.[36] Für die Abgrenzung im Tatbestand ist auf das genannte Kriterium zu rekurrieren und darauf abzustellen, ob die Nutzung von Einfluss-, Entscheidungs- oder Informationspositionen in Frage steht, die unentgeltlich eingeräumt wurden, oder ob dies nicht der Fall ist.[37]

3. Überblick über die Verstoßfolgen. Die Verstoßfolgen regelt Nr. 3 AGB-Banken und **21** praktisch inhaltsgleich Nr. 19 AGB-Sparkassen allgemein für alle Bankverhaltenspflichten und weitestgehend in Übereinstimmung mit dem dispositiven Recht. Die AGB regeln allein die Schadensersatzhaftung, die im Vordergrund steht. Eine **Klagbarkeit der Verhaltenspflicht** selbst wird zunehmend im Grundsatz bejaht, es sei denn, dadurch würde eingegriffen in die unternehmerische Freiheit des Pflichtigen, zwischen verschiedenen Alternativen der Pflichterfüllung zu wählen (etwa der vorbereitenden Informationsbeschaffung oder der internen Kontrollgestaltung).[38] Andernfalls ist eine Behandlung der Verhaltenspflichten abweichend vom üblichen Standard in der Tat nicht zu rechtfertigen; freilich hat die Frage kaum Bedeutung, da der Verstoß regelmäßig erst ex post festgestellt wird. Diskutiert wird die **Schadensersatzhaftung** regelmäßig für die Aufklärungs-, Warn- und Beratungspflichten, denen in der Tat Leitbildcharakter zukommt. Die vor allem für diese Pflichten entwickelten Grundsätze gelten auch für sonstige Bankverhaltenspflichten,[39] freilich stellen sich wichtige Fragen nicht (oder jedenfalls weniger häufig): etwa nicht die, ob bei korrektem Verhalten der Schaden ausgeblieben wäre, weil der Kunde nicht die schädigende Entscheidung getroffen hätte; auch nicht die, ob Vertragsauflösung als Form des Schadensersatzes in Betracht kommt. In der Tat ist bei Verletzung von Aufklärungs-, Warn- und Beratungspflichten vor allem zweierlei Schadensersatz möglich (unten Zweiter Teil Rn 47 f.): Ersatz des Integritätsinteresses (negativen Interesses) und Auflösung eines ungünstigen Vertrages, den der Kunde mit dem Kreditinstitut abschloss (§ 249 BGB).

Im Bereich der Bankverhaltenspflichten ist neben Schadensersatzansprüchen vor allem **22** die Möglichkeit der **Gewinnauskehrung** und von Präventionsregeln zu bedenken. Wird Entscheidungs- oder Einflussmacht, die im Fremdinteresse eingeräumt wurde, im Eigeninteresse genutzt, so besteht ein Anspruch auf Abführung des Gewinns (§§ 667, 681 S. 2, 687 Abs. 2 BGB).[40] Gleiches gilt bei Nutzung von Informationspositionen, die dem Pflichtigen eingeräumt wurden (unten Achter Teil, 3. Abschnitt), was freilich bei den Geschäftsgeheimnissen und -chancen außerhalb des Bankrechts eine ungleich größere praktische Bedeutung hat. Dort, wo diese Verhaltensweisen im Bankgeschäft am wichtigsten sind, für den Wertpapierhandel, sind sie spezialgesetzlich geregelt (§§ 31 ff. WpHG, vgl. dort). So

---

vergleichende Untersuchung nach deutschem Aktienrecht und dem Recht der Corporations in den Vereinigten Staaten, 1958, S. 214 f.; *Grundmann* Treuhandvertrag S. 148; heute (eigennützige und fremdnützige Befugnisse): Schmidt/Lutter/*Fleischer* AktG, § 53a Rn 55; *Grundmann* bzw. *Henze/Notz* in GroßKommAktG[4] § 136 Rn 52 bzw. Anh § 53a Rn 53 f; *Windbichler* Gesellschaftsrecht[22], 2013, § 30 Rn 33–35.

[36] Unstr., statt aller MünchKommBGB/*Schubert* § 242 Rn 50; Palandt/*Grüneberg* § 242 Rn 7, 67 (Bankgarantie); Soergel/*Teichmann* § 242 Rn 140; ausführlicher im Gesamtgefüge der „Treupflichten": *Grundmann* Treu-

handvertrag S. 148–152 und 157 (mwN. Fn 120); vgl. auch Nachw. vorige Fn.

[37] Näher zu dieser Abgrenzung *Grundmann* Treuhandvertrag S. 212–220 et passim.

[38] *Breidenbach* Informationspflichten S. 2; aA BankR-HdB/*Siol* § 43 Rn 4; *Vortmann* Aufklärungspflichten Rn 9; allgemein zu der beschriebenen Tendenz bei Verhaltenspflichten: Soergel/*Teichmann* § 242 Rn 173, 189; *Medicus/Petersen* Rn 208; *Stürner* JZ 1976, 384 (388–391); auch *Motzer* JZ 1983, 884 (886 f.).

[39] Vgl. daher näher unten Zweiter Teil Rn 42–51.

[40] Palandt/*Sprau* § 687 Rn 3; aA MünchKommBGB/*Seiler* § 687 Rn 15, 28.

verbot § 32 Abs. 1 Nr. 2 WpHG a.F. die Nutzung von Einflussmacht im Eigeninteresse, § 32 Abs. 1 Nr. 3 WpHG a.F. diejenige von Informationspositionen, und beide Gehalte sind unstreitig in § 31 Abs. 1 Nr. 1 und 2 WpHG n.F. weiter enthalten.

23   **Präventionsregeln** sollen den Interessenkonflikt ausräumen, bevor es zum rechtswidrigen Handeln im Eigeninteresse kommen kann. Zentrale Instrumente sind das Wettbewerbsverbot und alle Mittel, die nach §§ 31 Abs. 1 Nr. 2, 33 Abs. 1 Nr. 2, aber auch 31d WpHG zu ergreifen sind (vgl. dort). Hierzu zählt – typischer Weise nachrangig – auch die Aufklärung über den Interessenkonflikt, damit der Kunde selbst Schutzmaßnahmen ergreifen kann. Außerhalb des Wertpapierhandels fehlen im Bankgeschäft – sieht man von Organisationspflichten nach dem KWG ab – früher eingreifende Präventionsregeln. Die Organisationspflichten nach dem KWG (einschließlich derer zur Entgeltung) sind freilich im Gefolge der Umsetzung von CRD IV erheblich angewachsen und überformen tiefgreifend die jeweilige privatrechtliche Rechtslage (vgl. oben Erster Teil Rn 31–38).

II. Aufklärung, Warnung und Beratung – Allgemeine Grundsätze

24   **1. Verhältnis der drei Teilpflichten zueinander.**

a) Grundsätzlich einheitliche Behandlung. Aufklärung, Warnung und Beratung werden zu Recht als Ausprägungen einer gemeinsamen Pflicht gesehen.[41] Das Element der Warnung ist jeder Aufklärung inhärent; und auch für die Aufklärung ist zu fragen, ob sie nur für die Transaktion oder andauernd zu geben ist. Beratung geht zwar insofern weiter, als auch ein Lösungsvorschlag gegeben wird, doch legt eine Aufklärung über die wesentlichen Punkte zugleich auch eine Lösung nahe. Beratung kann auch weniger weit gehen, da die Fakten nicht notwendig aufgedeckt, sondern evtl. nur im Rat verarbeitet sind. Handeln im Interesse des Kunden (ohne dass der Kunde überhaupt zur konkreten Transaktion entscheidet) und Aufklärung über alle wesentlichen Punkte, um eine informierte und autonome Kundenentscheidung zu ermöglichen, bilden also die Eckpunkte; die Beratung liegt dazwischen, da dem Kunden (nur) Entscheidungselemente abgenommen werden, kann jedoch auch vollständige Aufklärung umfassen.[42] Da im auftragsrechtlichen Modell der tatsächliche (geäußerte) Wille des Kunden vor dem mutmaßlichen bzw. seinem Interesse maßgeblich ist,[43] ist, wenn diese Abfolge nicht illusorisch sein soll, die Beratung ohne Aufklärung der Bank nur gestattet, wenn der Kunde nicht privatautonom entscheiden kann oder will. Das Wertpapierhandelsrecht nach dem FRUG hat diesen Gedanken noch geschärft (vgl. näher Achter Teil, 3. Abschnitt). Die oben erörterte gemeinsame Grundlage

---

[41] *Hopt* Bankrechtstag 1992, 1 (3); *Vortmann* Aufklärungspflichten Rn 9, 12; *Schupeta* Aufklärungspflichten S. 18; aus jüngerer Zeit sehr grundsätzlich *Hadding* FS Schimansky, 1999, S. 67 (bes. S. 76 f.); sowie *Buck-Heeb* BKR 2015, 177; *dies.* BKR 2014, 221; *Dörr* MDR 2014, 571; *Junglas* NJOZ 2013, 49; *Pielsticker* BKR 2013, 368; ; für Trennung jedenfalls zur Stoffordnung *Horn* ZBB 1997, 139 (140).

[42] Krit. zur Abgrenzung *Cahn* ZHR 162 (1998), 1 (36–38); vgl. auch *Breidenbach*

Informationspflichten S. 88 (Beratung als besonders intensive Aufklärung); § 31 Abs. 4 WpHG verlangt freilich das Verständnis des Kunden für die konkrete Transaktion, vgl. dort. Auf die besondere Relevanz der Abgrenzung vor allem im Rahmen von § 31 WpHG weist *Hadding* FS Schimansky, 1999, S. 67 (70–72) hin.

[43] Vgl. nur MünchKommBGB/*Seiler* § 683 Rn 9 f., 13; Palandt/*Sprau* § 683 Rn 5 f.

Stefan Grundmann

aller Bankverhaltenspflichten – Interessenwahrungspflicht bei unentgeltlich übertragener Einfluss- oder Informationsmacht, ansonsten Bemühenspflichten im Rahmen der Markterwartungen – gilt für Aufklärung, Warnung und Beratung gleichermaßen.

b) Unterschiede. Sind alle drei Teilpflichten im Grundsatz gleich zu behandeln, so gilt **25** dies nicht in der Frage, wann eine Pflicht zum Handeln besteht: Die Pflicht zu beraten setzt eine vertragliche Abrede voraus, sogar beim Wertpapierhandel, wo die Aufklärungspflichten weiter gehen, gesetzlich geregelt sind (§ 31 WpHG) und (großteils) als unabdingbar anzusehen sind.[44] Denn ob das Institut die wesentlichen Punkte aufdeckt oder nicht, ist dem Kunden nicht erkennbar, so dass durch Unterlassen der Aufklärung Einwirkungsmacht ausgeübt wird. Hingegen wird deutlich, wenn das Institut keinen Rat abgibt. Mangels Einwirkungsmacht ist das Institut hier nur verpflichtet, wenn es dies vereinbart. Die Frage, ob eine Pflicht zum Handeln besteht, ist daher nur bei Aufklärung und Warnung komplex und schwierig (unten Zweiter Teil Rn 28–38).

2. Wahrheitspflicht beim Informieren und Pflicht zu informieren. Für alle drei Teil- **26** pflichten ist die Wahrheitspflicht von der Pflicht zu handeln zu unterscheiden. Die **Wahrheitspflicht** gilt, wenn Informationen oder Ratschläge gegeben werden und sei es freiwillig, **uneingeschränkt.** Präsentes Wissen muss zutreffend weitergegeben werden.[45] Dazu gehört auch, dass es so vollständig aufgedeckt wird, dass nicht die gegebene Information in ihrer Beschränktheit irreführend wirkt („halbe Wahrheit" auch fehlerhaft).[46] Fehlt präsentes Wissen, vielleicht auch nur teils, so ist dies zu offenbaren; verletzt wird die Wahrheitspflicht also auch, wenn „ins Blaue" geredet wird.[47] Allerdings ist die Frage, wann davon auszugehen ist, dass die Bank „ins Blaue" redet, insbesondere wie viel Information sie zu erheben hat, um zu erkennen, dass sie möglicherweise lückenhaft informiert, parallel zu beantworten zu der, ob sie Information erheben muss, um eine Pflicht zu informieren zu erfüllen. Entsprechend muss gegebener Rat auf einer Basis ergehen, die in diesem Sinne als wahr, nicht nur halbwahr einzustufen ist, wobei zudem der Schluss aus den Tatsachen fachgerecht sein muss.

Nicht uneingeschränkt gilt hingegen die **Pflicht zu informieren** oder zu warnen. Die **27** Pflicht zu beraten setzt nach dem Gesagten ohnehin eine Abrede voraus.

---

[44] *Lang* WM-Sonderheft 9/1988, S. 18; BankR-HdB/*Siol* § 44 Rn 9. Zur Frage nach dem zwingenden Charakter der Hauptstandards in § 31 WpHG vgl. unten Achter Teil, 3. Abschnitt.

[45] BGH Urt. v. 23.4.2013 – XI ZR 405/11, BKR 2013, 280 (280); BGH Urt. v. 17.7.2012 – XI ZR 198/11, NJW 2012, 3294 (3294 f.); BGH Urt. v. 5.6.2012 – XI ZR 175/11, WM 2012, 1389 (1391); BGH Urt. v. 3.6.2008 – XI ZR 319/06, WM 2008, 1346 (1347 f.); Saarl. OLG Urt. v. 20.2.2014 – 4 U 20/13, BauR 2014, 1050 (nur red. Leitsatz) juris Rn 28 f.

[46] RG Urt. v. 18.10.1917 – Rep. VI 255/17, RGZ 91, 80 (82); BGH (Fn 27), BGHZ 74, 103 (110); BGH Urt. v. 29.4.2008 – XI ZR 221/07, ZIP 2008, 1421 (1422) = Anm. *Maier* EWiR 2008, 453 f.; *Breidenbach*

Informationspflichten S. 80 f.; BankR-HdB/*Siol* § 43 Rn 14; *Canaris* Bankvertragsrecht Rn 101.

[47] BGH Urt. v. 17.9.1985 – VI ZR 73/84, NJW 1986, 180 (181); BGH Urt. v. 18.3.1981 – VIII ZR 44/80, NJW 1981, 1441 (1442); BGH Urt. v. 12.7.1966 – VI ZR 1/65, VersR 1966, 1034 (1035); BGH Urt. v. 13.7.1956 – VI ZR 132/55, NJW 1956, 1595; BGH Urt. v. 6.11.2007 – XI ZR 322/03, NJW 2008, 644 (648); BGH Urt. v. 5.7.2011 – XI ZR 306/10, ZIP 2011, 2001 (2002); *Buck-Heeb* BKR 2010, 1 (3); *Horn* ZBB 1997, 139 (145); grundsätzlich auch Schutz Dritter, die Auskunft vermittelt erhalten: BGH Urt. v. 7.7.1998 – XI ZR 375/97, WM 1998, 1771; ausführlich *Musielak* WM 1999, 1593; jedoch grundsätzlich keine Korrekturpflicht auf Grund späterer Änderungen.

28 3. Hauptkriterien für das Bestehen einer Pflicht zu informieren.

a) Bewegliches System oder Tatbestand? Bisher konnten sich Rechtsprechung und Literatur nicht auf einen Tatbestand einigen, nach dem zu entscheiden ist, ob Aufklärung bzw. Warnung geschuldet ist. Die Literatur plädiert, soweit sie die Frage erörtert, für topisches Vorgehen oder – iE regelmäßig gleich – für die Anwendung einiger Zentralkriterien als Elemente eines **beweglichen Systems.** Kein Zentralkriterium wäre danach unverzichtbar, jedenfalls nicht bei entsprechend starker Ausprägung der anderen.[48] Die Rechtsprechung betont, dass **alle Umstände des Einzelfalls** zu berücksichtigen seien.[49] Daher wird zweistufig vorgegangen: Zunächst werden die Zentralkriterien einzeln ermittelt und bewertet, um dann aus einer Gesamtgewichtung den Schluss zu ziehen.

29 Aus dem Folgenden ergibt sich demgegenüber – **tatbestandlich konkretisiert** –, dass bei *erkennbarem Auskunftsbedürfnis* (unten Zweiter Teil Rn 32) die Pflicht zu informieren zu bejahen ist, wenn das Institut entweder über *präsentes Wissen* in der maßgeblichen Frage verfügt, das auch offenbart werden darf, *oder* wenn der Auskunftsgegenstand einer ist, zu dem Kreditinstitute nach objektivem Empfängerhorizont *routinemäßig über (branchenspezifische) Expertise verfügen* (unten Zweiter Teil Rn 33–35). Durch Absprache oder konkludentes Verhalten kann das Institut zusätzliche Expertise zusagen, aber auch Vorbehalte machen (unten Zweiter Teil Rn 31).

30 b) Die Bedeutung von Entgeltlichkeit, Rollenerwartung und Absprache. Die Rechtsprechung macht Aufklärungs- und Warnpflichten im Bankrecht nicht davon abhängig, dass für das konkrete Geschäft eine **Vergütung** vereinbart ist.[50] IE ist dies richtig, jedoch nur deswegen, weil Kreditinstitute auch entgeltlich leisten, wenn sie für die konkrete Einzelleistung kein Entgelt fordern. Es wird also gerade nicht das Haftungsregime angewandt, das für unentgeltlichen Rat gilt und das den durchaus richtigen Kern von § 676 BGB aF bildete, nach dem für Rat keine Haftung übernommen wurde: Wer entgeltlich Auskunft gibt, sagt demjenigen Haftung zu, der dafür zahlt[51] – stets für die Richtigkeit und im Maße der Zusage, wie sie sich nach objektivem Empfängerhorizont darstellt (also im Rahmen der übernommenen Rolle), auch für Nichterteilung von Auskunft und Rat. Danach ist Grundlage für die Aufklärungspflicht im allgemeinen Bank-Kunden-Verhältnis die vom Institut bewusst beförderte **Rollenerwartung**, dass das Institut professionell, mit

---

[48] *Breidenbach* Informationspflichten S. 61 f. (allerdings nur, wenn zumindest gewisses Aufklärungsbedürfnis); *Rümker* Bankrechtstag 1992, 29 (37 f. und 65); *Hopt* Kapitalanlegerschutz im Recht der Banken, 1975, S. 413–430.

[49] Etwa BGH Urt. v. 31.3.1992 – XI ZR 70/91, WM 1992, 901 (902); BGH Urt. v. 23.1.1991 – VIII ZR 42/90, WM 1991, 897 (898); BGH Urt. v. 26.6.2012 – XI ZR 316/11, ZIP 2012, 1650 (1651); BGH Urt. v. 27.9.2011 – XI ZR 178/10, ZIP 2011, 2246 (2247); BGH Urt. v. 14.7.2009 – XI ZR 152/08, WM 2009, 1647 = BB 2009, 1996 (1999); BGH Urt. v. 6.5.2008 – XI ZR 56/07, WM 2008, 1252 (1253); *Spindler* NJW 2011, 1920 (1921 f.); *Bülow* NJ 2010, 221 (229); *Buck-Heeb* BKR 2010, 1 (4 und 6); *Vortmann* Aufklärungspflichten Rn 33.

[50] BGH Urt. v. 2.2.1983 – IVa ZR 118/81, NJW 1983, 1730 (1731); BGH (Fn 27), BGHZ 100, 117 (119) = NJW 1987, 1815; *Vortmann* Aufklärungspflichten Rn 34.

[51] Teils wird dabei das Element der Zahlungsentgegennahme durch den Auskunftgebenden noch stärker betont: *Köndgen* Selbstbindung ohne Vertrag – zur Haftung aus geschäftsbezogenem Handeln, 1981, S. 275–277 („Am Markt wird nichts verschenkt"), 359 f. et passim; *ders.* AG 1983, 85 (95 f.). Schon für § 676 BGB: *Mugdan* Die gesamten Materialien zum Bürgerlichen Gesetzbuch für das Deutsche Reich, Bd. II, 1899, Protokolle S. 310, Mot. S. 555; in der Rspr.: BGH (Fn 27), BGHZ 74, 103 (106 f.) („Provisionsinteresse"); auch *Grundmann* Treuhandvertrag S. 503 f. (mwN).

der notwendigen bankwirtschaftlichen Expertise die Auskunft gibt, die angesichts der grundsätzlichen Entgeltlichkeit der Beziehung (abgestuft) für das jeweilige Bankgeschäft zu erwarten ist.[52]

Durch **Absprache** können unstr. intensivere Aufklärungs- und Warnpflichten über- **31** nommen werden, als nach der Rolle der Kreditinstitute im Verkehr üblich.[53] So kann vor allem andauernde Aufklärung – auch nach Ende des eigentlichen Aufklärungsgesprächs – zugesagt werden, jedoch auch intensivere Aufklärung, etwa solche über Fragen der Verwendung einer Darlehensvaluta, etwa im Ausland. Umgekehrt hat die gänzliche Abbedingung von Aufklärungs- und Beratungspflichten die Diskussion um § 31 WpHG beherrscht (Discount Banking) und ist durch das FRUG deutlich klarer definiert worden (vgl. dort), während Nr. 3 AGB-Banken und Nr. 19 AGB-Sparkassen solch einen Ausschluss nicht mehr enthalten. Ergebnis der Entwicklung im Wertpapierhandelsrecht ist, dass vertragliche Vorbehalte in Einzelpunkten sogar in diesem besonders strengen Regime zugelassen werden, etwa der (auch konkludente) Hinweis, dass ein bestimmtes Finanzprodukt nicht ins Angebot des Instituts aufgenommen wurde und daher Aufklärung hierzu nicht zugesagt werde.[54] Entsprechendes gilt für andere Bankgeschäfte.[55]

c) **Auskunftsbedürfnis.** Ist dem Institut kein Auskunftsbedürfnis des Kunden erkenn- **32** bar, besteht keine Auskunftspflicht[56] – so wenn dieser bereits Kenntnis hat, jedoch auch bei Punkten, über die er sich ähnlich leicht oder gar besser Kenntnis verschaffen kann als das Institut.[57] Anlass, dem Kunden die Verantwortung für die eigene Information abzunehmen, besteht also nur, wenn das Institut ungleich besseren Zugang zur Information hat, dh. in Bereichen spezifischer Bankexpertise. Anders ist dies nur, wenn der Kunde zwar die Information auch eruieren könnte, hierzu jedoch keinen Anlass hat, etwa weil er keinen Verdacht hat, dass ein Transaktionspartner überschuldet ist. Auch in diesem Fall befindet sich das Institut in einer überlegenen Informationsposition, hier nun freilich nicht auf Grund überlegener Expertise, sondern durch (auch zufällig) bestehendes präsentes Wissen, das der anderen Seite (erkennbar) fehlt.

d) **Auskunftsfähigkeit bzw. -zusage (mit Kenntniszurechnung). Auskunftsfähig** ist das **33** Institut (bei bestehendem Auskunftsbedürfnis, vorige Rn), wenn es das **Wissen bereits präsent** hat,[58] und ihm dieses zudem wohlfeil ist. Soll das Kriterium eigenständige Bedeutung ncbcn dcr Auskunftszusage durch Rollenübernahme haben (dazu sogleich), so ist die Aus-

---

[52] Grundlegend *Hopt* Nichtvertragliche Haftung außerhalb von Schadens- und Bereicherungsausgleich – zur Theorie und Dogmatik des Berufsrechts und der Berufshaftung, AcP 183 (1983) 608 (662 et passim); dann vor allem *Berger* ZBB 2001, 238 (243–246).

[53] *Hopt* Bankrechtstag 1992, 1 (24 f.); *Rümker* Bankrechtstag 1992, 29 (57).

[54] Nachw. unten Achter Teil, 3. Abschnitt.

[55] Für das Kreditgeschäft: BGH (Fn 49), WM 1992, 901 (902); *Hopt* Bankrechtstag 1992, 1 (25).

[56] BGH (Fn 49), WM 1992, 901 (903 f.); *Breidenbach* Informationspflichten S. 62–70; *Hopt* Bankrechtstag 1992, 1 (7 und 23 f.); *Rümker* Bankrechtstag 1992, 29 (38); BankR-HdB/*Siol* § 43 Rn 19.

[57] BGH Urt. v. 22.6.2004 – XI ZR 90/03, NJW-RR 2004, 1637 (1638); BGH Urt. v. 6.4.1981 – II ZR 84/80, NJW 1981, 1440 (1441); BGH (Fn 49), WM 1992, 901 (903 f.); *Hopt* Bankrechtstag 1992, 1 (12); *Rümker* Bankrechtstag 1992, 29 (38); *Vortmann* Aufklärungspflichten Rn 2,5; BankR-HdB/*Siol* § 43 Rn 19; anders offenbar *Breidenbach* Informationspflichten S. 71.

[58] BGH (Fn 46), ZIP 2008, 1421 (1422) = Anm. *Maier* EWiR 2008, 453 f.; BGH Urt. v. 27.1.2004 – XI ZR 37/03, NJW 2004, 1376 (1378); BGH Urt. v. 18.3.2003 – XI ZR 188/02, NJW 2003, 2088 (2090); ausführlich zum präsenten Wissen: *Breidenbach* Informationspflichten S. 70–72.

kunftspflicht hier deswegen und nur soweit zu bejahen, als das Institut kein Interesse an Zurückhaltung hat. Solch ein Gegeninteresse kann auch in gegenläufigen Erwerbsinteressen liegen. So muss das Institut präsentes Wissen über Konkurrenzpreise nicht schon deswegen offenbaren, weil es dieses Wissen präsent hat.[59] Für eine Offenbarungspflicht (auch) in diesem Fall sind vielmehr weitere Argumente bzw. Wertungen nötig.

34   Problematisch sind in diesem Zusammenhang zwei Fragen. Ist Wissen an irgendeiner Stelle im Institut vorhanden, nicht jedoch beim handelnden Angestellten, so wird überwiegend und zu Recht eine **Wissenszurechnung** nur in Grenzen bejaht.[60] Andernfalls träfen das Institut erhebliche Organisationsaufwendungen; diese begründen durchaus ein Gegeninteresse des Instituts. Hingegen kann ohne große Kosten verbürgt und daher auch erwartet werden, dass innerhalb des Instituts Wissen aus erkennbar zusammenhängenden Transaktionen bei der konkreten Verhandlung vorliegt.[61] Strittig ist sodann die Behandlung von Informationen über andere Kunden, die dem **Bankgeheimnis** unterliegen: Regelmäßig geht es um die Information, dass der andere Kunde vor dem wirtschaftlichen Zusammenbruch steht. Nach hM sind die gegenläufigen Interessen an Achtung des Bankgeheimnisses und an Aufklärung abzuwägen.[62] Das bedeutet (wie im Fall Kirch / Deutsche Bank), dass auch unter Berufung auf die Meinungsfreiheit nachweislich wahre Tatsachen grds. nicht offenbart werden dürfen, wenn die Insolvenz noch nicht unmittelbar bevorsteht (Nachw. vorige Fn). Die hM ist auch zwingend, da das Institut gegenüber beiden Seiten Sorgfalts- bzw. Interessenwahrungspflichten unterworfen ist und sich auf Grund dieser in einem unauflösbaren Pflichtenkonflikt befindet, der beiden Kunden auch abstrakt als Möglichkeit bekannt ist. IE wird eine Warnpflicht daher zurecht (erst) bejaht, wenn der Zusammenbruch unabwendbar erscheint, nicht schon bei noch andauernden, nicht gänzlich unrealistischen Sa-

---

[59] BGH (Fn 49), WM 1992, 901 (903); BankR-HdB/*Siol* § 43 Rn 28. Zur Frage, ob entgeltlich erworbene Information unentgeltlich weiterzugeben ist: BGH Urt. v. 29.1.1993 – V ZR 227/91, NJW 1993, 1643 (1644).

[60] BGH (Fn 47), ZIP 2011, 2001 (2003); BGH Urt. v. 2.2.1996 – V ZR 239/94, BGHZ 132, 30 (32 und 38 f.); *Schäfer* WM 2012, 1022 (1023); *Hopt* Bankrechtstag 1992, 1 (21 f.); aA *Canaris* Bankvertragsrecht Rn 106 (keine Privilegierung von Großunternehmen, so kaum haltbar). Dies ergibt sich auch daraus, dass das sog. interne Bankgeheimnis eine Weitergabe innerhalb des Instituts nur im erforderlichen Umfang zulässt – auch dies aus gutem Grunde, um Verstößen gegen das Bankgeheimnis vorzubeugen, d.h. ihre Wahrscheinlichkeit weiter zurückzudrängen; vgl. unten Zweiter Teil Rn 76.

[61] BGH Urt. v. 1.6.1989 – III ZR 261/87, NJW 1989, 2879 (2880 f.); BGH (Fn 49), WM 2008, 1252 (1253) = Anm. *Siol* WuB I D 1. – 6.08; *Vortmann* Aufklärungspflichten Rn 109; auch BGH (Fn 60), NJW 1996, 1339 (1340) (Anhaltspunkt nötig). BGH Urt. v. 18.1.2005 – XI ZR 201/03, NJW-RR

2005, 634 (635); auch hat derselbe Filialleiter einmal präsentes, relevantes Wissen wieder präsent zu haben.

[62] BGH Urt. v. 28.2.1989 – XI ZR 91/88, BGHZ 107, 104 (109) = NJW 1989, 1601; BGH Urt. v. 27.11.1990 – XI ZR 308/89, NJW 1991, 693 (694); BGH Urt. v. 24.1.2006 – XI ZR 384/03, BGHZ 166, 84 (91–96) = WM 2006, 380 (384 f.) (Kirch / Deutsche Bank); Anm. etwa BKR 2006, 103 (*Cosack/Enders*); JZ 2006, 741 (*Spindler*); WuB I B 2. – 3.06 (*Segna*); Phi 2006, 110 (*Sieg/Schramm*); DB 2006, 598 (*N. Fischer*); Vorinstanz OLG München Urt. v. 10.12.2003 – 21 U 2392/02, WM 2004, 74; grds. *Petersen* NJW 2003, 1570; *ders.* BKR 2004, 47; ausf. *Wech* Bankgeheimnis S. 173–190; dann (zum Schaden selbst) OLG München Urt. v. 14.12.2012 – 5 U 2472/09, WM 2013, 795 (798) (Kirch / Deutsche Bank); *Hopt* Bankrechtstag 1992, 1 (17); *Horn* ZBB 1997, 139 (140); *Vortmann* Aufklärungspflichten Rn 31. Für die Behandlung des Konflikts zwischen Insiderverboten und Aufklärungspflicht unten Achter Teil, 3. Abschnitt

nierungsbemühungen.[63] Eine Abwägung ist vor allem angezeigt, wenn das Bankgeheimnis weiter ausgedehnt wird, als es sich aus dem unmittelbaren Verhältnis beider Kunden zueinander ergäbe. Denn dann bestehen Drittinteressen, die bei der Bestimmung des Bankgeheimnisses unberücksichtigt blieben. Wird hingegen, wie vorliegend, eine Durchbrechung des Bankgeheimnisses stets, jedoch auch nur angenommen, wenn der aufklärungsberechtigte Kunde gegenüber dem Geheimnisbegünstigten einen Anspruch auf Offenbarung hat, so ist diese Abgrenzung auch für die vorliegende Frage maßgeblich.[64] Dann ist ein wichtiger Fall, in dem die Abwägung auch erfahrungsgemäß schwierig ist, durch die Abwägung der Interessen unmittelbar im Verhältnis der Betroffenen zueinander zu lösen.

Auskunft sagen die Institute **zu,** auch wenn sie Wissen nicht präsent haben, indem und **35** soweit sie willentlich eine bestimmte Rolle (Funktion) im Verkehr übernehmen[65] – natürlich aus Erwerbsinteressen. Expertise, die in dieser Rolle erwartet wird, ist konkludent zugesagt – jedoch nur diese. Solche Expertise wird zunächst **zum Bankprodukt selbst** erwartet, vor allem zu Gefahren bei der Abwicklung und zu Vor- und Nachteilen verschiedener Alternativen.[66] Werden jedoch die Gefahren von außen an das System herangetragen, ist zu fordern, dass sie typischerweise auftreten. So ist über die Gefahren einer Akkreditiveröffnung im Ausland zu unterrichten, dessen Recht dem Rechtsmissbrauch durch den Begünstigten meist weniger weitreichend vorbaut als deutsches Recht.[67] Gleiches gilt, wenn die Frage schon die **Motivation des Kunden** betrifft, etwa die Verwendung der Valuta: Auch hier ist Auskunft (außer bei präsentem Wissen) **nur in dem Ausnahmefall** geschuldet, dass Gefahren typischerweise auftreten, dies für das Institut ungleich klarer erkennbar ist (der Kunde wird überrascht) und das Wissen routinemäßig und pauschal erworben werden kann (nicht für jeden Fall neu). So wurden Warnpflichten über typische Gefahren ausländischen und auch inländischen Rechts bejaht, vor allem bei Devisenbeschränkungen.[68]

---

[63] Für das Erste BGH (Fn 57), NJW-RR 2004, 1637 f.; BGH Urt. v. 29.5.1978 – II ZR 89/76, NJW 1978, 1852 (1853); BGH Urt. v. 29.9.1986 – II ZR 283/85, NJW 1987, 317 (318); BGH (Fn 62), NJW 1991, 693 (694); BGH (Fn 62), BGHZ 166, 84 (91–96) = WM 2006, 380 (384 f.), OLG München (Fn 62), WM 2013, 795 (798) (Kirch); und weitere Nachw. vorige Fn; *Breidenbach* Informationspflichten S. 77. Für das Zweite *Vortmann* Aufklärungspflichten Rn 446; BankR-HdB/ *Siol* § 44 Rn 82 Bei bevorstehendem Zusammenbruch muss nur die Schädigungsgefahr bekannt sein, nicht hingegen muss sicher sein, dass ein Schaden eintreten wird; BGH (diese Fn), NJW 1987, 317 (318).

[64] Zu dieser Auslegung des Bankgeheimnisses unten Zweiter Teil Rn 115–121.

[65] BGH Urt. v. 21.1.1988 – III ZR 179/86, NJW 1988, 1583 (1584); BGH (Fn 49), WM 1992, 901 (904); *Hopt* Bankrechtstag 1992, 1 (11 f.); *Rümker* Bankrechtstag 1992, 29 (38 f.); zu diesem Kriterium ausführlicher *Breidenbach* Informationspflichten S. 36–40; *Jost* Auskunftshaftung S. 237–253.

[66] Vgl. etwa für verschiedene Varianten des Lastschriftverfahrens unten Dritter Teil Rn 40 ff., für verschiedene Kreditformen BGH Urt. v. 9. 3. 1989 – III ZR 269/87, NJW 1989, 1667 (1668); BGH Urt. v. 3.4.1990 – XI ZR 261/89, NJW 1990, 1844 (1845); BGH Urt. v. 4.12.1990 – XI ZR 340/89, NJW 1991, 832 (834); BGH Urt. v. 20.5.2003 – XI ZR 248/02, WM 2003, 1370 (1373), dazu *Hofmann* WM 2006, 1847; näher unten Zweiter Teil Rn 63 und 64. Selbstverständlich ist dies bei verschiedenen Varianten einer Kapitalanlage. Zur Berücksichtigung des Umstandes, dass es sich um ein Massengeschäft handelt: *Hölscheid* ÖBA 1993, 202 (203); *Horn* ZBB 1997, 139 (146); *Rümker* Bankrechtstag 1992, 29 (49 f.); *Wand* WM 1994, 8 (10); *Breidenbach* Informationspflichten S. 77.

[67] Ausführlicher *Grundmann* Treuhandvertrag S. 357–361.

[68] BGH Urt. v. 31.1.1957 – II ZR 41/56, BGHZ 23, 222 (227); *Rümker* Bankrechtstag 1992, 29 (50); ähnliche Beispiele bei BankR-HdB/ *Siol* § 43 Rn 33.

36   e) **Bloßer Hilfscharakter sonstiger Kriterien.** Sonstige Kriterien, die erwogen werden, haben Hilfscharakter: Präsentes Wissen ist zu verneinen, wenn nicht zumindest die Informationsermittlung praktisch **kostenfrei** möglich ist; freilich spricht dies in Bereichen spezifischer Bankexpertise nicht dagegen, dass Aufklärung durch Rollenübernahme zugesagt ist, dies mit dem Kostenaufwand, der nach objektivem Empfängerhorizont erwartet werden kann.[69] **Enge Zusammenarbeit** mit dem Institut (Hausbank) ändert nichts an der Frage, in welchen Bereichen Bankexpertise zu erwarten ist; freilich mag durch Übung eine erweiternde Absprache getroffen worden sein; und das Institut mag mehr präsentes und relevantes Wissen über den Kunden haben, auf dessen Grundlage es über Warnung und Aufklärung zu entscheiden hat.[70]

37   f) **Ausnahmecharakter der Pflicht zu informieren – Unterschiede je nach Geschäft.** Die Pflicht zu informieren besteht nur ausnahmsweise; hierüber darf die Vielzahl der Fälle, in denen eine Aufklärungs- oder Warnpflicht angenommen wurde, nicht hinwegtäuschen.[71] Durch Bejahung solch einer Pflicht darf insbesondere das Risiko einer Kundenentscheidung, etwa das Anlagerisiko, nicht auf das Institut übergewälzt werden. Der Ausnahmecharakter der Pflicht ergibt sich aus den erörterten Kriterien, vor allem jedoch aus der Grundüberlegung, dass die Informierung grundsätzlich jeder Partei obliegt und ein Übergang der Informierungslast auf das Institut nur bei erheblich ungleichem Informationszugang bzw. bei Übernahme des Fremdgeschäftes in Betracht kommt.

38   Unterschiedlich weit gehen die Pflichten **je nach Geschäft** (im Einzelnen unten Zweiter Teil Rn 53–68).[72] Dies ergibt sich im Grundsatz bereits aus der unterschiedlichen Pflichtenstruktur der Geschäfte selbst: Kreditverträge sind Austauschverträge; Fremdgeschäftsführung mit entsprechenden Auskunftpflichten ist nicht geschuldet, so dass sich Aufklärungspflichten nur auf der Grundlage von § 242 BGB ergeben. Im Zahlungsverkehr wird zwar Fremdgeschäftsführung geschuldet, doch erfolgt sie massenweise, meist automatisiert, und betrifft regelmäßig nur die *Durchführung* einer Zahlungsentscheidung. Im Anlagegeschäft ist hingegen Fremdgeschäftsführung geschuldet und betrifft diese schon die Anlageentscheidung selbst. Dadurch erklärt sich die ungleich höhere Informationsdichte, die in diesem Geschäft geschuldet ist (vgl. näher insbes. Achter Teil, 3. Abschnitt).

39   4. **Entfallen der Pflicht zu informieren.**

     a) **Erfüllung.** Die Pflicht zu informieren entfällt durch einmalige Erfüllung. Eine Pflicht, auch noch nach der Transaktion über Veränderungen aufzuklären, wird ohne dahingehende Abrede abgelehnt.[73] Solch eine Abrede liegt vor allem in Beratungsverträgen, die, wie Vermögensverwaltungsverträge, zu dauernder Betreuung verpflichten.[74] In der Tat

---

[69] *Hopt* Bankrechtstag 1992, 1 (26 f.); *Fassbender* Aufklärungspflichten S. 268; Fallmaterial zur Spezifizierung etwa bei *Rümker* Bankrechtstag 1992, 29 (58–60).

[70] *Hopt* Bankrechtstag 1992, 1 (25 f.); *Breidenbach* Informationspflichten S. 52–56; *Vortmann* Aufklärungspflichten Rn 17; BankR-HdB/*Siol* § 43 Rn 32; *Wellkamp* VuR 1994, 61 (66).

[71] Plastisch *Schimansky* Bankrechtstag 1992, 67 (67–69); zunehmend unstr., etwa *Vortmann* Aufklärungspflichten Rn 15 f.

[72] *Hadding* FS Schimansky, 1999, S. 67 (78–80); *Horn* ZBB 1997, 139 (143 und

146); *Rümker* Bankrechtstag 1992, 29 (48 f.); BankR-HdB/*Siol* § 44 Rn 1.

[73] BankR-HdB/*Siol* § 43 Rn 9; *Vortmann* Aufklärungspflichten Rn 3. Die Obliegenheit, Fehler bei der Aufklärung später noch auszuräumen, bleibt selbstverständlich bestehen.

[74] Entspr. für die Bankauskunft (unten Zweiter Teil Rn 90): BGH Urt. v. 25.6.1973 – II ZR 26/72, BGHZ 61, 176 (179 f.) („nachvertragliche Handlungspflichten"); *Hellner* ZHR 145 (1981), 109 (123 f.); *Hölscheid* ÖBA 1993, 202 (206); vgl. auch *Gaede* Kreditauskünfte S. 83.

ist ansonsten eine andauernde Pflicht mit dem Zuschnitt des Bankgeschäfts auf massenhafte Abwicklung unvereinbar.

Wenn nötig, zumal bei komplexer Information, muss **schriftlich oder sonst in geeigneter Form** aufgeklärt, gewarnt oder beraten werden – so explizit die Gesetzeslage im Wertpapierhandelsrecht und auch tendenziell in §§ 492–494, 502 BGB.[75] Generell gilt auch, dass die Information verständlich für den konkreten Kunden sein muss.[76]   **40**

b) Verzicht und Haftungsausschluss. Der **Verzicht** lässt die Aufklärungs- und Beratungspflicht zwar grds. entfallen, soweit nicht zwingendes Recht entgegensteht (breit diskutiert vor allem für § 31 WpHG).[77] Für die Warnpflicht, die spontan und auch unabhängig von konkreten Verhandlungen eingreift, bildet der Verzicht jedoch eine eher theoretische Möglichkeit.[78] Nr. 3 AGB-Banken und Nr. 19 AGB-Sparkassen regeln auch nur noch das Vertretenmüssen und enthalten, anders als die Vorgängerklauseln, **keinen Haftungsausschluss für Aufklärung und Beratung mehr.** Die Frage, ob ein solcher zulässig ist, insbesondere klauselmäßig, ist daher – jedenfalls für die klauselmäßige Gestaltung – obsolet.   **41**

5. Weitere Haftungsfragen. Weitere Fragen (neben dem Verstoßtatbestand, 1–4) kreisen vor allem um den Komplex Verschulden, auch fremdes, und Mitverschulden, der (als einziger) klauselmäßg geregelt ist, außerdem um Einzelpunkte zu Schaden, Ursachenzusammenhang und Beweislast hierbei. Ob auch Dritte berechtigt sein können, ist erst bei der Bankauskunft (unten Zweiter Teil Rn 102 f.) praktisch bedeutsam; die dortigen Grundsätze sind übertragbar.   **42**

a) Verschulden, Verschulden Dritter und Mitverschulden. Den Komplex Verschulden und Mitverschulden (und nur ihn) regeln **Nr. 3 AGB-Banken und Nr. 19 AGB-Sparkassen.** Sie regeln ihn für alle Bankverhaltenspflichten, praktisch am wichtigsten jedoch die Aufklärungs-, Warn- und Beratungspflichten – sowohl die Pflicht, richtig zu informieren (oben 2.), als auch die, überhaupt zu informieren und/oder zu beraten, wenn solch eine Pflicht besteht (oben 3./4.). Weitestgehend **entsprechen** die AGB heute **dem dispositiven Recht.** Sie sehen übereinstimmend in Abs. 1 eine Haftung für eigenes Verschulden und Verschulden von Erfüllungsgehilfen vor, gemindert um den Mitverschuldensanteil des Kunden (§§ 276, 278, 254 BGB). Präzisiert wird jeweils in Abs. 3, dass höhere Gewalt kein solches Verschulden darstellt (mit leicht divergierender Beispielnennung in beiden AGB). Präzisiert wird außerdem jeweils in Abs. 2, dass die Institute teils auch nach objektivem Empfängerhorizont nicht Abwicklung selbst zusagen, sondern nur die Auftragsweiterleitung, dh. die Auswahl eines geeigneten Instituts. Nur in diesem letzten Punkt bestehen gewisse Abgrenzungsfragen,[79] die Kriterien sind in den AGB-Banken etwas besser getroffen.   **43**

---

[75] Vgl. näher unten im Wertpapierhandelsrecht (auch mit abweichender Rspr.) Achter Teil, 3. Abschnitt. Für das Kreditrecht vgl. unten Vierter Teil Rn 656–723 (*Renner*). Tendenziell für eine allgemeine Pflicht in diesem Sinne: *Horn* ZBB 1997, 139 (148); BankR-HdB/*Siol* § 43 Rn 35 (allerdings Rspr. nur zum Kapitalanlagegeschäft).

[76] BankR-HdB/*Siol* § 44 Rn 19; *Wellkamp* VuR 1994, 61 (66); *Schupeta* Aufklärungspflichten S. 155; für seinen Anwendungsbereich ausdrücklich § 31 Abs. 4 S. 2 WpHG.

[77] BGH Urt. v. 23.11.1979 – I ZR 161/77, WM 1980, 284 (285, 287); *Hopt* Bankrechtstag 1992, 1 (26); *Rümker* Bankrechtstag 1992, 29 (58); für das Wertpapierhandelsrecht Achter Teil, 3. Abschnitt.

[78] Für die Zulässigkeit eines Verzichts auch insoweit wohl *Hopt* Bankrechtstag 1992, 1 (26) („sacred right of everybody to make a fool of oneself").

[79] Näher unten Zweiter Teil Rn 297–301. Etwa OLG Frankfurt Urt. v. 11.4.2000 – 5 U 211/98, WM 2000, 1636 (1638); zur Wirk-

44 Seit 1993 enthalten beide AGB keinen Haftungsausschluss mehr, sondern nur noch eine Präzisierung, dass **höhere Gewalt nicht wie eigenes Verschulden** zu behandeln ist, also keine Haftung begründet (Abs. 3). Das ergibt sich bereits aus dispositivem Recht. Dies wurde für einen zentralen Fall, in dem ein Erfolg geschuldet ist, seit 1999 auch gesetzlich so geregelt (zuerst § 676 b Abs. 4 BGB a.F. für das Überweisungsrecht, heute § 676c BGB für das gesamte Zahlungsdiensterecht).[80] Dort gilt, dass höhere Gewalt nicht vorhersehbar sein darf und unabwendbar sein muss, allerdings nicht generell, sondern nur im konkreten Falle. Dass Streiks und sonstige Eingriffe unverbundener Dritter generell zu erwarten sind, ist also unschädlich, wenn der konkrete Fall bei Pflichtübernahme nicht vorherzusehen war.

45 Die **Haftung für Verschulden Dritter,** die willentlich eingeschaltet wurden, beschränkt Abs. 2 bei sog. weitergeleiteten Aufträgen auf Fälle von Auswahlverschulden. Die Klausel beruht auf höchstrichterlicher Rechtsprechung, nach der allein für Auswahlverschulden gehaftet wird, wenn das Institut nach dem objektiven Empfängerhorizont des Kunden nicht Herr der Leistung werden sollte.[81] Die Anschauung kann sich jedoch ändern, wie seit 1999 auf Grund gesetzgeberischer Entscheidung im Überweisungsrecht und inzwischen auch sonst im Zahlungsdiensterecht. Daher ist es zutreffender, allein auf dieses abstrakte Kriterium abzustellen (so Nr. 19 AGB-Sparkassen) und nicht einzelne Beispiele festzuschreiben (teilweise Nr. 3 AGB-Banken). Heute wird freilich in der Tat für die in Nr. 3 AGB-Banken genannten Beispiele (Einholung von Bankauskünften und Wertpapierauslandsverwahrung im sog. Treuhandgiro) überwiegend von bloß weitergeleitetem Auftrag ausgegangen.[82]

46 Auch die **Haftungsminderung durch Mitverschulden** entspricht dispositivem Recht (Abs. 1 und § 254 BGB). Die wichtigsten Fälle sind in Nr. 11 AGB-Banken (Nr. 4, 20 AGB-Sparkassen) geregelt. Die AGB statuieren wirksam Mitwirkungspflichten des Kunden bei Änderung der Verfügungsbefugnis, die Pflicht, das Weisungsrecht adäquat auszuüben und Mitteilungen zu überprüfen, vor allem solche, mit denen Rechenschaft abgelegt wurde.[83]

---

samkeit von Abs. 1 und 3 (unstr.) etwa BankR-HdB/*Bunte* § 8 Rn 2, 5, 32 (Nr. 3 Abs. 1 entspricht dispositivem Recht, § 307 Abs. 3 BGB) und 41 (entsprechend für Nr. 3 Abs. 3). Zur – zu Recht – weiten Anwendung von § 278 BGB auch bei Vorsatztaten wieder: BGH Urt. v. 15.3.2012 – III ZR 148/11, NZG 2012, 631 (Veruntreuung im Anlagegeschäft), krit. etwa *Fest* NZG 2012, 622. Dies entspricht dem allgemeinen Auslegungsstand zu § 278 BGB, nach dem auch Vorsatztaten jedenfalls dann erfasst sind, wenn sich die Tat auf einen Bereich bezieht, für dessen Sicherheit der fragliche Mitarbeiter gezielt eingesetzt wurde: vgl. MünchKommBGB/*Grundmann* § 278 Rn 37–39 (selbst sogar noch weitergehend § 278 BGB auf Vorsatztaten anwendend). Auch für Abs. 2 wird ganz überwiegend die Wirksamkeit bejaht: vgl. BankR-HdB/*Bunte* § 8 Rn 35 (implizit); *Werhahn/Schebesta* AGB und Sonderbedingungen der Banken, 1994, Rn 85; aA Baumbach/*Hopt* (8) Nr. 3 Rn 5.

80 Dazu unten Dritter Teil Rn 516 ff., 539–541 und (für das Fremdwährungskonto) unten Zweiter Teil 188 f.

81 Nämlich Bankauskunft und Wertpapierauslandsverwahrung: vgl. OLG Frankfurt (Fn 79) WM 2000, 1636 (1638); Baumbach/*Hopt* (8) Nr. 3 Rn 5; BankR-HdB/*Bunte* § 8 Rn 38. Früher ebenfalls die Auslandsüberweisung. Letzteres wurde angesichts des neuen Überweisungsrechts zu Recht gestrichen. Zur sonst eingreifenden Haftung für Verschulden des Erfüllungsgehilfen (§ 278 BGB) aus jüngster Zeit wieder (auch für Vorsatztaten / Veruntreuung im Fondsgeschäft): BGH (Fn 79), NZG 2012, 631; Anm. *Fest*, NZG 2012, 622.

82 Vgl. unten Zweiter Teil Rn 202–210 und §§ 3 Abs. 2, 5 Abs. 3 DepotG; Baumbach/*Hopt* (13) § 3 DepotG Rn 2 ausführlich unten Zweiter Teil Rn 297 ff., bes. 301.

83 Zu Wirksamkeit und Inhalt dieser klauselmäßigen Regelungen vgl. unten Zweiter Teil Rn 214, Dritter Teil Rn 226 (Änderung der Verfügungsbefugnis), Dritter Teil Rn 456–458, 516 (Weisungserteilung) und unten Zweiter Teil 129 f., 163 (Überprüfung von Mitteilungen). Kommentierung von Nr. 11 AGB-Banken unten Zweiter Teil Rn 321–327.

Weitere Fälle des Mitverschuldens lässt die Klausel unberührt (Nr. 3: Regelbeispieltechnik). Dies gilt freilich nicht, soweit das Kreditinstitut auf Grund überlegener Expertise im fraglichen Bankgeschäft ein Gefährdungspotential im Kundenverhalten ungleich besser erkennen konnte und auf dieses Potential nicht hinwies.[84]

b) Schaden. Geschuldet ist zunächst der Ersatz des **negativen Interesses**.[85] Vorteile, die **47** aus dem schädigenden Handeln resultieren, sind gegenzurechnen, insbesondere soweit Steuern gespart werden.[86] Die Rechtsprechung will jedoch Vor- und Nachteile nicht genau berechnen, wenn umgekehrt auch wieder der Schadensersatzanspruch besteuert wird.[87]

Wahlweise und auch kumulativ kann **Auflösung des ungünstigen Vertrags** begehrt wer- **48** den (§ 249 BGB).[88] Seitdem der Gesetzgeber bei Aufklärungspflichtverletzung mehrfach das Recht zur Vertragsauflösung vorsah,[89] ist der früher teils zu findende Hinweis darauf, dass eine Vertragsauflösung wegen § 123 BGB nur bei arglistiger Täuschung gefordert werden könne,[90] überholt. Freilich wird diese Rechtsfolge als Spezialität der Prospekthaftung gesehen, die auf andere Formen der Aufklärungspflichtverletzung nicht notwendig zu übertragen sei.[91] Die vertragsrechtliche Grundwertung geht seit 2002 m. E. freilich dahin,

---

[84] Aufklärungspflichtverletzung, auf Grund derer dem Kunden sein schädigendes Verhalten nicht zur Last gelegt werden kann; ie unten Dritter Teil Rn 272–274, 456–458.

[85] BGH Urt. v. 14.3.1991 – VII ZR 342/89, BGHZ 114, 87 (94) = NJW 1991, 1819 (1820 f.); BGH Urt. v. 8.5.2012 – XI ZR 262/10, BGHZ 193, 159 = NJW 2012, 2427 (2433); BGH Urt. v. 11.7.2012 – IV ZR 164/11, WM 2012, 1582 (1588) *Vortmann* Aufklärungspflichten Rn 67 f. (auch zum ausnahmsweise geschuldeten positiven Interesse); *Tiedtke* WM 1993, 1228 (1232) (nur negatives Interesse); BankR-HdB/*Siol* § 43 Rn 44.

[86] BGH Urt. v. 10.4.1967 – VIII ZR 27/65, NJW 1967, 1462; BGH Urt. v. 18.12.1969 – VII ZR 121/67, BGHZ 53, 132 (134) = NJW 1970, 461; BGH Urt. v. 6.10.1980 – II ZR 60/80, BGHZ 79, 337 (347) = NJW 1981, 1449; BGH Urt. v. 24.5.1982 – II ZR 124/81, BGHZ 84, 141 (148 f.) = NJW 1982, 2493 (2494); BGH Urt. v. 14.1.1993 – III ZR 33/92, NJW 1993, 1643; BGH Urt. v. 14.6.2004 – II ZR 395/01, ZIP 2004, 1402 (1407); BGH Urt. v. 14.6.2004 – II ZR 393/02, ZIP 2004, 1394 (1400); BGH Urt. v. 25.10.2004 – II ZR 373/01, BKR 2005, 73 (74); BGH Urt. v. 31.1.2005 – II ZR 200/03, NJW-RR, 2005, 1073 (1074).

[87] BGH (Fn 27), BGHZ 74, 103 (116); BGH Urt. v. 11.5.1989 – VII ZR 12/88, WM 1989, 1286 (1289); BGH Urt. v. 9.10.1989 – II ZR 257/88, WM 1990, 145 (148); BGH Urt. v. 13.1.2004 – XI ZR 355/02, NJW 2004, 1868 (1870) = WM 2004, 422; *Vortmann* Aufklärungspflichten Rn 91.

[88] BGH Urt. v. 26.3.1981 – VII ZR 185/80, NJW 1981, 1673; BGH Urt. v. 12.10.1993 – X ZR 65/92, NJW 1994, 663 (664); BGH Urt. v. 5.10.1988 – VIII ZR 222/87, NJW-RR 1989, 306 (307); BGH Urt. v. 8.12.1988 – VII ZR 83/88, NJW 1989, 1793 (1794); *Hopt* Bankrechtstag 1992, 1 (14); BankR-HdB/*Siol* § 43 Rn 44; *Tiedtke* WM 1993, 1228 (1230).

[89] Vgl. für solch eine allgemeinere Politik *Hopt* Bankrechtstag 1992, 1 (4 f.).

[90] Die Anfechtung ist außerdem wegen § 124 BGB für den Kunden ungünstiger.

[91] Die Rechtsfolgen in der Rechtsprechung des BGH erscheinen inkongruent. Im Wertpapierhandel sollen verschwiegene Provisionszahlungen an Anlagevermittler zur Rückabwicklung berechtigen, BGH Urt. v. 19.12.2005 – XI ZR 56/05, NJW 2007, 1876 (1879); BGH Urt. v. 19.12.2000 – XI ZR 349/99, NJW 2001, 962 (963). Im Kreditrecht löst die Überschreitung der Kreditgeberrolle durch Schaffung eines Gefährdungstatbestandes diese Rechtsfolge ebenfalls aus, BGH (diese Fn) NJW 2007, 2396 (2397). Hingegen soll das Versäumnis, über alternative Finanzierungsformen aufzuklären, nur einen Anspruch auf Erstattung der (nachgewiesenen) Mehrkosten, auslösen: BGH Urt. v. 20.3.2007 – XI ZR 414/04, NJW 2007, 2396 (2397, 2400). Bei kapitalmarktrechtlichen Falschinformationen kommt es darauf an, ob der Anleger im Vertrauen auf die Information gekauft hat; in diesen Fällen steht ihm ein Restitutionsanspruch zu. Hat er nur

---

Stefan Grundmann

dass Schlechterfüllung, die nicht mehr korrigiert werden kann, wahlweise immer zur Vertragsauflösung berechtigt, wenn sie nicht unerheblich ist (§ 323 Abs. 2 und 5 S. 2 BGB) – auch um häufig auftretende Beweisprobleme hinsichtlich des Schadens zu vermeiden, die zulasten des Geschädigten gehen.

49   c) **Kausalität, die Annahme aufklärungsgerechten Verhaltens und Beweislast.** Kausal für den Schaden wird die Aufklärungspflichtverletzung nur, wenn der Kunde bei Aufklärung die schädigende Entscheidung nicht getroffen hätte (**aufklärungsgerechtes Verhalten**). Dies wird vermutet, jedenfalls wenn auf die Informationsweitergabe hin der Entschluss zu einer Transaktion gefasst wurde.[92] Darin wird häufig eine Umkehr der Beweislast gesehen:[93] Wer eine vertragliche Aufklärungs- oder Beratungspflicht verletzt, den treffe die Beweislast dafür, dass der Schaden auch bei pflichtgemäßen Verhalten eingetreten wäre, weil sich der Geschädigte über jeden Rat oder Hinweis hinweggesetzt hätte.[94] Nach den zitierten Urteilen – zumal des 11. Senats – kann das Institut jedoch Umstände anführen, die aufklärungsgerechtes Verhalten zweifelhaft erscheinen lassen (alternative Entscheidungsmöglichkeiten / mehrere Handlungsalternativen); dann trägt wieder der Kunde die Beweislast für die Kausalität.[95] Voller Gegenbeweis ist also – wie beim Beweis des ersten Anscheins – nicht gefordert. Heute geht auch die Rechtsprechung des 11. Senats von einer Vermutung für aufklärungsgerechtes Verhalten freilich in der Tat grundsätzlich – auch bei Bestehen von Handlungsalternativen – aus, wenn die Aufklärungspflichtverletzung feststeht.[96]

50   Eine weitere, praktisch unverzichtbare Beweiserleichterung liegt darin, dass das Institut die Erfüllung der Aufklärungs- oder Beratungspflicht zu beweisen oder jedenfalls die Substantiierungslast hat.[97]

---

zu teuer gekauft oder zu billig verkauft, besteht ein Anspruch auf die Differenz. Dazu BGH Urt. v. 26.6.2006 – II ZR 153/05, NZG 2007, 269 (270); *Baums* ZHR 167 (2003) 139 (185).

[92] BGH Urt. v. 25.4.2006 – XI ZR 106/05, BGHZ 167, 239 (251 Tz. 29) = NJW 2006, 1955 = WM 2006, 1066; BGH Urt. v. 1.7.2008 – XI ZR 411/96, WM 2008, 1596 (1597) = NJW 2008, 2912 (beide Urteile: „von … Kausalität … regelmäßig auszugehen"); BGH (Fn 86), BGHZ 79, 337 (346) = NJW 1981, 1449 (1451 f.); BGH Urt. v. 3.4.1990 – XI ZR 206/88, NJW 1990, 1907 (1909); BGH Urt. v. 19.12.1989 – XI ZR 29/89, NJW-RR 1990, 918 (919 f.); BGH Urt. v. 10.5.1994 – XI ZR 115/93, NJW 1994, 2541 (2542); BGH Urt. v. 16.11.1993 – XI ZR 214/92, NJW 1994, 512 (513 f.); *Vortmann* Aufklärungspflichten Rn 103 ff., 107; grundlegend *Canaris* FS Hadding 2004, S. 3; ausführlich zu Rechtsprechung und Literatur *Göertz* Kausalität bei Aufklärungspflichtverletzungen, S. 18–51.

[93] Grundlegend: BGH Urt. v. 5.7.1973 – VII ZR 12/73, BGHZ 61, 118 (122) = NJW 1973, 1688; bestätigt durch: BGH (Fn 85), WM 2012, 1337 und BGH Urt. v. 26.2.2013 – XI ZR 183/11 EWiR online.de; das Urteil von

1973 war jedoch nicht unumstritten: *Schmidt* JuS 1975, 430 (433–435); *Roth* ZHR 154 (1990), 513 (516, 518 f.); *Stodolkowitz* VersR 1994, 11 (12–14); zur Problematik auch *Göertz* Kausalität bei Aufklärungspflichtverletzungen, S. 18 ff.; *Vortmann* Aufklärungspflichten Rn 110 f., 126; BankR-HdB/*Siol* § 43 Rn 51; *Emmerich* JuS 1974, 50 (51).

[94] BGH (Fn 93), BGHZ 61, 118 (122) = NJW 1973, 1688.

[95] BGH (Fn 92), NJW 1994, 2541 (2542); BGH (Fn 92), NJW 1990, 1907 (1909); BGH (Fn 92), NJW 1994, 512; so können auch die älteren Entscheidungen („regelmäßig") verstanden werden.

[96] BGH (Fn 85), BGHZ 193, 159 (bes. 174–178); BGH Beschluss v. 1.4.2014 – XI ZR 171/12, BKR 2014, 295 (297); BGH Beschluss v. 3.6.2014 – XI 435/12, BKR 430 (432); dazu näher *Möllers* NZG 2012, 1019; *Pielsticker* BKR 2013, 368; *Schwab* NJW 2012, 3274.

[97] Für das Erste BGH Urt. v. 24.3.1982 – IVa ZR 303/80, BGHZ 83, 260 (267) = NJW 1982, 1516; für das Zweite BGH Urt. v. 20.6.1990 – VIII ZR 182/89, WM 1990, 1977 (1978); und tendenziell (Beweiserleichterung, Anscheinsbeweis) die Lit., vor allem *Grunewald* ZIP 1994, 1162 (1165); *Roth*

d) Verjährung. Heute verjähren vertragliche Ansprüche nach § 195 BGB mangels spe- **51** ziellerer Regelung in 3 Jahren ab Kenntnis (c. i. c., Schlechterfüllung und Verletzung von Pflichten nach § 241 Abs. 2 BGB, Verstöße gegen Interessenwahrungspflicht).[98] Die bis 2002 zu konstatierende Zweispurigkeit des Verjährungsregimes (vertraglich bzw. delik- tisch) ist mit der Unterwerfung aller Ansprüche unter das allgemeine Verjährungsregime entfallen. Allerdings wird davon ausgegangen, dass die Verjährung für jede Haftungs- grundlage (insbesondere des Zeitpunktes des Kennenmüssens) gesondert zu ermitteln ist.[99]

6. Weitere Haftungs- und Sanktionsnormen. Bei Aufklärungspflichtverletzung an- **52** wendbar sein können außerdem[100] § 123 BGB (bei bedingtem Schädigungsvorsatz), § 138 BGB (als eines der Sittenwidrigkeitskriterien) und unter den deliktischen Anspruchsgrund- lagen wohl nur § 823 Abs. 2 BGB iVm. § 263 StGB und vor allem § 826 BGB. Notwendig ist zumindest bedingter Schädigungsvorsatz,[101] außerdem dolus directus bei der Falschin- formation oder, wenn nur leichtfertig falsch Auskunft gegeben wurde, das Vorliegen eigen- süchtiger Motive (Sittenwidrigkeit).[102] Die Relativität des Vertragsverhältnisses ist hier beim Berechtigten und beim Verpflichteten durchbrochen.

III. Aufklärung, Warnung, Beratung in den einzelnen Bankgeschäften

1. Kreditgeschäft. **53**

a) Wahrheitspflichtverstöße. Unter den großen Bankgeschäftsgruppen[103] warf das Kreditgeschäft nach dem Kapitalanlage- und Vermögensverwaltungsgeschäft die meisten

---

ZHR 154 (1990), 513 (520–522); *Stodolko-witz* VersR 1994, 11 (14 f.); monographisch *Bruske* Beweislast bei Aufklärungspflichtver-letzungen, dort auch zu weiteren Fragen, die in Übereinstimmung mit Grundsätzen des allgemeinen Beweisrechts gelöst werden.
[98] Vgl. bis 2002 BGH Urt. v. 16.11.1967 – III ZR 12/67, BGHZ 49, 77 (80); BGH (Fn 87), WM 1990, 145 (148); BankR-HdB/*Siol* § 43 Rn 55; einschränkend BGH Urt. v. 22.3. 1982 – II ZR 114/81, BGHZ 83, 222 (227 f.) = NJW 1982, 1514. Für Dreijahresfrist gemäß § 852 BGB: *Hopt* Bankrechtstag 1992, 1 (4 f.); *Canaris* FS Larenz 1983, S. 27 (109).
[99] OLG Karlsruhe Beschluss v. 29.5.2012 – 17 W 36/12, WM 2013, 166; implizit auch OLG Karlsruhe Urt. v. 27.11.2012 – 17 U 236/11, WM 2013, 462 (465 f.).
[100] Vgl. *Vortmann* Aufklärungspflichten Rn 164–170; *Canaris* Bankvertragsrecht Rn 128–138a; BankR-HdB/*Siol* § 43 Rn 57–65.
[101] BGH Urt. v. 30.3.1976 – VI ZR 21/74, WM 1976, 498 (500); BGH Urt. v. 26.11.1986 – IVa ZR 86/85, NJW 1987, 1758 (1759); BGH Urt. v. 22.6.1992 – II ZR 178/90, NJW 1992, 3167 (3174); BGH Urt. v. 9.3.2010 – XI ZR 93/09, VersR 2011, 750 (752); BGH

Urt. v. 8.6.2010 – XI ZR 349/08, BKR 2010, 473 (478); *Horn* ZBB 1997, 139 (145); *Canaris* Bankvertragsrecht Rn 97; Münch-KommBGB/*Wagner* § 826 Rn 23.
[102] BGH (Fn 101), NJW 1992, 3167 (3174); BGH (Fn 101), NJW 1987, 1758 (1759); BGH (Fn 101), BGH Urt. v. 22.11.2005 – XI ZR 76/05, WM 2006, 84 (87); BGH (Fn 101), VersR 2011, 750 (752); BGH (Fn 101), BKR 2010, 473 (4/8); BankR-HdB/*Siol* § 43 Rn 63; MünchKommBGB/*Wagner* § 826 Rn 61.
[103] Zu Aufklärungspflichten im Zusammenhang mit dem Kontokorrent unten Zweiter Teil Rn 213 (fehlende Überwachungspflicht bei Verfügungen des Treuhänders oder Kontobe-vollmächtigten, Warnpflicht nur bei Miss-brauchsverdacht, unten Zweiter Teil Rn 220 (Benachrichtigungspflichten gegenüber Er-ben). Die Rspr. zu Aufklärungspflichten hin-sichtlich alternativer Kontogestaltung ist res-triktiv, teils fragwürdig: BGH (Fn 49), WM 2009, 1647 (1651 f.); OLG Celle Urt. v. 16.2.1994 – 3 U 84/93, WM 1994, 1069 (1070) (Sparbuch und Sparbrief); OLG Köln Urt. v. 1.7.1980 – 15 U 245/79, ZIP 1980, 979 (980 f.); OLG Oldenburg Urt. v. 6.2.1987 – 6 U 127/86,

Fragen zu Aufklärung und Rat auf. Da dem Abschluss eines Kreditvertrages meist ein Beratungsgespräch vorausgeht, ist das Bankverhalten **häufig** an der Wahrheitspflicht zu messen. Darauf, ob eine Pflicht zur Aufklärung bestand, kommt es dann nach dem Gesagten nicht an. Vor allem Fragen der **Tragbarkeit des Kredits** für den konkreten Kunden betreffen zwar nicht das Bankprodukt und seinen Zuschnitt; doch geht, wenn Fakten hierzu im Beratungsgespräch diskutiert wurden, der Rat implizit auch dahin, dass der gewählte Kredit für den konkreten Kunden adäquat, dh. auch tragbar ist. Ist dieser Schluss nach den Informationen, die das Institut als präsentes Wissen hat, nicht vertretbar, haftet das Institut[104] wegen Verstoßes gegen die Wahrheitspflicht. Die Wahrheitspflicht gebietet es auch, gegebenenfalls im Beratungsgespräch – insbesondere wenn freiwillig Beratungsgespräche aufgenommen werden – auf fehlende oder lückenhafte Kenntnis des Instituts zu relevanten Punkten hinzuweisen.[105] Jedenfalls Fakten, die für das Institut präsentes Wissen bilden und von denen es auch weiß, dass sie für den Kreditnehmer entscheidungserheblich sind, sind auch im Kreditgeschäft zu offenbaren.[106] Ein Unterlassen der Eruierung von Informationen ist jedoch keinesfalls gleichzustellen, zumal dann nicht, wenn die Information typischer Weise ohnehin nur im Interesse des Instituts selbst ermittelt wird.[107]

54   b) **Pflicht zu informieren.** In der Frage, ob eine Pflicht zu informieren besteht, wird auch für das Kreditgeschäft zunächst danach differenziert, ob die spezifische Bankexpertise betroffen ist oder nicht. Aufklärungspflichten wurden daher zu Recht bei Fragen angenommen, die das **Bankprodukt betreffen,** und zwar immer dann, wenn alternative Finanzierungsfor-

---

WM 1987, 554 (555) (beide zur Errichtung eines Oderkontos); aA und überzeugender für Letzteres OLG Nürnberg Urt. v. 21.3.1990 – 4 U 3979/89, WM 1990, 1370 (1372).

[104] BankR-HdB/*Siol* § 44 Rn 8; aA *Vortmann* Aufklärungspflichten Rn 180 f. (mwN). Beim Verbraucherkredit unter dem Begriff der verantwortungsbewussten Kreditvergabe intensiv diskutiert, dort freilich dann eine Pflicht des Instituts, die notwendige Information erst zu eruieren: vgl. näher unten Vierter Teil Rn 603–649 (*Renner*).

[105] Zu diesem allgemeingültigen Grundsatz Nachw. oben Zweiter Teil Rn 26: Speziell für das Kreditgeschäft: BankR-HdB/*Siol* § 44 Rn 9. Zur Annahme eines Beratungsvertrages, freilich primär im Kapitalanlagegeschäft, vgl. etwa BGH (Fn 27), BGHZ 74, 103 (106) = NJW 1979, 1449 = WM 1979, 530; BGH (Fn 27), BGHZ 100, 117 (118) = NJW 1987, 1815 = WM 1987, 495; BGH (Fn 27), BGHZ 123, 126 (128) = NJW 1993, 2433 = WM 1993, 1455; BGH (Fn 87), NJW 2004, 1868 (1869) = WM 2004, 422. Zur Annahme eines Beratungsvertrages im Kreditbereich, der nur unter sehr engen Voraussetzungen vorliegt als ein sog. Finanzierungsberatungsvertrag, vgl. BGH Urt. v. 12.6.2007 – XI ZR 112/05,

juris Rn 11; BGH Urt. v. 16.6.2004 – VIII ZR 303/03, juris Rn 12; OLG Hamm Urt. v. 15.1.2013 – I34 U 3/12, 34 U 3/12, juris Rn 62; KG Berlin Urt. 16.5.2012 – 24 U 103/10, juris Rn 39–42; OLG Frankfurt Urt. v. 3.5.2010 – 19 U 230/09, juris Rn 4, 6; OLG Frankfurt Urt. v. 23.9.2008 – 14 U 227/05, juris Rn 75; zum Meinungsstand in der Literatur, vgl. *Buck-Heeb* BKR 2014, 221 (228 f.); im Zuge der Umsetzung der Wohnimmobilienkredit-Richtlinie 2014/17/EU v. 4.2.2014, ABl EU Nr. L 60/34 v. 28.2.2014 sind gesetzliche Änderungen im Bereich des Verbraucherdarlehensvertrages hinsichtlich der Normierung eines Kreditberatungsvertrages zu erwarten.

[106] BGH (Fn 45) BKR 2013, 280 (280); BGH (Fn 45), NJW 2012, 3294 (3294 f.); BGH (Fn 45), WM 2012, 1389 (1391); BGH (Fn 45), WM 2008, 1346 (1347 f.); BGH (Fn 47), WM 2008, 115 (118); BGH Urt. v. 19.9.2006 – XI ZR 204/04, WM 2007, 2343 (2344 f.).

[107] So für die unterlassene Ermittlung des adäquaten Beleihungswertes des Objekts: BGH Urt. v. 16.5.2006 – XI ZR 6/04, BGHZ 168, 1 (19) = NJW 2006, 2099 (2103 f.); BGH Urt. v. 8.5.2001 – XI ZR 192/00, BGHZ 147, 343 (349 ff.) = WM 2001, 1758 (1760 f.).

men bestehen mit Vor- und Nachteilen, die dem konkreten Kunden nicht offensichtlich sind: Über die Vor- und Nachteile ist aufzuklären vor allem bei Umschuldung und Zwischenfinanzierung,[108] grds. auch bei vorfinanzierten Bausparverträgen, bei Finanzierungen in Kombination mit Kapitallebensversicherungen[109] und erst Recht bei anderen undurchsichtigen, teils noch nicht einmal standardisierten Finanzierungspaketen (insoweit gar fehlende Markttransparenz auch für erfahrene oder von dritter Seite beratene Kunden).[110] Deutlich gemindert, teils gar entwertet wird der Schutzgehalt dieses Grundsatzes freilich dadurch, dass die Rechtsprechung bei steuersparenden Kapitalanlagen einen Aufklärungsbedarf des Kunden pauschal verneint.[111] Umgekehrt sind Aufklärungspflichten abzulehnen für die **Risiken** von Zinssteigerungen[112] und – außerhalb spezialgesetzlicher, vor allem verbraucherrechtlicher Regeln – auch für **wichtige zukünftige Zwischenfälle**, die die Rückzahlung gefährden:[113] etwa Scheidung, Arbeitslosigkeit, jedoch auch Verzug und sonstige Leistungsstörungen. Dies könnte zwar rechts- und vor allem verbraucherpolitisch durchaus anders gesehen werden, hat der europäische und deutsche Gesetzgeber lange jedoch sogar für den Verbraucherkredit so vorgesehen. Inzwischen ist freilich die prominente Stellung einer dahingehenden Beratung im Verbraucherrecht weitgehend gesichert, insbesondere ist der dahingehende Grundsatz als besonders herausragend bereits in der Grundnorm des § 491a BGB selbst verankert (vgl. dort Abs. 3 BGB sowie Verweis in Abs. 1 auf Art. 247 § 3 Nr. 11 und 12 EGBGB).[114]

Das Kreditgeschäft beruht auf Austauschverträgen, nicht Fremdgeschäftsführung. Dies **55** wird zu Recht betont, wenn fraglich ist, wie weitgehend **präsentes Wissen** zu offenbaren und wie weitgehend auf seiner Grundlage eine Pflicht zu informieren anzunehmen ist. Der Kunde muss sich auf eigennütziges Handeln des Instituts einstellen.[115] Dass dieses deswegen jedoch nicht den sicheren **wirtschaftlichen Zusammenbruch** desjenigen verschweigen darf, dem der Kreditnehmer die Darlehensvaluta weiterreichen will, oder der Unternehmung, in die er investieren will,[116] ist (trotz Austauschcharakter des Kreditgeschäfts) noch mit § 242 BGB zu begründen.

---

108 BGH Urt. v. 11.12.1990 – XI ZR 24/90, WM 1991, 271 (273); *Vortmann* Aufklärungspflichten Rn 267–280; krit. (auch zu den folgenden Beispielen) *Rümker* Bankrechtstag 1992, 29 (52 f.).

109 BGH Urt. v. 18.1.2005 – XI ZR 17/04, NJW 2005, 985 (988); zu beidem sogleich näher unten Zweiter Teil Rn 63, 64.

110 BGH (Fn 66), NJW 1991, 832 (834) („Idealkredit"); BankR-HdB/*Siol* § 44 Rn 43; *Schupeta* Aufklärungspflichten S. 117; *Mayen* WM 1995, 113 (117).

111 Vielfach, aus jüngerer Zeit etwa BGH (Fn 107), BGHZ 168, 1 (19) = NJW 2006, 2099 (2103 f.); BGH (Fn 45), WM 2008, 1346 (1347); BGH (Fn 45), WM 2012, 1389 (1391); BGH (Fn 45), BKR 2013, 280 (281); zu einem Überblick über die Rechtsprechung s. *Hofmann* WM 2006, 1847.

112 OLG Hamm Urt. v. 23.9.1992 – 31 U 108/92, BB 1992, 2177; *Rümker* Bankrechtstag 1992, 29 (40); *Canaris* Bankvertragsrecht Rn 103, 109, 113 (keine Warnung vor immanenten Risiken eines Geschäfts).

113 *Schupeta* Aufklärungspflichten S. 51; BankR-HdB/*Bunte* § 8 Rn 26.

114 Vgl. dazu unten Vierter Teil Rn 603–649 (*Renner*). Zum Fehlen einer dahingehenden Aufklärungspflicht nach der ursprünglichen Verbraucherkredit-Richtlinie (teils krit. angesichts diesbezüglicher Lücken im Aufklärungsmodell) *Grundmann* EG-Schuldvertragsrecht 4.10, Rn 32.

115 BGH Urt. v. 8.3.1982 – II ZR 60/81, NJW 1982, 1520; BGH Urt. v. 7.4.1992 – XI ZR 200/91, NJW 1992, 1820; BankR-HdB/*Siol* § 44 Rn 13; *Vortmann* Aufklärungspflichten Rn 173; etwas zurückhaltender *Freitag/ Mülbert* Darlehensrecht § 488 BGB Rn 225–227.

116 BGH Urt. v. 20.2.1986 – III ZR 223/84, WM 1986, 700 (701); BGH Urt. v. 28.4.1992 – XI ZR 165/91, NJW 1992, 2146 (2147); BGH (Fn 63), NJW 1978, 1852 (1853); BGH (Fn 63), NJW 1987, 317 (318); BGH (Fn 62), NJW 1991, 693; BankR-HdB/*Siol* § 44 Rn 31.

56   c) **Insbesondere: Kredite für Finanzprodukte und Immobilienerwerb.** Umgekehrt wirken jedoch Wertungen, die für die Fremdgeschäftsführung entwickelt wurden, auch in
Bereiche des Kreditgeschäfts ein, namentlich bei den praktisch sehr wichtigen Aufklä-
rungsfragen zu Investitionen, die nicht Effekten und Derivate betreffen (dort Aufklärungspflichten bei der Transaktion selbst). Wichtig sind hier Grundstückskäufe, **Abschreibungs-
und Bauherrenmodelle** und sonstige Investments im sog. Grauen Kapitalmarkt, wobei
diese seit dem 1.6.2012 weitgehend den noch strengeren und detaillierter durchgeformten
Wohlverhaltensregeln nach §§ 31 ff. WpHG unterfallen.[117] Die lange, im Folgenden dar-
gestellte Rechtsprechungslinie gilt dort freilich a maiore. Sie ist auch weiterhin selbständig
wichtig, soweit Investitionsobjekte nicht §§ 31 ff. WpHG unterfallen und soweit zwar
Kredit gegeben wird, jedoch die Anlage nicht vermittelt wird. Anders als Kenntnisse zu
Effekten (und fortan zu Instrumenten des Grauen Kapitalmarktes) werden solche zu diesen
Investments zwar grundsätzlich nicht als spezifische Bankexpertise eingestuft. Zentral ist,
dass diese Produkte nicht vergleichbar standardisiert und damit zirkulationsfähig sind wie
Effekten und Derivate. Expertise müsste bei fehlender Standardisierung für jeden Einzelfall
aufgebaut werden und kann daher der Kunde nicht erwarten. Auch Rechtsberatung (vor
allem zum Steuerrecht) ist nicht Aufgabe der Institute. Eine Aufklärungspflicht der Institute zu Spezifika dieser Investments wurde daher grundsätzlich abgelehnt, auch bei präsentem Wissen.[118] Eigennütziges Denken wurde ihnen insoweit grundsätzlich gestattet,[119]
was sich freilich mit den §§ 31 ff. WpHG unterfallenden Anlagen grundsätzlich ändert
(§§ 31 Abs. 1 Nr. 2, 31d WpHG) und auch außerhalb der §§ 31 ff. WpHG fragwürdig ist:
Während es richtig ist, dass es bei nicht standardisierten Produkten und insbesondere bei
Steuerfragen über die Rolle der Kreditinstitute hinausginge Expertise aufzubauen, also
präsentes Wissen von Fall zu Fall zu generieren, begründet dieser Strukturunterschied bei
den Produkten m.E. keinen tragfähigen Grund dafür, auch hier (im Teil „Investitionsent-
scheidung") dem Kreditinstitut eigennütziges Verhalten zu gestatten (also eine Abweichung vom Modell Fremdnützigkeit bei jeglicher Stellungnahme zu Kundeninvestitionen).
Wieder wird insoweit eine „treuhänderische" Einflussposition unentgeltlich eingeräumt,
die entsprechend fremdnützig – wenn auch nicht unter Eruierung von neuem Wissen – auszuüben ist. Diese Position weicht zwar von der Rechtsprechung ab. Auch diese hat jedoch
eine Aufklärungspflicht in diesem Gesamtbereich (namentlich für alle Anlagen, die nicht
§ 31 ff. WpHG unterfallen) schon bisher in **vier Ausnahmebereichen** angenommen und
wird das voraussichtlich auch so beibehalten:

57   Namentlich im Bereich der **Immobilienfinanzierung** haben sich in der Rechtsprechung diese vier Fallgruppen herausgebildet, bei deren Vorliegen dem Kreditgeber ausnahmsweise auch die Aufklärung über Risiken der geplanten Verwendung der zur Ver-

---

[117] Zu dieser Entwicklung und zum Begriff unten Achter Teil, 3. Abschnitt. Beim sog. Festpreisgeschäft – der Form nach ebenfalls ein
Austauschvertrag – ist der vergleichbare Prozess zu konstatieren und wird dort längst
schon nicht mehr in Zweifel gezogen: etwa
Hopt Bankrechtstag 1992, 1 (10).
[118] BGH Urt. v. 24.4.1990 – XI ZR 236/89,
WM 1990, 920 (922); BGH Urt. v.
17.12.1991 – XI ZR 8/91, WM 1992, 216
(217); BGH Urt. v. 13.11.1980 – III ZR
96/79, WM 1980, 1446 (1448); BGH

(Fn 65), NJW 1988, 1583; *Rümker* Bankrechtstag 1992, 29 (50); ausführlich zur Problematik bei Bauherrenmodellen *Hopt* FS
Stimpel, 1985, S. 265 (280–288); speziell für
Existenzgründungskredite: BGH Urt. v.
11.2.1999 – IX ZR 352/97, WM 1999, 678;
Krüger VuR 1999, 229.
[119] BGH (Fn 45), NJW 2012, 3294 (3295); BGH
(Fn 45), WM 2012, 1389 (1391); BGH Urt.
v. 23.10.2007 – XI ZR 167/05, WM 2008,
154 (156); Saarl. OLG (Fn 45), juris Rn 28 f.,
BauR 2014, 1050 (nur red. Leitsatz).

fügung gestellten Finanzierung obliegt. Danach kann das Kreditinstitut im Einzelfall eine Aufklärungspflicht treffen, wenn es (1) im Zusammenhang mit der Planung, der Durchführung oder dem Vertrieb des Projekts über die Rolle eines Kreditgebers hinausgeht;[120] wenn es (2) einen zu den allgemeinen wirtschaftlichen Risiken solcher Projekte hinzutretenden besonderen Gefährdungstatbestand für den Kunden schafft oder dessen Entstehen begünstigt, wenn es sich (3) im Zusammenhang mit Kreditgewährungen in schwerwiegende Interessenkonflikte verwickelt oder wenn es (4) in Bezug auf die speziellen Risiken des Vorhabens einen konkreten Wissensvorsprung vor dem Darlehensnehmer hat.[121]

Eine (1) **Überschreitung der Rolle** als Kreditgeber setzt voraus, dass das Kreditinstitut **58** erkennbar Funktionen übernimmt, die typischerweise vom Projektbetreiber wahrgenommen werden und es damit als Partei des zu finanzierenden Geschäfts erscheinen lassen.[122] Dies kann nach BGH etwa angenommen werden, wenn sich das Kreditinstitut offensiv in die Planung eines Projektes einschaltet oder den zurechenbaren Anschein einer weitgehenden Zusammenarbeit mit demjenigen erweckt, dem die Kreditmittel zufließen,[123] nicht aber, wenn es in lediglich internen Verhandlungen mit dem Initiator des Projekts seine Vorstellungen über die Sicherung der Rentabilität durchsetzt, und zwar selbst dann nicht, wenn der banküblich Rahmen hierdurch deutlich überschritten wird, das Kreditinstitut aber nicht nach außen in Erscheinung tritt.[124] Teils war die Rechtsprechung bemerkenswert restriktiv: Auch die Übernahme der Globalfinanzierung der Veräußerung eines aus 92 Wohnungen bestehenden Gebäudekomplexes soll keine Projektbeteiligung des Kreditinstituts darstellen, und die Intention des Kreditinstituts, seine notleidenden Kreditforderungen gegen den Verkäufer durch sicherere Darlehen an die Käufer der Wohnungen zu ersetzen, sollte ebenfalls nicht ausreichen.[125] Freilich hat sich in der jüngeren höchstrichterlichen Rechtsprechung der Gegentrend durchgesetzt und wurde für den Fall einer systematischen Zusammenarbeit zwischen Projektanbieter und Kreditinstitut von einem „institutionalisierten Zusammenwirken" ausgegangen, aus dem jedenfalls die *Vermutung* abgeleitet wird, dass das Kreditinstitut über seine Kreditgeberrolle hinausgeht und von Fehlinforma-

---

[120] Namentlich, wenn das Institut nicht nur Initiator ist, sondern als solcher nach außen hervortritt; BGH (Fn 49), WM 1992, 901 (902); BGH Urt. v. 12.7.1979 – III ZR 18/78, WM 1979, 1054 (1057); BankR-HdB/*Siol* § 44 Rn 29–44; *Hopt* FS Stimpel, 1985, S. 265, 282 (287). Ersteres allein soll nach herkömmlicher Meinung nicht genügen: *Schimansky* Bankrechtstag 1992, 67 (70).

[121] So zu allen vier Fallgruppen BGH (Fn 91), BKR 2007, 238 (239); BGH Urt. v. 23.3.2004 – XI ZR 194/02, NJW 2004, 2378 (2380); BGH (Fn 66), WM 2003, 1370 (1372); BGH (Fn 49), WM 1992, 901 (902); BGH (Fn 62), WM 1991, 85; BGH (Fn 118), WM 1990, 920 (922).

[122] BGH (Fn 49), WM 1992, 901 (905); BGH (Fn 65), NJW 1988, 1583; BGH (Fn 118), NJW-RR 1990, 876; BGH (Fn 119), NJW 2008, 640 (641 f.) = Anm. *Maier*, EWiR

2008, 129; BGH (Fn 58), NJW 2004, 1376 (1379); BGH (Fn 58), NJW 2003, 2088 (2090 f.); BankR-I Idb/*Siol* § 44 Rn 32.

[123] BGH (Fn 49), WM 1992, 901 (905); vgl. auch BGH Urt. v. 17.01.1985 – III ZR 135/83, NJW 1985, 1020 (1022).

[124] BGH (Fn 49), WM 1992, 901 (906); vgl. auch OLG München Urt. v. 29.11.1993 – 26 U 4680/93, WM 1995, 289 (291); BGH Urt. v. 3.6.2008 – XI ZR 131/07, NJW 2008, 2572 (2575); BGH Urt. v. 18.3.2008 – XI ZR 241/06, VersR 2008, 1498 (1501); BGH (Fn 47), NJW 2008, 644 (647).

[125] Für den erstgenannten Fall vgl. OLG Karlsruhe Urt. v. 27.3.2001 – 17 U 218/99, WM 2001, 1210 (1213); für den zweitgenannten Fall vgl. noch BGH (Fn 65), NJW 1988, 1583 (1584) – fragwürdig, auch im Hinblick auf Zweiter Teil Rn 59 und 60.

tionen des Anbieters positiv Kenntnis hatte (unten Fallgruppe (4)).[126] Nach dem oben zu den Wertungsgrundlagen Gesagten kann allein dieser Gegentrend überzeugen.

59 Von der (2) Schaffung eines besonderen **Gefährdungstatbestandes** ist etwa dann auszugehen, wenn das Kreditinstitut ein Projekt mit ungenügender Absicherung risikoreich vorfinanziert hat und das Vorhaben alleine dadurch in Gang setzt,[127] bei einer Projektfinanzierung der Verkäuferin die finanzielle Bewegungsfreiheit entzieht und dadurch ihre Kunden als Käufer in die Gefahr bringt, bei Rückabwicklung des Kaufvertrages mit ihren Ansprüchen auszufallen,[128] oder das eigene wirtschaftliche Risiko auf den Kunden verlagert und diesen bewusst mit einem Risiko belastet, das über die mit einer Projektbeteiligung gewöhnlich verbundenen Gefahren hinausgeht.[129]

60 Ein (3) **Interessenkonflikt** ist anzunehmen, wenn das Kreditinstitut sowohl das Anlageprojekt als auch den Anleger finanziert und die Kreditgewährung an den Anleger dazu dienen soll, das eigene Projektengagement zurückzuführen.[130] Dabei setzen die Gerichte – anders als etwa im Rahmen von §§ 31 Abs. 1 Nr. 2, 31d WpHG – voraus, dass es sich um schwerwiegende Interessenkonflikte handelt.[131] So soll es nicht ausreichen, dass das Kreditinstitut neben einer Vielzahl von Einzelfinanzierungen auch die Bauträgerfinanzierung übernimmt.[132] Ein Interessenkonflikt wurde hingegen bejaht, wenn – wie schon bei der Fallgruppe der Rollenüberschreitung – ein Kreditinstitut im Zusammenhang mit einer Projektfinanzierung branchenunübliche Risiken übernommen hat, nämlich die Kreditgewährung an ein bereits verschuldetes Unternehmen ohne hinreichende Sicherheiten, und seinen Kunden Kredite gewährt, um die notleidenden Darlehen an das Unternehmen zurückzuführen.[133]

61 Schließlich besteht etwa dann ein (4) **Wissensvorsprung**, wenn das Kreditinstitut über Insiderwissen verfügt, zu dem der Darlehensnehmer keinen Zugang besitzt.[134] Dabei ist zu beachten, dass der BGH bei Ansparmodellen, insbesondere den sogenannten Steuersparmodellen, der Ansicht ist, ein Kreditinstitut könne davon ausgehen, dass der Anleger über die allgemeinen und typischen Risiken einer Anlage informiert ist, sofern ihm keine gegen-

[126] BGH (Fn 107), BGHZ 168, 1 (22–24, Tz. 50 ff.) = NJW 2006, 2099 = WM 2006, 1194; zaghafte Ansätze schon in BGH (Fn 86), BGHZ 159, 294 (316 f.) = NJW 2004, 2736 = WM 2004, 1529; BGH Urt. v. 26.10.2006 – XI ZR 255/03, BGHZ 161, 15 (20–22) = NJW 2005, 664 = WM 2005, 127.
[127] BGH (Fn 116), NJW 1992, 2146 (2147).
[128] BGH (Fn 116), NJW 1992, 2146 (2147).
[129] BGH (Fn 117), WM 1999, 678 (679 f.); BGH (Fn 116), WM 1992, 1310 (1311).
[130] BGH (Fn 116), NJW 1992, 2146 (2147). Andere Fälle enthalten zudem Ingerenzelemente, vor allem wenn das Institut anfangs blauäugig finanzierte: BGH (Fn 118), WM 1990, 920 (922); BGH (Fn 118), WM 1992, 216 (217); auch *Horn* ZBB 1997, 139 (140, 146) (Irrtumserregung).
[131] BGH (Fn 118), WM 1990, 920 (922); BGH (Fn 62), NJW 1991, 693 (694); BGH

(Fn 118), WM 1992, 216 (217); BGH (Fn 49), WM 1992, 901 (902); BGH (Fn 124), BKR 2008, 249 (253); KG Berlin Urt. v. 22.12.2014 – 24 U 169/13, BKR 2015, 109 (113); und nächste Fn; *Hopt* Bankrechtstag 1992, 1 (18 f.) (auch zu Parallelurteilen im Kapitalanlagerecht); *Horn* ZBB 1997, 139 (147).
[132] BGH (Fn 91), BKR 2007, 238 (243); BGH (Fn 58), WM 2003, 918 (921); OLG Karlsruhe (Fn 125), WM 2001, 1210 (1213).
[133] BGH (Fn 118), NJW-RR 1992, 373 (374).
[134] Dazu BGH (Fn 116), NJW 1992, 2146; BGH (Fn 118), WM 1990, 920 (923): Kreditinstitut kennt spezielle Risiken und Nachteile, die für den Darlehensnehmer nicht oder nicht ohne weiteres erkennbar waren.

teiligen Anhaltspunkte vorliegen.[135] Die Kenntnis von der Überteuerung des Erwerbsobjekts begründet erst dann einen Wissensvorsprung, wenn das Kreditinstitut von einer sittenwidrigen Übervorteilung des Kunden ausgehen muss.[136] Eine derartige Situation wurde angenommen, wenn das Kreditinstitut wusste, dass der Verkäufer oder ein Vermittler falsche Angaben zu der in der erworbenen Immobilie erzielten Miete gemacht und dadurch den Anleger arglistig getäuscht hat.[137] Bereits wenn die erzielbare Miete realistischerweise 30 % zu hoch angesetzt wird und dies dem Institut bekannt ist, ist diese Schwelle überschritten.[138] Arglist wird dabei – in Anlehnung an die bei § 199 Abs. 1 Nr. 2 BGB zugrunde gelegten Grundsätze – bereits angenommen bei Leichtfertigkeit in Form von Bedenken- und Gewissenlosigkeit.[139] Mit anderen Worten: Der Sachverhalt darf sich dem Institut nicht zwingend aufgedrängt haben.[140] Zudem darf sich der Kreditnehmer auf interne Aufzeichnungen des Bankangestellten, etwa über das Anlageobjekt vorort, stützen, um präsentes Wissen um die fehlende Werthaltigkeit nachzuweisen.[141] Nach neuerer Rechtsprechung des BGH wird die Kenntnis des Kreditinstituts außerdem widerleglich vermutet, wenn der Verkäufer der Immobilie, der Fondsinitiator oder die von diesen beauftragten Vermittler und die finanzierende Bank in institutionalisierter Weise zusammengewirkt haben, die Finanzierung der Kapitalanlage vom Verkäufer oder Vermittler angeboten wurde und die Unrichtigkeit der Angaben nach den Umständen des Falles evident ist.[142] Zudem wird

---

[135] BGH Urt. v. 18.4.2000 – XI ZR 193/99, NJW 2000, 2352 (2353); ausf. *Dörr* MDR 2014, 571 (571).

[136] Die sieben tagggleichen Entscheidungen BGH Urt. 5.6.2012 – XI ZR 149/11 sowie 173/11 bis 179/11, juris (jeweils Tz. 22 ff. bzw. 25 ff. bzw. 23 ff.); sowie BGH (Fn 107), BGHZ 168, 1 (19 f., Tz. 41–44) = NJW 2006, 2099 = WM 2006, 1194; BGH Urt. v. 2.12.2003 – XI ZR 53/02, NJW-RR 2004, 632 (633); BGH (Fn 121), NJW 2004, 2378 (2380); BGH Urt. v. 16.3.2004 – XI ZR 13/03, NJW-RR 2004, 1126 (1128 f.); BGH (Fn 66), NJW 2003, 2529.

[137] BGH (Fn 91), BKR 2007, 238 (243); BGH (Fn 45), BKR 2013, 280 (280); BGH (Fn 45), WM 2012, 1389 (1391 f.); OLG Nürnberg Urt. v. 29.12.2006 – 12 U 104/05, WM 2007, 782 (783); Wissen um Wucher: BGH (Fn 107), BGHZ 168, 1 (21) = NJW 2006, 2099 (2103 f.); BGH (Fn 119), NJW 2008, 640 (646); allerdings vermutet bei ungewöhnlich hohen Tilgungsraten, die darauf deuten, dass Kreditausfallrisiko vermindert werden soll: vgl. BGH (Fn 46), ZIP 2008, 1421 (1422).

[138] BGH Urt. v. 19.12.2006 – XI ZR 401/03, juris. Diese wird teils als zu streng eingeschätzt, weil der Mietwucher erst bei 100 % angesetzt wird: *Dörr* MDR 2014, 571 (574 f.). Bei der Frage der Täuschung geht es freilich nicht darum, ob der Anleger

(bzw. das Anlageinstrument, in das er investiert) auch den 30 % zu hoch angesetzten Mietpreis hätte nehmen dürfen, sondern ob er ihn realistischerweise erzielt.

[139] BGH Urt. v. 3.12.2013 – XI ZR 295/12, MDR 2014, 171 (im konkreten Fall zu § 826 BGB).

[140] BGH (Fn 107), BGHZ 168, 1 (19) = NJW 2006, 2099 (2103 f.).

[141] BGH (Fn 107), BGHZ 168, 1 (19) = NJW 2006, 2099 (2103 f.). Zu Fragen der Substantiierung und Beweiserhebung / Anforderung von Urkunden in diesen Fällen (Grenzen zum Ausforschungsbeweis): *Dörr* MDR 2014, 571 (573 f.); *Riebold* Europäische Kontopfändung, S. 47–54; sowie (noch zu BGH Beschluss v. 19.03.2004 – IXa ZB 229/03 = NJW 2004, 2096): *Sturhahn* Zulässigkeit der Ausforschungspfändung, LMK 2004, 146.

[142] Grundlegend BGH (Fn 107), BGHZ 168, 1 (23 f.) = WM 2006, 1194 (1200 f.); bestätigt durch BGH Urt. v. 17.10.2006 – XI ZR 205/05, WM 2007, 114 (115); BGH (Fn 91), BKR 2007, 238 (243 f.). OLG Karlsruhe (Fn 99), WM 2013, 462 (463 f.). Wichtig ist hier, dass die institutionelle Zusammenarbeit auch nicht nach außen hervortreten muss: vgl. *Dörr* MDR 2014, 571 (572).

teils – gestützt auf diese Rechtsprechung, aber besonders weitgehend – auch eine Pflicht zur Aufdeckung von Innenprovisionen (vergleichbar § 31d WpHG) und deren Verschweigen als arglistig qualifiziert.[143] Zudem wird Wissen eines Kreditvermittlers demjenigen des Instituts gleichgestellt (§§ 166, 278 BGB), wobei freilich zu bedenken ist, dass der Kreditvermittler häufig auch über die Anlage berät und diesbezügliche Pflichten das allein Kredit gebende Institut selbst gar nicht treffen – so dass ihm dieser Teil des Wissens des Kreditvermittlers dann auch nicht zuzurechnen ist, weil es nicht um präsentes Wissen des Instituts geht.[144]

62   Wird nach diesen dargestellten Grundsätzen[145] die Rolle eines schlichten Kreditgebers überschritten, ergibt sich daraus als **Rechtsfolge**, dass – entgegen der Grundregel – über die Risiken des finanzierten Geschäftes **aufzuklären** ist.

63   Häufig stellt sich im Zusammenhang mit der Immobilienfinanzierung auch die Frage nach einer Pflicht des Kreditinstituts, über die **Vor- und Nachteile alternativer Finanzierungsmodelle** aufzuklären. Der BGH hat eine solche Pflicht für den Fall angenommen, dass ein Kreditinstitut statt eines üblichen Ratenkredits einen mit einer Kapitallebensversicherung verbundenen Kreditvertrag anbietet, obwohl dem Kreditnehmer nur an dem Darlehen gelegen ist und das wirtschaftliche Ziel ebenso mit der Aufnahme eines marktüblichen Ratenkredits mit Restschuldversicherung erreicht werden kann. Stelle sich die Vertragskombination aus Festkredit und Lebensversicherung für den Kreditgeber ungünstiger dar als ein marktüblicher Ratenkredit, sei das Kreditinstitut gehalten, von sich aus über die wesentlichen Unterschiede zwischen den Finanzierungsformen, die spezifischen Vor- und Nachteile und die Gesamtbelastung aufzuklären.[146] Über die schwerwiegenden Nachteile durch die langfristige Bindung des Kreditnehmers, die für den durchschnittlichen Kreditnehmer weitgehend undurchschaubar seien, habe das Kreditinstitut aufzuklären.[147] Als Rechtsfolge einer derartigen Nichtaufklärung über die Vor- und Nachteile eines Ansparkredits im Vergleich zu einem Ratenkredit gewährten die Gerichte dem Kreditnehmer einen **Schadensersatzanspruch,** wobei der Schaden in der Differenz zwischen Gesamtbelastung des Ansparkredits und Gesamtkosten eines Ratenkredits zu marktüblichen Bedingungen gesehen wurde.[148]

64   Anders entscheidet die Rechtsprechung überwiegend hingegen in den Fällen sog. „Steuersparmodelle". Erfasst sind davon die Fälle, in denen ein Kunde mit dem Wunsch, durch einen Immobilienerwerb Steuern sparen zu wollen, an das Kreditinstitut herantritt.

---

[143] OLG Karlsruhe (Fn 99), WM 2013, 462 (464 f.).

[144] Zur grundsätzlichen Wissenszurechnung: BGH Urt. v. 19.3.2013 – XI ZR 46/11, WM 2013, 924 (925 f.). Dort dann freilich auch zur Beschränkung auf die Fragen, bei denen das Institut selbst auch eine Pflicht trifft (bei Kreditvergabe nicht auch über die Anlage).

[145] Für weitere Beispiele zu den vier Fallgruppen vgl. etwa BankR-Hdb/*Siol* § 44 Rn 40; *Bülow* NJ 2010, 221 (225 ff.); *Barnert* WM 2004, 2002 (2005 f.); *Fuellmich/Rieger* ZIP 1999, 465 (467 ff.).

[146] BGH (Fn 66), WM 2003, 1370 (1373); BGH (Fn 66), NJW 1991, 832 (834); BGH (Fn 66), NJW 1990, 1844 (1845).

[147] BGH Urt. v. 16.3.1989 – III ZR 37/88, NJW 1989, 1667 (1668); dazu *Kothe* ZBB 1989, 130.

[148] BGH (Fn 66), NJW 1990, 1844 (1846); BGH (Fn 66), NJW 1991, 832 (834); OLG München Urt. v. 26. 10. 2000 – 24 U 368/99, ZIP 2000, 2295 (2300); dagegen *Hofmann* ZBB 2005, 174 (182), der klarstellt, dass es u. U. für den Erwerbsentschluss entscheidend auf die pflichtgemäße Aufklärung ankommen könne und sich der Kreditnehmer oftmals gegen das gesamte Objekt entscheiden würde, daher sei das Kreditinstitut dann verpflichtet den Kunden von der gesamten Darlehensverbindlichkeit und den Verpflichtungen aus dem finanzierten Erwerb freizustellen; zu den Verjährungsgrundsätzen in diesen Fällen vgl. *Dörr* MDR 2014, 571 (575 f.).

In derartigen Situationen bietet das Kreditinstitut regelmäßig nicht einen Realkredit, sondern eine Kombination aus Darlehen und Ansparform an. Die Kreditnehmer bedienen folglich mit ihren monatlichen Zahlungen nicht das Darlehen, sondern nur dessen Zinsen, und besparen darüber hinaus einen Bausparvertrag oder eine Lebensversicherung.[149] Überwiegend gehen die Gerichte davon aus, dass bei diesen Steuersparmodellen keine Pflicht des Kreditinstituts zur Aufklärung über Vor- und Nachteile bestehe.[150] Das Kreditinstitut könne – insbesondere wenn der Kunde von sich aus diese Finanzierungsart wähle –[151] davon ausgehen, dass der Kunde entweder selbst über die notwendigen Kenntnisse und Erfahrungen verfüge oder sich jedenfalls der Hilfe von Fachleuten bediene.[152] Lediglich sofern weitere – den Kreditnehmer ganz erheblich benachteiligende – Umstände hinzutreten, sei das Kreditinstitut zur Aufklärung über die Risiken verpflichtet.[153] Nur vereinzelt wird vertreten, dass der Kreditgeber verpflichtet sei, über die mit der vorgeschlagenen Finanzierungsform verbundenen Nachteile aufzuklären.[154] Freilich ist es kaum zu

---

[149] Vgl. im Einzelnen *Hofmann* ZBB 2005, 174 (177); *Kohte* ZBB 1989, 130 (132); *Reifner* Handbuch des Kreditrechts, 1991, § 8 Rn 35.

[150] Gegen Aufklärungspflicht BGH (Fn 91), BKR 2007, 238 (243); BGH (Fn 121), NJW 2004, 2378 (2380); BGH Urt. v. 20.1.2004 – XI ZR 460/02, ZIP 2004, 500 (503); BGH (Fn 66), WM 2003, 1370 (1373); OLG Karlsruhe Urt. v. 21.7.2000 – 10 U 118/99, WM 2001, 245 (249); OLG Stuttgart Urt. v. 25.5.2002 – 6 U 52/02, OLGR 2002, 317 (320); OLG Frankfurt Urt. v. 15.8.2001 – 23 U 130/00, WM 2002, 1281 (1283); OLG München Urt. v. 12.10.2000 – 19 U 4455/99, WM 2001, 1215 (1216); zustimmend etwa BankR-Hdb/*Wunderlich* § 76 Rn 127, der ebenfalls eine Aufklärungspflicht über die Zweckmäßigkeit einer Kreditaufnahme und einer gewählten Kreditart verneint; *Früh* ZIP 1999, 701 (702).

[151] BGH (Fn 136), NJW-RR 2004, 632 (633).

[152] BGH (Fn 121), NJW 2004, 2378 (2380); BGH (Fn 66), WM 2003, 1370 (1372); OLG München Urt. v. 20.4.1999 – 25 U 4876/98, WM 1999, 1818 (1820); OLG Stuttgart Urt. v. 12.1.2000 – 9 U 155/99, WM 2000, 292 (294).

[153] Solche Umstände liegen auch hier in den oben genannten vier Fallgruppen vor, namentlich wenn der Kreditgeber (1) im Zusammenhang mit der Planung, der Durchführung oder dem Vertrieb des Projekts über die Rolle eines Kreditgebers hinausgeht, er (2) einen zu den allgemeinen wirtschaftlichen Risiken solcher Projekte hinzutretenden besonderen Gefährdungstatbestand für den Kunden schafft oder dessen Entstehen begünstigt, wenn er sich (3) im Zusammenhang mit Kreditgewährungen in schwerwiegende

Interessenkonflikte verwickelt oder wenn er (4) in Bezug auf die speziellen Risiken des Vorhabens einen konkreten Wissensvorsprung vor dem Kreditnehmer hat, vgl. dazu BGH Urt. v. 25.10.2013 – V ZR 9/13, Grundeigentum 2014, 119; BGH Urt. v. 1.3.2013 – V ZR 279/11, NJW 2013, 1873; BGH (Fn 47), ZIP 2011, 2002; BGH (Fn 66), WM 2003, 1370 (1372); BGH (Fn 118), WM 1990, 920 (922); BGH (Fn 62), WM 1991, 85; BGH (Fn 49), WM 1992, 901 (902); OLG Hamburg Urt. v. 12.4.2001 – 8 U 168/00, WM 2002, 1289 (1292); OLG Frankfurt (Fn 49), WM 2002, 1281 (1283); OLG München (Fn 150), WM 2001, 1215 (1216); *Becker* Verhaltenspflichten S. 89 ff.; BankR-HdB/*Siol* § 44 Rn 29–44; *Barnert* WM 2004, 2002 (2005 f.); *Bruchner* WM 1999, 825 (832 f.).

[154] OLG Karlsruhe Urt. 24.11.2004 – 15 U 4/01, ZIP 2005, 698 (704) (Vorinstanz zu BGH (Fn 91), BKR 2007, 238; OLG Karlsruhe Urt. v. 31.5.2001 – 9 U 173/00, ZIP 2001, 1914 (1915); OLG Koblenz Urt. v. 7.2.2002 – 5 U 662/00, ZIP 2002, 702 (708); OLG Celle 4.10.1989 – 3 U 298/88, NJW-RR 1990, 878 (879); NJW-RR 1987, 1261; OLG München (Fn 148), ZIP 2000, 2295; aus der Literatur *Mayen* WM 1995, 913; *Reifner* ZIP 1988, 817 (824 f.); tendenziell strenger, wenn auch letztlich ohne klare Festlegung OLG Hamburg (Fn 153), WM 2002, 1289 (1293), wonach bei Kombination von Darlehen mit Zinsfestschreibung und Tilgungsaufschub mit einer Lebensversicherung im Grundsatz ein erhöhter Beratungsbedarf bestehe, wobei es jedoch auf die Umstände des Einzelfalls ankomme.

rechtfertigen, dass auch routinemäßig mögliche Aufklärung über auf Bankenseite vorhandene Expertise über beide Alternativformen, so die voraussichtliche Gesamtlaufzeit der Finanzierung und die sich über die Jahre ergebende Belastung des Kreditnehmers, nicht geschuldet sein soll.[155] Die Frage, ob das Kreditinstitut bei Abschluss eines (Immobilien-)Kredites auch Aufklärung über das **Widerrufsrecht nach § 355 BGB** schuldet, beantwortet der EuGH dahingehend, dass eine Aufklärung europarechtlich auch dann nicht geboten sei, wenn Immobilien nur indirekt – im Rahmen eines Anlagekonzepts (etwa in einem geschlossenen Immobilienfonds) – erworben werden (Bereichsausnahme greift ein), dass jedoch eine Erstreckung der Widerrufsregeln durch nationales Recht europarechtlich zulässig ist; dies gilt (trotz Vollharmonisierung) wohl auch für die EU-Verbraucherrechte-Richtlinie (überschießende Umsetzung).[156]

65   d) **Kreditsicherung.** Auch im Bereich der Kreditsicherung wird die Wahrheitspflicht vielfach verletzt (vor allem Bagatellisierung).[157] Aufklärungspflichten werden ansonsten praktisch nur – allgemeinen Grundsätzen entsprechend – für den Fall unmittelbar bevorstehenden wirtschaftlichen Zusammenbruchs des Hauptschuldners angenommen[158] und bei fahrlässiger Verursachung von Fehlvorstellungen beim Kunden.[159]

66   2. **Zahlungsgeschäft.** Im Zahlungsgeschäft ist die Beratung über verschiedene Gestaltungsalternativen ungleich weniger üblich als im Kreditgeschäft. Volumenmäßig, jedoch auch transaktionszahlenmäßig steht die Überweisung weit im Vordergrund, gefolgt von der Lastschrift (vgl. dort). Erwartet wird weniger vorherige Beratung als ausschließlich technisch korrekte Abwicklung im Massengeschäft. Wo Gestaltungsalternativen bestehen, wird die Entscheidung zudem häufig dem Kreditinstitut überlassen, vor allem bei der Bestimmung des Leitweges, und greift insoweit die Interessenwahrungspflicht,[160] jedoch keine Aufklärungspflicht ein. Insgesamt spielen also Verstöße gegen die **Wahrheitspflicht praktisch kaum** eine Rolle.

67   Bei der Frage, ob eine **Pflicht zu informieren** besteht, gelten zwar die Grundsätze über die Fremdgeschäftsführung, zu berücksichtigen ist jedoch der Massencharakter des Ge-

---

[155] *Hofmann* ZBB 2005, 174 (181 f.); *ders.* in Riesenhuber (Hrsg.), Perspektiven des Europäischen Schuldvertragsrechts, 2008, S. 103 ff.; aA *Weber* EWiR 2005, 657 f. unter Verweis auf den abschließenden Katalog von Aufklärungspflichten nach § 491a BGB iVm Art. 247 EGBGB (bzw. Vorgängervorschrift).

[156] EuGH Urt. v. 25.10.2005 – Rs. C-350/03 *Schulte./.Badenia*, Slg. 2005, I-09215 = ZIP 2005, 1959; vgl. auch EuGH Urt. v. 25.10.2005 – Rs. C-229/04 *Crailsheimer Volksbank* Slg. 2005 I-09273 = ZIP 2005, 1965 (zur umfassenden Anwendbarkeit auch bei Einschaltung von Vermittlern und zu Einzelheiten hinsichtlich der Grenzen einer Ausgestaltung der Valutarückzahlungspflicht); dazu *Hofmann* BKR 2005, 487 (490 ff.); *Hoffmann* ZIP 2005, 1985 (1991); *Staudinger* NJW 2005, 3521 (3523); zur Freiheit des nationalen Rechts, auch weiter solche Immobiliarkredite einzubeziehen: *Grundmann* Die

EU Verbraucherrechte-Richtlinie, JZ 2013, 53 (57).

[157] *Vortmann* Aufklärungspflichten Rn 384 f.; *Wellkamp* VuR 1994, 61 (61 ff.); BankR-HdB/*Siol* § 44 Rn 71; monographisch zu diesem Bereich *Burghardt* Aufklärungspflichten.

[158] BGH (Fn 116), WM 1986, 700 (701); BGH (Fn 63), NJW 1978, 1852 (1853); BGH (Fn 63), NJW 1991, 317 (318); BGH (Fn 62), NJW 1991, 693; *Eckert* WM 1990, 85 (92 f.); *Breidenbach* Informationspflichten S. 81; *Burghardt* Aufklärungspflichten S. 28.

[159] BGH Urt. v. 9.4.1987 – III ZR 126/85, WM 1987, 1546 (1547); *Burghardt* Aufklärungspflichten S. 94; *Vortmann* Aufklärungspflichten Rn 25.

[160] Zu Anwendungsfällen unten Dritter Teil Rn 150, 163, 177, 236, 292, 305, 332, 342, 371, 375, 383.

schäfts. Tendenziell anders ist dies, wo Einzeltransaktionen größeren Umfang haben und nicht standardisiert abgewickelt werden, etwa bei Akkreditiven. Daher wird zwar eine Aufklärungs- und Warnpflicht wie in allen anderen Geschäftstypen bejaht, soweit das Institut über präsentes Wissen zu einer Tatsache verfügt,[161] die für den Kunden offensichtlich erheblich ist und die so stark vom Üblichen abweicht, dass ein Bewusstsein des Kunden schlechterdings nicht zu erwarten ist. Gemeint sind praktisch ausschließlich die Fälle, in denen der wirtschaftliche Zusammenbruch des Überweisungsempfängers unmittelbar und unabwendbar bevorsteht (Scheitern von Sanierungsbemühungen).[162] Hingegen wird die Pflicht, über Spezifika des Bankprodukts (mit Vor- und Nachteilen) aufzuklären, nur in wenigen Fällen angenommen und restriktiv beurteilt.[163]

3. Kapitalanlage- und Vermögensverwaltungsgeschäft – Verweis. Aufklärung, War- **68** nung und Beratung im Zusammenhang mit Wertpapierdienstleistungen und -nebendienstleistungen iSv. § 2 Abs. 3, 3 a WpHG sind, nachdem wichtige Entwicklungen gerade in diesem Bereich stattfanden,[164] seit 1994 Gegenstand spezialgesetzlicher Regelung in § 31 Abs. 2 WpHG, heute § 31 Abs. 3, 3a (standardisiert) und Abs. 4 (individualisiert) WpHG.[165] Soweit freilich dort – etwa weil execution only wirksam vereinbart ist – die strengeren Aufklärungs- und Beratungspflichten nicht eingreifen, sind die Grundsätze vergleichbar denjenigen beim Abschluss von Kreditverträgen: So wird dann beispielsweise ebenfalls nur für *positive* Kenntnis von der Arglist Dritter gehaftet.[166]

B. Bankgeheimnis sowie Datenschutz und ihre Durchbrechungen (mit Bankauskunft, SCHUFA-System und Geldwäsche)

I. System des Geheimnisschutzes im Bankgeschäft – Überblick

Informationen zum Kunden erhalten Kreditinstitute durch Mitteilung (vor allem vom **69** Kunden) oder eigene Beobachtung beim Geschäft. Wünscht der Kunde Geheimhaltung, kann er sich auf **zwei Schutzinstrumente** stützen, das **Bankgeheimnis** (unten Zweiter Teil

---

[161] Es genügt nicht, dass das Institut insoweit einen Verdacht hat. BGH (Fn 63), NJW 1978, 1852 (1852 f.); BGH (Fn 63), NJW 1987, 317 (318); *Hölscheid* ÖBA 1993, 202 (205 f.); *Obermüller* ZIP 1981, 1045 (1050). Umgekehrt muss nur die Schädigungsgefahr bekannt sein, nicht hingegen sicher sein, dass ein Schaden eintreten wird. Zur weiterreichenden Aufklärungspflicht bei den genannten, stärker individuell ausgerichteten Instrumenten, etwa Akkreditiven, vgl. Nachw. oben Fn 67.

[162] Vgl. Nachw. oben Fn 63, speziell für den Zahlungsverkehr: BGH (Fn 63), NJW 1978, 1852 (1853); BGH (Fn 63), NJW 1987, 317 (318); *Horn* ZBB 1997, 139 (146); ausführlich *Obermüller* ZIP 1981, 1045 (1045–1049); auch *Hölscheid* ÖBA 1993, 202 (203–208). Aufgrund der Vielfalt der berührten Interessen werden selbst diese

Grundsätze im Abrechnungsverkehr der Deutschen Bundesbank für unanwendbar gehalten: BGH (Fn 63), NJW 1978, 1852 (1853); *Hölscheid* ÖBA 1993, 202 (206 f.); vgl. auch BGH (Fn 63), NJW 1987, 317 (318); BGH (Fn 62), NJW 1991, 693.

[163] Ausführlich *Hölscheid* ÖBA 1993, 202 (203–212); vgl. die Beispielsfälle oben Zweiter Teil Rn 35.

[164] Vgl. die älteren Einträge zur Anlageberatung im Literaturverzeichnis.

[165] Vgl. dort. Zum Verhältnis zwischen herkömmlichen Aufklärungs-, Warn- und Beratungspflichten und den Pflichten nach § 31 Abs. 2 WpHG vgl. *Schön* Verhaltensregeln S. 59–61; auch Assmann/Schneider/*Koller* WpHG § 31 Rn 91, 122.

[166] BGH Urt. 4.3.2014 – XI ZR 178/12, BKR 2014, 245 (247). Vgl. zu den Parallelfällen oben Zweiter Teil Rn 61.

Rn 72 ff.) **und den Datenschutz** (unten Zweiter Teil Rn 81 ff.). Die Fragen stellen sich weitgehend parallel, insbesondere die Grundfragen nach Anwendungsbereich und Schutzinhalt einerseits und nach den Durchbrechungen andererseits. Dabei reicht der Datenschutz in Anwendungsbereich und Schutzgehalt weniger weit (nur natürliche Personen und meist nur in Dateien gespeicherte Informationen) und wird umgekehrt weitergehend durchbrochen (§§ 4, 28 BDSG, dazu sogleich). Beides beruht darauf, dass der Datenschutz für alle Fälle der Informationsspeicherung und -übertragung geschaffen wurde und folglich strengeren Schutz in besonderen Konstellationen der Nähe, des Vertrauens und der Arbeitsteilung unberührt lässt. Solch eine besondere Konstellation bildet das Bank-Kunden-Verhältnis mit dem Bankgeheimnis, das daher von den Grenzen des Datenschutzes unberührt bleibt (**Konkurrenz** beider Schutzinstrumente).[167] Doch ist der Verstoß gegen das BDSG auch bußgeld- und strafbewehrt (§§ 43 f. BDSG), derjenige gegen das Bankgeheimnis schon formal nur, wenn öffentliche Stellen oder Stellen mit öffentlicher Aufgabenwahrnehmung handeln (§ 203 Abs. 2 StGB), nach höchstrichterlicher Rechtsprechung heute gar nicht mehr.

70   Praktisch im Vordergrund stehen die **Fragen der Durchbrechung** (unten Zweiter Teil Rn 87–121) des Geheimnisschutzes. Die beiden Grundtatbestände sind beim Datenschutz (§§ 4, 28 BDSG) und beim Bankgeheimnis zwar auf einem hohen Abstraktionsniveau die gleichen: Notwendig ist die Zustimmung des Berechtigten oder eine gesetzliche Befugnis (unten Zweiter Teil Rn 79 und Rn 85). Ist die gesetzliche Befugnis tatbestandsmäßig spezifiziert, gilt sie für Datenschutz und Bankgeheimnis gleich (Gleichlauf, etwa unten Zweiter Teil Rn 105–114). Beruht sie jedoch auf Generalklausel bzw. allgemeinen Rechtsgrundsätzen (unten Zweiter Teil Rn 87–104 und Rn 115–121), besteht kein Gleichlauf. Insbesondere § 28 Abs. 1 Nr. 2 BDSG geht insofern weiter, als er eine Durchbrechung auf Grund allgemeiner Interessenabwägung vorsieht.[168] In diesem Bereich wird der Einfluss des BDSG vor allem für die standardisierten Formen der Kreditauskunft diskutiert (unten Zweiter Teil Rn 87–104). Ergebnisorientiert und praktisch sinnvoll ist eine Parallelbehandlung von Datenschutz und Bankgeheimnis jedoch bei allen Durchbrechungen, speziell wo ein Gleichlauf fehlt.

71   **Geregelt** sind Anwendungsbereich und Schutzinhalt beider Schutzinstrumente (unten Zweiter Teil Rn 72 ff., 81 ff.) in Nr. 2 Abs. 1 AGB-Banken (Bankgeheimnis)[169] bzw. im BDSG (vor allem §§ 3 ff., 27), ausführlicher jedoch die Durchbrechungen: die Bankauskunft in Nr. 2 Abs. 2–4 AGB-Banken und Nr. 3 AGB-Sparkassen (unten Zweiter Teil Rn 88–95); die SCHUFA-Meldung und -Auskunft in der sog. SCHUFA-Klausel mit SCHUFA-Merkblatt (unten Zweiter Teil Rn 96–101); die Durchbrechungen im Steuer-

---

[167] BGH Urt. v. 27.2.2007 – XI ZR 195/05, BGHZ 171, 180 (188) = NJW 2007, 2106 (2107); *Steindorff* ZHR 149 (1985), 151 (164); *Zöllner* ZHR 149 (1985), 179 (180 f.); *Canaris* Bankvertragsrecht Rn 72, 72 a; BankR-HdB/*Bruchner/Krepold* § 40 Rn 27; Derleder/Knops/Bamberger/*Rudolf/Kötter-heinrich* § 5 Rn 5; Derleder/Knops/Bamberger/*Beckhusen* § 6 Rn 53; i.Erg. auch *Wech* Bankgeheimnis, S. 373–376. Nach § 1 Abs. 3 S. 2 BDSG können besondere Geheimhaltungspflichten, das Bankgeheimnis inbegriffen, durch das BDSG nicht verringert werden. Diese Norm entspricht der Auffangfunktion des BDSG, das einen Minimalstan-

dard setzt. BDSG und Bankgeheimnis bilden daher zwei kumulativ anwendbare Schutzinstrumente und sind als konkurrierende Schutzinstrumente zu verstehen. Dazu *Simitis/Dix* § 1 Rn 175–190; *Gola/Schomerus* § 1 Rn 25; *Wech* Bankgeheimnis S. 375 ff.

[168] Dazu und zur Frage, inwieweit Gleiches beim Bankgeheimnis gilt, unten Zweiter Teil Rn 116.

[169] In den AGB-Sparkassen ist das Bankgeheimnis in Nr. 1 Abs. 1 zwar ebenfalls genannt, doch fehlt die entspr. Definition. Diejenige in Nr. 2 Abs. 1 AGB-Banken ist freilich ohnehin nur deklaratorisch; vgl. nächste Fn

recht durch §§ 30a, 93, 208 ff., 399 ff. AO (unten Zweiter Teil Rn 105 f.) und im Strafrecht durch §§ 53, 161a und 94 f., 98, 103, 105 StPO sowie das GwG (unten Zweiter Teil Rn 107–114), daneben auch im Bankaufsichtsrecht (§ 24c KWG), wobei diese Norm (neben den ohnehin nur aufsichtlichen, nicht kundenbezogenen Zwecken) ebenfalls vor allem die Strafverfolgung unterstützt (vgl. Abs. 3 Nr. 2). Jenseits von Bank- und SCHUFA-Auskunft ist im Zivilrecht zwar der Grundsatz der Geheimhaltung in den Prozessordnungen festgehalten, jede Durchbrechung hingegen aus allgemeineren Grundsätzen herzuleiten (unten Zweiter Teil Rn 115–121).

II. Bankgeheimnis

1. Grundlage. Das Bankgeheimnis beschreibt **Nr. 2 Abs. 1 AGB-Banken** in seinem Inhalt (S. 1) sowie in den möglichen Durchbrechungen (S. 2); hier ist neben Einwilligung und Gesetz die Bankauskunft genannt, weil sie praktisch von so großer Bedeutung ist und weil die Zuordnung zu den anderen beiden Durchbrechungstatbeständen nicht gesichert erscheint. Die AGB statuiert jedoch nur, was anderenfalls ohnehin auf Grund objektiven Rechts gälte.[170] **72**

Die Grundlage des Bankgeheimnisses **im objektiven Recht** ist str.; geklärt ist heute jedoch, dass sie primär in einem Sonderrechtsverhältnis zu finden ist.[171] Auch für das Bankgeheimnis wird teils auf den allgemeinen Bankvertrag als Rahmenvertrag verwiesen,[172] teils auf ein gesetzliches Schuldverhältnis, das in der durch Vertragsverhandlungen begründeten Vertrauensbeziehung fuße.[173] Teils sind die gesicherten Ergebnisse für die eine Theorie, teils für die andere schwer zu erklären. Gesichert ist: Die Geheimhaltungspflicht gilt **unabhängig von Zustandekommen und Wirksamkeit der Vertragsbeziehung;**[174] sie gilt auch, wenn das Vertrauen zerstört oder nicht gebildet wird, etwa wenn das Institut Geheimhaltung ablehnt[175] oder über den Kunden Informationen zu Dritten erlangt, die hiervon nichts wissen.[176] Gegen die Lehre vom Vertrauensverhältnis spricht vor allem, dass **73**

---

170 Zur bloß deklaratorischen Wirkung der AGB und zu ihrer Wirksamkeit (§ 307 Abs. 3 BGB); Baumbach/*Hopt* (8) Nr. 1 Rn 1; BankR-HdB/*Bunte* § 7 Rn 1; ausführlicher zum AGB-Regime unten Zweiter Teil Rn 293–295.

171 BGH (Fn 62), BGHZ 166, 84 (91–96) = WM 2006, 380 (384 f.) (Kirch / Deutsche Bank). Zu vereinzelten Begründungsversuchen, die das Deliktsrecht bemühen, statt aller: *Canaris* Bankvertragsrecht Rn 40 f.

172 BGH Urt. v. 25.10.1953 – II ZR 87/52, DB 1953, 1031 (1031); BGH Urt. v. 12.5.1958 – II ZR 103/57, BGHZ 27, 241 (246); BGH (Fn 62), BGHZ 166, 84 (91–96) = WM 2006, 380 (384 f.), OLG München (Fn 62), WM 2013, 795 (798) (Kirch); *Bruchner/Stützle* Bankgeheimnis S. 3 f.; Baumbach/*Hopt* (7) BankGesch Rn A/9; *Schönle* Bank- und Börsenrecht, 2. Aufl. 1976, S. 36; nicht ganz klar: *Sichtermann/Feuerborn/Kirchherr/Terdenge* Bankgeheimnis S. 111 f.,

114 f. Fragwürdig nach BGH (Fn 2), BGHZ 152, 114 = WM 2002, 2281 (ausführlicher). Allgemeiner zur Kontroverse oben Zweiter Teil Rn 1–10.

173 *Canaris* Bankvertragsrecht Rn 42, 58 (mwN, auch zur Gegenmeinung); *Steindorff* ZHR 149 (1985), 151 (153 f.); ausführlicher Überblick jüngerer Zeit bei *Wech* Bankgeheimnis S. 63-88, 104-146.

174 Heute weitgehend unstr., etwa *Steindorff* ZHR 149 (1985), 151 (153 f.); *Sichtermann/Feuerborn/Kirchherr/Terdenge* Bankgeheimnis S. 114 f., 122–125; *Canaris* Bankvertragsrecht Rn 42 (mwN, auch zur Gegenmeinung); *Kümpel/Wittig*/Merz Rn 6.116; auch nachvertraglich, unstr., etwa BGH (Fn 172), DB 1953, 1031 (1031); implizit BGH (Fn 172), BGHZ 27, 241 (246).

175 Ebenso *Steindorff* ZHR 149 (1985), 151 (152); ähnlich *Weber/Hoffmann* BuB Rn 2/842.

176 Nachw. unten Fn 189.

sie bei der zentralen Differenzierung versagt, bei der Frage, wann Vertrauen enttäuscht (das Bankgeheimnis durchbrochen) werden darf und wann nicht. Am überzeugendsten erscheint es daher, das Bankgeheimnis im Schuldvertragsrecht **in der Interessenwahrungspflicht stricto sensu** zu verankern.[177] In allen Bankgeschäften, die das Institut als Fremdgeschäftsführer abwickelt, ist die Geheimhaltungspflicht (Abstellen allein auf den Geheimhaltungswillen) mit auftrags- und treuhandrechtlichen Grundsätzen zu erklären: Erhält der Beauftragte Informationen, ohne selbst ein Vermögensopfer zu erbringen, entscheidet über deren Verwendung allein der Auftraggeberwille. Dass die meisten Bankgeschäfte eine Fremdgeschäftsführung beinhalten, strahlt wiederum aus: Im Grundsatz gilt das Gleiche für diejenigen Geschäfte, denen Austauschverträge zugrunde liegen; vor allem das Kreditgeschäft, weil fremdgeschäftsführendes Handeln das Gesamtbild des Kreditwesens prägt.[178] Mit der Rückführung auf die Interessenwahrungspflicht sind vor allem Durchbrechungen des Bankgeheimnisses stringenter zu erklären[179] als mit dem Topos Vertrauen sowie speziell der Umstand, dass das Kreditgeschäft (das in Austauschverträgen fußt) nicht nur bei den Warn- und Aufklärungspflichten, sondern auch beim Bankgeheimnis eine Sonderstellung einnimmt.

74   Dass das Recht des Kunden auch **verfassungsrechtlich abgesichert** ist, ist zwar – trotz Gegenstimmen[180] – grundsätzlich kaum zu bezweifeln:[181] Grundlage ist das Recht auf informationelle Selbstbestimmung (Art. 2 Abs. 1 GG),[182] außerdem, soweit die Information in ihrem Geldwert betroffen ist, Art. 14 GG und vor allem bei Fragen des Kredits potentiell auch Art. 12 GG.[183] Diese verfassungsrechtliche Grundlage ist jedoch für die praktische Anwendung unbedeutend, solange bei den gesetzlichen Durchbrechungen das Übermaßverbot beachtet wird. Umgekehrt wird zwar für die Institute angenommen, die Berufsfreiheit sei berührt, da eine Achtung der Vertrauensbeziehung die Geschäftsbeziehung fördert.[184] Darin liegt jedoch insofern nur ein Reflex, als darüber, ob das Bankgeheimnis zu wahren ist, allein der Wille, hilfsweise das Interesse des Kunden entscheidet (nächste Rn). Nur über die Absicherung dieses Kundeninteresses wird das Institutsinteresse mit gefördert.

---

[177] Zumindest dem Wortlaut nach für die Verankerung in einer Interessenwahrungspflicht: BankR-HdB/*Krepold* § 39 Rn 8; einen Aspekt (das Angewiesensein) betont *Steindorff* ZHR 149 (1985), 151 (152) besonders; ähnlich *Reifner* JZ 1993, 273 (280); und in der Tendenz auch *Wech* Bankgeheimnis S. 63-88.

[178] Erklärung hierzu und Aufzählung der Bankgeschäfte mit Fremdgeschäftsführungscharakter bei: *Grundmann* Treuhandvertrag S. 224–226.

[179] Vgl. unten Zweiter Teil Rn 115.

[180] Etwa BankR-HdB/*Krepold* § 39 Rn 5 f.; unmittelbaren verfassungsrechtlichen Schutz ablehnend: *Weber/Hoffmann* BuB Rn 2/857; zurückhaltend auch *Wech* Bankgeheimnis S. 147-155 („mittelbar" und nur „in Randbereichen").

[181] *Lerche* ZHR 149 (1985), 165 (170–176, bes. 174 f.); *Bruchner/Stützle* Bankgeheimnis S. 2 f.; *Selmer* Steuerrecht und Bankgeheimnis, S. 5–10, 85–93; *Canaris* Bankvertrags-

recht Rn 36 f.; ausf. *Magg* Der verfassungsrechtliche Schutz; und zum Bankgeheimnis aus öffentlichrechtlicher Sicht vor allem *Tolani* BKR 2007, 275.

[182] BVerfG (Fn 13), BVerfGE 65, 1 (bes. 45) = NJW 1984, 419; *Lerche* ZHR 149 (1985), 165 (170–174); *Canaris* Bankvertragsrecht Rn 36 f.; sowie grundlegend *Sichtermann* MDR 1965, 697 (allgemeines „Persönlichkeitsrecht"); monographisch *Huhmann* Die verfassungsrechtliche Dimension des Bankgeheimnisses, 2002.

[183] *Lerche* ZHR 149 (1985), 165 (165 und 170–172); tendenziell verneinend *Steindorff* ZHR 149 (1985), 151 (157) (zu persönlich gefärbt).

[184] *Lerche* ZHR 149 (1985), 165 (165); *Sichtermann/Feuerborn/Kirchherr/Terdenge* Bankgeheimnis S. 45; *Canaris* Bankvertragsrecht Rn 38; zur Reichweite des grundrechtlichen „prima facie"-Schutzes für die Banken im Einzelnen *Huhmann* Die verfassungsrechtliche Dimension, S. 383–416.

Stefan Grundmann

2. Inhalt. Ob und in welchem Umfang ein Bankgeheimnis besteht, entscheidet primär **75** der **ausdrückliche Wille des Kunden,** hilfsweise der mutmaßliche oder sein objektives Interesse.[185] Der ausdrückliche Wille ist auch zu achten, wenn er unvernünftig ist; Schutzwürdigkeit ist nicht eigens zu prüfen.[186] Interessen des Instituts sind (hier noch) unerheblich.[187] Dieser Ausgangspunkt entspricht der auftragsrechtlichen Interessenwahrungspflicht (nicht dem Vertrauenshaftungsmodell). Information darf nicht unter Hinweis auf den mutmaßlichen Willen bzw. das objektive Interesse weitergegeben werden, wenn bei dem Kunden rechtzeitig rückgefragt werden kann.

Der Wille entscheidet auch über **Gegenstand und Umfang der Geheimhaltungspflicht. 76** IZw. ist **umfassende Einbeziehung** gewollt[188] – gleichgültig ob Tatsachen oder Wertungen betroffen sind, ob Geheimnisse oder öffentlich zugängliche Informationen,[189] allein vorausgesetzt, dass das Institut die Information im Rahmen der Bank-Kunden-Beziehung erhielt, sei es durch Preisgabe seitens des Kunden, sei es durch eigene Beobachtung.[190] Das gilt auch bereits für das Wissen um das Bestehen einer Bank-Kunden-Beziehung.[191] Das Bankgeheimnis ist auch vor Weitergabe innerhalb des Instituts geschützt, soweit diese nicht im Interesse der Geschäftsabwicklung für den Kunden erforderlich ist („inneres Bankgeheimnis").[192] Der Wirksamkeit der Abtretung von Darlehensforderungen steht ein Verstoß

---

[185] BGH (Fn 172), BGHZ 27, 241 (246) („alle Tatsachen, die der Kunde geheimzuhalten wünscht"); BGH (Fn 62), BGHZ 166, 84 (91–96) = WM 2006, 380 (384 f.), OLG München (Fn 62), WM 2013, 795 (798) (Kirch); so schon RGZ 139, 103 (105 f.); *Sichtermann/Feuerborn/Kirchherr/Terdenge* Bankgeheimnis S. 134–137, 162 f., 167 f.; *Weber* FS Werner, 1984, S. 955 (961–963); *Canaris* Bankvertragsrecht Rn 48 f.; *Schönle* (Fn 172), S. 42 f.; Zweifel daran, dass Abstellen auf Kundenwillen hinreichend schützt: *Wech* Bankgeheimnis S. 191-226.

[186] Implizit BGH (Fn 172), BGHZ 27, 241 (246); OLG Dresden Beschl. v. 19.9.1919 – IV ZS, OLGE 40, 377 (377 f.) (1919); auch sonstige Nachw. vorige Fn; *Sichtermann/Feuerborn/Kirchherr/Terdenge* Bankgeheimnis S. 134 f.; *Canaris* Bankvertragsrecht Rn 48, 59 (auch bei Straftat); *Schönle* (Fn 172) S. 42 f.

[187] BFH Beschluss v. 24.10.1989 – VII S 17/89, BFHE 158, 208 (208 f.); *Baumbach/Lauterbach/Albers/Hartmann* § 383 ZPO Rn 8; sowie (Schutz auch von öffentlichen Interessen, da die Störung des Vertrauensverhältnisses volkswirtschaftliche Schäden hervorriefe): OLG Hamburg Beschl. v. 20.12.1902 – III ZS, OLGE 6, 126 (127) (1902); *Selmer* Steuerrecht und Bankgeheimnis, S. 2 (implizit); *Sichtermann/Feuerborn/Kirchherr/Terdenge* Bankgeheimnis S. 210 f.

[188] BGH (Fn 172), BGHZ 27, 241 (246); *Schraepler* NJW 1972, 1836 (1836); *Sichter-*

mann/Feuerborn/Kirchherr/Terdenge Bankgeheimnis S. 136. Vgl. jedoch für Gegenbeispiele unten Zweiter Teil Rn 119.

[189] Für beides: *Sichtermann/Feuerborn/Kirchherr/Terdenge* Bankgeheimnis S. 131, 138 f.; BankR-HdB/*Bunte* § 7 Rn 7 f.; *Kümpel/Wittig/Merz* Rn 6.119 f. Für Ersteres auch BankR-HdB/*Krepold* § 39 Rn 12; sowie *Wech* Bankgeheimnis S. 227-245 (insbes. auch unwahre Tatsachen, str.). Für Letzteres aA *Musielak* in: Hadding/Schneider (Hrsg.), Bankgeheimnis, S. 9 (14 f.); BankR-HdB/*Krepold* § 39 Rn 13, 16; Letzteres i.Erg offen lassend BGH (Fn 61), BGIIZ 166, 84 (92) = WM 2006, 380 (384).

[190] Bloßer innerer Zusammenhang reicht: BGH (Fn 61), BGHZ 166, 84 (92) = WM 2006, 380 (384); *Musielak* in: Hadding/Schneider (Hrsg.), Bankgeheimnis, S. 9 (14 f.); *Sichtermann/Feuerborn/Kirchherr/Terdenge* Bankgeheimnis S. 126–130; BankR-HdB/*Krepold* § 39 Rn 14; noch radikaler (auch bei Kenntnisnahme unabhängig von „innerem Zusammenhang", d.h. auch wohl unabhängig von Geschäftsverbindung): *Schumann* ZIP 2004, 2353 (2361).

[191] BankR-HdB/*Krepold* § 39 Rn 15 (aber eigenständige Offenbarung des Kunden durch Kontonennung im Briefkopf); *Kümpel/Wittig/Merz* Rn 6.119.

[192] *Wech* Bankgeheimnis S. 302-319; *Sichtermann/Feuerborn/Kirchherr/Terdenge* Bankgeheimnis S. 163; BankR-HdB/*Bunte* § 7 Rn 9; BankR-HdB/*Krepold* § 39 Rn 21–30

gegen das Bankgeheimnis nicht entgegen, da dieses nur schuldrechtlicher Natur ist und kein wirksames Abtretungsverbot begründen kann und daher die Abtretung nicht gegen § 134 BGB iVm § 203 Abs. 2 StGB verstoßen kann.[193]

77   Das Bankgeheimnis hat im Zivil- und Sozialrecht auch vor Gericht Bestand (§§ 383 Abs. 1 Nr. 6, 384 Nr. 3 ZPO iVm. §§ 46 Abs. 2, 58 ArbGG, 29 Abs. 2 FamFG, 98 VwGO, 118 Abs. 1, 202 SGG). Mit dem **Zeugnisverweigerungsrecht** ist es auch negativ deckungsgleich: Dieses entfällt mit dem Bankgeheimnis.[194] Vom Bankgeheimnis ist bei den Sparkassen die öffentlichrechtliche **Pflicht zur Amtsverschwiegenheit** zu trennen (§ 353b StGB), wobei nicht geklärt ist, ob nicht die Überlegungen zur Gleichbehandlung von Kunden privat- und öffentlichrechtlicher Institute beim Bankgeheimnis (unten Zweiter Teil Rn 80) auch hier maßgeblich sind.

78   **3. Berechtigte und Verpflichtete.** Durch das Bankgeheimnis geschützt ist, neben dem Kunden, auch der Kunde eines anderen Instituts, über den Informationen bestimmungsgemäß weitergegeben werden, etwa in einer Überweisungskette.[195] In der Tat: Ist das Bankgeheimnis darauf zu stützen, dass die Information treuhänderisch gehalten wird, ist auch jeder Dritte, der das Geheimnis mitgeteilt bekommt (und um die Geheimhaltungspflicht weiß), wiederum verpflichtet.

79   **4. Durchbrechungen – Grundsatz und Verweis.** Durchbrechungen des Bankgeheimnisses können auf Zustimmung und gesetzliche Anordnung gestützt werden.[196] Den standardisierten Durchbrechungen für Mitteilungen zur Kreditwürdigkeit (unten Zweiter Teil Rn 87–104) liegt die Zustimmung in der SCHUFA-Klausel bzw. die ausdrückliche oder konkludente Zustimmung nach Nr. 2 Abs. 3 S. 2 und 3 AGB-Banken zugrunde. Seit Eingreifen des parallelen Schutzmechanismus des BDSG wird (mit datenschutzrechtlichen Erwägungen) zusätzlich eine Interessenabwägung gefordert (vgl. dort). Unproblematisch

---

(auch zur Unzulässigkeit von bankinternen Informationspools); monographisch *Th. Hoffmann* Rechtliche Schranken interner Informationsflüsse in Kreditinstituten.

[193] BGH Urt. v. 19.4.2011 – XI ZR 256/10, NJW 2011, 3024 (3025); BGH Urt. v. 27.10.2009 – XI ZR 225/08, WM 2009, 2307 (2308); BGH Urt. v. 27.2.2007 – XI ZR 195/05, NJW 2007, 2106 (2107) = BGHZ 171, 180 (188), mit Anmerkungen von *Lieth* BKR 2007, 198; *Cahn* WuB I B 2 Bankgeheimnis/-auskunft 1.07, sowie eine umfassende Besprechung von *Schwintowski/Schantz* Grenzen der Abtretbarkeit grundpfandrechtlich gesicherter Darlehensforderungen, NJW 2008, 472; *Wech* Bankgeheimnis S. 516-529; *Vahldiek* Datenschutz in der Bankpraxis, § 2 Rn 100; dazu auch *Kramme* Bankgeheimnis und Refinanzierungsabtretungen, S. 183–186. Zur Frage, ob und in welchen Fällen überhaupt das Bankgeheimnis verletzt ist, unten Zweiter Teil Rn 242.

[194] Für § 383 Abs. 1 Nr. 6 ZPO: RG Beschl. v. 19.1.1903 – Beschw. Rep. VI 268/02, RGZ

53, 315 (316); *Rehbein* ZHR 149 (1985), 139 (140) („zwei Seiten derselben Medaille"); Baumbach/Lauterbach/Albers/Hartmann § 383 ZPO Rn 11 f.; *Schönle* (Fn 172) S. 47; iE auch *Canaris* Bankvertragsrecht Rn 63 (Zeugnisverweigerungsrecht, aber Dritter kann Aussage mit einstweiliger Verfügung erzwingen). Zu den anderen Verfahrensordnungen vgl. Übersicht bei *Sichtermann/Feuerborn/Kirchherr/Terdenge* Bankgeheimnis S. 229-243.

[195] BankR-HdB/*Krepold* § 39 Rn 19 f. (außerdem nahe stehende Personen, etwa Mitgesellschafter oder Ehegatte); *Kümpel/Wittig/Merz* Rn 6.123; allgemeiner zur Einbeziehung auch Dritter *Wech* Bankgeheimnis S. 272-302 (mit Quasivertrag zugunsten Dritter).

[196] Nr. 2 Abs. 1 S. 2 AGB-Banken, der nach dem Gesagten (oben Zweiter Teil Rn 72) nur das objektive Recht reproduziert. Zur Wahrnehmung berechtigter Interessen als möglichem Durchbrechungstatbestand unten Zweiter Teil Rn 116–118.

Stefan Grundmann

sind die auf gesetzlicher Vorschrift beruhenden Durchbrechungen im Steuer- und Strafrecht (unten Zweiter Teil Rn 105–114). Die Grundsatzfrage, wie Durchbrechungen jenseits von Zustimmung und konkreten gesetzlichen Erlaubnistatbeständen zu begründen sind, betrifft also praktisch nur die sonstigen Durchbrechungen im Zivilrecht (unten Zweiter Teil Rn 115–121) und ist dort zu diskutieren.

5. Verletzungsfolgen. Verstöße begründen **Schadensersatzansprüche** nach den für Sonderrechtsverhältnisse geltenden Regeln,[197] auch wenn ein Nichtkunde geheimnisberechtigt ist. Deliktische Ansprüche haben daneben kaum Bedeutung.[198] Freilich sind die Sanktionsfolgen relativ stark begrenzt: Fast einhellig wird ein Schaden verneint, wenn der Verstoß nur dazu führt, dass ein Dritter einen bestehenden Anspruch gegen den Kunden durchsetzen kann, etwa einen Steueranspruch oder indem Pfändung möglich wird.[199] Auch eine Geldbuße oder -strafe wird grundsätzlich nicht als ersatzfähiger Schaden gesehen.[200] Eine Kündigung aus wichtigem Grund stellt ebenfalls keine scharfe Sanktion dar.[201] **Strafrechtliche Folgen** hat der Verstoß nicht einmal mehr für Mitarbeiter öffentlich-rechtlicher Kreditinstitute (§ 203 Abs. 2 StGB).[202]   **80**

III. Datenschutz als konkurrierendes Schutzinstrument

1. Grundlage und Inhalt. Anders als das Bankgeheimnis ist der Datenschutz gesetzlich   **81** ausgestaltet: für Privatrechtssubjekte und öffentliche, im Wettbewerb stehende Stellen des Bundes im Bundesdatenschutzgesetz (BDSG);[203] für öffentliche, im Wettbewerb stehende

---

[197] *Sichtermann/Feuerborn/Kirchherr/Terdenge* Bankgeheimnis S. 202; *Canaris* Bankvertragsrecht Rn 42; ausf. *Wech* Bankgeheimnis S. 529 ff.

[198] Vor allem Verletzung des eingerichteten und ausgeübten Gewerbebetriebs oder § 823 Abs. 2 BGB iVm. § 28 BDSG: *Bruchner/Stützle* Bankgeheimnis S. 79; *Canaris* Bankvertragsrecht Rn 41; aA BGH Urt. v. 17.12.1985 – VI ZR 244/84, NJW 1986, 2505 (2506 f.); BGH Urt. v. 22.5.1984 – VI ZR 105/82, BGHZ 91, 233 (238); Verletzung des Persönlichkeitsrechts als „sonstiges Recht" noch annehmend: BGH Urt. v. 7.7.1983 – III ZR 159/82, NJW 1984, 436 (436); offengelassen von BGH Urt. v. 19.5.1981 – VI ZR 273/79, BGHZ 80, 311 (319). Nach OLG Frankfurt Urt. v. 6.1.1988 – 17 U 35 und 203/87, WM 1988, 154 (159 f.) kommt ein Schmerzensgeldanspruch nicht in Betracht.

[199] BGH Urt. v. 4.7.1973 – VIII ZR 59/72, WM 1973, 892 (894); *Canaris* Bankvertragsrecht Rn 66; *Tolani* BKR 2007, 275 (276 ff.); BankR-HdB/*Krepold* § 39 Rn 306.

[200] *Canaris* Bankvertragsrecht Rn 67 mit Ausnahmen, wenn Selbstanzeigemöglichkeit genommen; zur Ausnahme bei Wegnahme der

Selbstanzeigemöglichkeit ferner Derleder/Knops/Bamberger/*Beckhusen* § 6 Rn 63.

[201] Zur Kündigung gegenüber dem Kreditinstitut, jedoch auch zur Kündigung des fraglichen Mitarbeiters durch das Kreditinstitut: BankR-HdB/*Krepold* § 39 Rn 310–312; *Canaris* Bankvertragsrecht Rn 69; Derleder/Knops/Bamberger/*Casper* § 3 Rn 13. Zu einer Kündigung auf Grund der Verletzungshandlung: *Canaris* Bankvertragsrecht Rn 68. Seitdem der Kunde das Kontokorrentverhältnis ohnehin jederzeit frei kündigen kann (§ 675h Abs. 1 BGB), betrifft dies allenfalls Einzelrechtsverhältnisse.

[202] BGH (Fn 193), BGHZ 183, 60 = WM 2009, 2307 = BKR 2009, 508 (Diskriminierung zwischen Kunden verschiedener Institutsgruppen verfassungswidrig, so dass teleologische Reduktion angezeigt); Kümpel/Wittig/*Merz* Rn 6.53; für die frühere Rechtslage etwa *Bruchner/Stützle* Bankgeheimnis S. 82; *Weber/Hoffmann* BuB Rn 2/858.

[203] IdF der Bekanntmachung vom 14.1.2003: Bundesdatenschutzgesetz (BDSG), BGBl. 2003 I S. 66; Änderungen BGBl. 2005 I S. 2722; 2006 I S. 1970; 2009 I S. 160; 2009 I S. 2254; 2009 I S. 2355; 2009 I S. 2814. Heute bildet das Gesetz die Umsetzung der

Stellen der Länder in den Landesdatenschutzgesetzen.[204] Die Grundaussagen im Folgenden wird auch die anstehende Grundsatzreform auf EU- und dann Mitgliedstaatennebene (vorige Fn) unberührt lassen – trotz insgesamt zu erwartender Anhebung des Schutzniveaus. Da es sich um eine EU-Verordnung handelt, werden Grundkonzepte freilich (voraussichtlich ab 2017) Direktwirkung entfalten. Die gesetzliche Ausgestaltung bringt es mit sich, dass die **rechtliche Grundlage** nicht ähnlich grundsätzlich diskutiert wurde wie für das Bankgeheimnis, obwohl beide mit dem Recht auf informationelle Selbstbestimmung die verfassungsrechtliche Grundlage teilen[205] und auch Art. 14 GG entsprechend tangiert sein kann.

82   In **Inhalt und Anwendungsbereich** ist der Schutz nach den Datenschutzgesetzen enger als beim Bankgeheimnis. Ohne Geheimhaltungswillen des Kunden entfällt auch der Datenschutz (§ 4 Abs. 1 2. Alt. BDSG). Datenschutz wird jedoch zudem nur für personenbezo-

---

Richtlinie 95/46/EG des Europäischen Parlaments und des Rates vom 24.10.1995 zum Schutz natürlicher Personen bei der Verarbeitung personenbezogener Daten und zum freien Datenverkehr, ABl. EG 1995 L 281/31; Vorschläge vom 5.11.1990 bzw. 27.11.1992, ABl. EG 1990 C 277/3 bzw. ABl. EG 1992 C 311/30; Stellungnahmen ABl. EG 1991 C 159/38 (Wirtschafts- und Sozialausschuss) und ABl. EG 1992 C 94/198 und ABl. EG 1993 C 342/30 (Europäisches Parlament); Gemeinsamer Standpunkt ABl. EG 1995 C 93/1; geändert durch: Verordnung (EG) Nr. 1882/2003 des Europäischen Parlaments und des Rates vom 29.9.2003, ABl. EG 2003 L 284/1; zur Entwicklung *Ehmann* EG-Datenschutz-Richtlinie; *Tinnefeld* NJW 2001, 3078; *Roßnagel* NJW 2009, 2716; sowie zusammenfassend Simitis/*Simitis* Einl. Rn 50–88. Zum Konkurrenzverhältnis vgl. bereits oben Fn 167. Neuere Entwicklungen im Datenschutzrecht zeichnen sich seit dem 25. Januar 2014 ab. So stellte die EU-Kommission zwei Entwürfe für Rechtsakte zum EU-Datenschutz vor: Verordnung des Europäischen Parlaments und des Rates zum Schutz natürlicher Personen bei der Verarbeitung personenbezogener Daten und zum freien Datenverkehr (Datenschutz-Grundverordnung), KOM (2012) 11 endg. und Richtlinie des Europäischen Parlaments und des Rates zum Schutz natürlicher Personen bei der Verarbeitung personenbezogener Daten durch die zuständigen Behörden zum Zwecke der Verhütung, Aufdeckung, Untersuchung oder Verfolgung von Straftaten oder der Strafvollstreckung sowie zum freien Datenverkehr, KOM (2012) 10 endg. Am 12. März 2015 verabschiedete das Europäische Parlament seinen offiziellen

Standpunkt zum Datenschutzpaket und im Juni 2015 einigten sich die EU Justizminister auf einen Entwurf der Datenschutz-Grundverordnung, die weitestgehend die Datenschutzrichtlinie von 1995 ersetzen und zu einer Einheitlichkeit des europäischen Datenschutzrechts führen soll. Der Trilog zwischen Ministerrat, Kommission und EU-Parlament zur Abstimmung folgt und die endgültige Verordnung wird zum Ende des Jahres 2015 erwartet, Groeben/Schwarze/Hatje/*Brühann* Art. 16 AEUV, Rn 129, 130; *Koster* BB 2015, 1537 (1537); ZD-Aktuell 2015, 07416; http://www.zeit.de/digital/datenschutz/2015–06/datenschutz-eu-reform-justizminister-luxemburg/komplettansicht, zuletzt abgerufen am 4. August 2015.

204   Landesdatenschutzgesetze existieren für alle Bundesländer, so dass ein hilfsweises Eintreten des BDSG (vgl. § 27 BDSG) unnötig ist. Vgl. Abdruck in: *Dammann/Simitis* Datenschutzrecht – Texte zum Datenschutz mit Telekommunikation und Telediensten: Landes-, Bundes-, Europa-, Völkerrecht, 9. Aufl. 2005. Öffentliche Stellen in diesem Sinne sind im Bankgeschäft die Sparkassen (wenn auch nicht mehr für § 203 Abs. 2 StGB, vgl. Fn 202): *Kirchherr/Stützle* ZIP 1985, 515 (519); *Thilo* NJW 1984, 582 (582 f.). Dies gilt auch nach Wegfall der Gewährträgerhaftung: Simitis/*Simitis* § 27 Rn 17–21 (materiell ohnehin weitgehende Gleichbehandlung von öffentlichen Wettbewerbsunternehmen und Privaten); offen gelassen von BGH (Fn 193), BGHZ 183, 60 (63).

205   Für das BDSG: *Simitis* NJW 1984, 398 (399–402, bes. 400 f.); BankR-HdB/*Bruchner/Krepold* § 40 Rn 27; *Schaffland/Wiltfang* § 1 Rn 2. Für das Bankgeheimnis vgl. oben Zweiter Teil Rn 74.

---

gene Daten gewährt (§§ 4 Abs. 1, 27 Abs. 1 BDSG), soweit sie in Dateien gespeichert werden, hingegen nicht für Daten in Akten, die nicht offensichtlich Dateien entnommen wurden (§ 27 Abs. 2 BDSG). Dass die Bearbeitungsformen – das Erheben (§ 3 Abs. 3 BDSG), Speichern, Verändern, Übermitteln, Sperren und Löschen (§ 3 Abs. 4 BDSG) und das sonstige Nutzen (§ 3 Abs. 5 BDSG) – beruflich erfolgen müssen (vgl. § 27 Abs. 1 S. 2 BDSG), ist im Bankgeschäft unproblematisch. Zwar ist der **Begriff der personenbezogenen Daten** ebenso weit wie der möglicher Information beim Bankgeheimnis und umfasst vor allem[206] auch Wertungen, jede geschäftliche Information mit Personenbezug, nicht nur Private und Intime, gleichgültig ob sie Geheimniswert hat und ob sie mitgeteilt oder vom Pflichtigen selbst erhoben wird.

In **Dateien** sind die Daten jedoch nur gespeichert, wenn entweder eine Umordnung **83** und/oder Verwertung durch automatisierte Verfahren möglich ist oder aber wenn es sich um eine Sammlung gleichartig aufgebauter Daten handelt, die nach bestimmten Merkmalen (um)geordnet oder verarbeitet werden kann und nicht als (klassische) Akte anzusehen ist (§ 3 Abs. 2, 3–5 BDSG). Faktisch unterfallen also Daten, die nicht auf elektronischem Datenträger gespeichert sind, soweit es solche im Bankgeschäft überhaupt noch gibt, nicht dem BDSG, wohl aber dem Bankgeheimnis. Die Zahl solcher Daten dürfte inzwischen sehr gering sein. Teils wurde zudem bezweifelt, dass Daten aus Dateien weitergegeben werden, wenn aus ihnen (**ohne automatisierte Datenverarbeitung**) **ein wertender Schluss gezogen** wird, etwa eine Gesamtwertung für die Bankauskunft, und allein diese (in der Datei nicht zu findende) Quintessenz weitergegeben wird.[207] Da auch in diesem Fall die Verarbeitungsvorteile für Daten, die automatisiert zusammengesucht werden können, offen stehen, wird man, wenn man zudem das Recht auf informationelle Selbstbestimmung als Auslegungsleitbild zugrundelegt, auch diese Fälle erfassen müssen.[208]

2. Berechtigte und Verpflichtete. Berechtigt sind allein natürliche Personen, freilich **84** auch Gesellschafter.[209] Ansonsten ist jede Person berechtigt („betroffen" iSv. § 4 Abs. 1 BDSG), auf die sich das personenbezogene Datum bezieht, unabhängig von einer Rechtsbeziehung zum Verpflichteten. Ob eine Sonderrechtsbeziehung besteht, ist nicht von praktischer Bedeutung, da § 7 S. 2 BDSG die Beweislast in Übereinstimmung mit § 280 Abs. 1 S. 2 BGB regelt und da im Rahmen von § 7 BDSG auch die Exkulpation nach § 831 BGB ausscheidet.[210] Verpflichtet ist jede verarbeitende Stelle, unabhängig von einer Vertrauensbeziehung, gerade auch das Kreditinstitut.

3. Durchbrechungen – Grundsatz und Verweis. Durchbrochen werden darf der Daten- **85** schutz nach §§ 4 Abs. 1, 28 ff. BDSG. Nötig ist die schriftliche Zustimmung des Betroffenen, eine Norm außerhalb des BDSG oder in diesem Gesetz (§ 4 Abs. 1 BDSG) – für die hier auf-

---

206 Für das Folgende *Schaffland/Wiltfang* § 3 Rn 6–12, 19; *Weber/Hoffmann* BuB Rn 2/1052.

207 *Zöllner* ZHR 149 (1985), 179 (184–187); *Musielak* in: Hadding/Schneider (Hrsg.), Bankgeheimnis, S. 9 (20); *Vahldiek* Datenschutz in der Bankpraxis, § 7 Rn 4.

208 So heute für Bewertungsportale im Internet auch BGH Urt. v. 23.6.2009 – VI ZR 196/08 BGHZ 181, 328 = NJW 2009, 2888; heute jedoch wohl auch allgemein praktisch einhellig die Lit.: Simitis/*Dammann* § 3 Rn 12;

Gola/Schomerus § 3 Rn 5 f.; schon *Thilo* NJW 1984, 582 (583); *Kirchherr/Stützle* ZIP 1985, 515 (519); *Sichtermann/Feuerborn/Kirchherr/Terdenge* Bankgeheimnis S. 424 f., 433–441; sowie *Schaffland/Wiltfang* § 1 Rn 16, mit anderem Beispiel.

209 Im Einzelnen *Zöllner* ZHR 149 (1985), 179 (182 f.); *Schaffland/Wiltfang* § 3 Rn 19; *Canaris* Bankvertragsrecht Rn 73.

210 In Anlehnung an die Rechtsprechung zur Produzentenhaftung *Gola/Schomerus* § 7 Rn 10.

geworfenen Fragen § 28 BDSG. Die standardisierten Durchbrechungen für Mitteilungen zur Kreditwürdigkeit (unten Zweiter Teil Rn 87–104) beruhen zwar auf (schriftlicher) Zustimmung in der SCHUFA-Klausel bzw. Handelsbrauch. Die Zustimmung erfolgt jedoch klauselmäßig und es werden iE die Maßstäbe des § 28 Abs. 1 Satz 1 Nr. 2 BDSG angelegt. Eine Übermittlung von Daten über bestimmte Forderungen an Auskunfteien wie die SCHUFA ist seit dem 1.4.2010 nur noch unter den einschränkenden Voraussetzungen des § 28 a BDSG möglich.[211] Unproblematisch sind die gesetzlich vorgesehenen Durchbrechungen im Steuer- und Strafrecht (unten Zweiter Teil Rn 105–114). Die sonstigen Durchbrechungen im Zivilrecht (unten Zweiter Teil Rn 115–121) sind an § 28 BDSG, vor allem Abs. 1 Nr. 1 und 2, zu messen; die Begründungen entsprechen weitgehend denen zum Bankgeheimnis.

86   **4. Verletzungsfolgen.** Die Regeln des BDSG haben individualschützenden Charakter, ein verschuldensabhängiger[212] Schadensersatzanspruch wird vorausgesetzt (§§ 280 Abs. 1, 241 Abs. 2, § 823 Abs. 2 BGB iVm. BDSG, § 824 BGB). Gegenüber Privatrechtssubjekten ist für die Kausalität eine Beweislastumkehr vorgesehen (§ 7 S. 2 BDSG): Zwar trifft die Beweislast für den Verstoß den Anspruchsteller,[213] diejenige für Verschulden jedoch (wie in § 280 Abs. 1 S. 2 BGB) den Anspruchsgegner. Bei schweren Verletzungen kommt, da auch das Persönlichkeitsrecht tangiert ist, ein Schmerzensgeldanspruch hinzu. Zudem sind Verstöße straf- bzw. bußgeldbewehrt (§§ 43 f. BDSG).

IV. Standardisierte Durchbrechungen für Mitteilungen zur Kreditwürdigkeit

87   Mit Bankauskunft und SCHUFA-Mitteilung bzw. -Auskunft werden einerseits Geheimhaltungspflichten durchbrochen (unten Zweiter Teil Rn 92–95, 99–101). Mit beiden wird andererseits Auskunft gegeben und zwar über die Kreditwürdigkeit einer Person (über Vollkaufleute und juristische Personen, unten Zweiter Teil Rn 93, bzw. über Verbraucher, unten Zweiter Teil Rn 96, mit sehr verschiedenem Zuschnitt). Die **Probleme von Aufklärungs-, Warn- und Beratungspflichten** (oben Zweiter Teil Rn 24 ff.) ergeben sich hier dennoch nur zT: Die wichtige Frage, ob spontan aufzuklären ist etc. (oben Zweiter Teil Rn 28–38), mit Haftungsfolgeproblemen stellt sich nicht. Denn beide Auskünfte werden nur auf Anfrage gegeben. Daher ist entweder fraglich, ob ein Anspruch auf Beantwortung der Anfrage klageweise durchgesetzt werden kann oder aber ob mit einer tatsächlich erteilten Auskunft gegen die Wahrheitspflicht verstoßen wurde (oben Zweiter Teil Rn 26 f.). Die sonstigen Haftungsfragen (unten Zweiter Teil Rn 102–104) stellen sich parallel, freilich nunmehr mit Drittbezug, so dass vor allem zu fragen ist, in welchen Fällen die Haftung den für Sonderrechtsbeziehungen geltenden Grundsätzen folgt.

88   **1. Bankauskunft (primär im kaufmännischen Verkehr).**

a) Grundlage und Inhalt. Seit 1993 ist die Bankauskunft in Nr. 2 Abs. 2–4 AGB-Banken und praktisch identisch in Nr. 3 AGB-Sparkassen **geregelt**.[214] Zentral ist die Trennung

---

211 BankR-HdB/*Bruchner/Krepold* § 41 Rn 9–9c.
212 *Schaffland/Wiltfang* § 7 Rn 5. Für öffentliche Stellen iSv. § 2 BDSG sieht § 8 Abs. 1 BDSG ausdrücklich eine verschuldensunabhängige Haftung vor. Näher zum Verhältnis der Ansprüche *Schaffland/Wiltfang* § 8 Rn 2; *Canaris* Bankvertragsrecht Rn 72a.

213 *Schaffland/Wiltfang* § 7 Rn 2; Simitis/*Simitis* § 7 Rn 23.
214 Näher zum AGB-Regime unten Zweiter Teil Rn 294 f. Nr. 3 Abs. 1 AGB-Sparkassen beschreibt den Inhalt der Auskunft in Übereinstimmung mit Nr. 2 Abs. 2 AGB-Banken. Nr. 3 Abs. 2 AGB-Sparkassen regelt die Zulässigkeit der Auskunft (einschließlich Aus-

von vollkaufmännischen Kunden (mit juristischen Personen) und anderen Kunden nach Nr. 2 Abs. 3 AGB-Banken: Die Bankauskunft ist daher ein Instrument vor allem des ersten Bereichs. Genauer beschrieben wurde sie in den „Grundsätzen für die Durchführung des Bankauskunftsverfahren zwischen Kreditinstituten" vom 1.5.1987, die auf ein gemeinsames Kommuniqué der Spitzenverbände des Kreditwesens und von Vertretern der Bundes- und Landesdatenschutzbehörden von 1984 zurückgehen.[215]

Da **Zweifel an der Wirksamkeit** von Nr. 2 AGB-Banken und Nr. 3 AGB-Sparkassen **89** **nicht** geäußert werden – verständlich angesichts der „Aushandlung" mit den Vertretern des Datenschutzes und der Orientierung an der diesbezüglichen datenschutzrechtlichen BGH-Rechtsprechung –, ist eine alte Streitfrage praktisch obsolet: Teils wird die Bankauskunft als Handelsbrauch gesehen und schon deswegen für zulässig gehalten,[216] teils darauf hingewiesen, dass ihr „häufig das Odium der Undurchschaubarkeit und des Unkontrollierten" anhaftete.[217] Richtig ist dies jedoch nur für die früher ebenfalls ohne spezielle Zustimmung erteilte Bankauskunft über nicht- und minderkaufmännische Kunden. In den Schranken, die Nr. 2 Abs. 3 AGB-Banken vorsieht, dh. in vollkaufmännischen Kreisen und unter Verbürgung eines Gegenweisungsrechts, ist die Bankauskunft in der Tat als unangezweifelt, auch von Handelsseite geübt und als Handelsbrauch anzusehen.

Nr. 2 Abs. 2 AGB-Banken beschreibt den **Inhalt der Bankauskunft.** Der Auskunfts- **90** adressat soll Hilfe bei der Entscheidung erhalten, ob er dem Bankkunden Kredit in irgendeiner Form geben soll (Geld- oder Warenkredit, auch etwa Bürgschaft). Daher wird etwa angefragt, ob der Kunde – derzeit! – „gut" sei „für einen Warenkredit von 70.000,– €". Das Institut gibt hierauf primär eine ebenso **allgemein gehaltene Antwort,** die Kreditbeurteilung. Sie reicht von der umfassend positiven Antwort („jederzeit gut") über schon recht kritische Versionen („weitgehend gut") bis hin zum Rat, Sicherheiten zu nehmen, oder auch zur stark kritischen Aussage, die (finanzielle) Lage des Kunden sei „stark angespannt". Es bildet einen Handelsbrauch, den der Adressat bei der Auslegung berücksichtigen muss, dass die Antwort **schonend** zu formulieren ist, auch wegen der Konfliktlage, in der sich das Institut befindet (Interessenwahrungspflicht gegenüber Kunden; Haftungsrisiko auch gegenüber dem Adressaten).[218] Aufgedeckt, wiederum allgemein gehalten,

---

kunftsberechtigten) in gleicher Weise wie Nr. 2, Abs. 3, 4 AGB-Banken. Es fehlt zwar die Einschränkung, dass bei entgegenstehenden schutzwürdigen Interessen des Auskunftssubjekts eine Auskunft unzulässig sein kann. Sie ist jedoch, da sie sich aus datenschutzrechtlichen Erwägungen ergab (vgl. im Text), auch für den Sparkassensektor zu machen. Umgekehrt gilt auch für die Privatbanken, obwohl die AGB-Banken dies nicht spezifizieren, dass sich die Institute nach bestem Wissen zur Verfügung stellen und dass eine unverzügliche schriftliche Korrektur maßgeblich ist (früher explizit: Nr. 3 Abs. 1 S. 1 und Abs. 3 AGB-Sparkassen).

215 Abgedr. in ZIP 1987, 608; dazu *Schebesta* WM 1989, 429 (429); *Weber* Die Bank 1987, 324 (auch mit Abdruck).

216 *Schraepler* NJW 1972, 1836 (1839); *Bruchner/Stützle* Bankgeheimnis S. 85 (mwN);

Bürger Rechtsfragen zur Bankauskunft, S. 59.

217 BankR-HdB/*Bruchner/Krepold* § 40 Rn 1; BankR-HdB/*Bunte* § 7 Rn 18; auch *Thilo* NJW 1984, 582 (582 und 584); *Musielak* in: Hadding/Schneider (Hrsg.), Bankgeheimnis, S. 9 (16); *Canaris* Bankvertragsrecht Rn 56; Zustimmung konstitutiv: BGH Urt. v. 19.9.1985 – III ZR 213/83, BGHZ 95, 362 (365) = NJW 1986, 46; *Hopt* ZIP 1982, 1378 (1379).

218 Hierzu, auch zur schonenden Abfassung: *Bruchner/Stützle* Bankgeheimnis S. 83; *Sichtermann/Feuerborn/Kirchherr/Terdenge* Bankgeheimnis S. 390; *Bürger* Rechtsfragen zur Bankauskunft, S. 61–63. Zum Zeitpunkt, auf den sich die Auskunft bezieht oben Zweiter Teil Rn 39, zur Haftung unten Zweiter Teil Rn 104.

werden auch die wesentlichen Grundlagen, dh. die finanzielle Lage sowie auch die Beurteilung der Organisation (Zuverlässigkeit, Professionalität etc.), nicht jedoch konkrete Konto- oder Depotstände u. ä. Auf solche Mitteilungen bezieht sich also weder die Zustimmung des Kunden noch der Handelsbrauch; auf sie besteht sicher kein Anspruch, die „bankmäßige" Auskunft umfasst sie nicht.[219] Eine **Ausnahme bilden nur die sog. harten Negativmerkmale**, die aufzudecken sind, soll die Auskunft nicht unzutreffend sein.[220] Nicht einmal in allgemein gehaltener Form mitgeteilt werden Punkte zur Privatsphäre,[221] wobei nach der Relevanz für die Kreditwürdigkeit abzugrenzen ist (Spiel- oder Spekuliersucht nicht „privat"). Für die Richtigkeit und Vollständigkeit ihrer Auskunft kann ungeachtet des § 676 BGB ein stillschweigender Auskunftsvertrag vorliegen, aus dem eine vertragliche Haftung folgen kann, wenn die Auskunft für den Emfänger von erheblicher Bedeutung ist und diese erkennbar zur Grundlage wesentlicher Vermögensverfügungen gemacht werden soll.[222]

91 Gestützt wird die Bankauskunft – auch dies muss der Adressat berücksichtigen – auf das **präsente Wissen des Instituts**, das nichtpräsentes Wissen nicht recherchiert.[223] Allerdings gelten die dargestellten Grundsätze über die Wissenszurechnung innerhalb des Instituts.[224] Auch ist, soweit dies dem Institut erkennbar ist, auf andere Kontoverbindungen des Kunden (mit derselben Filiale oder mit anderen Filialen der Gesamtbank) hinzuweisen, um eine Verbreiterung der Auskunftsbasis zu ermöglichen; hierauf ist die Kundenzustimmung bzw. der Handelsbrauch ebenfalls zu beziehen.[225]

92 b) **Zulässigkeit und Anspruch auf Erteilung.** Die Bankauskunft ist nur **gegenüber den in Nr. 2 Abs. 4 AGB-Banken genannten Personen zulässig:** gegenüber eigenen Kunden und anderen Kreditinstituten, diesen auch für ihre Kunden, nicht für Dritte. Eine Kommerzialisierung soll ausgeschlossen werden.[226]

93 **Zulässig** ist die Bankauskunft auf Grund des dahingehenden (auch vermuteten) **Willens und/oder Interesses des Kunden**, nicht auf Grund gesetzlicher Anordnung, etwa überwiegenden Adressateninteresses: Dieses ist meist nur das Interesse an einer Erwerbschance (Geschäft mit dem Kunden) und beruht jedenfalls nicht auf einem bestehenden Recht. Wille und/oder Interesse werden verschieden beurteilt, je nachdem ob es sich um einen Vollkaufmann (oder juristische Person) handelt oder nicht. Im zweiten Fall muss die Ertei-

[219] BGH Urt. v. 5.7.1962 – VII ZR 199/60, WM 1962, 1110 (1111); *Bürger* Rechtsfragen zur Bankauskunft, S. 73; BankR-HdB/*Bunte* § 7 Rn 14; BankR-HdB/*Bruchner/Krepold* § 40 Rn 11.
[220] BGH Urt. v. 12.2.1979 – II ZR 177/77, NJW 1979, 1595 (1596 f.); BGH Urt. v. 6.7.1970 – II ZR 85/68, WM 1970, 1021 (1022); OLG Frankfurt (Fn 198), WM 1988, 154 (159); *Musielak* in: Hadding/Schneider (Hrsg.), Bankgeheimnis, S. 9 (19 f.); *Zöllner* ZHR 149 (1985), 179 (185); BankR-HdB/*Bruchner/Krepold* § 40 Rn 9. Zum Kreis dieser Negativmerkmale näher unten Zweiter Teil Rn 98.
[221] BGH Urt. v. 17.12.1985 – VII ZR 244/84, WM 1986, 189 (190); BankR-HdB/*Bruch-*

ner/Krepold § 40 Rn 10; *Schwintowski* Bankrecht § 3 Rn 57; Kümpel/Wittig/*Merz* Rn 6.163.
[222] BGH Urt. v. 5.12.2000 – XI ZR 340/99, WM 2001, 134 (135 f.); BGH Urt. v. 8.12.1998 – XI ZR 50/98, ZIP 1999, 275 (275); BGH Beschl. v. 18.6.1991 – XI ZR 282/90, WM 1991, 1629 (1629); BGH (Fn 27), WM 1990, 1990 (1991).
[223] BGH (Fn 222), WM 2001, 134 (135 f.); *Schebesta* WM 1989, 429 (431); *Weber* Die Bank 1987, 324 (326); BankR-HdB/*Bruchner/Krepold* § 40 Rn 5.
[224] Vgl. oben Zweiter Teil Rn 34.
[225] BankR-HdB/*Bruchner/Krepold* § 40 Rn 6.
[226] BankR-HdB/*Bruchner/Krepold* § 40 Rn 24.

Stefan Grundmann

lung der Bankauskunft **ausdrücklich gewünscht** werden,[227] auch generalisiert für viele Fälle bzw. klauselmäßig,[228] im ersten Fall wird bei geschäftsbezogener Auskunft der **Wille vermutet.** Bewusst wurde dieser Fall (ursprünglich) eng umrissen (unter Herausnahme von Minderkaufleuten und Freiberuflern),[229] um allein den sicheren Kern zu erfassen,[230] in dem von vermutetem Willen (mit Widerspruchsobliegenheit) als Handelsbrauch auszugehen ist. Wie juristische Personen sind auch die Personenhandelsgesellschaften zu sehen,[231] außerdem (neben den Kapitalgesellschaften) eingetragene Genossenschaften und Vereine. Vollkaufleute sind auch die persönlich haftenden Gesellschafter einer Personenhandelsgesellschaft.[232] Nötig ist insoweit zudem, dass sich die Auskunft auf geschäftliche Tätigkeit bezieht, wobei jedoch die Vermutung des § 344 HGB gilt.[233] Auch diese Kunden können ihre **Zustimmung entziehen.** Die Zustimmung darf jedoch nicht davon abhängig gemacht werden, dass das Institut Anfragen und Anfragende mitteilt; denn diese genießen für die Anfrage selbst den Schutz des Bankgeheimnisses.[234] Denkbar ist freilich die Auslegung dahingehend, dass es in solch einem Fall überhaupt an der Zustimmung fehlt.

Hinzukommen muss einerseits, dass der Anfragende ein **berechtigtes Interesse dartut.** **94** In der Praxis wird eine schriftliche Anfrage mit Kurzbegründung gefordert.[235] Berechtigt ist die Anfrage, um zu prüfen, ob dem Kunden irgendeine Form von Kredit zu gewähren ist, nicht zu Wettbewerbszwecken.[236] Hinzukommen muss andererseits, dass **keine schützenswerten Interessen des Kunden** entgegenstehen. **Datenschutzrechtlich** tragen diese Voraussetzungen die Bankauskunft selbst in den Fällen, in denen keine Zustimmung vorliegt: Es greift zumindest § 28 Abs. 1 Nr. 2 BDSG ein,[237] dessen Auslegung

---

[227] Konkludente Zustimmung genügt nicht: BankR-HdB/*Bunte* § 7 Rn 21; BankR-HdB/*Bruchner/Krepold* § 40 Rn 19; *Bürger* Rechtsfragen zur Bankauskunft, S. 62 f. Die Rückfrage, ob einem bestimmten Auskunftsersuchen entsprochen werden soll, muss hier zulässig (konkludent gestattet) sein, obwohl das Bankgeheimnis auch für den Anfragenden hinsichtlich seiner Anfrage gilt. Wegen § 4a Abs. 1 S. 3 BDSG wird Schriftform gefordert.

[228] Zur Zulässigkeit der generalisierten Zustimmung BankR-HdB/*Bunte* § 7 Rn 21 (allerdings unüblich); *Weber/Hoffmann* BuB Rn 2/958 (äußerst zurückhaltender Gebrauch). Zur Zulässigkeit klauselmäßiger Zustimmung, wenn es sich um informierte und bewusste Zustimmung handelt: BankR-HdB/*Bunte* § 7 Rn 12, 21; BankR-HdB/*Krepold* § 39 Rn 32; *Bürger* Rechtsfragen zur Bankauskunft, S. 61.

[229] BankR-HdB/*Bunte* § 7 Rn 20; BankR-HdB/*Bruchner/Krepold* § 40 Rn 14; *Weber/Hoffmann* BuB Rn 2/949; aA *Kirchherr/Stützle* ZIP 1985, 515 (521); *Bürger* Rechtsfragen zur Bankauskunft, S. 68 f.

[230] BankR-HdB/*Bruchner/Krepold* § 40 Rn 14; entsprechend dem Wunsch der Kreditwirtschaft *Weber/Hoffmann* BuB Rn 2/950; vgl. jedoch auch unten Zweiter Teil Rn 295.

[231] BankR-HdB/*Bruchner/Krepold* § 40 Rn 14; *Weber/Hoffmann* BuB Rn 2/949; für das BDSG *Kirchherr/Stützle* ZIP 1985, 515 (519). Dies ergibt sich aus § 124 HGB. Trotz mittlerweile anerkannter Teilrechtsfähigkeit gilt Gleiches wohl auch weiterhin nicht für die BGB-Gesellschaft: ohne Problematisierung BankR-HdB/*Bruchner/Krepold* § 40 Rn 17; ebenso *Weber/Hoffmann* BuB Rn 2/949.

[232] BankR-HdB/*Bruchner/Krepold* § 40 Rn 14 (nicht Kommanditisten).

[233] BankR-HdB/*Bruchner/Krepold* § 40 Rn 16; *Weber/Hoffmann* BuB Rn 2/950.

[234] *Schebesta* WM 1989, 429 (430); *Weber/Hoffmann* BuB Rn 2/972 f.; BankR-HdB/*Bruchner/Krepold* § 40 Rn 35 f. (auch zu Ausnahmen bei missbräuchlicher Anfrage).

[235] *Schebesta* WM 1989, 429 (429 f.); *Weber/Hoffmann* BuB Rn 2/969 f.

[236] BankR-HdB/*Bruchner/Krepold* § 40 Rn 20; *Weber/Hoffmann* BuB Rn 2/970 (nicht akquisitorische Interessen).

[237] Anwendung dieser Kriterien auf die Bankauskunft: BGH (Fn 217), BGHZ 95, 362 (364 f.) (Verstoß der alten Fassung AGB-Banken gegen § 9 Abs. 2 AGBG a.F., heute § 307 Abs. 2 BGB); *Weber* WM 1986, 845 (846); *Dammann/Stange* ZIP 1986, 488 (489 f.); *Zöllner* ZHR 149 (1985), 179

dann jedoch auch für Nr. 2 Abs. 3 AGB-Banken maßgeblich ist. Kritische und einschränkende Passagen sind insoweit nicht notwendig schädlich, zumal abgewogen werden muss zwischen der Schädigungsgefahr bei Ablehnung der Auskunft[238] und bei Erteilung einer (teils) negativen Auskunft. Gründet die Bankauskunft allein im Kundenwillen und/oder -interesse (auftragsrechtliches Interessenwahrungsmodell), so schließt ein gegenstehendes schützenswertes Interesse des Kunden auch bei Vorliegen eines berechtigten Anfrageinteresses die Auskunft aus (keine Interessenabwägung).[239] Auch geht nach diesem Modell eine ausdrückliche Weisung (zur Vornahme einer gattungsmäßig zugesagten Handlung, hier Bankauskunft) einer Entscheidung nach dem vermuteten Interesse vor. Daher kann es bei *informierter* Zustimmung im Einzelfall (vor allem im nicht vollkaufmännischen Bereich) nicht darauf ankommen, dass ein berechtigtes Interesse des Anfragenden dargetan wird, und vor allem, ob schützenswerte Kundeninteressen entgegenstehen.[240]

95   Ein **Anspruch** des Anfragenden **auf Auskunftserteilung** wird verneint, jedenfalls bei Kunden eines anderen Instituts,[241] jedoch auch bei eigenen Kunden.[242] Selbst auf die Bank-zu-Bank-Auskunft (im Institutsinteresse) besteht – trotz Handelsüblichkeit – kein Anspruch.[243] Da die Auskunft bloße Erwerbsaussichten befördern soll und angesichts der Konfliktlage für das Institut wird man die Interessenlage im Verhältnis zum Anfragenden in der Tat so auszulegen haben. Anders ist dies im Verhältnis zum Kunden, über den Auskunft begehrt wird. Die Interessenwahrungspflicht gebietet angesichts der potentiell negativen Wirkung einer Ablehnung für große Teile des Kundengeschäfts, dass das Institut die Bankauskunft im Rahmen des Üblichen zu geben hat – freilich schon wegen des Haftungsrisikos nur zutreffend, nicht geschönt.[244] Eine Auslegung der AGB-Banken bzw. -Sparkassen, ggf. auch contra proferentem, legt dies ebenfalls nahe.

(191–194); und ausführlicher zu den Anforderungen des BDSG an die Bankauskunft BankR-HdB/*Bruchner/Krepold* § 40 Rn 27–32.

[238] Formulierung (ebenfalls zurückhaltend) etwa: „Mit Rücksicht auf das Bankgeheimnis können wir zu Ihrer Anfrage keine Stellung nehmen".

[239] So tendenziell sogar für den Datenschutz *Thilo* NJW 1984, 582 (585); BankR-HdB/*Bruchner*/Krepold § 40 Rn 22 (im Konfliktfall grds. Rückfrage, im Einzelfall auch Auskunftsverweigerung); aA tendenziell *Bürger* Rechtsfragen zur Bankauskunft, S. 93 f. (Abwägung). Die Gegenmeinung ist zwar für den Datenschutz zutr. (§ 28 Abs. 1 S. 1 Nr. 2 BDSG; dazu *Zöllner* ZHR 149 [1985], 179 [191 mwN]), wird jedoch der weitergehenden Beschränkung im Recht des Bankgeheimnisses (mit Zustimmungserfordernis ohne Ausnahme!) nicht gerecht.

[240] AA BankR-HdB/*Bunte* § 7 Rn 22 f.; *Weber/Hoffmann* BuB Rn 2/959.

[241] Keine Vertragsbeziehung zwischen angefragtem Institut und Anfragendem: BankR-HdB/

Bunte § 7 Rn 24; iE ebenso Kümpel/Wittig/*Merz* Rn 6.165; s. auch Nr. 2 Abs. 3 AGB-Banken (Nr. 3 Abs. 2 AGB-Sparkassen) („Bank ist befugt").

[242] BankR-HdB/*Bunte* § 7 Rn 24; BankR-HdB/*Bruchner*/Krepold § 40 Rn 24; s. auch Nr. 2 Abs. 3 AGB-Banken (Nr. 3 Abs. 2 AGB-Sparkassen) („Bank ist befugt"); aA noch *Kümpel* Rn 2.170 (1. Aufl.).

[243] BGH (Fn 222), WM 1991, 1629 (1629); Kümpel/Wittig/*Merz* Rn 6.165 („rechtlich nicht fassbare Standespflicht des Kreditgebers"); BankR-HdB/*Bunte* § 7 Rn 25; *Weber/Hoffmann* BuB Rn 2/960; zur international im Verkehr geforderten Verbürgung der Gegenseitigkeit: BankR-HdB/*Bruchner/Krepold* § 40 Rn 26.

[244] Für eine Auskunftspflicht in diesem Verhältnis wohl auch Derleder/Knops/Bamberger/*Casper* § 3 Rn 15 (Auskunftsverweigerung als „denkbar schlechteste Alternative" ... und damit nicht „interessenwahrend" iSd Geschäftsbesorgungsrechts).

2. SCHUFA-Mitteilung und -Auskunft (Verbrauchergeschäfte). **96**

a) **Grundlage und Inhalt.** Das SCHUFA-System hat im Verbraucherbereich eine vergleichbare Funktion wie die Bankauskunft im vollkaufmännischen.[245] Die Auskunft erfolgt jedoch nicht durch ein Kreditinstitut auf der Grundlage einer andauernden Geschäftsbeziehung, sondern durch die Schutzgemeinschaft für allgemeine Kreditsicherung (SCHUFA) auf Grund von Mitteilungen angeschlossener Unternehmen und nur an solche. Dies wirkt sich nicht nur auf den Inhalt der Auskunft aus, sondern führt auch zu Abweichungen im Ablauf des Informationstransfers; der Kreis von Rechtsfragen wird dadurch erweitert, **zwei Informationstransfers** sind zu beurteilen: Neben die Auskunft selbst tritt – vorgelagert – die Mitteilung an die SCHUFA. Schon diese, eine Datenübermittlung nach §§ 3 Abs. 4, 28 BDSG, wirft datenschutzrechtliche Fragen auf und, wenn ein Kreditinstitut übermittelt, auch solche zum Bankgeheimnis.

Grundlage für die Mitteilungen und für die Auskunfterteilung durch die SCHUFA ist, **97** soweit Datenschutz- und Bankgeheimnisrechte des Kunden betroffen sind, die in der **SCHUFA-Klausel** erteilte Kundenzustimmung.[246] Eine genauere Beschreibung des Verfah-

---

[245] *Weber/Hoffmann* BuB Rn 2/1039; Beschreibung des Systems bei *Hendriks* ZHR 149 (1985), 199.

[246] Z.B. in einem Kontoeröffnungsantrag: „Ich/ Wir willige(n) ein, dass die Bank der SCHUFA HOLDING AG ... Daten über die Beantragung, die Aufnahme und Beendigung dieser Kontoverbindung übermittelt. Unabhängig davon wird die Bank der SCHUFA auch Daten über ihre gegen mich/ uns bestehenden fälligen Forderungen übermittelt. Dies ist nach dem Bundesdatenschutzgesetz (§ 28a Abs. 1 Satz 1) zulässig, wenn ich/wir die geschuldete Leistung trotz Fälligkeit nicht erbracht habe(n), die Übermittlung zur Wahrung berechtigter Interessen des Kreditinstituts oder Dritter erforderlich ist und
– die Forderung vollstreckbar ist oder ich/ wir die Forderung ausdrücklich anerkannt habe(n) oder
– ich/wir nach Eintritt der Fälligkeit der Forderung mindestens zweimal schriftlich gemahnt worden bin/sind, das Kreditinstitut mich/uns rechtzeitig, jedoch frühestens bei der ersten Mahnung, über die bevorstehende Übermittlung nach mindestens vier Wochen unterrichtet hat und ich/wir die Forderung nicht bestritten habe(n) oder
– das der Forderung zugrunde liegende Vertragsverhältnis aufgrund von Zahlungsrückständen vom Kreditinstitut fristlos gekündigt werden kann und das Kreditinstitut mich/uns über die bevorstehende Übermittlung unterrichtet hat.
Darüber hinaus wird die Bank der SCHUFA auch Daten über sonstiges nichtvertragsgemäßes Verhalten (Konten- oder Kreditkartenmissbrauch oder sonstiges betrügerisches Verhalten) übermitteln. Diese Meldungen dürfen nach dem Bundesdatenschutzgesetz (§ 28 Abs. 2) nur erfolgen, soweit dies zur Wahrung berechtigter Interessen des Kreditinstituts oder Dritter erforderlich ist und kein Grund zu der Annahme besteht, dass das schutzwürdige Interesse des Betroffenen an dem Ausschluss der Übermittlung überwiegt. Insoweit befreie(n) wir/ich die Bank zugleich vom Bankgeheimnis.
Die SCHUFA speichert und nutzt die erhaltenen Daten. Die Nutzung umfasst auch die Errechnung eines Wahrscheinlichkeitswertes auf Grundlage des SCHUFA-Datenbestandes zur Beurteilung des Kreditrisikos (Score). Die erhaltenen Daten übermittelt sie an ihre Vertragspartner im Europäischen Wirtschaftsraum und der Schweiz, um diesen Informationen zur Beurteilung der Kreditwürdigkeit von natürlichen Personen zu geben. Vertragspartner der SCHUFA sind Unternehmen, die aufgrund von Leistungen oder Lieferung finanzielle Ausfallrisiken tragen (insbesondere Kreditinstitute sowie Kreditkarten- und Leasinggesellschaften, aber auch etwa Vermietungs-, Handels-, Telekommunikations-, Energieversorgungs-, Versicherungs- und Inkassounternehmen).
Die SCHUFA stellt personenbezogene Daten nur zur Verfügung, wenn ein berechtigtes Interesse hieran im Einzelfall glaubhaft dargelegt wurde und die Übermittlung nach Abwägung aller Interessen zulässig ist. Daher

rens enthält das **SCHUFA-Merkblatt,**[247] das als AGB auch im Bank-Kunden-Verhältnis zu werten ist (vgl. Hinweis in der SCHUFA-Klausel). Es spezifiziert vor allem die Übermittlungspflichten im Verhältnis der SCHUFA zu den angeschlossenen Unternehmen. Sich anschließen können (nur) Unternehmen, die gewerbsmäßig Geld- oder Warenkredit gewähren, Waren oder Dienstleistungen kreditieren sowie gewerbsmäßig Forderungen einziehen (vgl. Aufzählung in der SCHUFA-Klausel). Umgekehrt hat der Betroffene grds. einen Anspruch auf **Auskunft über die Daten, die über ihn gespeichert** sind, wenn auch nicht über die Formel der zugrunde gelegten Wahrscheinlichkeitsrechnung (im heute üblichen Scoring-Verfahren, § 34 Abs. 4 S. 1 Nr. 4 BDSG).[248]

98   Der **Inhalt** divergiert von dem der Bankauskunft. Es wird nicht aus berufenem Munde ein Werturteil über eine aussagekräftige Dauerbeziehung abgegeben. Vielmehr berichtet die SCHUFA, die den Kunden nicht kennt, „anonym" über das Vorliegen und Nichtvorliegen aussagekräftiger Einzelfakten aus einem abschließenden Katalog. Dieser unterfällt in drei Gruppen: **Positivtatsachen** werfen, wenn Negativtatsachen fehlen, ein positives Licht auf den Kunden; hierher zählen die Konto- und Krediteröffnung, auch durch Kreditkartenausgabe (vgl. ie Merkblatt A-Vertrag unter 1.). Diese Informationen werden nur nach dem A-Vertrag übermittelt, den Kreditinstitute mit der SCHUFA abschließen und einige andere Unternehmen freiwillig mit der SCHUFA abschließen können (Anbieter grundpfandrechtlich gesicherter Kreditvergabe und bei gesonderter Kundenzustimmung auch Leasingunternehmen und Warenlieferanten, die in größerem Umfang auf Teilzahlungsbasis arbeiten). **Negativtatsachen** sind hingegen nach dem B-Vertrag, der in allen anderen Fällen geschlossen wird, ebenso mitzuteilen wie nach dem A-Vertrag. Harte Negativtatsachen werfen ein negatives Licht auf den Kunden, ohne dass fraglich ist, ob nicht der Kunde evtl. zu Recht Zahlung verweigert; hierher zählen Zwangsvollstreckung, fruchtlose Pfändung und entspr. insolvenzrechtliche Maßnahmen (vgl. ie Merkblatt A-Vertrag unter 2. und 3.). Sie werden von der SCHUFA auch aus öffentlichen Registern ermittelt (vgl. ie Merkblatt A-Vertrag unter 4.).[249] Bei den weichen Negativtatsachen ist die Weigerung des

---

kann der Umfang der jeweils zur Verfügung gestellten Daten nach Art der Vertragspartner unterschiedlich sein. Darüber hinaus nutzt die SCHUFA die Daten zur Prüfung der Identität und des Alters von Personen auf Anfrage ihrer Vertragspartner, die beispielsweise Dienstleistungen im Internet anbieten. Ich kann/Wir können Auskunft bei der SCHUFA über die mich/uns betreffenden gespeicherten Daten erhalten. Weitere Informationen über das SCHUFA-Auskunfts- und Score-Verfahren sind unter www.meineschufa.de abrufbar. Die postalische Adresse der SCHUFA lautet: SCHUFA Holding AG Postfach 102566 44725 Bochum".

[247] Abgedr. in ZIP 1986, 470 (sog. A-Vertrag, der sich vom B-Vertrag vor allem durch die zusätzlich aufgenommene Nr. 1 unterscheidet); aktualisierte Fassung in *Schaffland/Wiltfang* § 29 Anh. 1. Das Merkblatt wird zunehmend durch einen Verweis auf eine In-

ternetadresse ersetzt, s. beispielhaft Abdruck vorige Fn

[248] BGH Urt. v. 28.1.2014 – VI ZR 156/13, NJW 2014, 1235 (Anm. *Timm*) = WM 2014, 452 = BKR 2014, 193 (Anm. *Gärtner*); aus der Vielzahl weiterer Anm. vgl. EWiR 2014, 281 (*Metz*); JZ 2014, 1006 (*Paul*); LMK 2014, 356425 (*Hoeren*); ZD 2014, 309 (*Schade/Wolff*). Gegen das Urteil ist Verfassungsbeschwerde beim BVerfG anhängig (Az. 1 BvR 756/14); zu den inhaltl.-datenschutzrechtlichen Anforderungen vor allem *Becker* Datenschutzrechtliche Fragen; *Beckhusen* BKR 2005, 335; *Helfrich* Kreditscoring und Scorewertbildung; *Behm* RDV 2010, 61 (und Nachw. unten Fn 251).

[249] Ausführlich zu den harten Negativmerkmalen *Gärtner* Harte Negativmerkmale (mit Rechtsvergleich); zur Mitteilung der Inanspruchnahme des Pfändungsschutzkontos etwa: *Büchel* BKR 2009, 358 (363 f.).

Stefan Grundmann

Kunden evtl. berechtigt; hierher zählen etwa Konto- und Kreditkündigung, ec-Kartenmissbrauch durch den Kunden, Scheckrückgabe mangels Deckung, Antrag auf Erlass eines Mahnbescheids bei unbestrittener Forderung (vgl. ie und für weitere Merkblatt A-Vertrag unter 3.). Die Unterscheidung zwischen harten und weichen Negativtatsachen beruht auf der datenschutzrechtlich inspirierten BGH-Rechtsprechung (vgl. § 28 Abs. 1 Nr. 2 BDSG), nach der bei der Mitteilung von für den Kunden negativen Tatsachen in jedem Einzelfall dessen **schutzwürdige Interessen** zu achten sind und dieser im Streitfall zwar nicht Unterlassung der Eintragung, wohl aber Korrektheit dahingehend fordern kann, dass auch seine evtl. berechtigten Einwände zum Ausdruck kommen.[250] Beim sog. Scoring erfolgt eine anonyme Auswertung des SCHUFA-Datenbestandes, aufgrund dieser erfolgt eine Prognose, ob z.B. ein bestimmter Kreditvertrag ähnlich verlaufen wird; dabei beschreibt der Scorewert, ein zusammengefasster Wahrscheinlichkeitswert lediglich ein allgemeines Risiko für Kreditverträge mit vergleichbaren Merkmalen.[251]

b) **Zulässigkeit und Anspruch auf Erteilung. Mitteilung und Auskunft** müssen beide **99** den Grundsätzen sowohl zum **Bankgeheimnis als auch zum Datenschutz** genügen. Dabei erfasst das Bankgeheimnis zwar nicht alle Mitteilungen (nur solche von Kreditinstituten), wohl aber die Auskunft durch die SCHUFA, wenn auch nur eine enthaltene Information bei Mitteilung dem Bankgeheimnis unterlag.[252] Eigentlich trägt schon die **Kundenzustimmung** (nach § 4a Abs. 1 S. 3 BDSG grundsätzlich schriftlich) jede Informationsübermittlung, wobei für Daten über Forderungen § 28a BDSG zu beachten ist; Probleme treten auf, wenn während des gestreckten Tatbestands (zwischen Mitteilung und Auskunft) die Zustimmung widerrufen wird. Zulässig sein kann jede Informationsübermittlung außerdem **kraft gesetzlicher Befugnis.** Hierfür genügen überwiegende Interessen oder die Zweckbestimmung des Vertragsverhältnisses (§ 28 Abs. 1 Nr. 1, 2 BDSG), für die Übermittlung von Daten zu Forderungen an Aufkunfteien freilich nur die harten Negativtatsachen nach § 28a BDSG. Fraglich ist jedoch, ob die gleiche Interessenabwägung eine Durchbrechung des Bankgeheimnisses erlaubt.[253] Auch die Zweckbestimmung des Vertragsverhältnisses ist hier beachtlich, a maiore das Vorliegen der harten Negativtatsachen (zu beidem sogleich). Weiter verkompliziert wird die Lage dadurch, dass der BGH den Maßstab der Interessen-

---

[250] BGH (Fn 217), BGHZ 95, 362 (364, 368 f.); OLG Frankfurt a.M. Urt. v. 18.6.2008 – 23 U 221/07, NJW-RR 2008, 1228 (1229) (pauschales Bestreiten ohne Angabe von Gründen steht der Weitergabe nicht entgegen); näher etwa *Vortmann* ZIP 1989, 80 (80); BankR-HdB/*Bruchner/Krepold* § 41 Rn 15–15c; noch weitergehend (idR dann gar keine Meldung) *Weber* WM 1986, 845 (848 f.) (die Interessen der anderen Systemteilnehmer jedoch m.E. zu wenig berücksichtigend).

[251] *Schaffland/Wiltfang* § 29 Anh. S. 5 f.; ausführlich zum Scoring-Verfahren: *Becker* Datenschutzrechtliche Fragen; *Beckhusen* Datenumgang; *Helfrich* Kreditscoring; *Beckhusen* BKR 2005, 335; *Hoeren* RDV 2007, 93; *Roßnagel* NJW 2009, 2716.

[252] Meist nicht ausdrücklich erörtert, implizit wohl: BankR-HdB/*Bruchner/Krepold* § 41 Rn 16.

[253] Dafür BGH Urt. v. 20.6.1978 – VI ZR 66/77, WM 1978, 999 (1001); BGH (Fn 198), NJW 1984, 436 (437); BGH Urt. v. 18.10.1977 – VI ZR 171/76, NJW 1978, 751 und implizit KG Berlin Beschl. v. 23.8.2011 – 4 W 43/11, Rn 4 juris, dazu Anmerkung von *Freise* ITRB 2012, 54 (54 f.); nach BGH (Fn 62), NJW 1991, 693 (694) ist jedenfalls der Konflikt zwischen der Pflicht zur Wahrung des Bankgeheimnisses und der Pflicht eines Kreditinstituts, den Kunden auf Risiken hinzuweisen, im Einzelfall durch Güterabwägung zu lösen. Bei Erfüllung der Voraussetzungen des § 28a BDSG kaum zu bezweifeln: vgl. etwa Simitis/*Ehmann* § 28a Rn 98.

abwägung auch anlegt, solange Zustimmung vorliegt[254] – wertungsmäßig korrekt, da generalisiert zugestimmt wird, nicht einer konkreten Informationsübermittlung und daher typischerweise nicht vollständig informiert (wie bei Zustimmung zu AGB).

100   Für die **Fälle, in denen die Zustimmung bis zur SCHUFA-Auskunft** Bestand hat, ergibt sich aus dem Gesagten: Bei der Mitteilung von Negativtatsachen muss die übermittelnde Stelle – schon nach BDSG, dem jedes übermittelnde Unternehmen unterliegt – die schutzwürdigen Interessen des Kunden achten. Daher sind Einwände des Kunden, die möglicherweise durchgreifen, ebenfalls mitzuteilen und ist Korrektheit geschuldet.[255] Die Auskunft setzt ein berechtigtes Interesse des Anfragenden voraus (SCHUFA-Klausel; § 28 Abs. 1 Nr. 2 BDSG; auch Nr. 2 Abs. 3 S. 4 AGB-Banken). Dieses ist zu bejahen, wenn eine Form von Kredit gewährt, beispielsweise auch ein Girokonto mit Überziehungsmöglichkeit eröffnet werden soll.[256] In diesem Fall haben angeschlossene Unternehmen (nur diese!) **Anspruch auf Auskunft.**

101   In **Fällen, in denen die Zustimmung widerrufen** wird, ist zu unterscheiden: Soll eine **Kreditbeziehung neu begründet** werden, so steht das nunmehr nicht mehr durch Zustimmung durchbrochene Bankgeheimnis entgegen. Selbst wenn man mit dem BGH eine Ausnahme vom Bankgeheimnis bei berechtigten Interessen annimmt, kann dies nicht gelten, soweit nur Erwerbsaussichten in Frage stehen.[257] Soweit dem Bankgeheimnis unterliegende Informationen Teil der Auskunft sind, ist diese unzulässig. Sie ist „wegen entgegenstehenden Bankgeheimnisses" zu verweigern. Die Frage, ob die Ausübung des Widerrufsrechts selbst eine dem Bankgeheimnis unterliegende Tatsache darstellt,[258] ist praktisch unbedeutend, da aus dieser Nichtauskunft entsprechende Schlüsse gezogen werden können. **Für Zwecke einer bereits begründeten Rechtsbeziehung** mit Krediteinräumung ist iE dem BGH zu folgen: auf Grund überwiegender Interessen ist Mitteilung und Auskunft (auf neuestem Stand) weiterhin zulässig; zumindest muss die SCHUFA durch Mitteilung auch des ergangenen Widerrufs darauf hinweisen können, dass die Daten nicht aktualisiert und daher evtl. überholt (falsch) sind. Für das Datenschutzrecht ist die erste, weitergehende Lösung unschwer mit § 28 Abs. 1 Nr. 1 und 2 BDSG zu begründen. Für das Bankgeheimnis ist die Durchbrechung – wohl ebenfalls iSd. ersten Lösung – damit zu rechtfertigen, dass bei der Verfolgung vertraglicher Ansprüche Positionen in Frage stehen, in die das Kreditinstitut investierte, die daher nicht rein treuhänderisch gehalten werden, und dass insoweit das Bankgeheimnis nicht durchgreift.[259]

---

[254] BGH (Fn 198), NJW 1984, 436 (437); BGH (Fn 217), BGHZ 95, 362 (364 f.); BGH (Fn 198), NJW 1986, 2505 (2506); eine weitere Abwägung hält OLG Düsseldorf Urt. v. 13.2.2015 – I-16 U 41/14, 16 U 41/14, ZD 2015, 336 (339) seit der Einführung von § 28a BDSG nicht mehr für erforderlich.

[255] Nachw. oben Fn 250.

[256] Vgl. etwa *Schebesta* WM 1989, 429 (430); BankR-HdB/*Bruchner/Krepold* § 40 Rn 34, § 41 Rn 12; *Weber/Hoffmann* BuB Rn 2/1040.

[257] In BGH (Fn 253), WM 1978, 999 und BGH (Fn 253), NJW 1984, 436 ging es in der Tat jeweils um die Verfahrensweise bei bereits valutierten Darlehen, also nicht um den Neuabschluss.

[258] Verneinend BankR-HdB/*Bruchner/Krepold* § 41 Rn 17; *Weber/Hoffmann* BuB Rn 2/133, 2/1050; bejahend *Canaris* Bankvertragsrecht Rn 74c.

[259] Ähnlich speziell für die SCHUFA-Mitteilung *Kirchherr/Stützle* ZIP 1985, 515 (522 f.). Näher *Grundmann* Treuhandvertrag S. 226 und unten Zweiter Teil Rn 115.

Stefan Grundmann

3. Haftung für fehlerhafte Auskunft.

a) **Gegenüber dem Auskunftsempfänger.** Ein Verstoß gegen die Wahrheitspflicht wird unter entsprechenden Voraussetzungen angenommen **wie allgemein bei Aufklärung, Rat und Auskunft.**[260] Auch die sonstigen Haftungsgrundsätze sind gleich.[261] Eigenständige Bedeutung hat jedoch die Frage nach der Haftungsgrundlage, genauer: nach der **Anwendung der für Sonderrechtsverhältnisse geltenden Haftungsgrundsätze.** Im Verhältnis zur anfragenden Bank entsteht ein Sonderrechtsverhältnis.[262] Für die Schutzwirkung von Verträgen gegenüber Dritten stellt die jüngere BGH-Rechtsprechung überzeugend darauf ab, ob die Leistung erkennbar für den Auskunftsempfänger bestimmt war bzw. dieser mit ihr in Berührung kommen sollte:[263] Daher wird bei der Bank-zu-Bank-Auskunft, die zumindest konkludent „im Kundeninteresse" begehrt wurde, ein Vertrag mit Schutzwirkung gegenüber dem Kunden zurecht bejaht – auch wenn dieser, wie üblich, in der Anfrage nicht individualisiert wurde.[264] Umgekehrt ist dann das anfragende Institut selbst trotz bestehenden Sonderrechtsverhältnisses aus dem Schutzbereich auszunehmen.[265] Die Bankauskunft gegenüber eigenen Kunden erfolgt ohnehin im Rahmen eines Sonderrechtsverhältnisses.[266] Gleiches gilt für die SCHUFA-Auskunft.[267]

---

[260] Speziell für die Bankauskunft (keine halbe Wahrheit, nicht zu positiv, Hinweis auf fehlende eigene Kenntnisse): BGH Urt. v. 25.4.1974 – II ZR 161/72, WM 1974, 685 (686); BGH (Fn 220), NJW 1979, 1595 (1596); *Weber/Hoffmann* Die Bank 1987, 324 (326); *ders.* BuB Rn 2/1013. Für eine Korrekturpflicht vgl. *Weber/Hoffmann* BuB Rn 2/996 f. Für die Beschreibung der Grundsätze oben Zweiter Teil Rn 26 ff.

[261] Für die Kausalität (insbes. Vermutung aufklärungsgerechten Verhaltens): BankR-HdB/*Bruchner/Krepold* § 40 Rn 53 f., 57; BGH (Fn 220), NJW 1979, 1595, (1596) und oben Zweiter Teil Rn 49. Für die Vorteilsausgleichung BankR-HdB/*Bruchner/Krepold* § 40 Rn 60 und oben Zweiter Teil Rn 47 f. In Drittbeziehungen bestimmt sich die Haftung nach den Grundsätzen zur Sachwalterhaftung und Haftung für besondere Inanspruchnahme von Vertrauen sowie die Schutzwirkung von Verträgen: teils kritisch *Grunewald* AcP 187 (1987), 285 (bes. 293 f. und 298 f., zu weiteren Ansätzen S. 296–307); vgl. dazu näher im Folgenden.

[262] *Musielak* in: Hadding/Schneider (Hrsg.), Bankgeheimnis, S. 9 (26–33); iE auch BankR-HdB/*Bruchner/Krepold* § 40 Rn 47a; *Weber/Hoffmann* BuB Rn 2/1015, 2/1017.

[263] BGH Urt. v. 3.12.1991 – XI ZR 300/90, WM 1992, 133 (134 f.); *Breinersdorfer* WM 1992, 1557 (1559 f.); allgemeiner zur Schutzwirkung von Verträgen im Auskunftsbereich: BGH Urt. v. 23.1.1985 – IVa ZR 66/83, WM

1985, 450 (451 f.); BGH Urt. v. 18.10.1988 – XI ZR 12/88, WM 1989, 375 (376 f.).

[264] BGH Urt. v. 11.10.1988 – XI ZR 1/88, NJW 1989, 1029 (1030); *Musielak* in: Hadding/Schneider (Hrsg.), Bankgeheimnis, S. 9 (34–38) (mwN); BankR-HdB/*Bruchner/Krepold* § 40 Rn 48; *Breinersdorfer* WM 1992, 1557 (1558–1561); *Kümpel/Wittig/Merz* Rn 6.170; auch nächste Fn. Wichtig ist dies auch, weil die eigene Bank nach Nr. 3 Abs. 2 AGB-Banken (weitergeleiteter Auftrag) gerade nicht haftet. Wird die Bank-zu-Bank-Auskunft auch nicht konkludent im Kundeninteresse begehrt, ist ein Vertrag mit Schutzwirkung dem Kunden gegenüber hingegen sicher abzulehnen: BGH Urt. v. 21. 3. 1996 – XI ZR 199/95, WM 1996, 1618 (1620) (verdeckte Stellvertretung, auch nicht Drittschadensliquidation).

[265] BGH (Fn 222), WM 1991, 1629; *Breinersdorfer* WM 1992, 1557 (1561).

[266] *Musielak* in: Hadding/Schneider (Hrsg.), Bankgeheimnis, S. 9 (24–26); *Weber/Hoffmann* BuB Rn 2/1015, 2/1017.

[267] Im Zusammenhang mit dem Bankgeheimnis erscheint es seltsam (vgl. oben Zweiter Teil Rn 73), Haftung nach den Grundsätzen zu Sonderrechtsbeziehungen deswegen abzulehnen, weil die besonders negativen Mitteilungen regelmäßig nach Vertragsbeendigung (Insolvenz, fristloser Kündigung) übermittelt werden: so *Vortmann* ZIP 1989, 80 (81), der freilich kein Gefolge gefunden hat.

103 Personen, denen die auskunftsgebende Stelle demnach ausnahmsweise nicht aus Sonderrechtsverhältnis haftet, können eine **Haftung** allein **auf** § 826 BGB stützen – nach den beschriebenen Leitlinien, insbesondere wenn das Institut mit geschönter Auskunft eigene Interessen verfolgte, typischerweise die Rückführung eines Debet.[268] Gehaftet wird schon, wenn die Schädigung eines Kunden oder des anfragenden Instituts mit bedingtem Vorsatz gewollt war.[269]

104 **b) Gegenüber dem Auskunftssubjekt.** Dem Kunden, über den Auskunft erteilt wird, haftet das Institut für unzutreffende Auskunft – auch bei SCHUFA-Auskünften, obwohl hier der Fehler des Kreditinstituts erst über einen gestreckten Tatbestand in die Auskunft einfließt.[270] Wegen Beweisschwierigkeiten bei der Kausalität – Eingang in die SCHUFA-Auskunft und Auswirkung beim Anfragenden – ist in beiden Fällen wichtig, dass der Kunde Einsicht und Richtigstellung fordern kann (§§ 34 f. BDSG).[271]

V. Durchbrechungen im Steuer- und Strafrecht[272]

105 **1. Steuerrecht.** Zu unterscheiden ist zwischen dem Steuerstrafverfahren, für das die Grundsätze zum Strafverfahren gelten (§§ 399 ff. AO),[273] dem Steuerfahndungsverfahren (§ 208 AO), in dem das Bankgeheimnis fast ebenso weitreichend durchbrochen ist,[274] und dem Besteuerungsverfahren.

---

[268] BankR-HdB/*Bruchner/Krepold* § 40 Rn 62; BGH (Fn 101), NJW 1987, 1758 (1759); BGH (Fn 101), NJW 1992, 3167 (3174). Zu diesen Grundsätzen vgl. oben Zweiter Teil Rn 52.

[269] *Musielak* in: Hadding/Schneider (Hrsg.), Bankgeheimnis, S. 9 (40); *Bruchner/Stützle* Bankgeheimnis S. 125; auch BGH Urt. v. 28.6.1966 – VI ZR 287/64, WM 1966, 1150 (1152); BGH (Fn 101), WM 1976, 498 (500); BGH (Fn 101), NJW 1987, 1758 (1759); MünchKommBGB/*Wagner* § 826 Rn 61.

[270] Für die SCHUFA-Auskunft (zumal weil kein Sonderrechtsverhältnis zur SCHUFA besteht, die zudem zur Datenüberprüfung nicht verpflichtet ist): BGH (Fn 253), WM 1978, 999 (1001); *Vortmann* ZIP 1989, 80 (80 f.) (auch zu Löschungsansprüchen).

[271] BankR-HdB/*Bruchner/Krepold* § 41 Rn 20, 25 f. (auch zu Löschungsfristen wegen Zeitablauf). Gegenüber den Kreditinstituten: BGH (Fn 198), NJW 1984, 436. Allgemeiner gegenüber der speichernden Stelle: *Schaffland/Wiltfang* § 20 Rn 5–23, § 34 Rn 1–5, § 35 Rn 5–11.

[272] Zu weiteren Durchbrechungen im öffentlichen Recht etwa: BankR-HdB/*Krepold* § 39 Rn 282–288 (Verfahrensrecht), 289–297a (Vewaltungsverfahren, Sozialrecht, Bankauf-

sichtsrecht, Informationsfreiheitsgesetz); *Bruchner/Stützle* Bankgeheimnis S. 75–77; *Sichtermann/Feuerborn/Kirchherr/Terdenge* Bankgeheimnis S. 249–276 (auch Aktien- und Betriebsverfassungsrecht, wo jedoch das Bankgeheimnis entweder vorgeht oder die Regel die Bank als Arbeitgeber verpflichtet), 367–376.

[273] Vgl. unten Zweiter Teil Rn 107 ff. Dabei hat die selbstständig agierende Finanzbehörde die Befugnisse der Staatsanwaltschaft, bei Einschaltung der Staatsanwaltschaft nur diejenigen der Polizei: vgl. §§ 399, 401 AO; *Ungnade* WM 1976, 1210 (1218 f.). Zum Steuerstrafverfahren: *Haas/Müller* Steuerstrafrecht und Steuerstrafverfahren – Strategien und Praxis der Strafverteidigung, 2008; *Vogelberg* Durchsuchung und Beschlagnahme im Steuerrecht: Rechtsgrundlagen, Abwehrmaßnahmen, Verhaltensmaßregeln, 2010; *Hellmann* Das Neben-Strafverfahrensrecht der Abgabenordnung, 1995; *Flore/Dörn/Gillmeister* Steuerfahndung und Steuerstrafverfahren, 2. Aufl. 1999; *Flore/Tsambikakis*, Steuerstrafrecht – Kommentar, 2013; *Wabnitz* Handbuch des Wirtschafts- und Steuerstrafrechts, 4. Aufl. 2014.

[274] Allerdings findet im Folgenden beschriebene § 30a Abs. 5 AO Anwendung: Koch/Scholtz/*Krabbe* Abgabenordnung, 5. Aufl.

Stefan Grundmann

Das **Besteuerungsverfahren** regelt § **30a AO,** in dem der Kompromiss des früheren **106**
Bankenerlasses[275] übernommen wurde. Soweit darin das Bankgeheimnis zumindest berücksichtigt wird, wird dies mit der Gefahr des Kapitalabflusses ins Ausland und dadurch
hervorgerufener Zinssteigerung im Inland begründet.[276] Die Achtung des Vertrauensverhältnisses zwischen Bank und Kunden (§ 30a **Abs. 1** AO) ist geeignet, dem entgegenzu-
wirken. Umgekehrt spricht für eine umfassende Durchbrechung der Aspekt der Steuer-
gleichheit, hier der gleichmäßigen Durchsetzung von Steuerrecht auch gegenüber
Kapitalanlagen, ein Gesichtspunkt, den das BVerfG iE schwerer gewichtete[277] – ungewöhnlich, greift doch das BVerfG sonst in Abwägungsergebnisse zu grundsätzlich geschützten Interessen, die im politischen Prozess gefunden werden, nur bei Unvertretbarkeit
ein. § 30a **Abs. 2 und 3** AO verbieten dem Fiskus, ohne konkreten Anlass Kontendaten
vom Kreditinstitut zu erfragen oder selbst bei der Außenprüfung festzuhalten. Solche Maßnahmen sind also nur individualisiert und begründet zulässig (freilich auch zusammengefasst in Sammelanfragen zu mehreren individualisierten Konten).[278] Während herkömmlich von der Steuerehrlichkeit als Grundsatz ausgegangen wurde und ein konkreter Anlass
nicht etwa allein auf Grund statistischer Wahrscheinlichkeiten von Steuerhinterziehung
angenommen wurde,[279] wendet sich in jüngster Zeit das Blatt: So wird von solch einem
konkreten Anlass in der (vom BVerfG bisher aufrecht erhaltenen) Rechtsprechung einiger
Instanzgerichte generell bei Haltung von Auslandskonten ausgegangen.[280] Auch der BFH

1996, § 30a Rn 17. Zu diesem Verfahren:
Bilsdorfer DStR 1984, 498 (500 f.); *Ungnade* WM 1976, 1210 (1219 f.); *Haack*
NWB 1999, 213–222; *Ambos* Bankenermitt-
lungen der Steuerfahndung im In- und Ausland, 2012; *Flore/Dörn/Gillmeister*
(Fn 273); *Plewka/Heerspink* Steuerfahndung – So reagieren Sie richtig, 1999; *Mack*
Der Eingriff der Steuerfahndung, 1998; *Dei-
mel/Messner* Steuerfahndung in Banken –
Grundlagen, Grenzen und Hinweise für die
Praxis, 1998; *Streck/Spatscheck* Die Steuerfahndung, 4. Aufl. 2006; *Webel* Steuerfahndung – Steuerstrafverteidigung, 2. Aufl.
2014.

[275] Erlass des Bundesministers der Finanzen vom
31.8.1979, BStBl. 1979 I S. 590, auch abgedr.
in NJW 1979, 2190; dazu *Bilsdorfer* DStR
1984, 498 (501–506); *Söhn* NJW 1980,
1430; *Spitz* DStR 1981, 428 (bes. 430 f.); *Becker* Der Bankenerlass – Rechtmäßigkeit,
Wirkbereich und Bedeutung für die Bank-
und Steuerverwaltungspraxis, 1983; *Selmer*
Steuerrecht und Bankgeheimnis, S. 29–35.
[276] BT-Drucks. 11/2529 S. 47; Koch/Scholtz/
Krabbe (Fn 274), § 30a Rn 2; ausführlich
krit. *Neckels* DStZ 1989, 68–71.
[277] BVerfG Urt. 27.6.1991 – 2 BvR 1493/89,
BVerfGE 84, 239 (279) = NJW 1991, 2129.
[278] Koch/Scholtz/*Krabbe* (Fn 274), § 30a Rn 10,
16; auch BVerfG Urt. v. 7.3.1995 – 1 BvR
1564/92, BVerfGE 91, 191 (197) = NJW

1995, 3110 (3112); BVerfG Urt. v.
5.7.1995 – 1 BvR 2226/94, NJW 1996, 114
(115 f.); zu Kontrollmitteilungen bei CpD-
Konten (nicht legitimationsgeprüft) *Streck/
Peschges* DStR 1997, 1993; zur Zulässigkeit
von Sammelauskunftsersuchen („hinreichend veranlasst", keine „Ausforschung ins
Blaue hinein", es sind konkrete Umstände
darzulegen, die einen zusätzlichen Verdacht
begründen, der über die einfache Erfahrung
hinausgeht, dass Steuern hinterzogen werden) BFH Urt. v. 16.1.2009 – VII R 25/08,
BFHE 224, 201 = WM 2009, 1276 = NJW
2009, 1998; BFH Urt. v. 16.5.2013 – II R
15/12, BB 2013, 2081 (2087).
[279] Etwa Hübschmann/Hepp/Spitaler/*Hellwig*
Abgabenordnung – Finanzgerichtsordnung:
Kommentar, Stand: 214. EL 2011, § 30a
Rn 16; Klein/Orlopp/*Rüsken* Abgabenordnung – einschließlich Steuerstrafrecht,
6. Aufl. 1998, § 30a Anm. 3; *Tipke/Kruse*
Abgabenordnung – Finanzgerichtsordnung:
Kommentar, 16. Aufl. 4/1998 (Stand
8/2012), § 30a Rn 9.
[280] Vgl. mit Kritik, auch auf dem Hintergrund
der EU-Kapitalverkehrsfreiheit: *Leisner* BB
1994, 1941 (1945 f.); auch *Kretschmer*
wistra 2009, 180 (182 f.); jedoch auch
BFH Urt. v. 18.2.1997 – VIII R 33/95, NJW
1997, 2067 (2069) = BStBl. 1997 II S. 499
(503).

Stefan Grundmann

geht heute von einem restriktiven Verständnis des § 30a **Abs. 3** AO (und damit von einer weiten Auslegung von § 30a **Abs. 5** AO) jedenfalls für einzelne Fallgruppen aus: § 30a Abs. 3 AO entfalte „keine Sperrwirkung", wenn durch „eine für Steuerhinterziehung besonders anfällige Art der Geschäftsabwicklung" eine Kontrollmitteilung veranlasst sei.[281] Die Rechtsprechung des BVerfG wirkt sich auch auf § 30a **Abs. 5** AO aus, der bei Auskunftsersuchen (§ 93 AO) einen Subsidiaritätsgrundsatz, jedenfalls im Regelfall, statuiert: Danach „soll" zunächst beim Steuerpflichtigen selbst nachgefragt werden, wenn nicht der Erfolg ausgeschlossen erscheint.[282] Denn auch insoweit gilt für das Auskunftsersuchen, dass hinreichender Anlass bestehen muss und keine Auskünfte „ins Blaue hinein" nachgesucht werden dürfen.[283] **Standardisierte Auskunftspflichten** im Zusammenhang mit der Kapitalertragssteuer (Abschlag) bzw. im Erbfall regeln § 45d EStG bzw. § 33 ErbStG. Komplex ist die Abwicklung im **Verhältnis zum Ausland.**[284]

107 **2. Strafrecht. Kein Zeugnisverweigerungsrecht** folgt aus dem Bankgeheimnis im Strafprozess (§ 53 StPO) oder im Ermittlungsverfahren vor Staatsanwaltschaft (§ 161a StPO) oder Ermittlungsrichter (§ 162 StPO), es sei denn, der Zeuge müsste sich selbst oder nahe Angehörige belasten (§ 55 StPO). Keine Aussagepflicht besteht vor der Polizei (§ 161a StPO e contrario), auch wenn sie im Auftrag der Staatsanwaltschaft handelt.[285] Praktisch am wichtigsten ist die **Aussage vor der Staatsanwaltschaft (§ 161a StPO).** Grenzen liegen vor allem darin, dass der Zeuge ordnungsgemäß geladen werden[286] und nur über eigene Beobachtungen aussagen muss.[287]

108 Parallel besteht die Möglichkeit der **Beschlagnahme von beweisrelevanten Geschäftsunterlagen (§§ 94 Abs. 2, 98 StPO) und der Durchsuchung (§ 103 StPO).** Zulässig sind sie nur bei richterlicher Anordnung[288] oder Gefahr im Verzug (§§ 98, 105 StPO). Letztere ist

---

[281] BFH Urt. v. 9.12.2008 – VII R 47/07, BFHE 224, 1 = NJW 2009, 1437 (konkret: Buchungen auf einem CpD-Aufwandkonto, das nicht zu den nach § 154 Abs. 2 AO legitimationsgeprüften Konten zählte).

[282] Dazu ausf. BFH Urt. v. 30.3.2011 – I R 75/10, WM 2011, 863.

[283] Für die Unterscheidung zwischen hinreichend motivierten Nachfragen auch zu größeren Personengruppen und Nachfragen ins Blaue hinein: BFH Urt. v. 24.3.1987 – VII R 30/86, BFHE 149, 404 (406 f.) = NJW 1988, 2502; BFH Urt. v. 23.10.1990 – VIII R 1/86, BFHE 162, 539 (541) = WM 1991, 800.

[284] Vgl. *Eckl* Besteuerung von Zinserträgen; sowie – neben den rechtsvergleichenden Nachw. im Lit.verz. und den Standardkommentaren zu den Doppelbesteuerungsabkommen – vor allem im Verhältnis zur Schweiz und zu den USA: *Gehm* ZRP 2012, 45; *Wagner/Plüss* RIW 2012, 257 (beide Schweiz); *Höring* DStR 2012, 469 und *Zacher* Steueranwaltsmagazin 2012, 97 (USA).

[285] *Ungnade* WM 1976, 1210 (1214); *Selmer* Steuerrecht und Bankgeheimnis, S. 63;

BankR-HdB/*Krepold* § 39 Rn 226 f. (auch zur Möglichkeit, dass der Kunde dennoch Vollmacht zur Aussage erteilt, und zur Kostentragung in diesem Fall); *Kümpel/Wittig/ Merz* Rn 6.139; vgl. auch Überblick *Kretschmer* wistra 2009, 180 (180–182).

[286] Dazu *Ungnade* WM 1976, 1210 (1212); BankR-HdB/*Krepold* § 39 Rn 223; auch *Spitz* DStR 1981, 428 (429). Geladen wird in der Praxis über den Filialleiter, der aufgefordert wird, den betroffenen Sachbearbeiter zu entsenden.

[287] *Ungnade* WM 1976, 1210 (1211); BankR-HdB/*Krepold* § 39 Rn 224 f.; *Meyer-Goßner* § 69 StPO Rn 6; Heidelberger Kommentar/ *Gercke* § 69 StPO Rn 3.

[288] Nach hM gilt Gleiches (unabhängig vom abweichenden Wortlaut) für § 95 StPO, nach dem (wenn die Beweismittel wohl nicht aufgefunden und daher auch nicht beschlagnahmt werden könnten) auch die Herausgabe verlangt werden kann: *Selmer* Steuerrecht und Bankgeheimnis, S. 68; *Sichtermann/Feuerborn/Kirchherr/Terdenge* Bankgeheimnis S. 335 f.; BankR-HdB/*Krepold* § 39 Rn 202.

Stefan Grundmann

mangels gegenteiliger, gewichtiger Anhaltspunkte bei Kreditinstituten nicht anzunehmen (vermutete Zuverlässigkeit).[289] Die Beschlagnahmeanordnung muss bestimmt sein und dementsprechend muss die Durchsuchungsanordnung einem spezifizierten Vorwurf gelten.[290]

Strafprozessuale **Rechtmäßigkeitsvoraussetzung**[291] aller Maßnahmen ist weiterhin, **109** dass ein Anfangsverdacht vorlag und dass der Verhältnismäßigkeitsgrundsatz beachtet wurde. In der Praxis kommt das Institut häufig der Durchsetzung der Ladung und Beschlagnahme durch freiwillige schriftliche Auskunft bzw. Übersendung einer Kopie der fraglichen Geschäftsunterlage zuvor.[292]

3. Insbesondere: Geldwäschegesetz. **110**

a) **Geldwäsche nach § 261 StGB.** Der Straftatbestand der Geldwäsche (§ 261 StGB) wurde mit Gesetz zur Bekämpfung des illegalen Rauschgifthandels und anderer Erscheinungsformen der Organisierten Kriminalität (OrgKG)[293] eingeführt: Diesen Formen der organisierten Kriminalität sollte durch Erschwerung der Gewinnsicherung das Motiv entzogen werden. **Vortaten** sind (neben allen Verbrechen) herkömmlich und vor allem der Rauschgifthandel (§ 29 Abs. 1 Nr. 1 BtMG), auf den mit mehreren hundert Mrd. Dollar Umsatz weltweit jährlich zwischen einem Viertel und der Hälfte der Gewinne des organisierten Verbrechens entfallen, sowie Vergehen eines Mitglieds einer kriminellen oder terroristischen Vereinigung (§§ 129, 129a StGB). Dem **Volumen** entsprechend sind die internationalen Regelungsaktivitäten[294] und die Diskussion schon über Jahrzehnte intensiv (vgl. Schrifttum). § 261 StGB setzte Art. 1 der EG-Geldwäsche-Richtlinie um,[295] der die Einführung eines Verbots der Geldwäsche forderte. Zunehmend wurde jedoch der Kranz der Aufgreifdelikte erweitert und umfasst heute alle Verbrechen und – neben den Rauschgift-

---

[289] BankR-HdB/*Krepold* § 39 Rn 147; ähnlich *Spitz* DStR 1981, 428 (430); ausführlich *Ungnade* WM 1976, 1210 (1215–1217).

[290] BVerfG Urt. v. 3.9.1991 – 2 BvR 279/90, NJW 1992, 551 (552); ausführlich *Leisner* BB 1994, 1941 (1942–1945); BankR-HdB/*Krepold* § 39 Rn 159; *Spitz* DStR 1981, 428 (430). Zur Behandlung von Zufallsfunden vgl. § 108 StPO und die Kommentare hierzu sowie *Ronsdorf* Die Beschlagnahme von Zufallsfunden bei Durchsuchungen, 1993.

[291] Zu den wichtigsten Rechtsmitteln und Reaktionsmöglichkeiten vgl. die Standardkommentare zu §§ 98 Abs. 2 S. 2, 304 und 406e stPO.

[292] Kein Pflichtverstoß des Instituts und aus Sicht des Staates wohl gar das mildeste Mittel: *Sichtermann/Feuerborn/Kirchherr/Terdenge* Bankgeheimnis S. 332 f.; BankR-HdB/*Krepold* § 39 Rn 180–186; *Spitz* DStR 1981, 428 (429); auch *Ungnade* WM 1976, 1210 (1213 f.).

[293] BGBl. 1992 I S. 1302, idF BGBl. 1998 I S. 3322; BT-Drucks. 12/989; zum zusätzlichen Instrumentarium der Geheimdienste (insbes. Durchbrechungen des Bankgeheim-

nisses bei der internationalen Terrorismusbekämpfung) vgl. etwa *Kretschmer* wistra 2009, 180 (183). Zur Unterstützung der Strafverfolgung auch durch die Bankaufsicht vgl. § 24c KWG und diesbezügliche Kommentierungen.

[294] Zu diesen (unter ihnen vor allem die sog. Basler Grundsatzerklärung der G7-Staaten, Europaratsinitiativen und die EG-Richtlinie, nächste Fn): Herzog/*Herzog/Achtelik* Einl. Rn 58–93; *Häde* EuZW 1991, 553 (bes. 554–556); *Fülbier/Aepfelbach/Langweg* Einl. Rn 36–56; *Hoyer/Klos* Geldwäsche S. 95–176 (letztere beide mit rechtsvergleichendem Überblick S. 405–462 bzw. 95–176 zu Frankreich, Großbritannien [nur *Fülbier*], Liechtenstein [nur *Hoyer*], Luxemburg, Österreich, Schweiz, USA).

[295] Richtlinie 2015/849 des Europäischen Parlaments und des Rates vom 20. Mai 2015 zur Verhinderung der Nutzung des Finanzsystems zum Zwecke der Geldwäsche und der Terrorismusfinanzierung, ABl. EU 2015 L 141/73 (noch nicht umgesetzt); zuvor: Richtlinie 2005/60/EG des Europäischen Parlaments und des Rates vom 26.10.2005 zur

delikten – auch solche Vergehen wie Bestechung und Bestechlichkeit, Steuerstraftaten und die (bloße) Vorbereitung schwerer staatsgefährdender Gewalttaten, ansonsten eine Reihe von Vergehen, wenn sie gewerbsmäßig durchgeführt werden. Damit steigt auch das praktische Ausmaß der Identifizierungs-, Aufzeichnungs- und Meldepflichten, die dem Kreditwesen in diesem Zusammenhang auferlegt werden (unten Zweiter Teil Rn 113 f.).

111   Bestraft wird die **Beihilfe** zur Sicherung des Gewinns aus der Vortat: Bargeldsummen aus Verbrechen – teils Vergehen – sollen so in den Geldkreislauf eingespeist werden (in Buchgeld umgewandelt werden), dass ihre Herkunft plausibel und nicht mehr verdächtig erscheint. Die Beihilfe hierzu erfolgt in **drei Phasen:**[296] zunächst wird Bar- in Buchgeld umgewandelt („placing") und schon hierbei die Rückverfolgung erschwert, indem große Summen in kleine, ungleiche zerlegt („smurfing"), Strohmänner oder -firmen einzahlen und Länder oder Orte gewählt werden, in/an denen die Bargeldeinzahlung als solche nicht registriert wird;[297] dann wird die Valuta vielfach transferiert und so die Spur verwischt;[298] zuletzt wird sie rücktransferiert an den Initiator der Geldwäsche, nun auf Grund fingierter Rechnungen für angeblich erbrachte Leistungen.[299] Eine alternative Form besteht darin, Bargeld durch Ausstellen fingierter Rechnungen in Branchen zu „legitimieren", in denen Bargeld in großem Umfang eingenommen wird, etwa in Lokalen.[300] **Tathandlung**[301] ist das Verbergen der Beute und ihrer Herkunft sowie die Behinderung von Ermittlung und Verfall/Einziehung/Sicherstellung (§ 261 Abs. 1 StGB) sowie, vorgelagert, bereits ein Sichverschaffen oder Verwahren (Abs. 2). Strafbar ist die vorsätzliche Begehung, bezüglich Wissen um die Vortat genügt Leichtfertigkeit (Abs. 5). **Straffrei**[302] bleibt der Täter, der die Tat freiwillig, insbesondere bevor sie (nach subjektiver, vernünftiger Sicht) entdeckt ist, offenbart und ihren Erfolg rückgängig macht (Abs. 9). All dies betrifft **nicht spezifisch die**

Verhinderung der Nutzung des Finanzsystems zum Zwecke der Geldwäsche und der Terrorismusfinanzierung, ABl.EG 2005 L 309/15; zuvor (in den hier relevanten Art. 1 und 2 weitgehend inhaltsgleich): Richtlinie 91/308/EWG des Rates vom 10.6.1991 zur Verhinderung der Nutzung des Finanzsystems zum Zwecke der Geldwäsche, ABl. EG 1991 L 166/77; Vorschläge vom 28.4.1990 bzw. 19.12.1990, ABl. EG 1990 C 106/6 bzw. ABl. EG 1990 C 319/9; Stellungnahmen ABl. EG 1990 C 332/86 (Wirtschafts- und Sozialausschuss) und ABl. EG 1990 C 324/264 (Europäisches Parlament); Gemeinsamer Standpunkt ABl. EG 1991 C 129/90.

[296] Zum Drei-Phasen-Modell Herzog/*Herzog/Achtelik* Einl. Rn 7–11.

[297] Hierzu, auch zur Nutzung von Casinos und Wechselstuben: *Ackermann* Geldwäscherei S. 15–31; *Carl/Klos* Geldwäsche S. 11 f., 27–36; *Klippl* Geldwäscherei S. 7 f.; *Körner/Dach* Geldwäsche S. 28.

[298] *Ackermann* Geldwäscherei S. 40–49 (auch zu weiteren „Unterstützungsfaktoren"); *Carl/Klos* Geldwäsche S. 12 f., 32, 234; *Klippl* Geldwäscherei S. 8 f.; *Körner/Dach* Geldwäsche S. 28–30.

[299] *Ackermann* Geldwäscherei S. 9 (auch zu verschiedener Modellbildung); *Carl/Klos* Geldwäsche S. 13, 134; *Klippl* Geldwäscherei S. 9 f.

[300] *Ackermann* Geldwäscherei S. 31 f.; *Carl/Klos* Geldwäsche S. 14–27; *Fülbier/Aepfelbach/Langweg* Einl. Rn 15; *Körner/Dach* Geldwäsche S. 31.

[301] Dazu neben den Standardkommentaren etwa *Fülbier/Aepfelbach/Langweg* § 261 StGB Rn 10–50; *Körner/Dach* Geldwäsche S. 14–27; *Ungnade* WM 1993, 2069 (2070 f.).

[302] Dazu neben den Standardkommentaren etwa *Fülbier/Aepfelbach/Langweg* § 261 StGB Rn 70–117; *Körner/Dach* Geldwäsche S. 38–40; *Ungnade* WM 1993, 2069 (2073), Mitarbeiter von Kreditinstituten, die inkriminierte Gelder annehmen, machen sich grundsätzlich wegen Geldwäsche zumindest leichtfertig strafbar. Wenn nach einer durchgeführten Transaktion, die der Geldwäsche diente, gem. § 11 Abs. 1 Satz 1 GwG eine externe Verdachtsmeldung erstattet wird, ist Abs. 9 hilfreich, *Diergarten* Geldwäsche, S. 526 f.

Kreditinstitute;[303] jedermann kann Täter sein. Neben die strafrechtlichen Sanktionen treten, wenn das Verstoßgesetz auch auf den Schutz von Privatrechtssubjekten angelegt ist, auch **Schadensersatzansprüche**, namentlich nach § 823 Abs. 2 BGB, etwa wenn die Vortat gewerbsmäßiger Betrug ist.[304]

b) **Geldwäschegesetz.** Den zweiten Teilakt der Umsetzung der europäischen Vorgaben **112** bildet das Geldwäschegesetz (GwG), welches in Umsetzung der dritten EG-Geldwäsche-Richtlinie (Fn 295) zum 13.8.2008 und dann mit dem Optimierungsgesetz zum Dezember 2011 bzw. März 2012 neu gefasst wurde.[305] Neben der Zusammenarbeit von Behörden (§§ 10, 14, 16a GwG), Organisationspflichten der Kreditinstitute zur Prävention von Geldwäsche (§ 9 GwG),[306] und Bußgeldfragen (§ 17 GwG) regelt das Gesetz für die Verpflichteten (§ 2 GwG) **allgemeine Sorgfaltspflichten** (§ 3 GwG), die der Aufdeckung von Geldwäsche dienen sollen. Nach § 3 Abs. 2 GwG entstehen diese Sorgfaltspflichten bei der Begründung einer Geschäftsbeziehung (Nr. 1), bei Transaktionen außerhalb von Geschäftsbeziehungen mit einem Wert von mehr als 15000,– Euro, auch gestückelt (Nr. 2), sowie bei konkreten Verdachtsmomenten für eine Tat nach § 261 StGB oder einen Zusammenhang zur Terrorismusfinanzierung (Nr. 3) oder Zweifeln hinsichtlich der Angaben zur Identität des Vertragspartners (Nr. 4). Zur Konkretisierung dieser rahmenhaft umrissenen Pflicht werden zwei Hauptinstrumente näher ausgestaltet:

c) **Insbesondere: Identifizierungs- und Aufzeichnungspflicht (§ 3 Abs. 1 Nr. 1 und 4** **113** **iVm §§ 4 und 8 GwG).** Die allgemeinen Sorgfaltspflichten des § 3 Abs. 1 GwG sind insbesondere als Identifizierungs- und Aufzeichnungspflicht in §§ 4 und 8 GwG näher ausgestaltet, die bereits placing und smurfing (Phase 1) nachvollziehbar machen sollen. Zu identifizieren ist der Vertragspartner anhand von Ausweispapieren bzw. bei juristischen Personen einem Handelsregisterauszug (§ 4 Abs. 4 GwG)[307] – anders als nach § 154 AO auch der wirtschaftlich Berechtigte iSv § 1 Abs. 6 GwG, dh die natürliche Person, in deren Eigentum oder unter deren Kontrolle der Vertragspartner des Verpflichteten letztlich steht.[308] Der wirtschaftlich Berechtigte ist durch den Vertragspartner offenzulegen (§ 4 Abs. 6 S. 2 und 3 GwG). Das Sicherungssystem ist als ganzheitliches angelegt, das sich durch nachvollziehbare Historisierung und durch Rasterung auszeichnet.[309] Alle erhobe-

---

303 Zu ihnen monographisch: *Flatten* Zur Strafbarkeit von Bankangestellten bei der Geldwäsche, 1996; *Werner* Bekämpfung der Geldwäsche in der Kreditwirtschaft, 1996; *Fischer* Die Strafbarkeit von Mitarbeitern der Kreditinstitute wegen Geldwäsche, 2011; auch *Wohlschlägl-Aschberger* Praxiswissen Geldwäsche, 2011; insbesondere zum Wertpapierhandel Herzog/*Herzog/Achtelik* Einl. Rn 53.

304 BGH Urt. v. 19.12.2012 – VIII ZR 302/11, WM 2013, 259.

305 Gesetz über das Aufspüren von Gewinnen aus schweren Straftaten (Geldwäschegesetz – GwG) v. 13.8.2008, BGBl. 2008 I S. 1690, ber. 2009 I S. 816; Änderungen: BGBl. 2009 I S. 1346; 2009 I S. 1506; 2009 I S. 2437; 2011 I S. 288; 2011 I S. 1126; 2011 I S. 2427; 2011 I S. 2959: zu den Novellen *Höche/Roß-*

nagel WM 2012, 1505; sowie (bes.zur Letztgenannten) *Bentele/Schirner* ZBB 2012, 303.

306 Dazu *Findeisen* Die Effektivierung des bankinternen Sicherungssystems zur Verhinderung der Geldwäsche, 6/1996 und 10/1996; *Fülbier/Aepfelbach/Langweg* § 14 (mwN); *Hoyer/Klos* Geldwäsche S. 282–284; zu den Verschärfungen in jüngerer Zeit *Bentele/Schirner* ZBB 2012, 303 (307–309).

307 Näher hierzu etwa *Körner/Dach* Geldwäsche S. 87–89, 95–98; *Hoyer/Klos* Geldwäsche S. 253.

308 Dazu Kommentierungen der Norm und etwa *Höche/Roßnagel* WM 2012, 1505 (1506), dort auch näher zur Identifizierungspflicht a.a.O. 1507.

309 Dazu Kommentierungen der Norm und etwa *Barleon* in: *Arzt/Barleon/u.a.* Kontoführung, Rn 20–25.

---

nen Angaben sind durch den Verpflichteten nach § 8 GwG aufzuzeichnen. Zu melden sind die Aufzeichnungen erst, wenn ein Verdacht der Geldwäsche oder der Terrorismusfinanzierung besteht (§ 11 GwG), ausreichend ist hierfür ein Anfangsverdacht iSv § 152 Abs. 2 StPO.[310]

114   **d) Insbesondere: Meldepflicht (§§ 11 f. GwG).** In Umsetzung von Art. 20–27 der 3. EG-Geldwäsche-Richtlinie (Fn 295) sehen §§ 11 f. GwG eine Meldepflicht der Kreditinstitute bei Geldwäscheverdacht vor, die diese nicht übermäßig belasten sollte. Sie zielt, anders als die Identifizierungspflicht, auf alle drei Phasen der Geldwäsche. Hierfür wird das **überlegene Wissen von Kreditinstituten und Spielbanken genutzt** – nicht mehr. Daher schulden sie nur den Hinweis, nicht weitere Verfolgung.[311] Daher treffen sie Sanktionen nur im Falle von Vorsatz und grober Fahrlässigkeit/Leichtfertigkeit, sowohl wenn sie zu Unrecht anzeigen (§ 13 GwG),[312] als auch, wenn sie zu Unrecht nicht anzeigen (sanktioniert nach § 261 Abs. 1, 2 und 5 StGB und nach § 17 Abs. 1 Nr. 14 GwG). Umgekehrt dürfen sie ihren Aufklärungsbeitrag nicht durch Informierung des Kunden zunichte machen (§ 12 GwG, mit Bußgeldbewehrung nach § 17 Abs. 1 Nr. 15 GwG). Das überlegene Wissen besteht darin, dass den Kreditinstituten bei einer (auch nur versuchten) Finanztransaktion ein **zweifacher Verdacht** kommt:[313] dahingehend, dass die Gelder aus einer der in § 261 StGB genannten Straftaten stammen und dass im konkreten Fall das Institut und Finanzsystem zur Wäsche dieser Gelder genutzt werden. Der Verdacht muss durch „Tatsachen" begründet sein, ohne dass diese benannt würden – weder positiv noch negativ.[314] Die Schwelle nach § 3 Abs. 2 Nr. 2 GwG muss nicht erreicht werden. Die kurzzeitige Sperre der Transaktion (§ 11 Abs. 1a GwG) soll der Staatsanwaltschaft erlauben, besser zu reagieren oder sofort zuzugreifen, nicht das Institut fordern.

---

[310] BankR-HdB/*Fischbeck* § 42 Rn 398; zu den Verschärfungen in jüngerer Zeit *Bentele/Schirner* ZBB 2012, 303 (305–307); *Höche/Roßnagel* WM 2012, 1505 (1506–1511).

[311] Bundesaufsichtsamt für das Kreditwesen, Schreiben vom 30.12.1997, Maßnahmen der Finanzdienstleistungsinstitute zur Bekämpfung und Verhinderung der Geldwäsche, abgedr. in *Carl/Klos* Geldwäsche S. 360–376; BaK, Schreiben vom 30.3.1998, Maßnahmen der Kreditinstitute zur Bekämpfung und Verhinderung der Geldwäsche, abgedr. in *Carl/Klos* Geldwäsche S. 377–395; *Fülbier/Aepfelbach/Langweg* S. 349–368; für eine weitergehende Verpflichtung zur Informationsverarbeitung durch das Kreditinstitut *Herzog* WM 1996, 1753 (1756); krit. zur Änderung der Verdachtsmeldung durch die Reform im Optimierungsgesetz Geldwäscheprävention ab 2012: *Höche/Roßnagel* WM 2012, 1505 (1509–1511).

[312] Dazu etwa *Höche/Roßnagel* WM 2012, 1505 (1510). Andernfalls kommen vertrags-

rechtliche Schadensersatzansprüche in Betracht sowie solche aus § 823 Abs. 2 BGB iVm. §§ 145d, 164 StGB. Vgl. ie *Fülbier/Aepfelbach/Langweg* § 12 Rn 13 f.; ie *Ungnade* WM 1993, 2105 (2112); *Körner/Dach* Geldwäsche S. 70.

[313] OLG Frankfurt Beschl. v. 17.12.2012 – 19 U 210/12, juris; *Körner/Dach* Geldwäsche S. 54; ebenso *Ungnade* WM 1993, 2105 (2110 f.); ähnlich *Hetzer* NJW 1993, 3298 (3300); zu den Verschärfungen in jüngerer Zeit *Bentele/Schirner* ZBB 2012, 303 (310); zweifacher Verdacht nicht erforderlich: nach *Carl/Klos* Geldwäsche S. 272.

[314] OLG Frankfurt vorherige Fußnote; Beispielsfälle bei *Fülbier/Aepfelbach/Langweg* § 11 Rn 78 f. und § 261 StGB Rn 118–155; *Körner/Dach* Geldwäsche S. 56–60, 104–107, 162–164 (in beiden Werken auch Hinweise auf von öffentlichen Stellen erarbeitete Kataloge, teils mit Abdruck).

VI. Sonstige Durchbrechungen im Zivilrecht

1. Grundsatz. Unbenannte Durchbrechungen im Zivilrecht werden auf **Interessen des** **115**
Kreditinstituts oder Dritter gestützt – teils auch nur im Wege der Beweiswürdigung.[315] Der
erstgenannte Fall (Durchbrechung des Bankgeheimnisses im Institutsinteresse) unterfällt in
zwei Gruppen: In der einen würde bei Achtung des Bankgeheimnisses die Verwertung eines
Anspruches, den das Institut gegen den Kunden hat, beeinträchtigt,[316] etwa wenn es zur
Durchsetzung seiner Kreditforderung ein Inkassounternehmen einschalten will oder eine
sicherungszedierte Forderung des Kunden verwertet werden muss (Verwertungsreife), um
eine Kreditforderung gegen den Kunden zu bedienen. Hier darf dem Inkassounternehmen
die nötige Information zum Kredit gegeben und dem Drittschuldner die Sicherungszession
aufgedeckt werden.[317] Dabei gilt der Grundsatz: Ein Aufdecken ist umso eher durch
berechtigte Interessen gerechtfertigt (bzw. die Rechtmäßigkeit der Abtretung ist umso eher
zu bejahen), je mehr der Schuldner die Gefahr begründet oder zu begründen scheint, dass
die jeweilige Forderung des Kreditinstituts nicht planmäßig erfüllt und solchermaßen entwertet wird.[318] Für Transaktionen wie die Fusion wird daher praktisch einhellig von einer
pauschalen Zulässigkeit der Übertragung im Wege der Gesamtrechtnachfolge ausgegangen,[319] für eine Nutzung der Ausgliederung zum Zwecke der Übertragung eines großen

---

[315] Eine Aufdeckung durch das Institut wird
dann zwar für unzulässig gehalten, die Weigerung des Kunden, vom Bankgeheimnis zu
entbinden, jedoch zu seinen Lasten gewertet.
Pauschal so etwa OLG Celle Urt. v.
7.1.1981 – 3 U 107/80, ZIP 1981, 1323
(1324). Zu Recht für solch eine Beweiswürdigung wohl nur in den Fällen, in denen die
Weigerung unberechtigt war: BGH Urt. v.
20.6.1967 – VI ZR 201/65, NJW 1967,
2012 (2012); *Sichtermann/Feuerborn/Kirch-
herr/Terdenge* Bankgeheimnis S. 213. Dann
ist jedoch die Durchbrechung des Bankgeheimnisses der direktere Weg.

[316] *Grundmann* Treuhandvertrag S. 226; auch
etwa *Zöllner* ZHR 149 (1985), 179 (195).

[317] Zum Ersten *Canaris* Bankvertragsrecht
Rn 61a (m. Nachw. zur Gegenansicht);
BankR-HdB/*Krepold* § 39 Rn 46; *Schönle*
(Fn 172), S. 45; einschränkend (häufig unab-
tretbar): *Radbruch* Bankgeheimnis S. 104 f.;
Sichtermann/Feuerborn/Kirchherr/Terdenge
Bankgeheimnis S. 183 f. Zum zweiten
BankR-HdB/*Krepold* § 39 Rn 53.

[318] BGH (Fn 193), NJW 2011, 3024 (3025);
BGH (Fn 193), WM 2009, 2307 (2308);
BGH (Fn 193), BGHZ 171, 180 (184–190)
(Bankgeheimnis und BDSG stehen jedenfalls
einer wirksamen Abtretung nicht entgegen);
BGH Urt. v. 3.12.2010 – V ZR 200/09, BKR
2011, 291; BGH (Fn 193), BGHZ 183, 60
(62–66) (auch keine Nichtigkeit der Abtre-
tung wegen Verstoßes gegen § 203 StGB bei
Sparkasse als Zedentin), dazu *Kramme* Kon-

flikt zwischen dem Bankgeheimnis und Refinanzierungsabtretungen, S. 183–186. Gegenläufige Entscheidung vor allem in: OLG
Frankfurt/M. Urt. v. 25.5.2004 – 8 U 84/04,
NJW 2004, 3266; ausf. im Hinblick auf das
BDSG: *Hoeren* ZBB 2010, 64 (Handel mit
„non-peforming loans"); und im Hinblick
auf das Bankgeheimnis *Contrael* Abwick-
lung notleidender Kreditverhältnisse; prak-
tisch einhellig für Zulässigkeit schon vor
Klärung durch den BGH die Flut der Literatur, vgl. nur *Adolff* FS Heldrich 2005, S. 3;
Beucher/Räther/Stock AG 2006, 277; *Böhm*
BB 2004, 1641; *Bruchner* BKR 2004, 394;
Bütter/Aigner BB 2005, 119; *Bütter/Tonner*
ZBB 2005, 165; *Cahn* Bankgeheimnis und
Forderungsverwertung, WM 2004, 2041;
Domke/Sperlich BB 2008, 342; *Hoeren* ZBB
2010, 64 (BDSG); *Hofmann* BKR 2008,
241; *Hofmann/Walter* WM 2004, 1566; *Jobe* ZIP 2004, 2415; *Klüwer/Meister* WM
2004, 1157; *Koch* BKR 2006, 182; *Kuder*
ZInsO 2004, 903; *Nobbe* WM 2005, 1537;
ders. ZIP 2008, 97; *Rinze/Heda* WM 2004,
1557; *Schalast/Safran/Sassenberg* NJW
2008, 1486; *Schilmar/Breiteneicher/Wieden-
hofer* DB 2005, 1367; *Sester/Glos* DB 2005,
375; *v. Sievers* ZInsO 2005, 290; *Stiller* ZIP
2004, 2027; *Toth-Feher/Schick* ZIP 2004,
491; auch *Reifner* BKR 2008, 142.

[319] Vgl nur *Bitter* ZHR 173 (2009), 379
(380–384 und 394–403); *Marsch-Barner*
ZHR 165 (2001), 426 (429 f.); *Scharf* Umwandlung und Datenschutz, 2008, S. 19 ff.

Kreditportfolios als Ganzem zumindest weit überwiegend.[320] In der anderen Fallgruppe greift der Kunde in vorhandenes Vermögen des Kreditinstituts ein, vor allem durch unberechtigte Kritik oder Verleumdung; zur Abwehr darf das Kreditinstitut Informationen aufdecken, die dem Bankgeheimnis unterfallen.[321] Von der Vertrauenstheorie her argumentiert, wäre jeweils die Schutzwürdigkeit des Kundenvertrauens zu verneinen. Die veränderte Interessenlage erklärt sich jedoch weniger auf Kunden- als auf Kreditinstitutsseite. Daher ist „Schutzwürdigkeit" präziser zu fassen, wenn man die Durchbrechung des Bankgeheimnisses auf den Umstand stützt, dass andernfalls das Kreditinstitut in seinem eigenen Vermögen bzw. Investment verletzt würde. Dann nämlich hält das Institut die Kundeninformation nicht mehr „unentgeltlich" und darf daher nicht mehr nur auf das Kundeninteresse abgestellt werden. Für den Datenschutz sind exakt diese zwei Aspekte nach § 28 Abs. 1 Nr. 1 und 2 BDSG beachtlich (einerseits wirtschaftliche Nutzung der Forderung/des Vertragsverhältnisses, andererseits „berechtigte Interessen" an Verteidigung).

116   Parallel verlaufen die Bewertungsleitlinien in den Fällen, in denen unbenannte Durchbrechungen im Zivilrecht auf **Interessen Dritter** gestützt werden. Wiederum sind für den Datenschutz § 28 Abs. 1 Nr. 1 und 2 BDSG sowie ggf. § 28a BDSG maßgeblich. Überwiegend wird darauf abgestellt, ob eine Notwehr- oder Nothilfesituation zugunsten des Dritten bestehe, und ansonsten eine Interessenabwägung zwischen Kunden und Dritten nach § 242 BGB vorgeschlagen.[322] Während der erste Tatbestand im Grundsatz unanzweifelbar ist,[323] würde mit der Zulassung einer allgemeinen Interessenabwägung das Bankgeheimnis letztlich zur Disposition gestellt.[324] Die zweite Fallgruppe kann nur klar gefasst werden, wenn auf das Rechtsverhältnis abgestellt wird, in dem der Konflikt angesiedelt ist: Soweit der Dritte gegen den Kunden einen Auskunftsanspruch hat, ist auch das Bankgeheimnis durchbrochen,[325] wobei freilich das Kreditinstitut in Zweifelsfällen, wie auch sonst im Bankgeschäft, keine Schiedsrichterrolle übernehmen muss.

(m.w.Nachw.); *Zöllner* ZHR 165 (2001), 440 (446 ff.) (ebenfalls das Interessengefüge im Ausgangsvertrag in den Mittelpunkt stellend); aA *Wenger/Widmann/Wengert* NJW 2000, 1289; ausf. und differenzierend *Schaffland* NJW 2002, 1539.

[320] Vgl nur BankR-HdB/*Krepold* § 39 Rn 72; *Nobbe* ZIP 2008, 97 (99); *Wittig* in: Bankrechtstag 2005, 2006, S. 147; aA *Bitter* ZHR 173 (2009), 380 (384–387 und 403–433) (weil Unternehmensübertragung nicht Zweck der Transaktion; dort ausf. auch zu den Verstoßfolgen); und (implizit) auch *Wenger/Widmann/Wengert* NJW 2000, 1289.

[321] BGH (Fn 172) DB 1953, 1031 (1031); *Bruchner/Stützle* Bankgeheimnis S. 28; *Sichtermann/Feuerborn/Kirchherr/Terdenge* Bankgeheimnis S. 181; zu vergleichbaren fehlerhaften Berichtsstattungen im Zusammenhang mit Kreditverkäufen (zum Verkauf selbst Nachw. in den drei vorige Fußnoten): *Schalast/Safran/Sassenberg* BB 2008, 1126.

[322] Etwa *Canaris* Bankvertragsrecht Rn 59 f.; *Kümpel/Wittig/*Merz Rn 6.131 (noch expliziter die Erstaufl.); *Weber/Hoffmann* BuB Fn 2/924, 2/926 f.; auch *Schalast/Safran/Sassenberg* BB 2008, 1126.

[323] Vgl. nur *Canaris* Bankvertragsrecht Rn 59; entscheidend ist der rechtswidrige Eingriff in vorhandenes Vermögen des Dritten: näher *Grundmann* Treuhandvertrag S. 340 f.

[324] BankR-HdB/*Krepold* § 39 Rn 89; *Canaris* Bankvertragsrecht Rn 73.

[325] *Grundmann* Treuhandvertrag S. 338–340 (auch zur entsprechenden Grenzziehung bei Geschäftsgeheimnissen und sogar beim [Vollstreckungs-]Zugriff auf andere Werte als Information). Fallmaterial aaO sowie unten Zweiter Teil Rn 117–121, der 1. Senat des BGH hat diese Frage dem EuGH zur Vorabentscheidung vorgelegt, BGH Beschl. v. 17.10.2013 – I ZR 51/12 = anhängig EuGH Az: C-580/13.

2. Hauptfälle.   **117**

a) Bankgeschäftsübergreifend. Wichtige Durchbrechungen gelten in allen Bankge-schäften. **Interessen des Kreditinstituts** begründen solche Ausnahmen, soweit es in seinem **guten Ruf** (und potentiell Vermögen) angegriffen wird. Entsprechendes gilt, wenn der Kunde sich weigert, Strafen (etwa **Zwangsgelder) zu ersetzen,** die gegen das Kreditinstitut im Ausland verhängt werden, weil es – um das deutsche Bankgeheimnis zu wahren – die Aussage verweigert.[326] Die Aufdeckung des Bankgeheimnisses ist weiter zulässig, wenn dies notwendig ist, um Ansprüche und (Vertrags-)Rechte des Instituts gegen den Kunden zu realisieren. Am umstrittetsten, praktisch wichtigsten und auch besonders paradigma-tisch hierfür ist der Problemkreis Forderungsabtretung.[327] Die **Abtretung einer Bankfor-derung an ein seriöses Inkassounternehmen** darf daher mit der notwendigen Sicherungs-zession (etwa künftiger Lohnansprüche durch den Kunden) dem **Drittschuldner offenbart** werden, wenn die Forderung überhaupt abgetreten werden durfte.

Interessen anderer Kunden begründen solch eine Durchbrechung, wenn sein Vermögen   **118** rechtlich relevant angegriffen wird. Der Hauptfall von **bevorstehender Zahlungsunfähig-keit, Insolvenz** etc. ist nicht schlicht durch Interessenabwägung zu lösen,[328] sondern im Lichte gesetzgeberischer Wertungen. Daher sind Vermögensverschlechterungen erst aufzu-decken, wenn der Kunde durch Nichtaufdeckung rechtswidrig handelt, insbesondere wenn Insolvenzstraftatbestände (§§ 283 ff. StGB) verwirklicht sind. Dabei greift der weiche Auf-fangtatbestand in § 283 Nr. 8 StGB nach hM bei schlichtem Unterlassen nicht ein.[329] Bei laufenden, nicht unrealistischen Sanierungsbemühungen besteht noch keine Aufklärungs-pflicht des Kunden und hat das Bankgeheimnis Bestand.[330] Informationsansprüche gegen den Kunden haben Dritte etwa in den Fällen von §§ 809 f. BGB, und deswegen ist insoweit auch das Bankgeheimnis durchbrochen.[331] Entsprechendes gilt für die Fälle von § 840 ZPO.[332]

b) In einzelnen Bankgeschäften. Speziell **im Zahlungsgeschäft** ist daran zu erinnern,   **119** dass das Bankgeheimnis auch von anderen Instituten in der Kette zu wahren ist.[333] Durch-brochen ist es (idR schon auf Grund konkludenter Zustimmung) im Scheckverkehr für die Scheckbestätigung durch das Institut (derzeitig Deckung vorhanden), wohl nicht entspre-

---

326 Zur Rufschädigung Nachw. oben Fn 315. Zu Zwangsgeldern u.ä. *Kümpel/Wittig/*Merz Rn 6.134; vgl. auch *Kleiner* FS Bärmann, 1975, S. 523 (525–532).

327 Nachw. oben Fn 317 f.; die Diskussion vor allem im Anschluss an das Urteil des OLG Frankfurt vom 25.5.2004, auch der Grund-satzaufsatz von *Nobbe* WM 2005, 1537 und die meisten im Folgenden zitierten Beiträge.

328 So BGH (Fn 62), NJW 1991, 693; *Sichter-mann/Feuerborn/Kirchherr/Terdenge* Bank-geheimnis S. 182; BankR-HdB/*Krepold* § 39 Rn 88–92; *Canaris* Bankvertragsrecht Rn 60; MünchKommBGB/*Schubert* § 242 Rn 250.

329 Strafbares Handeln durch Unterlassen nur bei Vorliegen einer Garantenpflicht: statt al-ler Leipziger Kommentar/*Tiedemann* § 283 StGB Rn 159 (1. Alt.) und 171 f. (2. Alt.).

330 *Schönle* (Fn 172) S. 49; BGH Urt. v. 16.1.1969 – II ZR 76/66, BB 1969, 655 (655 f.); BGH (Fn 62) BGHZ 166, 84 (91–96) (Kirch/Deutsche Bank); e contra-rio MünchKommBGB/*Schubert* § 242 Rn 250.

331 *Canaris* Bankvertragsrecht Rn 61 (mit weite-ren vergleichbaren Beispielen); aA *Sichter-mann/Feuerborn/Kirchherr/Terdenge* Bank-geheimnis S. 180.

332 *Behr* Jurist. Büro 1998, 626; *Rehbein* ZHR 149 (1985), 139 (142); *Steindorff* ZHR 149 (1985), 151 (153); *Sichtermann/Feuerborn/ Kirchherr/Terdenge* Bankgeheimnis S. 376–380; *Kümpel/Wittig/*Merz Rn 6.137; *Schönle* (Fn 172) S. 45.

333 Oben Zweiter Teil Rn 78.

chend im Lastschriftverkehr.[334] Außerdem dürfen Person und Adresse bei nicht eingelöstem Scheck etc. bekanntgegeben werden.[335]

120 Speziell **im Kreditgeschäft** stehen Fragen der Überschuldung und Insolvenz des Kunden im Vordergrund, dh. ab welchem Stadium diese Dritten, die Kredit gewähren oder bürgen wollen, zu offenbaren ist.[336] Fraglich ist dort außerdem, ob der Bürge Auskunft über Höhe und sonstige Absicherung der gesicherten Forderung verlangen kann. Meist wird er hiervon schlicht seine Zustimmung abhängig machen; jedoch auch nach Abgabe der Erklärung hat er einen Auskunftsanspruch gegen den Hauptschuldner, wenn nicht die Sicherheit ohne dessen Zutun bestellt wurde.[337]

121 Speziell **im Investment Banking** gehen die Informationsansprüche gegen Emittenten ungleich weiter und ist nicht erst bei Insolvenzstraftaten aufzuklären. Demgemäß ist auch das Bankgeheimnis durch § 31 Abs. 4 WpHG und sonstige kapitalmarktrechtliche Aufklärungs- oder Veröffentlichungspflichten von Bankkunden, etwa Emittenten, ungleich weiter zurückgedrängt (vgl. dort). Paradigmatisch zeigt sich dies, soweit Institute in die Prospekterstellung eingebunden sind: Sie unterliegen dann auch keinem Bankgeheimnis, soweit Dritte einen Prospektaufklärungsanspruch gegen den Kunden (Emittenten) haben.[338]

3. Abschnitt
Bankkonto*

Schrifttum

1. Grundlagen (HGB-Kontokorrent, Bankkonto, Girovertrag und Buchung (A und B.))
a) Monographien, Sammelbände, Kommentare: *Arzt/Barleon/u.a.* Kontoführung & Zahlungsverkehr – Rechtsfragen aus der Bankpraxis, 4. Aufl. 2011; *Beckmann* Girovertragliche Abrechnungskontrolle und die Eibl-Kontoprüfung, 2009; *Brügmann* Das Recht auf ein Girokonto im System des Verbraucherschutzes gegenüber Banken, 1999; *Canaris* Bankvertragsrecht Rn 142–299; *Grundmann*

---

[334] *Radbruch* Bankgeheimnis S. 99; BankR-HdB/*Krepold* § 39 Rn 35–37, 40; *Weber/Hoffmann* BuB Rn 2/930–935 (Scheck) und 2/936 f. (Lastschrift); nur zum Scheck- und Wechselverkehr: *Horn* WM 1984, 449 (456); *Kirchherr/Stützle* ZIP 1985, 515 (521 f.).

[335] *Kirchherr/Stützle* ZIP 1985, 515 (521); BankR-HdB/*Krepold* § 39 Rn 38 f. (beide auch umgekehrt für die Bekanntgabe des Einreichers bei Missbrauch); *Weber/Hoffmann* BuB Rn 2/930; für das POZ unten Dritter Teil Rn 360–368.

[336] Hier gelten die genannten Grundsätze und Begründungen (oben Zweiter Teil Rn 34, 56, 116); zur Pflicht des Instituts, Interessenkonflikte aufzudecken, oben Zweiter Teil Rn 58 und 60.

[337] Staudinger/*Horn* § 765 Rn 38. Daher ist auch das Bankgeheimnis jedenfalls in diesem Maße durchbrochen, so auch die hM: *Bruchner/Stützle* Bankgeheimnis S. 15; *Radbruch*

Bankgeheimnis S. 105 f.; *Sichtermann/Feuerborn/Kirchherr/Terdenge* Bankgeheimnis S. 184–186.

[338] *Assmann* Prospekthaftung – als Haftung für die Verletzung kapitalmarktbezogener Informationsverkehrspflichten nach deutschem und US-amerikanischem Recht, 1985, S. 324; *Hopt* Der Kapitalanlegerschutz im Recht der Banken – gesellschafts-, bank- und börsenrechtliche Anforderungen an das Beratungs- und Verwaltungsverhalten der Kreditinstitute, 1975, S. 467–469; *Canaris* Bankvertragsrecht Rn 2279.

* Dieser Abschnitt bildet eine deutlich ausgebaute und auf den neuesten Stand gebrachte Version meiner Kommentierung in Ebenroth/Boujong/Joost/Strohn (Hrsg.), HGB-Kommentar, 3. Aufl. 2015, §§ 355–357 HGB sowie BankR I Rn 205–277. Ich danke beiden Verlagen für die Offenheit für eine Überführung in den Großkommentar HGB.

Der Treuhandvertrag – insbesondere die werbende Treuhand, 1997; *Herz* Das Kontokorrent – insbesondere in der Zwangsvollstreckung und im Konkurs, 1974; *Hüffer/van Look* Rechtsfragen zum Bankkonto, 4. Aufl. 2000; *Kämmer* Stornorecht der Banken – Selbsthilferecht oder Gestaltungsrecht sui generis, 1998; *Kampermann* Bankgeschäfte mit Minderjährigen, 2015; *Kristoffy* Minderjährigenrecht, 5. Aufl. 2013; *Kübler* Feststellung und Garantie, 1967; *Lange* Die Klauselwerke der Kreditwirtschaft – eine Untersuchung ausgewählter Probleme, 1995; *Münch* Das Giralgeld in der Rechtsordnung der Bundesrepublik Deutschland, 1990; *Niekiel* Das Recht auf ein Girokonto, 2011; *Peckert* Das Girokonto und der Kontokorrentvertrag – eine Darstellung der Rechtsbeziehungen beim bargeldlosen Zahlungsverkehr unter besonderer Berücksichtigung der Pfändbarkeit von Ansprüchen aus dem Giroverhältnis, 1985; *Römer* Die Auswirkungen des Kontokorrent auf die Haftung ausgeschiedener Personenhandelsgesellschafter – zugleich ein Beitrag zur Lehre vom Kontokorrent, 1991; *Schulte-Körne* Zweiseitige Treuhandbindungen des Rechtsanwalts – dargestellt am Beispiel der Sicherheitsleistung auf anwaltlichem Anderkonto, Diss. Bielefeld 2000; *S. Spindler* Die Theorien zur Verrechnung und zur Feststellung des Saldos im Kontokorrent unter besonderer Berücksichtigung ihrer Praktikabilität, 2008; *Wosnitza* Das Recht auf Auskunft im bankvertraglichen Dauerschuldverhältnis – systematische Übersicht über Informationsansprüche nach Vertragsschluß bei typischen Bankgeschäften und ihre rechtsdogmatische Abstimmung aufeinander, 1991.

b) Aufsätze und Beiträge: *Bachmann* Kontrahierungspflichten im privaten Bankrecht, ZBB 2006, 257; *Beitzke* Probleme des Kontokorrents, FS v. Gierke 1950, S. 9; *Blaurock* Das Stornorecht der Kreditinstitute, NJW 1984, 1; *ders.* Das Anerkenntnis beim Kontokorrent, NJW 1971, 2206; *ders.* Das Kontokorrent, JA 1980, 691; *Borges* Die Wertstellung im Giroverhältnis – zugleich eine Besprechung der BGH-Urteile vom 6.5. und 17.6.1997, WM 1998, 105; *ders.* Rechtsfragen des Phising – Ein Überblick, NJW 2005, 3313; *Bork* Kontokorrentverrechnung und Bargeschäft, FS Kirchhof 2003, S. 57; *Canaris* Die Verrechnung beim Kontokorrent, DB 1972, 421 und 469; *ders.* Börsentermingeschäft und Kontokorrent – Anmerkung zum Urteil des BGH vom 25.1.1985 – I ZR 201/82, ZIP 1985, 599, ZIP 1985, 592; *ders.* Die Auswirkungen der Anerkennung eines aktiven Kontokorrentsaldos auf unverbindliche Börsentermingeschäfte, ZIP 1987, 885; *ders.* Funktionen und Rechtsnatur des Kontokorrents, FS Hämmerle 1972, S. 55; *Derleder* Der Minderleister als Bankkunde, ZRP 1999, 139; *Dullinger* Kreditgewährung durch Kontoüberziehung und Kontoüberschreitung – Neuregelung durch das Verbraucherkreditgesetz, JBl. 2010, 690; *Geschwandtner/Bornemann* Girokonto für jedermann, NJW 2007, 1253; *Grundmann* Das neue Recht des Zahlungsverkehrs – Teil I – Grundsatzüberlegungen und Überweisungsrecht, WM 2009, 1109; *Hadding* Die einseitige Aufhebung der Geschäftsverbindung aus wichtigem Grund gemäß Nr. 17 S. 2 AGB der Banken/Nr. 13 Abs. 2 AGB der Sparkassen, FS Heinsius 1991, S. 183; *Hadding/Häuser* Rechtsfragen des Giroverhältnisses, ZHR 145 (1981), 138; *dies.* Gutschrift und Widerruf des Überweisungsauftrags im Giroverhältnis, WM 1988, 1149; *Häuser* Die Reichweite der Zwangsvollstreckung bei debitorischen Girokonten, ZIP 1983, 891; *ders.* Scheckinkasso und Weisung des Einreichers zur Gutschrift des Erlöses auf das Konto eines Dritten – Anmerkung zum Urteil des Bundesgerichtshofs vom 14.11.1989 – XI ZR 97/88, WM 1990, 1184; *Hagemeister* Grundfälle zu Bankgeschäften mit Minderjährigen, JuS 1992, 839 und 924; *Hager* Zur Reduzierung einer formularmäßig unbeschränkten Bürgschaft für einen Kontokorrentkredit, JR 1998, 419; *Hammen* Vorausabtretung versus Inrechnungstellung, JZ 1998, 1095; *Hefermehl* Grundfragen des Kontokorrents, FS Lehmann II 1956, S. 547; *Herresthal* Die Kündigung von Girokonten durch private Banken nach dem Recht der Zahlungsdienstleistungen, WM 2013, 773; *Heyers* Rechtsnatur der Geldschuld und Überweisung – welche Konsequenzen sind aus der Rechtsprechung des EuGH für das nationale Recht zu ziehen? JZ 2012, 398; *Kindermann* Gutschrift und Belastungsbuchung im Geldüberweisungsverkehr, WM 1982, 318; *Knees/Fischer* Zur Unzulässigkeit von Kontokorrentverrechnungen bei vorhandener Globalzession – Erste Überlegungen zu den Konsequenzen des BGH-Urt. v. 29.11.2007 – IX ZR 30/07 (ZInsO 2008, 91), ZInsO 2008, 116; *Koch* Das Girokonto für jedermann – ein altes Problem in neuem Licht, WM 2006, 2242; *Köndgen* Die Entwicklung des privaten Bankrechts in den Jahren 1999–2003, NJW 2004, 1288; *ders.* Das neue Recht des Zahlungsverkehrs, JuS 2011, 481; *Koller* Die Bedeutung der dem Überweisungsbegünstigten erteilten Gutschrift im Giroverkehr, BB 1972, 687; *Kothe* Das Girokonto für jedermann im Lichte der Rechtsgeschäftslehre, FS Derleder 2005, S. 405; *Kreft* Gedanken zum Girokonto für jedermann, FS Graf von Westphalen 2011, S. 415; *Kunkel* Das Junge Konto – Minderjährigenschutz im Rahmen des Girovertrages, Rpfleger 1997, 1; *Langner* Mitteilung der Kommission an den Rat und das Europäische Parlament: Ein neuer Rechtsrahmen für den Zahlungsverkehr im Binnenmarkt, BKR 2004, 131; *Lepper*

Die unmittelbare Grundrechtsbindung von Sparkassen, BKR 2004, 175; *Liesecke* Das Bankguthaben in Gesetzgebung und Rechtsprechung, WM 1975, 214, 238, 286 und 314; *Linardatos* Die Basiskonto-Richtlinie – Ein Überblick, WM 2015, 755; *Linnert* Girokonto für Jedermann! ZRP 2009, 37; *Maier* Das Kontokorrent, JuS 1988, 196; *Meckel* Das neue zivile Zahlungsverkehrsrecht – Umsetzung der EU-Zahlungsdiensterichtlinie (Payment Services Directive – PSD) in das nationale deutsche Recht – 4 Teile, hier: (Teile 1 und 2) – Hintergründe, Praxisprobleme und Ausblicke, JurisPR-BKR 11/2009 Anm. 1 und 12/2009 Anm. 1 (außerdem 1/2010, 2/2010, jeweils Anm. 1); *Metz* Variable Zinsen – Präzisierung bei § 315 BGB erforderlich? BKR 2010, 365; *Mülbert* Der Kontovertrag als bankgeschäftlicher Vertragstypus, FS Kümpel 2003, S. 395; *Niebling* Die Inhaltskontrolle von Bankbedingungen, VuR 2011, 283; *Nobbe* Neuregelungen im Zahlungsverkehrsrecht – ein kritischer Überblick, WM 2011, 961; *ders.* Zulässigkeit von Bankentgelten, WM 2008, 185; *Otto/Stierle* (Fehl-)Entwicklungen beim girovertraglichen Stornorecht der Kreditinstitute? WM 1978, 530; *Pfeiffer* Die laufende Rechnung (Kontokorrent), JA 2006, 105; *Philipp* Bankrecht – Zahlungskonten für jedermann, EuZW 2014, 364; *Piekenbrock* Das Zahlungskonto für jedermann und sein Preis – Der Sonderfall der Sparkassen – zugleich Besprechung von OLG Naumburg WM 2013, 1706, WM 2013, 1925; *Pieper* Kontrahierungszwang privater Kreditinstitute zur Errichtung eines Girokontos auf Guthabenbasis gegenüber Verbrauchern, ZVI 2007, 457; *Piper* Termin- und Differenzeinwand gegenüber Saldoanerkenntnis und Verrechnung im Kontokorrent, ZIP 1985, 725; *Reifner* Das Recht auf ein Girokonto, ZBB 1995, 243; *Scheerer* Bankgeschäfte des Minderjährigen, BB 1971, 981; *Schimansky* Zur Rechtsnatur der Wertstellung, FS Heinsius 1991, S. 705; *ders.* Bankentgelte, Wertstellung, in: Horn/Schimansky (Hrsg.), Bankrecht 1998, 1998, S. 1; *ders.* Irreführung des Bankkunden durch Kontostandsauskunft am Geldautomaten? BKR 2003, 179; *ders.* Das „erloschene" Girokonto – ein Schwarzes Loch? FS Nobbe 2009, S. 163; *Schürnbrand* Auswirkungen des Allgemeinen Gleichbehandlungsgesetzes auf das Recht der Bankgeschäfte, BKR 2007, 305; *Sethe* Nachwirkungen eines erloschenen Girovertrages? BKR 2008, 16; *Spanl* Girokonto in der Vormundschaft, RPfleger 1989, 392; *Steuer* Girokonto für jedermann, WM 1998, 439; *Stiller* Gläubigerbenachteiligung bei Zahlung unter Ausnutzung einer geduldeten Kontoüberziehung, ZInsO 2005, 72; *Unger-Hellmich/Stephan* Kündigung von Girokonten durch Sparkassen wegen drohender Imageschäden, BKR 2009, 441; *Vortmann* Bankgeschäfte mit Minderjährigen, WM 1994, 965; *Werres* Kontokorrent und Haftung nach § 64 Abs.2 GmbHG, ZInsO 2008, 1001; *Wessels* Die Saldoklage, WM 1997, 1509; *Zimmermann* Die Vorsorgevollmacht im Bankgeschäft, BKR 2007, 226.

Zu Kontoproblemen **speziell im Hinblick auf Entgelte und AGB-Fragen** vgl. auch Schrifttum unten Abschnitt 4, **speziell bei der Überweisung** auch Schrifttum unten Dritter Teil.

2. Zur Legitimationsprüfung nach § 154 AO (B I.)

a) **Monographien, Sammelbände, Kommentare:** *Klein/Brockmeyer* Abgabenordnung Kommentar, 12. Aufl. 2014; *König* Abgabenordnung Kommentar, 3. Aufl. 2014; *Kühn/Wedelstädt* Abgabenordnung und Finanzgerichtsordnung Kommentar, 21. Aufl. 2014; *Müller-Brühl* Die Legitimationsprüfung und andere Steuerthemen für Banken, 8. Aufl. 1992; *Tipke/Lang* Steuerrecht, 22. Aufl. 2015; *Tischbein/Langweg* Die Legitimationsprüfung/Identifizierung bei der Kontoeröffnung – Anforderungen nach der AO, dem GwG, dem KWG und der Zinsinformationsverordnung, 4. Aufl. 2011.

b) **Aufsätze und Beiträge:** *Carl/Klos* Das ungelöste Problem des „Verfügungsberechtigten" im Sinne des § 154 Abs. 2 AO aus Sicht der Ermittlungsbehörden, wistra 1990, 41; *dies.* Inhalt und Reichweite der Kontenwahrheitspflicht nach § 154 AO als Grundlage der steuerlichen Mitwirkungspflichten der Kreditinstitute, DStZ 1995, 296; *Philipowski* Zum Begriff des Verfügungsberechtigten im Sinne des § 154 Abs. 2 AO, WM 1992, 721 und 765; *Vortmann* Der Begriff des Verfügungsberechtigten iSd. § 154 AO, ZIP 1990, 1386; *Wallach* Zur aktuellen Diskussion um die Neuregelung der Legitimationsprüfungspflicht gem. § 154 Abs. 2 AO, DB 1987, 2497.

Weitere Lit. in den Kommentaren zu § 154 AO und der Monographie von *Tischbein/Langweg.*

3. Speziell zum Fremdwährungskonto (C I.)

a) **Monographien, Sammelbände, Kommentare:** *Grothe* Fremdwährungsverbindlichkeiten, 1999; *Kleiner* Internationales Devisen-Schuldrecht – Fremdwährungs-, Euro- und Rechnungseinheitsschulden, Zürich 1985; *Mann* The Legal Aspect of Money, 5. Aufl. Oxford 1992; *Proctor* Mann on The Legal Aspect of Money, 7. Aufl., London 2012; *Vischer* Geld- und Währungsrecht – im nationalen und internationalen Kontext, 2009.

b) **Aufsätze und Beiträge:** *Dilger* Haftung von Banken für politische Risiken, RIW 1989, 253; *Fuchs* Freigabe libyschen Vermögens in England trotz US-Einfrierungsbeschluß, IPRax 1990, 260; *Gruson* Die Regelungszuständigkeit der Vereinigten Staaten für ausländische Dollar-Überweisungen und Dollar-Konten, RIW 2006, 241; *Herring/Kübler* Grenzüberschreitende Bankgeschäfte im Zielfeld politischer Intervention – zu den Problemen der Risikozuweisung im internationalen Einlagengeschäft (Teil I und II), ZBB 1995, 113 und 213; *Kleiner* Vertragsklauseln bei Bank-Fremdwährungsschulden, EWS 1991, 53; *Kümpel* Rechtliche Aspekte des Fremdwährungskontos, FS Schimansky 1999, S. 221; *Maier-Reimer* Fremdwährungsverbindlichkeiten, NJW 1985, 2049; *Nobel* Devisenschuld: Realschuld oder Innominatunschuld? FS Schluep 1988, S. 285.

4. Speziell zu den verschiedenen Kontogestaltungen nach Inhaberschaft und Verfügungsbefugnis (C. II.)

a) **Monographien, Sammelbände, Kommentare:** *Aengenheister* Das Treuhandkonto – ein Beitrag zum deutschen Treuhandrecht, 1933; *Geibel* Treuhandrecht als Gesellschaftsrecht, 2008; *Hüffer/van Look* Rechtsfragen zum Bankkonto, 4. Aufl. 2000; *Kawohl* Notaranderkonto – Vollzugsstörungen bei der notariellen Verwahrung zur Durchführung von Grundstückskaufverträgen, 1995; *König* Rechtsverhältnisse und Rechtsprobleme bei der Darlehensvalutierung über Notaranderkonto, 1988; *Messerschmidt* Gütertrennungsehepaare und gemeinschaftliche Girokonten – vermögensrechtliche Abwicklung anläßlich des Scheiterns einer Ehe, 1997; *Rendels* Das Bankkonto von Eheleuten – Rechtsprobleme und deren Lösung, 1995.

b) **Aufsätze und Beiträge:** *Blank* Zulässigkeit einer Notaranderkontenregelung für die letzte Kaufpreisrate im Bauträgervertrag, DNotZ 1997, 298; *Bork* Die Errichtung von Konten- und Depotsperren, NJW 1981, 905; *Brambring* Kaufpreiszahlung über Notaranderkonto, DNotZ 1990, 615; *Busse* Die Bedeutung von Sperrkonten, MDR 1956, 70; *Canaris* Inhaberschaft und Verfügungsbefugnis bei Bankkonten, NJW 1973, 825; *Einsele* Das Gemeinschaftskonto – Kontoinhaberschaft, Forderungsinhaberschaft und Verfügungsbefugnis, FS Nobbe 2009, S. 27; *Gernhuber* Oder-Konten von Ehegatten, WM 1997, 645; *Hadding* Zur aktuellen Rechtslage bei Gemeinschaftskonten, WM-Festgabe für Hellner, 1994, S. 4; *Hellner* Überlegungen zu den Anderkonten-Bedingungen, FS Nielsen 1996, S. 29; *Heiß* Risikofaktor Gemeinsames Bankkonto, FamFR 2013, 146; *Kollhosser* Die Verfügungsbefugnis bei sog. Sperrkonten, ZIP 1984, 389; *Kreft* Treuhandkonto und Geschäftsfortführung bei Insolvenz, FS Merz 1992, S. 313; *Lenkaitis/Messing* Nichts Neues zum Oder-Konto? ZBB 2007, 364; *Lüke* Das notarielle Anderkonto an der Schnittstelle von Privatrecht und öffentlichem Recht, ZIP 1992, 150; *Märker* Vollstreckungszugriff bei Zahlung über Notaranderkonto – Zwangsvollstreckung in Kaufpreisforderung und Auskehrungsanspruch, RPfleger 1992, 52; *Petersen* Insichgeschäfte, JURA 2007, 418; *Rieder* Rechtsfragen bei Gemeinschaftskonten, WM 1987, 29; *Schebesta* Rechtsfragen bei CpD-Konten sowie „Und"-Konten, WM 1985, 1329; *Schmidt* Nachdenken über das Oder-Konto – Ein neues Rechtsbild der Gemeinschaftskonten im rechtsdogmatischen und praktischen Test, FS Nobbe 2009, S. 187; *Sittmann/Sylvia* Kontoeröffnung und Kreditvergabe zugunsten von Wohnungseigentümergemeinschaften, WM 1998, 1615; *Vortmann* Schadensersatzpflicht der kontoführenden Bank wegen pflichtwidriger Verwendung von Fremdgeldkonten, BKR 2007, 449.

Weitere Lit. zu **Ander- und Treuhandkonten** bei BankR-HdB/*Hadding/Häuser* §§ 37 und 38.

5. Speziell zum (Bank-)Konto im Erbfall (C. III.)

a) **Monographien, Sammelbände, Kommentare:** *Hüffer/van Look* Rechtsfragen zum Bankkonto, 4. Aufl. 2000; *Reischl* Zur Schenkung von Todes wegen – unter besonderer Berücksichtigung der legislativen Zielsetzung, 1996; *Schäfer* Konto und Depot zugunsten Dritter auf den Todesfall, Diss. Köln 1983; *Schebesta/Kalkbrenner* Bankprobleme beim Tod des Kunden, 14. Aufl. 2008.

b) **Aufsätze und Beiträge:** *Bork* Schenkungsvollzug mit Hilfe einer Vollmacht – zugleich zu BGH, 18.5.1988 – IV a ZR 36/87, JZ 1988, 1059; *Everts* Nachlasspflegschaft trotz transmortaler Vollmacht, NJW 2010, 2318; *Finger* Der Vertrag zugunsten Dritter auf den Todesfall – BGHZ 46, 198, JuS 1969, 309; *Hager* Neuere Tendenzen beim Vertrag zugunsten Dritter auf den Todesfall, FS v. Caemmerer 1978, S. 136; *Kuchinke* Das versprochene Bankguthaben auf den Todesfall und die zur Erfüllung des Versprechens erteilte Verfügungsvollmacht über den Tod hinaus, FamRZ 1984, 109; *Kümpel* Konto/Depot zugunsten Dritter auf den Todesfall und das Widerrufsrecht der Erben – zugleich Besprechung der Entscheidung des OLG Celle vom 22.12.1992, WM 1993, 825; *Merkel* Die Anordnung der Testamentsvollstreckung – Auswirkungen auf eine postmortale Bankvollmacht, WM 1987, 1001; *Muscheler* Vertrag zugunsten Dritter auf den Todesfall und Erbenwiderruf, WM 1994, 921; *Pamp* Rechtsfragen der Darlegungs- und Beweislast bei Kontoverfügungen aufgrund Bankvollmacht, ErbR 2009, 34; *Petersen* Die Vollmacht über den Tod hinaus, JURA 2010, 757; *Roth* Nachlasspflegschaft contra transmortale Vorsorgevollmacht, NJW-Spezial 2010, 231; *Schreiber* Unentgeltliche Zuwendungen auf den Todesfall, Jura 1995, 159; *Schultz* Widerruf und Mißbrauch der postmortalen Vollmacht bei der Schenkung unter Lebenden, NJW 1995, 3345; *Trapp* Die post- und transmortale Vollmacht zum Vollzug lebzeitiger Zuwendungen, ZEV 1995, 314; *Uhlenbruck* Bankrechtliche Aspekte der Vorsorgevollmacht, ZInsO 2009, 612.

Zur ausufernden Lit. zur **Schenkung von Todes wegen** vgl. weiter etwa MünchKommBGB/*Musielak* § 2301 Rn 1.

6. Speziell zum Bankkonto in der Krise (D.)

a) **Monographien, Sammelbände, Kommentare:** *Bach-Heuker* Pfändung in die Ansprüche aus Bankverbindung und Drittschuldnererklärung der Kreditinstitute, 1993; *Bork* Zahlungsverkehr in der Insolvenz, 2002; *Ehlenz/Diefenbach* Pfändung in Bankkonten und andere Vermögenswerte, 8. Aufl. 2015; *Frings/Lücke/v. Oppen/Saager/A. Weber* (Hrsg.), Das Pfändungsschutzkonto – Umsetzungsleitfaden des ZKA, 2010; *Goebel* Kontopfändung unter veränderten Rahmenbedingungen, 2009; *Herz* Das Kontokorrent – insbesondere in der Zwangsvollstreckung und im Konkurs, 1974; *Leible/Freitag* Forderungsbeitreibung in der EU, 2008; *Obermüller/Kuder* (Hrsg.), Insolvenzrecht in der Bankpraxis, 8. Aufl. 2011; *Peschke* Die Insolvenz des Girokontoinhabers, 2005; *Pohl* Der Zahlungsverkehr der Bank mit dem Kunden während der Krise und nach der Vergleichseröffnung, 1982; *Riebold* Die Europäische Kontenpfändung, 2014; *Stöber* Forderungspfändung, 16. Aufl. 2013; *Sudergat* Kontopfändung und P-Konto – Voraussetzungen, Rechtsfolgen, Drittschuldnerbearbeitung, 3. Aufl. 2013 (RWS-Skript 365); *Tekidou* Der Vollstreckungszugriff auf Bankkonten – Eine rechtsvergleichende Betrachtung des griechischen und des deutschen Rechts, 2005; *Welter* Zwangsvollstreckung und Arrest in Forderungen – insbesondere Kontenpfändung – in Fällen mit Auslandsberührung, 1988; *Zeller* Die Vollstreckung in offene Kreditlinien, 2006.

b) **Aufsätze und Beiträge:** *Ahrens* Das neue Pfändungsschutzkonto, NJW 2010, 2001; *ders.* Gebühren beim Pfändungsschutzkonto, NJW-Spezial 2011, 85; *Baßlsperger* Das Girokonto in der Zwangsvollstreckung – aktuelle Probleme der Globalpfändung, RPfleger 1985, 177; *Becker* Mängelbeseitigung im Kontopfändungsschutz, NJW 2011, 1317; *Behr* Der schnelle Vollstreckungszugriff – die sogenannten „Verdachtspfändungen", JurBüro 1995, 348; *Berger* Pfändung von Girokontoguthaben, ZIP 1980, 946; *ders.* Nochmals: Pfändung von Giroguthaben, ZIP 1981, 583; *Bitter* Der Kontokorrentkredit: Pfändbarkeit und Insolvenzanfechtung, FS Fischer 2008, S. 15; *ders.* Das Pfändungsschutzkonto – Ein untaugliches Konstrukt – Kritische Anmerkungen zum Regierungsentwurf eines Gesetzes zur Reform des Kontopfändungsrechts, WM 2008, 141; *ders.* Das neue Pfändungsschutzkonto (P-Konto) – eine Zwischenbilanz, ZIP 2011, 149; *ders.* Pfändung des Dispositionskredits? – Anmerkungen zum Urteil des BGH vom 29.3.2001 = WM 2001, 898, WM 2001, 889; *ders.* Neues zur Pfändbarkeit des Dispositionskredits – Kritische Anmerkungen zum Stand der Rechtsprechung nach den BGH-Urteilen vom 22.1.2004 = WM 2004, 517 und vom 17.2.2004 = WM 2014, 669, WM 2004, 1109; *Bork* Die Rolle der Banken in der vorläufigen Insolvenz, ZBB 2001, 271; *Bruckhoff* Zur Anfechtung von Kontokorrentverrechnungen in der Insolvenz, NJW 2002, 3304; *Büchel* Das neue Pfändungsschutzkonto aus Sicht der Kreditwirtschaft, BKR 2009, 358; *ders.* Das neue Pfändungsschutzkonto in der Insolvenz des Schuldners, ZInsO 2010, 20; *Canaris* Die Auswirkungen von Verfügungsverboten vor Konkurs- und Vergleichseröffnung im Girovertragsrecht, ZIP 1986, 1225; *Carl* Die Pfändung in Girokonten, DStR 1988, 765; *Casse* Neue Überlegungen zum Giro- und zum

P-Konto im Insolvenzverfahren, ZInsO 2012, 1402; *Cranshaw* Der europäische Beschluss zur vorläufigen Kontenpfändung – Ein Entwurf zur Verbesserung der Forderungsdurchsetzung und der Zahlungsmoral innerhalb der EU? DZWIR 2012, 399; *Dampf* Die Rückführung von Kontokorrentkrediten in der Unternehmenskrise und ihre Bedeutung nach KO und InsO, KTS 1998, 145; *Ehlenz* Der reformierte Pfändungsschutz für Kontoguthaben aus Arbeitseinkommen, FPR 2012, 168; *Felke* Die Pfändung der „offenen Kreditlinie" im System der Zwangsvollstreckung – unter Berücksichtigung der Schuldrechtsreform, WM 2002, 1632; *Feuerborn* Insolvenzanfechtung bei AGB-Pfandrecht und Sicherungszession, ZIP 2002, 290; *Fischer* Verbraucherinsolvenz – Was passiert mit dem Girokonto? ZInsO 2003, 101; *Fritzsche* Die Pfändbarkeit offener Kreditlinien, DStR 2002, 265; *Goebel*, Reform des Kontopfändungsschutzes, ZVI 2007, 294; *Graf-Schlicker/Linder* Die Reform des Kontopfändungsschutzes – ein Gewinn für alle Beteiligten, ZIP 2009, 989; *Gramlich* Staatliche Immunität und Zugriff auf iranische Konten in der Bundesrepublik, NJW 1981, 2618; *Gröger* Die zweifache Doppelpfändung des Kontokorrentes, BB 1984, 25; *Gundlach/Frenzel/Schmidt* Die Anfechtbarkeit von Forderungseinziehungen durch den Sicherungsnehmer vor Insolvenzeröffnung, NZI 2004, 305; *Häcker* Die geplante EU-Verordnung zur grenzüberschreitenden vorläufigen Kontopfändung – Eine kritische Analyse, WM 2012, 2180; *Häuser* Die Reichweite der Zwangsvollstreckung bei debitorischen Girokonten, ZIP 1983, 891; *ders.* Ist der Anspruch des Kontoinhabers auf Besorgung einer Giroüberweisung pfändbar? WM 1990, 129; *Harbeck* Ein Entwurf! Zum Vorschlag einer Europäischen Verordnung zur vorläufigen Kontenpfändung in grenzüberschreitenden Verfahren, ZInsO 2012, 805; *B. Hess* Die Europäische Kontenpfändung aus der Perspektive eines Europäischen Vollstreckungsrechts, FS Kropholler 2008, S. 795; *ders.* Effektuierung der Forderungspfändung – der BGH erleichtert „Verdachtspfändungen", NJW 2004, 2350; *Hök* Die grenzüberschreitende Forderungs- und Kontopfändung, MDR 2005, 306; *Joeres* Zahlungsverkehr in Krise und Insolvenz, in: Bork/Kübler (Hrsg.), Insolvenzrecht 2000, 2001, S. 99; *Jungmann* Die Pfändung in das Bankkonto, ZInsO 1999, 64; *ders.* Neue Wege zum Pfändungsschutzkonto – Ein Alternativmodell zum Pfändungsschutzkonto, ZVI 2009, 1; *Kießling* Die Kontenführung im Insolvenzverfahren, vor allem durch Rechtsanwälte, NZI 2006, 440; *Knees* Das Girokonto im Verbraucherinsolvenz- und Restschuldbefreiungsverfahren, ZVI 2002, 89; *Knobloch* Die Reform der Kontopfändung – Gesetzentwurf und Stand des Gesetzgebungsverfahrens, VuR 2008, 364; *Kohte* Europäische Kontenpfändung – nicht ohne effektiven Pfändungsschutz! VuR 2011, 361; *ders.* Das Drei-Stufen-Modell der neuen Regeln zur Kontenpfändung, VuR 2010, 257; *Kotrschal/Stalberg* Die grenzüberschreitende Vollstreckung von Pfändungs- und Überweisungsbeschlüssen in Geldforderungen ausländischer Drittschuldner, insbesondere in ausländische Bankguthaben, BKR 2009, 38; *Krüger* Sittenwidrigkeit von Bankentgelten? – Massemehrung durch Rückforderung unberechtigter „Gebühren", NZI 2010, 1; *Kübler* Der Einfluß der Konkurseröffnung auf den Überweisungsverkehr des Gemeinschuldners, BB 1976, 801; *Lange* Treuhandkonten in Zwangsvollstreckung und Insolvenz, NJW 2007, 2513; *Leithaus* Zur Insolvenzanfechtung von Kontokorrentverrechnungen, NZI 2002, 188; *ders.* Verrechnung von Zahlungseingängen auf debitorischem Kontokorrent bei Vorliegen eines Sicherheitenpools, NZI 2005, 592; *Lücke* Das P-Konto im Lichte der ZKA-Empfehlung zum Girokonto für jedermann, BKR 2009, 457; *Luther* Die Pfändbarkeit von Kredit- und Darlehensansprüchen, BB 1985, 1886; *Lwowski* Die Anfechtung von Kreditrückzahlungen und Zahlungseingängen auf debitorischen Konten im Insolvenzverfahren, FS Uhlenbruck 2000, S. 293; *Lwowski/Bitter* Grenzen der Pfändbarkeit von Girokonten, WM-Festgabe für Hellner, 1994, S. 57; *Lwowski/Weber* Pfändung von Ansprüchen auf Kreditgewährung, ZIP 1980, 609; *Meller-Hannich* Gleicher Pfändungsschutz für alle Einkünfte? WM 2011, 529; *Mülhausen* Zwangsvollstreckungsmaßnahmen deutscher Gerichte in Bankguthaben von Inländern bei Auslandsfilialen, WM 1986, 957 und 985; *M. Müller* Der Kommissionsvorschlag für einen Europäischen Beschluss zur vorläufigen Kontenpfändung, RIW 2012, 151; *Nassall* Unterliegen Dispositionskredite der Pfändung? NJW 1986, 168; *Nobbe* Das Girokonto in der Insolvenz, in: Prütting (Hrsg.), Insolvenzrecht 1996, 1997, S. 99; *Nolte/Schumacher* Pfändungsschutz auf dem Prüfstand – Aktuelle Fragen und Perspektiven zum neuen P-Konto, ZVI 2011, 45; *Obermüller* Sicherungsabtretung von und AGB-Pfandrecht an Kontokorrentforderungen in der Insolvenz, ZInsO 2009, 2527; *ders.* Auswirkungen der Insolvenz des Bankkunden auf die Kontobeziehung und den Zahlungsverkehr, ZInsO 1998, 252; *ders.* Die Verrechnung von Zahlungseingängen und Zahlungsausgängen im Vorfeld der Insolvenz des Kontoinhabers, ZInsO 1999, 324; *ders.* Pfändungsschutzkonto, FS Haarmeyer 2013, S. 191; *ders.* Das Pfändungsschutzkonto in der Insolvenz des Kontoinhabers, InsBüro 2013, 180; *Obermüller/Kuder* § 98 Auswirkung der Insolvenz auf Bankvertrag und Kontobeziehung, sowie § 99 Zahlungsverkehr bei Insolvenz, in: Gottwald (Hrsg.), Insolvenzrechts-Handbuch, 5. Aufl. 2015; *Olzen* Die Zwangsvollstreckung in Dispositionskredite, ZZP 97 (1984), 1; *Peckert* Pfändbarkeit des Überweisungs- und Dispositionskredits, ZIP 1986, 1232; *Piekenbrock* Das AGB-Pfandrecht am Kundenguthaben in der Klauselkontrolle, WM 2009, 49; *Ploch* Pfändbarkeit der Kreditlinie, DB 1986, 1961; *Rath* Erneut: Pfändung des Dispositionskredits, ZVI 2004, 386; *Remmert* Der neue Kontopfändungsschutz, NZI 2008, 70; *Rigol/Homann* Die Anfechtbarkeit von Gutschriften auf einem debitorischen Girokonto, ZIP 2003, 15; *Scholl* Die Pfändung des Kontokorrentkredits, DZWIR 2005, 353; *Schreuer* Zur Zulässigkeit von Vollstreckungsmaßnahmen in Bankkonten ausländischer Staaten, FS Neumayer 1985, S. 521; *Schultheiß* Aktuelle Entwicklungen im Recht des Pfändungsschutzkontos – ein Rechtsprechungsbericht, ZBB 2013, 114; *Schumacher* Ein großer Tag für Verbraucher und Selbständige: Das Gesetz zur Reform des Kontopfändungsschutzes vom 7. Juli 2009, ZVI 2009, 313; *Schuschke* Die Pfändung der „offenen Kreditlinie" – Zugleich eine Besprechung von BGH ZIP 2001, 825, ZIP 2001, 1084; *Stapper/Jacobi* Die Insolvenzanfechtung der Verrechnung im Kontokorrent, BB 2007, 2017; *Steinhoff* Die insolvenzrechtlichen Probleme im Überweisungsverkehr, ZIP 2000, 1141; *Stiller* Anfechtung einer Kontokorrentverrechnung und Aufspaltung in Anfechtungszeiträume – zugleich Anmerkung zu OLG Koblenz, Urt. v. 27.5.2010 – 2 U 907/09 = ZInsO 2010, 1287, ZInsO 2011, 87; *ders.* Die (un-)zulässige Verrechnung von Zahlungseingängen im Kontokorrentkonto vom dritten Monat vor dem Eröffnungsantrag bis zur Eröffnung, ZInsO 2002, 651; *Stöber* Pfändung eines Postbank-Girokontos, RPfleger 1995, 277; *Streit/Jordan* Anfechtbarkeit von Kontokorrentverrechnungen und Sicherungs-Globalzession in der Insolvenz des Kontoinhabers, DZWIR 2004, 441; *Sturhahn* Eckpunkte für die Grenzen einer zulässigen ausforschenden Forderungspfändung auf Verdacht, Anmerkung zu BGH, Beschluss vom 19.3.2004 – IXa ZB 229/03 = NJW 2004, 2096, LMK 2004, 146; *Sujecki* Grenzüberschreitende Kontenpfändung in der EU, EWS 2011, 414; *Vortmann* Pfändung von Kontovollmachten, NJW 1991, 1038; *Wagner* Pfändung der Deckungsgrundlage – ungeklärte Fragen bei der Zwangsvollstreckung in Girokonten, ZIP 1985, 849; *ders.* Interventionsrecht des Kontomitinhabers gegen die Zwangsvollstreckung in Oder-Konten? WM 1991, 1145; *ders.* Zur Pfändbarkeit nicht zweckgebundener Kontokorrentkreditforderungen, JZ 1985, 718; *ders.* Neue Argumente zur Pfändbarkeit des Kontokorrentkredits, WM 1998, 1657; *Weidner/Walter* Pfändbarkeit von Ansprüchen aus einem Dispositionskredit, JurBüro 2005, 177; *Weller* Völkerrechtliche Grenzen der Zwangsvollstreckung – vom Botschaftskonto zur Kunstleihgabe, RPfleger 2006, 364; *Werner/Machunsky* Zur Pfändung von Ansprüchen aus Girokonten – insbesondere beim debitorisch geführten Kontokorrent, BB 1982, 1581; *Werres* Kontokorrent und Haftung nach § 64 Abs.2 GmbHG, ZInsO 2008, 1001; *Wiederhold* Die Bestimmung des monatlichen Freibetrags beim Pfändungsschutzkonto – Diskussion ausgewählter Probleme, BKR 2011, 272; *Zuleger* Verrechnung von Zahlungseingängen bei offener Kreditlinie, ZInsO 2002, 49. Rechtsvergleichend zur Pfändung des Bankkontos *B. Hess* (Hrsg.), Study No. JAI A3/2002/02 on Making More Efficient the Enforcement of Judicial Decisions within the European Union: Transparency of Debtor's Assets, Attachment of Bank Accounts, Provisional Enforcement and Protective Measures, 2004 (viele Beiträge mit Updates).

Ältere Literatur zu allen Themen vgl. auch *Grundmann* in: Ebenroth/Boujong/Joost, (Hrsg.), HGB-Kommentar, 2001 (1. Aufl.), Bd. 2, Vor Rn BankR I 205 und Lit.verz, zu §§ 355, 357 HGB.

Stefan Grundmann

Übersicht

Stefan Grundmann

A. Bankkontokorrent – Grundidee, Grundzüge und Bestand

I. Inhalt und Zweck des Konto- und Bankkontokorrents

1. Charakterisierung durch die Rechtsfolgen. Das **Bankkonto ist Kontokorrent** (ital. **122** conto corrente = laufende Rechnung) nach §§ 355–357 HGB, die im vorliegenden Werk *Canaris* kommentiert (worauf im Folgenden Bezug genommen wird, Kommentierung von 2005). Freilich ist für beide ein intensives Wechselspiel zu konstatieren und darzustellen: Während die Grundlagen des Bankkontos in § 355 HGB geregelt sind (unten Zweiter Teil Rn 123–125, auch 141 ff.), seine Besicherung in § 356 HGB (unten Zweiter Teil Rn 177–181) und seine Pfändung in § 357 HGB (unten Zweiter Teil Rn 233–251), ist jedenfalls für die Grundlagen die Regelung des HGB-Kontokorrents stark durch bankrechtliche Institute überformt (unten Zweiter Teil Rn 126–130, auch 161 ff.), während umgekehrt die Rechtslage in den beiden anderen Fragen überwiegend durch bankrechtliche Rechtsprechung geprägt ist, für die Pfändung wiederum mit erheblichen Besonderheiten, die allein beim Bankkonto gelten. Allgemeiner gilt: Die Fragen nach der Besicherung und Pfändung von Kontokorrenten haben ihren Schwerpunkt im Bankkonto, worin sich seine Bedeutung als dauerhafte Finanzierungsgrundlage für den Kunden und als Wert (für Dritte) manifestiert. Für ein abgeschlossenes Bild sind §§ 355–357 HGB *und* die Überformung – vor allem durch AGB Banken und Girovertrag – also im Verbund zu sehen und darzustellen. Viele andere Fragen – wie Begründung und Kündigung (unten Zweiter Teil Rn 131–140) – sind dann ganz überwiegend bezogen auf die Spezifika des „Sonderfalls" Bankkonto. Das Kontokorrent nach § 355 HGB – und auch das Bankkonto, wenn auch modifiziert – **sind geprägt durch ihre Rechtsfolgen.** Formal statuiert § 355 HGB nur eine einzige: eine Ausnahme vom **Zinseszinsverbot** des § 248 BGB, das jedoch bei Bankkonten ohnehin nur sehr eingeschränkt gilt (vgl. dort Abs. 2). Unabhängig davon, wie praktisch wichtig diese explizite Rechtsfolge gerade beim Bankkonto überhaupt noch ist, jedenfalls ist sie doch weniger charakteristisch als die **drei zentralen Rechtsfolgen der Kontoerrichtung,** die § 355 HGB als dreifache Parteivereinbarung umschreibt.

Vereinbart wird vor allem, dass (i) die Forderungen aus der Geschäftsverbindung der **123** Parteien „in Rechnung gestellt" werden, dh. nicht mehr selbstständig geltend gemacht werden dürfen. So werden die Einzelansprüche gelähmt und dies auch für Abtretung, Verpfändung und Vollstreckungszugriff, was jenseits von §§ 355 bis 357 HGB als Parteivereinbarung nach BGB und HGB unmöglich wäre (vgl. etwa §§ 354a HGB, 851 Abs. 2 ZPO und näher unten Zweiter Teil Rn 145 f.). Diese Rechtsfolge des allgemeinen Kontokorrentrechts ist diejenige, die beim Bankkonto am stärksten modifiziert und abgeändert wird, um den jederzeitigen Zugriff für Kunde und Dritte zu ermöglichen; dennoch ist auch hierfür der allgemein kontokorrentrechtliche Hintergrund wichtig (dazu sogleich). Sodann wird vereinbart, dass (ii) laufend (nach jeder Transaktion), periodisch (vgl. § 355 Abs. 2 HGB) oder allein bei Beendigung des Kontokorrents ein Saldo zu bilden, also eine „Verrechnung" vorzunehmen ist. Streng genommen ist hierfür schon keine Vereinbarung mehr notwendig, denn die Saldierung ist zwingende Folge der Lähmung der Einzelansprüche und auch für die Wahl der Saldierungsperiode hält § 355 Abs. 2 HGB eine dispositive Norm vor: Mangels gegenteiliger Abrede ist periodisch – jährlich – zu saldieren.[339] Die

---

[339] Bei periodischem Saldoabschluss sind die Überschüsse nach jeder Einzeltransaktion nur im Rahmen von § 357 HGB rechtlich bedeutsam und soweit dies vereinbart wird. Vereinbart werden kann etwa, dass die jeweiligen Überschüsse bereits (teils) geltend gemacht werden können; vgl. unten Zweiter Teil Rn 162. Nach § 357 HGB ist der jeweilige Überschuss – zwischen den periodischen Abschlüssen – pfändbar.

Parteivereinbarung ist nur nötig, um eine andere Periode oder einmalige bzw. laufende Saldierung zu vereinbaren: nach Beendigung des Kontokorrents bzw. nach jeder Einzeltransaktion, im sog. Staffelkontokorrent. Diese Gestaltungsoption, die § 355 HGB insoweit eröffnet, wird in den AGB-Banken dahingehend ausgeübt, dass eine Saldierungsperiode von 3 Monaten vereinbart wird (Nr. 7 Abs. 1 AGB-Banken, vgl. sogleich). Schließlich (iii) hat die begünstigte Partei (nach hM ebenfalls bereits ohne gesonderte Vereinbarung) einen Anspruch auf „**Feststellung des Überschusses**", dh. auf Begründung eines abstrakten Zahlungsanspruches in dieser Höhe.[340] Zudem können die sonstigen Rechtsfolgen des Kontokorrents auch ohne Anerkenntnis (Feststellung) des (Perioden-)Saldos eintreten. Freilich trägt diese Feststellung wesentlich zur Attraktivität des Instituts bei, weil der Gläubiger des Überschusses diesen Posten fortan nicht mehr beweisen muss (vgl. unten). Dass dieser Posten regelmäßig in die neue Saldoperiode eingeht und umgekehrt die Einzelforderung nicht mit ihrer Verzinsung eingetrieben werden konnte, erklärt auch die Notwendigkeit einer Ausnahme vom Zinseszinsverbot.

124   **2. Funktionen und rechtstechnische Konstruktion.** Das Kontokorrent – sowohl das klassische HGB-Kontokorrent wie auch das Bankkonto – erfüllt mit den genannten drei Wirkungen drei Funktionen, zunächst die der **Vereinfachung:**[341] indem einerseits nicht die Einzelforderungen abgewickelt werden sondern nur noch ein Saldo und dies evtl. erst bei Beendigung des Kontokorrents nach vielfacher neuerlicher Einstellung des Saldos ins Kontokorrent (Verrechnung); und indem der Saldo (typischerweise periodisch, vgl. § 355 Abs. 2 HGB) außer Streit gestellt wird (Feststellung), also potentieller Streit auf nur eine Periode konzentriert wird, jedenfalls jedoch dem Gläubiger der Einzelforderung die (Dokumentations-)Last abgenommen wird, weil er nicht mehr die Beweislast trägt. Die Lähmung des Einzelanspruches – selbst in seiner reduzierten Form beim Bankkonto – führt dazu, dass schon vor Verrechnung das Insolvenzrisiko beider Seiten sinkt (**Risikominimierungs- oder Sicherungsfunktion**). Wie bei der Aufrechnung besteht das Ausfallrisiko nicht mehr hinsichtlich jeder einzelnen Forderung, sondern nur noch hinsichtlich des (letzten) Saldos, so dass auch Sicherungen nicht mehr in Höhe der Summe, sondern allenfalls des Saldos notwendig sind und zumindest entsprechende Transaktionskosten überflüssig werden.[342] Dass dadurch Dritte belastet werden, ist nur die Kehrseite der Medaille und stets Folge der Einräumung von Sicherheiten.[343] Zuletzt wird der (anerkannte) Saldo fortan als eigenstehende Forderung unabhängig von den eingestellten und verrechneten Ansprüchen behandelt – hinsichtlich Zinsen, Verjährung oder Erfüllungsort. Während die Kontokorrentbindung beim HGB-Kontokorrent diese Eigenschaften der eingestellten Ansprüche vor

---

[340] BGH Urt. v. 19.12.1969 – I ZR 33/68, WM 1970, 184 (185) (insoweit nicht abgedruckt in NJW 1970, 560); vgl. auch BGH Urt. v. 18.4.1989 – XI ZR 133/88, BGHZ 107, 192 (197) = NJW 1989, 2120 (antizipierte Verrechnung); *Blaurock* JA 1980, 691 (692 f.); Baumbach/*Hopt* § 355 Rn 10 (implizit).

[341] *Blaurock* JA 1980, 691 (692); Röhricht/Graf von Westphalen/Haas/*Wagner* § 355 Rn 4; Schlegelberger/*Hefermehl* § 355 Rn 2.

[342] *Schwintowski* § 8 Rn 77. Zudem wird durch Ausschaltung eines Risikopotentials der Faktor Vertrauen in der Geschäftsverbindung gestärkt. Zum Wert dieses Faktors vgl. etwa *Dasgupta* Trust as a commodity, in: Gam-

betta (Hrsg.), Trust, Making and Breaking Cooperative Relations, 1988, p. 49–72, sowie die Beiträge von *Gellner* und *Pagden* ibidem; ausführlich zur Bedeutung gerade für die Wirtschaftssoziologie (und deren Gründungsschriften), aber auch in der Auswirkung auf rechtliche Gestaltungen: *Grundmann* in: *Grundmann/Micklitz/Renner*, Privatrechtstheorie, 2015, S. 1293–1295, 1306–1317, 1998 f., 2004–2012.

[343] Für eine gesonderte „Risikoverteilungsfunktion" *Schwintowski* § 8 Rn 82–85. Wichtig ist immerhin die unter diesem Stichwort vorgenommene Präzisierung der Belastungswirkung und der belasteten Personen.

Stefan Grundmann

Verrechnung grundsätzlich unberührt lässt (und nur die Verjährung hemmt), führen Verrechnung und (Saldo-)Feststellung auch beim HGB-Kontokorrent zur **Vereinheitlichung.** Beim Bankkonto tritt die Regelung zum Soll- und Habenszins gar sofort, auch bereits während der Kontokorrentperiode, an die Stelle aller anderen Zinsregime (dazu sogleich).

Vereinbart wird[344] also vorrangig die Kontokorrentbindung, die zur Einstellung der Einzelforderungen **verpflichtet.** Zugleich wird für die Einzelforderungen bereits antizipiert – **verfügend** – der Inhalt modifizierend festgelegt: Abtretung und sonstige Verfügbarkeit werden ausgeschlossen (Abweichung bei jeder entstehenden Forderung dann nur einverständlich; beim Bankkonto freilich jederzeitige Verfügbarkeit des jeweiligen Saldos). Auf der Grundlage dieser Vereinbarung wird – ohne dass es bei Periodenende nochmals des Einverständnisses der Gegenseite bedürfte – durch Verrechnung (aufrechnungsähnlich) über die Einzelforderungen **verfügt** (kausaler Saldo, unten Zweiter Teil Rn 151). Die Feststellung des Saldos (durch abstraktes Zahlungsversprechen) setzt hingegen Einverständnis voraus; hierauf besteht immerhin ein klagbarer Anspruch. Beides gilt unverändert auch beim Bankkonto, nur dass das Einverständnis dort auch durch sechswöchiges Schweigen gegeben werden kann (dazu sogleich). **125**

3. Bankkonto als AGB-mäßig überformter Haupt- und Sonderfall. **126**

a) Bedürfnis und Instrumente der Sonderfallregelung Das wichtigste Kontokorrent (§§ 355–357 HGB) ist das **Bankkonto,**[345] das in zentralen Punkten jedoch **abweichend behandelt** wird.[346] Dies beruht vor allem auf **zwei seiner Eigenarten.** Zum einen wird beim praktisch wichtigsten Bankkonto, dem Girokonto, parallel zur Kontokorrentvereinbarung ein Girovertrag vereinbart, der eigene Rechtsfolgen zeigt. Zum anderen ist das Bankkonto, anders als die meisten anderen Konten, nicht das Abwicklungsinstrument einer Geschäftsverbindung, die durch einen Leistungsaustausch geprägt ist, und zeichnet sich solchermaßen durch „Fungibilität" aus. Dies führt, da das Bankkonto zudem in weiten Teilen der Bevölkerung zu den wichtigsten Vermögenswerten zählt, dazu, dass Probleme der Inhaberschaft und deren Übertragung von Todes wegen beim Bankkonto ungleich mehr Gewicht haben und viel komplexer sind als bei anderen Konten, wo jedoch die gleichen Grundsätze gelten (zu einer auf das Bankkonto zugeschnittenen Erörterung dieser Fragen vgl. unten Abschnitte C. und D.). Die genannten Gründe sowie der Umstand, dass der Kunde nur über ein Bankkonto Zugang zum Zahlungs- und auch zu Teilen des Einlagengeschäfts hat, führen zudem zu besonderen Zugangsbedürfnissen und -sperren beim Bankkonto (vgl. Eröffnung des Bankkontos, unten Abschnitt B. I.). Auch das Fremdwährungskonto ist meist ein Bankkonto.

Ins Werk gesetzt werden die **kontokorrentrechtliche Besonderheiten** vor allem durch eine von §§ 355–357 HGB abweichende **klauselmäßige Gestaltung:** in Nr. 7–10 und auch 11 AGB-Banken (Nr. 7–11 und 20 AGB-Sparkassen),[347] sowie zudem für einzelne Konto- **127**

---

[344] Vgl. zum Folgenden etwa *Koller*/Kindler/ Roth/Morck § 355 Rn 2; Schlegelberger/ *Hefermehl* § 355 Rn 13, 43, 52.

[345] *Lwowski*/*Bitter* WM-FestG Hellner 1994, S. 57; Baumbach/*Hopt* § 355 Rn 1; *Schwintowski* § 8 Rn 58.

[346] Dazu – neben punktuellen, kleinen Abweichungen, die im jeweiligen Zusammenhang behandelt werden – unten Zweiter Teil Rn 239–248 (für die Pfändung) und oben

Zweiter Teil Rn 126 ff. (für alle anderen im Folgenden genannten Fragen).

[347] Geregelt sind die Länge der Kontokorrentperiode, das Zustandekommen des Anerkenntnisses, die Pflicht, Kontoauszüge zu überprüfen, sowie für das Bankkonto typische Formen der Buchungen (alles hier A.), außerdem die Gestaltung der Aufträge (Weisungen), insbes. Überweisungsaufträge (dazu unten Dritter Teil Rn 225–229).

typen in Sonderbedingungen, namentlich den AGB-Anderkonten und den AGB-Sparkonten (vgl. unten Zweiter Teil Rn 201 ff.). Das Fremdwährungskonto regelt Nr. 10 der allgemeinen AGB-Banken (Nr. 12–15 AGB-Sparkassen). Andererseits ergeben sich weitere Besonderheiten aus dem Umstand, dass **parallel ein Girovertrag** abgeschlossen wird, in dem vor allem das Recht begründet wird, jederzeit über einen bestehenden Aktivsaldo zu verfügen (unten Zweiter Teil Rn 162). Eigens zu behandeln, weil besonders charakteristisch und problembeladen ist auch die Buchung (unten Zweiter Teil Rn 166 ff.). Dies ist auch der einzige Bereich, in dem sich die EG-Zahlungsdienste-Richtlinie und ihre Umsetzung (unten Dritter Teil Rn 2–5) indirekt auswirkt (vgl. dazu unten). Die Richtlinie spricht insoweit von „Rahmenvertrag". Die in dieser Richtlinie vorgesehenen Regeln zur (Zustimmung zur und Ablehnung der) Änderung der kontobezogenen AGB (Art. 44, Umsetzung in § 675g BGB) sind so gestaltet, dass die bisherige deutsche Rechtslage unverändert fortbestehen konnte. Auswirkungen finden sich auch im Bereich Kündigung (vgl. dort).

128 **b) Besonderheiten bei Kontokorrentperiode und Zustandekommen des Anerkenntnisses.** Die Kontokorrentperiode legen Nr. 7 Abs. 1 AGB-Banken abweichend von § 355 Abs. 2 HGB, auf ein Quartal fest, desgleichen idR heute Nr. 7 Abs. 2 AGB-Sparkassen, die dafür auf die Preisaushänge verweist und zudem auf den Vorrang individueller Parteivereinbarung. Das Bankkonto ist also trotz Mitteilung von Tagessalden (unten Zweiter Teil Rn 162) **kein Staffelkontokorrent** mit Saldoabschluss nach jeder Einzelbuchung.[348] Während die sonstigen Gehalte von Nr. 7 AGB-Banken und AGB-Sparkassen nur das dispositive Recht der §§ 355–357 HGB wiedergeben, ist die **Zustimmung des Kunden zum Schuldanerkenntnis** (§ 781 BGB) besonders geregelt: Wird nicht innerhalb von sechs Wochen ein Widerspruch abgesandt, gilt Schweigen als Annahme. Die Klausel orientiert sich an § 308 Nr. 5 BGB und ist daher wirksam.[349] Die Zustimmung führt, wie auch sonst im Kontokorrentrecht, hier jedoch explizit festgeschrieben, zum Abschluss eines Schuldanerkenntnisses. Dieses kann jedoch (unter Umkehr der Beweislast) kondiziert werden (vgl. unten Zweiter Teil Rn 160). Die EG-**Zahlungsdienste-Richtlinie** schreibt zwar in Art. 58 eine 13-monatige Ausschlussfrist für die Geltendmachung von Berichtigungsansprüchen fest (ebenso § 676 b BGB, allerdings mit Einschränkungen in Abs. 3), wollte damit jedoch nicht etwa ein früheres Anerkenntnis durch Schweigen, wie es hier konstruiert wird, präkludieren.[350] Die Konstruktion bleibt also weiterhin zulässig. Freilich bezieht sich die 13-monatige Ausschlussfrist nunmehr wohl auch auf die Kondiktion des Anerkenntnisses, die bisher den allgemeinen Verjährungsregeln unterlag, während der Ablauf der Ausschlussfrist nach neuer Rechtslage endgültig alle Ansprüche abschneidet.[351]

---

[348] Heute unstr., etwa BGH Urt. v. 28.6.1968 – I ZR 156/66, BGHZ 50, 277 (280); BGH Urt. v. 9.12.1971 – III ZR 58/69, WM 1972, 283 (284); OLG Frankfurt Beschl. v. 13.11.2008 – 9 W 19/08, ZIP 2008, 2326; *Schwintowski* § 8 Rn 64 f. (auch zur Ausnahme nach § 19 Abs. 4 DepG).

[349] BGH Urt. 28.1.2014 – XI ZR 424/12, WM 2014, 456 = NJW 2014, 1441 (m.w.Nachw., selbst wenn beim Online-Banking AGB vorsieht, dass auch Einwendung elektronisch zu erfolgen hat); BankR-HdB/*Bunte* § 12 Rn 4–7; Baumbach/*Hopt* (8) Nr. 7 Rn 3. Hingegen betrifft Nr. 11 Abs. 4 AGB-Banken

die (Pflicht zur) Reaktion auf fehlerhafte Einzelbuchungen; dazu unten Zweiter Teil Rn 163.

[350] Näher unten Dritter Teil Rn 537 f. Ebenso BR-Drucks. 848/08, S. 195 f.; sowie MünchKomm/*Casper* § 676b BGB Rn 2, Staudinger/*Omlor* § 676b BGB Rn 2.

[351] Näher unten Dritter Teil Rn 409. Ebenso MünchKomm/*Casper* § 676b BGB Rn 14; Staudinger/*Omlor* § 676b BGB Rn 9. Weniger klar in diesem Sinne BR-Drucks. 848/08, S. 195 f. (vgl. aber auch S. 184 zum abschließenden Charakter der statuierten Ansprüche).

Stefan Grundmann

Flankierend ist eine **Nachfragepflicht** (unverzüglich) für die Fälle vorgesehen, in denen **129** dem Kunden kein Rechnungsabschluss zugeht bzw. Fehler bei Mitteilungen deutlich werden (Nr. 11 Abs. 4 und 5 AGB-Banken, Nr. 20 Abs. 1 Buchst. g AGB-Sparkassen). Die Klausel ist wirksam,[352] da sie in allen Punkten die schuldhafte Verletzung einer ohnehin bestehenden Schadenspräventionspflicht voraussetzt. Im Kern ist sie heute im objektiven Recht verankert (§ 676b Abs. 1 BGB, näher unten Dritter Teil Rn 456, 492, 537). Bei Verstoß wird nicht das Anerkenntnis fingiert, sondern ist nur der entstandene Schaden zu ersetzen.[353]

c) Besonderheiten bei der Vereinheitlichung der eingestellten Ansprüche – insbes. Zins- **130** **anspruch.** Die Einzelansprüche werden, anders als sonst im Kontokorrentrecht, schon während der Kontokorrentperiode nicht nur gelähmt, sondern auch **zinsmäßig vereinheitlicht.** Auf der Grundlage von Nr. 12 AGB-Banken (Nr. 17 AGB-Sparkassen) wird für den gesamten Wertstellungssaldo eines jeden Tages ein – nach Passiv- und Aktivsaldo unterschiedlicher – Zins berechnet.[354] Weniger umstritten sind Zinsfragen beim Habenzins, dessen Höhe freilich im Kreditwesen, insbesondere von Direktbanken, zunehmend als Wettbewerbsfaktor genutzt wird, sehr umstritten hingegen beim Sollzins, der in unterschiedlicher Höhe für den vereinbarten ("eingeräumten") Überziehungskredit(rahmen) und für den bloß geduldeten Überziehungszins jeweils variabel berechnet wird. Für die Anpassung von Sollzinssätzen wird schon herkömmlich davon ausgegangen, dass es sich bei AGBs, die diese Befugnis als einseitiges Bestimmungsrecht einräumen (§ 315 BGB), um kontrollfähige sog. Preisnebenabreden handelt (keine Kontrollfreiheit nach § 307 Abs. 3 S. 1 BGB) und dass als Auslöser wirksam nur eine Änderung der Refinanzierungskosten vereinbart werden kann und zwar dann mit grds. symmetrischer Wirkung in beide Richtungen.[355] In jüngerer Zeit wird

---

[352] OLG Düsseldorf Urt. v. 16.7.1987 – 6 U 327/86, WM 1987, 1215; *Merkel* WM 1993, 725 (727); BankR-HdB/*Bunte* § 16 Rn 31–33.

[353] BGH Urt. v. 6.12.1983 – VI ZR 60/82, NJW 1984, 921 (922); Baumbach/*Hopt* (8) Nr. 11 Rn 10; BankR-HdB/*Bunte* § 16 Rn 33.

[354] Dazu (auch zur grundsätzlichen Wirksamkeit der Differenzierung): BankR-HdB/ *Mayen* § 47 Rn 61; Schlegelberger/*Hefermehl* § 355 Rn 39; auch BGH Urt. v. 29.1.1979 – II ZR 148/77, BGHZ 73, 207 (209). Dabei ist der richtige Saldo zugrunde zu legen, so dass Soll- oder Überziehungszinsen nicht geschuldet sind, die auf verspäteter Gutschrift (unzulässigen AGBs zur verspäteten Wertstellung) beruhen: BGH Urt. v. 6.5.1997 – XI ZR 208/96, BGHZ 135, 316 (319 f.) = WM 1997, 1192 = NJW 1997, 2042.

[355] BGH Urt. v. 6.3.1986 – III ZR 195/84, BGHZ 97, 212 (216) = WM 1986, 580 = NJW 1986, 1803; sowie Rspr. nächste Fn; OLG Düsseldorf Urt. v. 5.4.2012 – 6 U 7/11, NJOZ 2012, 1971 (1975); OLG Stuttgart Urt. v. 21.5.2014 – 9 U 75/11, juris (Tz. 34–43); ausf. *Merz* BKR 2010, 265 (266); mit erheblichen Gründen anders für den Fall, dass für die erstmalige Duldung einer weite-

ren Überziehung (als mit der Kreditlinie vereinbart) eine nummerisch ausgewiesene Gebühr – etwa € 3,– in AGB vereinbart wird: *Cahn* WM 2010, 1197 (Preishauptabrede, keine Preisnebenabrede und Wirksamkeit bei Transparenz, etwa einfacher Preisangabe, m.w.Nachw. zu gegenläufigen Judikaten der Instanzgerichte); § 675f Abs. 4 BGB steht dem (wohl) ebenfalls nicht entgegen, vgl. dazu Dritter Teil Rn 140–145. Ungleich breiter sind Diskussion und Rechtsprechung naheliegender Weise im Kreditrecht selbst: vgl. etwa BGH Urt. 13.4.2010 – XI ZR 197/09, WM 2010, 933 = WuB IV C. § 308 BGB 1.10 (*Koch*) (eigentliche Preisabrede und Preisnebenabrede bes. deutlich scheidend); BGH Urt. v. 10.6.2008 – XI ZR 211/07, WM 2008, 1493 = NJW 2008, 3422 = EwiR § 308 BGB 1/99 (*Barnert*) (bei Unwirksamkeit von Anpassungsklausel Anfangszinssatz nicht die ganze Laufzeit geschuldet); *Hey* ZBB 2004, 219 (zu Anpassung bei Bonitätsänderung); *Schebesta* BKR 2005, 217 (Rechtsprechungsüberblick); *Zimmer* NJW 2006, 1325 (fehlende Angabe von Höchstzinssatz); sowie *von der Linden* WM 2008, 195; *Kersting* ZIP 2007, 56 (beide mit aufsichtsrechtlichen Bezügen).

dezidierter auch eine genaue Benennung der Referenzgrößen eingefordert, die zu einer Änderung der Refinanzierungskosten führen, der Referenzgröße selbst, evtl. auch der Abweichungsmarge, ab der, und der Anpassungszeitpunkte (oder -intervalle), zu denen Anpassungen erfolgen. Dem Kreditinstitut bleibt dann vor allem die Auswahl der Referenzgröße(n) (vgl. ausf. unten Zweiter Teil Rn 330 ff.).[356] Zudem wird die Transparenz von Buchungen zu Recht besonders betont: Insbesondere handelt das Kreditinstitut wettbewerbswidrig iSv § 3 UWG, wenn Rentenüberweisungen schon vor Monatsende vor Wertstellungszeitpunkt ausgewiesen werden und dadurch die Gefahr begründet wird, das Konto zu überziehen und sich Überziehungszinsen auszusetzen.[357]

II. Eröffnung und Kündigung des Bankkontos

131   **1. Anspruch auf Bankkonto?** Die zeitweise intensiv diskutierte Frage, ob jenseits von § 826 BGB ein Anspruch auf Einräumung eines Bankkontos (gegen jedes beliebige Institut) besteht oder gesetzlich eingeräumt werden soll, ist noch immer nicht gelöst, auch nicht durch Kompromiss: Die „**ZKA-Empfehlung Girokonto für jedermann**" sieht zwar vor, dass alle Kreditinstitute solche Konten als Basiskonten errichten, auch für bei der SCHUFA registrierte Personen, jedoch ohne Pflicht, Überziehungen zu dulden; Ausnahmen bestehen danach immerhin bei Unzumutbarkeit, vor allem bei Täuschung und Mitarbeiterbelästigung, wenn Entgelte nicht gezahlt werden und wenn das Konto zu Gesetzesverstößen missbraucht wird oder umsatzlos bzw. (durch Zwangsvollstreckung) stetig blockiert bleibt; ob eine Pflicht, solch ein Konto einzurichten besteht, ist freilich immer noch umstritten und wird überwiegend verneint.[358] Wichtig ist die Frage für sozial Schwache, denen ohne Girokonto der Zugang etwa zum Überweisungsverkehr versperrt wäre. Jedenfalls öffentlich-

---

[356] BGH Urt. v. 21.4.2009 – XI ZR 78/08, BGHZ 180, 257 (270 f.) = WM 2009, 1077 = NJW 2009, 2051; Anm. bes. *Reimer/ Kiethe* BKR 2009, 350; vorher schon angedeutet in: BGH Urt. v. 19.10.1999 – XI ZR 8/99, WM 1999, 2545 = NJW 2000, 651; BGH Urt. v. 17.2.2004 – XI ZR 140/03, BGHZ 158, 149 (156 f.) = WM 2004, 825 = NJW 2004, 1588; OLG Düsseldorf (Fn 355), NJOZ 2012, 1971 (1975); OLG Stuttgart (Fn 355), juris (Tz. 34–43); ausf. *Merz* BKR 2010, 265 (266–268); zu dieser Entwicklung etwas sehr barsch („das faktische Ende von Preisanpassungsklauseln"): *v. Westphalen* MDR 2008, 424. Hintergrund ist nicht zuletzt: Stiftung Warentest schätzte das Volumen der Überziehungszinsen, die auf unwirksamer Grundlage gebucht wurden (nämlich asymmetrisch den Referenzwert abbildend), auf – im Jahr 6/2008 auf 4/2009 – immerhin € 1,3 Milliarden: Pressemitteilung der Stiftung vom 12.5.2009.

[357] BGH Urt. v. 27.6.2002 – I ZR 86/00, WM 2002, 1967 = NJW 2002, 3408. Beide Konzepte müssen auch für die Saldoangabe deutlich geschieden werden: BGH Urt. v.

11.1.2007 – I ZR 87/04, WM 2007, 1554 = NJW 2007, 3002.

[358] Zur dauerhaften Blockade vgl. OLG Karlsruhe Urt. v. 26.6.2008 – 4 U 196/07, WM 2009, 216; zum strafbaren Verhalten: AG Passau Urt. v. 31.3.2009 – 15 C 2028/09, WM 2009, 1566; gegen eine Pflicht zur Kontoeröffnung vor allem OLG Bremen Urt. v. 22.12.2005 – 2 U 67/05, BKR 2006, 294 (aA Vorinstanz; Anm. *Segna* a.a.O. 274); näher *Barleon* in: *Arzt/Barleon/u.a.* Kontoführung, Rn 43–58 und 59 (mit umfangreicher Auflistung der instanzgerichtlichen Rechtsprechung); *Lücke* BKR 2009, 457 (457 f.); vgl. jedoch auch VG Frankfurt Urt. v. 16.12.2010 – 1 K 1711/10.F, ZIP 2011, 371 = BB 2011, 194 (Verwaltungsrechtsweg für Anspruchsdurchsetzung bei Sparkassen); und Bremer Antrag BT-Drucks 63/08; dazu *Linnert* ZRP 2009, 37. Zum Gesamtkomplex vgl. etwa *Bachmann* ZBB 2006, 257; *Brügmann* Recht auf ein Girokonto; *Derleder* ZRP 1999, 139; *Geschwandtner/Bornemann* NJW 2007, 1253; *Koch* WM 2006, 2242; *Lücke* BKR 2009, 457 (461 f.); *Kreft* FS Graf von Westphalen 2011, S. 415;

rechtliche Institute unterliegen der Pflicht, nicht willkürlich zwischen verschiedenen Kunden zu differenzieren, also einer Selbstbindung an ihre Praxis – was sich vor allem in den Fällen auswirkt, in denen das Institut die Kontobeziehung beenden will (zu diesem Willkürverbot noch unten Zweiter Teil Rn 139, auch zum Zusammenhang mit der Kündigung). Spätestens **ab 19.9.2016 muss ein Rechtsanspruch** jedenfalls bei einer „ausreichend großen Zahl von Kreditinstituten" auf Grund von Art. 16 Abs. 1 der sog. **EU-Basiskonto-Richtlinie** eingeführt sein.[359] Freilich ist die Umsetzung nicht notwendig für alle Kreditinstitute erforderlich – so wäre etwa das Sparkassennetz sicherlich „ausreichend groß", wenn dieses bereit wäre, diese Last – unter Rückstellung von Gleichbehandlungsüberlegungen – zu schultern. § 31 ZKG (Reg.Entw.) sieht solch einen allgemeinen Anspruch jedoch jetzt vor. Zudem müssen die Konten nach der Richtlinie nicht entgeltfrei geführt werden (Art. 18 der Richtlinie), sondern ein „angemessenes" Entgelt ist zulässig (so in der Tat § 41 ZKG-Entw) – was europarechtlich sicherlich jedenfalls kostendeckende Entgelte zulässig erscheinen lässt und was somit jedenfalls nicht unter den Entgelten für P-Konten liegt, bei denen dieses nicht gewährleistet ist (vgl. unten Zweiter Teil Rn 246). Schließlich dürften auch die eben genannten Ausnahmegründe bei „Unzumutbarkeit" die Anforderung erfüllen, dass die Zugangsbedingungen diskriminierungsfrei gestaltet sein müssen (Art. 15 S. 2 der Richtlinie). Auch steht es dem Mitgliedstaat frei, das Basiskonto allein auf Guthabenbasis zuzulassen oder Überziehungen zu gestatten, also durch Abrede zuzulassen (Art. 17 Abs. 8 der Richtlinie und § 41 Abs. 2 ZKG-Entw) – was ebenfalls bereits der Rechtslage beim P-Konto entspricht.

2. Legitimationsprüfung und Verwechslungsfreiheit $\qquad$ 132

a) **Abgabenrechtliche Legitimationsprüfung (§ 154 AO)**[360] § 154 AO iVm. Anwendungserlass[361] sieht eine Legitimationsprüfung bei Kontoeröffnung vor (Abs. 2).[362] Sie soll dem Fiskus den Zugriff auf Daten des Steuerpflichtigen sichern.[363] Zu erfassen ist der

---

[Pieper](#) ZVI 2007, 457; *Reifner* ZBB 1995, 243; *Steuer* WM 1998, 439; *van Look* in *Claussen* Bank- und Börsenrecht § 2 Rn 5; *Kothe* FS Derleder 2005, S. 405; BankR-HdB/*Mayen* § 47 Rn 2 f. Zum Pfändungsschutzkonto als der praktischen „Antwort" auf die Forderung nach einem Girokonto für jedermann vgl. unten Zweiter Teil Rn 246.

[359] Richtlinie 2014/92/EU des Europäischen Parlaments und des Rates vom 23.7.2014 über die Vergleichbarkeit von Zahlungskontoentgelten, den Wechsel von Zahlungskonten und den Zugang zu Zahlungskonten mit grundlegenden Funktionen, ABl.EU 257/214; dazu *Linardatos* WM 2015, 755; *Philipp* EuZW 2014, 364; *Rott* VuR 2013, 241 (Editorial); nach Drucklegung: Umsetzungsvorschlag mit RegEntw für ein Zahlungskontengesetz (ZKG) vom 28.10.2015.

[360] Seit 1994 sieht das GwG in § 8 eine weitere Legitimationsprüfung vor, hier nun des materiell Berechtigten, aber ohne das Instrument der Kontosperrung und mit anderem Ziel. Vgl. oben Zweiter Teil Rn 113.

[361] BStBl. 2014 I S. 290 (409–410); Abdruck der

Verwaltungsanweisungen und Muster hierzu bei *Tischbein/Langweg* Legitimationsprüfung/Identifizierung, 273–404.

[362] Zur Abgrenzung von Kontoeröffnung und einmaligem Geschäft, das auch bei Abwicklung über CpD-Konto nicht unter § 154 AO fällt: *Dahm/Hamacher* WM 1993, 445 (bes. 451); *Schebesta* WM 1985, 1329 (1333); *Klein/Rätke* AO, 12. Aufl. 2014, § 154 Rn 4 f.; zur Handhabung der CpD-Buchung: *Tischbein/Langweg* Legitimationsprüfung/Identifizierung, 127–132, dort auch allgemein zur Legitimationsprüfung bes. S. 20 ff. (zu weiteren Quellen einer Legitimationsprüfung), 44–56 (Zinsinformationsverordnung).

[363] BT-Drucks. 6/1982, S. 123; BGH Urt. v. 18.10.1994 – XI ZR 237/93, BGHZ 127, 229 (236) = NJW 1995, 261; BankR-HdB/*Joeres* § 31 Rn 1; Tipke/Lang/*Seer* § 21 Rn 200; zur Haftung des Instituts gegenüber dem Fiskus bei fehlender Kontosperre nach § 154 Abs. 3 AO: BFH Urt. v. 13.12.2011 – VII R 49/10, ZIP 2012, 718; zur Anspruchslage im Verhältnis zum Kunden OLG Karls-

Name – bürgerlicher Name oder Firma – **des Verfügungsberechtigten.**[364] Gemeint ist der Kontoinhaber, so wie er sich aus Sicht des kontoführenden Instituts darstellt (unten Zweiter Teil Rn 192 ff.), sowie der Vertreter, gleichgültig ob die Vertretungsmacht auf Vollmacht oder Gesetz beruht. Außerdem ist die Identität vor Kontoeröffnung (durch Einsicht in Ausweispapiere) zu überprüfen, das Ergebnis zu registrieren und so bereit zu halten, dass jederzeit Auskunft gegeben werden kann.

133   Zu verbürgen ist nur die **formale Kontowahrheit.** Der BGH verneint einen Verstoß gegen § 154 AO, wenn die Personalien des Kontoinhabers und des Vertreters zutreffend erfasst werden, letzterer jedoch materiell der Berechtigte ist, der fast alle Verfügungen tätigt.[365] In der Tat wird einerseits bereits durch diese Angaben der erste, wichtige Zugriff der Steuerfahndung gesichert und wäre andererseits eine Prüfpflicht der Institute mit der massenweisen Abwicklung des Giroverkehrs unvereinbar (anders in § 8 GwG, jedoch nur für die Sonderfälle von intensiver Kriminalität). Problematischer unter dem Gesichtspunkt erster Zugriff, doch zutreffend unter dem Aspekt massenweise Abwicklung ist ein zweiter Aspekt des Grundsatzurteils: Beim verdeckten Treuhandkonto müssen die Treugeberpersonalien ebenfalls nicht nach § 154 AO eruiert werden.[366] Das Problem war bekannt, der Gesetzgeber hat § 154 AO bewusst enger gefasst.

134   **b) Zivilrechtliche Folgen unterlassener Prüfung und Gewährleistung von Verwechslungsfreiheit.** Bei § 154 AO handelt es sich um ein Verbotsgesetz iSv § 134 BGB, so dass Rückzahlung eingelegter Gelder bei Verstoß gegen diese Norm jedenfalls nicht aus § 488 Abs. 1 S. 2 BGB, sondern allenfalls aus § 812 BGB begehrt werden kann.[367] Teils werden aus dem Verstoß gegen § 154 AO außerdem **Ersatzansprüche Dritter** gegen das Kreditinstitut abgeleitet. Die zwei Leitentscheidungen betrafen Fälle, in denen das Institut Schecks hereingenommen und den Betrag einem Konto gutgeschrieben hatte, bei dessen Eröffnung die Legitimationsprüfung evtl. unzureichend erfolgt war.[368] Im ersten Fall wurde schon der notwendige Sorgfaltsverstoß verneint – es sei nicht grob fahrlässig, einen Führerschein als Ausweispapier zu akzeptieren. Im zweiten Fall wurde der Klage des Dritten (Bezogenen) stattgegeben, weil die Identität des Kontoinhabers nicht geprüft, sondern bei Kontoeröffnung einem Vertreter vertraut wurde, der zwar sich selbst auswies, für den Vertretenen jedoch allein eine Vollmacht vorlegte. Das Urteil ist schlüssig dahingehend zu interpretieren, dass im Rahmen von Art. 21 ScheckG – kein wirksamer Erwerb bei grober Fahrlässigkeit –

---

ruhe Urt. v. 7.9.2010 – 17 U 46/09, WM 2010, 2220 (kein Verzug, aber Kündigung und Kondiktion möglich).

[364] Einzelheiten zu den verschiedenen Konstellationen (natürliche Person, Minderjährige, Unternehmen und die Formen des Handelns für andere): BankR-HdB/*Joeres* § 31 Rn 16–33; *Tischbein/Langweg* Legitimationsprüfung/Identifizierung, 63–66, 70–97, 133–246. Auf frühere Feststellung kann zurückgegriffen werden: *Joeres* aaO Rn 6.

[365] BGH (Fn 363), BGHZ 127, 229 (232–237); Pahlke/König/*Dißars* AO § 154 Rn 4; Kühn/Wedelstädt/*Kuhfus* AO § 154 Rn 5. Allerdings für Haftung des Instituts (für Steuerschulden), wenn es später den (fortbestehend geltenden) Grundsatz der (formalen) Kon-

tenwahrheit leichtfertig missachtet, indem es nicht eingreift, wenn ein anderer als der Kontoinhaber (eine GmbH) offensichtlich erkennbar seinen Geschäftsverkehr über dieses Konto abwickelt: BFH (Fn 363), DB 2012, 958 (Anm. *Gehm,* a.a.O. 1618).

[366] BGH (Fn 363), BGHZ 127, 229 (236 f.); Klein/*Rätke* (Fn 362), § 154 Rn 6; Kühn/Wedelstädt/*Kuhfus* AO § 154 Rn 2; BankR-HdB/*Joeres* § 31 Rn 2–4; zum Treuhandkonto auch *Tischbein/Langweg* Legitimationsprüfung/Identifizierung, 102–107.

[367] Vgl. (auch zu den Zinsfolgen) OLG Karlsruhe (Fn 363), WM 2010, 2220.

[368] BGH Urt. v. 10.12.1973 – II ZR 138/72, WM 1974, 154; BGH Urt. v. 11.6.1976 – I ZR 80/74, WM 1977, 1019.

nicht nur die Umstände der Scheckeinreichung wichtig sind, sondern alle Voraussetzungen seiner Einziehung – einschließlich Kontoeröffnung. Nur für Art. 21 ScheckG war grobe Fahrlässigkeit zu prüfen, nicht für eine Haftung gegenüber Dritten, etwa aus c. i. c. oder § 823 Abs. 2 BGB. Keines der Urteile trägt also tatsächlich den Schluss dahingehend, dass § 154 AO Schutzwirkung für Dritte entfalte, da der Anspruch des Dritten in dem einen Fall verneint und in dem anderen auf Art. 21 ScheckG gestützt wurde. Soll § 154 AO die Steuerfahndung unterstützen, so ist er in der Tat schwerlich als Schutzgesetz iSv. § 823 Abs. 2 BGB zu sehen (mit Haftung schon bei leichter Fahrlässigkeit)[369] und ist ansonsten eine Pflicht zum Schutz des Vermögens Dritter auf der Grundlage der anerkannten Instrumente (außerhalb von Vorsatz) kaum zu begründen.[370] Unstreitig auch vertraglich geschuldet ist demgegenüber eine Bezeichnung des Kontos in der Form, dass **Verwechslungen bzw. Fehlbuchungen vermieden** werden. Insbesondere dürfen Kontonummern nach Beendigung des Kontos nicht in näherer Zukunft wieder neu vergeben werden,[371] was mit Buchung allein nach Kontonummer noch wichtiger wird.

3. Eröffnung für Geschäftsunfähige und beschränkt Geschäftsfähige. Bei Konten für **135** Geschäftsunfähige und beschränkt Geschäftsfähige, vor allem Minderjährige,[372] ist zwischen **Kontoeröffnung** und jeder **einzelnen Verfügung zu unterscheiden.** Es ist je gesondert zu prüfen, ob sie lediglich rechtlich vorteilhaft iSv. § 107 BGB ist oder die Zustimmung der gesetzlichen Vertreter (und evtl. des Familien- oder Vormundschaftsgerichts) vorlag. Die Zustimmungserfordernisse für die Einzeltransaktionen wirken jedoch auf die Eröffnung zurück. Während im Massengeschäft Zustimmungserfordernisse der gesetzlichen Vertreter (meist beider Eltern) noch beachtet werden können,[373] verbietet sich die laufende Einschaltung von Gerichten. Konten für Minderjährige erlauben daher keine Einzeltransaktionen, die nach § 1822 Nr. 8–10 BGB genehmigungspflichtig sind: weder die Kreditierung (Überziehungskredit) noch den ec-/maestro/Girocard- oder Kreditkar-

---

[369] Klein/*Rätke* (Fn 362), § 154 Rn 9 (Haftung nur nach § 72 AO); aA *Schwintowski* § 6 Rn 58–73.

[370] Eine Haftung nach § 826 BGB setzt Vorsatz voraus, wenn auch Leichtfertigkeit den Schluss auf bedingten Vorsatz zulassen mag und im Rahmen der Sittenwidrigkeit (zusätzlich) relevant sein kann: vgl. BGH Urt. v. 6.6.1962 – V ZR 125/60, NJW 1962, 1766; BGH (Fn 269), WM 1966, 1150 (1152); BGH Urt. v. 14.4.1986 – II ZR 123/85, WM 1986, 904 (906). Ein Vertrag hat Schutzwirkung zugunsten Dritter nur, wenn u.a. die Leistung (hier Kontoführung) bestimmungsmäßig auch einem Dritten zugute kommt und dies dem Pflichtigen erkennbar ist. Vgl. statt aller BGH Urt. v. 10.11.1994 – III ZR 50/94, BGHZ 127, 378 (386) = NJW 1995, 392; Palandt/*Grüneberg* § 328 Rn 16–18.

[371] BGH Urt. v. 13.6.1983 – II ZR 226/82, WM 1983, 834; OLG Karlsruhe Urt. v. 9.6.1988 – 11 U 112/87, WM 1988, 1330.

[372] Für die anderen Gruppen: BankR-HdB/*Joeres* § 30 Rn 18–31. Für die Minderjährigen

vgl. Verlautbarung des BAK „Bankgeschäfte mit Minderjährigen" vom 22.3.1995, ZIP 1995, 69; ausf. etwa *Barleon* in: *Arzt/Barleon/u.a.* Kontoführung, Rn 96–129; *Kampermann* Bankgeschäfte mit Minderjährigen, bes. S. 196-231.

[373] §§ 1626, 1629, 1643 BGB. Die gegenseitige Ermächtigung zur Alleinvertretung ist möglich, auch als Generalermächtigung, freilich nicht unbeschränkt: BGH Urt. v. 25.11.1985 – II ZR 115/85, WM 1986, 315 (316); Erstreckung auf eine ganze Kontobeziehung dürfte freilich schon spezialisiert genug sein: vgl. *Kümpel* Bankrecht, 3. Aufl. 2004, Rn 3.176; *Kristoffy* Minderjährigenrecht, S. 51 (ohne Problematisierung); ausf. *Kampermann* Bankgeschäfte mit Minderjährigen, S. 85-93. Durchgespielt werden die einzelnen Bankgeschäfte auf ihre Genehmigungsbedürftigkeit hin bei *Kunkel* Rpfleger 1997, 1; *Scheerer* BB 1971, 981 (983–987); *Spanl* RPfleger 1989, 392 (393–395); *Vortmann* WM 1994, 965.

tengebrauch,[374] da und soweit hier nach Erschöpfung des Guthabens (in Höhe des Verfügungsrahmens) noch auf Kredit verfügt werden kann.

136   Die **Eröffnung des Kontos** ist bei Entgeltpflicht (zunehmend aufgegeben), jedoch wohl auch angesichts der übernommenen Obliegenheiten nicht lediglich rechtlich vorteilhaft.[375] Die Zustimmung nach §§ 112 f. BGB enthält auch diejenige für die Eröffnung von Geschäfts- und Arbeitnehmerkonten.[376] Ansonsten ist demnach Zustimmung zur Kontoeröffnung nötig und umfasst nicht die Zustimmung zu einzelnen Transaktionen,[377] zu denen auch keine Generalzustimmung gegeben werden darf, soll nicht der Schutzzweck der §§ 107 ff. BGB konterkariert werden.[378]

137   **4. Kündigung und Beendigung (sowie Übergang) des Bankkontos.**

     a) **Überblick zum Beendigungsregime (mit Übergang).** Bei der Beendigung – und speziell dem wichtigsten Beendigungsgrund, der Kündigung – **unterscheiden sich HGB-Kontokorrent und Bankkonto erheblich.** Mit anderen Worten: Allgemeine Grundsätze zu Ersterem können nur beschränkt auch auf das Bankkonto übertragen werden. Vergleichbar ist zunächst, dass zwischen bloßer Verfügung über Salden und Beendigung des Kontokorrents selbst zu unterscheiden ist: Verfügungen über den Saldo führen, wie § 357 HGB zeigt, nicht einmal beim HGB-Konto zur Beendigung.[379] Beendigt wird das HGB-Kontokorrent hingegen (und grundsätzlich auch das Bankkonto),[380] wenn die Voraussetzungen desselben entfallen: bei **einverständlicher Lösung** der Kontokorrentabrede[381] und bei Beendigung der Geschäftsverbindung.[382] Schon beim Zweitgenannten ist freilich zwischen beiden Kontoarten zu unterscheiden: Beendigt wird das HGB-Kontokorrent iZw. auch bei Beendigung eines parallel laufenden Rechtsverhältnisses[383] und bei Tod einer Partei.[384] Beides

---

[374] BankR-HdB/*Lwowski* § 34, Muster 2 zur Eröffnung von Konten und Depots für Minderjährige (Fassung 9/2009) und Anm. 2 hierzu; *Kampermann* Bankgeschäfte mit Minderjährigen, S. 222-224 (außer völlige Freistellung), 237-242 (mit Ausnahmen bei Geringfügigkeit); missverständlich BankR-HdB/*Joeres* § 30 Rn 13–15, dort auch zur (einmaligen!) kurzfristigen Duldung von Überziehungen bei Versorgungsgeschäften; auch *Kristoffy* Minderjährigenrecht, S. 52.

[375] *Scheerer* BB 1971, 981 (983); *Vortmann* WM 1994, 965 (965); BankR-HdB/*Joeres* § 30 Rn 1.

[376] *Scheerer* BB 1971, 981 (983 f.); Münch-KommBGB/*Schmitt* § 113 Rn 28; *Kümpel/Wittig* Rn 6.670. Dort auch zur Frage, ob darin wiederum die Zustimmung liegt, über die erwirtschafteten Beträge zu verfügen.

[377] *Vortmann* WM 1994, 965 (966); BankR-HdB/*Joeres* § 30 Rn 8; MünchKommBGB/*Schmitt* § 113 Rn 29 (wohl aber Barabhebung).

[378] BAK ZIP 1995, 691 (692) (jedoch Gruppen wie Daueraufträge, Überweisungen); BankR-HdB/*Joeres* § 30 Rn 7; MünchKommBGB/*Schmitt* § 107 Rn 19.

[379] Für die Abhebung: Baumbach/*Hopt* § 355 Rn 23; Schlegelberger/*Hefermehl* § 355 Rn 94.

[380] Zur Beendigung des davon zu unterscheidenden Zahlungsdienstevertrages/Girovertrages nächste Rn und BankR-HdB/*Mayen* § 47 Fn 30–36a; zum Einfluss des Zahlungsdiensterechts auf das Regime der Kündigung beim Bankkonto grundlegend: *Herresthal* WM 2013, 773.

[381] Baumbach/*Hopt* § 355 Rn 23; *K. Schmidt* HandelsR § 21 VI 1.

[382] BGH Urt. v. 21.10.1955 – I ZR 187/53, NJW 1956, 17; BGH Urt. v. 4.4.1979 – VIII ZR 96/78, BGHZ 74, 129 (135); Schlegelberger/*Hefermehl* § 355 Rn 94.

[383] So für die Fälligkeit eines Kontokorrentkredits: OLG Düsseldorf Urt. v. 19.2.1986 – 17 U 132/84, WM 1987, 341 (343); und für die Beendigung des Girovertrages BankR-HdB/*Mayen* § 47 Rn 101. Mit Fälligstellung des Kontokorrentkredits sei etwa auch die Kündigung des Kontokorrents gewollt: BGH Urt. v. 9.2.1993 – XI ZR 88/92, NJW 1993, 1260 (1261).

[384] Baumbach/*Hopt* (7) BankGesch Rn A/51; BankR-HdB/*Schramm/Dauber* § 32 Rn 46 f.

---

gilt nicht oder nur **modifiziert beim Bankkonto:** Einerseits ist dieses idR nicht mit einem parallel laufenden Rechtsverhältnis zum Austausch von Leistungen verknüpft (vgl. jedoch § 675f Abs. 2 S. 2 BGB), wohl aber gilt auch hier: Die **Beendigung des Zahlungsdienstevertrages/Girovertrages** (nächste Rn) führt auch zur Beendigung des Kontokorrents. Andererseits kann das **Bankkonto im Erbfall** durchaus übergehen, jedenfalls jedoch steht der Erwerb der Gläubigerposition von Todes wegen ganz im Vordergrund (vgl. daher unten Zweiter Teil Rn 216–232). Außerdem eröffnet § 355 Abs. 3 HGB mangels gegenteiliger Abrede für das HGB-Kontokorrent ein jederzeitiges Kündigungsrecht.[385] Das ist ganz anders beim Bankkonto, bei dem die EG-Zahlungsdienste-Richtlinie gerade für die **Kündigung** ein ungleich kundenfreundlicheres Spezialregime einführt (nächste Rn). Auch die Eröffnung eines **Insolvenzverfahrens** über eine Partei führt beim HGB-Kontokorrent (ohne Kündigung) zur Beendigung, weil andernfalls die gemeinschaftliche Befriedigung der Gläubiger vereitelt würde.[386] Obwohl dieses Interesse durchaus auch im Hinblick auf Bankkonten zu schützen ist, gilt auch insoweit ein ungleich komplexeres Sonderregime, auf das daher gesondert einzugehen ist (unten Zweiter Teil Rn 252–266). Ab 2016 wird zudem beim Bankkonto – auf der Grundlage der EU-Basiskonto-Richtlinie (oben Zweiter Teil Rn 131)– ein Regime in Kraft treten, das den **Wechsel des Kontos** – auch grenzüberschreitend – von der Abwicklung und den Kosten her erleichtert (Art. 9–14 der Richtlinie): mit einem Service, der die Übertragung der Daten zur Kontoführung (namentlich auch Daueraufträgen etc.) einschließt und dies zu (höchstens) „angemessenen" (grds. nur kostendeckenden) Entgelten.

b) **Voraussetzungen der Kündigung (Bankkonto).** Bis 2011 waren die Grenzen des **138** Kündigungsrechts – gerade auch beim Bankkonto – richterrechtlich auf der Grundlage von Generalklauseln festgelegt.[387] Das hat sich mit dem Zahlungsdiensterecht für das typische Bankkonto – immer, wenn es als Rahmen(vertrag) für Zahlungsdienste, dh. vor allem Überweisung, Lastschrift oder kartengestützte Transaktionen, fungieren kann – grundlegend geändert: Entsprechend den Vorgaben in Art. 45 EG-Zahlungsdienste-Richtlinie statuiert § 675h BGB für die **ordentliche Kündigung,** dass der Kunde stets kündigen können muss (vereinbart werden darf höchstens eine Kündigungsfrist von bis zu einem Monat,

---

Zum Bankkonto im Todesfall unten Zweiter Teil Rn 217 ff.

[385] Keine gegenteilige Abrede ist darin zu sehen, dass ein Kontokorrentkredit noch nicht getilgt ist: BGH Urt. v. 21.5.1987 – III ZR 56/86, NJW-RR 1987, 1186.

[386] BGH Urt. v. 4.5.1979 – I ZR 127/77, BGHZ 74, 253 (254 f.); BGH Urt. v. 13.11.1990 – XI ZR 217/89, NJW 1991, 1286 (1287); BGH Urt. v. 25.6.2009 – XI ZR 98/08, NJW 2009, 2677 (2678); *Blaurock* JA 1980, 691 (695); *Herz* Kontokorrent S. 201; nach hM fehlt ein vergleichbarer Zweck bei Eröffnung eines Vergleichsverfahrens, vgl. nur BankR-HdB/*Mayen* § 47 Rn 102.

[387] Nach Nr. 19 Abs. 1 AGB-Banken a.F. konnte das Kreditinstitut die Geschäftsbeziehung jederzeit kündigen, was freilich einschränkend verstanden wurde: Kündigung zur Unzeit war nach § 242 BGB unzulässig: BGH Urt. v.

30.5.1985 – III ZR 112/84, WM 1985, 1136; BankR-HdB/*Bunte* § 24 Rn 16 f. Zudem durfte das Kündigungsrecht nicht gegen §§ 134, 138 BGB verstoßen. *Boemke* NJW 2001, 43 (44). Für das Kontokorrent als Zahlungsdiensterahmenvertrag stellen sich diese Fragen angesichts der zwingenden gesetzlichen Regelung zwar nicht mehr, der BGH geht inzwischen für eine gleichlautende Regelung für andere Rahmenverträge hingegen von Intransparenz und Nichtigkeit nach § 307 Abs. 1 S. 1 und 2 BGB aus: BGH Urt. v. 5.5.2015 – XI ZR 214/14, WM 2015, 1379. Das in § 19 Abs. 3 Banken-AGB a.F. vorgesehene zusätzliche Recht, aus wichtigem Grund ohne Einhaltung einer Kündigungsfrist zu kündigen, war wegen § 314 Abs. 1 S. 1 BGB aus 307 Abs. 3 BGB kontrollfrei wirksam vereinbart; heute stützt es sich auf Gesetz (auch § 627 BGB).

noch kundenfreundlicher dann Nr. 18 AGB-Banken), während das Kreditinstitut ohnehin nur bei dahingehender Vereinbarung kündigen kann und dann die Kündigungsfrist mindestens 2 Monate betragen muss (Nr. 19 Abs. 1 S. 3 AGB-Banken); dabei ging schon der deutsche Gesetzgeber beim Kundenschutz insofern weiter, als er ein Entgelt für die Kündigung allgemein untersagt (anders Art. 45 Abs. 2 Richtlinie, günstigeres nationales Recht aber zulässig nach Abs. 6). Regelmäßig erhobene Entgelte sind zeitanteilig zurückzugewähren. Offen bleibt die – angesichts Nr. 19 AGB-Banken eher theoretische – Frage, ob wirklich mangels Abrede für das Kreditinstitut eine ewige Bindung eintritt; wichtig ist dies vor allem für die Frage, ob das Institut in Fällen, in denen der Kunde vorgeschlagene Änderungen der AGB ablehnt, auch mangels Abrede kündigen kann (wohl keine „Aufhebung" aus wichtigem Grund, da ja kein Vertragsverstoß).[388] Unberührt bleibt jedenfalls die **Kündigung aus wichtigem Grund**, die (in Übereinstimmung mit der Terminologie im UN-Kaufrecht) als „Aufhebung" bezeichnet wird.[389]

139   Dass das Kreditinstitut das Bankkonto im Einzelfall ordentlich kündigen darf, setzt auch unter dem neuen Kündigungsregime zusätzlich voraus, **dass kein Anspruch auf Kontoeröffnung besteht** (dauerschuldspezifische Fortsetzung dieses ursprünglichen Anspruchs).[390] Jedenfalls als öffentlich-rechtliche Körperschaft geführte Kreditinstitute unterliegen wegen ihrer Aufgabe zu staatlicher Daseinsvorsorge den Bindungen der Grundrechte unmittelbar und damit auch einem aus Art. 3 GG abzuleitenden Willkürverbot – ggf. auch privatrechtlich Organisierte.[391] Kündigungen sind, soweit diese Bindung greift, nur zulässig, wenn das Kreditinstitut hierfür einen sachlichen Grund anführen kann.[392] Danach muss bei Gesamtwürdigung aller Umstände des Einzelfalls und nach Abwägung

---

[388] MünchKomm/*Casper* § 675h Rn 8; BankR-HdB/*Mayen* § 47 Rn 33b.

[389] Vgl. zu allem auch unten Dritter Teil Rn 107, 187, 192, 195 f. 261; sowie BR-Drucks. 848/08, S. 168 f.; *Herresthal* WM 2013, 773 (781). MünchKommBGB/*Casper* § 675h Rn 2; Staudinger/*Omlor* § 675h Rn 1, 6.

[390] *Köndgen* NJW 2004, 1288 (1291); ebenso OLG Naumburg Urt. v. 31.1.2012 – 9 U 128/11, ZIP 2012, 1119 (rkr.) (dann Kündigung nur aus wichtigem Grund). Auch Kündigungsrecht (auf Grund von Rücksichtnahmepflicht) ausgeschlossen, wenn Fortführung zwar unter Embargo fällt, der Kontoinhaber gegen dieses jedoch den Rechtsweg beschritten hat, auf das Konto angewiesen ist und nachweislich keine gleichwertigen Alternativen hat: Hans. OLG Hamburg Urt. v. 30.5.2012 – 13 W 17/12, WM 2012, 1243. Zur Frage nach einem Rechtsanspruch auf Eröffnung vgl. oben Zweiter Teil Rn 131.

[391] BGH Urt. v. 11.3.2003 – XI ZR 403/01, NJW 2003, 1658 (1659) = WM 2003, 823; für Sparkassen (auch nach Wegfall der Gewährträgerhaftung) nach den jeweiligen Landesgesetzen etwa OLG Naumburg (Fn 390), ZIP 2012, 1119 (§ 5 Sparkassenverordnung Sachsen-Anhalt). Ebenso, wenn

sich privatrechtlich organisierte Institute im Alleinbesitz des Staates befinden, BGH Urt. v. 2.12.2003 – XI ZR 397/02, NJW 2004, 1031; aA OLG Köln Urt. v. 17.11.2000 – 13 W 89/00, NJW 2001, 452, wonach die Postbank AG auch zu Zeiten, in denen sie sich noch in öffentlicher Hand befand, den Girovertrag nach §§ 627, 675 BGB a.F. kündigen konnte und dabei nur dem Schikaneverbot des § 226 BGB unterlag; zur Erstreckung auch auf privatrechtlich organisierte Kreditinstitute, deren Anteile nicht vom Staat gehalten werden, BGH Urt. v. 15.1.2013 – XI ZR 22/12, NJW 2013, 1519 = WM 2013, 316; *Köndgen* NJW 2004, 1288 (1292); *Boemke* NJW 2001, 43 (44 f.).

[392] BGH (Fn 391), NJW 2003, 1658 (1659); BGH (Fn 391), NJW 2004, 1031 (beide auch zum Parteiprivileg nach Art. 21 GG); so sogar für Änderungskündigung zur Gebührenanpassung: OLG Naumburg (Fn 390), ZIP 2012, 1119 (1120) (gefordert sei „wichtiger Grund" für Gebührenanpassung), was freilich selbst vom Gedanken des Versorgungsauftrages her nicht zwingend angezeigt ist (Bereitstellung eines Kontos zwar angezeigt, aber auch zum dauerhaft, bis zu lebenslang unveränderten Preis?).

der Interessen beider Seiten die Fortsetzung der Geschäftsbeziehung für das Institut unzumutbar sein.[393] Bei privatrechtlich organisierten Instituten, die sich auch nicht in öffentlicher Hand befinden, gilt demgegenüber **keine allgemeine Gleichbehandlungspflicht** (keine mittelbare Drittwirkung des allgemeinen Gleichheitssatzes), etwa bei Ausübung des Rechts zur ordentlichen Kündigung; allerdings sind gegen das Willkürverbot verstoßende Kündigungen nach § 134 BGB iVm Art. 3 Abs. 1 GG nichtig.[394] Nicht willkürlich, möglicherweise sogar aus wichtigem Grund ergeht die Kündigung eines Kontos, das der Inhaber (Inkassounternehmen) zum Einzug von Forderungen nutzt, über deren Bestehen er Verbraucher systematisch täuscht – weswegen ein Verbraucherverband auch zur Kündigung des Kontos auffordern darf.[395]

c) **Rechtsfolgen der Beendigung.** Die Beendigung zeitigt verschiedene Wirkung je **140** nachdem, ob sie mit einem anerkannten **Saldoabschluss** zusammenfällt **oder nicht** (vor allem nach § 355 Abs. 3 HGB). Im ersten Fall ist unstr. allein der anerkannte Saldoabschluss geschuldet. Im zweiten Fall soll die Kontokorrentbindung der Einzelansprüche enden – mit Verjährungsanlauf für jede Forderung nach den eigenen Regeln und mit der Folge, dass über jede wieder gesondert verfügt werden kann. Einen Einzelanspruch bildet hierbei der letzte kausale oder anerkannte Saldoabschluss.[396] Fraglich ist jedoch, ob nicht auch im zweiten Fall nur der Saldo geltend gemacht werden kann. Immerhin führt § 355 Abs. 3 HGB, der verallgemeinerungsfähig ist, nur den Anspruch auf Zahlung des Überschusses an und gilt das Vereinfachungs- und vor allem das Sicherungsbedürfnis auch in der Abwicklung. Für das Bankkonto hat dies, obwohl es keine Staffelkontokorrent bildet, in jedem Falle zu gelten, denn die Vereinheitlichung der Einzelforderungen ist hier noch weiter getrieben (namentlich beim Zins und bei der Verfügbarkeit eines jeden „Tagessaldos"). Von diesem letzten Saldo können noch ein letztes Mal Zinsen genommen werden, auch wenn in den Salden Zinsen enthalten sind.[397] Auch nach Beendigung des Kontokorrentverhältnisses darf das Kreditinstitute durchaus **noch Gelder (vor allem Überweisungen) entgegennehmen**, dabei agiert es auch, soweit es sich so verhält, als Zahlstelle des (früheren) Kontoinhabers, so dass Rückforderungsansprüche jeweils gegen diesen und nicht das Institut zu richten sind.[398] Nimmt das Institut hingegen die Gelder für eigene Rechnung entgegen, so kann zwar der Zahler vom Institut Erstattung verlangen, der ehemalige Kontoinhaber soll hingegen nicht Auskehrung und jedenfalls nicht Verzugszinsen ver-

[393] BGH (Fn 391), NJW 2003, 1658 (1659); etwa Nutzung des Kontos im Zusammenhang mit strafbaren Handlungen (Betrieb entsprechender Internetseiten u.ä.): OLG Hamm, Beschl. v. 13.10.2008 – I-31 W 38/08, BKR 2009, 436; LG München I, Urt. v. 12.5.2009 – 28 O 398/09, VuR 2010, 226.

[394] Für Ersteres BGH (Fn 391), NJW 2013, 1519 = WM 2013, 316. Für Zweiteres BGH (Fn 391), NJW 2004, 1031; BGH (Fn 391), NJW 2003, 1658; tendenziell strenger („wichtiger Grund" nötig): OLG Naumburg (Fn 390), ZIP 2012, 1119 (1120).

[395] BGH Urt. v. 6.2.2014 – I ZR 75/13, WM 2014, 1532 = NJW-RR 2014, 1508.

[396] BGH Urt. v. 2.11.1967 – II ZR 46/65, BGHZ 49, 24 (26).

[397] Vgl. BGH (Fn 386), NJW 1991, 1286 (1288); K. Schmidt HandelsR § 21 VI 1.

[398] Vgl. OLG Koblenz Urt. v. 8.2.2008 – 8 U 11/07, WM 2009, 112 (Überweisung, kein Sonderrechtsverhältnis des kontoführenden Empfängerinstituts zum Zahler); BFH Urt. v. 10.11.2009 – VII R 6/09, ZIP 2010, 315 (auch Erstattungsansprüche des Finanzamts nach § 37 Abs. 12 S. 1 AO nicht gegen Kreditinstitut zu richten, sondern gegen den Steuerpflichtigen, wenn das Konto wegen Insolvenz abgewickelt und Guthaben an Insolvenzverwalter ausgekehrt); und für Sozialleistungen SG Köln Urt. v. 2.11.2011 – S 17 R 394/11, WM 2012, 839 (außer Überweisungsbetrag noch als Guthaben vorhanden).

langen können, weil der Anspruch gegen den Zahler (mangels Erfüllung) fortbestehe.[399] Ganz vereinzelt werden nachwirkende Sorgfaltspflichten – sogar zugunsten Dritter – bejaht.[400]

B. Wirkung des Bankkontokorrents

I. Voraussetzungen von Kontokorrent und Kontozugehörigkeit

141   **1. Dauerhafte Geschäftsverbindung.** Die kontokorrentspezifischen Wirkungen zeitigt auch das Bankkonto nur, soweit ein Kontokorrent vereinbart wurde und die fragliche Forderung in dieses einbezogen ist. Dazu muss die Geschäftsverbindung auf gewisse Zeit angelegt sein und darauf, dass zumindest **eine Seite**[401] **mehrfach Ansprüche** erwirbt. Für das Bankkonto stellt das § 675f Abs. 1 und 2 BGB klar, indem er Zahlungsdiensteinzelvertrag (ohne Kontokorrent) und Zahlungsdiensterahmenvertrag (mit Kontokorrent) voneinander unterscheidet. Unmittelbar anwendbar sind §§ 355 bis 357 HGB nur, wenn auf einer Seite ein Kaufmann iSv. §§ 1 bis 6 auftritt. Überwiegend werden jedoch die zentralen Rechtsfolgen des Kontokorrents (unten Zweiter Teil Rn 145–160) **auch** auf Kontokorrentabbreden **zwischen Nichtkaufleuten** erstreckt,[402] so dass bei den kontokorrentrechtlichen Regeln zwar nach der Überformung durch Zahlungsdiensterahmen- bzw. Girovertrag und durch AGB Banken zu fragen ist, nicht jedoch danach, ob sie auch im Verhältnis zu nichtkaufmännischen Bankkunden zur Anwendung kommen. Anders wird dies für das HGB-Kontokorrent nur bei der Ausnahme vom Zinseszinsverbot (§ 248 BGB) nach § 355 Abs. 1 HGB gesehen.[403] Diese Differenzierung ist schon für das HGB-Kontokorrent kaum zu rechtfertigen, denn auch die sonstigen, zentralen Rechtsfolgen des Kontokorrents weichen von zwingendem Zivilrecht (§§ 137 BGB und 354a HGB) ab, sind also nicht mit dem hypothetischen Parteiwillen zu erklären, und erzeugen Lastwirkungen, freilich hier nun gegenüber Dritten (vgl. unten Zweiter Teil Rn 144): Sieht man die Grundlage der §§ 355 bis 357 HGB zutreffend in der angesprochenen Vereinfachungs- und Kostenminimierungseignung, so liegt es nahe, das Instrument für alle Geschäftsverbindungen ohne Diskriminierung zur Verfügung zu stellen – vor allem für solche, die sich heute entgegen ursprünglichem Gesetzgeberwillen als kommerziell darstellen. Für das Bankkontokorrent gilt das Zinseszinsverbot ohnehin nur eingeschränkt, nicht für das Einlagegeschäft (§ 248 Abs. 2 BGB). Für den Habenzins wäre der Streit jedoch relevant, wird jedoch mit der Praxis praktisch selbstverständlich vom hier zugrunde gelegten Verständnis ausgegangen.

---

[399] Vgl. etwa OLG Karlsruhe Urt. v. 30.3.2011 – 17 U 56/09, WM 2011, 1363 (Steuererstattung des Finanzamts auf ein seit Jahren erloschenes Konto). § 826 BGB griff im konkreten Fall mangels Schädigungsabsicht nicht durch.

[400] Etwa Warnpflicht (mit Schadensersatzfolge, ohne Entreicherungseinwand), wenn jahrelang Rente noch weitergezahlt: BFH Urt. v. 18.7.2007 – II R 18/06, WM 2007, 2102.

[401] RG Urt. v. 12.1.1927 – I 175/26, RGZ 115, 393 (396); BGH (Fn 348), BGHZ 50, 277 = WM 1968, 967; Baumbach/*Hopt* § 355

Rn 4; Schlegelberger/*Hefermehl* § 355 Rn 12; hingegen beidseitige Anspruchsbegründung fordernd: *Reifner* NJW 1992, 337 (340).

[402] Heymann/*Horn* § 355 Rn 7; Schlegelberger/ *Hefermehl* § 355 Rn 9, 118 f.

[403] RG Urt. v. 17.2.1919 – VI 286/18, RGZ 95, 18 (19); *Blaurock* JA 1980, 691 (691); Baumbach/*Hopt* § 355 Rn 18; Heymann/ *Horn* § 355 Rn 6; *K. Schmidt* HandelsR § 21 II 2 b; *Schwintowski* § 8 Rn 57, 69; Letztere beide jedoch für analoge Anwendung von § 355 HGB auf Geschäftsverbindungen mit nichtkaufmännischen Unternehmen.

Stefan Grundmann

2. Kontokorrentvereinbarung. Vereinbart wird, die **Ansprüche in Rechnung zu stel-** **142**
len.[404] Die Abrede ist formfrei und kann konkludent erfolgen. Indizien hierfür sind alle
Absprachen, die von der rechtlichen Bedeutung von Aggregierung und Saldo ausgehen, vor
allem: Die Abrede einer eigenen Verzinsung des Saldos, in den Forderungen (mit Zins) eingestellt werden; die abredegemäße, aber auch die tatsächliche regelmäßige Bildung von
Salden;[405] Parteiverhalten dahingehend, (von sich aus) die Ansprüche nicht einzeln geltend
zu machen.[406] Beim Bankkonto bildet konkludenter Abschluss den absoluten Ausnahmefall. Zudem ist auf Grund der Informationsregeln in § 675d BGB iVm Art. 248 § 3 EGBGB
Aushändigung der zentralen Inhalte ohnehin in Textform geschuldet, die Verletzung bildet
nur kein Wirksamkeitshindernis (vgl. Dritter Teil Rn 139). Dass mit dem Konto rechtswidrige Zwecke (Steuerhinterziehung) verfolgt werden, führt, wenn dieser Zweck Hauptzweck ist, bei jedem Konto zur Nichtigkeit.[407]

3. Einbeziehung des Anspruchs ins Kontokorrent. Einbeziehungsfähig sind Ansprü- **143**
che, die verrechnet werden können, grundsätzlich alle Ansprüche auf vertretbare Sachen,[408] beim Bankkonto (und auch sonst meist) nur solche auf Geld.[409] **Entscheidend** für
die Einbeziehung ist die **Parteiabrede**, was gerade für das Bankkonto immer wieder problematisiert wurde.[410] Im Zweifel werden alle Ansprüche aus der Geschäftsbeziehung ins
Kontokorrent einbezogen.[411]

---

[404] *Blaurock* JA 1980, 691 (692); *Maier* JuS
1988, 196 (197); Röhricht/Graf von West-
phalen/Haas/*Wagner* § 355 Rn 11; *Schwin-*
towski § 8 Rn 56. Dies ist zwar nur eine der
drei zentralen Rechtsfolgen (vgl. oben Zweiter Teil Rn 136–139), die anderen bedürfen
jedoch keiner Abrede. Zu all dem, auch zur
Periode der Saldobildung, unten Zweiter Teil
Rn 151 f., 157 f.

[405] BGH Urt. v. 20.4.1956 – I ZR 203/54, WM
1956, 1125 (1126); BGH (Fn 340), WM
1970, 184 (185) (insoweit nicht abgedruckt
in NJW 1970, 560); BGH Urt. v. 10.7.1986 –
III ZR 77/85, WM 1986, 1355 (1357); OLG
Köln Urt. v. 19.4.2004 – 2 U 187/03, NZI
2004, 668 (669); OLG Hamm Urt. v.
5.2.2009 – I-2 U 98/08, juris; *Koller*/Kindler/
Roth/Morck § 355 Rn 3. Die Saldobildung
spricht jedoch nur indizweise für die Lähmung (das „in Rechnung" Stellen) der einzelnen Forderungen. Die Ausnahme vom
Zinseszinsverbot ist hingegen nur bei Kontokorrentvereinbarung eröffnet.

[406] BGH (Fn 340), WM 1970, 184 (185) (insoweit nicht abgedruckt in NJW 1970, 560);
OLG Köln (Fn 405), NZI 2004, 668 (670);
Schlegelberger/*Hefermehl* § 355 Rn 14.
Werden einige wenige Ansprüche geltend
gemacht, so kann dies gegen eine Kontokorrentvereinbarung sprechen (so generell
etwa *Koller*/Kindler/Roth/Morck § 355 Rn 3)
oder weniger weitgehend dafür, dass nicht

alle Ansprüche ins Kontokorrent einbezogen
wurden.

[407] RG Urt. v. 29.9.1934 – I 107/34, JW 1935,
420 (420 f.); allgemeiner, nicht speziell für
das Kontokorrent: BGH Urt. v. 9.6.1954 – II
ZR 70/53, BGHZ 14, 25 (30 f.).

[408] Baumbach/*Hopt* § 355 Rn 1; Röhricht/Graf
von Westphalen/Haas/*Wagner* § 355 Rn 16;
Schlegelberger/*Hefermehl* § 355 Rn 19.

[409] Heymann/*Horn* § 355 Rn 11; BankR-HdB/
Mayen § 47 Rn 41; *K. Schmidt* HandelsR
§ 21 III 1.

[410] Einzelne, im Zweifel einzubeziehende Forderungen können ausdrücklich, auch noch
nachträglich ausgenommen werden: BGH
Urt. v. 8.7.1982 – I ZR 148/80, BGHZ 84,
371 (375–377) = NJW 1982, 2193 (für
Tagessalden im Girokonto); BGH Urt. v.
10.11.1986 – II ZR 48/86, NJW-RR 1987,
878 (879). Umgekehrt können auch im
Zweifel nicht einzubeziehende Forderungen
ausdrücklich aufgenommen werden: BGH
Urt. v. 23.10.1958 – II ZR 127/57, WM
1959, 81 (83); BGH Urt. v. 21.9.1967 – II
ZR 202/64, WM 1967, 1163 (1163). Zu als
Kontokorrent geführten Oder-Konten BGH
Urt. v. 25.6.2002 – XI ZR 218/01, NJW
2002, 3093, (3095).

[411] BGH (Fn 410), BGHZ 84, 371 (376) = NJW
1982, 2193 (Bankkonto); OLG Köln
(Fn 405), NZI 2004, 668 (670); Baumbach/
Hopt § 355 Rn 14; Schlegelberger/*Hefer-*

---

144 Mangels eindeutiger Parteiabrede gelten als Leitlinien: Einbezogen sind auch nicht klagbare Forderungen, jedoch unter der auflösenden Bedingung, dass die fehlende Klagbarkeit geltend gemacht wird.[412] Der wichtigste Fall gerade für das Bankkonto – Differenz- und Börsentermingeschäfte (§§ 764 BGB, 55 BörsG a. F.) – wurde jedoch zunehmend und mit dem FRUG gänzlich dem allgemeinen Regime (klagbare Forderung, jedoch Aufklärungspflichten) unterstellt, vgl. unten Achter Teil, 3. Abschnitt. Auch vorzeitige Verrechnung wird für ausreichend gehalten, um den Einwand fehlender Klagbarkeit (der Einzelforderung) kraft Anspruch aus Saldo nunmehr auszuräumen.[413] Wirksam einbezogen sind (mit Entstehen) auch vorausabgetretene Forderungen, etwa aus verlängertem Eigentumsvorbehalt.[414] Die Vorausabtretung geht dann ins Leere. Zwar sind dadurch Dritte belastet. Der vom Gesetzgeber angestrebte Kostenminimierungseffekt des Kontokorrents hängt jedoch davon ab, dass alle von den Parteien einbezogenen Forderungen tatsächlich zur gegenseitigen Absicherung verlässlich zur Verfügung stehen. Viel gezielter kann der EV–Verkäufer seine Interessen schützen, indem er sich – neben der antizipierten Forderungsabtretung – für den Fall der Kontokorrentbindung den Saldo im Voraus (teil-)abtreten lässt („cheapest cost avoider"). Demgegenüber sind noch nicht entstandene Forderungen, etwa aufschiebend bedingte, iZw. nicht einbezogen,[415] um die Fehleranfälligkeit der Abrechnung zu reduzieren.

II. Lähmung, Saldierung und Anerkenntnis als die zentralen Rechtsfolgen

145 1. Lähmung („in Rechnung stellen").

a) Grundsatz. Jede Verfügung über Einzelansprüche, die ins Kontokorrent eingestellt sind, ist ausgeschlossen. Kraft Parteiabrede allein könnte diese Rechtsfolge, gäbe es §§ 355 bis 357 HGB nicht, nicht herbeigeführt werden. So stieße sich ein Ausschluss der Abtretbarkeit in vielen Fällen an § 354a HGB und an § 851 Abs. 2 ZPO.[416] Dies gilt für das HGB-Kontokorrent und das Bankkonto gleichermaßen.

---

mehl § 355 Rn 20. Auch Überweisungsgutschriften, die der Kontoinhaber auf anderes Konto angefordert hatte: BFH Urt. 22.11.2011 – VII R 27/11, ZIP 2012, 513 (514); und schon im Grds. BFH Urt. v. 30.8.2005 – VII R 64/04, BStBl 2006 II, 353 (jeweils m. Nachw. zu gegenläufiger früherer Rspr.); zur Rückwirkung auf das Verhältnis zum Schuldner des Kontoinhabers: OLG Hamburg Urt. v. 30.3.2011 – 4 U 208/08, NJW 2011, 3324 (neuerliche Zahlungspflicht mangels befreiender Wirkung der Zahlung, jedoch Aufrechnung gegen Kondiktionsanspruch), str., vgl. Anm. *K. Schmidt* JuS 2012, 169.

[412] RG Urt. v. 12.5.1934 – I 53/34, RGZ 144, 311 (312 f.); für Behandlung nach § 366 Abs. 2 BGB *Canaris* DB 1972, 469 (470).

[413] BGH (Fn 340), BGHZ 107, 192 (197) = NJW 1989, 2120; BGH Urt. v. 4.2.1992 – XI ZR 32/91, BGHZ 117, 135 (141) = NJW 1992, 1630; *Canaris* DB 1972, 469 (470)

(aber § 366 Abs. 2 BGB analog). Zweifelhaft angesichts von § 762 Abs. 2 BGB.

[414] BGH Urt. v. 7.2.1979 – VIII ZR 279/77, BGHZ 73, 259 = NJW 1979, 976; *Serick* BB 1978, 873 (875); *Canaris* HandelsR, 24. Aufl. 2006, § 25 II Rn 10; MünchKommHGB/*Langenbucher* § 355 Rn 66; *Schwintowski* § 8 Rn 82–84.

[415] Für die Gutschrift unter aufschiebender Bedingung der Scheckeinlösung: BGH Urt. v. 21.12.1970 – II ZR 52/68, WM 1971, 178. Für die Pflicht des Bürgen vor Eintritt des Sicherungsfalls: RG Urt. v. 1.4.1927 – III 192/26, JW 1927, 1689 (1690); sogar für die Forderung vor Eintritt der Fälligkeit: RG Urt. v. 25.9.1933 – VI 206/33, JW 1933, 2826 (2828); allgemein *Canaris* HandelsR, 24. Aufl. 2006, § 25 II Rn 11; aA MünchKommHGB/*Langenbucher* § 355 Rn 43 f.

[416] § 137 BGB, auf den *Schwintowski* § 8 Rn 77 hinweist, betrifft freilich nur schon bestehende, abtretbare Forderungen, die ins

Beim HGB-Konto ebenfalls weitgehend ausgeschlossen sind Verfügungen über die **146** Überschüsse, die sich bei Verrechnung der Einzelansprüche ergeben. Hier ist zu unterscheiden zwischen den **periodischen Saldoabschlüssen** und den vielen „**Tagessalden**" – genauer: Überschüssen, die nach jeder Transaktion neu entstehen und in die Zeit zwischen zwei Saldoabschlüssen fallen. Nur beim Staffelkontokorrent fallen beide zusammen. Über Tagessalden kann beim reinen HGB-Konto nicht verfügt werden, das ist hier ebenfalls ein Kerninhalt der „Lähmung" (unten Rn 148), während das beim Bankkonto anders ist und hierin der vielleicht wichtigste Unterschied zwischen beiden Formen liegt (dazu sogleich). Weniger wichtig für die Frage nach der Verfügbarkeit ist es, ob der periodische Abschluss – beim Staffelkontokorrent jeder Abschluss – „festgestellt", dh. nach § 781 BGB anerkannt wurde: Auch eine Verfügung über periodische Saldoabschlüsse, die in der nächsten Periode wieder der Kontokorrentabrede unterfallen, ist beim HGB-Konto – und nur bei diesem – bis zur Beendigung des Kontokorrents (§ 355 Abs. 3 HGB) grundsätzlich ausgeschlossen. Anders als bei den Einzelansprüchen gibt es jedoch Ausnahmen von der fehlenden Verfügbarkeit des Saldos: eine Generalausnahme in Fragen der Pfändbarkeit (§ 357 HGB bzw. §§ 829, 851 Abs. 2 ZPO) und eine Ausnahme, wann immer Gegenteiliges vereinbart ist, möglicherweise auch nur konkludent. Beim **Bankkonto ist eine Verfügung** über Saldoabschlüsse – gleichgültig ob festgestellt oder nicht – ebenso **uneingeschränkt** möglich wie über bloße Tagessalden, also insbesondere auch durch Geltendmachung oder Abtretung.

b) **Geltendmachung.** Die Kontokorrentabrede begründet – beim HGB-Kontokorrent **147** ebenso wie beim Bankkonto – eine **Einrede gegen die Einzelansprüche.**[417] Die gegenteilige Abrede führt dazu, dass die Forderung aus der Kontokorrentbindung herausfällt (und auch verpfändbar sowie pfändbar wird). Jede eingestellte Forderung ist in der Verjährung gehemmt (vgl. § 205 BGB).[418]

Der Hauptunterschied zwischen **HGB-Kontokorrent** und Bankkonto liegt nach dem **148** Gesagten darin, dass bei Ersterem **auch der (tägliche) Überschuss einredebehaftet ist und** (bei Kontokorrentbindung) **sogar der periodische Saldo.** Die gegenteilige Rechtslage in Fragen der Pfändbarkeit (vgl. § 357 HGB und §§ 829, 851 Abs. 2 ZPO; näher unten Zweiter Teil Rn 234–251) ändert hieran nichts (bloße Ausnahme).[419] Nicht geltend gemacht werden kann der stetig wechselnde Überschuss im Laufe der Periode („Tagessaldo").[420] Ist der periodische Saldoabschluss neuerlich kontokorrentgebunden, so gilt Gleiches auch für diesen, auch wenn er nach § 781 BGB anerkannt ist.[421] Freilich ist mit der jederzeitigen

Kontokorrent eingestellt werden. Die genuine Abrede der Nichtabtretbarkeit beurteilt sich nach § 399 BGB, zu dem wiederum § 354a HGB und § 851 Abs. 2 ZPO die wichtigsten Ausnahmen statuieren.

[417] RG Urt. v. 18.10.1922 – I 596/21, RGZ 105, 233 (234); BGH (Fn 340), NJW 1970, 560; BGH Urt. v. 24.1.1985 – IX ZR 65/84, BGHZ 93, 315 (323) = NJW 1985, 1218; BGH (Fn 386), NJW 2009, 2677 (2678) = WM 2009, 1515 Anm. NZI 2009, 600 (*de Bra/Ganninger*) und BB 2009, 2054 (*Seehafer*); *Blaurock* JA 1980, 691 (692); *K. Schmidt* HandelsR § 21 III 1; *Schwintowski* § 8 Rn 61; für Einwendung etwa BankR-HdB/*Mayen* § 47 Rn 70; Schlegelberger/*Hefermehl* § 355 Rn 32.

[418] BGH (Fn 396), BGHZ 49, 24 (27); BGH Urt. v. 5.10.1993 – XI ZR 180/92, NJW 1993, 3318 (3319); LG Saarbrücken Urt. v. 18.4.2011 – 1 O 299/06, WM 2011, 2043 = EWiR § 355 HGB 1/12; *Koller/Kindler/ Roth/Morck* § 355 Rn 6; Schlegelberger/ *Hefermehl* § 355 Rn 36.

[419] Baumbach/*Hopt* § 355 Rn 22 (für Abtretung).

[420] OLG Frankfurt (Fn 348), NZI 2009, 116; OLG Köln Urt. v. 7.4.2010 – I 13 U 57/09, juris (Tz. 15); BankR-HdB/*Mayen* § 47 Rn 47; aA offenbar *K. Schmidt* HandelsR § 21 III 1. und § 21 VI 2. bb).

[421] BGH Urt. v. 7.12.1977 – VIII ZR 164/76, BGHZ 70, 86 (93); BGH (Fn 386), NJW 2009, 2677 (2678); OLG Düsseldorf

Kündbarkeit schon ein Mittel an die Hand gegeben, Überschuss oder periodischen Saldo sofort zu realisieren (§ 355 Abs. 3 HGB). Außerdem ist beim Überschuss und vor allem beim Saldoabschluss eine gegenteilige Abrede, auch konkludent, möglich, ohne dass dadurch eine Einzelforderung aus dem Kontokorrent herausfällt. Sie wird in der Tat in wichtigen Fällen angenommen: Beim **Bankkonto** wird der parallel vereinbarte Girovertrag sogar weitergehend dahin verstanden, dass der **Kunde jederzeit über den verfügbaren Saldo** („Tagessaldo") **verfügen** kann, umgekehrt jedoch auch den Negativsaldo ausgleichen muss, soweit er keine Kreditlinie (etwa Überziehungskredit) erhielt.[422]

149 c) **Abtretung und Verpfändung.** Abtretbarkeit und Verpfändung folgen grundsätzlich den Regeln über die Geltendmachung (vgl. §§ 399, 1274 Abs. 2 BGB). Daher sind **Einzelansprüche** nicht abtretbar oder verpfändbar, wenn sie nicht einverständlich gänzlich aus dem Kontokorrent herausgelöst werden.[423] Soweit ein **Überschuss oder periodischer Saldoabschluss** geltend gemacht werden kann, also namentlich beim Bankkonto, kann er (auch antizipiert) abgetreten und verpfändet werden. Beim Bankkonto ist nur streitig, ob Gleiches auch für eine Kreditlinie gilt (dazu unten Zweiter Teil Rn 248). Können Überschuss und Saldo jedoch nicht geltend gemacht werden, so scheiden auch Abtretung und Verpfändung aus. Eine Entkoppelung wie in der Frage der Pfändbarkeit (§ 357 HGB) gibt es nicht. Auch § 354a HGB, der bewusst allein auf die isolierten Abtretungsverbote nach § 399 BGB zugeschnitten wurde, greift nicht ein.[424]

150 d) **Vollstreckungszugriff – Verweis.** Enger zugeschnitten ist die Lähmungswirkung beim Vollstreckungszugriff (etwa Pfändung). Nur der Einzelanspruch ist auch insoweit dem Rechtsverkehr entzogen, während § 357 HGB den Zugriff auf den Überschuss und mittelbar auf den periodischen Saldo eröffnet (ausführlich daher unten D. zum Bankkonto in der Krise).

151 2. **Kausaler Saldo** („Verrechnung").

a) **Entstehung des kausalen Saldos.** Die (gegenseitigen) Ansprüche **werden verrechnet** (Saldo): beim Staffelkontokorrent nach jeder Buchung, ansonsten periodisch (nach § 355 Abs. 2 HGB iZw. jährlich, beim Bankkonto nach Nr. 7 Abs. 1 AGB-Banken quartalsweise) oder auch nur ein Mal bei Beendigung des Kontokorrents.[425] Die Verrechnung folgt zwar grundsätzlich den Aufrechnungsregeln. Da die Kontokorrentabrede jedoch auf Verrechnung ausgelegt ist, bedarf es anders als bei der Aufrechnung sonstiger Forderungen, bei denen diese Ausrichtung fehlt, keines einseitigen Gestaltungsakts mehr; vielmehr wird die diesbezügliche Verfügung bereits **in der Kontokorrentabrede antizipiert.**[426]

(Fn 355), NJOZ 2012, 1971 (1979) („regelmäßig ... kontokorrentgebunden"); Schlegelberger/*Hefermehl* § 355 Rn 51, 61.

[422] Für Ersteres BGH Urt. v. 30.6.1982 – VIII ZR 129/81, BGHZ 84, 325 (330 f.) = NJW 1982, 2192; BGH (Fn 410), BGHZ 84, 371 (377) = NJW 1982, 2193. Für Zweiteres BGH (Fn 354), BGHZ 73, 207 (209). Ausführlich unten Zweiter Teil Rn 162 und 165.

[423] BGH (Fn 410), BGHZ 84, 371 (377) = NJW 1982, 2193; BGH (Fn 415), WM 1971, 178; BGH Urt. v. 18.3.2010 – IX ZR 111/08, ZIP 2010, 1137 (daher für insolvenzrechtliche

Anfechtbarkeit frühestens Zeitpunkt des Saldos relevant); *Blaurock* JA 1980, 691 (692); *Koller*/Kindler/Roth/Morck § 355 Rn 6.

[424] BT-Drucks. 12/7912 S. 24 f.; *Henseler* BB 1995, 5 (6 f.).

[425] Auch Letzteres ist zulässig: Baumbach/*Hopt* § 355 Rn 6.

[426] So die ganz hM, etwa BGH (Fn 340), BGHZ 107, 192 (197) = NJW 1989, 2120; BGH (Fn 413), BGHZ 117, 135 (141) = NJW 1992, 1630; *Blaurock* JA 1980, 691 (692 f.); Baumbach/*Hopt* § 355 Rn 8; Heymann/*Horn* § 355 Rn 21.

b) Zweck und Geltendmachung des kausalen Saldos (mit Beweislast). Im Verrech- **152**
nungszeitpunkt entsteht, noch von den zugrunde liegenden Forderungen abhängig, ein
kausaler Saldo. Dieser ist vom Anspruch aus dem Anerkenntnis des Saldos (unten 3)
zu unterscheiden. Nur vereinzelt wurde er negiert,[427] ist jedoch im Gesetz vorausgesetzt[428] und – wenn auch wohl nur beim HGB-Kontokorrent – **als Instrument unverzichtbar:**[429] wenn über den Saldo verfügt, er etwa abgetreten werden soll, könnte ein Zuwarten bis zum Anerkenntnis, das noch nach § 894 ZPO hergestellt werden muss, die
Geschäftschance zerstören; und auch die Saldoverzinsung (nach einheitlichem Satz)
muss sofort mit Periodenschluss einsetzen. Beides ist freilich beim Bankkonto bereits für
jeden Tagessaldo gewährleistet, so dass insoweit die Notwendigkeit eines kausalen Saldos nicht zu begründen ist.

Für HGB-Konto und Bankkonto gleich sind dann wieder die Voraussetzungen der Gel- **153**
tendmachung: Wird allein der kausale Überschuss geltend gemacht – vom Gläubiger des
Überschusses oder von Dritten, die Rechte von ihm ableiten –, so trägt der Anspruchsteller
die **Beweislast** für die Aktivposten seit dem letzten Anerkenntnis bzw. dem letzten unstr.
späteren Überschuss.[430] Passivposten muss er hingegen nur vollständig aufführen, nicht
das Fehlen höherer Verpflichtung beweisen.[431]

Die Frage, wie mit einem **unrichtigen Saldo** zu verfahren ist, stellt sich beim kausalen **154**
Saldo nicht gleichermaßen wie beim Anerkenntnis (unten 3.). Die (antizipiert erklärte) Ver-
rechnung erfolgt allein für die tatsächlich bestehenden und ins Kontokorrent einbezogenen
Ansprüche. Daher ist die Kondiktion eines „unrichtigen" kausalen Saldos ausgeschlossen.
Es hat allenfalls eine Seite auf die unrichtige Berechnung der anderen Seite hin geleistet, so
dass dann die Kondiktion auf das tatsächlich Geleistete geht.

c) Konnex zum Schuldanerkenntnis – Unterwerfung unter gemeinsame Regeln. Der **155**
kausale Saldo ist trotz Eigenständigkeit auf das Anerkenntnis ausgerichtet. Gesondert
kann er – ebenso wie jeder Einzelanspruch – **nicht neben dem Anspruch aus Schuldanerkenntnis (§ 781 BGB) geltend gemacht** werden.[432]

---

[427] BGH Urt. v. 24.1.1985 – I ZR 201/82,
BGHZ 93, 307 (313 f.) = NJW 1985, 1706;
Röhricht/Graf von Westphalen/Haas/*Wag-
ner* § 355 Rn 35.

[428] § 355 Abs. 3 HGB geht offenbar von einem
(nicht notwendig anerkannten) Überschuss
aus: Schlegelberger/*Hefermehl* § 355 Rn 50;
auch BGH (Fn 421), BGHZ 70, 86 (93);
BGH (Fn 396), BGHZ 49, 24 (26). Auch die
Pfändungsregel des § 357 HGB bezieht sich
auf einen Überschuss zwischen zwei Periodenabschlüssen, also einen nicht anerkannten Überschuss.

[429] Dafür auch die ganz hM: BGH (Fn 340),
BGHZ 107, 192 (197) = NJW 1989, 2120;
Blaurock NJW 1971, 2206 (2208 f.); *ders.*
JA 1980, 691 (693); *Maier* JuS 1988, 196
(198); *Kübler* Feststellung und Garantie,

1967, S. 162; *Beitzke* FS v. Gierke 1950, S. 9
(10–14).

[430] BGH (Fn 427), BGHZ 93, 307 (314 f.) =
NJW 1985, 1706; BGH Urt. v. 11.10.1988 –
XI ZR 67/88, BGHZ 105, 263 (265) = NJW
1989, 300; BGH Beschluss v. 22.1.2013 –
XI ZR 472/11, NZG 2013, 553 (auch zur
nötigen Substaniierung); *Blaurock* JA 1980,
691 (693); *K. Schmidt* HandelsR § 21
IV 1.

[431] BGH Urt. v. 28.5.1991 – XI ZR 214/90,
NJW 1991, 2908; BGH (vorige Fn) NZG
2013, 553 (zur dennoch nötigen Substaniierung); *Koller*/Kindler/Roth/Morck § 355
Rn 9.

[432] Vgl. Nachw. unten Fn 501.

156   Dies entscheidet auch die sehr str., praktisch freilich eher unbedeutende[433] Frage nach der **Zusammensetzung des kausalen Überschusses**.[434] Wie Sicherheiten für die Einzelansprüche als Sicherheiten auch für den Anspruch aus Schuldanerkenntnis fortwirken, ist in § 356 HGB spezialgesetzlich geregelt. Auch wird dieser Anspruch selbst beim HGB-Kontokorrent einheitlich, kraft Parteivereinbarung oder Gesetz, verzinst (dazu sogleich). Diese Regeln über Sicherheiten und Zinsen haben schon für den kausalen Saldo zu gelten, da Anerkenntnis für den richtigen Saldo sofort gefordert werden kann und verhindert werden muss, dass seine Folgen durch Hinauszögern verkürzt werden können. Sie weichen für zentrale Positionen vom – in der Literatur propagierten – Prioritätsprinzip bzw. der Regelung der §§ 366 f. BGB ab.[435] Die **Mosaiktheorie der höchstrichterlichen Rechtsprechung** ist daher nicht nur praktikabler,[436] sondern allein mit dem Vereinfachungsstreben des HGB-Gesetzgebers vereinbar. Sie ist modifiziert durch § 356 HGB (allerdings auch dort die Grundlage) und allenfalls in analogen Fällen weiter vorsichtig zu modifizieren.[437]

157   **3. Anerkenntnis des Saldos („Feststellung des Überschusses")**.

a) **Qualifikation.** In der Feststellung des Saldos nach § 355 Abs. 1 HGB wird heute nahezu einhellig ein **abstraktes Schuldanerkenntnis iSv. § 781 BGB** gesehen.[438] Hierauf be-

---

[433] Für obsolet hält die Frage *Schwintowski* § 8 Rn 66. Wichtig wohl doch noch bei Einstellung unklagbarer Forderungen: vgl. etwa *Blaurock* JA 1980, 691 (693); *Maier* JuS 1988, 196 (198); vgl. etwas allgemeiner *S. Spindler* Die Theorien zur Verrechnung und zur Feststellung des Saldos im Kontokorrent unter besonderer Berücksichtigung ihrer Praktikabilität, S. 15–19.

[434] Übersicht bei *Blaurock* JA 1980, 691 (693); monographisch *S. Spindler* Die Theorien zur Verrechnung und zur Feststellung des Saldos im Kontokorrent unter besonderer Berücksichtigung ihrer Praktikabilität. Nach der Rspr. bilden die Forderungen des Gläubigers des Überschusses anteilig den Saldo (sog. Mosaiktheorie): vor allem RG Urt. v. 25.3.1931 – I 300/30, RGZ 132, 218 (219); BGH (Fn 396), BGHZ 49, 24 (30); gegen Anwendung von §§ 366, 367 BGB auch OLG Düsseldorf (Fn 355), NJOZ 2012, 1971 (1979). Die Lit. schlägt demgegenüber teils eine Verrechnung nach dem Prioritätsprinzip, teils in Anlehnung an §§ 366 f. BGB vor. Für das Erste Heymann/*Horn* § 355 Rn 24 (zumindest bei Girokonten, sonst Parteiwille). Für das Zweite *Canaris* DB 1972, 469 (470); *Herz* Kontokorrent S. 90–104; Schlegelberger/*Hefermehl* § 355 Rn 56, 91.

[435] Nach dem Prioritätsprinzip wäre eine gesicherte Forderung des A mit der ersten Forderung des B zu verrechnen und die Sicherheit würde nicht den Saldo erfassen, wenn A innerhalb der Periode nochmals – vor Entstehen von B's erster Forderung – eine ungesicherte Forderung in entspr. Höhe erwirbt. Die Sicherheit für eine Forderung wirkt nach § 356 HGB jedoch für den Saldo, ohne dass der Schuldner dieser Forderung bei Einzahlungen das Recht hätte vorzusehen, dass zuerst diese Forderung getilgt wird (entgegen § 366 Abs. 1 BGB). Ansonsten wirken sich § 356 HGB und § 366 Abs. 2 BGB in der Tat gleichermaßen dahingehend aus, dass Sicherheiten erst mit Tilgung aller Verpflichtungen entfallen. Jedoch spielt für das Anerkenntnis keine Rolle mehr, welche Forderung „lästiger" (höher verzinst) war. § 367 BGB ist maßgeblich durch das Zinseszinsverbot zu rechtfertigen, das im Kontokorrent ohnehin nicht gilt (§ 355 Abs. 1 HGB).

[436] Darauf stellt *Koller*/Kindler/Roth/Morck § 355 Rn 9 ab; in diesem Sinne auch, jedoch dennoch ein Vorgehen nach § 366 Abs. 2 BGB befürwortend: Röhricht/Graf von Westphalen/Haas/*Wagner* § 355 Rn 47.

[437] Zutr. RG Urt. v. 22.12.1939 – VII 139/39, RGZ 162, 244 (251); BGH (Fn 340), NJW 1970, 560 (561).

[438] BGH (Fn 396), BGHZ 49, 24 (27); BGH (Fn 427), BGHZ 93, 307 (313) = NJW 1985, 1706; OLG Köln (Fn 405), NZI 2004, 668 (670); *Maier* JuS 1988, 196 (198); *Otto* BB 1978, 987 (991); *Koller*/Kindler/Roth/Morck § 355 Rn 10 f.

steht ein **Anspruch** jeder Seite, jeweils dahingehend, dass der Saldo nicht ungünstiger festgestellt wird als es der kausalen Rechtslage entspricht.[439] Angebot, vor allem jedoch auch die Zustimmung kann konkludent und sogar stillschweigend erfolgen, beim Bankkonto geht das Angebot jeweils vom Institut aus und wird nach Nr. 7 Abs. 2 AGB-Banken sechswöchiges Schweigen als Zustimmung gewertet.[440] Die Klage auf Anerkenntnis kann mit einer zulässigen Zahlungsklage aus dem Anerkenntnis verbunden werden.[441] Begründet ist die Klage nur, soweit auf Anerkenntnis des richtigen Saldos geklagt wird. Fehlender Protest gegen Mitteilungen während der Kontokorrentperiode bedeutet – in diesem Zusammenhang wichtig – keinen Verzicht auf Einwände oder Geltendmachung. Insbesondere führen Verstöße gegen § 676b Abs. 1 BGB nur zu Schadensersatzansprüchen, nicht zu Einwendungsverlust (näher unten Dritter Teil Rn 456–458).

158 Praktisch wenig wichtig ist, ob der Anspruch aus dem Anerkenntnis die Einzelansprüche und den kausalen Saldo gänzlich ablöst, wie es die Rechtsprechung überwiegend sieht (Novation)[442] oder nicht. Jedenfalls können diese neben dem Anspruch aus § 781 BGB nicht geltend gemacht werden (dazu sogleich). Unwichtig ist das Fortbestehen der zugrunde liegenden Forderungen als Vehikel für die Sicherheiten, die für den Saldo fortbestehen sollen, weil dieses Fortbestehen vom Gesetzgeber angeordnet ist (§ 356 HGB).[443] Auch wenn das Anerkenntnis kondiziert wird (unten c), kann die Rechtsprechung durchaus begründen, dass die Einzelforderungen in der richtigen Verrechnung zumindest wieder neu zu begründen sind. Unterschiede zwischen beiden Theorien ergeben sich vor allem bei Drittbetroffenheit.[444] Streitentscheidend können insoweit freilich nicht rechtskonstruktive Qualifikationen des Anerkenntnisses sein (Novation oder nicht), sondern allein Gesetzgeberwertungen zum Drittbezug. Geht etwa der durch Anerkenntnis entlastete Bürge neue Bürgenpflichten ein, kann er sich auf § 818 Abs. 3 BGB berufen. Das gilt allgemein jedenfalls, falls er auf Grund des Vertrauens in das Anerkenntnis und seine entlastende Wirkung disponiert.

159 **b) Rechtsfolgen des unangefochtenen Saldoanerkenntnisses.** Das Anerkenntnis begründet einen **eigenständigen Anspruch,** der – bei jedem, auch dem HGB-Kontokorrent –

---

[439] BGH Urt. v. 17.2.1969 – II ZR 30/65, BGHZ 51, 346 (348 f.); BGH Urt. v. 29.5.1978 – II ZR 166/77, BGHZ 72, 9 (12) = NJW 1978, 2149; Heymann/*Horn* § 355 Rn 28; Baumbach/*Hopt* § 355 Rn 10 (implizit).

[440] Zum konkludenten Abschluss (Angebot seitens des Kreditinstituts etwa, wenn zwar nicht als „Rechnungsabschluss" bezeichnet, aber ersichtlich abschließende Abrechnung vor Kontoauflösung intendiert): BGH Urt. v. 8.11.2011 – XI ZR 158/10, NJW 2012, 306 (308). Zu Nr. 7 Abs. 2 AGB-Banken und der Wirksamkeit dieser Klausel vgl. oben Zweiter Teil Rn 128 und unten Rn 312–314.

[441] *Koller*/Kindler/Roth/Morck § 355 Rn 11; Schlegelberger/*Hefermehl* § 355 Rn 50; *K. Schmidt* HandelsR § 21 V.

[442] Sehr str., BGH Urt. v. 28.11.1957 – VII ZR 42/57, BGHZ 26, 142 (150); BGH (Fn 427), BGHZ 93, 307 (313) = NJW 1985, 1706; auch BGH (Fn 340), WM 1970, 184 (185)

(insoweit nicht abgedruckt in NJW 1970, 560).

[443] Daher Novation abl.: *Blaurock* JA 1980, 691 (693 f.); *Kübler* (Fn 429), S. 150–163; Baumbach/*Hopt* § 355 Rn 7; Schlegelberger/*Hefermehl* § 355 Rn 57–59; *Schwintowski* § 8 Rn 72; i.Erg. „Unauflösbarkeit" des Streits konstatierend, die Argumente für und wider akribisch aufbereitend: *S. Spindler* Die Theorien zur Verrechnung und zur Feststellung des Saldos im Kontokorrent unter besonderer Berücksichtigung ihrer Praktikabilität, S. 89–130.

[444] Soll etwa der Bürge für eine Forderung des A, dem nach dem unrichtigen und anerkannten Saldoabschluss kein Überschuss zustand, wieder haften, wenn das Anerkenntnis wieder kondiziert wird? Ähnliche Fragen stellen sich hinsichtlich der Anfechtungsgründe Dritter im Insolvenzfall, dazu unten Zweiter Teil Rn 252.

unabhängig vom kausalen Saldo geltend gemacht werden kann, einer eigenen, einheitlichen Verzinsung unterliegt, neu verjährt (3-jährig gemäß § 199 Abs. 1 BGB) und in die nächste Periode des Kontokorrents einbezogen sein kann.[445] Der Anspruch aus § 781 BGB verdrängt den Anspruch aus kausalem Saldo und die Einzelansprüche.[446] Im Anerkenntnis des Saldos liegt **auch ein Anerkenntnis der** von der Gegenseite geltend gemachten und einbezogenen **Einzelforderungen** – besonders wichtig etwa die Genehmigung von Lastschriften (vgl. hierzu freilich genauer unten Dritter Teil Rn 464–470) – und ein Anerkenntnis, dass es an eigenen weiteren Forderungen fehlt.[447] All dies kann nach §§ 812 ff. BGB kondiziert werden.

160   **c) Rechtsfolgen der Rückforderung (Kondiktion) unrichtiger Saldoanerkenntnisse.** Ein unrichtiges Saldoanerkenntnis kann die belastete Partei nach § 812 Abs. 2 BGB kondizieren,[448] es sei denn, sie kannte bei Abgabe ihrer Zustimmung zum Anerkenntnis die Unrichtigkeit (§ 814 BGB).[449] Die Beweislast für die Unrichtigkeit trägt der Kondiktionsgläubiger, unabhängig von der Beweislastverteilung vor Anerkenntnis.[450] Gelingt der Vollbeweis, kann er jedoch das Anerkenntnis kondizieren[451] und hat wiederum einen Anspruch auf Anerkenntnis des zutreffenden Saldos; nicht eröffnet wird der Rückgriff auf Einzelforderungen, der ja auch vor Wirksamwerden des Anerkenntnisses nicht eröffnet war. Beim Bankkonto ist, wenn es (wie praktisch durchgängig) zur Abwicklung von Zahlungsdiensten eingesetzt wird und daher als Zahlungsdiensterahmenvertrag iSv § 675f Abs. 2 BGB zu qualifizieren ist, die Geltendmachung dieses Kondiktionsanspruches zeitlich durch § 676b Abs. 2 BGB beschränkt: Danach kann die Unrichtigkeit der jeweiligen Einzelbuchung, die zu beweisen wäre, um das Anerkenntnis in diesem Umfang zu kondizieren, nur innerhalb einer Ausschlussfrist von13 Monaten ab dieser (Einzel-)Buchung geltend gemacht werden (vgl. näher Dritter Teil Rn 408 f., 534).

---

[445] Für Letzteres: BGH (Fn 421), BGHZ 70, 86 (93); *Koller*/Kindler/Roth/Morck § 355 Rn 11; Schlegelberger/*Hefermehl* § 355 Rn 43. Zu Zins und Verjährung vgl. unten Zweiter Teil Rn 174–176.

[446] BGH (Fn 348), BGHZ 50, 277 (279); BGH Urt. v. 8.3.1972 – VIII ZR 40/71, BGHZ 58, 257 (260) = NJW 1972, 873.

[447] Schlegelberger/*Hefermehl* § 355 Rn 49; ansonsten für Ersteres: BGH (Fn 410), WM 1967, 1163; BGH Urt. v. 28.4.1975 – II ZR 113/74, WM 1975, 556 (557); für Zweite res: BGH Urt. v. 29.5.1958 – II ZR 74/57, WM 1958, 1157; Baumbach/*Hopt* § 355 Rn 10. Streitig ist freilich, ob bei Nachweis fehlerhafter Einbeziehung die restliche Verrechnung Bestand hat, vgl. *Hopt* aaO; dagegen BGH (Fn 427), BGHZ 93, 307 (313) = NJW 1985, 1706.

[448] BGH (Fn 348), WM 1972, 283 (286); BGH (Fn 447), WM 1975, 556 (557); OLG Brandenburg Urt. v. 19.2.2010 – 4 U 149/08, juris (auch wenn Forderung zu Unrecht als nicht bestehend anerkannt); *K. Schmidt* HandelsR § 21 V 1 a; *Schwintowski* § 8 Rn 73.

[449] Grobe Fahrlässigkeit genügt nicht: BGH (Fn 348), WM 1972, 283 (286); Baumbach/ *Hopt* § 355 Rn 66. Klagte die betroffene Partei auf Anerkenntnis, so stellt die Rspr. auf den Zeitpunkt der Klageerhebung ab: BGH (Fn 410), WM 1967, 1163 (1164). Spätere Kenntnis davon, dass ein zu niedriger Saldo eingeklagt wurde, schade nicht (wohl weil auch bei gleichzeitiger Klage auf Anerkenntnis und Zahlung die Teilklage zulässig sein soll).

[450] BGH (Fn 447), WM 1975, 556 (557); Schlegelberger/*Hefermehl* § 355 Rn 47, 66; *Schwintowski* § 8 Rn 73.

[451] Vgl. Nachw. oben Fn 447. Teils wird zusätzlich gefordert, dass § 779 BGB erfüllt ist: *Kübler* (Fn 429), S. 163; zögernd *Schönle* (Fn 172), S. 74. Dagegen spricht, dass § 779 BGB Fälle betrifft, in denen beide Seiten, anders als hier, wissen, dass sie sich ihrer Rechtsposition teilweise begeben.

III. Überformung des Bankkontokorrents durch den Girovertrag

Zu den kontokorrentrechtlichen Besonderheiten kommen solche auf der Grundlage **161**
des parallel laufenden Zahlungsdienste- oder Girovertrages (§ 675f BGB): Dieser (regelmäßig, jedoch nicht zwingend **entgeltliche**)[452] **Geschäftsbesorgungsvertrag** verpflichtet das
kontoführende Institut zur jederzeitigen Auszahlung des Tagessaldos und zur Verfügung
darüber im Zahlungsverkehr, falls der Kunde dazu anweist, sowie zu Auskunft und Rechenschaft (§ 666 BGB).[453] Im Folgenden sind die zentralen Besonderheiten gegenüber
dem allgemeinen (HGB-)Kontokorrentrecht nochmals gebündelt und mit den wichtigsten
Details zu resümieren:

1. **Jederzeitige Realisierung des Tagessaldos.** Zentraler Inhalt der Giroabrede ist nach **162**
dem bereits Gesagten, dass jeder neue Überschuss (sog. Tagessaldo) geltend gemacht werden kann. Im einzelnen: Der Kunde kann über ihn verfügen,[454] heute regelmäßig durch
Geldauszahlung am Automaten.[455] Er hat (mangels Kreditlinie) jedoch auch den passivi-
schen Überschuss sofort glattzustellen.[456] Dabei kommt es auf Buchungs-, nicht Wertstel-
lungszeitpunkte an.[457] Folge der jederzeitigen Verfügungsbefugnis ist auch die jederzeitige
Pfändbarkeit und dies, über § 357 HGB beim reinen HGB-Kontokorrent hinausgehend,
auch für alle zukünftigen Tagessalden (vgl. unten Zweiter Teil Rn 239–244). Außerdem
kann der Tagessaldo (wie der periodische Saldoabschluss) (auch antizipiert) abgetreten
und verpfändet werden, da er frei verfügbar ist.

2. **Rechenschaft durch Kontoauszüge.** Die nach § 666 BGB geschuldete Rechenschaft **163**
wird durch Kontoauszüge gegeben, die daher auch nicht die (periodisch abzurechnenden)
Zinsen und Gebühren enthalten. Der Kontoauszug ist keine Willenserklärung (Angebot zu
einem Vertrag nach §§ 780 f. BGB).[458] Rechenschaft dient dem Schutz des Auftraggebers,
nicht des Beauftragten. Wenn also unsorgfältige Prüfung von Kontoauszügen (unter Verstoß gegen Nr. 11 Abs. 4 AGB-Banken; Nr. 20 Abs. 1 Buchst. g AGB-Sparkassen) (Scha-

---

[452] Zu Entgeltfragen beim Pfändungsschutzkonto, wie sie besonders virulent wurden
vgl. unten Zweiter Teil Rn 246; zu weiteren
Entgeltfragen vgl. *Graf v. Westphalen* WM
1995, 1209; *Nobbe* WM 2008, 185; *Münch-
Komm/Casper* § 675f BGB Rn 46–53;
BankR-HdB/*Mayen* § 47 Rn 25–29; sowie
Cahn WM 2010, 1197 (Überziehungszinsen); *Knops* ZBB 2010, 479; zu gemeinschaftsrechtlichen Einflüssen: *Brandner*
MDR 1999, 6; *Piekenbrock* GPR 2014, 26
und unten Nr. 12 AGB-Banken.

[453] Zur Abgrenzung (Rechenschaftspflicht aus
§ 666 BGB, nicht aus anderen Rechtsverhältnissen, etwa Kreditverträgen, geschuldet):
Saarl. OLG Urt. v. 2.10.2014 – 4 U 40/14,
juris.

[454] BGH (Fn 422), BGHZ 84, 325 (329–331) =
NJW 1982, 2192; BGH (Fn 410), BGHZ 84,
371 (377) = NJW 1982, 2193; OLG Frankfurt (Fn 348), ZIP 2008, 2326; *Peckert* Girokonto S. 103, 126; *Kümpel/Wittig* Rn 6.608.

[455] Vgl. Dritter Teil Rn 49–51, 113–116. Bei der
Barauszahlung am Schalter ist heute prak-
tisch nur noch problematisch, dass die Insti-
tute teils nur gegen Scheck auszahlen: Das
Risiko, bei fehlerhafter Identifikation ohne
Liberationswirkung an die falsche Person zu
leisten, können sie dadurch – entgegen dem
Wortlaut von Art. 21 ScheckG – nicht abwäl-
zen (Institutsmissbrauch): BankR-HdB/
Mayen § 47 Rn 46–49.

[456] BGH (Fn 354), BGHZ 73, 207 (209); BGH
(Fn 340), NJW 1970, 560 (560); Baumbach/
Hopt § 355 Rn 21; Schlegelberger/*Hefer-
mehl* § 355 Rn 51.

[457] OLG Frankfurt Urt. v. 3.3.1994 – 1 U
221/91, WM 1994, 684; BankR-HdB/*Bitter*
§ 33 Rn 27; BankR-HdB/*Mayen* § 47 Rn 46.
Zum Unterschied unten Zweiter Teil
Rn 168 f., 173.

[458] BGH (Fn 348), BGHZ 50, 277 (280); BGH
Urt. v. 24.6.1985 – II ZR 277/84, BGHZ 95,
103 (108) = NJW 1985, 2326; Baumbach/
Hopt § 355 Rn 9.

densersatz-)Ansprüche gegen den Kunden begründet,[459] so nur deswegen, weil auch der Begünstigte Schadenspräventionspflichten hat.[460] Der Anspruch geht nicht über den Betrag der Falschbuchung hinaus (höchstens Wirkung wie Anerkenntnis). Die Kontoauszüge sind irreführend iS von § 3 UWG aF, wenn zwar bei den einzelnen Gutschriften zutreffend nach Buchungs- und Wertstellungsdatum unterschieden, bei der Angabe des Kontostandes am Ende jedoch nicht darauf hingewiesen wird, dass darin auch noch nicht wertgestellte Beträge enthalten sein können. Durch eine derart irreführende Gestaltung verletzt das Kreditinstitut seine Vertragspflichten aus dem Girovertrag.[461]

164 **3. Eigenständige Beendigung des Girovertrages.** Der Girovertrag endet unabhängig von der Kontoabrede, die **Beendigungsgründe** sind potentiell andere. So ist die Kündigungsregelung (§ 627 BGB) schon nicht mehr für beide Seiten gleich. Der Kunde kann danach jederzeit kündigen (ebenso § 675h Abs 1 BGB), das Institut nicht. Da es sich beim Girovertrag um einen Zahlungsdienstevertrag handelt, gilt die gesonderte Kündigungsregel für die ordentliche Kündigung auch hier (§ 675g, 675h BGB). Danach kann das Kreditinstitut nur auf Grund von Abrede und nicht mit einer geringeren Frist als von zwei Monaten kündigen (Abs. 2). Eine dahingehende Abrede enthält heute Nr. 19 Abs. 1 S. 3 AGB-Banken. Unberührt davon bleibt, dass der Girovertrag auch durch Insolvenz des Kunden endet, nicht jedoch (anders als die Kontokorrentabrede) durch Insolvenz des Instituts (näher zum Insolvenzregime: unten Zweiter Teil Rn 252–266). Tod und Verlust der Geschäftsfähigkeit des Kunden sind unerheblich. Endet (allein) der Girovertrag, kann oder darf ohne Einverständnis keine Seite mehr Zahlungsverkehrstransaktionen fordern oder vornehmen.[462]

165 **4. Kreditlinie als gesonderte Abrede.** Auf gesonderter Abrede beruht eine Krediteinräumung. Sie gestattet dem Kunden, Kredit bis zum vereinbarten Limit einseitig – etwa durch Bargeldabhebung – aufzunehmen bzw. eine Rückzahlung des Kredites (§ 488 Abs. 1 S. 2 BGB) innerhalb dieses Limits bis zur Kündigung der Abrede zu verweigern. Umstritten ist, ob die Kreditlinie eigenständig abgetreten und verpfändet werden kann, sowie ihre eigenständige Pfändbarkeit (vgl. § 357 HGB).[463]

---

[459] BGH (Fn 354), BGHZ 73, 207 (211); BGH (Fn 458), BGHZ 95, 103 (108); BGH (Fn 353), NJW 1984, 921 (922); OLG Brandenburg Beschl. v. 14.5.2007 – 3 W 19/07, BKR 2007, 473 (474); Baumbach/*Hopt* § 355 Rn 9; BankR-HdB/*Mayen* § 47 Rn 83 f.; ausf. unten Dritter Teil Rn 537 f.(zu § 676b Abs. 1 BGB).

[460] Die Klausel ist wirksam: BankR-HdB/*Bunte* § 16 Rn 28–30; BankR-HdB/*Mayen* § 47 Rn 83 f.; für Nr. 10 AGB-Sparkassen aF BGH (Fn 458), BGHZ 95, 103 (108).

[461] BGH (Fn 357), WM 2007, 1554 (1555 f.).

[462] Zur Abwicklung von eingehenden Überweisungen über ein CpD-Konto mit Benachrichtigung (grundsätzlich) und nur bei besonde-

rem Kundeninteresse noch auf dem Girokonto: BGH Urt. v. 5.12.2006 – XI ZR 21/06, ZIP 2007, 319 (320) (Empfangsbefugnis, nicht -pflicht); BGH Urt. v. 21.3.1995 – XI ZR 189/94, NJW 1995, 1483; *Schebesta* WM 1985, 1329 (1334).

[463] Differenzierend BGH (Fn 417), BGHZ 93, 315 (322 f.) = NJW 1985, 1218; verneinend *Häuser* ZIP 1983, 891 (899 f.); *Lwowski/Weber* ZIP 1980, 609 (612); Baumbach/*Hopt* § 355 Rn 22; bejahend *Grunsky* JZ 1985, 490 (490 f.); *Luther* BB 1985, 1886 (1887 f.); zur eigenständigen Pfändbarkeit, der praktisch wichtigsten Frage, vgl. näher unten Zweiter Teil Rn 249.

IV. Einzelbuchung

1. Belastungsbuchung deklaratorisch. Die Belastungsbuchung dokumentiert einen **166** Anspruch des Kreditinstituts, etwa aus §§ 669 f. BGB. Da auch das Schweigen des Kunden nach Kenntnisnahme der Kontoauszüge keine Willenserklärung darstellt (Nr. 7 Abs. 2 AGB-Banken und Nr. 7 Abs.3 AGB-Sparkassen e contrario), verpflichtet die Belastungsbuchung selbst den Kunden nicht (sondern erst mittelbar im Rahmen des nächsten Saldoanerkenntnisses), ist also selbst nicht konstitutiv.[464] Die Richtigstellung kann wegen der negativen faktischen Wirkungen begehrt und bei Klage mit derjenigen auf Zahlung verbunden werden,[465] nach § 675b Abs. 2 BGB innerhalb von 13 Monaten. § 675t Abs. 3 BGB setzt in Übereinstimmung mit Art. 73 Abs. 2 EG-Zahlungsdienste-Richtlinie fest, dass eine Belastungsbuchung nicht mehr als Vorschuss nach § 669 BGB (vorab) zulässig ist, sondern nur als Aufwendungsersatz (§ 670 BGB), jedenfalls hinsichtlich des Wertstellungszeitpunktes, der zeitgleich zu oder nach der Gutschrift für das nächste Institut in der Überweisungskette liegen muss.[466]

2. Gutschrift als abstraktes Schuldversprechen. **167**

a) Konstruktion – Einzelanspruch im Kontokorrent. Die Buchung bildet ein abstraktes Schuldversprechen iSv. § 780 BGB (als Einzelanspruch von dem aus Saldoanerkenntnis nach § 781 BGB zu unterscheiden).[467] Diese Konstruktion lässt auch die EG-Zahlungsdienste-Richtlinie unberührt, die nur Ansprüche auf oder auch aus Gutschriften regelt, nicht jedoch deren rechtskonstruktive Einordnung im nationalen Recht. Einwendungen aus dem Deckungs- oder gar Valutaverhältnis lassen das Versprechen unberührt und begründen allenfalls einen Kondiktionsanspruch.[468] In dieser gültigkeitserhaltenden Abstraktion von den anderen Rechtsverhältnissen wird sehr überzeugend der Hauptgrund für

---

[464] BGH (Fn 430), BGHZ 105, 263 (269) = NJW 1989, 300: BGH (Fn 340), BGHZ 107, 192 (197) = NJW 1989, 2120; OLG Düsseldorf (Fn 355), NJOZ 2012, 1971 (1978); BankR-HdB/*Mayen* § 47 Rn 51.

[465] Für beides BGH Urt. v. 17.12.1992 – IX ZR 226/91, BGHZ 121, 98 (106) = NJW 1993, 735; OLG Düsseldorf Urt. v. 14.1.1987 – 19 U 27/86, WM 1987, 403 (404); OLG Brandenburg Urt. v. 2.9.2008 – 6 U 123/07, WM 2008, 1792 (Abbuchung von Darlehensraten, hier nicht Grundsätze des Einzugsermächtigungsverfahrens); *Liesecke* WM 1975, 238 (241).

[466] Vgl. BR-Drucks. 848/08, S. 184; Staudinger/*Omlor* § 675t BGB Rn 17; einschränkend MünchKommBGB/*Casper* § 675t BGB Rn 22 f. (Vorschüsse iSd. § 669 BGB an sich noch nicht unzulässig).

[467] BGH Urt. v. 15.5.1952 – IV ZR 157/51, BGHZ 6, 121 (124); BGH Urt. v. 25.1.1988 – II ZR 320/87, BGHZ 103, 143 (147) = NJW 1988, 1320; BGH (Fn 430), BGHZ 105, 263 (269); BGH Urt. v. 7.3.2002 – IX ZR 223/01, BGHZ 150, 122 (128) = WM 2002,

961; BGH (Fn 356), BGHZ 180, 257 = NJW 2009, 2051; OLG Düsseldorf (Fn 355), NJOZ 2012, 1971 (1978); *Weber* Recht des Zahlungsverkehrs, S. 32. Wenn, wie bei der Bareinzahlung ein Rückzahlungsanspruch schon vor der Buchung begründet wurde (§§ 700, 488 Abs. 1 S. 2 BGB), handelt es sich rechtskonstruktiv ausnahmsweise um ein Schuldanerkenntnis nach § 781 BGB, was freilich nichts an den Rechtsfolgen ändert: vgl. (neben den Genannten) RG Urt. v. 29.11.1922 – I 348/22, RGZ 105, 398 (399); BGH (Fn 382), BGHZ 74, 129 (132); BankR-HdB/*Mayen* § 47 Rn 52.

[468] BGH (Fn 467), BGHZ 103, 143 (147); BGH (Fn 430), BGHZ 105, 263 (269); BankR-HdB/*Mayen* § 47 Rn 29. Zur Kondiktion im Überweisungsverkehr Dritter Teil Rn 407–409. Zur Rechtslage bei Insolvenz des Überweisungsempfängers: *Nobbe* in: Prütting (Hrsg.), Insolvenzrecht, S. 99; *Obermüller/Kuder* Insolvenzrecht Rn 3.44–3.147; BankR-HdB/*Mayen* § 50 Rn 48–52.

den Durchbruch der Überweisung als Massenzahlungsmittel gesehen.[469] Der Anspruch setzt allein die Willenserklärung des Instituts voraus, **nicht Zustimmung oder auch nur Kenntnisnahme des Kunden.**[470] Umstritten ist die rechtstechnische Konstruktion.[471] Jedenfalls ist auch kein wirksamer Girovertrag nötig, wenn der Kunde Kenntnis nahm (§ 151 BGB).[472]

168   **b) Zeitpunkt der Entstehung.** Die notwendige Willenserklärung des Instituts liegt vor, sobald es sich nach objektivem Empfängerhorizont binden will und dem Kunden Kenntnisnahme ermöglicht. Im Anschluss an *Möschel* wird von **autorisierter Abrufpräsenz** gesprochen.[473] Maßgeblich ist, ob der Kunde zum fraglichen Zeitpunkt bei Anfrage (am Kontoauszugsdrucker, online etc.) die Daten erhalten hätte, unerheblich ist, dass er eine langsamere Abrufform wählt (etwa wöchentliche Zusendung der Auszüge).[474] Denn ein Zugriff ad hoc bleibt ihm ab dem Zeitpunkt der Abrufpräsenz unbenommen. Entsprechend ist der Zeitpunkt, zu dem etwa eine Überweisung dem Institut des Zahlungsempfängers zugegangen ist, derjenige, zu dem dieses von der Gutschrift zu seinen Gunsten Kenntnis nehmen kann (wichtig nach Art. 75 Abs. 1 1. UA EG-Zahlungsdienste-Richtlinie; § 675y Abs. 1 S. 4 BGB, weil zu diesem Zeitpunkt die Haftung des Zahlungsinstituts des Zahlers endet und diejenige des Zahlungsinstituts des Empfängers einsetzt). Am selben Tag muss nach Art. 73 Abs. 1 EG-Zahlungsdienste-Richtlinie bzw. § 675t Abs. 1 BGB dieses Institut dem Zahlungsempfänger selbst Gutschrift erteilen, d.h. wiederum diesem Kenntnis hiervon ermöglichen, jedenfalls jedoch muss Wertstellung für diesen Tag erfolgen.

169   Der Zeitpunkt der Abrufpräsenz **variiert zwischen den Überweisungsverfahren,**[475] doch wird der Unterschied zunehmend und in dem Maße **unbedeutend,** als die Freigabeentscheidung vor der (manuellen) Buchung verschwindet (Vordisposition). Sowohl im belegbegleiteten, automatisierten als auch im vollautomatisierten Überweisungsverkehr findet vor der internen Buchung keine Prüfung statt; daher ist ein Freigabeakt (Nachdisposition) nötig, bei dem noch auf Buchungshindernisse (Kontoanprüfung, Kundenwiderruf) reagiert werden kann. Mit Buchung allein nach IBAN (ohne weitere Kontoanprüfung) und weitgehendem Ausschluss des Kundenwiderrufs nach Buchung verschwindet der Unterschied praktisch vollständig. Obwohl die Abrufpräsenz im ersten Fall mit Buchung hergestellt wird, im zweiten und dritten theoretisch erst mit Nachdisposition, ist nach au-

---

[469] Etwa *Schwintowski* § 8 Rn 218. Abgeschwächt wird der Einwendungsausschluss durch Nr. 8 Abs. 1 AGB-Banken (unten Zweiter Teil Rn 170), was jedoch die Erklärung nur wenig berührt.

[470] Heute iE unstr.: BGH (Fn 467), BGHZ 103, 143 (146); *Hadding/Häuser* WM 1988, 1149 (1151); *Gößmann* Recht des Zahlungsverkehrs, Rn 16.

[471] Für ein generelles (zweiseitig vereinbartes) Versprechen im Girovertrag, das (auch im Umfang) nur unter der Bedingung steht, dass das Institut dann die einzelne Erklärung tatsächlich abgegeben hat: *Gößmann* Recht des Zahlungsverkehrs, Rn 16 (*Willen*serklärung des Instituts im rechtsgeschäftlichen Sinne entbehrlich); *Schönle* FS Werner, 1984, S. 817

(826); *Schwintowski* § 8 Rn 218. Für eine Heranziehung von §§ 315, 317 BGB: *Koller* BB 1972, 687 (692). Dies überzeugt nur im Normalfall, vgl. Dritter Teil Rn 338–342.

[472] *Canaris* Bankvertragsrecht Rn 462; aA BankR-HdB/*Mayen* § 47 Rn 53.

[473] *Möschel* AcP 186 (1986), 187 (204 f.); heute allgemein verwandt, etwa BGH (Fn 467), BGHZ 103, 143 (147 f.); *Kümpel/Wittig* Rn 7.49.

[474] *Gößmann* Recht des Zahlungsverkehrs, Rn 22; BankR-HdB/*Mayen* § 47 Rn 53.

[475] Etwa *Gößmann* Recht des Zahlungsverkehrs, Rn 19–21, Kümpel/Wittig/*Werner* Rn 7.43. Zu diesen Verfahren und zur Durchsetzung der hier genannten Verfahren unten Dritter Teil Rn 28 ff.

ßen – praktisch zentral – ohnehin allein die Abrufpräsenz, die gewollt eröffnete Kenntnisnahmemöglichkeit, zu erkennen und maßgeblich.[476]

3. Stornobuchung, Berichtigungsbuchung und Rückgängigmachung der Buchung.   **170**

a) **Stornobuchung der unrichtigen Einzelbuchung.** Die Stornobuchung nach **Nr. 8 Abs. 1 AGB-Banken** (und -Sparkassen) gilt unrichtigen Einzelbuchungen, nicht dem unzutreffenden Saldoanerkenntnis. Zwei Abweichungen zum objektiven Recht werden klauselmäßig vereinbart: Zum einen muss das in der Gutschrift liegende abstrakte Zahlungsversprechen nicht nach § 812 BGB zurückgefordert, sondern kann im Wege der Selbsthilfe eliminiert werden. Geklärt ist hiermit zugleich, dass das Stornorecht nur besteht, soweit der Anspruch aus § 780 BGB kondiziert werden könnte.[477] So erlauben etwa geschäftspolitische Gründe keine Stornierung.[478] Zum anderen wird der Einwand der Entreicherung (§ 818 Abs. 3 BGB) abbedungen. Die Klausel ist wirksam,[479] die erste Abweichung nicht unangemessen iSv. § 307 Abs. 2 BGB, da die Beweislast unverändert bleibt und nur die Durchsetzung im Prozess entfällt. Die zweite Abweichung ist wirksam, weil der Entreicherungseinwand ohnehin nur während der Kontokorrentperiode, also relativ kurz eingriffe. Reagiert werden soll vor allem auf Gefahren der massenweisen, (teil-)automatisierten Abwicklung des Überweisungsverkehrs.

b) **Berichtigungsbuchung beim unrichtigen Saldoanerkenntnis.** Die Berichtigungs-   **171** buchung nach **Nr. 8 Abs. 2 AGB-Banken** (Nr. 8 Abs. 2 AGB-Sparkassen) betrifft hingegen unrichtige Saldoanerkenntnisse und erlaubt ein Storno nur im vermuteten Einvernehmen mit dem Kunden. Voraussetzung ist wiederum, dass der abstrakte Zahlungsanspruch – hier aus Schuldanerkenntnis nach § 781 BGB – kondiziert werden kann (vgl. oben Zweiter Teil Rn 128). Widerspricht in diesem Falle jedoch der Kunde, so ist das Schuldanerkenntnis wieder im Klagewege zu kondizieren, wird also vollumfänglich das objektive Recht zugrunde gelegt.

c) **Rückgängigmachung der unter Vorbehalt erteilten (Einzel-)Buchung.** Nr. 9 AGB-   **172** Banken (Nr. 9 AGB-Sparkassen) betrifft wieder Einzelbuchungen, hier nun solche, die ausdrücklich unter dem Vorbehalt des Eingangs vorgenommen wurden.[480] Der explizit

---

[476] So dezidiert und zutr. die höchstrichterliche Rspr.: BGH (Fn 467), BGHZ 103, 143 (147 f.).

[477] Ursprünglich herausgearbeitet in: BGH (Fn 439), BGHZ 72, 9 (12 f.); *Blaurock* NJW 1984, 1 (2 f. und 4); *Kämmer* Stornorecht S. 71; BankR-HdB/*Bunte* § 13 Rn 6 f.; für die Fallgruppen etwa *Otto/Stierle* WM 1984, 530 (540–542); heute etwa Hans. OLG Hamburg Urt. v. 25.2.2015 – 13 U 116/14, juris (Tz. 18–20).

[478] Übersieht das Institut einen (wirksamen) Widerruf des Kunden (heute fast ausgeschlossen), so verweigert BGH Urt. v. 9.5.1983 – II ZR 241/82, BGHZ 87, 246 (251 f.) = NJW 1983, 2501 das Stornorecht, da die Nichtleistungskondiktion („Empfängerhorizont") nicht eröffnet sei; implizit auch *Blaurock* NJW 1984, 1 (7).

[479] BGH (Fn 439), BGHZ 72, 9 (11); *Blaurock* NJW 1984, 1 (4); BankR-HdB/*Bunte* § 13 Rn 6–12; BankR-HdB/*Mayen* § 47 Rn 60; Ulmer/Brandner/Hensen/*Fuchs* Teil 4 (2) Banken (Kreditinstitute) Rn 29; aA (allerdings nur hinsichtlich des Ausschlusses der Entreicherungseinrede): *Kämmer* Stornorecht S. 85–127.

[480] Auflösende Bedingung des fehlenden Eingangs: BGH Urt. v. 28.5.1979 – II ZR 219/77, BGHZ 74, 309 (315); BGH (Fn 63), NJW 1987, 317 (319); BankR-HdB/*Mayen* § 47 Rn 55 f.; *Nobbe/Ellenberger* WM 2006, 1885 (1888) (auch zur fehlenden Praktikabilität der Gegenmeinung, die aufschiebende Bedingung des Eingangs annimmt: BGH Urt. v. 30.4.1992 – IX ZR 176/91, BGHZ 118, 171 [177] = NJW 1992, 1960).

gemachte Vorbehalt zerstört eine gegenläufige Vertrauensposition. Da zudem die Schwebezeit begrenzt ist, kann ein Stornorecht wirksam[481] auch noch für die Zeit nach Saldoanerkenntnis vereinbart werden.

173   **4. Zeitpunkt der Wertstellung.** Der Wertstellungstag ist für die Verzinsung maßgeblich (nicht für die Entstehung des [Einzel-]Anspruchs aus Gutschrift und des Auszahlungsanspruchs aus „Tagessaldo"). Der Wertstellungssaldo wird ab dem darauf folgenden Tag der Verzinsung zugrunde gelegt – bis einschließlich dem nächsten Wertstellungstag einer Änderung. Die Praxis hierzu wurde (und wird) zunehmend nach §§ 305 c Abs. 1 und 307 BGB kontrolliert. Für Wertstellung für Gutschriften wurde schon auf Grund von AGB-Recht angenommen, dass sie für den Tag geschuldet ist, an dem Deckung erlangt wurde,[482] für Gegenbuchungen nach Nr. 8 Abs. 1, 9 AGB-Banken (und -Sparkassen) ist sie rückwirkend für den Tag der Ausgangsbuchung zulässig.[483] Für den ersten Fall, zugleich den Hauptfall – die **Wertstellung** von Gutschriften im Zahlungsverkehr – statuiert dies heute ausdrücklich (und zwingend) Art. 73 EG-Zahlungsdienste-Richtlinie bzw. § 675t BGB. Diese Regeln (einschließlich Art. 70 f.) präzisieren jedoch auch darüber hinaus die sonstigen Leitlinien der Wertstellung: Für Belastungsbuchungen darf erst zu dem Zeitpunkt Wertstellung erfolgen, zu dem auch die korrespondierende Gutschrift für das nachgeschaltete Institut in der Zahlungskette erfolgt, für Bareinzahlungen beim Empfängerinstitut „unverzüglich" nach physischem Erlangen (dh. bei Verbraucherempfängern wohl taggleich), für solche beim Zahlerinstitut innerhalb der auch sonst geltenden Ausführungsfristen (dazu unten Dritter Teil Rn 69).

V. Einzelne spezifische Rechtsfolgen

174   **1. Zinsen.** Auch für die **Verzinsung** ist zwischen den **Einzelansprüchen,** dem kausalen Saldo und dem anerkannten Saldo (§ 781 BGB) zu unterscheiden. Während der Kontokorrentperiode, vor Saldostichtag, richtet sich nach HGB die Verzinsung der eingestellten Forderungen mangels gegenteiliger Abrede jeweils gesondert nach dem jeweiligen Rechtsgrund, der auch für den sonstigen Charakter der Forderung maßgeblich bleibt.[484] Dies

---

[481] BankR-HdB/*Bunte* § 14 Rn 5 (implizit); auch Nachw. vorige Fn Zur Schwebezeit bei Lastschrift und Scheckinkasso vgl. unten Dritter Teil Rn 40, 346 bzw. Rn 531–534.

[482] BGH Urt. v. 17.1.1989 – XI ZR 54/88, BGHZ 106, 259 (263 f.) = NJW 1989, 582; BGH Urt. v. 17.6.1997 – XI ZR 239/96, NJW 1997, 3168.

[483] *Westermann* WM 1993, 1865 (1870); BankR-HdB/*Bunte* § 13 Rn 25; BankR-HdB/*Mayen* § 47 Rn 66; differenzierend danach, ob Fehler des Instituts: *Kümpel/Wittig* Rn 7.79; ausführlich zur insoweit bahnbrechenden Rspr. *Borges* WM 1998, 105 und die Beiträge von *Schimansky* (Lit. verz.); für einen Kontrollmechanismus, der auch der finanzmathematischen Komplexität Rechnung trägt, vgl. *Beckmann* Girovertragliche Abrechnungskontrolle.

[484] Für den Zins: *Blaurock* JA 1980, 691 (692); *Heymann/Horn* § 355 Rn 34; *Koller/*Kindler/Roth/Morck § 355 Rn 14. Für die steuerliche Geltendmachung (als Anschaffungs- und Herstellungskosten): BFH Urt. v. 23.2.2012 – IV R 19/08, BB 2012, 1724 (Ansatz weiter möglich, auch wenn entsprechende Zahlungsströme über Kontokorrent geleitet, Einschränkungen erst, wenn über 30 Tage auf Konto). Für Unwirksamkeit einer Zinsanpassungsklausel nach § 307 Abs. 2 BGB wegen ungleicher Lastenverteilung und Nichtweitergabe von günstiger Zinsentwicklung: OLG Düsseldorf (Fn 355), NJOZ 2012, 1971 (BGH-Rechtsprechung zum Darlehens- und Kreditzins auch anwendbar, wenn Abwicklung über Kontokorrent).

steht freilich unter dem Vorbehalt abweichender Abreden (die auch nicht unüblich sind),[485] namentlich beim Bankkonto. Dieses wird nach dem jeweiligen Tagessaldo verzinst, mit unterschiedlichen Zinssätzen für Aktiv- und Passivsalden (vgl. Nr. 12 ABG-Banken, 17 f. AGB-Sparkassen).[486] Alle Zinsen auf Einzelposten gehen – wie Provisionen und Kosten – in den (kausalen) Saldo ein und dürfen fortan als dessen Teil wiederum verzinst werden (Zinseszins nach § 355 Abs. 1 HGB).[487]

Die **Verzinsung des** anerkannten **Saldos** richtet sich nach Parteiabrede (also Nr. 12 **175** ABG-Banken, 17 f. AGB-Sparkassen), hilfsweise nach Gesetz (§§ 352 f. HGB),[488] ist jedoch auch im zweiten Falle unstreitig einheitlich. Angesichts der klarstellenden Abrede zugunsten eines einhetlichen Zinsregimes bereits nach jedem Tagessaldo wirkt sich beim Bankkonto zudem der Streit nicht aus, ob die einheitliche Verzinsung bereits nach Gesetz auch schon beim kausalen Saldo gilt, wenn es zu keinem Anerkenntnis kommt.[489]

2. Verjährung. Während die 3-jährige Verjährung des anerkannten Saldos unange- **176** zweifelt ist (§§ 195, 199 Abs. 1 BGB),[490] und nur gehemmt ist, soweit sie jeweils wieder neu in das Kontokorrent einzustellen ist,[491] ist die Frage nach der **Verjährung der Einzelansprüche** komplexer. Unstreitig ist die Verjährung bis zum Saldostichtag gehemmt (§ 205 BGB).[492] Wird der Saldo nicht anerkannt (oder die Forderung (fälschlicherweise) gar nicht in das Kontokorrent eingebracht), so ist die Forderung in ihrer nun anlaufenden individuellen Verjährungsfrist geltend zu machen.[493] Bei Einbeziehung in einen anerkannten

---

[485] Insoweit eine Vermutung annehmend: Baumbach/*Hopt* § 355 Rn 16; Schlegelberger/*Hefermehl* § 355 Rn 38; Heymann/*Horn* § 355 Rn 34.

[486] Vgl. Nachw. unten Zweiter Teil Rn 130.

[487] Eine Ausnahme leitet der BGH aus dem Zweck des § 355 Abs. 1 HGB und dem Schutzzweck des Verbraucherkreditrechts bei regelmäßig debitorischen Konten von Verbrauchern ab: BGH (Fn 66), NJW 1991, 832 (833); iE zust. *Reifner* NJW 1992, 337 (340); MünchKommHGB/*Langenbucher* § 355 Rn 106.

[488] Baumbach/*Hopt* § 355 Rn 19. Streitig ist, ob § 352 HGB auch zugunsten der nichtkaufmännischen Seite gilt: Bejahend *Koller*/Kindler/Roth/Morck § 355 Rn 14; Schlegelberger/*Hefermehl* § 355 Rn 64; offen *Hopt* aaO und Heymann/*Horn* Rn 34.

[489] Der BGH geht von einer fortlaufenden Verzinsung der Einzelforderungen aus und bei Vorliegen der Voraussetzungen alternativ dazu, dass Verzugszinsen für den kausalen Saldo geschuldet seien: BGH (Fn 386), NJW 1991, 1286 (1288). Teils wird der Widerspruch der Wahlmöglichkeit – insbesondere der ersten Variante – zur Novationstheorie hervorgehoben. Jedenfalls bei kalendermäßig bestimmter Abrede des Saldierungszeitpunkts (§ 286 Abs. 1 Nr. 1 BGB) und erst recht ab Rechtshängigkeit der verbundenen Klage auf Zustimmung und Zahlung muss

der Kläger in der Tat den geschuldeten einheitlichen Zins aus Schuldanerkenntnis fordern und sich auf seine Zahlung auch beschränken können. Andernfalls könnte die Gegenseite Nutznießer ihres vertragswidrigen Verhaltens sein.

[490] Vgl nur (teils für die frühere Regelverjährung) BGH (Fn 439), BGHZ 51, 346 (349); BGH Urt. v. 29.6.1973 – I ZR 120/72, WM 1973, 1014 (1015); Baumbach/*Hopt* § 355 Rn 11; Heymann/*Horn* § 355 Rn 44; *Koller*/Kindler/Roth/Morck § 355 Rn 10.

[491] BGH (Fn 439), BGHZ 51, 346 (348); LG Saarbrücken (Fn 418), WM 2011, 2043 = EWiR § 355 HGB 1/12.

[492] Nachw. oben Fn 418.

[493] Für den Fall der Nichtanerkennung: BGH (Fn 439), BGHZ 51, 346 (349); BGH Urt. v. 23.1.1970 – I ZR 37/68, WM 1970, 548; *Herz* Kontokorrent S. 57; Baumbach/*Hopt* § 355 Rn 12; Röhricht/Graf von Westphalen/Haas/*Wagner* § 355 Rn 43; für den Fall der Nichteinbringung (Buchung): OLG München Urt. v. 9.5.2011 – 19 U 3229/10, GWR 2011, 315 (Kurzwiedergabe); OLG Nürnberg Urt. v. 30.3.2009 – 14 U 297/07, BKR 2010, 458 (464 f.); OLG Düsseldorf (Fn 355), NJOZ 2012, 1971 (1976); LG Saarbrücken (Fn 418), WM 2011, 2043 = EWiR § 355 HGB 1/12 (nicht erkannter und daher nicht gebuchter Bereicherungsanspruch).

Saldo, stellen sich keine Verjährungsprobleme mehr – es sei denn, das Anerkenntnis wird kondiziert. Dann wurde die Verjährung für die Einzelforderung mit Anerkenntnis neu in Gang gesetzt (§ 212 Abs. 1 BGB),[494] bis zur Kondiktion des Saldoanerkenntnisses gehemmt und läuft ab dann wieder für jede Einzelforderung nach individuellen Regeln (kein Entfallen auch des tatsächlichen Verhaltens iSv. § 212 Abs. 1 BGB).

3. Entwicklung von Sicherheiten für Einzelforderungen (§ 356 HGB) und Salden

177   **a) Sicherheiten für ins Saldo eingestellte Einzelforderungen (§ 356 HGB)** Die Kernregelung zu den Sicherheiten ergibt sich **aus § 356 HGB**. Sie hat ihren Hauptanwendungsbereich beim Bankkonto, gilt aber inhaltsgleich auch beim reinen HGB-Konto. Die Norm regelt das Schicksal von **Sicherheiten, die für Einzelansprüche** bestellt werden, die in ein Kontokorrent eingestellt werden.[495] Die Norm soll verhindern, dass das Anerkenntnis des Saldos, indem es die Einzelansprüche verdrängt, zugleich deren Werthaltigkeit senkt: Es soll vermieden werden, dass die Sicherheiten für die Einzelansprüche mit diesen **untergehen**, solange noch ein Negativsaldo besteht. Die Norm wird daher teils als Kronzeuge gegen die Novationstheorie im Rahmen von § 355 HGB angeführt. Nach § 356 HGB ist also der Einzelanspruch insoweit als noch bestehend anzunehmen, als er als Vehikel für die Sicherheit auf Grund des Akzessorietätsgrundsatzes notwendig ist (vergleichbar § 1138 BGB), um den Saldo abzusichern. Umgekehrt muss die Norm jedoch auch so gelesen werden, dass sie dem Sicherungsgeber nicht Rechte entzieht, jedenfalls nicht, ohne dass er dies bei Sicherheitenbestellung weiß, und auch bei Kenntnis nur im notwendigen Umfang. Den **Kreis** der Sicherheiten zog der Gesetzgeber bewusst **weit**, indem er die aufgezählten Formen als bloße Regelbeispiele verstand. So soll vermieden werden, dass der wohl ausponderierte Ausgleich der Interessen nur für Teile des Kontokorrents gilt („allgemeine Geltung"). Einbezogen sind neben Pfand und Bürgschaft alle sonstigen akzessorischen Sicherheiten, etwa Hypothek[496] und auch Eigentumsvorbehalt,[497] jedoch auch die nicht akzessorischen wie Grundschuld oder Garantie,[498] Personalsicherheiten (Bürgschaft) ebenso wie dingliche (Pfand), und auch moderne Formen „weicher" Sicherheiten wie etwa Patronatserklärungen. Einbezogen sind auch Gestaltungsrechte und Einreden mit Sicherungswirkung, vor allem Aufrechnungs- und Zurückbehaltungsrechte,[499] und die Vormerkung.[500]

178   **b) Deckungsgleichheit von Einzelforderung und Saldo als dynamische Grenze.** Die Sicherheit kann nach § 356 Abs. 1 HGB aE geltend gemacht werden bei Deckungsgleichheit zwischen besicherter Einzelforderung und einem „Guthaben [des Forderungsgläubigers] aus der laufenden Rechnung". Wann von Deckungsgleichheit auszugehen ist, ist umstritten. Die höchstrichterliche Rechtsprechung geht davon aus, dass die Sicherheit in **Höhe der**

---

[494] BGH Urt. v. 7.3.1991 – I ZR 157/89, NJW-RR 1991, 995 (996) (für § 208 BGB aF).

[495] Zur Besicherung von Saldoansprüchen, die § 356 HGB nicht regelt, unten Zweiter Teil Rn 183.

[496] RG (Fn 437), RGZ 162, 244 (251); Baumbach/*Hopt* § 356 Rn 1; Schlegelberger/*Hefermehl* Rn 6.

[497] Baumbach/*Hopt* § 356 Rn 1; *K. Schmidt* HandelsR § 21 V 2 b.

[498] BGH (Fn 386), NJW 1991, 1286 (1287); Heymann/*Horn* § 356 Rn 4; Schlegelberger/*Hefermehl* § 356 Rn 6.

[499] BGH Urt. v. 21.6.1955 – I ZR 93/54, BB 1955, 715; RG Urt. v. 17.6.1913 – II 584/12, RGZ 82, 400 (405); RG (Fn 437), RGZ 162, 244 (252 f.) (Konkursvorrecht); Baumbach/*Hopt* § 356 Rn 1; Heymann/*Horn* § 356 Rn 4; Röhricht/Graf von Westphalen/Haas/*Wagner* § 356 Rn 4.

[500] Baumbach/*Hopt* § 356 Rn 1; Heymann/*Horn* § 356 Rn 4; Schlegelberger/*Hefermehl* § 356 Rn 6.

Forderung haftet, jedoch **begrenzt auf die Höhe des niedrigsten nachfolgenden Saldoabschlusses.**[501] Eine weitere Deckelung durch die Höhe eines nochmals niedrigeren (Tages-)Saldos bei Begründung der Forderung ist nicht gesichert,[502] eine Deckelung durch den niedrigsten Saldo zwischen den periodischen Abschlüssen lehnt insbes. der BGH ab.[503] Mit Wertungen des Kreditsicherheitenrechts ist Letzteres nicht zu begründen, da der Schuldner bei solch einem niedrigeren Tagessaldo (durch Aufrechnung) von einem Teil der Verbindlichkeit befreit werden könnte, so dass die Sicherheit in dieser Höhe (endgültig) durch Erfüllung, nicht etwa nur durch Novation untergegangen ist. Tragfähig wäre also allein eine Begründung mit kontokorrentrechtlichen Wertungen. Der Wortlaut des § 356 Abs. 1 HGB (begrenzt auf das „Guthaben aus laufender Rechnung") ließe sich unschwer auf jeden Zwischensaldo beziehen.

In der Literatur wird **hingegen** teils hypothetisch ermittelt, welche Forderungen nach **179** § 366 Abs. 2 2. Alt. BGB zuletzt getilgt würden und davon ausgegangen, dass diese Forderungen mit ihrer Besicherung nicht durch Novation untergehen. Insoweit wird der anerkannte Saldo als gesichert angesehen.[504] Bei Einbeziehung vieler gesicherter Ansprüche müsste also nach der wirtschaftlichen Verlässlichkeit der Sicherheit[505] gefragt und in der dadurch festgelegten Reihenfolge getilgt werden. Diese Leitlinie stößt sich an Strukturvorgaben des Kontokorrentrechts: Da solch eine Tilgungsabfolge für den Sicherungsgeber bei Einzelforderungen nachvollziehbar sein mag, jedoch nicht im Kontokorrent, verwarf der Gesetzgeber die Anwendung des Modells der §§ 366 f. BGB in diesem Zusammenhang, indem er in §§ 355 bis 357 HGB um der Vereinfachung willen vielfach davon abwich.[506]

Umgekehrt ist jedoch auch die Rechtsprechungslösung Einwänden ausgesetzt. Die täg **180** liche Saldenbildung ist weithin üblich und (auch nachträglich) so gut möglich, beim Bankkonto auch technisch institutionalisiert, dass die genannten kreditsicherungsrechtlichen Wertungen nicht dem Vereinfachungszweck weichen müssen. Dieser ist nicht vereitelt, wenn (entgegen höchstrichterlicher Rechtsprechung) auch ein **niedrigerer Zwischensaldo die Haftung** der Sicherheit **begrenzt.** Wenn zudem ein Sicherungsgeber durch Zahlung ins Kontokorrent die Sicherheit zum Erlöschen bringen kann, belastet die Kontokorrentbindung ihn nur in einem Punkte: Der Schuldner kann sich nicht dazu entschließen, die besicherte Forderung als erstes zu tilgen (§ 366 Abs. 1 BGB). Durch diese Wirkung der Kontokorrentbindung wird jedoch kein Recht des Sicherungsgebers, sondern nur eine Aussicht tangiert. Denn über die Tilgungsreihenfolge entscheidet ohnehin der Schuldner, nicht der Sicherungsgeber. Beim einmal abgesunkenen Tagessaldo ist demgegenüber (Teil-)Erfüllung

---

501 BGH (Fn 442), BGHZ 26, 142 (150) = NJW 1958, 217; BGH (Fn 348), BGHZ 50, 277 (283 f.) = NJW 1968, 2100; BGH Urt. v. 13.12.1990 – IX ZR 33/90, WM 1991, 495 (497); bei Kündigung des Sicherungsvertrages für einen Kontokorrentkredit umfasst die Sicherheit den bei Wirksamwerden der Kündigung bestehenden Tagessaldo, BGH Urt. v. 7.10.2002 – II ZR 74/00, NJW 2003, 61.

502 So für § 356 Abs. 2 HGB, soweit er auf Personengesellschafter angewandt wird: BGH (Fn 348), BGHZ 50, 277 (283). Da die Deckungsgleichheit für § 356 Abs. 1 und 2 HGB auf dieselbe Weise ermittelt werden soll (Verweis!), ist das genannte Judikat auch für

§ 356 Abs. 1 HGB maßgeblich. Demgegenüber wird die Rspr. in der Lit. vor allem als gesellschaftsrechtlich motiviert gesehen; etwa Heymann/*Horn* § 356 Rn 12; Schlegelberger/*Hefermehl* § 356 Rn 18; *K. Schmidt* HandelsR § 21 V 2 c.

503 Vgl. Nachw. unten Fn 510.

504 GroßkommHGB/*Canaris* § 356 Rn 7–9; *K. Schmidt* HandelsR § 21 V 2 b.

505 Vgl. dafür, dass dieser Maßstab nach ganz hM im Rahmen von § 366 Abs. 2 2. Alt. BGB anzuwenden ist: MünchKommBGB/ *Fetzer* § 366 BGB Rn 13; Staudinger/*Olzen* § 366 BGB Rn 39.

506 Vgl oben Zweiter Teil Rn 156.

einmal eingetreten. Die Pflicht des Sicherungsgebers war einmal (teil-)abgelöst, er hatte insoweit ein wohlerworbenes „Recht".

181   **c) Ausschluss bei Unkenntnis des Sicherungsgebers von Kontokorrentbindung?** Wie weitgehend das Kontokorrent Wirkungen gegenüber Sicherungsgebern unabhängig von deren Kenntnis zeitigt, entscheidet sehr erheblich mit darüber, wie drittbelastend das Kontokorrent wirkt, d.h wie viel negative externe Effekte in Kauf genommen werden. Zugleich ist für die Wertungsanalyse in dieser Frage wichtig, wie die eben behandelte Frage nach der Entpflichtung (vorige Rn) beantwortet wird. Auch die den Sicherungsgeber eher intensiv belastende Rechtsprechung verneint die Einbeziehung von Sicherheiten ins Kontokorrent, wenn der Sicherungsgeber diese bei Bestellung der Sicherheit ausgeschlossen hat.[507] Ansonsten schade jedoch fehlende Kenntnis des Sicherungsgebers nicht, etwa wenn der besicherte Anspruch erst nachträglich in ein Kontokorrent einbezogen wird.[508] Diese Leitlinie überzeugt nur, wenn, wie vorgeschlagen, die Kontokorrentbindung nicht Rechte, sondern nur Aussichten des Sicherungsgebers tangiert. Denn, anders als absolute Rechte (etwa dingliche Sicherheiten) entfalten Schuldverträge in allen anerkannten Fallgruppen Lastwirkung für Dritte nicht in deren Rechten, sondern nur in Aussichten) oder allenfalls bei Kenntnis des Dritten.[509]

182   **d) Entsprechende Haftungsfortschreibung für gemeinsame Schulden (auch für Personengesellschafter).** Die Grundsätze des § 356 Abs. 1 HGB, vor allem zur Deckungsgleichheit von Forderung und Saldo gelten gleichermaßen für Gesamtschuldner (§§ 421, 425, 2058 BGB, 25 HGB). Wie Gesamtschuldner iSv. § 356 Abs. 2 HGB haften auch Gesellschafter einer GbR, OHG oder KG.[510] Frühere, ausgeschiedene Gesellschafter, haften, sobald sie auch nach § 15 Abs. 1 HGB als ausgeschieden gelten können, nicht für ab dann begründete Verbindlichkeiten. Die alten erlöschen so weitgehend, wie es der **niedrigste Tagessaldo** anzeigt;[511] neuerliches Ansteigen beruht auf neuen Verbindlichkeiten. Die Einflussmacht auf Saldoänderungen, auf die auch der BGH maßgeblich abstellt, ist beim ausgeschiedenen Gesellschafter und beim Gesamtschuldner vergleichbar – gering wie bei – derjenigen des Sicherungsgebers. Dies rechtfertigt eine exakt parallele Behandlung im Rahmen von § 356 HGB.

183   **e) Sicherheiten für Salden.** Nicht geregelt in § 356 HGB ist zwar die – praktisch nicht weniger bedeutsame – Besicherung von Salden. Auch diese ist jedoch zulässig und umfasst den Saldo mit Zinseszins.[512] Wird nur für einen Saldo Sicherheit geleistet – nicht den je-

---

[507] BGH Urt. v. 24.11.1960 – VII ZR 165/59, BB 1961, 116; BGH Urt. v. 4.7.1985 – IX ZR 135/84, NJW 1985, 3007 (3010); außerhalb des Bankverkehrs iZw. für solch eine Abrede: Schlegelberger/*Hefermehl* § 356 Rn 23.

[508] RG Urt. v. 18.4.1932 – VIII 649/31, RGZ 136, 178 (181); aA mit beachtlichen Gründen OLG Hamm Urt. v. 18.12.1991 – 11 U 119/91, WM 1992, 981 (982) = EWiR § 765 BGB 3/92, 337 (338) *(Brink); Schwintowski* § 8 Rn 99.

[509] *Grundmann* Treuhandvertrag S. 298–302, 328–337.

[510] Zur dogmatischen Konstruktion (Rechtssubjektivität der Gesamthand) vgl. nur BGH Be-

schluss v. 4.11.1991 – II ZB 10/91, BGHZ 116, 86 (88) = NJW 1992, 499; *K. Schmidt* GesR §§ 49 II 4 b, 60 III 4 a.

[511] Heymann/*Horn* § 356 Rn 12; aA die hM (Tagessaldo bei Ausscheiden [unter Berücksichtigung von § 15 Abs. 1 HGB], Erlöschen nur bis zum jeweils niedrigsten periodischen Saldoabschluss): BGH (Fn 348), BGHZ 50, 277 (284); Schlegelberger/*Hefermehl* § 356 Rn 18. Zur Begründung oben Zweiter Teil Rn 124–127.

[512] BGH Urt. v. 11.6.1980 – VIII ZR 164/79, BGHZ 77, 256 (262) = NJW 1980, 2131; vgl. auch BGH (Fn 507), NJW 1985, 3007.

weils bestehenden Saldo – so ergeben sich für diese „Wiedereinstellung" ins Kontokorrent die gleichen Probleme und Lösungen wie für die Besicherung von Einzelforderungen, die ins Kontokorrent eingestellt werden.

C. Kontoformen und Zuordnung

I. Fremdwährungskonto

1. Pflichtengefüge bei ungestörter Abwicklung   **184**

a) Voraussetzungen und Pflichten. Fremdwährungskonten dienen **allein** der Abwicklung des **bargeldlosen Zahlungsverkehrs** in dieser Währung (Nr. 10 Abs. 1 S. 1 AGB-Banken), nicht auch Barein- und Barauszahlungen.[513] Verfügungen über das Guthaben werden meist über Nostrokonten, die das fremdwährungskontoführende Institut im Währungsgebiet hält, abgewickelt (Nr. 10 Abs. 1 S. 2 AGB-Banken). Jedoch auch bei Abwicklung allein über das eigene Filialnetz verbleiben die Währungsbestände überwiegend im Heimatland der Währung.[514] Fehlt es an Eingriffen im Währungsland (idR staatlich), kann Barauszahlung im Inland sicher nicht begehrt werden.[515] Wegen dieser Verankerung im Währungsgebiet setzt die Errichtung eines Fremdwährungskontos nicht nur eine dahingehende Kontoabrede voraus, sondern auch, dass die **Währung frei konvertibel** ist.[516]

Eingänge und Verbindlichkeiten des Instituts gegenüber seinem Kunden in fremder   **185** Währung sind, falls dieser ein Fremdwährungskonto in dieser Währung hält, auch ohne gesonderte Weisung auf ihm zu buchen (Nr. 10 Abs. 2 AGB-Banken) – nicht in inländische Währung umzurechnen und auf ein €-Konto zu buchen, wie dies mangels Fremdwährungskonto gehandhabt wird (ausdrücklich für Letzteres Nr. 14 AGB-Sparkassen). Begründet wird also eine **effektive Valutaschuld,** die Umrechnungsbefugnis nach § 244 BGB entfällt.[517]

b) Anwendbares Recht. Mangels Rechtswahl (vgl. jedoch Nr. 6 AGB-Banken und   **186** -Sparkassen) gilt für das typische – beruflich genutzte – Fremdwährungskonto das Sitzrecht des fremdkontoführenden Instituts (Art. 4 Abs. 1 und 2 Rom-I-VO), regelmäßig das gemeinsame (Wohn-)Sitzrecht.[518] Im Interbankenverhältnis findet auf das Nostrokonto

---

513 Vergleichbar, auch für das Folgende Nr. 12 f. AGB-Sparkassen (vgl. jedoch unten Zweiter Teil Rn 189); *Kleiner* Devisen-Schuldrecht S. 261, 264; auch *Proctor* Mann on Legal Aspect, S. 46 f., 177 f. (implizit); krit. *Vischer* Geld- und Währungsrecht, 166 f.

514 Erfüllung der Pflicht zur Bereitstellung der Fremdwährungsmittel durch Haltung eines Kontos im Währungsgebiet: *Schinnerer* ÖJZ 1984, 205 (205); *Kleiner* Devisen-Schuldrecht S. 261, 263 f.; *Proctor* Mann on Legal Aspect, S. 46 f., 177 f.; *Nobel* FS Schluep 1988, S. 285 (297); referierend *Vischer* Geld- und Währungsrecht 166 f.

515 *Schinnerer* ÖJZ 1984, 205 (206); *Kleiner* Devisen-Schuldrecht S. 261, 264; *Proctor*

Mann on Legal Aspect, S. 46 f., 177 f. (implizit); aA *Nobel* FS Schluep, 1988, S. 285 (297 f.).

516 BankR-HdB/*Schefold* § 116 Rn 3. In Deutschland schon vor Einführung des Euro generelle Freistellung für Fremdwährungskonten (§ 3 S. 1 WährG a. F.) und allein Meldepflichten: Dazu *Schefold* aaO Rn 9–14; *Hahn* Währungsrecht, 1990, § 25 Rn 2 f.

517 *Kleiner* Devisen-Schuldrecht S. 87 f., 209; Baumbach/*Hopt* (8) Nr. 10 Rn 4; BankR-HdB/*Schefold* § 116 Rn 82.

518 BGH Urt. v. 28.10.1957 – II ZR 99/56, WM 1957, 1574 (1575); *Kegel* GS Schmidt 1966, S. 215 (220 und 236); *Kleiner* Devisen-Schuldrecht S. 262.

das Recht des kontoführenden Instituts im Währungsgebiet Anwendung.[519] Für die Ausführung gilt also ein anderes Recht, das jedoch den Anspruch aus § 667 BGB präjudiziert.

187 **2. Risikotragung und Abwicklung bei Störung durch „politische Ereignisse".** Gestört wird die Abwicklung durch Eingriffe Dritter, die dem kontoführenden Institut nicht zuzurechnen sind, oder durch politische Ereignisse im Währungsgebiet. Es handelt sich um die einzige heftig umstrittene Frage im Recht der Fremdwährungskonten, die Nr. 10 Abs. 3 AGB-Banken und Nr. 13 AGB-Sparkassen regeln. Im Grundsatz ist geklärt: Das Risiko ausreichender Expertise trägt das kontoführende Institut; hingegen gehen Risiken und Beschränkungen, die die Internationalität der Fallgestaltung zwingend mit sich bringt, zu Lasten des Kunden.

188 **a) Verhaltens-, insbes. Aufklärungspflichten des kontoführenden Instituts.** Über bestehende staatliche Eingriffe ist aufzuklären. Dies gilt für Verbote[520] ebenso wie für Meldepflichten[521] und erkennbare, erhebliche wirtschaftliche Gefahren.[522]

189 **b) Risikotragung.** Ansonsten trägt der **Kunde** das **Risiko staatlicher Eingriffe** in Ansprüche aus Konten im Währungsgebiet und vergleichbar wirkender politischer Ereignisse (so gleichermaßen Nr. 10 Abs. 3 AGB-Banken, 13 AGB-Sparkassen). In diesen Fällen unterbleibt nicht nur die Auftragsausführung, die im Währungsgebiet unmöglich ist und außerhalb nicht zugesagt wurde, weil die nötigen Einrichtungen fehlen (außer bei hausinterner Abwicklung). Vielmehr ist die Valuta nach beiden AGB auch nicht in inländischer Währung zu erstatten.[523] Die Klausel ist wirksam, da sie der auftragsrechtlichen Risikoabgrenzung entspricht.[524] Die Verrechnung im Kontokorrent bleibt jedoch erhalten.

190 Praktikabilitätsgründe führen dazu, dass Fremdwährungsmittel im Währungsgebiet auf einem Gemeinschaftskonto gehalten werden dürfen, nicht nur auf separaten Gegenkonten für jeden Kunden, was Fragen der Aufteilung des Risikos zwischen (von der Währungsmaßnahme unterschiedlich betroffenen) Kunden aufwirft.[525]

---

[519] BGH (Fn 518), WM 1957, 1574 (1575); *Schinnerer* ÖJZ 1984, 205 (206); *Kleiner* Devisen-Schuldrecht S. 262, 267 (dh. regelmäßig das Recht der Währung); *Kegel* GS Schmidt 1966, S. 215 (236); *Nobel* FS Schluep 1988, S. 285 (290).

[520] BGH (Fn 68), WM 1957, 288.

[521] *Vortmann* WM 1993, 581 (581 f.).

[522] KG Urt. v. 29.10.1976 – 5 U 2232/75, WM 1977, 1176 (1177 f.) (bevorstehende Abwertungen).

[523] *Kleiner* Devisen-Schuldrecht S. 265 f.; *ders.* EWS 1991, 53 (55 f.); *Westermann* WM 1993, 1865 (1870 f.); *Graf v. Westphalen* WM 1984, 2 (4); *Baumbach/Hopt* (8) Nr. 10 Rn 5; ausführlich *Herring/Kübler* ZBB 1995, 113 und 213. Anders ist dies nur, wenn das Institut durch Barauszahlung im Inland im Ausland die Valuta effektiv zurückerhalten kann; denn die Deckung, die das Institut bei Erteilung der Kundengutschrift erhielt, wurde bestimmungsgemäß im Ausland angelegt. Nur unter dieser (eher selten erfüllten) Voraussetzung sind abweichende ausländi-

sche Entscheidungen (dazu BankR-HdB/ *Schefold* § 116 Rn 90–93) auch für das deutsche Recht zu befürworten. Zu weitgehend dem Kreditinstitut das Risiko aufbürdend: OLG Frankfurt Urt. v. 16.2.2011 – 17 U 234/10, WM 2011, 693 (trotz strafbewehrtem Auszahlungsverbot im ausländischen Währungsgebiet Auszahlungsanspruch im Inland bejaht).

[524] *Kleiner* Devisen-Schuldrecht S. 265 f.; ähnlich: *Graf v. Westphalen* WM 1984, 2 (4); und für den Common-Law-Raum *Proctor* Mann on Legal Aspect, S. 205; aus Sicht der Schweiz *Vischer* Geld- und Währungsrecht, 167–169 (nur höhere Gewalt). Realisieren sich Risiken, die im Interesse des Auftraggebers eingegangen werden, so mindert dies, wenn kein Verschulden (etwa eines Erfüllungsgehilfen) vorliegt, die Auskehrungspflicht nach § 667 BGB: BGH Urt. v. 30.9.1968 – VII ZR 110/66, WM 1969, 26 (27).

[525] Nr. 12 *AGB-Sparkassen aF* (nicht explizit Nr. 10 Abs. 3 AGB-Banken) sah daher *anteilige Risikotragung* aller Kunden des Instituts

II. Fragen der Berechtigung und Verfügungsmacht an Bankkonten

1. Übersicht – Bedeutung des Problemkomplexes. Bankkonten unterscheiden sich **191** auch nach den Transaktionen, die über sie abgewickelt werden – bei Sparkonten nur das Einlagengeschäft, bei Girokonten zudem das Zahlungs- und (bei Nebenabrede) auch ein Kreditgeschäft. Zudem unterscheiden sie sich heute auch danach, in wieweit bei ihnen Pfändungsfreibeträge geltend gemacht werden können (vgl. unten Zweiter Teil Rn 246 bis 248). Das **Differenzierungskriterium**, das *primär* **für die reiche Palette an Bankkonten ver-antwortlich** ist, ist jedoch die Inhaberschaft. Hier werden verschiedene „Produkte" ange-boten, teils ausgestaltet durch AGB,[526] teils durch Formulare, die ebenfalls AGB enthal-ten.[527] Gruppenweise sind zu unterscheiden: Konten mit mehreren Inhabern (unten Zweiter Teil Rn 196 ff.), mit Inhabern, die im Drittinteresse handeln (unten Zweiter Teil Rn 202 ff.) und mit Inhabern, die anderen Vollmacht, Verfügungsmacht oder sonstige Mit-bestimmungsmacht einräumen – zu verschiedenen Zwecken (unten Zweiter Teil Rn 211 ff.). Hinzu tritt das **CpD-Konto** (Conto pro Diverse), das das Institut im eigenen Namen hält, um Eingänge vorübergehend zu verbuchen, deren Zuordnung nicht sofort möglich, deren Zurückweisung jedoch inopportun oder pflichtwidrig ist.

Weder die besonderen noch die allgemeinen AGB-Banken regeln die **Inhaberfrage**. Sie **192** wird **als gelöst vorausgesetzt**. Während die Inhaber sonst beim Kontokorrent durch die Geschäftsverbindung mit (meist gegenseitigen) Leistungspflichten idR verlässlich definiert erscheinen, ist die Inhaberschaft beim Bankkonto mangels vergleichbarer Geschäftsverbin-dung beliebiger, stärker „austauschbar". Die Bestimmung des Inhabers ist daher ungleich problematischer, sie ist eigentlich nur beim Bankkonto umstritten. Inhaberschaft ist wich-tig vor allem für zwei Fragen: für die Frage nach der **Verfügungsberechtigung** über das Konto und für diejenige nach Zugriffsrechten in **Zwangsvollstreckung** und Insolvenz.

2. Grundkriterien für die Bestimmung der Inhaberschaft. Für die Bestimmung der In- **193** haberschaft kommt es – wie sonst bei Auslegungsfragen – auf den **objektiven Empfänger-horizont** an, hier des kontoführenden Instituts: Es gilt zu ermitteln, wer nach dem erkenn-baren Willen der kontoeröffnenden Person Gläubiger des Instituts werden sollte.[528] Nicht maßgeblich ist daher insbesondere, wessen Gelder auf dem Konto gebucht werden.[529] Dif-ferenziert ist die Namensnennung zu sehen, auch diejenige an zweiter Stelle.

---

vor, die Fremdwährungskonten in dieser Währung halten. Die Eigenkonten des Insti-tuts waren wohl einzubeziehen. Wirksam-keitszweifel bestanden, soweit die AGB Kun-den anteilig belastete, die der Eingriff nicht erfasste, und betroffene Kunden entspre-chend entlastete. Für die Wirksamkeit dieser Bestimmung *Kleiner* Devisen-Schuldrecht, S. 265 f.; *ders.* EWS 1991, 53 (55 f.) (AGB gibt nur dispositives Recht wieder); *Graf v. Westphalen* WM 1984, 2 (4); zweifelnd BankR-HdB/*Schefold* § 116 Rn 54 f.; Wolf/Horn/Lindacher (4. Aufl. 1999, in Neuaufl. weggefallen), § 23 Rn 690. Heute ist die Rechtslage offen.

[526] Vor allem die Anderkonten (unten Zweiter Teil Rn 202) und die Sparkonten (Muster:

Hopt/Werner 2. Aufl. 2000 Form VI. B. 1).

[527] So der BGH etwa zur sog. Fakultativklausel bei der Bezeichnung des Empfängerkontos, Nachw. unten Dritter Teil Rn 73. Zu den ver-schiedenen Formularen vgl. BankR-HdB/*Lwowski* § 34 bzw. BankR-HdB/*Hadding/Häuser* Anh. zu § 35.

[528] BGH Urt. v. 25.6.1956 – II ZR 270/54, BGHZ 21, 148 (150); BGH (Fn 363), BGHZ 127, 229 (231); BGH Urt. v. 12.12.1995 – XI ZR 15/95, WM 1996, 249 (250); *Hüffer/van Look* Bankkonto Rn 36–55a; *Schwin-towski* § 7 Rn 5.

[529] BGH (Fn 528), BGHZ 21, 148 (150); *Schwintowski* § 7 Rn 4.

194 Beim **Girokonto,** das auf massenweise Abwicklung zugeschnitten ist, bildet der erstgenannte Namen ein kaum zu widerlegendes Indiz für die Kontoinhaberschaft.[530] Für einen weiteren hinzugesetzten Namen (etwa „X-Firma, Unterkonto Firma H") stellt sich allein die Frage, ob ein Treuhandkonto zugunsten dieses Namens intendiert ist – was deutlich gemacht werden muss. Ein Fremdkonto zugunsten des hinzugesetzten Namens ist nicht anzunehmen.[531]

195 Auch beim **Sparkonto** kommt es auf den erkennbaren Willen und primär auf die konkrete Abrede zur Inhaberschaft an. Auch wenn bestimmte Optionen im Kontoeröffnungsvertrag nicht gestrichen werden, tritt dieses Indiz hinter den erkennbaren Willen zurück. Auch ist ein ähnlich stereotypes Abstellen auf den erstgenannten Namen wie beim Girokonto nicht notwendig. Denn für die wichtigsten Verfügungen gibt § 808 Abs. 1 S. 1 BGB dem kontoführenden Institut Gutglaubensschutz (Liberationswirkung). Das Institut trägt daher weniger Missbrauchsrisiken als beim Girokonto.[532] Die Herkunft der Gelder ist auch hier allenfalls ein Indiz unter mehreren. Die vier wichtigsten sind: wer das Konto eröffnete, wer als Inhaber genannt wird, von wem die Gelder stammen und wer das Buch in (berechtigtem) Besitz[533] hat. Fällt alles zusammen, ergeben sich keine Probleme, desgleichen nicht, wenn zwar eine andere Person genannt wird, das Buch jedoch beim Eröffnenden bleibt, von dem zudem die Gelder stammen (kein Vertrag zugunsten Dritter nach § 328 BGB).[534] Umgekehrt spricht die Nennung eines Dritten als Inhaber verbunden mit der Besitzeinräumung für § 328 BGB.[535] Stammen vom Dritten die Gelder, erhält er jedoch nicht Besitz, so stellt sich wieder als eigentliche Frage, ob ein Treuhandkonto errichtet werden sollte und ob dies offengelegt wurde.[536]

196 ### 3. Gemeinschaftskonten

a) Formen und Abgrenzung. Gemeinschaftskonten finden sich als Oder- sowie Und-Konten. Heute bildet die Wahl des einen oder des anderen Formulars ein nahezu unwiderlegliches Indiz für den Parteiwillen und die Abgrenzung beider.[537] Gemeinsam heben sie sich gegenüber zwei anderen Formen ab: hier den Einzelkonten, die für eine Personenmehrheit eröffnet werden, soweit diese in ihrer Verbundenheit (teil-)rechtsfähig ist;[538] und

---

[530] BGH Beschluss v. 26.9.1985 – III ZR 171/84, WM 1986, 33 (35); BGH (Fn 528), WM 1996, 249 (250); OLG Düsseldorf Urt. v. 10.11.1988 – 6 W 74/88, WM 1989, 91; OLG Düsseldorf Urt. v. 25.10.2012 – I-14 U 97/11, 14 U 97/11, juris (Tz. 25–33); OLG Frankfurt Urt. v. 31.5.1985 – 8 U 165/84, NJW 1986, 63 (64); BankR-HdB/*Joeres* § 29 Rn 11.

[531] Zu den Problemen des hinzugesetzten Namens näher unten Zweiter Teil Rn 208.

[532] Zum Girokonto dazu unten Dritter Teil Rn 280, 405.

[533] Der Besitz an sich ist, wie § 808 Abs. 1 S. 2 BGB zeigt, noch nicht allein aussagekräftig, sondern nur ein Indiz unter mehreren: *Kümpel/Wittig* Rn 6.633; *Schwintowski* § 7 Rn 26.

[534] Vgl. BGH Urt. v. 20.11.1958 – VII ZR 4/58, BGHZ 28, 368 (369 f.); BGH Urt. v.

9.11.1966 – VIII ZR 73/64, BGHZ 46, 198 (199); OLG Düsseldorf Urt. v. 4.2.1993 – 5 U 156/92, WM 1993, 835 (836); LG Mainz Beschl. v. 28.5.2008 – 9 O 111/08, FamRZ 2009, 228; *Schwintowski* § 7 Rn 30; tendenziell *Trapp* ZEV 1995, 314 (317 f.). Dann ist ersichtlich die Abänderungsbefugnis gewollt, die bei Verträgen nach § 331 BGB beim Vertragsschließenden verbleibt (Abs. 2 e contrario).

[535] BGH Urt. v. 19.10.1983 – IV a ZR 71/82, NJW 1984, 480 (e contrario); BankR-HdB/*Joeres* § 29 Rn 17.

[536] Vgl. BankR-HdB/*Hadding/Häuser* § 37 Rn 44.

[537] BankR-HdB/*Hadding/Häuser* § 35 Rn 4.

[538] So – neben den juristischen Personen – nach § 124 HGB die OHG (und KG) und auch die GbR: BGH Urt. v. 29.1.2001 – II ZR 331/00, NJW 2001, 1056; BGH Beschl. v.

Stefan Grundmann

dort den verschiedenen Kontoformen, bei denen nur eine Person Inhaber ist, andere Personen jedoch ebenfalls oder allein verfügungsbefugt sind.[539]

b) Oder-Konto. Beim Oder-Konto ist jeder Inhaber allein, **ohne Mitwirkung des anderen verfügungsbefugt.**[540] Solches wird vor allem zwischen Eheleuten und im Familienverband, aber auch in sonstigen dauerhaften Näheverhältnissen vereinbart.[541] Die parallele Gläubigerschaft wird als Gesamtgläubigerschaft iSv. § 428 BGB erklärt – mit der Besonderheit, dass nicht der Schuldner bestimmt, wem er leistet, sondern dass er nur an den Gläubiger leisten kann, der Leistung fordert.[542] Die befreiende Wirkung nach § 428 BGB gegenüber allen Gläubigern gilt jedoch auch hier.[543] **197**

Da alle Inhaber verfügungsbefugt sind, genügt der Titel gegen einen Inhaber, um ins Konto zu **vollstrecken.**[544] Hierbei ist vor allem str., ob nur noch an den Pfändungsgläubiger befreiend geleistet werden kann, wenn es zum Pfändungs- ein Überweisungsbeschluss kommt.[545] Ein Prioritätsgrundsatz (Leistung nach Zeitpunkt der Geltendmachung), der **198**

18.2.2002 – II ZR 331/00, NJW 2002, 1207; MünchKommBGB/*Ulmer* § 705 Rn 289–302; grundlegend: *K. Schmidt* GesR § 8 IV 1; anschaulich zum Konto der GbR etwa *Barleon* in: *Arzt/Barleon/u.a.* Kontoführung, Rn 118–125.

[539] *Rieder* WM 1987, 29 (29). Gemeint sind insbes. Fremd- und Sonderkonten sowie Treuhandkonten, dazu unten Zweiter Teil Rn 202–205; außerdem die gewöhnliche Kontovollmacht, dazu unten Zweiter Teil Rn 211 ff.

[540] BGH (Fn 417), BGHZ 93, 315 (320 f.); BGH Urt. v. 8.7.1985 – IV ZR 16/85, BGHZ 95, 185 (187); BGH Urt. v. 30.10.1990 – XI ZR 352/89, NJW 1991, 420 (420) = WM 1990, 2067; *Rieder* WM 1987, 29 (30); *Hopt/Mülbert* Kreditrecht Vor § 607 BGB Rn 148 (in Neuaufl. *Freitag/Mülbert* keine eigene Kommentierung des Kontokorrents); *Hüffer/van Look* Bankkonto Rn 148; daher etwa auch Recht, allein ec-Karte/Girocard zu beantragen: OLG Düsseldorf Urt. v. 4.2.2009 – I-15 U 84/08, WM 2009, 1560.

[541] *Rieder* WM 1987, 29 (30); *Heiß* FamFR 2013, 146; BankR-HdB/*Hadding/Häuser* § 35 Rn 6; etwa BFH Urt. v. 23.11.2011 – II R 33/10, NJW 2012, 1837 (1839 f.) (zur Frage, unter welchen Umständen eine Einzahlung des einen Ehegatten als „freigiebige Zuwendung" an den anderen iSv § 7 Abs. 1 Nr. 1 ErbStG zu qualifizieren ist und daher einer Schenkungssteuer unterfällt).

[542] OLG Celle Beschluss v. 2.8.1995 – 3 W 65/93, WM 1995, 1871 (1871 f.); BFH (Fn 541), NJW 2012, 1837 (1838); *Rütten* Mehrheit von Gläubigern, 1989, S. 208 f.; *Canaris* Bankvertragsrecht Rn 225; BankR-

HdB/*Hadding/Häuser* § 35 Rn 7; auch *Wagner* WM 1991, 1145 (1145); *Köndgen* NJW 2004, 1288 (1292).

[543] BGH (Fn 540), NJW 1991, 420 (420); OLG Düsseldorf (Fn 540), WM 2009, 1560 (1561 f.); *Rieder* WM 1987, 29 (30); *Rütten* (Fn 542) S. 207 f.; *Canaris* Bankvertragsrecht Rn 225; ausf. (auch für die Phase der Trennung) *Lenkaitis/Messing* ZBB 2007, 364 (365–367). Zum Ausgleich im Innenverhältnis vgl. BGH Urt. v. 29.11.1989 – IVb ZR 4/89, NJW 1990, 705 (705); *Schwintowski* § 6 Rn 27–30; und (teils abw.) *Lenkaitis/Messing* a.a.O.

[544] BGH (Fn 417), BGHZ 93, 315 (320 f.); *Rütten* (Fn 542), S. 208; BankR-HdB/*Hadding/Häuser* § 35 Rn 11; *Barleon* in: *Arzt/Barleon/u.a.* Kontoführung, Rn 134 f.; ausführlich *Wagner* WM 1991, 1145 (zu OLG Koblenz); aA OLG Koblenz Urt. v. 17.7.1990 – 3 U 15/88, WM 1990, 1532 (1534 f.); wie die hM auch für die Insolvenz (Konto fällt in Insolvenzmasse des insolventen Inhabers): OLG Hamburg Urt. v. 19.10.2007 – 1 U 136/06, ZIP 2008, 88.

[545] Dagegen *Hüffer/van Look* Bankkonto Rn 157 f. (mwN); wohl auch BankR-HdB/*Hadding/Häuser* § 35 Rn 11b; teils auch OLG Dresden Urt. v. 21.2.2001 – 18 U 1948/00, WM 2001, 1148 (1149 f.) (vor Zustellung jedenfalls nicht); offen BGH (Fn 417), BGHZ 93, 315 (321); dafür vor allem *Wagner* ZIP 1985, 849 (856); ausf. *Lenkaitis/Messing* ZBB 2007, 364 (368–371) (jedenfalls bei intakter Ehe); zu Absprachen für den Pfändungsfall vgl. auch BGH Urt. v. 11.7.1979 – VIII ZR 215/78, NJW 1979, 2038.

diese Rechtsfolge rechtfertigt, ist zwar im Recht der Gesamtgläubigerschaft nicht angelegt. Ohne diese Rechtsfolge wird jedoch das Konto, häufig ein zentraler Vermögensbestandteil, dem Gläubigerzugriff de facto gänzlich entzogen.

199   Aus der Verfügungsbefugnis jedes Inhabers folgt hingegen nicht, dass er **Verbindlichkeiten (im Debet)** mit Wirkung für die anderen begründen kann. Nachdem der BGH die dahingehende Nr. 2 Abs. 3 S. 2 AGB-Banken(1988) für unwirksam erklärt hat,[546] sehen die Formulare heute nur noch vor, dass andere Kontoinhaber bei Zustimmung oder im Umfang des banküblichen Überziehungskredits haften.[547] Die Haftung ist, soweit sie begründet ist, gesamtschuldnerisch (§ 421 BGB).[548]

200   Trotz der Gefährlichkeit des Oder-Kontos hält die Rechtsprechung daran fest, dass eine Umgestaltung der Berechtigung nicht einseitig erfolgen, also das Konto nicht von jedem Berechtigten individuell **in ein Und-Konto überführt** werden kann.[549] Entschärft ist die Problematik freilich dadurch, dass eine klauselmäßige Vereinbarung, die solch ein einseitiges Umgestaltungsrecht vorsieht, als wirksam eingestuft wird,[550] und heute auch die Regel bildet, so dass die Frage faktisch positiv entschieden ist.

201   **c) Und-Konto.** Das Und-Konto berechtigt allein zur **gemeinsamen Verfügung.** Ein Inhaber allein kann nicht einmal Auszahlung an alle fordern (wie etwa nach § 2039 BGB).[551] Gleichgültig ist hierfür, ob das Und-Konto als Gesamthandgut oder als Rechtsgemeinschaft nach §§ 741 ff. BGB ausgestaltet ist. Ersteres ist allein möglich zwischen Gesamthändern, wenn diese das Konto zudem als Teil der Gesamthand halten.[552] Die gemeinsame Verfügungsbefugnis führt dazu, dass ein Titel gegen alle Kontoinhaber notwendig ist, um in das Konto zu vollstrecken. Andernfalls muss in den Anteil am Gesamthandsvermögen –

---

[546] BGH Urt. v. 22.1.1991 – XI ZR 111/90, NJW 1991, 923 (924) (Verstoß gegen §§ 305 b und 307 Abs. 2 BGB, damals §§ 3 und 9 Abs. 2 AGBG); noch vom „Risikofaktor Gemeinsames Bankkonto" sprechend, mit plastischer Darstellung der Konstellationen: *Heiß* FamFR 2013, 146.

[547] Wirksamkeit bejahend: BankR-HdB/*Hadding/Häuser* § 35 Rn 9 (implizit). Üblich ist eine (zugesagte) Kreditlinie, die die finanzielle Nutzungsgrenze auf zwei bis drei Nettogehälter (im Soll) ausweitet, plus ein Aufschlag von ca. 10 %, in dem höhere Überziehungen geduldet werden. Ob der Aufschlag mit gemeint ist, erscheint schon angesichts § 305c Abs. 2 BGB (Auslegung contra proferentem) zweifelhaft.

[548] OLG Nürnberg (Fn 103), WM 1990, 1370 (1371) (auch zur Aufklärungspflicht hierüber); auch BGH Urt. v. 9.11.1992 – II ZR 219/91, WM 1993, 141 (143); *Canaris* Bankvertragsrecht Rn 224, 227.

[549] BGH Urt. v. 24.3.2009 – XI ZR 191/08, WM 2009, 980 (982 f.); Anm. JR 2010, 212 (*Bergmann*); FamRZ 2009, 1055 (*Grziwotz*); WuB I C 1. Kontoführung 3.09 (*Schramm*); JZ 2009, 1075 (*Muscheler*); DNotZ 2009, 624 (*Diehn*); aA früher OLG

[550] Köln Urt. v. 14.6.1989 – 13 U 29/89, WM 1989, 1888 (1889); wie der BGH schon bisher die hM, insbes. BGH (Fn 540), NJW 1991, 420 (420 f.) = WM 1990, 2067 (2068); BGH (Fn 548), WM 1993, 141 (143); *Hopt/Mülbert* Kreditrecht Vor § 607 BGB Rn 148, 152 (abw. Gestaltung möglich). Zur Rechtslage bei Hinzutreten von Erben vgl. BankR-HdB/*Hadding/Häuser* § 35 Rn 12, 15, Anh. 1 zu § 35 Anm. 11.

[550] BGH (Fn 540), NJW 1991, 420 (420 f.); BGH (Fn 548), WM 1993, 141 (143) (jeweils implizit); OLG Hamm Urt. v. 27.1.2010 – I-31 U 113/09 und 31 U 113/09, GWR 2010, 196; *Schwintowski* § 6 Rn 19.

[551] OLG Köln Urt. v. 22.12.1989 – 19 U 118/89, NJW-RR 1990, 1007 (1008); BankR-HdB/*Hadding/Häuser* § 35 Rn 13, *Einsele* FS Nobbe 2009, 27 (31 f.); MünchKommInsO/*Ganter* § 47 Rn 407; zum Und-Konto allg. auch etwa *Barleon* in: *Arzt/Barleon/u.a.* Kontoführung, Rn 132–137.

[552] BGH Urt. v. 12.1.1987 – II ZR 99/86, WM 1987, 318 (319); OLG Frankfurt (Fn 530), NJW 1986, 63 (63 f.); *Rieder* WM 1987, 29 (33); *Schebesta* WM 1985, 1329 (1330 f.); BankR-HdB/*Hadding/Häuser* § 35 Rn 17.

     Stefan Grundmann

so im Falle gesamthänderischen Haltens – oder in den Bruchteil (nicht Quote der Forderung) vollstreckt werden. Die Haftung für Verbindlichkeiten ist wiederum gesamtschuldnerisch (§ 421 BGB).[553]

4. Ander-, Treuhand- und Sonderkonten – Konten im Drittinteresse

202

a) Formen und Abgrenzung.

aa) Formen. Unter den Konten im Drittinteresse ragen die Treuhandkonten hervor. Die längste Tradition haben die **Anderkonten,** die für die unter öffentlicher Aufsicht stehenden Berufsgruppen der Notare, Rechtsanwälte, Patentanwälte und öffentlich bestellten Wirtschaftsprüfer und Wirtschafts- und Steuerberater errichtet werden. Sie sind in einem je eigenen AGB-Katalog geregelt und werden nur offen vereinbart,[554] dh. unter Offenlegung des Treuhandzwecks dem Institut und Dritten gegenüber (Kontobezeichnung!). **Sonstige Treuhandkonten** haben mit den Anderkonten den treuhänderischen Zweck gemein,[555] werden für sonstige Berufsgruppen, jedoch auch für private Zwecke eingerichtet, und können offen oder verdeckt sein – dem kontoführenden Institut gegenüber und, nicht immer parallel laufend, auch Dritten gegenüber. Gemeint ist im vorliegenden Fall die **fremdnützige Vollrechtstreuhand** (mit dem Treuhänder als Rechtsinhaber), die beim Bankkonto iZw. vereinbart wird[556] und den Hauptfall bildet. Die Treuhandabrede ist nicht allein deshalb wegen Umgehungsabsicht unwirksam (§ 138 Abs. 1 BGB), weil die Parteien mit Einrichtung des Treuhandkontos zwar das Ziel verfolgten, eine Zurechnung des Guthabens auf Ansprüche des Treugebers nach SGB zu vermeiden (Umgehungsabsicht), wenn solch eine Anrechnung rechtlich ohnehin nicht angezeigt gewesen wäre (keine Umgehungswirkung).[557]

---

[553] *Schebesta* WM 1985, 1329 (1330); BankR-HdB/*Hadding/Häuser* § 35 Rn 18; *Kümpel/ Wittig* Rn 6.752.

[554] BankR-HdB/*Hadding/Häuser* § 37 Rn 9; vgl. etwa BGH Urt. v. 18.12.2008 – IX ZR 192/07, WM 2009, 562 = NZI 2009, 245. Ausgestaltet werden die Rechtsbeziehungen durch die AGB-Anderkonten und -depots – getrennt in vier Katalogen für Rechtsanwälte (Fassung 12/2001), Notare, (Fassung 4/2000) Patentanwälte und Gesellschaften von Patentanwälten (Fassung 12/2001) und Angehörige der öffentlich bestellten wirtschaftsprüfenden und wirtschafts- und steuerberatenden Berufe (Fassung 4/2000), Abdruck und Kommentierung bei Baumbach/*Hopt* (9a-d) AGB-Anderk; und unten Rn 268.

[555] Die AGB-Anderkonten wiederholen zwar nicht auf das objektive (dispositive) Recht und sind insoweit mangels Vereinbarung auf sonstige Treuhandkonten in der Tat nicht anwendbar: so pauschal Baumbach/*Hopt* (9) AGB-Anderk Einl. Rn 7; BankR-HdB/*Hadding/Häuser* § 38 Rn 4. Die zentralen Grundsätze (Nr. 6–10 AGB-Anderkonten Notare) gelten jedoch allgemein; zu Nr. 6 ebenso BGH Urt. v. 5.11.1953 – IV ZR 95/53, BGHZ 11, 37; zu Nr. 8 ebenso OLG Hamburg Urt. v. 24.9.1970 – 6 U 78/70, WM

1970, 1307 (1308); *Canaris* Bankvertragsrecht Rn 292 (nach § 157 BGB); zweifelnd *Hadding/Häuser* aaO. Zur zugrunde liegenden treuhandrechtlichen Theorie, auch der Theorie der Interessenkonflikte, vor allem *Grundmann* Treuhandvertrag; *Löhning* Treuhand – Interessenwahrnehmung und Interessenkonflikte, 2006.

[556] BGH (Fn 555), BGHZ 11, 3 / (43); BGH Urt. v. 25.6.1973 – II ZR 104/71, BGHZ 61, 72 (78–80); BGH Urt. v. 22.9.1975 – II ZR 51/74, WM 1975, 1200; aA teils die Lit., die iZw. Ermächtigungstreuhand annimmt: grundlegend *Siebert* Das rechtsgeschäftliche Treuhandverhältnis, 1933, S. 306 sowie 295–297. Dass Konten, die nicht ins Debet kommen, als Vollrechtstreuhand, andere als Ermächtigungstreuhand zu qualifizieren seien (*Canaris* Bankvertragsrecht Rn 268–270), widerspricht dem Vereinfachungsziel bei der Entscheidung (giro-)kontokorrentrechtlicher Fragen und damit den Grundkoordinaten des Rechtsgebiets. Zur Ermächtigungstreuhand unten Zweiter Teil Rn 211–216. Zur geringen Bedeutung der Sicherungstreuhand BankR-HdB/*Hadding/Häuser* § 37 Rn 11, 14.

[557] BGH Urt. v. 2.2.2012 – III ZR 60/11, WM 2012, 458 (460).

203 Unklar ist das Verhältnis von Treuhandkonten zu **Sonder- oder Separatkonten.** Diese können schlicht einem Sonderzweck des Kontoinhabers dienen und folgen dann ganz den Regeln zu Eigenkonten. Probleme ergeben sich erst, wenn sie für Zwecke Dritter eingerichtet werden, etwa durch einen Vermieter oder Verwalter zur Haltung von Mietkautionen oder von Hausgeldzahlungen. Rechtliche Bedeutung erlangt dieser Drittzweck nur, wenn die Konten dem Institut oder Dritten gegenüber wie Treuhandkonten zu behandeln sind, also die Kriterien für Relevanz des Drittzwecks erfüllen (unten c).

204 bb) **Abgrenzung.** Treuhandkonten nahe stehen Konten, für die Vollmacht oder Verfügungsmacht eingeräumt wurde. Hier spricht man von **Fremdkonto,** freilich nur, wenn nicht der Begünstigte sie selbst eröffnet (dann sogar Eigenkonto, nunmehr jedoch des Begünstigten). Anders als beim Treuhandkonto wird das Fremdkonto (auf Grund der starken Stellung des Begünstigten (mit Voll- oder Verfügungsmacht) als echter Vertrag zugunsten Dritter (§ 328 BGB) eingerichtet. Der Drittzweck führt dazu, dass der **Begünstigte auch formal als Inhaber** anzusehen ist und daher die Zuordnung unproblematisch wird. Ob freilich der Begünstigte wirklich Inhaber wird, entscheidet sich wieder nach dem Empfängerhorizont. Wichtig ist, dass das Institut das Verhältnis zwischen der kontoeröffnenden Person und dem Begünstigten nicht kennen[558] und jedenfalls bei beruflichen Kunden auch nicht nachfragen muss.[559] Daher begründet die Herkunft der auf dem Konto gutgeschriebenen Gelder allein noch keine Vermutung für ein Fremdkonto (mit Rechtsposition des Begünstigten),[560] desgleichen nicht die Pflicht im Innenverhältnis, solch ein Konto einzurichten.[561] Das Konto muss für das Kreditinstitut eindeutig erkennbar als Fremdkonto eingerichtet werden. A fortiori ist kein Fremdkonto anzunehmen, wann immer nicht einmal ein offenes Treuhandkonto (ohne eigene Verfügungsmacht des Begünstigten) zu bejahen wäre (zu dieser Abgrenzung des Treuhandkontos nach der anderen Seite hin jetzt im Folgenden).

205 b) **Rechtsverhältnisse im Überblick.** Bei den **Sonderwirkungen,** die das Bestehen eines Drittzwecks zeitigen kann, geht es stets darum, trotz formaler Rechtsträgerschaft des Treuhänders den Wert für gewisse Fragen dem Treugeber zuzuordnen. Die Kriterien, nach denen hierüber zu entscheiden ist, sind **im Verhältnis zum Kreditinstitut teils andere als im Verhältnis zu Dritten.** Die Sonderwirkungen gehen jedenfalls nicht so weit, dass der Treugeber selbst die Rechte aus dem Treuhandkonto geltend machen könnte[562] oder dass seine Gläubiger in

---

[558] BGH (Fn 556), BGHZ 61, 72 (75–78); *Kümpel/Wittig* Rn 6.794.

[559] BGH (Fn 556), BGHZ 61, 72 (76); BGH (Fn 556), WM 1975, 1200. Entscheidend ist hiernach, ob die kontoeröffnende Person beruflich tätig ist. Bei privaten Kunden stehen hier die Verfügungen nach § 331 BGB im Vordergrund, dazu unten Zweiter Teil Rn 221 ff. Hier dürfte die höchstrichterliche Rspr. eine Beratungspflicht bejahen: tendenziell auch *Schwintowski* § 7 Rn 9–11 (anders aber bei Schenkungen von Todes wegen aaO Rn 12).

[560] BGH (Fn 556), WM 1975, 1200; BankR-HdB/*Hadding/Häuser* § 37 Rn 44; *Kümpel/Wittig* Rn 6.794.

[561] BGH (Fn 556), WM 1975, 1200; *Kümpel/Wittig* Rn 6.794–6.796 (implizit). Die Pflicht zur Trennung der Gelder des Begünstigten wird schon durch Einrichtung eines offenen Treuhandkontos erfüllt; vgl. unten Zweiter Teil Rn 208 sowie § 34a WpHG, unten Achter Teil, 3. Abschnitt.

[562] BGH (Fn 556), BGHZ 61, 72 (75 und 78 f.); einschränkend BGH Urt. v. 12.10.1987 – II ZR 98/87, NJW 1988, 709 (710) (obiter dictum). Ausdrücklich so Nr. 6 AGB-Anderkonten von Notaren und Nr. 8 AGB-Anderkonten von Rechtsanwälten, jeweils a.E.; ggf. weitergehende direkte Treugeberansprüche und -weisungsrechte denkbar bei offenem Treuhandkonto im Falle der Treuhänderinsolvenz vgl. *Geibel* Treuhandrecht, 314 f.

mehr als nur die auftragsrechtlichen Ansprüche des Treugebers gegen den Treuhänder vollstrecken könnten.[563] Die Sonderwirkungen gehen also allenfalls dahin, Treugut im Verband des wirtschaftlichen Eigentums des Treugebers zu halten – gegen den Vollstreckungszugriff u.ä. (Aufrechnung, Pfandrecht) oder unter Annullierung treuwidriger Verfügungen.

c) **Insbesondere: Die Zuordnung im Verhältnis zum kontoführenden Institut.** Wird aus **206** Sicht des Instituts die treuhänderische Bindung deutlich (**offenes Treuhandkonto**), so gilt das **Pfandrecht** nach Nr. 14 AGB-Banken als **abbedungen**, desgleichen das Recht, einen positiven Saldo auf diesem Konto mit einem Debet auf anderen Konten desselben Inhabers zu verrechnen.[564] Dies entspricht allgemeiner Doktrin zur Aufrechnung[565] und zum Erwerb von Rechten am Treugut durch den Treuhänder. Dies gilt daher auch bei späterer Kenntnisnahme des Instituts, jedoch nur für zukünftige Eingänge auf dem treuhänderisch gebundenen Konto.[566] Ein Verzicht des Instituts ist nicht erforderlich.[567] Erhalten bleiben diese (Pfand- und Aufrechnungs-)Rechte für Forderungen, die das Institut wegen Aufwendungen für das Treugut hat, vor allem Kontogebühren u.ä. (auch dies allgemeiner Treuhanddoktrin entsprechend).[568] Selbst beim offenen Treuhandkonto trifft das Kreditinstitut jedoch nicht die – mit einer routinemäßigen Abwicklung unvereinbare – Pflicht zu überwachen, dass der Treuhänder nur pflichtgemäß verfügt.[569]

---

[563] BGH Urt. v. 16.12.1970 – VIII ZR 36/69, NJW 1971, 559 (560); BGH Urt. v. 9.12.1993 – IX ZR 100/93, NJW 1994, 726 (727); BankR-HdB/*Bitter* § 33 Rn 105. Für eine vergleichbare Trennung der Vermögensmassen in der Insolvenz BGH Urt. v. 26.3.2015 – IX ZR 302/13, WM 2015, 1053 (Bereicherungsanspruch bei Einzahlung auf Treuhandkonto des Insolvenzverwalters nur noch gegen diesen, nicht den Gemeinschuldner); weitere Zuordnungsfragen zu kontobezogenen Bereicherungsansprüchen in der Insolvenz in BGH Urt. v. 5.3.2015 – IX ZR 164/14, WM 2015, 733.

[564] BGH (Fn 556), BGHZ 61, 72 (78 f.); BGH (Fn 528), WM 1996, 249 (251); *Schwintowski* § 6 Rn 34 f.; ebenso i.Erg. (trotz anderem Grundansatz) *Geibel* Treuhandrecht, 58 f., 311 f. Ausdrücklich so Nr. 8 AGB-Anderkonten. Auch bei offenem Treuhandkonto hat das Institut Überwachungspflichten nur im Rahmen des unter Zweiter Teil Rn 213 Gesagten.

[565] Aufrechnung unzulässig bei Zweckbindung der Forderung, etwa BGH Urt. v. 19.9.1957 – VII ZR 423/56, BGHZ 25, 211 (215) (Aufbaudarlehen); speziell zum Treuhandkonto: BGH (Fn 556), BGHZ 61, 72 (77); BGH Urt. v. 22.6.1987 – III ZR 263/85, NJW 1987, 3250 (3251).

[566] IE ebenso BGH Urt. v. 25.9.1990 – XI ZR 94/89, NJW 1991, 101 (102); BGH (Fn 528),

WM 1996, 249 (251) (allerdings auf der Grundlage von § 826 BGB); *Hopt/Mülbert* Kreditrecht Vor § 607 BGB Rn 189 (in Neuaufl. *Freitag/Mülbert* keine eigene Kommentierung des Kontokorrents).

[567] Der Treugeber kann bei Übertragung von Treugut auf den Treuhänder einseitig wirksam dessen Zweckbindung vorsehen, soweit der Dritte (hier das Kreditinstitut) davon weiß: *Grundmann* Treuhandvertrag S. 328–331; aA jedoch Baumbach/*Hopt* (8) Nr. 14 Rn 11; BankR-HdB/*Hadding/Hauser* § 37 Rn 45.

[568] BGH Urt. v. 7.4.1959 – VIII ZR 219/57, NJW 1959, 1223 (1225 f.); OLG Hamm Urt. v. 10.6.1992 – 31 U 215/91, WM 1992, 1731 (1735); *Coing* Die Treuhand kraft privaten Rechtsgeschäfts, 1973, S. 179 f.; *Hopt/Mülbert* Kreditrecht Vor § 607 BGB Rn 195.

[569] Zuordnung grds. nur zum Treuhänder (selbst in Insolvenz): BGH (Fn 554), WM 2009, 562. Im Verhältnis zum Verfügungsempfänger verneint die hM zu Recht die Anwendbarkeit der Grundsätze über den Missbrauch der Vertretungsmacht. Es kommt jedoch nicht auf Sittenwidrigkeit des Verhaltens des Dritten an, sondern – auch teils nach höchstrichterlicher Rspr. – auf Kenntnis vom Treubruch: vgl. nur *Grundmann* Treuhandvertrag S. 324–331. Gleiches gilt für das Institut.

Stefan Grundmann

207 Bleibt die Zweckbindung verborgen, gelten Pfand- und Verrechnungsrechte auch bezüglich Forderungen gegen den Treuhänder persönlich.[570] Wurden jedoch bei Kontoerrichtung und Findung der rechten Benennung Aufklärungspflichten verletzt, ist nach § 249 BGB (auch) der Dritte so zu stellen, als wäre der Verstoß unterblieben, entfallen also Pfand- und Verrechnungsrechte wieder in gleicher Weise, als wäre (nach korrekter Aufklärung) ein Treuhandkonto errichtet worden.[571]

208 Offen ist das Treuhandkonto für das Institut, wenn nach seinem objektiven Empfängerhorizont (§ 157 BGB)[572] der Kontoinhaber mit dem Konto Zwecke Dritter nicht nur verfolgt, sondern hierzu Dritten gegenüber verpflichtet ist. Erst aus dieser Differenzierung (und dem Grundsatz, dass bei Zweifeln vom Eigenkonto als dem Normalfall auszugehen ist) erklärt sich: Die bloße Nennung eines zusätzlichen Zwecks nach Nennung des Kontoinhabers begründet nicht die Vermutung, dass ein Treuhandkonto eröffnet werden sollte.[573] Ein offenes Treuhandkonto ist hingegen anzunehmen, wenn das Institut positiv wusste, dass eine Pflicht bestand, die auf dem Konto gebuchten Gelder getrennt (auf Treuhandkonten) zu halten.[574] Für die Frage nach dem Substrat dieser Bindung ist wieder auf das Vereinfachungsinteresse im (Giro-)Kontokorrentrecht abzustellen: Werden über das Konto Fremd- und Eigengelder abgewickelt, so ist das Konto allein nach den Regeln zum Eigenkonto zu behandeln.[575] Die Gegenmeinung[576] belastet das Institut, das eigene Ansprüche nach kontokorrentrechtlichen Grundsätzen gesichert sehen will, vor Durchführung jeder Belastungsbuchung mit Berechnungen über die Auftrennung der Aktivposten.

209 d) Insbesondere: Die Zuordnung im Verhältnis zu Dritten. Gegenüber Dritten, in Zwangsvollstreckung und Insolvenz, setzt sich das wirtschaftliche Eigentum des Treugebers nach **höchstrichterlicher Rechtsprechung** nicht notwendig durch, wenn die treuhänderische Bindung aufgedeckt war.[577] Die Gelder auf dem Konto müssen vom Treuge-

---

[570] Etwa BGH (Fn 556), BGHZ 61, 72 (78 f.); BGH (Fn 566), NJW 1991, 101; BGH (Fn 557), WM 2012, 458 (460 f.); BankR-HdB/*Bitter* § 33 Rn 109; ebenso i.Erg. (trotz anderem Grundansatz) *Geibel* Treuhandrecht, 311 f.

[571] Die den Bedürfnissen adäquate Ausgestaltung des Kontos kommt bestimmungsmäßig dem Dritten zugute und dies ist dem Pflichtigen erkennbar. Vgl. zu diesen Kriterien für die drittschützende Wirkung des Vertrages oben Zweiter Teil Rn 134 und 203. Zur Rechtsgrundlage des Ersatzanspruches oben Zweiter Teil Rn 28–38.

[572] Die Entscheidungen nehmen in diesem Sinne stets einen Kenntnistest (nicht nur Kennenmüssen) vor: BGH (Fn 565), NJW 1987, 3250; BGH (Fn 566), NJW 1991, 101; BankR-HdB/*Joeres* § 29 Rn 14. Zur Aufklärungspflicht, die auch für das Folgende gilt, vgl. jedoch oben Fn 561.

[573] Für den Zusatz „Sonder-" oder „Unterkonto" bzw. „wegen": BGH (Fn 528), BGHZ 21, 148 (149–151); BGH (Fn 556), BGHZ 61, 72 (75); OLG Dresden Urt. v. 16.06.2010 – 13 U 1912/09 (juris Tz. 19);

für „Mietkonto": BGH (Fn 566), NJW 1991, 101; aA für „Kautionskonto": OLG Düsseldorf Urt. v. 3.12.1987 – 10 U 117/87, ZIP 1988, 449. Ist Verrechnung gegen andere Konten des Inhabers vereinbart, spricht dies weiter gegen Treuhandkonto.

[574] Vgl. BGH Urt. v. 19.5.1988 – III ZR 38/87, WM 1988, 1222 (1223) („Eintragungen auf Kontoblatt machen Trennung klar").

[575] BGH (Fn 556), BGHZ 61, 72 (78); BGH (Fn 562), NJW 1988, 709 (710); BGH Urt. v. 24.6.2003 – IX ZR 120/02, NJW-RR 2003, 1375 (1376).

[576] *Canaris* WuB I C 3–1.94 (für Vollstreckungszugriff); *Hopt/Mülbert* Kreditrecht Vor § 607 BGB Rn 188 (in Neuaufl. entfallen); BankR-HdB/*Hadding/Häuser* § 37 Rn 2.

[577] Speziell für das Treuhandkonto: BGH (Fn 568), NJW 1959, 1223 (1225); BGH (Fn 563), NJW 1971, 559 (560); BGH Urt. v. 1.7.1993 – IX ZR 251/92, NJW 1993, 2622; BGH Urt. v. 8.2.1996 – IX ZR 151/95, WM 1996, 662; BGH Urt. v. 10.2.2011 – IX ZR 49/10, NJW-RR 2011, 779 (780); OLG Frankfurt/M. Urt. v. 11.2.2010 – 16 U 176/09, ZIP 2010, 437; zum Meinungsstand

Stefan Grundmann

ber[578] oder aus der Einziehung einer Forderung des Treugebers[579] stammen. In diesen Fällen ist zwar die Pfändung wirksam,[580] kann der Treugeber jedoch unstreitig Drittwiderspruchsklage erheben (§ 771 ZPO) bzw. aussondern (§ 47 InsO). Begründete umgekehrt der Treuhänder die Forderung in seiner Person, etwa weil er das Treugut im eigenen Namen vermietete, so geht die höchstrichterliche Rechtsprechung auch bei aufgedeckter treuhänderischer Bindung davon aus, dass der Treugeber dem Vollstreckungszugriff nicht widersprechen könne.[581] Ist die **Bindung offengelegt**, so wird dies **von der hL anders gesehen**.[582] Ebenfalls ohne Schutz bleibt der Treugeber, wenn der Treuhänder auf dem Konto eigene und fremde Gelder hält (Mischkonto) oder aber sich von der Treubindung lossagt.[583]

Bei Abwägung der betroffenen **Treugeber- und Drittinteressen** im Lichte der gesetzlichen Wertungen ergibt sich,[584] dass die Treugeberinteressen in aktuellen Eigentumspositionen im verfassungsrechtlichen Sinne gründen, die Drittinteressen hingegen nicht (bloße, nicht erdiente Aussichten). Die Existenz und Anerkennung verdeckter Sicherungsrechte, die zudem, anders als beim Treuhandkonto, durchaus auch aus dem Vermögen des Schuldners finanziert werden, entkräften das Argument, ein Gläubiger habe jedoch auf den erkennbaren Vermögensbestand vertrauen dürfen. Am überzeugendsten erscheint es daher, eine Aufdeckung ebenso wenig zu fordern wie die unmittelbare Herkunft aus dem Treugebervermögen, sondern allein Bestimmbarkeit.[585] Zweifel insoweit gehen zu Lasten des Treugebers, was den Schutz seiner Gelder auf Mischkonten praktisch ausschließt. Anders als im Verhältnis zum Kreditinstitut wäre deren Schutz theoretisch denkbar, da die Zuord-

210

---

im Gesamtkomplex und zum Folgenden ausführlicher: *Grundmann* Treuhandvertrag S. 312–324; ausführlich zu Treuhandkonto und Pfändung *Lange* NJW 2007, 2513.

[578] BGH (Fn 568), NJW 1959, 1223 (1224 f.); referierend BGH (Fn 577), NJW-RR 2011, 779 (780). §§ 47, 49 und 51 InsO entsprechen der früheren Gesetzeslage und dies bezieht sich auf die Rspr. zu fremd- und eigennütziger Treuhand nach §§ 43, 47 KO.

[579] BGH (Fn 568), NJW 1959, 1223 (1225); BGH (Fn 577), NJW-RR 2011, 779 (780); OLG Naumburg Urt. v. 20.12.2001 – 2 U 56/01, WM 2001, 1668.

[580] Mangels Drittwiderspruchsklage oder Aussonderung ist das Kreditinstitut zur Auskehrung verpflichtet (selbst von Beträgen auf einem Anderkonto, das der Zwangsvollstreckungsschuldner hält): vgl. KG Urt. v. 3.12.2012 – 24 U 124/11, WM 2013, 1407.

[581] BGH Urt. v. 19.11.1992 – IX ZR 45/92, WM 1993, 83 (84) (Ausnahme nur Unmittelbarkeitsprinzip und Haltung auf Anderkonten), BGH (Fn 577), VersR 2011, 1062 (1063); freilich für Zahlungseingänge nicht automatisch Zuordnung zur Insolvenzmasse, sondern an den Anwalt (agierend als Insolvenzverwalter): BGH (Fn 554), WM 2009, 562.

[582] Offenkundigkeit wird häufig pauschal bejaht, wenn der Kontoinhaber zu den Personen gehört, die zur Eröffnung von Anderkonten berechtigt sind: *Canaris* Bankvertragsrecht Rn 280; *Hopt/Mülbert* Kreditrecht Vor § 607 BGB Rn 188; zum Meinungsstand ausführlicher: *Grundmann* Treuhandvertrag S. 312–324 (selbst ebenfalls jedenfalls für ein bloßes Offenkundigkeitsprinzip plädierend, aber sogar noch weiter gehend, vgl. nächste Rn).

[583] BGH (Fn 577), NJW 1993, 2622 (2622); BGH (Fn 577), WM 1996, 662 (663); BGH (Fn 575), NJW-RR 2003, 1375 (1376); BGH (Fn 577), BGHZ 188, 317 (321); BGH (Fn 577), NJW-RR 2011, 779 (780 f.) (im Gegensatz zu OLG Frankfurt/M. (Fn 140), ZIP 2010, 437 auch substantielle Veruntreuung für schädlich gehalten; m.w.Nachw. im letzten Sinne); OLG Frankfurt/M. Urt. v. 1.3.2012 – 16 U 152/11, NZG 2012, 674 (auch wenn Kontostand höher liegt als die treuhänderisch genommene Kundeneinlage, der Bestand also auch als das Treuhandsvermögen verstanden werden könnte).

[584] Ausführlicher *Grundmann* Treuhandvertrag S. 309–324.

[585] *Coing* (Fn 568), S. 178 f.; *Grundmann* Treuhandvertrag S. 315–317 (mwN Rn 91); *Liebich/Mathews* Treuhand und Treuhänder in Recht und Wirtschaft, 2. Aufl. 1983, S. 24 f., 474.

nung nicht bei jeder einzelnen Buchung festgelegt werden müsste, sondern nur ein Mal und dies in einem gerichtlichen Verfahren zwischen beiden Prätendenten.

211   5. Vertretungs- und Verfügungsmacht über fremde Konten

a) **Bankvoll- und -verfügungsmacht.** Die Bankverfügungsmacht ist unüblich außerhalb von **Sondersituationen,** vor allem Fremdkonten und Treuhandkonten (in der weniger gebräuchlichen Form der Ermächtigungstreuhand). Die Bankvollmacht kann gezielt für den Todesfall oder auch vor ihm, jedoch über ihn hinaus erteilt werden. Jenseits dieser Sondersituationen betreffen die wichtigsten Fragen der Bankvollmacht – wie bei der Vollmacht allgemein – den Umfang der Vollmacht, die Drittwirkung von Beschränkungen im Innenverhältnis und das Bestehen der Vollmacht kraft Rechtsschein.

212   Fragen des **Umfangs der Vollmacht** wurden entschärft, indem heute die Formulare die Alternativen aufzeigen. Heute wird iZw. davon ausgegangen, dass die Vollmacht für ein Girokonto alle Funktionen dieses Kontos umfasst (Auszahlung, Überweisung, Scheckausstellung).[586] Nur für Verfügungen im Soll, vor allem Überziehungen, wird eine gesonderte Kreditvollmacht gefordert,[587] die nicht in vereinzelter Hinnahme von Abhebungen zu sehen ist.[588] Festlegungen im Formular werden durch Individualabrede verdrängt (§ 305b BGB).[589] Die Umfangsbestimmung selbst unterliegt zwar einer Transparenz-, ansonsten jedoch keiner Inhaltskontrolle (§ 307 Abs. 3 BGB).

213   **Beschränkt ist die Vollmacht** hinsichtlich der Person des Vertreters, wenn Gesamtvertreter bestellt wurden.[590] Hingegen wird § 181 BGB weder auf die Auszahlung an den Vertreter noch auf die Überweisung an ihn angewandt und auch nicht auf die Besicherung seiner Schulden (Interzession), die der Vertreter als solcher vornimmt.[591] In keinem Fall steht der Vertreter formal auf der anderen Seite des Geschäfts.[592] Korrigierend greifen hier, wie auch sonst bei Beschränkungen, die allein im Innenverhältnis wirken, die **Grundsätze über den Missbrauch der Vertretungsmacht** ein. Leitlinie ist, dass das Institut das Innen-

---

[586] Zuletzt für den Scheck: BGH Urt. v. 9.6.1986 – II ZR 193/85, WM 1986, 901 (902); allgemein: BGH (Fn 549), WM 2009, 980 = VersR 2009, 1678 (1679) (aber nicht Kontoauflösung, d.h. „Grundlagengeschäft"); allgemein: *Hüffer/van Look* Bankkonto Rn 67, 69–71; BankR-HdB/*Lwowski* § 34 Anm. 21 zu Muster 5.

[587] OLG Hamm Urt. v. 12.3.1991 – 7 U 165/90, NJW 1992, 378; OLG Brandenburg (Fn 459), BKR 2007, 473 (jedenfalls im Bereich der nur geduldeten Überziehung); BankR-HdB/*Lwowski* § 34 Rn 20; mit Einschränkungen bei normalen Überziehungen *Hüffer/van Look* Bankkonto Rn 71, 73–75; ebenso für die Verfügung, die nur deswegen kein Debet begründet, weil eine Gutschrift unter Vorbehalt des Eingangs erteilt wurde: OLG Karlsruhe Urt. v. 20.6.1984 – 12 U 6/84, WM 1984, 1150 (1151).

[588] BankR-HdB/*Schramm/Dauber* § 32 Rn 10.

[589] BGH Urt. v. 9.4.1987 – III ZR 84/86, NJW 1987, 2011 (2011); tendenziell auch BGH Urt. v. 11.11.1968 – II ZR 223/66, WM

1969, 112 (112); BankR-HdB/*Schramm/ Dauber* § 32 Rn 11.

[590] Zur (Unter-)Ermächtigung, die nur beschränkt auf (Gruppen von) Einzelgeschäften erfolgen darf: BGH (Fn 373), WM 1986, 315; BGH Urt. v. 8.10.1991 – XI ZR 64/90, NJW 1992, 618; *Hüffer/van Look* Bankkonto Rn 76 f.; für die möglichen Zuschnitte BankR-HdB/*Lwowski* § 34 Rn 28.

[591] Heute nahezu unstr. Für die Auszahlung und Überweisung: BankR-HdB/*Schramm/Dauber* § 32 Rn 23 (mwN). Für die Interzession: BGH (Fn 126), NJW 2005, 664 (667); BGH Urt. v. 9.11.2004 – XI ZR 315/03, ZIP 2005, 110 (112); *Petersen* JURA 2007, 418 (420); MünchKomm BGB/*Schubert* § 181 Rn 15, 42; *Grundmann* Treuhandvertrag S. 245 Rn 35.

[592] Zu Befürwortern einer analogen Anwendung des § 181 BGB und auch zu den stattdessen eingreifenden Regeln in Fällen erheblicher Interessenkonflikte: *Grundmann* Treuhandvertrag S. 238–241, 244–246, 260–264.

verhältnis nicht kennen und auch nicht eruieren muss. Anders ist dies erst, wenn schwerwiegende Verdachtsmomente vorliegen, die sich geradezu aufdrängen. Dies ist bisher nur angenommen worden,[593] wenn von einer sichereren Praxis ohne ersichtlichen Grund plötzlich abgewichen wurde,[594] wenn das Verhalten fundamental von allem Verkehrsüblichen abweicht[595] und vor allem (nicht stets), wenn Eigeninteressen des Vertreters klar erkennbar waren.[596] Fehlt nach diesen Grundsätzen die Vollmacht oder ist sie aus anderen Gründen entfallen, verfügt das Institut rechtsgrundlos, jedoch nicht auf Grund eigener Leistung.[597]

Besonders entwickelt wurden die **Rechtsscheingrundsätze** zwar nicht für die Erteilung **214** der Bankvollmacht, wohl aber für deren Erlöschen (Nr. 11 Abs. 1 AGB-Banken; und noch etwas detaillierter Nr. 4 Abs. 1 AGB-Sparkassen). Beide AGB sehen zunächst nur das vor, was nach §§ 170, 173 BGB ohnehin gilt. Eigenen Regelungsgehalt haben sie, soweit sie auch bei Registereintrag die Mitteilung des Erlöschens der Vollmacht fordern (vgl. § 15 Abs. 2 HGB). In der Tat würde die Massenhaftigkeit der Beziehungen auch zu kaufmännischen Kunden eine stetige Registerüberprüfung schwierig gestalten.[598]

b) **Sonderfälle Fremd- und Sperrkonto.** Eine spezielle Form von Verfügungsmacht **215** über fremde Konten findet sich beim sog. **Fremdkonto.** Der Begriff ist schillernd. Eigenständig ist diese Sonderform nur, wenn sie als Vertrag zugunsten Dritter nach § 328 BGB verstanden wird. Dann ist vor allem die Abgrenzung gegenüber dem Treuhandkonto schwierig.[599] In den zentralen Rechtsfolgen treffen sich jedoch das offene Treuhandkonto

---

[593] Wegen Nichteingreifen von § 181 BGB ist das Fallmaterial reich. Übersichten zu den vielen Fällen, in denen Missbrauch abgelehnt wurde: BankR-HdB/*Schramm/Dauber* § 32 Rn 33–41 a (etwa Barabhebung auch in Millionenhöhe, eigennützige Überweisung, Kontonummeränderung, Bestellung von Kreditsicherheiten für Schulden Dritter, Kreditverwendung, selbst wenn Schutzbedürftigkeit Dritter [etwa Anleger] naheliegt oder Risiko für Vertretenen groß ist [etwa Spekulation]).

[594] BGH Urt. v. 26.4.1976 – VIII ZR 149/74, WM 1976, 709 (711 f.) (bisherige Gegenzeichnung durch Steuerberater aufgegeben).

[595] BGH Urt. v. 18.11.1985 – II ZR 113/85, WM 1986, 418 (418 f.) (Zerreißen eines Kontoauszugs mit hoher Auszahlungsbuchung und Anforderung des vorherigen Auszugs noch ohne Aufführung der Buchung); BGH Urt. v. 25.1.1982 – II ZR 154/81, BGHZ 83, 28 (31–33) = NJW 1982, 1466 (46 Euroschecks zur Rückzahlung eines Darlehens); BGH Urt. v. 2.6.1958 – II ZR 142/57, WM 1958, 871 (872) (Abtretung statt Überweisung).

[596] BGH Urt. v. 5.12.1983 – II ZR 56/82, NJW 1984, 1461 (1462) (dem Geschäftsherrn ersichtlich Informationen vorenthalten); BGH (Fn 594), WM 1976, 709 (711); BGH

(Fn 589), WM 1969, 112 (Bürgschaft bzw. Verpfändung für eigene Schuld); BGH Urt. v. 17.11.1975 – II ZR 70/74, WM 1976, 474 (475) („Leerräumen" des Firmen- zugunsten des Privatkontos); zur Evidenz aus jüngerer Zeit BGH Urt. v. 29.6.1999 – XI ZR 277/98, WM 1999, 1617; BGH Urt. v. 15.06.2004 – XI ZR 220/03, NJW 2004, 2517 (2518); OLG Koblenz Beschluss v. 28.4.2008 – 5 U 2/08, NJW-RR 2008, 965 (966) = WM 2008, 1381; LG München I, Urt. v. 23.9.2004 – 32 O 6269/04, BKR 2006, 28 (32) (Anm. *Walz* BKR 2006, 33 (34)).

[597] Rückforderung also im Wege der Nichtleistungskondikiton, etwa BGH Urt. v. 2.6.2015 – XI ZR 327/14, WM 2015, 1456.

[598] Die Wirksamkeit der Klausel wird praktisch einhellig bejaht: Baumbach/*Hopt* (8) Nr. 11 Rn 3; BankR-HdB/*Bunte* § 16 Rn 10; Ulmer/Brandner/Hensen/*Fuchs* Teil 4 (2) Banken (Kreditinstitute) Rn 36 (außer bei grobem Verschulden des Instituts).

[599] *Schwintowski* § 6 Rn 33. Treuhandkonten in Form der Ermächtigungstreuhand sind ohnehin Fremdkonten: BGH (Fn 562), NJW 1988, 709 (709) (implizit). Zu diesem Verständnis des Begriffs Fremdkonto und zur Abgrenzung vgl. ausführlicher bereits oben Zweiter Teil Rn 203.

und das Fremdkonto und weicht ersteres viel stärker vom verdeckten Treuhandkonto ab. Die von den Rechtsfolgen her ungleich wichtigere Unterscheidung ist also die zwischen aufgedeckter Drittzweckbindung und verdeckter.

216   Beim **Sperrkonto** ist der „Begünstigte" nicht Inhaber, sondern erhält „negative" Verfügungsmacht: die Macht, Verfügungen zu untersagen. Auch die Treuhandabrede enthält die schuldrechtliche Bindung, nicht in bestimmten (vor allem eigennützigen) Weisen zu verfügen. Nur etwas konkreter ist die Bindung beim Sperrkonto, indem alle oder bestimmte Verfügungen kraft Parteivereinbarung unter Zustimmungsvorbehalt gestellt werden.[600] Der Vorbehalt wirkt sicherlich schuldrechtlich (§ 137 S. 2 BGB), wobei freilich fraglich ist, ob auch das Kreditinstitut dem Begünstigten gegenüber verpflichtet ist, wenn die Sperre nur zwischen Kreditinstitut und Inhaber vereinbart wurde[601] oder zwischen Inhaber und Begünstigtem.[602] Dinglich wirkt die Sperre nicht (§ 137 S. 1 BGB),[603] da zwar – punktuell – die Abtretbarkeit mit dinglicher Wirkung ausgeschlossen werden kann (§ 399 BGB, ohnehin eingeschränkt durch § 354a HGB), jedoch nicht die ganze Palette von Verfügungsmöglichkeiten, insbesondere die Geltendmachung.[604]

III. Bankkonto im Erbfall

217   ### 1. Bankverhaltenspflichten auf Grund des Todesfalls

a) Fortwirken der Weisungen des Erblassers. Erlangt das kontoführende Institut (sichere) Kenntnis vom Tod des Kontoinhabers, obliegt es ihm, das Konto als Nachlasskonto zu kennzeichnen, um entsprechende Verhaltenspflichten sicher beachten zu können.[605] Konto und Geschäftsbesorgungsverhältnis erlöschen nicht.[606] Erblasserweisungen gelten fort,[607] bis die Erben sie widerrufen.

---

[600]   *Bork* NJW 1981, 905 (905); *Busse* MDR 1956, 70 (71); BankR-HdB/*Hadding/Häuser* § 36 Rn 4–7. Dies unterscheidet das Sperrkonto von allen Formen, in denen das Gesetz eine Verfügung durch den Inhaber beschränkt (meist mit dinglicher Wirkung): so bei der Pfändung, Sicherheitenbestellung u.ä.; vgl. *Hadding/Häuser* aaO Rn 2 f., 9.

[601]   Gegen Bindung: BGH Urt. v. 17.2.1964 – III ZR 200/61, WM 1964, 349 (350); BGH Urt. v. 31.1.1974 – II ZR 3/72, WM 1974, 274 (275); *Hopt/Mülbert* Kreditrecht Vor § 607 BGB Rn 167 (in Neuaufl. *Freitag/Mülbert* keine eigene Kommentierung des Kontokorrents); dafür (zumindest mit bloß obligatorischer Wirkung): *Hüffer/van Look* Bankkonto Rn 106–109.

[602]   Für Bindung: BGH (Fn 601), WM 1964, 349 (350).

[603]   *Busse* MDR 1956, 70 (71 f.); *Kollhosser* ZIP 1984, 389 (393); *Hüffer/van Look* Bank-

konto Rn 109; *Schwintowski* § 6 Rn 46; aA *Bork* NJW 1981, 905 (905 f.).

[604]   Dennoch wirkt die Sperre (als schuldrechtliche Vereinbarung mit Lastwirkung) auch gegen den Dritten schon, wenn er von ihr weiß (nicht erst, wenn er zum Verstoß anstiftet). Die höchstrichterliche Rspr. in der Frage ist etwas diffus. Vgl. im Einzelnen *Grundmann* Treuhandvertrag S. 327–331.

[605]   BankR-HdB/*Joeres* § 30 Rn 32; *Hüffer/van Look* Bankkonto Rn 216.

[606]   Vgl. § 672 BGB; *Hüffer/van Look* Bankkonto Rn 216 f.; anders das allgemeine HGB-Kontokorrent, oben Zweiter Teil Rn 137.

[607]   *Hüffer/van Look* Bankkonto Rn 232 (mit Einschränkungen); für Schecks und Überweisungsaufträge *Hopt/Mülbert* Kreditrecht Vor § 607 BGB Rn 131; für Daueraufträge BankR-HdB/*Joeres* § 30 Rn 32.

b) **Verhaltenspflichten gegenüber Erben.**   **218**

aa) **Feststellung der Erbenstellung.** Sedes materiae ist **Nr. 5 AGB-Banken** (und ähnlich, aber nicht identisch Nr. 5 AGB-Sparkassen). Wird ein Erbschein, TV-Zeugnis u. ä. vorgelegt, hat das Institut im Sinne des Scheinberechtigten zu verfügen, da und soweit es kein Risiko läuft (§ 2367 BGB).[608] Auf bloße Vorlage der Ausfertigung oder beglaubigten Abschrift einer letztwilligen Verfügung mit Eröffnungsbeschluss kann, muss das Institut jedoch nicht leisten. Das Institut kann und muss vielmehr nach pflichtgemäßem Ermessen feststellen, ob vernünftige Zweifel an der Richtigkeit bestehen. Diese Dokumente sollten idR die zutreffende Rechtslage dokumentieren (vgl. auch § 2259 BGB), haben jedoch keine Liberationswirkung. Ebendiese sieht Nr. 5 S. 3 AGB-Banken vor (außer bei Bösgläubigkeit nach S. 4). Über die Wirksamkeit der Klausel entscheidet das Verhältnis zum Erblasser, in das die Erben einrücken. Da Letzterer im Prozess seine Aktivlegitimation nachweisen müsste, wird er nicht unangemessen benachteiligt, wenn ihm dies auch außerprozessual abverlangt wird, falls das Institut unverschuldet die Aktivlegitimation nicht sicher eruieren kann.[609] Soll – im Interesse des Kunden – diese Nachweislast gesenkt werden, ist auch die Risikoabnahme durch den Kunden nicht unangemessen iSv. § 307 Abs. 2 BGB.[610] Das Kreditinstitut muss jedoch das in Nr. 5 S. 2 AGB-Banken eingeräumte Ermessen sorgfältig, unter Abwägung des Erleichterungsinteresses und des Missbrauchsrisikos, ausüben.

bb) **Einrücken des Erben in die Berechtigten- und Auftraggeberstellung.** Kraft Gesamt-   **219**
rechtsnachfolge rückt der Erbe in die Stellung als Kontokorrentberechtigter und Auftraggeber ein, wobei im Falle der Weiterbenutzung des Kontos auch eine eigene persönliche Rechtsbeziehung zur Bank entsteht.[611] Als solcher hat er **Auskunfts- und Weisungs- bzw. Widerrufsrechte,** vor allem: das Recht, eine Gegenweisung zu früheren Erblasserweisungen zu geben; das Recht, Willenserklärungen des Erblassers nach § 130 Abs. 1 S. 2 BGB zu widerrufen; und das Recht, Vollmachten, die der Erblasser erteilte, zu widerrufen. Stets stellen sich die Fragen, die besonders prominent für die Übertragung des Kontos von Todes wegen und für Vollmachten zu anderen als Übertragungszwecken diskutiert werden (unten Zweiter Teil Rn 221 ff., 232 f.). Auskunft kann jeder Erbe gesondert fordern, allerdings dann an alle, dh. an jeden Erben.[612] Auskunft fordern kann er auch über Gegenstände, die

---

608 Nach der Liberationswirkung beurteilt sich auch, welche weiteren Urkunden verlangt werden dürfen: *Hüffer/van Look* Bankkonto Rn 231; Beispiele bei BankR-HdB/*Bunte* § 10 Rn 4. Nr. 5 Abs. 1 S. 1 AGB-Sparkassen a.F. war im Verkehr mit Verbrauchern nach § 307 Abs. 1, Abs. 2 Nr. 1 BGB unwirksam, weil und soweit sie der Bank das Recht einräumte, auf Vorlage eines Erbscheins zu bestehen, selbst wenn die Erbenstellung klar und nicht angezweifelt ist: BGH Urt. v. 8.10.2013 – XI ZR 401/12, BGHZ 198, 250 = WM 2013, 2166; im Grundsatz schon OLG Hamm Urt. v. 1.10.2012 – I-31 U 55/12, WM 2013, 221; und zur Zulässigkeit anderer Nachweismittel schon BGH Urt. v. 7.6.2005 – XI ZR 311/04, ZEV 2005, 388. Zu Warnpflichten gegenüber dem Erben (nur bei offensichtlichen Verdachtsmomenten für Missbrauch): OLG Koblenz (Fn 596),

NJW-RR 2008, 965 = WM 2008, 1381 (Testamentsvollstrecker).

609 Zu diesem Gesichtspunkt: *Gößmann*/Wagner-Wieduwilt/Weber Rn 1/166; Wolf/Lindacher/Pfeiffer/*Pamp* 5. Teil Klauseln (B) Rn B24 f.; zu den Klauseln auch unten Zweiter Teil Rn 303 f.

610 Baumbach/*Hopt* (8) Nr. 5 Rn 2 (implizit); BankR-HdB/*Bunte* § 10 Rn 28–30.

611 Für ein Einzelkonto BGH Urt. v. 10.10.1995 – XI ZR 263/94, BGHZ 131, 60 (64); für ein Einzel- oder Oder-Konto und Miterbenstellung BGH Urt. v. 18.1.2000 – XI ZR 160/99, WM 2000, 469.

612 BankR-HdB/*Joeres* § 30 Rn 44; zu sonstigen Fragen des Miterbenverhältnisses vgl. BGH (Fn 611), WM 2000, 469; zur Kündigung durch Mehrheitsbeschluss, wenn dies als „Maßnahme ordnungsgemäßer Nachlassverwaltung" zu sehen ist: OLG Brandenburg

---

Stefan Grundmann   253

dem Erblasser bereits mitgeteilt wurden, wenn ihm der Zugriff darauf fehlt.[613] Ein Bankgeheimnis (zugunsten des Erblassers) besteht nur bei entsprechendem Willen des Erblassers, wenn sein Interesse auch unter Berücksichtigung des Prinzips der Universalsukzession überwiegt (bei höchstpersönlichen, vermögensmäßig unbedeutenden Umständen).

220   c) **Meldepflichten.** Meldepflichten treffen das Institut gemäß § 33 Abs. 1 ErbStG iVm. § 1 ErbStDV. Anzuzeigen sind Erblasserguthaben[614] zum Todeszeitpunkt,[615] deren Summe 5.000,– € übersteigen.

221   2. **Übertragung von Todes wegen (auch mittels Vollmacht)**

a) **Grundproblem und Wertungen – Übertragungsformen.** Mit §§ 331 und 2301 BGB hält das Gesetz zwei Normen zur Übertragung von Konten im Todesfall vor, deren Abstimmung schwer fällt: Die Anforderungen divergieren, zudem betrifft § 331 BGB unmittelbar die Verfügung, § 2301 BGB das Verpflichtungsgeschäft. Mit § 331 BGB ging der Gesetzgeber davon aus, dass der Verfügungswille des Erblassers, der ein Konto eröffnet und einen Begünstigten benennt, ebenso sicher belegt ist wie bei Verfügung nach § 2247 BGB. **Im Verhältnis Erblasser – Erbe** geht es also letztlich um ein **Formproblem.** Daher hat stets *ein* Wertungsgesichtspunkt die Auslegung zu leiten: Sind durch das gewählte Vorgehen Bildung (Bindungswille) und Authentizität des Erblasserwillens so sicher verbürgt wie durch Einhaltung von § 2247 BGB, sind alle Streitfragen, falls sich kein gegenteiliger Gesetzgeberwille andernorts eindeutig belegen lässt, im Sinne eines favor donationis zu lösen.[616]

222   Bezogen auf die einzelnen **Übertragungsformen** bedeutet dies: Für den Hauptfall, den **Vertrag zugunsten Dritter auf den Todesfall** (§ 331 BGB), hat der Gesetzgeber selbst entschieden, dass die „Form" Bildung und Authentizität des Erblasserwillens hinreichend belegt. Der Erblasserwille ist gleich deutlich und fälschungssicher dokumentiert (in der Kontenbezeichnung!), wenn, wie häufig unter Eheleuten, zum Zwecke der Übertragung ein **Oder-Konto** errichtet wurde.[617] Hier gilt die gleiche Wertung. Unsicherer sind die Formen, in denen nicht bereits die Kontobezeichnung den Übertragungswillen andeutet. Dies gilt für die **schenkweise Abtretung** durch den Erblasser (zu Lebzeiten oder von Todes wegen), wenn der Vertrag unter Einschaltung eines Boten[618] oder Vertreters[619] abgeschlossen wird und nicht bereits durch den Erblasser vollzogen ist. Unsicherer sind sie, da für sie eine Re-

Urt. v. 24.8.2011 – 13 U 56/10, NJW-RR 2010, 336 (jedenfalls, wenn bei sicherer Anlage des Guthabens ein höherer Habenzins zu erzielen ist).

[613] BGH Urt. v. 4.7.1985 – III ZR 144/84, NJW 1985, 2699; BGH (Fn 62), BGHZ 107, 104 (109) = NJW 1989, 1601.

[614] Entscheidend ist, ob der Erblasser wirtschaftlich Inhaber war, so dass Gemeinschaftskonten, (offene) Treuhandkonten und auch solche Konten, über die der Erblasser nach §§ 331, 2301 BGB verfügt, zu melden sind: BankR-HdB/*Joeres* § 30 Rn 36.

[615] 0 Uhr Todestag, um Umgehung vorzubeugen: BankR-HdB/*Joeres* § 30 Rn 34 f.; auch BMF-Schreiben v. 2.3.1989, DB 1989, 605.

[616] Ähnlich MünchKommBGB/*Musielak* § 2301 Rn 37 (da Verhältnis von § 2301 BGB zu § 331 BGB ungeklärt, nicht Grundsätze über

die Auslegung, sondern über die Rechtsfortbildung).

[617] Zu dieser Übertragungsform näher BGH Urt. v. 16.4.1986 – IVa ZR 198/84, WM 1986, 786; *Rendels* Bankkonto von Eheleuten, S. 2 f., 160–170. Das unten zum Vertrag zugunsten Dritter auf den Todesfall (§ 331 BGB) Gesagte (Zweiter Teil Rn 229 f.) gilt bei dieser Übertragungsform entsprechend.

[618] Zur schenkweisen Abtretung seitens des Erblassers direkt: BGH Urt. v. 23.2.1983 – IVa ZR 186/81, BGHZ 87, 19 (22) = NJW 1983, 1487; OLG Frankfurt Beschl. v. 29.6.2011 – 20 W 168/11, DNotZ 2012, 140 (141); *Bork* JZ 1988, 1059 (1059).

[619] Dazu näher *Bork* JZ 1988, 1059 (1059 f.); *Muscheler* WM 1994, 921 (923–925); BankR-HdB/*Schramm/Dauber* § 32 Rn 67; *Schreiber* Jura 1995, 159 (161 f.).

gel wie § 331 BGB, die § 2301 BGB iE verdrängt, fehlt, und da dies auf Grund der etwas größeren Manipulationsgefahr plausibel ist.

Umgekehrt sollte im **Verhältnis zu Pflichtteilsberechtigten, Vertragserben und Nach-** **223** **lassgläubigern** die Verfügung des Erblassers jedenfalls in den Fällen wertmäßig rückabgewickelt werden, in denen ihre Ansprüche nicht aus dem Nachlass zu befriedigen sind. Eine Befriedigung ist in der Tat selbst dann grundsätzlich gewährleistet, wenn man Verfügungen über Konten nach den Regeln über die Schenkung unter Lebenden behandelt: für die Pflichtteilsberechtigten durch §§ 2325, 2329 BGB, für die Nachlassgläubiger durch § 134 Abs. 1 sowie zusätzlich § 133 Abs. 1 InsO und für die Vertragserben, wenn man mit der höchst- und obergerichtlichen Rechtsprechung „Missbrauch" iSv. § 2287 BGB schon bejaht, wenn die Verfügung auf keinem lebzeitigen Eigeninteresse, dh. auf keiner besonderen Unterstützung durch den Beschenkten,[620] beruht.

b) **Lebzeitiger Vertrag zugunsten Dritter.** Auszugehen ist von den allgemeinen Ausle- **224** gungsgrundsätzen zur Inhaberschaft an Bankkonten: Eröffnet eine Person ein Konto im Namen eines Dritten, so liegt darin beim (Spar-)Konto iZw. noch **nicht** die Erklärung, dass der Dritte Berechtigter nach § 328 BGB sein soll.[621] Dies gilt vor allem, wenn der Dritte das Sparbuch nicht erhält oder gar nicht einmal in Kenntnis gesetzt wird. Im letztgenannten Fall gilt Gleiches auch beim Girokonto. Die Kontoberechtigung kann der Dritte in diesen Fällen nur derivativ, durch Verfügung erlangen. Denkbar sind Schenkungen unter Lebenden und von Todes wegen (§§ 516 ff., 2301 BGB), wobei § 331 BGB in beiden Konstellationen maßgebliche Bedeutung zukommt (näher dazu unten Zweiter Teil Rn 226–231).

c) **Einsatz einer Vollmacht zur Übertragung.** Häufig beruht die Übertragung auf dem **225** Einsatz einer Vollmacht, die der Erblasser erteilt, häufig dem kontoführenden Institut. Zutreffend ist zunächst – für die Fälle des § 331 BGB und des Oder-Kontos –, dass der Vertreter sein Handeln noch **nicht am Interesse des Erben auszurichten** hat, nicht zuwarten und nicht Rückfrage nehmen darf.[622] Die Vollmacht zu Übertragungszwecken kann nach hM vom Erben widerrufen,[623] jedoch auch unwiderruflich erteilt werden,[624] dies jedoch

---

[620] Vgl. BGH Urt. v. 17.6.1992 – IV ZR 88/91, NJW 1992, 2630; etwas weiter BGH Urt. v. 27.1.1982 – IVa ZR 240/80, BGHZ 83, 44 (45 f. und 51) = NJW 1982, 1100 sowie OLG Koblenz Urt. v. 6.12.2004 – 12 U 14/04 NJW-RR 2005, 883 (884); §§ 331, 2301 Abs. 2 BGB finden unverändert Anwendung, allein eingeschränkt nach § 2287 BGB: BGH Urt. v. 12.5.1993 – IV ZR 227/92, NJW 1993, 2171 (2172).

[621] *Finger* JuS 1969, 309 (309). Vgl. hierzu und zum Folgenden Nachw. oben Zweiter Teil Rn 195; zur fehlenden Anfechtbarkeit dieses Geschäftes unter Lebenden nach § 2078 BGB: BGH Urt. v. 26.11.2003 – IV ZR 438/02, NJW 2004, 767 (Geschäft zählt nicht zum Nachlass).

[622] BGH Urt. v. 25.10.1994 – XI ZR 239/93, BGHZ 127, 239 (242–244) = NJW 1995, 250 (iE); *Hopt* ZHR 133 (1970), 305 (325). Für Schadensersatzpflicht im Verstoßfall

Schwintowski § 7 Rn 20; ausf. zur Ausgestaltung von Vorsorge- und Generalvollmachten in solchen Fällen *Sauer* RnotZ 2009, 79.

[623] BGH Urt. v. 14.7.1976 – IV ZR 123/75, WM 1976, 1130 (1132); BGH (Fn 535), NJW 1984, 480 (481); OLG Frankfurt Urt. v. 19.12.2012 – 23 U 220/11, ZEV 2014, 538 = juris = ErbR 2014, 281 (Leitsatz); *Schreiber* Jura 1995, 159 (162); selbstverständlich nur, wenn nicht bereits formlos vereinbart, also nur bei heimlichen Schenkungen: *Hager* FS Caemmerer 1978, S. 127 (135 f., 146 f.), da andernfalls mit Erbfall Erfüllung und Heilungswirkung.

[624] BGH (Fn 623), WM 1976, 1130 (1132); *Kümpel* WM 1993, 825 (826–829); *Schreiber* Jura 1995, 159 (162); aA Münch-KommBGB/*Gottwald* § 331 Rn 9 Fn 44 m.w.Nachw.; *Canaris* Bankvertragsrecht Rn 215.

nur, wenn auch bereits der Widerruf durch den Erblasser ausgeschlossen ist.[625] Ist die Vollmacht widerruflich, kommt es nach hM zu einem Wettlauf, da der Erbe sie und nach ihrer Ausübung auch noch die Willenserklärung (gemäß § 130 Abs. 1 S. 2 BGB) widerrufen kann. Für die Fälle von § 331 BGB und das Oder-Konto ergibt sich aus der oben genannten Grundwertung m.E. anderes: Die Vollmacht ist iZw. unwiderruflich erteilt, so dass der Erbe die Übertragung nicht verhindern kann. M.E. kann – entgegen der eben geschilderten ganz hM – der Widerruf durchaus allein für den Erben ausgeschlossen werden, da der Erblasser auch im Rahmen von § 2247 BGB für sich selbst den Freiraum wählen und dennoch den Erben binden kann. Ist die Vollmacht widerruflich, kann sie jeder Erbe für sich gesondert widerrufen.[626]

226   **d) Schenkung von Todes wegen (§ 2301 BGB).**

aa) Schenkungsversprechen unter Überlebensbedingung. Ausgangspunkt ist § 2301 BGB, obwohl er teils von § 331 BGB verdrängt wird. Die Schenkung von Todes wegen (§ 2301 BGB) ist von der lebzeitigen (§ 516 BGB) **danach abzugrenzen, ob** die Schenkung unter die Bedingung gestellt wurde, dass der Beschenkte den Erblasser überlebt,[627] also unter **Überlebensbedingung.** Dies muss nicht ausdrücklich geschehen, sondern ist immer anzunehmen, wenn (allein) die beschenkte Person Nutznießer sein sollte und ihr der Gegenstand erst für die Zeit nach dem Tode des Erblassers versprochen wird.[628] Beide Formen der Schenkungen können schon zu Lebzeiten des Erblassers vereinbart werden. Wartet dieser mit seiner Willenserklärung hingegen bis zum Tod, so spricht auch dieses für eine Schenkung von Todes wegen. Ist eine lebzeitige Schenkung vereinbart, so erwirbt der Beschenkte einen Anspruch, der schon vererblich ist.[629] Ob dies gewollt ist, ist daher auch ein wichtiges Abgrenzungskriterium. Lebzeitig ist die Schenkung, wenn der Begünstigte bereits vor dem Tode Verfügungen, etwa Auszahlungen, vornehmen darf.[630]

227   Notwendig ist – für den Vertrag nach § 516 BGB und § 2301 BGB gleichermaßen –, dass der **Verpflichtungsvertrag** überhaupt geschlossen wird, was vor allem im zweiten Fall häufig erst nach dem Tode des Erblassers geschieht. Hierzu werden Dritte als Boten oder Vertreter eingeschaltet.[631] Problematisch ist das Angebot, während es, sobald ein wirksames Angebot vorliegt, bei Annahmewille des Beschenkten auch zur wirksamen Annahme kommt (vgl. §§ 130 Abs. 2, 151 BGB). Nach hM kommen die unter oben Zweiter Teil Rn 225 genannten Grundsätze zur Vollmacht, insbesondere zum Widerruf der Vollmacht

---

[625] BGH (Fn 623), WM 1976, 1130 (1132); *Reischl* Schenkung von Todes wegen, S. 279 f. („unbestrittene Ansicht"); *Schreiber* Jura 1995, 159 (162); implizit auch *Kümpel* WM 1993, 825 (826).

[626] BGH Urt. v. 18.6.1962 – II ZR 99/61, NJW 1962, 1718; *Hüffer/van Look* Bankkonto Rn 257.

[627] *Bork* JZ 1988, 1059 (1061–1063); BankR-HdB/*Schramm/Dauber* § 32 Rn 65.

[628] BGH Urt. v. 12.11.1986 – IVa ZR 77/85, BGHZ 99, 97 (100 f.) = NJW 1987, 840; *Reischl* Schenkung von Todes wegen, S. 98–102; BankR-HdB/*Schramm/Dauber* § 32 Rn 65; *Schwintowski* § 7 Rn 23.

[629] Statt aller: MünchKommBGB/*Musielak* § 2301 Rn 12.

[630] *Kuchinke* FamRZ 1984, 109 (113); BankR-HdB/*Schramm/Dauber* § 32 Rn 68; wohl aA *Bork* JZ 1988, 1059 (1062).

[631] Geht ein Angebot des Erblassers selbst – gewollt oder ungewollt – erst nach seinem Tode zu, so gilt nach hM wiederum § 130 Abs. 1 S. 2 BGB: Implizit BGH (Fn 535), NJW 1984, 480 (481); BGH Urt. v. 11.1.1984 – IVa ZR 30/82, FamRZ 1985, 693 (694); *Hüffer/van Look* Bankkonto Rn 256. Teils wird auch dem Begünstigten selbst Vollmacht zur Übertragung erteilt, insbes. einem Ehegatten. In diesem Fall ist von einer Befreiung von § 181 BGB auszugehen: dazu OLG Hamm Urt. v. 7.12.1994 – 31 U 100/94, WM 1995, 152 = EWiR § 133 BGB 2/95, 223 *(Vortmann)*.

bzw. der Willenserklärung (§ 130 Abs. 1 S. 2 BGB), zur Anwendung. Ist Vollzug iSv. § 2301 BGB zu bejahen (unten Zweiter Teil Rn 228), so ist jedoch mE der Bindungswille des Erblassers ebenso gut verbürgt wie bei einem Vorgehen nach § 2247 BGB. Und für die Authentizität des Erblasserwillens ist das Vorliegen oder Nichtvorliegen eines Widerrufs durch den Erben völlig irrelevant. Dieser ist demnach unzulässig.

bb) Form und Heilung durch Erblasservollzug. Einzuhalten sind außerdem – schon für **228** die Wirksamkeit des Verpflichtungsgeschäfts – **Formvorschriften**: § 516 BGB für lebzeitige Schenkungen, für solche von Todes wegen (§ 2301 BGB) diejenigen **erbrechtlicher Verfügungen,**[632] nach hM nicht von Erbverträgen.[633] Meist sind die Unterschiede, da in keinem Falle Schriftform genügt, unerheblich.

Erheblich ist der **Unterschied** hingegen **bei den Heilungsvorschriften.** § 518 Abs. 2 und **229** § 2301 Abs. 2 BGB fordern jeweils, dass die Schenkung bewirkt bzw. vollzogen wurde. Das Konto muss also abgetreten sein, bevor der Erbe die Formunwirksamkeit des Verpflichtungsgeschäfts geltend macht. Die hierfür erforderliche Abrede erfolgt parallel zu einem noch ausstehenden Verpflichtungsgeschäft. Liegt Letzteres bereits vorher vor, so stellen sich die hier angesprochenen Fragen des Vertreterhandelns und des Widerrufs, wie beschrieben, jedenfalls noch im Rahmen von §§ 518 Abs. 2, 2301 Abs. 2 BGB.[634] Kommt § 2301 BGB zur Anwendung, muss aber zusätzlich der **Erblasser selbst die Schenkung vollzogen** haben. Meist ist eine Abgrenzung beider Normen nur wegen dieser Voraussetzung von Bedeutung.[635] Notwendig ist, dass der Schenker schon zu Lebzeiten und unabhängig von seinem Tod das seinerseits Erforderliche für den Vollzug tat. Daher wird heute ganz überwiegend davon ausgegangen, dass der Tod, der zufällig zwischen Abgabe und Zugang der Willenserklärung des Erblassers tritt, § 2301 Abs. 2 BGB unberührt lässt,[636] dass hingegen nicht mehr von Vollzug durch den Erblasser auszugehen ist, wenn dieser die Abgabe der Willenserklärung erst mit und nach dem Tode wollte, etwa einen Boten dergestalt anwies, oder wenn er für den Vollzug eine Vollmacht erteilte, selbst eine unwiderrufliche.[637]

e) Vertrag zugunsten Dritter auf den Todesfall (§ 331 BGB). Auf dem Hintergrund des **230** zu §§ 518, 2301 BGB Gesagten ist der Regelungsgehalt des § 331 BGB einfach: Die Norm sieht vor, dass die Schenkung mit dem Tod bereits vollzogen ist; daher geht die ganz hM zu Recht davon aus, dass § 2301 BGB (genauer: § 2301 Abs. 2 BGB) verdrängt wird. Greift § 331 BGB ein, so ist demnach auch bei Schenkungen, die unter Überlebensbedingung gestellt wurden, ein **Vollzug durch den Erblasser selbst nicht nötig.**[638]

---

[632] RG Urt. v. 28. 10. 1913 – Rep. VII 271/13, RGZ 83, 223 (227) (Bonifatiusfall); BankR-HdB/*Schramm/Dauber* § 32 Rn 67.

[633] Vgl. Meinungsstand bei MünchKommBGB/*Musielak* § 2301 Rn 13; auch RG (Fn 632), RGZ 83, 223 (227). Weitgehend fehlende Rspr. belegt die geringe praktische Relevanz.

[634] BGH Urt. v. 30.10.1974 – IV ZR 172/73, NJW 1975, 382 (383 f.); BGH (Fn 623), WM 1976, 1130 (1132); BGH (Fn 535), NJW 1984, 480 (481). Folgt man den abweichenden Erwägungen oben Zweiter Teil Rn 224, so haben diese, wenn Vollzug durch den Erblasser zu bejahen ist, auch hier Gewicht. Im Bonifatiusfall wäre also mE ein Widerruf nach § 130 Abs. 1 S. 2 BGB ausgeschlossen gewesen.

[635] Auf § 518 Abs. 2 BGB wird dieses Erfordernis (zu Recht) nicht angewandt: BGH (Fn 622), BGHZ 127, 239 (242); BankR-HdB/*Schramm/Dauber* § 32 Rn 66–68.

[636] *Bork* JZ 1988, 1059 (1061 f.); *Martinek/Röhrborn* JuS 1994, 473 und 564 (567 f.); *Reischl* Schenkung von Todes wegen, S. 196 (referierend); aA RG (Fn 632), RGZ 83, 223 (227 f.).

[637] BGH (Fn 618), BGHZ 87, 19 (25 f.); *Bork* JZ 1988, 1059 (1060).

[638] BGH (Fn 534), BGHZ 46, 198 (203 f.); BGH Urt. v. 26.11.1975 – IV ZR 138/74, BGHZ 66, 8 (13); *Schwintowski* § 7 Rn 22.

231 Das **Verpflichtungsgeschäft muss dennoch noch** abgeschlossen werden. Andernfalls fehlt die causa zum Behalten der Verfügung nach § 331 BGB.[639] Wichtig ist dies zunächst insofern, als der Erblasser bis zu seinem Tode der Verfügung nach § 331 BGB die Grundlage entziehen kann, indem er die Vollmacht zum Abschluss des Verpflichtungsvertrags widerruft.[640] Ist dies nicht geschehen, stellen sich nach hM die beschriebenen Fragen des Vertreterhandelns und des Widerrufs.[641] Demgegenüber legt die ratio des § 331 BGB, wie hier ausgeführt, nahe, dass der Erbe nicht widerrufen kann.

232 **3. Vollmacht über den Tod hinaus zu anderen als Übertragungszwecken.** Die Vollmacht über den Tod hinaus – auch schon für die Zeit vor dem Tod erteilt oder ausschließlich für danach –[642] dient ansonsten meist als Übergangslösung, um Kontinuität im Todesfall zu sichern, weil sie (auch ohne ausdrückliche Abrede) über den Tod fortbesteht.[643] Für **Beschränkungen** der Vollmacht wird noch **auf die Person des Erblassers abgestellt,** nicht die des Erben, so dass etwa vormundschaftsgerichtliche Genehmigungen überflüssig sind (§§ 1643, 1821 f. BGB).[644] Auch berührt die parallel angeordnete Testamentsvollstreckung die Vollmacht bis zum Widerruf nicht.[645] Umgekehrt bildet die transmortale Vollmacht nur eine Befugnis, kein Recht, so dass der Bevollmächtigte kein Rechtsmittel gegen die Anordnung einer Nachlasspflegschaft hat.[646]

233 Umstritten ist, an welchem Interesse der Vertreter sein Handeln auszurichten hat.[647] Da das BGB eine Bindung an den Erblasserwillen für den übergegangenen Nachlass nur vorsieht, wenn der Erblasser selbst die Konkretisierung vornahm (§§ 2192, 2065 BGB),

---

[639] BGH (Fn 534), BGHZ 46, 198 (203 f.); BGH (Fn 638), BGHZ 66, 8 (12 f.); BGH (Fn 620), NJW 1993, 2171 (2172).

[640] Auch muss das Angebot seitens des Erblassers über die Bank dem Begünstigten zugehen und darf dieser nicht zufällig von ihm erfahren (und es dann annehmen): OLG Köln Urt. v. 19.9.2012 – 16 U 196/11, ZEV 2013, 339 und BGH (Fn 549), WM 2009, 980 (vgl. auch oben Zweiter Teil Rn 228 zur Parallele im sog. Bonifatiusfall). Bloßer Besitz des Sparbuches (ohne Nachweis der rechtsgeschäftlichen Besitzübertragung und Heilung nach § 518 Abs. 2 BGB), genügt, selbst wenn er verbunden ist mit Vollmacht, noch nicht für Vollendung des Verpflichtungsgeschäfts: OLG Koblenz Urt. v. 22.9.2003 – 12 U 823/02, NJW-Spezial 2004, 62 . Durch Abrede mit der Bank kann der Erblasser in der Tat wohl selbst die zwischen ihm und dem Begünstigten als unwiderruflich bezeichnete Übertragung der Berechtigung, etwa an einer Spareinlage, noch aufgeben: So OLG Saarbrücken Urt. v. 13.9.2012 – 8 U 581/10, NJW-RR 2013, 74. Denn ohne Einhaltung der erbvertraglichen Form ist die Verfügung von Todes nicht bindend für den Erblasser.

[641] BGH Beschluss v. 12.11.1952 – IV ZB 93/52, BGHZ 8, 23 (31). Zur Widerruflichkeit durch Erblasser und Erben oben Zweiter Teil Rn 225.

[642] Trans- bzw. postmortale Vollmacht, ausführlicher dazu: *Hüffer/van Look* Bankkonto Rn 292–308; BankR-HdB/*Schramm/Dauber* § 32 Rn 46–63.

[643] BGH (Fn 618), BGHZ 87, 19; OLG Frankfurt (Fn 618), DNotZ 2012, 140 (140 f.). Daher Instrument für den Zugriff bis zur Erteilung eines Erbscheins, für unaufschiebbare und kontinuierlich abzuwickelnde Geschäfte, etwa Vermögensverwaltung: *Hüffer/van Look* Bankkonto Rn 293.

[644] RG Urt. v. 10.1.1923 – V 385/22, RGZ 106, 185 (186); *Merkel* WM 1987, 1001 (1002); *Hüffer/van Look* Bankkonto Rn 293–301.

[645] Str., ausführlicher *Hüffer/van Look* Bankkonto Rn 306–308; BankR-HdB/*Schramm/Dauber* § 32 Rn 53–56.

[646] OLG München Beschl. v. 26.2.2010 – 31 Wx 16/10, NJW 2010, 2364; ausf. *Everts* NJW 2010, 2318; *Roth* NJW-Spezial 2010, 231. Zu Konto und Vorsorgevollmacht: *Uhlenbruck* ZInsO 2009, 612.

[647] Für eine Bindung weiter an das Erblasserinteresse: BGH Urt. v. 18.4.1969 – V ZR 179/65, NJW 1969, 1245 (1246 f.); wohl auch BGH (Fn 622), BGHZ 127, 239 (244); die Lit. ist gespalten, vgl. Nachw. bei *Hüffer/van Look* Bankkonto Rn 305; BankR-HdB/*Schramm/Dauber* § 32 Rn 49.

Stefan Grundmann

kann das Erblasserinteresse außerhalb solcher konkreter Bestimmungen nicht mehr maß-geblich sein, sondern nur noch das **Erbeninteresse**. Der Erbe ist in die Auftraggeberstellung eingerückt (§ 1922 BGB). Anders ist dies nur, wenn der Erblasser gegenüber dem Vertreter gebunden ist und dessen Interessen maßgeblich sind. Dann rückt der Erbe in die Pflichten-lage ein. Die kontoführende Bank muss all dies jedoch nicht eruieren.[648] Für die post- und transmortale Vollmacht ist, soweit sie nicht mit einer Übertragung nach § 331 BGB zusam-mentrifft, aus den eben genannten Gründen und mit der hM davon auszugehen, dass sie widerruflich ist und dass der Erblasser sie insbesondere nicht ausschließlich für den Erben unwiderruflich ausgestalten kann.[649]

D. Bankkonto in der Krise

I. Pfändung

1. Ausgangspunkt: Keine Pfändung von Einzelansprüchen (§ 357 HGB). Das Grund- **234** schema für die Pfändung von (Bank-)Kontokorrenten etabliert materiellrechtlich § 357 HGB (zu dem dann vor allem die vorrangig prozessrechtlichen Regeln zum Pfändungs-schutzkonto treten, unten Zweiter Teil Rn 246–248).[650] Die Norm des § 357 HGB soll drittbelastende Wirkung für andere Gläubiger, die von der Kontokorrentabrede ausgehen, minimieren,[651] ohne dem Kontokorrent als Instrument seine Effizienz zu nehmen: Aus-gangspunkt ist daher, dass bei allen Konten ein **Herausbrechen von Einzelansprüchen auch in der Vollstreckung unzulässig** ist.[652]

Eröffnet ist allein die **Vollstreckung in jeden Überschuss während der Kontokorrentpe- **235** riode** (durch § 357 HGB; vgl. auch unten Zweiter Teil Rn 237 f.) und in den periodischen Saldoabschluss (dazu unten Zweiter Teil Rn 239).[653] Dass eine Vollstreckung in den Ein-zelanspruch unzulässig ist, soweit dieser mit einem Gegenanspruch zu verrechnen ist und daher keinen Überschuss trägt, ist freilich nur der rechtlichen Konstruktion nach eine Be-sonderheit der Kontokorrentabrede. Dem **Wert nach ergibt sich Gleiches aus § 392 BGB** auch ohne Kontokorrentabrede: Führt die Aufnahme einer Einzelforderung, die gepfändet

---

[648] BGH (Fn 622), BGHZ 127, 239 (244); *Hopt* ZHR 133 (1970), 305 (325); *Hüffer/van Look* Bankkonto Rn 305; BankR-HdB/ *Schramm/Dauber* § 32 Rn 48 (dort auch zum Missbrauch der post- und transmorta-len Vollmacht, aaO Rn 57–63).

[649] Dazu oben Zweiter Teil Rn 225.

[650] Pfändung und Vollstreckung von/in Bank-konten, die bei Instituten im Ausland geführt werden, erfolgen nach dortigem Recht, vgl. dazu *Kotrschal/Stalberg* BKR 2009, 38; *B. Hess* Europäisches Zivilprozessrecht – ein Lehrbuch, 2010, bes. Rn 3.49, 10.158 ff. und die a.E. des Literaturverzeichnisses ge-nannte Studie unter seiner Leitung.

[651] So (teils pauschal) die einhellige Meinung, etwa BGH Urt. v. 13.3.1981 – I ZR 5/79, BGHZ 80, 172 (177 f.) = NJW 1981, 1611; *Heymann/Horn* § 357 Rn 1; *Koller/Kindler/ Roth/Morck* § 357 Rn 1.

[652] Heute praktisch unbestritten: BGH (Fn 651), BGHZ 80, 172 (175) = NJW 1981, 1611; *Lwowski/Bitter* WM-FestG Hellner 1994, S. 57 (58) (mwN); *Baumbach/Hopt* § 357 Rn 7. Das entscheidende Argument ergibt sich aus § 357 HGB, der nicht notwendig wäre, wenn Einzelansprüche gepfändet wer-den könnten, und aus § 851 Abs. 2 ZPO, der bei fehlender Übertragbarkeit die Pfänd-barkeit nur in den Fällen des § 399 BGB vorsieht.

[653] Die eigenständige Bedeutung beider Voll-streckungsobjekte ist bei Bankkonten prak-tisch entfallen, da hier die Vollstreckung in den periodischen Saldoabschluss mit der Optimierung derjenigen in die Überschüsse praktisch bedeutungslos wurde (dazu unten 3.). Die Leitlinien der Forderungspfändung allgemein (mit Blick auf das Kontokor-rent) resümiert: BankR-HdB/*Bitter* § 33 Rn 42 f.

---

werden soll, zu keinem Überschuss in der laufenden Rechnung, so liegt dies an bis dahin ins Kontokorrent eingestellten (dh. fälligen) Gegenforderungen. Diese hätten auch nach § 392 BGB Vorrang.[654] Allerdings: Gäbe es § 357 HGB nicht, so würden (anders als nach § 392 BGB) auch Gegenforderungen, die später, aber vor dem nächsten Saldoabschluss ins Kontokorrent eingestellt wurden, den Überschuss aufzehren können. So weitreichend sollen Forderungen nicht durch Kontokorrentabrede dem Vollstreckungszugriff entzogen werden können. Erst § 357 S. 2 HGB geht auch inhaltlich/wertmäßig über § 392 BGB hinaus: Für solchermaßen erst noch entstehende (und auch zwischenzeitlich fällig werdende) Forderungen wird dem Kontokorrent ein Vorrang eingeräumt, der in § 392 BGB keine Entsprechung findet.

236 **2. Pfändung von Ansprüchen aus Konten allgemein.** Gesetzlich geregelt ist in § 357 HGB nur ein Ausschnitt aus dem **Problemkomplex Kontenpfändung:** die Pfändung von Überschüssen, die sich während der Abrechnungsperiode bilden (dazu unten Zweiter Teil Rn 237 f.). Daneben stehen: die Pfändung von Saldoabschlüssen am Ende jeder Rechnungsperiode (dazu unten Zweiter Teil Rn 239); zudem speziell beim Girokonto als der wichtigsten Kontenform richtergeschaffenes Sonderrecht zur Pfändung der genannten Überschüsse während der Abrechnungsperiode (dort „Tagessalden" genannt, dazu unten Zweiter Teil Rn 240–245). Theoretisch für alle Konten, praktisch vor allem für Girokonten gelten die Pfändungsschutzregeln der §§ 850 ff. ZPO (vgl. unten Zweiter Teil Rn 246), wobei diese Schutzregeln heute über das sog. Pfändungsschutzkonto – und unter Fortfall der früher bestehenden Sonderregeln, etwa im SGB I – ins Werk gesetzt werden (vgl. unten Zweiter Teil Rn 247 und 248).

237 **a) Pfändung des Überschusses während der Abrechnungsperiode (§ 357 HGB).** Können demnach nur Überschüsse und anerkannte Salden, nicht Einzelansprüche, gepfändet werden,[655] so regelt § 357 HGB allein die Pfändung der Überschüsse. Gepfändet werden können alle Konten beim Zustellungsempfänger, was iZw. sogar anzunehmen ist.[656] Es bedarf nur der hinreichenden Bestimmung im Pfändungsbeschluss.[657] Erfasst ist jedoch nicht kontinuierlich der jeweilige Kontostand, sondern **nur der Überschuss zum Zeitpunkt der Zustellung** des Pfändungsbeschlusses (vgl. § 829 Abs. 3 ZPO). Spätere Zuwächse werden nicht erfasst. Dies ist die eigentliche Schwäche von § 357 HGB.[658] Fehlt ein Aktivsaldo zum Zustellungszeitpunkt, geht der Pfändungs- und Überweisungsschluss ins Leere. Im-

---

[654] Allerdings wird nach § 392 BGB dem Pfändungsgläubiger die Grundlage seines Vollstreckungszugriffs entzogen, während im Kontokorrent schon die Vollstreckung in einen Einzelanspruch unzulässig ist. Echte drittbelastende Wirkung zeitigt die Kontokorrentabrede hingegen bei gewissen Absicherungsformen (verlängerter Eigentumsvorbehalt) und möglicherweise auch in der Insolvenz, vgl. oben Zweiter Teil Rn 145 und BGH (Fn 446), BGHZ 58, 257 = NJW 1972, 873; *Schwintowski* § 8 Rn 79–85.

[655] Die Umdeutung der (unzulässigen) Pfändung eines Einzelanspruchs in eine Pfändung des Überschusses scheidet aus, da die gepfändete Forderung im Pfändungsbeschluss zweifelsfrei bezeichnet sein muss: BGH Urt. v.

27.1.1982 – VIII ZR 28/81, NJW 1982, 1150 (1151).

[656] *Koller*/Kindler/Roth/Morck § 357 Rn 2; zur Frage, ob auch Anderkonten des Vollstreckungsschuldners (hier: Rechtsanwalt) iZw erfasst sind: KG (Fn 580), WM 2013, 1407.

[657] BGH (Fn 651), BGHZ 80, 172 (181) = NJW 1981, 1611.

[658] BGH (Fn 651), BGHZ 80, 172 (177 f.) = NJW 1981, 1611; *Blaurock* JA 190, 691 (695); *Lwowski*/Bitter WM-FestG Hellner 1994, S. 57 (59); *Werner*/Machunsky BB 1982, 1581 (1582); BankR-HdB/*Bitter* § 33 Rn 44 f. („geklärt … heute"). Bei Vorpfändung entscheidet immerhin der höhere der beiden Zustellungsüberschüsse: BankR-HdB/*Bitter* § 33 Rn 47, zum Zeitpunkt der

---

Stefan Grundmann

merhin ist jedoch die Gefahr, dass die Kontokorrentparteien gezielt manipulieren, also den Überschuss des Pfändungsschuldners zum maßgeblichen Zeitpunkt abbauen, geringer als beim periodischen Saldoabschluss (unten 2 b)), der kalendermäßig vorherzusehen ist.[659] Umgekehrt kommen nach § 357 HGB spätere Minderungen zum Ansatz, für die zum Zustellungszeitpunkt bereits Grund gelegt war. Dies wurde etwa für Verpflichtungen aus vorher ausgehändigten Euroscheckformularen angenommen[660] oder bei Stornierung auf Grund eines Eingangsvorbehalts. Abgezogen werden auch Gutschriften, die der Schuldner nur zweckgebunden erhielt.[661]

Kommt es zum Pfändungs- ein Überweisungsbeschluss (§§ 829, 835 ZPO), so erwirbt **238** der Pfändungsgläubiger dennoch nicht Kündigungsrechte (etwa nach § 355 Abs. 3 HGB), folglich auch **keinen Anspruch auf sofortige Auskehrung** des Überschusses.[662] § 357 HGB gestattet nicht die Missachtung der Kontokorrentabrede (mit Kontokorrentbindung) und das Kündigungsrecht ist nicht Teil der Geldforderung, die allein gepfändet ist. Beim periodischen Saldoabschluss wird jedoch ohnehin iZw. von einem Anspruch des Kontokorrentpartners auf Auszahlung ausgegangen (vgl. oben Zweiter Teil Rn 148). Daher ist zu diesem Zeitpunkt bei Vorliegen eines Pfändungs- und Überweisungsbeschlusses auch der nach § 357 HGB zu berechnende Überschuss auszukehren, selbst wenn der anerkannte Saldo (bei Untätigbleiben) in die nächste Kontokorrentperiode eingestellt werden soll.[663] In die Kontokorrentabrede wird also – unter Vertrauensgesichtspunkten tragbar – nur insoweit eingegriffen, als die andere Vertragsseite, die nach Beschlagnahme weitere eigene Forderungen begründet, diese nicht mehr gegen den bis dahin aufgebauten Überschuss des Pfändungsschuldners verrechnen darf.

b) **Pfändung des Anspruchs aus (anerkanntem) Periodenabschluss.** Neben die Pfän- **239** dung nach § 357 HGB tritt die des Anspruchs aus anerkanntem Periodenabschluss. Sie ist auch zulässig, wenn dieser Anspruch in die nächste Kontokorrentperiode eingeht (Wertung des § 357 HGB).[664] Der Pfändungs- und Überweisungsbeschluss kann, wie ihn der BGH auslegt, mehrere, auch zukünftige[665] Periodenabschlüsse erfassen – jedoch nur zum jeweiligen Bestand, über den während der Laufzeit der Periode frei verfügt werden kann.[666]

Zustellung der Vorpfändungsmitteilung und zum Zeitpunkt der Zustellung des Pfändungs- und ggf. Überweisungsbeschlusses selbst. Ausgeräumt erscheint diese Schwäche in der Rspr. zum Girokonto, vgl. oben Zweiter Teil Rn 145. Die Differenzierung ist nicht zwingend aus Divergenzen in den Abreden herzuleiten. Freilich belastet die Lösung beim Girokonto den Kontokorrentpartner des Pfändungsschuldners bei der laufenden Entscheidung über die Begründung weiterer Forderungen, was dem Kreditwesen wohl eher zuzumuten ist.

[659] Zur Manipulationsgefahr: BGH (Fn 422), BGHZ 84, 325 (332) = NJW 1982, 2192; *Werner/Machunsky* BB 1982, 1581 (1582); *Peckert* Girokonto S. 133.

[660] BGH Urt. v. 29.11.1984 – IX ZR 44/84, BGHZ 93, 71 = NJW 1985, 863.

[661] *Koller/*Kindler/Roth/Morck § 357 Rn 2; Schlegelberger/*Hefermehl* § 357 Rn 3.

[662] RG Urt. v. 4.4.1933 – VII 352/32, RGZ 140, 219 (222); Baumbach/*Hopt* § 355 Rn 21, § 357 Rn 3; für Kündigungsrecht (§§ 725 BGB, 135 HGB analog): demgegenüber *Beitzke* FS v. Gierke 1950, S. 9 (17 und 20); *Sprengel* MDR 1952, 8 (9).

[663] *Beitzke* FS v. Gierke 1950, S. 9 (19); GroßkommHGB/*Canaris* § 357 Rn 19; *Koller/* Kindler/Roth/Morck § 357 Rn 2; Schlegelberger/*Hefermehl* § 357 Rn 8 (Gegenteil kann vereinbart werden).

[664] Nachw. vorige Fn; aA nur GroßkommHGB/ *Canaris* § 357 Rn 24.

[665] BGH (Fn 651), BGHZ 80, 172 (181) = NJW 1981, 1611; Heymann/*Horn* § 357 Rn 16; Schlegelberger/*Hefermehl* § 357 Rn 20; so iZw. vor allem bei Bankkonten: Baumbach/ *Hopt* § 357 Rn 6.

[666] BGH (Fn 422), BGHZ 84, 325 (332) = NJW 1982, 2192; *Sprengel* MDR 1952, 8 (10); *Werner/Machunsky* BB 1982, 1581 (1582);

Hingegen erfasst der entsprechende Pfändungsbeschluss nicht Überschüsse zwischen den Periodenabschlüssen,[667] kann jedoch mit diesbezüglichen Pfändungsbeschlüssen verbunden werden (sog. Doppelpfändung).[668]

240   **3. Pfändung von Ansprüchen aus Girokonten, insbes. „Tagessalden"** Das Sonderrecht der Girokontenpfändung betrifft direkt nur das Äquivalent zu den Überschüssen während der Abrechnungsperiode (oben Zweiter Teil Rn 237 f.): hier „Tagessalden" genannt, obwohl der Überschuss nach jeder Buchung entsteht, also teils täglich mehrfach. Da die **Pfändung dieser Überschüsse bei Girokonten ungleich effektiver** ist, ist jedoch bei diesen auch das Bedürfnis für die Pfändung der Saldoabschlüsse bei Periodenende entfallen, so dass die diesbezüglichen Grundsätze (oben Zweiter Teil Rn 238) für Girokonten ebenfalls keine Bedeutung haben. Vor der Pfändung selbst stellt sich die Frage nach der vorläufigen Sicherung, namentlich nach § 916 ZPO. Vor allem jedoch auch die (EU-grenzüberschreitende) **Vorpfändung** wurde gerade beim Bankkonto jüngst nochmals gestärkt, indem sie verbilligt und ohne Anhörung des Schuldners ermöglicht wurde und zudem die Gläubigerinformation über pfändbare Konten gestärkt wird.[669] Dieses Regime kann alternativ zum klassischen innerstaatlichen gewählt werden.

241   **a) Sonderlage gegenüber sonstigen Konten.** Zwei Besonderheiten des Girokontos tragen eine abweichende, pfändungsrechtliche Behandlung: Überschüsse während der Abrechnungsperiode („Tagessalden") können bei Girokonten auf Grund girovertraglicher Abrede sofort geltend gemacht (abgehoben) werden, ebenso wie umgekehrt mangels Kreditzusage ein Soll sofort auszugleichen ist.[670] Außerdem dient das Girokonto nicht primär der Abrechnung zwischen den Parteien, sondern der Übertragung von Summen von Dritten und an Dritte. Auch der Anspruch auf Gutschrift und das Recht, Überweisungen anzuweisen, sind daher pfändungsrechtlich zu bedenken.

242   **b) Besonderheiten gegenüber der Pfändung nach § 357 HGB.** Auch für die Pfändung von Überschüssen („Tagessalden") bei Girokonten bildet § 357 HGB die Wertungsgrund-

---

BankR-HdB/*Bitter* § 33 Rn 49; *Schwintowski* § 8 Rn 100 (allerdings wohl Rechtsmissbrauchseinwand denkbar).

[667] BGH (Fn 410), BGHZ 84, 371 (378) = NJW 1982, 2193; *Scherer* NJW 1952, 1397 (1398). Hierfür die unter oben Zweiter Teil Rn 237 und 239 beschriebenen Pfändungen.

[668] BGH (Fn 651), BGHZ 80, 172 (181); BGH Beschl. v. 9.2.2012 – VII ZB 49/10, WM 2012, 542 (543) = NJW 2012, 1081; *Maier* JuS 1988, 196 (199); *Koller*/Kindler/Roth/Morck § 357 Rn 3; Heymann/*Horn* § 357 Rn 16; Schlegelberger/*Hefermehl* § 357 Rn 21; implizit schon OLG Oldenburg Urt. v. 29.11.1978 – 5 U 19/78, WM 1979, 591.

[669] Vgl. Verordnung (EU) Nr. 655/2014 des Europäischen Parlaments und des Rates vom 15.5.2014 zur Einführung eines Verfahrens für einen Europäischen Beschluss zur vorläufigen Kontenpfändung im Hinblick auf die Erleichterung der grenzüberschreitenden Eintreibung von Forderungen in Zivil- und Handelssachen, ABl.EU 2014 L 189/59; Vorschlag vgl. KOM(2011) 445 endg.; dazu, überwiegend noch zum Vorschlag, auch im Vergleich zu §§ 916 ff. ZPO *Cranshaw* DZWIR 2012, 399; *Harbeck* ZInsO 2012, 805; *Kohte* VuR 2011, 361; *M. Müller* RIW 2012, 151; *Riebold* Europäische Kontopfändung, S. 392–407; und mit rechtspolitischer Kritik *Häcker* WM 2012, 2180; breiter *B. Hess* Die Europäische Kontenpfändung aus der Perspektive des Europäischen Vollstreckungsrechts, FS Kropholler 2008, S. 795; auch *Kotrschal/Stalberg* Die grenzüberschreitende Vollstreckung von Pfändungs- und Überweisungsbeschlüssen in Geldforderungen ausländischer Drittschuldner, insbesondere in ausländische Bankguthaben, BKR 2009, 38; *Sujecki* Grenzüberschreitende Kontenpfändung in der EU, EWS 2011, 414. Zu §§ 916, 845 ZPO und Konto etwa *Sudergat* Kontopfändung Rn 154–166.

[670] Zu beiden Punkten näher oben Zweiter Teil Rn 162.

lage (oben Zweiter Teil Rn 237 f.),[671] diese erscheint jedoch in zwei Hauptpunkten modifiziert. Da hier der „Tagessaldo" sofort geltend gemacht werden kann, bleibt die Kontokorrentabrede unberührt, wenn auch der Pfändungsgläubiger die **sofortige Auskehrung** des Überschusses fordern kann (sog. „Zustellungssaldo" als der „Tagessaldo" z.Z. der Zustellung)[672] und auch Herausgabe der hierfür notwendigen Kontoauszüge (vorige Fn). Da stetig neue Überschüsse entstehen, die der Kontoinhaber sofort geltend machen kann, geht der BGH zudem davon aus, dass der Pfändungs- und Überweisungsbeschluss **alle aktivischen Salden bis zum nächsten Periodenabschluss** und darüber hinaus erfasst,[673] nicht nur den einen Überschuss zum Zustellungszeitpunkt. Die Salden kann sich der Pfändungsgläubiger jeweils sofort auskehren lassen, andernfalls ist ein Betrag in Höhe des höchsten erreichten Überschusses auszukehren.[674]

Debetbuchungen, die den Aktivsaldo mindern und für die nicht bereits Grund gelegt **243** war, wirken schon nach § 357 HGB nicht zu Lasten des Pfändungsgläubigers. Fraglich ist jedoch, ob dieser zudem **Verfügungen des Schuldners** untersagen kann, **die das Debet erhöhen** und so die Chancen auf das Entstehen eines pfändbaren Saldo reduzieren (absolute Verfügungssperre, Debetsperre). Die hM verneint dies und gestattet (für wiederkehrende Leistungspflichten) nur eine (erst mit Fälligwerden der Forderung Wirksamkeit entfaltende) Vorauspfändung auch für die Zukunft.[675] In der Tat unterscheiden sich Einzelvollstreckung und Insolvenz dadurch, dass dem Schuldner im ersten Fall die Verfügungsmacht

---

[671] Für den Abzug von Verbindlichkeiten, für die bereits Grund gelegt war, vgl. oben Fn 660.

[672] BGH (Fn 651), BGHZ 80, 172 (176 ff.); BGH (Fn 422), BGHZ 84, 325 (329–331) = NJW 1982, 2192; BGH (Fn 410), BGHZ 84, 371 (377) = NJW 1982, 2193; BGH (Fn 668), WM 2012, 542 (543 f.) = NJW, 2012, 1081 (zur Pfändung mehrerer Salden und der Kreditlinie); BGH Urt. v. 23.8.2012 – VII ZB 44/11, JurBüro 2013, 41 (beide zuletzt genannten Entscheidungen auch zu Herausgabeansprüchen aller Kontoauszüge); zum Herausgabeanspruch auf Kontoauszüge auch BGH Beschl. v. 23.2.2012 – VII ZB 59/09, WM 2012, 593 = NJW 2012, 1223 (auch keine Schwärzungen, Geltendmachung von Bankgeheimnis im Wege der Erinnerung); *Peckert* Girokonto S. 103, 126.

[673] BGH (Fn 668), WM 2012, 542 (543) = NJW 2012, 1081; und wohl bereits BGH Urt. v. 31.10.2003 – IX a ZB 200/03, NJW 2004, 369 (370); BGH (Fn 422), BGHZ 84, 325 (327 und 329) = NJW 1982, 2192; BGH (Fn 410) BGHZ 84, 371 (371 und 377 f.) = NJW 1982, 2193; Heymann/*Horn* § 357 Rn 16 („bis zur vollständigen Befriedigung"); präzisierend *Lwowski/Bitter* WM-FestG Hellner 1994, S. 57 (62–64); natürlich belastet mit älteren (Pfand-)Rechten: BGH (Fn 417), BGHZ 93, 315 (326 f.) = NJW 1985, 1218.

[674] So iE überzeugend *Lwowski/Bitter* WM-FestG Hellner 1994, S. 57 (62–64) (mwN). Grund hierfür und maßgeblich ist, dass das Ergebnis exakt dem entspricht, das bei sofortiger sukzessiver Auskehrung eingetreten wäre. Gegenmeinungen erklären sich damit, dass teils diese Kontrollrechnung nicht aufgemacht wurde.

[675] BGH (Rn 22) NJW 2004, 369 (371), BFH Urt. v. 20.12.1983 – VII R 80/83, BStBl. 1984 II, 419; BankR-HdB/*Bitter* § 33 Rn 44 f.; *Carl* DStR 1988, 765 (768) (referierend), während sich umgekehrt der Kontoinhaber in Höhe des gepfändeten Betrages zwischen dem Eintritt der Pfändungswirkung und der Auskehr des Betrages an den Gläubiger einer Verfügung über das Guthaben enthalten muss; BGH (Fn 417), BGHZ 93, 315 (323) (implizit) = NJW 1985, 1218; *Häuser* WM 1990, 129 (130); *Werner/Machunsky* BB 1982, 1581 (1583 f.); *Canaris* Bankvertragsrecht Rn 190; aA OLG Köln Urt. v. 25.3.1983 – 20 U 257/82, WM 1983, 1049 (1050 f.); *Carl* DStR 1988, 765 (767–769); Heymann/*Horn* § 357 Rn 18. Auch eine für das Konto ausgestellte ec-Karte/Girocard ist nicht an den Gläubiger herauszugeben, BGH Urt. v. 14.2.2003 – IX a ZB 53/03, BKR 2003, 349 f. Für den umgekehrten Fall, in dem der Kontoinhaber ein gesichertes Recht auf Ausführung hätte (namentlich bei Guthaben oder bereits vereinbartem Kredit), vgl. übernächste Fn

---

(und erst recht das Recht, Verpflichtungen einzugehen) verbleibt und nur punktuell entzogen wird. Die Abgrenzung zwischen dem Bereich, in dem andere Gläubiger dem Schuldner noch andere Kreditmöglichkeiten einräumen dürfen, und demjenigen, in dem der pfändende Gläubiger ein Vorrecht hat, muss nach einem klaren Kriterium erfolgen: Der Gesetzgeber stellt hierfür darauf ab, ob der Schuldner bereits ein Recht innehat, und als ein solches ist ein möglicher zukünftiger positiver Saldo nicht zu qualifizieren. Die Gegenmeinung verhindert zudem beim gut Beratenen nicht eine (legal und wirksam durchführbare) Debettransaktion. Sie verursacht demnach nur Transaktionskosten ohne Änderung der Zuordnung.

244   c) **Keine Pfändung von Einzelansprüchen, jedoch Hilfspfändung.** Auch im Girokonto sind die Einzelansprüche gelähmt und ist ihre Pfändung unzulässig. Freilich können (Hilfs-)Pfändungen zulässig sein, soweit sie nicht dem Ziel der Kontokorrentbindung zuwiderlaufen. Unbestritten ist dies für die **Pfändung von Ansprüchen auf Gutschrift,** soweit dem Kontoberechtigtem untersagt wird, über den Anspruch anders als durch Gutschrift auf dem Konto zu verfügen.[676] So kann zwar dieser Anspruch und die einzelne Gutschrift nicht Gegenstand von Pfändung und Überweisung (mit Auskehrung) sein; es kann jedoch den Kontokorrentparteien die Befugnis genommen werden, einverständlich ein Ansteigen des Überschusses durch Herauslösen dieses Anspruches aus dem Kontokorrent zu verhindern.

245   Streitig ist, ob auch das **Recht, Überweisungen anzuweisen,** pfändbar ist.[677] Damit soll dem Schuldner diese Befugnis genommen werden. Senken diese nach Pfändung den positiven Saldo, so wirkt dies ohnehin nicht gegen den Gläubiger. Erhöhen sie das Debet, so ist für die Wertung das zur Debetsperre Gesagte maßgeblich.

246   d) **Pfändungsschutz und Pfändungsschutzkonto (§ 850k ZPO; herkömmlich für Einkommen, Unterhalt und Sozialhilfe).** Bis zur Einführung des sog. Pfändungsschutzkontos (unten Zweiter Teil Rn 247 und 248) galten in verschiedenen Gesetzen **Pfändungsschutzgrenzen,** die auch für die Zeit nach Überweisung auf ein Girokonto fortwirkten, namentlich §§ 850 k ZPO a.F. und 55 Abs. 1 SGB I a.F. Die erste Norm galt für alle Lohnansprüche (Arbeitseinkommen) iSv. § 850 ZPO, der den Kreis weit zieht (auch Ruhegelder nach Abs. 2), sowie Unterhaltsansprüche (§ 850 b Abs. 1 Nr. 2 ZPO). Die Pfändungsfreibeträge nach § 850 c ZPO galten nach § 850 k ZPO quotal für den Rest des jeweiligen Zahlungszeitraums (idR Monats) auch für Bankkonten, wenn die Ansprüche durch Überweisung auf dieses erfüllt wurden. Nach Abs. 1 konnte in diesem Umfang die Aufhebung eines Pfändungsbeschlusses begehrt, nach Abs. 2 in diesem Umfang schon das Guthaben im vorab von Pfändung freigehalten werden. Das Regime ist nunmehr im sog. Pfändungs-

---

[676] BGH (Fn 417), BGHZ 93, 315 (323) = NJW 1985, 1218; OLG Hamm Urt. v. 4.11.1985 – 2 U 242/84, WM 1986, 372 (373); *Carl* DStR 1988, 765 (766); *Werner/Machunsky* BB 1982, 1581 (1583).

[677] Dafür, jedoch nur bei Anspruch auf Durchführung der Überweisung (Guthaben oder Kredit, nicht schon Kreditlinie): BGH (Fn 417), BGHZ 93, 315 (323 f.) = NJW 1985, 1218; BGH Urt. v. 29.3.2001 – XI ZR 34/00, BGHZ 147, 193 (195) = NJW 2001, 1937; *Basslsperger* RPfleger 1985, 177 (178); *Bitter* Pfändung des Dispositionskre-

dits? WM 2001, 889; *Carl* DStR 1988, 765 (767); Baumbach/*Hopt* § 357 Rn 9; BankR-HdB/*Mayen* § 47 Rn 24; dagegen *Häuser* WM 1990, 129 (132); Heymann/*Horn* § 357 Rn 18; *K. Schmidt* HandelsR § 21 VI 2 b cc. Näher unten Zweiter Teil Rn 249. Bedeutsam ist allenfalls der Fall, dass ein Kredit oder eine Kreditlinie eingeräumt wurde. Unrichtig ist, dass im zweiten Fall kein Recht, die Überweisung anzuweisen, besteht und schon deswegen die Pfändung ins Leere gehe; vgl. unten Dritter Teil Rn 67.

schutzkonto fortgedacht – mit der Besonderheit, dass alle Pfändungsschutzanliegen nunmehr allein im Rahmen solch eines Pfändungsschutzkontos erhoben werden können (unten Zweiter Teil Rn 247 und 248). Nach § 55 Abs. 1 SGB I a.F. war die Pfändung von Guthaben, das aus der Überweisung von Sozialhilfe stammt, in den folgenden sieben Tagen unzulässig (und nicht erst auf Antrag aufzuheben) und auch immun gegen Verrechnung durch das Institut.[678] Diese Vorschrift ist gänzlich entfallen, regelmäßige Geldleistungen nach SGB I werden nunmehr für Fragen der Pfändung ganz Arbeitseinkommen gleichgestellt (§ 54 Abs. 4 SGB I). Es ist also ein einheitliches Pfändungsschutzregime und -instrument an die Stelle eines mehrspurigen getreten – gleichgültig aus welchem Kanal die jeweilige Geldleistung stammt. Dieses ist das Pfändungsschutzkonto, mit diesem sollte zugleich der Pfändungsschutz vereinfacht werden, damit die Probleme mit der Kontopfändung („Kontosperre") nicht mehr massenweise zu Kündigungen von „Konten für jedermann" führen.

Über das **Pfändungsschutzkonto (§ 850k ZPO)** werden heute für Kontoguthaben all- **247** gemein diejenigen Belange gebündelt befriedigt, die früher für Einkommen, Unterhalt und Sozialhilfe in §§ 850k ZPO und 55 SGB I a.F. jeweils gesondert bedacht wurden, namentlich der Pfändungsschutz eines Sockelbetrages für den Lebensunterhalt auch noch, sobald dieser Betrag auf das Konto des Schuldners überwiesen worden war (vor Überweisung gelten §§ 850c ZPO und 54 SGB I). Alle einkommensbezogenen Pfändungsschutzbelange im Zusammenhang mit der Kontenpfändung sind heute ausschließlich im Rahmen eines Pfändungschutzkontos – nicht mehr sonstiger Girokonten – zu berücksichtigen und zu befriedigen. Dabei ist zu unterscheiden zwischen der **Einrichtung eines Pfändungsschutzkontos** einerseits (Abs. 7–9 und Abs. 1 S. 4; vgl. im Folgenden) und der Art der freigestellten Eingänge auf diesem Konto und der Höhe des Pfändungsfreibetrages andererseits (nächste Rn). Das Pfändungsschutzkonto muss – soll es seinen sozialen Schutzzweck erfüllen – jedermann offen stehen. Entsprechend kann es durch Vereinbarung eingerichtet werden (Abs. 7 S. 1), jedoch seine Einrichtung auch von jedem Inhaber eines Girokontos verlangt werden (Abs. 7 S. 2). Um diesen Schutz umfassend wirken zu lassen, kann dieses Verlangen auch noch nach Pfändung des Girokontos vorgebracht werden – wobei das Konto, das innerhalb von vier Wochen ab Pfändung umgestellt ist, rückwirkend als Pfändungsschutzkonto zu behandeln ist (Abs. 1 S. 4) und das Kreditinstitut die Umstellung innerhalb von vier Geschäftstagen ab Kundenantrag vorzunehmen hat (Abs. 7 S. 3). Beim Pfändungsschutzkonto handelt es sich also weniger um eine eigene Kontoart als vielmehr um das Instrument, mit dem für alle Girokonten der einkommensbezogene Pfändungsschutz zu verwirklichen ist (nur kann – angesichts der Einkommensverhältnisse und Schuldenlast – auch schon vor zu erwartender Pfändung für dieses Instrument optiert werden). Solchermaßen sollten die Pfändungsschutzfragen beim (Bank-)Girokonto ganz auf ein dafür besonders ausgestaltetes Institut konzentriert werden. Die Identität mit dem Ausgangskonto und das genannte Rationalisierungsziel – für Kunden ebenso wie für Kreditinstitute –[679] wurden nicht nur in der Gesetzgebungsbegründung besonders hervorgehoben. Insbesondere der Gedanke von einer Identität mit dem Ausgangskonto wurde auch leitend für die ersten

---

[678] BGH Urt. v. 30.5.1988 – II ZR 373/87, BGHZ 104, 309 (311) = NJW 1988, 2670 (auch zur Definition von Sozialhilfe: nicht einmalige Erstattungen durch Krankenkassen); zur (relativen) Unwirksamkeit von Zahlungen an den Pfändungsgläubiger und zum Streit, auf welchen Teil des Guthabens (den pfändbaren oder den unpfändbaren) sich eine Verfügung innerhalb der sieben Tage, jedoch vor Pfändung bezieht: *Mrozynski* SGB I, 4. Aufl. 2010, Rn 10–14.

[679] BT-Drucks. 16/7615, S. 1, 9; plastisch auch *Graf-Schlicker/Linder* ZIP 2009, 989.

Rechtsprechungsentwicklungen, namentlich in der **Gebührenfrage:** Anfangs wurde bereits an die Transparenz dieser Vereinbarung (in AGB) sehr hohe Anforderungen gestellt, namentlich wenn das Institut für das Girokonto mit Unentgeltlichkeit warb.[680] Inzwischen wird auch höchstrichterlich ein erhöhtes Entgelt für die Pfändungsschutzkontenführung – im Vergleich zur Girokontenführung – für gänzlich unzulässig gehalten, dies gleichermaßen bei späterer Umwandlung in ein P-Konto wie auch bei Einrichtung direkt als P-Konto, weil das Kreditinstitut mit der Führung des Kontos als P-Konto nur eine gesetzliche Pflicht erfülle.[681] Wenn bei der Umwandlung in ein Pfändungsschutzkonto gewisse Leistungen eingeschränkt werden sollen, etwa die Weiternutzung ausgegebener Kreditkarten und Girocards oder eines Dispositionskredits, so ist dies im ersten Fall als (Teil-)Kündigung an den Vorgaben des § 675h BGB zu messen, ansonsten (ggf. auch zusätzlich) an denjenigen von § 307 Abs. 2 Nr. 1 BGB, weswegen die Klausel, die diese Nutzungsmöglichkeiten ohne Kündigungserklärung und ohne jegliche Nachprüfung des Kündigungsgrundes („Kreditgefährdung") entfallen lässt, unangemessen und unwirksam ist.[682] Da bei Einführung des Pfändungsschutzkontos die genannte Konzentrierungsfunktion im Vordergrund stand, umgekehrt jedoch die Pfändungsgrenze nur einmal genutzt werden können soll, hat jede natürliche Person auch nur das Recht auf *ein* Pfändungsschutzkonto – wozu dann entsprechende Erklärungspflichten und Auskunftsansprüche (auch seitens Auskunfteien, mit Verwendungsbeschränkung allein für diese Zwecke) begründet wurden (vgl. Abs. 8 und auch Abs. 9 zur Schließungsanordnung für jedes weitere P-Konto seitens des Vollstreckungsgerichts).

248 Zentrales Ziel bei der Bündelung (und Vereinfachung) war auch die breitere Einbeziehung und Gleichstellung derjenigen Beträge, die auf dem Konto vom Pfändungsschutz

---

[680] Vgl. KG Beschl. v. 29.9.2011 – 23 W 35/11, WM 2012, 267 (bei Kostenfreiheit des Girokontos bloße Internetinformation zu Entgelten beim P-Konto unwirksam nach § 307 Abs. 1 S. 1, Abs. 2 Nr. 1 BGB), Anm. *Werner* WuB I C. 1. Kontoführung 2.12 (nur für Umwandlung selbst kein Entgelt, fraglich, ob überhaupt Steigerung nach Umstellung zulässig).

[681] BGH Urt. v. 13.11.2012 – XI ZR 500/11, BGHZ 195, 298 = WM 2012, 2381 = NJW 2013, 995; Urt. v. 13.11.2012 – XI ZR 145/12, juris; BGH Urt. v. 16.7.2013 – XI ZR 260/12, WM 2013, 1796; ; vorher bereits so OLG Schleswig Urt. v. 26.6.2012 – 2 U 10/11, WM 2012, 1914 (1915–1917); in der Tendenz ebenso ebenfalls bereits: OLG Frankfurt 28.3.2012 – 19 U 238/11, ZIP 2012, 814 (815 f.)= EWiR § 850k ZPO 1/12 „(weitaus) höheres monatliches Entgelt" verboten); und sicherlich bei Entgelten für die Umstellung an sich, auf die ein Anspruch besteht, vgl. § 850k Abs. 7 S. 2 ZPO; zum Verbot von Entgelten für die bloße Erfüllung gesetzlicher Pflichten: BGH (Fn 356), BGHZ 180, 257 = NJW 2009, 2051; vgl. auch OLG Frankfurt Urt. v. 6.6.2012 – 19 U 13/12, WM 2012, 1931 (zur Unwirksamkeit von AGB, die in diesem Fall Girokonto-

dienstleistungen einschränken; [fast] alles dort freilich Dienste, für die auch beim gewöhnlichen Girokonto eine zusätzliche Abrede erforderlich ist und insofern letztlich nur „Information" über die Notwendigkeit einer weiteren Abrede, vgl. aber nächste Fn); wohl milder – bloße Nichtigkeit einer „Vereinbarung überhöhter Entgelte" – jedoch die Bundesregierung, BT-Drucks. 17/5411 (unter III. 3.); mit einem umfassenden Verbot einer Gebührendifferenzierung ist wohl auch BT-Drucks. 16/7615, S. 17 überinterpretiert; ebenso Antwort der Bundesregierung a.a.O, (unter III. 5.); aA *Ahrens* NJW 2010, 2001 (2002 f.); ausf. zur Gebührenfrage *ders.* NJW 2011, 85; *Büchel* BKR 2009, 358 (364), der zurecht auf monatliche Durchschnittskosten von 30,– bis 60,– € und eine mit der Rechtsprechung einhergehende erhebliche Quersubventionierung hinweist.

[682] OLG Schleswig (vorige Fn), WM 2012, 1914 (1917–1919); ebenso a.a.O. 1919 f. für das Entfallen des Dispositionskredits (Verstoß gegen die Vorgaben von § 307 Abs. 2 Nr. 1 BGB bei Aufgabe jeglichen Erklärungserfordernisses) und ebenso für die Klausel, die einen Anspruch auf Rückumwandlung in ein gewöhnliches Girokonto ausschließt (a.a.O. 1920).

erfasst sein sollten: Heute sind das **allgemein „Guthaben"**. Zwar wird der Bezug zum Arbeitseinkommen und zu regelmäßigen Geldleistungen nach SGB I durch den Verweis auf § 850c ZPO (iVm § 54 Abs. 4 SGB I) durchaus weiterhin hergestellt, doch nur höhenmäßig. Aus welcher Quelle das fragliche Guthaben stammt, ist für den Pfändungsschutz, solange der maßgebliche Freibetrag noch nicht ausgeschöpft ist, gleichgültig.[683] Es wird auch nicht mehr für den Umfang des Pfändungsschutzes nach der jeweiligen Quelle differenziert (vgl. demgegenüber oben Zweiter Teil Rn 246). Ebenso wie für die einzubeziehenden Quellen für Kontogutschriften war auch für die **Höhe des Pfändungsschutzfreibetrages (Abs. 1–6)** eine Vereinfachung angestrebt – und zwar sowohl im Verhältnis zum Gläubiger (Abs. 1–4) als auch hinsichtlich der Rückwirkungen auf die Ansprüche des kontoführenden Instituts (Abs. 5, 6): Einfach ist der Ausgangspunkt, es gilt für den gesamten Monat der Freibetrag, wie er für eigene Arbeitseinkommen nach § 850c Abs. 1 S. 1 ZPO gilt (Abs. 1 S. 1, mit Fortschreibung entsprechend § 850c Abs. 2a ZPO). Relativ einfach ist auch noch der Grundgedanke, dass dieser Pfändungsfreibetrag bis zum und während des jeweiligen Folgemonat(s) ganz oder teilweise aufgespart werden kann, um auch etwas größere Anschaffungen zu ermöglichen – erst danach verfällt der nicht aufgebrauchte Teil des Vormonats (Abs. 1 S. 3).[684] Erweitert wird dieser Freibetrag dann um vier Posten (Abs. 2 S. 1), wobei für all diese Beiträge die genannte „Ansparmöglichkeit" ebenfalls besteht (Abs. 2 S. 2): weitere Freibeträge für (erfüllte) gesetzliche Unterhaltspflichten (§ 850c Abs. 1 S. 2 ZPO), für weitergeleitete Geldleistungen nach SGB an nichteheliche Haushaltmitglieder (Nr. 1), für einmalige Unterstützungen nach SGB I auf Grund gesundheitlicher Beeinträchtigungen (Nr. 2) und für Kindergeld u.ä. (Nr. 3). Besonderheiten gelten bei Pfändung seitens eines Unterhaltsgläubigers (Abs. 3), als rechtsunsicher und komplex wird zuletzt die Möglichkeit gesehen, dass das Vollstreckungsgericht einen anderen Pfändungsfreibetrag festsetzen kann (Abs. 4) – rechtsunsicher jedoch vor allem zwischen den Parteien, nicht so sehr für das Kreditinstitut.[685] Der Handhabbarkeit für den Pfändungsgläubiger dient es, dass er weitgehend die Herausgabe der für die Berechnung von Freibeträgen etc. notwendigen Unterlagen auch vom Drittschuldner verlangen kann (§§ 836 Abs. 3 S. 1, 850k Abs. 2 sowie 5 S. 2 ZPO).[686] Hinzu treten zwei **Regelungen im Verhältnis zum Kreditinstitut**. Die erste betrifft die Pflicht des Instituts, über die in den Pfändungsfreibetrag fallenden Beträge allein zugunsten des Kontoinhabers (nicht seiner Gläubiger) zu verfügen (Abs. 5, etwa durch Auszahlung, Überweisung etc.), wobei es freilich dem Kunden obliegt, Nachweise zu den Erhöhungsbeträgen nach Abs. 2 beizubringen (im einzelnen Abs. 5 S. 2–4, mit Liberationswirkung zugunsten des Instituts). Die zweite Regelung gilt Forderungen des Kreditinstituts selbst (Abs. 6), freilich nur einem Teilbereich, namentlich Geldleistungen nach SGB I und Kindergeldleistungen und auch für diese nur in den ersten vierzehn Tagen nach Gutschrift:

---

[683] *Ahrens* NJW 2010, 2001 (2003 und 2006); *Bitter* WM 2008, 141 (146); *Jungmann* ZIP 2009, 1 (1) (mit Alternativmodell); *Lücke* BKR 2009, 457 (460); *Graf-Schlicker/Linder* ZIP 2009, 989 (990); zur flankierenden und zeitgleich in Kraft getretenen Regelung in § 850i ZPO, die die Gleichheit des Schutzes für alle Einkünfte unterstreicht, *Meller-Hanich* WM 2011, 529 (kritisch).

[684] Dazu jetzt Grundsatzurteil BGH Urt. v. 4.12.2014 – IX ZR 115/14, WM 2015, 177 = NJW-RR 2015, 254; sowie *Ahrens* NJW 2010, 2001 (2004 f.) (sogar für „mehrfach

kumulierte Übertragung"); ausf. zur Übertragung *Wiederholt* BKR 2011, 272 (273 f.); vgl. umgekehrt jedoch (weitergehendes Ansparen und Anlegen auf einem anderen Konto): BGH Beschluss v. 26.9.2013 – IX ZB 247/11, WM 2013, 2025.

[685] *Lücke* BKR 2009, 457 (461); zur Festsetzung durch das Vollstreckungsgericht auch BGH Beschl. v. 10.11.2011 – VII ZB 64/10, NJW 2012, 72.

[686] Vgl. hierzu BGH Beschluss vom 21.2.2013 – VII ZB 59/10, WM 2013, 639.

Gegen solche Gutschriften kann das Institut (in diesem Zeitraum) nur seine Entgelt- und Aufwandsersatzansprüche (etwa für getätigte Überweisung) gegenrechnen, vom dann noch verbleibenden Betrag der Gutschrift muss es auch weitere Aufträge erfüllen.[687]

249 **4. Pfändung von Kreditzusagen und -linien.** So umstritten wie sonst die Debetsperre ist heute bei der Girokontenpfändung nur noch die Frage nach der Pfändbarkeit von Kreditzusagen und -linien. **Unstreitig** nicht pfändbar ist bei bloßer Duldung von Kontoüberziehungen der nicht zugesagte „Kredit",[688] ebenso wenig ein zweckgebunden eingeräumter Kredit.[689] Insbesondere wenn der Kredit als Sanierungskredit, zugesagt, ist, ist eine Pfändung – wegen dieser Zweckbindung – gänzlich unzulässig.[690] Diese beiden generellen Verbote beruhen auf der Dispositionsfreiheit bzw. -bestimmung des Kreditgebers. Unstreitig pfändbar ist umgekehrt ein Aktivsaldo, der auf Gutschrift eines nicht zweckgebundenen Kredits beruht.[691] **Umstritten** ist hingegen die Pfändung von **Kreditzusage, Kreditlinie u. ä.,** also der vertraglich zugesicherten Krediteröffnung **vor Valutierung durch Gutschrift.** Teils wird die Pfändbarkeit pauschal bejaht,[692] teils grundsätzlich verneint.[693] Gegen die erstgenannte Meinung spricht, dass es für den Darlehensgeber wichtig ist, ob der Schuldner des Rückzahlungsanspruchs die Valuta selbst gewinnträchtig einsetzen kann oder einem anderen überlassen muss, und dass dieses Interesse in § 490 Abs. 1 BGB wohl auch als schützenswert anerkannt wird. Umgekehrt entzieht die zweite Meinung Werte des Schuldners sehr weitgehend dem Gläubigerzugriff. Der BGH hat sich daher in seiner jüngeren Rechtsprechung überzeugend für einen Mittelweg entschieden. Danach soll die Pfändung der Kreditlinie solange keine Wirkung zeitigen, wie der Kontoinhaber diese nicht in Anspruch genommen hat, da die Entscheidung über den Abruf des Dispositionskredits beim Kontoinhaber verbleiben muss, danach jedoch zulässig sein.[694] Diese Position bringt Gläu-

---

[687] *Büchel* BKR 2009, 358 (362 f.).

[688] BGH (Fn 417), BGHZ 93, 315 (325 f.) = NJW 1985, 1218; BGH (Fn 677), BGHZ 147, 193 = NJW 2001, 1937 (1939); BGH Urt. v. 11.1.2007 – IX ZR 31/05, NJW 2007, 1357 (1359); *Köndgen* NJW 2004, 1288 (1292 f.); *Olzen* ZZP 97 (1984), 1 (2); *Peckert* ZIP 1986, 1232 (1234); Baumbach/*Hopt* § 357 Rn 10 (kein Anspruch); aA *Bitter* WM 2001, 889 (893).

[689] BGH (Fn 677), BGHZ 147, 193 (195) = NJW 2001, 1937; BGH Urt. v. 30.3.1978 – VII ZR 331/75, WM 1978, 553 (553); *Koller*/Kindler/Roth/Morck § 357 Rn 5; BankR-HdB/*Bitter* § 33 Rn 72a. Wertungsmäßig zutr., da „stärkeres Recht" (Bestimmungsrecht) des Darlehensgebers im Verhältnis zum pfändenden Gläubiger, das auch andernorts in der Rechtsordnung nahezu unangezweifelt ist: vgl. grundsätzlich *Grundmann* Treuhandvertrag S. 318–324.

[690] BGH (Fn 677), BGHZ 147, 193 (201); dazu *Köndgen* NJW 2004, 1288 (1292); *Bitter* WM 2001, 889; *ders.* WM 2004, 1109.

[691] *Lwowski/Bitter* WM-FestG Hellner 1994, S. 57 (69); Heymann/*Horn* § 357 Rn 21; *Koller*/Kindler/Roth/Morck § 357 Rn 5.

[692] OLG Köln (Fn 675) WM 1983, 1049 (1050); *Grunsky* ZZP 95 (1982), 264 (277 f.); ausf. Darstellung (selbst im Grundsatz für Pfändbarkeit): *Zeller* Vollstreckung in offene Kreditlinien.

[693] OLG Schleswig Urt. v. 18.6.1991 – 16 W 7/91, NJW 1992, 579 (580); *Häuser* ZIP 1983, 891 (899 f.); *Peckert* ZIP 1986, 1232 (1237–1239); *Lwowski/Bitter* WM-FestG Hellner 1994, S. 57 (64–72); kaum zu bezweifeln jedenfalls für die Zeit vor Abruf des Kredits durch den Schuldner (und heute „im Zweifel" auch dann), soweit das Institut den Darlehensvertrag noch „kündigen" kann (§ 490 Abs. 1 BGB): BankR-HdB/*Bitter* § 33 Rn 91.

[694] BGH Urt. v. 22.1.2004 – IX ZR 39/03, BGHZ 157, 350 (355 f.) = WM 2004, 517 (518 f.); bestätigt durch BGH Urt. v. 17.2.2004 – IX ZR 318/01 – WM 2004, 669 (670); BGH (Fn 668), WM 2012, 542 (543) = NJW 2012, 1081; in der Tendenz auch schon, obwohl im Kern noch offen gelassen in: BGH (Fn 677), BGHZ 147, 193 (195) = NJW 2001, 1937 (jedenfalls soweit Dispositionskredit in Anspruch genommen wurde); auch *Mülbert* Darlehensrecht, § 488 BGB

bigerschutz und Interesse des Schuldners an höchstpersönlicher Entscheidung am besten in Einklang, wobei jedoch der Schutz des Instituts nach § 490 Abs. 1 BGB zu bedenken ist. Dieses kann hierfür Zweckbindung des Kredits wählen.

5. Pfändung bei Sparkonten und sonstigen Sonderformen. Bei anderen Bankkonten **250** gilt das zu Girokonten Gesagte, soweit ein jederzeitiger Auszahlungsanspruch besteht. Solche Konten werden jedoch typischerweise nicht weiter von dritter Seite „gefüttert" (oben Zweiter Teil Rn 239–247). Zu unterscheiden sind Sonderformen, die auf der Andersartigkeit der Ansprüche aus dem Kontokorrent beruhen (Spar- und Festgeldkonten), von solchen, die die Inhaberschaft betreffen (Ander-, Treuhand- und Gemeinschaftskonten).[695] Entscheidend für die Pfändung ist die Berechtigung des Kontoinhabers, für die Auskehrung jeweils, ob er selbst gegenüber dem Drittschuldner bereits einen durchsetzbaren Zahlungsanspruch hat.

Sparkonten sind im Wege der Forderungspfändung zu pfänden (§ 829 ZPO; für das **251** Sparbuch § 836 Abs. 3 S. 1 ZPO). Vor Vollzug einer Verfügung nach § 331 BGB, dh. zu Lebzeiten des Erblassers, können dessen Gläubiger wie in jedes sonstige Sparkonto vollstrecken (und Zahlung so weitgehend wie der Erblasser verlangen),[696] danach nur, wenn Anfechtungsrechte eingreifen (§§ 130 ff. InsO).

Festgeldkonten weisen nicht die Besonderheiten von Girokonten auf. Insbes. fehlt auch **252** der jederzeitige Auszahlungsanspruch, so dass eine Auskehrung erst zum vereinbarten Termin gefordert werden kann.[697] Gleiches gilt bei **prämienbegünstigten Sparkonten** und -verträgen, jedenfalls soweit der vereinbarte Endtermin für den Sparer verbindlich ist, dh. nicht gegen Tragung der Prämienschäden Auszahlung vorzeitig verlangt werden kann.[698]

II. Insolvenz

1. Fortbestand der Bank-Kunden-Beziehung. In der Insolvenz zeigt sich mit besonde- **253** rer Deutlichkeit das einleitend beschriebene Gefüge einer Geschäftsbeziehung einerseits und andererseits des Kontokorrents als nur *eines* Instruments derselben, wenn auch eines überragend wichtigen (vgl. oben Zweiter Teil Rn 1–3, 9): Die **allgemeine Bank-Kunden-Beziehung und jeder einzelne Vertrag sind gesondert zu sehen** – also insbes. die allgemeine Bank-Kunden-Beziehung, die Kontokorrentabrede und begleitende Abreden, insbesondere zu Kreditlinien, aber auch gesonderte Abreden zu Konditionen des „Kontos": So ändern sich die Fristen zur Geltendmachung von befristeten Einlagen oder Sparbüchern durch Eröffnung des Insolvenzverfahrens über den Schuldner (und Einlagengläubiger) nicht.[699] Und die maßgeblichen **Kreditabreden** können gesondert gekündigt

---

Rn 458, 486; *Schwintowski* § 8 Rn 104 f.; und früh vor allem *Wagner* ZIP 1985, 849 (853–855); *ders.* JZ 1985, 718 (719–721 und 725).

[695] Bei diesen kreisen die Fragen im Vollstreckungsrecht ebenfalls um die Inhaberschaft; dazu daher oben Zweiter Teil Rn 198, 201, 209 f.; zur Zwangsvollstreckung in Treuhandkonten ausführlich *Lange* NJW 2007, 2513.

[696] BankR-HdB/*Bitter* § 33 Rn 94.

[697] BankR-HdB/*Bitter* § 33 Rn 101.

[698] BankR-HdB/*Bitter* § 33 Rn 97–100, bes. 99. Der Pfändung unterliegt auch die vermö-

genswirksame Leistung des Arbeitgebers, sobald sie erbracht ist (vorher § 2 Abs. 7 S. 2 des 5. VermBG, § 850 ZPO). Streitig ist nur, ob der Termin für den Sparer mangels eindeutiger Abrede disponibel ist oder nicht oder ob zumindest eine Rücksichtnahmepflicht besteht, wenn hohe Prämienverluste durch kurzes weiteres Zuwarten vermieden werden können: vgl. Nachw. bei *Bitter.*

[699] LG Rostock Urt. v. 13.12.2001 – 4 O 180/00, ZIP 2002, 290; *Obermüller/Kuder* in Gottwald (Hrsg.), Insolvenzrechts-Handbuch, § 98 Rn 9.

werden, namentlich nach § 490 Abs. 1 BGB und dies schon vor Stellung des Insolvenzantrages, aber auch danach.[700] Solange dies freilich nicht geschehen ist, ist das Institut verpflichtet und ergeben sich daraus die im Folgenden anzusprechenden Fragen, insbesondere auch zur Kongruenz von Saldorückführungen – desgleichen dann innerhalb der Insolvenzanfechtungsfristen ab Kündigung (vgl. dazu sogleich noch). Im Folgenden (unten 2.–4.) werden allein die Kontokorrentbeziehung und die einzelnen Kontobewegungen erörtert, nicht die sonstigen Rechtsverhältnisse. Für die Kontokorrentbeziehungen wären idealerweise für jede Art Konto jeweils **vier Zeitphasen** getrennt darzustellen (und dort dann auch die Reaktionsmöglichkeiten aller Beteiligten): ab Stellung des Insolvenzantrags, ab Einsetzung des vorläufigen Insolvenzverwalters *ohne* Anordnung eines Verfügungsverbots sowie ab Einsetzung *mit* Anordnung eines Verfügungsverbots (vgl. §§ 21 f. InsO) und schließlich ab Eröffnung des Insolvenzverfahrens (vgl. §§ 80 ff., bes. 91, 116 InsO).[701] Das würde freilich hier den Rahmen sprengen, vorliegend wird demgegenüber im Bewusstsein dieser Kategorien und unter Verweis auf diese auch immer wieder zusammengefasst. Theoretisch ist zwischen Insolvenz des Instituts und **Insolvenz des Kunden** zu unterscheiden. Wegen der ungleich geringeren praktischen Relevanz von Ersterem, jedoch auch wegen der individuell gestalteten Sanierungs- und Abwicklungspläne nach CRD IV und BRRD, ist es sinnvoll, sich hier allein auf Zweiteres, die Insolvenz des Kunden, zu beschränken.

254   Die **allgemeine Bank-Kunden-Beziehung endet nicht durch die Insolvenz,** auch nicht einmal durch Eröffnung des Insolvenzverfahrens (als dem weitestgehenden Verfahrensfortgang).[702] Daher bleibt insbesondere auch **das Bankgeheimnis** (gegenüber dem Schuldner) grds. bestehen.[703] Es wird jedoch insofern neu ausgestaltet, als mit Übergang der Verfügungsbefugnis auf den Insolvenzverwalter – etwa über einen positiven Abschlusssaldo –, aber auch bei sonstigem berechtigten Interesse – etwa um Insolvenzanfechtungstatbestände zu klären – das Bankgeheimnis umfangreich durchbrochen wird: Danach kann der Insolvenzverwalter ab Übergang dieser Befugnis – also ab Einsetzung des vorläufigen Insolvenzverwalters mit Verfügungsverbot – sicherlich die Informationen zum Abschluss-

---

[700] Vgl. dazu namentlich MünchKommBGB/*Berger* § 490 Rn 7 ff.; BankR-HdB/*Bruchner/Krepold* § 79 Rn 170 ff., bes. 179; Hk-BGB/*Ebert* § 490 Rn 1 ff., bes. 5; *Rümker* Verhaltenspflichten der Kreditinstitute in der Krise des Kreditnehmers, KTS 1981, 493 (497); *Freitag* Die Beendigung des Darlehensvertrages nach dem Schuldrechtsmodernisierungsgesetz, WM 2001, 2370. Vgl. auch OLG Frankfurt, Urt. v. 13.01.1992 – 4 U 80/90, WM 1992, 1018. Zur Kreditkündigung schon vor Eröffnung des Insolvenzverfahrens insb.: BT-Drucks 14/6040, 254.

[701] Darstellung in diesem Sinne in: *Obermüller/Kuder* Insolvenzrecht Rn 2.1 bis 2.383 und 3.1 bis 3.1198; plastischer Überblick auch in *Nobbe* Das Girokonto in der Insolvenz, in: Prütting (Hrsg.), Insolvenzrecht 1996, 1997, S. 99. Recht eigentlich kommt dann noch das Planverfahren (nach Erstellung des Insolvenzplanes) und das sog. Insolvenzkonto hinzu, das Konto, das der Insolvenzverwalter

für die Abwicklung des Insolvenzverfahrens neu begründet und das (wegen dieses Zwecks) hinsichtlich der Pflichten besonders gestaltet ist.

[702] *Obermüller/Kuder* in Gottwald (Hrsg.), Insolvenzrechts-Handbuch, § 98 Rn 1 f.

[703] *Obermüller/Kuder* Insolvenzrecht Rn 2.350–2.376 (allerdings zu Unrecht annehmend, das Bankgeheimnis „gälte" gegenüber dem Insolvenzverwalter nicht mehr, es ist vielmehr nur eingeschränkt, wenn auch recht weitgehend); für die Unterlagen zum Abschlusssaldo können die Grundsätze zur Pfändung des Tagessaldos (mit Herausgabe des Kontoauszugs) a maiore herangezogen werden, vgl. dazu BGH-Rechtsprechung und Nachw. oben Zweiter Teil Rn 242; näher zu Bankgeheimnis und Insolvenz des Kontoinhabers *Bode*, Der Auskunftsanspruch des (vorläufigen) Insolvenzverwalters; *H. Huber* ZInsO 2001, 289; *Vallender* FS Uhlenbruck 2000, S. 133.

saldo fordern,[704] diejenigen über bereits abgerechnete Saldoperioden nicht pauschal, aber bei nachgewiesenem berechtigten Interesse und gegen Ersatz der Kosten.[705]

2. Einzelkontokorrent: Bestand, Beendigung, Verfügungsbefugnis und Interventionsrechte

255

a) **Bestand und Beendigung.** Die **Eröffnung des Insolvenzverfahrens** gegenüber dem Kunden beendet das Kontokorrentverhältnis. Da die **Beendigungswirkung ex lege** eintritt, namentlich auf Grund §§ 91, 115 InsO (kein weiterer freier Erwerb von Guthaben mehr möglich),[706] wird diese Rechtslage auch nicht etwa durch die Neugestaltung des Kündigungsregimes durch Zahlungsdienste-Richtlinie und -Gesetz berührt. Gleiches gilt auch für die Insolvenz des Instituts, freilich (theoretisch) nicht für seine Pflichten aus dem Girovertrag mit Kreditlinie.[707] Die gleiche Wirkung zeigt die Einsetzung eines vorläufigen Insolvenzverwalters *ohne* Verfügungsverbot noch nicht (§§ 91, 115 InsO sind nicht erfüllt), soll jedoch – trotz § 91 InsO – auch die Einsetzung eines vorläufigen Insolvenzverwalters *mit* Verfügungsverbot noch nicht zeitigen.[708] Auf Grund der Beendigung ist ein **außerordentlicher (End-)Saldo** zu bilden, dessen Zahlung – entsprechend der Rechtslage auch während des Bestehens des Kontokorrents – sofort geschuldet ist: den Überschuss kann entweder das kontoführende Institut fordern (dann grds. als gewöhnliche Insolvenzforderung, wenn keine Absicherung erfolgte),[709] oder aber der Insolvenzverwalter.

Eine „**Fortführung** *des*" Kontos durch den Insolvenzverwalter oder den Gesamtschuldner ist eine **Neubegründung**,[710] mit neuen Rechten und neuer Pflichtenstruktur: Der Gesamtschuldner ist frei, ein neues Konto zu begründen,[711] sinnvollerweise als Pfändungs-

256

---

[704] BGH Urt. v. 26.10.1953 – I ZR 156/52, BB 1953, 993; *Obermüller/Kuder* in Gottwald (Hrsg.), Insolvenzrechts-Handbuch, § 98 Rn 32 f., 35.

[705] BGH Urt. v. 22.4.1982 – III ZR 112/80, WM 1982, 706; *Obermüller/Kuder* in Gottwald (Hrsg.), Insolvenzrechts-Handbuch, § 98 Rn 32 f.

[706] BGH Urt. v. 2.2.1972 – VIII ZR 152/70, BGHZ 58, 108 (111); BGH (Fn 540), BGHZ 95, 185 (187) = NJW 1985, 2698 (bei Oder-Konten nicht für andere Inhaber); BGH Urt. v. 14.12.2006 – IV ZR 194/05, BGHZ 170, 206 (213); BGH Urt. v. 26.6.2008 – IX ZR 47/05, ZIP 2008, 1437 (1438); OLG Karlsruhe Urt. v. 4.1.2008 – 17 U 406/06, ZIP 2008, 1343 (1344); OLG Oldenburg Urt. v. 9.2.2012 – 1 U 68/11, juris, Tz. 31 (auch zum fortbestehenden Recht [keiner Pflicht] des Kreditinstituts, noch eingehende Beträge entgegenzunehmen, mit Auskehrungspflicht nach § 667 BGB); *Peschke* Insolvenz des Girokontoinhabers, S. 23 f.; *Obermüller/Kuder* Insolvenzrecht Rn 3.20 (m.w.Nachw.).

[707] BankR-HdB/*Mayen* § 47 Rn 34 (m.w.Nachw.); *Canaris* Bankvertragsrecht Rn 511.

[708] BGH Urt. v. 20.3.1997 – IX ZR 71/96, BGHZ 135, 140 = WM 1997, 831 = ZIP 1997, 737; *Obermüller/Kuder* in Gottwald (Hrsg.), Insolvenzrechts-Handbuch, § 98 Rn 7; MünchKommHGB/*Langenbucher* § 355 Rn 118b; ebenso (unstreitig), solange nur Insolvenz*antrag* gestellt ist: BGH Urt. v. 14.12.2006 – IX ZR 102/03, BGHZ 170, 196 = WM 2007, 370 = ZIP 2007, 191.

[709] BGH (Fn 421), NJW 1978, 538; BGH Beschluss v. 9.5.1979 – VIII ZB 11/79, NJW 1979, 1658; BGH (Fn 386), WM 1991, 60; *Obermüller/Kuder* in Gottwald (Hrsg.), Insolvenzrechts-Handbuch, § 98 Rn 5 f.; *Peschke* Insolvenz des Girokontoinhabers, S. 24 ff. Die Absicherung – vor allem auf Grund des Pfandrechts nach Nr. 14 AGB-Banken / 21 AGB-Sparkassen – muss bereits vor Eröffnung des Insolvenzverfahrens begründet gewesen sein, auf den Endsaldo kann sie sich nicht mehr wirksam beziehen, auch nicht als antizipierte Sicherheitenbestellung; vgl. unten Zweiter Teil Rn 266.

[710] BGH (Fn 386), NJW 1991, 1286 (1287); GroßkommHGB/*Canaris* § 355 Rn 115.

[711] *Obermüller/Kuder* in Gottwald (Hrsg.), Insolvenzrechts-Handbuch, § 98 Rn 3.

schutzkonto für die geschützten Beträge (vgl. unten Zweiter Teil Rn 258 f.). Für den Insolvenzverwalter wird solch ein Konto als Insolvenzkonto – zum Zweck der Durchführung des Verfahrens und mit entsprechend zugeschnittenen Pflichten – eingerichtet.[712] In der Praxis gibt der Insolvenzverwalter das (guthabenfreie) Konto freilich auch häufig an den Schuldner zur Fortführung frei, was dann rechtlich jedoch ebenfalls als Neubegründung zu qualifizieren ist.

257   **b) Verfügungsbefugnis und Interventionsrechte.** Solange das Konto (noch) weiterbesteht, hat der Schuldner noch Verfügungsbefugnis, **solange nur Insolvenzantrag** gestellt ist oder ein vorläufiger Insolvenzverwalter **ohne Verfügungsverbot** eingesetzt wurde. Die Verfügungsbefugnis umfasst gleichermaßen Aufträge seitens des Schuldners für Zahlungsvorgänge, die das Debet erhöhen bzw. das Guthaben mindern, wie die Entgegennahme von Gutschriften, insbesondere auch debetmindernden, seitens des kontoführenden Instituts. Folglich sind in dieser Phase auch noch Pfändungen nach den dargelegten Grundsätzen möglich, wobei diese freilich, wird das Verfahren dann eröffnet, idR in die Insolvenzanfechtungsfristen fallen. All diese Rechtsfolgen werden ausgeschlossen durch ein Verfügungsverbot.

258   **c) Insbes. Pfändungsschutzkonto.** Das Pfändungsschutzkonto (oben Zweiter Teil Rn 246–248) dient nach dem Gesagten der Vereinfachung des Schutzregimes, in dem jedem Schuldner ein pfändungsfreier Mindestbetrag verbleiben soll (sog. geschützter Betrag). **Beim bereits bestehenden Pfändungsschutzkonto** entspricht es diesem Zweck, dass das Kontokorrentverhältnis auch durch Eröffnung des Insolvenzverfahrens gegen den Kontoinhaber nicht ex lege beendet werden soll (§§ 36 Abs. 1 S. 2 InsO, 850k ZPO; auch das debitorisch geführte nicht, str.), und insbesondere der geschützte Betrag auch nicht in die Insolvenzmasse fällt, der Insolvenzverwalter hierüber also auch keine Verfügungsbefugnis erwirbt.[713]

259   Bestand demgegenüber kein Pfändungsschutzkonto, so kann der Schuldner zwar ein solches – wie jedes Kontokorrent – neu begründen (vgl bereits oben Zweiter Teil Rn 256). Umstritten ist jedoch, ob die Möglichkeit besteht, **ein bestehendes (gewöhnliches) Kontokorrentverhältnis in ein Pfändungsschutzkonto umzuwandeln.** Überwiegend wird davon ausgegangen, dass dies nach Eröffnung des Insolvenzverfahrens nicht mehr möglich sei, da kein Konto mehr bestehe. Dem Schutzzweck des P-Kontos, der auch bei der Pfändung noch eine (rückwirkende) Umwandlung in einem Vier-Wochen-Zeitraum nach Pfändung trägt (vgl. § 85 ZPO), legt es m.E. eher nahe, § 36 Abs. 1 S. 2 InsO mit seinem Verweis auf § 850k ff. ZPO) weit auszulegen und Gleiches auch in der Insolvenz anzunehmen.[714] Sicherlich kann eine Umwandlung kurz vor Verfahrenseröffnung nicht der Insolvenzanfechtung unterliegen.[715]

---

[712] Dazu BGH (Fn 386), WM 1991, 60; für die Führung vor allem durch Rechtsanwälte: *Kießling* NZI 2006, 440 (bes. 440 f.).

[713] Vgl. *Bitter* ZIP 2011, 149 (157 f.) (allerdings: [entgegen Gesetzgeberintention] werde das debitorisch geführte P-Konto beendet). Ausführlich zum Pfändungsschutzkonto in der Insolvenz, namentlich zu dieser Freistellung und insbes. auch zur Durchsetzung der Rechte auf den überschießenden Betrag: *Büchel* ZInsO 2010, 20 (23–27); *Casse* ZInsO 2012, 1402; auch *Remmert*

NZI 2008, 70; speziell zum überschießenden Betrag: *Obermüller* InsBüro 2013, 180 (182 f.).

[714] AA *Obermüller* InsBüro 2013, 180 (185 f.) (auch zur Umwandlung kurz vor Insolvenzeröffnung).

[715] AA *Obermüller/Kuder* in Gottwald (Hrsg.), Insolvenzrechts-Handbuch, § 98 Rn 27; unter Hinweis auf Parallelrechtsprechung vor Einführung des P-Konto, jedoch m.E. nicht hinreichend auf dessen Schutzzweck (Lückenlosigkeit) abstellend. Vgl. früher LG

3. Sonstige Kontokorrente: Bestand, Beendigung,   **260**
   Verfügungsbefugnis und Interventionsrechte

a) **Oder- sowie Und-Konto.** Das **Oder-Konto** zeichnet sich durch gesonderte Verfügungsmacht jedes Kontoinhabers aus (oben Zweiter Teil Rn 197–200). Die Insolvenz eines Kontoinhabers (oder jedenfalls: nicht aller) führt daher auch mit Insolvenzeröffnung nicht zur Beendigung des Kontokorrents, da dann §§ 91, 115 InsO nicht erfüllt sind – andere Kontoinhaber können noch verfügen –, und die anderen Kontoinhaber können auch weiter verfügen, auch etwa durch Verrechnung eingehender Valuta (Gutschrift) mit einem Debetsaldo.[716] Jeder Kontoinhaber wird also weiterhin gesondert gesehen und kann weiterhin gesondert handeln.[717]

Obwohl sich das **Und-Konto** durch gemeinsame Verfügungsmacht der Kontoinhaber   **261** auszeichnet (oben Zweiter Teil Rn 201), gilt für die Beendigung das Gleiche wie beim Oder-Konto. Zwar kann bzw. können der oder die anderen Kontoinhaber nicht ohne Zustimmung des Insolvenzverwalters verfügen, sobald ein Verfügungsverbot erlassen bzw. das Insolvenzverfahren eröffnet ist.[718] Da eingehende Valuta (Gutschrift) jedoch nicht allein der Insolvenzmasse zusteht, kann sie weiter etwa zum Abbau eines Debets verwandt werden.[719] Entsprechend wird auch die Kontokorrentbeziehung nicht ex lege beendet (vgl. §§ 91 und auch 115 InsO).

b) **Fremd-, Treuhand- und Anderkonten.** Bei Fremd-, Treuhand- und Anderkonten in   **262** der Insolvenz stellen sich vor allem die oben erörterten (**Vor-)Fragen zur Inhaberschaft.** Tritt die Fremdkontoschaft nach den oben genannten Kriterien nicht in relevantem Maße zu Tage (oben Zweiter Teil Rn 205–210), so ist das Konto auch in der Insolvenz unfassend als Konto des nominell Berechtigten zu behandeln. Allenfalls bestehen Ansprüche gegen ihn seitens des materiell ihm gegenüber Berechtigten („Hintermannes"), die dann in der Insolvenz des nominell Berechtigten einfache Insolvenzforderungen darstellen.

Wird demgegenüber die **Treuhandschaft** hinreichend klar und ist rechtlich relevant,   **263** d.h. entfaltet Schutzwirkung gegenüber dem Treugeber auch in der Insolvenz (str. ob Offensichtlichkeit oder Unmittelbarkeit, vgl. Zweiter Teil Rn 205 ff.), so bedeutet dies freilich noch nicht, dass der Treugeber den Treuhänder jetzt verdrängt. Vielmehr behält das Konto seinen Charakter als Konto des Treuhänders. Grds. ist es **wie ein Einzelkonto des Treuhänders** zu behandeln: Weisungen direkt an die kontoführende Bank konnte der Treugeber schon vor Eintritt der Krise nicht geben (Zweiter Teil Rn 205). Dies ändert sich auch nicht, solange der Insolvenzantrag für (oder durch) den Treuhänder bereits gestellt ist, dieser jedoch noch verfügungsberichtigt bleibt. Sobald dieser seine Verfügungsberechtigung ver-

München I Urt. v. 28.11.2012 – 26 O 8154/12, ZinsO 2013, 352; OLG Naumburg Urt. v. 8.12.2010 – 5 U 96/10, ZinsO 2011, 677; wie hier etwa *Kemperdick* ZinsO 2012, 2193; *Wollmann* ZinsO 2012, 2061.
[716] BGH (Fn 540), WM 1985, 1059.
[717] Ausführlich *Obermüller/Kuder* Insolvenzrecht Rn 2.124 ff.; Auseinandersetzung außerhalb des Insolvenzverfahrens, zur Insolvenzmasse gehört allein die Forderung auf und aus Auseinandersetzung gegenüber den anderen Kontoinhabern (vgl. § 84 InsO): OLG Rostock Beschluss v. 11.9.2003 – 7 W 54/03, ZInsO 2003, 1002.

[718] BGH Urt. v. 10.1.1963 – II ZR 95/61, BGHZ 39, 14 (15); näher *K. Schmidt* Das Gemeinschaftskonto: Rechtsgemeinschaft am Rechtsverhältnis – Eine rechtsdogmatische Skizze zu den §§ 421, 427, 428, 432, 705 und 741 BGB, FS Hadding 2004, S. 1093.
[719] *Sinz* in Uhlenbruck/Hirte/Vallender (Hrsg.), Insolvenzordnung, 14. Aufl. 2015, §§ 115/116 Rn 20 ff.; *Obermüller/Kuder* in Gottwald (Hrsg.), Insolvenzrechts-Handbuch, § 98 Rn 12.

liert (mit Verfügungsverbot) bzw. das Konto erlischt (mit Insolvenzeröffnung, § 91 InsO), gewinnt der Treugeber ebenfalls keine direkten Weisungsrechte – etwa auf Auszahlung, während umgekehrt in der Insolvenz des Treugebers der Treuhänder (als Vollrechtsinhaber) verfügungsbefugt bleibt.[720] Vielmehr ist er auf seine Aus- oder auch Absonderungsrechte (gemäß den Grundsätzen oben Zweiter Teil Rn 209 f.) beschränkt (§ 47–51, 165 ff. InsO).

264   Bei **Anderkonten** tritt die Fremdberechtigung bereits auf Grund der Bezeichnung offensichtlich hervor und wird allein schon aus diesem Grund anerkannt. Für Anderkonten gilt daher – allein auf Grund der Bezeichnung – ebenfalls das bei den Treuhandkonten *mit* Schutzwirkung für den Treugeber Gesagte.[721] Da in diesem Fall jedoch die Treugeber Klienten der jeweils maßgeblichen Berufsgruppen sind, kann nicht allein auf das Instrument der Aussonderung verwiesen werden und muss Vorsorge für eine Fortsetzung getragen werden (vgl. etwa Nr. 13 AGB-Rechtsanwälte).[722]

265   **4. Schicksal einzelner Kontobewegungen** Während nach dem Gesagten der bloße Insolvenzantrag sowie auch die Einsetzung eines vorläufigen Insolvenzverwalters ohne Verfügungsverbot Kontobestand und Verfügungsbefugnis des Schuldners unberührt lassen, ist dieser bei **Einsetzung eines vorläufigen Insolvenzverwalters mit Verfügungsverbot (§§ 21 f. InsO)** nicht mehr befugt, Zahlungsvorgänge zu Lasten des Kontos auszulösen,[723] umgekehrt kann jedoch auch das Institut grds. nicht mehr Zahlungseingänge als Gutschriften so verbuchen, dass sie das Debet mindern.[724]

266   Gleiches gilt, wenn das Konto wegen **Eröffnung eines Insolvenzverfahrens** endet. Erst recht ab diesem Zeitpunkt können **Einzelleistungen nicht mehr einbezogen** werden.[725] Ein **positiver Saldo** zugunsten des Gemeinschuldners entsteht – wegen der vorher bestehenden Kontokorrentbindung – nach jüngerer, strengerer höchstrichterlicher Rechtsprechung erst mit Beendigung der Kontokorrentbindung durch Insolvenz und **kann daher nicht mehr wirksam antizipiert abgetreten werden**, obwohl der (letzte) kausale Saldo materiell vor Eröffnung des Insolvenzverfahrens aufgebaut wird und obwohl dies die antizipierte (Global-)Zession bei kontokorrentgebundenen Forderungen als Sicherungsmittel völlig entwertet (vgl. § 91 InsO, früher § 15 KO).[726] Einzelposten, die der Gemeinschuldner mit fremdem Geld begründet hat oder die Gegenleistungen für die Veräußerung von unter ver-

---

[720] Vgl. zu beiden Situationen BGH Beschluss v. 12.7.2012 – IX ZR 213/11, WM 2012, 1496; *Obermüller/Kuder* in Gottwald (Hrsg.), Insolvenzrechts-Handbuch, § 98 Rn 14; ausführlich *Lange* NJW 2007, 2513. In der Treugeberinsolvenz kann freilich der Insolvenzverwalter das Guthaben auf dem Treuhandkonto herausverlangen oder aber eine noch getätigte Verfügung genehmigen und vom Empfänger herausverlangen (BGH a.a.O.).

[721] BGH (Fn 577), WM 1996, 662, *Hellner* FS Nielsen 1996, S. 29.

[722] Vgl. näher OLG Köln Urt. v. 4.11.2009 – 17 U 40/09, ZIP 2009, 2395 (Vorrang des Standesrechts als lex specialis gegenüber allgemeinem Insolvenzrecht); *Obermüller/Kuder* Insolvenzrecht Rn 2.150–2.152.

[723] Andres/*Leithaus* Insolvenzordnung, 3. Aufl. 2014, § 22 Rn 3 ff., § 24 Rn 2; *Böhm* in Braun (Hrsg.), Insolvenzordnung, 6. Aufl. 2014, § 22 Rn 9 ff.

[724] *Leithaus* NZI 2005, 592; Andres/*Leithaus* Insolvenzordnung, 3. Aufl. 2014, § 82 Rn 7.

[725] BGH Urt. v. 21.6.2005 – XI ZR 152/04, NJW 2005, 3213 (3214); BGH Urt. v. 25.2.1977 – I ZR 167/75, NJW 1977, 1346.

[726] BGH (Fn 386), NJW 2009, 2677 (2678 f.) = WM 2009, 1515 Anm. NZI 2009, 600 (*de Bra/Ganninger*) und BB 2009. 2054 (*Seehafer*); aA noch BGH (Fn 421), BGHZ 70, 86 (93–95); *Schwintowski* § 8 Rn 88; für die Rückwirkungen speziell auf das AGB-Pfandrecht der Banken/Sparkassen: *Obermüller* ZInsO 2009, 2527.

längertem Eigentumsvorbehalt gelieferten Waren darstellen, unterliegen gleichfalls nicht der Ersatzaussonderung.[727]

Besteht eine **ungekündigte Kreditlinie**, so ist eine Rückführung des Negativsaldos **267** inkongruent (und daher anfechtbar im Rahmen von §§ 131 [bes. Abs. 1 Nr. 1], 143 InsO)[728] – es sei denn, die Rückführung ermöglichte neuerliche Verfügungen über die Kreditlinie.[729] Hierfür – auch etwa im Rahmen von § 131 Abs. 1 Nr. 2 InsO – ist auf den Gesamtzeitraum abzustellen und nicht etwa eine Anfechtung für einzelne Zeitabschnitte allein möglich, so dass, wenn phasenweise nur der Negativsaldo zurückgeführt wurde, dann jedoch die Kreditlinie wieder in Anspruch genommen wurde, von inkongruenten Zahlungen höchstens in Höhe des Überschusses der Rückführungsbeträge über den Gesamtbetrag der neuerlichen Kreditinanspruchnahmen (über den maßgeblichen Gesamtzeitraum) auszugehen ist.[730] Gewährt der Kontokorrentgläubiger (idR Kreditinstitut) hingegen zusätzlichen Kredit (namentlich bei geduldeter weiterer Überziehung), aus der der Gesamtschuldner einen (Konto-)Pfändungspfandgläubiger befriedigt, so erhält dieser keinen anfechtbaren Vermögenszuwachs aus dem Schuldnervermögen, sondern begründet das Kreditinstitut eine neue Kreditforderung.[731]

---

[727] Erstere verlieren mit der Einstellung ins Kontokorrent die für den Ersatzaussonderungsanspruch nötige Abtretbarkeit: BGH (Fn 446), BGHZ 58, 257 (259 f.) = NJW 1972, 873. Bei Letzteren liegt keine unberechtigte Veräußerung des Gemeinschuldners vor (vgl. § 48 InsO, früher § 46 KO), da sie regelmäßig durch Weiterverkauf im ordnungsgemäßen Geschäftsgang entstehen: BGH (Fn 414), BGHZ 73, 259 (259, 264 f. und 266). Vgl. auch BGH Urt. v. 11.5.1989 – IX ZR 222/88, WM 1989, 965 (966).

[728] BGH Urt. v. 7.5.2009 – IX ZR 140/08, WM 2009, 1101 = ZInsO 2009, 1054 (1055 f.); Urt. v. 15.11.2007 – IX ZR 212/06, WM 2008, 169 = ZInsO 2008, 159; BGH (Fn 467), BGHZ 150, 122 = WM 2002, 961 (für neu entstehendes Pfandrecht); vergleichbar für Hereinnahme von Schecks sicherungshalber und deren Einziehung, ohne dass die zugrunde liegende Forderung zediert gewesen wäre: BGH Urt. v. 14.5.2009 – ZR IX 63/08, BGHZ 181, 132 = WM 2009, 1202.

[729] BGH (Fn 728), WM 2009, 1101 (1102) = ZInsO 2009, 1054 (1055 f.); wobei die Reihenfolge (zuerst weitere Kreditinanspruchnahme, dann Rückführung, oder umgekehrt) unerheblich ist: BGH (Fn 467), BGHZ 150, 122 = WM 2002, 961.

[730] BGH Urt. v. 7.7.2011 – IX ZR 100/10, WM 2011, 1523 = ZIP 2011, 1576 = ZInsO 2011, 1500; dazu EwiR § 131 InsO 6/11, 649 (*Würdinger*); sowie etwa ZInsO 2011, 87 (*Stiller* zu OLG Koblenz, ZIP 2010, 1615, als Vorinstanz). Zur Insolvenzanfechtbarkeit von Kontokorrentverrechnung auch näher: *Bruckhoff* NJW 2002, 3304; *Leithaus* NZI 2002, 188; *ders.* NZI 2005, 295; *Obermüller* ZInsO 1999, 324; *Stapper/Jacobi* BB 2007, 2017; *Stiller* ZInsO 2002, 651; *Streil/Jordan* DZWIR 2004, 441 (auch Globalzession); *Zuleger* ZInsO 2002, 49; ausf. *Peschke* Insolvenz des Girokontoinhabers, S. 46–265. Speziell zur Insolvenzanfechtung von Verrechnungen in Cash-Pools BGH Urt. v. 13.6.2013 – IX ZR 259/12, WM 2013, 1793; zur Haftung des GmbH-Geschäftsführers nach § 64 S. 1 GmbHG bei in der Krise erfolgter Verrechnung zwischen verschiedenen Konten der GmbH, wenn sich diese auf eine von ihm verabredete sog. „Cross-Pledge"-Abrede stützt: OLG München Urt. v. 13.2.2013 – 7 U 2831/12, WM 2013, 933 (934) (bejahend).

[731] BGH Urt. v. 28.2.2008 – IX ZR 213/06, NJW-RR 2008, 919 (auch zur Frage, wann doch Gläubigerbenachteiligung anzunehmen ist, vor allem, wenn das Kreditinstitut hierfür Sicherheiten in Anspruch nehmen kann, die der Pfändungspfandgläubiger nicht hatte).

268 **Anhang 1: AGB Oder-Konto**

Eröffnung von Gemein-schaftskonten/-depots mit Einzelverfügungs-berechtigung („Oder-Konto")[732]

Hiermit beantragen wir die Eröffnung von Gemeinschaftskonten/-depots mit Einzelverfügungsberechtigung für jeden Kontoinhaber zu nachfolgenden Vereinbarungen:

Interne Angaben der Bank/Ablagehinweise			
Kontoform[733] (z.B. Sparkonto)	Das Konto wird wie folgt genutzt:	Konto-/ Depot-Nr.	Konto-/Depot-Währung
1	# privat # betrieblich		
2	# privat # betrieblich		
3	# privat # betrieblich		
4	# privat # betrieblich		
5	# privat # betrieblich		
	# privat # betrieblich		

	A	B	C
Name, Vornamen (auch Geburtsname)			
Anschrift (in D inkl. Bundesland)[734]			
Beruf/Branche			
Staatsangehörigkeit(en)[735]			
Familienstand[736]			
Geburtsort			
Geburtsdatum			
Telefon[736]			
Fax-Nr.[736]			
E-Mail-Adresse[736]			
Übermittlungsform der Kontoauszüge	# Kontoauszugsdrucker # Sonstiges	Zusendung der Konto-/ Depotauszüge an:	
Nutzung elektronischer Medien[737]	# Debitkarte # Online-Banking # Telefonbanking #	# Debitkarte # Online-Banking # Telefonbanking #	# Debitkarte # Online-Banking # Telefonbanking #

1. Kontokorrentabrede, Rechnungsperiode

Die Konten werden in laufender Rechnung geführt (Kontokorrentkonto), sofern nicht eine abweichende Regelung besteht. Bei einem Kontokorrentkonto erteilt die Bank jeweils zum Ende eines Kalenderquartals einen Rechnungs-abschluss, sofern nachstehend keine abweichende Rechnungsperiode angegeben ist:

Abweichende Rechnungsperiode	

---

[732] Weitere Angaben zur Aufzeichnung gemäß GwG, KWG und Steuerrecht sind auf dem Vordruck 41.226 aufzuzeichnen und zu den Kontoeröffnungsunterlagen hinzuzuneh-men.

[733] Angabe, falls sich aus der Konto-/Depot-nummer die Kontoform nicht erkennen lässt.

[734] Die Angaben sind erforderlich in Hinblick auf den korrekten Einbehalt der Abgeltung-steuer.

[735] Eine USStaatsangehörigkeit ist immer (ggf. zusätzlich) anzugeben (FATCA-USA-Umset-zungsverordnung).

[736] Die Angabe ist freiwillig.

[737] Die Nutzung der elektronischen Zugangs-medien setzt voraus, dass hierüber zwischen der Bank und dem Konto-/Depotinhaber eine gesonderte Vereinbarung getroffen wor-den ist.

3. Abschnitt. Bankkonto

Die Rechtswirkungen eines Rechnungsabschlusses sowie die Pflicht, dessen Inhalt zu prüfen und gegebenenfalls Einwendungen zu erheben, sind in Nr. 7 der Allgemeinen Geschäftsbedingungen geregelt.

2. Einzelverfügungsberechtigung

Jeder Konto-/Depotinhaber darf über die Konten/Depots ohne Mitwirkung der anderen Konto-/Depotinhaber verfügen und zu Lasten der Konten/Depots alle mit der Konto-/Depotführung im Zusammenhang stehenden Vereinbarungen treffen, sofern nicht nachstehend etwas anderes geregelt ist:

a) Kreditverträge und Kontoüberziehungen
Für den Abschluss und die Änderung von Kreditverträgen zu Lasten der Konten/Depots ist die Mitwirkung aller Konto-/Depotinhaber erforderlich. Jedoch ist jeder Konto-/Depotinhaber selbstständig berechtigt, über die auf dem Gemeinschaftskonto etwa eingeräumten Kredite jeder Art zu verfügen und von der Möglichkeit vorübergehender Kontoüberziehungen im banküblichen Rahmen Gebrauch zu machen.

b) Termingeschäfte
Zum Abschluss und zur Durchführung von Termingeschäften, insbesondere Finanz- und Devisentermingeschäften zu Lasten der Konten/ Depots, bedarf es einer Vereinbarung mit allen Konto-/Depotinhabern.

c) Erteilung und Widerruf von Vollmachten
Eine Konto-/Depotvollmacht kann nur von allen Konto-/Depotinhabern gemeinschaftlich erteilt werden. Der Widerruf durch einen der Konto-/ Depotinhaber führt zum Erlöschen der Vollmacht. Über einen Widerruf ist die Bank unverzüglich und aus Beweisgründen möglichst schriftlich zu unterrichten.

d) Auflösung der Konten/Depots
Eine Auflösung der Konten/Depots kann nur durch alle Konto-/Depotinhaber gemeinschaftlich erfolgen (zur Ausnahme für den Todesfall siehe Ziffer 7).

3. Eröffnung weiterer Konten/Depots

Jeder Konto-/Depotinhaber ist allein berechtigt, zum Zwecke der Geldanlage Sparkonten und Festgeldkonten mit Einzelverfügungsberechtigung für jeden Konto-/Depotmitinhaber zu den hier getroffenen Vereinbarungen zu eröffnen. Die Bank wird alle Kontomitinhaber hierüber unterrichten.

4. Gesamtschuldnerische Haftung

Für die Verbindlichkeiten aus den Gemeinschaftskonten/-depots haften die Konto-/Depotinhaber als Gesamtschuldner, d.h., die Bank kann von jedem einzelnen Konto-/Depotinhaber die Erfüllung sämtlicher Ansprüche fordern.

5. Widerruf der Einzelverfügungsberechtigung

Jeder Konto-/Depotinhaber kann die Einzelverfügungsberechtigung eines anderen Konto-/Depotinhabers jederzeit mit Wirkung für die Zukunft der Bank gegenüber widerrufen. Über den Widerruf ist die Bank unverzüglich und aus Beweisgründen möglichst schriftlich zu unterrichten. Sodann können alle Konto-/Depotinhaber nur noch gemeinsam über die Konten/Depots verfügen.

6. Konto-/Depotmitteilungen

Konto- und Depotauszüge werden in der oben vereinbarten Form übermittelt. Wenn eine unmittelbare Benachrichtigung geboten ist (z.B. bei der Nichtausführung von Zahlungsverkehrsaufträgen), wird die Bank die Mitteilung stets an die oben genannte Postanschrift richten. Konto- und Kreditkündigungen sowie die Ankündigung solcher Maßnahmen werden jedoch jedem Konto-/Depotinhaber zugeleitet. Jeder Konto-/Depotinhaber kann verlangen, dass ihm künftig alle Konto-/Depotmitteilungen zusätzlich übermittelt werden.

7. Regelung für den Todesfall eines Konto-/Depotinhabers

Nach dem Tode eines Konto-/Depotinhabers bleiben die Befugnisse des/der anderen Konto-/Depotinhaber(s) unverändert bestehen. Jedoch kann/können der/die überlebende(n) Konto-/Depotinhaber ohne Mitwirkung der Erben die Konten/Depots auflösen.

Die Rechte des Verstorbenen werden durch dessen Erben gemeinschaftlich wahrgenommen. Das Recht zum Widerruf der Einzelverfügungsberechtigung steht jedoch jedem Erben allein zu. Widerruft ein Miterbe, bedarf jede Verfügung über die Konten/Depots seiner Mitwirkung. Widerrufen sämtliche Miterben die Einzelverfügungsberechtigung eines Konto-/Depotinhabers, so können sämtliche Konto-/ Depotinhaber nur noch gemeinschaftlich mit sämtlichen Miterben über die Konten/Depots verfügen.

8. Einwilligung zur Übermittlung von Daten an die SCHUFA (gilt nur für Kontokorrentkonten)

Ich/wir willige(n) ein, dass die Bank der SCHUFA Holding AG, Kormoranweg 5, 65201 Wiesbaden, Daten über die Beantragung, die Durchführung und Beendigung dieser Kontoverbindung übermittelt.

Unabhängig davon wird die Bank der SCHUFA auch Daten über ihre gegen mich/uns bestehenden fälligen Forderungen übermitteln. Dies ist nach dem Bundesdatenschutzgesetz (§ 28a Absatz 1 Satz 1) zulässig, wenn ich/wir die geschuldete Leistung trotz Fälligkeit nicht erbracht habe(n), die Übermittlung zur Wahrung berechtigter Interessen der Bank oder Dritter erforderlich ist und

– die Forderung vollstreckbar ist oder ich/wir die Forderung ausdrücklich anerkannt habe(n) oder
– ich/wir nach Eintritt der Fälligkeit der Forderung mindestens zweimal schriftlich gemahnt worden bin/sind,

die Bank mich/uns rechtzeitig, jedoch frühestens bei der ersten Mahnung, über die bevorstehende Übermittlung nach mindestens vier Wochen unterrichtet hat und ich/wir die Forderung nicht bestritten habe(n) oder

– das der Forderung zugrunde liegende Vertragsverhältnis aufgrund von Zahlungsrückständen von der Bank fristlos gekündigt werden kann und die Bank mich/uns über die bevorstehende Übermittlung unterrichtet hat.

Darüber hinaus wird die Bank der SCHUFA auch Daten über sonstiges nichtvertragsgemäßes Verhalten (Konten- oder Kreditkartenmissbrauch oder sonstiges betrügerisches Verhalten) übermitteln. Diese Meldungen dürfen nach dem Bundesdatenschutzgesetz (§ 28 Absatz 2) nur erfolgen, soweit dies zur Wahrung berechtigter Interessen der Bank oder Dritter erforderlich ist und kein Grund zu der Annahme besteht, dass das schutzwürdige Interesse des Betroffenen an dem Ausschluss der Übermittlung überwiegt.

Insoweit befreie(n) ich/wir die Bank zugleich vom Bankgeheimnis.

Die SCHUFA speichert und nutzt die erhaltenen Daten. Die Nutzung umfasst auch die Errechnung eines Wahrscheinlichkeitswertes auf Grundlage des SCHUFA-Datenbestandes zur Beurteilung des Kreditrisikos (Score). Die erhaltenen Daten übermittelt sie an ihre Vertragspartner im Europäischen Wirtschaftsraum und der Schweiz, um diesen Informationen zur Beurteilung der Kreditwürdigkeit von natürlichen Personen zu geben. Vertragspartner der SCHUFA sind Unternehmen, die aufgrund von Leistungen oder Lieferung finanzielle Ausfallrisiken tragen (insbesondere Kreditinstitute sowie Kreditkarten- und Leasinggesellschaften, aber auch etwa Vermietungs-, Handels-, Telekommunikations-, Energieversorgungs-, Versicherungs- und Inkassounternehmen). Die SCHUFA stellt personenbezogene Daten nur zur Verfügung, wenn ein berechtigtes Interesse hieran im Einzelfall glaubhaft dargelegt wurde und die Übermittlung nach Abwägung aller Interessen zulässig ist. Daher kann der Umfang der jeweils zur Verfügung gestellten Daten nach Art der Vertragspartner unterschiedlich sein. Darüber hinaus nutzt die SCHUFA die Daten zur Prüfung der Identität und des Alters von Personen auf Anfrage ihrer Vertragspartner, die beispielsweise Dienstleistungen im Internet anbieten.

Ich/wir kann/können bei der SCHUFA Auskunft über die mich/uns betreffenden gespeicherten Daten erhalten. Weitere Informationen über das SCHUFA-Auskunfts- und Score-Verfahren sind unter www.meineschufa.de abrufbar. Die postalische Adresse der SCHUFA lautet:

SCHUFA Holding AG, Privatkunden Servicecenter, Postfach 103441, 50474 Köln.

9. Einbeziehung der Geschäftsbedingungen

Maßgebend für die Geschäftsverbindung sind die Allgemeinen Geschäftsbedingungen der Bank. Daneben gelten für einzelne Geschäftsbeziehungen Sonderbedingungen, die Abweichungen oder Ergänzungen zu diesen Allgemeinen Geschäftsbedingungen enthalten; insbesondere handelt es sich hierbei um die Bedingungen für den Scheckverkehr, für den Überweisungsverkehr, für Zahlungen mittels Lastschrift, für die girocard, für den Sparverkehr sowie für das Wertpapier- und Termingeschäft. Der Wortlaut der einzelnen Regelungen kann in den Geschäftsräumen der Bank eingesehen werden. Der Konto-/Depotinhaber kann auch später noch die Übersendung der Allgemeinen Geschäftsbedingungen und Sonderbedingungen an sich verlangen.

Ort, Datum		Unterschrift (=Unterschriftsprobe)	A
Unterschrift (=Unterschriftsprobe)	B	Unterschrift (=Unterschriftsprobe)	C

Datenschutzrechtlicher Hinweis:

Die Bank verarbeitet und nutzt die von Ihnen erhobenen personenbezogenen Daten auch für Zwecke der Werbung oder der Markt- oder Meinungsforschung. Sie können jederzeit der Verarbeitung und Nutzung Ihrer personenbezogenen Daten für Zwecke der Werbung sowie der Markt- und Meinungsforschung widersprechen.

Ihre IBAN* lautet: Der BIC** lautet:

1	
2	
3	
4	
5	

  * International Bank Account Number (Internationale Bankkontonummer)   ** Bank Identifier Code (Bank-Identifizierungscode)

Sie erhalten die Angaben zur IBAN mit separater Pos

Anhang 2: AGB Und-Konto 269

**Eröffnung von Gemein-
schaftskonten/-depots
mit gemeinschaftlicher
Verfügungsberechtigung
(„Und-Konto")[738]**

Hiermit beantragen wir die
Eröffnung von Konten/Depots mit gemeinschaftlicher Verfügungsberechtigung für sämtliche Kontoinhaber zu
nachfolgenden Vereinbarungen:

Interne Angaben der Bank/Ablagehinweise			
Kontoform[739] (z. B. Sparkonto)	Das Konto wird wie folgt genutzt:	Konto-/ Depot-Nr.	Konto-/Depot-Währung
1	# privat # betrieblich		
2	# privat # betrieblich		
3	# privat # betrieblich		
4	# privat # betrieblich		
5	# privat # betrieblich		
	# privat # betrieblich		
Gegebenenfalls Zusatzbezeichnung			

	A	B	C
Name, Vornamen (auch Geburtsnamen)			
Anschrift (in D inkl. Bundesland)[740]			
Beruf/Branche			
Staatsangehörigkeit(en)[741]			
Familienstand			
Geburtsort			
Geburtsdatum			
Telefon[742]			
Fax-Nr.[742]			
E-Mail-Adresse[742]			
Übermittlungsform der Kontoauszüge	# Kontoauszugsdrucker # Sonstiges	Zusendung der Konto-/ Depotauszüge an:	
Nutzung elektronischer Medien[743]	# Debitkarte # Online-Banking # Telefonbanking #	# Debitkarte # Online-Banking # Telefonbanking #	# Debitkarte # Online-Banking # Telefonbanking #

1. Kontokorrentabrede, Rechnungsperiode

Die Konten werden in laufender Rechnung geführt (Kontokorrentkonto), sofern nicht eine abweichende Regelung
besteht. Bei einem Kontokorrentkonto erteilt die Bank jeweils zum Ende eines Kalenderquartals einen Rechnungsabschluss, sofern nachstehend keine abweichende Rechnungsperiode angegeben ist:

Abweichende Rechnungsperiode	

---

[738] Weitere Angaben zur Aufzeichnung gemäß GwG, KWG und Steuerrecht sind auf dem Vordruck 41.226 aufzuzeichnen und zu den Kontoeröffnungsunterlagen hinzuzunehmen.

[739] Angabe, falls sich aus der Konto-/Depotnummer die Kontoform nicht erkennen lässt.

[740] Die Angaben sind erforderlich in Hinblick auf den korrekten Einbehalt der Abgeltungsteuer.

[741] Eine USStaatsangehörigkeit ist immer (ggf. zusätzlich) anzugeben (FATCA-USA-Umsetzungsverordnung).

[742] Die Angabe ist freiwillig.

[743] Die Nutzung der elektronischen Zugangsmedien setzt voraus, dass hierüber zwischen der Bank und dem Konto-/Depotinhaber eine gesonderte Vereinbarung getroffen worden ist.

Die Rechtswirkungen eines Rechnungsabschlusses sowie die Pflicht, dessen Inhalt zu prüfen und gegebenenfalls Einwendungen zu erheben, sind in Nr. 7 der Allgemeinen Geschäftsbedingungen geregelt.

2. Gemeinschaftliche Verfügungsberechtigung

Die Konto-/Depotinhaber sind nur gemeinschaftlich über die Konten/Depots verfügungsberechtigt. Eine Änderung der Verfügungsberechtigung kann von den Konto-/Depotinhabern nur gemeinschaftlich bestimmt werden.

3. Erteilung und Widerruf von Vollmachten

Eine Konto-/Depotvollmacht kann nur von allen Konto-/Depotinhabern gemeinschaftlich erteilt werden. Der Widerruf durch einen der Konto-/Depotinhaber führt zum Erlöschen der Vollmacht. Über den Widerruf ist die Bank unverzüglich und aus Beweisgründen möglichst schriftlich zu unterrichten. Jeder Konto-/Depotinhaber ist jedoch berechtigt, für seine Befugnisse ohne Mitwirkung der anderen Konto-/Depotinhaber Vollmacht zu erteilen.

4. Gesamtschuldnerische Haftung

Für die Verbindlichkeiten aus den Gemeinschaftskonten/-depots haften die Konto-/Depotinhaber als Gesamtschuldner, d. h., die Bank kann von jedem einzelnen Konto-/Depotinhaber die Erfüllung sämtlicher Ansprüche fordern.

5. Konto-/Depotmitteilungen

Konto- und Depotauszüge werden in der oben vereinbarten Form übermittelt. Wenn eine unmittelbare Benachrichtigung geboten ist (z.B. bei der Nichtausführung von Zahlungsverkehrsaufträgen), wird die Bank die Mitteilung stets an die oben genannte Postanschrift richten. Konto- und Kreditkündigungen sowie die Ankündigung solcher Maßnahmen werden jedoch jedem Konto-/Depotinhaber zugeleitet. Jeder Konto-/Depotinhaber kann verlangen, dass ihm künftig alle Konto-/Depotmitteilungen zusätzlich übermittelt werden.

6. Regelung für den Todesfall eines Konto-/Depotinhabers

Nach dem Tode eines Konto-/Depotinhabers können die anderen Konto-/Depotinhaber nur zusammen mit den Erben über die Konten/Depots verfügen oder diese auflösen.

7. Einwilligung zur Übermittlung von Daten an die SCHUFA (gilt nur für Kontokorrentkonten)

Ich/wir willige(n) ein, dass die Bank der SCHUFA Holding AG, Kormoranweg 5, 65201 Wiesbaden, Daten über die Beantragung, die Durchführung und Beendigung dieser Kontoverbindung übermittelt.

Unabhängig davon wird die Bank der SCHUFA auch Daten über ihre gegen mich/uns bestehenden fälligen Forderungen übermitteln. Dies ist nach dem Bundesdatenschutzgesetz (§ 28a Absatz 1 Satz 1) zulässig, wenn ich/wir die geschuldete Leistung trotz Fälligkeit nicht erbracht habe(n), die Übermittlung zur Wahrung berechtigter Interessen der Bank oder Dritter erforderlich ist und
– die Forderung vollstreckbar ist oder ich/wir die Forderung ausdrücklich anerkannt habe(n) oder
– ich/wir nach Eintritt der Fälligkeit der Forderung mindestens zweimal schriftlich gemahnt worden bin/sind, die Bank mich/uns rechtzeitig, jedoch frühestens bei der ersten Mahnung, über die bevorstehende Übermittlung nach mindestens vier Wochen unterrichtet hat und ich/wir die Forderung nicht bestritten habe(n) oder
– das der Forderung zugrunde liegende Vertragsverhältnis aufgrund von Zahlungsrückständen von der Bank fristlos gekündigt werden kann und die Bank mich/uns über die bevorstehende Übermittlung unterrichtet hat.
Darüber hinaus wird die Bank der SCHUFA auch Daten über sonstiges nichtvertragsgemäßes Verhalten (Konten- oder Kreditkartenmissbrauch oder sonstiges betrügerisches Verhalten) übermitteln. Diese Meldungen dürfen nach dem Bundesdatenschutzgesetz (§ 28 Absatz 2) nur erfolgen, soweit dies zur Wahrung berechtigter Interessen der Bank oder Dritter erforderlich ist und kein Grund zu der Annahme besteht, dass das schutzwürdige Interesse des Betroffenen an dem Ausschluss der Übermittlung überwiegt.
Insoweit befreie(n) ich/wir die Bank zugleich vom Bankgeheimnis.
Die SCHUFA speichert und nutzt die erhaltenen Daten. Die Nutzung umfasst auch die Errechnung eines Wahrscheinlichkeitswertes auf Grundlage des SCHUFA-Datenbestandes zur Beurteilung des Kreditrisikos (Score). Die erhaltenen Daten übermittelt sie an ihre Vertragspartner im Europäischen Wirtschaftsraum und der Schweiz, um diesen Informationen zur Beurteilung der Kreditwürdigkeit von natürlichen Personen zu geben. Vertragspartner der SCHUFA sind Unternehmen, die aufgrund von Leistungen oder Lieferung finanzielle Ausfallrisiken tragen (insbesondere Kreditinstitute sowie Kreditkarten- und Leasinggesellschaften, aber auch etwa Vermietungs-, Handels-, Telekommunikations-, Energieversorgungs-, Versicherungs- und Inkassounternehmen). Die SCHUFA stellt personenbezogene Daten nur zur Verfügung, wenn ein berechtigtes Interesse hieran im Einzelfall glaubhaft dargelegt wurde und die Übermittlung nach Abwägung aller Interessen zulässig ist. Daher kann der Umfang der jeweils zur Verfügung gestellten Daten nach Art der Vertragspartner unterschiedlich sein. Darüber hinaus nutzt die SCHUFA die Daten zur Prüfung der Identität und des Alters von Personen auf Anfrage ihrer Vertragspartner, die beispielsweise Dienstleistungen im Internet anbieten.
Ich/wir kann/können Auskunft bei der SCHUFA über die mich/uns betreffenden gespeicherten Daten erhalten. Weitere Informationen über das SCHUFA-Auskunfts- und Score-Verfahren sind unter www.meineschufa.de abrufbar.
Die postalische Adresse der SCHUFA lautet:
SCHUFA Holding AG, Privatkunden Servicecenter, Postfach 103441, 50474 Köln.

Stefan Grundmann

8. Einbeziehung der Geschäftsbedingungen

Maßgebend für die Geschäftsverbindung sind die Allgemeinen Geschäftsbedingungen der Bank. Daneben gelten für einzelne Geschäftsbeziehungen Sonderbedingungen, die Abweichungen oder Ergänzungen zu diesen Allgemeinen Geschäftsbedingungen enthalten; insbesondere handelt es sich hierbei um die Bedingungen für den Scheckverkehr, für den Überweisungsverkehr, für Zahlungen mittels Lastschrift, für die girocard, für den Sparverkehr sowie für das Wertpapier- und Termingeschäft. Der Wortlaut der einzelnen Regelungen kann in den Geschäftsräumen der Bank eingesehen werden. Der Konto-/Depotinhaber kann auch später noch die Übersendung der Allgemeinen Geschäftsbedingungen und Sonderbedingungen an sich verlangen.

Ort, Datum		Unterschrift (= Unterschriftsprobe)	A
Unterschrift (= Unterschriftsprobe)	B	Unterschrift (= Unterschriftsprobe)	C

Datenschutzrechtlicher Hinweis:

Die Bank verarbeitet und nutzt die von Ihnen erhobenen personenbezogenen Daten auch für Zwecke der Werbung oder der Markt- oder Meinungsforschung. Sie können jederzeit der Verarbeitung und Nutzung Ihrer personenbezogenen Daten für Zwecke der Werbung sowie der Markt- und Meinungsforschung widersprechen.

Ihre IBAN* lautet: Der BIC** lautet:

1			
2			
3			
4			
5			

* International Bank Account Number (Internationale Bankkontonummer)   ** Bank Identifier Code (Bank-Identifizierungscode)

Sie erhalten die Angaben zur IBAN mit separater Post.

Anhang 3: AGB Anderkonten   **270**

- a) Rechtsanwälte
- b) Notare
- c) Wirtschaftsprüfer und Steuerberater
- d) Patentanwälte

Alle vier Regelwerke in der Kopfzeile mit dem Hinweis: „Nähere Angaben zur Bank sind im „Preis- und Leistungsverzeichnis" enthalten."

a) Bedingungen für Anderkonten und Anderdepots von Rechtsanwälten und Gesellschaften von Rechtsanwälten

Begriffsbestimmungen

1. (1) Für Rechtsanwälte oder Gesellschaften von Rechtsanwälten[744] (im Weiteren: „Kontoinhaber") werden Anderkonten und Anderdepots (beide im Folgenden „Anderkonten" genannt) eingerichtet. Diese dienen der Verwahrung von Vermögenswerten eines Mandanten, die dem Kontoinhaber anvertraut wurden. Der Bank gegenüber ist nur der Kontoinhaber berechtigt und verpflichtet.

(2) Ein Sammelanderkonto dient der Verwahrung von Vermögenswerten verschiedener Mandanten.

---

[744] Gesellschaften von Rechtsanwälten sind Zusammenschlüsse von Rechtsanwälten in der Rechtsform der Gesellschaft bürgerlichen Rechts, der Partnerschaftsgesellschaft und der Rechtsanwalts-GmbH.

Kontoeröffnung

2. (1) Auf Verlangen der Bank ist der Kontoinhaber verpflichtet, der Bank die von ihm zu erhebenden, nach § 4 Abs. 5 GwG[745] zur Feststellung der Identität des wirtschaftlich Berechtigten erforderlichen Angaben mitzuteilen.

(2) Beantragt der Kontoinhaber die Eröffnung eines Sammelanderkontos, so ist dieses als „Sammelanderkonto" kenntlich zu machen[746].

(3) Auf Wunsch des Kontoinhabers kann die Bank weitere Anderkonten auch ohne schriftlichen Kontoeröffnungsantrag einrichten.

3. Ist der Rechtsanwalt auch Notar (Anwaltsnotar, Notaranwalt) oder Patentanwalt, so führt die Bank seine Anderkonten als Rechtsanwalts-Anderkonten, sofern er nicht beantragt hat, ein Anderkonto als Notar- oder als Patentanwalts-Anderkonto zu führen.

Kontoführung

4. Der Kontoinhaber darf Werte, die seinen eigenen Zwecken dienen, nicht einem Anderkonto zuführen oder auf einem Anderkonto belassen. Diese Werte sind auf ein Eigenkonto zu übertragen.

5. Der Kontoinhaber sorgt dafür, dass auf einem Sammelanderkonto in der Regel Werte über 15.000 Euro für einen einzelnen Mandanten nicht länger als einen Monat verbleiben.

6. Die Eigenschaft eines Kontos als Anderkonto kann nicht aufgehoben werden. Ist der Rechtsanwalt auch Notar (Anwaltsnotar, Notaranwalt) oder Patentanwalt, so kann er bestimmen, dass ein Anderkonto in Zukunft als Notar- oder Patentanwalts-Anderkonto zu führen ist.

7. Eine Kontovollmacht darf der Kontoinhaber nur einem Rechtsanwalt, Notar, Notarassessor, Patentanwalt, Wirtschaftsprüfer, vereidigtem Buchprüfer, Steuerberater oder Steuerbevollmächtigtem erteilen.

8. Die Bank nimmt unbeschadet der Regelung in Nr. 2 Abs. 1 keine Kenntnis vom Rechtsverhältnis zwischen Kontoinhaber und seinem Mandanten. Rechte des Mandanten auf Leistung aus einem Anderkonto oder auf Auskunft über ein Anderkonto bestehen der Bank gegenüber nicht; die Bank ist demgemäß nicht berechtigt, dem Mandanten Verfügungen über ein Anderkonto zu gestatten oder Auskunft über das Anderkonto zu erteilen, selbst wenn nachgewiesen wird, dass das Konto im Interesse des Mandanten errichtet worden ist.

9. Die Bank prüft die Rechtmäßigkeit der Verfügungen des Kontoinhabers in seinem Verhältnis zu Dritten nicht, auch wenn es sich um Überweisungen von einem Anderkonto auf ein Eigenkonto handelt.

10. Ansprüche gegen die Bank aus Anderkonten sind nicht abtretbar und nicht verpfändbar.

11. Im Falle der Pfändung wird die Bank den pfändenden Gläubiger im Rahmen der Drittschuldnererklärung auf die Eigenschaft als Anderkonto hinweisen.

12. Die Bank wird bei einem Anderkonto weder das Recht der Aufrechnung noch ein Pfand- oder Zurückbehaltungsrecht geltend machen, es sei denn wegen Forderungen, die in Bezug auf das Anderkonto selbst entstanden sind.

---

[745] Geldwäschegesetz.

[746] Im Konto-Dokumentationsbogen ist dies zu vermerken.

Stefan Grundmann

Rechtsnachfolge

13. (1) Ist der Rechtsanwalt alleiniger Kontoinhaber, so ist im Falle seines Todes der vom Rechtsanwalt oder von der zuständigen Rechtsanwaltskammer bestimmte Vertreter verfügungsberechtigt, bis die zuständige Rechtsanwaltskammer einen Abwickler bestellt.

(2) Ist der Rechtsanwalt alleiniger Kontoinhaber und erlischt die Zulassung des Kontoinhabers zur Rechtsanwaltschaft oder wird gegen ihn ein Berufs- oder Vertretungsverbot verhängt, ist der von der zuständigen Rechtsanwaltskammer bestellte Vertreter oder Abwickler verfügungsberechtigt.

b) Bedingungen für Anderkonten und Anderdepots von Notaren

Begriffsbestimmungen

1. Für Notare werden Anderkonten und Anderdepots (beide im Folgenden „Anderkonten" genannt) als Sonderkonten für fremde Gelder und Wertpapiere, die ihnen als Notare anvertraut wurden, eingerichtet. Der Bank gegenüber ist nur der Notar berechtigt und verpflichtet.

Kontoeröffnung

2. Auf Verlangen der Bank ist der Notar verpflichtet, der Bank die von ihm zu erhebenden, nach § 4 Abs. 5 GwG[747] zur Feststellung der Identität des wirtschaftlich Berechtigten erforderlichen Angaben mitzuteilen. Auf Wunsch des Notars kann die Bank weitere Anderkonten auch ohne schriftlichen Kontoeröffnungsantrag einrichten.

3. Ist der Notar auch Rechtsanwalt (Anwaltsnotar), so führt die Bank das Anderkonto als Rechtsanwaltsanderkonto, sofern er nicht beantragt hat, das Anderkonto als Notaranderkonto zu führen.

Kontoführung

4. Der Notar darf Werte, die ihm nicht als Notar anvertraut wurden, nicht einem Anderkonto zuführen oder auf einem Anderkonto belassen.

5. Die Eigenschaft eines Kontos als Anderkonto kann nicht aufgehoben werden. Ist der Notar auch Rechtsanwalt (Anwaltsnotar), so kann er bestimmen, dass ein Anderkonto in Zukunft als Rechtsanwaltsanderkonto zu führen ist.

6. Die Bank nimmt unbeschadet der Regelung in Nr. 2 Satz 1 keine Kenntnis davon, wer bei einem Anderkonto Rechte gegen den Notar geltend zu machen befugt ist. Rechte Dritter auf Leistung aus einem Anderkonto oder auf Auskunft über ein Anderkonto bestehen der Bank gegenüber nicht; die Bank ist demgemäß nicht berechtigt, einem Dritten Verfügungen über ein Anderkonto zu gestatten oder Auskunft über das Anderkonto zu erteilen, selbst wenn nachgewiesen wird, dass das Konto im Interesse des Dritten errichtet worden ist.

7. Die Bank prüft die Rechtmäßigkeit der Verfügungen des Notars in seinem Verhältnis zu Dritten nicht, auch wenn es sich um Überweisungen von einem Anderkonto auf ein Eigenkonto handelt.

8. Ansprüche gegen die Bank aus Anderkonten sind nicht abtretbar und nicht verpfändbar.

9. Im Falle der Pfändung wird die Bank den pfändenden Gläubiger im Rahmen der Drittschuldnererklärung auf die Eigenschaft als Anderkonto hinweisen.

---

[747] Geldwäschegesetz.

10. Die Bank wird bei einem Anderkonto weder das Recht der Aufrechnung noch ein Pfand- oder Zurückbehaltungsrecht geltend machen, es sei denn wegen Forderungen, die in Bezug auf das Anderkonto selbst entstanden sind.

Verfügungsbefugnis und Rechtsnachfolge

11. (1) Über das Notaranderkonto darf nur der Notar persönlich, dessen amtlich bestellter Vertreter oder der Notariatsverwalter oder eine sonstige nach § 54 b Absatz 3 Beurkundungsgesetz berechtigte Person verfügen.

(2) Wenn der Notar oder Notariatsverwalter aus rechtlichen Gründen (z.B. Erlöschen des Amtes, Verlegung des Amtssitzes, vorläufige Amtsenthebung) an der Amtsausübung gehindert ist, endet seine Verfügungsbefugnis.

(3) Nach einer vorläufigen Amtsenthebung steht die Verfügungsbefugnis dem von der Landesjustizverwaltung wegen der Amtsenthebung bestellten Vertreter oder Notariatsverwalter zu, vor dessen Bestellung der zuständigen Notarkammer. Bis zur Bestellung eines Vertreters oder Notariatsverwalters bleibt der Notar Kontoinhaber ohne Verfügungsbefugnis (§ 55 Abs. 2 Satz 3 Bundesnotarordnung). Mit der Bestellung wird der Notariatsverwalter Kontoinhaber (§ 58 Abs. 1 Bundesnotarordnung).

(4) In den übrigen Fällen wird die zuständige Notarkammer Kontoinhaber, bis die Landesjustizverwaltung einen Notariatsverwalter bestellt oder einem anderen Notar die Verfügungsbefugnis übertragen hat (§ 54 b Abs. 3 Satz 2 Beurkundungsgesetz).

Einzelverwahrung von fremden Wertpapieren und Kostbarkeiten

12. Für die Einzelverwahrung von fremden Wertpapieren und Kostbarkeiten, die nicht unter Verwendung eines Anderkontos erfolgt, gelten auf Antrag des Notars die vorstehenden Bedingungen mit Ausnahme von Nr. 2 Satz 2 sinngemäß.

c) Bedingungen für Anderkonten und Anderdepots von Angehörigen der öffentlich bestellten wirtschaftsprüfenden und wirtschafts- und steuerberatenden Berufe

Begriffsbestimmungen

1. Für Wirtschaftsprüfer, vereidigte Buchprüfer, Steuerberater und Steuerbevollmächtigte sowie Wirtschaftsprüfungsgesellschaften, Buchprüfungsgesellschaften und Steuerberatungsgesellschaften (im Weiteren: „Kontoinhaber") werden Anderkonten und Anderdepots (beide im Folgenden „Anderkonten" genannt) eingerichtet. Diese dienen der Verwahrung von Vermögenswerten eines Mandanten, die dem Kontoinhaber anvertraut wurden. Der Bank gegenüber ist nur der Kontoinhaber berechtigt und verpflichtet.

Kontoeröffnung

2. Bei jeder Kontoeröffnung ist der Kontoinhaber verpflichtet, den Namen und die Anschrift desjenigen mitzuteilen, auf dessen Veranlassung er handelt (wirtschaftlich Berechtigter)[748]. Wird das Anderkonto vom Kontoinhaber für einen anderen als den nach Satz 1 benannten wirtschaftlich Berechtigten wiederverwendet, ist der Kontoinhaber verpflichtet, unverzüglich Name und Anschrift des neuen wirtschaftlich Berechtigten schriftlich mitzuteilen. Auf Wunsch des Kontoinhabers kann die Bank weitere Anderkonten auch ohne schriftlichen Kontoeröffnungsantrag einrichten.

---

[748] Im Konto-Dokumentationsbogen ist dies zu vermerken.

Stefan Grundmann

Kontoführung

3. Der Kontoinhaber darf Werte, die seinen eigenen Zwecken dienen, nicht einem Anderkonto zuführen oder auf einem Anderkonto belassen. Diese Werte sind auf ein Eigenkonto zu übertragen.

4. Die Eigenschaft eines Kontos als Anderkonto kann nicht aufgehoben werden.

5. Eine Kontovollmacht darf der Kontoinhaber nur einem Wirtschaftsprüfer, vereidigten Buchprüfer, Steuerberater, Steuerbevollmächtigten, Rechtsanwalt, Notar, Notarassessor oder Patentanwalt erteilen.

6. Die Bank nimmt unbeschadet der Regelung in Nr. 2 keine Kenntnis vom Rechtsverhältnis zwischen Kontoinhaber und seinem Mandanten. Rechte des Mandanten auf Leistung aus einem Anderkonto oder auf Auskunft über ein Anderkonto bestehen der Bank gegenüber nicht; die Bank ist demgemäß nicht berechtigt, dem Mandanten Verfügungen über ein Anderkonto zu gestatten oder Auskunft über das Anderkonto zu erteilen, selbst wenn nachgewiesen wird, dass das Konto im Interesse des Mandanten errichtet worden ist.

7. Die Bank prüft die Rechtmäßigkeit der Verfügungen des Kontoinhabers in seinem Verhältnis zu Dritten nicht, auch wenn es sich um Überweisungen von einem Anderkonto auf ein Eigenkonto handelt.

8. Ansprüche gegen die Bank aus Anderkonten sind nicht abtretbar und nicht verpfändbar.

9. Im Falle der Pfändung wird die Bank den pfändenden Gläubiger im Rahmen der Drittschuldnererklärung auf die Eigenschaft als Anderkonto hinweisen.

10. Die Bank wird bei einem Anderkonto weder das Recht der Aufrechnung noch ein Pfand- oder Zurückbehaltungsrecht geltend machen, es sei denn wegen Forderungen, die in Bezug auf das Anderkonto selbst entstanden sind.

Rechtsnachfolge

11. (1) Wird das Anderkonto als Einzelkonto für einen Wirtschaftsprüfer, vereidigten Buchprüfer, Steuerberater oder Steuerbevollmächtigten geführt, so wird im Falle seines Todes die zuständige Berufskammer oder die von ihr bestimmte Person Kontoinhaber, bis die zuständige Berufskammer einen Abwickler bestellt.

(2) Absatz 1 gilt entsprechend, wenn der Kontoinhaber infolge Zurücknahme oder Erlöschens seiner Zulassung aus dem Personenkreis der Wirtschaftsprüfer, vereidigten Buchprüfer, Steuerberater oder Steuerbevollmächtigten ausscheidet oder gegen ihn ein Berufs- oder Vertretungsverbot verhängt ist. Wird im Falle eines Berufs- oder Vertretungsverbots von der zuständigen Berufskammer ein Vertreter für den Kontoinhaber bestellt, so tritt dieser an die Stelle der in Absatz 1 genannten Personen. Die Wirksamkeit von Rechtshandlungen des Wirtschaftsprüfers, vereidigten Buchprüfers, Steuerberaters oder Steuerbevollmächtigten wird durch ein Berufs- oder Vertretungsverbot nicht berührt (§ 144 Abs. 4 Wirtschaftsprüferordnung; § 139 Abs. 5 StBerG).

d) Bedingungen für Anderkonten und Anderdepots von Patentanwälten und Gesellschaften von Patentanwälten

Begriffsbestimmungen

1. (1) Für Patentanwälte oder Gesellschaften von Patentanwälten[749] (im Weiteren: „Kontoinhaber") werden Anderkonten und Anderdepots (beide im Folgenden „Ander-

---

[749] Gesellschaften von Patentanwälten sind Zusammenschlüsse von Patentanwälten in der Rechtsform der Gesellschaft bürgerlichen Rechts. der Partnerschaftsgesellschaft und der Patentanwalts-GmbH.

konten" genannt) eingerichtet. Diese dienen der Verwahrung von Vermögenswerten eines Mandanten, die dem Kontoinhaber anvertraut wurden. Der Bank gegenüber ist nur der Kontoinhaber berechtigt und verpflichtet.

(2) Ein Sammelanderkonto dient der Verwahrung von Vermögenswerten verschiedener Mandanten.

Kontoeröffnung

2. (1) Auf Verlangen der Bank ist der Kontoinhaber verpflichtet, der Bank die von ihm zu erhebenden, nach § 4 Abs. 5 GwG[750] zur Feststellung der Identität des wirtschaftlich Berechtigten erforderlichen Angaben mitzuteilen.

(2) Beantragt der Kontoinhaber die Eröffnung eines Sammelanderkontos, so ist dieses als „Sammelanderkonto" kenntlich zu machen[751].

(3) Auf Wunsch des Kontoinhabers kann die Bank weitere Anderkonten auch ohne schriftlichen Kontoeröffnungsantrag einrichten.

3. Ist der Patentanwalt auch Rechtsanwalt, so führt die Bank seine Anderkonten als Rechtsanwalts-Anderkonten, sofern er nicht beantragt hat, ein Anderkonto als Patentanwalts-Anderkonto zu führen.

Kontoführung

4. Der Kontoinhaber darf Werte, die seinen eigenen Zwecken dienen, nicht einem Anderkonto zuführen oder auf einem Anderkonto belassen. Diese Werte sind auf ein Eigenkonto zu übertragen.

5. Der Kontoinhaber sorgt dafür, dass auf einem Sammelanderkonto in der Regel Werte über 15.000 Euro für einen einzelnen Mandanten nicht länger als einen Monat verbleiben.

6. Die Eigenschaft eines Kontos als Anderkonto kann nicht auf gehoben werden. Ist der Patentanwalt auch Rechtsanwalt, so kann er bestimmen, dass ein Anderkonto in Zukunft als RechtsanwaltsAnderkonto zu führen ist.

7. Eine Kontovollmacht darf der Kontoinhaber nur einem Patentanwalt, Rechtsanwalt, Notar, Notarassessor, Wirtschaftsprüfer, vereidigten Buchprüfer, Steuerberater oder Steuerbevollmächtigten erteilen.

8. Die Bank nimmt unbeschadet der Regelung in Nr. 2 Abs. 1 keine Kenntnis vom Rechtsverhältnis zwischen Kontoinhaber und seinem Mandanten. Rechte des Mandanten auf Leistung aus einem Anderkonto oder auf Auskunft über ein Anderkonto bestehen der Bank gegenüber nicht; die Bank ist demgemäß nicht berechtigt, dem Mandanten Verfügungen über ein Anderkonto zu gestatten oder Auskunft über das Anderkonto zu erteilen, selbst wenn nachgewiesen wird, dass das Konto im Interesse des Mandanten errichtet worden ist.

9. Die Bank prüft die Rechtmäßigkeit der Verfügungen des Kontoinhabers in seinem Verhältnis zu Dritten nicht, auch wenn es sich um Überweisungen von einem Anderkonto auf ein Eigenkonto handelt.

10. Ansprüche gegen die Bank aus Anderkonten sind nicht abtretbar und nicht verpfändbar.

11. Im Falle der Pfändung wird die Bank den pfändenden Gläubiger im Rahmen der Drittschuldnererklärung auf die Eigenschaft als Anderkonto hinweisen.

---

[750] Geldwäschegesetz.

[751] Im Konto-Dokumentationsbogen ist dies zu vermerken.

Stefan Grundmann

12. Die Bank wird bei einem Anderkonto weder das Recht der Aufrechnung noch ein Pfand- oder Zurückbehaltungsrecht geltend machen, es sei denn wegen Forderungen, die in Bezug auf das Anderkonto selbst entstanden sind.

Rechtsnachfolge

13. (1) Ist der Patentanwalt alleiniger Kontoinhaber, so ist im Falle seines Todes der vom Patentanwalt oder von der Patentanwaltskammer bestimmte Vertreter verfügungsberechtigt, bis die Patentanwaltskammer einen Abwickler bestellt.

(2) Ist der Patentanwalt alleiniger Kontoinhaber und erlischt die Zulassung des Kontoinhabers zur Patentanwaltschaft oder wird gegen ihn ein Berufs- oder Vertretungsverbot verhängt, ist der von der Patentanwaltskammer bestellte Vertreter oder Abwickler verfügungsberechtigt.

4. Abschnitt. Allgemeine Geschäftsbedingungen der Kreditinstitute (einschließlich Entgeltfragen)

Schrifttum: 1. Monographien, Sammelbände, Kommentare: *Anwaltskommentar* zum AGB-Recht, 2. Aufl. 2014 (S. 246–263, *Niebling*); *Bruchner/Bunte* Aktuelle AGB-rechtliche Fragen im Bankgeschäft, 1989; *Bunte* AGB-Banken, AGB-Sparkassen, Sonderbedingungen – Kommentar, 4. Aufl. 2015; *Freund* Die Änderung allgemeiner Geschäftsbedingungen in bestehenden Verträgen, 1998; *Gößmann/Wagner-Wieduwilt/Weber* Allgemeine Geschäftsbedingungen der Banken, 1993; *Hefermehl* Allgemeine Geschäftsbedingungen der Banken (AGB-Banken) – Funktion und wirtschaftliche Bedeutung für das Bankgeschäft, 1984; *Horn* Die AGB-Banken 1993, 1994; *Lange* Die Klauselwerke der Kreditwirtschaft – eine Untersuchung ausgewählter Probleme, 1995; *Ohlroggen* Die Allgemeinen Geschäftsbedingungen der Banken (1993) und der allgemeine Bankvertrag, 1997; *Schebesta/Siedler* Die AGB der Volksbanken und Raiffeisenbanken – Erläuterungen, 2. Aufl. 2008; *Schebesta/Vortmann* Die neuen AGB-Banken, 1992; *Stepeler* Bankentgelte – zulässige Entgelte für kreditwirtschaftliche Leistungen, 2003; *Ulmer/Brandner/Hensen* AGB-Recht – Kommentar zu den §§ 305–310 BGB und zum UKlaG, 11. Aufl. 2011 (S. 1701–1743, *Fuchs*); *Werhahn/Schebesta/Aepfelbach* AGB und Sonderbedingungen der Banken, 1995; *Graf von Westphalen/Thüsing* (Hrsg) Vertragsrecht und AGB-Klauselwerke, 36. EL 2015 (*Fandrich* Banken- und Sparkassen-AGB); *Wolf/Lindacher/Pfeiffer* AGB-Recht Kommentar, 6. Aufl. 2013 (S. 1137–1188, *Pamp*).

2. Aufsätze und Beiträge: *Aden*, Die Neuen AGB-Sparkassen 1993, NJW 1993, 832; *Anders/Rothenhöfer* Anlegerschutz im Wertpapiergeschäft und AGB in der Kreditwirtschaft – Bericht über den Bankrechtstag am 25. Juni 2010 in Bonn, WM 2010, 1429; *Becher/Gößmann* Die Änderungen der Allgemeinen Geschäftsbedingungen der privaten Banken, Sparkassen und Landesbanken, BKR 2002, 519; *Becher/Krepold* Gesetzgebung und Rechtsprechung – Das Bearbeitungsentgelt im Spannungsfeld von Privatautonomie und AGB-Recht, BKR 2014, 45; *Billing* Entgelte für die Übertragung von Wertpapieren in ein anderes Depot, MDR 2005, 601; *ders.* Zur AGB-rechtlichen Zulässigkeit eines Bearbeitungsentgelts bei Darlehensverträgen – Teil I und II, WM 2013, 1777 und 1829; *Bitter* Wer schützt den Verbraucher vor dem Verbraucherschutz? Bankentgelte und „Verursacherprinzip" in juristisch-ökonomischer Betrachtung, FS Ott 2002, S. 153; *ders.* Bankpraxis zwischen Recht und Wirtschaft – Bankentgelte, Kreditkartenverfahren und weitergeleiteter Auftrag in juristisch-ökonomischer Betrachtung, ZBB 2007, 237; *Bork* Ist der Auslagenersatz in den AGB der Banken und Sparkassen wirklich unwirksam? – Zugleich eine Besprechung der Entscheidungen des Bundesgerichtshofs vom 8. Mai 2012 = WM 2012, 1189 und WM 2012, 1344, WM 2013, 1101; *Brandner* Auslegungszuständigkeit des EuGH bei der Inhaltskontrolle von Entgeltklauseln der Banken bei Verbraucherverträgen, MDR 1999, 6; *Brömmelmeyer* Der Ombudsmann im Finanzsektor, WM 2012, 337; *Cahn* Inhaltskontrolle von Überziehungsentgelten in Banken-AGB, WM 2010, 1197; *Casper/Möllers* Kennt der Darlehensvertrag nur Zinsen? – Überlegungen anlässlich der aktuellen Debatte um die AGB-rechtliche Zulässigkeit von Bearbeitungsentgelten, BKR 2014, 59; *Clemente* Das Pfandrecht nach Nr. 21 Abs. 3 AGB-Sparkassen, ZBB 2007, 55; *Danco* Neue AGB der Sparkassen und Landesbanken/Girozentrale, ZBB 2002, 136; *Dippel* Das neue Zahlungsverkehrsrecht und dessen Umsetzung in den kreditwirt-

schaftlichen Bedingungswerken, in: Habersack/Mülbert/Nobbe/Wittig (Hrsg.) Anlegerschutz im Wertpapiergeschäft, AGB in der Kreditwirtschaft: Bankrechtstag 2010, S. 137; *Fornasier* Die Inhaltskontrolle von Entgeltklauseln im Lichte des europäischen Zahlungsdiensterechts, WM 2013, 205; *Haaser* Zur Neugestaltung von Nr. 5 der AGB-Banken/Sparkassen und deren Rechtsfolgen für Erben, ErbR 2014, 313; *Hettich/Thieves/Timmann/Windhöfel* Die AGB der Banken auf dem Prüfstand des AGB-Gesetzes – Vorschläge für eine gesetzeskonforme Ausgestaltung, BB 1990, 2347; *Hoeren* Der Bankenombudsmann in der Praxis – ein erstes Resümee, NJW 1994, 362; *ders.* Die neuen AGB-Banken, NJW 1992, 3263; *Hofmann* Einwilligung zur Abtretung und Befreiung vom Bankgeheimnis in AGB der Bank, BKR 2008, 241; *Jordans* Zur (Un-)Zulässigkeit von Bankentgelten, DZWiR 2015, 201; *Knops* Bankentgelte in der AGB-Kontrolle, ZBB 2010, 479; *Koch* Neue AGB für Überweisungen, ZBB 2002, 57; *ders.* Abtretbarkeit von Darlehensforderungen im Lichte des AGB-Rechts, BKR 2006, 182; *Köndgen* Bankgebühren – Ökonomie und Recht kreditwirtschaftlicher Entgeltgestaltung, ZBB 1997, 117; *Krings* Die Neufassung der AGB-Banken, ZBB 1992, 326; *Kropf/Habl* Aktuelle Entwicklungen zur Zulässigkeit von Bankentgelten, BKR 2013, 103; *Krüger* Sittenwidrigkeit von Bankentgelten? – Massemehrung durch Rückforderung unberechtigter „Gebühren", NZI 2010, 1; *ders.* Richterliche Überprüfbarkeit von Preisklauseln in der Kreditwirtschaft, WM 1999, 1402; *Krüger/Bütter* Recht der Bankentgelte – Nebenentgelte im Kreditgeschäft, WM 2005, 673; *von der Linden* AGB-rechtliches Transparenzgebot bei Zinsanpassungsklauseln – Probleme der Bankvertragsgestaltung nach Basel II, WM 2008, 195; *Linnenbrink* Das Recht der Sparkassen zur ordentlichen Kündigung gem. Nr. 26 Abs. 1 AGB (Spk), BKR 2014, 10; *Maier* Bankrecht 2014, VuR 2015, 167; *Merkel* Die neuen Allgemeinen Geschäftsbedingungen der Banken – Teil II (Nr. 11–20), WM 1993, 725; *Metz* Variable Zinsen – Präzisierung bei § 315 BGB erforderlich? BKR 2010, 365; *Niebling* Die Inhaltskontrolle von Bankbedingungen, VuR 2011, 283; *ders.* Überziehungszinsen und AGB-Recht, BKR 2013, 463; *ders.* Aktuelle Entwicklungen im AGB-Recht, MDR 2010, 961; *ders.* Banken- und Sparkassenbedingungen im Lichte des AGB-Rechts, MDR 2013, 1012; *ders.* AGB-Recht – Aktuelle Entwicklungen bei einzelnen Vertragstypen und -klauseln, MDR 2014, 696; *Nobbe* Zulässigkeit von Bankentgelten, WM 2008, 185; *Ombudsmann der Privaten Banken* Tätigkeitsbericht 2013, 8/2014 (und frühere); *Philipp* Bankrecht – Zahlungskonten für jedermann, EuZW 2014, 364; *Piekenbrock* Das AGB-Pfandrecht am Kundenguthaben in der Klauselkontrolle, WM 2009, 49; *ders.* Die richterliche Preiskontrolle im Bankbereich aus europäischer Sicht, GPR 2014, 26; *Rösler/Fischer* Sicherungszweckvereinbarung als zentraler Bestandteil aller Kreditsicherheiten – Probleme aus AGB-Kontrolle und Akzessorietät, BKR 2006, 50; *Roller* Bankentgeltklauseln – Einbeziehung und Zulässigkeit, BKR 2008, 221; *Scheibengruber* Zur Zulässigkeit und Sinnhaftigkeit der Verlagerung des Missbrauchsrisikos bei Zahlungsdiensten auf die Nutzer – ein Beitrag zur Analyse der Umsetzung der Zahlungsdiensterichtlinie in das BGB und die AGB der Banken, BKR 2015, 10; *ders.* Unzulässige AGB-Klauseln in den neuen Bedingungen für Zahlungskarten und Onlinebanking, NJOZ 2010, 1366; *Schimansky* Zur Rechtsnatur der Wertstellung, FS Heinsius 1991, S. 705; *ders.* Bankentgelte, Wertstellung, in: Horn/Schimansky (Hrsg.) Bankrecht 1998, 1998, S. 1; *ders.* Inhaltskontrolle von Allgemeinen Geschäftsbedingungen der Kreditinstitute, FS aus Anlaß des fünfzigjährigen Bestehens von Bundesgerichtshof, Bundesanwaltschaft und Rechtsanwaltschaft beim Bundesgerichtshof 2000, S. 3; *ders.* Zinsanpassungsklauseln in AGB, WM 2001, 1169; *Servatius* Die ABG-rechtliche Behandlung von Vorschusszinsregelungen im Sparverkehr, BKR 2005, 295; *Sonnenhol* Änderungen der AGB-Banken zum 1. April 2002 – auch im Hinblick auf das Schuldrechtsmodernisierungsgesetz, WM 2002, 1259; *ders.* Änderungen der AGB-Banken zum 1. Januar 2000, WM 2000, 853; *ders.* Die neuen Allgemeinen Geschäftsbedingungen der Banken – Teil I (Nr. 1–10), WM 1993, 677; *Steuer* Die höchstrichterliche Rechtsprechung des Bundesgerichtshofs zu Preisen und Entgelten – eine kritische Bestandsaufnahme, FS Hadding 2004, S. 1169; *Stoffels* Grundsatzfragen der AGB-Kontrolle, in: Habersack/Mülbert/Nobbe/Wittig (Hrsg.) Anlegerschutz im Wertpapiergeschäft, AGB in der Kreditwirtschaft: Bankrechtstag 2010, S. 89; *Strube* AGB-Kontrolle von Leistungsentgelten und Preisanpassungsklauseln, in: Habersack/Mülbert/Nobbe/Wittig (Hrsg.) Anlegerschutz im Wertpapiergeschäft, AGB in der Kreditwirtschaft: Bankrechtstag 2010, S. 115; *Welker/Manhart* Bearbeitungsentgelte für Verbraucherdarlehensverträge – BGH spricht Klartext – Vorformulierte AGB sind unwirksam, NWB 2014, 2416; *Weller* Stillschweigende Einbeziehung der AGB-Banken im internationalen Geschäftsverkehr? IPRax 2005, 428; *Westermann* Fortschritte durch die neuen AGB der Banken und Sparkassen? WM 1993, 1865; *Graf v. Westphalen* Rechtmäßigkeit der Entgelte im Privatkundengeschäft der Banken, WM 1995, 1209; *ders.* AGB-Recht im Jahr 2013, NJW 2014, 2242; *ders.* Das faktische Ende von Preisan-

Stefan Grundmann

passungsklauseln, MDR 2008, 424; *ders.* Die Sparkassen-AGB unter der Lupe des AGB-Gesetzes, BB 1993, 8; *Wiechers* Aktuelle Rechtsprechung des XI. Zivilsenats des Bundesgerichtshofs, WM 2014, 145.

Übersicht

A. AGB-Regelwerke, Anwendungsfragen und Kontrolle

I. AGB-Regelwerke der Kreditinstitute

271   Seit 1937, in einer Zeit, als AGBs als „selbstgeschaffenes Recht der Wirtschaft" durchaus bereits problematisiert waren,[752] gestalteten die Kreditinstitute ihre Beziehung zum Kunden (vor allem) durch branchenweit geltende bzw. empfohlene AGBs näher aus.[753] Seit 1993 erfolgt dies getrennt **für die allgemeine Bank-Kunden-Beziehung** (nur noch 20 Nummern in der AGB-Banken statt der zuvor 47), während **für die einzelnen Bankgeschäfte Sonderbedingungen** formuliert wurden, auf die verwiesen wird (Nr. 1 Abs. 1 S. 2 AGB-Banken und Nr. 1 Abs. 2 S. 2 AGB-Sparkassen) und die jeweils vorgehen (als „leges speciales", ausdrücklich etwa Nr. 3 Abs. 1 S. 2 AGB-Banken und Nr. 19 Abs. 1 S. 1 2. HS AGB-Sparkassen).[754] Gemeint sind vor allem folgende Regelwerke (in der Ordnung der Materien im vorliegenden Kommentar): Sonderbedingungen für (verschiedene) Anderkonten, Sonderbedingungen für Überweisungsverkehr, (verschiedene Formen des) Lastschriftverkehr(s), Girocard und Online Banking sowie Sonderbedingungen für Sparkonten und Wertpapiergeschäfte.[755] Im Folgenden werden allein die allgemeinen AGB-Banken und

---

[752] Begriff von *Großmann-Doerth*, Selbstgeschaffenes Recht der Wirtschaft und staatliches Recht, 1933. Erste große Problematisierung und zugleich erste große empirisch-wirtschaftsrechtlich informierte Habilitation im deutschen Zivilrecht dann: *L. Raiser*, Das Recht der allgemeinen Geschäftsbedingungen. 1. Aufl. 1935 (geschrieben noch vor 1933 und dann in *Raisers* innerer Emigration sorgsam editiert und langsam veröffentlicht), vgl. *Kübler*, Ludwig Raiser, in Grundmann/Riesenhuber (Hrsg.), Deutschsprachige Zivilrechtslehrer des 20. Jahrhunderts in Berichten ihrer Schüler: eine Ideengeschichte in Einzeldarstellungen – Bd. 1, 2007, S. 287.

[753] Vgl. *Mauthe* Bank-Betrieb 1968, 8 (9); hierzu und zur de facto bereits bestehenden einheitlichen AGB-Praxis seit Ende des 19. Jahrhunderts (im Anschluss an eine AGB-Praxis einzelner Großbanken): *Ohlroggen* Allgemeinen Geschäftsbedingungen der Banken, S. 81–84.

[754] *Bunte* AGB-Banken und SB, AGB-Banken Rn 5; Derleder/Knops/Bamberger/*Casper* § 3 Rn 21; *Fischer/Klanten* Bankrecht, Rn 3.16; wohl auch Baumbach/*Hopt*, Bankgeschäfte,

Rn 5; zur Ausgliederung der Sonderbedingungen 1993 vgl. etwa *Hoeren* NJW 1992, 3263 (3264) („Klauseldschungel … gelichtet"); Derleder/Knops/Bamberger/*Casper* § 3 Rn 1; *Ohlroggen* Allgemeinen Geschäftsbedingungen der Banken, S. 84–87; monographisch zu diesem Hauptschritt zur Verknappung und Systematisierung: *Gößmann/Wagner-Wieduwielt/Weber* Allgemeine Geschäftsbedingungen der Banken; *Horn* AGB-Banken 1993.

[755] 1. (zum Konto): Verschiedene Sonderbedingungen für Anderkonten, oben Zweiter Teil Rn 269; dazu auch *Bunte* AGB-Banken und SB, Ordnungsnummer 4 X und XI.; BuB/ *Habl* Rn 2/339-2/342; 2. (zum Zahlungsverkehr) a) Sonderbedingungen für den Überweisungsverkehr (ÜB) idF vom 31.10.2009 und 26.6.2013; unten Dritter Teil Rn 543; dazu auch *Bunte* AGB-Banken und SB, Ordnungsnummer 4 IV.; BuB/*Escher-Weingart* Rn 6/136-6/138; 2. b) und c) Sonderbedingungen für Zahlungen mittels Lastschrift im SEPA-Firmenlastschriftverfahren bzw. im SEPA-Basislastschriftverfahren idF vom 9.7.2012; unten Dritter Teil Rn 544, 545 sowie auch 549 (zu den bis 1.1.2016 parallel

-Sparkassen kommentiert, die Sonderbedingungen werden beim jeweiligen Geschäft berücksichtigt, teils auch durchaus noch im Allgemeinen Teil (etwa AGB-Anderkonten, vgl. oben Zweiter Teil Rn 269). Während in den gängigen Erklärungen für die Bedeutung von AGB im Bankgeschäft im Vordergrund steht, dass das Bankvertragsrecht der Standardisierung bedarf, aber wenig durchreguliert ist[756] – so in der Tat noch zum Zeitpunkt der letzten Auflage –, ist Letzteres heute im Effekten- und Zahlungsgeschäft, aber auch im Verbraucherkreditrecht sicherlich nicht mehr der Fall. Sie sind, ganz im Gegenteil, inzwischen fast flächendeckend durchreguliert, wenn auch teils aufsichtsrechtlich und mit unklarer Wirkung für das Privatrecht, so dass die Funktionen inzwischen drei (etwa gleich wichtige) sind: die Ausübung von Wahlrechten, die die gesetzlichen Regeln eröffnen, die Information über die gesetzliche Lage und in der Tat auch Standardisierung und Ersatz für dispositives Recht (Schaffung vom substantiellem Bankvertragsrecht).

Die Verbände **der drei großen Institutsgruppen** formulieren diese AGBs jeweils getrennt, freilich **weitgehend vergleichbar**: Die AGBs des Bundesverbandes deutscher Banken (Privat/Kreditbanken) werden praktisch umfassend auch von der Institutsgruppe der Volks- und Raiffeisenbanken (Genossenschaftsbanken) übernommen.[757] Die AGB-Sparkassen sind eigenständiger, im Wesentlichen in den Gehalten jedoch ebenfalls gleich (teils anders arrangiert, teils etwas ausführlicher, nur sehr selten inhaltlich abweichend). Sie heben allerdings ungleich „emphatischer" an, indem sie auf das „besondere Vertrauensver- **272**

---

geltenden Bedingungen zum Einzugsermächtigungsverfahren); zu den Bedingungen zum Basislastschriftverfahren näher auch *Bunte* AGB-Banken und SB, Ordnungsnummer 4 VI.; 2 d) und e) Sonderbedingungen (Privatbanken bzw. Sparkassen) für die Girocard idF vom 1.11.2009; sowie die Händlerbedingungen Girocard (Deutsche Kreditwirtschaft); unten Dritter Teil Rn 547, 548 (SB Privatbanken und Händlerbedingungen); dazu näher *Bunte* AGB-Banken und SB, Ordnungsnummer 4 II. (SB Sparkassen); BuB/*Werner* Rn 19/33; Teil 12; 2 f.) Sonderbedingungen für das Online-Banking idF vom 1.11.2009, dazu näher *Bunte* AGB-Banken und SB, Ordnungsnummer 4 V.; BuB/*Werner* Rn 19/33; 2 g) die ebenfalls wichtigen Kreditkartenbedingungen werden heute institutsspezifisch formuliert, vgl. etwa unten Dritter Teil Rn 550, in Standardwerken, etwa bei *Bunte* (daher) nicht berücksichtigt. 3. (für das Kredit- und Wertpapiergeschäft vor allem) a) Sonderbedingungen für Sparkonten, unten Vierter Teil Rn 36 f.; näher *Bunte* AGB-Banken und SB, Ordnungsnummer 4 III.; und 3 b) Sonderbedingungen für Wertpapiergeschäfte idF vom 1.11.2007 und Juni/Juli 2012; Abdruck unten Bd. 11; dazu näher *Bunte* AGB-Banken und SB, Ordnungsnummer 4 VII.; BuB/*Beule* vor Rn 7/1; 3 c) Rahmenvertrag für Finanztermingeschäfte idF

1.12.2001, Abdruck unten Bd. 11 Weniger wichtig heute (und daher nach den wichtigen jüngeren Gesetzesnovellen, etwa durch Überweisungs- und Zahlungsdienstegesetz nicht neu aufgelegt): Sonderbedingungen für den Scheckverkehr (SchB) idF 1.11.2000 (Banken) bzw. 1.5.1998 (Sparkassen); dazu näher *Bunte* AGB-Banken und SB, Ordnungsnummer 4 I.; aber auch Sonderbedingungen für die Vermietung von Schrankfächern (SB Vermiet); dazu näher *Bunte* AGB-Banken und SB, Ordnungsnummer 4 VIII.; BuB/*Klüter* Rn 12/111; Sonderbedingungen für die Annahme von Verwahrstücken (SB Verwahr); dazu näher *Bunte* AGB-Banken und SB, Ordnungsnummer 4 IX.; BuB/*Klüter* Rn 12/153. Vollständige Übersichten bei *Bunte* AGB-Banken und SB, Ordnungsnummer 2 Rn 4; BuB/*Sonnenhol* Rn 1/19; Wolf/Lindacher/Pfeiffer/*Pamp* ABC der Klauseln und Vertragstypen Rn B 1.

[756] In der Tendenz etwa *Bitter* ZBB 2007, 237 (238); Kümpel/Wittig/*Peterek* Rn 6.17; Heymann/*Horn* Anh. § 372 Rn II/1 („Rationalisierung des Massengeschäfts"); deutlicher Derleder/Knops/Bamberger/*Casper* § 3 Rn 2.

[757] (Kleinere) Unterschiede nur in der Präambel und in Nr. 20 zur Einlagensicherung; vgl. etwa Ebenroth/Boujong/Joost/Strohn/*Thessinga* BankR I Rn 28.

hältnis" abstellen, das die Beziehung zwischen Sparkasse und Kunden prägt (Nr. 1 Abs. 1 AGB-Sparkassen). Schon die beiden konkreten Verweise – auf die Verpflichtung auf die Sorgfalt eines ordentlichen Kaufmanns (§ 347 Abs. 1 HGB) und auf die Wahrung des Bankgeheimnisses (oben Zweiter Teil Rn 72–74) – deuten freilich bereits an: Mit dieser Regelung wird nur auf die gesetzlichen Rücksichtnahme-, teils auch treuhänderischen Interessenwahrungspflichten verwiesen, die in Abschnitt 2 kommentiert wurden.[758] Nacheinander handelt es sich (bei den AGB-Banken) vor allem um die **Fassungen** 1955, 1969, 1976, 1977, 1984, 1986, 1988, 1993 (vollständige Neufassung) sowie zum 1.1.2000, 1.4.2002 und 1.11.2009.[759] Die Sparkassen-AGB wurden regelmäßig parallel neugefasst. Heute gelten die AGB-Banken und die AGB-Sparkassen – nach weiteren Änderungen 2012 – in der **Fassung vom 13.6.2014 und 15.7.2014**[760] und zwar als **Empfehlung**.[761] Seit der 7. GWB-Novelle (in Kraft seit dem 1.7.2005) sind (diese) branchenweiten Empfehlungen kraft Legalausnahme zugelassen und nicht mehr genehmigungspflichtig seitens des Bundeskartellamts (im Zuge dieser Entwicklung entfiel die Sondernorm für Kreditinstitute in § 29 GWB a.F.).[762] In der vorliegenden Kommentierung wird von den AGB-Banken ausgegangen, auf die AGB-Sparkassen (im Anhang ebenfalls abgedruckt, unten Zweiter Teil Rn 367) bei relevanten Abweichungen jedoch gesondert hingewiesen.

Die Unterschiede ergeben sich überblicksweise aus folgender **Konkordanz**:

Thema	AGB-Banken	AGB-Sparkassen	Bemerkungen
Anwendungsbereich und Änderungen AGB	Nr. 1	Nr. 1, 2	Nr. 1 Abs. 1 AGB-Sparkassen regelt die Geschäftsbeziehung als besonderes Vertrauensverhältnis. Bei den AGB-Banken ist diese Klausel 1993 als deklaratorisch entfallen.
Bankgeheimnis und Bankauskunft	Nr. 2	Nr. 3	Verweis auf Bankgeheimnis in Nr. 1 Abs. 1 AGB-Sparkassen
Haftung der Bank und Mitverschulden des Kunden	Nr. 3	Nr. 19	Haftungsbeschränkung in Nr. 19 Abs. 2 AGB-Sparkassen leicht abweichend formuliert.
Grenzen der Aufrechnungsbefugnis des Kunden	Nr. 4	Nr. 11 Abs. 1	Zusätzliche Verrechnungsbefugnis der Sparkassen in Nr. 11 Abs. 2

---

[758] *Bunte* AGB-Banken und SB, AGB-Sparkassen Rn 7.

[759] Zu den Fassungen bis 2002 namentlich *Aden* NJW 1993, 832 (Sparkassen); *Becher/Gößmann* BKR 2002, 519; *Hoeren* NJW 1992, 3263 (mit Synopse zum Regime von und vor 1993); *Sonnenhol* WM 2002, 1259; *ders.* WM 2000, 853; *ders.* WM 1993, 677 bzw. *Merkel* WM 1993, 725.

[760] Abdruck dieser Fassung (AGB-Banken) etwa in: *Bunte* AGB-Banken und SB, Ordnungsnummer 2; und im Folgenden. Abdruck dieser Fassung (AGB-Sparkassen) etwa in: *Bunte* AGB-Banken und SB, Ordnungsnummer 3; und unten Zweiter Teil Rn 367; zu diesen Neufassungen außerdem etwa *Haaser*

ErbR 2014, 313; sowie eher am Rande: *Jordans* DZWiR 2015, 201; *Scheibengruber* BKR 2015, 10.

[761] *Bunte* AGB-Banken und SB, AGB-Banken Rn 29.

[762] Zu dieser Entwicklung (gerade auch im Hinblick auf die AGBs der Kreditinstitute): *Lettl* Die Auswirkungen der 7. GWB-Novelle auf die Kreditwirtschaft, WM 2005, 1585 (bes. 1586 ff.); offen, ob Legalausnahme greift: *Bunte* AGB-Banken und SB, AGB-Banken Rn 30; zum Regime zuvor vgl. *Schultz/Wagemann* Kartellrechtspraxis und Kartellrechtsrechtsprechung 1999/2000, 15. Aufl. 2000, Rn 113.

Stefan Grundmann

Thema	AGB-Banken	AGB-Spar-kassen	Bemerkungen
Verfügungsberechtigung nach dem Tode des Kunden	Nr. 5	Nr. 5 Abs. 1 und 2	Nr. 5 Abs. 3 AGB-Sparkassen betrifft sonstige ausländische Urkunden
Maßgebliches Recht und Gerichtsstand	Nr. 6	Nr. 6	Nr. 6 Abs. 1 AGB-Sparkassen enthält zusätzlich den Vorbehalt aus Art. 5f. Rom-I-VO, Nr. 6 Abs. 2 AGB-Sparkassen regelt zusätzlich den Erfüllungsort
Rechnungsabschlüsse bei Kontokorrentkonten, Einwendungen und Genehmigungsfiktion	Nr. 7	Nr. 7	Ausdrückliche Kontokorrentabrede in Nr. 7 Abs. 1 AGB-Sparkassen, Zinsregelung der Banken in Nr. 7 Abs. 1 AGB-Banken, beides inhaltlich nicht von den anderen AGB abweichend
Storno- und Berichtigungsbuchungen	Nr. 8	Nr. 8	Nr. 8 Abs. 1 AGB-Sparkassen ist inhaltlich weiter gefasst und erfasst nicht nur technische Buchungsfehler, zudem enthält er auch keinen Hinweis auf § 818 Abs. 3 BGB, in Nr. 8 Abs. 3 AGB Banken zusätzlich Zinsberechnung
Einzugsaufträge, Gutschriften bei Einzugsaufträgen	Nr. 9	Nr. 9, 23, 24	Nähere Ausgestaltung in Nr. 23f. AGB-Sparkassen
Fremdwährungsgeschäfte und Risiken bei Fremdwährungskonten	Nr. 10	Nr. 12, 13, 14, 15	
Mitwirkungspflichten des Kunden	Nr. 11	Nr. 20, Nr. 4 Abs. 1	Nr. 20 Abs. 1 Satz 1 AGB-Sparkassen hat **keine explizite Entsprechung in den AGB-Banken**, gleiches gilt für **Nr. 20 Abs. 1 S. 2 lit. c–e** und auch – inhaltlich den Mitwirkungspflichten nahestehend – für **Nr. 4 Abs. 1** AGB Sparkassen mit Fortgeltung der Vertretungsbefugnis
Zinsen, Entgelte und Aufwendungen	Nr. 12	Nr. 17, 18	
Bestellung oder Verstärkung von Sicherheiten	Nr. 13	Nr. 22 Abs. 1	
Vereinbarung eines Pfandrechts zugunsten der Bank	Nr. 14	Nr. 21	
Sicherungsrechte bei Einzugspapieren und diskontierten Wechseln	Nr. 15	Nr. 25	
Begrenzung des Besicherungsanspruchs und Freigabeverpflichtung	Nr. 16	Nr. 22 Abs. 2	
Verwertung von Sicherheiten	Nr. 17		Keine Entsprechung, lediglich für Pfandrechte Nr. 21 Abs. 5 AGB-Sparkassen
Kündigungsrechte des Kunden	Nr. 18	Nr. 26	Nr. 26 AGB-Sparkassen enthält beiderseitige Kündigungsrechte

Thema	AGB-Banken	AGB-Sparkassen	Bemerkungen
Kündigungsrechte der Bank	Nr. 19	Nr. 26	Nr. 26 Abs. 4 stellt die geschuldeten Beträge sofort fällig
Einlagensicherungsfonds	Nr. 20	Nr. 28	
Besonderheiten Banken-AGB			
Außergerichtliche Streitschlichtung	Nr. 21		Keine Entsprechung
Besonderheiten Sparkassen-AGB			
Haftung für Schäden auf Grund mangelnder Geschäftsfähigkeit		Nr. 4 Abs. 2	Keine Entsprechung
Vorbehalt Auftragsbestätigung vor Ausführung bei nicht formgerechten (Zahlungs-)Aufträgen		Nr. 10	Keine Entsprechung
Einlagengeschäft		Nr. 16	Keine Entsprechung
Weitergeltung der AGB		Nr. 27	Keine Entsprechung

II. Anwendungsfragen und Kontrolle

1. Anwendungsbereich und System der AGB-Kontrolle

273 a) **Anwendungsbereich – Banken-AGB.** Am allgemeinsten ist der *sachliche* Anwendungsbereich der Regulierung für AGB-Banken umrissen, namentlich durch das Tatbestandsmerkmal „**Allgemeine Geschäftsbedingungen**" (der *persönliche* Anwendungsbereich – Verbraucher bzw. beruflich Tätige und andere Banken – grenzt demgegenüber ungleich stärker einzelne Regelungsbereiche und Kontrolldichten gegeneinander ab, vgl. namentlich Zweiter Teil Rn 278–282 und 284; zum *räumlichen* Anwendungsbereich noch unten Zweiter Teil Rn 287). Während dieses Tatbestandsmerkmal zwar grds. Gegenstand zahlreicher Differenzierungen ist,[763] sind die Hauptpunkte bei den Banken- und Sparkassen-AGBs jedoch ziemlich einfach. Alle **drei Untermerkmale** sind im Regelfall fraglos erfüllt: Da die Verbände die Klauselwerke für eine **unbestimmte Vielzahl von Fällen** empfehlen[764] und dann die einzelnen Institute auch eine Anwendung auf eine solche unbestimmte Vielzahl intendieren,[765] da sie **vorformu-**

---

[763] Vgl. zu diesen Differenzierungen etwa ausführlich (dann auch auf die Banken-AGB bezogen): Ebenroth/Boujong/Joost/Strohn/ *Thessinga* BankR I Rn 36–77.

[764] Die (Vor-)Formulierung eines Regelwerks durch eine andere Stelle für eine Vielzahl von Fällen genügt, selbst wenn der Verwender dieses Regelwerk dann nur einmal verwenden will: BGH Urt. v. 17.2.2010 – VIII ZR

67/09, WM 2010, 725; Palandt/*Grüneberg* § 305 Rn 9.

[765] Verwender sind die einzelnen Institute, sie planen eine Verwendung stets für mehr als drei Anwendungsfälle, was nach höchstrichterlicher Rechtsprechung die hinreichende Mindestzahl ist: BGH Urt. v. 27.9.2001 – VII ZR 388/00, WM 2001, 2352 (2353); Urt. v. 11.12.2003 – VII ZR 31/03, WM 2004, 794;

Stefan Grundmann

liert sind[766] und dem Kunden auch „**gestellt**" werden (im Verbrauchervertrag ohnehin vermutet, § 310 Abs. 3 Nr. 1 BGB),[767] handelt es sich unzweifelhaft um AGB, auch gegenüber beruflichen Kunden.[768] Das gilt auch, wenn gleichlautende oder vergleichbare Bedingungen etwa als Einzelvertrag vorgelegt werden.[769] Deswegen sind etwa Ausdrucke von mehrfach verwandten (elektronischen) Mustern von Kreditverträgen oder Beratungsverträgen etc. – die über die hier kommentierten allgemeinen AGB-Banken hinausgehen – ebenfalls fraglos AGB-Verträge. Jeweils müssen die AGBs Gegenstand einer **Abrede** zwischen Bank und Kunden sein.[770] Handelt demgegenüber das Kreditinstitut einseitig, macht es etwa seine Rechte geltend, auch Gestaltungsrechte, oder gibt es interne Organisationsanweisungen, so handelt es sich, auch wenn massenweise die gleiche Erklärung abgegeben wird, grds. nicht um AGB. Als einseitige Erklärung entfalten diese Maßnahmen freilich auch keine Bindungswirkung gegenüber dem Adressaten nach außen, namentlich gegenüber dem Kunden, wenn dies nicht in einer (vorangegangenen) Abrede, die dann wieder der AGB-Kontrolle unterliegen kann, oder gesetzlich vorgesehen ist (§ 311 Abs. 1 BGB). Als Umgehung nach § 306a BGB können diese dennoch erfasst sein, etwa wenn die **interne Dienstanweisung** praktisch vergleichbar wirkt wie eine AGB – sei sie nun verabredet (und unwirksam) oder nicht.[771]

Erst in **zwei Ausnahmefällen** ist näher zu differenzieren: Wenn – gänzlich ausnahmsweise – ein Vertrag bzw. eine Klausel einmal wirklich **individuell für den Einzelfall (vor-)formuliert** wird, kommt es im Verhältnis zum Verbraucher – und nur in diesem Verhältnis (§§ 305 Abs. 1 S. 1, 310 Abs. 3 Nr. 2 BGB) – einmal tatsächlich auf alle zwei Tatbestandsmerkmale – neben dem der Anwendung in einer Vielzahl von Fällen – näher an: Das Klauselwerk muss die Bank vorformuliert haben und „stellen". Letzteres bedeutet na- **274**

---

auch BGH Urt. v. 13.9.2001 – VII ZR 487/99, WM 2001, 2346 (2346f.) (entscheidend Absicht zur Zeit des Vertragsschlusses); Palandt/*Grüneberg* § 305 Rn 9. Erfasst ist dann bereits die erste Verwendung. Auf weitere subjektive Merkmale (die ggf. ersatzweise nachgewiesen werden können) kommt es dann nicht mehr an.

[766] Dazu namentlich BGH Urt. v. 7.11.1995 – XI ZR 235/94, WM 1995, 2180 (2181f.); Wolf/Lindacher/*Pfeiffer* § 305 Rn 14–17.

[767] Vorlage in einer Form, die die Einbeziehung als Regelungsinhalt der Abrede anbietet, ohne zugleich konkret über die jeweilige AGB in eine Verhandlung einzutreten: vgl. dazu BGH Urt. v. 29.1.1982 – V ZR 82/81, BGHZ 83, 56 (58) = WM 1982, 290; Palandt/*Grüneberg* § 305 Rn 10; Ulmer/Brandner/Hensen/*Ulmer/Habersack* § 305 Rn 26–32a; aber auch (zwar macht Begünstigung durch die AGB Begünstigten nicht zum „Verwender", wohl aber, wenn die Gegenseite demjenigen, der üblicherweise nur zu diesen AGB abschließt, mit der Einbeziehung dieser AGB „zuvorkommt"): BGH Urt. v. 4.3.1997 – X ZR 141/95, NJW 1997, 1586 (1588).

[768] Unstreitig, etwa: *Bunte* AGB-Banken und SB, AGB-Banken Rn 28 (implizit); Derleder/Knops/Bamberger/*Casper* § 3 Rn 4.

[769] Näher dazu, dass die Form der Vorlegung unerheblich ist und es nur darauf ankommt, dass materiell eine Vielzahl von Fällen geregelt wird bzw. werden soll: BGH Urt. v. 30.9.1987 – IVa ZR 6/86, WM 1988, 28; Urt. v. 10.3.1999 – VIII ZR 204/98, WM 1999, 1067 (1067f.). Sogar die „Speicherung" im Kopf des Bearbeiters und jeweilige Einfügung (je nach Umfang jeweils angepasst) in jeden neuen Vertrag (Bearbeitungsentgelt für Kreditvertrag) genügt: BGH Urt. v. 13.5.2014 – XI ZR 170/13, WM 2014, 1325.

[770] BGH Urt. v. 3.11.1993 – VIII ZR 106/93, BGHZ 124, 39 (45) = WM 1993, 2218 (2220); Urt. v. 3.7.1996 – VIII ZR 221/95, WM 1996, 1686 (1687) = NJW 1996, 2574 (2575); Urt. v. 8.3.2005 – XI ZR 154/04, BGHZ 162, 294 (298f.) = WM 2005, 874 (875); Derleder/Knops/Bamberger/*Casper* § 3 Rn 4.

[771] BGH (vorige Fn) BGHZ 162, 294 = WM 2005, 874; zustimmend Derleder/Knops/Bamberger/*Casper* § 3 Rn 4; Ulmer/Brand-

---

mentlich, dass es dem Kunden vorgelegt und dabei nicht zugleich angeboten wurde, konkret über alle Inhalte zu verhandeln, mit der konkreten Bereitschaft, jeweils Abänderungen zu diskutieren und dann auch je nach Fall zu akzeptieren („konkrete Verhandlungsbereitschaft").[772] Demgegenüber fallen diese Fälle im Verhältnis zum beruflichen Kunden oder gar zu anderen Banken aus dem Anwendungsbereich der AGB-Kontrolle ohnehin bereits heraus (§§ 305 Abs. 1 S. 1, 310 Abs. 3 Nr. 2 BGB e contrario). Wird – wiederum gänzlich ausnahmsweise – über die branchenüblichen **AGB insgesamt oder im Hinblick auf einzelne Klauseln in Verhandlungen eingetreten,** so sind die fraglichen Klauseln unter folgenden Bedingungen und im folgenden Rahmen nicht mehr als AGB zu qualifizieren: Über die jeweilige Klausel wurde konkrete Verhandlung angeboten, was die signalisierte Bereitschaft voraussetzt, die Klausel auch konkret abzuändern, nicht jedoch, dass eine Klausel auch tatsächlich abgeändert wurde;[773] ob dies der Fall war, ist für jede Klausel gesondert zu prüfen. Wird freilich – praktisch sicher der absolute Ausnahmefall – das ganze AGB-Regelwerk zur Disposition gestellt und kann der Kunde dieses in der Tat für jede Klausel, die er wählt, neu verhandeln, fehlt es an einem „Stellen" für das gesamte Regelwerk.[774] Ein pauschaler Hinweis, zu Verhandlungen bereit zu sein, genügt weder für einzelne Klauseln noch für das gesamte Regelwerk dafür, diesen den Charakter von AGB zu nehmen.[775]

275   Im **Verhältnis zu anderen Banken** ist zu unterscheiden: Regeln, die in Interbankenabkommen niedergelegt wurden, sind nicht als AGB zu qualifizieren, weil der Aushandlungsprozess in den Spitzenverbänden (und damit die indirekte Beteiligung der betroffenen Banken schon an der „Formulierung") den Charakter dieser Abkommen prägt bzw. prägen.[776]

---

ner/Hensen/*Ulmer/Habersack* § 305 Rn 68a; zu Umgehungsfragen näher *Strube* Bankrechtstag 2010, 115 (122); ablehnend OLG Köln Urt. v. 31.3.2004 – 13 U 192/03, ZIP 2004, 1496 (Vorinstanz); *Borges* BKR 2005, 225 (227ff.); *Freitag* ZIP 2005, 2052 (2053f.); Ulmer/Brandner/Hensen/*Schmidt* § 306a Rn 6. Auch vorformulierte einseitige Zustimmungen seitens des Kunden, etwa zur Telefonwerbung: BGH Urt. v. 5.5.1986 – II ZR 150/85, BGHZ 98, 24 (28) = WM 1986, 875 (876); Urt. v. 16.3.1999 – XI ZR 76/98, BGHZ 141, 124 (126) = WM 1999, 841.

[772] So für das deutsche Recht: *Niebling* MDR 2013, 1012 (1012); MünchKommBGB/*Basedow* § 305 Rn 21; Ulmer/Brandner/Hensen/*Ulmer/Habersack* § 305 Rn 44; Beweislast für alle Fragen, ob „Verhandeln" stattgefunden hat, beim Verwender und Beweis nicht erbracht durch bloße formularmäßige Bestätigung durch die andere Seite: vgl. BGH Urt. v. 15.12.1976 – IV ZR 197/75, NJW 1977, 624 (625) = WM 1977, 287 (288); Urt. v. 3.4.1998 – V ZR 6/97, NJW 1998, 2600 (2601) = WM 1998, 1289 (1291). Keine hinreichende Verhandlungsbereitschaft jedoch, wenn die angebotene Änderung selbst wieder gegen § 307 Abs. 1, 2 BGB verstieße: BGH Urt. v. 7.3.2013 – VII

ZR 162/12 (Einbauküchenfall), NJW 2013, 1431 (1432); *v. Westphalen* NJW 2014, 2242 (2243). Im Verhältnis zum Verbraucher ist freilich denkbar, dass auf der Grundlage von Art. 3 Abs. 1 und 2 AGB-Richtlinie anders entschieden und ein noch verbraucherfreundlicherer Maßstab angelegt wird, mit Letztentscheidungsmacht beim EuGH, und dies würde sich dann auch im Wege der richtlinienkonformen Auslegung gegenüber der anderslautenden Praxis nach deutschem Recht durchsetzen. Hingegen würde ein weniger verbraucherfreundlicher Maßstab auf EU-Ebene die deutsche Rechtsprechung unberührt lassen, da die Richtlinie nach ihrem Art. 8 nur einen Mindestmaß vorgibt.

[773] Vgl. Nachw vorige Fn.

[774] Wolf/Lindacher/*Pfeiffer* § 305 BGB Rn 41.

[775] Ulmer/Brandner/Hensen/*Ulmer/Habersack* § 305 Rn 43; anders jedoch Wolf/Lindacher/*Pfeiffer* § 305 Rn 30; und jedenfalls im kaufmännischen Verkehr: *Lischek/Mahnken* Vertragsverhandlungen zwischen Unternehmen und AGB – Anmerkungen aus der Sicht der Praxis, ZIP 2007, 158 (161f.).

[776] BGH Urt. v. 3.10.1989 – XI ZR 163/88, BGHZ 108, 386 (389f.) = NJW 1990, 250; BankR-HdB/*Ellenberger* § 58 Rn 139; ausführlich *Schäfer*, Die zivilrechtliche Qualifizierung der Interbankenabkommen, 1990,

Dies gilt erst recht bei Regeln, die in Rulebooks niedergelegt werden, was heute etwa für die Interbankenabwicklung des Lastschriftverkehrs der Fall ist. Denn diese Regeln beruhen auf einem vergleichbar überparteilichen, überwiegend gar aufsichtlichen Regelsetzungsprozess. Selbst wenn die allgemeinen AGB-Banken und AGB-Sparkassen, deren Anwendung nur empfohlen wird, einem Interbankenverhältnis im Einzelfall zugrunde gelegt werden, etwa bei Halten von Konten bei anderen Instituten, etwa in Form von Nostro- oder Loro-Konten, ist die ratio einer AGB-Kontrolle nicht einschlägig: Keines der beiden beteiligten Institute hat gegenüber dem anderen einen strukturell bedingten informationellen Vorsprung,[777] beide sind auch über ihre Verbände in gleichem Maße im Regelsetzungsprozess vertreten und sind informationell gegenüber der jeweils anderen Bank nicht im Nachteil (gleichermaßen vielfach befasst mit diesen AGB). Da die AGB von den Verbänden formuliert werden, denen die Institute, die an der Abrede beteiligt sind, angehören, erscheint es auch zufällig, welches der beiden Institute im konkreten Fall die AGB „verwendet" hat. Dies spricht dafür, im Interbankenverhältnis nicht von „gestellten" AGBs auszugehen und keine (Einbeziehungs- oder) Inhaltskontrolle vorzunehmen.[778]

b) System der AGB-Kontrolle: Regulierungsakte und Kontrollbereiche. Geregelt ist die **276** AGB-Kontrolle in §§ 305–310 BGB und §§ 1, 3 UKlaG einerseits und in der EG-Klausel-Richtlinie von 1993 andererseits.[779] Während die deutschen Regeln (seit Erlass 1976) Einbeziehungs- und Inhaltskontrolle sowie Verbandsklage umfassend regeln und dies für Verbraucherkunden ebenso wie für berufliche Kunden (potentiell einschließlich anderer Banken), konzentriert sich die EG-Klausel-Richtlinie auf die Inhaltskontrolle und Verbandsklage und dies allein im Verhältnis zum Verbraucher. Da dies jedoch den Kernbereich bildet – gerade in der bankrechtlichen Betrachtung, in der die Einbeziehungskontrolle selten problematisch ist –, und da die richtlinienkonforme Auslegung des deutschen Rechts in allen Teilen der Inhaltskontrolle und Verbandsklage möglich und angezeigt ist, bilden die EG-Klausel-Richtlinie und die für diese gefundenen Ergebnisse das „Original",[780] das auch die Auslegung des deutschen Rechts letztverbindlich vorgibt – weswegen bei entscheidungsrelevanten Zweifeln Instanzgerichte die Frage dem EuGH vorlegen können, und im

---

S. 174–188; ebenfalls monographisch für die (heute weitgehend ersetzten) Interbankenabkommen des Zahlungsverkehrs: *Hennig* Zahlungsverkehrsabkommen der Spitzenverbände in der Kreditwirtschaft – bankbetriebliche und bankrechtliche Bedeutung, 1990.

[777] Zur strukturell bedingten, unausräumbaren Informationsasymmetrie als Rechtfertigung für die AGB-Kontrolle (der Verwender hat ungleich geringere Informationskosten, weil er, anders als sein Kunde, die AGB vielfach nutzt, so dass, bezogen auf jeden einzelnen der vielen Fälle des Einsatzes, die Informationskosten des Kunden um ein Vielfaches höher sind als die des Verwenders): *Adams* BB 1989, 781 (787); *Köndgen* NJW 1989, 943 (946f.); *Koller* FS Steindorff 1990, S. 667 (669f.); *v. Hoyningen-Huene* Die Inhaltskontrolle nach § 9 AGB-Gesetz – ein Kommentar, 1992, Rn 19f.; und aus ökonomischer Sicht: *Schäfer/Ott*, Lehrbuch der ökonomischen Analyse des Zivilrechts, 5. Aufl. 2012, S. 552–555.

[778] In der gängigen Kommentarliteratur wird zwar die Einbeziehung im Interbankenverhältnis diskutiert (unten Fn 799), regelmäßig nicht jedoch gesondert die Inhaltskontrolle, die offenbar idR für unproblematisch gehalten wird.

[779] Richtlinie 93/13/EWG des Rates vom 05.04.1993 über mißbräuchliche Klauseln in Verbraucherverträgen, ABl.EG 1993 L 95/29; umgesetzt mit Gesetz zur Änderung des AGB-Gesetzes und der Insolvenzordnung vom 19.7.1996, BGBl. 1996 I, S. 1013; Kommentierung namentlich in Grabitz/Hilf/ *Pfeiffer* Sekundärrecht A. 5.: Richtlinie 93/13/EWG; *Grundmann* EG-Schuldvertragsrecht unter 2.10.

[780] Hierzu näher oben Erster Teil Rn 112 f..

letztinstanziellen Verfahren eine Vorlage*pflicht* besteht (Art. 267 AEUV). All dies gilt freilich nur, soweit das deutsche Recht nicht einen über die Richtlinie hinausreichenden Schutzstandard verbürgt, was zulässig ist, da die EG-Klausel-Richtlinie nur eine Mindestharmonisierung anstrebt(e) (Art. 8), und was a maiore auch die von der Richtlinie ungeregelten Bereiche unberührt lässt wie namentlich die Einbeziehungskontrolle und die Kontrolle von AGB gegenüber beruflichen Kunden.

277   Die **Kontrollbereiche** mit ihren unterschiedlichen Kontrollmaßstäben lassen sich demnach folgendermaßen zusammenfassen: 1. **Einbeziehungskontrolle** von AGB a) für berufliche Kunden und andere Banken nach §§ 305–306 BGB und b) für Verbraucherkunden nach §§ 305–306 BGB, im Falle von § 305c BGB auf der Grundlage von Art. 5 EG-Klausel-Richtlinie;[781] 2. **Inhaltskontrolle** a) von AGB für berufliche Kunden und ggf. auch andere Banken (str., vgl. oben Zweiter Teil Rn 275) nach §§ 307, 308 Nr. 1a und 1b sowie 310 Abs. 1 BGB und b) von AGB für Verbraucherkunden und zusätzlich von vorformulierten und gestellten Individualklauseln für Verbraucherkunden nach der AGB-Richtlinie in ihrer Umsetzung in §§ 307–310 BGB. Von der Inhaltskontrolle abzugrenzen – und ihr gegenüber vorrangig – ist ein Fall, der auf Grund der zunehmenden Kodifikation des Bankvertragsrechts in jüngerer Zeit üblicher wird: Gar **keine AGB-Inhaltskontrolle ist nötig, soweit AGBs an zwingendem Recht** zu messen sind, umfangreich etwa im Zahlungsdienste- oder auch im Verbraucherkreditrecht. So ist etwa das Änderungsregime für AGB-Banken bzw. -Sparkassen (Nr. 1 Abs. 2 AGB-Banken) vorrangig an den zwingenden Gehalten des § 675g BGB zu messen und nur soweit diese überhaupt Gestaltungsspielräume belassen, an § 307 Abs. 2 BGB (AGB-Inhaltskontrolle). Flankierend zur Inhaltskontrolle spielt die **Verbandsklage** nach Art. 7 EG-Klausel-Richtlinie und § 1, 3 UKlaG für die AGB der Kreditinstitute eine erhebliche Rolle.

2. Einbeziehungskontrolle

278   **a) Im Verhältnis zum Verbraucher.** Das Schwergewicht der Einbeziehungskontrolle liegt im Verbraucherverhältnis (§ 305 Abs. 2 und 3 BGB). Einbezogen sind danach AGB nur unter **drei Voraussetzungen (Abs. 2).** Gefordert wird ein ausdrücklicher Hinweis an den Kunden (jedenfalls idR), die zumutbare Möglichkeit der Kenntnisnahme und die Zustimmung seitens des Kunden. Freilich können bei Vorliegen dieser Voraussetzungen die AGB dann auch **für eine Vielzahl von Geschäften vereinbart werden (Abs. 3),** was nach Nr. 1 Abs. 1 AGB-Banken bzw. (etwas weniger explizit) auch nach Nr. 1 Abs. 2 AGB-Sparkassen („Geschäftsbeziehung" allgemein) in der Tat der Fall sein soll. Diese gelten also nach Einbeziehung in den ersten Vertrag, den Bank und Kunde verabreden, für die in diesen AGB geregelten Fragen auch für alle weiteren Verträge zwischen den gleichen Parteien.[782]

279   Gefordert wird zunächst ein – für den Durchschnittskunden grds. nicht zu übersehender – **ausdrücklicher Hinweis an den Kunden,** der bei Eingehung eines Rahmenvertrages,

---

[781] Näher dazu, dass die Richtlinie Schutz auch vor überraschenden Klauseln bietet und den Grundsatz einer Auslegung contra proferentem kennt: Grabitz/Hilf/*Pfeiffer* Sekundärrecht A. 5., Art. 5 Rn 2 ff., 42 ff.; vgl. auch MünchKommBGB/*Basedow* § 305c Rn 2.

[782] Hierzu (auch dazu, dass Verweis auf „gesamte Geschäftsverbindung" bestimmt genug für eine Anwendung von § 305 Abs. 3

BGB): BGH (Fn 2) BGHZ 152, 114 (119) (implizit); *Bunte* AGB-Banken und SB, AGB-Banken Rn 18; Derleder/Knops/Bamberger/*Casper* § 3 Rn 4; MünchKommHGB/ *Hadding/Häuser* Bd. 6 Rn A/168; Ulmer/ Brandner/Hensen/*Ulmer/Habersack* § 305 Rn 201; aA Heymann/*Horn* Anh. § 372 Rn II/15.

Stefan Grundmann

etwa der Kontoeröffnung, in der Tat auch unverzichtbar ist,[783] und zwar im Vertrag selbst, nicht erst später[784] (etwa auch auf einer Abrechnung) und auch nicht erst nach Ende der Unterschrift, namentlich auf einer Rückseite.[785] Dies wird jedoch in den gängigen Formularen auch so berücksichtigt. Unverzichtbar ist m. E. der Hinweis auch bei Einzelverträgen, jedenfalls schriftlich geschlossenen, die eine finanzielle Verpflichtung begründen, die auf einer Seite nicht sofort erfüllt ist, namentlich einmaligen Kredit- aber auch Zahlungsverträgen.[786] Allenfalls bei einfachen Austauschgeschäften ohne solche Verpflichtung („reinen Bargeschäften"), etwa beim Devisenwechselgeschäft, ist eine Ausnahme denkbar, m. E. jedoch selbst dort schwer zu begründen, da es keine „unüberwindbaren Schwierigkeiten" bereitet (von vielen Instituten auch so praktiziert wird), dass auch über den Devisenwechsel ein Vertrag (zugleich mit Quittung) ausgestellt wird, auf dem der Hinweis erscheinen kann.[787]

Zumutbar ist die Kenntnisnahme seitens des Kunden, wenn ihm die Standard-AGB **280** ausgehändigt werden, auf dem Vertrag abgedruckt sind[788] oder jedenfalls auch in den Fällen, in denen einvernehmlich in der Vertragsanbahnung (auch) elektronische Kommunikation gewählt wird, durch elektronische Zusendung des Texts verfügbar gemacht werden,[789] m. E. auch durch Bereitstellung eines links, der kostenfrei und unschwer, dauerhaftunverändert und beweisbar das Herunterladen ermöglicht.[790] Eine Cooling-off-Periode, die nach Aushändigung oder sonstiger Bereitstellung der AGB einzuhalten wäre, ist (anders als in anderen gesetzlich geregelten Fällen) nicht vorgesehen – zu Recht weil die Standard-AGB so allgemein verfügbar sind, dass Kunden, die sie wirklich lesen wollen, dies stets vorab gewährleisten können. Anders ist das bei AGB-Verträgen, etwa Kreditverträgen, die zwar Mustern folgen, jedoch nicht vergleichbar allgemein öffentlich zugänglich sind. Dies betrifft jedoch nicht die hier kommentieren AGB-Banken und AGB-Sparkassen, dort werden in der Tat durchweg Entwürfe vorab zugänglich gemacht. Die **Zustimmung erteilt der Kunde** durch Abschluss des Vertrages, etwa Eingehung einer Kontokorrentbeziehung.

Die Einschränkungen, die sich aus der Unwirksamkeit **überraschender Klauseln** ergeben **281** (§ 305c Abs. 1 BGB), sind bei Banken und Sparkassen-AGB von geringer Bedeutung: Denn neben Umständen des Einzelfalls, vor allem des konkreten Ablaufs der Verhandlun-

---

[783] BankR-Hdb/*Bunte* § 5 Rn 22; Ulmer/Brandner/Hensen/*Ulmer/Habersack* § 305 Rn 209.

[784] BGH Urt. v. 22.2.2012 – VIII ZR 34/11, NJW-RR 2012, 690 (691).

[785] OLG Nürnberg (Fn 103), WM 1990, 1370 (1371 f.) (nicht einmal, wenn als S. 1 ausgewiesen); Derleder/Knops/Bamberger/*Casper* § 3 Rn 4; Ebenroth/Boujong/Joost/Strohn/*Thessinga* BankR I Rn 50.

[786] Offenbar anders BankR-HdB/*Bunte* § 5 Rn 16.

[787] BankR-HdB/*Bunte* § 5 Rn 16; *Hefermehl* Allgemeine Geschäftsbedingungen, S. 24; aA Ebenroth/Boujong/Joost/Strohn/*Thessinga* BankR I Rn 51.

[788] Obwohl dies nicht einmal zwingend nötig ist, genügt umgekehrt jedenfalls bloßes Bereithalten nicht. Vgl. im einzelnen BGH Urt.

v. 9.11.1989 – VII ZR 16/89, BGHZ 109, 192 (196) = WM 1990, 437 (437); Urt. v. 14.2.1991 – VII ZR 132/90, WM 1991, 1138 (1139). Verweis auf Lesen im Geschäftslokal nicht „zumutbar": BGH Urt. v. 26.2.2009 – Xa ZR 141/07, NJW 2009, 1486.

[789] Wohl auch Derleder/Knops/Bamberger/*Casper* § 3 Rn 8 (direkt freilich zur Frage der Änderung von AGBs).

[790] BGH Urt. v. 14.6.2006 – I ZR 75/03, NJW 2006, 2976 (2977); Derleder/Knops/Bamberger/*Casper* § 3 Rn 4; Palandt/*Grüneberg* § 305 Rn 36; Ulmer/Brandner/Hensen/*Ulmer/Habersack* § 305 Rn 149a; *Sonnenhol* WM 2002, 1259 (1261) (nicht bloße Wiedergabe auf Bildschirm, jedenfalls bei AGBs von der Länge der Banken-AGB).

---

gen (dann häufig schon Vorrang der mündlichen Individualabrede, § 305b BGB), bilden die Hauptgesichtspunkte, dass – jeweils auf den Empfängerhoizont des Durchschnittskunden bezogen – die Klausel so sehr vom Üblichen abweicht, dass mit ihr nicht zu rechnen ist (Ungewöhnlichkeit im Inhaltlichen)[791] oder dass sie (vor allem auf Grund des Aufbaus des Gesamtregelwerks) so ungewöhnlich platziert ist, dass sie „versteckt" erscheint (Ungewöhnlichkeit im Arrangement).[792] Beides ist bei den derzeitigen Banken- und Sparkassen-AGB nicht zu sehen. Bei einer starken Abweichung von gesetzlichen Leitbildern greift ohnehin bereits die Inhaltskontrolle nach § 307 Abs. 2 BGB – obwohl die Rechtsprechung in diesen Fällen gerne beide Kontrollmaßstäbe nebeneinander anwendet. Für die **Auslegung gegen den Verwender** nach § 305c Abs. 2 BGB ist, um den Kunden umfassend zu schützen, zweistufig vorzugehen: Einerseits ist für die Inhaltskontrolle die Klausel so streng auszulegen wie denkbar (bei der Verbandsklage war dies schon immer unstreitig, heute wird das jedoch überwiegend auch bei der Individualklage so gesehen), andererseits ist dann, wenn die Klausel der Inhaltskontrolle standhält, diejenige Auslegung zu wählen, die für den Kunden die Günstigste ist.[793]

b) Im Verhältnis zum beruflichen Kunden und anderen Banken

282   Da § 305 Abs. 2 und 3 BGB im Verhältnis zu beruflich tätigen Kunden keine Anwendung findet (§ 310 Abs. 1), gelten **nur die allgemeinen Einbeziehungsvoraussetzungen:** Der Vertragspartner muss die AGB zur Kenntnis nehmen können,[794] außerdem muss er gemäß § 157 BGB (objektiver Empfängerhorizont) erkennen können, dass der Verwender die AGB einbeziehen wollte. Die erstgenannte Voraussetzung ist schon wegen der vielfachen Veröffentlichung der AGB – auf den Homepages aller Banken und Sparkassen sowie der jeweiligen Verbände – gewährleistet.[795] Der berufliche Kunde hat, wenn er darüber hinausgehend eine beweisfähige Kopie wünscht, sich selbstinitiativ darum zu bemühen.[796] Die zweitgenannte Voraussetzung ist entbehrlich bzw. bereits erfüllt, wenn die Einbeziehung branchenüblich ist (vgl. § 346 HGB), was bei den AGB-Banken und AGB-Sparkassen anzunehmen ist.[797] Sind diese Voraussetzungen gegeben, umfasst die Zustimmung des Kunden zum Vertragsschluss auch die Einbeziehung der AGB. Daher ist mangels besonderer Umstände – etwa Widerspruch seitens des Kunden – gegenüber beruflich tätigen Kunden davon auszugehen, dass die **AGB-Banken oder AGB-Sparkassen wirksam einbezogen**

---

[791] BGH Urt. v. 18.5.1995 – IX ZR 108/94, BGHZ 130, 19 (25) = WM 1995, 1397 (1399); Urt. v. 30.6.1995 – V ZR 184/94, BGHZ 130, 150 (154) = WM 1995, 1632 (1633).

[792] BGH Urt. v. 8.5.1987 – V ZR 89/86, BGHZ 101, 29 (33) = WM 1987, 802; BGH (vorige Fn), BGHZ 130, 19 (25) = WM 1995, 1397; BGH (vorige Fn), BGHZ 130, 150 (154) = WM 1995, 1632.

[793] BGH (Teil-)Urt. v. 29.4.2008 – KZR 2/07, NJW 2008, 2172 (2173) = WM 2008, 1465 (1467); BankR-Hdb/*Bunte* § 5 Rn 48; Derleder/Knops/Bamberger/*Casper* § 3 Rn 5; Ulmer/Brandner/Hensen/*Ulmer/Schäfer* § 305c Rn 91; Palandt/*Grüneberg* § 305c Rn 18.

[794] BGH Urt. v. 18.6.1971 – I ZR 83/70, WM 1971, 987 = LM AGB der Banken – Allg. Nr. 4 = NJW 1971, 2126 (2127); Münch-KommBGB/*Basedow* § 305 Rn 95; Ebenroth/Boujong/Joost/Strohn/*Thessinga* BankR I Rn 59; Palandt/*Grüneberg* § 305 Rn 53.

[795] Schon vor Zeiten der Online-Veröffentlichung in diese Richtung BGH (vorige Fn), LM AGB der Banken – Allg. Nr. 4 = NJW 1971, 2126 (2127).

[796] BGH Urt. v. 12.2.1992 – VIII ZR 84/91, BGHZ 117, 190 (194f.) = WM 1992, 657.

[797] BGH (Fn 794), NJW 1971, 2126 (2128) = WM 1971, 987; Urt. v. 4.3.2004 – IX ZR 185/02, WM 2004, 1177 (1178); Palandt/ *Grüneberg* § 305 Rn 56; Ulmer/Brandner/Hensen/*Ulmer/Habersack* § 305 Rn 170a–175.

Stefan Grundmann

wurden.[798] Im Verhältnis der Kreditinstitute zueinander gilt das a maiore. Wenn und soweit hier die AGB voneinander divergieren, gelten die AGB desjenigen Instituts als einbezogen, das die bankspezifische, „charakteristische" Leistung erbringt, etwa das kontoführende Institut.[799] Das zu den überraschenden Klauseln, der Auslegung contra proferentem und zum Vorrang der Individualabrede (§§ **305b, 305c BGB**, oben Zweiter Teil Rn 281) Gesagte gilt auch im Verhältnis zum beruflich tätigen Kunden (vgl. § 310 Abs. 1 BGB).

3. Inhaltskontrolle – Allgemeine Fragen und Verweis

a) Prüfungsmaßstab. Der Schwerpunkt der AGB-Kontrolle für Banken-AGB liegt auf **283** der Inhaltskontrolle, zugleich auch der **Schwerpunkt der Kontrolle nach der EG-Klausel-Richtlinie**, jedenfalls für die hier kommentierten allgemeinen Banken-AGB bzw. Sparkassen-AGB: Da nur wenige dieser allgemeinen AGB nach privater oder beruflicher Ausrichtung des jeweiligen Kunden unterscheiden und zugleich die Banken- oder Sparkassen-AGB dann auch praktisch nie nur für die eine Gruppe geändert werden, bildet de facto der (strengere) Standard der AGB-Inhaltskontrolle im Verbraucherverhältnis den relevanten Maßstab. Und hierfür bildet dann die EG-Klausel-Richtlinie, wie ausgeführt, das „Original", **hinter dessen Ergebnissen, auch Auslegungsergebnissen seitens des EuGH, deutsches Recht nicht zurück bleiben** darf. Strengeres nationales Recht ist demgegenüber gerade auch für die Inhaltskontrolle zulässig (Art. 8 EG-Klausel-Richtlinie),[800] jedenfalls ist die deutsche Rechtsprechung ungleich dichter als die Rechtsprechung zur EG-Klausel-Richtlinie, obwohl der EuGH zu dieser so umfangreich wie zu keiner anderen EG/EU-Richtlinie im Vertragsrecht judiziert.[801]

Für die **Inhaltskontrolle gegenüber beruflich tätigen Kunden** wäre das zwar anders. Für **284** sie gilt allein deutsches Recht, und für sie ist nach deutschem Recht theoretisch ein weniger strenger Maßstab anzulegen (§ 310 Abs. 1 BGB). Aus zwei Gründen bleibt dies freilich eine weitgehend theoretische Möglichkeit und dies auch idR nur für einen relativ kurzen Zeitraum – wenn nicht eine Banken- oder Sparkassen-AGB für berufliche Kunden tatsächlich einmal anders gefasst ist als für Verbraucherkunden. Zum einen wird im deutschen Recht überwiegend angenommen, dass ein Verstoß gegen §§ 308, 309 BGB auch für die Inhaltskontrolle von AGBs, die beruflichen/kaufmännischen Kunden gegenüber verwendet werden, jedenfalls eine Vermutung auch für einen Verstoß nach § 307 Abs. 2 BGB begründe.[802]

---

798 Dazu, dass gegenüber beruflichen Kunden die AGB auch per kaufmännischem Bestätigungsschreiben (und in sonstigen Fällen von Schweigen als Zustimmung) einbezogen werden können: BGH Urt. 7.6.1978 – VIII ZR 146/77, NJW 1978, 2243 (2243f.) = WM 1978, 978 (978f.).

799 BGH Urt. v. 26.9.1989 – XI ZR 178/88, NJW 1990, 242 (244) = WM 1989, 1756 (1759); Baumbach/Hopt AGB-Banken, Nr. 1 Rn 4; sowie (wenn auch im Verhältnis zu Auslandsbanken) Derleder/Knops/Bamberger/*Casper* § 3 Rn 7.

800 Unstreitig, etwa Grabitz/Hilf/*Pfeiffer* Sekundärrecht A. 5., Art. 8 Rn 1 ff.; *Grundmann* EG-Richtlinie und nationales Privatrecht, JZ 1996, 274 (277 ff.).

801 *Micklitz/Kas* Rechtsprechungsübersicht zum Europäischen Vertrags- und Deliktsrecht (2008–2013) – Teil I und Teil II, EWS 2013, 314 und 353 (bes. 314 ff.); *Micklitz/Reich* The Court and the Sleeping Beauty – the Revival of the Unfair Terms Directive, CMLR 2014, 771.

802 Vgl. etwa BGH Urt. v. 8.3.1984 – VII ZR 349/82, BGHZ 90, 273 (278) = WM 1984, 870 (871); Urt. v. 3.3.1988 – X ZR 54/86, BGHZ 103, 316 (328) = WM 1988, 667 (671); Urt. v. 19.9.2007 – VIII ZR 141/06, BGHZ 174, 1 = WM 2007, 2261; *Niebling* MDR 2013, 1012 (1013); Ulmer/Brandner/Hensen/*Ulmer/Schäfer* § 310 Rn 27–34; Palandt/*Grüneberg* § 307 Rn 40; Erbenroth/Boujong/Joost/Strohn/*Thessinga* BankR I Rn 47; zweifelnd BankR-Hdb/*Bunte* § 5 Rn 54 (vor allem für § 309 BGB).

Zum anderen führen (höchstrichterliche) Judikate, die eine Klausel im Verhältnis zu Verbrauchern für unwirksam erklären, wenn es sich nicht um Klauseln handelt, die ohnehin nur auf dieses Verhältnis Anwendung finden, idR innerhalb kurzer Zeit zur Anpassung dieser Klausel allgemein, d. h. gegenüber allen Kunden.

285   b) **Kriterien der Inhaltskontrolle.** Ausgangspunkt ist nach dem Gesagten die **Judikatur des EuGH.** Aus ihr sind vor allem zwei Leitlinien als Allgemeine von Bedeutung: Das ist einerseits, dass das Gericht ex officio die Umstände zu untersuchen hat, die für Missbräuchlichkeit der jeweiligen Klausel sprechen.[803] Und die Möglichkeit, Missbräuchlichkeit vorzubringen, muss auch prozessual so ausgestaltet sein, dass das Vorbringen nicht gänzlich illusorisch ist, etwa erst möglich ist, wenn bereits nicht zu revidierende Tatsachen geschaffen wurden.[804] Zum anderen ist die Judikatur des EuGH in ihrer Gesamtheit bei der Auslegung von Generalklauseln – namentlich des Konzepts der Missbräuchlichkeit oder des Verstoßes gegen Treu und Glauben und des erheblichen und ungerechtfertigten Missverhältnisses zwischen Rechten und Pflichten der Parteien – dahingehend zu verstehen, dass der Gerichtshof ein Gleichgewicht zwischen europaeinheitlicher Festlegung der Leitgesichtspunkte und Überantwortung der Einzelfallanwendung an die nationalen Gerichte anstrebt: So nahm die Judikatur zwar ihren Ausgang bei der Entscheidung in Sachen *Oceano Grupo*, in der der EuGH aus der Nennung der fraglichen (Gerichtsstands-)Klausel in der unverbindlichen „grauen" Liste im Anhang der Richtlinie schloss, dass (mangels gegenläufiger besonderer Anhaltspunkte im Einzelfall) von Missbräuchlichkeit iSv Art. 3 der Richtlinie auszugehen sei, dass die graue Liste also eine Vermutung für Missbräuchlichkeit begründe.[805] Es folgte mit *Freiburger Kommunalbauten* jedoch eine Entscheidung, in der der EuGH sich mangels solcher Anhaltspunkte im Sachverhalt und der Richtlinie nicht im Stande sah, die generalklauselmäßig offen formulierten Kriterien der Richtlinie auf den Einzelfall anzuwenden und dies dem nationalen Gericht überantwortete.[806] Der EuGH sieht sich also dazu berufen, die Leitkriterien auf EU-Ebene einheitlich zu formulieren, vor allem auch die Effizienz der AGB-Inhaltskontrolle zu verbürgen, nicht jedoch die Erfüllung dieser Kriterien im Einzelfall zu überprüfen.[807]

---

[803] EuGH Urt. v. 4.6.2009 – Rs. C-243/08 *Pannon GSM*, Slg. 2009, I-4713 (Tz. 35); EuGH Urt. v. 14.6.2012 – Rs. C-618/10 *Banco Español de Crédito*, Slg. 2012, I-0000 = EuZW 2012, 754 (Tz. 33); EuGH Urt. v. 14.3.2013 – Rs. C-415/11, *Mohamed Aziz* Slg. 2013, I 0000 = EuZW 2013, 464 (Tz. 46f.).

[804] EuGH Urt. v. 14.3.2013 – Rs. C-415/11 *Mohamed Aziz*, Slg. 2013, I-0000 = EuZW 2013, 464 (Tz. 59ff.).

[805] EuGH Urt. v. 27.6.2000 – Rs. C-240–244/98 *Océano grupo editorial*, Slg. 2000, I-4941 (bes. Tz. 22ff.).

[806] EuGH Urt. v. 1.4.2004 – Rs. C-237/02 *Freiburger Kommunalbauten ./. Hofstetter* Slg. 2004, I-3403 (bes. Tz. 23ff.)

[807] Die Frage zählt in den Einzelheiten zu den umstrittensten im Europäischen Vertragsrecht: grundsätzlich für eine sehr weitreichende Kompetenz des EuGH, General-

klauseln (vor allem in Art. 3 EG-Klausel-Richtlinie) tatbestandlich zu konkretisieren: *Grundmann* EG-Schuldvertragsrecht, 2.10, vor allem Rn 25; *Hesselink* ERCL 2006, 366 (Urteilsanmerkung *Freiburger Kommunalbauten*); *Remien* Die Vorlagepflicht bei Auslegung unbestimmter Rechtsbegriffe, RabelsZ 66 (2002), 503 (bes. S. 519, 524f.); *Riesenhuber*, EU Vertragsrecht, S. 167f.; *Röthel*, Normkonkretisierung im Privatrecht, 2002, S. 309ff. (etwas zurückhaltender später, s. u.); *M. Schmidt*, Konkretisierung von Generalklauseln im europäischen Privatrecht, 2009, bes. S. 202–312. Diese (Normkonkretisierungs-)Kompetenz grds. verneinend: *Canaris*, Der EuGH als zukünftige Superrevisionsinstanz? EuZW 1994, 417; *Franzen*, Privatrechtsangleichung durch die Europäische Gemeinschaft, 1999, S. 536ff.; *W.-H. Roth*, Generalklauseln im Europäischen Privatrecht – Zur Rollenvertei-

---

Die **Grundkriterien** legt § 307 Abs. 2 BGB in Übereinstimmung mit Art. 3 EG-Klau- **286** sel-Richtlinie fest. Vorab ist zu betonen, dass der BGH von seiner früheren Rechtsprechung (vor allem für die VOB) abgerückt ist, nach der Klauselwerke, an deren Ausarbeitung die maßgeblichen Gruppen von Betroffenen – etwa über ihre Verbände – mitgewirkt haben, einem milderen Standard der Inhaltskontrolle zu unterwerfen sind.[808] Auch wenn m. E. von den Schutztheorien für die Inhaltskontrolle her manches für die aufgegebene Rechtsprechungslinie spricht, wäre sie doch in jedem Fall für die Banken- und Sparkassen-AGB nicht heranzuziehen, da diese allein durch die Seite der Kreditinstitute formuliert werden, wenn auch durchaus weitgehend mit einem Bemühen um einen Interessenausgleich mit dem Kunden. Die eigentliche Inhaltskontrolle findet – anders als im Normalfall die Einbeziehungskontrolle – nicht für das Regelwerk insgesamt, sondern für die einzelnen Klauseln statt, so dass die **konkreten Fragen der jeweiligen Inhaltskontrolle bei der jeweiligen Einzelklausel** mitzubehandeln sind. Insgesamt stand die Inhaltskontrolle der Banken- und Sparkassen-AGB immer im Fokus des Interesses,[809] auch der Tätigkeit von Verbraucherschutzverbänden, und hat sie zu einer erheblichen Änderung derselben beigetragen. Unter den **Grundkriterien und wichtigsten Entwicklungen** sind Folgende vorab herauszustreichen: Vom Kern der eigentlichen Leistungspflichten kann sich die Bank – wie andere Anbieter – nicht in der Form freizeichnen, dass die Haftung allgemein auf grobe Fahrlässigkeit und Vorsatz beschränkt wird. Die Haftung für leichte fahrlässige Pflichtverletzung zählt bei ihnen grds. zum AGB-festen „Kernbestand".[810] Daneben zählt bei allen anderen Pflichten eine erhebliche Abweichung vom gesetzlichen Standard ebenfalls zu den Fällen, in denen von Missbräuchlichkeit ausgegangen wird.[811] Darüber hinaus wird in der Recht-

---

lung zwischen Gerichtshof und Mitgliedstaaten bei ihrer Konkretisierung, FS Drobnig 1998, S. 135; *Freitag/Riemenschneider* Vollstreckbare Schuldanerkenntnisse in der deutschen und europäischen Klauselkontrolle, WM 2004, 2470 (bes. 2477 ff.). Vermittelnde Positionen bei: *Coester* AGB-rechtliche Inhaltskontrolle im Lichte des europäischen Gemeinschaftsrechts, FS Heinrichs 1998, S. 99 (bes. 103 ff.); *Heinrichs* Das Gesetz zur Änderung des AGB-Gesetzes, NJW 1996, 2190 (2195 ff.); *Markwardt* Inhaltskontrolle von AGB-Klauseln durch den EuGH, ZIP 2005, 152 (bes. 156 f.); *Röthel* Die Konkretisierung von Generalklauseln, in: Riesenhuber (Hrsg.), Europäische Methodenlehre, 2006, § 11, Rn 31 ff.; sowie (m. E. bes. überzeugend) *Schillig* Konkretisierungskompetenz und Konkretisierungsmethoden im Europäischen Privatrecht 2009, bes. S. 222–225 (ob umfassende Würdigung durch EuGH möglich, danach zu beurteilen, ob für Wirksamkeit des Gemeinschaftsrechts erforderlich).

[808] Ursprünglich: BGH Urt. v. 16.12.1982 – VII ZR 92/82, BGHZ 86, 135 (141) = WM 1983, 268 (270) (für VOB/B); Urt. v. 3.11.1994 – I ZR 100/92, BGHZ 127, 275 (281) = WM 1995, 1109 (1111) (für ADSp);

heute BGH Urt. v. 23.1.2003 – I ZR 174/00, NJW 2003, 1397 (1398) (für ADSp); BGH Urt. v. 24.7.2008 – VII ZR 55/07, WM 2008, 1936 (für VOB/B). Seit 2008 auch Umkehrschluss aus neuem § 310 Abs. 1 S. 3 BGB: VOB/B gegenüber Verbrauchern nicht mehr privilegiert; dazu etwa *Dammann/Ruzik* Vereinbarung der VOB/B ohne inhaltliche Abweichungen i.S. des § 310 I 3 BGB, NZBau 2013, 265.

[809] Alphabetisch geordnete Übersicht zu den einzelnen Klauseln aus jüngerer Zeit bei *Niebling* VuR 2011, 283 (285–289) und MDR 2013, 1012 (1013–1019); ähnlich systematische Übersicht zu den entgeltbezogenen Klauseln bei *Knops* ZBB 2010, 479.

[810] BGH Urt. v. 9.11.1989 – IX ZR 269/87, NJW 1990, 761 (764); Urt. v. 11.11.1992 – VIII ZR 238/91, NJW 1993, 335 = WM 1993, 24; BGH Urt. v. 13.1.2000 – III ZR 62/99, NJW-RR 2000, 998 = WM 2000, 426; BGH Urt. v. 12.12.2000 – XI ZR 138/00, NJW 2001, 751 (752); Ulmer/Brandner/Hensen/*Christensen* § 309 Nr. 7 Rn 33–35.

[811] *Bunte* AGB-Banken und SB, AGB-Banken Rn 29; MünchKommBGB/*Wurmnest* § 307 Rn 64 ff.; Ulmer/Brandner/Hensen/*Fuchs* § 307 Rn 206 ff., 221 ff.

sprechung des (für Bankrecht zuständigen) XI. Senats bei der Erfüllung von (Neben-) Pflichten, die aus Gesetz oder Vertrag ohnehin bestehen, davon ausgegangen, dass jede Entgeltklausel missbräuchlich sei – was freilich teils kritisiert wurde, namentlich für Fälle, in denen das Kreditinstitut verpflichtet ist, Versäumnisse des Kunden in seinen Folgen abzumildern,[812] und was im Zahlungsdiensterecht durch die EG-Zahlungsdienste-Richtlinie in einigen Hauptbeispielen auch in der Tat „korrigiert" wurde (vgl. unten Dritter Teil Rn 294 und 514 f.). Umgekehrt kam mit dem Pfändungsschutzkonto – der Umwandlung in dieses und der Verwaltung im Pfändungsfalle – auch ein Beispiel in jüngerer Zeit hinzu, in dem dieser Grundsatz erhebliche Wirkung zeitigt (vgl. bereits oben Zweiter Teil Rn 246–248). In den letzten Jahren betreffen etwa die Hälfte der höchstrichterlich entschiedenen Fälle zur Inhaltskontrolle Entgelte und Aufwandsentschädigungen (dazu dann näher unten Zweiter Teil Rn 330–342).

287   **4. Internationaler Anwendungsbereich.** Die grenzüberschreitende Beziehung im Bankvertragsrecht liegt typischerweise im **Interbankenverhältnis.** In ihm gilt, soweit keine Rechtswahlabrede eingreift und nicht segmentspezifisch eine gesonderte, kollektive Regelung getroffen ist (etwa in der Satzung des Clearingsystems), das Recht desjenigen Instituts, das die charakteristische Leistung erbringt, also etwa des kontoführenden Instituts oder des Instituts, das den Auftrag erfüllt.[813] **Im Verhältnis zum Kunden** ist, wenn der Fall Auslandsberührung aufweist, charakteristisch vor allem die Frage nach der **Einbeziehung von AGB,** während die Inhaltskontrolle dann wie im nationalen Fall vorgenommen wird. Über die Eckpunkte der Einbeziehungskontrolle in solch einem Fall erging die Leitentscheidung des BGH im Jahre 2004.[814] Noch zum EGBGB (auf der Grundlage des Europäischen Vertragsrechtsübereinkommens), an dessen Stelle für die vorliegende Frage inhaltgleiches unmittelbar anwendbares Europäisches Recht in der Rom-I-VO trat, entschied das Gericht über vor allem zwei Fragen: (i) Bei der Einbeziehungskontrolle ist typischerweise die Zustimmung des Kunden problematisch, weil die Banken in den AGB die Anwendung ihres Rechts auf den Vertrag vorsehen (etwa Nr. 6 AGB-Banken) und ihr eigenes Angebot (einschließlich Verwendung der AGB) nach diesem Recht gestalten. Die Zustimmung des Kunden ist nun problematisch, weil grundsätzlich zwar bereits auf den Vertagsschluss als solchen das für den zu schließenden Vertrag verabredete Recht Anwendung findet (Art. 10 Abs. 1 Rom-I-VO), Art. 10 Abs. 2 Rom-I-VO hiervon aber eine Ausnahme macht, wenn die Rechtsfolge des solchermaßen anwendbaren (Vertragsschluss-)Rechts aufgrund des Umgebungsrechts des Adressaten überraschend ist, weil dieses dem Verhalten des Kunden keine Zustimmungswirkung beilegen würde. Das gilt etwa, wenn nach dem Umgebungsrecht das kaufmännische Bestätigungsschreiben keine Wirkung entfaltet (Schweigen als Willenserklärung), wohl aber nach dem gewählten Recht. Die nach deutschem Recht formulierten Einbeziehungsvoraussetzungen werden diese Problematik im Verhältnis zum Verbraucher-

---

[812] Zu dieser Rechtsprechung: BGH Urt. v. 15.7.1997 – XI ZR 269/96, BGHZ 136, 261 = WM 1997, BGH (Fn 356), NJW 2000, 651; zusammenfassend *Roller* BKR 2008, 221; Bamberger/Roth/*Schmidt* § 307 Rn 89 ff.; und näher unten Zweiter Teil Rn 338 (zu Nr. 12 AGB-Banken). Zur Kritik dieser Rechtsprechung: *Köndgen* ZBB 1997, 117; *Bitter* ZBB 2007, 237 (240 ff.); *ders.* FS Ott 2002, S. 153; *Steuer* FS Hadding 2004, S. 1169; *Büchel* BKR 2009, 358

(364); *Placzek* Neues zur Zulässigkeit eines Bearbeitungsentgelts in Verbraucherkreditverträgen? WM 2011, 1066.
[813] Derleder/Knops/Bamberger/*Casper* § 3 Rn 7; ausführlich Reithmann/Martiny/*Freitag* Internationales Vertragsrecht, 8. Aufl. 2015 (Bankverträge).
[814] BGH (Fn 797), WM 2004, 1177 = IPRax 2005, 446; ausf. *Weller* IPrax 2005, 428.

kunden idR nicht eintreten lassen, potentiell aber im kaufmännischen Geschäftsverkehr (etwa Einbeziehung aufgrund eines kaufmännischen Bestätigungsschreibens). (ii) Findet deutsches Recht Anwendung (weil Anbieter eine Bank mit Sitz in Deutschland ist und Nr. 6 AGB-Banken wirksam einbezogen wurde), so fragt sich zusätzlich, ob die Missbräuchlichkeit nicht einmal weitergehend als im reinen Inlandsfall angenommen werden kann, wenn die Klausel in ihrer Auswirkung Auslandskunden besonders tritt.

B. Die einzelnen AGB (Banken/Sparkassen)

I. Grundregeln (Nr. 1–6 AGB-Banken)

Allgemeine Geschäftsbedingungen (Banken) **288**
(Muster)

Grundregeln für die Beziehung zwischen Kunde und Bank

1. Geltungsbereich und Änderungen dieser Geschäftsbedingungen und der Sonderbedingungen für einzelne Geschäftsbeziehungen

a) Geltungsbereich. Die Allgemeinen Geschäftsbedingungen gelten für die gesamte Geschäftsverbindung zwischen dem Kunden und den inländischen Geschäftsstellen der Bank (im folgenden Bank genannt). Daneben gelten für einzelne Geschäftsbeziehungen (zum Beispiel für das Wertpapiergeschäft, den Zahlungsverkehr und für den Sparverkehr) Sonderbedingungen, die Abweichungen oder Ergänzungen zu diesen Allgemeinen Geschäftsbedingungen enthalten; sie werden bei der Kontoeröffnung oder bei Erteilung eines Auftrages mit dem Kunden vereinbart. Unterhält der Kunde auch Geschäftsverbindungen zu ausländischen Geschäftsstellen, sichert das Pfandrecht der Bank (Nummer 14 dieser Geschäftsbedingungen) auch die Ansprüche dieser ausländischen Geschäftsstellen.

b) Änderungen. Änderungen dieser Geschäftsbedingungen und der Sonderbedingungen werden dem Kunden spätestens zwei Monate vor dem vorgeschlagenen Zeitpunkt ihres Wirksamwerdens in Textform angeboten. Hat der Kunde mit der Bank im Rahmen der Geschäftsbeziehung einen elektronischen Kommunikationsweg vereinbart (zum Beispiel das Online-Banking), können die Änderungen auch auf diesem Wege angeboten werden. Die Zustimmung des Kunden gilt als erteilt, wenn er seine Ablehnung nicht vor dem vorgeschlagenen Zeitpunkt des Wirksamwerdens der Änderungen angezeigt hat. Auf diese Genehmigungswirkung wird ihn die Bank in ihrem Angebot besonders hinweisen. Werden dem Kunden Änderungen von Bedingungen zu Zahlungsdiensten (zum Beispiel Überweisungsbedingungen) angeboten, kann er den von der Änderung betroffenen Zahlungsdiensterahmenvertrag vor dem vorgeschlagenen Zeitpunkt des Wirksamwerdens der Änderungen auch fristlos und kostenfrei kündigen. Auf dieses Kündigungsrecht wird ihn die Bank in ihrem Angebot besonders hinweisen.

2. Bankgeheimnis und Bankauskunft

a) Bankgeheimnis. Die Bank ist zur Verschwiegenheit über alle kundenbezogenen Tatsachen und Wertungen verpflichtet, von denen sie Kenntnis erlangt (Bankgeheimnis). Informationen über den Kunden darf die Bank nur weitergeben, wenn gesetzliche Bestimmungen dies gebieten oder der Kunde eingewilligt hat oder die Bank zur Erteilung einer Bankauskunft befugt ist.

b) **Bankauskunft.** Eine Bankauskunft enthält allgemein gehaltene Feststellungen und Bemerkungen über die wirtschaftlichen Verhältnisse des Kunden, seine Kreditwürdigkeit und Zahlungsfähigkeit; betragsmäßige Angaben über Kontostände, Sparguthaben, Depot- oder sonstige der Bank anvertraute Vermögenswerte sowie Angaben über die Höhe von Kreditinanspruchnahmen werden nicht gemacht.

c) **Voraussetzungen für die Erteilung einer Bankauskunft.** Die Bank ist befugt, über juristische Personen und im Handelsregister eingetragene Kaufleute Bankauskünfte zu erteilen, sofern sich die Anfrage auf ihre geschäftliche Tätigkeit bezieht. Die Bank erteilt jedoch keine Auskünfte, wenn ihr eine anders lautende Weisung des Kunden vorliegt. Bankauskünfte über andere Personen, insbesondere über Privatkunden und Vereinigungen, erteilt die Bank nur dann, wenn diese generell oder im Einzelfall ausdrücklich zugestimmt haben. Eine Bankauskunft wird nur erteilt, wenn der Anfragende ein berechtigtes Interesse an der gewünschten Auskunft glaubhaft dargelegt hat und kein Grund zu der Annahme besteht, dass schutzwürdige Belange des Kunden der Auskunftserteilung entgegenstehen.

d) **Empfänger von Bankauskünften.** Bankauskünfte erteilt die Bank nur eigenen Kunden sowie anderen Kreditinstituten für deren Zwecke oder die ihrer Kunden.

3. Haftung der Bank; Mitverschulden des Kunden

a) **Haftungsgrundsätze.** Die Bank haftet bei der Erfüllung ihrer Verpflichtungen für jedes Verschulden ihrer Mitarbeiter und der Personen, die sie zur Erfüllung ihrer Verpflichtungen hinzuzieht. Soweit die Sonderbedingungen für einzelne Geschäftsbeziehungen oder sonstige Vereinbarungen etwas Abweichendes regeln, gehen diese Regelungen vor. Hat der Kunde durch ein schuldhaftes Verhalten (zum Beispiel durch Verletzung der in Nr. 11 dieser Geschäftsbedingungen aufgeführten Mitwirkungspflichten) zu der Entstehung eines Schadens beigetragen, bestimmt sich nach den Grundsätzen des Mitverschuldens, in welchem Umfang Bank und Kunde den Schaden zu tragen haben.

b) **Weitergeleitete Aufträge.** Wenn ein Auftrag seinem Inhalt nach typischerweise in der Form ausgeführt wird, dass die Bank einen Dritten mit der weiteren Erledigung betraut, erfüllt die Bank den Auftrag dadurch, dass sie ihn im eigenen Namen an den Dritten weiterleitet (weitergeleiteter Auftrag). Dies betrifft zum Beispiel die Einholung von Bankauskünften bei anderen Kreditinstituten oder die Verwahrung und Verwaltung von Wertpapieren im Ausland. In diesen Fällen beschränkt sich die Haftung der Bank auf die sorgfältige Auswahl und Unterweisung des Dritten.

c) **Störung des Betriebs.** Die Bank haftet nicht für Schäden, die durch höhere Gewalt, Aufruhr, Kriegs- und Naturereignisse oder durch sonstige von ihr nicht zu vertretende Vorkommnisse (zum Beispiel Streik, Aussperrung, Verkehrsstörung, Verfügungen von hoher Hand im In- oder Ausland) eintreten.

4. Grenzen der Aufrechnungsbefugnis des Kunden. Der Kunde kann gegen Forderungen der Bank nur aufrechnen, wenn seine Forderungen unbestritten oder rechtskräftig festgestellt sind.

5. Verfügungsberechtigung nach dem Tod des Kunden. Nach dem Tod des Kunden hat derjenige, der sich gegenüber der Bank auf die Rechtsnachfolge des Kunden beruft, der Bank seine erbrechtliche Berechtigung in geeigneter Weise nachzuweisen. Wird der Bank eine Ausfertigung oder eine beglaubigte Abschrift der letztwilligen Verfügung (Testament, Erbvertrag) nebst zugehöriger Eröffnungsniederschrift vorgelegt, darf die Bank denjenigen, der darin als Erbe oder Testamentsvollstrecker bezeichnet ist, als Berechtigten ansehen, ihn verfügen lassen und insbesondere mit befreiender Wirkung an ihn leisten. Dies gilt nicht, wenn der Bank bekannt ist, dass der dort Genannte (zum Beispiel nach Anfechtung oder wegen Nichtigkeit des Testaments) nicht verfügungsberechtigt ist oder wenn ihr dies infolge Fahrlässigkeit nicht bekannt geworden ist.

6. Maßgebliches Recht und Gerichtsstand bei kaufmännischen und öffentlich-rechtlichen Kunden

a) Geltung deutschen Rechts. Für die Geschäftsverbindung zwischen dem Kunden und der Bank gilt deutsches Recht.

b) Gerichtsstand für Inlandskunden. Ist der Kunde ein Kaufmann und ist die streitige Geschäftsbeziehung dem Betriebe seines Handelsgewerbes zuzurechnen, so kann die Bank diesen Kunden an dem für die kontoführende Stelle zuständigen Gericht oder bei einem anderen zuständigen Gericht verklagen; dasselbe gilt für eine juristische Person des öffentlichen Rechts und für öffentlich-rechtliche Sondervermögen. Die Bank selbst kann von diesen Kunden nur an dem für die kontoführende Stelle zuständigen Gericht verklagt werden.

c) Gerichtsstand für Auslandskunden. Die Gerichtsstandsvereinbarung gilt auch für Kunden, die im Ausland eine vergleichbare gewerbliche Tätigkeit ausüben, sowie für ausländische Institutionen, die mit inländischen juristischen Personen des öffentlichen Rechts oder mit einem inländischen öffentlich-rechtlichen Sondervermögen vergleichbar sind.

1. AGB der Kreditinstitute – Anwendungsbereich und Bestand (Nr. 1)

a) Anwendungsbereich (Abs. 1). Banken-AGBs gelten, soweit sie in den Vertrag wirksam einbezogen wurden (oben Zweiter Teil Rn 278–282), nach Nr. 1 Abs. 1 S. 1 nur für Geschäfte **mit inländischen Filialen.** Sie gelten dann **für alle Rechtsgeschäfte** zwischen Kreditinstitut und Kunden, auch wenn sie nicht jedes Mal nochmals vereinbart werden, namentlich auch für weitere Verträge zwischen beiden.[815] Umgekehrt begründen sie jedoch, wenn kein weiteres Rechtsgeschäft für weitere Situationen vorgenommen wird, für das Kreditinstitut auch nicht zusätzliche Handlungspflichten (kein allgemeiner Bankvertrag allein durch Verabredung der Banken-AGB).[816] Soweit der Kunde freilich **Verbindlichkeiten gegenüber ausländischen Zweigstellen** (nicht auch: Tochtergesellschaften) eingeht, gelten die AGB zwar grds. nicht für dieselben, sichert jedoch das Pfandrecht nach Nr. 14 AGB-Banken – etwa an inländischen Guthaben des Kunden – auch diese Verbindlichkeiten ab (Nr. 1 Abs. 1 S. 3), die ja Verbindlichkeiten gegenüber derselben (inländischen) Juristischen Person sind. **289**

Trotz des etwas unklaren Wortlautes ist unstreitig, dass demgegenüber die **Geltung von Sonderbedingungen für spezifische Bankgeschäfte gesondert vereinbart** werden muss, also die Einbeziehungsvoraussetzungen für diese gesondert herbeizuführen sind.[817] Alle AGB-Regelwerke sind also hinsichtlich Einbeziehungskontrolle – und erst recht auch hinsicht- **290**

---

815 Vgl. Nachw oben Rn 782.
816 BGH (Rn 2) BGHZ 152, 114 = WM 2002, 2281 (ausführlicher); dazu u.a. *Lang* BKR 2003, 227; differenzierend *M. Roth* WM 2003, 420; und in „Ankündigung" der Entscheidung: *Claussen* FS Peltzer 2001, S. 55.

817 *Bunte* AGB-Banken und SB, AGB-Banken Rn 34; Derleder/Knops/Bamberger/*Casper* § 3 Rn 7; Kümpel/Wittig/*Peterek* Rn 6.91.

lich der Inhaltskontrolle – isoliert zu sehen, während das gleiche AGB-Regelwerk dann für alle Geschäfte zwischen Bank und Kunden gilt (vorige Rn).

291   **b) Bestand, namentlich Änderungen (Abs. 2).** Die Geltung der AGBs wird idR zuerst im Zusammenhang mit einer Kontoeröffnung vereinbart, dies idR auch, wenn eine Darlehensbeziehung oder eine Wertpapierdienstleistung in den Blick genommen wird. Die Eröffnung eines Kontokorrents bildet jedoch zugleich, wenn über dieses (wie regelmäßig der Fall) Zahlungsdienste in Form von Überweisungen, Lastschriften oder Kartenzahlungen getätigt werden können, einen Zahlungsdiensterahmenvertrag nach § 675f Abs. 2 BGB. Daher wurde für die heute geltenden Banken-AGB das Regime des Zahlungsdienstrahmenvertrages prägend, namentlich das Änderungsregime in § 675g BGB. Den Bestand der ABG-Abrede, die die Bank-Kunden-Beziehung, regelmäßig zuerst eine Kontokorrentabrede, näher ausgestaltet, bestimmen drei Etappen: 1) die wirksame Einbeziehung der AGB; 2) die (mögliche) Änderung (allein) der AGB-Inhalte; und 3) die Kündigung der Geschäftsbeziehung, vor allem der Kontobeziehung, die zugleich auch die AGB-Abrede in Wegfall bringt. Während die wirksame Einbeziehung der AGB sich nach den genannten Grundsätzen richtet (oben Zweiter Teil Rn 278–282) und im Zahlungsdiensteregime nicht modifiziert wird (keine Formerfordernisse u.ä. nach § 675f BGB), ist das bei Änderung und Kündigung anders. Die Kündigung freilich ist gesondert geregelt (vgl. Nr. 18 f. AGB-Banken und unten Zweiter Teil Rn 359–363).

292   Die **Änderung von AGB** gegenüber dem Kunden – auf Grund einer Novellierung der Banken- oder Sparkassen-AGB – ist die einzige Etappe, die die AGB-Banken bereits im Ausgangspunkt, in Nr. 1, in den Blick nehmen: Diese regelt dessen Abs. 2 in Anlehnung an die Vorgaben des § 675g BGB (nicht [mehr] diejenigen von § 308 Nr. 5 BGB in der Auslegung, die ihm die höchstrichterliche Rechtsprechung gegeben hatte). Heute ist also der Streit darüber rein theoretischer Natur, ob in einer Abrede nach § 305 Abs. 3 BGB auf die AGB in ihrem jeweiligen Bestand, also einschließlich zukünftiger Änderungen, verwiesen werden kann.[818] Die Banken- und Sparkassen-AGB wählen einen (rechtssicheren) Alternativweg: Schweigen, also fehlender Widerspruch seitens des Kunden, wird als Zustimmung gewertet, wenn zwei weitere Voraussetzungen erfüllt sind: einerseits eine Zweimonatsfrist seit Unterbreitung des Änderungsangebots verstrichen ist[819] und andererseits auf diese Rechtsfolge des Schweigens bei Unterbreitung des Änderungsangebots nochmals hingewiesen wurde. Dieses Regime ist wirksam vereinbart,[820] teils kontrollfrei, weil die Zwei-

---

[818] Für Verbraucherkunden wegen der Einbeziehungsvoraussetzungen des § 305 Abs. 2 BGB zurecht für unzulässig gehalten: BGH (Fn 784), NJW-RR 2012, 690 (691) (jede Änderung wieder nach § 305 Abs. 2 BGB einzubeziehen); Erman/*Roloff*, § 305 Rn 43; Ulmer/Brandner/Hensen/*Ulmer/Habersack* § 305 Rn 165. Für berufliche Kunden anders: Palandt/*Grüneberg* § 305 Rn 50.

[819] Vorher kein Entfall des Widerspruchsrechts durch sonstige Verfügungen über das Konto u.ä.: aA, aber durch den EU-rechtlichen Hintergrund des Zahlungsdiensterechts m.E. überholt und nicht mehr haltbar (weil Reaktionsfrist zwingend zu erhalten): BankR-Hdb/Bunte § 6 Rn 11; und weiterhin *Bunte* AGB-Banken und SB, AGB-Banken Rn 133;

wie hier schon für das alte Recht Derleder/Knops/Bamberger/*Casper* § 3 Rn 8.

[820] BankR-Hdb/*Bunte* § 6 Rn 11; Ulmer/Brandner/Hensen/*Ulmer/Habersack* § 305 Rn 165; Palandt/*Grüneberg* § 305 Rn 47; Ebenroth/Boujong/Joost/Strohn/*Thessinga* BankR I Rn 61. Für das für den Kunden weniger günstige Regime einer sechswöchigen Reaktionszeit, das den Vorgaben in § 308 Nr. 5 BGB folgte, war das höchstrichterlich ebenfalls bereits entschieden: BGH Urt. v. 17.3.1999 – XI ZR 218/97, WM 1999, 1367; zuletzt BGH (Fn 349), WM 2014, 456 = NJW 2014, 1441 (m.w.Nachw. zur st. Rspr.); Derleder/Knops/Bamberger/*Casper* § 3 Rn 8.

monatsfrist bereits durch das Gesetz festgelegt ist (§§ 675g Abs. 2 iVm 307 Abs. 3 BGB), teils jedenfalls als Option durch das Gesetz ausdrücklich eingeräumt und daher sicherlich nicht missbräuchlich iSv § 307 Abs. 1 und 2 BGB. Die Abrede von Online-Kommunikation erstreckt sich, wenn sie vereinbart ist, auch auf diese Änderungsanzeige (Nr. 1 Abs. 2 S. 2) und dies ist auch nicht etwa überraschend oder missbräuchlich, sondern vielmehr die nächstliegende Lösung.[821] Nicht ausgeschlossen ist freilich in allen Fällen, dass der Kunde der Änderung widerspricht. In diesem Fall wird diese nicht wirksam Vertragsbestandteil. Auch gibt die Weigerung des Kunden, der Änderung zuzustimmen, dem Institut kein außerordentliches Kündigungsrecht. Für das Kontokorrent (als Zahlungsdiensterahmenvertrag) ergibt sich dies zwingend bereits aus § 676g BGB (Art. 44 EU-Zahlungsdienste-Richtlinie), da die Ausübung eines zwingend eingeräumten (Weigerungs-)Rechts keinen Rechtsverstoß darstellt und daher jede Grundlage für ein Recht zur außerordentlichen Kündigung fehlt. Ein ordentliches Kündigungsrecht verbleibt dem Kreditinstitut im Rahmen der geltenden Kündigungsregeln jedoch durchaus (vgl. dazu unten Zweiter Teil Rn 362f. und für den Normalfall auch Dritter Teil Rn 194, 197).[822] Das außerordentliche, fristlose Kündigungsrecht, das umgekehrt dem Kunden allein deswegen eingeräumt wird, weil die Kreditinstitute die Möglichkeit einer Zustimmungsfiktion vereinbaren, mussten S. 5 und 6 vorsehen, weil § 675g Abs. 2 S. 2 BGB ein solches vorsieht. Dieses Kündigungsrecht ist denn auch auf den Anwendungsbereich des Zahlungsdiensterechts beschränkt, gilt aber, da Kontokorrentabreden in diesen Anwendungsbereich fallen, im Regelfall (vgl. näher, auch mit Kritik, unten Dritter Teil Rn 183f.).

2. Bankgeheimnis und Durchbrechungen (Nr. 2)

a) Bankgeheimnis (Abs. 1) – Verweis. Die AGB-Banken regeln das Bankgeheimnis **293** nicht konstitutiv, sondern informieren nur – deklaratorisch – über seine **Eckpunkte**:[823] dass eine **Pflicht des Instituts zur Wahrung des Bankgeheimnisses kraft objektiven Rechts** besteht (oben Zweiter Teil Rn 69–80), dass es insoweit nur auf den Geheimhaltungswillen des Kunden ankommt, nicht auf eine Abwägung mit dem Interesse anderer Beteiligter, dass insbesondere der Kundenwillen über den Umfang der geheimhaltungspflichtigen Umstände entscheidet (oben Zweiter Teil Rn 75f.), und dass auch die Art und Weise der Kenntniserlangung seitens des Kreditinstituts unerheblich ist, um ein Bankgeheimnis zu bejahen (auch zufällige Kenntniserlangung erfasst, näher oben Zweiter Teil Rn 76). Umgekehrt unterrichtet Abs. 1 S. 2 auch über die möglichen Durchbrechungen und nennt hier zunächst die Zustimmung seitens des Kunden (oben Zweiter Teil Rn 79, 87–101) und die gesetzliche Durchbrechung des Bankgeheimnisses (oben Zweiter Teil Rn 105–121). Wäh-

---

[821] Daher zu Recht für Wirksamkeit: BGH (Fn 349), WM 2014, 456 = NJW 2014, 1441 (m.w.Nachw. zur st. Rspr.); Derleder/Knops/Bamberger/*Casper* § 3 Rn 8; Heymann/*Horn* Anh. § 372 Rn II/16; eher zweifelnd *Bunte* AGB-Banken und SB, AGB-Sparkassen Rn 33; Kümpel/Wittig/*Peterek* Rn 6.95; jedenfalls nicht nur e-mail mit Bekanntgabe eines links zu den geänderten AGB oder gar nur mit Verweis auf die Homepage generell: *Becher/Gößmann* BKR 2002, 519 (520); *Casper* a.a.O.

[822] Dass eine Kündigung, die gänzlich grundlos zulässig ist, rechtsmissbräuchlich sein soll,

wenn es für sie einen zumindest plausiblen Grund gibt, namentlich dass auf eine Erschwerung der massenweisen Abwicklung reagiert wird (Standardisierung durch AGB entfällt bzw. es muss nach verschiedenen AGB-Regelwerken agiert werden), erscheint unplausibel: wie hier OLG Köln Beschl. v. 28.8.1995 – 16 W 45/95, NJW 1996, 1065; Erman/*Roloff* § 305 Rn 43; aA Derleder/Knops/Bamberger/*Casper* § 3 Rn 8; MünchKommBGB/*Basedow* § 305 Rn 86.

[823] *Bunte* AGB-Banken und SB, AGB-Banken Rn 40; Derleder/Knops/Bamberger/*Casper* § 3 Rn 10.

rend diese **Durchbrechungen nicht näher spezifiziert** werden, ist dies bei der Bankauskunft als einer Hauptform durchaus der Fall (Abs. 1 S. 2 [3. Alt.] und Abs. 2–4; dazu nächste Rn). Da Abs. 1 nur die kraft objektiven Rechts bestehende Rechtslage in den Hauptumrissen referiert, ist er auch **kontrollfrei wirksam** (§ 307 Abs. 3 S. 1 BGB), insbesondere gibt er die Rechtslage auch hinreichend transparent wieder (§ 307 Abs. 3 S. 2 BGB).[824] Einzig könnte in Erwägung gezogen werden, dass bei Zweifelsfragen – etwa wenn angenommen wird, dass das Kreditinstitut dem Bankgeheimnis auch unterliegt für Tatsachen, die ihm gänzlich außerhalb der Geschäftsbeziehung über den Kunden zugetragen werden –[825] schon der Grundsatz einer Auslegung contra proferentem (§ 305b Abs. 2 BGB) für die weitere Auslegung spricht (die freilich im genannten Fall schon unabhängig von solch einem Auslegungsgrundsatz als die zutreffende anzusehen ist).

b) Durchbrechungen, namentlich Bankauskunft (Abs. 1 S. 2 und Abs. 2–4, mit Ver-
294 **weis).** Der **gesamte Bereich der Durchbrechungen** des Bankgeheimnisses – mit Ausnahme der Bankauskunft – ist in den beiden Hauptrechtfertigungsgründen nur benannt, nicht jedoch näher spezifiziert: Genannt werden die Zustimmung seitens des Kunden (oben Zweiter Teil Rn 79, 87–101) und die gesetzliche Durchbrechung des Bankgeheimnisses (oben Zweiter Teil Rn 79, 105–121). Gemeint ist damit offensichtlich der ganze Kreis an Durchbrechungen, die sich aus objektivem Recht (auch ohne Zustimmung) ergeben. Freilich ist mit der Dualität der Ausnahmen nicht gänzlich klar gemacht, dass ein großer Bereich an Durchbrechungen nicht ausdrücklich gesetzlich angeordnet ist, sondern aus einer Abwägung der Interessen verschiedener Beteiligter – des Kunden und Dritter – hergeleitet wird, wenn auch selbstverständlich unter Zugrundelegung gesetzlicher Wertungen (vgl. oben Zweiter Bereich Rn 115–121). Daher besteht eine gewisse Möglichkeit („Restgefahr"), dass Abs. 1 S. 1 dahingehend verstanden wird, dass Kreditinstitute privatautonom versprechen, das Bankgeheimnis breit zu beachten, zugleich jedoch der Grundsatz einer Auslegung „contra proferentem" dahingehend verstanden wird, dass nicht alle Durchbrechungen des Bankgeheimnisses im objektiven Recht auch in Abs. 1 S. 2 hinreichend angesprochen und damit auch vereinbart sind. Hier zeigt sich, dass eine grds. begrüßenswerte Politik, in den AGB auch über Kerngehalte des objektiven Rechts aufzuklären, also deklaratorische Gehalte aus Informationsgründen aufzunehmen, auch gewisse Risiken bergen kann, weswegen m.E. hier § 305c Abs. 2 BGB eher restriktiv zur Anwendung kommen sollte. **Die AGB-Sparkassen** regeln denn das Bankgeheimnis auch gar nicht, sondern **verweisen allein auf die gesetzliche Regel** (so Nr. 1 Abs. 1) und gestalten dann nur die Bankauskunft in Nr. 3 aus, dies in Parallelität zu den AGB-Banken:

295 Die **Bankauskunft** ist in den AGB-Banken (Nr. 2) und AGB-Sparkassen (Nr. 3) gesondert und umfangreicher ausgestaltet (und der Regelungsgehalt ist im Gegensatz zum bisher Gesagten jedenfalls teilweise auch konstitutiv): Mit der Umschreibung der Eigenschaften der Bankauskunft und insbesondere mit dem Hinweis, dass sie allgemein gehalten ist (näher oben Zweiter Rn 89–91), wird einerseits zugesagt, dass bei Zustimmung des Kunden zur Bankauskunft auf dieser Grundlage **keine Einzelangaben** gemacht werden dürfen (näher oben Zweiter Teil Rn 90), andererseits jedoch nicht auch, dass nicht andere Formen der Auskunft seitens des Kreditinstituts existieren, die auch solche konkreten Einzelaus-

---

[824] Ebenso Nachw vorige Fn (implizit).
[825] So etwa *Schumann* ZIP 2004, 2353 (2361); nach hM muss die Bank Kenntnis „im Rahmen der Geschäftsverbindung erlangt" ha-

ben: BGH (Fn 62), BGHZ 166, 84 (91–96) = WM 2006, 380 (384f.); Kümpel/Wittig/ *Merz* Rn 6.118; BankR-Hdb/*Bunte* § 7 Rn 7; näher oben Zweiter Teil Rn 76.

sagen umfassen und erlauben, etwa die konkrete Scheck- oder Kreditkartenauskunft („Kunde für Deckung gut") oder eine Schufa-Auskunft (Konkurrenz der Auskunftsinstrumente).[826] Diese folgen dann jedoch ihren eigenen Zulässigkeitsvoraussetzungen (namentlich Zustimmung und gesetzliche Ermächtigung), die Nr. 2 AGB-Banken und Nr. 3 AGB-Sparkassen nicht regeln. Konstitutiv – für das Institut verpflichtend, den Kunden berechtigend – sind auch die weiteren Grenzen, die formuliert werden: Das ist zum einen, dass die Bankauskunft **nicht einem offenen Personenkreis**, sondern nur anderen Kunden desselben Instituts oder aber anderen Instituten (vor allem wiederum für deren Kunden) gegeben werden dürfen (Abs. 4; zu dieser Begrenzung, die insbesondere einer Kommerzialisierung vorbeugen soll und entsprechend zu auszulegen ist, näher oben Zweiter Teil Rn 92–95, auch zur haftungsbeschränkenden Wirkung). Zum anderen wird aber auch die **Zustimmung des Kunden** zur Bankauskunft als begrenzt angesehen (Abs. 3): Die Zustimmung seitens Juristischer Personen, von Kaufleuten, die ins Handelsregister eingetragen sind, und nach h.M. auch vergleichbar beruflich Tätiger[827] wird durch Einbeziehung der AGB (d.h. auch Zustimmung zu ihnen) erteilt,[828] ist jedoch explizit als widerruflich ausgestaltet, während diejenige anderer Personen explizit erteilt werden muss, was allerdings auch allgemein („auf Widerruf") erfolgen kann. Ausgeschlossen ist damit eine Herleitung der Zustimmung aus Umständen wie etwa Schweigen in auslegungsfähigen Situationen oder auch in Formularen versteckten Erklärungen. In Anlehnung an § 28 BDSG (jedoch anders, als grds. für das Bankgeheimnis üblich, vgl. näher oben Zweiter Teil Rn 75 f.) ist die Zustimmung jeweils nochmals doppelt eingeschränkt: Einerseits muss neben die Zustimmung ein berechtigtes Interesse des Empfängers treten und zumindest glaubhaft gemacht werden, andererseits müssen auch noch gegenstehende schutzwürdige Interessen des Kunden ausgeschlossen werden – wobei im Konfliktfall beide Interessen gegeneinander abgewogen werden müssen. Diese doppelte Einschränkung ist zumindest rechtsgeschäftlich mit den AGB zugesagt, was auch damit erklärt werden kann, dass die Bankauskunft so offen formuliert ist und so sehr auf Wertungen basiert. Diesen Gehalt hat auch **Nr. 3 AGB-Sparkassen**, mit der einzigen Ausnahme, dass eine schriftliche Bestätigung der mündlich gegebenen Auskunft vorbehalten wird. Von einer Haftung für Auskünfte, die mündlich gegeben wurden, aber unzutreffend sind, befreit das freilich ohnehin nicht rückwirkend.[829]

---

[826] Derleder/Knops/Bamberger/*Casper* § 3 Rn 14; im Verhältnis zur Schufa-Auskunft BankR-Hdb/*Bunte*, § 7 Rn 15; Kümpel/Wittig/*Merz*, Rn 6.130.

[827] Insbesondere die unternehmerisch tätige GBR, die Partnerschaft und die EWIV: *Bunte* AGB-Banken und SB, AGB-Banken Rn 60; Derleder/Knops/Bamberger/*Casper* § 3 Rn 15; aA Ulmer/Brandner/Hensen/*Fuchs* Teil 4 (2) Banken (Kreditinstitute) Rn 11.

[828] In diesem Punkt sind die AGB-Banken also konstitutiv (nicht etwa schon Handelsbrauch), hingegen nicht gegenüber nicht beruflich Tätigen, für die sie nur die Lage nach objektivem Recht wiedergeben. Zum ersten ebenso etwa *Canaris* Bankvertragsrecht Rn 56; Derleder/Knops/Bamberger/*Casper*

§ 3 Rn 15; Ulmer/Brandner/Hensen/*Fuchs* Teil 4 (2) Banken (Kreditinstitute) Rn 11; aA BuB/*Weber/Hoffmann* Rn 1/65; unklar *Bunte* AGB-Banken und SB, AGB-Banken Rn 59. Unstreitig sind die AGB auch in ihrer konstitutiven Wirkung wirksam, weil sie in ihrer konkreten Ausgestaltung eher das Geschäft der Kunden fördern, vgl. oben Zweiter Teil Rn 89 f., 93 f.

[829] *Bunte* AGB-Banken und SB, AGB-Sparkassen Rn 21; Derleder/Knops/Bamberger/*Casper* § 3 Rn 20; Ulmer/Brandner/Hensen/*Fuchs* Teil 4 (2) Banken (Kreditinstitute) Rn 12. Ggf. aber Mitverschulden, wenn Dispositionen sofort getroffen, obwohl Zuwarten noch möglich gewesen wäre.

3. Haftungsfragen (Nr. 3)

296   a) **Gesetzliche Fahrlässigkeitshaftung (Abs. 1 und 3).** Vor 1993 enthielten die AGB-Banken Haftungsfreizeichnungen. Seitdem jedoch geben Nr. 3 Abs. 1 und 3 AGB-Banken (und parallel Nr. 19 AGB-Sparkassen) nur das objektive Recht wieder, wirken also rein deklaratorisch und sind solchermaßen kontrollfrei wirksam,[830] zumal sie die Rechtslage auch transparent und in der gebotenen Kürze wiedergeben. Im vorliegenden Kommentar ist das demnach allein maßgebliche objektive Recht auch in Haftungsfragen eigenständig behandelt, worauf zu verweisen ist (vor allem oben Zweiter Teil, 2. Abschnitt).

297   b) **Haftung für weitergeleitete Aufträge (Abs. 2).** Ungleich umstrittener sind Wirksamkeit und Gehalt von Abs. 2 zum Haftungsregime bei weitergeleiteten Aufträgen (in Nr. 19 Abs. 2 AGB-Sparkassen etwas abweichend, zu den Abweichungen sogleich). Die Wertung reicht von kontrollfrei wirksam bis (wohl) umfassend nichtig.[831] Sinnvollerweise sind **drei Fragen voneinander zu trennen**, dies trotz ihrer Wechselbezüglichkeit: die Frage nach der Auslegung der Klausel, diejenige nach bestehenden Modellen im objektiven Recht, und diejenige nach der Inhaltskontrolle.

298   **Abs. 2 Satz 1 und 2** sind nicht gänzlich klar formuliert in der Frage, ob sie über eine bestehende (oder angenommene) Rechtslage aufklären wollen (**deklaratorisch**) oder aber eigenen Regelungsgehalt beanspruchen (**konstitutive Wirkung**). Dabei unterscheiden sie sich dadurch, dass Satz 1 einen Grundsatz beschreibt/aufstellt, während Satz 2 zwei Beispiele benennt. Früher war hier ein (drittes) Beispiel zu finden, das heute gesetzlich eindeutig geregelt ist, die Erteilung eines Auftrages in der Überweisungs- und Zahlungskette. Satz 1 stellt fest bzw. legt fest, dass es Fälle gibt, in denen die Bank nur bei der Suche nach dem geeigneten Dienstleister suchen hilft und helfen soll/muss, während Satz 2 (heute) zwei Beispielsfälle hierfür benennt. Trotz seines Wortlauts, nach dem eine Rechtsfolge angeordnet wird, kann selbst **Satz 3** dahingehend verstanden werden, dass er nur eine Rechtsfolge benennt, die sich schon aus objektivem Recht ergibt, dass er – wenn und soweit ein solcher Grundsatz besteht – auch wiederum nur deklaratorisch wirkt. So wird Satz 3 im Folgenden in der Tat verstanden: Wenn in der Tat Substitution nach Satz 1 und vor allem nach Satz 2 wirksam vereinbart ist (entweder weil nur objektives Recht wiederholt wird oder weil eine wirksame Abrede vorliegt), so bezeichnet Satz 3 auch nur die nach objektivem Recht bestehende Rechtsfolge.[832]

299   Für die Ausgangsfrage, ob die Sätze, namentlich Satz 1 und 2, nur deklaratorisch oder aber konstitutiv wirken (sollen), ist bereits erstmals der Hinweis auf die **gesetzlich geregel-**

---

[830] Derleder/Knops/Bamberger/*Casper* § 3 Rn 21, 28 (Ausnahme: Verweis auf Nr. 11 AGB-Banken, der freilich m.E. auch kontrollfrei wirksam ist, soweit dort wieder nur gesetzliche Pflichten resümiert werden).

[831] Objektivem Recht entsprechend bzw. durch § 664 Abs. 1 S. 2 BGB gedeckt nach *Kümpel* WM 1995, 1893 (1895 ff.) (hingegen Zweifel, ob AGB-mäßige Vereinbarung, soweit notwendig, dh. konstitutiv, wirksam wäre); wohl auch Derleder/Knops/Bamberger/*Casper* § 3 Rn 24 („allein klarstellende Funktion", aber dann eher differenzierend, Rn 25 f.); demgegenüber für Unwirksamkeit: LG Köln Urt. v. 1.12.2000 – 26 O

79/98, WM 2000, 720 (721); *Einsele* AcP 199 (1999), 145 (180 f., 188); ebenfalls für Unwirksamkeit, weil Banken die „cheapest insurers" seien: *Bitter* ZBB 2007, 237 (250 ff.); sowie jedenfalls, wenn keine ausdrückliche Gestattung erteilt (die in AGB für problematisch sei): Heymann/*Horn* Anh. § 372 Rn II/35 f.; vgl. auch die (in ihrer Interpretation umstrittene) Entscheidung in BGH Urt. v. 19.3.1991 – XI ZR 102/90, WM 1991, 797.

[832] Ähnlich *Bunte* AGB-Banken und SB, AGB-Banken Rn 91; Kümpel/Wittig/*Peterek* Rn 6.187; Heymann/*Horn* Anh. § 372 Rn II/41 f.

Stefan Grundmann

ten Fälle wichtig (zugleich dann für die Kontrollfähigkeit, § 307 Abs. 3 BGB, aber später auch als Leitbild für eine möglicherweise nötige Inhaltskontrolle). **§ 664 Abs. 1 Satz 2 BGB** regelt für den Auftrag, dass eine Übertragung (durch „Gestattung") dergestalt möglich ist, dass nur noch sorgfältige Auswahl, nicht mehr sorgfältige Auftragsausführung geschuldet wird, und daher dann auch nur für den Verstoß gegen die erstgenannte Pflicht gehaftet wird, nicht für Fehler bei der Auftragsausführung (auch nicht nach § 278 BGB). Diese Regel wird als allgemeineres Modell verstanden, namentlich auch als verbindlich für die entgeltliche Auftragsausführung (Geschäftsbesorgung), obwohl § 675 BGB nicht auf § 664 BGB verweist, denn dies geschieht offenbar nur, weil die jeweilige Übertragung im Bereich geschäftlich-entgeltlicher Ausführung (anders als in der Vertrauensbeziehung unentgeltlicher Auftrag) nicht generell für unzulässig erklärt werden soll.[833] Das erste gesetzliche Modell geht also dahin, dass bei Gestattung auch bloße Auswahl vereinbart werden kann. „Gestattung" ist also nichts anders als die Wahl zwischen zwei Modellen, nach deren einem der Vertragspartner zur Durchführung des Auftrages selbst verpflichtet wird (wenn auch nicht in eigener Person, aber durchaus als Verantwortlicher, jedenfalls nach § 278 BGB) und nach deren anderem nur die Hilfe bei der Auswahl des richtigen Dienstleisters vereinbart wird. Die Frage würde dann nur dahin gehen, wie die Gestattung zu erfolgen hat, insbesondere, ob sie auch in AGB zulässig ist. Zurecht geht die ganz hM jedoch jedenfalls davon aus, dass die Gestattung nicht explizit erfolgen muss, sondern dass von einer wirksamen Gestattung einer bloßen Auswahlhilfe auch dann auszugehen ist, wenn das Geschäft solche Charakteristika aufweist, dass im Markt erkennbar allgemein die Auffassung besteht, dass das „erstbeauftragte" Institut nicht selbst oder auch durch eingeschaltete Institute erfüllen will, sondern nur bei der Auffindung eines geeigneten Dienstleisters helfen soll.[834] Auf die Frage danach, welche Charakteristika dies sind, ist zurückzukommen, nachdem das zweite gesetzliche Leitbild in den Blick genommen wurde: Für die Fahrlässigkeitshaftung – und allein um diese geht es in Nr. 3 AGB-Banken – sieht **§ 675z Satz 3 BGB** vor, dass eine Haftung der erstbeauftragten Bank nach § 278 BGB ausscheidet, wenn das weitere Institut, das den Fehler begeht, vom Kunden vorgegeben wurde. Dies ist deswegen wichtig, weil das Zahlungsdiensterecht den Bereich bildet, in dem in jüngerer Zeit am radikalsten und eindeutigsten von einer Haftung allein für Auswahlverschulden zu einer allgemeinen Haftung für eingeschaltete weitere Institute nach § 278 BGB übergegangen wurde (dazu und auch zum [anders gestalteten] Regime im Bereich Garantiehaftung nach § 675y BGB ausführlich unten Dritter Teil Rn 486–515). Und dies geschah – unter Aufgabe der bis dahin hM zum deutschen Recht – auf Grund Europäischer Vorgabe, so dass das Argument naheliegt, dass jedenfalls in dem Umfang, in dem § 675z Satz 3 BGB für das erstbeauftragte Institut keine Gehilfenhaftung vorsieht, dies (a maiore) auch als gesetzliches Leitbild des autonom gesetzten deutschen Rechts zu sehen ist. Unterstützend ist darauf hinzuweisen, dass die Frage, ob das Institut überhaupt eine „Auswahlmöglichkeit" hat, auch bei der (generellen) Entscheidung dahingehend den Ausschlag gegeben hat, dass das erstbeauftragte Institut jedenfalls für Feh-

---

833 Dass ein Verweis unterblieb, ist also § 664 Abs. 1 S. 1 und 2 sowie Abs. 2 BGB geschuldet, gerade nicht § 664 Abs. 1 S. 2 BGB. Zu diesem Verständnis (und für § 664 Abs. 1 S. 2 BGB sogar als allgemeines Modell): BGH Urt. v. 14.11.1951 – II ZR 55/51, NJW 1952, 257; Bamberger/Roth/*Fischer* § 664 Rn 8; *Koller* Das Haftungspriveleg des Geschäftsbesorgers gem §§ 664 Abs 1 Satz 2, 675 BGB, ZIP 1985, 1243; aA *Metzler* Zur Substitution, insbesondere zu ihrer Abgrenzung von der Erfüllungsgehilfenschaft, AcP 159 (1960/61), 143 (154f.).

834 BGH Urt. v. 14.11.1957 – II ZR 268/56 – VersR 1958, 40 = WM 1958, 133; Bamberger/Roth/*Fischer* § 664 Rn 7; Münch-KommBGB/*Seiler* § 664 Rn 5.

ler beim Empfängerinstitut, das ja allein Zahler und Zahlungsempfänger bestimmten, nicht mehr haftet (vgl. §§ 675y und 675z BGB). Insgesamt geht es bei den weitergeleiteten Aufträgen in der Grundfrage darum, wie mit dem **Grunddilemma von § 278 BGB** umzugehen ist: Von der Arbeitsteilung profitieren beide Vertragsseiten, das Risiko der Arbeitsteilung muss jedoch mehr oder weniger einer Vertragsseite auferlegt werden oder der anderen. Hier sprechen in der Tat gute Gründe dafür, dass dieses Risiko dem Kunden nur in eng umrissenen Einzelfällen auferlegt werden soll (und sonst, d. h. im Regelfall, beim Anbieter liegen soll).[835] Dabei lassen sich die genannten gesetzlichen Leitbilder allerdings dahingehend zusammenfassen, dass jedenfalls zwei solche Einzelfälle zu finden sind: Eine Begrenzung der Haftung der Bank auf Auswahlverschulden entspricht dem objektiven Recht jedenfalls, wenn (1) beiden Seiten klar ist, dass diese Bank nicht selbst die gesamte Dienstleistung erbringen kann und der *Kunde* den zweiten notwendigen Dienstleister auswählte/vorgab, oder wenn (2) wenn beide Seiten wegen des benannten Dilemmas *(wirksam)* vereinbaren, dass die erstbeauftragte Bank nur bei der Auffindung eines geeigneten Dienstleisters helfen soll.

300   Gibt es nun Fälle, in denen tatsächlich auf Grund des Verständnisses im Markt ein „Auftrag" auch kraft objektivem Recht nur dahingehend zu verstehen sein soll, dass eine Hilfe bei der Suche nach dem geeigneten Dienstleister geschuldet sein soll, so reduziert sich die Frage nach **Auslegung und auch Wirksamkeit von Abs. 2 Satz 1** zunächst darauf, ob die Klausel diesen Zustand transparent genug benennt (§ 307 Abs. 3 Satz 1 und 2 BGB). Die Klausel geht hinreichend klar davon aus, dass solche Einzelfälle nur möglich, nicht allgemein anzunehmen sind, wann immer eine weitere Bank eingeschaltet wurde. Das entspricht dem objektiven Recht. Dass sie die maßgeblichen Abgrenzungskriterien nicht benennt, ändert zum einen nichts daran, dass hinreichend klar wird, dass beide Möglichkeiten bestehen, und ist zum anderen auch den Verwendern nicht zur Last zu legen, sind doch diese Kriterien im objektiven Recht selbst (Rspr. und hM) keineswegs geklärt. Daher könnte allein – zu Lasten des Verwenders – angeführt werden, dass es jedenfalls nicht darauf ankommt, ob „typischerweise" eine andere Bank die maßgebliche Dienstleistung erbringt, sondern darauf, ob der Verkehr diesen Umstand so versteht, dass die erstbeauftragte Bank deswegen nur Auswahl schulden soll. Solch eine Argumentation wäre m.E. jedoch allzu beckmesserisch, sie berücksichtigt insbesondere nicht hinreichend, dass eine exakte Abbildung der objektiven Rechtslage kaum für Kunden verständlich gestaltet werden könnte. Daher ist m.E. Satz 1 nicht nur als Verweis auf das objektive Recht zu sehen, sondern auch hinreichend transparent und wirksam.[836]

301   Angesichts der Offenheit des Grundsatzes und der Notwendigkeit nach Nr. 3 Abs. 2 AGB-Banken, die Abgrenzungskriterien auf den Einzelfall anzuwenden, entfaltet Satz 1 ohnehin noch keine Wirkung, wenn das **Substitutionsrecht nicht auch im Einzelfall wirksam verabredet oder aus den Umständen** herzuleiten ist.[837] Letztlich kommt es also auf die Wirksamkeit der maßgeblichen Einzelklausel an, die idR in den Sonderbedingungen zu finden ist. **Satz 2 benennt dafür zwei Fälle** (und enthält sich zurecht heute eines Verweises auf das Regime des Zahlungsverkehrsrechts, wo zwingendes Recht die Frage regelt und daher auch gar keine AGB-Kontrolle mehr nötig wäre). Für den ersten Fall – die **Bankauskunft**, die schon in den allgemeinen Banken-AGB geregelt ist – ist die Anordnung in den AGB (mit

---

[835] Vgl. zu Dilemma und dem zuletzt genannten Grundsatz näher nur MünchKommBGB/*Grundmann* § 278 Rn 1–5.

[836] Wohl (ganz) hM, obwohl die Stellungnahmen seltsam „unentschieden" und teils ge-

radezu zirkulär wirken. Vgl. Nachw. oben Fn 831, 833.

[837] Derleder/Knops/Bamberger/*Casper* § 3 Rn 25.

Stefan Grundmann

Abrede) wirksam.[838] M.E. kommt es insoweit nicht auf eine Gestattung an, maßgeblich ist vielmehr bereits die Wertung im objektiven Recht: Wird eine andere Bank zur Erteilung einer Bankauskunft eingeschaltet, so entscheidet der Kunde, indem er die Person benennt, über die er eine Bankauskunft begehrt, auch über die Auskunft gebende Bank, und nicht etwa seine eigene Bank, die den Auftrag (nur) weitergibt. Die 1. Alt. gibt also nur (deklaratorisch) das objektive Recht wieder, denn die Fallkonstellation entspricht dem oben zuerst genannten Sonderfall (Modell des § 675z Satz 3 BGB). Der zweite Fall – die **Wertpapierverwahrung im Ausland** – zählt zur (schwierigeren) Fallgruppe, in der beiden Seiten klar ist bzw. hinreichend aufgedeckt wird, dass die eigentliche Dienstleistung nicht von der erstbeauftragten Bank erbracht wird, der Kunde jedoch nicht vorgibt, welcher Dienstleister einzuschalten ist. Nach Nr. 19 Abs. 2 Satz 1 Sonderbedingungen für Wertpapiergeschäfte haftet das erstbeauftragte Institut für Verschulden des verwahrenden Instituts im Ausland nicht (direkte Auslandsverwahrung), sondern nur für die Auswahl. Der wichtigste Fall einer Auslandsverwahrung ist der, dass der Verwahrungsort durch den ausländischen Sitz/Registrierungsort des Emittenten des Wertpapiers rechtlich oder wirtschaftlich vorgegeben wird.[839] Anders ist die Haftung nur geregelt, wenn zuerst ein inländischer Sammelverwahrer gewählt wird und dieser dann eine Auslandsverwahrung wählt (indirekte Auslandsverwahrung, vgl. § 5 Abs. 4 DepotG und Nr. 19 Abs. 2 Satz 2 der Sonderbedingungen).[840] Für die Wirksamkeit der Substitution im (erstgenannten) Falle der direkten Auslandsverwahrung spricht m.E. zweierlei: Während bei Zahlungsdiensten der Erfolg „in der Kette" herbeigeführt wird, was auch die Fehlerentdeckung für den Kunden häufig unmöglich macht, ist bei der Auslandsverwahrung nicht nur klar, dass die Verwahrung (schon rein räumlich) nicht vom erstbeauftragten Institut vorgenommen wird, sondern dass *allein* ein anderes Institut dauerhaft tätig wird. Hinzu kommt jedoch (noch wichtiger), dass das Arbeitsteilungsrisiko zwar im Regelfall dem Anbieter auferlegt werden sollte, nicht jedoch wenn der Kunde die Auswahl zwischen zwei alternativen Regimen hat, von denen eines eine Haftung auch für Erfüllungsgehilfen verbürgt. Wird also der Kunde auf das Risiko der direkten Auslandsverwahrung und auf die Alternative einer indirekten Auslandsverwahrung über einen inländischen Sammelverwahrer hinreichend hingewiesen, ist die Anordnung in Nr. 19 Abs. 2 S. Sonderbedingungen für Wertpapiergeschäfte m.E. wirksam.[841] Umgekehrt geht freilich **Nr. 19 Abs. 2 AGB-Sparkassen** insoweit weiter, als er den Instituten ein Recht einräumt, für **unbenannte Einzelfälle bloße Substitution zu wählen**, dies nach Abwägung der Interessen des Kunden mit denen des Instituts. Zwar wird nach dem Gesagten auch die Frage, ob eine Gestattung im Rahmen von § 664 Abs. 1 Satz 2 BGB anzunehmen ist, unter Abwägung dieser Interessen beantwortet, nach diesem Modell bleibt aber das Letztbestimmungsrecht beim Kunden. Solchermaßen bedeutet die Klausel, soweit sie das Letztbestimmungsrecht den Sparkassen einräumt und soweit sich dessen Ausübung nicht ohnehin darin erschöpft, schlicht die Abwägung nach objektivem Recht zu benennen, eine nicht unerhebliche Abweichung vom gesetzlichen Modell: Es wird dann nämlich in den Fällen einer Abweichung vom objektiven Recht, also soweit es auf die Klausel überhaupt ankommt, die Haftung für Gehilfenverschulden ausgeschlossen.[842]

---

[838] Wohl Derleder/Knops/Bamberger/*Casper* § 3 Rn 26.

[839] Kümpel/Wittig/*Peterek* Rn 6.183.

[840] Für die Abgrenzung beider Regime voneinander ausführlich Bd. 11, Achter Teil.

[841] Ebenso i.Erg. Derleder/Knops/Bamberger/*Casper* § 3 Rn 26; *Kümpel* WM 1996, 1893 (1901); Kümpel/Wittig/ *Peterek*

Rn 6.183; aA Heymann/*Horn* Anh. § 372 Rn II/36.

[842] Aus der höchstrichterlichen Rechtsprechung in vergleichbaren Konstellationen: BGH (Fn 356), NJW 2004, 1588; BGH (Fn 356), BGHZ 180, 257 = NJW 2009, 2051; BGH Urt. v. 13.4.2010 – XI ZR 197/09, NJW 2010, 1742.

302   4. Ausübung einzelner Kundenrechte (Nr. 4, 5).

a) Beschränkung der Aufrechnungsbefugnis (Nr. 4). Nr. 4 AGB-Banken schränkt das **Aufrechnungsrecht des Kunden** ein: Die Forderung, mit der er aufrechnet, muss unbestritten sein (bei rechtskräftiger Feststellung ist dies schon rechtlich nicht zu bezweifeln). Dies wird zunächst dahingehend (einschränkend) verstanden, dass die Bank rechtsmissbräuchlich handele, wenn sie die Forderung grundlos oder gar entgegen der eigenen Überzeugung bestreitet.[843] Dabei handelt es sich freilich um eine Grenze des zwingenden Rechts (§ 242 BGB), nicht um eine AGB-Kontrolle. Mit dieser Einschränkung wird die AGB überwiegend als wirksam verstanden.[844] Zweifel erscheinen freilich angebracht, zum einen weil schon die einschränkende Auslegung im Widerspruch steht zum sonst allgemein herangezogenen Grundsatz, jegliche geltungserhaltende Reduktion sei ausgeschlossen, zum anderen jedoch erscheint auch das Gewicht des Behinderungspotentials nicht evident, das von Kunden ausgeht, die unberechtigt aufrechnen (relevant ohnehin nur außerhalb des Kontokorrentverhältnisses!). Überwiegend als wirksam eingestuft wird auch die **zusätzliche Verrechnungsbestimmung**, die die (ansonsten inhaltsgleiche) Nr. 11 der **AGB-Sparkassen** in ihrem Abs. 2 vorsieht,[845] und die in der Tat nur sehr moderat von den Tilgungsbestimmungen in §§ 366 f. BGB abweicht (namentlich weil der Kunde auch im Einzelfall jeweils anders bestimmen kann, also der vorrangige Kriterium dem gesetzlich Vorgesehenen entspricht).

303   b) Beweis des Erbrechts (Nr. 5). Die Ausgestaltung der **Verfügungsrechte des Rechtsnachfolgers (Erben)**, die Nr. 5 bei Tod des Kunden vorsieht, wurde ausführlich im Zusammenhang mit den Fragen zum Konto im Erbfall erörtert:[846] namentlich dass Satz 1 nur die gesetzliche Beweislastverteilung (zu Lasten des Erben) wiedergibt, soweit es (wie namentlich beim Nachweis der Rechtsnachfolge) um die anspruchsbegründenden Tatsachen geht; dass Satz 2 den Kunden nur begünstigt und deswegen ebenfalls unzweifelhaft wirksam ist (eine Begünstigung, die nach der BGH-Rechtsprechung sogar geboten ist);[847] und dass, wenn solch eine Begünstigung eingeräumt wird (und werden muss), es nicht als unangemessen und missbräuchlich angesehen werden kann, das Risiko aus diesen Beweiserleichterungen dann wiederum dem Kunden, namentlich dem rechtmäßigen Rechtsnachfolger aufzuerlegen, wenn der Bank keine Fahrlässigkeit bei der Ermittlung der Rechtsnachfolge und (vermeintlichen) Berechtigung zur Last gelegt werden kann (Satz 3).[848]

---

[843] BGH Urt. v. 17.2.1986 – II ZR 285/84, WM 1986, 477; OLG Hamm Beschl. v. 18.10.1982 – 2 XW 29/82, NJW 1983, 523.

[844] Für Wirksamkeit BGH Urt. v. 18.6.2002 – XI ZR 160/01, NJW 2002, 2779 (2779); Urt. v. 17.2.1986 – II ZR 285/84, NJW 1986, 1757; Baumbach/*Hopt* (8) AGB-Banken Nr. 4 Rn 1 (aber Zurückbehaltungsrecht nach § 273 BGB bleibt unberührt); BuB/ *Sonnenhol* Rn 1/123; Derleder/Knops/Bamberger/*Casper* § 3 Rn 30; Heymann/*Horn* Anh. § 372 Rn II/44. Zu Grenzen im Insolvenzverfahren vgl. Ulmer/Brandner/Hensen/*Fuchs* Teil 4 (2) Banken (Kreditinstitute) Rn 17.

[845] Für Wirksamkeit auch *Bunte* AGB-Banken und SB, AGB-Sparkassen Rn 43; Derleder/ Knops/Bamberger/*Casper* § 3 Rn 30;

Ulmer/Brandner/Hensen/*Fuchs* Teil 4 (2) Banken (Kreditinstitute) Rn 18.

[846] Näher Zweiter Teil Rn 218.

[847] Der BGH (Fn 608), BGHZ 198, 250 = WM 2013, 2166 erklärte namentlich die Version der AGB-Sparkassen für unwirksam, die diese Begünstigung nicht vorsahen, sondern auf Vorlage von Erbschein bzw. Testamentsvollstreckerzeugnis bestanden; im Grundsatz schon OLG Hamm Urt. v. 1.10.2012 – I-31 U 55/12, WM 2013, 221.

[848] Ebenso: Baumbach/*Hopt* (8) Nr. 5 Rn 2 (implizit); BankR-HdB/*Bunte* § 10 Rn 28–30; *Gößmann*/Wagner-Wieduwilt/*Weber* Rn 1/166; *Keim* WM 2006, 753 (755); *Starke* NJW 2005, 3184 (3186); Ulmer/ Brandner/Hensen/*Fuchs* Teil 4 (2) Banken

Die **ABG-Sparkassen** (Nr. 5) erstrecken dieses Regime überzeugend auf ausländische **304** gleichwertige Formen des Erbnachweises (Abs. 3).[849] Zusätzlich regeln sie in Nr. 4 Fragen der Risikotragung bei Entfallen der Vertretungsmacht (Abs. 1)[850] und bei Entfallen der Geschäftsfähigkeit des Vertreters (Abs. 2): Dass der Kunde das Risiko dafür tragen soll, dass nachträglich die Geschäftsfähigkeit entfällt, wurde für die Person des Kunden selbst bereits als eine allzu starke Abweichung vom gesetzlichen Leitbild eingestuft[851] – durchaus überzeugend, weil sich der Schutz des beschränkt Geschäftsfähigen im deutschen Recht breit gegenüber Verkehrsschutzinteressen durchsetzt. Wenn der Entfall der Geschäftsfähigkeit den Vertreter des Kunden betrifft, wird die Frage, ob der Vertretene oder die Gegenseite zu schützen sein soll, jedoch sichtlich in die Hände der Parteien gelegt (§ 165 BGB). Da auch der (geschäftsfähige) Kunde besser solch einen Entfall der Geschäftsfähigkeit bei seinem Vertreter beobachten und dann einschreiten kann (jedenfalls beim gewillkürten Vertreter) und da er bei Fahrlässigkeit in dieser Frage ggf. sogar aus § 311 Abs. 2 BGB haften würde, erscheint die mögliche Abweichung vom gesetzlichen Leitbild nicht groß genug, als dass von Missbräuchlichkeit auszugehen wäre.[852]

5. Anwendbares Recht und Gerichtsstand (Nr. 6)

a) Anwendbares Recht (Abs. 1). Für alle Kunden sieht Abs. 1 die Wahl deutschen **305** Rechts vor. Da das Institut typischerweise die charakteristische Leistung erbringt, entspricht das der Grundsatzanknüpfung in Art. 4 Rom-I-VO. Abs. 1 klärt die Frage nach dem anwendbaren Recht dann nur bzw. erfasst auch die wenigen Fällen, in denen nach objektivem Recht nicht deutsches Recht zur Anwendung käme. **Gegenüber beruflich tätigen Kunden** ist zudem die Rechtswahl umfassend zugelassen und daher die Wirksamkeit der Klausel unangezweifelt.[853] Gleiches muss freilich **gegenüber Verbraucherkunden** gelten,[854] weil auch hier die Rechtswahl im Grundsatz von Art 6 Rom-I-VO durchaus zugelassen wird, und weil sich umgekehrt, soweit diese Norm zwingend das Recht am gewöhnlichen Aufenthalt des Verbraucherkunden zur Anwendung bringt, diese Anordnung auch durchsetzt (auf Grund zwingenden Rechts, nicht im Wege der Inhaltskontrolle).[855] Dann kommt es insoweit zu der in Art. 6 Abs. 2 Rom-I-VO vorgesehenen kumulativen Anwendung von deutschem Recht und dem Recht am gewöhnlichen Aufenthaltsort des Verbrauchers.

b) Gerichtsstand (Abs. 2, 3). Abs. 2 sieht für Streitigkeiten (allein) mit **kaufmännischen 306 Kunden**, die sich auf deren Handelsgewerbe beziehen, und für juristische Personen und Sondervermögen des öffentlichen Rechts einen Gerichtsstand am Sitz des Instituts vor, der für Klagen gegen das Institut ein ausschließlicher ist. Die **Gerichtsstandswahl als solche** hält sich, da der persönliche Anwendungsbereich entsprechend dem Gesagten beschränkt ist, im dafür vorgesehenen Rahmen des § 38 Abs. 1 ZPO und ist daher wirksam.[856] Dass

---

(Kreditinstitute) Rn 19; Wolf/Lindacher/
Pfeiffer/*Pamp* 5. Teil Klauseln (B) Rn B24f.;
näher ebenfalls Zweiter Teil Rn 218.

[849] Dazu etwa *Aden* NJW 1993, 832 (834);
BankR-HdB/*Bunte* § 10 Rn 31; Ulmer/
Brandner/Hensen/*Fuchs* Teil 4 (2) Banken
(Kreditinstitute) Rn 20.

[850] *Bunte* AGB-Banken und SB, AGB-Sparkassen Rn 22.

[851] BGH Urt. v. 25.6.1991 – XI ZR 257/90,
WM 1991, 1368 = NJW 1991, 2414.

[852] Zweifelnd demgegenüber Derleder/Knops/
Bamberger/*Casper* § 3 Rn 31; Ulmer/Brand-

ner/Hensen/*Fuchs* Teil 4 (2) Banken (Kreditinstitute) Rn 41 (vor allem auf den wohl
nicht wirklich primär gemeinten Fall abstellend, dass der gesetzliche Vertreter eines beschränkt Geschäftsfähigen selbst die [unbeschränkte] Geschäftsfähigkeit verliert).

[853] Derleder/Knops/Bamberger/*Casper* § 3
Rn 32.

[854] Jedenfalls i.Erg. ebenso: Derleder/Knops/
Bamberger/*Casper* § 3 Rn 32.

[855] Derleder/Knops/Bamberger/*Casper* § 3 Rn 32.

[856] Für Wirksamkeit ebenfalls: Derleder/Knops/
Bamberger/*Casper* § 3 Rn 33.

dies ausdrücklich auch für Kunden aus vergleichbar kaufmännischem bzw. öffentlichrechtlichem Bereich im Ausland vorgesehen wird, ist ebenfalls vom Leitbild des § 38 Abs. 1 ZPO gedeckt (der zugleich auch die internationale Zuständigkeit im Verhältnis zu Drittstaaten regelt) bzw. von demjenigen des Art. 25 Verordnung (EU) Nr. 1215/2012 (sog. Brüssel-Ia-VO).[857] Da der zentrale Effekt der Gerichtsstandsvereinbarung bei Klagen gegen das Institut nur eintritt, wenn ein **ausschließlicher Gerichtsstand** vereinbart wird, ist auch dies als vom gesetzlichen Leitbild von § 38 Abs. 1 ZPO noch umfasst anzusehen und daher wirksam. Dass dies umgekehrt für Klagen gegen den Kunden nicht der Fall ist, ist unschädlich, weil eine Klage (alternativ) am Gerichtsstand des Kunden diesen im Normalfall stärker entlastet als belastet.[858]

II. Kontoführungs- und Mitwirkungsfragen (Nr. 7–11 AGB-Banken)

307

Kontoführung

7. Rechnungsabschlüsse bei Kontokorrentkonten (Konten in laufender Rechnung)

a) Erteilung der Rechnungsabschlüsse. Die Bank erteilt bei einem Kontokorrentkonto, sofern nicht etwas anderes vereinbart ist, jeweils zum Ende eines Kalenderquartals einen Rechnungsabschluss; dabei werden die in diesem Zeitraum entstandenen beiderseitigen Ansprüche (einschließlich der Zinsen und Entgelte der Bank) verrechnet. Die Bank kann auf den Saldo, der sich aus der Verrechnung ergibt, nach Nummer 12 dieser Geschäftsbedingungen oder nach der mit dem Kunden anderweitig getroffenen Vereinbarung Zinsen berechnen.

b) Frist für Einwendungen; Genehmigung durch Schweigen. Einwendungen wegen Unrichtigkeit oder Unvollständigkeit eines Rechnungsabschlusses hat der Kunde spätestens vor Ablauf von sechs Wochen nach dessen Zugang zu erheben; macht er seine Einwendungen in Textform geltend, genügt die Absendung innerhalb der Sechs-Wochen-Frist. Das Unterlassen rechtzeitiger Einwendungen gilt als Genehmigung. Auf diese Folge wird die Bank bei Erteilung des Rechnungsabschlusses besonders hinweisen. Der Kunde kann auch nach Fristablauf eine Berichtigung des Rechnungsabschlusses verlangen, muss dann aber beweisen, dass zu Unrecht sein Konto belastet oder eine ihm zustehende Gutschrift nicht erteilt wurde.

8. Storno- und Berichtigungsbuchungen der Bank

a) Vor Rechnungsabschluss. Fehlerhafte Gutschriften auf Kontokorrentkonten (zum Beispiel wegen einer falschen Kontonummer) darf die Bank bis zum nächsten Rechnungsabschluss durch eine Belastungsbuchung rückgängig machen, soweit ihr ein Rückzahlungsanspruch gegen den Kunden zusteht (Stornobuchung); der Kunde kann in diesem Fall gegen die Belastungsbuchung nicht einwenden, dass er in Höhe der Gutschrift bereits verfügt hat.

---

[857] Ebenso BankR-Hdb/*Bunte* § 11 Rn 15 ff.; Heymann/*Horn* Anh. § 372 Rn II/51 f.; Kümpel/Wittig/*Peterek* Rn 6.231, 6.235.

[858] Zur Unbedenklichkeit auch der Erfüllungsortklausel, die Nr. 6 Abs. 2 AGB-Sparkassen zusätzlich vorsieht, vgl. Derleder/Knops/Bamberger/*Casper* § 3 Rn 33.

b) Nach Rechnungsabschluss. Stellt die Bank eine fehlerhafte Gutschrift erst nach einem Rechnungsabschluss fest und steht ihr ein Rückzahlungsanspruch gegen den Kunden zu, so wird sie in Höhe ihres Anspruchs sein Konto belasten (Berichtigungsbuchung). Erhebt der Kunde gegen die Berichtigungsbuchung Einwendungen, so wird die Bank den Betrag dem Konto wieder gutschreiben und ihren Rückzahlungsanspruch gesondert geltend machen.

c) Information des Kunden; Zinsberechnung. Über Storno- und Berichtigungsbuchungen wird die Bank den Kunden unverzüglich unterrichten. Die Buchungen nimmt die Bank hinsichtlich der Zinsberechnung rückwirkend zu dem Tag vor, an dem die fehlerhafte Buchung durchgeführt wurde.

9. Einzugsaufträge

d) Erteilung von Vorbehaltsgutschriften bei der Einreichung. Schreibt die Bank den Gegenwert von Schecks und Lastschriften schon vor ihrer Einlösung gut, geschieht dies unter dem Vorbehalt ihrer Einlösung, und zwar auch dann, wenn diese bei der Bank selbst zahlbar sind. Reicht der Kunde andere Papiere mit dem Auftrag ein, von einem Zahlungspflichtigen einen Forderungsbetrag zu beschaffen (zum Beispiel Zinsscheine), und erteilt die Bank über den Betrag eine Gutschrift, so steht diese unter dem Vorbehalt, dass die Bank den Betrag erhält. Der Vorbehalt gilt auch dann, wenn die Schecks, Lastschriften und anderen Papiere bei der Bank selbst zahlbar sind. Werden Schecks oder Lastschriften nicht eingelöst oder erhält die Bank den Betrag aus dem Einzugsauftrag nicht, macht die Bank die Vorbehaltsgutschrift rückgängig. Dies geschieht unabhängig davon, ob in der Zwischenzeit ein Rechnungsabschluss erteilt wurde.

e) Einlösung von Lastschriften und vom Kunden ausgestellter Schecks. Lastschriften sowie Schecks sind eingelöst, wenn die Belastungsbuchung nicht spätestens am zweiten Bankarbeitstag[859] nach ihrer Vornahme rückgängig gemacht wird. Barschecks sind bereits mit Zahlung an den Scheckvorleger eingelöst. Schecks sind auch schon dann eingelöst, wenn die Bank im Einzelfall eine Bezahltmeldung absendet. Schecks, die über die Abrechnungsstelle der Bundesbank vorgelegt werden, sind eingelöst, wenn sie nicht bis zu dem von der Bundesbank festgesetzten Zeitpunkt zurückgegeben werden.

10. Fremdwährungsgeschäfte und Risiken bei Fremdwährungskonten

a) Auftragsausführung bei Fremdwährungskonten. Fremdwährungskonten des Kunden dienen dazu, Zahlungen an den Kunden und Verfügungen des Kunden in fremder Währung bargeldlos abzuwickeln. Verfügungen über Guthaben auf Fremdwährungskonten (zum Beispiel durch Überweisungen zu Lasten des Fremdwährungsguthabens) werden unter Einschaltung von Banken im Heimatland der Währung abgewickelt, wenn sie die Bank nicht vollständig innerhalb des eigenen Hauses ausführt.

b) Gutschriften bei Fremdwährungsgeschäften mit dem Kunden. Schließt die Bank mit dem Kunden ein Geschäft (zum Beispiel ein Devisentermingeschäft) ab, aus dem sie die Verschaffung eines Betrages in fremder Währung schuldet, wird sie ihre Fremdwährungsverbindlichkeit durch Gutschrift auf dem Konto des Kunden in dieser Währung erfüllen, sofern nicht etwas anderes vereinbart ist.

---

[859] Bankarbeitstage sind alle Werktage außer:
Sonnabende, 24. und 31. Dezember.

c) **Vorübergehende Beschränkung der Leistung durch die Bank.** Die Verpflichtung der Bank zur Ausführung einer Verfügung zu Lasten eines Fremdwährungsguthabens (Absatz 1) oder zur Erfüllung einer Fremdwährungsverbindlichkeit (Absatz 2) ist in dem Umfang und solange ausgesetzt, wie die Bank in der Währung, auf die das Fremdwährungsguthaben oder die Verbindlichkeit lautet, wegen politisch bedingter Maßnahmen oder Ereignisse im Lande dieser Währung nicht oder nur eingeschränkt verfügen kann. In dem Umfang und solange diese Maßnahmen oder Ereignisse andauern, ist die Bank auch nicht zu einer Erfüllung an einem anderen Ort außerhalb des Landes der Währung, in einer anderen Währung (auch nicht in Euro) oder durch Anschaffung von Bargeld verpflichtet. Die Verpflichtung der Bank zur Ausführung einer Verfügung zu Lasten eines Fremdwährungsguthabens ist dagegen nicht ausgesetzt, wenn sie die Bank vollständig im eigenen Haus ausführen kann. Das Recht des Kunden und der Bank, fällige gegenseitige Forderungen in derselben Währung miteinander zu verrechnen, bleibt von den vorstehenden Regelungen unberührt.

d) **Wechselkurs.** Die Bestimmung des Wechselkurses bei Fremdwährungsgeschäften ergibt sich aus dem „Preis- und Leistungsverzeichnis". Bei Zahlungsdiensten gilt ergänzend der Zahlungsdiensterahmenvertrag.

Mitwirkungspflichten des Kunden

11. Mitwirkungspflichten des Kunden

a) **Mitteilung von Änderungen.** Zur ordnungsgemäßen Abwicklung des Geschäftsverkehrs ist es erforderlich, dass der Kunde der Bank Änderungen seines Namens und seiner Anschrift sowie das Erlöschen oder die Änderung einer gegenüber der Bank erteilten Vertretungsmacht (insbesondere einer Vollmacht) unverzüglich mitteilt. Diese Mitteilungspflicht besteht auch dann, wenn die Vertretungsmacht in ein öffentliches Register (zum Beispiel in das Handelsregister) eingetragen ist und ihr Erlöschen oder ihre Änderung in dieses Register eingetragen wird. Darüber hinaus können sich weitergehende gesetzliche Mitteilungspflichten, insbesondere aus dem Geldwäschegesetz, ergeben.

b) **Klarheit von Aufträgen.** Aufträge müssen ihren Inhalt zweifelsfrei erkennen lassen. Nicht eindeutig formulierte Aufträge können Rückfragen zur Folge haben, die zu Verzögerungen führen können. Vor allem hat der Kunde bei Aufträgen auf die Richtigkeit und Vollständigkeit seiner Angaben, insbesondere der Kontonummer und Bankleitzahl oder IBAN[860] und BIC[861] sowie der Währung zu achten. Änderungen, Bestätigungen oder Wiederholungen von Aufträgen müssen als solche gekennzeichnet sein.

c) **Besonderer Hinweis bei Eilbedürftigkeit der Ausführung eines Auftrags.** Hält der Kunde bei der Ausführung eines Auftrags besondere Eile für nötig, hat er dies der Bank gesondert mitzuteilen. Bei formularmäßig erteilten Aufträgen muss dies außerhalb des Formulars erfolgen.

d) **Prüfung und Einwendungen bei Mitteilungen der Bank.** Der Kunde hat Kontoauszüge, Wertpapierabrechnungen, Depot- und Erträgnisaufstellungen, sonstige Abrechnungen, Anzeigen über die Ausführung von Aufträgen sowie Informationen über erwartete

---

[860] International Bank Account Number (Internationale Bankkontonummer)

[861] Bank Identifier Code (Bank-Identifizierungs-Code)

Zahlungen und Sendungen (Avise) auf ihre Richtigkeit und Vollständigkeit unverzüglich zu überprüfen und etwaige Einwendungen unverzüglich zu erheben.

e) Benachrichtigung der Bank bei Ausbleiben von Mitteilungen. Falls Rechnungsabschlüsse und Depotaufstellungen dem Kunden nicht zugehen, muss er die Bank unverzüglich benachrichtigen. Die Benachrichtigungspflicht besteht auch beim Ausbleiben anderer Mitteilungen, deren Eingang der Kunde erwartet (Wertpapierabrechnungen, Kontoauszüge nach der Ausführung von Aufträgen des Kunden oder über Zahlungen, die der Kunde erwartet).

Abschnitte II und III der AGB-Banken regeln **Kontokorrentfragen,** Nr. 7–9 und Nr. 11 **308** solche des „Allgemeinen" Kontokorrentrechts, für alle Formen von Kontokorrenten. Nur Nr. 10 regelt eine besondere Kontoart, das Fremdwährungskontokorrent, also einen Fragenkomplex des „Besonderes" Kontokorrentrechts. Umgekehrt regelt Nr. 11 in seinem Abs. 1 **Mitwirkungspflichten** auch über das Kontokorrentverhältnis hinaus, wenn auch eher nur peripher (freilich gilt Gleiches auch für Nr. 10 in seinem Abs. 4). Die meisten Fragen wurden daher umfangreicher im Verbund mit dem „Allgemeinen" Kontokorrentrecht (oben Zweiter Teil Rn 122–183, 234–252) und dem Recht des Fremdwährungskontos (oben Zweiter Teil Rn 184–190) angesprochen. Im Folgenden wird überwiegend nur zusammengefasst und auf die obige Kommentierung verwiesen, zumal eine reine AGB-Kommentierung ein Partielle bleiben müsste und daher eine Integrierte (mit objektivem Recht und Grenzen des zwingendem Rechts) vorzugswürdig erscheint.

1. Kontokorrentabschlüsse (Nr. 7)

a) Saldoperiode und Verzinsung während derselben (Abs. 1). Mit Errichtung des **309** Bankkontos wird eine Kontokorrentabrede nach §§ 355–357 HGB getroffen (so ausdrücklich der ansonsten inhaltsgleiche Nr. 7 AGB-Sparkassen, dort Abs. 1). Die Regelung nach § 355–357 HGB wird freilich durch Nr. 7ff. AGB-Banken und AGB-Sparkassen signifikant überformt (ausführlich oben Zweiter Teil Rn 126–130, 141–183). Auch beim Bankkonto handelt es sich um ein Saldo- und kein Staffelkontokorrent, namentlich mit **Saldoperiode und Saldoabschluss.**

Die Regelung während der **Laufzeit der Saldoperiode** weicht signifikant von dem Regime in §§ 355–357 HGB ab, ohne dass die AGB dies im ersten Kerngehalt explizit ansprächen, obwohl dieser zentral ist sowohl für die Geltendmachung als auch für Fragen der Pfändung (oben Zweiter Teil Rn 147–149, 162, 239–244): Kraft Übung ist vereinbart, dass jeder Überschuss von jeder der beiden Seiten jederzeit, nicht erst nach Abschluss der Saldoperiode (Quartal), gefordert werden kann, also nicht während der Saldoperiode „gelähmt" ist (sog. Tagessaldo, näher oben Zweiter Teil Rn 147–149, 162). Dieser Anspruch ist auf Institutsseite nur dadurch eingeschränkt, dass dieses den eigenen Überschuss nicht fordern kann, soweit es Kredit gewährt (Überziehungskredit, Kreditlinie, vgl. oben Zweiter Teil Rn 165). Die zweite Kernabweichung zum allgemeinen HGB-Kontokorrent nach §§ 355–357 HGB wird ebenfalls nicht näher angesprochen: Für das Kontokorrent wird regelmäßig vereinbart, dass die eingestellten gegenseitigen Forderungen hinsichtlich der **Verzinsung vereinheitlicht** werden (S. 2 AGB-Banken betrifft demgegenüber nur die Verzinsung eines Quartalssaldos, der wieder in die neue Rechnung eingestellt wird, so dass es sich vor allem um eine Zinseszinsvereinbarung handelt, vgl. § 248 BGB). Die zinsmäßige Vereinheitlichung weicht nicht nur vom allgemeinen Kontokorrentrecht ab (vgl. oben Zweiter Teil Rn 174f.), sie gilt auch allgemein, für den Soll- und den Habenzins, wie sich aus den Preisverzeichnissen durchweg ergibt. Vor allem jedoch ist diese Vereinheitlichung an sich für die Belastung des Kunden indifferent. Denn ihr werden Forderungen unterworfen unabhängig davon, ob sie ohne solche Vereinheitlichung höher zu verzinsen wären oder niedriger. Daher – und weil die Vereinheitlichung angesichts des Massencharakters des Geschäfts und der Buchungsvorgänge „alternativlos" ist – ist die Vereinheitlichung an sich auch AGB-rechtlich unbedenklich. Wirksam ist jedoch auch – theoretisch schon eher „problematisch" – die Differenzierung nach (jeweils vereinheitlichtem) Soll- und (und regelmäßig ungleich niedrigerem) Habenzins. Denn es handelt sich um eine (idR auch transparente) Preisabrede, nicht Preisnebenabrede (§ 307 Abs. 3 BGB).[862]

311   Auch die **Saldoperiode**, d.h. der Zeitpunkt des jeweiligen Saldoabschlusses (mit Verrechnung und Anerkennung) ist abweichend geregelt, sie wird nicht auf ein Jahr, sondern **auf ein Quartal festgelegt (S. 1)** – wobei (ggf. unter Berücksichtigung des § 493 Abs. 1 Satz 1 BGB) abweichende Abreden zugelassen sind.[863] Die Verrechnung selbst wird in S. 1 2. HS ebenfalls angesprochen (der sog. kausale Saldo), dies in Übereinstimmung mit der gesetzlichen Regelung (§ 355 Abs. 1 HGB, dazu oben Zweiter Teil Rn 151–156). Aus dieser Abrede kann man auch den Anspruch auf Zustimmung zur Verrechnung ableiten, der sich jedenfalls jedoch (auch) aus objektivem Recht ergibt (in § 355 Abs. 1 HGB allenfalls angedeutet, aber unstreitig, vgl. oben Zweiter Teil Rn 157).

312   **b) Saldoabschluss und Einwendungen gegen denselben (Abs. 2).** Neben den kausalen Saldo (Verrechnung) und den Anspruch auf Anerkennung desselben tritt als dritte Komponente des Saldoabschlusses die Anerkennung selbst. Abs. 2 regelt sie in **Ausgestaltung der gesetzlichen Regelung (vgl. § 355 Abs. 1 HGB,** dazu näher oben Zweiter Teil Rn 157–160) und in Übereinstimmung mit der dogmatische Konstruktion, die für das Anerkenntnis ganz überwiegend befürwortet wird: Dieses bildet ein Schuldanerkenntnis nach § 781 BGB. **Seine Entstehung durch vertragliche Abrede** ist ebenso geregelt (Satz 1–3) wie **seine Kondiktion**, wenn es nicht der tatsächlichen Rechtslage entspricht (Satz 4) (zu beidem oben Zweiter Teil Rn 157–159 einerseits und 160 andererseits).

313   In Anlehnung an § 308 Nr. 5 BGB und an die höchstrichterliche Rechtsprechung hierzu (zur „Angemessenheit" der Frist)[864] gestalten **Satz 1–3 die Zustimmung zum Saldoanerkenntnis durch Schweigen** aus. Auf den Saldoabschluss durch das Institut (Angebot zum Anerkenntnis) kann der Kunde durch konkrete Zustimmung, Ablehnung oder aber – in der Regel – durch Schweigen reagieren. Dieses qualifizieren Satz 1–3 (ebenfalls) als Zustimmung (Satz 2), wenn einerseits eine Sechswochenfrist ab Zugang des Angebots auf Abschluss des Anerkenntnisses (mit Vorlage der vorgeschlagenen Verrechnung) verstrichen

---

[862] Zur Wirksamkeit von Nr. 7 Abs. 1 Satz 2 AGB-Banken (Verzinsung des Quartalssaldos) ebenso wie der Zinsvereinheitlichung während der Laufzeit der Kontokorrentperiode: Derleder/Knops/Bamberger/*Casper* § 3 Rn 37 (implizit). IdR nicht einmal näher problematisiert, etwa BankR-Hdb/*Bunte* § 12 Rn 9; Wolf/Lindacher/Pfeiffer/*Pamp* 5. Teil Klauseln (B) Rn B31; Ulmer/Brandner/Hensen/*Fuchs* Teil 4 (2) Banken (Kreditinstitute) Rn 22 f.

[863] Zu Fristen, Formen und Wirkungen des Saldoabschlusses, die hier vorausgesetzt werden, näher oben Zweiter Teil Rn 151–160. Zur Wirkung der Einstellung in den Saldo und zum Umfang der eingestellten Forderun-

gen, die ebenfalls hier vorausgesetzt werden, näher oben Zweiter Teil Rn 145–150 und 162. Insoweit kommt es freilich zu der im Folgenden beschriebenen, über das allgemeine Kontokorrentrecht hinausgehenden Vereinheitlichung der eingestellten Forderungen.

[864] BGH (Fn 820), WM 1999, 1367; zuletzt BGH (Rn 349), WM 2014, 456 = NJW 2014, 1441 (m.w.Nachw. zur st. Rspr.); Derleder/Knops/Bamberger/*Casper* § 3 Rn 8; *Hettich/Thieves/Timmann/Windhöfel* BB 1990, 2347 (2351); vergleichbar für Abrechnungen bei Vermögensverwaltungsverträgen: BGH Urt. v. 28.10.1997 – XI ZR 260/96, WM 1998, 21.

Stefan Grundmann

sind (Satz 1)[865] und andererseits auf die Rechtsfolge (Schweigen als Zustimmung zu § 781 BGB) nochmals hingewiesen wurde (Satz 3). Die Konstruktion bringt die Bedürfnisse des Massenverkehrs, den Gesichtspunkt, dass Abschlüsse im Regelfall zutreffend sind und Kunden daher im Regelfall auch einverstanden sind, und die Interessen des Kunden in Ausgleich: Es bildet keine so hohe Anforderung an das Kundenverhalten, Abschlüsse innerhalb von sechs Wochen zu prüfen und erforderlichenfalls Einwendungen zu erheben, als dass davon auszugehen wäre, dass die Regelung einseitig dem Interesse der Banken den Vorzug einräumte und daher als missbräuchlich zu qualifizieren wäre.[866] Dies gilt umso mehr, als mit dem Schweigen, selbst wenn es als Zustimmung qualifiziert wird, kein endgültiger Rechtsverlust einhergeht:

Ist das Anerkenntnis erteilt, bedeutet dies nicht, dass Einwendungen endgültig abge- **314** schnitten sind (wenn nicht Verjährung eingetreten oder Ausschlussfristen abgelaufen sind). Vielmehr kehrt sich durch Abschluss eines wirksamen Anerkenntnisvertrages nur die Beweislast um, so dass weiterhin die richtige Rechtslage geltend gemacht werden kann und zwar durch **Kondiktion des Anerkenntnisses**. Freilich ist jetzt vom Kunden nachzuweisen, dass ihn belastende Buchungen unberechtigt waren. Dies stellt Satz 4 in Übereinstimmung mit der objektiven Rechtslage dar, so dass auch dieser Teil der Regelung (kontrollfrei, § 307 Abs. 3 BGB) wirksam ist.[867]

2. **Storno- und Berichtigungsbuchungen (Nr. 8).** Nr. 8 sieht zwei Formen von **Rückbu-** **315** **chungen von Gutschriften vor, die nicht der wirklichen Rechtslage entsprechen,** sowie einige allgemeine Regeln hierzu. In beiden Fällen hat die kontoführende Bank also tatsäch-

---

[865] Näher zum Ablauf der Sechswochenfrist (bei Ablehnung in Textform bloße Absendung innerhalb der Frist) etwa *Hettich/Thieves/Timmann/Windhöfel* BB 1990, 2347 (2351); *Derleder/Knops/Bamberger/Casper* § 3 Rn 35; *Wolf/Lindacher/Pfeiffer/Pamp* 5. Teil Klauseln (B) Rn B32. Zur Angemessenheit der Sechswochenfrist Nachw vorige Fn. Anders jedoch bei nicht Erkennbarem, namentlich. Die Fiktion greift nicht ein für nicht erkennbare Fehlern, weil dann selbst die ausdrücklich erteilte Zustimmung jedenfalls anfechtbar wäre: BGH Urt. v. 11.7.1989 – XI ZR 59/88, WM 1990, 343; desgleichen nicht für anderweitige Verfügungen der Bank über Zahlungseingänge jenseits des Kontos, obwohl diese dem Konto gutzuschreiben gewesen wären: BGH Urt. v. 18.10.1994 – XI ZR 194/93, WM 1994, 2273 = NJW 1995, 320.

[866] Für Wirksamkeit (praktisch einhellige Meinung) *Hettich/Thieves/Timmann/Windhöfel* BB 1990, 2347 (2351) (implizit); *Derleder/Knops/Bamberger/Casper* § 3 Rn 35; Ulmer/Brandner/Hensen/*Fuchs* Teil 4 (2) Banken (Kreditinstitute) Rn 22f.; *Wolf/Lindacher/Pfeiffer/Pamp* 5. Teil Klauseln (B) Rn B32; dort jeweils auch zu Bedenken (allein gegen Nr. 7 Abs. 3 AGB-Sparkassen), soweit eine

bestimmte Form für die Einwendungen vorgesehen wird. Schwerpunkt der Kontroversen um diese Klausel war die Fiktion einer Genehmigung im Lastschriftverkehr, die freilich nicht wirklich dem AGB-Recht sondern dem materiellen Zahlungsdiensterecht galt: hierzu, namentlich zur inzwischen gefundenen Lösung, näher *Derleder/Knops/Bamberger/Casper* § 3 Rn 38–43 (zur inzwischen aufgehobenen Nr. 7 Abs. 3 AGB-Banken) und unten Dritter Teil Rn 464–477. Zentral hier aus AGB-rechtlicher Sicht und für die schrittweise Annäherung des IX. und XI. BGH-Senats im Sommer 2010: BGH Urt. v. 20.7.2010 – 236/07, BGHZ 186, 269 = WM 2010, 1546; Urt. v. 30.9.2010 – IX ZR 177/07, WM 2010, 2167; Urt. v. 26.10.2010 – XI ZR 562/07, WM 2010, 2307; und zuletzt für die Zulässigkeit von AGB-Entgeltregeln, solange das Regime der Lastschrift nicht umgestellt ist: BGH Urt. v. 22.5.2012 – XI ZR 290/11, WM 2012, 1383.

[867] Für Wirksamkeit (wiederum praktisch einhellige Meinung, idR eher nur implizit) *Hettich/Thieves/Timmann/Windhöfel* BB 1990, 2347 (2351, 2353); *Derleder/Knops/Bamberger/Casper* § 3 Rn 36; *Wolf/Lindacher/Pfeiffer/Pamp* 5. Teil Klauseln (B) Rn B32.

lich einen Anspruch darauf, die Zusage durch die Gutschrift zurückzuerhalten. Beide Regelungen haben daher allein das Ziel, die **Durchsetzung dieses Anspruches zu erleichtern**, nicht die materielle Rechtslage in irgendeinem Punkte zu ändern. In der Tat verbleiben dem Kunden umgekehrt in der Konstellation, dass die Gutschrift doch der wirklichen Rechtslage entsprach und der erleichtert durchgesetzte Rückbuchungsanspruch nicht bestand, materiellrechtlich Rechtsbehelfe, auch dies wieder zu korrigieren. Hierbei ist die Beweislast so zu konzipieren, dass der Kunde nicht allein auf Grund der Rückbuchung insoweit ungünstiger gestellt ist, als er es ohne diese wäre. Denn mit Gutschrift hat der Kunde einen abstrakten Anspruch (aus § 780 BGB) erlangt, und die dadurch für ihn begründete günstige Beweislage und -position soll ihm durch Nr. 8 nicht genommen werden. So jedenfalls kann – und muss (§ 305c Abs. 2 BGB) – Nr. 8 bei Auslegung contra proferentem verstanden werden.

316   Die erste Form der Rückbuchung betrifft die Fälle, in denen die **Gutschrift noch nicht Gegenstand eines Saldoanerkenntnisses war (Abs. 1, sog. Stornobuchung)**. Wurde die Gutschrift, also das abstrakte Zahlungsversprechen (§ 780) erteilt, ohne dass es dafür einen Anspruch gab, namentlich aus § 667 BGB, weil die Bank Valuta von Dritter Seite für den Kontokorrentkunden erhalten hat, so kann die Bank den Anspruch aus Gutschrift nach § 812 Abs. 1 Satz 1 1. Alt. BGB kondizieren (Leistungskondiktion, näher oben Zweiter Teil Rn 160). Auf Grund dieses Anspruches bedingt sich die Bank mit Nr. 8 Abs. 1 AGB-Banken (vertraglich) das (einseitige) Gestaltungsrecht aus, dass sie die Gutschrift schlicht stornieren kann – also nicht die Zustimmung des Kunden zur Vertragsaufhebung (hinsichtlich der Gutschrift, § 780 BGB) einholen muss.[868] Widerspricht der Kunde in diesem Falle, ist die Gutschrift demnach dennoch wirksam storniert. Storniert umgekehrt das Kreditinstitut, ohne dass es einen Rückbuchungsanspruch aus § 812 Abs. 1 Satz 1 1. Alt. BGB hätte, so ist die Rückbuchung (schon nach dem Wortlaut von Nr. 8 Abs. 1 AGB-Banken) unwirksam und der Kunde kann auch formal Richtigstellung verlangen (rückwirkender Neueintrag der Gutschrift). Im Streitfall hat das Kreditinstitut in allen Fällen zu beweisen, dass die Gutschrift erfolgte, ohne dass der Kunde darauf einen Anspruch gehabt hätte.[869] Da sich die materielle Rechtslage demnach nicht ändert, umgekehrt jedoch der Massencharakter des Geschäfts schnelle Buchung nötig macht und eine gewisse Fehleranfälligkeit bedingt, verkürzt die Klausel nicht in missbräuchlicher Weise Kundenrechte.[870] Neben die

---

[868] Dazu, dass allein dies der Inhalt des Storno-buchungsrechts nach Nr. 8 Abs. 1 AGB-Banken ist, etwa (einseitiges Widerrufsrecht) BGH (Fn 439), BGHZ 72, 9 (11) = NJW 1978, 2149 (2150); Heymann/*Horn* Anh. § 372 Rn II/58; Ulmer/Brandner/Hensen/*Fuchs* Teil 4 (2) Banken (Kreditinstitute) Rn 29; i.Erg. auch (allerdings für Anfechtungsrecht) *Canaris* Bankvertragsrecht Rn 488 (freilich zu Nr. 4 Abs. 1 S. 3 AGB-Banken a.F.).

[869] *Krings* ZBB 1992, 326 (329); Ulmer/Brandner/Hensen/*Fuchs* Teil 4 (2) Banken (Kreditinstitute) Rn 29 (implizit); Wolf/Lindacher/Pfeiffer/*Pamp* 5. Teil Klauseln (B) Rn B35 (implizit).

[870] Baumbach/*Hopt* (8) AGB-Banken Nr. 8 Rn 1 (selbst wenn Saldo dann negativ); Derleder/Knops/Bamberger/*Casper* § 3 Rn 45 f.; Wolf/

Lindacher/Pfeiffer/*Pamp* 5. Teil Klauseln (B) Rn B35 (auch dazu, dass allgemein geltender Grundsatz, über das Kontokorrentrecht hinaus); Ulmer/Brandner/Hensen/*Fuchs* Teil 4 (2) Banken (Kreditinstitute) Rn 29; zur Frage, ob die Regelung auch gilt, wenn der Rückgewähranspruch nicht in einer (technischen) Fehlbuchung, sondern in einem mangelnden Auftrag begründet ist: einerseits (negativ): OLG Karlsruhe Beschl. v. 22.1.2008 – 17 U 185/07, WM 2008, 632 (633); andererseits, m.E. überzeugend, weil der Wortlaut nicht differenziert: OLG Hamburg Urt. v. 2.8.2006 – I U 75/06, WM 2006, 2078 = ZIP 2006, 1981 (1982); Anm. *Löhnig/Würdinger* WM 2007, 961; auch *Bunte* AGB-Banken und SB, AGB-Banken Rn 145 ff., 149.

---

reine Durchsetzungserleichterung und -beschleunigung tritt nach Nr. 8 Abs. 1 letzter Halbsatz AGB-Banken auch eine moderate Modifikation des materiellen Rechts (die sich freilich nicht vergleichbar in den AGB-Sparkassen findet): Dem Kunden wird die Berufung auf den Entreicherungseinwand nach § 818 Abs. 3 BGB versagt. Dieser Einwand ist in der Tat im Kontext des Bankkontos weniger überzeugend als auf anderen Gebieten und häufig könnte bei Entreicherung auch von grober Fahrlässigkeit ausgegangen werden: Der Kunde ist ohnehin gehalten, die Gutschriften und Belastungsbuchungen auf ihre Richtigkeit hin zu prüfen (vgl. unten Nr. 11 AGB-Banken), wenn auch mit unmittelbaren Rechtsfolgen sanktioniert erst nach Ablauf der Saldoperiode. Es entspricht jedoch dem gesetzlichen Leitbild, dass er Fehler und Unstimmigkeiten so bald wie möglich aufklärt (vgl., wenn auch für eine andere Konstellation, § 676b Abs. 1 BGB).[871] Es liegt also durchaus auf der gleichen Linie wie andere (gesetzlich verankerte) Mitwirkungspflichten, dass er jedenfalls spätestens bei Verfügung über einen Saldo auch die vorherigen Eingänge überprüft haben soll. Der letzte Halbsatz stellt also klar, dass der Kunde nicht seine Augen vor möglichen Unkorrektheiten (zu seinen Gunsten) verschließen kann, sobald er neue Zahlungsaufträge ausgibt oder sonst über den Positivsaldo verfügt. Diese Wertung ist m. E. keine, die vom gesetzlichen Leitbild so weit abweicht, dass sie als missbräuchlich einzustufen wäre.[872]

Soll die Rückbuchung demgegenüber eine **Gutschrift betreffen, die bereits Gegenstand** **317** **eines Saldoanerkenntnisses** geworden ist, bei der also auf ein abstraktes Schuldversprechen (§ 780 BGB) auch noch ein abstraktes Schuldanerkenntnis (§ 781 BGB) folgte (mit entsprechender Nachprüfung), so soll die Rückbuchung nicht mehr ohne die (vermutete) Zustimmung des Kunden erfolgen (**Abs. 2**). Wieder wird ein Kondiktionsanspruch der Bank vorausgesetzt (nunmehr bezüglich beider abstrakten Versprechen), wieder soll die materielle Beweislast durch die Rückbuchung nicht verändert werden.[873] Dies ergibt sich in diesem Fall jedoch bereits daraus, dass der Kunde durch schlichten Widerspruch die Bank veranlassen kann, die Rückbuchung rückgängig zu machen, also zum Ausgangspunkt zurückzukehren. Die Klausel gibt das Rückbuchungsrecht also nur im vermuteten Einverständnis mit dem Kunden, enthält nur eine verfahrensmäßige Erleichterung – diesmal für beide Seiten! – und ist daher unzweifelhaft wirksam.[874]

Über beide Formen der Rückbuchung ist **unverzüglich zu unterrichten**, also ohne **318** schuldhaftes Zögern (§ 121 Abs. 1 BGB). Soll diese Zusage materiellen Gehalt haben (was § 305c Abs. 2 BGB nahelegt), muss damit eine gesonderte, auch rudimentär erklärende Benachrichtigung (jedenfalls jedoch deutlich erkennbarer Hinweis bei der Korrekturbuchung auf dem Kontoauszug) gemeint sein.[875] Zentral ist, dass die **Buchungen rückwirkend be-**

---

[871] Dazu unten Dritter Teil Rn 456–458; allgemeiner unten Nr. 11 AGB-Banken sowie MünchKommBGB/*Casper* 676b Rn 1 ff.; Bamberger/Roth/*Schmalenbach* § 676b Rn 1 ff.

[872] Derleder/Knops/Bamberger/*Casper* § 3 Rn 45; Wolf/Lindacher/Pfeiffer/*Pamp* 5. Teil Klauseln (B) Rn B35; Ulmer/Brandner/Hensen/*Fuchs* Teil 4 (2) Banken (Kreditinstitute) Rn 29; aA *Krings* ZBB 1992, 326 (329).

[873] *Krings* ZBB 1992, 326 (329); Ulmer/Brandner/Hensen/*Fuchs* Teil 4 (2) Banken (Kreditinstitute) Rn 29 f. (implizit); Wolf/Lindacher/Pfeiffer/*Pamp* 5. Teil Klauseln (B) Rn B35 f. (implizit).

[874] *Sonnenhol* WM 1993, 677 (681 f.) Baumbach/*Hopt* (8) AGB-Banken Nr. 8 Rn 4 (selbst wenn Saldo dann negativ); Derleder/Knops/Bamberger/*Casper* § 3 Rn 51; Wolf/Lindacher/Pfeiffer/*Pamp* 5. Teil Klauseln (B) Rn B36; Ulmer/Brandner/Hensen/*Fuchs* Teil 4 (2) Banken (Kreditinstitute) Rn 30.

[875] M.E. am überzeugendsten (gesonderte Mitteilung, jedenfalls aber inhaltliche Erklärung zu den Hauptfolgen fordernd): Wolf/Lindacher/Pfeiffer/*Pamp* 5. Teil Klauseln (B) Rn B37; ausdrückliche Kennzeichnung auf Kontoauszug (wohl mit Begründungshinweis) genügend: *Bunte* AGB-Banken und SB, AGB-Banken Rn 163; Derleder/Knops/Bamberger/

richtigt werden, insbesondere hinsichtlich des **Wertstellungszeitpunktes**. Da sich dies jedoch aus den zugrundeliegenden Ansprüchen gleichermaßen ergäbe (Zinsgewinn Teil des Bereicherungsgewinns), ist die Klausel m.E. wirksam, freilich mit der Maßgabe, dass der Kunde von der (fehlerhaft und damit auch vermutet fahrlässig handelnden) Bank Ersatz eines Schadens verlangen kann, wenn er sein Konto ohne die Fehlbuchung nicht durch weitere Verfügung ins Debet geführt hätte.[876]

319   **3. Kontogutschriften und Einlösung bei Einzugsaufträgen (Nr. 9). Nr. 9 Abs. 1 AGB-Banken und AGB-Sparkassen[877]** betrifft **Gutschriften (auf Zahlungsempfängerseite)**, die gegeben werden, bevor sie nach Auftrags- bzw. Geschäftsbesorgungsrecht zu erfolgen hätten: als Herausgabe von (bereits) *Erlangtem* (§ 667 BGB). Dies betrifft vor allem sog. Pull-Zahlungen, also Zahlungen, bei denen der Auftrag zur Durchführung des Zahlungsvorgangs vom Zahlungsempfänger ausgeht – namentlich Scheckeinzug und Lastschrifteinzug, aber auch etwa den Einzug von Zinsscheinen (aus Anleihen etc.). Hier geben die Inkassobanken (zugleich Empfängerbanken) Gutschriften unter Vorbehalt des Eingangs (e.V.), schon bevor sie selbst Gutschrift von der Zahlerbank (ggf. über eine zwischengeschaltete Bank oder Verrechnungsstelle) erhalten haben. Da jede **vorzeitige Gutschrift Kunden nur begünstigt**, kann diese – jedenfalls wenn die Beschränkung transparent gemacht wird (vgl. § 307 Abs. 1 Satz 2 und Abs. 3 BGB) – auch bedingt gegeben werden (S. 1).[878] Ebendies wird in der Tat so – und nur so – zugesagt und auch hinreichend transparent gemacht. Transparent gemacht wird auch, dass dies selbst dann gilt, wenn das jeweilige Instrument bei der Bank zahlbar ist, also der Zahler selbst ebenfalls Kunde der Inkassobank ist (hausinterner Einzug, S. 3). Dem Wortlaut nach handelt es sich **eher um eine auflösende als eine aufschiebende Bedingung** (Satz 2, vgl. § 158 Abs. 2 bzw. 1 BGB) und dass der Kunde über die gutgeschriebene Valuta schon verfügen können soll, spricht ebenfalls für diese Konstruktion ebenso wie der Grundsatz einer Auslegung contra proferentem (auflösende Bedingung iZw günstiger für Kunden).[879] Mit Eintritt der auflösenden Bedingung entfällt

---

Casper § 3 Rn 52; gar keine Hervorhebung fordernd *Westermann* WM 1993, 1865 (1869f.); demgegenüber für Unwirksamkeit von Nr. 8 Abs. 3 AGB-Sparkassen, der bloße Kennzeichnung auf dem Kontoauszug genügen lässt: Ulmer/Brandner/Hensen/*Fuchs* Teil 4 (2) Banken (Kreditinstitute) Rn 32.

[876] Für Wirksamkeit der Klausel: Baumbach/*Hopt* (8) AGB-Banken Nr. 8 Rn 1; *Bunte* AGB-Banken und SB, AGB-Banken Rn 165f. (mit gewissen Zweifeln); BuB/*Sonnerhol* Rn 1/231 f.; Heymann/*Horn* Anh. § 372 Rn II/66; für Unwirksamkeit, m.E. jedoch wegen wenigen Fällen „das Kind mit dem Bade ausschüttend": *Krings* ZBB 1992, 326 (329); Derleder/Knops/Bamberger/*Casper* § 3 Rn 49; Wolf/Lindacher/Pfeiffer/*Pamp* 5. Teil Klauseln (B) Rn B38; Ulmer/Brandner/Hensen/*Fuchs* Teil 4 (2) Banken (Kreditinstitute) Rn 31.

[877] Beide Regelwerke entsprechen sich inhaltlich im hier kommentierten Teil; zur näheren Ausgestaltung, die Nr. 23f. AGB-Sparkassen zusätzlich vorsehen, vgl. etwa *Bunte*

AGB-Banken und SB, AGB-Sparkassen Rn 78ff.

[878] Wirksamkeit daher praktisch unstreitig, vgl. BGH (Fn 467), BGHZ 103, 143 (146) = NJW 1988, 1320 (1321); BGH (Fn 430), BGHZ 105, 263 (269) = NJW 1989, 300 (301); Urt. v. 6.5.1997 – XI ZR 135/96, BGHZ 135, 307 (314f.); BankR-Hdb/*Bunte* § 14 Rn 9, 11, 16; Derleder/Knops/Bamberger/*Casper* § 3 Rn 54; Wolf/Lindacher/Pfeiffer/*Pamp* 5. Teil Klauseln (B) Rn B40.

[879] Für auflösende Bedingung etwa BGH (Fn 480), BGHZ 74, 309 (315) = NJW 1979, 2145 (2146); BGH (Fn 63), 317 (319); BankR-Hdb/*Nobbe* § 60 Rn 201; BankR-Hdb/*Mayen* § 47 Rn 55; Derleder/Knops/Bamberger/*Casper* § 3 Rn 53; Wolf/Lindacher/Pfeiffer/*Pamp* 5. Teil Klauseln (B) Rn B40. Für aufschiebende Bedingung demgegenüber BGH (Fn 480), BGHZ 118, 171 (177) = NJW 1992, 1960 (1961); BankR-Hdb/*Bunte* § 14 Rn 24.

schon von Gesetz wegen die Wirkung der Gutschrift, freilich iZw nur ex nunc,[880] so dass auch die Korrektur durch die Bank (Satz 4) eine rein deklaratorische ist, anders als im Falle der Berichtigungsbuchungen von Nr. 8 keine konstitutive. Auch Satz 5, der dies auch für den Fall anordnet, dass bereits ein Saldoanerkenntnis nach Quartalsabschluss vorliegt, kann entweder dahingehend verstanden werden, dass auch das Anerkenntnis insoweit auflösend bedingt gegeben wird, oder aber als bloße verfahrensmäßige Erleichterung (vergleichbar dem zu Nr. 8 AGB-Banken Gesagten), weil das Anerkenntnis bei Wegfall der Gutschrift jedenfalls in dieser Höhe kondiziert werden könnte. Die Wirksamkeit von Satz 5 ist bei keiner der beiden Auslegungsvarianten zweifelhaft.[881]

Nr. 9 Abs. 2 AGB-Banken betrifft umgekehrt die **Zahlerseite, namentlich das Zahlerinstitut**: Die Klausel regelt den Zeitpunkt, ab dem davon auszugehen ist, dass dieses Institut den Zahlungsvorgang (für seinen Kunden) autorisiert hat („Einlösung"). **Grundsätzlich** ist das bei den genannten Pull-Zahlungen nicht sofort mit Buchung anzunehmen, sondern erst mit Abschluss des zweiten Bankarbeitstages nach Buchungsbekanntgabe (**Satz 1**). Die Regelung betrifft zunächst einmal das Interbankenverhältnis: Zwischen Banken ist bekannt, dass die Buchung bei Anforderung im Wege einer Pull-Zahlung zunächst automatisiert erfolgt (Vordisposition), dann aber noch überprüft wird (Nachdisposition). Die Regelung setzt also die Frist für die Nachdisposition fest, und erst nach deren Ablauf ist von Autorisierung auszugehen, gleichgültig ob eine Nachdisposition tatsächlich vorgenommen wurde oder nicht (nur die Möglichkeit bestand).[882] Mit diesem Inhalt ist die Klausel wirksam, nach hier vertretener Meinung, weil im Interbankenverhältnis keine Inhaltskontrolle stattfindet. Doch auch soweit sich die Regel im Kundenverhältnis jedenfalls auswirkt, ist sie wirksam, weil sie den durch § 675p Abs. 2 und 4 BGB hierfür gesetzten Rahmen einhält (noch keine Übermittlung an den Zahlungsempfänger vorher, jedenfalls jedoch Einverständnis seitens des Zahlungsempfängers) und die Einhaltung des solchermaßen gesetzlich vorgesehenen Rahmens den Missbräuchlichkeitsvorwurf gegen dahingehende Klauseln ausschließt.[883] Die restlichen drei Sätze benennen zunächst zwei **Spezialfälle**, in denen das Verhalten der Zahlerbank nur so verstanden werden kann oder so verstanden werden soll, dass sie sich sofort bindet (Autorisierung): durch Barzahlung auf Barscheck (Satz 2) oder indem sie eine explizite „Bezahltmeldung" abgibt[884] und absendet (Satz 3). Darauf folgt der praktisch wichtigste Fall: Wenn, wie im Regelfall, Einlösung über das System der Bundesbank erfolgt, setzt diese selbst die maßgebliche Frist bei Hereinnahme fest (Satz 5).[885]

320

---

[880] Für dieses Verständnis von Nr. 9 Abs. 1 S. 4 AGB-Banken evtl. auch *Bunte* AGB-Banken und SB, AGB-Banken Rn 183. So jedenfalls für § 158 Abs. 2 BGB BGH Urt v. 26.9.1996 – I ZR 194/95, BGHZ 133, 331 (334) = NJW 1997, 1706 (1707); Bamberger/Roth/*Rövekamp* § 158 Rn 23; Erman/*Armbrüster* § 158 Rn 5.

[881] Ebenso i.Erg. BGH (Fn 878), BGHZ 135, 307 (314f.) = NJW 2007, 2112; Wolf/Lindacher/Pfeiffer/*Pamp* 5. Teil Klauseln (B) Rn B40; BankR-Hdb/*Nobbe* § 61 Rn 32ff.; Baumbach/Hopt (8) AGB-Banken Nr. 9 Rn 4 (eher implizit); Ulmer/Brandner/Hensen/*Fuchs* Teil 4 (2) Banken (Kreditinstitute) Rn 32.

[882] Wolf/Lindacher/Pfeiffer/*Pamp* 5. Teil Klauseln (B) Rn B41.

[883] I.Erg. ebenso, jedoch unter Abstellen darauf, dass die Praxis von Vor- und Nachdisposition bekannt sei (was freilich m.E. dem Kunden gegenüber idR eher nicht anzunehmen ist): BGH (Fn 878), BGHZ 135, 307 (311f.) = NJW 1997, 2112; BankR-Hdb/*Bunte* § 14 Rn 33ff.; Wolf/Lindacher/Pfeiffer/*Pamp* 5. Teil Klauseln (B) Rn B41.

[884] Unter der neuen Fassung der AGB-Sparkassen gilt Gleiches (obwohl etwas allgemeiner gefasst): BankR-Hdb/*Bunte* § 14 Rn 49; Wolf/Lindacher/Pfeiffer/*Pamp* 5. Teil Klauseln (B) Rn B42; offengelassen noch von BGH (Fn 878), BGHZ 135, 307 (311f.) = NJW 1997, 2112.

[885] Dazu etwa *Bunte* AGB-Banken und SB, AGB-Banken Rn 194.

4. Kundensorgfalt in Kontokorrentfragen und allgemeine Mitwirkungspflicht (Nr. 11)

321   **a) Kundensorgfalt und Mitwirkungspflichten – System und Überblick.** Nr. 11 AGB-Banken – und parallel Nr. 20 AGB-Sparkassen –[886] ist sedes materiae für die Mitwirkungspflichten des Kunden, soweit Klauselrecht sie ausgestaltet. Sein Schwerpunkt liegt ganz **primär im allgemeinen Kontokorrentrecht**, auch wenn die statuierten Pflichten allgemein formuliert sind und außerhalb des Kontokorrentrechts ebenfalls vereinzelt Wirkung entfalten mögen. Zugleich erschöpft Nr. 11 AGB-Banken die Pflichten des Kunden – die kontokorrent- und zahlungsdiensterechtlichen, aber auch die sonstigen – nicht, weil **zentrale Pflichten auch gesetzlich verankert** sind: namentlich die allgemeine Rücksichtnahme- und Sorgfaltspflicht in §§ 242, 276 BGB,[887] die Sorgfaltspflicht zu Zahlungsdiensteauthentifizierungsinstrumenten nach § 675l BGB (Girocard, PIN etc., vgl. unten Dritter Teil Rn 264–274) und die allgemeine zahlungsdienstebezogene Sorgfaltspflicht in Verdachtssituationen auch jenseits des Einsatzes von Zahlungsdiensteauthentifizierungsinstrumenten nach § 676b Abs. 1 BGB (dazu, vor allem zur Frage, ob es sich um eine bloße Obliegenheit handelt, unten Dritter Teil Rn 456–458). Teils freilich finden sich Überschneidungen auch zu den AGB selbst, namentlich zwischen Abs. 4 und Nr. 7 AGB-Banken, der als speziellere Regel vorgeht (vgl. unten). Die Sorgfalts- und Mitwirkungspflichten nach Nr. 11 AGB-Banken (und Nr. 20 AGB-Sparkassen) treten also neben diese gesetzlichen Pflichten bzw. gestalten diese auch teils nur aus bzw. wiederholen sogar nur deren Gehalt (reine Information). Stets stellen sich daher – im Anschluss an die Inhaltsbestimmung und die Abgrenzung gegenüber spezielleren Normen – **drei Fragen**, zwei vor allem im Hinblick auf ihre Wirksamkeit, die dritte bezogen auf die ausgelösten Rechtsfolgen: (i) Informiert die Klausel nur über eine gesetzlich ohnehin bestehende Pflicht (und ist kontrollfrei wirksam nach § 307 Abs. 3 BGB)? (ii) Gestaltet die Klausel die allgemeine gesetzliche Rücksichtnahme- und Sorgfaltspflicht nur so gesetzeskonform aus, dass Missbräuchlichkeit nach § 307 Abs. 1, 2 BGB nicht in Betracht kommt? (iii) Handelt es sich um eine bloße Obliegenheit, deren Nichtbeachtung allein dem Kunden Rechtsnachteile bringt (und die Bank entlastet), oder ist die Pflicht auch im Interesse der Bank formuliert, um sie vor Schäden zu bewahren?

322   **b) Mitteilung von Änderungen (Abs. 1).** Abs. 1 weist auf Mitteilungspflichten des Kunden hin, von denen diejenigen nach dem Geldwäschegesetz offensichtlich gesetzlicher Natur sind, so dass Satz 3 rein informativ ist. Doch auch Satz 1 soll sichtlich nicht die Bank davon befreien, Informationen über Änderungen, die sie auf anderem Wege erhält, zu berücksichtigen. Vielmehr steht (wiederum) die Information des Kunden darüber im Vordergrund, dass die Bank nicht selbständig kontinuierlich Adressen und Angaben zum Kunden recherchiert und überprüft. Dies wäre angesichts des Massencharakters des Geschäfts gar nicht möglich, so dass die Bank insbesondere nicht ihre Sorgfaltspflicht verletzt, wenn sie von der fortbestehenden Richtigkeit der Angaben ausgeht, soweit sie weder Verdachtsmomente hat noch eine Nachforschungspflicht im objektiven Recht statuiert ist.[888] Der

---

[886] Zu den Gehalten von Nr. 20 AGB-Sparkassen, die nicht parallel zu Nr. 11 AGB-Banken formuliert sind und über diesen hinausgehen, unten Zweiter Teil Rn 327. Zu Nr. 4 AGB-Sparkassen, der ebenfalls Kundenmitwirkungspflichten formuliert, bereits oben Zweiter Teil Rn 304.

[887] Baumbach/*Hopt* (8) AGB-Banken Nr. 11 Rn 2 f.; *Bunte* AGB-Banken und SB, AGB-

Banken Rn 218; Kümpel/Wittig/*Peterek* Rn 6.321; Wolf/Lindacher/Pfeiffer/*Pamp* 5. Teil Klauseln (B) Rn B45 (allgemeine gesetzliche Sorgfaltspflicht, „wesentliche Tatsachen mitzuteilen").

[888] Vgl. Nachw Rn 32 und 212 zum allgemeinen Grundsatz, dass die Interessenabwägung bei den Informationspflichten, nochmals verschärft in Situationen des Mas-

---

Stefan Grundmann

Kunde wird also aufgeklärt, dass es im eigenen Interesse ist oder sein kann, diese Änderungen unverzüglich mitzuteilen. Insoweit handelt es sich bei Satz 1 primär um eine Obliegenheit (nicht „Pflicht"). Das schließt freilich nicht aus, dass die Anordnung auch einmal die Bank vor zusätzlichen, leicht vermeidbaren Aufwendungen bewahren soll, so dass es sich insoweit dann in der Tat um eine (Neben-)Pflicht des Kunden handelt. Insgesamt **gestaltet die Klausel demnach § 242 BGB nur aus** und ist wirksam.[889] Dies gilt auch für Satz 2, der freilich klarstellt, dass auch die Recherche in Registern nicht Inhalt der Sorgfaltspflichten der Banken sein soll. Soweit diese Klausel Unklarheiten über den Umfang dieser Pflichten ausräumt, also materiellen Gehalt über das Gesetz hinaus hat, weicht sie jedenfalls keineswegs so weitgehend vom Leitbild ab, dass sie als missbräuchlich einzustufen wäre.[890]

c) **Klarheit von Aufträgen (Abs. 2).** Abs. 2 (Satz 1) hält Kunden an, (in aller Regel kontokorrentbezogene) Aufträge so klar wie möglich zu halten – wiederum vor allem wegen der Gefahren des Massenverkehrs. Im Wesentlichen handelt es sich um **reine Informationen über die Gesetzeslage:**[891] dass Banken bei Unklarheiten gehalten sind nachzufragen und daher für Verzögerungen nicht haften, die sich dann angesichts des Massencharakters der Abwicklung und bei routinemäßiger Durchführung nicht vermeiden lassen (Satz 2);[892] und dass Banken bei fehlerhafter Angabe von IBAN oder Währung im Lichte des Grundsatzes der Auftragsstrenge nach der fehlerhaften Angabe buchen können (Satz 3), ohne dafür Ersatzansprüchen ausgesetzt zu sein (ausdrücklich für den IBAN § 675r Abs. 1 BGB, unten Dritter Teil Rn 328–333). Und Änderungen, die später erfolgen, oder wiederholte Auftragserteilung bzw. Bestätigung können zu mehrfacher Buchung (mit verschiedenem oder jeweils gleichem Inhalt) führen, wobei wiederum der Grundsatz der Auftragsstrenge die Bank verpflichtet, streng nach dem Inhalt des (doppelt erteilten) Auftrages zu verfahren, und sie umgekehrt dann aber auch von Ersatzpflichten freistellt. Davor soll der Hinweis nach Satz 4 bewahren. Die Massenhaftigkeit des Geschäfts verbietet es, wenn nicht besondere Verdachtsmomente vorliegen, eine Nachforschungsobliegenheit der Banken anzunehmen. Im Wesentlichen handelt es sich bei all diesen „Pflichten" des Kunden also um Obliegenheiten. Denn Banken können umgekehrt – trotz Unachtsamkeit des Kunden – regelmäßig keinen Ersatz für zusätzliche Kosten (etwa der Nachfrage) verlangen, wie sich

323

---

senverkehrs es verbietet, den Banken eine Pflicht aufzuerlegen, ohne Vorliegen erheblicher Verdachtsmomente Umstände zu ermitteln, die dem Kunden leichter zugänglich sind.

[889] *Bunte* AGB-Banken und SB, AGB-Banken Rn 219–221 (auch nicht nur kommentarlose Verwendung neuer Adresse); Derleder/Knops/Bamberger/*Casper* § 3 Rn 59; Wolf/Lindacher/Pfeiffer/*Pamp* 5. Teil Klauseln (B) Rn B46 (implizit); Ulmer/Brandner/Hensen/*Fuchs* Teil 4 (2) Banken (Kreditinstitute) Rn 36 (implizit).

[890] Wirksamkeit wird weit überwiegend bejaht: *Bunte* AGB-Banken und SB, AGB-Banken Rn 220f.; Derleder/Knops/Bamberger/*Casper* § 3 Rn 59; Wolf/Lindacher/Pfeiffer/*Pamp* 5. Teil Klauseln (B) Rn B46 (implizit); Ulmer/Brandner/Hensen/*Fuchs* Teil 4 (2) Banken (Kreditinstitute) Rn 36.

[891] Die Klausel wird in all ihren Teilen praktisch einhellig für wirksam gehalten (m.E. § 307 Abs. 3 BGB): *Bunte* AGB-Banken und SB, AGB-Banken Rn 223, 226; Derleder/Knops/Bamberger/*Casper* § 3 Rn 61; Wolf/Lindacher/Pfeiffer/*Pamp* 5. Teil Klauseln (B) Rn B40; Ulmer/Brandner/Hensen/*Fuchs* Teil 4 (2) Banken (Kreditinstitute) Rn 36 (implizit, aber häufig nur im Rahmen des § 254 BGB als Abzugsposten zu berücksichtigen).

[892] Solche Verzögerungen stellen keinen Sorgfaltsverstoß der Bank dar und die Klausel ist daher m.E. kontrollfrei nach § 307 Abs. 3 BGB wirksam. Vgl. Nachw vorige Fn und zu den Pflichten des Instituts in solchen Fällen näher unten Dritter Teil Rn 292f.

aus § 675f Abs. 4 BGB ergibt und aus der höchstrichterlichen Rechtsprechung, die bei der Erfüllung gesetzlicher Nebenpflichten eine Entgeltabrede in AGB für unwirksam erklärt (dazu unten Zweiter Teil Rn 338).

324   **d) Expliziter Hinweis auf Eilbedürftigkeit (Abs. 3).** Banken haften nicht dafür, dass sie Aufträge routinemäßig „nur" in den gesetzlich oder vertraglich vorgesehenen Fristen ausführen; die Systeme können auch nicht darauf ausgelegt werden, dass sie Sonderfälle mit besonderer Eilbedürftigkeit erkennen und „herausfiltern". Daher handelt es sich **auch bei Abs. 3 nur um eine Information,** die den Kunden darauf hinweist, dass ein gesonderter Hinweis nötig ist, wenn beschleunigte Ausführung gewünscht ist – außerhalb des Formulars, um Erkennbarkeit zu gewährleisten, sonst jedoch in welcher Form auch immer.[893]

325   **e) Prüfung und Einwendungen bei Bankmitteilungen (Abs. 4).** Abs. 4 hält dazu an, Bankmitteilungen zu überprüfen, namentlich zu **allen Formen von Abrechnungen und Ausführungsmitteilungen und -ankündigungen.** Da Nr. 7 mit den Saldoabschlüssen eine spezielle Form von Mitteilung – hier nun rechtsgeschäftlicher Art – besonders regelt (oben Zweiter Teil Rn 157–160), stellen sich zu Anwendungsbereich und Zielrichtung von Abs. 4 zwei Kernfragen: ob Fragen des Saldoanerkenntnisses allein nach Nr. 7 zu beantworten sind, weil es sich insoweit um die speziellere Regelung handelt (so in der Tat die h.M.); und ob der Gehalt von Nr. 7 sogar im Umkehrschluss auch für die Bestimmung der Zielrichtung von Abs. 4 heranzuziehen ist: In der Tat sieht Abs. 4 – anders als Nr. 7 – gerade **keinen Einwendungsverlust beim Kunden** vor, wenn dieser die genannten Prüfungen nicht vornimmt oder Einwendungen nicht erhebt. Aus Abs. 4 einen Einwendungsausschluss herleiten zu wollen, wäre auch nicht in Einklang zu bringen mit den Vorgaben in § 308 Nr. 5 BGB.[894] Deswegen kann Abs. 4 nur dahingehend verstanden werden, dass der Kunde diese Prüfungen vornehmen soll, um Fehlbuchungen zu vermeiden oder dazu beizutragen, dass sie möglichst bald offenbar werden, und so **das Kreditinstitut vor Schäden zu bewahren** oder aber – weniger weitgehend –, dass der Kunde zumindest dann eine Kürzung möglicher Ansprüche gegen das Institut (wenn sie bestehen) zu gewärtigen hat (§ 254 BGB).[895] Mit der erstgenannten Zielrichtung begründet Abs. 4 nun tatsächlich eine Kundenpflicht zu regelmäßiger Aufmerksamkeit, die über gesetzlich vorgesehene Auftraggeberpflichten deutlich hinausgeht (nicht nur zur Aufmerksamkeit in eigenen Angelegenhei-

---

[893] Die Klausel wird in der Tat praktisch einhellig für wirksam gehalten (m.E. § 307 Abs. 3 BGB): *Merkel* WM 1993, 725 (726 f.); *Seibert* NJW 2006, 2357 (2362); Baumbach/*Hopt* (8) AGB-Banken Nr. 11 Rn 7; *Bunte* AGB-Banken und SB, AGB-Banken Rn 228; Derleder/Knops/Bamberger/*Casper* § 3 Rn 63; Wolf/Lindacher/Pfeiffer/*Pamp* 5. Teil Klauseln (B) Rn B48; aA offenbar Ulmer/Brandner/Hensen/*Fuchs* Teil 4 (2) Banken (Kreditinstitute) Rn 37.

[894] Einwendungsverlust als Sanktion wird kaum diskutiert, aA als hier offenbar Ulmer/Brandner/Hensen/*Fuchs* Teil 4 (2) Banken (Kreditinstitute) Rn 35.

[895] BGH (Fn 354), BGHZ 73, 207 = WM 1979, 417 (419); OLG Hamm Urt. v. 14.3.1986 – 20 U 290/85, WM 1986, 704 (706); Baumbach/*Hopt* (8) AGB-Banken Nr. 11 Rn 9;

Bunte AGB-Banken und SB, AGB-Banken Rn 234; eingeschränkt auch Kümpel/Wittig/*Peterek* Rn 2.332 f.; *Schwintowski* § 2 Rn 90 (vertragliche Nebenpflicht); wohl auch (jedenfalls in wichtigen Einzelfallen, etwa späteren unberechtigten Lastschriften): Derleder/Knops/Bamberger/*Casper* § 3 Rn 58, 65; aA (nur im Rahmen von § 254 BGB): Ulmer/Brandner/Hensen/*Fuchs* Teil 4 (2) Banken (Kreditinstitute) Rn 35 (aber ggf. Schadensersatzpflicht aus objektivem Recht); offengelassen von: Wolf/Lindacher/Pfeiffer/*Pamp* 5. Teil Klauseln (B) Rn B46. Auch BGH Urt. v. 20.11.1990 – XI ZR 107/89, BGHZ 113, 48 = NJW 1991, 487 zieht die Klausel nur im Rahmen von § 254 BGB heran, freilich liegt das an der Fallgestaltung.

ten). Dies gilt umso mehr, als „Unverzüglichkeit" (§ 121 Abs. 1 BGB) in der Prüfung und der Meldung gefordert wird. Dies weicht so sehr vom gesetzlichen Leitbild ab, dass der weniger weit reichenden Meinung der Vorzug zu geben ist, da Obliegenheit in diesem Fall wohl auch bereits gesetzlich angelegt ist (§ 254 BGB).[896]

f) Nachfrage bei Ausbleiben von Mitteilungen (Abs. 5). Ähnlich strukturiert ist die **326** Kundenpflicht, bei allen Mitteilungen, die der Kunde „erwartet", das Ausbleiben anzuzeigen. Bei manchen dieser Mitteilungen – etwa den Quartalsabschlüssen – steht zumindest der Zeitpunkt fest, bei manchen zumindest weitgehend (etwa bei der Auftragsausführung), bei anderen wiederum deutlich weniger (etwa „erwarteten" Zahlungseingängen). Wiederum ist die Rechtsfolge nicht spezifiziert. Wiederum zielt die Statuierung der Pflicht nicht darauf ab, Nachteilen beim Kunden vorzubeugen. Denn beispielsweise kann nicht davon ausgegangen werden, dass der Kunde seine Einwendungen auch verliert, wenn er keinen Saldoabschluss erhielt und damit auch nicht den Hinweis auf den bei Schweigen nach Ablauf von sechs Wochen drohenden Einwendungsverlust (die Voraussetzungen des § 308 Nr. 5 BGB wären nicht erfüllt). Wieder liegt das Schwergewicht darauf, das Kreditinstitut vor Schäden zu bewahren, wieder erlegt die Klausel dem Auftraggeber (Kunden) Pflichten auf, die über das gesetzliche Regime signifikant hinausgehen und ist daher allenfalls eine Obliegenheit zu bejahen.[897]

g) Weitere Mitwirkungspflichten nach AGB-Sparkassen (Nr. 20 Abs. 1 Satz 1 und Satz 2 lit. c-e). Nr. 20 AGB-Sparkassen enthält einige **weitere Regelungen**, die freilich über **327** das Gesagte **nicht signifikant** hinausgehen. Dass die Sparkasse die Sorgfalt eines Kaufmanns schuldet (Abs. 1 Satz 1), entspricht der gesetzlichen Anordnung (§ 347 Abs. 1 HGB). Dass bei der Wahl weniger sicherer Kommunikationsformen eine gesteigerte Sorgfaltpflicht besteht (Abs. 1 Satz 2 lit. c), entspricht ebenfalls dem objektiven Recht in vergleichbaren Konstellationen.[898] Dass für die Auslösung von Zahlungen die Einhaltung einer speziellen Form – namentlich die Verwendung von Vordrucken oder Eingabemasken – vereinbart werden kann (Abs. 1 Satz 2 lit. d), sieht § 675j Abs. 1 Satz 3 BGB ausdrücklich vor, so dass auch die Vereinbarung durch AGB „vorgegeben" ist und nicht als missbräuchlich eingestuft werden kann.[899] Das muss – da dem Zahlungsdiensterecht seit seiner Ein-

---

[896] Vgl. Nachw vorige Fn (mit verschiedenen Begründungen).

[897] Nochmals Nachw Fn 895.

[898] Allgemeiner gilt: Wer beispielsweise bis kurz vor Fristablauf wartet oder sonst einen riskanteren Weg einschlägt, muss, um dem Fahrlässigkeitsvorwurf zu entgehen, gesteigerte Aufmerksamkeit aufwenden: BGH Beschl. v. 19.2.1991 – VI ZB 2/91, NJW-RR 1991, 827; MünchKommBGB/*Grundmann* § 276 Rn 131. Daher wird die Klausel weit überwiegend als kontrollfrei (§ 307 Abs. 3 BGB), jedenfalls aber wirksam angesehen: für das Erste etwa *Aden* NJW 1993, 832 (837); für das Zweite v. Westphalen/*Fandrich* Banken und Sparkassen-AGB Rn 53; teils aber doch auch gewisse Wirksamkeitszweifel, etwa *Bunte* AGB-Banken und SB, AGB-Sparkassen Rn 66; Ulmer/Brandner/

Hensen/*Fuchs* Teil 4 (2) Banken (Kreditinstitute) Rn 40.

[899] Für Wirksamkeit in der Tat die praktisch einhellige Meinung, etwa *Bunte* AGB-Banken und SB, AGB-Sparkassen Rn 67; Derleder/Knops/Bamberger/*Casper* § 3 Rn 66; die von Ulmer/Brandner/Hensen/*Fuchs* Teil 4 (2) Banken (Kreditinstitute) Rn 40 kritisierte Inkonsistenz mit Nr. 10 AGB-Sparkassen (mündliche Auftragsübertragung manchmal möglich) besteht nur, wenn man annehmen will, dass zwischen engen Bank-Kunden-Beziehungen, etwa in Kleinstadt und Dorf, und anonymem Massenverkehr kein faktischer Unterschied besteht. M.E. bedingen sich die Banken eine Form aus, die eine realistische Auftragserfüllung auch im Regelfall gewährleistet, können aber im Einzelfall auf Einhaltung verzichten. Die Gegenmeinung würde

führung insofern Leitbildcharakter zukommt – auch für die anderen Zahlungsverkehrsinstrumente gelten. Schließlich gilt für die Pflicht, besondere Weisungen, die über die routinemäßige Abwicklung hinausgehen, gesondert zu erteilen (Abs. 1 Satz 2 lit. e), das oben zu den besonders eilbedürftigen Aufträgen Gesagte.[900]

328 **5. Fremdwährungskontokorrente und -geschäfte (Nr. 10).** Nr. 10 regelt das Fremdwährungskontokorrent, das idR im Ausland gehalten und abgewickelt wird, namentlich über ein Konto, das bei einem (fremden) Institut oder einer Zweigstelle in dem Territorium geführt wird, in dem die fragliche Währung gesetzliches Zahlungsmittel ist. **Unproblematisch sind Abs. 1 und 2, die im Wesentlichen nur (hinreichend klar) aufklären** und deklaratorischen Charakter haben, von daher schon von der Inhaltskontrolle freigestellt (§ 307 Abs. 3 BGB), jedenfalls jedoch unstreitig wirksam sind: mit der Definition in Abs. 1 Satz 1, namentlich dem Hinweis auf die bargeldlose Abwicklung;[901] und mit dem Hinweis in Abs. 1 Satz 2, dass die Abwicklung über ein Konto erfolgt, das bei einer anderen (ausländischen) Bank gehalten werden kann (vgl. fehlenden Verweis auf § 664 BGB in § 675 BGB).[902] Wichtig im zweiten Punkt und für die Wirksamkeit der Klausel ist vor allem, dass die AGB-Banken (und die AGB-Sparkassen) auch nicht etwa beanspruchen, dass hier ihre Haftung auf bloßes Auswahlverschulden beschränkt wäre (vgl. Nr. 3 Abs. 2 AGB-Banken, wohl auch Nr. 19 Abs. 2 AGB-Sparkassen).[903] Und da bei Bestehen eines Fremdwährungskontokorrents die Auskehrungspflicht nach § 667 BGB bei eingehenden Zahlungen allgemein als eine echte Valutaverbindlichkeit verstanden wird (keine Umrechnungsbefugnis nach § 244 Abs. 2 BGB),[904] ergibt sich der Gehalt von Abs. 2 (Abwicklung allein über das Fremdwährungskonto) ebenfalls bereits aus objektivem Recht ggf. iVm Abs. 1 Satz 1 (Abrede der bargeldlosen Abwicklung).[905]

329 Problematischer, heute jedoch auch weitgehend geklärt sind **Gehalt und Wirksamkeit von Nr. 10 Abs. 3 AGB-Banken zur Gefahrtragung:** Dass grds. der Kunde das Risiko von

---

dazu führen, dass allgemein telefonisch Überweisungsaufträge aufgegeben werden dürften und die Bank sie zu befolgen hätte!

[900] Vgl. Nr. 11 Abs. 3 AGB-Banken, oben Zweiter Teil Rn 324. Für Wirksamkeit dieser Klausel auch *Bunte* AGB-Banken und SB, AGB-Sparkassen Rn 68; Derleder/Knops/Bamberger/*Casper* § 3 Rn 63; v. Westphalen/*Fandrich* Banken und Sparkassen-AGB Rn 53.

[901] Zu dieser Definition und der Wirksamkeit der Klausel (durchweg bejaht): *Bunte* AGB-Banken und SB, AGB-Banken Rn 207; BuB/*Sonnenhol* Rn 1/270a; Derleder/Knops/Bamberger/*Casper* § 3 Rn 56f.; Wolf/Lindacher/Pfeiffer/*Pamp* 5. Teil Klauseln (B) Rn B43 (implizit). Ulmer/Brandner/Hensen/*Fuchs* Teil 4 (2) Banken (Kreditinstitute) Rn 34. Näher hierzu oben Zweiter Teil Rn 184f.

[902] Dazu, dass solch eine Dritteinschaltung (keine Substitution!) schon vom objektiven Recht gestattet wird und die Klausel daher wirksam ist: *Bunte* AGB-Banken und SB, AGB-Banken Rn 207; Derleder/Knops/

Bamberger/*Casper* § 3 Rn 56f.; Wolf/Lindacher/Pfeiffer/*Pamp* 5. Teil Klauseln (B) Rn B43 (implizit). Ulmer/Brandner/Hensen/*Fuchs* Teil 4 (2) Banken (Kreditinstitute) Rn 34; und auch oben oben Zweiter Teil Rn 187.

[903] Eindeutig für die AGB-Banken *Bunte* AGB-Banken und SB, AGB-Banken Rn 207; Derleder/Knops/Bamberger/*Casper* § 3 Rn 56; Wolf/Lindacher/Pfeiffer/*Pamp* 5. Teil Klauseln (B) Rn B43. Ulmer/Brandner/Hensen/*Fuchs* Teil 4 (2) Banken (Kreditinstitute) Rn 34. Dieser Fall wird jedoch idR auch nicht unter Nr. 19 Abs. 2 AGB-Sparkassen (Ermessen der Sparkassen) subsumiert.

[904] Vgl. statt aller und mit weiteren Nachw. *Bunte* AGB-Banken und SB, AGB-Banken Rn 208; BankR-Hdb/*Schefold* § 116 Rn 44–46; MünchKommBGB/*Grundmann* § 244 Rn 107; *Proctor*, Mann on the Legal Aspects of Money, 6. Aufl. 2005, S. 200–202.

[905] Vgl. etwa MünchKommBGB/*Grundmann* § 244 Rn 108; und oben Zweiter Teil Rn 184f.

Stefan Grundmann

hoheitlichen Eingriffen im Währungsgebiet trägt (Abs. 3 Satz 1 und 2), entspricht dem auftragsrechtlichen Modell (namentlich § 670 BGB). Dies schließt auch einen Ersatz seitens der Bank durch andere Mittel aus (Satz 2).[906] Auch die Einschränkung dahingehend, dass dies nicht gilt, soweit das Institut auf anderem Wege die Belastung für den Kunden vermeiden kann (durch Abwicklung im eigenen Haus bzw. durch Auf- bzw. Verrechnung in *derselben* Währung) ist nicht nur begünstigend und wirksam, sondern notwendig.[907]

III. Entgeltfragen (Nr. 12 AGB-Banken)

Kosten der Bankdienstleistungen **330**

12. Zinsen, Entgelte und Aufwendungen

a) Zinsen und Entgelte im Geschäft mit Verbrauchern. Die Höhe der Zinsen und Entgelte für die üblichen Bankleistungen, die die Bank gegenüber Verbrauchern erbringt, einschließlich der Höhe von Zahlungen, die über die für die Hauptleistung vereinbarten Entgelte hinausgehen, ergeben sich aus dem „Preisaushang – Regelsätze im standardisierten Privatkundengeschäft" und aus dem „Preis- und Leistungsverzeichnis".

Wenn ein Verbraucher eine dort aufgeführte Hauptleistung in Anspruch nimmt und dabei keine abweichende Vereinbarung getroffen wurde, gelten die zu diesem Zeitpunkt im Preisaushang oder Preis- und Leistungsverzeichnis angegebenen Zinsen und Entgelte.

Eine Vereinbarung, die auf eine über das vereinbarte Entgelt für die Hauptleistung hinausgehende Zahlung des Verbrauchers gerichtet ist, kann die Bank mit dem Verbraucher nur ausdrücklich treffen, auch wenn sie im Preisaushang oder im Preis- und Leistungsverzeichnis ausgewiesen ist.

Für die Vergütung der nicht im Preisaushang oder im Preis- und Leistungsverzeichnis aufgeführten Leistungen, die im Auftrag des Verbrauchers erbracht werden und die, nach den Umständen zu urteilen, nur gegen eine Vergütung zu erwarten sind, gelten, soweit keine andere Vereinbarung getroffen wurde, die gesetzlichen Vorschriften.

b) Zinsen und Entgelte im Geschäft mit Kunden, die keine Verbraucher sind. Die Höhe der Zinsen und Entgelte für die üblichen Bankleistungen, die die Bank gegenüber Kunden, die keine Verbraucher sind, erbringt, ergeben sich aus dem „Preisaushang – Regelsätze im standardisierten Privatkundengeschäft" und aus dem „Preis- und Leistungsverzeichnis", soweit der Preisaushang und das Preis- und Leistungsverzeichnis übliche Bankleistungen gegenüber Kunden, die keine Verbraucher sind (zum Beispiel Geschäftskunden), ausweisen.

Wenn ein Kunde, der kein Verbraucher ist, eine dort aufgeführte Bankleistung in Anspruch nimmt und dabei keine abweichende Vereinbarung getroffen wurde, gelten die zu diesem Zeitpunkt im Preisaushang oder Preis- und Leistungsverzeichnis angegebenen Zinsen und Entgelte.

---

[906] Zur Wirksamkeit dieser Gefahrverteilung vgl. etwa *Bunte* AGB-Banken und SB, AGB-Banken Rn 209–213, bes. 211; Derleder/Knops/Bamberger/*Casper* § 3 Rn 56f.; Kümpel/Wittig/*Peterek* Rn 6.309; Wolf/Lindacher/Pfeiffer/*Pamp* 5. Teil Klauseln (B) Rn B43. Ulmer/Brandner/Hensen/*Fuchs* Teil 4 (2) Banken (Kreditinstitute) Rn 34.

Näher hierzu oben Zweiter Teil Rn 187–190.

[907] Zu Inhalt, Wirksamkeit und Notwendigkeit dieser Einschränkung vgl. etwa *Bunte* AGB-Banken und SB, AGB-Banken Rn 213; Derleder/Knops/Bamberger/*Casper* § 3 Rn 57; Kümpel/Wittig/*Peterek* Rn 6.309; und auch oben. Zweiter Teil Rn 189.

Im Übrigen bestimmt die Bank, sofern keine andere Vereinbarung getroffen wurde und gesetzliche Bestimmungen dem nicht entgegenstehen, die Höhe von Zinsen und Entgelten nach billigem Ermessen (§ 315 des Bürgerlichen Gesetzbuchs).

c) **Nicht entgeltfähige Leistungen.** Für eine Leistung, zu deren Erbringung die Bank kraft Gesetzes oder aufgrund einer vertraglichen Nebenpflicht verpflichtet ist oder die sie im eigenen Interesse wahrnimmt, wird die Bank kein Entgelt berechnen, es sei denn, es ist gesetzlich zulässig und wird nach Maßgabe der gesetzlichen Regelung erhoben.

d) **Änderung von Zinsen; Kündigungsrecht des Kunden bei Erhöhung.** Die Änderung der Zinsen bei Krediten mit einem veränderlichen Zinssatz erfolgt aufgrund der jeweiligen Kreditvereinbarung mit dem Kunden. Die Bank wird dem Kunden Änderungen von Zinsen mitteilen. Bei einer Erhöhung kann der Kunde, sofern nichts anderes vereinbart ist, die davon betroffene Kreditvereinbarung innerhalb von sechs Wochen nach der Bekanntgabe der Änderung mit sofortiger Wirkung kündigen. Kündigt der Kunde, so werden die erhöhten Zinsen für die gekündigte Kreditvereinbarung nicht zugrunde gelegt. Die Bank wird zur Abwicklung eine angemessene Frist einräumen.

e) **Änderungen von Entgelten bei typischerweise dauerhaft in Anspruch genommenen Leistungen.** Änderungen von Entgelten für Bankleistungen, die von Kunden im Rahmen der Geschäftsverbindung typischerweise dauerhaft in Anspruch genommen werden (zum Beispiel Konto- und Depotführung), werden dem Kunden spätestens zwei Monate vor dem vorgeschlagenen Zeitpunkt ihres Wirksamwerdens in Textform angeboten. Hat der Kunde mit der Bank im Rahmen der Geschäftsbeziehung einen elektronischen Kommunikationsweg vereinbart (zum Beispiel das Online-Banking), können die Änderungen auch auf diesem Wege angeboten werden. Die Zustimmung des Kunden gilt als erteilt, wenn er seine Ablehnung nicht vor dem vorgeschlagenen Zeitpunkt des Wirksamwerdens der Änderung angezeigt hat. Auf diese Genehmigungswirkung wird ihn die Bank in ihrem Angebot besonders hinweisen. Werden dem Kunden die Änderungen angeboten, kann er den von der Änderung betroffenen Vertrag vor dem vorgeschlagenen Zeitpunkt des Wirksamwerdens der Änderung auch fristlos und kostenfrei kündigen. Auf dieses Kündigungsrecht wird ihn die Bank in ihrem Angebot hinweisen. Kündigt der Kunde, wird das geänderte Entgelt für die gekündigte Geschäftsbeziehung nicht zugrunde gelegt.

Die vorstehende Vereinbarung gilt gegenüber Verbrauchern nur dann, wenn die Bank Entgelte für Hauptleistungen ändern will, die vom Verbraucher im Rahmen der Geschäftsverbindung typischerweise dauerhaft in Anspruch genommen werden. Eine Vereinbarung über die Änderung eines Entgelts, das auf eine über die Hauptleistung hinausgehende Zahlung des Verbrauchers gerichtet ist, kann die Bank mit dem Verbraucher nur ausdrücklich vereinbaren.

f) **Ersatz von Aufwendungen.** Ein möglicher Anspruch der Bank auf Ersatz von Aufwendungen richtet sich nach den gesetzlichen Vorschriften.

g) **Besonderheiten bei Verbraucherdarlehensverträgen und Zahlungsdiensteverträgen mit Verbrauchern für Zahlungen innerhalb des Europäischen Wirtschaftsraums (EWR) in einer EWR-Währung.** Bei Verbraucherdarlehensverträgen und Zahlungsdiensteverträgen mit Verbrauchern für Zahlungen innerhalb des Europäischen Wirtschaftsraums[908] (EWR)

---

[908] Zum Europäischen Wirtschaftsraum gehören derzeit: Belgien, Bulgarien, Dänemark, Deutschland, Estland, Finnland, Frankreich (einschließlich Französisch-Guayana, Guadeloupe, Martinique, Mayotte, Réunion), Griechenland, Irland, Island, Italien, Kroa-

in einer EWR-Währung[909] richten sich die Zinsen und die Kosten (Entgelte und Auslagen) nach den jeweiligen vertraglichen Vereinbarungen und Sonderbedingungen sowie ergänzend nach den gesetzlichen Vorschriften.

1. Überblick und Geschichte. Nr. 12 AGB-Banken – und vergleichbar und praktisch **331** inhaltsgleich Nr. 17, 18 AGB-Sparkassen – etablieren einen **Rahmen für die Zahlungsverpflichtungen des Kunden,** setzen diese selbst jedoch weder dem Grunde noch der Höhe nach fest, sondern verweisen insoweit auf detaillierte Preis- und Leistungsverzeichnisse, die selbst wiederum AGB-Charakter haben.[910] Der mit Nr. 12 AGB-Banken gesetzte Rahmen regelt namentlich die **Erstvereinbarung von Zahlungspflichten des Kunden (Zins und Entgelte)** *und* die **Änderung derselben** und sieht schließlich noch einige Bereichsausnahmen vor (mit Verweisen hierfür). Diese Form der Regelung – die mit der Fassung vom 1.11.2009 in ihre heutige, neue Form gebracht und dann nochmals zum 13.6.2014 geändert wurde – erfolgte in Reaktion auf eine ganze Reihe von Urteilen des BGH in Entgeltfragen. Konkret den Anstoß gaben hier die Entscheidungen vom 21.4.2009[911] und vom 8.5.2012,[912] mit denen diesbezügliche Teile der Banken- bzw. Sparkassen-AGB (zum inzwischen wiederholten Male) für unwirksam erklärt wurden. In der Tat wird oder wurde die jüngere Judikatur des XI. Senats des BGH in der Fachwelt etwa im Bereich Bankenhaftung im Kapitalanlagerecht als eher „bankenfreundlich" bewertet, dies hingegen gerade im Bereich Entgelte, Zinsen und Auslagen eher umgekehrt gesehen. Die Entgelt-, Zins- und Zahlungsregelungen in den AGB-Banken und -Sparkassen beschränken sich daher heute deutlich mehr als früher auf Verweise, das Resümee objektiven Rechts und regeln deutlich weniger positiv selbst.

Dabei haben eine **Reihe von Normtypen und Problemkomplexen im Verbund zur 332 neuen Systematisierung beigetragen.** Grundlegend ist namentlich die AGB-Inhaltskontrolle (ohne dass insoweit die zugrunde liegende EG-Klausel-Richtlinie in besonderem Maße konsultiert worden wäre). In ihr werden die Festlegungen zum einen danach unterschieden, welche **Arten von Zahlungspflichten** sie dem Kunden auferlegen: ob sie (weitgehend kontrollfreie) Preisfestsetzungen enthalten (§ 307 Abs. 3 BGB), der Inhaltskontrolle unterliegende Preisnebenabsprachen (§ 307 Abs. 2 BGB) oder solche Entgeltformen, die (ebenfalls auf Grund von § 307 Abs. 2 BGB) für grds. unzulässig eingestuft werden (Nr. 12 Abs. 3 AGB-Banken und unten Zweiter Teil Rn 338). Grundlegend sind desweiteren EU-Vorgaben in der EG-Zahlungsdienste- und der (zweiten) EG-Verbraucherkredit-Richtli-

---

tien, Lettland, Liechtenstein, Litauen, Luxemburg, Malta, Niederlande, Norwegen, Österreich, Polen, Portugal, Rumänien, Schweden, Slowakei, Slowenien, Spanien, Tschechische Republik, Ungarn, Vereinigtes Königreich von Großbritannien und Nordirland, Zypern.

[909] Zu den EWR-Währungen gehören derzeit: Euro, Britische Pfund Sterling, Bulgarische Lew, Dänische Krone, Isländische Krone, Kroatische Kuna, Norwegische Krone, Polnische Zloty, Rumänische Leu, Schwedische Krone, Schweizer Franken, Tschechische Krone, Ungarische Forint.

[910] BGH Urt. v. 18.5.1999 – XI ZW 219/98, BGHZ 141, 380 (383); BGH (Fn 681),

BGHZ 195, 298 = WM 2012, 2381 (2382); BankR-Hdb/*Bunte* § 17 Rn 16.

[911] BGH (Fn 356), BGHZ 180, 257 = NJW 2009, 2051; BGH Urt. v. 21.4.2009 – XI ZR 55/08, BeckRS 2009, 13142.

[912] BGH Urt. v. 8.5.2012 – 437/11, WM 2012, 1344 (Nr. 12 Abs. 6 AGB-Banken a.F.); BGH Urt. v. 8.5.2012 – XI ZR 61/11, WM 2012, 1189 (Nr. 18 AGB-Sparkassen a.F.). Zur im Folgenden angesprochenen Gesamtbewertung vgl. etwa *Kropf/Habl* BKR 2014, 145 (150); für prägnante Überblicke zur deutschen AGB-Kontrolle von Bankentgelten im Lichte der Europäischen Vorgaben vgl. *Fornasier* WM 2013, 205; *Piekenbrock* GPR 2014, 26.

nie,[913] die auch in Zins- und Entgeltfragen wichtige Strukturentscheidungen bereit halten, großteils mit zwingendem Recht eingreifen (und nicht nur als Leitbild für die AGB-Inhaltskontrolle) und deren Anwendung zudem europarechtlich überformter Methodik zu folgen hat. Bei beiden Formen von Vorgaben (AGB-Inhaltskontrolle und EU-Vorgaben zu Zins und Entgelt) ist in unterschiedlicher Form zwischen **Verbraucherkunden und beruflichen Kunden** zu unterscheiden, was deswegen auch die Ausgangsunterscheidung in Abs. 1 und 2 der Nr. 18 AGB-Banken bildet.

2. Festlegung für Zinsen und Entgelte (Abs. 1–3)

333   **a) Kategorien von Kundengeldleistungen (mit Transparenzregime der Basiskonto-Richtlinie).** Im Rahmen der AGB-Inhaltskontrolle und im Rahmen der genannten EU-Vorgaben, in wichtigen Punkten jedoch auch schon herkömmlich im allgemeinen Schuldrecht haben sich bei den Zahlungspflichten, denen Kunden im Bankgeschäft unterliegen, folgende, für Nr. 12 AGB-Banken strukturbestimmende Unterscheidungen herausgebildet: Die klassische **Unterscheidung dem Inhalt nach** entstammt dem allgemeinen Schuldrecht, namentlich §§ 246 ff., aber auch § 670 BGB: Bankkunden schulden (i) **Zinsen,** soweit sie für die Überlassung eines Kapitalstocks je nach Überlassungszeit zahlen (§§ 246 ff. BGB),[914] (ii) **Entgelte** für die Erbringung anderer Dienstleistungen seitens der Banken als der Überlassung eines Kapitalstocks zur Nutzung (§ 612 BGB) und (iii) **Aufwendungsersatz** dafür, dass Banken im Auftrag (Willen) oder im (mutmaßlichen) Interesse der Kunden geldwerte Aufwendungen übernommen/getragen haben (§ 670 BGB). Die Unterscheidungen sind jedoch unterschiedlich wichtig für Nr. 12 AGB-Banken: Während der Aufwendungsersatz in der Tat gänzlich gesondert wird (Abs. 6) und schlicht auf das gesetzliche Regime verwiesen wird (zu den Gründen unten Zweiter Teil Rn 341), werden Zinsen und Entgelte im Ausgangspunkt zusammen behandelt: für Verbraucherkunden in Abs. 1 und für berufliche Kunden in Abs. 2. Dies gilt freilich nur für das Regime der erstmaligen Vereinbarung von Zinsen und Entgelten. Hier ist die zweite Unterscheidung bestimmend, **nach Eigenart des Kunden** (Verbraucher oder beruflich tätig), die immer wieder in ihrer Verschränkung mit der erstgenannten Unterscheidung nach dem Inhalt zu sehen ist. Anders als bei der Erstvereinbarung wird dann beim Regime zur Änderung in der Tat umgekehrt nach

---

[913] Richtlinie 2007/64/EG des Europäischen Parlaments und des Rates vom 13.11.2007 über Zahlungsdienste im Binnenmarkt, zur Änderung der Richtlinien 97/7/EG, 2002/65/EG, 2005/60/EG und 2006/48/EG sowie zur Aufhebung der Richtlinie 97/5/EG, ABl.EG 2007 L 319/1; Richtlinie 2008/48/EG des Europäischen Parlaments und des Rates vom 23.4.2008 über Verbraucherkreditverträge und zur Aufhebung der Richtlinie 87/102/EWG des Rates, ABl.EG 2008 L 133/66 und für den wichtigsten Teilbereich (die grundpfandrechtlich gesicherten Kredite) Richtlinie 2014/17/EU des Europäischen Parlaments und des Rates vom 4. Februar 2014 über Wohnimmobilienkreditverträge für Verbraucher und zur Änderung der Richtlinien 2008/48/EG und 2013/36/EU und der Verordnung (EU) Nr. 1093/2010, ABl. 2014 L 60/34.

[914] Zu diesem (klassischen) Zinsbegriff, in dessen Rahmen mit „Zins" die Zahlung bezeichnet wird, die aus einem Kapitalstock (idR prozentual und zeitanteilig) berechnet wird, der zur Nutzung überlassen oder eröffnet wird: MünchKommBGB/*Grundmann* § 246 Rn 4 f. Dort (Rn 3–9) dann auch zum – davon abweichenden – verbraucherkreditrechtlichen Zinsbegriff, in den auch Einmalzahlungen („Entgelte" etwa für Kreditprüfungen) und die Verpflichtung hierzu einbezogen werden, namentlich für die Berechnung des sog. Effektiven Jahreszinses; und dort auch zu weiteren (vorliegend weniger wichtigen) Zinsbegriffen. Zu den verschiedenen Zinsbegriffen auch etwa *Staudinger/Blaschczok* § 246 Rn 6 ff.

Zinsen und Entgelten, also dem sachlichen Substrat der zu ändernden Regelung, unterschieden (Abs. 4 und 5), um dann in Abs. 6 den Aufwendungsersatz (für alle Kunden) und in Abs. 7 Zins- und Entgeltregeln auf Grund ihrer EU-rechtlichen Herkunft (nur für Verbraucherkunden) gänzlich abzutrennen und für sie schlicht auf das objektive Recht zu verweisen. In den Grundregeln – zur Erstvereinbarung – in Abs. 1–3 wird freilich nicht ausschließlich nach Verträgen mit Verbrauchern und mit beruflich Tätigen unterschieden, sondern eine besondere Entgeltart hiervon nochmals abgesondert (allen Kunden gegenüber): Dies sind diejenigen Entgelte, die als Kategorie – nicht nur im Einzelfall – als missbräuchlich und mit § 307 Abs. 2 BGB unvereinbar eingestuft werden, wenn das fragliche Entgelt nicht im Einzelfall gesetzlich speziell zugelassen wird: namentlich Entgelte, die erhoben werden sollen für die bankseitige Erfüllung einer gesetzlichen Nebenpflicht oder für Handlungen, die die Bank (vor allem) im eigenen Interesse vornimmt (zum richterrechtlichen Hintergrund dieser eigenen Kategorie vgl. unten Zweiter Teil Rn 338). Ab 2016 wird zudem beim Bankkonto – auf der Grundlage der **EU-Basiskonto-Richtlinie** (oben Zweiter Teil Rn 131, mit Literatur) – ein Regime in Kraft treten, mit dem die **Transparenz** gesteigert, nicht jedoch eine weitere Inhaltskontrolle geschaffen werden soll: Art. 3–8 der Richtlinie) verpflichten die Mitgliedstaaten dazu, eine Liste der wichtigsten (am häufigsten genutzten) Bankentgelte aufzustellen und die Zahlungsdiensteleister dazu zu verpflichten, eine Entgeltinformation bei Vertragsschluss und einmal jährlich bereitzustellen (Art. 4f.), und zudem eine Vergleichswebsite einzurichten und den Verbrauchern unentgeltlich zur Verfügung zu stellen (Art. 7).

b) Zinsen und Entgelte gegenüber Verbraucherkunden (Abs. 1). Gegenüber Verbrauchern iSv § 13 BGB[915] unterscheidet Abs. 1 nach **Zinsen und Entgelten für Hauptleistungen (1. und 2. Unterabsatz)** und für andere Leistungen (3. Unterabsatz) sowie im Preisverzeichnis nicht aufgeführte Leistungen (4. Unterabsatz, nächste Rn). Für die Erstgenannten sieht die Regel eine **ausdrückliche Regelung in den Leistungs- und Preisverzeichnissen** vor und nur diese (Selbstbindung an die Preisverzeichnisse). Liegt eine solche vor, so gilt sie als vereinbart entweder dadurch, dass die AGB-Werke wirksam einbezogen wurden (Satz 1; zu den Voraussetzungen oben Zweiter Teil Rn 278–282), oder aber dadurch, dass der Kunde die Leistung in Anspruch nimmt (Satz 2). Auch Zweiteres ist wirksam, weil es nur das gesetzliche Regime wiedergibt (§ 612 BGB für die Entgelte und § 488 Abs. 1 Satz 2 BGB für die Zinsen, zum Verbraucherkredit im technischen Sinne sogleich noch).[916] **Drei Abgrenzungen** zu anderen Gestaltungen bzw. innerhalb dieses Regimes sind von Bedeu-

334

---

[915] Wolf/Lindacher/Pfeiffer/*Pamp* 5. Teil Klauseln (B) Rn B52 verweist stattdessen auf den – inhaltlich wohl gleichen, für Verbraucher aber m.E. ungleich weniger „erkennbaren" – Begriff des Letztverbrauchers in § 1 Abs. 1 PAngVO. Entscheidend ist, dass der Grundsatz einer Auslegung contra proferentem (§ 305b Abs. 2 BGB) und die Bezugnahme vor allem auf die deutsche Rechtsordnung in Abs. 1 es nahelegen, dass die Position zu den sog. „Dual use"-Fällen vereinbart sein soll, die im deutschen Recht vorherrscht (nicht beim EuGH, so überzeugend die EuGH-Meinung auch theoretisch sein mag): Schon bei überwiegend privater Nutzung der Bank-

dienstleistung ist von einer Nutzung als Verbraucher auszugehen; vgl. nur Münch-KommBGB/*Micklitz/Purnhagen* § 13 Rn 51–55.

[916] Die Literatur geht idR ganz selbstverständlich (und implizit) von Wirksamkeit aus (ohne die Frage aufzuwerfen, ob nicht im geschäftlichen Verkehr für § 488 Abs. 1 Satz 2 BGB eine vergleichbare Vermutungsregel gilt wie in § 612 BGB): Kümpel/Wittig/*Peterek* Rn 6.343–6.345; Baumbach/*Hopt*, (8) AGB-Banken Nr. 12 Rn 1; Ulmer/Brandner/Hensen/*Fuchs* Teil 4 (2) Banken (Kreditinstitute) Rn 42; differenzierend *Bunte* AGB-Banken und SB, AGB-Banken Rn 241.

tung: Zum einen wird gegenüber Verbrauchern für die Hauptleistung für die Zinsen und Entgelte auf jegliches einseitige Bestimmungsrecht (§ 315 BGB) verzichtet, dies weil eine Klausel nach dem Muster von Nr. 17 Abs. 2 Satz 1 AGB-Sparkassen a.F. mit Entscheidung vom 21.4.2009 (oben Fn 356/901) für unwirksam erklärt wurde. Die Entscheidung wurde zwar auf den Umstand gestützt, dass die Klausel in ihren Aufgreifvoraussetzungen nicht hinreichend klar formuliert sei und dass sie nicht sicher verbürge, dass Kunden von Änderungen in gleicher Weise profitieren könnten wie sie belastet werden (fehlende symmetrische Ausgestaltung bei der Neufestsetzung). Dennoch wurde auf ein einseitiges Bestimmungsrecht in allen AGB-Regelwerken für die Zukunft *gänzlich* verzichtet. Zum anderen ist jedoch auch die Reichweite dieser Anordnung insofern beschränkt, als sie den Verbraucherkredit nach der EG-Richtlinie gerade nicht erfasst. Für diesen verweist Abs. 7 ganz auf das gesetzliche Regime (einschließlich dort zulässiger Abreden von Preisen). Abs. 1, der nur Verbraucherverträge regelt, hat daher für Zinsen angesichts dieser Ausnahme einen äußerst beschränkten Anwendungsbereich. Schließlich ist nach der höchstrichterlichen Rechtsprechung zwischen Preisabsprachen (für die Hauptleistung), bei denen allein eine Transparenzkontrolle vorgenommen wird, die also kontrollfrei wirksam sind, wenn sie im Leistungs- und Preisverzeichnis hinreichend klar bezeichnet sind (§ 307 Abs. 3 BGB), und **sog. Preisnebenabsprachen** zu unterscheiden,[917] auf die sich Nr. 18 Abs. 1 AGB-Banken durchaus auch bezieht: Diese werden durchaus der umfassenden Inhaltskontrolle nach § 307 Abs. 1 und 2 BGB unterworfen und unterscheiden sich von den reinen Preisabreden für die Hauptleistung dadurch, dass sie zwar den Endpreis beeinflussen (können), jedoch ohne ihre Vereinbarung kein essentialium negotii fehlen würde, so dass die Lücke durch Anwendung des dispositiven Rechts geschlossen werden könnte.[918]

335 Für Entgelte für **andere Leistungen als die Hauptleistung ieS** wird in **Satz 3 eine ausdrückliche Preisabsprache verpflichtend** gemacht. Mit anderen Worten: Diese weitere Leistung muss in den Leistungs- und Preisverzeichnissen ausdrücklich aufgeführt werden, S. 3 sieht also ausdrücklich keine vergleichbare Regel vor wie Satz 2 für die Hauptleistungen, es kann nicht etwa auf § 612 BGB bzw. – ohnehin für andere als Hauptleistungen kaum denkbar – auf § 488 Abs. 1 Satz 2 BGB rekurriert werden (dazu modifizierend gleich noch). Umgekehrt freilich bedeutet die explizite und auch hinreichend klare Nennung im Preisverzeichnis noch nicht, dass die Preisfestsetzung nicht etwa einer Inhaltskontrolle nach § 307 Abs. 1 und 2 BGB unterzogen würde, etwa ob sie nicht die anfallenden Kosten unverhältnismäßig übersteigt, obwohl eine Ausrichtung an den Kosten in vielen Bereichen zum gesetzlichen Leitbild geworden ist. Hier zeigt sich der rechtspolitisch überzeugende Kern der höchstrichterlichen Rechtsprechung zu den Preisnebenabsprachen und ihrer

---

[917] Grundlegend: Urt. v. 6.2.1985 – VIII ZR 61/84, BGHZ 93, 358 (360f.) = NJW 1985, 3013; BGH Urt. v. 24.11.1988 – III ZR 188/87, BGHZ 106, 42 (46) = WM 1988, 1780; BGH Urt. v. 7.5.1991 – XI ZR 244/90, BGHZ 114, 330 (333) = WM 1991, 1113; schöne Zusammenfassung in BGH (Fn 681), BGHZ 195, 298 = WM 2012, 2381 (2382); ausführlich hierzu die in der folgenden Fn Genannten.

[918] Listen solcher bloßer Preisnebenabreden (namentlich Preisänderungsklauseln, Gebühren für die Behebung von Planwidrigkeiten, Gefahrprävention und Verbürgung der Ord-

nungsmäßigkeit bei der Vertragsdurchführung, etwa Gebühren für Auftragsrückreichung, Barauszahlung, Kraftloserklärung, Verwaltung von notwendigen Dokumenten oder Freistellungsaufträgen etc.) bei *Bunte* AGB-Banken und SB, AGB-Banken Rn 241 und Wolf/Lindacher/Pfeiffer/*Dammann* 5. Teil Klauseln (D); *Kropf/Habl* BKR 2012, 141 und 2013, 103; *dies.* BKR 2014, 145; *Knops* ZBB 2010, 479; *Nobbe* WM 2008, 185; *Roller* BKR 2008, 221; *Schimansky* FS 50 Jahre Bundesgerichtshof 2000, S. 3; Ulmer/Brandner/Hensen/*Fuchs* Teil 4 (2) Banken (Kreditinstitute) Rn 48 ff.

Kontrollfähigkeit: Diese Preisfestsetzungen sind für den Kunden nicht vergleichbar sichtbar („ins Auge stechend") wie Preisabsprachen für die eigentliche Hauptleistung, auf die auch (Privat-)Kunden schauen (sollten). Daher sind Preisnebenabreden auch in der Tat in ähnlicher Weise von der Problematik strukturell ungleichen Informationszugangs betroffen wie sonstige AGBs.[919] Ganz uneingeschränkt bleibt Satz 3 mit seinem Fokus allein auf den explizit angeordneten Preisfestsetzungen freilich doch nicht. Satz 4 sieht – in gewisser Parallelität zu § 612 BGB – vor, dass eine Lücke im Preisverzeichnis (die im Zweifel der Kunde ohnehin nicht sah) jedenfalls dann nicht zur Unentgeltlichkeit führen kann, wenn der Kunde nicht davon ausgehen kann, dass die Leistung unentgeltlich erfolgen sollte. Angesichts der Detailliertheit der Preisverzeichnisse ein wohl eher theoretischer Fall.[920]

c) **Zinsen und Entgelte gegenüber beruflichen Kunden (Abs. 2).** Die Regelung in **Abs. 2** **336** (Unterabsätze 1 und 2) gleicht derjenigen in **Abs. 1** weitgehend, freilich sind hier alle „üblichen" Bankdienstleistungen zusammen behandelt, es wird nicht nach Hauptleistungen und sonstigen Leistungen getrennt. Die Unterscheidung danach, ob das Preisverzeichnis (als AGB-Regelwerk) einbezogen wurde (1. Unterabsatz) oder aber der beruflich tätige Kunde die übliche Bankdienstleistung schlicht in Anspruch genommen hat (2. Unterabsatz), findet sich ebenfalls wieder, obwohl schon nach den allgemeinen Grundsätzen über die Einbeziehung von AGB-Regelwerken gegenüber kaufmännischer/beruflicher Kundschaft kaum ein Fall denkbar ist, in dem eine Bankdienstleistung (vertraglich wirksam) in Anspruch genommen wird und doch die AGB-Regelwerke nicht einbezogen sind. Denn nach dem Gesagten genügt es, dass diesen Kunden der Einbeziehungswille der Bank bekannt ist und sie auf zumutbare Weise Kenntnis vom AGB-Inhalt nehmen können (oben Zweiter Teil Rn 282), was heute angesichts der flächendeckenden Veröffentlichung im Internet praktisch nie problematisch sein dürfte. Auch dass allein der Stand des Preisverzeichnisses zum Zeitpunkt des Vertragsschlusses gilt, entspricht allgemeiner Rechtsgeschäftslehre. Die ersten beiden Unterabsätze gehen also dahin, dass sich die **Preisvereinbarung nach den Festlegungen in den Preisverzeichnissen** richtet, **wenn es keine individuelle, abweichende Abrede gibt.** Umgekehrt ist jedoch auch bei den Grenzen der Unterschied zu Abs. 1 und den Grenzen in Verbraucherverträgen nicht groß. Denn die oben genannten Unterscheidungen und Festlegungen, die die höchstrichterliche Rechtsprechung im Zuge der Inhaltskontrolle vorgenommen hat (oben Zweiter Teil Rn 334), stützen sich sämtlich auf § 307 **Abs. 1 und 2 BGB**, nicht §§ **308 f. BGB.** Insbesondere die Anforderungen an eine symmetrische Ausgestaltung der Vor- und Nachteile aus einer Preisgestaltung, vor allem jedoch die Unterscheidung zwischen Preisabreden und Preisnebenabreden gelten auch hier.[921]

Die Klausel (in Unterabsatz 3), dass es neben dem Preisverzeichnis und den dort auf- **337** geführten „üblichen" Bankdienstleistungen, weitere Fälle geben soll, in denen **Entgelte** gefordert werden können und dies schlicht **nach billigem Ermessen**, ohne Spezifikation der Kriterien (§ 315 BGB), erscheint nicht nur überflüssig, sondern auch problematisch.[922]

---

919 Vgl. Nachw oben Fn 777.
920 Für Wirksamkeit (weil nur gesetzliche Regelung) etwa *Bunte* AGB-Banken und SB, AGB-Banken Rn 246.
921 Unstreitig: Teils ergingen die Urteile sogar zu AGBs im Verhältnis zu beruflich Tätigen, etwa BGH (Fn 917), BGHZ 93, 358 (360 f.) = NJW 1985, 3013. In anderen Fällen blieb die Verbrauchereigenschaft (oder nicht) gänzlich unerörtert (dh. irrelevant): BGH

(Fn 917), BGHZ 106, 42 (46) = WM 1988, 1780. Keinen Unterschied zwischen Verbrauchern und Nicht-Verbrauchern machen auch etwa *Nobbe* WM 2008, 185 (187 ff.); *Kümpel/Wittig/Peterek* Rn 6.352 ff.; *Kropf/Habl* BKR 2012, 141 und 2013, 103.
922 Denn auch die Transparenz- und Symmetrieanforderungen, die im Wege der Inhaltskontrolle aufgestellt wurden, sind wohl nicht auf das Verhältnis zum Verbraucherkunden zu

338   **d) Zwingend entgeltfreie Leistungen (Abs. 3).** In ständiger Rechtsprechung geht der BGH davon aus, dass sich Banken in AGBs nicht wirksam ein Entgelt dafür ausbedingen können, dass sie Nebenpflichten erfüllen, die ihnen gesetzlich auferlegt sind oder die sie zur Absicherung ihrer Hauptpflicht vertraglich übernommen haben.[923] In vielen Fällen erscheint dies plausibel. Ob dies jedoch allgemein rechtspolitisch überzeugt, ist umstritten. Insbesondere die Überlegung, dass einige Nebenpflichten der Banken dem Ziel dienen, Schädigungen aus Fehlverhalten und Unachtsamkeiten des Kunden zu minimieren, lässt deutlich werden, dass die höchstrichterliche Rechtsprechung auch dazu führen kann, dass Unaufmerksamkeiten quersubventioniert werden von der großen Zahl sorgsam agierender Bankkunden,[924] dass also die Kernüberlegung, die den BGH im Verbraucherrecht allgemein für das Leitbild des aufmerksamen und hinreichend informierten, nicht des flüchtigen Verbrauchers optieren ließ,[925] im Recht der Bankentgelte nicht hinreichend Berücksichtigung fand. In der Tat hat der Europäische Gesetzgeber diese Rechtsprechung auch prominent in Einzelfällen des Zahlungsdiensterechts „korrigiert", etwa mit Art. 65 Abs. 1 (3. Unterabsatz), Art. 66 Abs. 5 (a.E.) und 74 Abs. 2 Zahlungsdienste-Richtlinie (§ 675o Abs. 1 Satz 4, 675p Abs. 4 S. 3 und 675y Abs. 3 Satz 3 BGB; dazu ausführlich unten Dritter Teil Rn 294,

---

beschränken. Wie hier Ulmer/Brandner/Hensen/*Fuchs* Teil 4 (2) Banken (Kreditinstitute) Rn 43; anders Baumbach/*Hopt* (8) AGB-Banken Nr. 12 Rn 3 (ausdrücklich: „wirksam"); BankR-Hdb/*Bunte* § 17 Rn 21 (Wirksamkeit nicht problematisierend).

[923] Grundlegend BGH (Fn 812), BGHZ 136, 261 = WM 1997, 1663; BGH (Fn 356), NJW 1999, 2545; Zusammenfassung in jüngerer Zeit BGH (Fn 681), BGHZ 195, 298 = WM 2012, 2381; aufgrund der im Text genannten Entwicklung im Zahlungsdiensterecht heute demgegenüber überholt: BGH Urt. v. 21.10.1997 – XI ZR 5/97, BGHZ 137, 43 = WM 1997, 2298; Urt. v. 21.10.1997 – XI ZR 296/96, WM 1997, 2300; zuletzt auch noch BGH (Fn 866), WM 2012, 1383 (jeweils zur Unzulässigkeit von Entgelten für Lastschrift- oder Scheckrückgabe); zutreffend in diesen Fällen allein aus dem Zahlungsdiensterecht (ggf. auch e contrario) argumentierend: OLG Düsseldorf Urt. v. 19.7.2012 – I-6 195/11, ZIP 2012, 1748; davon abzugrenzen sind diejenigen Entscheidungen, die aufgrund zwingenden Rechts Orientierung an den tatsächlich angefallenen Kosten überprüfen (etwa § 675d Abs. 3 Satz 2 BGB): BGH Urt. v. 17.12.2013 – XI ZR 66/13, NJW 2014, 922 (Kostenklausel für Nacherstellen von Kontoauszügen unwirksam); umfangreiche grafisch-alphabetische Übersicht zur Rechtsprechung und den verschiedenen erfassten Gebührentatbeständen bei *Bunte* AGB-Banken und SB, AGB-Banken Rn 248.

[924] Namentlich *Köndgen* ZBB 1997, 117; *Bitter* ZBB 2007, 237 (240ff.); *ders.* FS Ott 2002, S. 153; *Steuer* FS Hadding 2004, S. 1169; *Büchel* BKR 2009, 358 (364).

[925] EuGH Urt. v. 16.7.1998 – Rs. 210/96 *Gut Springheide*Slg. 1998 I-4657: Kriterium ist laut Leitsatz der „durchschnittlich informierte(r), aufmerksame(r) und verständige(r) Durchschnittsverbraucher". In der Folge, teils mit Diskussion weiterer Elemente (für Sondersituationen): EuGH Urt. v. 13.1.2000 – Rs. C-220–98 *Estée Lauder*, Slg. 2000, I-135 (bes. 146); EuGH Urt. v. 24.10.2002 – Rs. C-99/01 *Linhart und Biffl*, Slg. 2002, I-9391 (bes. 9404); Urt. v. 16.10.2006 Rs. C-168/05 *Mostaza Claro*, Slg. 2006, I-10437 (Tz. 25); Urt. v. 4.6.2009 Rs. C-243/08 *Pannon GSM*, Slg. 2009, I-4713 (Tz. 22); Urt. v. 6.10.2009 Rs. C-40/08 *Asturcom Telecommunications*, Slg. 2009, I-9579 (Tz. 29); Urt. v. 6.7.2010 Rs. C-137/08 *VB Pénzügyi Lizing ./. Ferenc Schneider*, Slg. 2010, I-10847 (Tz. 46); vergleichbar BGH Urt. v. 20.10.1999 – I ZR 167/97, NJW-RR 2000, 1490 (1491f.); BGH Urt. v. 17.5.2001 – I ZR 216/99, NJW 2001, 3262 (3263); BGH Urt. v. 27.4.2000 – I ZR 236/97, GRUR 2000, 875 (877); BGH Urt. v. 19.9.2001 – I ZR 54/96, NJW 2002, 600 (602); dazu (als allgemeinem und überzeugendem Leitbild des Verbraucherrechts) jüngst *Grundmann* FS W.-H. Roth 2015, S. 182.

302 und 514f.).[926] Auch klauselmäßig vereinbarte Entgelte für die Vornahme von Handlungen, die die Banken primär im eigenen Interesse vornehmen, etwa die Kreditprüfung, werden als unzulässig eingestuft, und dies zuletzt sogar bei transparent ausgewiesenen Gebühren für eine konkret umrissene Dienstleistung (Bearbeitungsgebühr Kreditvertrag).[927] Abs. 3 bildet diese Rechtslage getreulich ab, auch die Einschränkung, dass gesetzlich das Gegenteil angeordnet oder zumindest (explizit) gestattet werden kann (wie in den Fällen von §§ 675o Abs. 1 Satz 4, 675p Abs. 4 Satz 3 und 675y Abs. 3 Satz 3 BGB).

3. Änderung von Zinsen und Entgelten (Abs. 4, 5)

a) Änderung von Zinsen (Abs. 4). Die Regelung zu Zinsanpassungsklauseln in Abs. 4 **339** ist als Reaktion zu verstehen auf die Entscheidungen des BGH vom 21.4.2009 (Rn 356/ 911), in denen der BGH für in AGB vereinbarte Zinsanpassungsklauseln forderte, dass das die **Anpassung auslösende Kriterium klar umschrieben** sein muss und zudem dem Kunden vergleichbar zugute kommen muss wie es ihn belastet (**symmetrische Ausgestaltung** des Kriteriums; zu den Preisanpassungsklauseln, namentlich im Zusammenhang mit Kontokorrent, vgl. bereits oben Zweiter Teil Rn 130). Abs. 4 überlässt nun die Befolgung dieser Kriterien der Gestaltung des Kreditvertrages selbst (regelmäßig klauselmäßig ausgestaltet, vgl. oben Zweiter Teil Rn 273), während Abs. 4 für diese Möglichkeit nur vorsieht, dass eine Abrede nötig ist (Satz 1), und zugleich zusagt, dass die Bank die jeweilige Zinsänderung mitteilt (Satz 2). Dies entspricht dem Rahmen für Zinsanpassungsklauseln nach objektivem Recht, den Abs. 4 also nachbildet, während der Einzelvertrag dann die Anpassungsklausel selbst enthält (die sich an EG-Verbraucherkreditrecht zu orientieren hat). Der Rahmen des objektiven Rechts, den Abs. 4 nachbildet, ist im 4. Teil zum Kreditrecht näher erörtert (vgl. dort Rn 48–52). Das gleiche gilt für das Kündigungsrecht des Kunden und seine Durchführung (Satz 3–5 und unten Vierter Teil Rn 811–816).

b) Änderung von Entgelten (Abs. 5). Umgekehrt ist Abs. 5 für die Anpassung von Ent- **340** gelten dem Leitbild des (Europäischen) Zahlungsdiensterechts nachgebildet, dem strengsten verfügbaren für Entgelte, namentlich der Regelung für die Änderung des Rahmenvertrages in § 675g Abs. 1 und 2 BGB (entsprechend Nr. 12 Abs. 5 Satz 1, 3, 4 und 5 AGB-Banken, allesamt nach § 307 Abs. 3 BGB kontrollfrei wirksam oder jedenfalls einem

---

[926] BGH-Urteile hierzu namentlich: BGH (Fn 923), NJW 2014, 922; Urt. v. 27.1.2015 – XI ZR 174/12, WM 2015, 519 = WuB 2015, 252 (*Kropf*) (Buchungsgebühr für jede Einzeltransaktion unwirksam auch bei Transparenz).

[927] Zuletzt allgemeiner, die Rechtsprechung zusammenfassend: BGH (Rn 912), WM 2012, 1344 (1349); *Bunte* AGB-Banken und SB, AGB-Banken Rn 261. Zur Bearbeitungsgebühr bei Kreditvertrag (Inhaltskontrolle trotz Transparenz): BGH Urt. v. 13.5.2014 – XI ZR 405/12, BGHZ 201, 168 = WM 2014, 1224; und für die Bearbeitungsgebühr in Bausparverträgen (wenn auch i.Erg. wirksam): BGH Urt. v. 7.12.2010 – XI ZR 3/10, WM 2011, 263 = NJW 2011, 1801; Kontrollfähigkeit dieser Klauseln sehr umstritten, ursprünglich in diesem Sinne *Nobbe*

WM 1008, 185 (193f.); ablehnend weit überwiegend die Literatur und teils überaus heftig, etwa: *Becher/Krepold* BKR 2014, 45 (Grundlagen der Privatautonomie zerstört, gesamtes Islamic Banking und EG-Richtlinien konterkariert, keinerlei Kosten neben Zinsen mehr kompensierbar, Wettbewerbsnachteil im Binnenmarkt); *Billing* WM 2013, 1777 und 1829 (etwa 1838) („seit mehr als 50 Jahren … praxisüblich [und] … anerkannt"); *Casper/Möllers* BKR 2014, 59 (alle mit umfangreicher Darstellung der Flut der vorangegangenen Urteile von Instanzgerichten und der Entwicklung der Frage); schon früh die Reaktion auf *Nobbe* namentlich in *Habersack* WM 2008, 1857; *Haertlein/Thümmler* ZIP 2009, 1197.

gesetzlichen Leitbild entsprechend). Danach kann der Kunde auf das Änderungsangebot der Bank durch Ablehnung oder ausdrückliche Zustimmung reagieren, es ist jedoch auch **Annahme durch Schweigen** möglich: wenn eine zweimonatige Bedenkzeit eingeräumt wurde, abgelaufen ist und auf die Zustimmungswirkung als Folge hingewiesen wurde. Zudem hat die Wahl dieser Gestaltungsform seitens der Bank die Folge, dass der Kunde ein Recht zur fristlosen Kündigung erhält, auf das er ebenfalls hinzuweisen ist (dieses freilich wegen Nr. 18 AGB-Banken irrelevant). Diese Form der Zustimmung ist der Gegenstand von Abs. 5, auch hier nur für Rahmen-, nicht Einzelverträge (vgl. Satz 7). Eigenständig (über § 675g Abs. 1 und 2 BGB hinaus) und wirksam ist hierbei die Regel, dass das genannte Angebot und der Hinweis auf die Zustimmungswirkung des Schweigens auch durch elektronische Kommunikation erfolgen darf, wenn Online-Banking u.ä. vereinbart ist.[928] Satz 6 regelt dann als eine der Folgen der Kündigung, dass die Entgeltänderung keine Anwendung findet. Zusätzlich wird das fragliche Dauerschuldverhältnis beendet, Gleiches gilt jedoch nicht für die sonstigen Teile der allgemeinen Bank-Kunden-Beziehung mit ggf. weiteren vertraglichen Absprachen.[929]

341   **4. Verweis für Aufwendungsersatz und EU-Verbraucherrecht (Abs. 6, 7).** Für **Aufwendungsersatzansprüche** verweist Abs. 6 schlicht auf **objektives Recht** – dies für alle Kundengruppen (und ohne dass es auf die Unterscheidung zwischen Erstvereinbarung und Änderung ankäme). Zwar hat die höchstrichterliche Entscheidung, die hierzu den Anlass gab,[930] keineswegs jegliche klauselrechtliche Regelung des Aufwendungsersatzes für unzulässig erklärt. Dort wurde nur zweierlei entschieden: Einen Aufwendungsersatz darf das Institut nur für die Fälle vereinbaren, in denen es – entgegen Nr. 12 Abs. 6 AGB-Sparkassen a.F. – die Aufwendung zur Durchführung des Auftrages für *erforderlich* halten darf, nicht schon dafür, dass sie bei der Auftragsausführung anfällt, selbst wenn der Auftrag erteilt wurde oder dem Interesse des Kunden entspricht; und Aufwendungen, die im (gutteils) eigenen Interesse übernommen werden, etwa die Bewertung der Werthaltigkeit von Sicherheiten, erfüllen diese Anforderung nicht. Die solchermaßen gezogenen Grenzen erschienen jedoch so eng, dass auf Bankenseite in einer klauselrechtlichen Modifikation kein Sinn mehr gesehen wurde. Die heute gewählte, schlicht verweisende Klausel ist daher kontrollfrei wirksam (§ 307 Abs. 3 BGB). Im Gegensatz zu Entgelten (Abs. 1–3 sowie Abs. 5) zeichnen sich Aufwendungsersatzansprüche dadurch aus, dass sie getätigte Kosten ersetzen, die in den alten AGB beispielhaft aufgezählt waren, nicht für eine Leistung eine Gegenleistung fordern.

342   Für die anderen möglichen Zahlungspflichten des Kunden, die Zins- und Entgeltansprüche der Banken, verweist **Abs. 7** (für deren Anwendungsbereich) auf die **EG-Zahlungs-**

---

[928] Wirksamkeit elektronischer Kommunikation wird vor allem bejaht für die Einbeziehung von AGBs, was dann für Kommunikationen innerhalb der laufenden Geschäftsbeziehungen a maiore gelten muss: vgl. BGH (Rn 349), WM 2014, 456 = NJW 2014, 1441 (m.w.Nachw. zur st. Rspr.); Derleder/Knops/Bamberger/*Casper* § 3 Rn 8; Heymann/*Horn* Anh. § 372 Rn II/16; eher zweifelnd *Bunte* AGB-Banken und SB, AGB-Sparkassen Rn 33; Kümpel/Wittig/*Peterek* Rn 6.95; doch darf die e-mail nicht etwa nur einen link bekanntgeben oder gar auf die

Homepage generell verweisen, sondern muss die Änderung selbst mitteilen: *Becher/Gößmann* BKR 2002, 519 (520); *Casper* a.a.O.; konkret für Nr. 12 Abs. 4, 5 AGB-Banken etwa: *Bunte* AGB-Banken und SB, AGB-Sparkassen Rn 260 (hier nun in der Tat nicht zweifelnd); Ulmer/Brandner/Hensen/*Fuchs* Teil 4 (2) Banken (Kreditinstitute) Rn 46.

[929] Wolf/Lindacher/Pfeiffer/*Pamp* 5. Teil Klauseln (B) Rn B56.

[930] BGH (Fn 912), WM 2012, 1344; im Wesentlichen ablehnend *Bork* WM 2012, 1101.

dienste- bzw. die (zweite) EG-Verbraucherkredit-Richtlinie (Nachw oben Rn 901), dies jedoch nur für Verträge mit Verbrauchern, weil die EG-Verbraucherkredit-Richtlinie ohnehin nur Verbraucher erfasst und weil auch die EG-Zahlungsdienste-Richtlinie vor allem hier zwingendes Recht vorsieht (vgl. Art. 32, 52 der Richtlinie und § 675e bes. Abs. 1 und 4 BGB). Wiederum kommt es auf die Unterscheidung zwischen Erstvereinbarung und Änderung nicht an. In der Tat ist ein zwingendes Regime einer klauselrechtlichen Modifikation ohnehin nicht zugänglich, jedoch auch in den wenigen Fällen, in denen das Regime Verbrauchern gegenüber Abreden zulässt, werden die diesbezüglichen Regeln in den Preisverzeichnissen direkt auf die Ermächtigung im objektiven Recht (Richtlinie und BGB) gestützt. So werden die AGB-Banken auch von Auslegungsfragen der europarechtlichen Dogmatik freigestellt. Das objektive Recht zu Zinsen und Entgelten – sowohl die Erstvereinbarung als auch die Änderung – wird daher gänzlich in den Teilen zum Zahlungsdiensterecht und zum Verbraucherkreditrecht erörtert (vgl. einerseits unten Dritter Teil Rn 140–145 und andererseits unten Vierter Teil Rn 184ff., 835ff. et passim). Umgekehrt gilt für die **Entgelt- und ggf. Zinszahlungspflichten beruflicher Kunden** im Zahlungsverkehr und erst recht im Kreditgeschäft das Regime der Abs. 2–5 (oben Zweiter Teil Rn 333–340), wobei im ersten Bereich das Zahlungsdiensteregime (mit seiner Europäischen Grundlage) das gesetzliche Leitbild bildet, an dem die Klauseln zu messen sind (und an dem sie sich im Falle von Abs. 5 auch in der Tat gänzlich orientieren).

IV. Sicherheiten (Nr. 13–17 AGB-Banken) – Überblick

Sicherheiten für die Ansprüche der Bank gegen den Kunden   **343**

13. Bestellung oder Verstärkung von Sicherheiten

a) Anspruch der Bank auf Bestellung von Sicherheiten. Die Bank kann für alle Ansprüche aus der bankmäßigen Geschäftsverbindung die Bestellung bankmäßiger Sicherheiten verlangen, und zwar auch dann, wenn die Ansprüche bedingt sind (zum Beispiel Aufwendungsersatzanspruch wegen der Inanspruchnahme aus einer für den Kunden übernommenen Bürgschaft). Hat der Kunde gegenüber der Bank eine Haftung für Verbindlichkeiten eines anderen Kunden der Bank übernommen (zum Beispiel als Bürge), so besteht für die Bank ein Anspruch auf Bestellung oder Verstärkung von Sicherheiten im Hinblick auf die aus der Haftungsübernahme folgende Schuld jedoch erst ab ihrer Fälligkeit.

b) Veränderung des Risikos. Hat die Bank bei der Entstehung von Ansprüchen gegen den Kunden zunächst ganz oder teilweise davon abgesehen, die Bestellung oder Verstärkung von Sicherheiten zu verlangen, kann sie auch später noch eine Besicherung fordern. Voraussetzung hierfür ist jedoch, dass Umstände eintreten oder bekannt werden, die eine erhöhte Risikobewertung der Ansprüche gegen den Kunden rechtfertigen. Dies kann insbesondere der Fall sein, wenn

– sich die wirtschaftlichen Verhältnisse des Kunden nachteilig verändert haben oder sich zu verändern drohen oder

– sich die vorhandenen Sicherheiten wertmäßig verschlechtert haben oder zu verschlechtern drohen.

Der Besicherungsanspruch der Bank besteht nicht, wenn ausdrücklich vereinbart ist, dass der Kunde keine oder ausschließlich im Einzelnen benannte Sicherheiten zu bestellen hat. Bei Verbraucherdarlehensverträgen besteht der Anspruch auf die Bestellung oder Verstärkung von Sicherheiten nur, soweit die Sicherheiten im Kreditvertrag angegeben sind;

wenn der Nettokreditbetrag 75.000,– Euro übersteigt, besteht der Anspruch auf Bestellung oder Verstärkung auch dann, wenn der Kreditvertrag keine oder keine abschließenden Angaben über Sicherheiten enthält.

c) Fristsetzung für die Bestellung oder Verstärkung von Sicherheiten. Für die Bestellung oder Verstärkung von Sicherheiten wird die Bank eine angemessene Frist einräumen. Beabsichtigt die Bank, von ihrem Recht zur fristlosen Kündigung nach Nr.19 Absatz 3 dieser Geschäftsbedingungen Gebrauch zu machen, falls der Kunde seiner Verpflichtung zur Bestellung oder Verstärkung von Sicherheiten nicht fristgerecht nachkommt, wird sie ihn zuvor hierauf hinweisen.

14. Vereinbarung eines Pfandrechts zugunsten der Bank

a) Einigung über das Pfandrecht. Der Kunde und die Bank sind sich darüber einig, dass die Bank ein Pfandrecht an den Wertpapieren und Sachen erwirbt, an denen eine inländische Geschäftsstelle im bankmäßigen Geschäftsverkehr Besitz erlangt hat oder noch erlangen wird. Die Bank erwirbt ein Pfandrecht auch an den Ansprüchen, die dem Kunden gegen die Bank aus der bankmäßigen Geschäftsverbindung zustehen oder künftig zustehen werden (zum Beispiel Kontoguthaben).

b) Gesicherte Ansprüche. Das Pfandrecht dient der Sicherung aller bestehenden, künftigen und bedingten Ansprüche, die der Bank mit ihren sämtlichen in- und ausländischen Geschäftsstellen aus der bankmäßigen Geschäftsverbindung gegen den Kunden zustehen. Hat der Kunde gegenüber der Bank eine Haftung für Verbindlichkeiten eines anderen Kunden der Bank übernommen (zum Beispiel als Bürge), so sichert das Pfandrecht die aus der Haftungsübernahme folgende Schuld jedoch erst ab ihrer Fälligkeit.

c) Ausnahmen vom Pfandrecht. Gelangen Gelder oder andere Werte mit der Maßgabe in die Verfügungsgewalt der Bank, dass sie nur für einen bestimmten Zweck verwendet werden dürfen (zum Beispiel Bareinzahlung zur Einlösung eines Wechsels), erstreckt sich das Pfandrecht der Bank nicht auf diese Werte. Dasselbe gilt für die von der Bank selbst ausgegebenen Aktien (eigene Aktien) und für die Wertpapiere, die die Bank im Ausland für den Kunden verwahrt. Außerdem erstreckt sich das Pfandrecht nicht auf die von der Bank selbst ausgegebenen eigenen Genussrechte/Genussscheine und nicht auf die verbrieften und nicht verbrieften nachrangigen Verbindlichkeiten der Bank.

d) Zins- und Gewinnanteilscheine. Unterliegen dem Pfandrecht der Bank Wertpapiere, ist der Kunde nicht berechtigt, die Herausgabe der zu diesen Papieren gehörenden Zins- und Gewinnanteilscheine zu verlangen.

15. Sicherungsrechte bei Einzugspapieren und diskontierten Wechseln

a) Sicherungsübereignung. Die Bank erwirbt an den ihr zum Einzug eingereichten Schecks und Wechseln im Zeitpunkt der Einreichung Sicherungseigentum. An diskontierten Wechseln erwirbt die Bank im Zeitpunkt des Wechselankaufs uneingeschränktes Eigentum; belastet sie diskontierte Wechsel dem Konto zurück, so verbleibt ihr das Sicherungseigentum an diesen Wechseln.

b) Sicherungsabtretung. Mit dem Erwerb des Eigentums an Schecks und Wechseln gehen auch die zugrunde liegenden Forderungen auf die Bank über; ein Forderungsübergang findet ferner statt, wenn andere Papiere zum Einzug eingereicht werden (zum Beispiel Lastschriften, kaufmännische Handelspapiere).

Stefan Grundmann

c) **Zweckgebundene Einzugspapiere.** Werden der Bank Einzugspapiere mit der Maßgabe eingereicht, dass ihr Gegenwert nur für einen bestimmten Zweck verwendet werden darf, erstrecken sich die Sicherungsübereignung und die Sicherungsabtretung nicht auf diese Papiere.

d) **Gesicherte Ansprüche der Bank.** Das Sicherungseigentum und die Sicherungsabtretung dienen der Sicherung aller Ansprüche, die der Bank gegen den Kunden bei Einreichung von Einzugspapieren aus seinen Kontokorrentkonten zustehen oder die infolge der Rückbelastung nicht eingelöster Einzugspapiere oder diskontierter Wechsel entstehen. Auf Anforderung des Kunden nimmt die Bank eine Rückübertragung des Sicherungseigentums an den Papieren und der auf sie übergegangenen Forderungen an den Kunden vor, falls ihr im Zeitpunkt der Anforderung keine zu sichernden Ansprüche gegen den Kunden zustehen oder sie ihn über den Gegenwert der Papiere vor deren endgültiger Bezahlung nicht verfügen lässt.

16. Begrenzung des Besicherungsanspruchs und Freigabeverpflichtung

a) **Deckungsgrenze.** Die Bank kann ihren Anspruch auf Bestellung oder Verstärkung von Sicherheiten so lange geltend machen, bis der realisierbare Wert aller Sicherheiten dem Gesamtbetrag aller Ansprüche aus der bankmäßigen Geschäftsverbindung (Deckungsgrenze) entspricht.

b) **Freigabe.** Falls der realisierbare Wert aller Sicherheiten die Deckungsgrenze nicht nur vorübergehend übersteigt, hat die Bank auf Verlangen des Kunden Sicherheiten nach ihrer Wahl freizugeben, und zwar in Höhe des die Deckungsgrenze übersteigenden Betrages; sie wird bei der Auswahl der freizugebenden Sicherheiten auf die berechtigten Belange des Kunden und eines dritten Sicherungsgebers, der für die Verbindlichkeiten des Kunden Sicherheiten bestellt hat, Rücksicht nehmen. In diesem Rahmen ist die Bank auch verpflichtet, Aufträge des Kunden über die dem Pfandrecht unterliegenden Werte auszuführen (zum Beispiel Verkauf von Wertpapieren, Auszahlung von Sparguthaben).

c) **Sondervereinbarungen.** Ist für eine bestimmte Sicherheit ein anderer Bewertungsmaßstab als der realisierbare Wert oder ist eine andere Deckungsgrenze oder ist eine andere Grenze für die Freigabe von Sicherheiten vereinbart, so sind diese maßgeblich.

17. Verwertung von Sicherheiten

a) **Wahlrecht der Bank.** Wenn die Bank verwertet, hat die Bank unter mehreren Sicherheiten die Wahl. Sie wird bei der Verwertung und bei der Auswahl der zu verwertenden Sicherheiten auf die berechtigten Belange des Kunden und eines dritten Sicherungsgebers, der für die Verbindlichkeiten des Kunden Sicherheiten bestellt hat, Rücksicht nehmen.

b) **Erlösgutschrift nach dem Umsatzsteuerrecht.** Wenn der Verwertungsvorgang der Umsatzsteuer unterliegt, wird die Bank dem Kunden über den Erlös eine Gutschrift erteilen, die als Rechnung für die Lieferung der als Sicherheit dienenden Sache gilt und den Voraussetzungen des Umsatzsteuerrechts entspricht.

1. Überblick und Verweis. Der 5. Abschnitt der AGB-Banken (Nr. 13–17) – und parallel Nr. 21, 22 und 25 AGB-Sparkassen –[931] bezieht sich auf Fragen, die ungleich **weniger** **344**

---

[931] Der wohl signifikanteste Unterschied der sehr weitgehend parallelen Regelung liegt darin, dass die Verwertungsgrundsätze ausdrücklich nur auf das Pfandrecht der Sparkassen – nicht sonstige Sicherheiten – bezogen werden (Nr. 21 Abs. 5 AGB-Sparkassen).

dem allgemeinen Teil des Bankprivatrechts gelten als die sonstigen Gehalte der AGB-Banken. Der Anspruch auf und die Bestellung von Sicherheiten beziehen sich zwar allgemein auf Ansprüche des Instituts gegen den Kunden. Dies sind jedoch entweder klassische Darlehens- oder Kreditansprüche oder – konto- und zahlungsverkehrsbezogen – vereinbarte oder geduldete Überziehungskredite oder – im Investmentbanking – Kredite zum Erwerb von Kapitalanlagen, wenn der Kaufpreis nicht unmittelbar beglichen wird. Andere Ansprüche – etwa aus Delikt – spielen eine so untergeordnete Rolle gegenüber diesen Kreditansprüchen (mit Ursprung in verschiedenen Kontexten), dass Nr. 13–17 AGB-Sparkassen als ein **Regelungsabschnitt vor allem zum Kredit- und Kreditsicherungsrecht** erscheinen – weswegen sie hier auch nur überblicksweise erörtert werden sollen.[932]

345   Nacheinander werden in **vier Regelungskomplexen** vereinbart und ausgestaltet: schuldrechtliche Ansprüche der Banken **auf Einräumung von Sicherheiten** für Ansprüche von Banken gegen ihre Kunden (unten 2.); die **dingliche Bestellung von Sicherheiten** an verschiedenen Arten von Werten qua AGB für (bestehende) Ansprüche der Banken gegen ihre Kunden (unten 3.), die **umfangmäßige Begrenzung** der (bestellten) Sicherheiten bzw. der Durchsetzung des Anspruches auf Sicherheiteneinräumung durch das legitime Sicherheitsinteresse (unten 4.) sowie **Verwertungsgrundsätze** (unten 5.). In der Rechtsprechung zur AGB-rechtlichen Auslegung und Inhaltskontrolle zeigt sich ein Grundsatzverständnis dahingehend, dass eine Besicherung für die Banken im Grundsatz legitim ist,[933] während schärfere Grenzen vor allem in puncto Übersicherung gezogen wurden. Insgesamt ergab sich daraus eine – im Vergleich zu anderen Bereichen der Banken-AGB – eher wenig korrigierende Inhaltskontrolle.

346   **2. Ansprüche auf Sicherheiteneinräumung (Nr. 13).** Nr. 13 gewährt **einen originären und einen nachträglichen schuldrechtlichen Anspruch auf Sicherheiteneinräumung.** Der originäre Anspruch betrifft die Besicherung von Ansprüchen, die bisher nicht besichert sind, und ist in Abs. 1 geregelt, dies freilich nur unter der einleitend in Abs. 2 formulierten Voraussetzung (weil Abs. 2 speziellere Voraussetzungen formuliert und damit als die speziellere Regelung erscheint). Nachträglich kann demgegenüber Besicherung nur gefordert werden, wenn sich jetzt eine „erhöhte Risikobewertung ... rechtfertigt". Dieser Anspruch ist in Abs. 2 geregelt. Auf Grund der Voraussetzungen und der Praxis bleiben die beiden genannten Besicherungsansprüche gegenüber den individuell und konkret vereinbarten Sicherheiten – namentlich in Kreditverträgen – **in ihrer praktischen Bedeutung deutlich zurück** (vgl. die Darstellung des Kreditsicherungsrechts im Vierten Teil und auch Nr. 13 Abs. 2, 2. Unterabsatz AGB-Banken).

347   Der **originäre Besicherungsanspruch (Abs. 1)** ist sachlich umrissen durch die Ansprüche, für die Besicherung gefordert werden kann, und zeitlich durch den Punkt, an dem sie verlangt werden kann (Satz 1). Demgegenüber wird die Frage, welche Sicherheit dann zu gewähren ist, nur relativ offen beantwortet: Gefordert werden kann – freilich mit Wahlrecht des Kunden – jede „bankmäßige" Sicherheit (Satz 1), d.h. eine, die banküblich, ins-

---

Vgl. dazu *Bunte* AGB-Banken und SB, AGB-Sparkassen Rn 73.

[932] Vgl. ergänzend, namentlich zu Nr. 13, 14, aber auch den auf diese Regeln bezogenen Nr. 19 Abs. 3 AGB-Banken (3. Spiegelstrich), unten Vierter Teil Rn 33, 43, 104, 116, 123, 129, 131, 135, 222, 233–235, 237f., 241–243, 250, 252, 256, 325, 327, 388,

491, 795f., 898, 914; näher zur Sicherungszweckvereinbarung bei Kreditsicherheiten im Lichte der AGB-Kontrolle: *Rösler/Fischer* BKR 2006, 50.

[933] BGH Urt. v. 28.4.1992 – R 164/91, NJW-RR 1992, 1135 (1136); BankR-HdB/*Bunte* § 18 Rn 1; Kümpel/Wittig/*Merz/Peterek* Rn 6.391.

Stefan Grundmann

besondere relativ leicht verwertbar ist.[934] Besicherung gefordert werden kann **für alle Ansprüche der Bank gegen den Kunden „aus der bankmäßigen Verbindung"**, was einen inneren Zusammenhang mit der bankgeschäftlichen Kundenbeziehung voraussetzt, also regelmäßig reine deliktische Ansprüche ausschließt, etwa wenn ein Kunde die Bank diffamiert, aber auch eine Besicherung von Forderungen gegen die Kunden, die die Bank von Dritten in keinem üblichen Bankgeschäft (Diskont etc.) aufkauft, sondern primär um das Pfandrecht hierfür zu nutzen.[935] Die Besicherung kann zu einem frühen **Zeitpunkt** gefordert werden: bereits wenn der Anspruch noch bedingt ist, etwa wenn zwar der Grund gelegt ist für einen Anspruch auf Aufwendungsersatz (Bürgschaft nach außen eingegangen), der Anspruch aber noch (aufschiebend) „bedingt" ist durch tatsächliche Inanspruchnahme der Bank als Bürge.[936] Für Ansprüche aus Inanspruchnahme einer Kreditlinie, die ja noch von einer Entscheidung des Kunden abhängt, ist das m. E. dahin zu verstehen, dass eine Besicherung erst geschuldet ist, sobald der Kunde die Kreditlinie tatsächlich nutzt.[937] Das rechtfertigt sich umso mehr, als auch für eine Schuld des Kunden als Bürgen (für einen Hauptschuldner) ausdrücklich Besicherung erst gefordert werden kann, wenn der Kunde selbst schuldet (ab „Fälligkeit" der Bürgenschuld, Satz 2), also ab Eintritt des Sicherungsfalls.[938] Es gibt freilich auch einen Endzeitpunkt, zu dem der (voraussetzungslose) Besiche-

---

[934] Dazu (vor allem standardisiert handelbare Werte, etwa Effekten, Bürgschaften, nicht individuell zugeschnittene Werte, wie Gesellschaftsanteile ohne Ausgestaltung als Effekten, Steuerforderungen etc. und wegen seiner Lästigkeit nicht Faustpfandrechte): BGH Urt. v. 15.11.1960 – V ZR 35/59, BGHZ 33, 389 (394); BGH Urt. v. 5.10.1989 – III ZR 34/88, NJW 1990, 1356 (1358); *Bunte* AGB-Banken und SB, AGB-Banken Rn 268; BuB/*Mackenthun* Rn 1/368; Ulmer/Brandner/Hensen/*Fuchs* Teil 4 (2) Banken (Kreditinstitute) Rn 57; Wolf/Lindacher/Pfeiffer/*Pamp* 5. Teil Klauseln (B) Rn B61. Dazu, dass das Wahlrecht beim Kunden liegt (§ 262 BGB, der in der Klausel nicht modifiziert wird) *Fuchs* a.a.O. und *Pamp* a.a.O.

[935] Näher (auch dazu, dass auch die Haftung nach § 128 HGB hierunter fällt): BGH (Fn 792), BGHZ 101, 29 (34) = NJW 1987, 2228; BGH Urt. v. 17.1.1995 – XI ZR 192/93, BGHZ 128, 295 = WM 1995, 375; *Bunte* AGB-Banken und SB, AGB-Banken Rn 301–303; Derleder/Knops/Bamberger/*Casper* § 3 Rn 78; Ulmer/Brandner/Hensen/*Fuchs* Teil 4 (2) Banken (Kreditinstitute) Rn 57; Wolf/Lindacher/Pfeiffer/*Pamp* 5. Teil Klauseln (B) Rn B61; speziell zur Absicherung auch von Ansprüchen aus § 128 HGB: BGH Urt. v. 13.3.2007 – XI ZR 383/06, WM 2007, 874.

[936] Diese Abrede wird überwiegend als wirksam eingestuft: Baumbach/*Hopt* (8) AGB-Banken Nr. 13 Rn 4; Wolf/Lindacher/Pfeiffer/*Pamp* 5. Teil Klauseln (B) Rn B61. Recht eigentlich

ist der Anspruch auf Aufwendungsersatz dann wohl noch nicht einmal entstanden, doch wird der Regelungsgehalt der AGB in jedem Falle hinreichend transparent.

[937] Die gängigen Kommentare gehen eher allgemein nur auf das Pfandrecht auch an der „bedingten" Forderung ein, etwa: *Bunte* AGB-Banken und SB, AGB-Banken Rn 266; Derleder/Knops/Bamberger/*Casper* § 3 Rn 78; Kümpel/Wittig/*Merz/Peterek* Rn 6.393. Da das Pfandrecht der Banken jedoch nicht konkret verabredet wird, der Kunde also auch keine Entscheidung im Hinblick auf eine konkrete Sicherheit trifft, erscheint der Gedanke der Entscheidungsautonomie des Kunden – ob er denn zusätzliche Verbindlichkeiten eingehen will –, den der BGH als tragend heranzieht, wenn es um die Pfändbarkeit der Kreditlinie geht, auch hier einschlägig. Vgl. oben Zweiter Teil Rn 249.

[938] Weil es dem Leitbild der Bürgschaft entspricht, dass zunächst einmal der „gute Name" (Kreditwürdigkeit) des Bürgen (allein) die (zu diesem Zeitpunkt ja noch nicht notleidende) Hauptschuld absichert: BGH Urt. v. 11.10.1984 – IX ZR 73/83, BGHZ 92, 295 (300); BGH Urt. v. 12.12.1979 – VIII ZR 30/79, WM 1980, 128 (130); BGH Urt. v. 25.9.1990 – XI ZR 142/89, WM 1990, 1910 (entsprechend für Sicherungsabtretung); *Krings* ZBB 1992, 326 (331) (mit kaum überzeugenden Wirksamkeitszweifeln); *Bunte* AGB-Banken und SB, AGB-Banken Rn 266; Derleder/Knops/Bamberger/

rungsanspruch der Bank spätestens geltend gemacht werden muss: (und andernfalls entfällt): Wenn und soweit die Bank nicht spätestens zum Zeitpunkt der Entstehung des Anspruchs aus bankmäßiger Beziehung auch Besicherung fordert, kann sie dies später nur noch unter den strengeren Voraussetzungen des Abs. 2 (nachträglicher Besicherungsanspruch). Der Anspruch nach Abs. 1 ist also geltend zu machen bei Ausnutzung der Kreditlinie (etwa zeitnah bei Kontoüberziehung) oder bei Entstehung des Aufwendungsersatzanspruches (durch Tätigung der Aufwendung im Verhältnis zum Dritten) oder mit Eintritt des Sicherungsfalles (in der Konstellation von Satz 2).[939]

348   Der **nachträgliche Besicherungsanspruch (Abs. 2**, eigentlich: Anspruch auf nachträgliche Besicherung) greift nach dem eben genannten Zeitpunkt ein, so dass die Bank an der einmal getroffenen Entscheidung, bei Entstehen (und damit „Feststehen") des zu besichernden Anspruches keine Besicherung zu fordern, grundsätzlich festgehalten wird. Denn der Anspruch auf nachträgliche Besicherung setzt voraus dass sich eine „**erhöhte Risikobewertung** … rechtfertigen" lässt. Wie in § 490 Abs. 1 BGB kann sich diese auf erhöhtem Risiko beim Kunden oder aus verringerter Sicherungswertigkeit bei der Sicherheit ergeben oder aus einer Kombination von beidem (vgl. die beiden Spiegelstriche). Da die Rechtsfolgen aber weniger einschneidend sind (bloße Nachbesicherung, nicht Kündigung), sind die Anforderungen weniger hoch (die „erhöhte" Risikobewertung der Bank [nicht notwendig: überwiegendes Ausfallrisiko] muss sich nur „rechtfertigen" lassen).[940]

349   **Grenzen für beide Arten von Besicherungsanspruch**[941] ergeben sich inhaltlicher Art aus Nr. 13 **Abs. 2 2. Untersatz:** Die ausdrückliche Absprache zu Sicherheiten (auch negativ) geht vor, was sich bereits aus § 305b BGB ergibt. Und die zwingenden Grenzen der Verbraucherkreditrechts sind zu achten (vgl. im einzelnen Nr. 13 Abs. 2 2. Unterabsatz, Satz 2 und § 494 Abs. 6 Satz 2 und 3 BGB BGB). Grenzen in der Geltendmachung ergeben sich sodann aus **Abs. 3**: Es muss eine **angemessene Frist** – bei Verbrauchern im Regelfall zwei bis vier Wochen, bei beruflich Tätigen ggf. auch nur eine Woche – eingeräumt werden.[942] Zudem muss, wenn bei Nichterfüllung fristlos gekündigt werden soll, hierauf hingewiesen werden. Dies bildet das praktisch wichtigste Durchsetzungsmittel für den Besicherungsanspruch, da Klage auf Besicherung regelmäßig zu spät kommt. Das Fehlen des Hinweises führt freilich nicht dazu, dass der Anspruch nicht wirksam erhoben wäre, sondern lässt nur das Recht zu fristloser Kündigung entfallen.[943]

Casper § 3 Rn 79; Wolf/Lindacher/Pfeiffer/ *Pamp* 5. Teil Klauseln (B) Rn B61.

[939] Vgl. allgemein Baumbach/*Hopt* (8) AGB-Banken Nr. 13 Rn 4.

[940] Baumbach/*Hopt* (8) AGB-Banken Nr. 13 Rn 7; Derleder/Knops/Bamberger/*Casper* § 3 Rn 80; Wolf/Lindacher/Pfeiffer/*Pamp* 5. Teil Klauseln (B) Rn B62; ausführlich zur Ausgestaltung der Schwelle anhand von Kennzahlen: *Bunte* AGB-Banken und SB, AGB-Banken Rn 275–275c.

[941] Obwohl die Regelung in Abs. 2 eingestellt wurde, gilt sie allgemein, schon deswegen weil sie sich aus zwingendem Recht ergibt. Zu den Fällen besonderer Vereinbarung („Blankokredit" oder „ohne Stellung von Sicherheiten"): *Bunte* AGB-Banken und SB, AGB-Banken Rn 276f. (als Ausnahme vom Besicherungsinteresse iZw eng auslegen);

auch Ulmer/Brandner/Hensen/*Fuchs* Teil 4 (2) Banken (Kreditinstitute) Rn 57. Zum Verbraucherkreditrecht (inzwischen freilich neue Nummerierung seit Verbraucherrichtlinienumsetzungsgesetz, BT-Drucks. 16/11643, S. 82f. und hier nicht AGB-Kontrolle als Rahmen, sondern zwingendes Recht): *Bunte* a.a.O. Rn 277; Wolf/Lindacher/Pfeiffer/*Pamp* 5. Teil Klauseln (B) Rn B62.

[942] 8–14 Tage nach *Bunte* AGB-Banken und SB, AGB-Banken Rn 306; Derleder/Knops/Bamberger/*Casper* § 3 Rn 82. Explizit und dezidiert differenzierend (bei Verbrauchern idR eher 1 Monat): BuB/*Mackenthun* Rn 1/377.

[943] Baumbach/*Hopt* (8) AGB-Banken Nr. 13 Rn 8; BuB/*Mackenthun* Rn 1/379; Wolf/Lindacher/Pfeiffer/*Pamp* 5. Teil Klauseln (B) Rn B63.

3. Bestellung von Sicherheiten (Nr. 14, 15)

a) Pfandrecht an Sachen und Forderungen des Kunden (Nr. 14). Nr. 14 AGB-Banken – **350** und dann auch Nr. 15 AGB-Banken (unten b) – sieht – anders als Nr. 13 AGB-Banken – nicht nur einen Anspruch auf Sicherheiteneinräumung vor, sondern die Bestellung selbst, also **das dingliche Rechtsgeschäft** („Einigsein" iSv 1205 Abs. 1 BGB): in Nr. 14 zur Bestellung eines gewillkürten Pfandrechts nach § 1204 ff. BGB, in Nr. 15 im Sonderfall Einzugspapiere hingegen zur Einräumung eines Sicherungseigentums (teils eines Volleigentums). Dafür regelt Nr. 14 AGB-Banken – und vergleichbar dann Nr. 15 AGB-Banken – **drei Fragen**: nach den Ansprüchen, die abgesichert werden (Abs. 2); nach den Gegenständen, die das Pfandrecht erfasst (Abs. 1 und i.Erg. auch Abs. 4) und nach den Grenzen (Abs. 3 und auch Nr. 16 AGB-Banken). Jedenfalls für die ersten beiden Regelungsbereiche ist auch nach der Wirksamkeit der AGB-Gehalte zu fragen.

Abgesichert sind **nach Abs. 2 alle Ansprüche aus bankmäßiger Verbindung** – was dem **351** Konzept in Nr. 13 AGB-Banken entspricht (vgl. daher oben Zweiter Teil Rn 347). Präzisiert wird, dass das für alle Ansprüche der Bank (Rechtsperson) gilt, auch für solche, die in ausländischen Zweigstellen begründet wurden – eine Präzisierung, die von der Rechtsträgerschaft her selbstverständlich und daher überflüssig erscheint, umgekehrt jedoch angesichts des (sonst) räumlich stärker beschränkten Anwendungsbereichs der AGB-Banken (vgl. Nr. 1 Abs. 1) wichtig ist.[944] Mit der Benennung der abgesicherten Forderungen geht eine **Abgrenzung nach Zeitpunkten** einher: Abgesichert sein sollen alle, auch künftigen Ansprüche, wobei jedoch nach sachenrechtlichen Grundsätzen zumindest Bestimmbarkeit unverzichtbar ist. Da mit Einziehung der AGB – mit deren Verwendung und Zustimmung zu ihrer Einbeziehung – das *dingliche* Rechtsgeschäft (hier das „Einigsein" über die Sicherheitenbestellung) bewirkt werden soll, hängt die rechtliche Wirkung freilich davon ab, wann *alle* Voraussetzungen des dinglichen Rechtsgeschäfts erfüllt sind: Da das Pfandrecht akzessorisch ist (§ 1204 Abs. 1 BGB), also eine bestehende abzusichernde Forderung voraussetzt, entsteht es erst und nur dann, wenn bei oder nach Entstehung der abzusichernden Forderung auch noch der Besitz übertragen ist und die dingliche Einigung vorliegt, also bei Zusammentreffen aller Voraussetzungen, mithin frühestens zum Zeitpunkt der Entstehung der Forderung.[945] Diese Begrenzung (und die noch hinzukommende Grenze nach Nr. 16 AGB-Banken, vgl. unten) führen dazu, dass die AGB den Sicherungsumfang eng umreißen, folglich nicht als zu sehr kundenbelastend und unbedenklich einzustufen ist.[946] Wenn zusätzlich (parallel zu Nr. 13 AGB-Banken) in Satz 2 die Konstellation in den Blick genommen wird, dass der Kunde selbst der Bank als Bürge für die Hauptschuld eines Dritten verpflich-

---

[944] Vgl. hierzu *Bunte* AGB-Banken und SB, AGB-Banken Rn 303; Ulmer/Brandner/Hensen/*Fuchs* Teil 4 (2) Banken (Kreditinstitute) Rn 60; Wolf/Lindacher/Pfeiffer/*Pamp* 5. Teil Klauseln (B) Rn B67.

[945] Häufig wird in der Literatur zu den AGB-Banken etwas zu wenig betont, dass alle Voraussetzungen (abgesicherte *bestehende* Forderung, Besitz und Einigsein) zum gleichen Zeitpunkt vorliegen müssen und erst dann das Pfandrecht entsteht: vgl. etwa Ulmer/Brandner/Hensen/*Fuchs* Teil 4 (2) Banken (Kreditinstitute) Rn 59; Wolf/Lindacher/Pfeiffer/*Pamp* 5. Teil Klauseln (B) Rn B66. So aber durchweg die allgemein sachenrecht-

liche Literatur, etwa MünchKommBGB/*Damrau* § 1204 Rn 22; HK-BGB/*Schulte-Nölke* § 1204 Rn 2–6; daher Zeitpunkt, ab dem Insolvenzanfechtungsfrist läuft, auch erst dieser Zeitpunkt (mit Entstehung der Forderung!): BGH Urt. v. 24.10.1996 – IX ZR 284/95, WM 1996, 2250 = ZIP 1996, 2080.

[946] BGH Urt. v. 9.6.1983 – III ZR 105/82, NJW 1983, 2701; BGH (Fn 935), BGHZ 128, 295 = WM 1995, 375 (377); Wolf/Lindacher/Pfeiffer/*Pamp* 5. Teil Klauseln (B) Rn B65; aA *Piekenbrock* WM 2009, 49 (53) (Freigabeklausel nicht transparent genug).

tet ist, so ist die Wirkung dieser Klausel letztlich nur eine vergleichbare wie diejenige der Beschränkung nach Satz 1: Im Rahmen von Nr. 14 Abs. 2 AGB-Banken kann das Pfandrecht ohnehin erst entstehen, wenn die abzusichernde Schuld entstanden ist und das ist bei der Verbindlichkeit des Bürgen erst mit Eintritt des Sicherheitsfalls gegeben.[947] Satz 2 hat also im Rahmen von Nr. 14 Abs. 2 AGB-Banken nur klarstellende Funktion, gleiches ergäbe sich bereits aus Satz 1 – während die Parallelklausel in Nr. 13 AGB-Banken die Verpflichtung des Kunden-Bürgen in der Tat erst später einsetzen lässt.

352   Das gewillkürte Pfandrecht bezieht sich **nach Abs. 1** auf alle (beweglichen) **Sachen und Wertpapiere**, die die Bank im Rahmen des „**bankmäßigen Geschäftsverkehrs**" – also bestimmungsmäßig – in Besitz nimmt, also etwa zur Verwahrung übergeben erhält,[948] sowie an **Forderungen** des Kunden aus der bankmäßigen Geschäftsverbindung (zu diesem Konzept bereits oben Zweiter Teil Rn 347), gegenwärtigen ebenso wie zukünftigen (aber bestimmbaren).[949] Wichtig ist der Zeitpunkt der Entstehung der Forderung (und damit des Pfandrechts, vorige Fn) vor allem auch für den Zeitpunkt, ab dem in der Insolvenz kein Pfandrecht mehr erworben werden kann (§ 91 InsO (Eröffnung Insolvenzverfahren, vgl. oben Zweiter Teil Rn 255–258),[950] mit Insolvenzanfechtung für Pfandrechtsbegründungen in den drei vorangegangenen Monaten (inkongruente Sicherung). Schon die Ausgestaltung des gewillkürten Pfandrechts als Faustpfand (§ 1205 Abs. 1 BGB) lässt die Besitzerlangung als unverzichtbar erscheinen: Erst wenn Besitz, Einigsein und die zu sichernde Forderung in einem Zeitpunkt zusammenkommen, ist das Pfandrecht wirksam bestellt. Wieder führen diese Begrenzung und die noch hinzukommende Grenze nach Nr. 16 AGB-Banken dazu, dass die AGB nicht als zu sehr kundenbelastend und deshalb als unbedenklich einzustufen ist.[951] Bei Forderungen gegen die Bank selbst ist das Pfandrecht nicht werthaltig als Verwertungsgegenstand, verbürgt jedoch für diese einen Vorrang vor anderen Gläubigern.[952] Flankierend zum Pfandrecht an Wertpapieren wird auch für die zu diesen gehörigen Zins- und Gewinnbeteiligungsscheine verbürgt, dass sie bei einer möglichen Verwertung in der Tat zur Verfügung stehen (Abs. 4).[953]

947 HK-BGB/*Staudinger* § 765 Rn 6; Jauernig/ *Stadler* § 765 Rn 1.
948 Etwa Wertpapieren in Streifband- oder Sammelverwahrung, nicht hingegen bei den Inhalten von geschlossenen Schrankfächern: BGH (Fn 660), BGHZ 93, 71 (75); BGH (Fn 935), BGHZ 128, 295 (300); *Bunte* AGB-Banken und SB, AGB-Banken Rn 287–290; Ulmer/Brandner/Hensen/*Fuchs* Teil 4 (2) Banken (Kreditinstitute) Rn 59; Wolf/Lindacher/Pfeiffer/*Pamp* 5. Teil Klauseln (B) Rn B66; ausführlich Kümpel/ Wittig/*Merz/Peterek* Rn 6.419–6.422.
949 Zu Letzterem und der rechtlichen Konstruktion: BGH (Fn 660), BGHZ 93, 71 (76); *Bunte* AGB-Banken und SB, AGB-Banken Rn 295 f.; Wolf/Lindacher/Pfeiffer/*Pamp* 5. Teil Klauseln (B) Rn B66. So entsteht Pfandrecht etwa bei Anspruch auf Gutschrift erst mit Gutschrifterteilung auf Konto des Kunden: BGH Urt. v. 26.4.2012 – IX ZR 67/09, NJW 2012, 2517 (2517, Tz 10).
950 BGH (Fn 467), BGHZ 150, 122 (126) = WM

2002, 961; BGH Urt. v. 2.6.2005 – IX ZR 181/83, WM 2005, 1790 (1791) = ZIP 2005, 1651 (1652).
951 BGH (Fn 946), NJW 1983, 2701; BGH (Fn 935), BGHZ 128, 295 = WM 1995, 375 (377); Wolf/Lindacher/Pfeiffer/*Pamp* 5. Teil Klauseln (B) Rn B65; aA *Piekenbrock* WM 2009, 49 (53) (Freigabeklausel nicht transparent genug).
952 Zu diesem Ziel des Pfandrechts der Banken an Forderungen, die gegen sie selbst gerichtet sind: BGH (Fn 660), BGHZ 93, 71 (76); *Bunte* AGB-Banken und SB, AGB-Banken Rn 296; Derleder/Knops/Bamberger/*Casper* § 3 Rn 85; Wolf/Lindacher/Pfeiffer/*Pamp* 5. Teil Klauseln (B) Rn B66.
953 Zur Abbedingung des diesbezüglichen Herausgabeanspruchs, die freilich wiederum im Zusammenhang mit dem Freigabeanspruch nach Nr. 16 AGB-Banken zu sehen ist, vgl. *Bunte* AGB-Banken und SB, AGB-Banken Rn 309 (auch zur Überflüssigkeit); Wolf/Lindacher/Pfeiffer/*Pamp* 5. Teil Klauseln (B)

Aus dem Kreis der beweglichen Sachen, Wertpapiere und Forderungen sind aus unter- **353** schiedlichen Gründen **einige ausgenommen** (Abs. 3): diejenigen, die nur mit einer bestimmten Zweckbestimmung in die Verfügungsgewalt der Bank gelangen, weil diese Zweckbestimmung eine gegenstehende und vorrangige Individualabrede (§ 305b BGB) darstellt (S. 1);[954] alle diejenigen, die Anteile der Bank oder Genussscheine bzw. nachrangige Verbindlichkeiten der Bank verbriefen, und auch unverbriefte nachrangige Verbindlichkeiten der Bank, weil im ersten Fall das aktienrechtliche Einlagerückgewährverbot tangiert sein könnte und weil im zweiten Fall bankaufsichtsrechtliche Eigenkapitalanforderungen entgegenstehen könnten (bzw. hätten können);[955] diejenigen, die im Ausland verwahrt werden, weil dann ausländisches Sachenrecht die Voraussetzungen wirksamer Bestellung regelt (lex rei sitae) und diese mit den Erklärungen in den AGB-Banken nicht sicher erfüllt werden könnten; schließlich diejenigen, die in Nr. 15 AGB-Banken speziell geregelt sind (Einzugspapiere), aus den sogleich noch zu erörternden Gründen. Neben diese instrumentbezogenen Ausnahmen treten freilich – grundsätzlicher – die allgemeinen **wertbezogenen Grenzen nach Nr. 16 AGB-Banken** (Übersicherung).

b) **(Sicherungs-)Eigentum an Einzugspapieren des Kunden (Nr. 15).** Einzugspapiere in **354** Form von Schecks und Wechseln erhält die Bank **zur Realisierung**, es handelt sich nicht um Werte, die auch zum dauerhaften Verbleib (beim Kunden) bestimmt sein können. Dies und die Ausgestaltung, die diese Papiere schon nach Handelsrecht haben, bedingt eine Anpassung des allgemeinen „Pfandrechts" in der Sonderregel des Nr. 15 AGB-Banken: An die Stelle des Pfandrechts tritt das Sicherungseigentum, weil dieses bei Orderpapieren ohnehin für den Einzug begründet würde,[956] wenn das Einzugspapier an sie diskontiert, also unter Abzug des Diskonts verkauft ist, sogar Volleigentum (Abs. 1). Schecks und Wechsel werden regelmäßig für bestehende Forderungen begeben. Die zugrunde liegenden Forderungen werden daher mit (voll)abgetreten, wiederum nicht nur verpfändet (Abs. 2 1. Alt.), um in der Insolvenz des Kunden direkt gegen den Drittschuldner vorgehen zu können. Dies ist auch die Abrede – hier nun die einzige, keine kumulative – bei anderen „Einzugspapieren" (Abs. 2 2. Alt.), die kein abstraktes Schuldversprechen verbriefen, keine Inhaber- oder Orderpapiere und daher weniger verkehrsfähig sind (keine Übertragung in sachenrechtlichen Formen), namentlich Lastschriften und kaufmännischen Handelspapieren.[957] Der Vorrang der Individualabrede (Zweckbindung) gilt auch hier (Abs. 3). Der Kreis der abgesicherten Forderungen ist enger (nur solche aus Kontokorrent bzw. Rückbelastungsansprüche bei nicht erfolgtem Einzug), die Übersicherungsgrenzen sind für diesen Bereich gesondert formuliert (alles Abs. 4).[958]

Rn B69. Zu Recht daher eine Beschränkung der Klausel insofern betonend, dass sich dies nur auf den Zinsbogen insgesamt beziehen kann, nicht auf fällige Zinscoupons, wenn kein Fall des Nr. 13 Abs. 2 AGB-Banken vorliegt: Derleder/Knops/Bamberger/*Casper* § 3 Rn 88; Ulmer/Brandner/Hensen/*Fuchs* Teil 4 (2) Banken (Kreditinstitute) Rn 61. Jedenfalls greift hier der Rechtsgedanke des Nr. 16 Abs. 2 S. 2 AGB-Banken durch.

954 Zu den Fällen besonderer Zweckbestimmung plastische Übersicht bei *Bunte* AGB-Banken und SB, AGB-Banken Rn 307a. Wichtige Beispiele BGH (Fn 382), BGHZ 74, 129 (135); BGH Urt. v. 30.11.1972 – II ZR 115/71, WM 1973, 167 (167).

955 Zum Ersten (mit §§ 71 Abs. 2 S. 1, 71e AktG) *Bunte* AGB-Banken und SB, AGB-Banken Rn 308; Wolf/Lindacher/Pfeiffer/*Pamp* 5. Teil Klauseln (B) Rn B68. Zum Zweiten (mit § 10 Abs. 5, 5a KWG a.F.) *Bunte* a.a.O.; *Pamp* a.a.O.

956 Näher Derleder/Knops/Bamberger/*Casper* § 3 Rn 90–92.

957 Zum Kreis dieser Forderungen (sonstigen „Einzugspapiere"): *Bunte* AGB-Banken und SB, AGB-Banken Rn 326.

958 Dazu *Bunte* AGB-Banken und SB, AGB-Banken Rn 331–334; Wolf/Lindacher/Pfeiffer/*Pamp* 5. Teil Klauseln (B) Rn B74.

355　**4. Besicherungsgrenze (Nr. 16).** Zentrale Bedeutung hat die Besicherungsgrenze – sowohl für die Forderung von Sicherheiten (Nr. 13 AGB-Banken) als auch für die (vor allem Nr. 14 AGB-Banken). Die **Leitlinien hat der BGH in einer Entscheidung des Großen Senats von 1997** (zur Missbräuchlichkeit einer Übersicherung bei Kreditsicherheiten allgemein) im Detail spezifiziert, in der der BGH auch die Rechtsprechung einiger seiner Senate aufgibt, die Freigabe müsse so vorgesehen werden, dass sie automatisch – ohne Ermessensentscheidung – erfolgt.[959] Das im Folgenden genannte Regime kann nach dieser Rechtsprechung klauselmäßig nicht abbedungen werden (Missbräuchlichkeit iSv § 307 Abs. 2 BGB), wohl aber individuell im Einzelfall im Verhältnis zu Kaufleuten (keine Sittenwidrigkeit, namentlich bei Hochrisikotransaktionen). Im einzelnen ist **von Übersicherung auszugehen, wenn** der Nennwert der Sicherheit[960] die (Summe der) zu sichernden Forderung(en) übersteigt (mit 10 % Sicherheitsaufschlag), zzgl. nochmals 1/3 (wegen eines Verwertungsabschlags, der im Insolvenzfall regelmäßig zu gewärtigen ist, auch wegen der höheren Durchsetzungskosten), zzgl. anfallender MWSt.[961] Bestehen Sicherheiten oberhalb der genannten Grenzen, kann der Sicherungsgeber bzw. die in AGB vereinbarte Sicherungsabrede dem Vorwurf einer missbräuchlichen Übersicherung nur entgehen, wenn dem Sicherungsgeber zumindest ein schuldrechtlicher Freigabeanspruch für den Überschussbetrag eingeräumt wurde.[962] Diesen Grundsätzen entspricht Nr. 16 Abs. 1 und 2 AGB-Banken gänzlich (obwohl bereits 1993 formuliert), so dass er der AGB-rechtlichen Inhaltskontrolle standhält.[963] Wenn Nr. 16 Abs. 3 AGB-Banken eine **Individualabrede** mit Vorrang vor Abs. 1 und 2 ausstattet,[964] so steht dies einerseits im Einklang mit § 305b BGB. Andererseits freilich ist dem Verbraucher gegenüber zu berücksichtigen, dass auch die Individualabrede, wenn die Bank sie denn „gestellt" hat, nach der EG-Klausel-Richtlinie überprüft werden kann und dass auch der BGH seine Begründung, nicht jede Individualabrede müsse sittenwidrig sein, die keinen Freigabeanspruch oder einen Freigabeanspruch erst ab einer

---

[959] BGH Urt. v. 27.11.1997 – GSZ 1 und 2/97, BGHZ 137, 212 = NJW 1998, 671; Amerkungen etwa bei *Bruchner* WM 1998, 2185; *H. Roth* JZ 1998, 462; *R. Stürner* LM BGB § 138 (Bb) Nr 86 (5/1998); *Saenger* ZBB 1998, 174; *Serick* BB 1998, 801.

[960] Nicht der Zeitwert, da die Schwierigkeiten von dessen Ermittlung die Ansprüche auf Besicherung bzw. Freigabe idR illusorisch machen würde (ggf. mit Ausnahmen bei Gegenständen mit Listenpreisen oder sonstiger leichter Nachweisbarkeit, etwa Verwertung gleichwertiger Gegenstände in engem zeitlichen Zusammenhang): BGH (Fn 959), BGHZ 137, 212 (232–236) = NJW 1998, 671; Derleder/Knops/Bamberger/*Casper* § 3 Rn 96; *Nobbe* FS Schimansky 1999, S. 433 (439); Wolf/Lindacher/Pfeiffer/*Pamp* 5. Teil Klauseln (B) Rn B77; demgegenüber dezidierter auf eine individuelle Ermittlung der Zerschlagungswertes abstellend: *Bunte* AGB-Banken und SB, AGB-Banken Rn 342.

[961] Zum Ausgleich des Insolvenzabschlags, was zu einer Grenze von 150 % führt: BGH

(Fn 959), BGHZ 137, 212 (225–236) = NJW 1998, 671; *Bunte* AGB-Banken und SB, AGB-Banken Rn 340–344; Derleder/Knops/Bamberger/*Casper* § 3 Rn 96; *Nobbe* FS Schimansky 1999, S. 433 (439); Wolf/Lindacher/Pfeiffer/*Pamp* 5. Teil Klauseln (B) Rn B76. Zur Mehrwertsteuer BGH (Fn 959) BGHZ 137, 212 (229f., 235) = NJW 1998, 671; *Casper* a.a.O.; *Pamp* a.a.O.

[962] BGH (Fn 959), BGHZ 137, 212 (bes. 219–224) = NJW 1998, 671; und Nachw vorige Fußnoten.

[963] Ebenso Derleder/Knops/Bamberger/*Casper* § 3 Rn 96; *Bunte* AGB-Banken und SB, AGB-Banken Rn 345f. (sogar überflüssig); wohl auch Wolf/Lindacher/Pfeiffer/*Pamp* 5. Teil Klauseln (B) Rn B76; Ulmer/Brandner/Hensen/*Fuchs* Teil 4 (2) Banken (Kreditinstitute) Rn 64.

[964] Ausführlich zu den üblichen Abreden: *Bunte* AGB-Banken und SB, AGB-Banken Rn 354f.; vgl. auch Derleder/Knops/Bamberger/*Casper* § 3 Rn 99.

höheren Schwelle vorsieht, nur auf kaufmännische Kunden bezieht. Deswegen werden Individualabreden (jenseits von Hochrisikogeschäften im Verhältnis zu kaufmännischen Kunden) idR nur Schranken näher ausgestalten können, etwa durch individuelle Bewertung der Gegenstände, an denen Sicherheiten eingeräumt werden bzw. bestehen.

Diesen Grundsätzen entspricht die Formulierung in **Nr. 16 Abs. 1 AGB-Banken**, der **356** **den Anspruch auf Sicherheiteneinräumung** (Nr. 13 AGB-Banken) – gleichgültig ob originär oder nachträglich (oben Zweiter Teil Rn 346–348) auf die genannte Deckungsgrenze beschränkt. Dabei ist unschädlich, dass die Klausel die genannte Spezifizierung in Prozentzahlen nicht enthält, sie kann der Rechtsprechung entnommen werden.

Umgekehrt gewährt Nr. 16 Abs. 2 AGB-Banken bei – mehr als vorübergehender –[965] **357** Übersicherung dem Sicherungsgeber – gleichsam spiegelbildlich zu Abs. 1 – einen schuldrechtlichen Freigabeanspruch. Die Wahl der freizugebenden Sicherheit hat die Bank – in grundsätzliche Übereinstimmung mit §§ 262, 1230 BGB –,[966] wobei freilich auf die Interessen des Kunden/Sicherungsgebers, jedoch auch dritter Sicherungsgeber,[967] Rücksicht zu nehmen ist. Dies gilt auch für die Ausführung von Aufträgen, eine besondere Form der Freigabe, bei der der Kundenwunsch besonders motiviert ist und daher gegenstehende Bankinteressen – namentlich wegen bereits eingetretener Krise und zu erwartender Schwierigkeiten bei der Verwertung dann verbleibender Sicherheiten – besonders konkret sein müssen, um dennoch zu überwiegen.[968]

5. Verwertung von Sicherheiten (Nr. 17). Anders als bei der Höhe der Absicherung hat **358** die **Bank Ermessen bei der Auswahl** der zu verwertenden Sicherheit – dies schon nach objektivem Recht, jedenfalls nach §§ 262, 1230 Satz 1 BGB. Dies verallgemeinert Nr. 17 Abs. 1 AGB-Banken nur (Nr. 21 Abs. 5 AGB-Sparkassen begrenzt dies hingegen auf das Pfandrecht und die Sicherungsabtretung), so dass die Klausel dem gesetzlichen Leitbild zumindest nahesteht und nicht als missbräuchlich einzustufen ist.[969] Die Ermessensfreiheit wird u.a. deswegen eingeräumt, weil die Verwertung unterschiedlicher Sicherheiten unterschiedliche Belastungen und Kosten mit sich bringt, weil sinnvollerweise die Gegenstände mit derzeit guter Realisierungschance auszuwählen sind und weil im Verwertungsfall feststeht, dass Kundenfehlverhalten den Anlass dafür gegeben hat, dass das Regime der Klau-

---

[965] Insbes. nicht, wenn neue Kreditverhandlungen anstehend: *Bunte* AGB-Banken und SB, AGB-Banken Rn 348; Kümpel/Wittig/*Merz*/*Peterek* Rn 6.457.

[966] Wirksamkeit der Klausel daher (und wegen der Grenzen im Rücksichtnahmegebot) praktisch einhellig bejaht (idR zudem unter Hinweis darauf, dass so schon objektives Recht): *Bunte* AGB-Banken und SB, AGB-Banken Rn 350; Derleder/Knops/Bamberger/*Casper* § 3 Rn 101; Wolf/Lindacher/Pfeiffer/*Pamp* 5. Teil Klauseln (B) Rn B78; Ulmer/Brandner/Hensen/*Fuchs* Teil 4 (2) Banken (Kreditinstitute) Rn 64.

[967] Freilich kein Anspruch auf vorrangige Freigabe der von ihm gewährten Sicherheiten: *Bunte* AGB-Banken und SB, AGB-Banken Rn 351; Wolf/Lindacher/Pfeiffer/*Pamp* 5. Teil Klauseln (B) Rn B78; wohl auch

Derleder/Knops/Bamberger/*Casper* § 3 Rn 97.

[968] *Bunte* AGB-Banken und SB, AGB-Banken Rn 353; Derleder/Knops/Bamberger/*Casper* § 3 Rn 98; hingegen nur ganz normale Rücksichtnahmepflicht annehmend: Wolf/Lindacher/Pfeiffer/*Pamp* 5. Teil Klauseln (B) Rn B78.

[969] BGH (Fn 959), BGHZ 137, 212 (219) = NJW 1998, 671; Wolf/Lindacher/Pfeiffer/*Pamp* 5. Teil Klauseln (B) Rn B82; Derleder/Knops/Bamberger/*Casper* § 3 Rn 97; dazu dass es sich nur noch um eine (idR ausfüllungsbedürftige) Rahmenregelung handelt: *Bunte* AGB-Banken und SB, AGB-Banken Rn 357f.; zu früher weitergehenden (und unwirksamen) Verwertungsbestimmungen etwa BGH Urt. v. 26.4.2005 – XI ZR 289/04, WM 2005, 1168.

sel überhaupt zum Tragen kommt. Die Einschränkung dahingehend, dass auf die Interessen des Kunden Rücksicht zu nehmen sei, führt (wie auch § 242 BGB) nicht etwa dazu, dass die Interessen der Bank an günstiger und zügiger Verwertung zurückzustellen wären; sie geht vielmehr allein dahin, dass unnötige Belastungen für den Kunden (ohne nennenswerten Vorteil für die Bank) zu vermeiden sind, insbesondere die (erwiesenermaßen) günstigere Verwertungsalternative zu wählen.[970] Mit der Regelung in Abs. 2 soll es dem Kunden ermöglicht werden, für den verwerteten Gegenstand und den erzielten Erlös einen **Vorsteuerabzug nach UStG** in der gleichen Weise zu realisieren, wie er ihm möglich gewesen wäre bei Verkauf und Lieferung des Gegenstandes gegen Zahlung.[971]

V. Kündigung des Rahmenvertrages (Nr. 18, 19 AGB-Banken)

359 Kündigung

18. Kündigungsrechte des Kunden

a) **Jederzeitiges Kündigungsrecht.** Der Kunde kann die gesamte Geschäftsverbindung oder einzelne Geschäftsbeziehungen (zum Beispiel den Scheckvertrag), für die weder eine Laufzeit noch eine abweichende Kündigungsregelung vereinbart ist, jederzeit ohne Einhaltung einer Kündigungsfrist kündigen.

b) **Kündigung aus wichtigem Grund.** Ist für eine Geschäftsbeziehung eine Laufzeit oder eine abweichende Kündigungsregelung vereinbart, kann eine fristlose Kündigung nur dann ausgesprochen werden, wenn hierfür ein wichtiger Grund vorliegt, der es dem Kunden, auch unter Berücksichtigung der berechtigten Belange der Bank, unzumutbar werden lässt, die Geschäftsbeziehung fortzusetzen.

c) **Gesetzliche Kündigungsrechte.** Gesetzliche Kündigungsrechte bleiben unberührt.

19. Kündigungsrechte der Bank

a) **Kündigung unter Einhaltung einer Kündigungsfrist.** Die Bank kann die gesamte Geschäftsverbindung oder einzelne Geschäftsbeziehungen, für die weder eine Laufzeit noch eine abweichende Kündigungsregelung vereinbart ist, jederzeit unter Einhaltung einer angemessenen Kündigungsfrist kündigen (zum Beispiel den Scheckvertrag, der zur Nutzung von Scheckvordrucken berechtigt). Bei der Bemessung der Kündigungsfrist wird die Bank auf die berechtigten Belange des Kunden Rücksicht nehmen. Für die Kündigung eines Zahlungsdiensterahmenvertrages (zum Beispiel laufendes Konto oder Kartenvertrag) und eines Depots beträgt die Kündigungsfrist mindestens zwei Monate.

b) **Kündigung unbefristeter Kredite.** Kredite und Kreditzusagen, für die weder eine Laufzeit noch eine abweichende Kündigungsregelung vereinbart ist, kann die Bank jeder-

---

[970] Vgl. (bloße Behauptung günstigerer Verwertungsalternativen hingegen unerheblich): OLG Frankfurt Urt. v. 17.10.1989 – 5 U 138/88, WM 1991, 930; Wolf/Lindacher/ *Pfeiffer/Pamp* 5. Teil Klauseln (B) Rn B82; Derleder/Knops/Bamberger/*Casper* § 3 Rn 101; ausführlich *Bunte* AGB-Banken und SB, AGB-Banken Rn 360–366.

[971] Vgl. dazu näher *Bunte* AGB-Banken und SB, AGB-Banken Rn 370–372; Derleder/Knops/ Bamberger/*Casper* § 3 Rn 102; vgl. BFH Urt. v. 4.6.1987 – V R 57/79, WM 1987, 1181 (1182).

zeit ohne Einhaltung einer Kündigungsfrist kündigen. Die Bank wird bei der Ausübung dieses Kündigungsrechts auf die berechtigten Belange des Kunden Rücksicht nehmen.

Soweit das Bürgerliche Gesetzbuch Sonderregelungen für die Kündigung eines Verbraucherdarlehensvertrages vorsieht, kann die Bank nur nach Maßgabe dieser Regelungen kündigen.

c) Kündigung aus wichtigem Grund ohne Einhaltung einer Kündigungsfrist. Eine fristlose Kündigung der gesamten Geschäftsverbindung oder einzelner Geschäftsbeziehungen ist zulässig, wenn ein wichtiger Grund vorliegt, der der Bank deren Fortsetzung auch unter Berücksichtigung der berechtigten Belange des Kunden unzumutbar werden lässt. Ein wichtiger Grund liegt insbesondere vor,

– wenn der Kunde unrichtige Angaben über seine Vermögensverhältnisse gemacht hat, die für die Entscheidung der Bank über eine Kreditgewährung oder über andere mit Risiken für die Bank verbundene Geschäfte (zum Beispiel Aushändigung einer Zahlungskarte) von erheblicher Bedeutung waren, oder

– wenn eine wesentliche Verschlechterung der Vermögensverhältnisse des Kunden oder der Werthaltigkeit einer Sicherheit eintritt oder einzutreten droht und dadurch die Rückzahlung des Darlehens oder die Erfüllung einer sonstigen Verbindlichkeit gegenüber der Bank – auch unter Verwertung einer hierfür bestehenden Sicherheit – gefährdet ist oder

– wenn der Kunde seiner Verpflichtung zur Bestellung oder Verstärkung von Sicherheiten nach Nummer 13 Absatz 2 dieser Geschäftsbedingungen oder aufgrund einer sonstigen Vereinbarung nicht innerhalb der von der Bank gesetzten angemessenen Frist nachkommt.

Besteht der wichtige Grund in der Verletzung einer vertraglichen Pflicht, ist die Kündigung erst nach erfolglosem Ablauf einer zur Abhilfe bestimmten angemessenen Frist oder nach erfolgloser Abmahnung zulässig, es sei denn, dies ist wegen der Besonderheiten des Einzelfalles (§ 323 Absätze 2 und 3 des Bürgerlichen Gesetzbuches) entbehrlich.

d) Kündigung von Verbraucherdarlehensverträgen bei Verzug. Soweit das Bürgerliche Gesetzbuch Sonderregelungen für die Kündigung wegen Verzuges mit der Rückzahlung eines Verbraucherdarlehensvertrages vorsieht, kann die Bank nur nach Maßgabe dieser Regelungen kündigen.

e) Abwicklung nach einer Kündigung. Im Falle einer Kündigung ohne Kündigungsfrist wird die Bank dem Kunden für die Abwicklung (insbesondere für die Rückzahlung eines Kredits) eine angemessene Frist einräumen, soweit nicht eine sofortige Erledigung erforderlich ist (zum Beispiel bei der Kündigung des Scheckvertrages die Rückgabe der Scheckvordrucke).

1. Kündigungsrechte des Kunden (Nr. 18). Für die Kündigungsrechte des Kunden ent- **360** hält Nr. 18 AGB-Banken einerseits einen Verweis auf das **gesetzliche Regime** (**Abs. 3**), dies vor allem die ordentliche Kündigung betreffend, bzw. bildet dieses in seinen wesentlichen Grundzügen ab (**Abs. 2**), dies für die außerordentliche Kündigung aus wichtigem Grund, die in der Tat (*regelmäßig*) fristlos möglich ist (und gegenüber der Bank jedenfalls aufgrund von Abrede in Abs. 2 *immer* fristlos erfolgen darf). Dieser Verweis bzw. die Beschreibung in Übereinstimmung mit objektivem Recht ist kontrollfrei wirksam (§ 307 Abs. 3 BGB, näher zum objektiven Recht der Kündigung durch den Kunden oben Zweiter Teil Rn 137–140). **Eigenen Abredegehalt** hat allein **Abs. 1**, der den Kunden nur begünstigt: Er räumt ihm ein jederzeitiges ordentliches, d.h. **grundloses Kündigungsrecht ohne Frist** ein. Daher kommt es auf das durch die EG-Zahlungsdienste-Richtlinie eingeführte jederzeitige ordentliche Kündigungsrecht mit (höchstens) einmonatiger Kündigungsfrist (§ 675h Abs. 1 Satz 1 BGB) nicht mehr an (vgl. unten Dritter Teil Rn 187–193).

361   **2. Kündigungsrechte der Bank (Nr. 19).** Auch und gerade bei den Kündigungsrechten der Bank sind die AGB sehr zurückhaltend mit eigenen Gehalten und referieren **großteils nur objektives Recht**. Gänzlich so ist das hinsichtlich der Sonderregeln des Verbraucherkreditrechts, weil diese zwingend sind (Abs. 4). Das Kündigungsrecht (und damit der Verweis auf objektives Recht) betrifft vor allem die Kontobeziehung und Darlehens- sowie Kreditverträge und ist daher dort jeweils ausführlich – als objektives Recht – erörtert worden (vgl. oben Zweiter Teil Rn 137–140 und unten Dritter Teil Rn 194–197 bzw. Vierter Teil Rn 220–255, 805–810). Grundlegend ist – wie im objektiven Recht – die Unterscheidung zwischen ordentlicher Kündigung (Abs. 1 und 2) und außerordentlicher, regelmäßig fristloser (Abs. 3, auch Abs. 5).

362   Die **ordentliche Kündigung (Abs. 1 und 2)** wird nur für unbefristete Verträge geregelt und für solche, die keine spezielle Kündigungsregelung, vor allem -beschränkung aufweisen. Für diese wird zwischen einem allgemeinen Kündigungsregime (Abs. 1) und einem spezifischen bei Darlehens- und Kreditverträgen (Abs. 2) unterschieden. Dem ersten unterfällt vor allem das Kontokorrentverhältnis. Das Regime entspricht sehr weitgehend dem gesetzlichen: Unbefristete Dauerschuldverhältnisse sind kündbar (vgl., wenn auch unterschiedlich in den Einzelheiten und Fristen, §§ 489, 542 Abs. 1, 620ff. BGB), mit Kündigungsfrist. Bei mehreren parallelen Verträgen, wie im Bank-Kunden-Verhältnis üblich kann iZw auch nach objektivem Recht jede Partei auch sich darauf beschränken, nur den einen oder den anderen zu kündigen.[972] Das Modell der jederzeitigen Kündbarkeit, verbunden mit der (Pflicht zur) Einhaltung einer Kündigungsfrist nehmen Abs. 1 und 2 auf. Die Kernfragen zur ordentlichen Kündigung durch die Bank sind zwei: Die erste geht dahin, **ob das Kündigungsrecht substantiellen Einschränkungen unterliegt**: Das wird teils angenommen, teils wird emgegenüber auf die Privatautonomie (in Form der negativen Vertragsfreiheit) als überragendem Rechtsprinzip verwiesen. In der Tat verbürgt die Kündbarkeit in Dauerschuldverhältnissen unverzichtbare Anreize für vertragsloyales Verhalten und hat wohl im Kern sogar Verfassungsrang. Die Frage sollte auch nicht so allgemein gestellt werden wie eben formuliert (und häufig vorgetragen): Letztlich geht es allein darum, ob in gewissen Konstellationen punktuell Kündigungsausschlussgründe greifen, über das reine Schikane- und Rechtsmissbrauchsverbot hinaus:[973] vor allem das Parteienprivileg,[974] das Antidiskriminierungsrecht, das Recht auf Girokonto („Girokonto für jedermann", vgl. oben Zweiter Teil Rn 131, 138f.), aber auch bei leges speciales, die Instrumente mit besonderer sozialpolitischer Ausrichtung schaffen wie dem Pfändungsschutzkonto (vgl. oben Zweiter Teil

---

[972] Für das allgemeine Privatrecht müsste (etwa durch Auslegung) begründet werden, warum zwei Verträge zwischen denselben Parteien so sehr voneinander anhängen, dass sie nur gemeinsam kündbar sein sollen; für das Bankvertragsrecht explizit etwa BGH Urt. v. 8.11.2005 – XI ZR 74/05, WM 2006, 179 = NJW 2006, 430 (auch dazu, dass nicht einzelne Elemente desselben Vertrages gesondert gekündigt werden können, sondern insoweit das Änderungsregime beachtet werden muss).

[973] Vgl. etwa BGH Urt. v. 10.11.1977 – III ZR 39/76, WM 1978, 234; OLG Saarbrücken Urt. v. 3.7.2008 – 8 U 39/08, NJW-RR 2008, 1632; OLG Schleswig, Urt. v. 27.4.2006 – 5 U 176/05, WM 2006, 1338; BankR-Hdb/ *Bunte* § 24 Rn 20–24; Wolf/Lindacher/Pfeiffer/*Pamp* 5. Teil Klauseln (B) Rn B88.

[974] Vgl. etwa für Sparkassen BGH (Fn 391), NJW 2003, 1658 = WM 2003, 823; für Postbank BGH (Fn 391), NJW 2004, 1031; dazu auch MünchKommBGB/*Casper* § 675 Rn 13; *Bunte* AGB-Banken und SB, AGB-Banken Rn 392f.

Rn 247 f., 258 f.). Und da hierfür teils allein schon der Anschein einer Verletzung ausreicht, um zumindest die Vermutung eines Rechtsverstoßes zu begründen (Antidiskriminierungsrecht) und da Sparkassen als Anstalten des öffentlichen Rechts jedenfalls an Grundrechte und auch das Parteienprivileg unmittelbar gebunden sind, können die Einschränkungen so signifikant wirken, dass darüber die negative Vertragsfreiheit, die weiterhin den Grundsatz bildet (so auch Nr. 19 Abs. 1 und 2 BGB), ausgehöhlt oder gar ganz entwertet erscheint. M.E. ist es weiterhin richtig, dass über das „ob" der Kündigung die Bank keine Abwägung ihrer Interessen gegen diejenigen des Kunden durchzuführen hat,[975] also Kündigungsfreiheit besteht. Zweifach ist hier das Regime der Europäischen Vorgaben wichtig: Für das Bankkonto – idR ein Zahlungsdienst, da es idR die Teilnahme am Zahlungsverkehr mit den Zahlungsinstrumenten eröffnet, die als Zahlungsdienste zu qualifizieren sind – war es für den Zahlungsdiensteleister wichtig, sich ein ordentliches Kündigungsrecht auszubedingen, da jedenfalls nach dem Wortlaut der einschlägigen Regel in § 675h Abs. 2 BGB (Art. 45 Zahlungsdienste-Richtlinie) nach ein Zahlungsdienstevertrag für den Zahlungsdiensteleister (dauerhaft) unkündbar sein soll, wenn er dies unterließ. Umgekehrt ist freilich im Rahmen der EG-Zahlungsdienste-Richtlinie, die dem Leitbild der Vollharmonisierung folgt, die Kündigungsfreiheit auch des Zahlungsdiensteleisters verbürgt, jedenfalls wenn er sie – wie in den Banken-AGB – vereinbart. Die oben genannte Streitfrage dürfte also gar nicht allein oder auch nur vorrangig anhand (allein) des deutschen Rechts diskutiert werden, und ausländische Rechte sind durchweg hinsichtlich der klauselmäßigen Ausbedingung von Kündigungsrechten der Zahlungsdiensteleister liberaler. Zudem sind die meisten genannten sozial- und gesellschaftspolitisch motivierten Normen und Sonderbereiche heute Europäisch geregelt, so dass für sie Vergleichbares gilt (ggf. freilich mit der Möglichkeit strengeren nationalen Rechts). Die **zweite Frage ist die nach der Kündigungsfrist**: Für sie ist jetzt nach Nr. 19 Abs. 1 und 2 AGB-Banken jeweils durchaus auf das Interesse der Kunden ebenfalls abzustellen, beide Interessen sind abzuwägen.[976] Diese Fassung einer Generalklausel zu dieser Frage ist – da sie subsidiär zu konkreten Fristenbestimmungen im objektiven Recht ist (namentlich der Zweimonatsfrist im Zahlungsdiensterecht) – als wirksam einzustufen.[977]

Das **Recht zur außerordentlichen Kündigung (Abs. 3 und auch 5)** ist wiederum stark an **363** das objektive Recht angelehnt, namentlich § 314 BGB, mit dem – anders als für die ordentliche Kündigung – mit der Schuldrechtsmodernisierung ein Institut des Allgemeinen Schuldrechts geschaffen wurde. Dies gilt (i) für das **Erfordernis des wichtigen Grundes**, (ii) seine Ausgestaltung auf erster Ebene durch das Erfordernis der Interessenabwägung und – in diesem Lichte – der Unzumutbarkeit, das Rechtsverhältnis fortzuführen, als dem maßgeblichen Kriterium und schließlich (iii) für die ersten beiden Regelbeispiele: Mit dem ersten wird berücksichtigt, dass das dort beschriebene Fehlverhalten eine arglistige Täuschung darstellt, daher zur Anfechtung berechtigen würde (§ 123 BGB), und im Recht der Dauerschuldverhältnisse das Gestaltungsrecht „rückwirkende Anfechtung" durch das Gestaltungsrecht „Kündigung ex tunc" ersetzt wird.[978] Das zweite Regelbeispiel ist § 490

---

[975] BGH (Fn 391), NJW 2013, 1519 = WM 2013, 316 (317 ff.); Wolf/Lindacher/Pfeiffer/*Pamp* 5. Teil Klauseln (B) Rn B88.

[976] Vgl. Nachw vorige Fn; sowie BankR-Hdb/*Bunte* § 24 Rn 11; Kümpel/Wittig/*Merz* Rn 6.513; zu Nr. 26 Abs. 1 AGB-Sparkassen und besonders zum Verbot einer Kündigung zur Unzeit *Linnenbrink* BKR 2014, 10.

[977] BGH (Fn 391), WM 2013, 316 (317); Wolf/Lindacher/Pfeiffer/*Pamp* 5. Teil Klauseln (B) Rn B88.

[978] Vgl. zu den verschiedenen Konzeptionen: MünchKommBGB/*Habersack* § 314 Rn 87; Erman/*Grunewald* § 314 Rn 17; Palandt/*Grüneberg* § 314 Rn 6.

Abs. 1 BGB nachgeformt.[979] Und soweit das dritte Regelbeispiel wirklich konstitutiven Charakter hat, liegt es ganz im Verbraucherkreditrecht, also im Kontext allein eines Einzelgeschäft, weshalb es auch dort behandelt wird (unten Vierter Teil Rn 135–139, 238 f.). Die **Kündigung ist grds. fristlos**, die angemessene Abwicklung – nunmehr nicht auf der Fristebene, sondern erst bei der Abwicklung – verbürgt die dennoch vorgesehene Anwendung des Rücksichtnahmeprinzips (Abs. 5).[980]

VI. Einlagensicherung und Verfahrensfragen (Nr. 20, 21 AGB-Banken)

364

Schutz der Einlagen

20. Einlagensicherungsfonds

a) Schutzumfang. Die Bank ist dem Einlagensicherungsfonds des Bundesverbandes deutscher Banken e.V. angeschlossen. Der Einlagensicherungsfonds sichert alle Verbindlichkeiten, die in der Bilanzposition „Verbindlichkeiten gegenüber Kunden" auszuweisen sind. Hierzu zählen Sicht-, Termin- und Spareinlagen einschließlich der auf den Namen lautenden Sparbriefe. Die Sicherungsgrenze je Gläubiger beträgt bis zum 31. Dezember 2014 30 %, bis zum 31. Dezember 2019 20 %, bis zum 31. Dezember 2024 15 % und ab dem 1. Januar 2025 8,75 % des für die Einlagensicherung maßgeblichen haftenden Eigenkapitals der Bank. Für Einlagen, die nach dem 31. Dezember 2011 begründet oder prolongiert werden, gelten, unabhängig vom Zeitpunkt der Begründung der Einlage, die jeweils neuen Sicherungsgrenzen ab den vorgenannten Stichtagen. Für Einlagen, die vor dem 31. Dezember 2011 begründet wurden, gelten die alten Sicherungsgrenzen bis zur Fälligkeit der Einlage oder bis zum nächstmöglichen Kündigungstermin.

Diese Sicherungsgrenze wird dem Kunden von der Bank auf Verlangen bekannt gegeben. Sie kann auch im Internet unter www.bankenverband.de abgefragt werden. Sofern es sich bei der Bank um eine Zweigniederlassung eines Instituts aus einem anderen Staat des Europäischen Wirtschaftsraumes handelt, erbringt der Einlagensicherungsfonds Entschädigungsleistungen nur, wenn und soweit die Guthaben die Sicherungsgrenze der Heimatlandeinlagensicherung übersteigen. Der Umfang der Heimatlandeinlagensicherung kann im Internet auf der Webseite der jeweils zuständigen Sicherungseinrichtung abgefragt werden, deren Adresse dem Kunden auf Verlangen von der Bank mitgeteilt wird.

b) Ausnahmen vom Einlegerschutz. Nicht geschützt sind Forderungen, über die die Bank Inhaberpapiere ausgestellt hat, wie z.B. Inhaberschuldverschreibungen und Inhabereinlagenzertifikate, sowie Verbindlichkeiten gegenüber Kreditinstituten.

c) Ergänzende Geltung des Statuts des Einlagensicherungsfonds. Wegen weiterer Einzelheiten des Sicherungsumfanges wird auf § 6 des Statuts des Einlagensicherungsfonds verwiesen, das auf Verlangen zur Verfügung gestellt wird.

---

[979] BankR-Hdb/*Bunte* § 24 Rn 11; Kümpel/Wittig/*Merz* Rn 6.513; Wirksamkeit zu bejahen (für vergleichbare Vorgängerklausel, Nr. 19 Abs. 3 AGB-Banken 1993): BGH Urt. v. 20.5.2003 – XI ZR 50/02, WM 2003, 1416 = NJW 2003, 2674; dazu auch unten Vierter Teil Rn 235–245.

[980] Dazu etwa BankR-Hdb/*Bunte* § 24 Rn 53 ff.; Ulmer/Brandner/Hensen/*Fuchs* Teil 4 (2) Banken (Kreditinstitute) Rn 73; Kümpel/Wittig/*Merz* Rn 6.530.

d) Forderungsübergang. Soweit der Einlagensicherungsfonds oder ein von ihm Beauftragter Zahlungen an einen Kunden leistet, gehen dessen Forderungen gegen die Bank in entsprechender Höhe mit allen Nebenrechten Zug um Zug auf den Einlagensicherungsfonds über.

e) Auskunftserteilung. Die Bank ist befugt, dem Einlagensicherungsfonds oder einem von ihm Beauftragten alle in diesem Zusammenhang erforderlichen Auskünfte zu erteilen und Unterlagen zur Verfügung zu stellen.

Ombudsmannverfahren

21. Außergerichtliche Streitschlichtung. Für die Beilegung von Streitigkeiten mit der Bank besteht für Verbraucher die Möglichkeit, den Ombudsmann der privaten Banken anzurufen. Betrifft der Beschwerdegegenstand eine Streitigkeit über einen Zahlungsdienstevertrag (§ 675f des Bürgerlichen Gesetzbuches), können auch Kunden, die keine Verbraucher sind, den Ombudsmann der privaten Banken anrufen. Näheres regelt die „Verfahrensordnung für die Schlichtung von Kundenbeschwerden im deutschen Bankgewerbe", die auf Wunsch zur Verfügung gestellt wird oder im Internet unter www.bankenverband.de abrufbar ist. Die Beschwerde ist schriftlich an die Kundenbeschwerdestelle beim Bundesverband deutscher Banken e. V., Postfach 04 03 07, 10062 Berlin, zu richten.

1. Einlagensicherung (Nr. 20). Der Einlagensicherungsfonds des Bundesverbandes **365** deutscher Banken e.V., über den Nr. 20 informiert – und **nach § 23a Abs. 1 S. 2 KWG in**formieren *muss* –,[981] bildet nur einen Teil des Einlagensicherungssystems: Die hier beschriebene Absicherung ist subsidiär zur gesetzlich ohnehin bestehenden Absicherung mit der Entschädigungseinrichtung deutscher Banken GmbG (EdB), wo diese nicht eingreift. Beide haben das Ziel, Einlegervertrauen zu stärken, außerdem sozialpolitisch das Einlagenverhalten und die Altersvorsorge zu befördern. Da die Einlagensicherung allenfalls als Teil des Rahmens zu sehen ist, in den das Bankvertragsrecht (als der Hauptgegenstand des vorliegenden Kommentars) eingebettet erscheint, hat es vorliegend bei einer Kurzdarstellung des Gesamtsystems der Einlagensicherung sein Bewenden (oben Erster Teil Rn 106).

2. Ombudsmannverfahren (Nr. 21). Auch das Recht der Streitschlichtung (mit vor al- **366** lem dem Zivilverfahrensrecht) berührt zwar das Bankvertragsrecht, bildet jedoch allenfalls einen Teil des Rahmens für dieses (vgl. bereits Erster Teil Rn 27). Daher ist das Ombudsmannverfahren, welches das deutsche Bankgewerbe Juni 1992 einführte, hier nur anzusprechen, nicht näher darzustellen. Die Klausel – iVm der Verfahrensordnung, auf die verwiesen wird – informiert über die Hauptzüge, namentlich darüber, dass das Verfahren im Zahlungsdiensterecht allen Kunden, sonst nur Verbrauchern offen steht, dass der Schlichtungsspruch, dem sich das Bankgewerbe freiwillig unterwarf, für die Banken, nicht jedoch den Kunden bindend ist und dass das Verfahren für den Kunden in jedem Falle kostenfrei ist.[982]

---

[981] Nr. 20 AGB-Banken genügt den Anforderungen, vgl. BGH (Fn 49), WM 2009,1649 = NJW 2009 3429.

[982] Ausführlicher *Brömmelmeyer* WM 2012, 337; *Hoeren* NJW 1994, 362; *Lücke* WM 2009, 102; BankR-Hdb/*Höche* § 3.

367   Anhang 1: AGB-Sparkassen

Allgemeine Geschäftsbedingungen (AGB) der Sparkasse
Grundlagen der Geschäftsbeziehung zwischen Kunde und Sparkasse –

Inhaltsverzeichnis

Stefan Grundmann

Allgemeines

Nr. 1 Grundlagen der Geschäftsbeziehung

(1) Geschäftsbeziehung als Vertrauensverhältnis

Die Geschäftsbeziehung zwischen dem Kunden und der Sparkasse ist durch die Besonderheiten des Bankgeschäfts und ein besonderes Vertrauensverhältnis geprägt. Der Kunde kann sich darauf verlassen, dass die Sparkasse seine Aufträge mit der Sorgfalt eines ordentlichen Kaufmanns ausführt und das Bankgeheimnis wahrt.

(2) Allgemeine und besondere Geschäftsbedingungen

Für die Geschäftsbeziehung gelten ergänzend zu den einzelvertraglichen Vereinbarungen diese Allgemeinen Geschäftsbedingungen (AGB). Für einzelne Geschäftszweige gelten ergänzend oder abweichend besondere Bedingungen, z.B. für die Bereiche des Zahlungsverkehrs, des Sparverkehrs und der Wertpapiergeschäfte; diese werden beim Vertragsabschluss (etwa bei der Kontoeröffnung) oder bei der Erteilung von Aufträgen mit dem Kunden vereinbart.

Nr. 2 Änderungen der Geschäftsbedingungen und von Zahlungsdiensterahmenverträgen

(1) Angebot der Sparkasse

Änderungen der Allgemeinen Geschäftsbedingungen, der besonderen Bedingungen oder von Zahlungsdiensterahmenverträgen sowie die Einführung zusätzlicher Bedingungen werden dem Kunden spätestens zwei Monate vor dem vorgeschlagenen Zeitpunkt ihres Wirksamwerdens in der jeweils gesetzlich zugelassenen Form angeboten.

(2) Zustimmung zu Änderungen

Die Zustimmung des Kunden zum Angebot der Sparkasse gilt als erteilt, wenn er seine Ablehnung nicht vor dem vorgeschlagenen Zeitpunkt des Wirksamwerdens der Änderungen angezeigt hat. Auf diese Genehmigungswirkung wird ihn die Sparkasse in ihrem Angebot besonders hinweisen. Die Sparkasse wird dann die geänderte Fassung der Allgemeinen Geschäftsbedingungen, die geänderten besonderen Bedingungen, den geänderten Zahlungsdiensterahmenvertrag bzw. die zusätzlich eingeführten Bedingungen der weiteren Geschäftsbeziehung zugrunde legen.

(3) Sonderkündigungsrecht bei Änderungen von Bedingungen zu Zahlungsdiensten oder von Zahlungsdiensterahmenverträgen

Werden dem Kunden Änderungen von Bedingungen zu Zahlungsdiensten (z.B. Überweisungsbedingungen) oder von Zahlungsdiensterahmenverträgen angeboten, kann er den von den Änderungen betroffenen Zahlungsdiensterahmenvertrag vor dem vorgeschlagenen Zeitpunkt des Wirksamwerdens der Änderungen auch fristlos und kostenfrei kündigen. Auf dieses Kündigungsrecht wird ihn die Sparkasse in ihrem Angebot besonders hinweisen.

(4) Abweichende Vereinbarungen

Das Änderungsverfahren gemäß Absatz 1 und Absatz 2 findet keineAnwendung, soweit abweichende Vereinbarungen getroffen sind. Satz 1 gilt nicht für Änderungen von Bedingungen zu Zahlungsdiensten oder von Zahlungsdiensterahmenverträgen.

Nr. 3 Bankauskünfte

(1) Inhalt von Bankauskünften

Bankauskünfte sind allgemein gehaltene Feststellungen und Bemerkungen über die wirtschaftlichen Verhältnisse von Kunden, deren Kreditwürdigkeit und Zahlungsfähigkeit. Betragsmäßige Angaben über Kontostände, Sparguthaben, Depot- oder sonstige der Sparkasse anvertraute Vermögenswerte sowie Kreditinanspruchnahmen werden nicht gemacht.

(2) Voraussetzungen für die Auskunftserteilung

Die Sparkasse darf Bankauskünfte über juristische Personen und im Handelsregister eingetragene Kaufleute erteilen, sofern sich die Anfrage auf deren geschäftliche Tätigkeit bezieht und der Sparkasse keine anders lautende Weisung des Kunden vorliegt. In allen anderen Fällen darf die Sparkasse Bankauskünfte nur erteilen, wenn der Kunde dem allgemein oder im Einzelfall ausdrücklich zugestimmt hat. Bankauskünfte erhalten nur eigene Kunden sowie andere Kreditinstitute für deren eigene Zwecke und die ihrer Kunden; sie werden nur erteilt, wenn der Anfragende ein berechtigtes Interesse an der gewünschten Auskunft glaubhaft darlegt.

(3) Schriftliche Bestätigung

Bei mündlichen Auskünften über Kreditwürdigkeit und Zahlungsfähigkeit behält sich die Sparkasse eine unverzügliche schriftliche Bestätigung vor, deren Inhalt von diesem Zeitpunkt an maßgeblich ist.

Nr. 4 Vertretungs- und Verfügungsbefugnisse

(1) Bekanntgabe

Der Sparkasse bekannt gegebene Vertretungs- oder Verfügungsbefugnisse gelten, bis ihr eine Mitteilung über das Erlöschen oder eine Änderung schriftlich oder, wenn im Rahmen der Geschäftsbeziehung der elektronische Kommunikationsweg vereinbart wurde (z.B. Online-Banking), auf diesem Wege zugeht, es sei denn, diese Umstände sind der Sparkasse bekannt oder infolge Fahrlässigkeit nicht bekannt. Dies gilt auch, wenn die Befugnisse in einem öffentlichen Register eingetragen sind und eine Änderung veröffentlicht ist.

(2) Mangel in der Geschäftsfähigkeit des Vertreters

Der Kunde trägt den Schaden, der daraus entstehen sollte, dass die Sparkasse von einem eintretenden Mangel in der Geschäftsfähigkeit seines Vertreters unverschuldet keine Kenntnis erlangt.

Nr. 5 Legitimationsurkunden

(1) Erbnachweis

Nach dem Tod des Kunden hat derjenige, der sich gegenüber der Sparkasse auf die Rechtsnachfolge des Kunden beruft, der Sparkasse seine erbrechtliche Berechtigung nachzuweisen.

(2) Leistungsbefugnis der Sparkasse

Die Sparkasse ist berechtigt, die in einer Ausfertigung oder beglaubigten Abschrift eines eröffneten Testaments oder Erbvertrags des Kunden als Erbe oder Testamentsvollstrecker bezeichneten Personen als Berechtigte anzusehen, insbesondere sie verfügen zu lassen und mit befreiender Wirkung an sie zu leisten. Dies gilt nicht, wenn der Sparkasse die Unrichtigkeit oder Unwirksamkeit dieser Urkunden bekannt oder infolge Fahrlässigkeit nicht bekannt geworden ist.

(3) Sonstige ausländische Urkunden

Werden der Sparkasse ausländische Urkunden als Ausweis der Person oder zum Nachweis einer Berechtigung vorgelegt, so wird sie prüfen, ob die Urkunden zum Nachweis geeignet sind. Sie haftet jedoch für deren Eignung, Wirksamkeit und Vollständigkeit sowie für deren richtige Übersetzung und Auslegung nur bei Fahrlässigkeit oder wenn die Urkunde insgesamt gefälscht ist. Im vorstehenden Rahmen kann die Sparkasse die in den Urkunden als Berechtigte bezeichneten Personen als berechtigt ansehen, insbesondere sie verfügen lassen und mit befreiender Wirkung an sie leisten.

Nr. 6 Rechtswahl, Gerichtsstand, Erfüllungsort

(1) Deutsches Recht

Auf die Geschäftsbeziehung findet deutsches Recht Anwendung, sofern dem nicht zwingende gesetzliche Regelungen entgegenstehen.

(2) Erfüllungsort

Erfüllungsort für die Sparkasse und den Kunden ist der Sitz der Sparkasse.

(3) Gerichtsstand

Ist der Kunde ein Kaufmann, eine juristische Person des öffentlichen Rechts oder ein öffentlich-rechtliches Sondervermögen, kann die Sparkasse an ihrem allgemeinen Gerichtsstand klagen und nur an diesem Gerichtsstand verklagt werden.

Kontokorrentkonten und andere Geschäfte

Nr. 7 Kontokorrent, Rechnungsabschluss

(1) Kontokorrent

Die Sparkasse führt ein Konto zur Abwicklung des laufenden Geschäfts- und Zahlungsverkehrs (Girokonto) als Kontokorrent im Sinne des § 355 des Handelsgesetzbuches (Konto in laufender Rechnung).

(2) Rechnungsabschluss

Soweit nichts anderes vereinbart ist, erteilt die Sparkasse jeweils zum Ende eines Kalenderquartals einen Rechnungsabschluss. Bei Vorliegen eines berechtigten Interesses einer der Vertragsparteien wird der Rechnungsabschluss auch zu sonstigen Terminen erteilt.

(3) Einwendungen gegen den Rechnungsabschluss

Einwendungen gegen Rechnungsabschlüsse müssen der Sparkasse schriftlich oder, wenn im Rahmen der Geschäftsbeziehung der elektronische Kommunikationsweg vereinbart wurde (z.B. Online-Banking), auf diesem Weg zugehen. Unbeschadet der Verpflichtung, Einwendungen gegen Rechnungsabschlüsse unverzüglich zu erheben (Nr. 20 Absatz 1 Buchst. g), gelten diese als genehmigt, wenn ihnen nicht vor Ablauf von sechs Wochen nach Zugang des Rechnungsabschlusses widersprochen wird. Zur Wahrung der Frist genügt die rechtzeitige Absendung. Die Sparkasse wird den Kunden bei Erteilung des Rechnungsabschlusses auf diese Folgen besonders hinweisen. Stellt sich nachträglich die Unrichtigkeit heraus, so können sowohl der Kunde als auch die Sparkasse eine Richtigstellung aufgrund gesetzlicher Ansprüche verlangen.

Nr. 8 Korrektur fehlerhafter Gutschriften

(1) Stornobuchung vor Rechnungsabschluss

Gutschriften, die ohne einen verpflichtenden Auftrag gebucht werden (z.B. wegen Irrtums, Schreibfehlers), darf die Sparkasse bis zum nächsten Rechnungsabschluss durch einfache Buchung rückgängig machen (Stornobuchung), soweit ihr ein Rückforderungsanspruch gegen den Kunden zusteht.

(2) Korrekturbuchung nach Rechnungsabschluss

Den Rückforderungsanspruch nach Absatz 1 kann die Sparkasse auch noch nach Rechnungsabschluss durch Korrekturbuchung geltend machen, wenn sie die fehlerhafte Gutschrift nicht mehr rechtzeitig vor diesem Zeitpunkt festgestellt hat. Bei Widerspruch des Kunden wird die Sparkasse die Korrekturbuchung rückgängig und ihren Anspruch anderweitig geltend machen.

(3) Kennzeichnung

Storno- und Korrekturbuchungen werden im Kontoauszug gekennzeichnet.

Nr. 9 Gutschriften und Einlösung von Einzugspapieren

(1) Gutschriften „Eingang vorbehalten"

Schreibt die Sparkasse den Gegenwert von Schecks, Lastschriften oder anderen Einzugspapieren schon vor ihrer Einlösung gut, so geschieht dies unter dem Vorbehalt der Einlösung und des Einganges des Gegenwertes (E. v.-Gutschrift). Das gilt auch dann, wenn die Schecks, Lastschriften oder anderen Einzugspapiere bei der Sparkasse selbst zahlbar sind. Werden Schecks oder Lastschriften nicht eingelöst oder geht der Sparkasse der Gegenwert aus einem Einzugspapier nicht zu, so macht sie die Gutschrift gemäß Nr. 23 Absatz 2 dieser AGB rückgängig, und zwar auch nach einem zwischenzeitlich erfolgten Rechnungsabschluss.

(2) Einlösung

Schecks und andere Einzugspapiere sind erst eingelöst, wenn die Belastungsbuchung nicht bis zum Ablauf des übernächsten Bankarbeitstages[983] rückgängig gemacht wird. Sie sind auch eingelöst, wenn die Sparkasse ihren Einlösungswillen schon vorher Dritten ge-

---

[983] Bankarbeitstage sind alle Werktage, außer Sonnabende und 24. und 31. Dezember.

Stefan Grundmann

genüber erkennbar bekundet hat (z. B. durch Bezahltmeldung). Für Lastschriften gelten die Einlösungsregeln in den hierfür vereinbarten besonderen Bedingungen. Über die Abrechnungsstelle der Deutschen Bundesbank eingezogene Schecks sind eingelöst, wenn sie nach deren Geschäftsbedingungen nicht mehr zurückgegeben werden können. Barschecks sind mit Zahlung an den Scheckvorleger eingelöst.

Nr. 10 Auftragsbestätigung vor Ausführung

Bei telefonischen oder auf anderen technischen Wegen erteilten sowie bei nicht unterschriebenen Aufträgen behält sich die Sparkasse die unverzügliche Einholung einer Bestätigung vor Auftragsausführung vor.

Nr. 11 Aufrechnung und Verrechnung

(1) Aufrechnung durch den Kunden
Der Kunde darf Forderungen gegen die Sparkasse nur insoweit aufrechnen, als seine Forderungen unbestritten oder rechtskräftig festgestellt sind.

(2) Verrechnung durch die Sparkasse
Die Sparkasse darf bestimmen, auf welche von mehreren fälligen Forderungen Zahlungseingänge, die zur Begleichung sämtlicher Forderungen nicht ausreichen, zu verrechnen sind. Dies gilt nicht, soweit der Kunde anderes bestimmt hat oder eine andere Verrechnung gesetzlich zwingend vorgeschrieben ist.

Nr. 12 Konten in ausländischer Währung

Konten in ausländischer Währung dienen ausschließlich zur bargeldlosen Abwicklung von Zahlungen an den Kunden und von Verfügungen des Kunden in ausländischer Währung.

Nr. 13 Leistungsbefreiung bei Geschäften in ausländischer Währung

Die Verpflichtung der Sparkasse zur Ausführung einer Verfügung zulasten eines Guthabens in ausländischer Währung oder zur Erfüllung einer Verbindlichkeit in ausländischer Währung ist in dem Umfang und solange ausgesetzt, wie die Sparkasse in der Währung, auf die das Guthaben oder die Verbindlichkeit lautet, wegen politisch bedingter Maßnahmen oder Ereignisse im Lande dieser Währung nicht oder nur eingeschränkt verfügen kann. In dem Umfang und solange diese Maßnahmen oder Ereignisse andauern, ist die Sparkasse auch nicht zu einer Erfüllung an einem anderen Ort außerhalb des Landes der Währung, in einer anderen Währung (auch nicht in Euro) oder durch Anschaffung von Bargeld verpflichtet. Die Verpflichtung der Sparkasse zur Ausführung einer Verfügung zulasten eines Guthabens in ausländischer Währung ist dagegen nicht ausgesetzt, wenn die Sparkasse diese vollständig im eigenen Haus ausführen kann. Das Recht des Kunden und der Sparkasse, fällige gegenseitige Forderungen in derselben Währung miteinander zu verrechnen, bleibt von den vorstehenden Regelungen unberührt.

Nr. 14 Geldeingang in ausländischer Währung

Geldbeträge in ausländischer Währung darf die Sparkasse mangels ausdrücklicher gegenteiliger Weisung des Kunden in Euro gutschreiben, sofern sie nicht für den Kunden ein Konto in der betreffenden Währung führt.

Nr. 15 Wechselkurs

Die Bestimmung des Wechselkurses bei Geschäften in ausländischer Währung ergibt sich aus dem Preis- und Leistungsverzeichnis. Bei Zahlungsdiensten gilt ergänzend der Zahlungsdiensterahmenvertrag.

Nr. 16 Einlagengeschäft

Mangels abweichender Vereinbarungen sind Einlagen ohne Kündigung fällig (täglich fällige Gelder). Täglich fällige Gelder werden mit dem jeweiligen Zinssatz, den die Sparkasse für Einlagen dieser Art zahlt, verzinst; dieser Zinssatz wird durch Aushang bekannt gemacht. Für die Zinsberechnung bei Einlagen wird jeder Monat zu 30 Tagen gerechnet.

Entgelte und Aufwendungen

Nr. 17 Zinsen und Entgelte

(1) Zinsen und Entgelte im Geschäftsverkehr mit Verbrauchern

Die Höhe der Zinsen und Entgelte für die im Geschäftsverkehr mit Verbrauchern üblichen Kredite und Leistungen ergibt sich aus dem Preisaushang und ergänzend aus dem Preis- und Leistungsverzeichnis. Wenn ein Verbraucher einen dort aufgeführten Kredit oder eine dort aufgeführte Leistung in Anspruch nimmt und dabei keine abweichende Vereinbarung getroffen wurde, gelten die zu diesem Zeitpunkt im Preisaushang oder Preis- und Leistungsverzeichnis angegebenen Zinsen und Entgelte.

(2) Zinsen und Entgelte außerhalb des Geschäftsverkehrs mit Verbrauchern

Außerhalb des Geschäftsverkehrs mit Verbrauchern bestimmen sich die Zinsen und Entgelte für in Anspruch genommene Kredite und Leistungen nach der getroffenen Vereinbarung, ergänzend nach dem Preis- und Leistungsverzeichnis in der zum Zeitpunkt der Inanspruchnahme geltenden Fassung.

(3) Entgelte für sonstige Leistungen

Für Leistungen, die nicht Gegenstand einer Vereinbarung oder im Preisaushang bzw. im Preis- und Leistungsverzeichnis aufgeführt sind und die im Auftrag des Kunden oder in dessen mutmaßlichem Interesse erbracht werden und die, nach den Umständen zu urteilen, nur gegen eine Vergütung zu erwarten sind, kann die Sparkasse ein nach Maßgabe der gesetzlichen Bestimmungen angemessenes Entgelt verlangen.

(4) Nicht entgeltpflichtige Tätigkeiten

Für Tätigkeiten, zu deren Erbringung die Sparkasse bereits gesetzlich oder aufgrund einer vertraglichen Nebenpflicht verpflichtet ist oder die sie im eigenen Interesse erbringt, wird die Sparkasse kein Entgelt berechnen, es sei denn, es ist gesetzlich zulässig und wird nach Maßgabe der gesetzlichen Regelungen erhoben.

(5) Änderung von Zinsen, Kündigungsrecht des Kunden bei Erhöhung

Die Änderung der Zinsen bei Krediten mit einem veränderlichen Zinssatz erfolgt aufgrund der jeweiligen Kreditvereinbarungen mit dem Kunden. Die Sparkasse wird dem Kunden Änderungen von Zinsen mitteilen. Bei einer Erhöhung kann der Kunde, sofern nichts anderes vereinbart ist, die davon betroffene Kreditvereinbarung innerhalb von sechs Wochen nach der Bekanntgabe der Änderung mit sofortiger Wirkung kündigen. Kündigt der Kunde, so werden die erhöhten Zinsen für die gekündigte Kreditvereinbarung nicht zugrunde gelegt. Eine Kündigung des Kunden gilt als nicht erfolgt, wenn er den geschuldeten Betrag nicht binnen zweier Wochen nach Wirksamwerden der Kündigung zurückzahlt.

(6) Änderung von Entgelten bei typischerweise dauerhaft in Anspruch genommenen Leistungen

Änderungen von Entgelten für Hauptleistungen, die vom Kunden im Rahmen der Geschäftsbeziehung typischerweise dauerhaft in Anspruch genommen werden (z.B. Depotführung), oder Änderungen von Entgelten im Rahmen von Zahlungsdiensterahmenverträgen werden dem Kunden spätestens zwei Monate vor dem vorgeschlagenen Zeitpunkt ihres Wirksamwerdens in Textform angeboten. Hat der Kunde mit der Sparkasse im Rahmen der Geschäftsbeziehung einen elektronischen Kommunikationsweg vereinbart (z.B. das Online-Banking), können die Änderungen auch auf diesem Wege angeboten werden. Die Zustimmung des Kunden gilt als erteilt, wenn er seine Ablehnung nicht vor dem vorgeschlagenen Zeitpunkt des Wirksamwerdens der Änderungen angezeigt hat. Auf diese Genehmigungswirkung wird ihn die Sparkasse in ihrem Angebot besonders hinweisen. Werden dem Kunden Änderungen angeboten, kann er den von den Änderungen betroffenen Vertrag vor dem vorgeschlagenen Zeitpunkt des Wirksamwerdens der Änderungen auch fristlos und kostenfrei kündigen. Auf dieses Kündigungsrecht wird ihn die Sparkasse in ihrem Angebot besonders hinweisen. Kündigt der Kunde, wird das geänderte Entgelt für die gekündigte Geschäftsbeziehung nicht zugrunde gelegt.

(7) Besonderheiten bei Verbraucherdarlehensverträgen

Bei Verbraucherdarlehensverträgen richten sich die Zinsen und Entgelte nach den jeweiligen vertraglichen Vereinbarungen sowie ergänzend nach den gesetzlichen Vorschriften.

(8) Besonderheiten bei Zahlungsdiensteverträgen mit Verbrauchern

Bei Zahlungsdiensteverträgen mit Verbrauchern richten sich die Entgelte nach den jeweiligen vertraglichen Vereinbarungen und besonderen Bedingungen. Soweit dort keine Regelung getroffen ist, gelten die Absätze 1 und 4 sowie – für die Änderung jeglicher Entgelte bei Zahlungsdiensterahmenverträgen (z.B. Girovertrag) – Absatz 6.

Nr. 18 Ersatz von Aufwendungen

Der Ersatz von Aufwendungen der Sparkasse richtet sich nach den gesetzlichen Vorschriften.

Pflichten und Haftung von Sparkasse und Kunde

Nr. 19 Haftung der Sparkasse

(1) Haftung für Verschulden

Die Sparkasse haftet für eigenes Verschulden sowie das Verschulden von Personen, derer sie sich zur Erfüllung ihrer Verpflichtung gegenüber dem Kunden bedient, soweit sich nicht aus den folgenden Absätzen, den besonderen Bedingungen oder aus einzelvertraglichen Regelungen etwas Abweichendes ergibt. Haftet die Sparkasse und ist ein Schaden nicht ausschließlich von der Sparkasse verursacht oder verschuldet, so richtet sich die Verpflichtung zum Schadensersatz nach den Grundsätzen des Mitverschuldens, § 254 Bürgerliches Gesetzbuch.

(2) Haftung für Dritte

Die Sparkasse darf Aufträge bei Fehlen einer gegenteiligen Weisung ganz oder teilweise auf Dritte zur selbstständigen Erledigung übertragen, soweit dies unter Berücksichtigung der Art des Auftrages und der Interessen von Sparkasse und Kunde erforderlich erscheint. In diesen Fällen beschränken sich die Verpflichtung und Haftung der Sparkasse auf die Weiterleitung des Auftrags einschließlich sorgfältiger Auswahl und Unterweisung des Dritten.

(3) Haftung bei höherer Gewalt

Die Sparkasse haftet nicht für Schäden, die durch Störung ihres Betriebs (z.B. Bombendrohung, Banküberfall), insbesondere infolge von höherer Gewalt (z.B. von Kriegs- und Naturereignissen) sowie infolge von sonstigen, von ihr nicht zu vertretenden Vorkommnissen (z.B. Streik, Aussperrung, Verkehrsstörung) verursacht sind oder die durch Verfügungen von hoher Hand des In- und Auslands eintreten.

Nr. 20 Mitwirkungs- und Sorgfaltspflichten des Kunden

(1) Grundsatz

Die Sparkasse führt die Aufträge des Kunden mit der Sorgfalt eines ordentlichen Kaufmanns aus. Für den Kunden bestehen seinerseits besondere Mitwirkungs- und sonstige Sorgfaltspflichten, insbesondere folgende Pflichten:

a) Mitteilung wesentlicher Angaben und Änderungen

Der Sparkasse sind unverzüglich schriftlich oder, wenn im Rahmen der Geschäftsbeziehung der elektronische Kommunikationsweg vereinbart wurde (z.B. Online-Banking), auf diesem Wege alle für die Geschäftsbeziehung wesentlichen Tatsachen anzuzeigen, insbesondere Änderungen des Namens, der Anschrift, des Personenstandes, der Verfügungs- oder Verpflichtungsfähigkeit des Kunden (z.B. Eheschließung, Eingehung einer Lebenspartnerschaft, Änderung des Güterstandes) oder der für ihn zeichnungsberechtigten Personen (z.B. nachträglich eingetretene Geschäftsunfähigkeit eines Vertreters oder Bevollmächtigten) sowie Änderungen des wirtschaftlich Berechtigten oder der der Sparkasse bekannt gegebenen Vertretungs- oder Verfügungsbefugnisse (z.B. Vollmachten, Prokura). Die Anzeigepflicht besteht auch dann, wenn die Tatsachen in öffentlichen Registern eingetragen und veröffentlicht werden. Die Namen der für den Kunden vertretungs- oder verfügungsbefugten Personen sind der Sparkasse mit eigenhändigen Unterschriftsproben auf den Vor-

Stefan Grundmann

drucken der Sparkasse bekannt zu geben. Darüber hinaus können sich weitergehende gesetzliche Mitteilungspflichten, insbesondere aus dem Geldwäschegesetz ergeben.

b) Eindeutige Angaben bei Aufträgen und Weisungen

Aufträge und Weisungen jeder Art müssen den Inhalt des Geschäfts zweifelsfrei erkennen lassen. Abänderungen und Bestätigungen müssen als solche gekennzeichnet sein. Bei Zahlungsaufträgen hat der Kunde insbesondere auf richtige, vollständige, unmissverständliche und leserliche Angaben, vor allem der Kontonummer und Bankleitzahl oder IBAN[984] und BIC[985] zu achten.

c) Sorgfalt bei besonderer Auftragsübermittlung

Bei telefonischen oder auf anderen technischen Wegen erteilten Aufträgen oder Weisungen hat der Kunde dafür zu sorgen, dass sich keine Übermittlungsfehler, Missverständnisse, Missbräuche und Irrtümer ergeben.

d) Verwendung von Vordrucken

Für bestimmte Geschäfte, insbesondere im Scheck- und Lastschriftverkehr, bei Barabhebungen, Überweisungen, sind die von der Sparkasse zugelassenen Vordrucke zu verwenden.

e) Ausdrücklicher Hinweis bei besonderer Weisung

Besondere Weisungen für die Ausführung von Aufträgen hat der Kunde der Sparkasse gesondert mitzuteilen, bei formularmäßig erteilten Aufträgen außerhalb des Formulars. Dies gilt insbesondere, wenn Zahlungen auf bestimmte Forderungen der Sparkasse verrechnet werden sollen.

f) Hinweis auf Fristen und Termine

Der Kunde hat entsprechend Buchst. e) besonders darauf hinzuweisen, wenn Aufträge innerhalb bestimmter Fristen oder zu bestimmten Terminen ausgeführt sein sollen oder wenn bei nicht ordnungsgemäßer, insbesondere nicht fristgemäßer Ausführung von Aufträgen außergewöhnliche Schäden drohen. Auf die besondere Hinweispflicht bei knappen Scheckvorlegungsfristen nach Nr. 24 wird verwiesen.

g) Unverzügliche Reklamation

Einwendungen gegen Rechnungsabschlüsse, Lastschriften, Kontoauszüge, Wertpapieraufstellungen oder sonstige Mitteilungen der Sparkasse sowie Einwendungen gegen die Ordnungsmäßigkeit von der Sparkasse gelieferter Wertpapiere oder sonstiger Werte müssen unverzüglich erhoben werden. Falls Rechnungsabschlüsse oder Depotaufstellungen dem Kunden nicht zugehen, muss er die Sparkasse unverzüglich benachrichtigen. Die Benachrichtigungspflicht besteht auch beim Ausbleiben anderer Anzeigen, Mitteilungen oder Sendungen, deren Eingang der Kunde erwarten oder mit deren Eingang er rechnen muss.

h) Kontrolle von Bestätigungen der Sparkasse

Soweit Bestätigungen der Sparkasse von Aufträgen oder Weisungen des Kunden abweichen, hat er dies unverzüglich zu beanstanden.

---

[984] International Bank Account Number (Internationale Bankkontonummer).

[985] Business Identifier Code (Bank-Identifizierungs-Code).

(2) Haftung bei Pflichtverletzungen

Schäden und Nachteile aus einer schuldhaften Verletzung von Mitwirkungs- und sonstigen Sorgfaltspflichten gehen zulasten des Kunden. Bei schuldhafter Mitverursachung des Schadens durch die Sparkasse richtet sich die Haftung nach den Grundsätzen des Mitverschuldens, § 254 Bürgerliches Gesetzbuch.

AGB-Pfandrecht, Nachsicherung, Sicherheitenfreigabe

Nr. 21 Pfandrecht, Sicherungsabtretung

(1) Umfang

Der Kunde räumt hiermit der Sparkasse ein Pfandrecht ein an Werten jeder Art, die im bankmäßigen Geschäftsverkehr durch den Kunden oder durch Dritte für seine Rechnung in ihren Besitz oder ihre sonstige Verfügungsmacht gelangen. Zu den erfassten Werten zählen sämtliche Sachen und Rechte jeder Art (Beispiele: Waren, Devisen, Wertpapiere einschließlich der Zins-, Renten- und Gewinnanteilscheine, Sammeldepotanteile, Bezugsrechte, Schecks, Wechsel, Konnossemente, Lager- und Ladescheine). Erfasst werden auch Ansprüche des Kunden gegen die Sparkasse (z.B. aus Guthaben). Forderungen des Kunden gegen Dritte sind an die Sparkasse abgetreten, wenn über die Forderungen ausgestellte Urkunden im bankmäßigen Geschäftsverkehr in die Verfügungsmacht der Sparkasse gelangen.

(2) Ausnahmen

Gelangen Gelder oder andere Werte mit der ausdrücklichen Zweckbestimmung für eine bestimmte Verwendung in die Verfügungsmacht der Sparkasse (z.B. Bareinzahlung zur Einlösung eines Schecks, Wechsels oder Ausführung einer bestimmten Überweisung), so erstreckt sich das Pfandrecht der Sparkasse nicht auf diese Werte. Im Ausland verwahrte Wertpapiere unterliegen – vorbehaltlich anderweitiger Vereinbarung – nicht dem Pfandrecht. Dasselbe gilt für die von der Sparkasse selbst ausgegebenen Genussrechte/Genussscheine und für Ansprüche des Kunden aus nachrangigem Haftkapital (z.B. nachrangig haftende Inhaberschuldverschreibung).

(3) Gesicherte Ansprüche

Das Pfandrecht sichert alle bestehenden und künftigen, auch bedingten oder befristeten, auch gesetzlichen Ansprüche der Sparkasse gegen den Kunden, die sie im Zusammenhang mit der Geschäftsverbindung erwirbt. Ansprüche gegen Kunden aus von diesen für Dritte übernommenen Bürgschaften werden erst ab deren Fälligkeit gesichert.

(4) Geltendmachung des Pfandrechts

Die Sparkasse darf die dem AGB-Pfandrecht unterliegenden Werte nur bei einem berechtigten Sicherungsinteresse zurückhalten. Ein solches besteht insbesondere unter den Voraussetzungen des Nachsicherungsrechts gemäß Nr. 22.

(5) Verwertung

Die Sparkasse ist zur Verwertung dieser Werte berechtigt, wenn der Kunde seinen Verbindlichkeiten bei Fälligkeit und trotz Mahnung mit angemessener Nachfrist und einer Androhung der Verwertung entsprechend § 1234 Absatz 1 Bürgerliches Gesetzbuch nicht nachkommt. Unter mehreren Sicherheiten hat die Sparkasse die Wahl. Bei der Auswahl und Verwertung wird die Sparkasse auf die berechtigten Belange des Kunden Rücksicht nehmen. Die Sparkasse hat das Recht, Verwertungserlöse, die nicht zur Befriedigung sämtlicher Forderungen ausreichen, nach ihrem billigen Ermessen zu verrechnen. Die Sparkasse wird dem Kunden erteilte Gutschriften über Verwertungserlöse so gestalten, dass sie als Rechnungen im Sinne des Umsatzsteuerrechts anzusehen sind.

Nr. 22 Nachsicherung und Freigabe

(1) Nachsicherungsrecht

Die Sparkasse kann vom Kunden die Bestellung oder Verstärkung von Sicherheiten für seine Verbindlichkeiten verlangen, wenn sich aufgrund nachträglich eingetretener oder bekannt gewordener Umstände, z.B. aufgrund einer Verschlechterung oder drohenden Verschlechterung der wirtschaftlichen Verhältnisse des Kunden, eines Mithaftenden oder Bürgen oder des Werts bestehender Sicherheiten, eine Veränderung der Risikolage ergibt. Bei Verbraucherdarlehensverträgen besteht ein Anspruch auf die Bestellung oder Verstärkung von Sicherheiten nur, soweit die Sicherheiten im Kreditvertrag angegeben sind; wenn der Nettokreditbetrag 75.000 Euro übersteigt, besteht der Anspruch auf Bestellung oder Verstärkung auch dann, wenn der Kreditvertrag keine oder keine abschließenden Angaben über Sicherheiten enthält.

(2) Freigabe-Verpflichtung

Die Sparkasse ist auf Verlangen zur Freigabe von Sicherheiten nach ihrer Wahl verpflichtet, soweit der realisierbare Wert aller Sicherheiten den Gesamtbetrag aller Forderungen der Sparkasse nicht nur vorübergehend um mehr als 10 v. H. übersteigt. Diese Deckungsgrenze erhöht sich um den jeweils aktuellen Umsatzsteuersatz, soweit die Sparkasse im Verwertungsfall mit der Abführung der Umsatzsteuer aus Verwertungserlösen belastet ist. Die Sparkasse wird bei der Auswahl der freizugebenden Sicherheiten auf die berechtigten Belange des Kunden Rücksicht nehmen.

Einzugspapiere

Nr. 23 Inkasso im Einzugsgeschäft

(1) Inkasso-Vereinbarung

Schecks, Wechsel, Lastschriften oder sonstige Einzugspapiere werden von der Sparkasse nur zum Einzug (Inkasso) hereingenommen, soweit nichts anderes vereinbart ist.

(2) Rückbelastung

Hat die Sparkasse den Gegenwert von Einzugspapieren schon vor Eingang gutgeschrieben, so kann sie den Gegenwert bei Nichteinlösung der Papiere rückbelasten, und zwar auch nach einem zwischenzeitlichen Rechnungsabschluss. Das Gleiche gilt, wenn

– ihr der Gegenwert nicht zugeht oder

– die freie Verfügung über den Gegenwert durch Gesetz oder behördliche Maßnahmen beschränkt ist oder

– die Papiere infolge unüberwindlicher Hindernisse nicht oder nicht rechtzeitig vorgelegt werden können oder

– der Einzug mit im Zeitpunkt der Hereinnahme nicht bekannten unverhältnismäßigen Schwierigkeiten verbunden ist oder

– in dem Land, in dem die Papiere einzulösen sind, ein Moratorium ergangen ist.

Unter den gleichen Voraussetzungen kann die Sparkasse Einzugspapiere auch schon vor Fälligkeit zurückgeben. Die Rückbelastung ist auch zulässig, wenn die Papiere nicht zurückgegeben werden können. Ist dies von der Sparkasse zu vertreten, so trägt sie einen sich hieraus ergebenden Schaden des Kunden.

Nr. 24 Vorlegungsfrist, Eilmittel

Wenn Schecks, die am Bankplatz der Sparkasse zahlbar sind, nicht spätestens am dritten Geschäftstag, Schecks auf auswärtige Bankplätze nicht spätestens am vierten Geschäftstag vor Ablauf der Vorlegungsfrist (Artikel 29 Scheckgesetz) eingereicht werden bzw. bei Übersendung nicht innerhalb dieser Fristen vor Geschäftsschluss bei der Sparkasse eingehen, so hat der Kunde auf den Ablauf der Vorlegungsfrist und die eventuelle Anwendung von Eilmitteln gesondert hinzuweisen.

Nr. 25 Sicherungsrechte im Einzugsgeschäft

(1) Sicherungseigentum

Mit der Einreichung von Schecks und Wechseln zum Einzug überträgt der Kunde der Sparkasse das Sicherungseigentum an den Papieren für den Fall, dass das Einzugspapier nicht eingelöst wird und der Sparkasse aufgrund von Vorausverfügungen des Kunden im Hinblick auf das Einzugsgeschäft Ansprüche gegen den Kunden zustehen, und zwar bis zum Ausgleich dieser Ansprüche. Mit dem Erwerb des Sicherungseigentums gehen auch die zugrunde liegenden Forderungen auf die Sparkasse über.

(2) Sicherungsabtretung

Werden andere Papiere zum Einzug eingereicht (z.B. Lastschriften, kaufmännische Handelspapiere), so gehen die zugrunde liegenden Forderungen unter den Voraussetzungen des Absatzes 1 auf die Sparkasse über.

Auflösung der Geschäftsbeziehung

Nr. 26 Kündigungsrecht

(1) Ordentliche Kündigung

Soweit keine zwingenden Vorschriften entgegenstehen und weder eine Laufzeit noch eine abweichende Kündigungsregelung vereinbart ist, kann der Kunde die gesamte Geschäftsbeziehung oder einzelne Geschäftszweige jederzeit ohne Einhaltung einer Kündigungsfrist kündigen.

(2) Kündigung aus wichtigem Grund

Ungeachtet anderweitiger Vereinbarungen können sowohl der Kunde als auch die Sparkasse die gesamte Geschäftsbeziehung oder einzelne Geschäftszweige jederzeit fristlos kündigen, wenn ein wichtiger Grund vorliegt, aufgrund dessen dem Kündigenden die Fortsetzung der Geschäftsbeziehung nicht zugemutet werden kann. Dabei sind die berechtigten Belange des anderen Vertragspartners zu berücksichtigen. Für die Sparkasse ist ein solcher Kündigungsgrund insbesondere gegeben, wenn aufgrund der nachfolgend beispielhaft auf-

Stefan Grundmann

geführten Umstände die Einhaltung der Zahlungsverpflichtungen des Kunden oder die Durchsetzbarkeit der Ansprüche der Sparkasse – auch unter Verwertung etwaiger Sicherheiten – gefährdet wird:

a) wenn eine wesentliche Verschlechterung oder eine erhebliche Gefährdung der Vermögensverhältnisse des Kunden oder in der Werthaltigkeit der für ein Darlehen gestellten Sicherheiten eintritt, insbesondere wenn der Kunde die Zahlungen einstellt oder erklärt, sie einstellen zu wollen, oder wenn von dem Kunden angenommene Wechsel zu Protest gehen;

b) wenn der Kunde seiner Verpflichtung zur Bestellung oder zur Verstärkung von Sicherheiten (Nr. 22 Absatz 1) nach Aufforderung durch die Sparkasse nicht innerhalb angemessener Frist nachkommt;

c) wenn der Kunde unrichtige Angaben über seine Vermögensverhältnisse gemacht hat;

d) wenn gegen den Kunden eine Zwangsvollstreckung eingeleitet wird;

e) wenn sich die Vermögensverhältnisse eines Mitverpflichteten oder des persönlich haftenden Gesellschafters wesentlich verschlechtert haben oder erheblich gefährdet sind, sowie bei Tod oder Wechsel des persönlich haftenden Gesellschafters.

Besteht der wichtige Grund in der Verletzung einer Pflicht aus dem Vertrag, ist die Kündigung erst nach erfolglosem Ablauf einer zur Abhilfe bestimmten Frist oder nach erfolgloser Abmahnung zulässig. Etwas anderes gilt nur, wenn der Kunde die Leistung ernsthaft und endgültig verweigert, er die Leistung zu einem im Vertrag bestimmten Termin oder innerhalb einer bestimmten Frist nicht bewirkt, obwohl die Sparkasse den Fortbestand ihres Leistungsinteresses vertraglich an die Rechtzeitigkeit der Leistung gebunden hat, oder wenn besondere Umstände vorliegen, die unter Abwägung der beiderseitigen Interessen eine sofortige Kündigung rechtfertigen.

(3) Kündigung bei Verbraucherdarlehensverträgen

Soweit das Bürgerliche Gesetzbuch zwingende Sonderregelungen für die Kündigung von Verbraucherdarlehensverträgen vorsieht, kann die Sparkasse nur nach Maßgabe dieser Regelungen kündigen.

(4) Rechtsfolgen bei Kündigung

Mit der Auflösung der gesamten Geschäftsbeziehung oder einzelner Geschäftszweige werden die auf den betroffenen Konten geschuldeten Beträge sofort fällig. Der Kunde ist außerdem verpflichtet, die Sparkasse insoweit von allen für ihn oder in seinem Auftrag übernommenen Verpflichtungen zu befreien. Die Sparkasse ist berechtigt, die für den Kunden oder in seinem Auftrag übernommenen Verpflichtungen zu kündigen und sonstige Verpflichtungen, insbesondere solche in fremder Währung, mit Wirkung gegen den Kunden auszugleichen sowie hereingenommene Wechsel und Schecks sofort zurückzubelasten; die wechsel- oder scheckrechtlichen Ansprüche gegen den Kunden und jeden aus dem Papier Verpflichteten auf Zahlung des vollen Betrages der Wechsel und Schecks mit Nebenforderungen verbleiben der Sparkasse jedoch bis zur Abdeckung eines etwaigen Schuldsaldos.

Nr. 27 Weitergeltung der Allgemeinen Geschäftsbedingungen

Auch nach Auflösung der gesamten Geschäftsbeziehung oder einzelner Geschäftszweige gelten für die Abwicklung und in dem Abwicklungsverhältnis entsprechenden Umfange die Allgemeinen Geschäftsbedingungen weiter.

Nr. 28 Schutz der Einlagen durch anerkanntes Einlagensicherungssystem

(1) Freiwillige Institutssicherung

Die Sparkasse gehört dem institutsbezogenen Sicherungssystem der Deutschen Sparkassen-Finanzgruppe (Sicherungssystem) an. Primäre Zielsetzung des Sicherungssystems ist es, die angehörenden Institute selbst zu schützen und bei diesen drohende oder bestehende wirtschaftliche Schwierigkeiten abzuwenden. Auf diese Weise schützt die Institutssicherung auch die Einlagen der Kunden. Hierzu zählen im Wesentlichen Spareinlagen, Sparkassenbriefe, Termineinlagen, Sichteinlagen und Schuldverschreibungen.

(2) Gesetzliche Einlagensicherung

Das Sicherungssystem ist als Einlagensicherungssystem nach dem Einlagensicherungsgesetz (EinSiG) amtlich anerkannt. Sollte entgegen Absatz 1 ausnahmsweise die Institutssicherung nicht greifen, hat der Kunde gegen das Sicherungssystem einen Anspruch auf Erstattung seiner Einlagen im Sinne des § 2 Absätze 3 bis 5 EinSiG bis zu den Obergrenzen des § 8 EinSiG. Nicht entschädigungsfähig nach § 6 EinSiG sind unter anderem Einlagen, die im Zusammenhang mit Geldwäschetransaktionen entstanden sind, sowie Inhaberschuldverschreibungen der Sparkasse und Verbindlichkeiten aus eigenen Akzepten und Solawechseln.

(3) Informationsbefugnisse

Die Sparkasse ist befugt, dem Sicherungssystem oder einem von ihm Beauftragten alle in diesem Zusammenhang erforderlichen Auskünfte zu erteilen und Unterlagen zur Verfügung zu stellen.

(4) Forderungsübergang

Soweit das Sicherungssystem oder ein von ihm Beauftragter Zahlungen an den Kunden leistet, gehen dessen Forderungen gegen die Sparkasse in entsprechender Höhe mit allen Nebenrechten Zug um Zug auf das Sicherungssystem über.

Stefan Grundmann

Sachregister

Die fetten Seitenzahlen verweisen auf die Teile der Kommentierung,
die mageren Zahlen verweisen auf die Randnummern